David Cassel

Hebräisch-Deutsches Wörterbuch

Nebst Paradigmen der Substantiva und Verba

David Cassel

Hebräisch-Deutsches Wörterbuch
Nebst Paradigmen der Substantiva und Verba

ISBN/EAN: 9783337310394

Hergestellt in Europa, USA, Kanada, Australien, Japan

Cover: Foto ©Thomas Meinert / pixelio.de

Weitere Bücher finden Sie auf **www.hansebooks.com**

WÖRTERBUC

NEBST

ARADIGMEN DER SUBSTANTIVA UN

D^R.

BRESLAU 1871.

SCHLETTER'SCHE BUCHHANDLUNG
H. SKUTSCH.

Vorwort.

ür die Abfassung des hebräischen Wörterbuches, das hiermit der Oeffentlichkeit übergeben ird, ist die Wahrnehmung massgebend gewesen, dass es an einem Lehrmittel zu fehlen :hien, welches einerseits geeignet sei, den Lernenden in das lexicographische Verständniss ır biblischen Schriften A. T. einzuführen, ohne ihn durch die seinem Standpunkte unzuinglichen wissenschaftlichen Erörterungen zu verwirren, andererseits durch seinen Umfang ıd den daraus sich ergebenden Preis die Anschaffung eines solchen Buches zu erleichtern. ewiss hat mancher Lehrer gleich mir die Erfahrung gemacht, dass sprachvergleichende, ymologische, archäologische Excurse, wie sie die grösseren hebräischen Wörterbücher bieten, ır für diejenigen den richtigen Werth haben, die sich überhaupt dem Studium orientalischer orachen widmen, während sie für einen Jeden, der in diesen schwierigen Lehrgegenstand st eintritt, störend sind. Für diese Stufe, d. h. für diejenigen Klassen von Lehranstalten, denen überhaupt hebräisch unterrichtet wird, für angehende Theologen und Philologen, ollt sich neben der Uebermittelung des hebräischen Wortschatzes in den deutschen als chstes Bedürfniss die Erkenntniss der hebräischen Wortformen und die Orientirung über 3 wichtigsten syntaktischen Erscheinungen heraus. Von diesem Standpunkt aus ist die ıarbeitung des vorliegenden Wörterbuches unternommen worden; es dürfte aber auch für e diejenigen, die sich das Verständniss des hebräischen Urtextes über die eigentliche Studienit hinaus erhalten wollen, auf Grundlage der erworbenen grammatischen Kenntnisse vollmmen ausreichen. So wenig also dieses Schulwörterbuch einen Anspruch auf wissenschafthe Förderung des hebräischen Sprachstudiums erhebt, so bietet es dem Gebrauch die ısultate neuerer grammatischer und lexicographischer Arbeiten in gedrängter, vom Plan und nfang des Ganzen vorgezeichneter Form.

Das vorliegende Wörterbuch enthält demnach sämmtliche in den Büchern des Alten staments enthaltenen hebräischen und aramäischen Wörter, einschliesslich der Eigennamen; ztere sind, wo es nöthig und ohne weitläufige Nachweise ausführbar erschien, übersetzt; sondere Sorgfalt ist auf die geographischen Namen verwendet und die wichtigsten Stellen, sie in den biblischen Büchern vorkommen, angegeben werden.

Bei einem jeden Zeitwort ist jedenfalls das Futurum (Imperfectum), nach Bedürfniss ch Infinitiv, Imperativ und Participium jeder Conjugation, in der es überhaupt vorkommt, ını auch jede abnorme oder irgend eine Schwierigkeit darbietende Form angegeben und klärt; auch da, wo eine eigentliche Schwierigkeit sich nicht zeigt, sind eine oder mehre ormen aufgeführt, um dem Lernenden Veränderungen, die mit dem Stamme vorgehen, öfter r das Auge zu führen und den Gebrauch des Wörterbuchs auch zur Einprägung grammatischen Stoffes zu verwerthen. — Besonders schwierige Formen, die sonst in einem analytischen Anhange zusammengestellt zu werden pflegen, sind im Wörterbuche selbst in der alphabetischen Reihenfolge eingefügt worden.

Bei einem jeden Substantiv ist ausser der Bezeichnung des Geschlechts der Plural (u. Dual.), der st. constr. und Formen mit Suffixen eines jeden Numerus, bei Adject. das fem. und die Pluralform, bei Praepos. die Verbindung mit Suffixen u. s. w. aufgeführt.

Bei der Angabe der Bedeutungen ist — so weit es möglich war — auf die Entwickelung der verschiedenen Bedeutungen aus einer Grundbedeutung hingewiesen, besonders schwierige Stellen mit Uebersetzung angeführt und überhaupt danach gestrebt worden, den Lernenden durch kurze Andeutungen in der Denk- und Anschauungsweise der biblischen Schriften heimisch zu machen und denselben zu einem über die Erfassung des Wortsinnes hinausgehenden Verständniss anzuleiten.

Für eine jede Bedeutung ist eine Anzahl Belegstellen angeführt; hierbei war in erster Reihe massgebend die Rücksichtnahme auf die Bücher, die zumeist gelesen zu werden pflegen (Pentateuch, Jesaia, Psalmen); ausserdem wurden besonders solche Stellen ausgewählt, die schwierige Formen enthalten (meist dieselben, die im Anfang des betreffenden Artikels erklärt worden), damit der Suchende durch die Angabe der Stelle auch wisse, dass er nicht ehl gegangen sei. —

Die Ordnung ist die streng alphabetische unter genauer Innehaltung der in den biblischen Schriften gebrauchten Orthographie, was besonders in Betreff der scriptio plena und defectiva zu beachten. Demzufolge sind Wörter, die nur mit defectiver Schreibung vorkommen, nur unter dieser zu suchen, während da, wo der Gebrauch schwankt, als Schlagwort die am meisten vorkommende Schreibart gewählt und für die abweichende Art eine Verweisung angebracht ist.

Bei den Zeitwörtern ist als Grundform die 3. Person Sing. m. des Perf. Kal angenommen; da wo ein Zeitwort nicht im Kal vorkommt, ist das praesumtive Kal in [ ] eingeschlossen. Dasselbe Zeichen bei Nominibus besagt, dass das Nomen nicht im Sing., bei Adj. dass es nicht im mascul. vorkommt oder überhaupt, dass die als Schlagwort dienende Form nicht ganz zweifellos sei. — Die primitiven Zeitwörter sind durch * bezeichnet.

Bei jedem hebräischen Worte ist die (Haupt-) Tonsylbe bezeichnet, der Art, dass da wo der Ton auf der penultima ruht, dies durch ein Meteg angegeben ist, woraus folgt, dass alle Wörter, bei denen dieses Zeichen sich nicht findet, den Ton auf der ultima haben. Wo zwei Sylben mit Meteg bezeichnet sind, ruht der Ton auf der ultima und das erste Meteg dient dazu, das lange Kamez als solches zu bezeichnen.

Alles Gesagte bezieht sich in entsprechender Weise auf die aramäischen Wörter.

Die angehängten Paradigmen von Haupt- und Zeitwörtern werden eine Grammatik zwar nicht entbehrlich machen, aber in der Hand eines geschickten Lehrers zur Repetition und bei dem Gebrauche des Wörterbuchs zur augenblicklichen Orientirung zu verwenden sein.

Dr. Cassel.

א

אָב* m. cs. אֲבִי (אַב Gen. 17, 5); suff. אָבִי, אָבִיךָ, אָבִיךְ, אָבִיהָ, אָבִינוּ, (אֲבִיהוּ Richt. 14, 10), אָבִיו, אֲבִיהֶם, אֲבִיכֶם· pl. אָבוֹת cs. אֲבוֹת; suff. אֲבֹתַי, אֲבוֹתָם — אֲבוֹתֵיכֶם *Vater* Gen. 28, 2; *Grossvater* Ex. 2, 18; *Stammvater* Gen. 10, 22; *Vorfahr* Jes. 43, 27; *Erzeuger* Deut. 32, 6. Hiob 38, 28; in geistiger Beziehung: *Vater* (Schöpfer einer neuen Thätigkeit) Gen. 4, 20. 21; *Lehrer* 2 Kön. 6, 21. 13, 14; *Rathgeber* Gen. 45, 8; *Versorger* Hiob 29, 16. plur. *Vorfahren* im engeren und weiteren Sinn Gen. 47, 9. Num. 20, 15.

[אַב] aram. m. suff. אֲבִי, אֲבוּךְ, אֲבוּהִי; plur. suff. אֲבָהָתִי, אֲבָהָתָךְ, אֲבָהָתַנָא, אֲבָהָתְהֹם *Vater* Dan. 2, 23. 5, 2. 11. 13; plur. *Vorfahren* Esr. 4, 15. 5, 12.

[אֵב v. **אֵבֶב]** m. suff. אִבּוֹ pl. cs. אִבֵּי *das Grüne*, Hohel. 6, 11. עֹדֶנּוּ בְאִבּוֹ *noch grünt es* Hiob 8, 12.

[אֵב] aram. suff. אִנְבֵּהּ *Frucht* Dan. 4, 9. 11. 18.

אֹב s. אוֹב·

אֲבַגְתָא n. pr. eines persischen Grossen Est. 1, 10.

אָבַד* part. cs. אֹבֵד fut. יֹאבַד, תֹּאבַד (ps. יֹאבֵד, תֹּאבֵד); pl. יֹאבְדוּ (ps. יֹאבֵדוּ); inf. אֲבֹד suff. אָבְדְךָ (ps. אָבְדֶךָ), אָבְדָם, אֲבָדְכֶם *verloren gehen* 1) *sich verlaufen, verirren* 1 Sam. 9, 3. Ps. 2, 12; part. *verirrt, umherirrend, unglücklich* Hiob 29, 13. 31, 19. אֹבַד עֵצוֹת *schlecht berathen* Deut. 32, 28. 2) *zu Grunde gehen, untergehen* Num. 21, 30. Deut. 7, 20. 28, 20. 22; Obadj. 12. Hiob 8, 13; *verschwinden* Deut. 4, 26.
Piel pf. אִבַּד fut. (= וָאַבֶּדְךָ) וָאֲאַבֶּדְךָ Ezech. 28, 16); infin. אַבֵּד suff. לְאַבְּדֵנִי 1) *sich verirren lassen* Jer. 23, 1; *irre führen* Spr. 1, 32. Koh. 7, 7. 2) *vernichten, zerstören, tödten* Deut. 12, 2. 2 Kön. 11, 1. Ps. 5, 7. 119, 95. Klagel. 2, 9.
Hifil pf. הֶאֱבִיד, הֶאֱבַדְתָּ (וְהַאֲבַדְתָּ), fut. אֹבִידָה (= אַאֲבִידָה Jer. 46, 8) *vernichten, zerstören, ausrotten* Num. 24, 19. Deut. 7, 24. Hiob 14, 19.

אֲבַד aram. fut. 3 pl. יֵאבַדוּ *verschwinden* Jer. 10, 11.
Hafel fut. תְּהוֹבֵד, יְהוֹבְדוּן, inf. הוֹבָדָה *tödten*; mit לְ Dan. 2, 12. 18. 24. 7, 26.
Hof. הוּבַד *vernichtet werden* Dan. 7, 11.

אֹבֵד m. *Untergang* Num. 24, 20. 24.

אֲבֵדָה f. cs. אֲבֵדַת *das Verlorene* Ex. 22, 8. Lev. 5, 22. 23. Deut. 22, 3.

אֲבַדֹּה Spr. 27, 20 Ktib = אֲבַדּוֹן·

אֲבַדּוֹן m. *Untergang* Hiob 31, 12; poet. gleichbedeutend mit שְׁאוֹל *Unterwelt* Ps. 88, 12. Spr. 15, 11. Hiob 26, 6.

אַבְדָן m. *Untergang* Est. 9, 5.

אָבְדַן m. cs. אָבְדַן *Untergang* Est. 8, 6.

אָבָה* pf. 3 pl. אָבוּא (= אָבוּ Jes. 28, 12), fut. יֹאבֶה, תֹּאבֶה — תֹּבֵא (Spr. 1, 10) *begehren:* 1) *wollen*; das Objekt im Inf. gewöhnl. mit לְ Ex. 10, 27. Deut. 23, 6; auch ohne לְ Deut. 10, 10. 1 Sam. 15, 9; als subst. im Acc. Spr. 1, 25. 2) *willfahren, gehorchen, folgen* 1 Kön. 20, 8. Jes. 1, 19. Spr. 1, 10; mit לְ der Person Deut. 13, 9. Ps. 81, 12. Spr. 1, 30. — אָבָה kommt fast nur mit der Negation, einmal mit הֲ Hiob 39, 9, einmal mit אִם Jes. 1, 19 vor.

אֵבֶה m. Hiob 9, 26 אֳנִיּוֹת אֵבֶה· *Rohrschiffchen*, deren man sich auf dem Nil bediente und die als sehr schnell fahrend bekannt waren.

אֲבוֹי Ausruf des Schmerzes: *Wehe!* Spr. 23, 29.

אֵבוּס (= אֱבוּס) suff. אֲבוּסֶךָ *Krippe* Jes. 1, 3. Spr. 14, 4. Hiob 39, 9.

[אִבְחָה] f. cs. אִבְחַת *Drohung* (n. A. *Schlachtung, Vertilgung*) Ezech. 21, 20.

[אֲבַטִּחַ] m. pl. אֲבַטִּחִים *Melone* Num. 11, 5.

אָבִי 1) Ausruf des Wunsches: *Ach! O dass!* 1 Sam. 24, 12. 2 Kön. 5, 13. Hiob 34, 36; verkürzt: בִּי s. d. 2) n. pr. s. חוּרָם·

אֲבִי n. pr. Mutter des Hiskia 2 Kön. 18, 2 = אֲבִיָּה 2 Chr. 29, 1.

אֲבִי עַלְבוֹן (*Vater der Beleidigung*) n. pr. 2 Sam. 23, 31 = אֲבִיאֵל 1 Chr. 11, 32.

אֲבִיאֵל (*Starker*) n. pr. 1) Grossvater des Saul und des Abner 1 Sam. 9, 1. 14, 51. 2) = אֲבִי־עַלְבוֹן s. d.

אֲבִיאָסָף (*Sammler*) n. pr. Sohn des Korach Ex. 6, 24 = אֶבְיָסָף 1 Chr. 6, 8. 22. 9, 19.

אָבִיב m. *Aehre* Lev. 2, 14; adjektivisch: הַשְּׂעֹרָה אָבִיב *die Gerste hatte schon Aehren* Ex. 9, 31; חֹדֶשׁ הָאָבִיב *Monat der Aehren*, d. h. wo das Getreide schon in Aehren ist, später: *Nisan* Ex. 13, 4. Deut. 16, 1.

אֲבִיגַיִל u. אֲבִיגַל (*Tänzerin*) n. pr. 1) Schwester David's 2 Sam. 17, 25. 1 Chr. 2, 16. 2) Frau des Nabal, später David's 1 Sam. 25, 3. 30, 5. 2 Sam. 3, 3.

אֲבִידָן (*Richter*) n. pr. Haupt des Stammes Benjamin Num. 1, 11. 2, 22. 7, 60.

אֲבִידָע (*Kenner*) n. pr. Sohn des Midjan Gen. 25, 4.

אֲבִיָּה u. אֲבִיָּהוּ (*Gott ist Vater*) n. pr. 1) Enkel des Benjamin 1 Chr. 7, 8. 2) Sohn des Samuel 1 Sam. 8, 2. 3) König von Juda 2 Chr. 12, 16; in den Büchern der Könige אֲבִיָּם. 4) Sohn des Jarobeam 1 Kön. 14, 1. 5) Neh. 10, 8. 6) 1 Chr. 24, 10. 7) f. 1 Chr. 2, 24. 8) = אֲבִי s. d.

אֲבִיהוּא (*Gott ist Vater*) n. pr. Sohn des Ahron Ex. 6, 23. Lev. 10, 1.

אֲבִיהוּד (*Glänzender*) n. pr. Enkel des Benjamin 1 Chr. 8, 3.

אֲבִיהַיִל (= אֲבִיחַיִל) n. pr. 1) Enkelin des Isai, Frau des Rehabeam 2 Chr. 11, 18. 2) 1 Chr. 2, 29.

אָבִיו n. pr. s. חוּרָם

אֶבְיוֹן (v. אָבָה) suff. אֶבְיֹנְךָ pl. אֶבְיוֹנִים cs. אֶבְיוֹנֵי adj. u. subst. *bittend, Bettler*: 1) *dürftig, arm* Deut. 15, 4. 2) *unglücklich, leidend* Ps. 40, 18.

אֲבִיּוֹנָה f. *Kapper* Koh. 12, 5.

אֲבִיחַיִל (*Starker*) n. pr. 1) Num. 3, 35. 2) Vater der Ester Est. 2, 15. 3) 1 Chr. 5, 14.

אֲבִיטוּב (*Guter*) n. pr. m. 1 Chr. 8, 11.

אֲבִיטַל (*Thauige, Frische*) n. pr. Frau des David 2 Sam. 3, 4.

אֲבִיָּם (= אֲבִיָּה) n. pr. König von Juda 1 Kön. 15, 1; in den BB. d. Chronik אֲבִיָּה.

אֲבִימָאֵל (Vater des [Stammes] מָאֵל) n. pr. Nachkomme des Joktan Gen. 10, 28. 1 Chr. 1, 22.

אֲבִימֶלֶךְ (*hoher König*) n. pr. 1) gemeinschaftl. Titel der philistischen Könige Gen. 20, 2. 26, 1. Ps. 34, 1. 2) Sohn des Gideon, Richter in Sichem Richt. 8, 31. 9, 1. 2 Sam. 11, 21.

אֲבִינָדָב (*Edler*) n. pr. 1) Levit in Gibea 1 Sam. 7, 1. 2) Sohn des Saul 1 Sam. 31, 2. 3) Sohn des Isai 1 Sam. 16, 8. 1 Chr. 2, 13. 4) 1 Kön. 4, 11.

אֲבִינֹעַם (*Anmuthiger*) n. pr. Vater des Barak Richt. 4, 6.

אֲבִינֵר = אַבְנֵר s. d.

אֶבְיָסָף = אֲבִיאָסָף s. d.

אֲבִיעֶזֶר (*Helfer*) n. pr. 1) Familie des St. Manasse Jos. 17, 2. Richt. 8, 2; davon n. gent. אֲבִי הָעֶזְרִי Richt. 6, 11; verkürzt אִיעֶזֶר, אִיעֶזְרִי Num. 26, 30. 2) 2 Sam. 23, 27. 1 Chr. 11, 28. 27, 12.

[אָבִיר] m. cs. אֲבִיר *der Starke*, nur von Gott gebraucht in Verbindung mit Jakob oder Israel Gen. 49, 24. Jes. 1, 24. 49, 26. Ps. 132, 2.

אַבִּיר m. pl. אַבִּירִים, cs. אַבִּירֵי *der Starke*: 1) von Menschen: *Held, Führer* Richt. 5, 22. Jer. 46, 15. Hiob 24, 22. 34, 20. Klagel. 1, 15. אַבִּיר הָרֹעִים *der Oberste der Hirten* 1 Sam. 21, 8. אַבִּירֵי לֵב *die Hartherzigen* Jes. 46, 12. Ps. 76, 6. 2) von höheren Wesen לֶחֶם אַבִּירִים *himmlisches Brod* Ps. 78, 25. 3) dichterische Bezeichnung starker Thiere z. B. des *Pferdes* Jer. 8, 16. 47, 3. 50, 11 des *Stieres* Ps. 22, 13. 50, 13.

אֲבִירָם (*Hoher*) n. pr. 1) Num. 16, 1. 2) 1 Kön. 16, 34.

אֲבִישַׁג (*Irrende*) n. pr. f. 1 Kön. 1, 3.

אֲבִישׁוּעַ (*Edler*) n. pr. 1) Enkel des Benjamin 1 Chr. 8, 4. 2) Sohn des Hohepriesters Pinchas Esra 7, 5. 1 Chr. 6, 35.

אֲבִישׁוּר (*Sänger*) n. pr. m. 1 Chr. 2, 28.

אֲבִישַׁי (*Geschenk*) n. pr. Schwestersohn und Feldherr David's 1 Sam. 26, 6. 2 Sam. 23, 18; verkürzt אַבְשַׁי 2 Sam. 10, 10. 1 Chr. 2, 16. 11, 20.

אֲבִישָׁלוֹם = אַבְשָׁלוֹם s. d.

אֶבְיָתָר (*Vorzüglicher*) n. pr. Sohn des Priesters Achimelech, später bei David 1 Sam. 22, 20. 2 Sam. 8, 17. 1 Kön. 2, 27. 1 Chr. 27, 34.

[אָבַךְ]* Hitp. f. יִתְאַבְּכוּ *emporwirbeln* Jes. 9, 17.

אָבַל* fut. 3 f. תֶּאֱבַל *traurig sein* Jes. 19, 8. Hos. 10, 5. Hiob 14, 22; bildlich: von (*welken*) Triften Amos 1, 2; von (*vereinsamten*) Städten Jes. 3, 26.

Hif. fut. וַיַּאֲבֶל־ *in Trauer* (*Oede*) *versetzen* Klagel. 2, 8.

Htp. הִתְאַבֵּל *Trauer anlegen* Ex. 33, 4. 2 Sam. 14, 2; *Trauer zeigen, trauern* Gen. 37, 34. 1 Chr. 7, 22.

אָבֵל adj. cs. אֲבֶל־ pl. אֲבֵלִים cs. אֲבֵלֵי f. אֲבֵלוֹת

traurig, trauernd Gen. 37, 35. Jes. 57, 18. 61, 2. 3. אֲבֵל־אֵם *der um die Mutter trauert* Ps. 35, 14; bildlich: *verödet* Klagel. 1, 4.

אָבֵל f. *grasiger Platz, Wiese, Au* 1 Sam. 6, 18; dient meist zu geographischen Bestimmungen: a) אָבֵל Ort in Naftali 2 Sam. 20, 14. 18; gew. näher bezeichnet: אָבֵל בֵּית מַעֲכָה 2 Sam. 20, 15. 1 Kön. 15, 20. 2 Kön. 15, 29 oder אָבֵל מַיִם *Abel am See (Kinneret)* 2 Chr. 16, 4. b) אָבֵל כְּרָמִים *Weinbergsau*, in Ammon Richt. 11, 33. c) אָבֵל מְחוֹלָה *Tanzau* in Isachar, Geburtsort des Elischa Richt. 7, 22. 1 Kön. 4, 12. 19, 16. d) אָבֵל מִצְרַיִם jenseit des Jordan Gen. 50, 11. e) אָבֵל הַשִּׁטִּים *Akazienau* im Gebiete Moab Num. 33, 49.

אֵבֶל m. suff. אֶבְלְךָ, אֶבְלָם *Trauer* Gen. 27, 41. Jes. 60, 20. Jer. 31, 13; *Trauerfeier* Gen. 50, 10. 11; *Trauerzeit* 2 Sam. 11, 27. אֵבֶל יָחִיד *Trauer um den Einzigen (Sohn) = tiefe Trauer* Jer. 6, 26.

אֲבָל adv. 1) der Bekräftigung: *gewiss, sicherlich* Gen. 42, 21. 2 Sam. 14, 5. 2) des Gegensatzes: *und doch* 2 Kön. 4, 14; *im Gegentheil* 1 Kön. 1, 43; *aber, jedoch* Dan. 10, 7. 21. Esra 10, 13. 2 Chr. 1, 4. 19, 3. 33, 17.

אֻבָל m. cs. אוּבַל *Fluss* Dan. 8, 2. 3. 6.

אֶבֶן f. (nur 1 Sam. 17, 40 m.) ps. אָבֶן suff. אַבְנוֹ pl. אֲבָנִים cs. אַבְנֵי suff. אֲבָנָיו, אַבְנֵיהֶם *Stein* Gen. 31, 45; *Edelstein* Ex. 28, 10; *Erzstein* Deut. 8, 9. Hiob 28, 2; *Gewichtstein* אֶבֶן וָאֶבֶן *zweierlei Gewicht* Deut. 25, 13. Spr. 20, 10. 23; dichterisch: *Fels, Schutz* Gen. 49, 24. Adjektiv. לֻחֹת אֶבֶן *steinerne Tafeln* Ex. 31, 18 dah. אֲבָנִים *steinerne Gefässe* Ex. 7, 19. — Geogr. Bezeichnungen mit אֶבֶן: a) אֶבֶן הָאֶזֶל (*Trennungsstein* zwischen Rama und Nob 1 Sam. 20, 19. b) אֶבֶן בֹּהַן (*Bohanstein*) an der Grenze Benjamin's und Juda's Jos. 15, 6. c) אֶבֶן הַזֹּחֶלֶת (*rückender Stein*) östlich von Jerusalem 1 Kön. 1, 9. d) אֶבֶן הָעֵזֶר (*Siegesstein*) bei Mizpa 1 Sam. 4, 1. 5, 1. 7, 12.

אֶבֶן aram. f. emph. אַבְנָא *Stein* Dan. 2, 34. Esra 5, 8.

[אֹבֶן] wahrscheinl. Nebenf. v. [אֹפֶן] du. אָבְנַיִם 1) *runde Platten* oder *Scheiben*, über denen der Töpfer die Gefässe formt Jer. 18, 3. 2) *Gebärstuhl* (n. A. *Badewanne*) Ex. 1, 16.

אֲבָנָה Ktib st. אֲמָנָה s. d.

אַבְנֵט m. suff. אַבְנֵטְךָ pl. אַבְנֵטִים *Gürtel* der Priester Ex. 28, 4. Lev. 16, 4; auch sonst von Vornehmen Jes. 22, 21.

אַבְנֵר (*Leuchtender*) n. pr. Sohn des Ner, Vetter und Feldherr des Saul 1 Sam. 14, 51. 1 Kön. 2, 5 = אֲבִינֵר 1 Sam. 14, 50.

***[אָבַס]** part. II אָבוּס, אֲבוּסִים *füttern, mästen.* 1 Kön. 5, 3. Spr. 15, 17.

[אֲבַעְבֻּעָה] f. pl. אֲבַעְבֻּעֹת *Hautblasen* Ex. 9, 9. 10 (von בּוּעַ).

אֶבֶץ (*Glanz*) n. pr. Stadt in Isachar Jos. 19, 20.

אִבְצָן (*Glänzender*) n. pr. Richter aus Betlehem Richt. 12, 8. 10.

***[אָבַק]** Nifal fut. יֵאָבֵק; inf. suff. הֵאָבְקוֹ *sich gegenseitig umschlingen, ringen* Gen. 32, 25. 26.

אָבָק m. cs. אֲבַק suff. אֲבָקָם der (*feine auffliegende*) *Staub.* Ex. 9, 9. Deut. 28, 24. Jes. 29, 5. Ezech. 26, 10. Nah. 1, 3.

[אֲבָקָה] cs. אַבְקַת *Gewürzstaub* Hohel. 3, 6.

[אָבַר] Hif. denom. von אֵבֶר, fut. יַאֲבֶר־ *die Flügel schwingen* Hiob 39, 26.

אֵבֶר m. *Flügel, Schwinge* (coll. für *beide Flügel*) Jes. 40, 31. Ezech. 17, 3. Ps. 55, 7.

אֶבְרָה f. suff. אֶבְרָתוֹ pl. suff. אֶבְרוֹתֶיהָ *Flügel, Schwinge* Deut. 32, 11. Ps. 68, 14. 91, 4.

אַבְרָהָם (*Vater der Menge*) n. pr. *Abraham*, der bekannte Stammvater der Hebräer und arabischer Stämme, früher אַבְרָם *Abram* Gen. 17, 5. Ex. 6, 3. Lev. 26, 42. Deut. 34, 4. Jos. 24, 2. Jes. 63, 16. Ps. 47, 10; für *Israel* überhaupt Micha 7, 20.

אַבְרֵךְ Gen. 41, 43 wahrsch. ein ägyptisches Wort, welches hebraisirt sich erklären lässt als inf. abs. Hif. von בָּרַךְ (s. d.), also: *Man beuge das Knie!*

אַבְרָם s. אַבְרָהָם.

אַבְשַׁי = אֲבִישַׁי s. d.

אַבְשָׁלוֹם (*Friedlicher*) n. pr. *Absalon*, Sohn des David und der Maacha 2 Sam. 3, 3, der sich gegen seinen Vater empörte und bei Machanaim seinen Tod fand 2 Sam. 15—18. 2 Chr. 11, 20. 21. Die vollständige Form אֲבִישָׁלוֹם 1 Kön. 15, 2. 10.

אֹבֹת (*Schläuche*) n. pr. Lagerplatz der Israeliten Num. 21, 10. 33, 43.

אָגֵא n. pr. m. 2 Sam. 23, 11.

אֲגָג — אֲגַג n. pr. Königsname bei den Amalekitern Num. 24, 7. 1 Sam. 15, 8; n. gent. אֲגָגִי, bei Haman Est. 3, 1.

אֲגֻדָּה f. cs. אֲגֻדַּת pl. אֲגֻדּוֹת *Verbindung: Bündel* Ex. 12, 22; *ein Haufe Menschen*

2 Sam. 2, 25. 2) *Schlinge, Band* Jes. 58, 6. 3) *Gewölbe* Amos 9, 6.

אֱגוֹז m. *Nuss* Hohel. 6, 11.

אָגוּר (*Sammler*) n. pr. des Spruchdichters Spr. 30, 1.

[אֲגוֹרָה] f. cs. אֲגוֹרַת *Korn, Gran,* d. h. *kleinste Münze* 1 Sam. 2, 36 (= גֵּרָה).

[אֵגֶל] m. pl. cs. אֶגְלֵי *Tropfen* (n. A. *Quellen*) Hiob 38, 28.

אֶגְלַיִם n. pr. Ort an der Grenze Moab's Jes. 15, 8.

אֲגַם m. cs. אֲגַם pl. אֲגַמִּים cs. אַגְמֵי *Teich, Sumpf* Ex. 7, 19. 8, 1. Jes. 35, 7. Ps. 107, 35. 114, 8; das *Schilf des Sumpfes* Jer. 51, 32.

[אָגֵם] adj. pl. cs. אַגְמֵי *betrübt* Jes. 19, 10.

אַגְמוֹן m. 1) *Schilf, Binsen* Jes. 58, 5. כִּפָּה וְאַגְמוֹן *Palmzweig und Binse,* d. h. *der Höchste und der Niedrigste* Jes. 9, 13. 19, 15. 2) ein aus Binsen gedrehter *Strick,* den man Thieren durch die Nase zog Hiob 40, 26. 3) *erhitzter Kessel* Hiob 41, 12.

[אַגָּן] m. cs. אַגַּן pl. אַגָּנוֹת *Becken* Ex. 24, 6. Jes. 22, 24. Hohel. 7, 3.

[אֲגַף] m. pl. אֲגַפִּים suff. אֲגַפָּיו *Heereshaufen* Ezech. 12, 14. 17, 21. 38, 6.

אָגַר* fut. תֶּאֱגֹר *zusammenscharren, einsammeln* Deut. 28, 39. Spr. 6, 8. 10, 5.

אִגְּרָא aram. f. emph. אִגַּרְתָּא *Brief* Esra 4, 8. 11. 5, 6.

[אֲגַרְטָל] m. pl. cs. אֲגַרְטְלֵי *Schale, Becken* Esra 1, 9.

אֶגְרֹף m. *Faust* Ex. 21, 18. Jes. 58, 4.

אִגֶּרֶת f. pl. אִגְּרוֹת *Brief,* meist von königlichen oder amtlichen Schreiben, die von reitenden Boten (ἄγγαρος) überbracht wurden; nur in den Büchern aus der persischen Zeit vorkommend Est. 9, 26. 29. Neh. 2, 7. 9. 6, 5. 17. 19. 2 Chr. 30, 1. 6.

אֵד m. suff. אֵדוֹ *Dunst* Gen. 2, 6. Hiob 36, 27.

אד s. אֲדָה.

***[אָדַב]** Hif. inf. לְהַאֲדִיב=לַאֲדִיב *betrüben, bekümmern* 1 Sam. 2, 33.

אַדְבְּאֵל n. pr. Sohn Ismael's Gen. 25, 13. 1 Chr. 1, 29.

אֲדַד (*Mächtiger*) n. pr. Edomiter aus königlichem Geschlecht 1 Kön. 11, 17 = הֲדַד 1 Kön. 11, 14.

[אֲדָה] f. pl. אדוֹת (אוֹדוֹת Gen. 21, 11. Ex. 18, 8) *Wendung, Ursache.* אַל אדוֹת הָרָעָה *sei nicht Ursache des Unglücks* 2 Sam. 13, 16. Gew. mit עַל praepos. *wegen* Gen. 21, 25. Num. 13, 24. עַל אדוֹתַי *meinetwegen* Jos. 14, 6; verstärkt: עַל־כָּל־אדוֹת *wegen all' der Ursachen* Jer. 3, 8.

אִדּוֹ (*Mächtiger*) n. pr. m. Esra 8, 17.

אָדוֹן (v. דון) m. cs. אֲדוֹן suff. אֲדֹנִי pl. אֲדֹנִים, cs. אֲדֹנֵי, אֲדֹנֶיךָ (mit suff. u. im pl. stets ohne ו) *Herr*: 1) *Herrscher* Gen. 45, 9. Jerem. 22, 18. 2) *Besitzer* 1 Kön. 16, 24. 3) *Eheherr* Gen. 18, 12. 4) Von Gott: Ps. 114, 7. — Der sing. kommt ausser st. abs. u. cs. nur mit suff. אֲדֹנִי vor, wo aber der Begriff des pron. poss. meist abgeschwächt ist, so dass אֲדֹנִי (wie das rabbin. רַבִּי) nur *Herr* heisst Gen. 23, 6. Num. 32, 25. 27. 36, 2. 1 Sam. 25, 24. אֲדֹנִי הַמֶּלֶךְ *Herr König* 2 Sam. 14, 9; einmal אֲדֹנֵנוּ *der Herr* 1 Sam. 16, 16. — Der plur. אֲדֹנִים *Herren* Deut. 10, 17. Jes. 26, 13. Ps. 136, 3; meist aber in Singularbedeutung und auch als Singular construirt. אֲדֹנִים קָשֶׁה *ein harter Herr* Jes. 19, 4. וְאִם אֲדֹנִים אָנִי *und wenn ich ein Herr bin* Mal. 1, 6. — אֲדֹנִים=אֲדֹנָי *Herr,* nur von Gott gebraucht Gen. 18, 3. 19, 2. 18. 20, 4. u. s. w. — Das - der praef. ל, כ, ו, ב wird mit dem ֲ des א zusammengezogen bei אֲדֹנִי (לַאדֹנִי st. לַאֲדֹנִי Gen. 18, 12. 24), אֲדֹנָי (Gen. 18, 30. Jes. 49, 14) אֲדֹנֶיךָ, אֲדֹנָיו, אֲדֹנֶיהָ, nicht aber beim cs. sing. u. pl. bei אֲדֹנֵינוּ und אֲדֹנֵיהֶם Gen. 40, 1. Deut. 10, 17. 1 Kön. 1, 11. Micha 4, 13.

אַדּוֹן (*Herr*) n. pr. m. Neh. 7, 61=אַדָּן Esra 2, 59.

אֲדוֹרַיִם (*Doppelstark*) n. pr. Ort im südlichen Juda 2 Chr. 11, 9.

אֱדַיִן aram. adv. (hebr. אָז) *alsdann, darauf* Dan. 2, 15. 17. Esra 4, 9. בֵּאדַיִן *sogleich* Dan. 2, 14. מִן אֱדַיִן *seitdem* Esra 5, 16.

אַדִּיר adj. u. subst. suff. אַדִּירוֹ fem. אַדֶּרֶת pl. אַדִּירִים, cs. אַדִּירֵי *weit, gross, mächtig* z. B. von der Zeder Ezech. 17, 23; daher אַדִּירִים subst. *Zedern* Zach. 11, 2; von einem Weinstock Ezech. 17, 8; einer Flotte Jes. 33. 21; von den Meereswogen Ex. 15, 10. Ps. 93, 4; von Königen Ps. 136, 18; von Gott Ps. 8, 2. 10. 93, 4. Als subst. der *Gewaltige, Mächtige* Jes. 10, 34. 33, 21. Jer. 30, 21; der *Edle, Vornehme* Richt. 5, 13. Nah. 2, 6. 3, 18. Neh. 3, 5. 10. 30. סֵפֶל אַדִּירִים *Schale der Mächtigen = grosse Schale* Richt. 5, 25. אַדִּירֵי כָּל־חֶפְצִי־בָם. *die Edlen, an denen all' meine Lust* Ps. 16. 3. אַדִּירֵי הַצֹּאן *die Oberhirten* Jer. 25, 34 — 36, wofür bloss אֲדִירִים Jer. 14, 3 (Gegensatz צְעִירִים s. d.).

אֲדַלְיָא n. pr. Sohn des Haman Est. 9, 8.

***אדם** *roth sein* אָדְמוּ עֶצֶם מִפְּנִינִים *sie waren röther am Körper als Korallen* Klagel. 4, 7.

Pual part. מְאָדָּם (=מְאֻדָּם) *rothgefärbt* Ex. 25, 5. 35, 7. Nah. 2, 4.

Hif. fut. יַאְדִּימוּ *rothen Schein verbreiten, roth sein* Jes. 1, 18.

Htp. fut. יִתְאַדָּם *roth erscheinen, funkeln,* vom Wein Spr. 23, 31.

אָדָם m. ohne Flexion: *Mensch* als Gattungsname Gen. 1, 26. 5, 1. Deut. 4, 32. Hiob 14, 1; bestimmter כָּל־אָדָם Ps. 39, 12. Hiob 37, 7; daher collective: *Menschen.* פֶּרֶא אָדָם *wild unter den Menschen = wilder Mensch* Gen. 16, 12. רִאשׁוֹן אָדָם *der erste unter den Menschen* Hiob 15, 7. כְּסִיל אָדָם *ein thörichter Mensch* Spr. 15, 20. אֶבְיוֹנֵי אָדָם *die Armen der Menschen = die Armen* Jes. 29, 19. זֹבְחֵי אָדָם *opfernde Menschen* Hos. 13, 2. 2) בֶּן־אָדָם (meist dichterisch) pl. בְּנֵי אָדָם *Mensch, Menschen* einzeln genommen. אָדָם heisst der *gewöhnliche Mensch* im Gegensatz zu höheren oder edleren Hos. 6, 7. Ps. 49, 3. Hiob 31, 33; im Gegensatz zu Israel Jes. 43, 4. Ps. 124, 2. 3) *Jemand, irgend einer* Lev. 1, 2. 13, 2; daher mit לֹא = *Niemand* Hiob 32, 21. 4) *Mann* Koh. 7, 28. 5) n. pr. a) des ersten Menschen, *Adam,* zuerst הָאָדָם Gen. 4, 1, dann auch אָדָם Gen. 5, 5. 1 Chr. 1, 1. b) einer Stadt Jos. 3, 16.

אָדֹם adj. f. אֲדֻמָּה pl. אֲדֻמִּים *roth;* von der Gesichtsfarbe der Menschen Hohel. 5, 10; von der Farbe des Blutes 2 Kön. 3, 23, der Pferde und Kühe Num. 19, 2. Zach. 1, 8. 6, 2. Subst. *das Rothe:* מַדּוּעַ אָדֹם לִלְבוּשֶׁךָ *Warum ist Rothes an deinem Kleide = Warum hat es rothe Flecken?* Jes. 63, 2.

אֹדֶם m. ein *röthlicher* Edelstein (*Carneol*) Ex. 28, 17. 39, 10. Ezech. 28, 13.

אֱדוֹם (*Rother*) n. pr. 1) des Sohnes Isaak=Esau Gen. 25, 30 und 2) des von den Nachkommen Esau's bewohnten Landes (später *Idumäa*) im Südosten Palästina's vom todten Meere bis zum aelanitischen Meerbusen; eben so auch für diese Nachkommen, die *Edomiter* Num. 20, 20; häufiger בְּנֵי אֱדוֹם; n. gent. אֲדֹמִי Deut. 23, 8. 1 Sam. 21, 8; pl. אֲדוֹמִים 2 Kön. 16, 6. (Kri). 2 Chr. 25, 14. 28, 17 oder אֲדוֹמִיִּים 1 Kön. 11, 17 f. pl. אֲדֹמִיֹּת 1 Kön. 11, 1.

אֲדַמְדָּם adj. אֲדַמְדֶּמֶת pl. אֲדַמְדַּמֹּת *röthlich* Lev. 13, 19. 24. 42. 43. 14, 37.

אֲדָמָה f. cs. אַדְמַת suff. אַדְמָתִי pl. אֲדָמוֹת *Erde,* nämlich 1) *Erde, Festland* (im Gegensatz zum Wasser) Gen. 1, 25. Joel 2, 21. Ps. 104, 30. Neh. 9, 25. 2) *Erdscholle, Acker* Gen. 2, 7. Ex. 20, 24. Jes. 45, 9. Ps. 83, 11. אִישׁ אֲדָמָה Gen. 9, 20 oder עֹבֵד אֲדָמָה Gen. 4, 2. Zach. 13, 5 *Ackersmann;* אֹהֵב אֲדָמָה *Freund des Ackerbaues* 2 Chr. 26, 10. Plur. *Ländereien* Ps. 49, 12. 3) *Land* = אֶרֶץ Gen. 28, 15. Ezech. 11, 17. 4) n. pr. Stadt in Naftali Jos. 19, 36.

אַדְמָה n. pr. einer der Städte im Siddimthale Gen. 10, 19. 14, 2. 8. Deut. 29, 22. Hos. 11, 8.

אַדְמוֹנִי u. **אַדְמֹנִי** adj. *röthlich,* vom Haar Gen. 25, 25; von der Gesichtsfarbe 1 Sam. 16, 12. 17, 42.

אֲדָמִי n. pr. Stadt in Naftali Jos. 19, 33.

אֲדֹמִי s. אֱדוֹם.

אֲדֻמִּים (*Rothe*) in dem n. pr. מַעֲלֵה אֲדֻמִּים Ort an der Grenze zwischen Juda und Benjamin Jos. 15, 7. 18, 17.

אַדְמָתָא n. pr. Höfling bei Ahasverus Est. 1, 14.

אֲדֹן s. אָדוֹן.

אֶדֶן m. (ps. אָדֶן) אֲדָנִים cs. אַדְנֵי suff. אֲדָנָיו, אַדְנֵיהֶם *Fussgestell* bei den Bretterwänden und Säulen der Stiftshütte Ex. 26, 19; sonst: Hohel. 5, 15; bildlich: *Grundfesten* Hiob 38, 6.

אֲדֹנָי s. אָדוֹן.

אֲדֹנִי בֶזֶק n. pr. König v. Besek Richt. 1, 5—7.

אֲדֹנִי צֶדֶק n. pr. König von Salem Jos. 10, 1.

אֲדֹנִיָּהוּ — אֲדֹנִיָּה n. pr. Sohn des David und der Chaggit 2 Sam. 3, 4. 1 Kön. 1, 5. 2, 24. 2) 2 Chr. 17, 8 (neben einem טוֹב אֲדוֹנִיָּה). 3) Neh. 10, 17 viell.=אֲדֹנִיקָם Esra 2, 13. 8, 13. Neh. 7, 18.

אֲדֹנִיקָם (*Herr ist Helfer*) n. pr. s. אֲדֹנִיָּה.

אֲדֹנִירָם n. pr. Steuerbeamter unter David und Salomo 1 Kön. 4, 6. 5, 28 = אֲדֹרָם 2 Sam. 20, 24. 1 Kön. 12, 18 u. הֲדֹרָם 2 Chr. 10, 18.

***[אָדַר]** Nifal part. נֶאְדָּרִי, נֶאְדָּר *gross, prächtig* Ex. 15, 6. 11.

Hifil fut. יַאְדִּיר *herrlich machen* Jes. 42, 21.

אֲדָר (urspr. Namen einer pers. Gottheit) der 12. Monat (Febr.—März) Est. 3, 7.

אֲדַר aram. dasselbe wie אֲדָר hebr. Esra 6, 15.

אַדָּר n. pr. 1) Ort in Juda, mit he loc. אַדָּרָה Jos. 15, 3; vgl. חֲצַר אַדָּר u. עֲטָרוֹת 2) = אַרְדְּ s. d.

אֶדֶר m. 1) *Mantel* Mich. 2, 8. 2) *Fülle, Grösse*; אֶדֶר הַיְקָר *der grosse Werth* Zach. 11, 13.

[אִדַּר] aram. m. pl. cs. אִדְּרֵי *Tenne* Dan. 2, 35.

[אֲדַרְגָּזַר] aram. m. pl. emph. אֲדַרְגָּזְרַיָּא *Astrologen* (n. A. *Oberrichter*) Dan. 3, 2. 3.

אַדְרַזְדָא aram. adv. *richtig, genau* Esra 7, 23.

אֲדַרְכֹּן s. דַּרְכְּמוֹן.

אֲדֹרָם s. אֲדֹנִירָם.

אַדְרַמֶּלֶךְ (*Adar ist König*) n. pr. 1) syrische Gottheit 2 Kön. 17, 31. 2) Sohn des Sanherib 2 Kön. 19, 37. Jes. 37, 38.

אֶדְרָע aram. *Gewalt* Esra 4, 23 = דְּרָע s. d.

אֶדְרֶעִי (*Saatgefilde*) n. pr. 1) Stadt in Basan, wo Moses den Og schlug, später zu Manasse gehörig Num. 21, 33. Deut. 1, 4. Jos. 12, 4. 13, 12. 31. 2) Stadt in Naftali Jos. 19, 37.

אַדֶּרֶת f. suff. אַדַּרְתּוֹ 1) *Mantel* Gen. 25, 25. 1 Kön. 19, 13. Zach. 13, 4. 2) *Macht, Fülle* Zach. 11, 3. 3) fem. v. אַדִּיר s. d.

אָדַשׁ Nebenform von דּוּשׁ *dreschen*; nur inf. abs. אָדוֹשׁ Jes. 28, 28.

אָהֵב — אָהַב* (meistens ps. und suff.) pf. 3 m. suff. אֲהֵבְךָ, אֲהֵבוֹ; 3 f. suff. אֲהֵבַתְךָ, אֲהֵבַתְהוּ; 3 pl. suff. אֲהֵבוּם, אֲהֵבוּךָ; durch Verdoppelung verstärkte Form: אָהֲבוּ הֵבוּ (= אֲהַבְהֵבוּ Hos. 4, 18); part. suff. אֹהַבְךָ f. אֹהַבְתִּי — אֹהֶבֶת; fut. 1 sg. אֵהַב (= אֶאֱהַב) — אֹהַב suff. אֹהֲבֵהוּ, אֹהֲבֵם; 2 p. תֶּאֱהַב etc. pl. תֶּאֱהָבוּ — תֶּאֱהֲבוּ; inf. לְאֱהוֹב (Koh. 3, 8) sonst stets אַהֲבָה (cs. Deut. 7, 8); imp. אֱהַב suff. אֱהָבֶהָ pl. אֶהֱבוּ ps. אֱהָבוּ: *lieben*, meist mit dem acc. Gen. 29, 18. 37, 3; selten mit ל Lev. 19, 18. 34; mit בּ Koh. 5, 9; *gern haben* mit כִּי Ps. 116, 1; mit ל und infin. אֹהֲבֵי לָנוּם *die gern schlafen* Jes. 56, 10. לַעֲשֹׁק אָהֵב *er übervortheilt gern* Hos. 12, 8. אֹהַבְתִּי לָדוּשׁ *gewöhnt zu dreschen* Hos. 10, 11; part. אֹהֵב subst. *Freund* Ps. 88, 19. Spr. 14, 20.

Nifal. part. נֶאֱהָב *liebenswürdig* 2 Sam. 1, 23.

Piel part. מְאַהֵב *Freund* Zach. 13, 6; *Liebhaber* (meist mit unzüchtigem Nebensinn) Jer. 22, 20. Ezech. 23, 5. Hos. 2, 7. Klagel. 1, 19.

[אַהַב] m. pl. אֲהָבִים 1) *Lieblichkeit* אַיֶּלֶת אֲהָבִים *liebliche Hindin* (Schmeichelname) Spr. 5, 19. 2) (*unzüchtige*) *Liebschaft* Hos. 8, 9.

[אֹהַב] m. suff. אֳהָבִים pl. אֳהָבִים *Buhlschaft* Spr. 7, 18; concr. der *Geliebte, Buhle* Hos. 9, 10.

אַהֲבָה (urspr. inf. v. אָהֵב) f. cs. אַהֲבַת *Liebe* 1 Sam. 18, 3. 2 Sam. 1, 26; concr. *Geliebte* Hohel. 2, 7. 3, 5. 8, 4.

אֹהַד n. pr. Sohn des Simeon Gen. 46, 10. Ex. 6, 15.

אֲהָהּ *Ach!* Jos. 7, 7. Richt. 6, 22. אֲהָהּ לַיּוֹם *wehe über den Tag!* Joel 1, 15.

אַהֲוָא n. pr. Name eines Flusses (und Ortes?) Esra 8, 15. 21. 31.

אֵהוּד n. pr. 1) Richter in Israel Richt. 3, 15. 4 1. 2) 1 Chr. 7, 10.

אֱהִי adv. (= אַיֵּה) *wo?* Hos. 13, 10. 14.

אָהַל (denom. v. אֹהֶל) fut. יֶאֱהַל *Zelt aufschlagen* Gen. 13, 12. 18.

Piel fut. יַאֲהֵל = יָהֵל *Zelt aufschlagen* Jes. 13, 20. (Hif. יַאֲהִיל gehört zu הָלַל s. d.)

אֹהֶל 1) m. mit he loc. הָאֹהֱלָה suff. אָהֳלִי, אָהֳלְךָ, אָהֳלוֹ — אָהֳלֹה; pl. אֹהָלִים, mit art. הָאֹהָלִים, cs. אָהֳלֵי suff. אֹהָלַי, אֹהָלֶיךָ — אֹהָלֶיךָ, אֹהָלֵי, אָהֳלֵיכֶם *Bedachung*: 2) *Zelt* Gen. 9, 21. יֹשֵׁב אֹהֶל *Zeltbewohner, Nomade* Gen. 4, 20. הַשְּׁכוּנֵי בָאֳהָלִים *Nomaden* Richt. 8, 11; besonders häufig: אֹהֶל מוֹעֵד *Versammlungszelt*, das tragbare Gotteshaus der Israeliten in der Wüste Lev. 1, 1 (wobei אֹהֶל die *äussere*, מִשְׁכָּן die *innere* Bekleidung Ex. 26, 1. 7. 14); auch bloss אֹהֶל Ex. 39, 33. 1 Kön. 1, 39. Ps. 78, 60. 3) *Haus, Wohnung* 1 Kön. 8, 66. Spr. 14, 11. אֹהֶל בֵּיתִי *mein Haus* Ps. 132, 3. אֹהֶל מִשְׁכְּנוֹת רְשָׁעִים *die Wohnstätte der Bösen* Hiob 21, 28. 4) dichterisch: *Familie, Stamm* Jes. 16, 5. Ps. 78, 67. אָהֳלֵי אֱדוֹם *Edomiter* Ps. 83, 7. אָהֳלֵי יְהוּדָה *der Stamm Juda* Zach. 12, 7. 5) n. pr. m. 1 Chr. 3, 20.

[אֲהָל] m. pl. אֲהָלִים — אֲהָלוֹת *Aloe, Aloebaum* Num. 24, 6. Ps. 45, 9. Spr. 7, 17.

אָהֳלָה symbolischer Name des *Zehnstämmereiches* bei Ezech. 23, 4 ff.

אָהֳלִיאָב (*Zelt des Vaters*) n. pr. *Oholiab*, Künstler bei Anfertigung der Stiftshütte Ex. 31, 6. 35, 34.

אָהֳלִיבָה (*mein Zelt in ihr*) symbolischer Name des Reiches *Juda* bei Ezech. 23, 4 ff.

אָהֳלִיבָמָה (*Zelt der Höhe*) n. pr. Frau des Esau Gen. 36, 2. 5. 14. 18. 25. 2) Stammesfürst in Edom Gen. 36, 41. 1 Chr. 1, 52.

אַהֲרֹן n. pr. *Ahron*, Bruder des Moses, Stammvater des Priestergeschlechts Ex. 4, 14. Deut. 32, 50. Micha 6, 4. Ps. 105, 26. בְּנֵי אַהֲרֹן *Priester* Lev. 3, 5. בֵּית אַהֲרֹן *Priestergeschlecht* Ps. 115, 10. 12. 135, 19.

אוֹ (viell. v. אָוָה wollen) conj. 1) *oder* Ex. 21, 32. Num. 5, 14; אוֹ—אוֹ *entweder — oder* Lev. 5, 1; *oder auch* Num. 9, 22; *oder vielmehr* Gen. 24, 55. Richt. 18, 19. 1 Sam. 29, 3. 2) *wenn etwa* Lev. 4, 23. 28. 2 Sam. 18, 13. אוֹ מַה־יַּעַנְךָ *wenn er dir etwa antwortet* 1 Sam. 20, 10; אוֹ אָז *wenn dann etwa = es sei denn, dass* Lev. 26, 41. Ezech. 21, 15; *oder auch nur* Spr. 31, 4 Ketib (n. A. *nicht*).

אוּאֵל n. pr. m. Esra 10, 34.

אוֹב m. pl. אֹבוֹת 1) *Schlauch* Hiob 32, 19; 2) der *hohle Bauch* des Beschwörers, in welchem der vermeintliche Beschwörgeist sich aufhält und dessen Stimme dumpf heraufschallt, und dieser *Geist* selbst Jes. 29, 4; der *Beschwörer* heisst: שֹׁאֵל אוֹב oder עֹשֶׂה אוֹב Deut. 18, 11. 2 Kön. 21, 6; oder בַּעַל אוֹב (f. בַּעֲלַת) 1 Sam. 28, 7; endlich selbst אוֹב Lev. 20, 27; besonders pl. אֹבוֹת *Geister* od. *Geisterbeschwörer* Lev. 19, 31. 20, 6. 1 Sam. 28, 9. 2 Kön. 23, 24. Jes. 8, 19. 19, 3.

אוֹבִיל (*Treiber*) n. pr. m. 1 Chr. 27, 30.

אוּבָל s. אֻבָל

אוּד m. pl. אוּדִים *Feuerbrand* oder *Schürholz*, mit dem man das Feuer umrührt Jes. 7, 4. Amos 4, 11. Zach. 3, 2.

אוֹדוֹת s. אֹדָה.

*[**אָוָה**] = אָבָה Piel pf. אִוָּה f. אִוְּתָה *begehren*, stets mit נֶפֶשׁ als subject; das obj. im accus. Deut. 12, 20. 14, 26. 1 Kön. 11, 37. Jes. 26, 9. Hiob 23, 13. 2) *sich ausersehen* Ps. 132, 13. 14.

Htp. fut. 2 p. תִּתְאַוֶּה *begehren, gelüsten* mit acc. Deut. 5, 18; mit לְ Spr. 24, 1. הִתְאַוּוּ תַּאֲוָה *sie empfanden ein Gelüste* Num. 11, 4. Ps. 106, 14. — הִתְאַוִּיתֶם Num. 34, 10 gehört zu תָּאָה s. d.

אַוָּה f. cs. אַוַּת *Begierde, Gelüste* immer (ausser Hos. 10, 10) mit נֶפֶשׁ Deut. 12, 15. 20. 21. 1 Sam. 23, 20. Jer. 2, 24.

אוּזַי n. pr. m. Neh. 3, 25.

אוּזָל n. pr. Sohn des Joktan Gen. 10, 27. 1 Chr. 1, 21.

אוֹי *ach! wehe!* Num. 24, 23. Spr. 23, 29; gew. mit לְ: אוֹי לִי *wehe mir!* Jes. 6, 5; ohne לְ: אוֹי עִיר הַדָּמִים *wehe der Stadt der Blutschuld* Ezech. 24, 6. 9.

אֱוִי (*Begehr*) n. pr. midjanitischer Fürst Num. 31, 8. Jos. 13, 21.

אוֹיָה *wehe!* mit לְ Ps. 120, 5.

אֱוִיל adj. pl. אֱוִלִים — אֱוִילִים *thöricht* Jes. 19, 11. Jer. 4, 22. Spr. 29, 9; häufiger subst. a) *Thor* Spr. 11, 29. Hiob 5, 2. b) *Sünder* Ps. 107, 17. Spr. 15, 5. Hiob 5, 3.

אֱוִיל מְרֹדַךְ (*Merodach* = aram. Gottheit Mars, אֱוִיל wahrsch. = *furchtbar*) n. pr. *Evilmerodach*, König von Babylon nach Nebukadnezar 2 Kön. 25, 27. Jer. 52, 31.

[אוּל] m. suff. אוּלָם 1) *Bauch, Leib* Ps. 73, 4. 2) cs. pl. אוּלֵי *die Mächtigen* 2 Kön. 24, 15. Ktib.

אוּלִי adj. *thöricht* Zach. 11, 15.

אוּלַי—אֻלַי (Gen. 24, 39) adv. zsgs. a. אוֹ (או) u. לִי (לֹא) 1) *wenn nicht* Num. 22, 33. 2) *ob nicht, vielleicht* Gen. 16, 2. 24, 5. אוּלַי יַעֲשֶׂה *wenn er vielleicht bringt* Hos. 8, 7.

אוּלַי n. pr. *Euläus*, Fluss bei Susa Dan. 8, 2. 16.

אוּלָם (אֻלָם) m. pl. אֻלַמִּים cs. אֻלַמֵּי *Vorbau, Vorhalle* z. B. des Tempels Ezech. 40, 48. Joel 2, 17; der Säulen 1 Kön. 7, 6; des Heiligthums 1 Kön. 7, 21; des Thores Ezech. 40, 7; des Thrones 1 Kön. 7, 7, der auch die Halle des Gerichts heisst (das.); daher auch bloss אוּלָם ה' *der Tempel Gottes* 2 Chr. 15, 8. 29, 17.

אוּלָם — אֻלָם adv. *jedoch, hingegen* Hiob 2, 5. 5, 8. 13, 3; sonst immer וְאוּלָם Gen. 28, 19. 1 Sam. 20, 3. Micha 3, 8. Hiob 1, 11.

אִוֶּלֶת f. suff. אִוַּלְתּוֹ *Thorheit*, ausser Ps. 38, 6. 69, 6 (wo es besser mit *Sündhaftigkeit* zu übersetzen ist) nur in Spr. 12, 23. 13, 16 u. s. w.

אוֹמָר (*Höhenbewohner*) n. pr. Sohn des Elifas Gen. 36, 11. 1 Chr. 1, 36.

אָוֶן m. mit Art. הָאָוֶן (die Formen mit suff. gehören zu און) 1) *Mühe, Noth, Last, Beschwerde* Ps. 55, 4. 11. 90, 10. Hab. 1, 3. 3, 7. 2) *Nichtigkeit, Eitelkeit* Jes. 41, 29. Zach. 10, 2, daher 3) *Sünde, Falschheit, Trug* Num. 23, 21. Jes. 1, 13. Ps. 36, 4. Spr. 17, 4. Hiob 36, 21 u. s. w. 4) *Abgötterei, Götzendienst* אָוֶן וּתְרָפִים *Abgötterei und Bilderdienst* 1 Sam. 15, 23; das

Götzenbild selbst Jes. 66, 3; daher wird בֵּית אֵל von Hosea als בֵּית אָוֶן *götzendienerische Stadt* bezeichnet Hos. 4, 15. 5, 8. 10, 5 und auch bloss אָוֶן 10, 8 genannt; vgl. Hosea 6, 8. 12, 12 (von Gilead) und Amos 5, 5.

אָוֶן n. pr. 1) s. אוֹן. 2) poetischer Name für *Bet-El* s. אָוֶן I. 3) in Zusammensetzung בֵּית אָוֶן Stadt in Benjamin östlich von Bet-El Jos. 7, 2. 18, 12. 1 Sam. 13, 5. 14, 23 (nach Einigen identisch mit Bet-El). 4) בִּקְעַת אָוֶן (*Götzenthal*) das Thal von Damascus Amos 1, 5.

אוֹן m. suff. אוֹנִי—אֹנִי pl. אוֹנִים 1) *Kraft, Stärke* Hos. 12, 4. Hiob 40, 16. צַעֲדֵי אוֹנוֹ *seine kräftigen Schritte* Hiob 18, 7; plur. Jes. 40, 26. אֵין אוֹנִים *kraftlos* Jes. 40, 29; concret. die *Starken* Spr. 11, 7; besonders in der Verbindung רֵאשִׁית אוֹן *der Erstgeborne* Gen. 49, 3. Deut. 21, 17. Ps. 78, 51. 105, 36; daher אוֹן allein: *Erstgeborner* Hiob 18, 12. 2) *Gewaltthat* Jer. 4, 14. Ps. 94, 23; *die Strafe dafür* Hiob 21, 19. 3) *das* (durch Gewalt erworbene) *Gut* Hos. 12, 9. Hiob 20, 10. 4) *Schmerz, Trauer* Deut. 26, 14. Hos. 9, 4.

אוֹן n. pr. m. 1) Num. 16, 1. 2) Stadt in Unterägypten am östlichen Ufer des Nil Gen. 41, 45. 50. 46, 20. (griechisch *Heliopolis* = בֵּית שֶׁמֶשׁ Jer. 43, 13); bei Ezech. 30, 17 אָוֶן.

אוֹנוֹ (*kräftig*) n. pr. Stadt in Benjamin in der Nähe von Lydda Esra 2, 33. Neh. 7, 37. 11, 35. 1 Chr. 8, 12; das Thal in der Nähe: בִּקְעַת אוֹנוֹ Neh. 6, 2.

אוֹנִיּוֹת = אֳנִיּוֹת s. אֳנִיָּה.

אוֹנָם (*Kraft*) n. pr. choritischer Stamm Gen. 36, 23. 1 Chr. 1, 40. 2) 1 Chr. 2, 26.

אוֹנָן (*Kraft*) n. pr. Sohn des Juda Gen. 38, 9. 46, 12. Num. 26, 19. 1 Chr. 2, 3.

אוּפָז n. pr. eines Ortes, woher Gold geholt wurde Jer. 10, 9. Dan. 10, 5.

אוֹפִיר (אֹפִיר ,אוֹפִר) n. pr. 1) Sohn des Joktan Gen. 10, 29. 1 Chr. 1, 23. 2) (mit ה locale אוֹפִירָה) *Ofir,* eine Gegend, woher zu Schiffe (1 Kön. 9, 27) Gold (1 Kön. 9, 28) u. a. kostbare Produkte (1 Kön. 10, 11. 22. 2 Chr. 8, 18. 9, 10) gebracht wurden, wahrscheinl. im südl. Arabien, n. A. in Indien; daher זְהַב אוֹפִיר 1 Chr. 29, 4; dichterisch כֶּתֶם אוֹפִיר Jes. 13, 12. Ps. 45, 10. Hiob 28, 16; endlich bloss אוֹפִיר *Gold* Hiob 22, 24.

אוֹפָן—אֹפַן—אוֹפַן cs. אֹפַן—אוֹפַן pl. אוֹפַנִּים—אֹפַנִּים cs. אוֹפַנֵּי suff. אוֹפַנֵּיהֶם *Rad* am Wagen Ex. 14, 25; am Dreschwagen Jes. 28, 27. Spr. 20, 26; an den Gestellen der Becken im salomon. Tempel 1 Kön. 7, 32; am göttlichen Thronwagen Ezech. 1, 15 ff. 10, 6 ff.

***אוּץ** pf. אָץ ,אַצְתִּי, part. אָץ ,אָצִים 1) *eng sein* Jos. 17, 15. 2) *sich beeilen* Jos. 10, 13. Spr. 28, 20; *sich übereilen* Jer. 17, 16. Spr. 19, 2. 21, 5. 29, 20. 3) trans. *zur Eile antreiben, drängen* Ex. 5, 13.

Hif. fut. תָּאִיצוּ *in Jemand dringen* mit inf. Jes. 22, 4; mit בְּ Gen. 19, 15.

אוֹצָר m. cs. אוֹצַר suff. אוֹצָרוֹ, pl. אֹצָרוֹת—אוֹצָרוֹת cs. אוֹצְרוֹת, suff. אוֹצְרוֹתַי etc., אוֹצְרוֹתָם — אֹצְרֹתֵיהֶם 1) *Vorrath, Schatz* Hos. 13, 15. Spr. 8, 21. 15, 16. 21, 6. 20. 2) *Vorrath-Haus, Schatzkammer* Joel 1, 17. Ps. 33, 7. 2 Chr. 32, 27.

***אוֹר** pf. 3 sg. אוֹר (Gen. 44, 3) 3 pl. אֹרוּ; part. אוֹר Spr. 4, 18; fut. 3 pl. f. תָּאֹרְנָה imp. f. אוֹרִי *leuchten, hell werden* 1 Sam. 14, 29. Jes. 60, 1. וְאוֹר לָכֶם *wenn es (euch) hell wird* 1 Sam. 29, 10.

Nifal fut. יֵאוֹר inf. לֵאוֹר *erleuchtet werden, hell werden* 2 Sam. 2, 32. Hiob 33, 30; part. נָאוֹר *leuchtend, herrlich* Ps. 76, 5.

Hif. pf. הֵאִיר f. הֵאִירָה, part. מֵאִיר f. cs. מְאִירַת pl. f. מְאִירוֹת, fut. יָאֵר—יָאֵר—יָאִיר, inf. הָאִיר, imp. הָאֵר ,הָאִירָה. 1) *leuchten lassen,* וְיָרֵחַ לֹא יָאִיר אוֹרוֹ *der Mond wird nicht leuchten lassen sein Licht* Ez. 32, 7. תָּאִיר נֵרִי *du lässt strahlen meine Leuchte* Ps. 18, 29; bildlich: *das Gesicht strahlen lassen* d. h. *verschönern* Koh. 8, 1; *die Augen strahlen lassen* d. h. *Kraft verleihen* Ps. 13, 4 (vgl. אֹרוּ עֵינַי 1 Sam. 14, 29), besonders in der Redensart: *Gott lässt sein Antlitz strahlen, leuchten* = *er ist hülfreich, gnädig* Ps. 80, 4. 8. 20; mit אֶל Num. 6, 25; mit אֵת Ps. 67, 2; mit בְּ Ps. 119, 135; mit עַל Ps. 31, 17. 2) mit Auslassung des Objekts (wie אוֹרוֹ u. s. w.) *Strahlen aussenden, strahlen, leuchten* Gen. 1, 15. 17. Ex. 25, 37. Num. 8, 2. Jes. 60, 19. Ez. 43, 2. Hiob 41, 24; mit Auslassung von פָּנִים (s. Nr. 1) Ps. 118, 27. 3) *anzünden, in Brand stecken* (und dadurch *leuchten lassen*) Jes. 27, 11. Mal. 1, 10. 4) *erleuchten, hell machen* (eigentl. auch *strahlen, das Licht zurückstrahlen lassen*) mit dem accus. Ex. 14, 20. Ps. 77, 19. 97, 4. Neh. 9, 12 und mit Auslassung des obj. הַדֶּרֶךְ Ex. 13, 20; bildlich: die *Augen erleuchten* (verschieden von Nr. 1) d. h. *belehren* Ps. 19, 9. Spr. 29, 13. Esra 9, 8.

אור m. suff. אוֹרוֹ, אוֹרֵהוּ (Hiob 25, 3) pl. אוֹרִים *Licht* Gen. 1, 3; adjektivisch: *leuchtend, hell.* כּוֹכְבֵי אוֹר *leuchtende Sterne* Ps. 148, 3. Ezech. 32, 8. בְּיוֹם אוֹר am hellen Tage Amos 8, 9; daher: a) *Morgen* Richt. 19, 26. Hiob 24, 14. Neh. 8, 3. b) *Sonne* Hab. 3, 4. Hiob 31, 26. c) *Blitz* Hiob 37, 3. 11. 15. d) in vielfachen bildlichen Beziehungen: *Leben* Hiob 3, 20; *Lehre* Spr. 6, 23; *Rettung* Micha 7, 8. אוֹר פְּנֵי ה׳ (vgl. אוֹר Num. 1) *Gnade der Hülfe Gottes* Ps. 44, 4. 89, 16; plur. אוֹרִים *Lichtträger*=מְאוֹרִים Ps. 136, 7.

אור m. pl. אוֹרֹה, אוֹרֹת *Pflanze* 2 Kön. 4, 39. Jes. 18, 4. 26, 19.

אור m. pl. אוּרִים, אֻרִים 1) *Feuer, Flamme* Jes. 31, 9. 44, 16. 47, 14. 50, 11. Ezech. 5, 2. 2) plur. die *Ostgegenden* Jes. 24, 15. 3) gewöhnlich in Verbindung mit תֻּמִּים (*Licht und Recht*) das am Brustschild des Hohenpriesters befindliche *heilige Loos*, das durch den Priester befragt wurde Ex. 28, 30. Lev. 8, 8. Esra 2, 63. Neh. 7, 65; suff. תֻּמֶּיךָ וְאוּרֶיךָ Deut. 33, 8; ohne תֻּמִּים Num. 27, 21. 1 Sam. 28, 6.

אוּר n. pr. m. 1) 1 Chr. 11, 35. 2) אוּר כַּשְׂדִּים *Ur der Kasdim*, Heimath Abraham's, wahrscheinlich in Mesopotamien Gen. 11, 28. 31. 15, 7. Neh. 9, 7.

אוֹרָה f. 1) *Licht* Ps. 139, 12. 2) *Heil, Glück* Est. 8, 16.

אֻרוֹת s. אֻרְוָה.

אוּרִי n. pr. 1) Vater des Bezalel Ex. 31, 2. 35, 30. 1 Chr. 2, 20; 2) אֻרִי 1 Kön. 4, 19.

אוּרִיאֵל (*Gott ist Licht*) n. pr. m. 1) 1 Chr. 6, 9 (wofür v. 21 צְפַנְיָה). 2) 1 Chr. 15, 5. 3) 2 Chr. 13, 2.

אוּרִיָּהוּ—אוּרִיָּה n. pr. 1) Mann der Batseba 2 Sam. 11, 3. 2) Priester zur Zeit des Jesaja Jes. 8, 2. 3) Prophet, den Jojakim hinrichten liess Jer. 26, 20. 4) Neh. 3, 4.

אוֹרְנָה s. אֲרַוְנָה.

[אוש] Hitp. imp. הִתְאֹשָׁשׁוּ (denom. v. אִישׁ) *sich ermannen* Jes. 46, 8.

אות* fut. נֵאוֹתָה, יֵאוֹתוּ *einwilligen, willfahren* Gen. 34, 15. 22. 23. 2 Kön. 12, 9.

אוֹת (אֹת) m. u. f. pl. אֹתֹת—אוֹתֹת—אֹתוֹת, suff. אֹתֹתַי, אֹתֹתָם *Zeichen* Gen. 1, 14. 4, 15. Exod. 12, 13. Deut. 6, 8; *Denkzeichen* (z. B. des Bundes) Gen. 9, 13. 17, 11. Exod. 31, 13. 17. Ezech. 20, 12; *Wahrzeichen* Jos. 2, 12. 2 Kön. 20, 8; *Wunderzeichen* Ex. 7, 3. 10, 1. 2. Deut. 6, 22; häufig in Verbindung mit מוֹפֵת Deut. 13, 3. Jes. 20, 3; *Feldzeichen* Num. 2, 2.

אוֹת mit suff. אוֹתִי s. אֵת.

אָז adv. (verkürzt aus אֱזַי) *damals* 1) auf eine abgeschlossene Vergangenheit hindeutend, mit folg. pf. Gen. 4, 26. Richt. 13, 21. 2 Sam. 21, 17. כְּחִי אָז *meine damalige Kraft* Jos. 14, 11. אָז הִצַּלְתֶּם *nunmehr habt ihr gerettet.* Jos. 22, 31. 2) auf ein Werden in der Vergangenheit mit folg. fut. (das aber als imperf. zu übersetzen) (*nun*) Ex. 15, 1. Num. 21, 17. Deut. 4, 41. Jos. 10, 12. 1 Kön. 9, 11. 11, 7. 16, 21. 2 Kön. 12, 18. 2 Chr. 21, 10. 3) *dann*, von der Zukunft (auch mit folg. fut.) Gen. 24, 41. Ex. 12, 44. Jes. 41, 1. Ps. 2, 5. 96, 12, wobei oft die Folge aus dem vorigen angedeutet (Jer. 22, 15. Hiob 3, 13. 13, 20. Hohel. 8, 10.) oder der Nachsatz eingeleitet wird Ps. 119, 6. Hiob 9, 31. Koh. 2, 15. 4) מִן אָז Jer. 44, 18. gewöhnl. מֵאָז *seitdem*, mit folg. subst. מֵאָז הַבֹּקֶר *seit dem Morgen* Rut 2, 7. מֵאָז אַפֶּךָ *sobald du zürnest* Ps. 76, 8, mit inf. Ex. 4, 10, am häufigsten mit folg. pf. Gen. 39, 5. Ex. 5, 23. 9, 24; auch absolut: *ehemals* 2 Sam. 15, 34. Jes. 16, 13, *von jeher* Jes. 44, 8. 48, 5. 7.

אֲזָה—אֲזָא aram. part. pass. אֲזֵה inf. מֵזֵא mit suff. לְמֵזְיֵהּ *anzünden, heizen* Dan. 3, 19. 22.

אֶזְבַּי (*Kleiner*) n. pr. m. 1 Chr. 11, 37.

אַזְדָּא aram. adv. *fest, bestimmt.* מִלְּתָה מִנִּי אַזְדָּא *es ist mein fester Wille* Dan. 2, 5. 8.

אֵזוֹב m. *Ysop*, eine Pflanze, die an Steinen und Mauern aufwächst Ex. 12, 22. Lev. 14, 4. 6. Num. 19, 6. 1 Kön. 5, 13. Ps. 51, 9.

אֵזוֹר m. 1) *Gurt* 2 Kön. 1, 8. Jes. 11, 5. Jer. 13, 1. Ezech. 23, 15. 2) *Fessel* Hiob 12, 18.

אֲזַי (זֶה=זַי) adv. = אָז zu verstärkender Einleitung des Nachsatzes, *dann* Ps. 124, 3. 4. 5.

אַזְכָּרָה f. suff. אַזְכָּרָתָהּ (*Erinnerungsopfer*) *Duftopfer*, d. h. derjenige Theil des Mehlopfers, der auf dem Altare verbrannt wurde Lev. 2, 2. 9. 16. 5, 12. 6, 8. 24, 7. Num. 5, 26. Vgl. זָכַר.

אָזַל* pf. 3 f. אָזְלַת, fut. 2 f. תֵּזְלִי (=תֵּאזְלִי) 1) *fortgehen, sich entfernen* Jer. 2, 36. Spr. 20, 14. 2) *zu Ende gehen, verschwinden* Deut. 32, 36. 1 Sam. 9, 7. Hiob 14, 11.

Pual part. מְאוּזָּל *Gesponnenes, Garn* Ezech. 27, 19 (nach Andern n. pr.).

אֲזַל aram. pf. 3 pl. אֲזַלוּ imp. אֱזַל *gehen, hingehen* Dan. 2, 17. 24. 6, 19. 20. Esra 4, 23. 5, 8. 15.

אזל s. אָבֶן.

*[**אזן**] Piel אִזֵּן *erwägen* Koh. 12, 9.

Hifil pf. 3 sg. הֶאֱזִין 2 sg. וְהַאֲזַנְתָּ 3 pl. הֶאֱזִינוּ, fut. יַאֲזִין (= יַאֲזִין Hiob 32, 11), imp. הַאֲזִין — הַאֲזִינָה pl. f. הַאֲזֵנָּה part. מֵזִין (= מַאֲזִין Spr. 17, 4), (denom. von אֹזֶן) *das Ohr hinhalten, horchen, hören, erhören*, meist dichterisch Deut. 32, 1. Jes. 1, 2. 8, 9; mit אֶל *auf Jemand hören* Deut. 1, 45. Jes. 51, 4. Ps. 77, 2; *auf eine Sache* Ps. 143, 1; mit לְ der Sache: *auf... achten* Ex. 15, 26. Ps. 54, 4. Hiob 34, 2. 16; mit acc. d. Sache: *hören* Gen. 4, 23, Jes. 1, 10. 28, 23. Ps. 5, 2. Hiob 33, 1; mit עַד (= אֶל) Num. 23, 18.

[**אָזֵן**] m. suff. אֲזֵנֶךָ *Werkzeug, Geräth* Deut. 23, 14.

אֹזֶן f. suff. אָזְנִי du. אָזְנַיִם cs. אָזְנֵי, suff. אָזְנַי *Ohr* Gen. 23, 13. Num. 14, 28. Deut. 29, 3. Ps. 49, 5. 94, 9.

אֻזֵּן n. pr. Ortschaft bei Bet-Choron 1 Chr. 7, 24.

אַזְנוֹת תָּבוֹר n. pr. Stadt im Stamme Naftali Jos. 19, 34.

[**אַזְנַח**] ungebr. Adj. von זָנַח abgeleitet, davon denominativ Hif. הֶאֶזְנִיחוּ *versiegen* Jes. 19, 6.

אָזְנִי (= אָזַנְיָה *Erhörung Gottes*) n. pr. Sohn des Gad Num. 26, 16.

אֲזַנְיָה (*Erhörung Gottes*) n. pr. Neh. 10, 10.

[**אָזֵק**] m. pl. mit art. הָאֲזִקִּים *Fesseln* Jer. 40, 1. 4. [eigentl. זִק (s. d.) mit Vorschlags-Alef].

*[**אָזַר**] fut. 2 תֶּאְזֹר 3 suff. יַאַזְרֵנִי imp. אֱזָר־ *gürten*, z. B. die Hüften oder Lenden Jer. 1, 17. Hiob 38, 3. 40, 7; *als Gurt umlegen* אֵזוֹר עוֹר אָזוּר בְּמָתְנָיו *ein lederner Gurt war um seine Hüften gegürtet* 2 Kön. 1, 8; bildlich *sich (mit Kraft) gürten* 1 Sam. 2, 4.

Nifal נֶאְזָר *umgürtet* Ps. 65, 7.

Piel fut. וַתְּזְרֵנִי (= וַתְּאַזְּרֵנִי 2 Sam. 22, 40) 1) *umgürten* mit dopp. accus. הַמְאַזְּרֵנִי חָיִל, *der mich mit Kraft umgürtet* Ps. 18, 33. 40. 30, 12. Hiob 30, 18. 2) *rüsten, ausrüsten* Jes. 45, 5. מְאַזְּרֵי זִיקוֹת *die ihr Brände rüstet* Jes. 50, 11.

Hitp. ps. הִתְאַזָּר *sich gürten, sich rüsten* Jes. 8, 9. Ps. 93, 1.

אֶזְרוֹעַ (= זְרוֹעַ) f. mit suff. אֶזְרֹעִי *Arm* Jer. 32, 21. Hiob 31, 22

אֶזְרָח m. 1) *ein an der Stelle, wo er ursprünglich gepflanzt worden, stehender Baum* (also *festwurzelnd*) Ps. 37, 35. 2) der *Eingeborne*, im Gegensatz zum גֵּר Ex. 12, 48. Lev. 16, 29. Num. 15, 13. Ez. 47, 22.

אֶזְרָחִי—אֶזְרָח n. pr. Nachkommen des Serach 1 Chr. 2, 6; als solche werden *Heman* Ps. 88, 1 und *Etan* 1 Kön. 5, 11. Ps. 89, 1 genannt (neben diesem Geschlecht aus Juda ein gleichnamiges aus Levi 1 Chr. 6, 6. 26. 15, 17. 19. 16, 41. 42. 25, 1. 4).

*__אָח__ m. cs. אֲחִי, suff. אָחִי, אָחִיךָ, אָחִיו (אָחִיהוּ), אֲחִיכֶם pl. אַחִים, cs. אֲחֵי, suff. אַחַי (ps. אֶחָי), אַחֶיךָ, אֶחָיו, אֲחֵיכֶם *Bruder* 1) im eigentlichen Sinne Gen. 24, 29. 2) *Verwandter* Gen. 29, 12. 15; *Stammesgenosse* Ex. 2, 11. Num. 8, 26. 2 Sam. 19, 13; wie selbst die Edomiter von den Israeliten genannt werden Num. 20, 14. 3) *Freund, Genosse* 1 Kön. 9, 13. Amos 1, 9. Spr. 18, 9; daher (wie רֵעַ) mit vorhergehend. אִישׁ *der eine, — der andere* Gen. 13, 11, was auch von Thieren Joel 2, 8 und leblosen Dingen männlichen Geschlechts gesagt wird Ex. 25, 20. 37, 9.

אַח aram. m. pl. suff. אַחָיךְ Esra 7, 18 *Bruder, Stammesgenosse.*

אָח 1) interj. Ausruf des Schmerzes *Ach!* Ezech. 6, 11. 21, 20. 2) s. אֶחָד.

אָח f. *Feuertopf, Kohlenbecken* Jer. 36, 22. 23.

[**אֹחַ**] pl. אֹחִים *Eule, Uhu* Jes. 13, 21.

אַחְאָב (*Bruder des Vaters*) n. pr. 1) *Achab*, König von Israel 1 Kön. 16, 28. 2) ein falscher Prophet zur Zeit des Jeremias Jer. 29, 21, wofür v. 22: אֶחָב.

אֶחָב s. אַחְאָב.

אַחְבָּן (*Verständiger*) n. pr. m. 1 Chr. 2, 29.

אֶחָד [mit dagess. ח und Verlänger. d. letzten Silbe, entst. aus אַחַד; das selbst aus אֶחָד gebildet ist; daher die Verkürzg. חַד Ez. 33, 30 u. חַד im aram.; eine zweite Verkürz. ist אַח Ezech. 18, 10], cs. אַחַד (einige Male kommt אַחַד auch st. abs. vor Gen. 48, 22. Jes. 27, 12. 66, 17; bei Stellen wie 2 Sam. 17, 22. Ez. 33, 30. Zach. 11, 7 ist מֵהֶם zu ergänzen; ausserdem bei Zusammens. mit עָשָׂר) fem. אַחַת (= אַחֶדֶת oder אַחֶדֶת) ps. אֶחָת pl. אֲחָדִים *Einer* 1) num. card. Num. 1, 41. Deut. 32, 30, gewöhnl. dem subst. nachgesetzt, aber auch: אַחַד נֶפֶשׁ *eine Person* Num. 31, 28. אַחַד עָשָׂר, אַחַת עֶשְׂרֵה *elf*; mit verstärkter Hervorhebung des Einheitbegriffs: a) *einzig* Gen. 1, 9. 27, 45. Deut. 6, 4.

קוֹל אֶחָד *einstimmig* Ex. 24, 3; daher *einzig in seiner Art, hervorragend* Richt. 16, 28. Jes. 51, 2. Ez. 7, 5. Mal. 2, 15. וְהוּא בְּאֶחָד *er ist einzig* Hiob 23, 13; adverb. כְּאֶחָד *wie ein einziger, gemeinschaftlich, zugleich* Jes. 65, 25. Esra 2, 64, 2 Chr. 5, 13. בְּאַחַת *mit einem Male, plötzlich* Jer. 10, 8. Spr. 28, 18. b) *derselbe* Gen. 40, 5. Ezech. 21, 24. Hiob 31, 15. c) mit vorhergeh. לֹא *nicht einer = keiner.* 2 Sam. 13, 30; verstärkt: עַד אֶחָד Exod. 9, 7. גַּם אֶחָד 2 Sam. 17, 12; mit folg. לֹא 2 Sam. 17, 22. 2) num. distrib. *je einer* Num. 1, 44. gewöhnlich durch Wiederholung bezeichnet Num. 13, 2. 34, 18. 3) num. ord. *der erste*, bei Zeitangaben: Gen. 1, 5. Esra 3, 6; mit Auslassung von יוֹם: בְּאֶחָד לַחֹדֶשׁ *am ersten des Monats* Gen. 8, 5. בִּשְׁנַת אַחַת *im ersten Jahre (im Jahre Eins)* Dan. 9, 1. 2. Esra 1, 1. 4) correlat. הָאֶחָד — הָאֶחָד *der eine — der andere* Ex. 18, 3. 4; auch ohne Artikel Richt. 16, 29. Neh. 4, 11; dreimal: 1 Sam. 10, 3; zuweilen folgt שֵׁנִי Koh. 4, 10 oder שְׁתַּיִם Hiob 33, 14 oder אָחִיו Gen. 10, 25 oder חֲבֵרוֹ Koh. 4, 10. אֶחָד לְאֶחָד *einer nach dem andern* Jes. 27, 12. אַחַת לְאַחַת *eins zum andern* Koh. 7, 27. 5) *irgend Jemand*, mit folg. ger. oder מִן; z. B. אַחַד הָעָם *einer aus dem Volke* Gen. 26, 10. אַחַד הַבּוֹרוֹת *eine der Gruben (= eine Grube)* Gen. 37, 20. Hiob 2, 10. אֲחִיכֶם אֶחָד *einer von euch Brüdern* Gen. 42, 19; daher wie der unbestimmte Artikel אִישׁ אֶחָד *ein Mann* 1 Sam. 1, 1. Ex. 29, 3. 1 Kön. 20, 13; plur. אֲחָדִים 1) *einzig* Gen. 11, 1. Ezech. 37, 17; 2) *einige* Gen. 27, 44. 29, 20.

[אָחַד] (wie יָחַד) Hitp. denom. v. אֶחָד *sich zusammennehmen* Ezech. 21, 21.

אָחוּ (wahrsch. ägypt. Urspr.) m. *Gras, Wiesengras*, besond. *Nilgras*, Gen. 41, 2. 18. Hiob 8, 11.

אֵהוּד n. pr. 1 Chr. 8, 6 = אֵחִי Gen. 46, 21; vgl. אֵהוּד.

[אַחֲוָה] (von חָוָה) f. suff. אַחֲוָתִי *Rede, Aussage* Hiob 13, 17.

אַחֲוָה (von אָח) f. *Brüderschaft, Verbrüderung* Zach. 11, 14.

אֲחוֹחַ n. pr. Enkel des Benjamin 1 Chr. 8, 4 (= אֲחִיָּה v. 7); n. gent. אֲחֹחִי 2 Sam. 23, 9. 28; אֲחוֹחִי 1 Chr. 11, 12. 29.

[אַחֲוָיָה] cs. אַחֲוָיַת aram. f. (von חֲוָה) *Aussage* Dan. 5, 12.

אֲחוּמַי (*Wässriger*) n. pr. m. 1 Chr. 4, 2.

אָחוֹר m. pl. cs. אֲחֹרֵי suff. אֲחֹרַי, אֲחֹרֵיהֶם 1) *die Rückseite*, am Körper. Ex. 33, 23. 1 Kön. 7, 25. Ez. 8, 16. 2 Chr. 4, 4; am Gebäude Ex. 26, 12; an einer Schriftrolle Ez. 2. 10. 2) *Westseite* Jes. 9, 11; meist als adverb. *auf die Rückseite, rücklings* Gen. 49, 17. Jes. 28, 13; *zurück*, mit Zeitw. wie סוּג (Nif.) 2 Sam. 1, 22. Ps. 35, 4; זוּר (Nif.) Jes. 1, 4; הָלַךְ Jer. 15, 6; סָבַב Ps. 114, 3. 5; mit שׁוּב (Kal. u. Hif.) Jes. 44, 25. Ps. 9, 4. 44, 11. 3) *zukünftig* Jes. 41, 23. 42, 23.

אָחוֹת f. cs. אֲחוֹת, suff. אֲחֹתִי, (die Formen mit suff. ohne ו, ausser 2 sing. u. 1 pl.) pl. suff. אַחְיוֹתַי (dafür Ktib: אֲחוֹתַי), אַחְיוֹתַיִךְ—אֲחוֹתַיִךְ, אַחְיוֹתֵיהֶם, אֲחוֹתֵיכֶם, אַחְיֹתָיו, *Schwester* Gen. 25, 20. 2 Sam. 13, 1. Jer. 22, 18, in denselben erweiterten Bedeutungen wie אָח, *Bruder*, also: a) *Verwandte*, Gen. 24, 60. Hiob 42, 11; *Stammesgenossin* Num. 25, 18. Jer. 3, 7. 8. Ezech. 16, 46. b) *Freundin, Geliebte* Spr. 7, 4. Hiob 17, 14. Hohel. 4, 9. c) in der Verbindung אִשָּׁה—אֲחוֹתָהּ *die eine—die andere* Ex. 26, 3. Ezech. 1, 9.

***אָחַז** 3 f. suff. אֲחָזַתְהוּ, אֲחָזָתַם, אֲחָזֻנִי, part. II. אֲחֻזִים, fut. יֶאֱחֹז—יֹאחֵז, תֶּאֱחֹז, אֹחֵז, אֲחֻזוֹת; 3 f. וַתֹּחֶז (2 Sam. 20, 9.) pl. suff. יֹאחֲזוּךָ; inf. אֱחֹז, בֶּאֱחֹז, לֶאֱחֹז; imp. אֱחֹז, אֶחֱזִי (Rut 3, 15), אֶחֱזוּ (אֶחֱזוּ) [אֹחֵז Hiob 23, 8 s. חָזָה] 1) mit dem accus. a) *greifen, fassen*, daher אָחֻז מִן הַחֲמִשִּׁים *herausgegriffen* (durch das Loos) *aus funfzig* Num. 31, 30. 1 Chr. 24, 6; dann überhaupt b) *fangen, gefangen nehmen* Richt. 12, 6. 16, 21. 2 Sam. 2. 21. Jes. 5, 29. Ps. 56, 1. Hohel. 2, 15. 3, 4. Koh. 9, 12; daher *fest machen, befestigen* Ester 1, 6. Nehem. 7, 3. אָחַזְתָּ שְׁמֻרוֹת עֵינָי *du hältst fest meine Augenlider, du lässt sie nicht zufallen* Ps. 77, 5. — אֲחֻזֵי חֶרֶב *Schwertgerüstete* Hohel. 3, 8, wofür אֹחֵז רֹמַח *Schildbesitzender, Schildgerüsteter* 2 Chr. 25, 5. c) besonders von Empfindungen, die einen Menschen *ergreifen* und *erfüllen* z. B. Schrecken Ps. 119, 53. Hiob 21, 6; Beben Ex. 15, 15. Jes. 33, 14. Ps. 48, 7; Schmerzen Jes. 21, 3. Jer. 13, 21. 49, 24; Zittern Ex. 15, 14; Schwindel 2 Sam. 1, 9; Unglückstage Hiob 30, 16; Umgekehrt: קַדְמֹנִים אָחֲזוּ שָׂעַר *die Frühern erfassen den Schauder = Schauder erfasst die Frühern* Hiob 18, 20. d) *einfassen, verbinden* 1 Kön. 6, 10. 2) mit ב

a) *etwas anfassen* (nämlich einen Theil des Gegenstandes) Ex. 4, 4. 1 Kön. 1, 51. Hiob 16, 12; bildlich Koh. 7, 18; selten mit dem accus. Ps. 139, 10. 1 Chr. 13, 9. b) *eingreifen,* 1 Kön. 6, 6. Ezech. 41, 6.

Nifal 1) *gefangen werden* Gen. 22, 13. Koh. 9, 12. 2) pf. נֹאחֲזוּ denom. von אֲחֻזָּה *sich in den Besitz setzen, Besitz erwerben* Gen. 34, 10. 47, 27. Num. 32, 30. Jos. 22, 9. 19.

Piel part. מְאַחֵז *verschliessen* Hiob 26, 9.

Hofal part. מָאֳחָזִים *befestigt sein* 2 Chr. 9, 18.

אָחָז (*Besitzer*) n. pr. 1) König von Juda 2 Kön. 16, 1. Jes. 7, 1. 38, 8. Hosea 1, 1. Micha 1, 1. 2 Chr. 28, 16. 2) 1 Chr. 8, 35. 9, 42.

אֲחֻזָּה f. cs. אֲחֻזַּת *Besitz,* besond. *Grundbesitz* Gen. 17, 8. Lev. 27, 16, aber auch Besitz von Sklaven Lev. 25, 45.

אַחְזַי n. pr. (*Besitzer*) Neh. 11, 13, wahrscheinl. identisch mit יַחְזֵרָה 1 Chr. 9, 12.

אֲחַזְיָה — אֲחַזְיָהוּ (*Gott erhält*) n. pr. 1) König von Israel 1 Kön. 22, 40. 2 Kön. 1, 2. 2 Chr. 20, 35. 2) König von Juda 2 Kön. 8, 24. 2 Chr. 22, 1; dafür יְהוֹאָחָז 2 Chr. 21, 17 und עֲזַרְיָהוּ 2 Chr. 22, 6.

אֲחֻזָּם (*Besitz*) n. pr. m. 1 Chr. 4, 6.

אֲחֻזַּת (*Besitz*) n. pr. Freund des Philisterfürsten Abimelech Gen. 26, 26.

אֲחִי (= אֲחִיָּה) n. pr. 1) 1 Chr. 5, 15. 2) 1 Chr. 7, 34.

אֵחִי n. pr. Sohn des Benjamin Gen. 46, 21. s. אַחוּר.

אֲחִיאָם (*Mutterbruder*) n. pr. m. 2 Sam. 23, 33. 1 Chr. 11, 35.

[אֲחִידָה] aram. f. pl. אֲחִידָן *Räthsel* Dan. 5, 12.

אֲחִיָּה — אֲחִיָּהוּ (*Freund Gottes*) n. pr. 1) Priester in Schilo zur Zeit Saul's 1 Sam. 14, 3. 18. 2) einer der Helden David's 1 Chr. 11, 36. 3) 1 Kön. 4, 3. 4) 1 Chr. 26, 20. 5) Prophet in Schilo zur Zeit Salomo's u. Rehabeam's 1 Kön. 11, 29. 14, 6. 18. 2 Chr. 10, 15. 6) 1 Chr. 2, 25. 7) 1 Kön. 15, 27. 8) Neh. 10, 27. 9) 1 Chr. 8, 7, wofür das. v. 4 אֲחוֹחַ.

אֲחִיהוּד (*Glänzender*) n. pr. Stammesfürst in Ascher Num. 34, 27.

אַחְיוֹ (= אֲחִיָּה) n. pr. m. 1) 2 Sam. 6, 3. 2) 1 Chr. 8, 14. — 1 Chr. 8, 31. 9, 37.

אֲחִיחֻד (= אֲחִיהוּד) n. pr. m. 1 Chr. 8, 7.

אֲחִיטוּב (*Gütiger*) n. pr. 1) Vater des Priesters Achimelech 1 Sam. 14, 3. 22, 9. 2) Vater des Priesters Zadok 2 Sam. 8, 17. 1 Chr. 5, 33. 34. 3) Neh. 11, 11. 1 Chr. 5, 38.

אֲחִילוּד n. pr. m. 1) 2 Sam. 8, 16. 20, 24. 1 Kön. 4, 2. 2) 1 Kön. 4, 12.

אֲחִימוֹת n. pr. m. 1 Chr. 6, 10 = מַחַת v. 20.

אֲחִימֶלֶךְ (*Königsbruder*) n. pr. 1) Sohn d. Achitub, Priester in Nob, von Saul getödtet 1 Sam. 21, 2. 22, 20. Ps. 52, 2. 2) Sohn des Ebjatar, Priester unter David 2 Sam. 8, 17. 1 Chr. 24, 3. 6. 31.

אֲחִימַן (*Freund des Man*) [s. מְנִי] n. pr. 1) Anakite Num. 13, 22. Jos. 15, 14. Richt. 1, 10. 2) 1 Chr. 9, 17.

אֲחִימַעַץ n. pr. 1) Schwiegervater des Saul 1 Sam. 14, 50. 2) Sohn des Priesters Zadok 2 Sam. 15, 27, vielleicht identisch mit dem Schwiegersohne Salomo's 1 Kön. 4, 15.

אַחְיָן (*Bruder*) n. pr. m. 1 Chr. 7, 19.

אֲחִינָדָב (*Edler*) n. pr. m. 1 Kön. 4, 14.

אֲחִינֹעַם (*Anmuthige*) n. pr. 1) Gemahlin des Königs Saul 1 Sam. 14, 50. 2) Gemahlin des Königs David 1 Sam. 25, 43. 27, 3. 30, 5. 2 Sam. 2, 2. 3, 2.

אֲחִיסָמָךְ (*Stütze*) n. pr. m. Ex. 31, 6. 35, 34.

אֲחִיעֶזֶר (*Helfer*) n. pr. 1) Stammesfürst in Dan Num. 1, 12. 2, 25. 7, 66. 71. 10, 25. 2) 1 Chr. 12, 3.

אֲחִיקָם (*Helfer*) n. pr. m. 2 Kön. 25, 22. Jer. 39, 14. 40, 5.

אֲחִירָם (*Erhabener*) Num. 26, 38 (1 Chr. 8, 5: חוּרָם), davon n. gent. אֲחִירָמִי das.

אֲחִירַע (*Freund*) n. pr. Stammesfürst in Naftali Num. 1, 15. 2, 29. 7, 78. 83. 10, 27.

אֲחִישַׁחַר (*Frühlicht*) n. pr. m. 1 Chr. 7, 10.

אֲחִישָׁר (*Grader*) n. pr. Haushofmeister Salomo's 1 Kön. 4, 6.

אֲחִיתֹפֶל (*Plänesinner*) n. pr. Mitverschworner Absalon's 2 Sam. 15, 12. 17, 23. 23, 34.

אַחְלָב (*Fettigkeit*) n. pr. Ort in Ascher Richt. 1, 31.

אַחֲלַי (aus אָח ach! und לוּ=לַי) Ps. 119, 5 und אַחֲלֵי 2 Kön. 5, 3 *O wenn doch!*

אַחְלַי (*Wunsch*) n. pr. m. 1) 1 Chr. 2, 31. 2) 1 Chr. 11, 41.

אַחְלָמָה Name eines Edelsteines (gewöhnlich *Amethist*) Ex. 28, 19. 39, 12.

אַחְמְתָא aram. n. pr. *Ecbatana*, Hauptstadt Mediens, später *Hamadan* Esra 6, 2.

אֲחַסְבַּי n. pr. m. 2 Sam. 23, 34.

אָחַר* fut. 1 sg. אֵחַר (st. אֶאֱחַר) Gen. 32, 5, 3 sg. יוֹחֶר (Kri = וַיֹּאחֶר; das Ktib wäre יִיחַר zu lesen) 2 Sam. 20, 5 *zögern, weilen.*

Piel pf. אֵחַר Gen. 34, 19; 3 pl. אֵחֲרוּ (=אִחֲרוּ) Richt. 5, 28 1) *zögern, weilen* Jes. 46, 13. Hab. 2, 3. Ps. 40, 18. 70, 6. Dan. 9, 19; mit dem inf. mit לְ Deut. 23, 22. Koh. 5, 3; ohne לְ: מְאַחֲרֵי שֶׁבֶת *die spät sitzen* Ps. 127, 2; ähnlich: מְאַחֲרֵי בַנֶּשֶׁף *die bis in die Nacht sitzen* Jes. 5, 11. Spr. 23, 30. 2) trans. *Jemanden aufhalten* mit acc. Gen. 24, 56; *zu spät bringen* Ex. 22, 28; mit ausgelass. Object („die Strafe") Deut. 7, 10.

אַחֵר adj. fem. אַחֶרֶת, pl. אֲחֵרִים (אֲחֵרִין Hiob 31, 10) f. אֲחֵרוֹת 1) *der Folgende, Späterkommende* Gen. 17, 21. 2 Kön. 6, 29. 2 Chr. 3, 11. 2) *der andere,* meist adj., auch substant. Ex. 22, 4. Jes. 42, 8. 48, 11. Hiob 31, 8. 3) n. pr. m. 1 Chr. 7, 12.

אַחַר m. pl. cs. אַחֲרֵי *der hintere Theil.* אַחֲרֵי הַחֲנִית *der Hintertheil des Speeres* 2 Sam. 2, 23. Gewöhnlich sing. 1) adverb. a) *nachher, alsdann* Gen. 18, 5. 24, 55. Ex. 5, 1. Num. 19, 7. Hos. 3, 5. Spr. 24, 27. Rut 2, 2. b) *hinten* Gen. 22, 13. c) mit den inf. (Jerem. 40, 1) oder אֲשֶׁר *nachdem* Ezech. 40, 1 und ohne Hiob 42, 7. 2) praepos. a) von Raume: *hinter* Ex. 11, 5. הָלַךְ אַחַר *Jemandem folgen;* מֵאַחַר *hinter Jemandem weg* 2 Sam. 7, 8. Jes. 59, 13. Ps. 78, 71. b) von der Zeit: *nach* Gen. 9, 28. אַחַר כֵּן *nachher* Deut. 21, 13. c) *ausser* Neh. 5, 15. Pl. אַחֲרֵי suff. אַחֲרַי u. s. w. praep. a) vom Raume: *hinter* Gen. 32, 20. Lev. 26, 33. מֵאַחֲרֵי *hinter etwas weg* (also Aufhebung des durch אַחֲרֵי bezeichneten Verhältnisses) Num. 14, 43. Jos. 22, 16. מִן אַחֲרֵי 1 Chr. 17, 7; dann heisst auch מֵאַחֲרֵי bloss: *hinter* Ex. 14, 19. Jos. 8, 4. Jer. 9, 21. Neh. 4, 7 eben so אֶל־אַחֲרַי *hinter mich* 2 Kön. 9, 18. Zach. 6, 6 עַל־אַחֲרֶיהָ *hinter ihr* Ezech. 41, 15. b) von der Zeit: *nach* Jos. 1, 1. אַחֲרֵי־כֵן *nachher,* auch מֵאַחֲרֵי כֵן 2 Sam. 3, 28. 15, 1. c) mit אֲשֶׁר conj. *nachdem* Jos. 24, 20, auch אַחֲרֵי־כֵן אֲשֶׁר Gen. 6, 4, und bloss אַחֲרֵי־כֵן *nachdem* 2 Sam. 24, 10. — אַחֲרֵי־זֹאת *nunmehr* Esra 9, 10.

אַחֲרוֹן f. אַחֲרֹנָה pl. אַחֲרוֹנִים—אַחֲרֹנִים 1) *hinten befindlich* Gen. 33, 2. הַיָּם הָאַחֲרוֹן *das hintere (westliche, mittelländische) Meer* Deut. 11, 24. 34, 2. Joel 2, 20. Zach. 14, 8. 2) *der folgende, zweite* u. s. w. Ex. 4, 8. Jes. 8, 23. Hagg. 2, 9; daher *der künftige* Deut. 29, 21. Hiob 18, 20. 19, 25. 3) *der letzte* 2 Sam. 23, 1. Jes. 44, 6.— adverb. בָּאַחֲרֹנָה *darauf* Deut. 13, 10. 17, 7. *zuletzt* 1 Sam. 29, 2; einst 2 Sam. 2, 26; eben so לָאַחֲרוֹנָה Num. 2, 31; *einst* Koh. 1, 11.

אַחְרַח n. pr. 1 Chr. 8, 1.

אֲחַרְחֵל n. pr. 1 Chr. 4, 8.

אָחֳרִי aram. adj. f. *andere* Dan. 2, 39. 7, 5. 6.

אַחֲרֵי aram. *nach* Dan. 2, 29. 45.

אַחֲרִית f. suff. אַחֲרִיתִי 1) das *Aeusserste, Letzte* בְּאַחֲרִית יָם *am entferntesten Meer* Ps. 139, 9. 2) *Ende, Ausgang* Num. 23, 10. Deut. 11, 12. Jes. 46, 10. Koh. 7, 8. אַחֲרִיתוֹ *am Ende (wird er…)* Spr. 23, 32. 29, 21. 3) *Zukunft* Ps. 37, 37. 38. Spr. 23, 18. בְּאַחֲרִית הַיָּמִים *in ferner Zukunft* Gen. 49, 1. Num. 24, 14. Deut. 4, 30. 31, 29. Jes. 2, 2. Dan. 10, 14. 4) *Nachkommenschaft* Jer. 31, 17. Ezech. 23, 25. Amos 4, 2. Ps. 109, 13. Dan. 11, 4.

אַחֲרִית aram. *Zukunft* Dan. 2, 28.

אָחֳרָן aram. *ein Anderer* Dan. 2, 11.

אָחֳרֵן aram. mit עַד *zuletzt* Dan. 4, 5.

אֲחֹרַנִּית adv. *rückwärts, rücklings* Gen. 9, 23. 1 Sam. 4, 18. 2 Kön. 20, 10. 11. אֲחֹרַנִּית 1 Kön. 18, 37 *nach anderer Richtung* (als bisher).

[אֲחַשְׁדַּרְפַּן] pl. אֲחַשְׁדַּרְפְּנִים cs. אֲחַשְׁדַּרְפְּנֵי (persisch) *Satrapen* Est. 3, 12. 8, 9. 9, 3.

[אֲחַשְׁדַּרְפַּן] aram. pl. emph. אֲחַשְׁדַּרְפְּנַיָּא *Satrapen* Dan. 3, 2. 3. 27. 6, 3. 4. 7. 8.

אֲחַשְׁוֵרוֹשׁ n. pr. *Ahasveros,* Name von medisch-persischen Königen, die nur mit Wahrscheinlichkeit sich mit den griechischen Namen identificiren lassen. Dan. 9, 1 ist *Cyaxares* der Meder; Esra 4, 6 *Cambyses* und im Buche Ester *Xerxes* gemeint.

אֲחַשְׁרֹשׁ Esth. 10, 1 Ktib für אֲחַשְׁוֵרוֹשׁ.

אֲחַשְׁתָּרִי n. pr. m. 1 Chr. 4, 6.

[אֲחַשְׁתְּרָן] pl. אֲחַשְׁתְּרָנִים mit Artikel als appos. zu הָרֶכֶשׁ, wahrsch. die *königlichen (Boten)* Est. 8, 10. 14 (n. A. *Maulthiere*).

אַחַת s. אֶחָד.

אֲחָת aram. s. נְחַת.

אַט suff. אִטִּי pl. אִטִּים *Langsamkeit, Gemächlichkeit,* gew. adv. *langsam* 1 Kön. 21, 27; meist mit לְ Jes. 8, 6. לְאִטִּי *nach meiner Ge-*

mächlichkeit Gen. 33, 14; daher auch *leise, sanft* לְאַט לִי לַנַּעַר (*geht*) *mir sanft um mit dem Knaben* 2 Sam. 18, 5. וְדָבָר לָאַט עִמָּךְ *war dir der Spruch zu leise?* Hiob 15, 11; pl. אִטִּים *die leise Sprechenden, Bauchredner* (s. אוֹב) Jes. 19, 3.

אָטָד m. *Stechdorn* Richt. 9, 14. 15. Ps. 58, 10. גֹּרֶן הָאָטָד n. pr. eines Ortes Gen. 50, 10. 11.

אֵטוּן m. *Gezwirntes, Garn* Spr. 7, 16.

***אָטַם** part. II אָטֻמִים, אֲטֻמוֹת *verschliessen*, die Lippen Spr. 17, 28; das Ohr Jes. 33, 15. Spr. 21, 13; in der Bautechnik: חַלּוֹנִים אֲטֻמוֹת *vergitterte Fenster* Ez. 41, 16. 26; ähnl. 1 Kön. 6, 4. Hif. fut. יַאְטֵם *verschliessen* Ps. 58, 5.

***אָטַר** fut. תֶּאְטַר *verschliessen* Ps. 69, 16.

אָטֵר (*Gebundener, Gelähmter*) n. pr. m. 1) Esra 2, 16. Neh. 7, 21. 2) Esra 2, 42. Neh. 7, 45.

אִטֵּר adj. *gebunden, gelähmt* אִטֵּר יַד־יְמִינוֹ *gelähmt an der rechten Hand = links* Richt. 3, 15. 20, 16.

***אֵי** Fragewort *wo?* nur cs. אֵי [absolut wird אַיֵּה gebraucht] u. mit suff. 1 Sam. 26, 16 (Gen. 4, 9. Deut. 32, 37) אַיֶּכָּה *wo bist du?* Gen. 3, 9; אַיּוֹ *wo ist er?* Ex. 2, 20. Hiob 14, 10. 20, 7 und bloss: *wo ist?* 2 Kön. 19, 13. Micha 7, 10. אַיָּם *wo sind sie?* Jes. 19, 12. Nah. 3, 17. — אֵי verwandelt Pron. und Adverb. in interrogat. אֵי זֶה *wo?* 1 Sam. 9, 18, dann: *welcher?* אֵי־זֶה הַדֶּרֶךְ הַטּוֹב (eigentl. *wo ist*) *welches ist der gute Weg?* Jer. 6, 16 אֵי מִזֶּה *woher?* 1 Sam. 25, 11. אֵי־מִזֶּה עִיר *aus welcher Stadt?* 2 Sam. 15, 2. אֵי לָזֹאת *wie so?* Jer. 5, 7. — Bei anderen Zusammens. verschmilzt אֵי mit dem folgend. zu **einem** Worte, s. אֵיכָכָה, אֵיכָה, אֵיכֹה, אֵיפֹה u. s. w.

אִי Hiob 22, 30 und אֵי Spr. 31, 4 (Kri), beide verkürzt aus אַיִן, *nicht.*

אִי Interj. *wehe!* Koh. 4, 10. 10, 16.

[אִי] pl. אִיִּים *Schakal* (von dem Heulen so benannt) Jes. 13, 22. 34, 14. Jer. 50, 39.

אִי (verkürzt aus אֱוִי von אָוָה) m. pl. אִיִּים (אִיִּן Ezech. 26, 18) cs. אִיֵּי 1) *Festland* im Gegensatz zu נְהָרוֹת Jes. 42, 15; *Küste* Jes. 20, 6. 23, 2. 6. Jer. 25, 22 2) *Insel* Jes. 11, 11. Jer. 47, 4. Ezech. 26, 18. 27, 6. 15. Nicht immer, besonders in dichterischer Sprache, wo nur entfernte Gegenden bezeichnet werden sollen (Jes. 66, 19. Jer. 31, 10) ist der Unterschied zwischen *Küsten* u. *Inseln* genau festzustellen.

אִי־כָבוֹד (*Unehre*) n. pr. m. 1 Sam. 4, 21. 14, 3.

***אָיַב** pf. אָיַבְתִּי Ex. 23, 22. 1 Sam. 18, 29 *anfeinden.*

אוֹיֵב—אֹיֵב m. suff. אֹיְבִי, pl. אֹיְבִים, cs. אֹיְבֵי, f. suff. אֹיַבְתִּי *Feind, Feindin* Micha 7, 8. 10.

אֵיבָה f. cs. אֵיבַת *Feindschaft* Gen. 3, 15. Num. 35, 22. Ezech. 25, 15.

אַיֶּבֶת s. אֹיֵב.

אֵיד (von אוּד) m. suff. אֵידִי *Unglück* 2 Sam. 22, 19. Spr. 17, 5. אָרְחוֹת אֵידָם *ihre unglückbringenden Pfade* Hiob 30, 12; dann auch: *Strafe* Hiob 31, 3. 23; besond. häufig יוֹם אֵיד *Tag der Strafe* Deut. 32, 35. Jer. 18, 17. 46, 21. Obad. 1, 13 oder עֵת אֵיד Ezech. 35, 5.

אַיָּה f. 1) *Habicht* Lev. 11, 14. Deut. 14, 13. Hiob 28, 7. 2) n. pr. m. a) Gen. 36, 24. 1 Chr. 1, 40. b) 2 Sam. 3, 7. 21, 8.

אַיֵּה (läng. Form für אֵי) Fragewort: *wo?* Gen. 18, 9. Hiob 15, 23. אַיֵּה הֵם (= אַיָּם) Zach. 1, 5.

אִיּוֹב (*Angefeindeter*) n. pr. der bekannte Held des Buches Hiob Ezech. 14, 14. 20. Hiob 1, 1.

אִיזֶבֶל (*Unbefleckte*) n. pr. (*Isabella*) Gemahlin Achab's, Königs von Israel 1 Kön. 16, 31. 2 Kön. 9, 37.

אֵיזֶה s. אֵי.

אֵיךְ (verkürzt aus אֵיכָה) *wie?* Gen. 39, 9; *warum?* Gen. 26, 9; indirekte Rede: 2 Kön. 17, 28. Rut 3, 18 als klagender Ausruf: Jes. 14, 4. Ps. 73, 19. Koh. 2, 16.

אֵיכָה (aus אֵי und כֹּה=כָּה) 1) *wo?* Hohel. 1, 7. 2) *wie?* Deut. 1, 12, *so wie* Deut. 12, 30; als klagend. Ausruf: Jes. 1, 21. Klagel. 1, 1. 2, 1. 4, 1.

אֵיכֹה Ktib, **אֵיכוֹ** Kri } *wo?* 2 Kön. 6, 13.

אֵיכָכָה (aus אֵי u. כָּכָה) *wie?* Hohel. 5, 3 (Milél) Est. 8, 6 (Milra).

אַיָּל m. (f. Ps. 42, 2) pl. אַיָּלִים *Hirsch, Reh* Deut. 12, 15. Jes. 35, 6. Hohel. 2, 9. 17.

אֱיָל m. *Kraft* Ps. 88, 5.

אַיִל m. pl. 1) אֵילִים (אֵלִם), cs. אֵילֵי *Widder* Gen. 22, 13. 31, 38. Ex. 25, 5. Jes. 60, 7. 2) pl. suff. אֵילָיו=אֵלֵיהֶם Ezech. 40, 16) in der Bautechnik 1 Kön. 6, 31. Ezech. 40, 9 ff. wahrscheinlich *Bekleidung* der Thüre mit Säulen und Pfosten, auch diese *Säulen* selbst.

איל m. pl. אֵילִים, (אֵלִים, s. אֵל) cs. אֵילֵי, die *Mächtigen, Starken* Ex. 15, 15. Ezech. 17, 13. Hiob 41, 17. 2) *Terebinthenhain* Gen. 14, 6; pl. *Terebinthen* Jes. 1, 29. 57, 5. 61, 3. Ezech. 31, 14.

אַיָּלָה f. cs. אַיֶּלֶת, pl. אַיָּלוֹת cs. אַיְלוֹת *Hirschkuh, Hindin* Gen. 49, 21. Ps. 29, 9. Hohel. 3, 5. אַיֶּלֶת בַּשָּׂדֶה *Hindin des Feldes* Jer. 14, 5; als Bild der Schnelligkeit 2 Sam. 22, 34. Hab. 3, 19; der Schönheit Spr. 5, 19. אַיֶּלֶת הַשַּׁחַר (wahrsch.) *Morgenstern* Ps. 22, 1.

אַיָּלוֹן (*Hirschau, Hirschfeld*) n. pr. 1) Levitenstadt in Dan Jos. 10, 12. 19, 42. 21, 24. Richt. 1, 35. 2) Stadt in Sebulon Richt. 12, 12, wohl identisch mit אֵלוֹן Jos. 19, 33.

אֵילוֹן (*Eiche*) n. pr. m. 1) Gen. 26, 34. 36, 2. 2) Richter aus Sebulon Richt. 12, 12. 3) Ort in Dan Jos. 19, 43. 1 Kön. 4, 9.

אֵילוֹת s. אֵילַת.

אֱיָלוּת f. *Stärke* Ps. 22, 20.

[אֵילָם] pl. suff. אֵילַמָּו (so stets Ktib st. אֵלַמָּיו) und אֵילַמּוֹת in der Bautechnik: *Vorsprung, Gesims* Ezech. 40, 21 ff.

אֵילִם (*Eichen*) n. pr. mit ה loc. אֵילִמָה Lagerstätte der Israeliten in einer Oase Ex. 15, 27. 16, 1. Num. 33, 9. 10.

אִילָן aram. m. *Baum* Dan. 4, 7 ff.

אֵילַת (= אֵילוֹת—אֱלוֹת 1 Kön. 9, 26. 2 Chr. 8, 17) Stadt an der nordöstlichen Spitze des rothen Meeres (aelanitischer Meerbusen) Deut. 2, 8. 2 Kön. 14, 22. 16, 6.

אַיֶּלֶת s. אַיָּלָה.

אָיֹם adj. f. אֲיֻמָּה *schrecklich, furchtbar* Hab. 1, 7. Hohel. 6, 4. 10.

אֵימָה 1) f. cs. אֵימַת, mit He parag. אֵימָתָה Ex. 15, 16; pl. אֵימִים (אֵמִים) und אֵימוֹת *Schrecken* Gen. 15, 12. Deut. 32, 25. Ps. 88, 16. Hiob 20, 25. 41, 6. Esra 3, 3. — Das suff. mit objekt. Bedeutung אֵימָתִי *der Schrecken vor mir* Ex. 23, 27. אֵימַת מֶלֶךְ *der Schrecken vor dem Könige* Spr. 20, 2. אֵימוֹת מָוֶת *Todesangst* Ps. 55, 5. 2) *Schreckbilder, Götzenbilder* Jer. 50, 38.

אֵמִים—אֵימִים n. pr. Ureinwohner Moab's Gen. 14, 5. Deut. 2, 10.

אַיִן (läng. Form v. אַי) adv. *wo?* nur mit מִן (מִ): מֵאַיִן *von wo? woher?* Gen. 29, 4. Jos. 2, 4. Ps. 121, 1.

אַיִן (ps. אָיִן), cs. אֵין, suff. אֵינֶנִּי, אֵינְךָ, אֵינֵךְ, אֵינֶנּוּ, אֵינֶנָּה; pl. אֵינֶנּוּ (Jer. 44, 16), אֵינְכֶם, אֵינָם—אֵינָמוֹ a) subst. das *Nichts*; כְּאַיִן *wie Nichts* Jes. 40, 17. 41, 11. 12. Ps. 39, 6; *beinahe* Ps. 73, 2; לְאַיִן *zu Nichts* Jes. 40, 23; מֵאַיִן *von Nichts* Jes. 41, 24; auch bloss *Nichts* Jer. 30, 7. b) *nicht*, gew. praedic. mit voransteh. subj. z. B. אָדָם אַיִן *ein Mensch war nicht da* Gen. 2, 5; מוֹשִׁיעַ אַיִן *ein Helfer ist nicht da* Jes. 45, 21; אִם־אַיִן *und wenn (es) nicht (ist)* Gen. 30, 1; mit Ergänzung des Subiects וַיֹּאמְרוּ אָיִן *sie sagten: Er ist nicht da* 1 Kön. 18, 10. — Cs. 1) *Nichts, Niemand* אֵין כָּמֹנִי *Niemand ist mir gleich* Ex. 9, 14; אֵין זֶה *dies ist Nichts (anderes)* Gen. 28, 17. 1 Kön. 8, 9. 60; verstärkt: מֵאֵין כָּמוֹךָ *gar nichts ist dir gleich* Jer. 10, 6. 2) mit Unterordn. unter das folg. subst.: *Nichts von*, d. h. *kein*; אֵין־יִרְאַת אֱלֹהִים *keine Gottesfurcht* Gen. 20, 11. אֵין־בָּהּ מוּם *kein Fehler ist an ihr* Num. 19, 2; daher: אֵין אִישׁ *Niemand* Gen. 31, 50. Ex. 2, 12. Richt. 21, 9; אֵין ... דָּבָר *Nichts* Ex. 5, 11; verstärkt: אֵין ... כָּל־דָּבָר *gar nichts* (rien du tout) Richt. 18, 10. 19, 19 oder אֵין כֹּל (point du tout) Num. 11, 6. 2 Sam. 12, 3; auch אֵין מְאוּמָה *gar nichts* 1 Kön. 18, 43; wofür מְאוּמָה אֵין Richt. 14, 6. Adjectiv. Bildungen: אֵין מִסְפָּר *unzählig* Gen. 41, 49. אֵין חֵקֶר *unerforschlich* Spr. 25, 3; אֵין כֹּחַ 2 Chr. 14, 10 = אֵין אֱיָל Ps. 88, 5 = אֵין אוֹנִים Jes. 40, 29 *kraftlos*. אֵין חוֹמָה *ohne Mauer, mauerlos* Spr. 25, 28. אֵין כֶּסֶף *ohne Geld* Ex. 21, 11; verstärkt: מֵאֵין יוֹשֵׁב Jes. 5, 9 = מֵאֵין אָדָם *menschenleer* Jes. 6, 11. Jer. 33, 10. 12; pleon.: אֵין יֶשׁ־רוּחַ *es ist kein Hauch* Ps. 135, 17. 3) *nicht*, zur Herstellung einer verneinenden Aussage: a) ohne weiteres Verbum ist das Verbum „sein" als Praedicat zu denken: אֵין הַנַּעַר *der Knabe ist nicht da* Gen. 44, 31. מֶלֶךְ אֵין בֶּאֱדוֹם *ein König war nicht in Edom* 1 Kön. 22, 48; mit suff. אֵינֶנּוּ *er war nicht (da)* Gen. 5, 24. 31, 2. בַּעֲמַל אֱנוֹשׁ אֵינֵמוֹ *am Ungemach der Sterblichen sind sie nicht (betheiligt)* Ps. 73, 5; daher mit לְ = *haben*: אֵין לוֹ בֵּן *er hat keinen Sohn* Num. 27, 4. 8. b) mit einem Verb. (gewöhnl. im part.): תֶּבֶן אֵין נִתָּן *Stroh wird nicht gegeben* Ex. 5, 16. אֵינֶנִּי נֹתֵן *ich gebe nicht* Ex. 5, 10. c) mit folg. inf. mit לְ: אֵין לָשֵׂאת *es ist nicht zu tragen = es soll nicht getragen werden*

1 Chr. 23, 26. אֵין לְהָשִׁיב *es kann nicht zurückgenommen werden* Est. 8, 8. אֵין לָבוֹא *man darf nicht hineingehen* Est. 4, 2; auch ohne לְ: אֵין עֲרֹךְ *nichts ist zu vergleichen* Ps. 40, 6.

אִין = אֵין *nicht*. אִין יֶשׁ־פֹּה *ist nicht hier?* 1 Sam. 21, 9.

אִיעֶזֶר s. אֲבִיעֶזֶר.

אֵיפָה — אֵפָה f. cs. אֵיפַת ein *Getreidemass* = zehn Omer (Ex. 16, 36) oder ein Zehntel Chomer (Ezech. 45, 11). Lev. 5, 11. 6, 13. אֵיפָה וְאֵיפָה *zweierlei Mass* Deut. 25, 14. Spr. 20, 10 (das Wort scheint egyptischen Ursprunges).

אֵיפֹה (aus אֵי u. פֹּה) adv. a) *wo?* Gen. 37, 16. b) *woher?* Jes. 49, 21. c) *wann?* Hiob 4, 7.

אֵיפוֹא s. אֵפוֹא.

אִישׁ m. suff. אִישִׁי, אִישֵׁךְ u. s. w. pl. אֲנָשִׁים (אִישִׁים Jes. 53, 3. Ps. 141, 4. Spr. 8, 4) cs. אַנְשֵׁי suff. אֲנָשַׁי etc. (אַנְשֵׁיהֶם) 1) *Mann* und zwar a) = זָכָר als Bezeichn. des männl. Geschl. Gen. 2, 23. 24. 4, 1; auch von Thieren Gen. 7, 2; adjectivisch: זֶרַע אֲנָשִׁים *männliche Nachkommenschaft* 1 Sam. 1, 11; daher beigeordnet, um das Geschlecht zu bezeichnen אִישׁ כֹּהֵן *ein Priester* Lev. 21, 9. אִישׁ נָבִיא *ein Prophet* Richt. 6, 8. (vgl. Richt. 4, 4). אִישׁ סָרִים *ein Verschnittener* Jer. 38, 7. אִישׁ עִבְרִי *ein Hebräer* Gen. 39, 14. אֲנָשִׁים בְּנֵי־בְלִיַּעַל *Nichtswürdige* Deut. 13, 14. b) *Ehemann* 1 Sam. 1, 8. c) im Gegensatz zu Greis: 1 Sam. 2, 33. d) als Inhaber männlicher Eigenschaften: als des Muthes, der Stärke 1 Sam. 4, 9. 26, 15. 1 Kön. 2, 2, daher es den Begriff der Tüchtigkeit einschliesst. Ex. 2, 14. Num. 13, 3. Ps. 49, 3. 1 Chr. 9, 9. e) als Haupttheil der *Einwohnerschaft* einer Stadt; אַנְשֵׁי הָעִיר *die Bewohner der Stadt* Gen. 24, 13; *die Angehörigen eines Volkes* 1 Sam. 7, 11; eines *Standes*, zu dem nur Männer gehören, אַנְשֵׁי הַצָּבָא die *Männer des Kriegsdienstes* Num. 31, 21; אִישׁ מִלְחָמָה *Krieger* Ex. 15, 3; die nähere Beziehung zu Jemand: אַנְשֵׁי דָוִד *die Leute David's* 1 Sam. 23, 3; אִישׁ־אֱלֹהִים *ein Mann Gottes* 1 Sam. 2, 27. 2) *Mensch* a) im Gegensatz zu Gott Gen. 32, 29. Jes. 31, 8. Hiob 9, 32; zu Thieren Ex. 11, 7; überhaupt: אִישׁ אָוֶן *ein Sünder* Jes. 55, 7 etc. בְּנֵי־אִישׁ, *Menschen* Ps. 4, 3. b) in der Verbindung אִישׁ—אָחִיו oder אִישׁ—רֵעֵהוּ oder אִישׁ—אִישׁ Gen. 15, 10. *einer den andern* 1 Kön. 20, 20. Jes. 3, 5. c) *Jemand* Ex. 21, 12; verstärkt אִישׁ אִישׁ *irgend Jemand* Lev. 17, 3. 8. daher für das unbest. pron. *man*, *einer*; כֹּה אָמַר הָאִישׁ *so sprach man* 1 Sam. 9, 9. Spr. 12, 14. 13, 2. Hiob 12, 14; mit der Negation אַל, לֹא, אֵין *Niemand*. d) *Jeder* Lev. 19, 3; verstärkt כָּל־אִישׁ Ex. 35, 21 oder אִישׁ אִישׁ Ex. 36, 4; אִישׁ וָאִישׁ Est. 1, 8.

אִישׁ־בֹּשֶׁת n. pr. Sohn des Saul und Gegenkönig David's 2 Sam. 2, 8. 4, 12 = אֶשְׁבַּעַל 1 Chr. 8, 33. 9, 39.

אִישׁ חַיִל n. p. m. 2 Sam. 23, 20 Kri (wo Ktib אִישׁ חַי).

אִישְׁהוֹד (*Glänzender*) n. pr. m. 1 Chr. 7, 18.

אִישׁוֹן (dimin. von אִישׁ) m. 1) *Männchen*, *Pupille des Auges*, mit folg. עַיִן Deut. 32, 10. Spr. 7, 2; mit בַּת עַיִן Ps. 17, 8. 2) *Mitte*, daher אִישׁוֹן לַיְלָה *Mitte der* (d. h. *finstere*) *Nacht* Spr. 7, 9; ebenso בֶּאֱשׁוּן חֹשֶׁךְ Spr. 20, 20 (Ktib) *in dichter Finsterniss* vgl. אֱשׁוּן.

אִישַׁי n. pr. = יִשַׁי, Vater David's 1 Chr. 2, 13.

אִיתוֹן (von אָתָה) m. *Eingang* Ezech. 40, 15 Kri.

אִיתַי 1) aram. (= יֵשׁ) *es ist*, *es giebt* Dan. 2, 10. Esra 4, 16; mit suff. אִיתוֹהִי *er ist* Dan 2, 11. mit folgend. part. הַאִיתָךְ כָּהֵל *kannst du?* Dan 2, 26. לָא אִיתַנָא פָלְחִין *wir dienen nicht* Dan. 3, 18; mit folg. adject. אִיתֵיכוֹן עֲתִידִין *seid bereit* Dan. 3, 15. 2) n. pr. m. 1 Chr. 11, 31 = אִתַּי s. d.

אִיתִיאֵל (*Gott ist* oder: *mit mir Gott*) n. pr. m. 1) Spr. 30, 1. 2) Neh. 11, 7.

אֵיתָם Ps. 19, 14 s. תָּמַם.

אִיתָמָר (= אֲבִיתָמָר, *Palmengleicher*) n. pr. jüngster Sohn des Ahron Ex. 6, 23. Lev. 10, 6. Num. 4, 28. 1 Chr. 24, 6.

אֵיתָן—אֵתָן suff. אֵיתָנוֹ pl. אֵיתָנִים; 1) adj. *fest*, *stark* Num. 24, 21. Jer. 5, 15. 49, 19. 50, 44. Hiob 33, 19; subst. בְּאֵיתָן *in Kraft* Gen. 49, 24. אֵיתָנִים *die Starken* Hiob 12, 19; *die Felsen* Micha 6, 2; vom Flusse: *stets fliessend* (*nie versiegend*) Deut. 21, 4. Amos 5, 24. Ps. 74, 15; daher subst. die *Strömung* Ex. 14, 27; plur. יֶרַח הָאֵתָנִים *der Monat der strömenden* (*Gewässer*) = *Tischri* 1 Kön. 8, 2. 2) n. pr. ein Esrachite Ps. 89, 1.

אַךְ (verkürzt aus אָכֵן) adv. 1) *fürwahr* 1 Sam. 25, 21. 2 Kön. 24, 3. Ps. 58, 12. Hiob 16, 7. 18, 21; לֹא אַךְ־הוּא *nicht er fürwahr* Hiob 23, 6.

gewiss! Gen. 44, 28. Richt. 3, 24. 20, 39. 1 Sam. 16, 6. 1 Kön. 22, 32; *ja!* Gen. 26, 9. 29, 14. Zef. 3, 7. 2) *jedoch* Gen. 20, 12. Lev. 11, 4. Num. 26, 55. Deut. 12, 22. 18, 20. 1 Sam. 29, 9: *und doch!* Jes. 63, 8; ohne eigentl. Gegensatz zur Einschärfung eines Gebotes Ex. 31, 13. Lev. 23, 27. 39. 3) *nur.* אַךְ אֶת־דִּמְכֶם *nur euer Blut* Gen. 9, 5. 34, 15. Ex. 10, 18. Lev. 11, 21. Jer. 12, 1. Ps. 37, 8; verstärkt: רַק אַךְ *nur allein* Num. 12, 2; daher *kaum, so eben* Gen. 27, 30. Richt, 7, 19; vor adject. Begriff. *ganz.* אַךְ שָׂמֵחַ eig. *nichts als freudig, ganz freudig* Deut. 16, 15; אַךְ נְכָאִים *ganz zerschlagen* Jes. 16, 7. 19, 11. Ps. 39, 12. 73, 13. 139, 11 (*gänzliche Finsterniss*); vor dem Verbum אַךְ זָרוּ *sie sind ganz entfremdet* Hiob 19, 13.

אַכַּד n. pr. von Nimrod beherrschte Stadt Gen. 10, 10.

אַכְזָב *täuschend, lügenhaft.* (נַחַל) אַכְזָב *ein (im Sommer) versiegender Bach* Jer. 15, 18. Micha 1, 14.

אַכְזִיב (*Winterbach*) n. pr. 1) Seestadt in Ascher Jos. 19, 29. Richt. 1, 31, später *Ecdippa* (אַכְדִּיב). 2) Stadt in Juda Jos. 15, 44. Micha 1, 14, viell. = כְּזִיב und כֹּזֵבָה (s. d.).

אַכְזָר adj. 1) *kühn, verwegen* Hiob 41, 2. 2) *wild, grausam* Hiob 30, 21. Klagel. 4, 3; *schrecklich, verderblich* Deut. 32, 33.

אַכְזָרִי (= אַכְזָר) *grausam* Jer. 6, 23. 50, 42. Spr. 11, 17. 12, 10; *schrecklich* Jes. 13, 9. Jer. 30, 14. מַלְאָךְ אַכְזָרִי *ein Bote mit schrecklichem Urtheil* Spr. 17, 11; überhaupt: *Feind* Spr. 5, 9.

אַכְזְרִיּוּת f. *Wildheit, Grausamkeit* Spr. 27, 4.

אֲכִילָה f. *Essen, Mahlzeit* 1 Kön. 19, 8.

אָכִישׁ n. pr. König der Philister in Gat, zur Zeit David's 1 Sam. 21, 11. 27, 2; vgl. אֲבִימֶלֶךְ.

אָכַל fut. אוֹכַל—אֹכַל (Ps. 50, 13), תֹּאכַל (ps. תֹּאכַל, אֹכַל) etc., 3 f. suff. תֹּאכְלֵהוּ=תְּאָכְלֵהוּ (Hiob 20, 26). 3 pl. יֹאכְלוּ=יֹכְלוּ (Ezech. 42, 5). [אֲכַלֶּךָ Ex. 33, 3 s. כָּלָה], inf. בֶּאֱכֹל, מֵאֱכוֹל, כֶּאֱכֹל (Jes. 5, 24), לֶאֱכוֹל, suff. אָכְלָה (= אָכְלוֹ), imper. אֱכֹל, אִכְלוּ *essen*, in eigentlichem und in mannigfacher Weise übertragenem Sinne, meist mit dem accus.; mit לְ Klagel. 4, 5; mit בְּ *an etwas mitessen* Ex. 12, 43. 44. 45. 48. Lev. 22, 11. 13. Richt. 13, 16. Hiob 21, 25; *einen Theil verzehren* Num. 11, 1. 2 Sam. 18, 8; ähnlich mit מִן *von etwas essen* Gen. 3, 5. Spr. 1, 31. Hiob 31, 17. Kohel. 5, 18. Esra 2, 63; אָכַל לֶחֶם *eine Mahlzeit halten, speisen* Gen. 31, 54. Ex. 18, 12. 1 Sam. 28, 20. Jer. 52, 33; ... אָכַל עַל שֻׁלְחָן 2 Sam. 9, 11. 13. oder ... אָכַל שֻׁלְחָן 2 Sam. 19, 29. 1 Kön. 2, 7. 18, 19 *der Gast Jemandes sein*; אֹכֵל *der Fresser*, von Löwen Richt. 14, 14; von Heuschrecken Mal. 3, 11. Allgemeiner: a) *geniessen* Gen. 47, 22. Deut. 20, 14. Jes. 3, 10. 55, 2. Hos. 4, 8. Ps. 128, 2. Hiob 31, 39. Neh. 5, 14. b) *aufzehren, aufreiben, vernichten*, z. B. Menschen Num. 13, 32. Ezech. 22, 25; ein Volk Num. 24, 8. Deut. 7, 16; sein Fleisch (= sich selbst) Kohel. 4, 5. Als Subjecte zu dieser Thätigkeit des Vernichtens kommen z. B. vor: Feuer Num. 21, 28; Schwert Deut. 32, 42. 2 Sam. 18, 8; Hitze Gen. 31, 40; Motte Jes. 50, 9. Hiob 13, 28; Fluch Jes. 24, 6; Schmach Jer. 3, 24; Feindesland Lev. 26, 38; Eifer Ps. 69, 10; Zorn Ex. 15, 7; Pest Ezech. 7, 15; der Neumond (nach dem Glauben an schädliche Einwirkung desselben) Hos. 5, 7 u. s. w. c) in *sich aufnehmen*, z. B. die Worte Gottes Jer. 15, 16; daher Ezech. 42, 5 von den Balken, die einen Theil der Zimmer *einnehmen*.

Nifal נֶאֱכַל *gegessen werden* Lev. 7, 18; *verzehrt werden* (durch Feuer) Ex. 22, 5. Ezech. 23, 25. Zach. 9, 4; durch Krankheit Num. 12, 12.

Pual part. אֻכָּל (Ex. 3, 2 = מְאֻכָּל) *verzehrt werden*, vom Feuer Ex. 3, 2. Nah. 1, 10. Neh. 2, 13. חֶרֶב תְּאֻכְּלוּ *ihr werdet vom Schwert gefressen werden* Jes. 1, 20.

Hifil הֶאֱכִיל fut. אוֹכִיל (= אַאֲכִיל Hos. 11, 4) inf. לְהַאֲכִיל (= לְהָכִיל Ezech. 21, 33.) *zu essen geben, speisen*, in eigentlicher und übertragener Bedeut. mit dopp. accus. Num. 11, 4. 18. Deut. 8, 3. Jes. 58, 14; einmal mit מִן (der Sache) Ps. 81, 17.

אֲכַל aram. pf. pl. אֲכַלוּ, part. f. אָכְלָה, fut. יֵאכֻל, תֵּאכֻל, imp. f. אֱכֻלִי *essen* Dan. 4, 30. 6, 25. 7, 5. 7, 19. 23.

אֹכֶל m. suff. אָכְלוֹ, אָכְלְכֶם 1) *das Essen* Ex. 12, 4. 16, 16. 18. 21. Rut 2, 14. 2) *Nahrungsmittel, Speise* Gen. 41, 35.

אֻכָל n. pr. m. Spr. 30, 1.

אָכְלָה (eig. inf.) f. = אֹכֶל, kommt nur mit לְ vor; *Essen, Speise* Gen. 1, 29. Ex. 16, 15. Lev. 11, 39. Jer. 12, 9. Ezech. 15, 4.

אָכֵן adv. (= אַךְ s. d.) 1) *wahrlich, fürwahr!* Gen. 28, 16. Ex. 2, 14. Jes. 40, 7; *gewiss!* 1 Kön.

11, 2. 2) *aber* Jes. 45, 15. Ps. 31, 23; *jedoch* Jer. 3, 20. Hiob 32, 8; *im Gegentheil!* Zef. 3, 7.

***אָכַף** (verw. mit כָּפַף) *niederbeugen, zwingen, antreiben*, mit עַל Spr. 16, 26: *sein Mund* (d. h. das Bedürfniss nach Nahrung) *treibt ihn an* [אָכַף Micha 6, 6. s. כָּפַף].

[אֶכֶף] m. suff. אַכְפִּי *Last, Bürde* Hiob 33, 7; n. A. = כַּפִּי, aber dann müsste es fem. sein.

אִכָּר m. pl. אִכָּרִים suff. אִכָּרֵיכֶם *Ackersmann, Pflüger* Jes. 61, 5. Jer. 14, 4. 31, 24. 51, 23. Joel 1, 11. Amos 5, 16. 2 Chr. 26, 10.

אַכְשָׁף (*Zauberei*) n. pr. Stadt in Benjamin Jos. 11, 1. 12, 20. 19, 25.

***אַל** 1) substant. *Nichtigkeit*; לְאַל *zunichte* Hiob 24, 25; dann 2) adv. der Verneinung, und zwar a) des Wunsches, der Abmahnung, des Abrathens mit dem fut. אַל־אֵבוֹשָׁה *mög' ich nicht beschämt sein* Ps. 25, 2; אַל־יָמֹת *er sterbe nicht!* Deut. 33, 6. אַל־תַּעַשׂ *thue nicht* Gen. 22, 12; überhaupt Befehl in milderer Form אַל־תִּפְנוּ *wendet euch doch nicht* Lev. 19, 4. Zach. 8, 17. Spr. 3, 1. 3. Gewöhnl. folgt das Verbum unmittelbar, höchstens durch das bittende נָא Gen. 18, 3, selten durch ein anderes Satzglied von demselben getrennt Jer. 15, 15. Ps. 6, 2. b) vor Aussagesätzen (aber doch mit dem fut. mit dem Nebenbegriff der inneren Theilnahme Jer. 14, 17. Ps. 34, 6. 41, 3. 50, 3. 2 Chr. 14, 10. c) mit Auslassung des Verbum überhaupt: *nicht! nicht doch!* Gen. 19, 18. 2 Sam. 13, 12. Rut 1, 13, wobei gleichsam Zusammensetzungen gebildet werden, wie אַל־מָוֶת *Unsterblichkeit* Spr. 12, 28; אַל־מָטָר *Nichtregen* 2 Sam. 1, 21. 13, 16. d) *wo?* 1 Sam. 27, 10. *wenn nicht* 2 Kön. 6, 27.

אַל aram. *nicht* Dan. 2, 24. 4, 16. 5, 10.

אֵל m. suff. אֵלִי (nur mit diesem suff.) pl. אֵלִים 1) *Gott*, sowohl von dem wahren Gotte als auch von heidnischen Göttern, daher fast immer mit Zusätzen wie אֵל שַׁדַּי *der allmächtige Gott* Gen. 48, 3; אֵל עֶלְיוֹן *der höchste Gott* Gen. 14, 18; אֵל עוֹלָם *der ewige Gott* Gen. 21, 33; dagegen אֵל זָר Ps. 81, 10 u. אֵל נֵכָר Deut. 32, 12; *ein fremder Gott*, pl. *Götter*; אֵל אֵלִים *der höchste Gott* Dan. 11, 36. 2) *Macht, Kraft, Stärke*, daher die Redensart יֶשׁ־לְאֵל יָדִי *es steht in meiner Macht* Gen. 31, 29. Deut. 28, 32. Micha 2, 1. Neh. 5, 5; adjekt. הַרְרֵי־אֵל *gewaltige Berge* Ps. 36, 7. אַרְזֵי־אֵל *mächtige Zedern* Ps. 80, 11; auch concret: *der Mächtige* Jes. 9, 5; אֵל גּוֹיִם *der Mächtige* (*Beherrscher*) *der Völker* Ezech. 31, 11; plur. *die Mächtigen, Starken* Ex. 15, 11. Ezech. 32, 21; בְּנֵי אֵלִים *Söhne der Starken, Mächtige* Ps. 29, 1. 89, 7. 3) אֵלִים Jes. 57, 5. Ezech. 31, 14 *Terebinthen* s. אַיִל.

אֵל verkürzt aus אֵלֶּה, mit Art. הָאֵל *diese*, ausser dem Pentat. nur 1 Chr. 20, 8. — Aram. Esra 5, 15 Kri.

אֶל (fast immer mit Makkef) poet. אֱלֵי, mit suff. אֵלַי, אֵלֶיךָ, אֵלַיִךְ, אֵלָיו, אֵלֶיהָ, אֵלֵינוּ, אֲלֵיכֶם, אֲלֵיהֶם (אֲלֵהֶם meist im Pentateuch) poetisch: אֵלֵימוֹ (Ps. 2, 5) praep. 1) *zu, nach etwas hin*, also zunächst bei den Zeitwörtern der Bewegung, Gen. 1, 9. 2, 22; der Anrede Ex. 25, 1; des Befehlens Num. 36, 13; also *sich wenden zu* ... Richt. 6, 14; *zurufen* Lev. 1, 1; *hören auf* ... Deut. 11, 13; nicht minder in geistigem Sinne: *rathen* Jer. 49, 20; *sich zu erkennen geben* Gen. 45, 1; *sich sehnen* Ps. 119, 20. Klagel. 4, 17; *sich gewöhnen* Jer. 10, 2 u. s. w. זָנָה אֶל *buhlen mit* Num. 25, 1. דָּרַשׁ אֶל *fragend an Jemand sich wenden* Jes. 8, 19. 2) = עַל *auf, über, gegen* Gen. 4, 8. 43, 30. 1 Kön. 10, 7. Jes. 19, 19. עַל־פִּי = אֶל־פִּי Jos. 17, 4; auf die Frage wo? *bei, in, an* Gen. 41, 57. 1 Sam. 19, 16. 1 Kön. 8, 30. 13, 20. Jer. 41, 12. Ps. 109, 14; daher wird אֶל gebraucht bei Redensarten, wie *von* ... reden Gen. 20, 2. Jer. 40, 16. Ps. 69, 27; *um* ... bitten 1 Sam. 2, 27; *um* ... weinen 2 Sam. 1, 24; *von* ... hören Ezech. 19, 4. 3) *bis zu* = עַד Gen. 6, 16. Jer. 51, 9. Hiob 3, 22. 40, 23; daher אֶל־מִן *sogar aus* Hiob 5, 5. 4) elliptisch *an, gegen, zu*; הִנְנִי אֵלֶיךָ *ich will an dich* (im feindl. Sinne) Jer. 50, 31. Ezech. 13, 8. 21, 8. 34, 10; dagegen in freundlichem Sinne 2 Kön. 6, 11. Jer. 15, 1. Hagg. 2, 17; אֶל־נָכוֹן *gewiss* 1 Sam. 26, 4.

אֵלָא (*Eiche*) n. pr. m. 1 Kön. 4, 18.

אֶלְגָּבִישׁ (wahrsch. aus גָּבִישׁ Hiob 28, 18 aus dem Art. אֶל = אַל) *Krystall, Hagel* Ezech. 13, 11. 13. 38, 22.

אַלְגּוּמִּים = אַלְמֻגִּים s. o.

אֶלְדָּד (*Gottlieb*) n. pr. m. Num. 11, 26. 27.

אֶלְדָּעָה (*Erkenntniss*) n. pr. Sohn des Midjan Gen. 25, 4. 1 Chr. 1, 33.

אָלָה inf. abs. אָלֹה, imp. f. אָלִי: *schwören* (mit beigefügter Verwünschung) Hos. 4, 2, daher

daher überhaupt *verwünschen, fluchen* Richt. 17, 2. 2) *klagen, jammern* Joel 1, 8.

Hifil fut. apoc. וַיֹּאֶל (וַיַּאֲלֶה=וַיֹּאלֶה), inf. suff. הַאֲלֹתוֹ *beschwören, schwören lassen* 1 Sam. 14, 24. 1 Kön. 8, 31. 2 Chr. 6, 22.

אָלָה f. suff. אָלָתִי, pl. אָלוֹת *Eid, Schwur* (mit beigefügtem Fluch oder Verwünschung), den man Jemanden schwören lässt Gen. 24, 41. 26, 28. Deut. 29, 11. 13. Hos. 10, 4; vollständig: שְׁבֻעַת אָלָה *Vereidigungsfluch* Num. 5, 21; überhaupt: *Fluch, Verwünschung* Num. 5, 21. 23. Deut. 29, 19. Jes. 24, 6.

אַלָּה f. *Eiche* Jos. 24, 26.

אֵלָה f. *Terebinthe* Gen. 35, 4. Richt. 6, 11. 19. 1 Sam. 17, 2. 19. 2 Sam. 18, 9. 14.

אֱלָהּ aram. m. emph. אֱלָהָא, (לֶאֱלָהָא ,וֵאלָהָא), suff. אֱלָהֲנָא ,אֱלָהֲכֹם ,אֱלָהֲכוֹן (Esra 7, 17. 18) — (Dan. 2, 47), אֱלָהֲהֹם (Esra 5, 5. 7, 16) und אֱלָהֲהוֹן (Dan. 3, 28. 29), pl. אֱלָהִין ,אֱלָהַיָּא (Jer. 10, 11) cs. לֵאלָהַי, suff. לֵאלָהָיךְ *Gott* Dan. 2, 18 ff. 3, 12. 18. 5, 23.

אֵלֶּה (verkürzt אֵל s. d.) pr. demonstr. m. u. f. pl. von זֶה und זֹאת *diese.*

אֱלֹהִים s. אֱלוֹהַּ.

אֲלוּ (= אֲרוּ) aram. *siehe da!* Dan. 2, 31.

אִלּוּ (aus אִם=אִן und לוּ) conj. *wenn* Koh. 6, 6. Est. 7, 4.

אֱלוֹהַּ m. (אֱלֹהַּ Deut. 32, 17. Dan. 11, 38) לֶאֱלוֹהַּ, suff. לֶאלֹהוֹ. Im sing. nur dichterisch, besonders häufig in Hiob, sonst Deut. 32, 15. 17. Jes. 44, 8. Hab. 1, 11. 3, 3. Ps. 18, 32. 50, 22. 114, 7. 139, 19. Spr. 30, 5. Dan. 11, 37. 38. 39. Neh. 9, 17. 2 Chr. 32, 15; *Gott,* selten von heidnischem Gotte: Dan. u. Chr. a. a. O. — זוּ כֹחוֹ לֶאלֹהוֹ *diese seine Kraft wird zu seinem Gotte* Hab. 1, 11; pl. אֱלֹהִים (בֵּ- ,לֵ- ,כֵּ-), (וֵאלֹהִים), cs. אֱלֹהֵי, suff. אֱלֹהַי (אֱלוֹהָי) Ps. 143, 10. 145, 1) אֱלֹהֶיךָ u. s. w. (als Gesammtheit der Kräfte) **Gott,** und zwar 1) der *wahre Gott* (was ganz bestimmt durch הָאֱלֹהִים Deut. 4, 35. 7, 9. 1 Kön. 18, 21. 37 ausgedrückt wird), und hat als solcher i m m e r das Prädicat im sing. bei sich Gen. 1, 1; selten ein adjectiv oder pronomen im plur. Jos. 24, 19. 1 Sam. 17, 26. Ps. 58, 12; das Prädicat steht nur dann im pl., wo von Götzendienst die Rede ist Ex. 32, 4. 8. 1 Kön. 12, 28; oder wo zu Heiden gesprochen wird Gen. 20, 13; oder wo Heiden sprechen 1 Sam. 4, 8. 1 Kön. 19, 2. 20, 10; oder wo *Engel* oder sonst ein *Geist* verstanden werden Gen. 35, 7. 1 Sam. 28, 13. 2) von *heidnischen Gottheiten* (eine oder mehrere) Gen. 35, 2. Ex. 20, 3. 32, 31. 1 Kön. 17, 29. 18, 33; von einer *weiblichen Gottheit* 1 Kön. 11, 5. 3) *Richter,* eig. *Gottesgericht* Ex. 21, 6. 22, 7. 8. 4) durch den Genitiv werden adjectivische Begriffe, wie *göttlich, gross, mächtig* bezeichnet; daher אִישׁ הָאֱלֹהִים Deut. 33, 1. נְשִׂיא אֱלֹהִים Genes. 23, 6. אֵשׁ אֱלֹהִים *ein mächtiges Feuer* 2 Kön. 1, 12. הַר אֱלֹהִים *mächtiger Berg* Ps. 68, 16. נַפְתּוּלֵי אֱלֹהִים *heftiger Kampf* Gen. 30, 8. חִתַּת אֱלֹהִים *grosser Schrecken* Gen. 35, 5; ähnlich heisst es von Ninive: עִיר־גְּדוֹלָה לֵאלֹהִים Jona 3, 3. כִּסְאֲךָ אֱלֹהִים *dein Thron ist ein göttlicher, erhabener* Ps. 45, 7. Dagegen בְּנֵי הָאֱלֹהִים *göttliche, höhere Wesen, Engel* Gen. 6, 2. Hiob 1, 6. 2, 1. 38, 7; wofür auch bloss אֱלֹהִים Ps. 82, 6.

אֱלוּל m. 1) Namen des sechsten Monats (August — September) Neh. 6, 15. 2) = אֱלִיל *nichtig;* Jer. 14, 14 Ktib.

אֵלוֹן m. a) pl. cs. אֵלֹנֵי (אֵלוֹנֵי Deut. 11, 30) *Eiche;* als Ortbezeichnungen sind zu merken: 1) אֵלֹנֵי מַמְרֵא *Eichen des Mamre* bei Hebron Gen. 13, 18. 14, 13. 18, 1. 2) אֵלוֹן מוֹרֶה (*Eiche des Lehrers*) in der Nähe von Sichem Gen. 12, 6. Deut. 11, 30. 3) אֵלוֹן מֻצָּב (*Eiche des Denksteins*) bei Sichem Richt. 9, 6 (vgl. Jos. 24, 26). 4) אֵלוֹן תָּבוֹר bei Betel 1 Sam. 10, 3. 5) אֵלוֹן מְעוֹנְנִים (*Eiche der Wahrsager*) bei Sichem Richt. 9, 37. 6) אֵלוֹן בְּצַעֲנַנִּים oder בְּצַעֲנִים Jos. 19, 33. Richt. 4, 11. b) n. pr. Sohn des Sebulon Gen. 46, 14. Num. 26, 26; woselbst n. gent. אֵלֹנִי.

אַלּוֹן m. 1) pl. אַלּוֹנִים cs. אַלּוֹנֵי *Eiche* Jes. 2, 13. 6, 13. 44, 14. Ezech. 27, 6. Hos. 4, 13. Zach. 11, 2. 2) n. pr. m. 1 Chr. 4, 37.

אַלֻּף—אַלּוּף (Zach. 9, 7) m. suff. אַלּוּפִי, pl. אַלֻּפִים cs. אַלֻּפֵי—אַלּוּפֵי 1) *Freund, Vertrauter* Micha 7, 5. Ps. 55, 14. Spr. 16, 28. 17, 9; auch von *Ehegatten* gebraucht Jer. 3, 4. Spr. 2, 17; von einem Thiere: *zahm* Jer. 11, 19. 2) = אֶלֶף *Rind* Ps. 144, 14. 3) denom. von אֶלֶף *tausend: Fürst* (eines Stammes) Gen. 36, 15. Jer. 13, 21. Zach. 9, 7. 12, 5. 6. 1 Chr. 1, 51.

אָלוּשׁ n. pr. Lagerstätte der Israeliten Num. 33, 13.

אֶלְזָבָד (*Gott hat geschenkt*) n. pr. m. 1 Chr. 12, 12 = יוֹזָבָד s. d. 2) 1 Chr. 26, 7.

[*אָלַח] Nifal נֶאֱלַח *verderbt sein*, im moralischen Sinne Ps. 14, 3. 53, 4. Hiob 15, 16.

אֶלְחָנָן (*Gott hat geschenkt*) n. pr. 1) einer der Helden David's 2 Sam. 21, 19. 23, 24. 1 Chr. 11, 26. 20, 5.

אֱלִיאָב (*Gott ist Vater*) n. pr. 1) Stammesfürst in Sebulon Num. 1, 9. 2, 7. 7, 24. 29. 10, 16. 2) Num. 16, 1. 3) ältester Sohn des Isai 1 Sam. 16, 6. 17, 13. 28. 1 Chr. 2, 13. 4) 1 Chr. 16, 5. 5) = אֱלִיהוּא s. d.

אֱלִיאֵל (*Gott ist stark*) n. pr. 1) davidische Helden 1 Chr. 11, 46. 47. 12, 11. 2) 1 Chr. 5, 24. 1 Chr. 8, 20. 22. 1 Chr. 15, 9. 11. 2 Chr. 31, 13. 3) = אֱלִיהוּא s. d.

אֱלִיאָתָה (*Gott kommt*) n. pr. m. 1 Chr. 25, 4; wofür v. 27: אֱלִיָּתָה.

אֱלִידָד (= אֶלְדָּד) n. pr. Stammesfürst in Benjamin Num. 34, 21.

אֶלְיָדָע (*Gott weiss*) n. pr. 1) Sohn des David 2 Sam. 5, 16 = בְּעֶלְיָדָע 1 Chr. 14, 7. 2) 1 Kön. 11, 23. 3) 2 Chr. 17, 17.

אַלְיָה f. *Fettschwanz* (bei den morgenländischen Schafen), der als Opfergabe verbrannt wurde Ex. 29, 22. Lev. 3, 9. 7, 3. 8, 25. 9, 19.

אֵלִיָּהוּ—אֵלִיָּה (*mein Gott ist Gott*) n. pr. *Elia* 1) der berühmte Prophet zur Zeit Ahab's, aus Tischbe 1 Kön. 17, 1. 2 Kön. 2, 14. Mal. 3, 23. 2 Chr. 21, 12. 2) Esra 10, 21.—26. 3) 1 Chr. 8, 27.

אֱלִיהוּ (= אֱלִיהוּ) n. pr. 1) 1 Chr. 26, 7. 2) Verwandter David's 1 Chr. 27, 18; vergl. auch אֱלִיהוּא.

אֱלִיהוּא (= אֱלִיהוּ) n. pr. 1) Vorfahr des Samuel 1 Sam. 1, 1 (= אֱלִיאָב 1 Chr. 6, 12 und אֱלִיאֵל 1 Chr. 6, 19). 2) 1 Chr. 12, 20. 3) Freund Hiob's, dem die Reden Hiob 32—37 gehören; אֱלִיהוּ Hiob 32, 4. 35, 1.

אֶלְיְהוֹעֵינַי (*auf Gott sind meine Augen gerichtet*) n. pr. m. 1) Esra 8, 4. 2) 1 Chr. 26, 3.

אֶלְיוֹעֵינַי (= אֶלְיְהוֹעֵינַי) n. pr. m. 1) Esra 10, 22. — 27. — 1 Chr. 3, 23. 24. — 4, 36. — 7, 8.

אֶלְיַחְבָּא (*Gott birgt*) n. pr. m. 2 Sam. 23, 32. 1 Chr. 11, 33.

אֱלִיחֹרֶף (*mein Gott ist Herbst*) n. pr. m. 1 Kön. 4, 3.

אֱלִיל—אֱלִל pl. אֱלִילִים cs. אֱלִילֵי 1) *Nichtigkeit*, daher רֹפְאֵי אֱלִל *nichtige (schlechte) Heiler* Hiob 13, 4. רֹעִי הָאֱלִיל *nichtswürdige Hirten* Zach. 11, 17. 2) *Götzenbild*, *Götzendienst* Jes. 10, 10. Jer. 14, 14; besonders im pl. *Götzenbilder*, *Götzen* Lev. 26, 1. Jes. 10, 11. Ezech. 30, 13. Hab. 2, 18. Ps. 96, 5. 1 Chr. 16, 26.

אֱלִימֶלֶךְ (*mein Gott ist König*) n. pr. m. Rut 1, 2. 2, 1.

אִלֵּין—אִלֵּן aram. pron. demonstr. plur. *diese* Dan. 2, 44. 6, 7.

אֶלְיָסָף (*Gott mehrt*) n. pr. Stammesfürst in Gad Num. 1, 14. 2, 14. 7, 42. 47. 10, 20. 2) Oberste der Leviten Num. 3, 24.

אֱלִיעֶזֶר (*Gott ist Hülfe*) n. pr. 1) Hausverwalter bei Abraham Gen. 15, 2. 2) Sohn des Moses Ex. 18, 4. 1 Chr. 23, 15. 26, 25. 3) Esra 8, 16. 10, 18. — 23 — 31. 4) 1 Chr. 7, 8. 5) 1 Chr. 15, 24. 6) 1 Chr. 27, 16. 7) Prophet zur Zeit des Josafat 2 Chr. 20, 37.

אֱלִיעֵינַי (= אֶלְיוֹעֵינַי) n. pr. m. 1 Chr. 8, 20.

אֱלִיעָם (*Gottverwandt*) n. pr. 1) Vater der Batseba 2 Sam. 11, 3 = עַמִּיאֵל 1 Chr. 3, 5. 2) davidischer Held, Sohn des Achitofel 2 Sam. 23, 34.

אֱלִיפַז (*mein Gott ist kostbar*) n. pr. 1) Sohn des Esau und der Ada Gen. 36, 4. 10. 11. 12. 15. 1 Chr. 1, 35. 36. 2) Freund des Hiob, aus Teman Hiob 2, 11. 4, 1. 15, 1. 22, 1. 42, 9.

אֱלִיפַל (*Gott entscheidet*) n. pr. m. 1 Chr. 11, 35.

אֱלִיפְלֵהוּ (*Gott zeichnet aus*) n. pr. m. 1 Chr. 15, 18. 21.

אֱלִיפֶלֶט (*Gott ist Rettung*) n. pr. 1) Sohn des David 1 Chr. 3, 6; wofür 1 Chr. 14, 5 אֶלְפֶּלֶט. 1) noch ein Sohn David's 2 Sam. 5, 16. 1 Chr. 3, 8. 14, 7. 2) 2 Sam. 23, 34 (vielleicht = אֱלִיפַל 1 Chr. 11, 35). 3) Esra 8, 13. — 10, 33. — 1 Chr. 8, 39.

אֱלִיצוּר (*Gott ist Fels*) n. pr. Stammesfürst in Ruben Num. 1, 5. 2, 10. 7, 30. 35. 10, 18.

אֱלִיצָפָן (*Gott ist Schutz*) n. pr. 1) Stammesfürst in Sebulon Num. 34, 25. 2) = אֶלְצָפָן s. d.

אֱלִיקָא (vielleicht = אֶלְיָקִים) n. pr. m. 2 Sam. 23, 25.

אֶלְיָקִים (*Gott richtet auf*) n. pr. 1) König von Juda, sls solcher Jojakim genannt 2 Kön. 23, 34. 2) Haushofmeister des Hiskia 2 Kön. 18, 18. 19, 2. Jes. 22, 20. 36, 3. 3) Neh. 12, 41.

אֱלִישֶׁבַע (*Gottesschwur*) n. pr. f. *Elisabet* (אֱלִישֶׁבַעַת) Gemahlin des Ahron Ex. 6, 23.

אֱלִישָׁה n. pr. Ländername Gen. 10, 4. Ezech. 27, 7. 1 Chr. 1, 7; wahrscheinlich *Elis* (für den ganzen Peloponnes); n. A. *Aeolier*; n. A. *Hellas*.

אֱלִישׁוּעַ (*Gott ist Heil*) n. pr. Sohn David's 2 Sam. 5, 15. 1 Chr. 14, 5 (= אֱלִישָׁמָע 1 Chr. 3, 6).

אֶלְיָשִׁיב (*Gott führt zurück*) n. pr. 1) Priester, nach dem die elfte Priesterordnung benannt wurde 1 Chr. 24, 12. 2) Hohepriester zur Zeit des Nehemia Esra 10, 6. Neh. 3, 1. 20. 12, 10. 22. 23. 3) Esra 10, 24. 4) Esra 10, 27. 5) 1 Chr. 3, 24.

אֱלִישָׁמָע (*Gott hört*) n. pr. 1) Stammesfürst in Efraim Num. 1, 10. 2, 18. 7, 48. 53. 10, 22. 2) Sohn David's 2 Sam. 5, 16. 1 Chr. 3, 8. 14, 7 (vgl. אֱלִישׁוּעַ). 3) Vorfahr des Bandenführer's Ismael 2 Kön. 25, 25. Jer. 41, 1. 4) 1 Chr. 2, 41. — 2 Chr. 17, 8.

אֱלִישָׁע (*Gott ist Heil*) n. pr. *Elisa*, der bekannte Prophet in Israel, Nachfolger des Elia 1 Kön. 19, 16. 2 Kön. 13, 21.

אֱלִישָׁפָט (*Gott richtet*) n. pr. m. 2 Chr. 23, 1.

אֱלִיָּתָה s. אֱלִיאָתָה.

אֵלֵּךְ aram. pron. demonst. pl. m. *diese* Dan. 3, 12. 13. 6, 6. Esra 4, 21. 5, 9. 6, 8.

אַלְלַי interj. *wehe!* mit dem Dativ Micha 7, 1. Hiob 10, 15.

[אָלַם] Nifal נֶאֱלַם eig. *gebunden sein*, daher *stumm sein, verstummen* Jes. 53, 7. Ezech. 3, 26. 33, 22. Ps. 31, 19. 39, 3. 10. Dan. 10, 15. — Piel *binden* Gen. 37, 7.

אֵלֶם m. *das Verstummen*. אֵלֶם צֶדֶק *das Verstummen der Gerechtigkeit* d. h. *die verschwiegene Gerechtigkeit* Ps. 58, 2. יוֹנַת אֵלֶם רְחֹקִים Ps. 56, 1 ist wahrsch. der Anfang eines Liedes, nach dessen Melodie der Psalm gesungen werden sollte.

אִלֵּם adj. pl. אִלְּמִים *stumm* Ex. 4, 11. Jes. 35, 6. 56, 10. Hab. 2, 18. Ps. 38, 14. Spr. 31, 8.

אֵלָם s. אוּלָם.

אַלְמֻגִּים (wofür אַלְגּוּמִּים 2 Chr. 2, 7. 9, 10. 11) ein kostbares Holz, wahrsch. *rothes Sandelholz* 1 Kön. 10, 11. 12.

אֲלֻמָּה f. suff. אֲלֻמָּתִי, pl. אֲלֻמִּים suff. אֲלֻמֹּתָיו *Garbenbund* Gen. 37, 7. Ps. 126, 6.

אַלְמוֹדָד n. pr. Sohn des Joktan Gen. 10, 26. 1 Chr. 1, 20.

אַלַּמֶּלֶךְ (*Königseiche*) n. pr. Stadt in Ascher Jos. 19, 26.

אַלְמָן adj. *vereinsamt, verwittwet* Jer. 51, 5; fem. אַלְמָנָה pl. אַלְמָנוֹת suff. אַלְמְנוֹתֶיךָ *Wittwe* Gen. 38, 11. Ex. 22, 23. Jer. 49, 11; dagegen ist אַלְמְנוֹתָיו Jes. 13, 22 = אַרְמְנוֹתָיו *seine Palläste*.

אַלְמֹן m. *Wittwenschaft* Jes. 47, 9.

[אַלְמָנוּת] cs. אַלְמְנוּת suff. אַלְמְנוּתֵהּ, pl. [אַלְמְנוּתִים] suff. אַלְמְנוּתַיִךְ *Wittwenschaft* Gen. 38, 14. 19. Jes. 54, 4. אַלְמְנוּת חַיּוּת *als Wittwe beim Leben (des Mannes)* 2 Sam. 20, 3.

אַלְמֹנִי m. eig. *ein Verschwiegener, Ungenannter*, stets in Verbindung mit פְּלֹנִי, *der und der (N. N.)* 1 Sam. 21, 3. 2 Kön. 6, 8. Rut 4, 1.

אִלֵּן s. אִלֵּין.

אֶלְנַעַם (*Gott ist Anmuth*) n. pr. m. 1 Chr. 11, 46.

אֶלְנָתָן (*Gott hat gegeben*) n. pr. 1) Schwiegervater des Königs Jehojachin 2 Kön. 24, 8. 2) Hofbeamter des Königs Zidkiah Jer. 26, 22. 36, 12. 25 (vielleicht identisch mit No. 1). 3) Esra 8, 16.

אֶלָּסָר n. pr. Landschaft in Ostasien Gen. 14, 1. 9.

אֶלְעָד (*Gott ist Schmuck*) n. pr. m. 1 Chr. 7, 21.

אֶלְעָדָה n. pr. m. 1 Chr. 12, 5.

אֶלְעוּזַי (*Gott ist Macht*) n. pr. 1 Chr. 12, 5.

אֶלְעָזָר (*Gott hilft*) n. pr. 1) dritter Sohn und Nachfolger des Ahron Ex. 6, 23. 25. Lev. 10, 6. Num. 20, 26. 2) Sohn des Abinadab 1 Sam. 7, 1. 3) davidischer Held 2 Sam. 23, 9. 1 Chr. 11, 12. 4) Esra 8, 33. — 10, 25. — 1 Chr. 23, 21.

אֶלְעָלֵה—אֶלְעָלֵא (*Gottesaufgang*) n. pr. Ortschaft in Ruben Num. 32, 3. 37. Jes. 15, 4. 16, 9. Jer. 48, 34.

אֶלְעָשָׂה (*Gott hat geschaffen*) n. pr. m. 1) Jer. 29, 3. 2) 1 Chr. 2, 39. 3) 1 Chr. 8, 37. 9, 43.

***אָלַף** fut. תֶּאֱלַף [eig. sich *anschliessen, gewöhnen*] *lernen* Spr. 22, 25.
Piel part. מְאַלְּפֵנוּ (= מַלְּפֵנוּ) Hiob 35, 11); *belehren* mit dopp. accus. Hiob 15, 5. 33, 33.
Hifil [denom. von אֶלֶף] *sich tausendfach vermehren* Ps. 144, 13.

אֶלֶף suff. אַלְפִּי, pl. אֲלָפִים, cs. אַלְפֵי, du. אַלְפַּיִם.
1) *Hausthiere*, besonders *Rinder*, nur im pl. Deut. 7, 13. 28, 4. 18. 51. Jes. 30, 24. Ps. 8, 8. Spr. 14, 4. 2) *Genossenschaft. Geschlecht* Num. 31, 5. 48. Jos. 22, 21. 30. Richt. 6, 15. 1 Sam. 10, 19. 17, 18. 18, 13. 23, 23. Micha 5, 1.

3) *tausend*, mit folgendem sing. Gen. 20, 16. Ex. 12, 37. Num. 35, 4. Jos. 8, 3. 1 Sam. 13, 5. 1 Kön. 5, 25. 29. 2 Kön. 15, 19. Jes. 7, 23. 2 Chr. 25, 6 oder plur. 1 Kön. 5, 6. 2 Kön. 3, 4; seltener hinter dem Hauptwort Ps. 50, 10. 1 Chr. 22, 14. 29, 7; auch als unbestimmt grosse Zahl Deut. 1, 11. 32, 30; verstärkter: אַלְפֵי רְבָבָה Gen. 24, 60. 4) Stadt in Benjamin Jos. 18, 28.

אֲלַף aram. emph. אַלְפָּא pl. אַלְפִין—אַלְפִים *tausend* Dan. 5, 1. 7, 10.

אֶלְפֶּלֶט s. אֱלִיפֶלֶט.

אֶלְפַּעַל (*Gott ist Lohn*) n. pr. m. 1 Chr. 8, 11. 12. 18.

*[**אָלַץ**] Piel *in Jemand dringen* mit acc. Richt. 16, 16.

אֶלְצָפָן n. pr. Sohn des Usiel Ex. 6, 22. Lev. 10, 4. Num. 3, 30 (wo er אֱלִיצָפָן heisst).

אַלְקוּם *Nicht-Widerstand* nur Spr. 30, 31. מֶלֶךְ אַלְקוּם עִמּוֹ *ein König, gegen den kein Widerstand ist.*

אֶלְקָנָה (*Gott hat geschaffen*) n. pr. 1) verschiedene Leviten aus dem Geschlechte Korach Ex. 6, 24. 1 Chr. 6, 8. 10. 11. 20. 21, von denen am bekanntesten der Vater des Propheten Samuel 1 Sam. 1, 1. 2, 11. 1 Chr. 6, 12. 19. 2) 1 Chr. 12, 6.—2 Chr. 28, 7.

אֶלְקֹשִׁי *der aus Elkosch*, Bezeichnung des Geburtsortes des Propheten Nahum Nah. 1, 1.

אֶלְתּוֹלַד n. pr. Stadt in Simeon Jos. 15, 30. 19, 4. 1 Chr. 4, 29 (wo bloss תּוֹלַד).

אֶלְתְּקֵה—אֶלְתְּקֵא n. pr. Levitenstadt in Dan Jos. 19, 44. 21, 23.

אֶלְתְּקֹן n. pr. Stadt in Juda Jos. 15, 59.

אֵם f. suff. אִמִּי pl. suff. אִמֹּתָם, אִמֹּתֵינוּ *Mutter* Gen. 28, 5 in Nuancen der Bedeutung, welche denen von אָב entsprechen, dah. auch a) *Grossmutter* 1 Kön. 15, 10; *Stammmutter* überhaupt Gen. 3, 20, daher auch von der Mutter Erde Hiob 1, 21. b) *Führerin, Beratherin* Richt. 5, 7. c) *die Gesammtheit des Volkes als Person gedacht* Jes. 50, 1. Jer. 50, 12. Ezech. 19, 2. Hos. 4, 5, daher עִיר וְאֵם 2 Sam. 20, 19 *Mutterstadt, Hauptstadt.* d) אֵם הַדֶּרֶךְ *Mutter des Weges, Scheideweg* Ezech. 21, 26.

אִם conj. 1) der Bedingung: *wenn*, gew. mit dem fut., an das sich dann das pf. anschliesst Deut. 8, 19; auch mit dem pf. Gen. 43, 9. Jes. 4, 4. Jer. 37, 10; mit dem part. Richt. 9, 15. 11, 9; dichterisch mit dem inf. אִם אָמְרִי *wenn ich sage* Hiob 9, 27; der Nachsatz bleibt auch (als sich von selbst verstehend) weg: a) bei zwei auf einander folgenden Bedingungssätzen Ex. 32, 32. b) bei der Betheuerung und dem Schwure, so dass אִם in diesem Falle mit *gewiss nicht, dass nicht* — אִם לֹא mit *gewiss* übersetzt werden kann Gen. 26, 29. 1 Sam. 14, 45. 2 Sam. 11, 11; zuw. steht der gedachte Nachsatz, aber voran: *So thue mir Gott, wenn* (*ich schwöre dass ich nicht*) 1 Sam. 25, 22. 2 Sam. 3, 35. Daher ist אִם auch als Verneinung aufzufassen, wenn der Schwur nicht so deutlich vorliegt. Richt. 5, 8: *Kein Schild noch Speer liess sich sehen;* Jer. 15, 11: *gewiss.* 2) des Gegensatzes: *wenn auch* Jes. 1, 18. Jerem. 5, 2. Kohel. 11, 8; גַּם אִם Koh. 8, 17; daran schliesst sich die Zusammensetzung mit כִּי (vgl. כִּי אִם); בִּלְתִּי אִם *ausser nur* Gen. 47, 18. Richt. 7, 14. 3) des Wunsches: *wenn doch* Gen. 30, 27. Ps. 81, 9. 139, 19. Spr. 24, 11. 1 Chr. 4, 10; verstärkt durch לוּ Gen. 23, 13; durch הֲלֹא 2 Kön. 20, 9; אִם לֹא *wenn nur nicht* Hiob 17, 2. 4) der Frage, gew. im zweiten Glied der disjunct. Frage, wo es mit *oder* zu übersetz. ist Gen. 27, 21. Ex. 17, 7. Num. 13, 18. 19. 20; eben so bei der einfachen Frage 1 Kön. 1, 27. Jes. 29, 16. Amos 3, 6. Hab. 3, 8. Ps. 94, 9. 10. Hiob 40, 9, auch וְאִם Gen. 17, 17; dah. אִם לֹא = הֲלֹא Ezech. 3, 6; in der indirecten Frage: *ob* 2 Kön. 1, 2. Hohel. 7, 13. verdoppelt: *entweder — oder* Ex. 19, 13. Lev. 3, 1. Deut. 18, 3. Jer. 42, 6. Kohel. 12, 14. 5) der Zeit *wenn* gewöhnlich mit pf. Jes. 24, 13. Amos 7, 2; *so oft als* Jer. 14, 18. Ps. 63, 7. Hiob 7, 4; häufig in Verbindungen wie: עַד אִם oder עַד אֲשֶׁר אִם (vgl. עַד); hierbei streift es an die Bedeutung von כִּי Jes. 55, 10, mit dem es pleon. verbunden wird Gen. 47, 18 (*da doch*).

[**אֹם**] s. אֻמָּה.

אָמָה f. suff. אֲמָתִי, pl. אֲמָהוֹת, cs. אַמְהוֹת, suff. אַמְהֹתַי etc. *Magd* (etwas höher stehend als שִׁפְחָה) Gen. 31, 33. Ex. 21, 7. 32. 1 Sam. 25, 41. 2 Sam. 6, 20. 22. Hiob 19, 15; in der demüthigen Anrede einer Frau steht „*deine Magd*" für ich 1 Sam. 1, 11, wie der Mann bezeichnet wird *Sohn der Magd = Knecht* Ex. 23, 12 und eben so in der Anrede: Ps. 86, 16. 116, 16.

אַמָּה f. cs. אַמַּת, du. אַמָּתַיִם pl. אַמּוֹת (von אֵם) 1) *Mutterstadt, Hauptstadt* 2 Sam. 8, 1; 2) *Ellbogen*, (*Mutter des Armes* vgl. אֵם הַדֶּרֶךְ) und *Vorderarm* oder *Elle* als Maass Gen. 6, 15.

Ex. 25 10. 26, 16. Deut. 3, 11; überhaupt *Maass*, d. h. *Ende* Jer. 51, 13. 3) *Säule, Pfoste* Jes. 6, 4. 4) n. pr. eines Hügels 2 Sam. 2, 24.

[אַמָּה] aram. f. pl. אַמִּין *Elle* Dan. 3, 1.

אֻמָּה s. אֵימָה.

[אֻמָּה] f. pl. אֻמִּים (Ps. 117, 1) — אֻמּוֹת (Num. 25, 15), suff. אֻמֹּתָם (Gen. 25, 16) *Volk, Stamm.*

[אֻמָּה] aram. f. pl. אֻמַּיָּא *Volk* Dan. 3, 4. 7. 29. 31. 5, 19. 7, 14. Esra 4, 10.

אָמוֹן m. 1) *Werkmeister, Künstler*, nur Spr. 8, 30 von der personificirten Schöpfungsweisheit. 2) = הָמוֹן, *Volksmasse* Jer. 52, 15. 3) n. pr. a) König von Juda 2 Kön. 21, 18. 2 Chr. 33, 20. b) Stadtoberster in Samaria unter Ahab 1 Kön. 22, 26. c) Neh. 7, 59, wofür אָמִי Esra 2, 57. d) Name einer ägyptischen Gottheit *Amon*, die besonders in Theben verehrt wurde Jer. 46, 25, welche Stadt daher auch *No Amon* heisst Nah. 3, 8.

אֱמוּנָה f. cs. אֱמוּנַת, suff. אֱמוּנָתִי, אֱמֻנָתוֹ (1 Sam. 26, 23) — אֱמוּנָתוֹ pl. אֱמוּנוֹת. 1) *Festigkeit* Ex. 17, 12: *Seine Hände waren Festigkeit = fest*; *Ausdauer, Beständigkeit*; adject. *beständig* 1 Chr. 9, 22. 26. 31. 2) *Sicherheit* Jes. 33, 6. 3) *Zuverlässigkeit, Treue* Deut. 32, 4. Hos. 2, 22. Ps. 33, 4. 37, 3. 40, 11. 89, 25. 2 Chr. 19, 9; *Wahrheit* Jes. 11, 5. 59, 4. Jer. 5, 1. 3. 7, 28. 9, 2. Spr. 12, 17. 22; adject. *wahrhaft* Ps. 119, 75. 138; *Redlichkeit* 2 Kön. 12, 16. 22, 7. 2 Chr. 31, 12. 15. 18. 34, 12. אִישׁ אֱמוּנוֹת *ein redlicher Mann* Spr. 28. 20. 4) *Glaube* Hab. 2, 4.

אֱמוּנִים s. אֵמֻן.

אָמוֹץ (*Starker*) n. pr. Vater des Propheten Jesaja 2 Kön. 19, 2. 20. Jes. 1, 1. 2, 1. 13, 1.

אָמִי n. pr. = אָמוֹן s. d.

אֵמִים s. אֵימִים.

אֲמִינוֹן n. pr. = אַמְנוֹן s. d.

אַמִּיץ—אַמִּץ adj. *stark, fest, gewaltig* 2 Sam. 15, 12. Jes. 28, 2. 40, 26. Amos 2, 16. Hiob 9, 4. 19.

אָמִיר m. *Gipfel* eines Baumes Jes. 17, 6; eines Berges Jes. 17, 9.

אָמַל* part. II f. אֲמֻלָה *verschmachtet* (vor Lust und Gier) Ezech. 16, 30.

Pulal אֻמְלַל, part. אֻמְלָל—אֻמְלַל (Ps. 6, 3) 1) *verwelken, verdorren* Jes. 16, 8. 24, 7. Nah. 1, 4, daher von einem Kranken: *verschmachten* Ps. 6, 3. 2) *klagen, trauern* (vgl. אָבַל) 1 Sam. 2, 5. Jes. 19, 8. 33, 9. Jerem. 14, 2. 15, 9. Klagel. 2, 8.

[אֲמֵלָל] adj. pl. אֲמֵלָלִים *schwach, ärmlich* Neh. 3, 34.

אֲמָם n. pr. Stadt in Juda Jos. 15, 26.

אָמַן inf. אָמְנָה, part. אֹמֵן, f. אֹמֶנֶת, suff. אֹמַנְתּוֹ eig. *festigen, festhalten*, daher *erziehen, pflegen* Klagel. 4, 5. אֹמֵן *Wärter* Num. 11, 12; *Erzieher, Pflegevater* Est. 2, 7; *Pfleger* 2 Kön. 10, 1. 5. Jes. 49, 23. אֹמֶנֶת *Pflegerin* 2 Sam. 4, 4. Rut 4, 16. בְּאָמְנָה אִתּוֹ *als sie bei ihm erzogen wurde* Est. 2, 20.

Nifal pf. נֶאֱמַן, pl. נֶאֶמְנוּ, part. נֶאֱמָן, f. נֶאֱמֶנֶת—נֶאֱמָנָה, pl. נֶאֱמָנִים, cs. נֶאֶמְנֵי, fut. יֵאָמֵן 3 pl. f. תֵּאָמַנָּה (= תֵּאָמַנָּה). 1) *befestigt werden, fest sein* 2 Sam. 7, 16. 1 Kön. 11, 38. Jes. 22, 23. 2 Chr. 20, 20; meist in bildlichem Sinne und so besonders im part. *fest, zuverlässig, bewährt sein* Jes. 7, 9. 33, 16. Jer. 15, 18; *wahr werden* 1 Kön. 8, 26. Ps. 93, 5. 1 Chr. 17, 23. 24. 2 Chr. 1, 9. נֶאֱמָן *bewährt, treu* Deut. 7, 9. Jes. 1, 21. Spr. 11, 13; mit אֶת und עִם Hos. 12, 1. Ps. 78, 8. נֶאֱמָנָה *Bewährtes* Hos. 5, 9. מַכּוֹת נֶאֱמָנוֹת *fühlbare Plagen* Deut. 28, 59. 2) *gepflegt, gewartet werden* Jes. 60, 4.

Hifil הֶאֱמִין fut. יַאֲמִין 1) *etwas Erzähltes als wahr aufnehmen, glauben*; mit לְ der erzählten Sache oder der erzählenden Person Gen. 45, 26. Ex. 4, 1. 8. 1 Kön. 10, 7. Jes. 53, 1. Spr. 14, 15. 2) *Vertrauen in J. setzen, an ihn glauben* mit בְּ Gen. 15, 6. Ex. 14, 31. Num. 20, 12. Deut. 1, 32. 2 Kön. 17, 14. Ps. 78, 22. לֹא תַאֲמִין בְּחַיֶּיךָ *du wirst in fortwährender Todesangst schweben* Deut. 28, 66. Hiob 24, 22. 3) *Jemandem trauen* mit accus. und folg. inf. Richt. 11, 20. 4) *hoffen, erwarten* mit inf. und לְ Ps. 27, 13; ohne לְ Hiob 15, 22; mit folg. כִּי Hiob 9, 16. Klagel. 4, 12. 5) *Stand halten, still stehen* Hiob 39, 24 (תַּאֲמִינוּ Jes. 30, 21 = תֵּימִינוּ v. יָמַן s. d.).

[אֲמַן] aram. nur Hif. הֵימַן part. מְהֵימַן, mit בְּ *an etwas glauben* Dan. 6, 24; part. *zuverlässig, bewährt* Dan. 2, 45. 6, 5.

אָמָּן m. *Werkmeister, Künstler* Hohel. 7, 2.

אָמֵן m. *Wahrheit* Jes. 65, 16; adverb. *wahrlich, so ist es! Amen!* gewöhnlich bei Beschwörungs- und Betheuerungsformeln Num. 5, 22. Deut. 27, 15. 1 Kön. 1, 36 und am Schlusse von Gebetformeln Ps. 41, 14 u. s. w.

אֹמֶן *Treue.* אֱמוּנָה אֹמֶן *bewährte Treue* Jes. 25, 1.

אֹמֶן m. pl. אֲמֻנִים—אֱמוּנִים, cs. אֱמוּנֵי. 1) *Treue* Deut. 32, 20. Jes. 26, 2, adjectivisch: *treu, zuverlässig* Spr. 13, 17. 14, 5. 20, 6. 2) concr. *der Treue, Zuverlässige* 2 Sam. 20, 19. Ps. 12, 2. 31, 24 (Klagel. 4, 5 ist part. von אָמַן).

אֲמָנָה f. 1) *Festsetzung* eines Bündnisses Neh. 10, 1: eines Lohnes Neh. 11, 23. 2) n. pr. eines Bergrückens des Antilibanon Hohel. 4, 8 und eines dort entspringenden bei Damascus fliessenden Stromes 2 Kön. 5, 12 (wo אֲבָנָה Ktib).

אָמְנָה adv. *wahrlich* Gen. 20, 12. Jos. 7, 20 (אָמְנָה Est. 2, 20 ist inf. von אָמַן s. d.).

[אֹמְנָה] f. pl. אֹמְנוֹת *Pfeiler, Pfosten* 2 Kön. 18, 16.

אַמְנוֹן (*Treuer*) n. pr. 1) ältester Sohn des David 2 Sam. 3, 2. 13, 1. 39; dafür (gleichsam dimin.) אֲמִינוֹן v. 20. 2) 1 Chr. 4, 20.

אָמְנָם adv. *wahrlich, in der That* 2 Kön. 19, 17. Hiob 9, 2. 12, 2; verstärkt durch כִּי Hiob 36, 4. Rut 3, 12; durch אַף Hiob 19, 4. 34, 12.

אֻמְנָם adv. = אָמְנָם, kommt nur mit dem frag. הֲ vor zur Verstärkung der Frage Num. 22, 37. 1 Kön. 8, 27. Ps. 58, 2. 2 Chr. 6, 18. הַאַף אֻמְנָם Gen. 18, 13 *also wirklich denn?*

*אָמֵץ fut. יֶאֱמַץ, pl. וַיֶּאֶמְצוּ (2 Chr. 13, 18), imp. אֱמַץ, pl. אִמְצוּ *stark, fest, muthig sein* Gen. 25, 23; gewöhnlich mit חָזַק verbunden Deut. 31, 6. 7. Jos. 1, 6. 7. 9. 1 Chr. 22, 13.

Piel אִמֵּץ, fut. אֲאַמִּצְכֶם 1) *fest machen, befestigen* Spr. 8, 25. 2 Chr. 24, 13. 2) *ermuthigen, kräftigen* Deut. 3, 25. Jes. 41, 10. Ps. 89, 22. Hiob 16, 5. 2 Chr. 11, 17, wofür auch das Bild: *wankende* (schlotternde) *Knie kräftigen* Jes. 35, 3. Hiob 4, 4. 3) *sein Herz verhärten, sich starrsinnig zeigen* Deut. 15, 7. 2 Chr. 36, 13. 4) mit כֹּחַ *von seiner Kraft Gebrauch machen* Amos 2, 14. Spr. 24, 5; mit זְרוֹעַ *seinen Arm kräftig gebrauchen* Spr. 31, 17; ohne Object: *kräftig arbeiten* Jes. 44, 14.

Hifil fut. יַאֲמֵץ *Muth gewinnen* Ps. 27, 14. 31, 25.

Hitp. 1) *aus allen Kräften eilen* 1 Kön. 12, 18. 2 Chr. 10, 18. 2) *fest beharren* Rut 1, 18. 3) *sich feindlich zeigen* 2 Chr. 13, 7.

[אָמֹץ] adj. pl. אֲמֻצִּים *rothbraun* Zach. 6, 3. 7.

אֹמֶץ m. *Kraft, Stärke* Hiob 17, 9.

אַמְצָה f. *Kraft, Stütze* Zach. 12, 5.

אַמְצִי n. pr. m. 1) Neh. 11, 12. 2) 1 Chr. 6, 31.

אֲמַצְיָהוּ—אֲמַצְיָה (*Gott ist stark*) n. pr. 1) König v. Juda 2 Kön. 12, 22. 13, 12. 14, 21. 2 Chr. 24, 27. 26, 1. 2) Priester in Bet-El Am. 7, 10. 3) 1 Chr. 4, 34.—6, 30.

*אָמַר pf. 1 sg. אָמַרְתְּ (= אָמַרְתִּי Ps. 16, 2); fut. יֹאמַר—וַיֹּאמֶר (ps. וַיֹּאמַר); 3 f. תֹּאמַר (ps. תֹּאמֵר)—וַתֹּאמֶר (ps. וַתֹּאמַר); 1 sg. אֹמַר—אוֹמַר וָאֹמַר (וָאוֹמַר); 2 pl. תֹּאמְרוּ—אֹמְרָה—אוֹמְרָה—תֹּמְרוּ (2 Sam. 19, 14); 3 pl. suff. יֹמְרוּךָ (Ps. 139, 20); inf. אֱמֹר—אֲמֹר, אֱמֹר, בֶּאֱמֹר, כֶּאֱמוֹר, לֵאמֹר (selten לֵאמוֹר) suff. אָמְרִי, אֲמָרְךָ; imp. אֱמֹר—אֱמָר־, אִמְרִי *sagen, sprechen*; meistens folgt die wörtlich angeführte Rede, dah. auch zum Zweck einer solchen Anführung אָמַר sich häufig an ein vorangehendes Verbum der Aussage (besonders דִּבֶּר) anschliesst; am ausgedehntesten ist in dieser Beziehung selbst nach vorherg. אָמַר (Gen. 27, 6. 31, 29. 39, 14. 42, 22. 43, 3. Ex. 15, 1. 2 Kön. 9, 12) der Gebrauch des inf. לֵאמֹר *indem er sagte, nämlich, also*, der sogar (Jer. 3, 1) ohne ein vorangehend. Verbum der Aussage steht, das man sich also zu ergänzen hat (z. B. וַיְהִי דְבַר יְהוָה אֵלַי). Die Person, *zu* welcher gesprochen wird, steht mit אֶל oder לְ, aber auch diejenige, *über* welche gesprochen wird kann mit a) לְ (אִמְרִי־לִי אָחִי הוּא *sprich von mir: Mein Bruder ist er* Gen. 20, 13. Ex. 14, 3. Num. 26, 65. Richt. 9, 54. Jes. 41, 7. Ezech. 36, 20. Ps. 3, 3. 71, 10) oder b) mit אֶל (2 Kön. 19, 32. Jer. 22, 18. 27, 19, wo es mit עַל wechselt) c) bei אֲשֶׁר ohne Präposition (אֲשֶׁר אֲמַרְתֶּם *von dem ihr gesprochen habt* Gen. 43, 27. 29. Ex. 32, 13. Num. 14, 31. Klagel. 4, 20) stehen. — Zuweilen folgt auf אָמַר keine directe Rede, sondern ein Object (Spr. 1, 21), ein abhängig. od. beigeordn. Satz Ps. 71, 10; selten fehlt die Aussage gänzl. u. ist aus dem Zusammenhange zu entnehmen Gen. 4, 6. Ex. 19, 25. 1 Kön. 5, 20. Ps. 71, 10. 2 Chr. 32, 24. Nach diesen Constructionen ergeben sich aus der Hauptbedeutung *sagen* verschiedene Nuancen als: a) *denken* Gen. 32, 21. 44, 28. Ex. 13, 17. Num. 24, 11, noch deutlicher bezeichnet durch die Redensart אָמַר בְּלִבּוֹ oder אָמַר אֶל־לִבּוֹ (לְלִבּוֹ) *in* oder *zu seinem Herzen sprechen* Deut. 8, 17. Jes. 14, 13. 49, 21. Hos. 7, 2. Zef. 1, 12. 2, 15. Ps. 10, 6. 11. 13. 14, 1, oder *das Herz spricht* Ps. 27, 8. b) mit folgend. inf. in der älteren Sprache: *beabsichtigen, im Sinne haben* Ex. 2, 14, Jos. 22, 33. 1 Sam. 30, 6. 1 Kön. 5. 19. Ps. 106, 23: in der jüngeren Sprache *befehlen*: Est. 1, 10. 17. 4, 13. 9, 14. 1 Chr. 21, 17, was auch sonst durch einen beigeordneten Satz mit וְ

consec. ausgedrückt werden kann Ps. 105, 31. 34. Neh. 13, 9. 2 Chr. 24, 8. c) mit ל oder mit dem acc. der Sache *nennen* Jes. 5, 20. 8, 12. Koh. 2, 2. הָאָמוּר *der genannt wird* Mich. 2, 7; אֲשֶׁר יֹמְרוּךָ לִמְזִמָּה *die dich (deinen Namen) nennen bei Schändlichkeit (bei dir falsch schwören)* Ps. 139, 20; *bezeichnen* Gen. 22, 2. 3. 9; *aussagen, verkünden* Jes. 3, 10. Ps. 40, 11. 45, 2. 145, 6. 11; *verheissen, zusagen* Num. 23, 19. 1 Kön. 11, 18.

Nifal נֶאֱמַר fut. יֵאָמֵר—יֵאָמֶר—יֵאָמַר 1) *gesagt, berichtet werden* Jos. 2, 2. Jer. 4, 11. Zef. 3, 16. Dan 8, 26; besonders יֵאָמֵר unpersönlich: *man sagt, es heisst*: Gen. 10, 9. Num. 21, 14; *über* Jemand mit ל Ps. 87, 5. 2) *benannt werden* Gen. 22, 14, gewöhnl. unpers. mit ל der benannten Person Num. 23, 23. Jes. 4, 3. 19, 18. 32, 5. 61, 6. 62, 4. Hos. 2, 1.

Hifil הֶאֱמִיר, nur Deut. 26, 17. 18 *erhöhen, hoch stellen* (n. A. *versprechen, eine Zusage machen.*)

Hitp. fut. pl. יִתְאַמְּרוּ *sich erheben, brüsten* Ps. 94, 4.

אֲמַר aram. 1 pf. אַמְרֵה fut. יֵאמַר, inf. מֵאמַר, מֵמַר *sprechen, sagen*, wie das hebräische Jer. 10, 11. Dan. 2, 24. 4, 5. לְמֵמַר Esra 5, 11, wie das hebr. לֵאמֹר; *erzählen, berichten* Dan. 2, 9. 7, 1.

[אֹמֶר] m. suff. אִמְרוֹ, pl. אֲמָרִים, cs. אִמְרֵי, suff. אִמְרֵיכֶם, אֲמָרַי 1) *Wort, Rede* נַחֲלַת אִמְרוֹ *das ihm zugesprochene Theil* Hiob 20, 29. 2) *Wipfel* Gen. 49, 41.

[אִמַּר] aram. pl. אִמְּרִין *Lamm* Esra 6, 9. 17. 7, 17.

אִמֵּר (*Ragender*) n. pr. 1) Priester Jer. 20, 1; dessen Familie Esra 2, 37. Neh. 7, 40. 2) Esra 2, 59. Neh. 7, 61.

אֹמֶר m. 1) *Wort, Rede* Hab. 3, 9. Ps. 19, 3. 4. 77, 9; *Siegesgesang* Ps. 68, 12. 2) *Sache* Hiob 22, 28.

[אִמְרָה] f. cs. אִמְרַת, suff. אִמְרָתִי, pl. אִמְרוֹת, cs. אִמְרוֹת *Wort, Rede, Gebot* Gen. 4, 23. Ps, 12, 7. 119, 123.

[אֶמְרָה] f. suff. אֶמְרָתוֹ *Wort* Klagel. 2, 17.

אֱמֹרִי (*Höhenbewohner*) n. gent. m. *Amoriter*, kanaanitischer Volksstamm in Palästina und jenseit des Jordan, oft für *Kenaan* überhaupt gebraucht Gen. 15, 16. Deut. 1, 20. Amos 2, 9. 10.

אִמְרִי (*Hoher*) n. pr. 1) 1 Chr. 9, 4. 2) Neh. 3, 2.

אֲמַרְיָהוּ — אֲמַרְיָה (*Gott verheisst*) n. pr. 1) zweier Hohepriester 1 Chr. 5, 33. 37, von denen der zweite unter Josafat lebte 2 Chr. 19, 11. 2) Zef. 1, 1. — Neh. 10, 4. 12, 2. 13. — 11, 4. — Esra 10, 42. — 1 Chr. 24, 23. — 2 Chr. 31, 15.

אַמְרָפֶל n. pr. König von Sinear Gen. 14, 1. 9.

אֶמֶשׁ m. 1) *vorige Nacht* Gen. 19, 34. 31, 29. 42; dann von der *Vergangenheit* überhaupt 2 Kön. 9, 26. 2) dichterisch: *Nacht, Dunkel* Hiob 30, 3.

אֱמֶת (aus אֱמֶנֶת) f. suff. אֲמִתִּי 1) *Festigkeit, Dauerhaftigkeit.* שָׁלוֹם וֶאֱמֶת *dauernder Friede* 2 Kön. 20, 19. 2) *Wahrheit* Gen. 42, 16. Ps. 25, 5. Spr. 22, 21. 3) *Treue* Ps. 30, 10.

אַמְתַּחַת (von מָתַח) f. suff. אַמְתַּחְתִּי pl. cs. אַמְתְּחֹת *Sack* Gen. 42, 28. 44, 1. 2.

אֲמִתַּי (*Wahrhaftiger*) n. pr. Vater des Propheten Jona 2 Kön. 14, 25. Jona 1, 1.

אֵימְתָנִי aram. adj. f. *stark, kräftig* Dan. 7, 7.

אָן (zusammengez. aus אַיִן) adv. *wohin?* 1 Sam. 10, 14; מֵאָן *woher?* 2 Kön. 5, 25 (Ktib); עַד אָן *bis wann? wie lange* Hiob 8, 2. — Mit ה der Richtung: אָנָה 1) *wohin?* Gen. 16, 8. 32, 18. Richt. 19, 17 (sonst immer Milél, ist es Deut. 1, 28. Ps. 139, 7 [vor א] Milra); als rhetorische Frage Gen. 37, 30. 2 Sam. 13, 13; im abhäng. Satze Jos. 2, 5. Neh. 2, 16. עַד־אָנָה *wie lange noch?* Ex. 16, 28. Num. 14, 11. Ps. 13, 2. 3. 62, 4; *wann endlich?* Hiob 18, 2. אָנָה וָאָנָה *irgendwohin* 1 Kön. 2, 42; daher mit der Negation: *nirgendshin* 1 Kön. 2, 36. 2 Kön. 5, 25. 2) *wo?* Jes. 10, 3. Rut. 2, 19.

אֹן s. אוֹן.

אֲנָא aram. pron. *ich* Dan. 2, 8. מִנִּי אֲנָה *von mir selbst* Esra 7, 21. — Im Buche Daniel ist die Form אֲנָה (Dan. 2, 23. 30. 3, 25. 4, 1. 4. 6. 15. 27. 31. 34. 5, 16. 7, 15. 28) die gewöhnl.

אָנָּא (aus אָהּ und נָא, daher beide Silben betont u. das erste Kamez ein langes ist) interj. *ach!* Gen. 50, 17. Ex. 32, 31. Ps. 118, 25. Dan. 9, 4. Neh. 1, 5. 11, häufig אָנָּה 2 Kön. 20, 3; Jona 1, 14. 4, 2. Ps. 116, 4. 16.

אִנְבֵּה aram. s. אֵב.

אַנְדַּע aram. s. יְדַע.

אָנָה* I. pf. 3 pl. אָנוּ *klagen, jammern* Jes. 3, 26. 19, 8.

[אָנָה* II.] Piel אִנָּה *fügen, herbeiführen* Ex. 21, 13.

Pual fut. יְאֻנֶּה pass. des Piel, also *begegnen* mit אֶל Ps. 91, 10; mit ל Spr. 12, 21.

Hitp. part, מִתְאַנֶּה *Anlass (Vorwand) suchen* 2 Kön. 5, 7.

אָנָה *wohin?* s. אָן.

אָנָּה s. אָנָּא.

אָנָּה s. אָנָּא.

אֲנוּ pron. *wir*, nur Jer. 42, 6 Ktib.

אִנּוּן aram. pr. m. אִנִּין f. *sie* (hebr. הֵם) Dan. 2, 44. 7, 17.

אֱנוֹשׁ m. 1) ***Mensch***, gew. nur in der poetischen Sprache und zwar vom ganzen Menschengeschlecht Deut. 32, 26. Jes. 51, 12. Ps. 8, 5. Hiob 7, 1. 32, 9; daher בֶּן־אֱנוֹשׁ *Mensch* Ps. 144, 3. Selten von *einzelnen Menschen* Ps. 55, 14. Hiob 5, 17. Im Allgemeinen bezeichnet man mit אֱנוֹשׁ den *sterblichen, vergänglichen Menschen* Ps. 8, 5. 9, 21. Hiob 25, 4. 6; den *gewöhnlichen*, daher בְּחֶרֶט אֱנוֹשׁ Jes. 8, 1 *mit gewöhnlicher (allen bekannter) Schrift*; den *niedrig gesinnten, schlechten Menschen* Ps. 9, 20. 56, 2. 66, 12. 2) n. pr. Sohn des Set Gen. 4, 26. 5, 6. 9. 1 Chr. 1, 1.

*[**אָנַח**] Nifal נֶאֱנְחוּ part. נֶאֱנָח fut. יֵאָנַח *seufzen* mit מִן Ex. 2, 23; mit עַל Ezech. 21, 12.

אֲנָחָה f. mit He parag. אֲנָחָתָה (Jes. 21, 2); suff. אַנְחָתִי pl. suff. אַנְחֹתַי *Seufzer, Klage* Jes. 21, 2. 35, 10. 51, 11. Ps. 6, 7. 31, 11. 102, 6. Hiob 3, 24; pl. *Kümmernisse* Klagel. 1, 22.

אֲנַחְנָא aram. pr. *wir* Dan. 3, 16. 17. Esra 4, 16.

אֲנַחְנוּ pron. *wir* Gen. 42, 13; verkürzt אָנוּ und נַחְנוּ s. d.

אֲנָחֲרָת n. pr. Stadt in Isachar Jos. 19, 19.

אֲנִי pron. in pausa (u. sonst beim Nachdruck) אָנִי *ich*; beim Verbum wiederholt, um auf die Person einen Nachdruck zu legen Gen. 14, 23. 34, 30. Ex. 6, 5; auch ohne diesen Nachdruck Kohelet 2, 1; ferner zur Hervorhebung des durch ein suff. ausgedrückten Pronomen's, wo es für alle Casus gebraucht wird Gen. 27, 38. „*Segne auch mich*“ Spr. 23, 15: *Auch mein Herz wird sich freuen* Zach. 7, 5: *Fastet ihr für mich?* 1 Sam. 25, 24: *auf mir liegt die Schuld.*

אֳנִי m. u. f. *Flotte* 1 Kön. 9, 26. 10, 11. 22; auch für ein *einzelnes Schiff* Jes. 33, 21.

אֲנִיָּה f. *Klage, Trauer* Jes. 29, 2. Klagel. 2, 5.

אֳנִיָּה f. pl. אֳנִיּוֹת *Schiff* Gen. 49, 13. Deut. 28, 68. Richt. 5, 17. Ps. 48, 8.

אֲנִיעָם (*Volksklage*) n. pr. m. 1 Chr. 7, 19.

אֲנָךְ m. *Blei, Bleigewicht, Senk-* oder *Lothblei* womit man die Gradheit der Mauer abmisst Amos 7, 8. חוֹמַת אֲנָךְ *senkrechte Mauer* Amos 7, 7.

אָנֹכִי pron. ältere Form für אֲנִי *ich* (fehlt in Esra und Kohelet ganz, in Ezech. nur 36, 28. Daniel nur 10, 11. Nehem. nur 1, 6. Chr. nur I, 17, 1.)

*[**אָנַן**] Htp. fut. יִתְאוֹנֵן *sich beklagen* Num. 11, 1. Klagel. 3, 39.

*****אָנַס** *zwingen*, nur Est. 1, 8: אֵין אֹנֵס *ohne Zwang.*

אֲנַס aram. *zwingen*, nur part. Dan. 4, 6. כָּל רָז לָא אָנֵס לָךְ *kein Geheimniss ist dir zu schwer.*

*****אָנַף** fut. יֶאֱנַף *schnauben, zürnen* (meist poëtisch) Ps. 2, 12. 60, 3. 79, 5; mit בְּ der Person 1 Kön. 8, 46. Jes. 12, 1. Ps. 85, 6. Esra 9, 14.

Hitph. הִתְאַנַּף *zürnen* (in der Prosa) mit בְּ Deut. 1, 37. 4, 21. 9, 8. 20. 1 Kön. 11, 9. 2 Kön. 17, 18.

[**אֲנַף**] aram. suff. אַנְפּוֹהִי *Angesicht* Dan. 2, 46. 3, 19.

אֲנָפָה f. *ein* (von seiner Reizbarkeit sogenannter) *unreiner Vogel* Lev. 11, 19. Deut. 14, 18; wahrsch. *Papagei.*

*****אָנַק** fut. יֶאֱנַק, inf. בֶּאֱנֹק *röcheln, stöhnen* Jer. 51, 52. Ezech. 26, 15.

Nifal part. נֶאֱנָקִים *stöhnen* Ezech. 9, 4. 24, 17.

אֲנָקָה f. cs. אַנְקַת 1) *Seufzen, Stöhnen* Mal. 2, 13. Ps. 12, 6. 79, 11. 102, 21. 2) ein unreines Kriechthier *Eidechse* n. A. *Igel* Lev. 11, 30.

*****אָנַשׁ** im Kal nur part. II אָנוּשׁ f. אֲנוּשָׁה *gefährlich krank sein*, von bösen, unheilbaren Wunden Jer. 15, 18. Mich. 1, 9. Hiob 34, 6; von Schmerzen überhaupt Jes. 17, 11. Jer. 30, 12. 15; daher יוֹם אָנוּשׁ *ein unheilvoller Tag* Jer. 17, 16; von einem *bösen* Herzen Jer. 17, 9.

Nifal fut. יֵאָנַשׁ *gefährlich krank werden* 2 Sam. 12, 15.

אֱנָשׁ (אֱנַשׁ Dan. 2, 10) aram. emph. אֱנוֹשָׁא (Ktib), אֲנָשָׁא pl. אֲנָשִׁים (Dan. 4, 14) *Mensch* Dan. 4, 13. 5, 21.

אַנְתָּה aram. pron. *du* Dan. 2, 29. 6, 17.

אַנְתּוּן aram. pron. *ihr* Dan. 2, 8.

אָסָא (*Heilender*) n. pr. 1) König von Juda 1 Kön. 15, 8. 24. 2 Chr. 13, 23. 16, 13. 2) 1 Chr. 9, 16.

אָסוּךְ m. [v. סוּךְ] *Salbenflasche* 2 Kön. 4, 2.

אָסוֹן m. *Verletzung*, *Unfall* Gen. 42, 4. 38. 44, 29. Ex. 21, 22. 23.

אֵסוּר (st. אֱסוּר) m. pl. אֲסוּרִים suff. אֲסוּרָיו *Fessel* Richt. 15, 14. Koh. 7, 26; mit בֵּית *Gefängniss* Jer. 37, 15. Koh. 4, 14, wo הָסוּרִים = הָאֲסוּרִים.

אֱסוּר aram. m. *Fessel* Dan. 4, 12. 20; pl. אֱסוּרִין *Gefängniss* Esra 7, 26.

אָסִף—אָסִיף m. *Einbringung*, *Zeit der Einbringung der Früchte* Ex. 23, 16. 34, 22.

אָסִיר m. pl. אֲסִירִים *der Gefangene* Gen. 39, 22. Ps. 79, 11; der pl. wechselt im Kri und Ktib häufig mit dem part. II אֲסוּרִים Gen. 39, 20. Richt. 16, 21.

אַסִּיר m. 1) *der Gefangene* Jes. 10, 4. 24, 22. 42, 7. 2) n. pr. von Korachiten Ex. 6, 24. 1 Chr. 6, 7. 8. 22.

[אָסָם] pl. suff. אֲסָמֶיךָ *Speicher* Deut. 28, 8. Spr. 3, 10.

אַסְנָה n. pr. m. Esra 2, 50.

אָסְנַפַּר n. pr. eines assyrischen Grossen (oder Königs?) Esra 4, 10.

אָסְנַת n. pr. Frau des Josef Gen. 41, 45. 46, 20.

***אָסַף** pl. 2 sg. suff. אֲסַפְתּוֹ fut. 3 sg. יֶאֱסֹף—וַיֹּסֶף (2 Sam. 6, 1; dagegen יֹאסֵף 1 Sam. 18, 29 s. יָסַף Hif.), suff. יַאַסְפֵנִי; 2 sg. תֶּאֱסֹף—תֹּסֵף (Ps. 104, 29) f. תַּאַסְפִי; 1 sg. אֶאֱסֹף—אֹסְפָה (Micha 4, 6) suff. אֹסִפְךָ (1 Sam. 15, 6; dagegen 2 Kön. 22, 20. 2 Chr. 34, 28 part. suff.); 3 pl. יַאַסְפוּ, [2 pl. תֹאספוּן Ex. 5, 7 s. יָסַף] inf. אֱסֹף suff. אָסְפְּךָ; imp. אֱסֹף—אָסְפָה f. אִסְפִי pl. אִסְפוּ. 1) *zusammenbringen*, *versammeln*, von Menschen Ex. 3, 16. Num. 11, 16. 21, 16. Jes. 11, 12. Ps. 50, 5; *sammeln*, *zusammennehmen*, von Sachen Num. 19, 9. 10. Jes. 10, 14. 17, 5; *zusammenraffen* Jer. 10, 17. 2) *einsammeln*, *einbringen*, *einerndten*, von Feldfrüchten Ex. 23, 10. 16. Lev. 25, 3. 23, 39. Deut. 11, 14; *zu sich nehmen* Gen. 6, 21. Deut. 22, 2. 1 Sam. 14, 52. Ps. 39, 7; *bei sich aufnehmen* Jos. 20, 4. Ps. 27, 10; einen Aussätzigen *wieder aufnehmen*, d. h. *ihn heilen* 2 Kön. 5, 6. 7. 11; überhaupt *hereinbringen*, in's Gefängniss Gen. 42, 17; die Füsse in's Bett Gen. 49, 33; *Jemand zu seinen Vätern bringen*, d. h. *sterben lassen* 2 Kön. 22, 20. 2 Chr. 34, 28; *einziehen* (den Glanz) Joel 2, 10; *zurückziehen* die Hand 1 Sam. 14, 19; den Zorn Ps. 85, 4. 3) *hinwegnehmen*, *hinwegraffen*, *verderben* Richt. 18, 25. 1 Sam. 15, 6. Jer. 8, 13. Micha 2, 12. Zef. 1, 2. Ps. 26, 9. אֲסֻפֵי רָעָב *verzehrt vom Hunger* Ezech. 34, 29. 4) *die Nachhut bilden, den Zug schliessen* Jes. 58, 8.

Nifal נֶאֱסַף, fut. יֵאָסֵף. 1) *gesammelt werden* Num. 11, 22. 2 Sam. 14, 14; meist: *sich versammeln* Gen. 49, 1. Ex. 32, 26. Jos. 10, 5. 2 Sam. 10, 15. Ps. 35, 15. 2) *hereingebracht werden* Ex. 9, 19. Num. 12, 15; *nach Hause getrieben werden* Gen. 29, 7; *sich zurückziehen* Num. 11, 30. 2 Sam. 17, 13. Ps. 104, 22; *verschwinden* Jes. 60, 20; *eingesammelt werden zu seinem Volke* Num. 27, 13; oder *zu seinen Vätern* Richt. 2, 10; oder *zu seinen Gräbern* 2 Kön. 22, 20 = *sterben* und ohne weiteren Zusatz überhaupt für: *sterben* Num. 27, 13. Jes. 57, 1; auch von Thieren Hos. 4, 3. 3) *hinweggerafft werden*, *vergehen*, *aufhören* Jes. 16, 10. Jer. 48, 33.

Piel 1) *einsammeln*, *einbringen* Jes. 62, 9. Jer. 9, 21. 2) *bei sich aufnehmen* Richt. 19, 15. 18. 3) *die Nachhut bilden*, daher מְאַסֵּף *der Nachtrab* Num. 10, 25. Jos. 6, 9. 13. Jes. 52, 12.

Pual *gesammelt*, *aufgerafft werden* Jes. 24, 22. 33, 4. Ezech. 38, 12. Hos. 10, 10. Zach. 14, 14.

Hitp. *sich versammeln* Deut. 33, 5.

אָסָף n. pr. 1) Sänger und Dichter Ps. 50. 73—83. 1 Chr. 6, 24. 2 Chr. 29, 30. 2) 2 Kön. 18, 18. 37. Jes. 36, 3. 3) Neh. 2, 8.

[אָסֹף] pl. אֲסֻפִּים, אֲסֻפֵּי *Vorrath*, *Vorrathhaus* Neh. 12, 25. 1 Chr. 26, 15. 17.

אֹסֶף m. pl. cs. אָסְפֵּי *Einsammlung*, *Erndte* Jes. 32, 10. אֹסֶף הֶחָסִיל *wie man Heuschrecken einrafft* Jes. 33, 4. אָסְפֵּי־קַיִץ *Obstlese* Micha 7, 1.

אֲסֵפָה f. Jes. 24, 22 zur Verstärkung des Verbi אָסַף, welches dort mit *einziehen*, *einsperren* zu übersetzen ist.

[אֲסֻפָּה] f. pl. אֲסֻפּוֹת *Versammlung* Koh. 12, 11.

אֲסַפְסֻף m. mit Art. הָאסַפְסֻף *zusammengelaufenes Volk*, *Gesindel* Num. 11, 4.

אָסְפַּרְנָא aram. (persischer Herkunft) adv. *sorgfältig*, *eifrig* Esra 5, 8. 6, 8. 12. 13. 7, 17. 21. 26.

אַסְפָּתָא n. pr. Sohn des Haman Est. 9, 7.

***אָסַר** fut. יֶאְסֹר, יַאֲסֹר, suff. יַאַסְרֵהוּ, נַאַסְרְךָ inf. לֶאְסֹר, לֶאֱסֹר, suff. לְאָסְרְךָ, בְּאָסְרָם 1) *binden*, *fesseln* Gen. 42, 24. Richt. 15, 10. 12. 2 Kön. 25, 7. Ps. 149, 8; *gefangen halten* Gen.

39, 20. 40, 3. אֲסִירִים *Gefangene* Ps. 146, 7; überhaupt *strafen* Hiob 36. 13. 2) *anbinden* Gen. 49, 11. 2 Kön. 7, 10. Ps. 118, 27; *bespannen* (einen Wagen) Gen. 46, 29. Ex. 14, 6; *anspannen* 1 Sam. 6, 7. 1 Kön. 18, 44; daher (durch Bespannung der Kriegswagen) *den Krieg eröffnen* 1 Kön. 20, 14. 2 Chr. 13, 3. 3) אָסַר אִסָּר עַל־נַפְשׁוֹ *sich durch ein Gelöbniss eine Sache versagen, abgeloben* Num. 30, 3 ff.

Nifal fut. יֵאָסֵר *gefesselt werden* Gen. 42, 16. 19. Richt. 16, 6. 13.

Pual אֻסְּרוּ *gebunden werden* Jes. 22, 3.

אֱסָר m. pl. suff. אֱסָרֶיהָ } *Enthaltungsgelübde*
אִסָּר m. } Num. 30, 3 ff.

אֱסָר aram. m. emph. אֱסָרָא *Verbot* Dan. 6, 8. 13. 14.

אֵסַר־חַדּוֹן n. pr. *Asordan, Sacherdon*, König von Assyrien 2 Kön. 19, 37. Esra 4, 1.

אֶסְתֵּר (*Stern*) n. pr. *Ester*, die bekannte Gemahlin des Ahasveros, früher הֲדַסָּה genannt Est. 2, 7. 9, 32.

אָע aram. m. emph. אָעָא *Holz* Dan. 5, 4. 23. Esra 5, 8. 6, 4; *Balken* Esra 6, 11.

אַף I (st. אֱנֶף=אַנְף) m. suff. אַפִּי, du. אַפַּיִם, cs. אַפֵּי, suff. אַפֶּיךָ 1) *Nase* Gen. 24, 47. Num. 11, 20. Deut. 33, 10. Jes. 3, 21. Ps. 18, 16. 115, 6; dualis: *Nasenlöcher* Gen. 2, 7. 7, 22; aber auch für *Nase* und für das *ganze Gesicht* Gen. 3, 19, vorzüglich in den Verbindungen *sich mit dem Gesichte zur Erde bücken* Gen. 19, 1. 42, 6. 48, 12. Num. 22, 31, oder *vor dem Gesichte Jemandes* 1 Sam. 25, 23. 2) *Zorn*, indem der Zorn als ein Glühen oder Rauchen der Nase dargestellt wird (Jer. 15, 14. 17, 4. Ps. 18, 9), daher sehr häufig חָרָה אַפּוֹ *es entbrennt sein Zorn* (s. חָרָה). אֶרֶךְ אַף *Langmuth* Jer. 15, 15, gew. אֶרֶךְ אַפַּיִם *langmüthig* Ex. 34, 6. Num. 14, 18. Ps. 86, 15, wovon der Gegensatz קְצַר אַפַּיִם *jähzornig* Spr. 14, 17; auch אַפַּיִם allein für *Zorn* Dan. 11, 20. 3) *Person* מָנָה אַחַת אַפָּיִם *eine Portion für zwei, eine doppelte Portion* 1 Sam. 1, 5. 4) אַפַּיִם n. pr. m. 1 Chr. 2, 30. 31.

אַף II conj., meist der dichterischen Sprache angehörig: 1) Verstärkung von *und* Jes. 26, 9. 33, 2. 48, 12. Hohel. 1, 16. 2) Verstärkung und Steigerung von גַּם *sogar* Ps. 18, 49. Hiob 15, 4. וְאַף גַּם זֹאת *und sogar auch, und dennoch* Lev. 26, 44. 3) Verstärkung der Frage הַאַף אֵין זֹאת *ist das wirklich nichts?* Amos 2, 11. Hiob 34, 16; *du willst wohl gar?* 40, 8; oder אַף כִּי *hat denn wirklich ...* Gen. 3, 1. 4) Verstärkung der Begründung: *um wie viel mehr, geschweige denn* 1 Sam. 14, 30. 2 Sam. 4, 11. 1 Kön. 8, 27. Hiob 4, 19. 9, 14. 5) Hervorhebung eines Fürworts: אַף אַתָּה *ja dich!* Spr. 22, 19.

אַף aram. conj. *auch* Dan. 6, 23.

אָפַד* fut. יֶאְפֹּד *umgürten, bekleiden* mit לְ der Person und בְּ der Sache Ex. 29, 5. Lev. 8, 7.

אֵפֹד s. אֵפוֹד.

אֲפֻדָּה cs. אֲפֻדַּת 1) *Anbindung*, daher חֵשֶׁב אֲפֻדָּתוֹ *der ihm angebundene Gürtel* Ex. 28, 8. 39, 5. 2) *Umhüllung, Bekleidung* (eines Götzenbildes) Jes. 30, 22.

אַפֶּדֶן suff. אַפַּדְנוֹ *Palast* Dan. 11, 45.

אָפָה* fut. יֹאפוּ, תֹּאפוּ, suff. וַתֹּפֵהוּ (1 Sam. 28, 24) imp. pl. אֵפוּ st. אֶפוּ *backen* Ex. 12, 39. 16, 23. אֹפֶה *Bäcker* Gen. 40, 1. אֹפֵהֶם *ihr Bäcker* Hos. 7, 6. אֹפוֹת *Bäckerinnen* 1 Sam. 8, 13.

Nifal fut. תֵּאָפֶה pl. תֵּאָפֶינָה *gebacken werden* Lev. 6, 10. 23, 17.

אֵפָה s. אֵיפָה.

אֵפוֹ u. **אֵפוֹא** (אֵיפוֹא) adv., zur Verstärkung 1) einer Frage מִי־אֵפוֹא *wer denn?* Gen. 27, 33. Ex. 33, 16 (*woran denn?*) Richt. 9, 38. Jes. 19, 12. Hos. 13, 10. Hiob 17, 15. 2) einer Aufforderung oder Folgerung *also, denn* Gen. 27, 37. 2 Kön. 10, 10. Spr. 6, 3. Hiob 9, 24. 19, 6. 24, 25.

אֵפֹד–אֵפוֹד (st. אֵפוּד) 1) das *priesterliche Schulterkleid* Ex. 28, 4. 6. 31. 29, 5. 1 Sam. 2, 18. 28. 22, 18. 2 Sam. 6, 14. 1 Chr. 15, 27. 2) Wegen der daran befestigten *Urim we-Tumim* wird das אֵפוֹד genannt, wo ein *Gottesspruch* erwartet wird Richt. 8, 27; dah. häufig mit תְּרָפִים verbunden Richt. 17, 5. 18, 14. Hos. 3, 4. 3) n. pr. m. Num. 34, 23.

אֲפִיחַ n. pr. Vorfahr des Saul 1 Sam. 9, 1.

אָפִיל adj. pl. f. אֲפִילֹת *spätreifend* Ex. 9, 32.

אַפַּיִם s. אַף I.

[אָפִיק] m. cs. אֲפִיק pl. אֲפִיקִים cs. אֲפִיקֵי. 1) adj. *stark* אֲפִיקֵי מָגִנִּים *starke Schilde* (vom Schuppenpanzer des Krokodil Hiob 41, 7; subst. *die Starken* Hiob 12, 21. 2) *Giessbach, reissender Bach* Joel 1, 20. 4, 18. Ps. 42, 2. 126, 4. Hiob 6, 15. Hohel. 5, 12; auch das *Bett* oder die *Rinne* 2 Sam. 22, 16. Jes. 8, 7. Ps.

18, 16. אֲפִיקֵי נְחוּשָׁה *Röhren von Erz* Hiob 40, 18. 3) *Thal (mit einem Bache*, wie נַחַל) Ezech. 6, 3. 32, 6. 34, 13.

אֲפִיק n. pr. Stadt in Ascher Richt. 1, 31; sonst אֲפֵק.

אָפֵל adj. *finster, dunkel* Amos 5, 20.

אֹפֶל m. *Dunkelheit* Jes. 29, 18. Ps 11, 2. 91, 6. Hiob 3, 6.

אֲפֵלָה f. suff. אֲפֵלָתָךְ, pl. אֲפֵלוֹת *Dunkelheit* Ex. 10, 22. Deut. 28, 29. Jes. 58, 10. 59, 9.

אֶפְלָל (*Richtender*) n. pr. m. 1 Chr. 2, 37.

אֹפֶן s. אוֹפָן.

[אֹפֶן] du. suff. אָפְנָיו (eig. *Umwendung*) *rechte Zeit* Spr. 25, 11.

אָפֵס *aufhören, zu Ende sein* Gen. 47, 15. 16. Jes. 16, 4. 29, 20. Ps. 77, 9.

אֶפֶס m. ps. אָפֶס suff. אַפְסִי, du. אַפְסַיִם, cs. אַפְסֵי 1) subst. *das Nichts* Jes. 34, 12. 40, 17. 41, 12. 54, 15. Amos 6, 10; adject. *kein* Deut. 32, 36. Jes. 5, 8. Spr. 14, 28. 26, 20. Hiob 7, 6. הַאֶפֶס עוֹד אִישׁ *ist denn Keiner mehr?* 2 Sam. 9, 3; du. *Ende, Fussende* מֵי אָפְסָיִם *Wasser, das bis an die Knöchel geht* Ezech. 47, 3; cs. nur אַפְסֵי־אָרֶץ *die Enden der Erde* (für *entlegenste Gegenden*) Deut. 33, 17. Jes. 45, 22. Ps. 2, 8. 2) adverb. *ausgenommen* Deut. 15, 4. Jes. 45, 14; *jedoch, nur* Num. 22, 35. 23 13. 2 Sam. 12, 14; verstärkt durch כִּי Num. 13, 28. Richt. 4, 9. Amos 9, 8. אֲנִי וְאַפְסִי עוֹד *ich, und Nichts ausser mir* Jes. 47, 8. 10. Zef. 2, 15.

אֶפֶס דַּמִּים n. pr. Stadt in Juda 1 Sam. 17, 1; sonst auch פַּס דַּמִּים s. d.

אֶפַע m. ps. אָפַע *Hauch, Nichtigkeit* Jes. 41, 24.

אֶפְעֶה f. *Otter, Natter* (vom Hauchen oder Zischen) Jes. 30, 6. 59, 5. Hiob 20, 16.

***אָפַף** *umgeben*, mit dem accus. 2 Sam. 22, 5. Jon. 2, 6. Ps. 18, 5. 116, 3; mit עַל Ps. 40, 13.

***[אָפַק]** Htp. הִתְאַפֵּק *sich stark zeigen, an sich halten, sich überwinden* Gen. 43, 31. 45, 1. 1 Sam. 13, 12. Jes. 42, 14. 63, 15. 64, 11. Est. 5, 10.

אֲפֵק (*Feste*) n. pr. mit He loc. אֲפֵקָה 1) Ort in Ascher Jos. 13, 4. 19, 30, wofür auch אֲפִיק. 2) Stadt in Isachar 1 Sam. 29, 1, viell. dieselbe mit 1 Kön. 20, 26. 30, wo die Israeliten die Syrer besiegten. 3) Stadt gegenüber von אֶבֶן הָעֵזֶר, wo die Israeliten eine Niederlage erlitten 1 Sam. 4, 1; vielleicht identisch mit אֲפֵקָה in Juda Jos. 15, 53 (12, 18).

אֲפֵקָה s. אֲפֵק.

אֵפֶר m. *Asche, Staub* Num. 19, 9; als Symbol der Trauer 2 Sam. 13, 19. Jes. 61, 3. Jer. 6, 26. Ps. 102, 10. Hiob 2, 8. Klagel. 3, 16. Est. 4, 1; der Busse Jes. 58, 5. Hiob 42, 6. Dan. 9, 3; als Bild der Nichtigkeit und Vergänglichkeit Jes. 44, 20. Mal. 3, 21. Hiob 13, 12; oft mit עָפָר verbunden Gen. 18, 27. Hiob 30, 19; als Bild der Menge Ps. 147, 16.

אֲפֵר m. (versetzt aus פְּאֵר) *Kopfbinde, Hülle* 1 Kön. 20, 38. 41.

אֹפֶר s. אוֹפִיר.

[אֶפְרֹחַ] von פרח pl. אֶפְרֹחִים *Küchlein, junge Vögel* Deut. 22, 6. Ps. 84, 4. Hiob 39, 30.

אַפִּרְיוֹן m. *Tragesessel, Sänfte* Hohel. 3, 9.

אֶפְרַיִם (*Fruchtbarer*) n. pr. 1) zweiter Sohn des Josef Gen. 41, 52. Der seinen Namen führende Stamm, welcher den mittleren Theil Kanaan's bewohnte, war der zahlreichste und mächtigste unter den nördlichen Stämmen; daher wird אֶפְרַיִם bei den Propheten (besonders Jesaia und Hosea) als Bezeichnung für das *Zehnstämmereich* gebraucht Jes. 9, 8. Hos. 4, 17. Jer. 31, 18. 20. — הַר אֶפְרַיִם ist das nördliche Gebirge im Gegensatz zu הַר יְהוּדָה, dem südlichen. יַעַר אֶפְרַיִם 2 Sam. 18, 6 ist eine waldige Gegend jenseit des Jordan. 2) Stadt bei Baal Chazor 2 Sam. 13, 23 (wofür עֶפְרַיִם 2 Chr. 13, 19).

אֲפַרְסְכָיֵא, אֲפַרְסַתְכָיֵא u. **אֲפָרְסָיֵא** aram. n. pr. assyrischer Stämme Esra 4, 9. 5, 6.

אֶפְרָתָה—אֶפְרָת (*Fruchtbare*) n. pr. 1) Stadt in Juda, die auch *Betlehem* heisst Gen. 35, 16. 19. 48, 7. Rut 4, 11. Beide Namen zusammen Micha 5, 1. 2) Gebiet Efraim's Ps. 132, 6 (wo *Schilo* gemeint ist). Das n. gent. אֶפְרָתִי bedeutet a) einen aus dem Stamme oder dem Gebiete Efraim Richt. 12, 5. 1 Sam. 1, 1. 1 Kön. 11, 26. b) einen aus Betlehem 1 Sam. 17, 12. Rut 1, 2. 3) Frau des Kaleb 1 Chr. 2, 19. 50; woher der Ortsname כָּלֵב אֶפְרָתָה 1 Chr. 2, 24 (vielleicht auch identisch mit Betlehem).

אַפְּתֹם aram. (wahrscheinl.) *Einkommen, Einkünfte* Esra 4, 13.

אֶצְבּוֹן n. pr. Enkel des Benjamin 1 Chr. 7, 7; dafür 8, 5 אֲבִיהוּד.

אֶצְבֹּן n. pr. Sohn des Gad Gen. 46, 16; dafür אָזְנִי Num. 26, 16.

אֶצְבַּע f. suff. אֶצְבָּעוֹ pl. אֶצְבָּעוֹת cs. אֶצְבְּעוֹת suff. אֶצְבְּעוֹתַי *Finger* (*Zeigefinger*) Ex. 8, 15. Lev. 4, 6. Ps. 144, 1; auch als *Maass* Jer. 52, 21; *Zehe* am Fuss 2 Sam. 21, 20.

[אֶצְבַּע] aram. f. pl. אֶצְבְּעָן Dan. 5, 5; cs. אֶצְבְּעָת Dan. 2, 42; emph. אֶצְבְּעָתָא Dan. 2, 41 *Finger, Zehe*.

[אָצִיל] m. pl. cs. אֲצִילֵי suff. אֲצִילֶיהָ. 1) *Seite, Ende* Jes. 41, 9. 2) *die Ausgesonderten, Edlen* Ex. 24, 11.

[אַצִּיל] m. pl. cs. אַצִּילֵי *Ende, Gelenke* (der Hände oder Arme) Ezech. 13, 18.

אַצִּילָה f. pl. אַצִּילוֹת 1) *Ende, Gelenke* Jer. 38, 12. 2) ein Ausdruck in der Baukunst Ezech. 41, 8.

אָצַל* *bei Seite legen, abnehmen* Gen. 27, 36. Num. 11, 17, *vorenthalten, versagen* Kohel. 2, 10.

Nifal נֶאֱצַל *ausgesondert werden* Ezech. 42, 6.

Hifil fut. וַיָּאצֶל (st. וַיַּאֲצֵל) *abnehmen* Num. 11, 25.

אָצֵל (*Edler*) n. pr. ps. אָצֵל 1) 1 Chr. 8, 37. 38. 9, 43. 44. 2) Ort bei Jerusalem Zach. 14, 5; vgl. בֵּית הָאֵצֶל.

אֵצֶל 1) suff. אֶצְלִי *Seite* 1 Sam. 30, 41. 1 Kön. 3, 20. Ezech. 40, 7; gewöhnlich als praepos. *neben, bei* Gen. 39, 15. 41, 3. Lev. 6, 3. Deut. 11, 30. 2) בֵּית הָאֵצֶל n. pr. eines Ortes Mich. 1, 11 (vielleicht = אָצֵל Zach. 14, 5).

אֲצַלְיָהוּ (*Gott bewahrt*) n. pr. m. 2 Chr. 34, 8.

אֹצֶם n. pr. 1) Bruder des David 1 Chr. 2, 15. 2) 1 Chr. 2, 25.

אֶצְעָדָה f. eig. *Schrittkettchen*, dann *Armband, Spange* Num. 31, 50. 2 Sam. 1, 10.

אָצַר (denom. v. אוֹצָר) *aufhäufen, sammeln* 2 Kön. 20, 17. Jes. 39, 6. Amos 3, 10.

Nifal *gesammelt, aufbewahrt werden* Jes. 23, 18.

Hifil fut. וָאוֹצְרָה (über ein Magazin) *als Aufseher setzen* Neh. 13, 13 (vgl. יָצַר).

אֵצֶר n. pr. Stammesfürst der Chori Gen. 36, 21. 30. 1 Chr. 1, 38. 42.

אֶקְדָּח m. Name eines (*funkelnden*) Edelsteins; nur Jes. 54, 12.

אַקּוֹ m. *Steinbock* Deut. 14, 5.

אֹר s. אוֹר und יְאֹר.

אֲרָא n. pr. m. 1 Chr. 7, 38.

אֲרִאֵיל Ktib Ezech. 43, 15 st. אֲרִיאֵל s. d.

אַרְאֵל—אֲרִאֵל m. suff. אֶרְאֶלָּם wahrsch = אֲרִיאֵל (s. d.) *Löwe Gottes* d. h. *starker Held*, Jes. 33, 7.

אַרְאֵלִי (*Starker*) n. pr. Sohn des Gad Gen. 46, 16. Num. 26, 17.

אָרַב* fut. יֶאֱרֹב, inf. אֱרָב־, imp. אֱרֹב, eigentlich *knüpfen, flechten*, aber gewöhnlich in bildlicher Bedeutung: *nachstellen, Trug anzetteln, auflauern*, Ps. 10, 9; mit לְ Spr. 1, 11; mit עַל Richt. 9, 34. 24, 15; mit dem acc. Spr. 12, 6; auch ohne Object Richt. 9, 32. אֹרֵב *der Hinterhalt, die im Hinterhalt Liegenden* Richt. 20, 37.

Piel part. pl. מְאָרְבִים *die Auflauernden, der Hinterhalt* Richt. 9, 25; mit עַל 2 Chr. 20, 22.

Hifil fut. וַיָּרֶב st. וַיַּאֲרֵב *einen Hinterhalt legen* 1 Sam. 15, 5.

אֶרֶב m. ps. אָרֶב *Hinterhalt* Hiob 37, 8. 38, 40.

אֹרֶב m. suff. אָרְבּוֹ *Hinterlist, Lauer* Jer. 9, 7. Hos. 7, 6.

אֲרָב (*Hinterhalt*) n. pr. Stadt in Juda Jos. 15, 52; davon (wahrsch.) אַרְבִּי 2 Sam. 23, 35.

אַרְבֵּאל vollst. בֵּית אַרְבֵאל n. pr. Ort im Gebiete Naftali Hos. 10, 14.

אַרְבֶּה (v. רָבָה) m. *Heuschrecke*, sowohl allgemein als auch von einer besonderen Gattung (*Zugheuschrecke*) Ex. 10, 4. Lev. 11, 22. Deut. 28, 38. Joel 1, 4. Ps. 78, 46. Spr. 30, 27.

[אָרְבָּה] f. pl. cs. אָרְבּוֹת *Nachstellung, Trug* Jes. 25, 11.

אֲרֻבָּה f. pl. אֲרֻבּוֹת *Gitter, Fenster* Hos. 13, 3. Koh. 12, 3; *Schleuse, Oeffnung* Gen. 7, 11. 8, 2. 2 Kön. 7, 19. Jes. 24, 18. Mal. 3, 10; *Taubenschlag* Jes. 60, 8.

אֲרֻבּוֹת n. pr. Stadt (wahrsch.) in Juda 1 Kön. 4, 10.

אַרְבַּע f. אַרְבָּעָה m. 1) m. cs. אַרְבַּעַת *vier* Gen. 11, 16. 14, 9. Num. 7, 7. suff. אַרְבַּעְתָּם *sie vier* Ez. 1, 8. 10. Dan. 1, 17. אַרְבַּעְתָּיִם *vierfach* 2 Sam. 12, 6. Als Ordnungszahl: *der vierte* (bei Zählung von Jahren oder Monaten Zach. 7, 1; pl. אַרְבָּעִים *vierzig* Gen. 5, 13; *der vierzigste* Num. 33, 38. Deut. 1, 3. 2) n. pr. eines Riesen Jos. 14, 15; vgl. קִרְיַת אַרְבַּע.

אַרְבַּע aram. f. אַרְבְּעָה m. *vier* Dan. 7, 2. 3. 17.

*אָרַג fut. תֶּאֶרְגִי 3 pl. ps. יֶאֱרֹגוּ *weben* Richt. 16, 13. Jes. 59, 5. אֹרֵג *Weber* Ex. 28, 32.

אֶרֶג m. ps. אָרֶג *das Weben*; *Weberschiffchen* Hiob 7, 6. יְתַד הָאֶרֶג *der Webepflock* Richt. 16, 13.

אַרְגֹּב n. pr. 1) Landschaft in Baschan Deut. 3, 4. 13. 14. 1 Kön. 4, 13. 2) Ein Vornehmer zur Zeit des Pekach 2 Kön. 15, 25.

אַרְגְּוָן (aus אַרְגָּמָן) hebr. (2 Chr. 2, 6) u. aram. אַרְגְּוָנָא Dan. 5, 7. 16. 29 *Purpur*.

אַרְגָּז m. *Kiste* 1 Sam. 6, 8. 11. 15.

אַרְגָּמָן m. (rother) *Purpur* und *das damit Gefärbte* Ex. 25, 4. Num. 4, 13. Richt. 8, 26. Est. 1, 6. 8, 15.

אַרְדְּ n. pr. Sohn (Enkel?) Benjamin's Gen. 46, 21 (wofür 1 Chr. 8, 3 אַדָּר), davon die Familie אַרְדִּי Num. 26, 40.

אַרְדּוֹן n. pr. 1 Chr. 2, 18.

*אָרָה pf. אָרִיתִי 3 pl. suff. אָרוּהָ *abpflücken* Ps. 80, 13. Hohel. 5, 1.

אֲרוּ aram. interj. *siehe!* Dan. 7, 5. 6.

אֲרוֹד n. pr. Sohn des Gad Gen. 46, 16. Num. 26, 27 (wo n. gent. אֲרוֹדִי).

אַרְוַד n. pr. der phönizische Inselstaat *Aradus* Ezech. 27, 8. 11; n. gent. אַרְוָדִי Sohn des Kanaan Gen. 10, 18. 1 Chr. 1, 16.

[אֻרְוָה] f. pl. אֻרָוֹת u. אֻוֵרוֹת cs. אֻרְוֹת u. אֻרְיוֹת *Stall*, *Hürde* 1 Kön. 5, 6. 2 Chr. 9, 25. 32, 28.

אֲרֻכָה—אֲרוּכָה f. cs. אֲרֻכַת, suff. אֲרֻכָתֵךְ *Verband*, *Heilung*, gew. mit עָלָה verbunden Jer. 8, 22. 30, 17. 33, 6; mit צָמַח Jes. 58, 8; daher *Ausbesserung* (*eines Gebäudes*) Neh. 4, 1. 2 Chr. 24, 13.

אֲרוּמָה (*Höhe*) n. pr. mit praep. בָּארוּמָה Stadt bei Sichem Richt. 9, 41.

אֲרוֹמִים Ktib zu אֲדוֹמִים 2 Kön. 16, 6.

אָרוֹן (im Pentat. meist אָרֹן) cs. אֲרוֹן m. u. f. *Kiste*, *Lade* 2 Kön. 12, 11; hauptsächlich von der „*Lade des Bundes*“ oder des „*Zeugnisses*“ oder „*Gottes*“, in welcher die Tafeln lagen Ex. 25, 10. 14. 22. Num. 10, 35. Deut. 10, 2. 1 Sam. 4, 17. 6, 8. 1 Kön. 8, 9; auch von dem *Mumiensarge* Gen. 50, 26.

אֲרַוְנָה n. pr. eines Jebusiters, von dem David eine Tenne kaufte 2 Sam. 24, 20; dafür אֲוַרְנָה 2 Sam. 20, 16; אֲרַנְיָה (Ktib) 2 Sam. 20, 18. אָרְנָן 1 Chr. 21, 15. 2 Chr. 3, 1.

אָרַז denom. von אֶרֶז, part. II pl. אֲרֻזִים *mit Zedern ausgelegt* Ezech. 27, 24.

אֶרֶז m. ps. אָרֶז, pl. אֲרָזִים, cs. אַרְזֵי, suff. אֲרָזֶיךָ *Zeder* Lev. 14, 4. 2 Sam. 5, 11. Jer. 22, 23. Ps. 29, 5; *Zedergetäfel* 1 Kön. 6, 18.

אַרְזָה f. *Zedergetäfel* Zef. 2, 14.

אָרַח (viell. denom. von אֹרַח) *wandern*, *gehen* Hiob 34, 8; part. אֹרֵחַ *Wanderer*, *Reisender* Richt. 19, 17. 2 Sam. 12, 4. Jer. 9, 1. 14, 8.

אָרַח n. pr. m. 1) Esra 2, 5. Neh. 7, 10. 2) 1 Chr. 7, 39.

אֹרַח f. suff. אָרְחִי, pl. אֳרָחוֹת, cs. אָרְחוֹת, suff. אָרְחֹתַי (Hiob 13, 27. 33, 11) u. אָרְחֹתֵיהֶם (Spr. 2, 15) sonst immer אֹרְחֹתֶיךָ u. s. w. *Weg*, *Pfad* (poet. für דֶּרֶךְ), meist bildlich für *Lebensweise* Gen. 49, 17. Ps. 8, 9. 16, 11. 139, 3. Spr. 9, 15. 22, 25.

[אֹרַח] aram. pl. suff. אָרְחָתָךְ, אֹרְחָתֵהּ *Weg* Dan. 4, 34. 5, 23.

אֹרְחָה f. cs. אֹרְחַת, pl. cs. אֹרְחוֹת *Reisegesellschaft*, *Karawane* Gen. 37, 25. Jes. 21, 13.

אֲרֻחָה cs. אֲרֻחַת, suff. אֲרֻחָתוֹ *Reisezehrung* Jer. 40, 5; *Portion Speise*, *Kost* 2 Kön. 25, 30. Jer. 52, 34; *Gericht* Spr. 15, 17.

אֲרִי m. pl. אֲרָיִים (nur 1 Kön. 10, 20) — אֲרָיוֹת *Löwe* Num. 24, 9. Richt. 14, 5. 2 Sam. 1, 23. Ps. 22, 17. Spr. 22, 13.

אֲרִי s. אוּרִי.

אֲרִיאֵל—אֲרִאֵל m. 1) *Feuerheerd*, *Opferstätte* Ezech. 43, 15. 16 (wo das Ktib אֲרִאֵיל) 2) *Held* 2 Sam. 23, 20; daher auch (wie es scheint) poëtischer Beiname *Jerusalem's* als der *Heldenstadt* Jes. 29, 1. 2. 3) n. pr. m. Esra 8, 16.

אֲרִידַי n. pr. Sohn des Haman Est. 9, 9.

אֲרִידָתָא n. pr. Sohn des Haman Est. 9, 8.

אַרְיֵה m. (längere Form von אֲרִי s. d.) *Löwe* Gen. 49, 9.

אַרְיֵה aram. m. pl. emph. אַרְיָוָתָא *Löwe* Dan. 6, 8. 7, 4.

אַרְיֵה s. אָרְוָה.

אַרְיוֹךְ n. pr. König von Ellasar Gen. 14, 1. 9. 2) Oberster der Leibwache bei Nebukadnezar Dan 2, 14.

אֲרִיסַי n. pr. Sohn des Haman Est. 9, 9.

*אָרַךְ fut. יַאַרְכוּ, תַּאֲרַכְנָה *lang sein* oder *werden* Ezech. 31, 5; mit Subj. יָמִים *es vergeht lange Zeit* Gen. 26, 8. Ezech. 12, 22.

Hif. הֶאֱרִיךְ, וְהַאֲרַכְתִּי 1) *lang machen*, *verlängern* 1 Kön. 3, 14. Jes. 54, 2. Ps. 129, 3; *die Zunge lang machen* = *zum Spott herausstrecken* Jes. 57, 4; mit אַף oder נֶפֶשׁ

sich langmüthig zeigen Jes. 48, 9. Spr. 19, 11. Hiob 6, 11. Koh. 8, 12; häufig הֶאֱרִיךְ יָמִים *die Tage verlängern* d. h. *lange verweilen* Num. 9, 19. Deut. 4, 26. 40. 5, 30. 30, 18. 32, 47; *lange leben* Deut. 22, 7. Jos. 24, 31. Jes. 53, 10. Spr. 28, 16. Koh. 8, 13 und mit Auslassung von יָמִים *lange verweilen, dauern* Num. 9, 22. Spr. 28, 2. Koh. 7, 15. 2) *eine Länge erreichen, lang sein* 1 Kön. 8, 8. 2 Chr. 5, 9; לְמַעַן יַאֲרִכֻן יָמֶיךָ *damit dein Leben eine lange Dauer erreiche* Ex. 20, 11. Deut. 5, 16. 6, 2. 25, 15.

אֲרַךְ aram. part. II אֲרִיךְ *angemessen* Esra 4, 14.

אָרֵךְ adj. cs. אֶרֶךְ *lang* Ezech. 17, 3; besonders in der Verbindung אֶרֶךְ אַפַּיִם Ex. 34, 6 und אֶרֶךְ־רוּחַ Koh. 7, 8 *langmüthig*; auch abstr. אֶרֶךְ אַף *Langmuth* Jer. 15, 15; vgl. אַף.

אָרֹךְ adj. f. אֲרֻכָּה *lang* 2 Sam. 3, 1. Jer. 29, 28. Hiob 11, 9.

אֹרֶךְ m. suff. אָרְכּוֹ *Länge.* אֹרֶךְ יָמִים *lange Zeit* Klagel. 5, 20; *langes Leben* Ps. 21, 5. אֹרֶךְ אַפַּיִם *Langmuth* Spr. 25, 15.

אֶרֶךְ n. pr. 1) Stadt des Reiches Nimrod's Gen. 10, 10; davon das n. gent. aram. אַרְכְּוָיֵא Esra 4, 9. — 2) Stadt in Palästina, von welcher nur das n. gentile אַרְכִּי Jos. 16, 2. 2 Sam. 15, 32. 16, 16 vorkommt.

אַרְכָה—אַרְכָא aram. f. *Länge* Dan. 4, 24. 7, 12.

אַרְכֻבָּה aram. f. pl. suff. אַרְכֻבָּתֵהּ *Knie* Dan. 5, 6.

אֲרֻכָה s. אֲרוּכָה.

אַרְכִּי—אַרְכְּוָיֵא s. אֶרֶךְ.

אֲרָם (*Höhe*) n. pr. 1) Sohn des Sem Gen. 10, 22. 1 Chr. 1, 17. 2) Sohn des Kemuel Gen. 22, 21. 3) 1 Chr. 7, 34. 4) Ländername *Aram, Syrien* und Völkername *Aramäer, Syrer,* bald in grösserer bald in geringerer Ausdehnung. Die nähere Bestimmung wird (zum cs. אֲרַם) durch Zusätze wie נַהֲרַיִם Gen. 24, 10. Richt. 3, 8. Ps. 60, 2. דַּמֶּשֶׂק 2 Sam. 8, 5. צוֹבָא 2 Sam. 10, 6. Ps. 60, 2. בֵּית רְחוֹב 2 Sam. 10, 6. מַעֲכָה 1 Chr. 19, 6 u. s. w. angegeben; vgl. אֲרַמִּי.

אַרְמוֹן m. pl. אַרְמְנוֹת *Palast, Burg* Jer. 30, 18. 49, 27. Spr. 18, 19. אַרְמוֹן בֵּית־הַמֶּלֶךְ *der (innere) Palast der königlichen Residenz* 1 Kön. 16, 18. 2 Kön. 15, 25. — Eine Nebenform ist אַלְמְנוֹתָיו Jes. 13, 22; n. E. auch הַרְמוֹן Amos 4, 3.

אֲרַמִּי f. אֲרַמִּיָּה (הָרַמִּים 2 Chr. 22, 5 = הָאֲרַמִּים) *Aramäer, Syrer* Gen. 25, 20. 2 Kön. 5, 20. 1 Chr. 7, 14.

אֲרָמִי nur fem. אֲרָמִית adverb. *aramäisch* 2 Kön. 18, 26. Dan. 2, 4. Esra 4, 7.

אַרְמֹנִי n. pr. Sohn des Saul 2 Sam. 21, 8.

אָרֹן s. אָרוֹן.

אֲרָן n. pr. m. Gen. 36, 28. 1 Chr. 1, 42.

אֹרֶן m. 1) *Zeder-* oder *Fichtenart* Jes. 44, 14. 2) n. pr. m. 1 Chr. 2, 25.

אַרְנֶבֶת f. *Hase* Lev. 11, 6. Deut. 14, 7.

אַרְנֹן—אַרְנוֹן n. pr. Fluss (und Thal), ehemals nördliche Grenze Moab's; er ergiesst sich in's todte Meer Num. 21, 13. 26. 28. Deut. 3, 8. Jes. 16, 2.

אֲרַנְיָה
אָרְנָן } s. אֲרַוְנָה.

אַרְנָן n. pr. m. 1 Chr. 3, 21.

אֲרַע aram. emph. אַרְעָא *Erde* Jer. 10, 11. Dan. 2, 35. 4, 12. Esra 5, 11.

אַרְעִי aram. adj. fem. אַרְעִית *das Untere, der Grund* Dan. 6, 25.

אַרְפָּד n. pr. einer syrischen Stadt nahe bei Chamat 2 Kön. 18, 34. Jes. 10, 9. Jer. 49, 23.

אַרְפַּכְשַׁד n. pr. Sohn des Sem Gen. 10, 22. 24. 11, 10—13. 1 Chr. 1, 17. 18.

אֶרֶץ ps. u. mit Artikel אָרֶץ meist f. (m. Gen. 13, 6. Jes. 9, 18. 26, 18. 66, 8), suff. אַרְצִי, He loc. אַרְצָה, pl. אֲרָצוֹת cs. אַרְצוֹת suff. אַרְצֹתָם. 1) *Erde, Erdkörper* im Gegensatz zum Himmel Gen. 1, 1. Jes. 40, 22. Hiob 26, 7; *Erdboden* Gen. 7, 14. Ex. 4, 3. Ps. 12, 7. 2) *Land, Festland* im Gegensatz zum Wasser Gen. 1, 10. 3) *Land* in politischer Beziehung Gen. 10, 20. 20, 15. Lev. 26, 36; in welchem Falle אֶרֶץ häufig speziell von Palästina, als dem Lande des Schreibenden (Joel 1, 2. Ps. 37, 9. Spr. 10, 30), und אֲרָצוֹת von den heidnischen Ländern gebraucht ist 2 Chr. 13, 9. 17, 10. 4) *Stück Land, Acker* Gen. 23, 15. Ex. 23, 10.

אַרְצָא n. pr. m. 1 Kön. 16, 9.

[אֲרַק] aram. emph. אַרְקָא *Erde* Jer. 10, 11.

אָרַר* pf. 1. וְאָרוֹתִי, fut. אָאֹר, imp. אָרָה־, pl. אֹרוּ—אֹרוּ *fluchen, verfluchen* Gen. 12, 3. 27, 29. Num. 22, 6. Richt. 5, 23; *in Fluch verwandeln* Mal. 2, 2. אֹרְרֵי־יוֹם *Tagesverwünscher, Zauberer* Hiob 3, 8.

Nifal part. pl. נֵאָרִים *verflucht, dem Fluch verfallen* Mal. 3, 9.

Piel pf. suff. אֵרְרָהּ, part. pl. מְאָרְרִים *verfluchen, Fluch bringen* Gen. 5, 28. Num. 5, 18.

Hof. fut. יוּאַר *verflucht werden* Num. 22, 6.

אֲרָרַט n. pr. *Armenien*, und zwar meist der Theil zwischen dem Araxes und den Seen Wan und Urmia, der von hohen Bergen durchzogen ist Gen. 8, 4. 2 Kön. 19, 37. Jes. 37, 38. Jer. 51, 27.

אֲרָרִי n. gent. mit Art. הָאֲרָרִי 2 Sam. 23, 23 = הָרָרִי s. d.

*[**אָרַשׂ**] Piel pf. אֵרַשׂ, fut. תְּאָרֵשׂ *sich* (Dat.) *mit einem Weibe* (acc.) *verloben* Deut. 20, 7. 28, 30. 2 Sam. 3, 14. Hos. 2, 21. 22.

Pual part. f. מְאֹרָשָׂה—אֹרָשָׂה *verlobt sein* Ex. 22, 15. Deut. 22, 23.

אֲרֶשֶׁת f. *Verlangen, Begehren* Ps. 21, 3.

אַרְתַּחְשַׁסְתְּא Esra 7, 1. 7. Neh. 2, 1.
אַרְתַּחְשַׁשְׂתְּא n. pr. Esra 4, 8. 11. 23.
אַרְתַּחְשַׁשְׁתְּא Esra 4, 7. 8.
Name persischer Könige und zwar ist Esra 4 *Pseudosmerdis*, an den anderen Stellen *Artaxerxes Longimanus* gemeint.

אֲשַׂרְאֵל (*Gott erfreut*) n. pr. m. 1 Chr. 4, 16.

אַשְׂרִיאֵל (*Gott erfreut*) n. pr. Sohn Gilead's Num. 26, 31. Jos. 17, 2; davon n. gent. אַשְׂרִאֵלִי Num. 26, 31.

אֵשׁ meist f. (m. Jer. 48, 45. Ps. 104, 4. Hiob 20, 26) suff. אִשּׁוֹ, אֶשְׁכֶם *Feuer*, in sinnlicher und bildlicher Bedeutung Gen. 15, 17. Num. 21, 28. Deut. 4, 24. 36. Jes. 50, 11. 66, 24; auch von der *Gluth* der Sonne Joel 1, 19. 20; vom *Funkeln* der Edelsteine Ezech. 28, 14; des Stahls Nah. 2, 4.

[**אֵשׁ**] aram. emph. אֶשָּׁא *Feuer* Dan. 7, 11.

אִשׁ 2 Sam. 14, 19. Micha 6, 10 = יֵשׁ *es ist.*

[**אשׁ**] aram. pl. emph. אֻשַּׁיָּא, suff. אֻשּׁוֹהִי *Grundlage* Esra 4, 12. 5, 16. 6, 3.

אַשְׁבֵּל n. pr. Sohn des Benjamin Gen. 46, 21. Num. 26, 38. 1 Chr. 8, 1; davon n. gent. אַשְׁבֵּלִי Num. 26, 38.

אֶשְׁבָּן n. pr. m. Gen. 36, 26. 1 Chr. 1, 41.

אַשְׁבֵּעַ n. pr. 1 Chr. 4, 21.

אֶשְׁבַּעַל n. pr. Sohn des Saul (sonst אִישׁ־בֹּשֶׁת), 1 Chr. 8, 33. 9, 39.

אֶשֶׁד m. der *Ausguss* (der Bäche), daher *Abhang* Num. 21, 15.

אַשְׁדֹּד s. אַשְׁדּוֹד.

[**אֲשֵׁדָה**] f. pl. אֲשֵׁדוֹת, cs. אַשְׁדּוֹת *Ausguss, Abhang* (gewöhnlich vom Abhang des Pisga) Deut. 3, 17. 4, 49. Jos. 10, 40. 12, 3. 8. 13, 20.— Auch אשדת Deut. 33, 2, wenn es als ein Wort gelesen wird, kann hierher gezogen und als geogr. Bezeichnung aufgefasst werden.

אַשְׁדּוֹד—אַשְׁדֹּד n. pr. *Asdod* (spät. *Azotos*), eine der fünf Städte der Philister Jos. 11, 22. 1 Sam. 5, 1. Jes. 20, 1.

[**אֶשָּׁה**] f. suff. אֶשָּׁתָם *Feuer*; nur Jer. 6, 29 Ktib.

אִשָּׁה (st. אִנְשָׁה v. אָנַשׁ) f. cs. אֵשֶׁת (das auch als absol. vorkommt: Deut. 21, 11. 1 Sam. 28, 7. Ps. 58, 9), suff. אִשְׁתְּךָ, אִשְׁתֶּךָ (Ps. 128, 3), pl. נָשִׁים (אִשֹּׁת Ezech. 23, 44), cs. נְשֵׁי, suff. נָשַׁי, נְשֵׁיכֶם 1) *Frau* Gen. 2, 23; *Ehefrau* Gen. 11, 29; auch von *Thieren* Gen. 7, 2; für das *weibliche Geschlecht* überhaupt Koh. 7, 26. — Correspondirend mit אֲחוֹת oder רְעוּת (אִשָּׁה—אֲחֹתָהּ) *die eine — (die andere)* Ex. 26, 3. Jes. 34, 15. 2) *Jede* Ex. 3, 22. Amos 4, 3.

אִשֶּׁה m. cs. אִשֵּׁה, pl. cs. אִשֵּׁי, suff. אִשַּׁי *Feueropfer* Ex. 29, 18. Lev. 1, 9. 4, 35. 6, 10; für *Opfergabe* überhaupt Lev. 24, 7.

אֲשׁוּיָה s. אָשְׁיָה.

אֶשׁוֹן s. אִישׁוֹן.

אֲשׁוּר—אָשׁוּר s. אֹשֶׁר.

אַשּׁוּר n. pr. 1) Sohn des Sem Gen. 10, 22. 1 Chr. 1, 17. 2) *Assyrien*, zunächst das Land östlich von Tigris Gen. 2, 14 zwischen Mesopotamien und Medien, dann bei der grossen Ausdehnung des assyrischen Reiches auch für die *Euphratländer* Jes. 7, 20. 8, 7. Jer. 2, 18. für *Babylon* 2 Kön. 23, 29. Klagel. 5, 6; für *Persien* Esra 6, 22; für *Syrien* Jes. 19, 23. 24. 25. Ps. 83, 9. 3) Ort zwischen Palästina und Aegypten Gen. 25, 18, daher אַשּׁוּרִם Name eines arabischen Stammes Gen. 25, 3.

אֲשׁוּרִי n. pr. Landschaft, nur 2 Sam. 2, 9.

אַשְׁחוּר (*Freier*) n. pr. Sohn des Chezron 1 Chr. 2, 24. 4, 5.

[**אָשְׁיָה**] f. pl. suff. אָשְׁיוֹתֶיהָ (Kri) Jer. 50, 15 *Grundfeste*; das Ktib liest: אֲשׁוּיֹתֶיהָ.

אֲשִׁימָא n. pr. Gottheit der Bewohner von Chamat 2 Kön. 17, 30.

אֲשֵׁירָה s. אֲשֵׁרָה.

[**אָשִׁישׁ**] m. 1) pl. cs. אֲשִׁישֵׁי *Trümmer* Jes. 16, 7. 2) s. אֲשִׁישָׁה.

אֲשִׁישָׁה f. pl. אֲשִׁישׁוֹת, cs. אֲשִׁישֵׁי *Kuchen* 2 Sam. 6, 19. Hos. 3, 1. Hohel. 2, 5. 1 Chr. 16, 3.

אֶשֶׁךְ m. ps. אֶשֶׁךְ *Hode* Lev. 21, 20.

אֶשְׁכֹּל—אֶשְׁכּוֹל m. pl. אֶשְׁכֹּלוֹת, cs. אַשְׁכְּלוֹת— אַשְׁכֹּלֹת, suff. אַשְׁכְּלֹתֶיהָ. 1) *Traube, Büschel* Gen. 40, 10. Num. 13, 23. 24. Deut. 32, 32. Jes. 65, 8. Hohel. 7, 8. 9. Daher 2) Name des Thales *Eschkol* Num. 13, 23. 24. 32, 9. Deut. 1, 24. 3) n. pr. Bundesgenosse Abraham's Gen. 14, 13. 24.

אַשְׁכְּנַז n. pr. 1) Sohn des Gomer Gen. 10, 3. 2) Volksstamm Jer. 51, 27, neben armenischen Stämmen genannt.

אֶשְׁכָּר m. *Geschenk, Gabe, festgesetzter Preis* Ezech. 27, 15. Ps. 72, 10.

אֶשֶׁל m. Name eines Baumes, *Tamariske* Gen. 21, 33. 1 Sam. 22, 6. 31, 13.

אָשַׁם—אָשֵׁם* fut. יֶאְשַׁם 1) *sich verschulden, Schuld auf sich laden* mit ל der Person, gegen die man sich verschuldet Lev. 5, 19. Num. 5, 7. 2 Chr. 19, 10, oder der Sache, durch die man sich verschuldet Lev. 5, 5, die auch durch ב bezeichnet wird Ezech. 22, 4. Hos. 13, 1. 2) *die Schuld büssen, Strafe leiden* Jes. 24, 6. Ps. 34, 22. 23. Spr. 30, 10; von leblosen Gegenst. *untergehen* Ezech. 6, 6.

Nif. pf. 3 pl. ps. נֶאְשָׁמוּ *untergehen* Joel 1, 18.

Hifil imp. suff. הַאֲשִׁימֵם *büssen lassen, strafen* Ps. 5, 11.

אָשָׁם m. suff. אֲשָׁמוֹ pl. suff. אֲשָׁמָיו 1) *Schuld, Verschuldung* Gen. 26, 10. Jer. 51, 5. Ps. 68, 22. Spr. 14, 9. 2) *das, womit man sich verschuldet hat* Num. 5, 8. 3) *Schuldopfer*, verschieden von חַטָּאת Lev. 5, 15. 18, 19. 14, 12. 13. 19, 21. Num. 6, 12. 1 Sam. 6, 3. Jes. 53, 10.

אָשֵׁם adj. pl. אֲשֵׁמִים *schuldig* Gen. 42, 21. 2 Sam. 14, 13; subst. *die Schuldigen* Esra 10, 19.

אַשְׁמָה f. cs. אַשְׁמַת, suff. אַשְׁמָתֵנוּ, pl. אֲשָׁמוֹת, suff. אַשְׁמוֹתַי. 1) als nomen verbale לְאַשְׁמַת הָעָם *so dass das Volk sich verschuldet* Lev. 4, 3. 5, 26. 2) *das Darbringen des Schuldopfers* Lev. 5, 24. 3) *Verschuldung, Schuld* Ps. 69, 6. Esra 9, 6. 2 Chr. 28, 10. אַשְׁמַת שֹׁמְרוֹן *das, woran sich Samaria verschuldet, sein Götze* Amos 8, 14.

אַשְׁמוּרָה s. אַשְׁמֹרָה.

[אַשְׁמָן] pl. אַשְׁמַנִּים m. *Finsterniss* Jes. 59, 10.

אַשְׁמֹרָה pl. אַשְׁמֻרוֹת f. *Wache, Nachtwache*, als (3.) Theil der Nacht Ps. 63, 7. 90, 4. 119, 148. Klagel. 2, 19.

אַשְׁמֹרֶת f. *Nachtwache* als (3.) Theil der Nacht Ex. 14, 24. Richt. 7, 19. 1 Sam. 11, 11.

אֶשְׁנָב m. suff. אֶשְׁנַבִּי *Fenster* Richt. 5, 28. Spr. 7, 6.

אַשְׁנָה n. pr. zweier Städte in Juda Jos. 15, 33. 43.

אֶשְׁעָן (*Lehne, Abhang*) n. pr. Stadt in Juda Jos. 15, 52.

[אַשָּׁף] pl. אַשָּׁפִים *Beschwörer, Zauberer* Dan. 1, 20. 2, 2.

אָשַׁף aram. pl. אָשְׁפִין (wie von אָשַׁף) emph. אָשְׁפַיָּא *Beschwörer, Zauberer* Dan. 2, 10. 27. 4, 4.

אַשְׁפָּה f. suff. אַשְׁפָּתוֹ *Köcher* Jes. 22, 6. 49, 2. Jer. 5, 16. Ps. 127, 5. Hiob 39, 23. *Söhne des Köchers = Pfeile* Klagel. 3, 13.

אַשְׁפְּנַז n. pr. m. Dan. 1, 3.

אֶשְׁפָּר m. *Maass, Portion* 2 Sam. 6, 19. 1 Chr. 16, 3.

אַשְׁפֹּת f. (הָאַשְׁפּוֹת Neh. 3, 13 = הַשְּׁפוֹת) pl. אַשְׁפַּתּוֹת (wie v. אַשְׁפָּה) *Mist, Kothhaufen* als Bild des Elends 1 Sam. 2, 8. Ps. 113, 7. Klagel. 4, 5.

אַשְׁקְלוֹן n. pr. *Askalon*, eine der fünf Städte der Philister Richt. 1, 18. 14, 19. 1 Sam. 6, 17. Davon n. gent. אֶשְׁקְלוֹנִי Jos. 13, 3.

אָשַׁר* (verw. mit יָשַׁר) *einhergehen*; Kal nur imp. אִשְׁרוּ Spr. 9, 6.

Piel 1) *einhergehen* Spr. 4, 14. 2) *leiten* Jes. 3, 12. 9, 15. Spr. 23, 19. 3) (denomin. von אֶשֶׁר, gleichsam „אַשְׁרֵי *von Jemand sagen*"): *glücklich preisen* Gen. 30, 13. Mal. 3, 15. Ps. 72, 17. Spr. 31, 28. Hiob 29, 11. Hohel. 6, 9.

Pual 1) *geleitet werden* Jes. 9, 15. 2) *glücklich gepriesen werden* Ps. 41, 3. Spr. 3, 18.

אָשֵׁר (*Glücklicher*) n. pr. 1) Sohn des Jakob und der Silpa Gen. 30, 13; der von ihm herkommende Stamm wohnte im Norden Palästina's an der Meeresküste Jos. 19, 24—31. Richt. 5, 17. Davon n. gent. אָשֵׁרִי Richt. 1, 32. 2) Stadt unfern Sichem Jos. 17, 7.

[אֲשֻׁר] pl. m. אֲשֻׁרִים. 1) Name eines Baumes. (*Lärche* oder *Buxbaum* s. תְּאַשּׁוּר) Ezech. 27, 6. 2) *Schritt* Ps. 17, 5. 37, 31. 40, 3. 44, 19. Spr. 14, 15. Hiob 23, 11.

אַשֻּׁר m. suff. אַשֻּׁרִי *Schritt* Ps. 17, 11. Hiob 31, 7.

[אֶשֶׁר] m. nur pl. cs. אַשְׁרֵי, suff. אַשְׁרֶיךָ, אַשְׁרֵיךְ, אַשְׁרֵיכֶם, אַשְׁרֵהוּ—אַשְׁרָיו eig. *Glückseligkeit*, dann im Zuruf: *Heil! Glück!* mit folg. nom. oder mit suff. Deut. 33, 29. 1 Kön. 10, 8. Jes. 32, 20. Spr. 14, 21. 29, 18. Koh. 10, 17.

אֹשֶׁר m. suff. אָשְׁרִי *Glück* Gen. 30, 13.

אֲשֶׁר (verkürzt שֶׁ s. d.) 1) pron. u. adv. relat.; da es unveränderlich ist, so werden die näheren Bestimmungen (Casus, Zahl u. s. w.) durch ein folgendes, gewöhnlich von ihm getrenntes pronom., resp. adverb. bezeichnet; und zwar a) seltener beim nomin. z. B. אֲשֶׁר לֹא־אָחִיךָ הוּא *welcher nicht dein Bruder ist* Deut. 17, 15; vgl. Gen. 9, 3. Deut. 20, 15. Ps. 16, 3. 2 Chr. 8, 7. אֲשֶׁר הוֹצֵאתִיךָ *der ich dich herausgeführt habe* Ex. 20, 2; zuw. ist die Beziehung im Deutschen nicht durch ein pron. auszudrücken z. B. אֲשֶׁר מִי־אֵל *denn wo ist ein Gott?* Deut. 3, 24. b) Beim accus. wird das pron. nicht häufig hinzugefügt אֲשֶׁר כְּלָאוֹ *den er eingesperrt* Jer. 32, 3. Ps. 1, 4. אֲשֶׁר־הוֹצֵאתִי אוֹתָם *die ich herausgeführt habe* Lev. 25, 55; zuweil. wird das bezogene Hauptwort wiederholt, z. B. Gen. 13, 16: *Wenn diesen, den Staub der Erde, Jemand zählen kann*; c) Beim Genitiv: אֲשֶׁר לֹא־תִשְׁמַע לְשֹׁנוֹ *dessen Sprache du nicht verstehst* Deut. 28, 49. Hiob 5, 5. Rut 2, 12. אֲשֶׁר־הֵמָּה הֵפֵרוּ אֶת־בְּרִיתִי *ich, dessen Bund sie gebrochen* Jer. 31, 32. d) Beim Dativ: אֲשֶׁר נָתַן־לוֹ *dem er gegeben* Koh. 5, 18. e) Beim abl. אֲשֶׁר אַתָּה שֹׁכֵב עָלֶיהָ *worauf du liegst* Gen. 28, 13. אֲשֶׁר־בְּךָ יְרֻחַם יָתוֹם *du, bei dem die Waise Erbarmen findet* Hos. 14, 4. f) Adverb.: אֲשֶׁר—שָׁם *woselbst* Gen. 19, 27. Ex. 20, 18. אֲשֶׁר—שָׁמָּה *wohin* Gen. 20, 13. אֲשֶׁר—מִשָּׁם *von wo* Gen. 3, 23. Selten bekommt אֲשֶׁר selbst das Casuszeichen Lev. 27, 24; dies ist besonders dann der Fall, wenn das subst. oder pron. demonstr. vorher zu ergänzen ist: לַאֲשֶׁר עַל בֵּיתוֹ *demjenigen, der über sein Haus gesetzt war* Gen. 43, 16. 49, 1. 1 Sam. 16, 3. Jes. 47, 13. Jer. 15, 2. Rut 2, 2. 9; dah. כַּאֲשֶׁר *indem, wo, sofern* Gen. 39, 1. מֵאֲשֶׁר *von wo* Exod. 5, 11; *weil* Jes. 43, 4. אֶל אֲשֶׁר *dahin wo* Ex. 32, 34. — Andererseits wird besonders in der poëtischen Sprache אֲשֶׁר häufig ausgelassen: בְּאֶרֶץ לֹא לָהֶם *in einem Lande, welches ihnen nicht gehört* Gen. 15, 13. אֲנִי הַגֶּבֶר רָאָה *ich bin der Mann, welcher gesehen hat* Klagel. 3, 1. — Mit ל bildet אֲשֶׁר Umschreibung des genitiv's oder ein pron. poss. אֲשֶׁר לְאָבִיהָ *ihres Vaters* Gen. 29, 9. עַל אֲשֶׁר לִי *über meine (Heerden)* Gen. 47, 6. 2 Sam. 2, 8. 1 Kön. 1, 33. 2 Kön. 5, 9. Jer. 47, 3. Rut 2, 21. Koh. 5, 11; zuweilen scheint es auch ohne ל bloss Zeichen des genitiv's zu sein: לַמּוֹעֵד אֲשֶׁר שְׁמוּאֵל *zur Frist Samuel's* 1 Sam. 13, 8. 1 Kön. 11, 20. 2) Durch Verbindung mit adverb. u. praep. bildet אֲשֶׁר conjunctionen z. B. כַּאֲשֶׁר *wie, als* (quum), עֵקֶב אֲשֶׁר *dafür dass*, לְמַעַן אֲשֶׁר *damit*, עַד־אֲשֶׁר *bis dass*, עַד־אֲשֶׁר לֹא *bevor* Koh. 12, 2. 6; auch allein *dass* (quod) Zach. 8, 20. Koh. 5, 4. (ut) Ezech. 36, 27. Koh. 3, 14; *wenn* (wechselnd mit אִם) Deut. 11, 27 u. am Anfang eines Satzes: Lev. 4, 22. Num. 5, 29. 1 Kön. 8, 33. 38; endlich (wie כִּי) zum Beginn einer Rede: אֲשֶׁר שָׁמַעְתִּי *ich habe (ja) gehört* 1 Sam. 15, 20. 2 Sam. 1, 4.

אֲשַׂרְאֵלָה (*Gott beglückt*) n. pr. m. 1 Chr. 25, 2, wofür das. v. 14 יְשַׂרְאֵלָה.

אֲשֵׁרָה—אֲשֵׁירָה f. pl. אֲשֵׁרִים, אֲשֵׁרוֹת, suff. אֲשֵׁרֶיךָ, אֲשֵׁרֵיהֶם Name einer phönizischen Gottheit, identisch mit עַשְׁתֹּרֶת *Astarte* 1 Kön. 15, 13. 2 Kön. 23, 4. 7 und der dieser Gottheit errichteten *Säulen*, die aus Baumstämmen, deren Krone und Aeste man abgehauen hatte, bestanden; dah. vom *Pflanzen* solcher Säulen die Rede ist Deut. 16, 21. Jer. 17, 2. Mich. 5, 14.

אֻשַּׁרְנָא aram. m. *Mauer* Esra 5, 3.

אֲשֵׁשׁ s. אוּשׁ.

אִשָּׁה s. אִשָּׁה.

אֶשְׁתָּאוֹל n. pr. Stadt in Juda, welche den Daniten gehörte Jos. 15, 33. 19, 41. Richt. 13, 25. 16, 31; davon n. gent. אֶשְׁתָּאֻלִי 1 Chr. 2, 53.

אֶשְׁתַּדּוּר aram. m. *Empörung* Esra 4, 15. 19.

אֶשְׁתּוֹן n. pr. m. 1 Chr. 4, 11. 12.

אֶשְׁתְּמֹעַ u. **אֶשְׁתְּמֹה** n. pr. Priesterstadt in Juda Jos. 15, 50. 21, 14. 1 Sam. 30, 28. 1 Chr. 4, 17. 19. 6, 42.

[אָת] aram. m. pl. אָתִין, emph. אָתַיָּא, suff. אָתוֹהִי *Zeichen, Wunder* Dan. 3, 32. 33. 6, 28.

אַתְּ s. אַתָּה.

אַתְּ ps. אַתְּ (ältere Form אַתִּי Ktib Richt. 17, 2 etc.) pron. pers. f. *du* Gen. 12, 13. 24, 23; zuweilen auch für das masc. gebraucht Num. 11, 15. Deut. 5, 24.

אֵת u. **אֶת־** suff. אֹתִי, אֹתְךָ, אֹתָךְ (אֹתֶכָה) u. s. w. אֶתְהֶם, אוֹתָם (אוֹתְכֶם Jos. 23, 15), אֶתְכֶם Gen.

32, 1 etc. (אוֹתָהֶם Ezech. 23, 45) Zeichen des determinirten accusativ Gen. 1, 1; aber auch vor einem nominativ bei einem passivum, das aus einem act. entstanden ist, wo das pass. häufig durch *man* übersetzt wird לֹא יִקָּרֵא אֶת־שִׁמְךָ *man soll nicht nennen deinen Namen* Gen. 17, 5. 21, 5. 27, 42. 40, 20. Ex. 10, 8. 21, 28. Lev. 10, 18. Num. 11, 22. Jos. 7, 15. Hos. 10, 6; zuweilen bezeichnet אֶת auch ohne ein passiv den determinirten nominativ z. B. Haggai 2, 17: *ihr selbst*. Ezech. 43, 7. Dan. 9, 13.

אֵת u. **אֶת** suff. אִתִּי (zuweilen auch אֹתִי u. s. w.) praep. 1) *mit* (gleichbedeutend mit עִם) Gen. 5, 24. 15, 18. 43, 16; auch *Krieg führen mit* Gen. 14, 9. 2) *bei* Lev. 19, 13. Richt. 17, 11; *in* 1 Sam. 7, 16; *auf* 1 Kön. 9, 25; *nächst* Ex. 1, 14. — מֵאֵת *von Seiten . . ., von . . . hinweg* Gen. 8, 8. 19, 24. Ps. 118, 23.

אֵת m. suff. אִתּוֹ pl. אִתִּים — אֵתִים *Pflugschaar* 1 Sam. 13, 20. 21. Jes. 2, 4. Joel 4, 10. Micha 4, 3.

אָתָא s. אָתָה.

אֶתְבַּעַל (*Mit Baal*) n. pr. König von Sidon 1 Kön. 16, 31.

אתא—אָתָה* pf. 1 pl. אָתָנוּ part. f. pl. אֹתִיּוֹת; fut. תֵּאתֶה, יֵאתֶה—וַיֵּאת—וַיֵּתֵא ,(יֶאֱתָיֻנִי) יֶאֱתָה, pl. יֶאֱתָיוּ; imp. pl. אֵתָיוּ *kommen* Deut. 33, 2. 21. Jes. 21, 12. 41, 25. Jer. 3, 22. Mich. 4, 8. Hiob 30, 14. 37, 22; mit suff. *über Jemand kommen* Hiob 3, 25. אֹתִיּוֹת *das Kommende, Zukünftige* Jes. 41, 23. 44, 7. 45, 11.

Hif. imp. pl. הֵתָיוּ *bringen* Jes. 21, 14. Jer. 12, 9.

אֲתָא—אֲתָה aram. pf. 3 pl. אֲתוֹ, part. אָתֵה, inf. לְמֵתֵא, imp. אֱתוֹ *kommen* Dan. 3, 2. 26. 7, 13. 22. Esra 4, 12. 5, 3.

Hif. pf. 3 sing. הַיְתִי, 3 pl. הַיְתִיו inf. הַיְתָיָה *bringen* Dan. 3, 13. 5, 23. 6, 17.

Hof. pf. 3 sg. f. הֵיתָיַת, 3 pl. הֵיתָיו *gebracht werden* Dan. 3, 13. 6, 18.

אַתְּ אַתָּה ps. אַתָּה—אָתָּה pron. pers. m. *du* Gen. 3, 11. 1 Sam. 24, 19. Ps. 2, 7; als Verstärk. des suff. Spr. 22, 19.

אָתוֹן f. suff. אֲתֹנוֹ pl. אֲתֹנוֹת *Eselin* Gen. 32, 16. Num. 22, 23. 30.

אַתּוּן aram. emph. אַתּוּנָא *Ofen* Dan. 3, 6. 22.

אַתּוּק s. אַתִּיק.

אִתַּי n. pr. 1) ein Philister im Dienste David's 2 Sam. 15, 19. 2) einer der Helden David's 2 Sam. 23, 29; wofür 1 Chr. 11, 31 אִיתַי.

אַתּוּק—אַתִּיק pl. אַתִּיקִים *Säulengang* Ezech. 41, 15. 16. 42, 5.

אַתֶּם pron. pers. m. *ihr*; einmal beim fem. Ezech. 13, 20; zur Verstärk. des suff. Num. 14, 32.

אֵתָם n. pr. Ort an der Grenze Aegypten's nach der arabischen Wüste zu Ex. 13, 20. Num. 33, 6.

אֶתְמוֹל—אִתְמוֹל—אֶתְמוֹל adverb. 1) *gestern* 1 Sam. 4, 7. 10, 11. 14, 21. יוֹם אֶתְמוֹל *der gestrige Tag* Ps. 90, 4. 2) *so eben* Micha 2, 8. 3) *längst* Jes. 30, 33.

אֵתָן s. אֵיתָן.

אַתֵּן (אַתִּין) gew. אַתֵּנָה—אַתֵּנָּה pron. pers. f. *ihr* Gen. 31, 6. Ezech. 13, 11. 20. 34, 17. 31.

אֶתְנָה (v. תָּנָה) *Lohn* Hos. 2, 14.

אֶתְנִי (*Geschenk*) n. pr. m. 1 Chr. 6, 26 = יְאַתְרַי das. v. 6.

אֶתְנַן—אֶתְנָן 1) suff. אֶתְנַנָּהּ pl. suff. אֶתְנַנֶּיהָ *Lohn, Buhlerlohn* Deut. 23, 19. Jes. 23, 17. 18. Micha 1, 7. 2) n. pr. m. 1 Chr. 4, 7.

אֲתַר aram. m. suff. אַתְרֵהּ *Ort* Dan. 2, 35. Esra 5, 15.

אֲתָרִים n. pr. Ort im Süden Palästina's Num. 21, 1.

ב

בְּ dicht. בְּמוֹ, suff. בִּי, בְּךָ (בְּכָה) paus. u. f. בָּךְ, בּוֹ, בָּהּ, בָּנוּ, בָּכֶם, בָּכֶן, בָּהֶם, (בָּם) (בָּהֵמָּה), בָּהֶן, (בָּהֵן) praep. *in, an, auf* 1) des Ortes, sowohl auf die Frage wo? Gen. 1, 22. Ex. 20, 4. Num. 16, 7, als auch bei einer Anzahl Zeitwörter wie דָּבַק, מָלַךְ, פָּשַׁע, הֶחֱזִיק etc. die auf ein Object hingerichtete Thätigkeit bezeichnend: *an etwas haften, über — herrschen, — von — abfallen, an — festhalten*. 2) der Zeit *in* Gen. 8, 4; besonders häufig vor dem inf. constr.

בְּהְיוֹת הַבֹּקֶר *als Morgen war* Ex. 19, 16. 3) der Begleitung בְּעַם כָּבֵד *mit vielem Volk* Num. 20, 20. 4) des Werkzeugs, hauptsächl. in der Verbindung בְּיַד *durch* Num. 4, 37; daher נִשְׁבַּע בְּ׳ *schwören bei* ..., עָבַד בְּ׳ *arbeiten durch* ..., d. h. *ihn zum Arbeiten anhalten* Ex. 1, 14. בְּמַרְאֹת *vermittelst der Spiegel*, d. h. *aus den Spiegeln* Ex. 38, 8; auch der Sache, *wofür* etwas geschieht בְּרָחֵל *um Rahel* Gen. 29, 20. בַּלֶּחֶם *für das Brod* 1 Sam. 2, 5. 5) *an, in Ansehung, in Betracht:* בָּעוֹף *an Geflügel* Gen. 7, 21; dah. בְּאֵל שַׁדָּי *als allmächtiger Gott* Ex. 6, 3. בְּצֶלֶם *als Schattenbild* Ps. 39, 7 und scheinbar pleon. בְּאֶחָד *als Einziger*, d. h. *einzig* Hiob 23, 13. כִּי בְרָע הוּא *dass es böse ist* Ex. 32, 22. בְּיָהּ שְׁמוֹ *Jah! ist sein Name* Jes. 26, 4. Ps. 68, 5.

בְּ aram. *in, mit, durch* Dan. 2, 19. 34. 5, 2.

בָּא s. בּוֹא.

בִּאָה (v. בּוֹא) *Eingang* Ezech. 8, 5.

[בְּאוּשׁ] aram. f. emph. בְּאוּשְׁתָּא *schlecht* Esra 4, 12.

***[בָּאַר** *graben, aushöhlen, erforschen*].

Piel בֵּאֵר, inf. בָּאֵר u. בַּאֵר *erläutern, deutlich machen* Deut. 1, 5. 27, 8. Hab. 2, 2.

בְּאֵר fem. suff. בְּאֵרְךָ, pl. בְּאֵרוֹת, cs. בְּאֵרֹת u. בְּאֶרֶת 1) *Grube* Gen. 14, 10; *Gruft* Ps. 55, 24. 69, 16. 2) *Brunnen* Gen. 26, 18. Num. 21, 17. Spr. 5, 15. 2) n. pr. Lagerstätte der Israeliten Num. 21, 16. 3) Ortschaft zwischen Jerusalem und Sichem Richt. 9, 21 (vielleicht = בְּאֵר אֵלִים Jes. 15, 8). — Ortsnamen, die mit בְּאֵר zusammengesetzt sind, oder davon abstammen: a) בְּאֵר אֵלִים (s. vorhin). b) בְּאֵר לַחַי רֹאִי (*Brunnen des lebendig mich Schauenden*) zwischen Kadesch und Bered Gen. 16, 14. 24, 62. 25, 11. c) בְּאֵר שֶׁבַע (*Brunnen des Eides oder der Sieben* (*Berseba*) im Süden Palästina's Gen. 21, 31. 22, 19. 26, 33. 2 Sam. 17, 11. Amos 5, 5. d) בְּאֵרוֹת (*Brunnen*) Stadt der Gibeoniten Jos. 9, 17, dann zu Benjamin gehörig Jos. 18, 25. 2 Sam. 4, 2; davon n. gent. בְּאֵרֹתִי 2 Sam. 4, 2. 23, 37 und בֵּרֹתִי 1 Chr. 11, 39. e) בְּאֵרֹת בְּנֵי־יַעֲקָן Lagerplatz der Israeliten Deut. 10, 6, wofür Num. 33, 31 bloss בְּנֵי־יַעֲקָן s. יַעֲקָן. — Vgl. auch בַּעֲלָה.

בֹּאר (st. בּוֹר) f. pl. בֹּארֹת *Cisterne* 2 Sam. 23, 15. 16. 20 (Ktib). Jer. 2, 13.

בְּאֵרָא n. pr. m. 1 Chr. 7, 37.

בְּאֵרָה n. pr. m. 1 Chr. 5, 6.

בְּאֵרוֹת s. בְּאֵר.

בְּאֵרִי n. pr. Vater der Jehudith Gen. 26, 34. 2) Vater des Propheten Hosea Hos. 1, 1.

***בָּאַשׁ** fut. יִבְאַשׁ *übel riechen, stinken* Ex. 7, 18. 21. 8, 10. 16, 20; *verwesen* Jes. 50, 2.

Nifal *in üblen Geruch kommen, sich verhasst machen bei Jemandem* mit בְּ 1 Sam. 13, 4. 2 Sam, 10, 6; mit אֶת 2 Sam. 16, 21.

Hif. הִבְאִישׁ inf. הַבְאִשׁ 1) *üblen Geruch verbreiten* Ex. 16, 24. Ps. 38, 6. Koh. 10, 1; bildlich: *sich üblen Ruf, Hass zuziehen bei Jemandem* mit בְּ 1 Sam. 27, 12; vollständiger: הִבְאַשְׁתֶּם אֶת־רֵיחֵנוּ *ihr habt uns verhasst gemacht* Ex. 5, 21. 2) *einen Anderen verhasst machen* Gen. 34, 30. Spr. 13, 5 (הֵבִאישׁ Jes. 30, 5 s. בּוֹשׁ).

Hitp. הִתְבָּאֲשׁוּ *sich verhasst machen*, mit עִם 1 Chr. 19, 6.

בְּאֵשׁ aram. *missfallen* mit עַל Dan. 6, 15.

בְּאשׁ m. suff. בָּאְשׁוֹ *Gestank* Jes. 34, 4. Joel 2, 20. Amos 4, 10.

[בְּאֻשׁ] m. pl. בְּאֻשִׁים *schlechte, unreife Trauben, Herlinge* Jes. 5, 2. 4.

בָּאְשָׁה f. *Unkraut* Hiob 31, 40.

בָּאתַר aram. (v. אֲתַר) *nach, hinter* Dan. 7, 6; gew. בָּתַר s. d.

[בָּבָה] f. cs. בָּבַת *Oeffnung*, nur in בָּבַת עַיִן *Augapfel* Zach. 2, 12; verkürzt בַּת עַיִן Ps. 17, 8. Klagel. 2, 18.

בֵּבַי n. pr. m. Esra 2, 11. 10, 28. Neh. 7, 16.

בָּבֶל hebr. und aram. mit He loc. בָּבֶלָה *Babylon*, Hauptstadt des babylonischen Reiches und *dieses Reich* selbst Gen. 10, 10. Jes. 14, 4. Ps. 87, 4; auch für das *persische Reich*, von dem Babylon einen Theil bildete Esra 5, 13. Neh. 13, 6.

[בָּבְלִי] m. pl. בָּבְלָיֵא *Babylonier* Esra 4, 9.

בַּג Ezech. 25, 7, Ktib zu בַּז s. d.

***בָּגַד** fut. יִבְגֹּד, נִבְגַּד (Mal. 2, 10), inf. suff. בִּבְגְדוֹ *zudecken, bedecken*, stets in bildlicher Bedeutung: *verhüllt handeln, betrügen, treulos sein, abtrünnig sein*, meist mit בְּ Ex. 21, 8. Jes. 33, 1. Mal. 2, 10; selten mit מִן Jer. 3, 20. Part. בֹּגְדִים *Treulose, Verräther, Räuber* Jer. 9, 1. Hab. 1, 13. Spr. 13, 2.

בֶּגֶד m. (f. nur Lev. 6, 20) suff. בִּגְדִי. pl. בְּגָדִים, cs. בִּגְדֵי, suff. בְּגָדַי (בִּגְדֹתֶיךָ Ps. 45, 9) 1) *Kleid, Hülle, Decke* Gen. 27, 15. 39, 12. Lev. 6, 4. Ps. 22, 19. 2) *Untreue, Raub* Jes. 24, 16. Jer. 12, 1.

בְּגְדוֹת f. *Treulosigkeit, Trug* Zef. 3, 4.

[בָּגוֹד] adj. f. בָּגוֹדָה *treulos* Jes. 3, 7. 10.

בִּגְוַי n. pr. m. Esra 2, 2. Neh. 7, 7.

בִּגְלַל s. גָּלַל.

בִּגְתָא n. pr. m. Est. 1, 10.

בִּגְתָנָא—בִּגְתָן n. pr. m. Est. 2, 21. 6, 2.

בַּד 1) pl. cs. בַּדֵּי, *Einsamkeit, Abgeschlossenheit*; Hiob 17, 16: *Einsamkeit der Gruft*. בַּד בְּבַד *jedes für sich, zu gleichen Theilen* Ex. 30, 34. Durch Vorsetzung von ל wird לְבַד zu a) praep. *ausser, ausgenommen*, gew. mit מִן verbunden Num. 29, 39. Deut. 3, 5; auch מִלְּבַד Gen. 26, 1. מִלְּבַדּוֹ *ausser ihm* Deut. 4, 35. b) adverb. *allein, besonders*. לְבַדִּי *ich allein* Deut. 1, 9. לְבַדָּהּ *sie allein* Ex. 22, 26. לְבַדְּהֶן und לְבַדְּנָה *sie allein* Gen. 21, 28. 29. 2) *Leinenzeug, Leinen* Ex. 28, 42. Lev. 16, 4. בַּדִּים *leinene Kleider* Ezech. 9, 2. Dan. 10, 5. 3) nur pl. *Zweige, Aeste* Ezech. 17, 6. 19, 14; dah. *Sprossen* (des Menschen) Hiob 18, 13; *Stangen* Ex. 25, 13. 1 Kön. 8, 8; *Riegel* Hos. 11, 7. 3) nur pl. *Lügen, Geschwätz, Prahlerei* Jes. 16, 6. Jer. 48, 30. 50, 36. Hiob 11, 3.

בָּדָא* part. suff. בּוֹדָאם (st. בּוֹרְאָם) *ersinnen* 1 Kön, 12, 33. Neh. 6, 8.

בָּדַד* *einsam sein*, nur part. בּוֹדֵד *einsam* Hos. 8, 9. Ps. 102, 8; *vereinzelt* Jes. 14, 31.

בָּדָד m. *Einsamkeit*. לְבָדָד *allein, abgesondert* Num. 23, 9. Micha 7, 14. Ps. 4, 9; auch ohne ל: *allein* Lev. 13, 46. Deut. 32, 12. 33, 28. Jes. 27, 10. Klagel. 1, 1.

בְּדַד n. pr. edomitischer König, Vater des Hadad Gen. 36, 35.

בְּדֵי s. דַּי.

בֵּדְיָה n. pr. m. Esra 10, 35.

בְּדִיל m. pl. suff. בְּדִילָיִךְ 1) *das Abgesonderte, Ausgeschiedene*, daher *das dem Silber beigemischte Blei* Jes. 1, 25. 2) *Zinn* Num. 31, 22. Ezech. 22, 18. 20. 27, 12. הָאֶבֶן הַבְּדִיל *Senkblei* Zach. 4, 10.

[בָּדַל] Nifal *abgesondert, ausgeschieden werden* Esra 10, 8. 1 Chr. 23, 13; *sich absondern, fern halten* Num. 16, 21. Esra 10, 11; *zu Jemandem übergehen* mit אֶל 1 Chr. 12, 8.

Hifil fut. suff. יַבְדִּילֵנִי, inf. הַבְדִּיל *scheiden, sondern*, mit בֵּין—וּבֵין *zwischen—und* Gen. 1, 14. Ex. 26, 33; mit בֵּין—לְ Gen. 1, 6. Ezech. 22, 26; mit בֵּין—לְבֵין Jes. 59, 2. 2) *abtrennen, abreissen* Lev. 1, 17. 5, 8. 3) *aussondern, auswählen* mit acc. Num. 16, 9. Deut. 19, 7. 2 Chr. 25, 10; *verstossen* Jes. 56, 3. Neh. 13, 3.

[בָּדָל] m. cs. בְּדַל *Zipfel* (des Ohres) Amos 3, 12.

בְּדֹלַח m. *Bdellium*, das wohlriechende Harz eines indischen Baumes Gen. 2, 12. Num. 11, 7 (n. A. *Perlen*).

בְּדָן n. pr. 1) Name eines (unbekannten) Richters 1 Sam. 12, 11. 2) 1 Chr. 7, 17.

בָּדַק* inf. לִבְדּוֹק *herstellen, ausbessern* 2 Chr. 34, 10.

בֶּדֶק m. suff. בִּדְקֵךְ *Riss, Schaden* 2 Kön. 12, 6. Ezech. 27, 9.

בִּדְקַר n. pr. m. 2 Kön. 9, 25.

***[בְּדַר]** aram. (= בָּזַר heb.).

Piel imp. pl. בַּדַּרוּ *umherstreuen* Dan. 4, 11.

בֹּהוּ m. *Leere, Wüstheit*, stets verbund. mit תֹּהוּ Gen. 1, 2. Jes. 34, 11. Jer. 4, 23.

בַּהַט m. eine Art *Marmor* Est. 1, 6.

בְּהִילוּ aram. *Eile* Esra 4, 23.

בָּהִיר adj. *hell, leuchtend* Hiob 37, 21.

***[בָּהַל]** Nif. 1) *in Schrecken gesetzt werden, erschrecken* 1 Sam. 28, 21. Jes. 21, 3. Ps. 6, 34. 2) *sich übereilen* Spr. 28, 22; adverb. *etwas hastig thun* Koh. 8, 3.

Piel inf. suff. לְבַהֲלֵנִי 1) *erschrecken* (trans.) Ps. 2, 5. 83, 16. Hiob 22, 10. 2) *etwas eilig thun, beschleunigen* Est. 2, 9; *vorschnell sein* Koh. 5, 1. 7, 9.

Pual part. f. מְבֹהֶלֶת, pl. מְבֹהָלִים *übereilt, hastig* Spr. 20, 21 Kri. Est. 8, 14.

Hif. 1) *in Schrecken setzen* Hiob 23, 16. 2) *zur Eile antreiben* Est. 6, 14. 2 Chr. 26, 20.

בְּהַל aram. Piel fut. suff. יְבַהֲלֻנַּנִי *erschrecken* Dan. 4, 2. 5, 6. 10.

Htp. inf. הִתְבְּהָלָה *in Schrecken gerathen, eilen* Dan. 2, 25. 3, 24. 5, 9.

בֶּהָלָה f. pl. בֶּהָלוֹת *Schrecken* Lev. 26, 16. Jes. 65, 23. Jer. 15, 8. Ps. 78, 33 (vgl. בַּלָּהָה).

בְּהֵמָה f. cs. בֶּהֱמַת, suff. בְּהֶמְתּוֹ, pl. בְּהֵמוֹת, cs. בַּהֲמוֹת *Thier* a) *das vernunft- und sprachlose Thier*, im Gegensatz zum Menschen Gen.

3, 14. Ps. 36, 7. 49, 21. 73, 22. Hiob 18, 3. Koh. 3, 19. b) *Landthiere*, im Gegensatz zu Geflügel und Kriechthieren Gen. 6, 7. 7, 23. c) meistens *Hausthier*, *Vieh* Ex. 9, 25. 11, 7. 22, 9; plur. nur poët. Deut. 32, 24. Ps. 50, 10.

בְּהֵמוֹת m. Hiob 40, 15 *Nilpferd*.

בֹּהַן n. pr. eines Rubeniten, nach dem eine Ortschaft אֶבֶן בֹּהַן heisst Jos. 15, 6. 18, 17.

בֹּהֶן f. pl. בְּהֹנוֹת *Daumen* (an der Hand), *grosse Zehe* (am Fuss) Ex. 29, 20. Lev. 8, 23. Richt. 1, 6. 7.

בֹּהַק m. ein weisslicher *Hautausschlag* Lev. 13, 39.

בַּהֶרֶת f. pl. בֶּהָרֹת *weisser Fleck* auf der Haut Lev. 13, 2. 38.

בּוֹא* pf. בָּאתִי, בָּאתָ, בָּאת (בָּאתְ 2 Sam. 14, 3), בָּא, בָּאָה (suff. בָּאָתְנוּ). pl. בָּאנוּ (בָּנוּ 1 Sam. 25, 8), בָּאוּ, בָּאתֶם, part. בָּא f. בָּאָה, fut. אָבוֹא (אָבֹאָה), תָּבֹא, f. תָּבֹאִי (תְּבֹאתִי 1 Sam. 25, 34), יָבֹא (יָבוֹ 1 Kön. 12, 12), suff. יְבֹאֶנּוּ, יְבוֹאֶנּוּ, 3 sg. f. תָּבֹא (תָּבוֹאתָה Deut. 33, 16), suff. תְּבוֹאֶנִי, תְּבוֹאֶךָ (תְּבוֹאַתְךָ Hiob 22, 21), יָבֹאוּ suff. יְבֹאוּנִי, תְּבֹאֶנָה (תְּבֹאֶינָה Ps. 45, 16) inf. בֹּא—בּוֹא, suff. בֹּאִי; בֹּאֲךָ—בֹּאֲכָה, בֹּאֲנָה; imp. בֹּא—בּוֹא (בֹּאָה), בֹּאִי, בֹּאוּ 1) *hineingehen*, *eingehen*, *einziehen* Gen. 24, 31. Richt. 19, 15. Est. 6, 5; *eindringen* Richt. 3, 22; *einkommen* (von Abgaben) 1 Kön. 10, 14; *eingebracht werden* (von der Erndte) Lev. 25, 22; gewöhnlich mit אֶל des Ortes, in den man — oder der Person, zu der man hineingeht Gen. 7, 13. Ex. 7, 26. Lev. 23, 10; mit בְּ Gen. 19, 8. 49, 6. 2 Kön. 18, 21. Jes. 2, 19; mit לְ Est. 6, 4; mit dem He loc. Gen. 12, 5. 14 und mit dem blossen accus. 2 Kön. 11, 19. Ps. 100, 4. 105, 18. Das part. steht daher im st. constr. בָּאֵי שַׁעַר *die eingehen in's Thor* Gen. 23, 10. בָּאֶיהָ *die in sie eingehen* Spr. 2, 19. בָּאֵי מוֹעֵד *die einziehen am Feste* Klagel. 1, 4. בָּאֵי הַשַּׁבָּת *die einziehen (den Posten beziehen) am Sabbat* 2 Kön. 11, 5. הַשֶּׁמֶשׁ בָּא *die Sonne geht hinein* (ins Meer u. s. w.) = *sie geht unter* Gen. 15, 17. 28, 11. Lev. 22, 7. Jes. 60, 20. Jer. 15, 9. Koh. 1, 5. בָּא בַּיָּמִים *in die Tage eingehen*, *hochbetagt sein* Gen. 18, 11. 24, 1. Jos. 13, 1. 1 Kön. 1, 1. בָּא בִּבְרִית *einen Bund eingehen* Jer. 34, 10 oder בְּאָלָה Neh. 10, 30. בָּא בְמִשְׁפָּט *in's Gericht gehen*, d. h. *anklagen* Jes. 3, 14. בָּא בְדָמִים *sich Blutschuld zuziehen* 1 Sam. 25, 26. בָּא בְרִיב *in Streit gerathen* Spr. 18, 6. בָּא אֶל־אִשָּׁה *zu einer Frau eingehen* vom ehelichen Umgang Gen. 38, 16. Deut. 22, 13. Richt. 16, 1; auch mit עַל Gen. 19, 31. בָּא אֶל־אֲבֹתָיו *zu seinen Vätern eingehen*, *sterben* Gen. 15, 15. Verbunden mit יָצָא *ein- und ausgehen* Deut. 28, 6. Jos. 6, 1. Jer. 37, 4; mit לִפְנֵי die *Geschäfte Jemandes führen* Num. 27, 17. 2) *kommen*, *gelangen*, *eintreffen* mit אֶל Gen. 32, 7; mit עַל Ex. 18, 23; mit לְ 1 Sam. 9, 12; mit He loc. Gen. 12, 11 u. dem blossen accus., besonders in der Redensart לְבוֹא, *da wo man kommt nach* . . . Num. 13, 21. 34, 8. 1 Kön. 8, 65. Ezech. 47, 15 (sonst לְבוֹא mit ־ unter לְ), oder בֹּאֲכָה *da wo du kommst nach* . . . Gen. 10, 19. 30. 13, 10. 25, 18; *eintreffen*, *erfüllt werden* von einem Wunsche, einer Zeitfrist, einem Zeichen, einer Weissagung Gen. 6, 13 Deut. 13, 3. 1 Sam. 9, 6. Jes. 42, 9. Dan. 9, 13; daher הַבָּאִים *die kommenden (Tage)* d. h. *in Zukunft* Jes. 27, 6. הַבָּאוֹת *das Zukünftige* (wie הָאֹתִיּוֹת) Jes. 41, 22; mit עַד *heranreichen an* . . . 2 Sam. 23, 19; mit עַל *herfallen über* . . . 2 Kön. 15, 19. 2 Chr. 32, 26; in der dichterischen Sprache wird dies durch ein pron. suff. ausgedrückt. כָּל־זֹאת בָּאַתְנוּ *alles dies hat uns getroffen* Ps. 44, 18. 35, 8. 109, 17. Spr. 10, 24. 11, 27. Hiob 20, 22. 3) *gehen* (mit Hinzufügung des Zieles) Num. 32, 6. Deut. 12, 5. 1 Sam. 22, 5. Jes. 7, 24. Est. 5, 14.

Hifil pf. הֵבִיא suff. הֱבִיאַנִי, 2 sg. הֵבֵאתָ, הֵבִיאתָ (Jes. 43, 23) suff. הֲבֵאתָנוּ u. הֲבִיאֹתָנוּ, הֲבִיאוֹתָם, 1 p. הֵבֵאתִי—הֵבִיאתִי (Num. 14, 31) suff. הֲבִיאֹתִיהוּ, הֲבִיאֹתִיו, הֲבִיאֹתָיו, pl. הֵבִיאוּךָ, 2 pl. הֲבֵאתֶם, הֲבִיאֹתֶם, 1 pl. suff. הֱבִיאֻנוּ, fut. 1 sg. אָבִיא (אָבִי 1 Kön. 21, 29), suff. אֲבִיאֶנּוּ, 2 sg. suff. תְּבִאֵמוֹ, 3 sg. וַיָּבֵא suff. יְבִיאֶנּוּ, יְבִיאֵהוּ, 3 pl. f. תְּבִיאֶנָה; inf. הָבִיא, לָבִיא (= לְהָבִיא Jer. 39, 7. 2 Chr. 31, 10) suff. הֲבִיאֲךָ; imp. הָבֵא—הָבִיא, הָבִיאָה; part. מֵבִיא (מֵבִי 2 Sam. 5, 2), suff. מְבִיאֲךָ, pl. מְבִיאִים 1) *hineingehen lassen*, *hineinbringen* Gen. 43, 17. Ex. 23, 19. Num 27, 17. Richt. 12, 9; *hineinstecken* Ex. 4, 6; (die Sonne) *untergehen lassen* Amos 8, 9. 2) *kommen lassen*, *herbeibringen*, *darbringen* Gen. 2, 19. 43, 9. Lev. 4, 5; *zusammenbringen* Est. 5, 10; *eintreffen lassen* (eine Weissagung) Jes. 37, 26. Jer. 39, 16; überhaupt das caus. fast aller Bedeutungen des Kal.

Hof. הוּבָא 3 pl. f. הֻבָאת u. הֻבָאתָה, fut.

יוּבָא. part. מוּבָא *hineingebracht werden, gebracht werden* Gen. 33, 11. Ex. 27, 7. Lev. 10, 18. 2 Kön. 12, 10. Jer. 27, 22. Ezech. 40, 4.

בוב s. נָבַב.

***בוז** pf. 3 sg. בָּז (בַּז) Zach. 4, 10; fem. בָּזָה, fut. יָבוּז, הָבוּז, inf. בּוּז *verachten, geringschätzen* Spr. 23, 22; gewöhnl. mit לְ 2 Kön. 19, 21. Jes. 37, 22. Spr. 11, 12. Hohel. 8, 1. 7; mit dem accus. Spr. 1, 7.

בּוּז m. 1) *Verachtung* Ps. 31, 19. Spr. 18, 3. Hiob 12, 5. 2) n. pr. a) Gen. 22, 21. Jer. 25, 23; n. gent. בּוּזִי Hiob 32, 2. b) 1 Chr. 5, 14.

בּוּזָה f. *Verachtung* Neh. 3, 36.

בּוּזִי n. pr. 1) Vater des Propheten Ezechiel Ezech. 1, 3. 2) s. בּוּז.

בַּוַּי n. pr. m. Neh. 3, 18.

***[בוּךְ]** Nif. pf. 3 sg. f. נָבְוֹכָה, pl. נָבֹכוּ, part. pl. נְבֻכִים *verirrt sein, bestürzt sein* Ex. 14, 3. Joel 1, 18. Est. 3, 15.

בּוּל (= יְבוּל) m. 1) *Ertrag* Hiob 40, 20. 2) der achte Monat (später *Cheschwan*) = October—November, vielleicht als *Regenmonat* (בּוּל = מַבּוּל) so benannt 1 Kön. 6, 38. 3) בּוּל־עֵץ *Holzklotz* Jes. 44, 19.

בּוּן s. בִּין.

בּוּנָה (*Verstand*) n. pr. m. 1 Chr. 2, 25.

בּוּנִּי n. pr. m. Neh. 11, 15.

***בּוּס** fut. אָבוּס suff. אֲבוּסֵנוּ *niedertreten, zertreten* Jes. 14, 25. 63, 6. Ps. 44, 6. 60, 14. 108, 14; bildlich: *verschmähen* Spr. 27, 7.

Polel בּוֹסֵס *zertreten* Jes. 63, 18. Jer. 12, 10.

Hofal part. מוּבָס *zertreten* Jes. 14, 19.

Hitp. part. מִתְבּוֹסֶסֶת *dem Zertreten preisgegeben sein* Ezech. 16, 6. 22.

בּוּץ m. *Byssus, feine weisse Baumwolle* (in der älteren Sprache שֵׁשׁ), die häuptsächlich in Aegypten verfertigt wurde, und die davon gemachten *Kleider* Ezech. 27, 16. Est. 1, 6. 8, 15. 1 Chr. 15, 27. 2 Chr. 2, 13. 3, 14. 5, 12.

בּוֹצֵץ n. pr. eines Felsen bei Gibea 1 Sam. 14, 4.

בּוּקָה f. *Oede, Leere* Nah. 2, 11.

בּוֹקֵר m. (denom. v. בָּקָר) *Hirt* Amos 7, 14.

***בּוּר** (verw. mit בָּאַר) inf. לָבוּר *durchgraben, erforschen* Koh. 9, 1.

בּוֹר (בֹּר) m. mit He loc. הַבֹּרָה, pl. בֹּרוֹת 1) *Grube* Ex. 21, 33. 1 Sam. 13, 6. Ps. 7, 16. 40, 3. 2) *Grab* Spr. 28, 17; daher יוֹרְדֵי בוֹר *die in's Grab Gestiegenen, die Todten* Jes. 38, 18. Ps. 28, 1. אַבְנֵי־בוֹר *steinerne Grüfte* Jes. 14, 19. 3) *Cisterne* zum Auffangen und Aufbewahren des Regenwassers Gen. 37, 22. 24. 1 Sam. 19, 22; leere Cisternen wurden auch als Gefängniss gebraucht Jer. 38, 6. Zach. 9, 11; daher 4) *Gefängniss* Gen. 40, 15. Jes. 24, 22; vollständig בֵּית הַבּוֹר Ex. 12, 29. Jer. 37, 16.

בּוֹר s. בֹּר.

***בּוֹשׁ** pf. בֹּשׁ—בּוֹשׁ, f. בּוֹשָׁה, 2 f. בֹּשְׁתְּ, 3 pl. בֹּשׁוּ—בּוֹשׁוּ, 1. בֹּשְׁנוּ, part. pl. בּוֹשִׁים, fut. יֵבוֹשׁ, pl. יֵבֹשׁוּ; inf. בּוֹשׁ *sich schämen, Scham empfinden* Esra 8, 22; *beschämt werden* Ps. 25, 20; gewöhnl. mit מִן als der Ursache, durch die man beschämt (getäuscht) wird Jes. 1, 29. Jer. 2, 36. Ezech. 36, 32; bildlich: *die Sonne wird beschämt* d. h. *verdunkelt* Jes. 24, 23; von einer Quelle: *versiegen* Hos. 13, 15. עַד־בּוֹשׁ *bis zum Schämen, zur Verlegenheit* d. h. *sehr lange (warten)* Richt. 3, 25. 2 Kön. 2, 17. 8, 11.

Polel בֹּשֵׁשׁ *warten lassen, zögern* Ex. 32, 1. Richt. 5, 28.

Hifil 1) sg. 2 ps. הֱבִישׁוֹתָ fut. 2 pl. תָּבִישׁוּ. 2) הֹבִישׁ—הִבְאִישׁ 1) *beschämen* 2 Sam. 19, 6. Ps. 14, 6. 44, 8. 119, 31. 116; häufig in den Sprüchen; בֵּן מֵבִישׁ *ein beschämender, Schande machender Sohn* 10, 5. 14, 35. 17, 2; auch fem. מְבִישָׁה Spr. 12, 4. 2) (Form הֹבִישׁ) *Scham zeigen*, d. h. *beschämt sein*, *sich getäuscht zeigen* Jes. 30, 5. Jer. 2, 26. 10, 14; *beschämen* 2 Sam. 19, 6; daher auch von Pflanzen, die *keine Frucht bringen* Joel 1, 12. 17; *Schändliches thun* Hos. 2, 7.

Hitp. fut. pl. יִתְבֹּשָׁשׁוּ *sich schämen* Gen. 2, 25.

בּוּשָׁה f. *Scham, Beschämung* Ezech. 7, 18. Micha 7, 10. Obad. 1, 10. Ps. 89, 46.

בּוּת aram. (denom. v. בַּיִת) pf. בָּת *übernachten* Dan. 6, 19.

בַּז—בָּז m. *Raub, Beute* Num. 14, 3. 31. 31, 32. Jes. 8, 1. 42, 22.

***בָּזָא** *durchschneiden* nur Jes. 18, 2.

***בָּזָה** part. II בָּזוּי, cs. בְּזוּי, fut. תִּבְזֶה, וַיִּבֶז, וַתִּבֶז *verachten, geringschätzen* Gen. 25, 34; meist mit dem accus.; selten mit לְ 2 Sam. 6, 16. 1 Chr. 15, 29; mit עַל Neh. 2, 19. בּוֹזֵה דְרָכָיו *wer seine Wege gering achtet, dagegen gleichgültig ist* Spr. 19, 16. וַיִּבֶז בְּעֵינָיו *es erschien* *ihm gering* Est. 3, 6. בְּזוּי־עָם *der verachtetste unter dem Volke* Ps. 22, 7 (Jer. 49, 15).

Nifal part. נִבְזֶה, pl. נִבְזִים *verachtet, verächtlich* Jes. 53, 3. Jer. 22, 28. Mal. 2, 9. Ps. 15, 4.

Hif. inf. לְהַבְזוֹת *verächtlich machen* Est. 1, 17.

בָּזֶה adj. cs. בְּזֹה *verachtet* Jes. 49, 7.

בִּזָּה (v. בָּזַז) f. *Beute* Est. 9, 10. Dan. 11, 24. Esra 9, 7. Neh. 3, 36. 2 Chr. 14, 13.

*בָּזַז pf. 1 pl. בַּזּוֹנוּ u. בָּזַזְנוּ (das übrige pf. regelmäss.) fut. יָבֹז, 3 pl. suff. יְבֹזּוּם; inf. לָבֹז, לָבוֹז, imp. pl. בֹּזּוּ *plündern* Gen. 34, 27; *rauben* Deut. 2, 35. 3, 7. Nah. 2, 10. בָּזַז בַּז *Beute machen* Jes. 10, 6. Ezech. 38, 12; *berauben* Jes. 10, 2. Zef. 2, 9.

Nifal pf. pl. נָבֹזּוּ, fut. 3 pf. תִּבּוֹז, inf. הִבּוֹז *geplündert, ausgeraubt werden* Jes. 24, 3. Amos 3, 11.

Pual pl. בֻּזְּזוּ *ausgeraubt werden* Jer. 50, 37.

בִּזָּיוֹן m. *Verachtung* Est. 1, 18.

בִּזְיוֹתְיָה n. pr. Ort in Juda Jos. 15, 28.

בָּזָק m. *Blitz* Ezech. 1, 14.

בֶּזֶק n. pr, Stadt südlich von Bet-Schean Richt. 1, 4. 1 Sam. 11, 8.

*בָּזַר (=פָּזַר) fut. יִבְזוֹר *hinstreuen, vertheilen* Dan. 11, 24.

Piel בִּזֵּר *zerstreuen* Ps. 68, 31.

בִּזְּתָא n. pr. m. Est. 1, 10.

בָּחוֹן m. *Metallprüfer* Jer. 6, 27.

[בַּחוּן] m. pl. suff. בַּחוּנָיו *Wartthurm*, als Belagerungswerkzeug Jes. 23, 13 Kri.

בָּחוּר (st. בְּחוּר), pl. בַּחוּרִים, suff. בַּחוּרָיו *Jüngling* Deut. 32, 25. Jes. 62, 5. Ps. 148, 12. Rut 3, 10; besonders von der streitbaren *jungen Mannschaft* Jes. 9, 16. 31, 8. Jer. 9, 20. 15, 8. Ezech. 30, 17.

[בַּחִין] Ktib s. [בַּחוּן].

[בָּחִיר] adj. cs. בְּחִיר, pl. suff. בְּחִירָי *erwählt, erkoren* Jes. 43, 20; subst. *der Auserwählte, Erkorene* 2 Sam. 21, 6. Jes. 65, 9. Ps. 106, 23.

*בָּחַל *Ekel empfinden* mit בְּ Zach. 11, 8.

Pual part. f. מְבֻחֶלֶת *verabscheut werden* Spr. 20, 21 Ktib (vgl. בָּהַל).

*בָּחַן fut. יִבְחַן, imp. suff. בְּחָנֵנִי *prüfen* Zach. 13, 9, meist bildlich: das Herz, die Nieren, die Wege *prüfen* Jer. 6, 27. Ps. 7, 10; *auf die Probe stellen, versuchen* Ps. 95, 9. Mal. 3, 10. 15.

Nifal fut. יִבָּחֵן *geprüft werden* Gen. 42, 15. Hiob 34, 36 (בֹּחַן Ezech. 21, 18 ist subst. s. d.).

בַּחַן m. *Wartthurm* Jes. 32, 14.

בֹּחַן m. *Prüfung.* כִּי בֹחַן *denn Prüfung ist (geschehen)* Ezech. 21, 16. אֶבֶן בֹּחַן *Eckstein* Jes. 28, 16.

*בָּחַר fut. יִבְחַר, suff. אֶבְחָרֵהוּ, inf. suff. בָּחֳרִי, imp. בְּחַר, בַּחֲרוּ 1) *prüfen, läutern* Jes. 48, 10. 2 Chr. 34, 6 (Ktib). 2) *aussuchen, auswählen* mit dem accus. Gen. 13, 11. Ex. 17, 9. 18, 25. Jos. 8, 3; part. II בָּחוּר *auserlesen* Ex. 14, 7. Richt. 20, 15. 1 Sam. 26, 2; daher *bestimmen, festsetzen* 2 Sam. 19, 39. Hiob 9, 14. 29, 25. 34, 33. 3) *erwählen, lieb gewinnen, vorziehen* gewöhnl. mit בְּ Deut. 14, 2. Jes. 14, 1. Ezech. 20, 5. Zach. 2, 16; seltener mit dem accus. 1 Kön. 11, 34. 2 Kön. 23, 27. Ps. 119, 30. Spr. 1, 29; besond. bei אֲשֶׁר 2 Sam. 16, 18. 1 Kön. 14, 21. Ps. 33, 12 (wo אֲשֶׁר zu ergänzen) oder dem suff. Jes. 41, 8; mit עַל Hiob 36, 21; mit לְ 1 Sam. 20, 30; mit folg. inf. Ps. 84, 11.

Nifal נִבְחַר (nur als comparat.) *vorzüglich* Jer. 8, 3. Spr. 8, 10. 21, 3. 22, 1.

Pual fut. יְבֻחַר *bestimmt werden* Koh. 9, 4 Ktib.

בַּחֲרוּמִי n. g. 1 Chr. 11, 33 = בַּרְחֻמִי 2 Sam. 23, 21.

בְּחוּרוֹת f. *Jugend* Koh. 11, 9. 12, 1.

בְּחֻרִים m. *Jugend* Num. 11, 28.

בַּחֻרִים n. pr. Ort in Benjamin 2 Sam. 3, 16. 1 Kön. 2, 8.

*[בָּטָא] Piel *unbedacht reden* Lev. 5, 4. Ps. 106, 33.

*בָּטָה nur part. Kal בּוֹטֶה *schwatzen, unbedacht reden* Spr. 12, 18.

*בָּטַח fut. אֶבְטַח, inf. בְּטֹחַ, suff. בִּטְחֲךָ, imp. בְּטַח 1) *ruhig, sorglos sein* Jes. 12, 2. Hiob 6, 20. 11, 18. 40, 23; part. בּוֹטֵחַ *sorglos* Richt. 18, 7. Jes. 32, 9. Spr. 11, 15. 14, 16. 2) *vertrauen, sich verlassen* gewöhnl. mit בְּ Ps. 28, 7; mit עַל 2 Kön. 18, 20. Ezech. 33, 13; mit אֶל Richt. 20, 36. 2 Kön. 18, 22. Ps. 31, 7; häufig mit pleon. Fürwort 2 Kön. 18, 24. Jer. 7, 4; part. II *vertrauensvoll* Jes. 26, 3. Ps. 112, 7.

Hifil pf. הִבְטַחְתָּ, fut. יַבְטַח *Vertrauen einflössen* Ps. 22, 10; mit עַל Jer. 28, 15. 29, 31; mit אֶל 2 Kön. 18, 30. Jes. 36, 15.

בֶּטַח m. 1) *Sicherheit, Vertrauen* Jes. 32, 17; meistens adverb. *ruhig, sicher* Deut. 12, 10. 1 Sam. 12, 11. Spr. 1, 33; auch לָבֶטַח Lev. 25, 18.

26, 5; daher *unverhofft, plötzlich* Gen. 34, 25. Ezech. 30, 9. 2) n. pr. Ort in Syrien 2 Sam. 8, 8; dafür 1 Chr. 18, 8 טִבְחַת s. d.

בִּטְחָה f. *Vertrauen* Jes. 30, 15.

בִּטָּחוֹן m. *Vertrauen, Zuversicht* 2 Kön. 18, 19; *Hoffnung* Koh. 9, 4.

בַּטֻּחוֹת f. *Hoffnung* Hiob 12, 6 (vgl. בָּטַח).

***בָּטֵל** *unthätig sein, feiern* Koh. 12, 3.

בְּטֵל aram. pf. 3 f. בְּטֵלַת. part. f. בָּטְלָא *aufhören, gehemmt sein* Esra 4, 24.

Pael pf. 3 pl. בַּטִּלוּ, inf. בַּטָּלָא *aufhören machen, hindern* Esra 4, 21. 23. 5, 5. 6, 8.

בֶּטֶן m. ps. בָּטֶן, suff. בִּטְנִי 1) *Bauch, Leib* Richt. 3, 21. Hohel. 7, 3; besond. der innere Theil Gen. 25, 23. Ps. 17, 14. Spr. 18, 20; sehr häufig in bildlichem Sinne: *das Innere* Hab. 3, 16. Ps. 31, 10. Spr. 22, 18. Hiob 15, 35. 2) *der Mutterleib*, mit und ohne Zusatz von אֵם Ps. 139, 13. Hiob 31, 15; daher מִבֶּטֶן u. מִן הַבֶּטֶן *von der Geburt an* Richt. 13, 5. Jes. 44, 2. 46, 3. Ps. 22, 10. 58, 4. 71, 6. פְּרִי בֶטֶן *Kinder* Gen. 30, 2. Deut. 28, 4. Jes. 13, 18. Ps. 127, 3. Hiob 19, 17. 3) in der Baukunst: eine *bauchähnliche Erhöhung* 1 Kön. 7, 20. 4) n. pr. Ort in Ascher Jos. 19, 25.

[בָּטְנָה] pl. בָּטְנִים *Pistacien*, eine Art Nuss Gen. 43, 11.

בְּטֹנִים n. pr. Ort in Gad Jos. 13, 26.

בִּי Partikel des Bittens, immer verbunden mit אֲדֹנִי od. אֲדֹנָי *um Erlaubniss, mein Herr!* Gen. 43, 20. Ex. 4, 10. Jos. 7, 8. Richt. 6, 13. 1 Sam. 1, 26. 1 Kön. 3, 17 [wahrsch. verkürzt aus אָבִי (s. d.); n. A. aus בְּעִי von בָּעָה].

***בִּין** pf. 1 sg. בִּינֹתִי. 2 sg. בַּנְתָּה; inf. בִּין Dan. 10, 1; imp. בִּין, בִּינָה pl. בִּינוּ; part. pl. בָּנִים (Jer. 49, 7), eig. *unterscheiden*, daher *bedenken, betrachten* mit acc. Deut. 32, 7. Ps. 50, 22. 94, 8. Spr. 23, 1; auf etwas *achten* mit accus. Ps. 5, 2. Dan. 10, 1; mit בְּ etwas *genau bedenken, über ... nachdenken, studiren* Dan. 9, 2. 23.

Nifal pf. נְבוּנֹתִי part. נָבוֹן *verständig sein* Jes. 10, 13; das part. fast immer adjectivisch: *verständig, klug* Gen. 41, 33. 39. Deut. 1, 13. נְבוֹן דָּבָר *kundig der Rede, beredt* 1 Sam. 16, 18.

Polel fut. suff. יְבוֹנְנֵהוּ *Acht haben auf Jemand* m. accus. Deut. 32, 10.

Hifil pf. הֲבִינֹתִם, הֵבִינוּ, fut. אָבִין. 1) *wissen, kennen*, mit accus. Ps. 19, 13. 92, 7. Hiob 28, 23. Dan. 1, 4. 1 Chr. 28, 9; *verstehen* Jes. 29, 16. Spr. 1, 6; *begreifen* Jes. 40, 21. Micha 4, 12; mit בְּ *Kenntniss, Einsicht haben* Neh. 8, 12. Dan. 1, 17. 2 Chr. 26, 5. 34, 12; *Kenntniss nehmen, genau betrachten* Spr. 7, 7. Esra 8, 15. Neh. 13, 7. 2) *bedenken, Acht haben* mit לְ Deut. 32, 29. Ps. 73, 17. Hiob 13, 1. 14, 21; mit אֶל Ps. 28, 5; mit עַל Dan. 11, 37. 3) *Einsicht zeigen*, d. h. *einsichtig, verständig sein* 1 Kön. 3, 11. Jes. 56, 11. אֵין הָבִין *unverständig* Ps. 32, 9. מֵבִין *verständig* Spr. 28, 7. 4) *Einsicht geben, lehren, belehren* Hiob 32, 8; mit dopp. accus. Jes. 28, 9. Ps. 119, 27; accus. der Person und לְ der Sache Neh. 8, 7; לְ der Person 2 Chr. 35, 3; mit לְ und inf. Neh. 8, 2 (*und erläuterte Alles, dass man es verstand*); mit בְּ der Sache Neh. 8, 8; daher מֵבִין, pl. מְבִינִים *Lehrer, Meister* Esra 8, 16. Neh. 8, 3. 10, 29. 1 Chr. 15, 22. 25, 7. 8. 27, 32. 2 Chr. 34, 12.

Hitp. הִתְבּוֹנֵן 1) *einsichtig sein* oder *werden* Jes. 1, 3. Ps. 119, 100. 2) *begreifen* mit acc. Ps. 107, 43. Hiob 26, 14. 3) *betrachten* Hiob 37, 14. Ps. 119, 95; *sich umsehen nach etwas* mit עַל Ps. 37, 10. Hiob 31, 1; mit עַד Hiob 32, 12; mit אֶל 1 Kön. 3, 21. Jes. 14, 17.

[בַּיִן] 1) subst. *Mitte* אִישׁ הַבֵּנַיִם *ein Mann, der in der Mitte* (zwischen zwei Heeren) *steht* 1 Sam. 17, 4. 23. 2) cs. nur als praep. suff. בֵּינִי, בֵּינְךָ, בֵּינָיו, בֵּינֵינוּ (בֵּינוֹתֵינוּ), בֵּינֵיכֶם, בֵּינֵיהֶם (בֵּינֹתָם) *zwischen* Ex. 13, 9; *zwischen ... und ...* heisst בֵּין—וּבֵין Gen. 1, 18; בֵּין־לְ Gen. 1, 6; בֵּין וְלְ־ Joel 2, 17; בֵּין—לְבֵין Jes. 59, 2; —בֵּין רַב לְאֵין כֹּחַ *sowohl dem Starken als dem Schwachem* 2 Chr. 14, 10. Das suff. pl. wird eig. da angewendet, wo eine Seite selbst ein pl. ist Jos. 3, 4, od. beide Seiten zusammenbegriffen werden Gen. 26, 28. 42, 23. Richt. 11, 10; mit anderen praepos. zusammengesetzt: מִבֵּין *von zwischen, von ... hervor* Gen. 49, 10. אֶל בֵּין *zwischen* (wohin?) Ezech. 31, 10. עַל בֵּין *hoch zwischen* Ezech. 19, 11. בֵּין=כְּבֵין Jes. 44, 4.

בֵּין aram. praep. suff. בֵּינֵיהוֹן *zwischen* Dan. 7, 5. 8.

בִּינָה f. cs. בִּינַת, pl. בִּינוֹת *Einsicht, Verstand* Deut. 4, 6. Jes. 11, 2. Spr. 30, 2. Hiob 34, 16.

בִּינָה aram. *Einsicht* Dan. 2, 21.

[בֵּיצָה] pl. בֵּיצִים cs. בֵּיצֵי *Ei* Deut. 22, 6. Jes. 10, 14. 59, 5. Hiob 39, 14.

בִּיר m. *Brunnen* Jer. 6, 7 Kri (das Ktib: בּוֹר).

בִּירָה f. pl. *Burg, Schloss* Neh. 7, 2. שׁוּשַׁן הַבִּירָה *die Burg Susan* Est. 1, 2. Dan. 8, 2. Neh. 1, 1; aber auch von der *Stadt* selbst Est. 1, 5; vom *Tempel* in Jerusalem 1 Chr. 29, 1. 19.

[בִּירָה] aram. emph. בִּירְתָא *Burg* Esra 6, 2.

[בִּירָנִית] pl. בִּירָנִיּוֹת *Burg, Castell* 2 Chr. 17, 12. 27, 4.

בַּיִת m. (f. nur Spr. 2, 18) cs. בֵּית, He loc. בַּיְתָה, בָּיְתָה, suff. בֵּיתִי, pl. בָּתִּים, cs. בָּתֵּי. 1) *Haus* in weitester Bedeutung, als *Zelt, Hütte, Burg, Tempel*, auch *Nest* einer Motte Hiob 27, 18; eines Vogels Ps. 84, 4; das *Gewebe* einer Spinne Hiob 8, 14. בָּתֵּי־חֹמֶר *Lehmhütten für menschliche Körper* Hiob 4, 19; auch *Behälter* für leblose Gegenstände, wie בָּתִּים לַבְּרִיחִם *Behälter für die Riegel* Ex. 26, 29. 37, 14. בָּתֵּי נֶפֶשׁ *Riechfläschchen* Jes. 3, 20. In weiterer Uebertragung: בֵּית מוֹעֵד *Ort der Zusammenkunft (für alles Lebende)* = *Grab*. בֵּית הַכֶּלֶא oder בֵּית הַסֹּהַר u. dgl. *Gefängniss*. בֵּית עוֹלָמוֹ *sein ewiges Haus* Koh. 12, 5. בֵּית סָאתַיִם *(ein Feld), das zwei* סְאָה *enthält* 1 Kön. 18, 32. Ueberhaupt das *Innere, drinnen*, dah. בַּיְתָה *hinein* Gen. 24, 32. מִבַּיִת Gen. 6, 14 und מִבַּיְתָה 1 Kön. 6, 15 *von innen*. מִבֵּית לְ־ בֵּית־לָהּ *innerhalb ihrer* Ezech. 1, 27. לְמִבֵּית לְ Ex. 26, 33. Num. 18, 7 *innerhalb des*... אֶל מִבֵּית לְ־ 2 Kön. 11, 15 *hinein in die*... 2) *Familie, Angehörige* Gen. 7, 1. 42, 19; daher בֵּית יִשְׂרָאֵל *Haus (Volk) Israel* Ps. 98, 3; *Nachkommenschaft* Deut. 25, 9. 2 Sam. 7, 27. 1 Kön. 11, 38. Rut 4, 11. בֵּית אָב *Stammhaus, Theil eines Stammes* Ex. 12, 3. Num. 1, 4; ferner was zur Familie gehört: *Hausstand, Besitz* Gen. 15, 2. Ex. 1, 21.

Eine Menge geogr. Eigennamen sind mit בֵּית zusammengesetzt (die hier fehlenden s. unter dem zweiten Worte).

בֵּית אָוֶן *(Götzenhaus)* 1) Stadt in Benjamin östlich von Bet-El, bei Michmasch Jos. 7, 2. 18, 12. 1 Sam. 13, 5. 14, 23. 2) = בֵּית־אֵל Hos. 4, 15; vgl. אָוֶן.

בֵּית־אֵל *(Gotteshaus) Bet-El*, alte Königstadt der Kanaaniter, früher Lus genannt, dem Stamme Benjamin zugetheilt Gen. 12, 8. 28, 19. Jos. 16, 1; — n. gent.: בֵּית הָאֱלִי 1 Kön. 16, 34.

בֵּית בִּרְאִי n. pr. Ort in Simeon 1 Chr. 4, 31; wofür Jos. 19, 6: בֵּית לְבָאוֹת.

בֵּית בָּרָה n. pr. Ortschaft am Ufer des Jordan Richt. 7, 24.

בֵּית־גָּדֵר *(Hürdenstadt)* n. pr. Ort in Juda 1 Chr. 2, 51; n. gent. גְּדֵרִי 1 Chr. 27, 28.

בֵּית דָּגוֹן n. pr. Ort in Juda Jos. 15, 41. 2) Ort in Ascher Jos. 19, 27 (aber 1 Sam. 5, 2 heisst es: *Dagontempel*).

בֵּית חוֹרוֹן n. pr. zweier Ortschaften; davon lag *Ober-Betchoron* בֵּית חוֹרוֹן עֶלְיוֹן Jos. 16, 5 im südlichen Theil Efraim's; *Nieder-Betchoron* בֵּית חוֹרוֹן תַּחְתּוֹן Jos. 16, 3. 18, 13 an der Grenze Efraim's und Benjamin's; beide waren Levitenstädte Jos. 21, 22. Von dem ersteren ist der Ausdruck מַעֲלֵה בֵּית חוֹרוֹן Jos. 10, 10, von dem zweiten מוֹרַד בֵּית חוֹרוֹן Jos. 10, 11 (ein Hohlweg), gebräuchlich. Salomo befestigte beide Ortschaften 1 Kön. 9, 17. 2 Chr. 8, 5.

בֵּית לֶחֶם *(Brodhaus)* n. pr. 1) *Betlehem*, Stadt in Juda, Geburtsort David's, zwei Stunden Stunden südlich von Jerusalem (vgl. אֶפְרָת) 1 Sam. 16, 4. 2 Sam. 23, 14. 24; zum Unterschiede von einem gleichnam. Orte: בֵּית לֶחֶם יְהוּדָה Richt. 17, 7. 19, 1. 1 Sam. 17, 12; n. gent. בֵּית הַלַּחְמִי 1 Sam. 16, 1. 2) Stadt in Sebulon Jos. 19, 15.

בֵּית לְעַפְרָה *(Schutt-Ort)* n. pr. Ort in Juda oder Benjamin Micha 1, 10; viell. = עָפְרָה.

בֵּית עֶדֶן *(Ort der Anmuth)* n. pr. syrische Stadt auf dem Libanon Amos 1, 5.

בֵּית עֲנוֹת n. pr. Ort in Juda Jos. 15, 59.

בֵּית־צוּר n. pr. *Bet-Zur*, Stadt im Gebirge Juda Jos. 15, 58. Neh. 3, 16. 2 Chr. 11, 7.

בֵּית־שְׁאָן—בֵּית־שָׁן n. pr. Stadt im Gebiet Manasse Jos. 17, 11. 16. Richt. 1, 27. 1 Sam. 31, 10; später *Scythopolis*.

בֵּית־שֶׁמֶשׁ n. pr. Levitenstadt in Juda an der Grenze gegen Dan (zu welchem Stamme sie 1 Kön. 4, 9, gezählt wird) Jos. 15, 10. 21, 16. 1 Sam. 6, 12. 15. 2 Kön. 14, 11. 1 Chr. 6, 44. 2 Chr. 28, 18.

[בַּיִת] aram. emph. בַּיְתָה—בַּיְתָא, cs. בֵּית, suff. בַּיְתֵהּ, pl. suff. בָּתֵּיכוֹן *Haus, Palast, Tempel* Dan. 2, 5. 5, 3. 23. Esra 5, 3. 12. בֵּית גִּנְזַיָּא *Schatzkammer* Esra 5, 17. בֵּית סִפְרַיָּא *Archiv* Esra 6, 1. בֵּית מִשְׁתְּיָא *Speisesaal* Dan. 5, 10.

בִּיתָן m. cs. בִּיתַן *Palast* Est. 1, 5. 7, 7. 8.

בָּכָא m. pl. בְּכָאִים ein der Balsamstaude ähnlicher Baum, aus welchem man durch Einschnitte Harz gewann 2 Sam. 5, 23. 1 Chr. 14, 14. עֵמֶק הַבָּכָא ist der Name eines Thales bei Jerusalem Ps. 84, 7.

בָּכָה* part. f. בּוֹכִיָּה, fut. אֶבְכֶּה, וַיֵּבְךְּ, וַתֵּבְךְּ, fut. 3 pl. יִבְכָּיוּן—יִבְכּוּ, inf. abs. בָּכֹה—בָּכוֹ *weinen* Gen. 27, 38. 1 Sam. 1, 10. 11, 5. Jes. 33, 7. Zach. 7, 3. Klagel. 1, 2; *beweinen, über ... weinen* mit dem accus. Gen. 23, 2. 37, 35. 50, 3. Lev. 10, 6. Num. 20, 29. Deut. 21, 13. 34, 8; mit לְ Jer. 22, 10. Hiob 30, 25; mit אֶל 2 Sam. 1, 24. Ezech. 27, 31; mit עַל Richt. 11, 37. Klagel. 1, 16 (vgl. בְּכִים).

Piel part. f. מְבַכָּה pl. מְבַכּוֹת *heftig beweinen* mit accus. Ezech. 8, 14; mit עַל Jer. 31, 15.

בֶּכֶה m. *das Weinen* Esra 10, 1.

בְּכוֹר m. (suff. meist ohne ו) pl. cs. בְּכוֹרֵי, fem. בְּכֹרוֹת, suff. בְּכֹורֵיהֶם *der Erstgeborne* Gen. 35, 23. Ps. 135, 8. 136, 10; der weibl. pl. wird meist nur von Thieren gebraucht Gen. 4, 4. Deut. 12, 6. 17. 14, 23; nur Neh. 10, 37 auch von Menschen. Bildlich: *der vorzüglichste (Sohn)*: Ex. 4, 22. Jer. 31, 9. Ps. 89, 28. בְּכוֹר שׁוֹרוֹ Anspielung auf *Efraim*, den mächtigsten Sohn Josef's (des שׁוֹר) Deut. 33, 17. בְּכוֹר מָוֶת *schreckliche Krankheit* Hiob 18, 13. בְּכוֹרֵי דַלִּים *die Elendesten, Aermsten* Jes. 14, 30.

בְּכוֹרָה s. בְּכֹרָה.

[בִּכּוּר] pl. בִּכּוּרִים m. *Erstlinge, erste reife Früchte* Ex. 23, 19; daher *Erstlingsgabe* Lev. 2, 14 und die *Zeit* derselben Num. 28, 26. Neh. 13, 31.

בִּכּוּרָה f. *erste reife Frucht (Feige)* Jes. 28, 4 (wo das Mappik im ה nicht das suff. bezeichnet). Hos. 9, 10. Micha 7, 1.

בְּכוֹרַת n. pr. m. 1 Sam. 9, 1.

בָּכוּת f. *das Weinen* Gen. 35, 8.

בְּכִי m. ps. בֶּכִי, suff. בִּכְיִי 1) *das Weinen* Gen. 45, 2. Deut. 34, 8. 2) *das Tröpfeln* (in Bergwerken) Hiob 28, 11.

בֹּכִים (*Weinende*) n. pr. Ort in der Nähe Gilgal's Richt. 2, 1. 5.

[בְּכִיר] fem. בְּכִירָה *erstgeboren* Gen. 19, 31.

בְּכִית f. *das Weinen* Gen. 50, 4.

[בָּכַר] denom. von בְּכוֹר Piel 1) *als Erstgebornen erklären* Deut. 21, 16. 2) *reife Früchte hervorbringen* Ezech. 47, 12.

Pual *als Erstes geboren werden* Lev. 27, 26. Hifil part. f. מַבְכִּירָה *zum ersten Mal gebären* Jer. 4, 31.

[בֵּכֶר] pl. cs. בִּכְרֵי *junges Kameel* Jes. 60, 6.

בֶּכֶר (*Erstgeborner*) n. pr. 1) Sohn des Benjamin Gen. 46, 21. 2) Sohn Efraim's, und davon n. gent. בַּכְרִי Num. 26, 35.

[בִּכֵּר] adj. f. pl. בַּכֻּרוֹת *frühreif* Jer. 24, 2.

בִּכְרָה f. *Kameelstute* Jer. 2, 23.

בְּכֹרָה f. *Erstgeburt* und das damit verbundene *Recht* Gen. 25, 31. Deut. 21, 17. 1 Chr. 5, 1 (der pl. gehört zu בְּכוֹר).

בֹּכְרוּ n. pr. m. 1 Chr. 8, 38. 9, 44.

בִּכְרִי n. pr. m. 2 Sam. 20, 1.

בָּל aram. m. *Bedacht* Dan. 6, 15.

בַּל (= בְּלִי) m. 1) *Nichts* Ps. 16, 2. 17, 3. 2) *nicht*, nur in der dichterischen Sprache 1 Chr. 16, 30; auch: *damit nicht* Jes. 14, 21. Ps. 10, 18.

בֵּל (verkürzt aus בַּעַל) n. pr. *Bel, Belus*, höchster Gott der Babylonier Jes. 46, 1. Jer. 50, 2. 51, 44.

[בְּלָא]* aram. Pael fut. יְבַלֵּא *bedrücken, betrüben* Dan. 7, 25.

בַּלְאֲדָן n. pr. 1) Vater des babylonischen Königs Merodach-Baladan und 2) Beiname dieses Königs selbst 2 Kön. 20, 12. Jes. 39, 1.

[בָּלַג]* Hif. fut. אַבְלִיגָה part. מַבְלִיג *aufbrechen, hervorgehen lassen* Amos 5, 9. 2) *sich erheitern* Ps. 39, 14. Hiob 9, 27. 10, 20.

בִּלְגָּה — בִּלְגַּי n. pr. m. Neh. 10, 9. 12, 18.

בִּלְדַּד n. pr. einer der drei Freunde Hiob's Hiob 2, 11. 8, 1. 18, 1. 25, 1. 42, 9.

בָּלָה* fut. יִבְלֶה, inf. suff. בְּלֹתִי. 1) *zerfallen, zergehen* Hiob 13, 28; besonders von Kleidungsstücken Deut. 8, 4. Jos. 9, 13. Jes. 51, 6. Ps. 102, 27. 2) *alt werden* Gen. 18, 12; *schwach werden* Ps. 32, 3.

Piel בִּלָּה, fut. יְבַלּוּ, inf. לְבַלּוֹת. 1) *verbrauchen* Jes. 65, 22; *verbringen, hinbringen* (sein Leben) Hiob 21, 13. 2) *aufreiben, verderben* Ps. 49, 15. Klagel. 3, 4. 1 Chr. 17, 9.

בָּלָה n. pr. Stadt in Simeon Jos. 19, 3 = בַּעֲלָה und בִּלְהָה.

[בָּלֶה] adj. pl. בָּלִים, fem. בָּלָה, pl. בָּלוֹת *zerfallend, abgenutzt* Jos. 9, 5. Ezech. 23, 43.

[בָּהַל = בָּלַה] Piel part. pl. מְבַלֲהִים *erschrecken* (trans.) Esra 4, 4 Ktib (vgl. בָּהַל).

בַּלָּהָה f. pl. בַּלָּהוֹת, cs. בַּלְהוֹת *Schrecken* (der pl. wird meist als sing. construirt) Jes. 17, 14. Hiob 18, 11. 24, 17. 27, 20.

בִּלְהָה n. pr. 1) Magd der Rahel und Kebsfrau Jakob's Gen. 29, 29. 30, 3. 2) n. pr. eines Ortes 1 Chr. 4, 29 = בָּלָה und בַּעֲלָה.

בִּלְהָן n. pr. m. Gen. 36, 27. 1 Chr. 1, 41.—7, 10.

בְּלוֹ aram. *Steuer,* wahrsch. *Verzehrungssteuer* Esra 4, 13. 20. 7, 24.

[בְּלוֹי] pl. cs. בְּלוֹיֵ u. בְּלוֹאֵי *altes Zeug, Lumpen* Jer. 38, 11. 12.

בֵּלְטְשַׁאצַּר n. pr., welcher dem Daniel am babylonischen Hofe beigelegt wurde Dan. 1, 7. 2, 26. 4, 5.

· **בְּלִי** (von בָּלָה) m. subst. *das Nichts* Jes. 38, 17; meist aber als Negation (und zwar in dichterischer Sprache für das mehr prosaische לֹא und אַיִן) z. B. בְּלִי־שֵׁם *ruhmlos* Hiob 30, 8. בְּלִי מָשִׁיחַ *ungesalbt* 2 Sam. 1, 21. בְּלִי לְבוּשׁ *unbekleidet* Hiob 24, 10; vor Zeitw.: *nicht* Gen. 31, 20. Hos. 8, 7; mit praep. בִּבְלִי־דַעַת *unversehens* Deut. 4, 42. 19, 4. Hiob 36, 12 oder *unverständig* Hiob 35, 16. לִבְלִי־חֹק *unmässig* Jes. 5, 14. מִבְּלִי *weil nicht* Deut. 9, 28. Jes. 5, 13. Hiob 9, 11; *so dass nicht* Jer. 2, 15. 9, 10. 11. Zef. 3, 6; verstärkt: הֲמִבְּלִי אֵין *etwa, weil es nicht giebt...?* Ex. 14, 11. 2 Kön. 1, 3 (vgl. auch בִּלְתִּי).

בְּלִיל m. *Futterkorn, Futter* Jes. 30, 24. Hiob 6, 5. 24, 6.

בְּלִימָה f. *Nicht-etwas, Nichts* Hiob 26, 7.

בְּלִיַּעַל m. *Nichtswürdigkeit, Schlechtigkeit* Nah. 1, 11; gewöhnlich mit אִישׁ, בַּת, בֵּן (בְּנֵי), אָדָם, דָּבָר *Nichtswürdiger, Nichtswürdiges* Deut. 13, 14. 15, 9. 1 Sam. 25, 17. 2 Sam. 20, 1. Ps. 41, 9; dann auch *Unglück, Leiden* Ps. 18, 5; auch allein: *der Nichtswürdige* 2 Sam. 23, 6. Nah. 2, 1.

בָּלַל* pf. 1. בַּלֹּתִי, part. II בָּלוּל, fut. 1 pl. נָבְלָה (st. נָבֹלָּה) 1) *vermischen, verwirren* Gen. 11, 7. 9, bei Mahlopfern: *eingerührt* Ex. 29, 2. 2) intrans. *übergossen sein* Ps. 92, 11. וַיָּבֶל Richt. 19, 21 ist denom. von בְּלִיל, dah. *Futter schneiden* oder *mengen.*

Hitp. fut. יִתְבּוֹלָל *sich vermischen* Hos. 7, 8.

בָּלַם* inf. בְּלוֹם *binden, zügeln* Ps. 32, 9.

בָּלַס* nur Amos 7, 14: בּוֹלֵס שִׁקְמִים *einer, der Maulbeerfeigen zieht* oder *sammelt.*

בָּלַע* fut. יִבְלַע, suff. תִּבְלָעֵמוֹ—תִּבְלָעֵם infin. לִבְלֹעַ suff. בִּלְעִי *verschlingen, einschlingen* Gen. 41, 7. Ex. 7, 12. 15, 12. Deut. 11, 6. Jona 2, 1; bildlich von dem *unrechtmässig angeeigneten Gut* Hiob 20, 15. 18.

Nif. נִבְלַע *überwältigt sein* Jes. 28, 7. Hos. 8, 8.

Pial בִּלַּע, inf. בַּלַּע, בַּלֵּעַ 1) *gierig einschlingen* Spr. 19, 28; *schnell verhüllen* Num. 4, 20. 2) *vernichten, verderben* Jes. 3, 12. Ps. 32, 25. Spr. 21, 20. Klagel. 2, 16. Koh. 10, 12.

Pual part. pl. מְבֻלָּעִים 1) *verblendet, irre geleitet sein* Jes. 9, 15; *zu Grunde gehen* Hiob 37, 20; unpersönl.: פֶּן־יְבֻלַּע לַמֶּלֶךְ *dass dem Könige kein Verderben zugefügt werde* 2 Sam. 17, 16.

Hitp. fut. הִתְבַּלָּע *vernichtet werden* Ps. 107, 27.

· **בֶּלַע** m. ps. בָּלַע 1) suff. בִּלְעוֹ *Verderben* Ps. 52, 6; *Raub* (*das Verschlungene*) Jer. 51, 44. 2) n. pr. a) König von Edom Gen. 36, 32. 1 Chr. 1, 43. b) Sohn des Benjamin Gen. 46, 21. 1 Chr. 8, 1; davon n. gent. בַּלְעִי Num. 26, 38. c) 1 Chr. 5, 8. d) Stadt im Siddimthale, später צֹעַר Gen. 14, 2. 8.

[בַּלְעֲד] zusammenges. v. בַּל u. עַד nur mit מִן im cs. מִבַּלְעֲדֵי, u. suff. מִבַּלְעָדַי *ausser, ausgenommen* Num. 5, 20. 2 Sam. 22, 32. Jes. 43, 11. 44, 6; *ohne* 2 Kön. 18, 25.

[בִּלְעֲד] wie [בַּלְעַד], nur pl. cs. בִּלְעֲדֵי und suff. בִּלְעָדַי u. s. w. praep. *ohne, ausser* Gen. 41, 44. Jes. 45, 6. בִּלְעָדַי *nichts an mich = ich verlange nichts* Gen. 14, 24; oder = *ich habe damit nichts zu schaffen* Gen. 41, 16. בִּלְעָדַי אֶחֱזֶה *was ich nicht sehe* Hiob 34, 32.

בִּלְעָם n. pr. 1) *Bileam,* der bekannte heidnische Prophet Num. 22, 5. Deut. 23, 5. Jos. 13, 22. Micha 6, 5. 2) Ortsname 1 Chr. 6, 55. = יִבְלְעָם s. d.

בָּלַק* part. suff. בּוֹלְקָהּ *zerstören* Jes. 24, 1.

Pual part. f. מְבֻלָּקָה *zerstört werden* Nah. 2, 11.

בָּלָק (*Zerstörer*) n. pr. *Balak,* König von Moab Num. 22, 2. Jos. 24, 9. Richt. 11, 25. Micha 6, 5.

בֵּלְשַׁאצַּר (בֵּלְאשַׁצַּר) n. pr. *Belsazar,* letzter König der Chaldäer (bei and. Autoren *Nabonel*) Dan. 5, 1. 7, 1.

בִּלְשָׁן n. pr. m. Esra 2, 2. Neh. 7, 7.

[בֶּלֶה] suff. בִּלְתִּי, בִּלְתְּךָ *ausser* 1 Sam. 2, 2. Hos. 13, 4.

בִּלְתִּי (v. בָּלָה, alte Form des cs.) Partikel der Verneinung = בְּלִי a) *nicht* Jes. 10, 4. בִּלְתִּי טָהוֹר *unrein* 1 Sam. 20, 26. בִּלְתִּי סָרָה *unaufhörlich* Jes. 14, 6; *dass nicht* Dan. 11, 18. בִּלְתִּי אִם *ohne dass* Amos 3, 3. 4. עַד־בִּלְתִּי *so dass nicht* Num. 21, 35. Jos. 11, 8. b) *nur* Gen. 21, 26; verstärkt: בִּלְתִּי אִם Gen. 47, 18; *ausser* Jos. 11, 19. c) לְבִלְתִּי fast immer vor dem inf. *dass nicht* Gen. 3, 11. Ex. 8, 18; *damit nicht* Gen. 4, 15; selten vor dem verb. finitum: *dass nicht, so dass nicht* Jer. 23, 14. 27, 18; *ohne dass* Ezech. 13, 3.

***בָּמָה** f. mit He loc. הַבָּמָתָה, pl. בָּמוֹת, cs. בָּמוֹת und בָּמֳתֵי, suff. בָּמוֹתֵי, בָּמוֹתֵמוֹ—בָּמוֹתָם. 1) *Höhe, Anhöhe, Hügel* 2 Sam. 1, 19. 25. בָּמוֹת יַעַר *waldige, unangebaute Höhen* Jer. 26, 18. Micha 3, 12. בָּמוֹת עוֹלָם *ewige Höhen* Ezech. 36, 2 d. h. *die Höhen des heiligen Landes.* בָּמוֹת אַרְנֹן *die hohen Ufer des Arnon* Num. 21, 28; bildlich wird der pl. für *Höhe der Macht* und dgl. gebraucht Deut. 32, 13. 33, 29. 2 Sam. 22, 34. Amos 4, 13. Mich. 1, 3. Hiob 3, 19; ferner בָּמֳתֵי עָב *Wolkenhöhen* Jes. 14, 14. בָּמֳתֵי־יָם *Meereshöhen, hohe Wellen* Hiob 9, 8. 2) *Grabhügel* Ezech. 43, 7. 3) *Höhe* als *Opferstätte*; auf solchen wurden auch nach der Erbauung des Tempels, selbst von gottesfürchtigen Königen Altäre errichtet, geopfert und geräuchert, daher בֵּית בָּמוֹת *Höhentempel, Kapelle* 1 Kön. 12, 31. 2 Kön. 17, 29. 32; oder auch die der Astarte geweiheten, aus bunten Zeugen und Kleidern verfertigten *Zelttempelchen* Ezech. 16, 16; daher בָּמוֹת überhaupt für *Götzendienst* Micha 1, 5. 4) בָּמוֹת בַּעַל n. pr. einer moabitischen Stadt am Arnon Num. 22, 41. Jos. 13, 17; vielleicht identisch mit בָּמוֹת Num. 21, 19.

בִּמְהָל n. pr. m. 1 Chr. 7, 33.

בְּמוֹ = בְּ s. d.

בָּמוֹת n. pr. s. בָּמָה.

***בֵּן** m. cs. בֶּן־, zuw. בִּן (Deut. 25, 2. Jona 4, 10. Spr. 30, 1 und immer vor dem n. pr. נוּן), dicht. בְּנִי (Gen. 49, 11) oder בְּנוֹ (Num. 24, 3. 15); suff. בְּנִי, בִּנְךָ, בִּנְכֶם, pl. בָּנִים, cs. בְּנֵי, suff. בָּנַי, בְּנֵיכֶם *Kind, Sohn* Gen. 3, 16. 21, 7. Jes. 49, 15. Spr. 7, 7; überhaupt *Nachkommen,* besonders bei Völkernamen, wie בְּנֵי יִשְׂרָאֵל *Israeliten*, aber auch bei einzelnen Familien; *Enkel, Abkömmling* Gen. 29, 5. 32, 1. In ferneren Uebertragungen: *Zögling, Schüler,* wie בְּנֵי נְבִיאִים, *Prophetenschüler* 1 Kön. 20, 35; *Liebling* Ps. 2, 7; *Bewohner* eines Ortes. בְּנֵי צִיּוֹן *Söhne Zion's* Ps. 149, 2; ferner bei Thieren, um das jugendliche Alter anzu zeigen בֶּן־יוֹנָה Lev. 12, 6 *junge Taube,* בְּנֵי אֲתֹנוֹ *sein Eselfüllen* Gen. 49, 11. בְּנֵי עֹרֵב *junge Raben* Ps. 147, 9. בְּנֵי נֶשֶׁר *junge Adler* Spr. 30, 17; auch von Pflanzen Gen. 49, 22. Ps. 80, 16. In Verbindung mit Zeitbestimmungen drückt בֵּן das *Alter* aus בֶּן־מֵאָה שָׁנָה *hundert Jahr alt* Gen. 21, 5; mit andern Abstracten die *Eigenschaft:* בֶּן־עַוְלָה *Frevler* Ps. 89, 23. בֶּן־שֶׁמֶן *fett* Jes. 5, 1. בְּנֵי תְמוּתָה *Sterbliche* Ps. 79, 11. 102, 21; בֶּן־מָוֶת *dem Tode verfallen* 1 Sam. 20, 31. 26, 16. בֶּן־זְקֻנִים *ein dem Greise geborner Sohn* Gen. 37, 3 u. s. w.

בַּר aram. pl. בְּנֵי, suff. בְּנוֹהִי, בְּנֵיהוֹן *Sohn* Dan. 2, 25. 6, 25. Esra 6, 9.

בֵּן n. pr. levitischer Sänger 1 Chr. 15, 18.

בֶּן־אֲבִינָדָב n. pr. m. 1 Kön. 4, 11.

בֶּן־אוֹנִי (*Sohn meines Schmerzes*) n. pr. m. Gen. 35, 18.

בֶּן־גֶּבֶר (*Heldensohn*) n. pr. m. 1 Kön. 4, 13.

בֶּן־דֶּקֶר (*Durchbohrer*) n. pr. m. 1 Kön. 4, 9.

בֶּן־הֲדַד n. pr. mehrer syrischer Könige 1) 1 Kön. 15, 18. 2 Chr. 16, 2. 2) 1 Kön. 20, 1. 2 Kön. 6, 24. 8, 7. 3) 2 Kön. 13, 3.

בֶּן־הִנֹּם n. pr. m. Jer. 7, 31. 32. 19, 2. 6. 32, 35. בְּנֵי הִנֹּם 2 Kön 23, 10 Ktib; vgl. הִנֹּם.

בֶּן־חוּר (*Freier*) n. pr. m. 1 Kön. 4, 8.

בֶּן־חַיִל (*Tapferer*) n. pr. m. 2 Chr. 17, 7.

בֶּן־חָנָן (*Gütiger*) n. pr. m. 1 Chr. 4, 20.

בֶּן־חֶסֶד (*Gütiger*) n. pr. m. 1 Kön. 4, 10.

בִּנְיָמִין n. pr. 1) jüngster Sohn Jakob's 1 Sam. 9, 1 Ktib s. בִּנְיָמִין. 2) (בִּנְיָמִן) 1 Chr. 7, 10. 3) Esra 10, 32. Neh. 3, 23.

בְּנָא aram. s. בָּנָה.

***בָּנָה** fut. יִבְנֶה, וַיִּבֶן 1) *bauen* Deut. 27, 5; *aufrichten* (einen Altar) Gen. 8, 20; *zurichten, fertigen* Gen. 2, 22; dabei wird gewöhnl. das Werk und der Stoff mit dem acc. bezeichnet אֲבָנִים שְׁלֵמוֹת תִּבְנֶה אֶת־מִזְבַּח *aus ganzen*

Steinen sollst du bauen den Altar Deut. 27, 6; selten der Stoff mit בְּ 1 Kön. 15, 22. 2) *bebauen*, einen Ort 1 Kön. 16, 24; *umbauen, mit einem Bau umgeben*, mit עַל Klagel. 3, 5; *an etwas bauen* mit בְּ Zach. 6, 15. 3) *wieder aufbauen, ausbauen, befestigen* Jos. 6, 26. 1 Kön. 15, 17. 2 Kön. 14, 22. Amos 9, 11. 2 Chr. 11, 6. 4) bildlich: *ein Haus* (d. h. *Nachkommenschaft*) *gründen* 1 Sam. 2, 35; *den Thron* (*die Herrschaft*) *aufrichten* Ps. 89, 5. וּבְנִיתִים *ich werde sie aufbauen*, d. h. *ihnen Bestand verleihen* Jer. 24, 6. 31, 4. Ps. 28, 5.

Nif. נִבְנָה 1) passiv der Bedeutungen des Kal: *gebaut, aufgebaut, begründet werden* 1 Kön. 3, 2. Jer. 31, 4. Mal. 3, 15. 2) denom. von בֵּן *mit Kindern bedacht werden* Gen. 16, 2. 30, 3.

בְּנָה aram. pf. 3 p. suff. בְּנָהִי, 1 p. suff. בְּנַיְתַהּ, 3 p. pl. בְּנוֹ, part. pl. בָּנַיִן, pass. בְּנֵה, inf. לְמִבְנְיָה—לְמִבְנֵא—לְבְנֵא, fut. 3 pl. יִבְנוֹן *bauen* Dan. 4, 27. Esra 4, 12. 5, 2. 3. 9. 11. 6, 7. 14.

Itp. fut. יִתְבְּנֵא, part. מִתְבְּנֵא *gebaut werden* Esra 2, 8. 15.

בָּנּוּי n. pr. mehrer Personen in Esra (8, 33. 10, 30. 38) und Nehem. (3, 24. 10, 10. 12, 8). בִּנּוּי Neh. 7, 15 = בָּנִי Esra 2, 10.

בָּנִי n. pr. 1) einer der Helden David's 2 Sam. 23, 36. 2) Esra 2, 10 = בִּנּוּי Neh. 7, 15. 3) Levite aus der Familie Merari 1 Chr. 6, 31. 4) Nachkomme des Perez 1 Chr. 9, 4 Kri. 5) Esra 10, 29.—34.—38. Neh. 3, 17.—9, 4. 5.

בֻּנִּי n. pr. m. 1) Neh. 9, 4.—10, 16.

בְּנֵי בְרַק n. pr. Ort in Dan Jos. 19, 45.

בְּנֵי יַעֲקָן s. בְּאֵרוֹת.

בְּנָיָה (*Gott erbaut*) n. pr. m. 1) Esra 10, 25. 2) 1 Chr. 4, 36. 3) 2 Chr. 20, 14; vgl. auch בְּנָיָהוּ

בִּנְיָה f. *Gebäude* Ezech. 41, 13.

בְּנָיָהוּ n. pr. 1) Oberster der Leibwache David's 2 Sam. 8, 18. 23, 20; auch בְּנָיָה genannt 2 Sam. 20, 23. 2) einer der Helden David's 2 Sam. 23, 30. 1 Chr. 11, 31. 3) mehre andere Personen Ezech. 11, 1. 13. — 1 Chr. 15, 24. 16, 5. — 27, 34. — 2 Chr. 31, 13.

בָּנִים s. בֵּן.

בִּנְיָמִן—בִּנְיָמִין (*Sohn des Glücks*) n. pr. 1) *Benjamin*, jüngster Sohn Jakob's Gen. 35, 18; der nach ihm benannte Stamm hatte seinen Wohnsitz im mittleren Theile Palästina's, zwischen Juda und Efraim; n. gent. בֶּן־יְמִינִי 1 Sam. 9, 21; אִישׁ יְמִינִי Est. 2, 5; pl. בְּנֵי יְמִינִי *Benjaminiten* Richt. 19, 16. אֶרֶץ־יְמִינִי *das Land Benjamin* 1 Sam. 9, 4. 2) 1 Chr. 9, 4 (Ktib). 7.

בִּנְיָן m. *Bau, Gebäude* Ezech. 40, 5; ein besonderer *Anbau* am Tempel Ezech. 42, 10.

בִּנְיָן aram. emph. בִּנְיָנָא *Bau* Esra 5, 4.

בְּנִינוּ n. pr. m. Neh. 10, 14.

בְּנַס* aram. *zürnen* Dan. 2, 12.

בִּנְעָא—בִּנְעָה n. pr. m. 1 Chr. 8, 37. 9, 43.

בְּסוֹדְיָה (*im Rathe Gottes*) n. pr. m. Neh. 3, 6.

בֵּסַי n. pr. m. Esra 2, 49.

בָּסַס s. בּוּס.

[בֹּסֶר] m. suff. בִּסְרוֹ *unreife Traube* Hiob 15, 33.

בֹּסֶר m. *unreife Traube* Jes. 18, 5. Ezech. 18, 2.

בְּעָא* aram. pf. 3 pl. בְּעוֹ, inf. לְמִבְעֵא, fut. יִבְעֵא ,יִבְעוֹן, part. בָּעֵא, suff. בְּעֵינָא, pl. בָּעַיִן. 1) *suchen* mit accus. Dan. 2, 13. 6, 5; mit לְ Dan. 4, 33. 2) *bitten, begehren*; mit מִן Dan. 2, 16. 23. 7, 16; mit מִן־קֳדָם Dan. 2, 18; *beten* Dan. 6, 8. 12.

בַּעַד u. **בְּעַד** (viell. zusammengesetzt aus בְּ und עַד) praep. suff. בַּעֲדִי (בַּעֲדֵנִי) Ps. 139, 11), בַּעֲדֵנוּ (בַּעֲדֵינוּ Amos 9, 10) 1) *bei, neben, an* 1 Sam. 4, 18; gewöhnlich aber *durch, hindurch* wie בְּעַד הַחַלּוֹן *durch das Fenster* Gen. 26, 8. Jos. 2, 15. Richt. 5, 28. Joel 2, 9. בְּעַד הַחוֹמָה *durch* die (Schiesslöcher der) *Mauer* 2 Sam. 20, 21. 2) *um . . . herum*, besonders bei den Zeitwörtern des Umgebens, Umschliessens, Einschliessens z. B. Richt. 3, 22: *das Fett umschloss* בְּעַד הַלַּהַב *die Klinge*; daher סָגַר בְּעַד *hinter Jemandem zuschliessen* Gen. 7, 16. Richt. 3, 23; ähnliche Wendungen: Gen. 20, 18. Zach. 12, 8. Ps. 3, 4. Hiob 1, 10. 3, 23. 9, 7. Klagel. 3, 7; auch *sich einschliessen* Richt. 9, 51. 2 Kön. 4, 4. 3) mit der Bedeutung des Schutzes hängt zusammen: *für*, bei Zeitwörtern des Bittens, Fürbittens, Sühnens u. dgl. וְכִפֶּר בַּעֲדוֹ וּבְעַד בֵּיתוֹ *er sühne für sich und für sein Haus* Lev. 16, 11. So auch Gen. 20, 7. Ex. 8, 24. 32, 30. 1 Sam. 7, 9. 2 Sam. 10, 12. 12, 16. Jer. 21, 2. Spr. 20, 16. Hiob 2, 4. 6, 22. 42, 8. עוֹר בְּעַד עוֹר *Haut um Haut* (man opfert einen Theil, um das Ganze zu erhalten) Hiob 2, 4; ähnlich Spr. 6, 26: *für ein buhlerisches Weib* (*giebst du Alles*) *bis zum Laib Brod hin.*

*בָּעָה fut. 3 sg. f. תִּבְעֶה, pl. 2. תִּבְעָיוּן, imp. pl. בְּעָיוּ. 1) *bitten, begehren* Jes. 21, 12. 2) *aufwallen machen* Jes. 64, 1.

Nifal part. נִבְעֶה 1) *durchsucht werden* Obadj. 1, 6. 2) *hervorragen* Jes. 30, 13.

בְּעָה s. בְּעָא.

בָּעוּ f. aram. suff. בָּעוּתֵהּ *Gebet* Dan. 6, 8. 14.

בְּעוֹר (*Hirt*) n. pr. 1) Vater des Bileam Num. 22, 5. 2) Gen. 36, 32. 1 Chr. 1, 43.

[בִּעוּת] pl. בִּעוּתִים *Schrecknisse* Ps. 88, 17. Hiob 6, 4.

בֹּעַז n. pr. 1) **Boas**, Verwandter und Ehemann der Rut Rut 2, 1. 2) Name einer Säule am Salomon. Tempel 1 Kön. 7, 21.

*בָּעַט fut. יִבְעַט *ausschlagen* (mit den Füssen, von einem Thiere) Deut. 32, 15; daher *geringschätzig behandeln* mit בְּ 1 Sam. 2, 29.

בְּעִי m. *Bitte, Gebet* Hiob 30, 24 (vgl. בִּי).

בְּעִיר m. suff. בְּעִירְהֶם *Vieh* Gen. 45, 17. Ex. 22, 4. Num. 20, 4. 8. 11. Ps. 78, 48.

*בָּעַל pf. suff. בְּעָלוּנוּ, fut. יִבְעַל 1) *beherrschen* mit accus. Jes. 26, 13; mit לְ 1 Chr. 4, 22. 2) *ehelichen, heirathen* Deut. 21, 13. 24, 1. Jes. 62, 5. Mal. 2, 11; בֹּעֲלַיִךְ *dein Eheherr* Jes. 54, 5; בְּעוּלָה Jes. 54, 1. 62, 4 u. vollst. בְּעֻלַת בַּעַל Gen. 20, 3. Deut. 22, 22 *eine verheirathete Frau*. 3) Nebenform von בָּחַל *verschmähen* mit בְּ Jer. 3, 14. 31, 32.

Nifal *geehelicht werden* Jes. 62, 4. Spr. 30, 23.

בַּעַל suff. בַּעְלִי, pl. בְּעָלִים, cs. בַּעֲלֵי, suff. בְּעָלָיו, בְּעָלֶיהָ (mit singul. Bedeutung), בַּעֲלֵיהֶן (plur.) 1) ***Herr, Besitzer*** Ex. 21, 29. 34. 36. 22, 7. 10. 11. 13. Jes. 1, 3. בַּעֲלֵי גוֹיִם *Herren, Beherrscher der Völker* Jes. 16, 8; daher a) *Eheherr, Gemahl* Ex. 21, 3. Deut. 22, 22. Hos. 2, 18. Spr. 12, 4. b) *Bewohner* einer Stadt (wie אַנְשֵׁי und בְּנֵי) Jos. 24, 11. Richt. 9, 2. 47. 51. 2 Sam. 21, 12. c) in Verbindung mit vielen Hauptw. die nähere Beziehung dazu; z. B. בַּעֲלֵי בְרִית *Bundesgenossen* Gen. 14, 13. בַּעַל הַחֲלֹמוֹת *der Träumer* Gen. 37, 19. בַּעֲלֵי חִצִּים *Pfeilschützen* Gen. 49, 23. מִבְּעָלָיו *demjenigen, dem es gebührt* Spr. 3, 27; *die Bosheit rettet nicht* אֶת־בְּעָלָיו *den der sie übt* Koh. 8, 8. בַּעַל דְּבָרִים *der eine Rechtssache hat* Ex. 24, 14. 2) Name eines phönizischen Gottes *Baal* (bei den Babyloniern בֵּל) auch im pl. בְּעָלִים, und zwar unter verschiedenen Namen: בַּעַל בְּרִית (*Bundesbaal*) Richt. 8, 33. 9, 46. בַּעַל זְבוּב (*Abwehrer des Ungeziefers*) *Beelzebub*, zu Ekron in Philistäa 2 Kön. 1, 2. בַּעַל פְּעוֹר (*Baal der Entblössung*) Num. 25, 3. 5. Ps. 106, 28. 3) eine Menge geographischer Namen sind Zusammensetzungen mit בַּעַל (als ehemalige Cultusstätten des Baal); sie sind unter dem *zweiten* Worte der Zusammensetz. zu finden (vgl. בָּמָה, בַּעֲלָה). 4) בַּעַל חָנָן n. pr. a) Name eines edomitischen Königs Gen. 36, 38. 1 Chr. 1, 49. b) 1 Chr. 27, 28.

בְּעֵל m. aram. *Herr;* בְּעֵל טְעֵם *Rathgeber* Esra 4, 8. 9, 17.

בַּעֲלָה f. 1) cs. בַּעֲלַת *Herrin, Besitzerin;* בַּעֲלַת הַבַּיִת *Hausherrin* 1 Kön. 17, 17. בַּעֲלַת כְּשָׁפִים *Zauberin* Nah. 3, 4. בַּעֲלַת־אוֹב *Todtenbeschwörerin* 1 Sam. 28, 7. 2) n. pr. a) Stadt im Süden Juda's (Simeon) Jos. 15, 29 = בָּלָה und בִּלְהָה s. d. b) Ort an der Nordgrenze Juda's Jos. 15, 9. 10. 1 Chr. 13, 6; sonst auch קִרְיַת בַּעַל Jos. 15, 60 und קִרְיַת יְעָרִים Jos. 15, 9. 1 Chr. 13, 6. Dabei lag ein Berg, הַר־הַבַּעֲלָה Jos. 15, 11. c) בַּעֲלַת בְּאֵר Ortschaft in Simeon Jos. 19, 8 = בַּעַל 1 Chr. 4, 33.

בְּעָלוֹת n. pr. Ort im Süden Juda's Jos. 15, 24.

בְּעֶלְיָדָע (*Baal weiss*) n. pr. Sohn David's 1 Chr. 14, 7 = אֶלְיָדָע 2 Sam. 5, 16.

בְּעַלְיָה (*Gott ist Herr*) n. pr. m. 1 Chr. 12, 5.

בַּעֲלִיס n. pr. König der Ammoniter Jer. 40, 14.

בַּעֲלָת n. pr. Ortschaft in Dan Jos. 19, 44. 1 Kön. 9, 18. 2 Chr. 8, 6.

בְּעֹן n. pr. Ort in Moab Num. 32, 3 = בַּעַל מְעוֹן Num. 32, 38 = בֵּית מְעוֹן Jer. 48, 23 = בֵּית בַּעַל מְעוֹן Jos. 13, 17.

בַּעֲנָא n. pr. m. 1) 1 Kön. 4, 12—16. 2) Neh. 3, 4.

בַּעֲנָה n. pr. m. 2 Sam. 4, 2. — 23, 29. 1 Chr. 11, 30 und einiger anderer Personen in Esra (2, 2) und Nehem. (7, 7. 10, 28).

*בָּעַר fut. יִבְעַר 1) *brennen* wozu אֵשׁ (oder ein ähnliches Wort) als Subject, gew. mit בְּ. וַתִּבְעַר בָּם אֵשׁ *es brannte an ihnen ein Feuer* Num. 11, 1. 3. Jes. 42, 25. 43, 2. Jer. 44, 6. Ps. 106, 18. Hiob 1, 16. Klagel. 2, 3; selten mit accus. Ps. 83, 15. 2) *brennen, verbrennen* (wozu die verbrennende Sache Subject ist). מַדּוּעַ לֹא־יִבְעַר הַסְּנֶה *warum verbrennt nicht der Dornbusch?* Ex. 3, 3; häufig mit dem Zusatz בָּאֵשׁ *im Feuer*. 3) (denom. von בַּעַר) *dumm sein* Jer. 10, 8. Ps. 94, 8.

Nifal (wie Kal Nr. 3) *verdummt sein* Jes. 19, 11. Jer. 10, 14. 21.

Piel בִּעֵר, fut. יְבַעֵר, inf. בַּעֵר—בָּעֵר 1) *brennen lassen, anzünden*, z. B. das Feuer Ex. 35, 3. Ezech. 21, 4; das Holz Lev. 6, 5; Fackeln Jes. 15, 11. לְבָעֵר *zum Brennen* Neh. 10, 35; dichterisch bloss בַּעֵר Jes. 40, 16. 2) *hinwegschaffen* Deut. 13, 6. 26, 13. Richt. 20, 13; mit אַחֲרֵי 1 Kön. 14, 10. 21, 21. 3) (denom. von בְּעִיר) *weiden lassen* Ex. 22, 4; *abweiden lassen* Jes. 3, 14. 5, 5.

Pual part. f. מְבֹעֶרֶת *angezündet werden* Jer. 36, 22.

Hif. הִבְעַרְתִּי, fut. יַבְעֵר—וַיַּבְעֵר 1) *anzünden* Ex. 22, 5. Richt. 15, 5; *verbrennen* Nah. 2, 14. 2 Chr. 28, 3. 2) *hinwegschaffen* mit אַחֲרֵי 1 Kön. 16, 3. 3) *abweiden lassen* Ex. 22, 4.

בַּעַר m. (von בְּעִיר) *unvernünftig, dumm* Ps. 49, 11. 73, 22. 92, 7. Spr. 12, 1. 30, 2.

בַּעְרָא n. pr. m. 1 Chr. 8, 8.

בְּעֵרָה f. *Brand* Ex. 22, 5.

בַּעֲשֵׂיָה (st. מַעֲשֵׂיָה *That Gottes*) n. pr. m. 1 Chr. 6, 25.

בַּעְשָׁא n. pr. *Bascha, Baësa*, König v. Israel 1 Kön. 15, 16. 2 Chr. 16, 1.

בְּעֶשְׁתְּרָה n. pr. Levitenstadt in Ostmanasse Jos. 21, 27 = עַשְׁתָּרוֹת 1 Chr. 6, 56.

*[בָּעַת] Nifal נִבְעַת, 1 ps. נִבְעַתִּי *in Schrecken gerathen, erschrecken* Est. 7, 6. Dan. 8, 17. 1 Chr. 21, 30.

Piel pf. 3 sg. f. suff. בִּעֲתַתּוּ, בִּעֲתַתְנִי, 3 pl. suff. בִּעֲתֻהוּ, fut. תְּבַעֵת, part. f. מְבַעַתֶּךָ *in Schrecken setzen, erschrecken* 1 Sam. 16, 14. 15. Jes. 21, 4. Hiob 13, 11. 18, 11.

בְּעָתָה f. *Schrecken* Jer. 8, 15. 14, 19.

בֹּץ (v. בָּצַץ) m. *Schlamm* Jer. 38, 22.

בִּצָּה (v. בָּצַץ) f. pl. suff. בִּצֹּאתָו *Sumpf, Schlamm* Ezech. 47, 11. Hiob 8, 11. 40, 21.

בֵּצַי n. pr. m. Esra 2, 17. Neh. 7, 23. 10, 19.

בָּצִיר m. cs. בְּצִיר 1) *Weinlese* Lev. 26, 5. Richt. 8, 2. 2) = בָּצוּר *befestigt* Zach. 11, 2 Kri.

[בָּצָל] m. בְּצָלִים *Zwiebel* Num. 11, 5.

בְּצַלְאֵל (*im Schutze Gottes*) n. pr. 1) Werkmeister beim Bau der Stiftshütte Ex. 31, 2. 35, 30. 2 Chr. 1, 5. 2) Esra 10, 30.

בַּצְלִית—בַּצְלוּת n. pr. m. Esra 2, 52. Neh. 7, 34.

*בָּצַע fut. יִבְצַע, inf. בְּצֹעַ, imp. suff. בִּצְעֵם (= בְּצָעֵם) 1) *abbrechen* Amos 9, 1; den Weg Joel 2, 8. 2) *abreissen, berauben, unrechtmässiges Gut sich aneignen* Ps. 10, 3. Hiob 27, 8; häufig בּוֹצֵעַ בֶּצַע *Betrüger, Räuber* Jer. 6, 13. 8, 10. Hab. 2, 9. Spr. 1, 19. 15, 27.

Piel pf. בִּצַּע, fut. יְבַצַּע 1) *abschneiden* (den Faden) Jes. 38, 12. 2) *ein Ende machen* mit etwas (accus.) Hiob 6, 9; überh. *vollenden, voll bringen* Jes. 10, 12. Zach. 4, 9. Klagel. 2, 17.

בֶּצַע m. ps. בָּצַע suff. בִּצְעוֹ *unrechtmässiger Gewinn, Raub* 1 Sam. 8, 3. Jes. 33, 15. 56, 11. 57, 17; überhaupt: *Gewinn, Ertrag* Gen. 37, 26. Richt. 5, 19. Ps. 30, 10.

*בָּצֵק *anschwellen* Deut. 8, 4. Neh. 9, 21.

בָּצֵק m. suff. בְּצֵקוֹ *Teig* Ex. 12, 34. 39. 2 Sam. 13, 8. Hos. 7, 4.

בָּצְקַת n. pr. Ort in Juda Jos. 15, 39. 2 Kön. 22, 1.

*בָּצַר fut. יִבְצֹר *abschneiden*, fast immer vom Abschneiden der Trauben Lev. 25, 5. 11; mit כֶּרֶם im accus. *Weinlese halten im Weinberg* Deut. 24, 21. Richt. 9, 27; daher part. בֹּצֵר *Winzer* Jer. 6, 9. 49, 9. Obad. 1, 5; bildlich: *abmühen* (den Trotz der Gewaltigen) Ps. 76, 13; part. II. בָּצוּר f. בְּצוּרָה eig. *abgeschnitten, unzugänglich*, daher: *fest, befestigt* Num. 13, 28. Deut. 3, 5. Jes. 2, 15; bildlich: בְּצֻרוֹת *Unbegreifliches, Grossartiges* Jer. 33, 3.

Nif. fut. יִבָּצֵר *versagt sein* Gen. 11, 6. Hiob 42, 2.

Piel fut. תְּבַצֵּר *befestigen* Jes. 22, 10. Jer. 51, 53.

בֶּצֶר 1) m. pl. suff. בְּצָרֶיךָ *Golderz* Hiob 22, 24. 25. 2) n. pr. a) Freistadt in Ruben Deut. 4, 43. 1 Chr. 6, 63. b) m. 1 Chr. 7, 37.

בְּצַר m. *Golderz, Gold* Hiob 36, 19.

בָּצְרָה 1) f. *abgeschlossener Raum, Schafhürde* Micha 2, 12. 2) n. pr. a) Hauptstadt der Edomiter Gen. 36, 33. Jes. 34, 6. 63, 1. b) Stadt in Moab Jer. 48, 24.

בַּצָּרָה f. pl. בַּצָּרוֹת *Ausbleiben des Regens, Dürre* Jer. 14, 1. Ps. 9, 10. 10, 1.

בִּצָּרוֹן m. *Festigkeit, Vertrauen* Zach. 9, 12.

בַּצֹּרֶת f. *Ausbleiben des Regens, Dürre* Jer. 17, 8.

בַּקְבֻּק (v. בָּקַק) 1) m. *Krug* 1 Kön. 14, 3. Jer. 19, 1. 10. 2) (בַּקְבּוּק) n. pr. Esra 2, 51. Neh. 7, 53.

בַּקְבֻּקְיָה n. pr. m. Neh. 11, 17. 12, 9. 25.

בַּקְבַּקַּר n. pr. m. 1 Chr. 9, 15.

בֻּקִּי (verkürzt aus בֻּקִּיָּהוּ) n. pr. 1) Stammesfürst in Dan Num. 34, 22. 2) ein Hohepriester Esra 7, 4. 1 Chr. 5, 31. 6, 36.

בֻּקִּיָּהוּ n. pr. m. 1 Chr. 25, 4. 13.

[בְּקִיעַ] m. pl. בְּקִעִים, cs. בְּקִיעֵי *Mauerriss, Bresche* Jes. 22, 9. Amos 6, 11.

***בָּקַע** fut. יִבְקַע, inf. suff. בָּקְעָם, imp. suff. בְּקָעֻהוּ 1) *einschneiden* mit בְּ Ps. 141, 7; *einbrechen* (in ein feindliches Lager) 2 Sam. 23, 16. 1 Chr. 11, 18: mit accus. in eine Festung = *sie erobern* 2 Chr. 32, 1; in ein Land 2 Chr. 21, 17; gewöhnl. *spalten* mit accus. Ex. 14, 16. Richt. 15, 19. Jes. 48, 21. 63, 12. Ps. 78, 13. Koh. 10, 9; *aufschneiden* Amos 1, 13. 2) *durch einen Riss etwas hervorbrechen lassen* Ps. 74, 15; daher: *ausbrüten* Jes. 34, 15.

Nifal fut. יִבָּקַע 1) *erobert werden* 2 Kön. 25, 4. Ezech. 30, 16; *gespalten* (*zerschmettert*) *werden* 2 Chr. 25, 12; *sich spalten* Ex. 14, 21. Num. 16, 31. Zach. 14, 4; *bersten, platzen* Hiob 26, 8. 32, 19; bildlich: von der *Erderschütterung* durch einen grossen Lärm 1 Kön. 1, 40. 2) *hervorbrechen, hervorkommen* (in Folge eines Risses) Gen. 7, 11. Jes. 35, 6. 58, 8. 59, 5. Spr. 3, 20.

Piel pf. בִּקַּע, fut. יְבַקַּע 1) *zerspalten* Gen. 22, 3. 1 Sam. 6, 14. Ps. 78, 15; *aufschneiden* 2 Kön. 8, 12. 15, 16; *zerfleischen* 2 Kön. 2, 24. Hos. 13, 8; *zerstörend wirken* Ezech. 13, 11. 2) *hervorbrechen lassen* Ezech. 13, 13. Hab. 3, 9. Hiob 28, 10; *ausbrüten* Jes. 59, 5.

Pual part. f. מְבֻקָּעָה *bersten* Jos. 9, 4; *erobert* — Ezech. 26, 10; *aufgeschnitten werden* Hos. 14, 1.

Hif. inf. לְהַבְקִיעַ, fut. suff. נַבְקִעֶנָּה *erobern* Jes. 7, 6; *durchbrechen, sich durchschlagen* 2 Kön. 3, 26.

Hof. pf. f. הָבְקְעָה *erobert werden* Jer. 39, 2.

Hitp. fut. pl. יִתְבַּקָּעוּ *sich spalten* Mich. 1, 4; *bersten* Jos. 9, 13.

בֶּקַע m. *halber Schekel* Gen. 24, 22. Ex. 38, 26.

בִּקְעָה f. cs. בִּקְעַת, pl. בְּקָעוֹת *Einschnitt* (zwischen Bergen), *Thal* Deut. 8, 7. 11, 11; überhaupt. *Ebene* Gen. 11, 2; oft bei geographischen Angaben, z. B. die Ebene von Jericho Deut. 34, 3; von Megiddo Zach. 12, 11. 2 Chr. 35, 22. בִּקְעַת הַלְּבָנוֹן die Thalsenkung zwischen Antilibanon und Hermon in der Nähe der Jordansquellen Jos. 11, 17. 12, 7.

[בִּקְעָה] aram. f. cs. בִּקְעַת *Thal* Dan. 3, 1.

***בָּקַק** pf. בַּקֹּתִי, 3 pl. suff. בְּקָקוּם *ausleeren, entvölkern, verwüsten* Jes. 24, 1. Nah. 2, 3; bildlich: *den Rath leer machen = Jemandem die Urtheilskraft benehmen* Jer. 19, 7; part. בּוֹקֵק *leer* Hos. 10, 1.

Nifal pf. 3 f. נָבֹקָּה (= נָבְקָה), fut. 3 f. תִּבּוֹק, inf. הִבּוֹק *ausgeleert werden* Jes. 19, 3. 24, 3.

Polel fut. יְבֹקְקוּ *entvölkern* Jer. 51, 2.

[בָּקַר] part. בּוֹקֵר (denom. von בָּקָר) *Rinderhirt* Amos 7, 14.

Piel fut. אֲבַקֵּר *untersuchen, nach etwas suchen*, mit dem accus. Ezech. 34, 11. 12. Spr. 20, 25; mit לְ Lev. 13, 36; mit בֵּין־לְ Lev. 27, 33; *aufsuchen* Ps. 27, 4. יִהְיֶה־לִּי לְבַקֵּר *wird mir sein zu erwägen = darüber werde ich mich noch entschliessen* 2 Kön. 16, 15.

[בְּקַר] aram. Pael pf. 3 pl. בַּקַּרוּ, inf. בַּקָּרָה, fut. יְבַקַּר *nachsuchen* Esra 4, 15. 19. 6, 1. 7, 14.

Itpael fut. יִתְבַּקַּר *nachgesucht werden* Esra 5, 17.

בָּקָר m. u. f. cs. בְּקַר, suff. בְּקָרְךָ, בְּקַרְכֶם, pl. בְּקָרִים *Rindvieh*, gew. collect. für *Ochs und Kuh*, daher mit dem plur. 2 Sam. 6, 6 und als plur. von שׁוֹר Ex. 21, 37. Als fem. bezeichnet es *Kühe* Gen. 33, 13. Hiob 1, 14; plur. dichterisch Amos 6, 12 oder in der jüngeren Sprache Neh. 10, 37. 2 Chr. 4, 3.

בֹּקֶר m. pl. בְּקָרִים *Morgen* Gen. 1, 5; zuweilen auch: *morgen* (der andere Tag) Ex. 16, 7. Num. 16, 5; *bald* Ps. 90, 14. 143, 8; pl. לִבְקָרִים Hiob 7, 18 und לַבְּקָרִים Jes. 33, 2. Ps. 73, 14. 101, 8. Klagel. 3, 23 *jeden Morgen* (wofür in der Prosa בַּבֹּקֶר בַּבֹּקֶר).

בַּקָּרָה f. cs. בַּקָּרַת *Untersuchung, Besichtigung* Ezech. 34, 12.

בִּקֹּרֶת f. *Untersuchung, Züchtigung* Lev. 19, 20.

***[בִּקֵּשׁ]** Piel pf. 3 f. suff. בִּקְשָׁתַם, 3 pl. בִּקְשׁוּ, fut. אֲבַקֵּשׁ, אֲבַקְשָׁה *suchen*, mit acc. der Person oder Sache Gen. 37, 16. Hos. 2, 9. Esra 2, 62; mit לְ vor dem inf. Deut. 13, 11; *verlangen* Jes. 1, 12; *sich aussuchen* 1 Sam. 13, 14; *nach etwas streben* Zef. 2, 3. Ps. 34, 15; *bitten um etwas* mit עַל Est. 7, 7; mit נֶפֶשׁ *Jeman-*

dem nach dem Leben trachten 2 Sam. 4, 8. Ps. 54, 5; mit רָעָה *Jemandem Leid zufügen wollen* Est. 9, 2; *das Angesicht Jemandes suchen = ihn besuchen, um seine Gunst werben* 1 Kön. 10, 24. Spr. 29, 26; *Gott suchen*, oder *das Angesicht Gottes suchen = sich andächtig, bussfertig an ihn wenden, zu ihm beten* Ex. 33, 7. Hos. 3, 5. Ps. 24, 6. 27, 8; *das Blut Jemandes fordern*, d. h. *den Mord bestrafen* 2 Sam. 4, 11; auch bloss *fordern = strafen* Jos. 22, 23. 1 Sam. 20, 16.

Pual fut. 2 f. וְתְבֻקְשִׁי *gesucht werden* Jer. 50, 20. Ezech. 26, 21; *untersucht werden* Est. 2, 23.

בַּקָּשָׁה f. suff. בַּקָּשָׁתִי *Bitte, Begehren* Est. 5, 3. 8. Esra 7, 6.

בַּר m. suff. בְּרִי *Sohn* (nur dichterisch) Ps. 2, 12. Spr. 31, 2.

בַּר aram. m. suff. בְּרֵהּ *Sohn* Dan. 5, 22. Esra 5, 1. בַּר שְׁנִין שִׁתִּין *sechzig Jahre alt* Dan. 6, 1. בַּר אֱנָשׁ *ein menschliches Wesen* Dan. 7, 13. בַּר־אֱלָהִין *ein göttliches Wesen* Dan. 3, 25.

בָּר—בַּר m. *Getreide* Gen. 41, 35. Jer. 23, 28. Amos 5, 11. Ps. 72, 16, Spr. 11, 26.

בַּר m. *das Freie, freie Feld* Hiob 39, 4.

בַּר aram. m. emph. בָּרָא *das freie Feld* Dan. 2, 38. 4, 18. 20. 22. 29.

בַּר adj. f. בָּרָה, pl. cs. בָּרֵי *rein, lauter* Ps. 19, 9. 73, 1. Hiob 11, 4. Hohel. 6, 10; *leer* Spr. 14, 4.

בֹּר (בּוֹר Hiob 9, 30) suff. בֹּרִי 1) *Reinheit, Lauterkeit*, stets in sittl. Bezieh. Ps. 18, 21. 2) *Reinigungsmittel, Lauge* Jes. 1, 25. Hiob 9, 30.

בָּרָא fut. יִבְרָא, inf. בְּרֹא, imp. בְּרָא, part. suff. בּוֹרְאֶךָ u. בֹּרַאֲךָ *schaffen, erschaffen* Gen. 1, 1; *hervorbringen* Num. 16, 30. Ps. 51, 12. Part. בּוֹרֵא *Schöpfer* Jes. 43, 1. Koh. 12, 1.

Nif. pf. 2 f. נִבְרֵאת, inf. suff. הִבָּרְאָם ,הִבָּרַאֲךָ *erschaffen werden* Gen. 2, 4. Ezech. 21, 35. 28, 13. עַם נִבְרָא *ein Volk, das noch erschaffen werden soll* Ps. 102, 19.

Piel pf. 2 p. בֵּרֵאתָ, inf. בָּרֵא *umhauen, fällen* Jos. 17, 15. 18; *zerhauen* Ezech. 23, 47; *einschneiden* (ein Zeichen) Ezech. 21, 24.

Hifil (denom. v. בָּרִיא) inf. suff. הַבְרִיאֲכֶם *fett machen, mästen* 1 Sam. 2, 29.

בְּרֹאדַךְ בַּלְאֲדָן = בְּרֹאדַךְ ב׳ מְרֹאדַךְ s. d.

בִּרְאִי s. בֵּית.

בְּרָאיָה (*Gott hat geschaffen*) n. pr. m. 1 Chr. 8, 21.

[בַּרְבֻּר] pl. בַּרְבֻּרִים *Kapaunen* (n. A. *Gänse*) 1 Kön. 5, 3.

בָּרַד *hageln* Jes. 32, 19.

בָּרָד m. *Hagel* Ex. 9, 18. Jes. 28, 2. Ps. 18, 13.

[בָּרֹד] adj. pl. בְּרֻדִּים *gesprenkelt, bunt* Gen. 31, 10. Zach. 6, 3. 6.

בֶּרֶד ps. בָּרֶד n. pr. 1) m. 1 Chr. 7, 20. 2) Ort in der Wüste Schur Gen. 16, 14.

בָּרָה* imp. pl. בְּרוּ, fut. אֶבְרֶה 1) *essen* 2 Sam. 12, 17. 13, 6. 10. 2) (= בָּרַר) *wählen* 1 Sam. 17, 8.

Piel inf. בָּרוֹת *essen, speisen* Klagel. 4, 10.

Hif. inf. הַבְרוֹת, fut. 2 sg. suff. תַּבְרֵנִי *zu essen geben* 2 Sam. 3, 35. 13, 5.

בָּרוּךְ (*Gesegneter*) n. pr. *Baruch*, Secretär des Jeremia Jer. 32, 16. 36, 4. 2) Neh. 3, 20. 10, 7. 3) Neh. 11, 5.

[בְּרוֹם] m. pl. בְּרֹמִים eine Art Zeug, *Damast* Ezech. 27, 24.

בְּרוֹשׁ m. pl. בְּרוֹשִׁים *Cypresse* Jes. 41, 19. Hos. 14, 9. עֲצֵי בְרוֹשִׁים (*musikalische*) *Instrumente aus Cypressenholz* 2 Sam. 6, 5; eben so *Waffen aus Cypressenholz* Nah. 2, 4.

[בְּרוֹת] m. pl. בְּרוֹתִים *Cypresse* Hohel. 1, 17.

בָּרוּת f. suff. בָּרוּתִי *Speise* Ps. 69, 22.

בֵּרוֹתָה n. pr. Ezech. 47, 16 (vielleicht dieselbe mit בֵּרֹתַי 2 Sam. 8, 8) Stadt im Norden Palästina's, nach Einigen *Berytus*.

בִּרְזוֹת Ktib u. בִּרְזָיִת Kri n. pr. m. 1 Chr. 7, 31.

בַּרְזֶל m. *Eisen* Gen. 4, 22; adjectivisch קַרְנֵי בַרְזֶל *eiserne Hörner* 1 Kön. 22, 11; häufig Bild der Härte und Festigkeit Deut. 28, 23. 48. 33, 25. Jer. 1, 18. Hiob 19, 24; *eisernes Geräth* Jes. 10, 34; *eiserne Ketten* Ps. 105, 18. 107, 10.

בַּרְזִלַּי (*eisern*) n. pr. m. 1) 2 Sam. 17, 27. Esra 2, 61. 2) 2 Sam. 21, 8.

בָּרַח* fut. אֶבְרַח, inf. בְּרֹחַ, suff. בָּרְחֲךָ, imp. בְּרַח 1) *entlaufen, das Weite suchen, entfliehen*, gewöhnl. mit dem Nebenbegriff der Heimlichkeit, der zuweil. (Gen. 31, 27. Dan. 10, 7) noch besonders bezeichnet wird Gen. 31, 22. 1 Sam. 23, 6. 1 Kön. 2, 39. Ps. 139, 7; dann überhaupt *enteilen* Hohel. 8, 14; *sich fortmachen* Num. 24, 11. Amos 7, 12; *schnell vergehen* Hiob 9, 25. 14, 2. 2) *sich lang hinstrecken* Ex. 36, 33.

Hifil fut. יַבְרִיחַ, part. מַבְרִחַ 1) *wegjagen* Neh. 13, 28; *in die Flucht jagen* 1 Chr. 8, 13. 12, 15; *verjagen* Spr. 19, 26. Hiob 41, 20. 2) *sich erstrecken, hindurch laufen* (vom Riegel) Ex. 26, 28.

בָּרִחַ s. בָּרִיחַ.

בַּרְחֻמִי 2 Sam. 23, 31 = בַּחֲרֻמִי s. d.

בְּרִי s. רִי und בְּרִיָּה.

בֵּרִי n. pr. m. 1 Chr. 7, 36.

בָּרִיא adj. fem. בְּרִיָּה—בְּרִאָה—בְּרִיאָה (Ezech. 34, 20), pl. בְּרִיאוֹת, בְּרִאִים *gesund, fett, kräftig* Gen. 41, 2. Richt. 3, 17. Ps. 73, 4. Dan. 1, 15.

בְּרִיאָה f. *ein (neu) Erschaffenes, noch nicht Dagewesenes* Num. 16, 30.

בִּרְיָה f. *Speise* 2 Sam. 13, 5. 7. 10. (בְּרִיָּה Ezech. 34, 20, wie Einige statt בְּרִיָּה lesen, ist weibl. Form v. בְּרִי) = בָּרִיא s. d.

בָּרִחַ—בָּרִיחַ m. pl. בְּרִיחִים *Flüchtling* Jes. 43, 14. נָחָשׁ בָּרִחַ a) *die flüchtige* (n. A. *hingestreckte*) *Schlange* (*Krokodil*) für Aegypten Jes. 27, 1. b) *Sternbild* am nördlichen Himmel Hiob 26, 13.

בְּרִיחַ pl. בְּרִיחִים *Querbalken, Riegel* Ex. 26, 28. Deut. 3, 5. Spr. 18, 19.

בְּרִיעָה n. pr. 1) Sohn Ascher's Gen. 46, 17. Num. 26, 44; n. gent. בְּרִיעִי Num. 26, 44. 2) Sohn Efraim's 1 Chr. 7, 23. 3) 1 Chr. 8, 13. 4) 1 Chr. 23, 10.

בְּרִית (von בָּרָה) f. suff. בְּרִיתִי *Bund, Bündniss, Vertrag* Gen. 9, 11. 13. אֶרֶץ הַבְּרִית *das Bundesland = Kanaan* Ezech. 30, 5. בְּרִית קֹדֶשׁ *der heilige Bund* d. h. *Beschneidung* Dan. 11, 28. 30. נְגִיד בְּרִית *der Bundesfürst* d. h. *Hohepriester* Dan. 11, 22. בְּרִית עָם *Bund* (*Vermittler des Bundes*) *mit dem Volke* Jes. 42, 6.

בֹּרִית (v. בָּרַר) f. *Laugensalz, Kali*, das man aus Seifenpflanzen gewann und zum Walken und Reinigen von Kleidern gebrauchte Jer. 2, 22. Mal. 3, 2.

בָּרַךְ* fut. יִבְרַךְ, inf. abs. בָּרוֹךְ 1) *Knie beugen* Ps. 95, 6. 2 Chr. 6, 13. 2) *durch Kniebeugung anbeten, huldigen, Gott anrufen, Segenswünsche aussprechen.* In dieser Bedeutung kommt es im Kal nur im inf. abs. בָּרוֹךְ (der auch Piel sein könnte) Jos. 24, 10 und sehr häufig im part. II בָּרוּךְ *gepriesen, gesegnet* vor; vgl. Piel.

Nifal pf. 3 pl. נִבְרְכוּ *sich segnen*, mit בְּ Gen. 12, 3. 18, 18. 28, 14.

Piel pf. בֵּרַךְ, בֵּרֵךְ f. אֲבָרֵךְ 1) *durch Kniebeugung begrüssen, seine Ehrfurcht bezeugen* Gen. 47, 7. 10. 2 Sam. 14, 22; überhaupt *grüssen* 2 Kön. 4, 29. 10, 15; *sich mit einem Segensspruch verabschieden* 2 Sam. 13, 25. 19, 40. 2) *loben, preisen*, vom Menschen in Beziehung auf Gott Ps. 103, 1 und 3) *segnen*, von Gott in Beziehung auf den Menschen Gen. 24, 1; auch von einem Menschen in Beziehung auf den andern 1 Sam. 2, 20. 4) euphemistisch: *lästern* בֵּרַכְתָּ אֱלֹהִים וָמֶלֶךְ *du hast Gott und den König gelästert* 1 Kön. 21, 10. Ps. 10, 3. Hiob 1, 5. 11. 2, 5. 9. 5) *anbeten* מְבָרֵךְ אָוֶן *er betet Götzen an* Jes. 66, 3.

Pual fut. יְבֹרַךְ, part. מְבֹרָךְ, fem. מְבֹרֶכֶת *gepriesen, gesegnet werden* Deut. 33, 13. Ps. 113, 2. 128, 4.

Hifil fut. יַבְרֵךְ *niederknien lassen* Gen. 24, 11 (vgl. אַבְרֵךְ).

Hitp. הִתְבָּרֵךְ *sich segnen* mit בְּ Gen. 22, 18. 26, 4. Jes. 65, 16. Jer. 4, 2. Ps. 72, 17; *sich rühmen, brüsten* Deut. 29, 18.

בְּרַךְ aram. pf. part. בָּרֵךְ II בְּרִיךְ *preisen* Dan. 3, 28. 6, 11.

Pael pf. בָּרֵךְ, 1 p. בָּרְכֵת, part. pass. מְבָרַךְ *preisen* Dan. 2, 19. 20. 4, 31.

בֶּרֶךְ f. du. בִּרְכַּיִם, cs. בִּרְכֵּי, suff. בִּרְכָּיו, בִּרְכֵּיהֶם *Knie* Jes. 45, 23. Esra 9, 5; *Schoss* Gen. 48, 12. 50, 23. Jes. 66, 12.

[בְּרַךְ] m. aram. pl. suff. בִּרְכוֹהִי *Knie* Dan. 6, 11.

בָּרַכְאֵל (*Gott segnet*) n. pr. m. Vater des Elihu Hiob 32, 2. 6.

בְּרָכָה f. cs. בִּרְכַּת, suff. בִּרְכָתִי, pl. בְּרָכוֹת, cs. בִּרְכוֹת, suff. בִּרְכוֹתֵיכֶם 1) *Segen* Gen. 27, 12. 28, 4. Lev. 25, 21; concr. *Gesegneter* Gen. 12, 2. Zach. 8, 13. Ps. 21, 7. 2) *Geschenk*, womit man den Höherstehenden begrüsst Gen. 33, 11. 1 Sam. 25, 27. 30, 26. 2 Kön. 5, 15; daher עֲשׂוּ אִתִּי בְרָכָה *ergebet euch mir* 2 Kön. 18, 31. 3) *Lob, Preis* Neh. 9, 5. 4) n. pr. m. 1 Chr. 12, 3. 6) Name eines Thales 2 Chr. 20, 26.

בְּרֵכָה f. cs. בְּרֵכַת, pl. בְּרֵכוֹת *Teich* 2 Sam. 2, 13. 4, 12. 1 Kön. 22, 38. 2 Kön. 20, 20. Hohel. 7, 5.

בֶּרֶכְיָהוּ — בֶּרֶכְיָה (*Gottgesegneter*) n. pr. 1) Vater des Propheten Zacharia Zach. 1, 1. 7. 2) Sohn des Serubabel 1 Chr. 3, 20. 3) mehrer anderer Personen in Nehem. (3, 4. 30. 6, 18) und der Chronik (I, 6,24. 9,16. 15,17. 23. II, 28,12).

בְּרַם aram. *jedoch, aber* Dan. 2,28. 4,12. 20. 5,17. Esra 5,13.

בַּרְנֵעַ n. pr. Ort bei Kadesch Num. 32,8. Deut. 1,19.

בֶּרַע n. pr. König von Sodom Gen. 14,2.

בָּרַק imp. בְּרוֹק *leuchten lassen* Ps. 144,6.

בָּרָק 1) m. cs. בְּרַק, pl. בְּרָקִים, suff. בְּרָקָיו *Blitz* Ex. 19,16. Ps. 97,4. בְּרַק חַרְבִּי *mein blitzendes Schwert* Deut. 32,41. בְּרַק חֲנִיתֶךָ *deine blitzende Lanze* Hab. 3,11. daher בָּרָק allein: *das Schwert* Hiob 20,25. 2) n. pr. des Helden zur Zeit der Debora Richt. 4,6. 5,1.

בְּרַק s. בְּנֵי בְרַק.

בַּרְקוֹס n. pr. m. Esra 2,53. Neh. 7,55.

[בַּרְקָן] pl. בַּרְקָנִים *Stachelpflanzen* (n. A. *Dreschschlitten*) Richt. 8,7. 16.

בָּרֶקֶת f. Ex. 28,17. 39,10 und בָּרְקַת Ezech. 28,13 ein *blitzender* Edelstein (*Smaragd*).

בָּרַר* pf. 1 p. וּבָרוֹתִי, part. II בָּרוּר, suff. לְבָרָם *auswählen, aussondern* Ezech. 20,38; *läutern* Koh. 3,18; daher בָּרוּר *ausgewählt* 1 Chr. 7,40; *rein, lauter* Zef. 3,9. Hiob 33,3; von einem Pfeile: *scharf* Jes. 49,2.

Nifal imp. pl. הִבָּרוּ, part. נָבָר *geläutert werden* 2 Sam. 22,27. Ps. 18,27; *sich reinigen* Jes. 52,11.

Piel inf. בָּרֵר *läutern, klären* Dan. 11,35.

Hifil inf. הָבַר, imp. הָבָרוּ *reinigen, säubern* Jer. 4,11; *spitzen, schärfen* (die Pfeile) Jer. 51,11.

Hitp. fut. תִּתְבָּרָר zusammenges. תִּתָּבָר *sich lauter zeigen* 2 Sam. 22,27. Ps. 18,27; *geläutert werden* Dan. 12,10.

בִּרְשַׁע n. pr. König von Gomorrha Gen. 14,2.

בֵּרֹתַי n. pr. Stadt in Syrien 2 Sam. 8,8 (= כּוּן 1 Chr. 18,8); vgl. בֵּרוֹתָה.

בֵּרֹתִי s. בְּאֵר.

בְּשׂוֹר n. pr. eines Flüsschens, das bei Gaza sich in's Meer ergiesst 1 Sam. 30,9. 10. 21.

[בֶּשֶׂם] m. suff. בְּשָׂמִי *Balsam* Hohel. 5,1.

בֹּשֶׂם m. pl. בְּשָׂמִים, suff. בְּשָׂמָיו *würziges, wohlduftendes Kraut* Hohel. 4,16. קִנְּמָן־בֶּשֶׂם *wohlriechender Zimmt* Ex. 30,23. רָאשֵׁי בְשָׂמִים Hohel. 4,14 = בְּשָׂמִים רֹאשׁ Ex. 30,23 *die edelsten Gewürze.*

בֹּשֶׂם m. *Balsam* Ex. 30,23. 1 Kön. 10,10. Jes. 3,24. Ezech. 27,22.

בָּשְׂמַת (*Duftende*) n. pr. f. 1) Frau des Esau Gen. 26,34. 36,3. 2) Tochter Salomo's 1 Kön. 4,15.

[בָּשַׂר]* Piel בִּשֵּׂר *benachrichtigen* 1 Sam. 4,17; gew. von freudiger Nachricht 2 Sam. 1,20; mit accus. der Person 2 Sam. 18,19. Jes. 61,1. Jer. 20,15; *verkünden* mit accus. der Sache Jes. 60,6. Ps. 40,10. 96,2; daher מְבַשֵּׂר *Freudenbote, Heilverkünder* 2 Sam. 4,10. Jes. 40,9; מְבַשְּׂרוֹת *Sängerinnen*, die beim Einzuge den Sieg besangen Ps. 68,12.

Hitp. fut. יִתְבַּשֵּׂר *eine freudige Nachricht empfangen* 2 Sam. 18,31.

בָּשָׂר m. cs. בְּשַׂר, suff. בְּשָׂרִי, בְּשַׂרְכֶם, pl. בְּשָׂרִים. 1) *Fleisch* Gen. 2,21. Num. 11,4; daher כָּל־בָּשָׂר *alles Fleisch = alles Lebende* Gen. 6,12. 2) *Körper* Lev. 15,13. Richt. 8,7. Koh. 2,3 und überhaupt *Mensch* (Gen. 2,24), so dass בְּשָׂרִי (wie נַפְשִׁי) = *ich* ist Ps. 16,9. 27,2. 63,2 und dichterisch בָּשָׂר für *Sterblicher, Vergänglicher* gebraucht wird Jer. 17,5. Ps. 56,5. 2 Chr. 32,8. 3) *Verwandtschaft, Verwandter* (nach Gen. 2,23) Gen. 29,14. 2 Sam. 5,1. Jes. 58,7; verstärkt: שְׁאֵר בְּשָׂרוֹ *die nächsten Verwandten* Lev. 18,6. 25,49. 4) euphemistisch für (*männliche*) *Schamtheile* Gen. 17,11. Lev. 15,2. 16,4. Ezech. 16,26. 23,20. 44,7. 9.

בְּשַׂר aram. m. emph. בִּשְׂרָא *Fleisch* Dan. 7,5; *Mensch* Dan. 2,11 für *Lebendes* überhaupt Dan. 4,9.

בְּשׂוֹרָה -- בְּשֹׂרָה f. 1) *Botschaft*; gewöhnlich *freudige Botschaft* 2 Sam. 18,20. 2 Kön. 7,9; auch mit dem Zusatz טוֹבָה 2 Sam. 18,27. 2) *Botenlohn* 2 Sam. 4,10.

בָּשַׁל* *gar werden* (von Gekochtem) Ezech. 24,5; *reif werden* (von der Erndte) Joel 4,13.

Piel *kochen* (trans.) Ex. 16,23. Num. 11,8; *rösten, braten* 2 Sam. 13,8. 2 Chr. 35,13. בֵּית הַמְבַשְּׁלִים *Kochhaus, Küche* Ezech. 46,24.

Pual part. מְבֻשָּׁל *gekocht werden* Ex. 12,9. Lev. 6,21. 1 Sam. 2,15.

Hifil *reifen lassen* Gen. 40,10: *ihre Trauben brachten reife Beeren.*

בָּשֵׁל adj. f. בְּשֵׁלָה *gekocht* Ex. 12,9. Num. 6,19.

בִּשְׁלָם n. pr. persischer Beamter in Palästina Esra 4, 7.

בָּשָׁן n. pr. *Basan*, Landschaft östl. vom Jordan, berühmt durch ihre Viehzucht; später *Batanäa* Deut. 3, 12. 32, 14. Jos. 12, 5. Ps. 22, 13.

בָּשְׁנָה f. *Scham* Hos. 10, 6.

[בָּשַׁס] Poel inf. mit suff. בּוֹשַׁסְכֶם *treten* Amos 5, 11.

בֹּשֶׁת f. suff. בָּשְׁתִּי 1) *Scham, Schande, Schmach* 1 Sam. 20, 30. Jes. 54, 4. Ps. 35, 26. 44, 16. 2) *Schamtheil* Micha 1, 11. 3) verächtlicher Ausdruck für בַּעַל Jer. 3, 24. 11, 13. Hos. 9, 10 (wie im nom. pr. אִישׁ־בֹּשֶׁת u. s. w.).

בַּת (st. בֶּנֶת), f. suff. בִּתִּי, pl. בָּנוֹת, cs. בְּנוֹת, suff. בְּנֹתַי 1) *Tochter* Gen. 20, 12. Deut. 22, 16, u. im weiteren Sinne, wie בֵּן *Abkömmling*. בְּנוֹת כְּנַעַן *Kanaaniterinnen* Gen. 28, 1. בְּנוֹת הָאָדָם (*menschliche*) *Frauen* Gen. 6, 2; überhaupt für *Frauenzimmer* Richt. 12, 9. Hohel. 2, 2; auch bei der Anrede seitens einer älteren Person Ps. 45, 11. Rut 2, 2; mit einer Zahl bedeutet es das Alter בַּת תִּשְׁעִים *neunzig Jahre alt* Gen. 17, 17. In Verbindung mit Ortsnamen nimmt בַּת die Collectiv-Bedeutung der Einwohnerschaft des Ortes an; also בַּת צִיּוֹן dichterich für: *Einwohnerschaft Zion's*; überhaupt für die betreffende Stadt oder Völkerschaft, wie בַּת אֱדוֹם = אֱדוֹם Klagel. 4, 22. בַּת עַמִּי = עַמִּי Jer. 4, 11. 2) *Tochterstadt*, in Beziehung zur Haupt- oder Mutterstadt Num. 21, 25. Richt. 11, 26. 3) In בַּת־עַיִן ist בַּת wahrscheinlich verkürzt aus בָּבַת s. d.

בַּת m. (Ezech. 45, 14) u. f. (Jes. 5, 10) pl. בַּתִּים *Maass* für Flüssigkeiten = $^1/_{10}$ Chomer 1 Kön. 7, 26. Ezech. 45, 11. 14. 2 Chr. 2, 9.

בַּת aram. m. pl. בַּתִּין, wie das hebr. בַּת *Maass* Esra 7, 22.

בַּת־רַבִּים (*Volkreiche*) n. pr. Ort bei Hesbon Hohel. 7, 5.

בַּת־שֶׁבַע (*Eidestochter*) n. pr. Frau des Uria und dann des David, Mutter Salomo's 2 Sam. 11, 3. 1 Kön. 2, 19. Der Name heist:

בַּת־שׁוּעַ 1 Chr. 3, 5.

בָּתָה f. *Verwüstung, Oede* Jes. 5, 6.

[בַּתָּה] pl. בַּתּוֹת *Verwüstung*, adjectivisch: *verwüstet* Jes. 7, 19.

בְּתוּאֵל n. pr. 1) Vater des Laban u. der Rebekka Gen. 22, 22. 24, 50. 3) Stadt in Simeon 1 Chr. 4, 30 = בְּתוּל Jos. 19, 4.

בְּתוּלָה f. cs. בְּתוּלַת, pl. בְּתוּלוֹת, suff. בְּתוּלֹתַי *Jungfrau* Gen. 24, 16. Lev. 21, 3; dichterisch mit בַּת häufig als Collectiv-Bezeichnung der Völkerschaft 2 Kön. 19, 21; auch ohne בַּת Jer. 18, 13. Amos 5, 2.

בְּתוּלִים m. cs. בְּתוּלֵי *der Jungfrauenstand* Lev. 21, 13. Ezech. 23, 3: *das jungfräuliche Alter* Richt. 11, 37; *Zeichen der Jungfräulichkeit* Deut. 22, 14.

בִּתְיָה n. pr. Tochter Pharao's 1 Chr. 4, 18.

בָּתִּים s. בַּיִת.

***[בָּתַק]** Piel pf. suff. בִּתְּקוּךְ *zerschneiden* Ezech. 16, 40.

***בָּתַר** *zerschneiden, zerstücken* Gen. 15, 10. Piel fut. יְבַתֵּר *zerstücken* Gen. 15, 10.

בֶּתֶר m. ps. בָּתֶר, suff. בִּתְרוֹ, pl. cs. בִּתְרֵי, suff. בְּתָרָיו *Stück, Theil* Gen. 15, 10. Jer. 34, 18. 19. הָרֵי בָתֶר *durchklüftete Berge* Hohel. 2, 17.

בִּתְרוֹן n. pr. Gegend östlich vom Jordan 2 Sam. 2, 29.

ג

גֵּא (= גֵּאֶה) *stolz, hochmüthig* Jes. 16, 6.

***גָּאָה** fut. יִגְאֶה, inf. abs. גָּאֹה *emporschiessen* (von Pflanzen) Hiob 8, 11; *anschwellen* (vom Wasser) Ezech. 47, 5; bildlich: *hoch, erhaben sein* Ex. 15, 1. 21; *stolz sein* Hiob 10, 16.

גֵּאָה f. *Hochmuth* Spr. 8, 13.

גֵּאֶה adj. pl. גֵּאִים *hoch* Jes. 2, 12; *hochmüthig, stolz* Jer. 48, 29. Ps. 94, 2. 140, 16. Spr. 15, 25. 16, 19. Hiob 40. 11. 12.

גְּאוּאֵל (*Erhabenheit Gottes*) n. pr. Num. 13, 15.

גַּאֲוָה f. cs. גַּאֲוַת, suff. גַּאֲוָתִי *Höhe, Wölbung*; adj. *hochgewölbt* Hiob 41, 7; meist bildlich: a) *Hoheit, Erhabenheit*, von Gott Deut. 33, 26. Ps. 46, 4. 68, 35; von Israel Deut. 33, 29. b) *Stolz* עַלִּיזֵי גַּאֲוָה *die Stolzfrohlockenden* Jes. 13, 3. Zef. 3, 11; *Hochmuth, Uebermuth* Jes. 9, 8. 13, 11. 25, 11. Ps. 31, 24. 36, 12. Spr. 14, 3. 29, 23.

[גְּאוּלִים] m. suff. גְּאוּלַי *Befreiung, Erlösung* Jes. 63, 4.

גָּאוֹן m. cs. גְּאוֹן, suff. גְּאוֹנְךָ, pl. suff. גְּאוֹנָיִךְ (Ezech. 16, 56) 1) *das Anwachsen, Anschwellen* (des Wassers) Jer. 12, 5. Hiob 38, 11. גְּאוֹן הַיַּרְדֵּן heisst noch besonders die breite Uferstrecke des Jordan, die bei hohem Wasserstande überfluthet, bei niedrigem mit üppiger Vegetation sich bedeckte und wilden Thieren zum Aufenthalt diente Jer. 49, 19. 50, 44. Zach. 11, 3. 2) *Hoheit, Erhabenheit*, von Gott Ex. 15, 7. Jes. 4, 2. 24, 14. Micha 5, 3; *Macht, Glanz*, von Menschen Jes. 14, 11. Jer. 13, 9. Ezech. 32, 12. Nah. 2, 3. Zach. 9, 6. גְּאוֹן יַעֲקֹב ist auch poët. Umschreibung für das *heilige Land* oder den *Tempel* Amos 6, 8. 8, 7. Ps. 47, 5. 3) *Hochmuth* Ezech. 16, 49. Spr. 8, 13. 16, 18.

גֵּאוּת f. 1) *das Anschwellen* (des Meeres) Ps. 89, 10; *Aufsteigen* des Rauches Jes. 9, 17. 2) *Hoheit* Ps. 93, 1; concr. *erhabene Werke* Jes. 12, 5. 26, 10. 3) *Hochmuth* Jes. 28, 1. 3. Ps. 17, 10.

[גַּאֲיוֹן] pl. גַּאֲיוֹנִים *Hochmüthiger* Ps. 123, 4 Ktib, wo Kri: גְּאֵי יוֹנִים *die stolzen Bedrücker*.

גֵּאָיוֹת s. גַּיְא.

***גָּאַל** I fut. יִגְאַל, suff. אֶגְאָלֵם, inf. גְּאוֹל, suff. גָּאֳלֵךְ, imp. גְּאַל (ps. גְּאָל), suff. גְּאָלָהּ *erlösen, befreien* Ex. 6, 6. Hos. 13, 14. Ps. 69, 19. 2) *auslösen, loskaufen, zurückkaufen* Lev. 25, 25. 33. 27, 13. Rut 4, 4. Da dies Recht dem Verwandten zustand, so heisst גֹּאֵל *der Verwandte* Lev. 25, 25. 1 Kön. 16, 11. Rut 2, 20. 3, 9; גֹּאֵל הַדָּם *der Verwandte, dem die Blutrache oblag, der Bluträcher* Num. 35, 19. Deut. 19, 6. Jos. 20, 5; dichterisch; יִגְאָלֻהוּ חֹשֶׁךְ וְצַלְמָוֶת *es nehmen ihn in Besitz Finsterniss und Todesschatten* Hiob 3, 5.

Nifal fut. יִגָּאֵל *zurückgekauft werden* Lev. 25, 30. 27, 33. Jes. 52, 3; *sich loskaufen* Lev. 25, 49.

[גָּאַל II = גָּעַל meist in der jüngeren Sprache].

Nifal part. נִגְאָלָה *befleckt werden* Zef. 3, 1 (vgl. Pual).

Piel pf. suff. גֵּאַלְנוּךָ *beflecken* Mal. 1, 7.

Pual part. מְגֹאָל *befleckt werden* Mal. 1, 7. 12; *für befleckt erklärt*, (vom Priesterthum) *ausgeschlossen werden* Esra 2, 62. Neh. 7, 64.— Aus Nifal und Pual zusammenges. ist נְגֹאֲלוּ *sie sind befleckt* Jes. 59, 3. Klagel. 4, 14.

Hifil pf. אֶגְאָלְתִּי (= הִגְאַלְתִּי) *beflecken* Jes. 63, 3.

Hitp. fut. יִתְגָּאַל *sich beflecken* Dan. 1, 8.

[גֹּאֶל] pl. cs. גָּאֳלֵי *Befleckung* Neh. 13, 29.

גְּאֻלָּה f. cs. גְּאֻלַּת *Auslösung, Rückkauf* Lev. 25, 26. Rut 4, 6; *das Recht des Rückkaufes* Lev. 25, 24. 32. Jer. 32, 8; daher אַנְשֵׁי גְאֻלָּתֶךָ *deine Verwandten* Ezech. 11, 15.

גַּב m. suff. גַּבִּי, pl. cs. גַּבֵּי u. גַּבֹּת, suff. גַּבֵּהֶם und גַּבֹּתָם *Wölbung, Erhöhung* 1) *Rücken* Ezech. 10, 12. Ps. 129, 3; *obere Fläche des Altars* Ezech. 43, 13; *Buckel des Schildes* Hiob 15, 26. 2) *Höhe zum Götzendienst* Ezech. 16, 24. 31. 39; *zur Vertheidigung, Schanze* Hiob 13, 12. 3) *Augenbrauen* Lev. 14, 9. 4) *Felgen am Rad* Ezech. 1, 18.

גַּב aram. eig. *Rücken*, mit עַל = *auf*. עַל גַּבַּהּ *auf ihm* Dan. 7, 6.

גָּב 2 Kön. 25, 12. Ktib s. גּוּב.

[גֵּב] m. pl. גֵּבִים 1) *Brett* 1 Kön. 6, 9. 2) *Grube* 2 Kön. 3, 16; *Cisterne* Jer. 14, 3. 3) *Heuschrecke* Jes. 33, 4.

גֹּב aram. m. emph. גֻּבָּא *Grube* Dan. 6, 8. 18.

גֶּבֶא m. pl, suff. גְּבָאָיו *Grube, Brunnen* Jes. 30, 14. Ezech. 47, 11.

***גָּבַהּ** pf. 3 f. גָּבְהָא (Ezech. 31, 5 = גָּבְהָה), fut. יִגְבַּהּ, 3 pl. f. תִּגְבְּהֶינָה (Ezech. 16, 50 = תִּגְבַּהְנָה), inf. גָּבְהָה—גְּבֹהַּ *hoch sein* 1 Sam. 10, 23. Jes. 55, 9. Ezech. 19, 11. Hiob 35, 5; meist bildlich a) mit dem subj. לֵב *hochmüthig sein* Ps. 131, 1; auch ohne לֵב Jes. 3, 16. Ezech. 16, 50. Zef. 3, 11. b) *erhaben sein*, von Gott Jes. 5, 16; *geehrt sein* Jes. 52, 13; *sich muthig fühlen* 2 Chr. 17, 6.

Hifil pf. הִגְבַּהְתִּי, inf. הַגְבֵּהַּ, *hoch werden lassen* Ezech. 17, 24; *erhöhen* Spr. 17, 19. 2 Chr. 33, 14; adverbialiter: הַמַּגְבִּיהִי לָשָׁבֶת *der hoch thront* Ps. 113, 5. יַגְבִּיהוּ עוּף *sie fliegen hoch* Hiob 5, 7; ebenso Jes. 7, 11: „for-

dere es in der Tiefe הַגְבֵּהַּ לְמָעְלָה או *oder in der Höhe oben*".

גַּבָּה s. גַּב.

גָּבֹהַּ adj. cs. גְּבַהּ u. גְּבַה, f. גְּבֹהָה, pl. גְּבֹהִים, גְּבֹהוֹת *hoch*. גְּבַהּ־עֵינַיִם Ps. 101, 5 = גְּבַהּ־לֵב Spr. 16, 5 = גְּבַהּ רוּחַ Koh. 7, 8 *hochmüthig*; subst. *Höhe* 1 Sam. 16, 7. Koh. 12, 5.

גֹּבַהּ m. suff. גָּבְהוֹ, pl. cs. גָּבְהֵי *Höhe* 1 Sam. 17, 4. Ezech. 1, 18. Amos 2, 9; bildlich: *Stolz*, Hiob 40, 10; *Hochmuth* Jer. 48, 29; besonders in Verbindung mit רוּחַ Spr. 16, 18; mit לֵב 2 Chr. 32, 26; mit אַף Ps. 10, 4.

גַּבְהוּת f. *Stolz* Jes. 2, 11. 17.

גְּבֻל—גְּבוּל m. pl. suff. גְּבוּלֶךָ *Grenze, Gebiet* Gen. 10, 19. Num. 34, 3; *Rand* Ezech. 43, 13.

גְּבֻלָה—גְּבוּלָה f. suff. גְּבֻלָתוֹ, pl. גְּבֻלֹת, גְּבוּלֹת, גְּבוּלוֹת *Grenze, Gebiet* Deut. 32, 8. Jes. 10, 13. Ps. 74, 17; *Feldrand* Jes. 28, 25.

גִּבֹּר—גִּבּוֹר m. pl. גִּבּוֹרִים, suff. גִּבֹּרֶיהוּ (Nah. 2, 4 = גִּבֹּרָיו) *Held, Starker* Jer. 9, 22. גִּבּוֹר־צַיִד *ein starker Jäger, Jagdheld* Gen. 10, 9. גִּבּוֹר־חַיִל *Kriegsheld* Richt. 6, 12; *vermögender Mann* 1 Sam. 9, 1. 2) *Gewaltiger, Tyrann* Ps. 52, 3; *Vorsteher, Anführer* 1 Chr. 9, 26. 3) *Mann* 2 Sam. 22, 26; adjectivisch: *stark, mächtig* Deut. 10, 17. Jes. 9, 5. Dan. 11, 3.

גְּבוּרָה f. cs. גְּבוּרַת, pl. גְּבוּרוֹת *Stärke, Macht* Jes. 11, 2. 36, 5; *Sieg* Ex. 32, 18; collect. *Siege* 1 Kön. 16, 5; pl. *Machtthaten* Deut. 3, 24. Jes. 63, 15. Ps. 106, 2.

[גְּבוּרָה] aram. f. emph. גְּבוּרְתָא *Macht* Dan. 2, 20. 23.

גִּבֵּחַ adj. *hochstirnig* d. h. *kahl am Vorderkopf* Lev. 13, 41.

גַּבַּחַת f. suff. גַּבַּחְתּוֹ *Kahlheit des Vorderkopfes* Lev. 13, 42; auch von der *kahlen Stelle an der Vorder-* (*rechten*) *Seite* eines Zeuges Lev. 13. 55.

גַּבַּי n. pr. m. Neh. 11, 8.

גֵּבִים n. pr. (mit Art.) Ortschaft nördlich von Jerusalem Jes. 10, 31.

[גָּבִיעַ] m. cs. גְּבִיעַ, suff. גְּבִעִי, pl. גְּבִעִים 1) *Kelch* (von der hügel- oder kegelförmigen Gestalt Gen. 44, 2. 12. 16. 17. Jer. 35, 5. 2) *kelchförmige Verzierung* am Leuchter Ex. 25, 33.

גְּבִיר m. *Herr* Gen. 27, 29. 37.

גְּבִירָה f. *Herrin, regierende Königin* 1 Kön. 11, 29. Jer. 13, 18; *Königin-Mutter* 1 Kön. 15, 13. 2 Chr. 15, 16.

גָּבִישׁ m. *Krystall* Hiob 28, 18; vgl. אֶלְגָּבִישׁ.

גָּבַל* fut. יִגְבֹּל *begrenzen*, d. h. *eine Grenze ziehen* Deut. 19, 14; *die Grenze bilden* Jos. 18, 20; *angrenzen* mit בְּ Zach. 9, 2.

Hifil imp. הַגְבֵּל *mit einer Grenze* (*Schranke*) *umgeben* Ex. 19, 12. 23.

גְּבַל n. pr. die phönizische Stadt *Byblus* Ezech. 27, 9; n. gent. גִּבְלִי, pl. גִּבְלִים Jos. 13, 5. 1 Kön. 5, 32.

גְּבָל n. pr. Gebirgsgegend im Süden Palästina's später *Gebalene* Ps. 83, 8.

גְּבֻל s. גְּבוּל.

גַּבְלֻת f. *Flecht-* oder *Schnürwerk* Ex. 28, 22. 39, 15.

גִּבֵּן adj. *bucklig* Lev. 21, 20.

גְּבִנָה f. *Käse* Hiob 10, 10.

[גַּבְנֹן] adj. pl. גַּבְנֻנִּים *bucklig, höckerig* Ps. 68, 16. 17.

גֶּבַע (*Hügel*) n. pr. 1) Priesterstadt in Benjamin Jos. 18, 24. 21, 17. 2 Kön. 23, 8. Jes. 10, 29. Zach. 14, 10. Esra 2, 26. 1 Chr. 6, 45. 8, 6. 2 Chr. 16, 6. 2) für Gibea (גִּבְעָה) selbst gebraucht, zuweilen גֶּבַע בִּנְיָמִין Richt. 20, 10. 33. 1 Sam. 13, 3. 16. 1 Kön. 15, 22. 4) für Gibeon 2 Sam. 5, 25.

גִּבְעָא n. pr. m. 1 Chr. 2, 49.

גִּבְעָה fem. cs. גִּבְעַת, suff. גִּבְעָתִי, pl. גְּבָעוֹת, cs. גִּבְעוֹת, suff. גִּבְעֹתֶיךָ 1) *Anhöhe, Hügel* Gen. 49, 26. 2 Sam. 2, 25. 2 Kön. 16, 4. Ezech. 34, 26. 35, 8. 2) n. pr. einiger auf Hügeln liegender Ortschaften a) *Gibea in Benjamin* Richt. 19, 12. 1 Sam. 13, 2. 2 Sam. 23, 29, Geburtsort Saul's, daher auch גִּבְעַת שָׁאוּל genannt 1 Sam. 11, 4. Jes. 10, 29; ebenso גִּבְעַת הָאֱלֹהִים 1 Sam. 10, 5; הַגִּבְעָה Hos. 5, 8. 10, 9 u. גֶּבַע (s. d.) b) Ortschaft in Juda Jos. 15, 57. c) *Gibea des Pinchas* in Efraim Jos. 24, 33; vgl. auch גִּבְעָה, אַמָּה, גָּרֵב, מוֹרֶה u. עֲרָלוֹת.

גִּבְעוֹן (*Hügelstadt*) n. pr. Stadt in Benjamin Jos. 10, 3. 11, 19. 1 Kön. 3, 4. 9, 2; n. gent. גִּבְעֹנִי 2 Sam. 21, 1 (vgl. גֶּבַע).

גִּבְעֹל m. *Blüthe* Ex. 9, 31.

גִּבְעַת n. pr. = גִּבְעָה *Gibea* (des Saul) Jos. 18, 28.

גָּבַר—גָּבֵר* fut. יִגְבַּר *stark sein* 2 Sam. 1, 23; *gross sein* Gen. 49, 26. Ps. 103, 11. 117, 2; *anwachsen* Gen. 7, 18. 19. 20; *die Oberhand gewinnen, obsiegen* Ex. 17, 11. 1 Sam. 2, 9. 2 Sam. 11, 23. Ps. 65, 4. Klagel. 1, 16; *den Vorrang einnehmen* Jer. 9, 2. Hiob 21, 7. 1 Chr. 5, 2.

Piel pf. גִּבַּרְתִּי *stark machen, kräftigen* Zach. 10, 6. 12. חֲיָלִים יְגַבֵּר *er strengt die Kräfte an* Koh. 10, 10.

Hifil *stark machen* לִלְשֹׁנֵנוּ נַגְבִּיר *wir führen das grosse Wort* Ps. 12, 5. הִגְבִּיר בְּרִית *einen starken Bund schliessen* Dan. 9, 27.

Hitp. הִתְגַּבֵּר *sich stark zeigen* Jes. 42, 13. Hiob 15, 25; *anwachsen* Hiob 36, 9.

גֶּבֶר m. pl. גְּבָרִים *Mann*, meist dichterisch für אִישׁ Deut. 22, 5. Richt. 5, 30. Jes. 22, 17; sonst gewöhnl. da, wo es auf Bezeichnung des Geschlechts ankommt Ex. 10, 11. 12, 37; *Familienhaupt* Jos. 7, 14. 1 Chr. 23, 3.

גְּבַר m. *Mann* Ps. 18, 26.

גְּבַר aram. m. pl. גֻּבְרִין, emph. גֻּבְרַיָּא *Mann* Dan. 2, 25. 3, 8. 12.

[גִּבָּר] aram. m. pl. cs. גִּבָּרֵי *Starker* Dan. 3, 20.

גַּבְרִיאֵל (*Mann Gottes*) n. pr. eines Engels Dan. 8, 16. 9, 21.

גְּבֶרֶת f. suff. גְּבִרְתִּי *Herrin, Gebieterin* Gen. 16, 8. Jes. 47, 5. Ps. 123, 2. Spr. 30, 23.

גִּבְּתוֹן n. pr. Levitenstadt in Dan, spät. den Philistern gehörend Jos. 19, 44. 21, 23. 1 Kön. 15, 27.

גַּג m. mit He loc. הַגָּגָה, suff. גַּגּוֹ. pl. גַּגּוֹת *das* (platte) *Dach* Deut. 22, 8. Jos. 2, 6. 1 Sam. 9, 26. Jes. 22, 1; *Dach* (*obere Fläche*) *des Altar's* Ex. 30, 3; *Uebermölbung des Thores* 2 Sam. 18, 24.

גַּד m. 1) *Glück* Gen. 30, 11. 2) n. pr. a) Sohn des Jakob und der Silpa Gen. 30, 11, und der nach ihm benannte Stamm *Gad*, der seinen Wohnsitz im Ostjordanlande hatte, nördl. von Ruben, von dem er durch den Jabbok (נַחַל־גָּד 2 Sam. 24, 5) getrennt war; n. gent. גָּדִי Deut. 3, 12. מִגְדַּל־גָּד ist eine Ortschaft in Juda Jos. 15, 37. b) Prophet zur Zeit Davids 1 Sam. 22, 5. 1 Chr. 21, 9.

גַּד n. pr. einer heidnischen Gottheit (Glücksgottheit) n. E. *Jupiter* Jes. 65, 11; davon בַּעַל גָּד Ort am Fusse des Hermon Jos. 11, 17. 12, 7. 13, 5.

גַּד n. *Koriander*, mit dessen weissen Samenkörnern das Manna verglichen wird Ex. 16, 31. Num. 11, 7.

[גְּדָבַר] aram. pl. emph. גְּדָבְרַיָּא *Schatzmeister* Dan. 3, 2. 3.

גִּדְגָּד n. pr. Num. 33, 32. 33, verbunden mit חֹר, mit He loc. הַגֻּדְגֹּדָה Deut. 10, 7: Lagerplatz der Israeliten in der Wüste.

גָּדַד* I. fut. pl. יָגוֹדּוּ *sich zusammenschaaren* Ps. 94, 21.

Hitp. fut. pl. יִתְגּוֹדְדוּ *sich zusammenschaaren* Jer. 5, 7. Micha 4, 14.

[גָּדַד]* II. Hitp. fut. יִתְגֹּדְדוּ *sich Einschnitte in die Haut machen*, ein heidnischer Gebrauch bei der Trauer u. s. w. Deut. 14, 1. 1 Kön. 18, 28. Jer. 47, 5.

גְּדַד aram. imp. pl. גֹּדּוּ *umhauen* Dan. 4, 11. 20.

[גְּדוּדָה] f. pl. גְּדֻדֹת *Einschnitt* Jer. 48, 37.

[גִּדָּה] f. pl. suff. גְּדוֹתָיו *Ufer* Jos. 3, 15. 4, 18. Jes. 8, 7. 1 Chr. 12, 15 Kri.

גְּדֵרָה n. pr. mit חֲצַר Ort in Juda Jos. 15, 27.

גְּדוּד I.—**גְּדֻד** m. pl. גְּדוּדִים *Trupp, Schaar*, meist von kriegerischen Schaaren Gen. 49, 19. 1 Kön. 11, 24; dichterisch גְּדוּד=בַּת־גְּדוּד Mich. 4, 14; von Engelschaaren Hiob 25, 3.

[גְּדוּד] II. m. pl. suff. גְּדוּדֶהָ *Furche* Ps. 65, 11.

גָּדֹל—גָּדוֹל adj. cs. גְּדֹל u. גְּדָל־ (גְּדוֹל־), suff. גְּדוֹלָם, f. גְּדוֹלָה, pl. גְּדוֹלִים, cs. גְּדֹלֵי, suff. גְּדֹלָיו, f. גְּדוֹלוֹת *gross* Gen. 4, 13; *angesehen* Ex. 11, 3. 2 Kön. 4, 8. 5, 1; besonders pl. גְּדֹלִים *die Grossen, Vornehmen* Jer. 5, 5. Jona 3, 7; *wichtig* 2 Kön. 5, 13; *laut* Deut. 5, 19. Spr. 27, 14; *älter* Gen. 10, 21. 27, 1. 1 Sam. 17, 13. מִגְּדוֹלָם וְעַד־קְטַנָּם Jon. 3, 5 *von Gross bis Klein*; umgekehrt: Jer. 6, 13. 31, 34. גְּדָל־חֵמָה *jähzornig* Spr. 19, 19; גְּדָל־חֶסֶד *gnadenreich* Ps. 145, 8. גְּדֹלוֹת *Grosses* Jer. 33, 3. Ps. 71, 19. 131, 1. Hiob 5, 9. 9, 10; *Stolzes* Ps. 12, 4.

גְּדוּלָּה s. גְּדֻלָּה.

[גִּדּוּף] m. pl. גִּדּוּפִים (גִּדֻּפִים), cs. גִּדּוּפֵי, suff. גִּדּוּפֹתָם *Schmähung, Lästerung* Jes. 43, 28. 51, 7. Zef. 2, 8.

גְּדוּפָה f. *Schmähung, Fluch* Ezech. 5, 15.

גְּדִי m. pl. גְּדָיִים, cs. גְּדָיֵי *das Junge* Ex. 23, 19; meist *der Ziege* 1 Sam. 10, 3 und zwar mit dem Zusatze עִזִּים Gen. 27, 9. 38, 17. 20. Richt. 6, 19.

גָּדִי n. pr. 1) s. גָּד. 2) Vater des Königs Menachem 2 Kön. 15, 14.

גַּדִּי n. pr. einer der Kundschafter Num. 13, 11.

גַּדִּיאֵל n. pr. einer der Kundschafter Num. 13, 10.

[גִּדְיָה] f. pl. suff. גְּדִיֹתָיו *Ufer* 1 Chr. 12, 15 Ktib.

[גְּדִיָּה] f. pl. suff. גְּדִיֹּתַיִךְ *Ziegenböckchen* Hohel. 1, 8.

[גְּדִיל] pl. גְּדִלִים *gedrehter Faden, Schnur* Deut. 22, 12. 1 Kön. 7, 17.

גָּדִישׁ m. *Haufen, Getreidehaufen* Ex. 22, 5. Richt. 15, 5. Hiob 5, 26; *Grabeshügel* Hiob 21, 32.

גָּדַל* pf. suff. גְּדֵלַנִי, fut. יִגְדַּל *gross sein* Gen. 19, 13. Ps. 104, 1; *gross werden, heranwachsen* Gen. 21, 8. 38, 11. 2 Kön. 4, 18. גְּדֵלַנִי כְאָב *er wuchs mit mir auf, wie eines Vaters* Hiob 31, 18. גָּדְלָה נַפְשְׁךָ בְּעֵינַי *dein Leben ist mir werth gewesen* 1 Sam. 26, 24.

Piel גִּדֵּל *gross machen, erhöhen* Jos. 4, 14. 2 Kön. 10, 6. 1 Chr. 29, 12; *preisen* Ps. 34, 4. 69, 31; *gross ziehen* (Kinder) Jes. 1, 2. 51, 18; (Pflanzen) Jona 4, 10; *das Wachsthum befördern* Jes. 44, 14. Ezech. 31, 4; *wachsen lassen* Num. 6, 5.

Pual part. pl. מְגֻדָּלִים *grossgezogen werden* Ps. 144, 12.

Hifil הִגְדִּיל *gross machen, vergrössern* Jes. 42, 21. Ezech. 24, 9. Amos 8, 5. Ps. 138, 2. Koh. 2, 4; *den Mund gross machen = einen grossen Mund führen, prahlerisch reden* Obadj. 1, 12; auch וַתַּגְדִּילוּ עָלַי בְּפִיכֶם *ihr führt stolze Reden gegen mich* Ezech. 35, 13; überhaupt הִגְדִּיל עַל *hochmüthige Rede gegen Jemand führen* Jer. 48, 26. 42. Zef. 2, 8. 10. Ps. 55, 13. Hiob 19, 5; ohne עַל *gross thun* Dan. 8, 4. 11. הִגְדִּיל עָקֵב *jemand verächtlich behandeln* Ps. 41, 10. הִגְדִּיל לַעֲשׂוֹת *Grosses thun* Joel 2, 20. 21. Ps. 126, 2. 3; dasselbe ohne לַעֲשׂוֹת 1 Sam. 12, 24. Klagel. 1, 9. עַד דָּוִד הִגְדִּיל (nämlich לִבְכּוֹת) *besonders David weinte sehr* 1 Sam. 20, 41. הִגְדִּיל חֶסֶד *grosse Gnade erweisen* Gen. 19, 19; eben so: *grossen Sieg gewähren* Ps. 18, 51; *grosse Freude gewähren* Jes. 9, 2.

Hitp. pf. 1 sg. הִתְגַּדִּלְתִּי, fut. יִתְגַּדֵּל *sich gross zeigen* Ezech. 38, 23; *gross thun* Jes. 10, 15. Dan. 11, 36. 37.

גָּדֵל adj. pl. cs. גְּדֹלֵי *gross* Gen. 26, 13. 1 Sam. 2, 26. Ezech. 16, 26.

גֹּדֶל m. suff. גָּדְלוֹ—גֻּדְלוֹ *Grösse, Macht* Num. 14, 19. Deut. 5, 24. Ps. 150, 2; *Lob* Deut. 32, 3. גֹּדֶל לֵבָב *Hochmuth* Jes. 9, 8. 10, 12.

גָּדֹל s. גָּדוֹל.

גִּדֵּל n. pr. m. 1) Esra 2, 47. Neh. 7, 49. 2) Esra 2, 56. Neh. 7, 58.

גָּדֹל s. גָּדוֹל.

גְּדֻלָּה (zuw. גְּדוּלָּה) f. cs. גְּדֻלַּת, pl. גְּדוּלוֹת *Grösse, Macht, Ruhm* Ps. 71, 21. 145, 3; *Ehre* Est. 6, 3; pl. *grosse Thaten* 1 Chr. 17, 19. 21.

גְּדַלְיָהוּ—גְּדַלְיָה (*Gott ist gross*) n. pr. 1) Oberster über die Juden, von Ismael ermordet 2 Kön. 25, 22. Jer. 40, 5. 2) Vorfahr des Propheten Zefanja Zef. 1, 1. 3) ein Vornehmer zur Zeit Jeremias Jer. 38, 1. 4) Sohn des Jedutun 1 Chr. 25, 3. 9. 5) Esra 10, 18.

גִּדַּלְתִּי (*ich habe gross gemacht*) n. pr. Sohn des Heman 1 Chr. 25, 4. 29.

גָּדַע* fut. אֶגְדַּע *abschneiden* Zach. 11, 10. 14; *abhauen* Jes. 10, 33; *vernichten* 1 Sam. 2, 31. Klagel. 2, 3.

Nifal *abgehauen, niedergehauen werden* Jes. 14, 12. 22, 25. Jer. 48, 25; *vernichtet werden* Richt. 21, 6.

Piel גִּדַּע ps. גִּדֵּעַ *abhauen, niederhauen* Deut. 7, 5. 12, 3. Jes. 45, 2, Ps. 75, 11. 107, 16.

Pual pf. גֻּדְּעוּ *umgehauen werden* Jes. 9, 9.

גִּדְעוֹן (*Umhauer*) n. pr. *Gideon* Richter in Israel, auch *Jerubaal* genannt Richt. 6, 11 ff.

גִּדְעֹם n. pr. Ortschaft in Benjamin Richt. 20, 45.

גִּדְעֹנִי n. pr. m. Num. 1, 11. 2, 22. 7, 60. 65. 10, 24.

[גָּדַף]* Piel *lästern, schmähen* Num. 15, 30. 2 Kön. 19, 6. 22. Ezech. 20, 27. Ps. 44, 17.

גִּדֻּף s. גִּדּוּף.

גָּדַר* *eine Mauer ziehen* Ezech. 13, 5. 22, 30. Hos. 2, 8; *eine Lücke in einer Mauer schliessen = Schäden ausbessern* Jes. 58, 12. Amos 9, 11; *einschliessen, einengen* mit בְּעַד Klagel. 3, 7; mit acc. Hiob 19, 8. Klagel. 3, 9. גֹּדְרִים *Maurer* 2 Kön. 12, 13.

גָּדֵר m. cs. גֶּדֶר, suff. גְּדֵרוֹ, pl. suff. גְּדֵרַיִךְ *Mauer,*

Umzäunung Num. 22,24. Jos. 5,5. Micha 7,11. Ps. 80,13. — בֵּית־גָּדֵר n. pr. Ort in Juda 1 Chr. 2,51; n. gent. גְּדֵרִי 1 Chr. 27,28.

גֶּדֶר n. pr. Ortschaft in Palästina Jos. 12,13.

גְּדוֹר n. pr. m. 1) 1 Chr. 8,31. 9,37. 2) Ortschaft auf dem Gebirge Juda Jos. 15,58. 1 Chr. 4,39.

גְּדֵרָה 1) f. pl. גְּדֵרוֹת, cs. גִּדְרוֹת, suff. גְּדֵרֹתָיו *Mauer* Ps. 89,41; *Umzäunung, Hürde* Num. 32,16. Jer. 49,3. Nah. 3,17. Zef. 2,6. 2) n. pr. הַגְּדֵרָה Ort in Juda Jos. 15,36. 1 Chr. 4,23; n. gent. גְּדֵרָתִי 1 Chr. 12,5.

גְּדֵרוֹת n. pr. Ort in Juda Jos. 15,41. 2 Chr. 28,18.

גְּדֵרִי s. גֶּדֶר.

גְּדֶרֶת f. *Umzäunung* Ezech. 42,12.

גְּדֵרֹתַיִם n. pr. Ort in Juda Jos. 15,36.

גֵּה = זֶה *dieser* Ezech. 47,13.

גָּהָה* nur Hos. 5,13: יִגְהֶה מָזוֹר *er wird den Verband entfernen = er wird heilen.*

גֵּהָה f. *Heilung* Spr. 17,22.

גָּהַר* fut. יִגְהַר *sich niederbeugen* 1 Kön. 18,42. 2 Kön. 4,34. 35.

[גֵּו] m. suff. גֵּוְךָ, גֵּוָם, גֵּוֶךָ *Rücken; hinter seinen Rücken werfen = verachten* 1 Kön. 14,9. Ezech. 23,35. Neh. 9,26.

[גֵּו] aram. cs. גּוֹ u. גּוֹא, suff. גַּוַּהּ *Mitte,* wie heb. תָּוֶךְ Dan. 3,25. 7,15. מִן גּוֹא *aus — heraus* Dan. 3,26. לְגוֹא *in — hinein* Dan. 3,6. בְּגַוַּהּ —בְּגַוַּהּ *darin* Esra 4,15. 5,7.

גֵּו m. suff. גֵּוְךָ 1) *Rücken* Jes. 38,17. 50,6. 51,23. Spr. 10,13. 19,29. 26,3; *Mitte* Hiob 30,5.

גּוֹא s. גֵּו aram.

גּוֹב part. pl. גֹּבִים *Ackerbau treiben* 2 Kön. 25,12 Ktib (Kri: יֹגְבִים).

גּוֹב — גּוֹבַי — גֹּבַי m. *Heuschreckenschwarm* Amos 7,1. Nah. 3,17. 2) גֹּב n. pr. Ort in Palästina 2 Sam. 21,18. 19.

גּוֹג n. pr. 1) Fürst von Magog u. s. w. Ezech. 38,2 ff. 39,1. 11; vgl. מָגוֹג. 2) 1 Chr. 5,4.

גּוּד fut. יָגֻד, suff. יְגוּדֶנּוּ = גָּדַד I *sich zusammenschaaren,* mit acc. *gegen Jemand* Gen. 49,19. Hab. 3,16.

גֵּוָה I f. *Körper* Hiob 20,25.

גֵּוָה II (zusammengez. aus גַּאֲוָה) f. *Erhebung* Hiob 22,29; *Uebermuth* Jer. 13,17. Hiob 33,17.

גֵּוָה aram. f. *Stolz* Dan. 4,34.

גּוּז* pf. גָּז, fut. וַיָּגָז 1) *hinfliegen, hinschwinden* Ps. 90,10. 2) trans. *herbeifliegen lassen, herbeibringen* Num. 11,31.

גּוֹזָל pl. suff. גּוֹזָלָיו *das Junge des Vogels* z. B. *der Taube* Gen. 15,9; *des Adlers* Deut. 32,11.

גּוֹזָן n. pr. Landschaft in Mesopotamien am Flusse Chabor 2 Kön. 17,6. 19,12. 1 Chr. 5,26.

גּוֹחַ s. גִּיחַ.

גּוֹי m. suff. גּוֹי Zef. 2,9 = גּוֹיִי, pl. גּוֹיִם — גֹּיִם (Gen. 25,23 und Ps. 79,10 Ktib), cs. גּוֹיֵי, suff. גּוֹיֵהֶם ,גּוֹיַיִךְ ,גּוֹיֵךְ (Ezech. 36,13 Ktib) und גּוֹיִךְ 1) *Volk* im allgem. Sinne Gen. 12,2. Jes. 1,4; auch *Leute, Bürgerschaft* Spr. 14,34. Ezech. 36,13. 14. 15. 2 Chr. 15,6. 2) meist von *nichtisraelitischem Volk* Deut. 28,36. Jes. 14,32; daher überhaupt *Heiden* Jes. 42,6. Ps. 2,1. 3) *Schwarm,* von Thieren Joel 1,6. Zef. 2,14. 4) *Person* Gen. 20,4. 5) n. pr. eines unbekannten Volkes Gen. 14,1. גְּלִיל הַגּוֹיִם dagegen ist das von heidnischen Elementen stark durchsetzte *Galiläa* Jes. 8,23.

גְּוִיָּה f. pl. גְּוִיּוֹת, suff. גְּוִיֹּתֵיהֶנָה *Körper, Leichnam* Gen. 47,18. Richt. 14,8. 1 Sam. 31,12. Ezech. 1,11. Ps. 110,6.

גּוֹל s. גִּיל.

גּוֹלָה f. *Auswanderung, Verbannung* 2 Kön. 24,15. בְּנֵי הַגּוֹלָה *die Verbannten* Esra 4,1, wofür oft bloss גּוֹלָה collective gebraucht wird Jer. 29,1. Esra 10,8.

גּוֹלָן n. pr. Freistadt in Baschan, zu Ostmanasse gehörig Deut. 4,43. Jos. 20,8 (wo גָּלוֹן Ktib). 1 Chr. 6,56; das Gebiet hiess später *Gaulanitis.*

גּוּמָּץ m. *Grube* Koh. 10,8.

גּוּנִי n. pr. 1) Sohn des Naftali Gen. 46,24. Num. 26,48. 2) 1 Chr. 5,15.

גָּוַע* inf. גְּוֹעַ, בִּגְוֹעַ, לִגְוֹעַ, fut. אֶגְוַע *sterben, vergehen* Gen. 6,17. Num. 17,28. 20,3. Ps. 104,29.

*[גּוּף] Hifil fut. יָגִיפוּ *zuschlagen* (die Thür) Neh. 7,3.

גּוּפָה f. cs. גּוּפַת, pl. גּוּפוֹת *Körper, Leichnam* 1 Chr. 10,12.

גּוּר* I. pf. 1 sg. גַּרְתִּי, fut. וַיָּגָר—יָגוּר, suff. יְגֻרְךָ 1) *als Fremder verweilen, sich aufhalten* Gen. 20, 1. 32, 5. Ps. 15, 1. יְגֻרְךָ *er hält sich bei dir auf* Ps. 5, 5. גָּרַת בֵּית *Hausgenossin* Ex. 3, 22. גָּרֵי בֵיתִי *meine Hausgenossen* Hiob 19, 13. 2) *sich zusammenrotten* in feindlicher Absicht Ps. 56, 7; mit עַל Ps. 59, 4; mit אֵת Jes. 54, 15.

Hitp. fut. יִתְגּוֹרָרוּ, part. מִתְגּוֹרֵר *sich aufhalten* 1 Kön. 17, 20; *sich zusammenschaaren* Hos. 7, 14; *sich zusammenziehen* (vom Sturm) Jer. 30, 23.

גּוּר II. fut. אָגוּר, וַיָּגָר *fürchten, scheuen* Num. 22, 3. Deut. 32, 27.

גּוּר m. pl. suff. גּוּרֶיהָ *junger Löwe*, oft mit Zusatz אַרְיֵה Gen. 49, 9. Deut. 33, 22. Ezech. 19, 3; auch von den *Jungen* anderer Thiere Klagel. 4, 3.

גּוּר־בַּעַל (*Baalswohnung*) n. pr. Ortschaft in Arabien 2 Chr. 26, 7.

גּוֹרָל m. cs. גּוֹרַל, suff. גּוֹרָלוֹ, גּוֹרָלִי, pl. גּוֹרָלוֹת 1) *Loos* Lev. 16, 8. Jos. 18, 10. 2) der durch das Loos erworbene *Antheil* Jos. 17, 11. Richt. 1, 3. Ps. 125, 3. וְתַעֲמֹד לְגֹרָלְךָ *du wirst auferstehen* (und kommen) *zu deinem Antheile* Dan. 12, 13.

גּוּשׁ m. *Erdscholle* Hiob 7, 5 Kri.

גֵּז m. pl. cs. גִּזֵּי 1) *die abgeschorene Wolle* Deut. 18, 4. Hiob 31, 20. 2) *das abgemähte Feld* Ps. 72, 6. גִּזֵּי הַמֶּלֶךְ *die dem Könige gehörende Schur des Frühgrases* Amos 7, 1.

גִּזְבָּר m. *Schatzmeister* Esra 1, 8.

[גִּזְבַּר] aram. m. pl. emph. גִּזַּבְרַיָּא *Schatzmeister* Esra 7, 2.

גֹּזֶה part. suff. גּוֹזִי *mein Versorger* Ps. 71, 6.

גִּזָּה f. cs. גִּזַּת *abgeschorene Wolle* Richt. 6, 37. 39. 40.

גִּזוֹנִי n. gent. von einem unbekannten Orte גִּזוֹה 1 Chr. 11, 34.

גָּזַז* inf. לָגֹז—לִגְזֹז, imp. גֹּזִּי—גֹּזִּי, fut. תָּגֹז, וַיָּגָז *scheeren, abscheeren* Gen. 31, 19. 38, 13. Deut. 15, 19. Jer. 7, 29. Micha 1, 16. Hiob 1, 20. גֹּזְזִים *die Schafschur* Gen. 38, 12. 1 Sam. 25, 7. 2 Sam. 13, 23. 24.

Nifal pf. נָגֹזּוּ *weggeschnitten werden* Nah. 1, 12.

גָּזֵז n. pr. m. 1 Chr. 2, 46.

גָּזִית f. *Behauung*, daher אַבְנֵי גָזִית *behauene Steine* 1 Kön. 5, 31; auch גָּזִית allein Ex. 20, 22. Jes. 9, 9.

גָּזַל* fut. יִגְזֹל 1) *rauben* Lev. 19, 13. Hiob 24, 19. גָּזַל גְּזֵלָה *einen Raub begehen* Ezech. 18, 22; *das Recht rauben* Jes. 10, 2; auch von unbeweglichen Dingen: *sich aneignen* Gen. 21, 25. Micha 2, 2; *abreissen* Micha 3, 2; *wegnehmen* Gen. 31, 31; *entreissen* 2 Sam. 23, 21. 2) *berauben* Spr. 22, 22. 28, 24; גָּזוּל *beraubt, ausgeraubt* Deut. 28, 29. Jer. 21, 12.

Nif. pf. f. נִגְזְלָה *geraubt werden, verloren sein* Spr. 4, 16.

גָּזֵל m. *das Geraubte* Lev. 5, 21. Ps. 62, 11.

גֵּזֶל m. *das Geraubte* Ezech. 18, 18. גֵּזֶל מִשְׁפָּט *Rechtlosigkeit* Koh. 5, 7.

גְּזֵלָה f. cs. גְּזֵלַת, pl. גְּזֵלוֹת *Raub, das Geraubte* Lev. 5, 23. Ezech. 18, 7. 12. 33, 15. גְּזֵלַת הֶעָנִי *das dem Armen Geraubte* Jes. 3, 14.

גָּזָם m. eine Art *Heuschrecke* Joel 1, 4. 2, 25. Amos 4, 9.

גַּזָּם n. pr. m. Esra 2, 48. Neh. 7, 51.

גֶּזַע m. suff. גִּזְעוֹ *der Stamm* (eines Baumes) Jes. 11, 1. 40, 24. Hiob 14, 8.

גָּזַר* fut. יִגְזֹר—יִגְזָר, imp. גִּזְרוּ, ps. גְּזֹרוּ *zerschneiden* 1 Kön. 3, 25. 26; *spalten* 2 Kön. 6, 4. Ps. 136, 13. *verzehren, vernichten* Jes. 9, 19. Hab. 3, 17 גְּזַר אֹמֶר *einen Ausspruch fällen* Hiob 22, 28.

Nifal *vernichtet werden* Ps. 88, 6. Klagel. 3, 54; mit pleon. pron. Ezech. 37, 11; *ausgeschlossen sein* Jes. 53, 8. 2 Chr. 26, 21; *verhängt werden* Est. 2, 1.

גְּזַר aram. nur part. גָּזְרִין, emph. גָּזְרַיָּא *Sterndeuter* Dan. 2, 27. 4, 4. 5, 7. 11.

Itp. pf. f. הִתְגְּזֶרֶת—אִתְגְּזֶרֶת *sich losreissen* Dan. 2, 34. 45.

[גֶּזֶר] 1) pl. גְּזָרִים *Schnitt, Stück* Gen. 15, 17. Ps. 136, 13. 2) גֶּזֶר n. pr. Levitenstadt in Efraim, von den Aegyptern zerstört und von Salomo hergestellt Jos. 10, 33. 12, 12. 21, 21. 2 Sam. 5, 25. 1 Kön. 9, 15—17. 1 Chr. 6, 52; n. gent. גִּזְרִי 1 Sam. 27, 8 Kri.

[גְּזֵר] adj. f. גְּזֵרָה *zerschnitten, zerklüftet* Lev. 16, 22.

[גְּזֵרָה] aram. f. cs. גְּזֵרַת *Beschluss* Dan. 4, 14. 21.

גִּזְרָה f. suff. גִּזְרָתָם 1) *Schnitt, abgeschiedener Platz* Ezech 41, 12. 1 ff. 2) *menschlihce Figur* Klagel. 4, 7.

גִּזְרִי s. גָּזַר.

גָּחוֹן m. suff. גְּחֹנְךָ *Bauch* (der Kriechthiere) Gen. 3, 14. Lev. 11, 42.

גִּחוֹן s. גִּיחוֹן.

גֵּיחֲזִי—גֵּחֲזִי n. pr. Diener des Elischa 2 Kön. 4, 31. 5, 21. 8, 4.

גַּחֶלֶת f. suff. גַּחַלְתִּי, pl. גֶּחָלִים, cs. גַּחֲלֵי, suff. גֶּחָלָיו *Kohle* Lev. 16, 12. 2 Sam. 22, 9. Jes. 44, 19. 47, 13. Ezech. 24, 11; die *Kohle verlöschen* = *einem Geschlecht ein Ende machen* 2 Sam. 14, 7.

גַּחַם n. pr. Sohn des Nachor Gen. 22, 24.

גַּחַר n. pr. m. Esra 2, 47.

גַּיְא—גַּי, auch גֵּיא (Jes. 40, 4), m. u. f., cs. גֵּיא u. גֵּי, pl. גֵּאָיוֹת Kri (גֵּאוֹת Ktib), suff. גֵּיאוֹתֶיךָ *Thal* Num. 21, 20. Deut. 34, 6. 2 Kön. 2, 16. Ezech. 31, 12. 35, 8; häufig zu geographischen Bestimmungen gebraucht, die unter dem zweiten Worte der Zusammensetzung zu finden sind.

גִּיד m. pl. גִּידִים *Sehne, Ader* Gen. 32, 33. Jes. 48, 4. Ezech. 37, 6. Hiob 10, 11. 40, 17.

גִּיחַ fut. תָּגִחַ, יָגִיחַ, imp. f. גֹּחִי, inf. suff. גִּיחוֹ *hervorbrechen* Ezech. 32, 2. Hiob 38, 8. 40, 23; *in Klagegeschrei ausbrechen* Micha 4, 10.

Hif. part. מֵגִיחַ *hervorbrechen* Richt. 20, 33.

[גִּיחַ] aram. Afel part. pl. מְגִיחָן *hervorbrechen* Dan. 7, 2.

גִּיחַ n. pr. Ort in Palästina 2 Sam. 2, 24.

גִּחוֹן—גִּיחוֹן n. pr. 1) einer der vier Hauptströme, n. E. *der Nil* Gen. 2, 14. 2) Quelle an der Westseite Jerusalem's, welche zwei Teiche, den oberen und den unteren, bildete 1 Kön. 1, 33. 2 Chr. 32, 30. 33, 14.

גֵּיחֲזִי s. גֵּחֲזִי.

גִּיל* pf. גַּלְתִּי, inf. גּוֹל (Spr. 23, 24), imp. f. גִּילִי, pl. גִּילוּ, fut. יָגִיל—יָגֵל—וַיָּגֶל, תָּגֵלְנָה *jubeln, jauchzen*, gewöhnl. mit בְּ *über* ... Jes. 29, 19. Hab. 3, 18. Ps. 16, 9. 53, 7; mit עַל Hos. 10, 5.

גִּיל m. suff. גִּילִי 1) *das Jauchzen* Ps. 43, 4. 2) *Kreis, Zeitlauf.* אֲשֶׁר כְּגִילְכֶם *Altersgenossen von euch* Dan. 1, 10.

גִּילָה f. cs. גִּילַת *Jubel* Jes. 35, 2. 65, 18.

גִּלֹה — גִּילֹה n. pr. Ort in Juda Jos. 15, 51. 2 Sam. 15, 12; n. gent. גִּילֹנִי — גִּלֹנִי 2 Sam. 15, 12. 23, 34.

גִּינַת (*Schutz*) n. pr. m. 1 Kön. 16, 21. 22.

גִּיר aram. emph. גִּירָא *Kalk* Dan. 5, 5.

גֵּיר s. גֵּר.

גִּישׁ m. Hiob 7, 5 Ktib = גּוּשׁ *Erdscholle.*

גֵּישָׁן n. pr. m. 1 Chr. 2, 47.

גַּל m. ps. גָּל, pl. גַּלִּים, cs. גַּלֵּי, suff. גַּלֶּיךָ 1) *Steinhaufen* Gen. 31, 46. Jes. 25, 2. Hiob 8, 16. 2) *Welle* Jes. 48, 18. Ps. 42, 8; *Quelle* Hohel. 4, 12. 3) גַּלִּים n. pr. Ort in Benjamin, nördlich von Jerusalem 1 Sam. 25, 44. Jes. 10, 30.

[גֻּל] m. suff. גֻּלָּהּ *Oelbehälter* Zach. 4, 2.

גְּלָא aram. part. גָּלֵא, pass. גְּלִי—גֲּלֵי, inf. מִגְלָא *offenbaren* Dan. 2, 19. 22. 30. 47.

Afel pf. הַגְלִי *in die Verbannung führen* Esra 4, 10. 5, 12.

[גַּלָּב] m. pl. גַּלָּבִים *Scheerer* Ezech. 5, 1.

גִּלְבֹּעַ n. pr. Gebirge in Isachar, wo Saul und seine Söhne fielen 1 Sam. 28, 4. 31, 1. 2 Sam. 1, 6.

גַּלְגַּל m. pl. suff. גַּלְגִּלָּיו 1) *Rad* Jes. 5, 28. Jer. 47, 3. Ezech. 10, 2; *Schöpfrad* Koh. 12, 6. 2) *Wirbelwind* Ps. 77, 19; *der vom Wirbelwinde aufgewehte Staub* Jes. 17, 13. Ps. 83, 14.

גִּלְגָּל 1) m. cs. גִּלְגַּל *Rad* Jes. 28, 28. 2) n. pr. (mit Art.) auch בֵּית הַגִּלְגָּל (Neh. 12, 29), Stadt zwischen Jericho und dem Jordan Jos. 4, 19. 1 Sam. 10, 8. 2 Kön. 4, 38. Hos. 4, 15.

גֻּלְגֹּלֶת f. suff. גֻּלְגָּלְתּוֹ, pl. suff. גֻּלְגְּלֹתָם *Schädel* Richt. 9, 53. 2 Kön. 9, 35. 1 Chr. 10, 10; dann auch bei Zählungen, wie das deutsche: „*Kopf*" Ex. 16, 16. 38, 26. Num. 1, 2. 1 Chr. 23, 3.

[גֶּלֶד] m. suff. גִּלְדִּי *Haut* Hiob 16, 15.

גָּלָה* fut. יִגְלֶה—יִגֶל, inf. abs. גָּלֹה, cs. גְּלוֹת 1) *aufdecken, enthüllen* z. B. ein Geheimniss Amos 3, 7. Spr. 20, 19; mit Object אֹזֶן *eine Mittheilung machen* 1 Sam. 9, 15. 20, 12. 22, 8. 17. Hiob 33, 16. Rut. 4, 4. גָּלוּי *offenkundig* Est. 3, 14. גְּלוּי עֵינָיִם *mit geöffneten Augen* Num. 24, 4. 16. 2) *durch Auswanderung ein Land entblössen, auswandern, verbannt werden*, was sowohl von Menschen Jes. 5, 13. Amos 6, 7 als von den entvölkerten Gegenden Richt. 18, 30. Jer. 1, 3, endlich auch (poëtisch) von Sachen gebraucht wird; im letzteren Falle: *ausgehen, verschwinden* 1 Sam. 4, 21. Jes. 24, 11. Hos. 10, 5. Spr. 27, 25.

Nifal inf. abs. נִגְלֹה, cs. הִגָּלוֹת *sich offenbaren, erscheinen* Gen. 35, 7. 1 Sam. 2, 27. 3, 7. 2) *aufgedeckt werden* Jer. 13, 22. Hos. 7, 1; *sich aufdecken*, *entblössen* 2 Sam. 6, 20. Ezech. 23, 29; *sich zeigen* 1 Sam. 14, 8.

Piel fut. תְּגַל־תְּגַלֶּה—תְּגַלֶּה, imp. גַּל, גַּלֵּי *aufdecken* Nah. 3, 5. Rut 3, 4; gewöhnlich mit accus., selten mit עַל Klagel. 2, 14; *die Blösse einer Frau aufdecken*, d. h. *ihr geschlechtlich beiwohnen* Lev. 18, 7; *eines Mannes* = *seiner Frau beiwohnen* Lev. 18, 14. Ezech. 22, 10. גִּלָּה אֶת־עַיִן *das Auge Jemandes öffnen* d. h. *ihm* (sinnliche oder geistige) *Sehkraft verleihen* Num. 22, 31. Ps. 119, 18.

Pual pf. גֻּלְּתָה, part. f. מְגֻלָּה *aufgedeckt werden* Nah. 2, 8; *offen sein* Spr. 27, 5.

Hifil pf. הֶגְלָה—הִגְלָה, inf. suff. בְּגָלוֹתוֹ (Jer. 27, 20 = בְּהַגְלוֹתוֹ), fut. וַיֶּגֶל, suff וַיַּגְלֵם *in die Verbannung führen* 2 Kön. 17, 11. 18, 11. Est. 2, 6; mit לְ 1 Chr. 5, 26.

Hof. pf. 3 f. הָגְלָת — הָגְלְתָה, part. pl. מָגְלִים *verbannt werden* Jer. 13, 19. 40, 1. Est. 2, 6.

Hitp. fut. וַיִּתְגַּל *sich aufdecken* Gen. 9, 21. Spr. 18, 2.

גֹּלָה s. גָּלָא.

גֹּלָה s. גּוֹלָה.

גִּלָה s. גִּילָה.

גֻּלָּה f. cs. גֻּלַּת, pl. גֻּלּוֹת 1) *Oelbehälter* Zach. 4, 3; bildlich für den dem Körper Nahrung gebenden *Behälter* Koh. 12, 6. 2) *runde Kapitäle* an den Säulen 1 Kön. 7, 41. 2 Chr. 4, 12. 3) *Wasserquellen* Jos. 15, 19. Richt. 1, 15.

[גָּלוּ] aram. f. emph. גָּלוּתָא *Verbannung, Wegführung* Dan. 2, 25. Esra 6, 16.

[גִּלּוּל] m. pl. גִּלּוּלִים, cs. גִּלּוּלֵי eigentl. *Klötzer* (oder *Steinhaufen*), verächtliche Bezeichnung der *Götzenbilder*, daher überhaupt für *Götzen* Lev. 26, 30. 1 Kön. 15, 12. Jer. 50, 2. Ezech. 6, 4.

[גְּלוֹם] pl. cs. גְּלוֹמֵי *Pack, Ballen* Ezech. 27, 24.

גָּלוֹן Jos. 21, 27 Kri = גּוֹלָן s. d.

גָּלוּת (גָּלֻת) f. suff. גָּלוּתִי *Wegführung, Verbannung* 2 Kön. 25, 27. Ezech. 33, 21; collect. *die Verbannten* Jes. 45, 13. Jer. 24, 5. Obadj. 1, 20.

*[גָּלַח] Piel pf. גִּלַּח, fut. יְגַלַּח *scheeren* (den Körper) Num. 6, 9. Deut. 21, 12; *abscheeren* (das Haar) Lev. 14, 8. 21, 5. Richt. 16, 19; ohne Object: *sich scheeren* Gen. 41, 14; bildlich: *vernichten* Jes. 7, 20.

Pual גֻּלַּח *geschoren werden* Richt. 16, 17. 22. מְגֻלְּחֵי זָקָן *mit geschornem Barte* Jer. 41, 5.

Hitp. הִתְגַּלַּח *sich scheeren* Lev. 13, 33; mit accus. Num. 6, 19.

גִּלָּיוֹן m. pl. גִּלְיֹנִים *geglättete Tafel* zum Schreiben Jes. 8, 1; *Spiegel* (aus geglättetem Metall) Jes. 3, 23.

גָּלִיל m. cs. גְּלִיל, pl. גְּלִילִים 1) *Ring* Hohel. 5, 14. 2) *Walze* Est. 1, 6. 3) *runde Zapfen* 1 Kön. 6, 34. 4) *Kreis* in geographisch. Sinne אֶרֶץ הַגָּלִיל 1 Kön. 9, 11 *Galiläa*, der nördliche Theil Palästina's = גְּלִיל הַגּוֹיִם; vgl. גּוֹי.

גְּלִילָה f. pl. גְּלִילוֹת *Kreis* (geographisch), *Umgebung* Jos. 13, 2. 18, 17. 22, 10. 11. Ezech. 47, 8. Joel 4, 4.

גַּלִּים n. pr. s. גַּל.

גָּלְיָת n. pr. *Goliat*, der bekannte philistische Riese 1 Sam. 17, 4. 2 Sam. 21, 19. 1 Chr. 20, 5.

*גָּלַל pf. 1 p. גַּלּוֹתִי, 3 pl. גָּלְלוּ, imp. גַּל־גּוֹל־גֹּל (Ps. 119, 22), pl. גֹּלּוּ *wälzen, rollen* Gen. 29, 3. 8. Spr. 26, 27; *abwälzen* mit מֵעַל Jos. 5, 9. Ps. 119, 22; bildlich mit אֶל Jemandem *anheimgeben* Ps. 22, 9. 37, 5. Spr. 16, 3.

Nifal pf. 3 pl. נָגֹלּוּ, fut. יִגַּל *zusammengerollt werden* Jes. 34, 4; *sich wälzen, umherrollen* Amos 5, 24.

Polal part. fem. מְגוֹלָלָה *umhergewälzt werden* Jes. 9, 4.

Hifil fut. וַיָּגֶל *wälzen* Gen. 29, 10.

Hitp. הִתְגֹּלֵל *sich wälzen* 2 Sam. 20, 12; *herfallen über* ... Gen. 43, 18.

Pilp. suff. גִּלְגַּלְתִּיךָ *herabstürzen* Jer. 51, 25.

Hitpalpel pf. הִתְגַּלְגָּלוּ *einherstürzen* Hiob 30, 14.

גָּלָל m. 1) *Koth, Mist* 1 Kön. 14, 10. 2) *Folge, Ursache*, nur im cs. בִּגְלַל, suff. בִּגְלָלְךָ, בִּגְלַלְכֶם praep. *wegen* Gen. 12, 13. 30, 27. 39, 5. Deut. 1, 37. Micha 3, 12. 3) n. pr. m. a) 1 Chr. 9, 15; b) Neh. 11, 17. 1 Chr. 9, 16.

גְּלָל aram. אֶבֶן גְּלָל *ein Stein, der gewälzt wird* (nicht getragen werden kann), *grosser Stein* Esra 5, 8. 6, 4.

[גֵּלֶל] m. suff. גֶּלְלוֹ, pl. גְּלָלִים, cs. גֶּלְלֵי *Koth* Ezech. 4, 12. 15. Zef. 1, 17. Hiob 20, 7.

גִּלֲלַי n. pr. m. Neh. 12, 36.

גָּלַם fut. יִגְלֹם *zusammenrollen* 2 Kön. 2, 8.

[גֹּלֶם] suff. גָּלְמִי *zusammengerollte, unförmliche Masse*, vom *Embryo* Ps. 139, 16.

גַּלְמוּד adj. f. גַּלְמוּדָה *einsam* Jes. 49, 21; *öde* Hiob 3, 7; *verkümmert* Hiob 15, 34. 30, 3.

[גָּלַע]* Hitp. fut. יִתְגַּלָּע *sich entzünden, sich erbittern, heftig werden* Spr. 17, 14. 18, 1. 20, 3.

גִּלְעָד n. pr. 1) Sohn des Machir Num. 26, 29. 30. 2) Vater des Jiftach Richt. 11, 1. 3) 1 Chr. 5, 14. 4) הַגִּלְעָד Landschaft im Ostjordanlande, ursprüngl. das Land südl. vom Jabbok, dann auch das ganze Besitzthum der dritthalb Stämme Num. 32, 26. Deut. 3, 10—16. 4, 43. 34, 1. 1 Sam. 13, 7. Amos 1, 3; n. gent. גִּלְעָדִי Richt. 11, 1. 12, 4; vgl. יָבֵשׁ.

גַּלְעֵד n. pr. Gen. 31, 41 = גִּלְעָד.

גָּלַשׁ* *sich herabbewegen, herabwallen* Hohel. 4, 1. 6, 5.

גָּלָה s. גָּלוּת.

גַּם conj. *auch* Gen. 13, 5; גַּם—גַּם *sowohl als auch* Gen. 24, 25. Ex. 12, 31; dient oft zur Verstärkung der Zusammengehörigkeit גם הוא *ebenfalls* Gen. 4, 4. גַּם שְׁנֵיכֶם *euch beide zusammen* Gen. 27, 45. גַּם שְׁתֵּיהֶן *beide gleichmässig* 1 Sam. 25, 43. גַּם־יָחַד *so recht zusammen* Ps. 133, 1; ebenso um den Gegensatz anzuschliessen: *und doch* Ps. 129, 2; *ja sogar* Ex. 10, 25. Jer. 6, 15. 51, 44; verstärkt: אַף גַּם Lev. 26, 44; *wenn auch* Jer. 36, 25. Ps. 95, 9, wofür vollständiger: גַּם כִּי Jes. 1, 15; גַּם אִם Koh. 8, 17. גַּם אֲשֶׁר Neh. 3, 35.

[גָּמָא]* Piel fut. יְגַמֵּא־ *trinken, schlürfen*; von grosser Schnelligkeit des Laufes Hiob 39, 24.
Hifil imp. f. suff. הַגְמִיאִינִי *trinken lassen* Gen. 24, 17.

גֹּמֶא m. *Schilf, Papyrusstaude* Jes. 35, 7. Hiob 8, 11, aus der leichte Schiffchen gemacht wurden Ex. 2, 3. Jes. 18, 2.

[גַּמָּד] m. pl. גַּמָּדִים *Wachposten* Ezech. 27, 11.

גֹּמֶד m. *Spanne* als Maass Richt. 3, 16.

גָּמוּל n. pr. einer Priesterabtheilung 1 Chr. 24, 17. בֵּית גָּמוּל Ort in Moab Jer. 48, 23.

גְּמוּל m. suff. גְּמֻלְךָ, גְּמֻלוֹ, גְּמוּלָם, pl. suff. גְּמוּלָיו *Verrichtung, That*; häufig mit יָד, z. B. כִּגְמוּל יָדָיו *nach Verdienst* Richt. 9, 16. Jes. 3, 11. Spr. 12, 14; als Object zu שׁוּב, הֵשִׁיב oder שִׁלֵּם u. s. w. *Vergeltung* Joel 4, 4. 7. Obad. 1, 15. Ps. 94, 2. Spr. 19, 17; *Wohlthat* Ps. 103, 2.

גְּמוּלָה f. pl. גְּמֻלוֹת *Vergeltung* Jer. 51, 56; *Wohlthat* 2 Sam. 19, 37. Jes. 59, 18.

גִּמְזוֹ n. pr. Stadt im Stamme Juda 2 Chr. 28, 18.

גָּמַל* pf. 3 sg. suff. גְּמָלָם, 3 f. suff. גְּמָלַתְהוּ, fut. יִגְמֹל, inf. suff. גָּמְלָךְ 1) *reifen* Jes. 18, 5; trans. וַיִּגְמֹל שְׁקֵדִים *er brachte reife Mandeln hervor* Num. 17, 23; *entwöhnen* (ein Kind) 1 Sam. 1, 23. 1 Kön. 11, 20. Hos. 1, 5; daher גָּמוּל *ein eben entwöhntes = sehr junges Kind* Jes. 11, 8. Ps. 131, 2; noch verstärkt durch מֵחָלָב Jes. 28, 9. 2) *erweisen* (Gutes—Schlechtes), gewöhnl. mit doppeltem accus. Gen. 50, 15. 17. 1 Sam. 24, 18. 2 Sam. 19, 37. Jes. 63, 7. Ps. 7, 5; mit לְ der Person Deut. 33, 6. Jes. 3, 9. Ps. 137, 8; ohne Sachobject: für Jem. *sorgen*, ihm *wohlthun* Spr. 11, 17; mit עַל Ps. 13, 6. 116, 7. 119, 17. 142, 8; *vergelten* mit accus. d. Pers. 2 Sam. 22, 21; mit עַל Joel 4, 4. Ps. 103, 10. 2 Chr. 20, 11.
Nifal *entwöhnt werden* Gen. 21, 8. 1 Sam. 1, 22.

גָּמָל m. pl. גְּמַלִּים, cs. גְּמַלֵּי, suff. גְּמַלָּיו *Kameel* Gen. 24, 10. Ex. 9, 3.

גְּמַלִּי n. pr. m. Num. 13, 12.

גַּמְלִיאֵל (*Gott vergilt*) n. pr. Stammesfürst in Manasse Num. 1, 10. 2, 20. 7, 54. 59. 10, 23.

גָּמַר* fut. יִגְמָר־ *zu Ende gehen, aus sein* Ps. 7, 10. 12, 2. 77, 9; trans. *ausführen* (eine Sache) Ps. 138, 8; *beschliessen über* ... mit עַל Ps. 54, 3.

גְּמַר aram. part. pass. גְּמִיר *vollenden, ausfertigen* Esra 7, 12.

גֹּמֶר (*Vollendung*) n. pr. 1) Sohn des Jafet Gen. 10, 2. 1 Chr. 1, 5, und das von ihm abstammende Volk Ezech. 38, 6; wahrscheinl. = *Kimmerier*. 2) Weib des Propheten Hosea Hos. 1, 3.

גְּמַרְיָהוּ — גְּמַרְיָה n. pr. m. 1) Jer. 29, 3. 2) Jer. 36, 10. 11.

גַּן (von גָּנַן) m. suff. גַּנִּי, pl. גַּנִּים *Garten* Gen. 2, 8. גַּן־אֱלֹהִים *Gottesgarten* Ezech. 31, 8. 9 = גַּן־עֵדֶן Gen. 2, 15. Ezech. 36, 35.

גָּנַב* pf. 3 f. suff. גְּנָבַתּוּ, גְּנַבְתָּם, fut. יִגְנֹב *stehlen* Gen. 31, 32. Ex. 22, 11; *heimlich fortführen* 2 Sam. 19, 42. 2 Kön. 11, 2; *mit Gewalt entführen* Ex. 21, 16. Deut. 24, 7; *fortwehen* Hiob 21, 18. 27, 21. גְּנֻבְתִי (part. pass. mit י parag.) *das Gestohlene des* ... = *was* *gestohlen wurde* (am Tage — in der Nacht) Gen. 31, 39; *das Herz stehlen = hintergehen* Gen. 31, 20. 26; daher ohne לֵב: וַתִּגְנֹב אֹתִי *du hintergingest mich* Gen. 31, 27.

Nifal *gestohlen werden* Ex. 22, 11.

Piel *stehlen* Jer. 23, 30; *das Herz stehlen = für sich einnehmen* 2 Sam. 15, 6.

Pual inf. abs. גֻּנֹּב *gestohlen werden* Ex. 22, 6: *entführt werden* Gen. 40, 15. וְאֵלַי דָּבָר יְגֻנָּב *mir wurde ein Wort zugeflüstert* Hiob 4, 12.

Hitp. *sich hineinstehlen, hineinschleichen* 2 Sam. 19, 4.

גַּנָּב m. pl. גַּנָּבִים *Dieb* Ex. 22, 1. Deut. 24, 7. חַבְרֵי גַנָּבִים *Diebsbanden* Jes. 1, 23.

גְּנֵבָה f. suff. גְּנֵבָתוֹ *das Gestohlene* Ex. 22, 2. 3.

גְּנֻבַת n, pr. Sohn des Hadad 1 Kön. 11, 20.

גַּנָּה f. suff. גַּנָּתוֹ, pl. גַּנּוֹת *Garten* Num. 24, 6. Jes. 1, 29. Amos 4, 9. Hiob 8, 16.

[גִּנָּה] f. cs. גִּנַּת *Garten, Park* Hohel. 6, 11. Est. 1, 5. 7, 7. 8.

[גֶּנֶז] m. pl. cs. גִּנְזֵי *Schatzkammer* Ezech. 27, 24. Est. 3, 9. 4, 7.

[גְּנַז] aram. pl. emph. גִּנְזַיָּא, cs. גִּנְזֵי *Schatz* Esra 5, 17. 6, 1. 7, 20.

[גַּנְזַךְ] m. pl. suff. גַּנְזַכָּיו *Schatzkammer* 1 Chr. 28, 11.

***גָּנַן** pf. 1 p. גַּנּוֹתִי, inf. abs. גָּנוֹן *beschützen* Jes. 31, 5; mit עַל oder אֶל 2 Kön. 19, 34. 20, 6. Jes. 37, 35. 38, 6.

Hif. fut. יָגֵן *schützen* mit עַל Jes. 31, 5. Zach. 9, 15; mit בְּעַד Zach. 12, 8.

גִּנְּתוֹן — גִּנְּתוֹי n. pr. m. Neh. 10, 7. 12, 4. 16.

***גָּעָה** fut. יִגְעֶה, inf. abs. גָּעוֹ *brüllen* 1 Sam. 6, 12. Hiob 6, 5.

גֹּעָה n. pr. mit He loc. גֹּעָתָה Ort bei Jerusalem Jer. 31, 39.

***גָּעַל** fut. תִּגְעַל *verwerfen, verabscheuen* mit acc. Lev. 26, 11. 44. Ezech. 16, 45; mit בְּ Jer. 14, 19.

Nifal נִגְעַל *befleckt werden* 2 Sam. 1, 21.

Hif. fut. יַגְעִל *auswerfen lassen* (den Samen) Hiob 21, 10.

גַּעַל n. pr. m. Richt. 9, 26. 28. 30.

גֹּעַל m. *Abscheu, Verwerfung* Ezech. 16, 5.

***גָּעַר** fut. יִגְעַר, inf. גְּעָר־, imp. גְּעַר *anschreien, anfahren, schelten* mit בְּ Gen. 37, 10. Jes. 54, 9. Jer. 29, 27. Rut 2, 16; *abwehren* mit acc. Mal. 2, 3. Ps. 9, 5. 68, 31. 119, 21.

גְּעָרָה f. cs. גַּעֲרַת, suff. גַּעֲרָתְךָ *Schelten, Verweis* Spr. 13, 1. Koh. 7, 5: *Drohung* Jes. 30, 17; häufig von gewaltigen Aeusserungen der göttlichen Allmacht 2 Sam. 22, 16. Jes. 50, 2. 66, 15. Ps. 104, 7. Hiob 26, 11.

***גָּעַשׁ** fut. תִּגְעַשׁ *erbeben* 2 Sam. 22, 8 Ktib. Ps. 18, 8.

Pual fut. יְגֹעֲשׁוּ *erschüttert werden* Hiob 34, 20.

Hitp. pf. הִתְגָּעֲשׁוּ, fut. יִתְגָּעֲשׁוּ — יִתְגֹּעֲשׁוּ *erschüttert werden, erbeben* 2 Sam. 22, 8 Kri. Jer. 25, 16. 46, 8. Ps. 18, 8.

גַּעַשׁ (*Erschütterung*) ps. גָּעַשׁ n. pr. eines Berges im Gebiete Efraim Jos. 24, 30. Richt. 2, 9; נַחֲלֵי גַעַשׁ Ortschaft 2 Sam. 23, 30. 1 Chr. 11, 32.

גַּעְתָּם n. pr. Sohn des Elifas Gen. 36, 11. 16. 1 Chr. 1, 36.

[גַּף] m. suff. גַּפּוֹ, pl. cs. גַּפֵּי 1) *Körper* בְּגַפּוֹ *allein, für sich* Ex. 21, 3. 4. 2) *Rücken* עַל־גַּפֵּי *auf* Spr. 9, 3.

[גַּף] aram. pl. גַּפִּין, suff. גַּפַּיהּ *Flügel* Dan. 7, 4. 6.

גֶּפֶן f. (m. 2 Kön. 4, 39. Hos. 10, 1) suff. גַּפְנִי, pl. גְּפָנִים *Weinstock* Joel 1, 7. Hab. 3, 16.

גֹּפֶר m. Name einer Holzart Gen. 6, 14.

גָּפְרִית f. (*Harz des Baumes* גֹּפֶר) *Schwefel* Gen. 19, 24. Deut. 29, 22. Jes. 30, 33. 34, 9. Ezech. 38, 22. Ps. 11, 6. Hiob 18, 15.

גָּר s. גּוּר.

גֵּר m. suff. גֵּרְךָ, pl. גֵּרִים (גֵּירִים) eig. part. v. גּוּר *Fremder* überhaupt ein Solcher, der nicht in einem Lande sich niedergelassen, sondern sich nur vorübergehend aufhält Gen. 15, 13. Ex. 2, 22. Lev. 25, 35. Ps. 39, 13. 119, 19. 2 Chr. 2, 16. גֵּרְךָ *der sich bei dir aufhaltende Fremde* Ex. 20, 10. Deut. 1, 16.

גִּר m. *Kalk* Jes. 27, 9.

[גּוּר] m. pl. cs. גּוּרֵי, suff. גּוּרֹתָיו *junger Löwe* Jer. 51, 38. Nah. 2, 13.

גֵּרָא n. pr. mehrer Benjaminiten Gen. 46, 21. Richt. 3, 15. 2 Sam. 16, 5. 1 Chr. 8, 3. 5. 7.

גָּרָב *Ausschlag, Krätze* Lev. 21, 20. 22, 22. Deut. 28, 27.

גָּרֵב n. pr. eines davidischen Helden 2 Sam. 23, 38. 1 Chr. 11, 40. גִּבְעַת גָּרֵב Name eines Hügels bei Jerusalem Jer. 31, 39.

[גַּרְגַּר] m. pl. גַּרְגְּרִים *Beere* Jes. 17, 6.

[גַּרְגְּרֹת] f. pl. suff. גַּרְגְּרֹתֶיךָ *Kehle, Hals* Spr. 1, 9. 3, 3. 22. 6, 21.

גִּרְגָּשִׁי n. pr. eines kanaanitischen Stammes Gen. 10, 16. 15, 21. Jos. 24, 11.

*[גָּרַד] Hitp. הִתְגָּרֵד *sich* (die Haut) *schaben* Hiob 2, 8.

*[גָּרָה] Piel fut. יְגָרֶה, mit Obj. מָדוֹן *Streit hervorrufen* Spr. 15, 18. 28, 25. 29, 22.

Hitp. pf. 2 f. הִתְגָּרִית, fut. הִתְגָּרֶה, תִּתְגָּר, imp. הִתְגָּר *sich ereifern über*... mit בְּ Jer. 50, 24. Spr. 28, 4; daher *herausfordern* Deut. 2, 5. 19. 2 Kön. 14, 10; auch mit dem Zusatze מִלְחָמָה Deut. 2, 9. 24 oder לַמִּלְחָמָה Dan. 11, 25; überhaupt *Krieg beginnen* Dan. 11, 10.

גֵּרָה f. 1) *das Verschluckte*, in der Verbindung: מַעֲלֵה גֵרָה *heraufbringend das Verschluckte* = *wiederkäuend* Lev. 11, 3. 6. 7. Deut. 14, 6. 2) eine Münze, von der 20 auf den heil. Schekel gingen Ex. 30, 13. Lev. 27, 25. Num. 3, 47. Ezech. 45, 12.

גָּרוֹן m. suff. גְּרוֹנְךָ *Kehle, Schlund* Jes. 3, 16. Ezech. 16, 11. Ps. 69, 4.

גֵּרוּת f. *Herberge* Jer. 41, 17.

*[גָּרַז] Nif. pf. נִגְרַזְתִּי *abgeschnitten = vernichtet werden* Ps. 31, 23.

גִּרְזִי od. גִּזְרִי n. pr. eines Volksstammes in der Nähe der Philister 1 Sam. 27, 8 Ktib.

גְּרִזִּים n. pr. Bergspitze auf dem Gebirge Efraim, dem Ebal gegenüber Deut. 11, 29. 27, 12. Jos. 8, 33. Richt. 9, 7.

גַּרְזֶן m. *Axt, Beil* Deut. 19, 5. 20, 19. 1 Kön. 6, 7. Jes. 10, 15.

[גָּרֹל] adj. cs. גְּרָל *grollend* Spr. 19, 19 Ktib.

גֹּרָל s. גּוֹרָל.

*גָּרַם *zurücklegen, sparen* Zef. 3, 3.

Piel fut. יְגָרֵם *die Haut* (von den Knochen) *abziehen*, als Bild des Sieges Num. 24, 8; *abnagen* Ezech. 23, 34.

גֶּרֶם m. pl. suff. גְּרָמָיו 1) *Knochen* Spr. 17, 22. 25, 15. Hiob 40, 18. חֲמֹר גָּרֶם ein *knochiger* (starker) *Esel* Gen. 49, 14. 2) wie עֶצֶם *die Sache selbst*. גֶּרֶם הַמַּעֲלוֹת *die Stufen selbst* 2 Kön. 9, 13.

*[גְּרַם] aram. m. pl. suff. גַּרְמֵיהוֹן *Knochen* Dan. 6, 25.

גַּרְמִי n. gent. m. 1 Chr. 4, 19.

גֹּרֶן m. mit He loc. גֹּרְנָה, suff. גָּרְנִי, pl. גֳּרָנוֹת, cs. גָּרְנוֹת *Tenne* Num. 15, 20. 1 Sam. 23, 1. Hos. 9, 2. Micha 4, 12. בֶּן־גָּרְנִי *Getreide, das zum Dreschen daliegt*, Bild des vielgeplagten Israel Jes. 21, 10 (n. pr. s. אָטָד u. נָכוֹן unter בֵּן).

*גָּרַס *zerrieben, zerknirscht sein*, Bild der Hingebung Ps. 119, 20.

Hif. fut. וַיַּגְרֵס *knirschen machen, zerbrechen* Klagel. 3, 16.

*גָּרַע fut. יִגְרַע, inf. גְּרוֹעַ *vermindern, entziehen* Ex. 21, 10. Deut. 13, 1. Koh. 3, 14; mit עַיִן *das Auge* (= den Schutz) *entziehen* Ezech. 5, 11. Hiob 36, 7; *an sich ziehen = sich anmassen* Hiob 15, 8; *abschneiden* Jer. 48, 37.

Nifal fut. יִגָּרַע, ps. יִגָּרֵעַ *vermindert, abgezogen werden* Ex. 5, 11. Lev. 27, 18. Num. 36, 3; *zurückgesetzt, ausgeschlossen werden* Num. 9, 7. 27, 4.

Piel fut. יְגָרַע *an sich ziehen, heraufziehen* Hiob 36, 27.

*גָּרַף pf. suff. גְּרָפָם *hinweggraffen* Richt. 5, 21.

*גָּרַר fut. יָגֹר, suff. יְגֹרֵהוּ, יְגוֹרֵם 1) *verschlucken, wiederkäuen* Lev. 11, 7. 2) *fortziehen, fortschleppen* Hab. 1, 15. Spr. 21, 7.

Nifal part. f. pl. נִגָּרוֹת *fortgerissen werden* Hiob 20, 28.

Pual part. מְגֹרָרוֹת *abgesägt werden* 1 Kön. 7, 9.

Hitp. part. מִתְגּוֹרֵר *sich zusammenziehen* (vom Sturm) Jer. 30, 23.

גְּרָר n. pr. Ort und Landschaft im Philistergebiet Gen. 20, 1. 26, 17.

גֶּרֶשׂ m. suff. גִּרְשָׂהּ *das Zerstossene, Grütze* Lev. 2, 14. 16.

*גָּרַשׁ fut. pl. יִגְרְשׁוּ *austreiben* Ex. 34, 11; *fortreissen* Jes. 57, 20. (אִשָּׁה) גְּרוּשָׁה *eine verstossene* (geschiedene) *Frau* Lev. 21, 7. 14. Num. 30, 10. Ezech. 44, 22.

Nifal *vertrieben werden* Jona 2, 5; *aufgewühlt werden* (vom Wasser) Jes. 57, 20. Amos 8, 8.

Piel fut. יְגָרֵשׁ, inf. abs. גָּרֵשׁ *vertreiben, wegjagen* Ex. 11, 1. 23, 31; *verstossen* Micha 2, 9.

Pual pf. גֹּרְשׁוּ *vertrieben werden* Ex. 12, 39. Hiob 30, 5.

גֶּרֶשׁ *Erzeugniss* Deut. 33, 14.

[גְּרֻשָׁה] f. pl. suff. גְּרֻשֹׁתֵיכֶם *Austreibung* (wegen nicht gezahlter Steuern) Ezech. 45, 9.

גֵּרְשׁוֹן n. pr. Sohn des Levi Gen. 46, 11. Ex. 6, 16. = גֵּרְשֹׁם 1 Chr. 6, 1; n. gent. גֵּרְשֻׁנִּי Num. 3, 23.

גֵּרְשֹׁם n. pr. 1) Sohn des Moses Ex. 2, 22. 18, 3. Richt. 18, 30. 1 Chr. 23, 15. 2) Esra 8, 2.

גְּשׁוּר n. pr. 1) Landschaft in Ostmanasse vom Hermon bis zum See Genezaret Jos. 13, 13; n. gent. גְּשׁוּרִי Deut. 3, 14. 2) Königreich in Syrien 2 Sam. 3, 3. 13, 37. 38. 14, 23. 15, 8. 3) Landschaft im Süden Palästina's Jos. 13, 2. 1 Sam. 27, 8.

[גָּשַׁם] Pual גֻּשְּׁמָה (= גֻּשָּׁמָה) *beregnet werden* Ezech. 22, 24.

Hif. part. pl. מַגְשִׁמִים *regnen lassen* Jer. 14, 22.

גֶּשֶׁם m. ps. גָּשֶׁם, pl. גְּשָׁמִים, cs. גִּשְׁמֵי, suff. גִּשְׁמֵיכֶם *Regen* Gen. 7, 12. Lev. 26, 4. Ps. 105, 32. Esra 10, 13; zuweilen verbunden mit מָטָר Zach. 10, 1. Hiob 37, 6. 2) n. pr. m. Neh. 2, 19 = גַּשְׁמוּ Neh. 6, 6.

[גְּשֵׁם] aram. suff. גִּשְׁמְהוֹן ,גִּשְׁמֵהּ ,גֶּשְׁמֵהּ *Leib, Körper* Dan. 3, 27. 4, 30. 7, 11.

גַּשְׁמוּ s. גֶּשֶׁם.

גֹּשֶׁן n. pr. mit He loc. גֹּשְׁנָה 1) *Gosen*, nordöstliche Landschaft Aegyptens, zwischen Heliopolis (On) und dem Schilfmeere Gen. 45, 10. 46, 28. Ex. 9, 26. 2) Ortschaft im Gebirge Juda Jos. 10, 41. 11, 16. 15, 51.

גִּשְׁפָּא n. pr. m. Neh. 11, 21.

[גָּשַׁשׁ]* Piel *umhertappen an* ... mit acc. Jes. 59, 10.

גַּת 1) f. pl. גִּתּוֹת *Kufe, Kelter*, wo die Trauben ausgetreten werden Richt. 6, 11. Jes. 63, 2. Joel 4, 13. Klagel. 1, 15. Neh. 13, 15. 2) n. pr. mit He loc. גִּתָּה Stadt der Philister 1 Sam. 6, 17. 17, 4. 1 Kön. 2, 40. 2 Chr. 11, 8. 26, 6; n. gent. גִּתִּי 2 Sam. 6, 10. 11. 15, 18. — Vgl. auch חֵפֶר und רִמּוֹן.

גִּתַּיִם n. pr. Ort in Benjamin Neh. 11, 33.

גִּתִּית f. musicalisches Instrument (wie es scheint) Ps. 8, 1. 81, 1. 84, 1.

גֶּתֶר n. pr. Sohn des Aram Gen. 10, 23; vgl. 1 Chr. 1, 17.

ד

דָּא aram. pron. dem. f. *diese* Dan. 4, 27. 5, 6. 7, 3. 8.

דָּאַב* inf. דַּאֲבָה *schmachten, leiden* Jer. 31, 12. 25. Ps. 88, 10.

דְּאָבָה f. *Schrecken* Hiob 41, 14.

[דְּאָבוֹן] m. cs. דַּאֲבוֹן *das Schmachten, Leiden* Deut. 28, 65.

דָּאג s. דָּג.

דָּאַג* fut. יִדְאַג *besorgt sein, Sorge haben* Jer. 17, 8; *für* Jemand. mit ל 1 Sam. 9, 5. 10, 2; *vor* Jemand. mit accus. Jes. 57, 11. Jer. 38, 19; mit מִן Jer. 42, 16. Ps. 38, 19.

דּוֹאֵג—דֹּאֵג n. pr. eines Edomiters am Hofe des Saul 1 Sam. 21, 8. 22, 9. Ps. 52, 2 = דּוֹיֵג 1 Sam. 22, 18. 22.

דְּאָגָה f. *Sorge* Jos. 22, 24. Jer. 49, 23. Spr. 12, 25.

דָּאָה* fut. יִדְאֶה, וַיֵּדֶא *fliegen* Deut. 28, 49. Jer. 48, 40. 49, 22. Ps. 18, 11.

דָּאָה f. Name eines Raubvogels Lev. 11, 14.

דָּאֵל s. יִדְאֲלָה.

דֹּאר s. דּוֹר.

דֹּב — דּוֹב m. u. f. pl. דֻּבִּים *Bär* 1 Sam. 17, 34. 2 Sam. 17, 8. 2 Kön. 2, 24. Jes. 11, 7. 59, 11.

דֹּב aram. *Bär* Dan. 7, 5.

[דֹּבֶא] suff. דָּבְאֶךָ *Alter* (n. A. *Kraft*) Deut. 33, 25.

***[דָּבַב]** part. דּוֹבֵב *gesprächig machen* Hohel. 7, 10.

דִּבָּה f. cs. דִּבַּת, suff. דִּבָּתְךָ *das Gerede*, gew. mit der Nebenbedeutung der *Klatscherei* oder *Verleumdung* Num. 13, 32. 14, 36. Jer. 20, 10. Ezech. 36, 3. Ps. 31, 14. Spr. 10, 18. 25, 10;

mit dem Zusatz רָעָה Gen. 37, 2 („*das üble Gerede über sie*"). Num. 14, 37.

דְּבוֹרָה f. 1) pl. דְּבֹרִים *Biene* Deut. 1, 44. Richt. 14, 8. Jes. 7, 18. Ps. 118, 12. 2) n. pr. a) Amme der Rebekka Gen. 35, 8. b) Richterin und Prophetin Richt. 4, 4. 5, 1. 12. 15.

דְּבַח aram. part. pl. דָּבְחִין *opfern* Esra 6, 3.

[דְּבַח] aram. m. pl. דִּבְחִין *Opfer* Esra 6, 3.

[דִּבְיוֹן] m. pl. דִּבְיוֹנִים *Auswurf, Mist* 2 Kön. 6, 25 Kri.

דְּבִיר 1) m. Westseite im salomonischen Tempel = קֹדֶשׁ קָדָשִׁים *das Allerheiligste* 1 Kön. 6, 5. 8, 6. Ps. 28, 2. 2 Chr. 3, 16. 2) n. pr. König von Eglon Jos. 10, 3 (vgl. דְּבִר).

דְּבֵלָה f. cs. דְּבֶלֶת, pl. דְּבֵלִים *Feigenkuchen, Feigenmasse* 1 Sam. 25, 18. 30, 12. 2 Kön. 20, 7.

דִּבְלָה n. pr. Ortschaft in Palästina Ezech. 6, 14.

דִּבְלַיִם n. pr. Hos. 1, 3.

דִּבְלָתַיִם n. pr. Ortschaft in der Ebene Moab Num. 33, 46. 47 (דִּבְלָתָיְמָה); mit בֵּית Jer. 48, 22.

דָּבַק—דָּבֵק pf. f. ps. דָּבֵקָה, fut. יִדְבַּק, 2 sg. f. תִּדְבָּקִין, inf. דָּבְקָה 1) *fest anliegen* Hiob 41, 15; *kleben, anhangen an* ... mit לְ Ps. 44, 26. 102, 6. 119, 25. 137, 6. Hiob 29, 10; mit אֶל 2 Sam. 23, 10. Jer. 13, 11. Klagel. 4, 4; mit בְּ Ezech. 29, 4. Hiob 19, 20. 2) bildlich: *Jemandem anhängen, sich zu ... halten* mit בְּ Gen. 2, 24. Num. 36, 7. Deut. 13, 5. 1 Kön. 11, 2. 2 Kön. 3, 3; mit עִם Rut 2, 8. 21; mit אַחֲרֵי Ps. 63, 9; *einholen, erreichen* mit acc. Gen. 19, 19; mit אַחֲרֵי Jer. 42, 16.

Pual fut. יְדֻבָּקוּ *fest zusammenhalten* mit בְּ Hiob 38, 38. 41, 9.

Hifil pf. 3 f. suff. הִדְבִּיקַתְהוּ, fut. pl. וַיַּדְבִּיקוּ—וַיַּדְבְּקוּ *kleben machen* mit אֶל Ezech. 3, 26; mit בְּ Ezech. 29, 4; *an ... haften lassen* mit בְּ Deut. 28, 21; *Jemanden an sich schliessen* mit אֶל Jer. 13, 11; *erreichen, einholen* mit acc. Gen. 31, 23. Richt. 18, 22. 20, 42. 1 Sam. 31, 2; *im Verfolgen einholen* mit אַחֲרֵי Richt. 20, 45. 1 Sam. 14, 22. 1 Chr. 10, 2.

Hofal part. מֻדְבָּק *angeklebt sein, kleben* Ps. 22, 16.

דְּבַק aram. part. pl. דָּבְקִין *zusammenhängen* Dan. 2, 43.

דָּבֵק adj. f. דְּבֵקָה, pl. דְּבֵקִים *dicht anstossend* mit לְ 2 Chr. 3, 12; *anhänglich, treu* Spr. 18, 24; mit בְּ Deut. 4, 4.

דֶּבֶק m. pl. דְּבָקִים *Anfügung, Anlöthung* Jes. 41, 7; *Fuge* 1 Kön. 22, 34. 2 Chr. 18, 33.

דָּבַר* (Kal ohne pf. fut. u. imp.) inf. suff. דָּבְרְךָ *reden* Num. 32, 27; mit dem accusativ der Sache Deut. 5, 1. Jona 3, 2 oder der Beschaffenheit Jes. 45, 19. Jer. 40, 16. Ps. 15, 2. Spr. 16, 13; die Person, *zu* der man spricht, meist mit אֶל Gen. 16, 13. Jer. 38, 20. Dan. 10, 11; seltener mit בְּ Zach. 1, 9. 14. 2, 2. 7. 4, 1. 5, 5. 6, 4 (sonst auch בְּאָזְנֵי־פ' Deut. 5, 1. Jer. 28, 7) oder עִם Ps. 28, 3.

Nifal *sich besprechen* mit אֶל Mal. 3, 16; *gegen Jemand reden* mit בְּ Ezech. 33, 30. Ps. 119, 23; mit עַל Mal. 3, 13.

Piel 1) *sprechen, reden* Jes. 1, 2; eig. *das Wort ergreifen*; die directe Rede wird gew. noch durch אָמַר (s. d.) eingeführt und folgt selten auf דִּבֶּר Gen. 41, 17; die Bedeutung modificirt sich nach den Constructionen; mit אֶל gewöhnlich *zu Jemandem sprechen* Gen. 12, 4; selten *von J.* Jer. 36, 31; eben so wird die Person, *zu* der man spricht, constr. mit אֵת Gen. 17, 22. 1 Kön. 22, 24; mit עִם Deut. 5, 4; mit בְּאָזְנֵי Gen. 50, 4; selten mit לְ Richt. 14, 7 oder עַל Jer. 6, 10; gewöhnl. heisst es mit לְ oder עַל *über Jemand etwas aussagen, verheissen, androhen* Gen. 18, 19. Num. 10, 29. 17, 5. Deut. 6, 3. 1 Sam. 25, 30. 1 Kön. 22, 23; mit בְּ *gegen Jem. reden* Num. 12, 1. Hiob 19, 18; auch *wegen Jemand.* oder *über etwas* Deut. 6, 7. 1 Sam. 19, 3. 25, 39. Jer. 31, 20. — וַיְדַבֵּר עַל־לֵב הַנַּעֲרָה *er redete dem Mädchen freundlich zu* Gen. 34, 3. Jes. 40, 2. דַּבֵּר דָּבָר *(falsche) Reden führen* Jes. 58, 13. Hos. 10, 4. 2) (denom. v. דֶּבֶר) *vernichten* mit accus. Ps. 127, 5. 2 Chr. 22, 10.

Pual דֻּבַּר *gesprochen werden* mit בְּ Ps. 87, 3; *gefreit werden* mit בְּ Hohel. 8, 8.

Hif. *unterwerfen* Ps. 18, 48. 47, 4.

Hitp. part. מִדַּבֵּר *sich unterreden, besprechen* mit אֶל Num. 7, 89. Ezech. 2, 2. 43, 6; mit acc. 2 Sam. 14, 13.

דָּבָר m. cs. דְּבַר, suff. דְּבָרִי, דְּבַרְכֶם, pl. דְּבָרִים, cs. דִּבְרֵי, suff. דְּבָרַי, דִּבְרֵיכֶם 1) *Wort* Jos. 6, 10. 2 Kön. 18, 36; דְּבָרִים אֲחָדִים *einerlei Wörter* Gen. 11, 1. 2) *Rede* Deut. 18, 20. אִישׁ דְּבָרִים *geübt im Reden* Ex. 4, 10. דָּבָר לִי אֵלֶיךָ *ich habe mit dir zu reden* 1 Kön. 2, 14; הֵשִׁיב דָּבָר *Bescheid bringen* Num. 13, 26; auch *Jem.*

widerlegen Spr. 27, 11. 3) *Sache, Gegenstand* Num. 31, 23; *Angelegenheit* Ex. 18, 16. 24, 14. Rut 3, 18; *Begebenheit* Gen. 22, 1. Deut. 19, 15; dann überhaupt: *etwas* Gen. 18, 14. עֶרְוַת דָּבָר *etwas Schimpfliches* Deut. 23, 15. עֲלִילֹת דְּבָרִים *Schändliches* Deut. 22, 14. דִּבְרֵי עֲוֹנֹת *Sündiges, Sünden* Ps. 65, 4; mit der Negation *nichts* z. B. mit אַל Gen. 19, 8; mit לֹא Gen. 19, 22; mit אַיִן Ex. 5, 11. Num. 20, 19. דָּבָר הוּא *das ist etwas = das ist auffallend* 1 Sam. 17, 29. עַל־דְּבַר־ *wegen* Gen. 12, 17. 20, 11; und vor einem Satze עַל־דְּבַר אֲשֶׁר *weil* Deut. 22, 24; ebenso עַל־דִּבְרֵי *in Betreff* 2 Kön. 22, 13. Jer. 7, 22.

דֶּבֶר m. pl. suff. דְּבָרֶיךָ *Pest, Seuche,* an Menschen wie an Thieren Ex. 9, 3. Lev. 26, 25; pl. *tödtliche Leiden* Hos. 13, 14.

[דֹּבֶר] m. suff. דָּבְרוֹ *Trift, Weideplatz* Jes. 5, 17; *Hürde* Micha 2, 12.

דְּבִר n. pr. mit He loc. דְּבִרָה Priesterstadt in Juda, früher קִרְיַת־סֵפֶר oder קִרְיַת־סַנָּה Jos. 10, 39. 11, 21. 12, 3. 15, 7. 15. Richt. 1, 11 (wo דְּבִיר).

[דַּבֶּרֶת] f. pl. suff. דַּבְּרֹתֶיךָ *Rede* Deut. 33, 3.

[דִּבְרָה] f. 1) suff. דִּבְרָתִי *Rede* Hiob 5, 8. 2) cs. דִּבְרַת u. דִּבְרָתִי (Ps. 110, 4) *Art, Weise;* mit עַל *nach der Weise* Ps. 110, 4. Koh. 8, 2. 7, 14; *in Betreff* Koh. 3, 18.

[דִּבְרָה] aram. f. cs. דִּבְרַת mit עַל u. folgd. דִּי *damit* Dan. 2, 30. 4, 14.

[דֹּבְרָה] f. pl. דֹּבְרוֹת *Floss* 1 Kön. 5, 23.

דְּבֹרָה s. דְּבוֹרָה.

דִּבְרִי n. pr. m. Lev. 24, 11.

דָּבְרַת n. pr. Levitenstadt in Isachar Jos. 21, 28.

דְּבַשׁ m. suff. דִּבְשִׁי *Honig* Gen. 43, 11. Lev. 2, 11. Hohel. 5, 1.

דַּבֶּשֶׁת 1) f. *Kameelhöcker* Jes. 30, 6. 2) n. pr. Stadt in Sebulon Jos. 19, 11.

דָּג (דָּאג Neh. 13, 16) m. pl. דָּגִים, cs. דְּגֵי *Fisch* Gen. 9, 2. Jona 2, 1. שַׁעַר הַדָּגִים Name eines Thores in Jerusalem Zef. 1, 10. Neh. 3, 3. 12, 39. 2 Chr. 33, 14.

דָּגָה* fut. pl. יִדְגּוּ *sich zahlreich vermehren* Gen. 48, 16.

דָּגָה f. cs. דְּגַת, suff. דְּגָתָם *Fisch* Deut. 4, 18. Jona 2, 2; collect. *Fische* Gen. 1, 26. Ex. 7, 18. Num. 11, 5.

דָּגוֹן n. pr. *Dagon,* Gottheit der Philister, Fischgestalt mit dem Oberleib eines Menschen Richt. 16, 23. 1 Sam. 5, 2. — בֵּית דָּגוֹן s. בֵּית.

דָּגַל (denom. von דֶּגֶל), fut. נִדְגֹּל *das Panier schwingen* Ps. 20, 6. דָּגוּל *erhaben, ausgezeichnet* Hohel. 5, 10.

Nif. part. f. נִדְגָּלוֹת *das Panier schwingende Heeresmasse* Hohel. 6, 4. 10.

דֶּגֶל m. suff. דִּגְלוֹ, pl. (suff. דִּגְלֵיהֶם *Panier, Feldzeichen* Num. 2, 2. Hohel. 2, 4; und daher die zu einem דֶּגֶל gehörende *Schaar* Num. 2, 17. 10, 14.

דָּגָן m. cs. דְּגַן, suff. דְּגָנִי *Getreide* Gen. 27, 28. Deut. 7, 13. Hos. 2, 11.

דָּגַר* *brüten* Jes. 34, 15. Jer. 17, 11.

[דַּד] m. du. cs. דַּדֵּי, suff. דַּדֶּיהָ *Brust* eigentl. *Brustwarze, Zitze* Ezech. 23, 3. 8. 21. Spr. 5, 19.

דד u. **דדו** s. דוד u. דודו.

[דָּדָה]* Hitp. אֶדַּדֶּה *langsam gehen, hinwallen* Jes. 38, 15. אֶדַּדֵּם *ich wallte mit ihnen* Ps. 42, 5.

דְּדָן n. pr. mit He parag. דְּדָנֶה (Ezech. 25, 13) 1) Enkel des Kusch Gen. 10, 7. 1 Chr. 1, 9; der von ihm hergeleitete Stamm Ezech. 27, 15. 2) Sohn des Jokschan Gen. 25, 3; der von ihm hergeleitete Stamm hatte seinen Wohnsitz in der Nachbarschaft Edom's Jer. 25, 23. 49, 8. Ezech. 25, 13.

דֹּדָנִים n. pr. eines griechischen Stammes Gen. 10, 5 = רוֹדָנִים 1 Chr. 1, 7.

דְּהַב aram. m. emph. דַּהֲבָא—דַּהֲבָה *Gold* Dan. 2, 32. 38. Esra 5, 14. 7, 18.

דֶּהָוֵא—דֶּהָיֵא n. pr. Volksstamm, von dem Ansiedler nach Samaria geführt wurden Esra 4, 9.

[דָּהַם]* Nif. part. נִדְהָם *betäubt, bestürzt* Jer. 14, 9.

דָּהַר* *traben, jagen* Nah. 3, 2.

[דַּהֲרָה] pl. cs. דַּהֲרוֹת *das Jagen* Richt. 5, 22.

דוב s. דֹּב.

[דוב]* Hif. part. f. pl. מְדִיבֹת *verschmachten lassen* Lev. 26, 16.

דִּיג—דוג pf. suff. דִּיגוּם *fischen* Jer. 16, 16.

[דַּוָּג] m. pl. דַּוָּגִים *Fischer* Jer. 16, 16 Ktib (Kri: דַּיָּגִים) Ezech. 47, 10.

דּוּגָה f. *Fischfang* Amos 4, 2.

דֹּד—דּוֹד suff. דֹּדִי—דּוֹדִי, pl. דֹּדִים—דּוֹדִים suff. דֹּדֶיהָ, דֹּדֶיהָן 1) *Oheim* Lev. 10, 4; überhaupt *Verwandter* Num. 36, 11. 1 Sam. 10, 14. 15. Jer. 32, 8. 9. 12. 2) *Freund, Geliebter* Jes. 5, 1. Hohel. 1, 13. 5, 1. 3) pl. דֹּדִים *Liebesbeweise, Liebkosungen* Spr. 7, 18. Hohel. 1, 2. 4. 4, 10. 7, 13. עֵת דֹּדִים *Zeit der Liebe,* d. h. *Mannbarkeit* Ezech. 16, 8. מִשְׁכַּב דֹּדִים *Liebeslager* Ezech. 23, 17.

דּוּד m. pl. דּוּדִים 2 Kön. 10, 7 u. דְּוָדִים 2 Chr. 35, 13. 1) *Korb* 2 Kön. 10, 7. Jer. 24, 2; *Lastkorb* als Bild der Sklaverei Ps. 81, 7. 2) *Kessel* 1 Sam. 2, 14. Hiob 41, 12. 2 Chr. 35, 13.

דָּוִד (*Geliebter*) n. pr. *David,* König von Israel u. Psalmdichter 1 Sam. 16, 13. עִיר דָּוִד *Davidstadt = Zion* 1 Kön. 3, 1. Jes. 22, 9. — In Zach., Esra, Neh. u. Chr. stets דָּוִיד; ausserdem Hos. 3, 5. Amos 6, 5. 9, 11.

דּוֹדָה f. suff. דֹּדָתוֹ *Vatersschwester, Tante* Ex. 6, 20; *des Oheims Frau* Lev. 18, 14. 20, 20.

דֹּדוֹ—דּוֹדוֹ n. pr. m. 2 Sam. 23, 9. 24. 1 Chr. 11, 12.

דּוֹדָוָהוּ (*Freund Gottes*) n. pr. m. 2 Chr. 20, 37.

[דּוּדַי] m. pl. דּוּדָאִים, cs. דּוּדָאֵי 1) *Korb* Jer. 24, 1. 2) *Liebesäpfel* Gen. 30, 14. Hohel. 7, 14.

דּוֹדַי n. pr. m. 2 Sam. 23, 9 Ktib. 1 Chr. 27, 4.

***דָּוָה** inf. suff. דְּוֹתָהּ *leiden, krank sein* (an der menstr. Absonderung) Lev. 12, 2.

דָּוֶה adj. f. דָּוָה *krank,* von der menstruirenden Frau Lev. 15, 33. 20, 18. Jes. 30, 22; *leidend, traurig* Klagel. 1, 13. 5, 17.

***[דּוּחַ]** Hifil pf. suff. הֱדִיחָנוּ, fut. יָדִיחַ 1) *hinwegstossen* Jer. 51, 34. 2) *abspülen, abwaschen* Jes. 4, 4. Ezech. 40, 38. 2 Chr. 4, 6.

דְּוַי m. cs. דְּוֵי *Krankheit.* עֶרֶשׂ דְּוָי *Krankenlager* Ps. 41, 4. כִּדְוֵי לַחְמִי *wie mein ekelhaftes Brod* Hiob 6, 7.

דַּוָּי adj. *krank*; nur bildlich vom Herzen Jes. 1, 5. Jer. 8, 18. Klagel. 1, 22.

דּוֹיֵג s. דֹּאֵג.

דָּוִיד s. דָּוִד.

***דּוּךְ** pf. pl. דָּכוּ *stampfen* Num. 11, 8 (kann als Milra auch von דָּכָה abgeleitet werden).

דּוּכִיפַת f. Name eines unreinen Vogel's Lev. 11, 19. Deut. 14, 18; n. E. *Wiedehopf.*

דּוּמָה 1) f. *das Schweigen, die Stille*; bildlich: *das Todtenreich* Ps. 94. 17. 115, 17. 2) n. pr. Sohn des Ismael Gen. 25, 14. 1 Chr. 1, 30 und ismaelitischer Stamm Jes. 21, 11.

דֻּמִיָּה—דּוּמִיָּה 1) adj. f. *vertrauend* mit אֶל Ps. 62, 2. 2) subst. *Ruhe* Ps. 22, 3. נֶאֱלַמְתִּי דוּמִיָּה *ich bin vollkommen verstummt* Ps. 39, 3; *schweigende Ergebung* Ps. 65, 2.

דּוּמָם adv. *schweigend, lautlos* Jes. 47, 5. Hab. 2, 19. Klagel. 3, 26.

דּוּמֶּשֶׂק s. דַּמֶּשֶׂק.

***דּוּן** u. **דִּין** pf. דָּן, suff. דָּנַנִּי, part. דָּן, fut. יָדִין, imp. דִּין, suff. תְּדִינֵנִי u. יָדוֹן *walten* mit acc. (*über* . . .) Zach. 3, 7; mit בְּ Gen. 6, 3; gewöhnl. *richtend walten,* daher דָּן דִּין *das Recht* (*Jemandes*) *wahrnehmen* Jer. 5, 28. 22, 16. 30, 13; ebenso דָּן מִשְׁפָּט Jer. 21, 12; auch ohne solche Objecte: *Jemandem Recht verschaffen* Gen. 30, 6. 49, 16. Deut. 32, 36. Ps. 54, 3. Spr. 31, 9; *Gericht halten über* . . . mit accus. Gen. 15, 14. 1 Sam. 2, 10. Jes. 3, 13. Ps. 50, 4; mit בְּ Ps. 110, 6; überhaupt *richten* Ps. 7, 9. 9, 9. 72, 2; *streiten* mit עִם Koh. 6, 10.

Nifal נָדוֹן *mit einander rechten* 2 Sam. 19, 10.

דִּין aram. part. pl. דָּיְנִין (דָּאנִין Ktib) *richten* mit לְ Esra 7, 25.

דּוֹן m. *Recht, Gericht* nur Hiob 19, 29 Kri.

דּוֹנַג m. *Wachs* Micha 1, 4. Ps. 22, 15. 68, 3. 97, 5.

***דּוּץ** fut. תָּדוּץ *springen, hüpfen* Hiob 41, 14.

דּוּק s. דָּקַק.

דּוּק aram. pf. pl. דָּקוּ *zermalmt werden* Dan. 2, 35.

***דּוּר** *sich aufhalten, verweilen* Ps. 84, 11.

דּוּר aram. fut. 3 f. תְּדוּר, pl. יְדֻרָן (יְדוּרוּן Ktib), part. דָּיְרִין (דָּאְרִין Ktib), cs. דָּיְרֵי (דָּאְרֵי) *sich aufhalten, verweilen* Dan. 2, 38. 4, 9. 18, 32.

דֹּר—דּוֹר 1) m. suff. דּוֹרִי, pl. דּוֹרִים u. דּוֹרוֹת, suff. דֹּרֹתֵיכֶם *Zeitalter, Generation* Gen. 15, 16. Ex. 1, 6. Koh. 1, 4; Verbindungen wie דֹּר דֹּר Ex. 3, 15. 17, 16 oder דֹּר־וָדֹר Ps. 10, 6 oder דּוֹר־דּוֹרִים Ps. 72, 5 = *ewige Dauer.* לְדֹרֹתֵיכֶם *für alle eure Zukunft* Gen. 17, 12; zuweilen collect. *die Zeitgenossen* Gen. 6, 9. Jes. 53, 8. 2) n. pr. דּוֹר oder דֹּאר (Jos. 17, 11) Stadt in Westmanasse Richt. 1. 27. 1 Chr. 7, 29 (vergl. auch נָפָה); עֵין־דֹּר Jos. 17, 11. 1 Sam. 28, 7 und עֵין־דֹּאר Ps. 83, 11 Ortschaft ebendaselbst (vgl. auch חַמַּת).

דּוּר m. 1) *Kreis* Jes. 29, 3; *Ball* Jes. 22, 18

(n. A. ist כְּדוֹר (s. d.) an beiden Stellen ein Wort). 2) *Holzstoss* Ezech. 24, 5.

דּוּרָא n. pr. Ortschaft in Babylonien Dan. 3, 1.

***דּוּשׁ** pf. דָּשׁ, דַּשְׁתִּי, part. f. דָּשָׁא (Jer. 50, 11 = דָּשָׁה), fut. תָּדוּשׁ, suff. יְדֻשֶׁנּוּ, תְּדוּשֶׁהָ, inf. abs. אָדוּשׁ, cs. דּוּשׁ, suff. דּוּשָׁם u. דִּישׁוֹ, imp. f. דּוּשִׁי *dreschen* (gewöhnl. durch Austreten der Körner) Deut. 25, 4. Jer. 50, 11. Hos. 10, 11. Mich. 4, 13. 1 Chr. 21, 20; *zerschlagen* Richt. 8, 7; *zertreten* Hiob 39, 15; *zermalmen* 2 Kön. 13, 7. Jes. 28, 28. 41, 15. Amos 1, 3. Hab. 3, 12.

Nifal pf. נָדוֹשׁ, inf. cs. הִדּוֹשׁ *zerdroschen, zertreten werden* Jes. 25, 10.

Hofal fut. יוּדַשׁ *gedroschen werden* Jes. 28, 27.

דּוּשׁ aram. fut. 3 f. suff. תְּדוּשִׁנַּהּ *zertreten* Dan. 7, 23.

***דָּחָה** pf. suff. דְּחִיתַנִי *stossen, umstossen* Ps. 35, 5. 118, 13; לִדְחוֹת פְּעָמָי *mich im Gehen umzustossen* Ps. 140, 5; גָּדֵר הַדְּחוּיָה *eine Mauer, die umzustossen ist* Ps. 62, 4.

Nifal fut. יִדָּחֶה *umgestossen werden* Spr. 14, 32 (נִדְחֵי Jes. 11, 12 s. נָדַח).

Pual pf. דֹּחוּ *umgestossen werden* Ps. 36, 13.

[דַּחֲוָה] aram. f. pl. דַּחֲוָן *Rebsfrau, Concubine* Dan. 6, 19.

*[דָּחַח] Nif. fut. pl. יִדַּחוּ *umgestossen werden* Jer. 23, 12.

דֶּחִי m. ps. דֶּחִי *Stoss, Sturz* Ps. 56, 14. 116, 8.

דְּחַל aram. part. pl. דָּחֲלִין, part. pass. דְּחִיל, f. דְּחִילָה *fürchten* mit מִן־קֳדָם Dan. 5, 19. 6, 27; part. pass. *furchtbar* Dan. 2, 31. 7, 7. 19.

Pael fut. suff. יְדַחֲלִנַּנִי *in Schrecken setzen* Dan. 4, 2.

דֹּחַן m. *Hierse* Ezech. 4, 9.

***דָּחַף** *stossen*; דְּחוּפִים *hastig, eilig* Est. 3, 15. 8, 14.

Nifal *sich beeilen* Est. 6, 12. 2 Chr. 26, 20.

***דָּחַק** fut. 3 pl. יִדְחָקוּן *drängen, stossen* Joel 2, 8; *bedrücken* Richt. 2, 18.

דַּי eig. subst. *das Genüge, das Ausreichende.* עַד־בְּלִי־דָי *bis* (der Raum) *nicht ausreicht* Mal. 3, 10; כְּדֵי בִּזָּיוֹן *Verachtung zur Genüge* Est. 1, 18; cs. דֵּי *genug, ausreichend.* דֵּי שֶׂה *hinreichend für ein Lamm* Lev. 5, 7. דֵּי מַחְסֹרוֹ *so viel ihm mangelt* Deut. 15, 8; eben so כְּדֵי *so viel als* Lev. 25, 26; *nach Verhältniss* Deut. 25, 2; *wie* Richt. 6, 5. כְּדֵי *genug für* Nah. 2, 13; *zur Erlangung, für* Jer. 51, 58. Hab. 2, 13. מִדֵּי *genug für* Ex. 36, 5; gewöhnlich *so oft* mit inf. מִדֵּי צֵאתָם *so oft sie auszogen* 1 Sam. 1, 7. 18, 30. 1 Kön. 14, 28. 2 Kön. 4, 8. Jes. 28, 19 oder dem verb. fin. מִדֵּי אֲדַבֵּר *so oft ich rede* Jer. 20, 8 oder einem subst. מִדֵּי דְבָרֶיךָ *so oft du sprichst* Jer. 48, 27 oder einer Zeitbestimmung מִדֵּי־חֹדֶשׁ בְּחָדְשׁוֹ *an jedem Neumond* Jes. 66, 23. 1 Sam. 7, 16. לְמַדַּי (= לְמַה־דַּי) *zur Genüge* 2 Chr. 30, 3; suff. דַּיָּם *genug für sie* Ex. 36, 7. Jer. 49, 9. אֱכֹל דַּיֶּךָּ *iss zur Genüge (nicht zu viel)* Spr. 25, 16.

דִּי aram. entsprechend dem hebr. אֲשֶׁר 1) pron. rel. דִּי מְדָרְהוֹן *deren Wohnung* Dan. 2, 11. 2) Zeichen des Genitiv חֶזְוָא דִּי־לֵילְיָא *nächtliches Gesicht* Dan. 2, 19; mit pleon. suff. קַרְצֵיהוֹן דִּי יְהוּדָיֵא *Stücke der Juden* Dan. 3, 8. 3) conj. *dass* Dan. 2, 8. 16. 23; pleon. bei Anfang der Rede Dan. 2, 9. 25. כְּדִי *wie* Dan. 2, 43; *als* (von der Zeit), *sobald* Dan. 3, 7. 5, 20. 6, 11. 15.

דִּי זָהָב n. pr. eines Ortes Deut. 1, 1.

דִּיבֹן גָּד—דִּיבוֹן n. pr. 1) Stadt im Ostjordanlande, zum Gebiete des Stammes Gad, dann zu Ruben, später zu Moab gehörig Num. 32, 34. 33, 45. Jos. 13, 9. 17. Jes. 15, 2. Jer. 48, 18. 22. Sie heisst auch דִּימוֹן Jes. 15, 9. 2) דִּיבֹן Stadt in Juda Neh. 11, 25 = דִּימוֹנָה Jos. 15, 22.

[דַּיָּג] m. pl. דַּיָּגִים *Fischer* Jes. 19, 8. Jer. 16, 16 (wo Ktib: דַּוָּגִים).

דִּיג s. דּוּג.

דַּיָּה f. Name eines Raubvogels Deut. 14, 13. Jes. 34, 15.

דְּיוֹ m. *Dinte* Jer. 36, 18.

דִּימוֹנָה—דִּימוֹן s. דִּיבֹן.

דִּין (Verbum) s. דּוּן.

דִּין m. suff. דִּינֵךְ, דִּינִי 1) *Rechtssache, Rechtshandel* Deut. 17, 8. Jer. 30, 13. Ps. 9, 5; daher כִּסֵּא־דִין *der Richterstuhl* Spr. 20, 8; 2) *Gesetz* Est. 1, 13. 3) *Urtheil* Ps. 76, 9.

דִּין aram. m. emph. דִּינָא—דִּינָה 1) *Recht, Wahrheit* Dan. 4, 34. 2) *Gericht* Dan. 7, 22. Esra 7, 26. 3) concr. *der Richter* Dan. 7, 10. 26.

דַּיָּן m. cs. דַּיַּן *Anwalt, Vertheidiger* Ps. 68, 6; *Richter* 1 Sam. 24, 16.

[דַּיָּן] aram. m. pl. דַּיָּנִין *Richter* Esra 7, 25.

דִּינָה n. pr. Tochter des Jakob Gen. 30, 21. 34, 1.

[דִּינָי] aram. n. pr. pl. emph. דִּינָיֵא Name einer Völkerschaft, die nach Samaria versetzt wurde Esra 4, 9.

דִּיפַת s. רִיפַת.

דָּיֵק m. *Belagerungsthurm*, gewöhnl. collective gebraucht 2 Kön. 25, 1. Jer. 52, 4. Ezech. 4, 2. 17, 17. 21, 27. 26, 8.

דִּישׁ s. דּוּשׁ.

דַּיִשׁ m. *Dreschzeit* Lev. 26, 5.

דִּישׁוֹן 1) m. wahrscheinlich *Antilope* Deut. 14, 5. 2) דִּישֹׁן—דִּישָׁן—דִּישׁוֹן Name edomitischer Familien Gen. 36, 21. 25. 26. 30. 1 Chr. 1, 38. 41.

דֵּךְ aram. pron. dem. f. דָּךְ *dieser, diese* Esra 4, 13. 5, 16.

דַּךְ ps. דָּךְ (v. דָּכַךְ) adj. *gedrückt, niedergeschlagen* Ps. 9, 10. 10, 18 74, 21.

*[**דָּכָא**] Nifal part. pl. נִדְכָּאִים *niedergeschlagen* Jes. 57, 15.

Piel pf. 2 sg. דִּכָּאתָ, fut. pl. suff. תְּדַכְּאוּנַנִי (= תְּדַכְּאוּנִי), inf. suff. דַּכְּאוֹ, *zerschlagen, zerschmettern* Ps. 89, 11. Hiob 4, 19. 6, 9; meist bildlich: *bedrücken* Jes. 3, 15. Ps. 94, 5; *betrüben, kränken* Jes. 53, 10. Hiob 19, 2.

Pual part. מְדֻכָּא *niedergeschlagen werden* Jes. 19, 10; *gebeugt, gedemüthigt sein* Jes. 53, 5. Jer. 44, 10.

Hitp. fut. יִדַּכְּאוּ, ps. יִדַּכָּאוּ *niedergeschlagen werden* Hiob 5, 4. 34, 25.

דַּכָּא m. pl. cs. דַּכְּאֵי *Zermalmung* Deut. 23, 2. עַד־דַּכָּא *bis zur Zermalmung* d. h. *bis zum Staube* Ps. 90, 3. 2) adj. *gebeugt, niedergeschlagen* Jes. 57, 15. Ps. 34, 19.

*__דָּכָה__ fut. יִדְכֶּה Ps. 10, 10 Kri, wo Ktib: וְדָכָה *gebeugt sein* (vgl. דּוּךְ).

Nifal pf. נִדְכֵּיתִי, part. נִדְכֶּה *niedergeschlagen sein* Ps. 38, 9. 51, 19.

Piel pf. suff. דִּכִּיתָנוּ *niederschlagen* Ps. 44, 20. 51, 10.

[דֳּכִי] m. suff. דָּכְיָם *das Schlagen, Brausen* (der Wellen) Ps. 93, 3.

דַּכָּיו adj. *gebeugt, unglücklich* Spr. 26, 28.

דְּכֵן aram. pron. dem. *dieser* Dan. 2, 31. 7, 20. 21.

[דְּכַר] aram. m. pl. דִּכְרִין *Widder* Esra 6, 9.

דִּכְרוֹן aram. m. emph. דִּכְרוֹנָה *Denkwürdigkeit* Esra 6, 2.

[דָּכְרָן] aram. m. pl. emph. דָּכְרָנַיָּא *Denkwürdigkeit* Esra 4, 15.

דַּל (v. דָּלַל) 1) adj. fem. דַּלָּה, pl. דַּלִּים, דַּלּוֹת *schwach, gering* Richt. 6, 15. 2 Sam. 3, 1; *mager* Gen. 41, 19. 2 Sam. 13, 4; meistens: *arm, elend, unglücklich* Ex. 23, 3. Lev. 14, 21. Jes. 25, 4. 2) subst.=דֶּלֶת *Thür*; bildlich: דַּל שְׂפָתַי *die Thür der Lippen* Ps. 141, 4.

*__דָּלַג__ *springen* Zef. 1, 9.

Piel part. מְדַלֵּג *springen* Jes. 35, 6. Hohel. 2, 8; *überspringen* mit acc. 2 Sam. 22, 30.

*__דָּלָה__ inf. abs. דָּלֹה, fut. 3 sg. suff. יִדְלֶנָּה, 3 pl. f. תִּדְלֶינָה *schöpfen* Ex. 2, 16. 19; *herausschöpfen* Spr. 20, 5.

Piel pf. suff. דִּלִּיתָנִי *herausziehen, retten* Ps. 30, 2.

דַּלָּה f. cs. דַּלַּת 1) eig. fem. des adj. דַּל, concr. *die Armen, der Pöbel* 2 Kön. 24, 14. 25, 12. Jer. 40, 7; eben so im pl. Jer. 52, 15. 16. 2) *Haar* Hohel. 7, 6. 3) *Faden am Webstuhle* Jes. 38, 12.

*__דָּלַח__ fut. תִּדְלַח, suff. תִּדְלָחֵם *trüben* Ezech. 32, 2. 13.

דְּלִי m. dual. suff. דָּלְיָו *Eimer* Num. 24, 7. Jes. 40, 15.

דְּלָיָהוּ—דְּלָיָה (*Gott rettet*) n. pr. m. Jer. 36, 12. 25. — Esra 2, 60. Neh. 7, 62. — Neh. 6, 10. — 1 Chr. 3, 24.—24, 18.

דְּלִילָה n. pr. Geliebte des Simson Richt. 16, 4.

[דָּלִית] f. pl. suff. דָּלִיּוֹתָיו *Zweig* Jer. 11, 16. Ezech. 17, 6. 7. 31, 7.

*__דָּלַל__ pf. 1 sg. דַּלּוֹתִי, pl. דַּלּוּ — דַּלּוּ — דָּלְיוּ (Spr. 26, 7), דַּלּוֹנוּ, fut. יִדַּל 1) *hängen, herabhängen* Jes. 38, 14. Spr. 26, 7. Hiob 28, 4. 2) *unglücklich, herabgekommen sein* Ps. 79, 8. 116, 6. 142, 7; *sinken, verkommen* Richt. 6, 6. Jes. 17, 4.

דִּלְעָן n. pr. Stadt in Juda Jos. 15, 38.

*__דָּלַף__ fut. יִדְלֹף *träufeln, Thränen vergiessen* Ps. 119, 28. Hiob 16, 20; *triefen* Koh. 10, 18.

דֶּלֶף m. *Traufe* Spr. 19, 13. 27, 15.

דַּלְפוֹן n. pr. Sohn des Haman Est. 9, 7.

*__דָּלַק__ inf. cs. דְּלֹק, fut. יִדְלֹק 1) *brennen* mit ב

des Objects Obad. 1, 18; *brennende = mit Brennstoff umwickelte Pfeile* Ps. 7, 14. שְׂפָתַיִם דֹּלְקִים *heisse Küsse* Spr. 26, 23; bildlich von grosser Angst Ps. 10, 2. 2) *hitzig nachjagen* mit acc. Klagel. 4, 19; mit אַחֲרֵי Gen. 31, 36. 1 Sam. 17, 53.

Hif. inf. abs. הַדְלֵק *anzünden* Ezech. 24, 10; *erhitzen* Jes. 5, 11.

דְּלַק aram. part. דָּלִק *brennen* Dan. 7, 9.

דַּלֶּקֶת f. *hitzige Krankheit* Deut. 28, 22.

דֶּלֶת f. ps. דָּלֶת, suff. דַּלְתּוֹ, דַּלְתֶּךָ, du. דְּלָתַיִם, cs. דַּלְתֵי, suff. דְּלָתַי, pl. דְּלָתוֹת, cs. דַּלְתוֹת, suff. דַּלְתֹתַי, *Thür, Thürflügel* Gen. 19, 9. Deut. 3, 5. 2 Kön. 12, 10. Hiob 31, 32. Neh. 6, 1; auch *Seite* eines Buches (*Columne*) Jer. 36, 23. נִשְׁבְּרָה דַּלְתוֹת הָעַמִּים *Gebrochen ist sie, welche die Thüren für alle Völker bildete*, d. h. *zu der alle Völker kamen* (Tyrus) Ezech. 26, 2.

דָּם m. cs. דַּם, suff. דָּמִי, דָּמְךָ, דִּמְכֶם, pl. דָּמִים, cs. דְּמֵי, suff. דָּמֶיךָ, דְּמֵיהֶם *Blut* Gen. 9, 5. 6. 37, 22. 1 Sam. 26, 20. 2 Sam. 1, 16; *blutige That* Spr. 1, 11; *blutiger Raub* Zach. 9, 7; *Blutfarbe* Joel 3, 4; *Blutschuld* Lev. 17, 4. Num. 35, 27. Deut. 17, 8, besonders im plur. Gen. 4, 10. Ex. 22, 1. 2. Ps. 9, 13; daher דָּמָיו בּוֹ *sein Blut kommt über ihn* d. h. *er ist an seinem Tode schuld* Lev. 20, 9. אִישׁ־דָּמִים *einer, der Blut vergossen hat* 2 Sam. 16, 8; *Mörder* Ps. 5, 7. 55, 24.

דָּם m. suff. דָּמְךָ *Aehnlichkeit* Ezech. 19, 10.

דָּמָה* I. pf. 2 sg. f. דָּמִיתִי (Jer. 6, 2 = דָּמִית), imp. דְּמֵה, fut. יִדְמֶה *ähnlich sein, gleichen* mit לְ Ps. 144, 4; mit אֶל Ezech. 31, 2; mit pleon. pron. דְּמֵה־לְךָ *gleiche, zeige dich wie* ... Hohel. 2, 17. 8, 14.

Nifal *verglichen werden* Ezech. 32, 2.

Piel pf. דִּמִּינוּ, fut. אֲדַמֶּה, תְּדַמְּיוּן *vergleichen, gleichstellen* mit לְ (des Bildes) Jes. 46, 5. Hohel. 1, 9; mit אֶל Jes. 40, 25; mit לְ der Person und accus. des Bildes Klagel. 2, 13; *in Gleichnissen reden* Hos. 12, 8; *sich vornehmen, sich einbilden* Num. 33, 56. Jes. 10, 7. 14, 24. Ps. 50, 21. Est. 4, 13; *beabsichtigen* Richt. 20, 5; *hoffen* (*auf* etwas, mit acc.) Ps. 48, 10.

Hitp. fut. אֶדַּמֶּה *sich gleichstellen* mit לְ Jes. 14, 14.

דְּמָה aram. part. דָּמֵה, f. דָּמְיָה *gleichen* Dan. 3, 25. 7, 5.

דָּמָה* II. 1) *vernichten* Hos. 4, 5. 2) intrans.: *Ruhe finden* Jer. 14, 17. Klagel. 3, 49.

Nifal pf. נִדְמָה, f. נִדְמְתָה, part. נִדְמֶה, inf. abs. נִדְמֹה *vernichtet werden* Jes. 6, 5. 15, 1. Jer. 47, 5. Hos. 10, 7. 15; *stumm sein* Ps. 49, 13.

Piel דִּמָּה mit לְ *vernichten* 2 Sam. 21, 5.

דֻּמָה f. *einsame Stätte* Ezech. 27, 32.

דְּמוּת f. *Aehnlichkeit* Gen. 1, 26. 5, 3; *Bild* 2 Kön. 16, 10. Jes. 40, 18; *Gestalt* Ezech. 1, 5. 22. כִּדְמוּת *wie* Ps. 58, 5.

דְּמִי—דֳּמִי m. *Ruhe, Schweigen* Jes. 62, 7. אַל דֳּמִי לָכֶם *ruhet nicht!* Jes. 62, 6. Ps. 83, 2. בִּדְמִי יָמַי *in der Ruhe meiner Tage = in glücklichem Zustande* Jes. 38, 10.

[דִּמְיוֹן] m. suff. דִּמְיֹנוֹ *Aehnlichkeit* Ps. 17, 12.

דָּמַם* pf. 3 pl. ps. דָּמּוּ; fut. יִדֹּם, תִּדֹּם, תִּדְּמִי, אֶדֹּם; pl. יִדְּמוּ (ps. יִדֹּמּוּ) — יִדְּמוּ, תִּדְּמוּ, תִּדְּמָה, נִדְּמָה, imp. דֹּם—דּוֹם, דֹּמִּי—דּוֹמִּי, דֹּמּוּ *schweigen, still sein* Lev. 10, 3. Amos 5, 13. Ps. 30, 13. Klagel. 3, 28; *rufen* Ps. 35, 15. Hiob 30, 27. Klagel. 2, 18; *still stehen* Jos. 10, 12. 13; *sich still verhalten* 1 Sam. 14, 9. Jer. 8, 14. 47, 6. Ezech. 24, 17. Ps. 4, 5. Hiob 31, 34; *verstummen* Ex. 15, 16. Jes. 23, 2. Jer. 48, 2. Klagel. 2, 10; *untergehen* 1 Sam. 2, 9. Jer. 49, 26. 50, 30. 51, 6; mit לְ *schweigend Jemandem vertrauen* Ps. 37, 7. 62, 6: *still harren auf* ... Hiob 29, 21; dagegen יִדְּמוּ לִשְׁאוֹל *sie fahren stumm in die Gruft* Ps. 31, 18.

Poel דּוֹמַמְתִּי *schweigen* Ps. 131, 2.

Hif. pf. suff. הֲדִמָּנוּ *zum Schweigen bringen, Untergang bereiten* Jer. 8, 14.

דְּמָמָה f. *Stille* Ps. 107, 29. קוֹל דְּמָמָה 1 Kön. 19, 12 u. דְּמָמָה וָקוֹל Hiob 4, 16 *leise Stimme.*

דֹּמֶן m. *Mist-, Düngerhaufen* 2 Kön. 9, 37. Jer. 8, 2. 9, 21. Ps. 83, 11.

דִּמְנָה n. pr. Levitenstadt in Sebulon Jos. 21, 35.

דָּמַע fut. תִּדְמַע *Thränen vergiessen* Jer. 13, 17.

[דֶּמַע] m. suff. דִּמְעֲךָ, eigentl. *Thräne*; bildlich von dem tropfenweis ausfliessenden *Saft* der Wein- oder Oelbeere Ex. 22, 28.

דִּמְעָה f. cs. דִּמְעַת, pl. דְּמָעוֹת *Thräne* Jes. 25, 8. Klagel. 2, 11. Koh. 4, 1.

דַּמֶּשֶׂק (aus דַּרְמֶשֶׂק) n. pr. *Damaskus*, am Fusse des Antilibanon, Hauptort eines syrischen Reiches, in einer herrl. Gegend belegen

Gen. 14, 15. 15, 2 (wo = אִישׁ־דַּמֶּשֶׂק). 1 Kön. 11, 24. Jes. 7, 8. Ezech. 27, 18.

דְּמֶשֶׁק m. *Damast*, seidenes Zeug, nach Damascus benannt Amos 3, 12.

דָּן n. pr. 1) Sohn des Jakob und der Bilha Gen. 30, 6 und der nach ihm benannte Stamm, von dem ein Theil im Südwesten, ein anderer im äussersten Norden seine Wohnsitze nahm; n. gent. דָּנִי Richt. 13, 2. 2) Stadt im äussersten Norden Palästina's, früher Leschem oder Lajisch Gen. 14, 14. Jos. 19, 47. Richt. 18, 29. 3) דָּן יַעַן (mit He loc. דָּנָה) Ortschaft im Norden Palästina's, n. E. = *Paneas* 2 Sam. 24, 6. 4) n. pr. einer Völkerschaft Ezech. 27, 19.

[דֵּן] aram. emph. דְּנָה, pron. dem. *dieser* Dan. 2, 18. Esra 5, 13. עַל־דְּנָה *daher* Esra 4, 14. כִּדְנָה *der Art* Dan. 2, 10; *folgendermassen* Jer. 10, 11. Esra 5, 7.

דָּנִאֵל s. דָּנִיֵּאל.

דַּנָּה n. pr. Stadt in Juda Jos. 15, 49.

דָּנָה s. דָּן.

דִּנְהָבָה n. pr. Stadt der Edomiter Gen. 36, 32. 1 Chr. 1, 43.

דָּנִיֵּאל oder דָּנִאֵל (*Gott ist Richter*) n. pr. 1) der bekannte Prophet Ezech. 14, 14. 20. 28, 3. Dan. 1, 6 ff. 2) Sohn des David u. der Abigail 1 Chr. 3, 1. 3) Esra 8, 2. Neh. 10, 7.

[דֵּעַ] (von יָדַע) m. suff. דֵּעִי, pl. דֵּעִים *Wissen, Erkenntniss* Hiob 32, 10. תְּמִים דֵּעִים *allweise* Hiob 37, 16.

דֵּעָה (v. יָדַע) f. pl. דֵּעוֹת *Wissen, Erkenntniss* Ps. 73, 11. תְּמִים דֵּעוֹת *höchste Weisheit* Hiob 36, 4.

דְּעֶה imp. v. יָדַע s. d.

דְּעוּאֵל (*Gott weiss*) n. pr. Num. 1, 14. 7, 42. 10, 12 = רְעוּאֵל Num. 2, 14.

***דָּעַךְ** fut. יִדְעַךְ *verlöschen* Jes. 43, 17; gewöhnl. bildlich: *sein Licht verlöscht = das Glück verlässt ihn* Spr. 13, 9. 20, 20. 24, 20. Hiob 18, 5. 6. 21, 17.

Nifal pf. נִדְעֲכוּ *versiegen, verschwinden* Hiob 6, 17.

Pual pf. דֹּעֲכוּ *vertilgt werden* Ps. 118, 12.

דַּעַת (v. יָדַע) suff. דַּעְתְּךָ, דַּעְתִּי *Einsicht, Erkenntniss* Gen. 2, 17. בְּלִי־דַעַת *unverständig* Hiob 35, 16. בִּבְלִי־דַעַת *unversehens* Deut. 4, 42. 19, 4. Hiob 36, 12. מִבְּלִי הַדָּעַת *aus Unkenntniss* Hos. 4, 6.

[דֳּפִי] m. ps. דֹּפִי *Verläumdung* Ps. 50, 20.

***דָּפַק** pf. suff. דְּפָקוּם *antreiben, drängen* Gen. 33, 13; *anklopfen* Hohel. 5, 2.

Hitp. part. מִתְדַּפְּקִים *anklopfen* Richt. 19, 22.

דָּפְקָה n. pr. Lagerstätte der Israeliten Num. 33, 12. 13.

דַּק adj. f. דַּקָּה, pl. דַּקּוֹת *zerrieben, dünn, fein* Ex. 16, 14. 32, 20. Lev. 16, 12. Deut. 9, 21. Jes. 29, 5; *mager* Gen. 41, 3; *leise* 1 Kön. 19, 12; subst. *Zwerg* Lev. 21, 20; *Stäubchen* Jes. 40, 15.

דֹּק m. *feines Gewand, Teppich* Jes. 40, 22.

דִּקְלָה n. pr. Sohn des Joktan Gen. 10, 27. 1 Chr. 1, 21.

***דָּקַק** fut. תָּדֹק, suff. יְדֻקֶּנּוּ *zermalmen* Jes. 28, 28. 41, 15.

Hifil pf. הֵדַק, 2 sg. f. הֲדִקּוֹת, inf. הָדֵק u. הָדַק, fut. וַיָּדֶק, suff. אֲדִקֵּם *zerreiben, zermalmen* Ex. 30, 36. 2 Sam. 22, 43. 2 Kön. 23, 6. 15. Micha 4, 13. 2 Chr. 34, 4. 7.

Hofal fut. יוּדַק *zerrieben werden* Jes. 28, 28.

[דְּקַק] aram. Hafel pf. 3 f. הַדֶּקֶת, pl. הַדִּקוּ, part. מְהַדֵּק, f. מַדְּקָה, fut. תַּדִּק, suff. תַּדִּקִנַּהּ *zerreiben, zermalmen* Dan. 2, 34. 40. 6, 25. 7, 7. 23.

***דָּקַר** fut. יִדְקֹר *durchbohren* Num. 25, 8. Richt. 9, 54. 1 Sam. 31, 4. Zach. 12, 10.

Nif. fut. יִדָּקֵר *durchbohrt werden* Jes. 13, 15.

Pual part. pl. מְדֻקָּרִים *durchbohrt werden* Jer. 37, 10. 51, 4. Klagel. 4, 9.

דֶּקֶר n. pr. s. בֶּן־דֶּקֶר.

דָּר aram. m. *Geschlecht* Dan. 3, 33. 4, 31.

דַּר m. kostbarer Stein, n. E. *Perlmutter* Est. 1, 6.

דֹּר s. דּוֹר.

דֵּרָאוֹן m. cs. דִּרְאוֹן *Abscheu* Jes. 66, 24. Dan. 12, 2.

דָּרְבָן m. pl. דָּרְבֹנוֹת *Spitze, Ochsenstachel* 1 Sam. 13, 21. Koh. 12, 11.

דַּרְדַּע n. pr. eines alten Weisen aus dem Stamme Juda 1 Kön. 5, 11 = דָּרַע 1 Chr. 2, 6.

דַּרְדַּר m. *Stachel, Dorn* Gen. 3, 18. Hos. 10, 8.

דָּרוֹם m. *Süden* Deut. 33, 23. Ezech. 40, 24.

דְּרוֹר m. 1) *frei umherschweifender Vogel* (n. E. *Schwalbe*) Ps. 84, 4. Spr. 26, 2. 2) *Freiheit* Lev. 25, 10. Jes. 61, 1. Jer. 34, 8. Ezech. 46, 17. 3) מָר־דְּרוֹר *von selbst ausgeflossene Myrrhe* Ex. 30, 23.

דָּרְיָוֶשׁ n. pr. *Darius* und zwar 1) Darius der Meder oder Cyaxares, Mitregent des Cyrus Dan. 6, 1. 9, 1. 2) Darius Hystaspis Hag. 1, 1. Zach. 1, 1. 7, 1. Esra 4, 5. 5, 5. 3) Darius Codomannus Neh. 12, 22.

דָּרְיוֹשׁ s. דָּרַשׁ.

*°**דָּרַךְ** fut. תִּדְרֹךְ *treten, betreten, einhertreten*, mit בְּ Deut. 1, 36. Jos. 14, 9; mit עַל Deut. 33, 29. 1 Sam. 5, 5. Micha 1, 3. Hiob 9, 8; *zertreten* Richt. 5, 21. Jes. 63, 3; *aufgehen* (v. einem Stern) Num. 24, 17; mit קֶשֶׁת *spannen* Ps. 37, 14. 1 Chr. 5, 18; eben so mit חֵץ Ps. 64, 4; mit פּוּרָה Jes. 63, 3 oder יֶקֶב Hiob 24, 11 oder גַּת Neh. 13, 15 *die Kelter treten, den Wein auspressen*; ähnlich mit זַיִת Micha 6, 15; auch ohne derartig. Object: *keltern* Richt. 9, 27.

Hifil הִדְרִיךְ, fut. וַיַּדְרְכוּ (Jer. 9, 2 = וַיַּדְרִיכוּ) *gehen lassen, führen* Jes. 11, 5. 42, 16. Ps. 25, 5. Spr. 4, 11; *fortgehen lassen* Richt. 20, 43; *festtreten* Jer. 51, 33; *betreten* Hiob 28, 8; *spannen* (den Bogen) Jer. 9, 2.

דֶּרֶךְ ps. דָּרֶךְ m. (f. Deut. 1, 22. Ps. 1, 6. 119, 33. Esra 8, 21), suff. דַּרְכִּי, du. דְּרָכַיִם, pl. דְּרָכִים, cs. דַּרְכֵי, suff. דְּרָכַי, דַּרְכֵיכֶם — דַּרְכֵּיכֶם *Weg* Gen. 3, 24; in mannigfachen Uebertragungen z. B. דֶּרֶךְ כָּל־הָאָרֶץ *der Weg in's Grab* Jos. 23, 14; überhaupt: *Art und Weise, Lebenswandel, Sitte*. לֹא הָלְכוּ בִדְרָכַי *sie wandelten nicht in meinen Wegen = nach meinen Vorschriften* 1 Kön. 1, 33; *in den Wegen eines Menschen wandeln = seinem Beispiele folgen* 2 Chr. 17, 3. כְּדֶרֶךְ כָּל־הָאָרֶץ *wie es alle Menschen machen* Gen. 19, 31. דֶּרֶךְ נָשִׁים *die Weise der Frauen = Menstruation* Gen. 31, 35. דַּרְכָּם בְּרֹאשָׁם נָתַתִּי *ich lasse sie die Folgen ihres Wandels tragen* Ezech. 9, 10. דְּרָכַיִם *Doppelweg = trügerischer Wandel* Spr. 28, 6. 18.

דַּרְכְּמוֹן auch אֲדַרְכֹּן persische Münze *Dareikos* (= etwa 4½ Thaler) Esra 2, 69. 8, 27. Neh. 7, 70. 1 Chr. 29, 7.

דַּרְמֶשֶׂק 1 Chr. 18, 5. 6 urspr. Form von דַּמֶּשֶׂק s. d.

[דְּרָע] aram. pl. suff. דְּרָעוֹהִי *Arm* Dan. 2, 32; vgl. אֶדְרָע.

דֶּרַע = דַּרְדַּע s. d.

דַּרְקוֹן n. pr. m. Esra 2, 56. Neh. 7, 58.

*°**דָּרַשׁ** fut. אֶדְרֹשׁ, inf. abs. דָּרוֹשׁ, cs. לִדְרוֹשׁ, (לְדַרְיוֹשׁ Esra 10, 16) 1) *suchen* Ps. 10, 15; *nach etwas suchen, sich nach etwas umthun*, mit acc. Lev. 10, 16. Deut. 22, 2. Spr. 31, 13; mit עַל 2 Chr. 24, 6; *untersuchen* Deut. 13, 15; *nach etwas streben* mit acc. Jes. 1, 17. Amos 5, 14. Ps. 38, 13. Est. 10, 3; *Gott suchen = sich an ihn wenden, zu ihm halten, zu ihm beten*, mit accus. Jes. 55, 6. Ps. 34, 5; mit אֶל Jes. 11, 10; *im Auge haben* Deut. 11, 12. 1 Chr. 28, 9. 2) *fordern* mit acc. der Sache und מִן der Person Deut. 23, 22. Ezech. 34, 10. Micha 6, 8; *das Blut fordern = Jemand für einen Mord zur Verantwortung ziehen* Gen. 9, 5. Ps. 9, 13; überhaupt; *bestrafen* Deut. 18, 19. 2 Chr. 24, 22. 3) *befragen*, besonders mit Beziehung auf Gott oder Götzen mit acc. 2 Chr. 16, 12; mit בְּ 1 Chr. 10, 14; mit לְ Deut. 12, 5. Ezech. 14, 7. 2 Chr. 17, 3. 4. בָּאָה לִדְרֹשׁ דָּבָר מֵעִמְּךָ *sie kommt, dich um etwas zu befragen* 1 Kön. 14, 5. וְנִדְרְשָׁה אֶת־יְהוָֹה מֵאוֹתוֹ *wir wollen durch ihn Gott befragen* 2 Kön. 3, 11. 1 Kön. 22, 7. — part. pass. *gesucht, erwünscht* Jes. 62, 12. Ps. 111, 2.

Nifal fut. אִדָּרֵשׁ, inf. abs. אִדָּרֹשׁ 1) *gesucht werden* 1 Chr. 26, 31; *gerächt werden* Gen. 42, 22: *sich suchen lassen = den Bittenden erhören* Jes. 65, 1. Ezech. 14, 3.

[דָּשָׁא] Hif. fut. תַּדְשֵׁא *hervorsprossen lassen* Gen. 1, 11.

דֶּשֶׁא m. *junges Grün, Gras* Gen. 1, 11. Deut. 32, 2. Jes. 15 6.

*°**דָּשֵׁן** *fett werden* Deut. 31, 20.

Piel pf. דִּשַּׁנְתָּ, fut. יְדַשְּׁנֶה (= יְדַשֵּׁן) 1) *fett, markig machen* Spr. 15, 30; *mit Fett salben* (Bild des Ueberflusses) Ps. 23, 5; *für fett halten = wohlgefällig aufnehmen* Ps. 20, 4. 2) (denom. von דֶּשֶׁן *Asche*) *die Asche entfernen* mit accus. des Ortes Ex. 27, 3. Num. 4, 13.

Pual fut. יְדֻשַּׁן *von Fett durchdrungen werden* Jes. 34, 7; *gekräftigt werden* Spr. 11, 25. 13, 4. 28, 25.

Hitp. pf. 3 sg. f. הֻדַּשְּׁנָה *von Fett durchdrungen werden* Jes. 34, 6.

דָּשֵׁן adj. pl. דְּשֵׁנִים, cs. דִּשְׁנֵי *fett, markig, stark* Jes. 30, 23. Ps. 22, 30. 92, 15.

דֶּשֶׁן m. ps. דָּשֶׁן, suff. דִּשְׁנִי 1) *Fett, Fettigkeit* Richt. 9, 9. Jes. 55, 2. Jer. 31, 14. Ps. 65, 12. Hiob

36, 16. 2) *Fettasche, Asche* Lev. 1, 16. 1 Kön. 13, 3. Jer. 31, 40.

דָּת f. cs. דַּת, suff. דָּתוֹ, pl. cs. דָּתֵי *Gesetz* Est. 1, 13. Esra 8, 36; über אֵשׁ דָּת Deut. 33, 2 vgl. אֵשְׁדָּה.

דָּת aram. f. emph. דָּתָא, suff. דָּתְכוֹן, pl. cs. דָּתֵי *Gesetz* Dan. 2, 9. 13. 6, 16. Esra 7, 25.

[דְּתֵא] aram. emph. דִּתְאָא *das Grüne* Dan. 4, 12. 20.

[דְּתָבָר] aram. pl. emph. דְּתָבְרַיָּא *Richter, Gesetzkundiger* Dan. 3, 2. 3.

דֹּתָן—דֹּתַיִן Ort im nördlichen Samaria Gen. 37, 17. 2 Kön. 6, 13.

דָּתָן n. pr. m. Num. 16, 1. 26, 9. Deut. 11, 6. Ps. 106, 17.

ה

הֲ (vor Schwa und vor Kehllauten הַ, vor Kehllauten mit ָ הֶ) Fragewort, sowohl in der directen als indir. Frage Gen. 3, 11. Num. 11, 12. 13, 18.

הַ mit folg. Dagesch; הָ gewöhnl. vor א, ר, ע, selten vor ה und seltener vor ח; הֶ meist vor הָ, חָ, עָ 1) der bestimmte Artikel *der, die, das.* 2) pron. relativum *welcher* Jos. 10, 24. Richt. 13, 8. Esra 8, 25.

הָא aram. interj. *siehe!* Dan. 3, 25.

הֵא interj. *siehe da, da ist!* Gen. 47, 23. Ezech. 16, 43.

הָא aram. interj. *siehe!* Dan. 2, 43.

הֶאָח interj. *Ha!* meist als Ausdruck der Schadenfreude Ezech. 25, 2. Ps. 35, 21; auch des Behagens überhaupt Jes. 44, 16; der Kampfeslust Hiob 39, 25.

הַב—הָבָה—הָבוּ s. יָהַב.

[הַבְהָב] pl. suff. הַבְהָבַי *Geschenk* Hos. 8, 13.

הָבַל* fut. יֶהְבָּלוּ *Nichtiges betreiben* Hiob 27, 12; meist vom Götzendienst 2 Kön. 17, 15. Jer. 2, 5; *sich bethören lassen* Ps. 62, 11.

Hifil part. מַהְבִּלִים *bethören* Jer. 23, 16.

הֶבֶל m. ps. הָבֶל 1) suff. הֶבְלִי, pl. הֲבָלִים, cs. הַבְלֵי, suff. הַבְלֵיהֶם *Hauch, Dunst* Jes. 57, 13; gewöhnl. bildlich; *Nichtigkeit, Vergänglichkeit* und adjectivisch *nichtig, vergänglich, eitel* Hiob 7, 16. Koh. 1, 2. 7, 15; plur. *nichtige Dinge*; häufig von Götzen Deut. 32, 21. Jer. 8, 19. Jona 2, 9. Ps. 31, 7. 2) n. pr. *Abel,* Sohn des Adam, erschlagen von Kain Gen. 4, 2. 8.

הֲבֵל m. *Nichtigkeit, Eitelkeit* Koh. 1, 2. 12, 8.

[הָבְנִי] pl. הָבְנִים Kri — הוֹבְנִים Ktib *Ebenholz* Ezech. 27, 15.

הָבַר* wovon nur part. הֹבְרֵי שָׁמַיִם *Sterndeuter, Astrologen* Jes. 47, 13.

הָגָה* inf. abs. הָגוֹ—הָגֹה (הֹגוֹ Jes. 59, 13), fut. תֶּהְגֶּה, אֶהְגֶּה 1) *einen Laut von sich geben* Ps. 115, 7; *girren* (von der Taube) Jes. 38, 14. 59, 11; *brummen* (v. Löwen) Jes. 31, 4. 2) *sprechen* Jes. 59, 3. Ps. 35, 28. 37, 30. 3) *sinnen, nachsinnen,* gewöhnl. mit בְּ Jos. 1, 8. Ps. 63, 7. 77, 13; *ersinnen* mit acc. Jes. 33, 18. Ps. 2, 1. 4) *fortbringen, entfernen* Jes. 59, 13. Spr. 25, 4. 5.

Hif. part. מַהְגִּים *murmeln* Jes. 8, 19.

הֶגֶה m. *Laut* Ps. 90, 9; *Klagelaut* Ezech. 2, 10; *Donner* Hiob 37, 2.

הֵגֵא n. pr. Est. 2, 3 = הֵגַי das. v. 8. 15.

הָגוּת f. *das Sinnen* Ps. 49, 4.

הֵגַי n. pr. s. הֵגֵא.

[הָגִיג] m. suff. הֲגִיגִי *Seufzer, Klage* Ps. 5, 2. 39, 4.

הִגָּיוֹן m. cs. הֶגְיוֹן, suff. הֶגְיוֹנָם 1) *das Tönen* Ps. 92, 4; als *musikalisches* Zeichen Ps. 9, 17. 2) *Gedanke* Ps. 19, 15. Klagel. 3, 62.

[הָגִין] adj. fem. הֲגִינָה *richtig, gerade* Ezech. 42, 12.

הָגָר n. pr. Magd der Sara, Mutter des Ismael Gen. 16, 1. 25, 12.

הַגְרִי pl. הַגְרִיאִים—הַגְרִים n. pr. eines arabischen Stammes Ps. 83, 7. 1 Chr. 5, 10. 19. 20. 11, 38. 27, 31.

הֵד m. *Freudengeschrei* Ezech. 7, 7.

[הַדָּבָר] aram. m. pl. emph. הַדָּבְרַיָּא, cs. הַדָּבְרֵי,

suff. הַדָּבְרוֹהִי *Räthe, Minister* Dan. 3, 24. 27. 4, 33. 6, 8.

הֲדַדְעֶזֶר } König v. Aram Zoba 2 Sam. 8, 3.
הֲדַרְעֶזֶר } zur Zeit David's. 2 Sam. 10, 16. 19.

הֲדַדְרִמּוֹן n. pr. Ort in der Ebene Megiddo Zach. 12, 11.

הָדָה* *ausstrecken* Jes. 11, 8.

הֹדוּ n. pr. *Hindu, Indien* Est. 1, 1. 8, 9.

הָדוּר s. הָדַר.

הֲדוֹרָם n. pr. Sohn des Joktan Gen. 10, 27. 1 Chr. 1, 21.

הִדַּי n. pr. 2 Sam. 23, 30 = חוּרַי 1 Chr. 11, 32.

הָדַךְ* inf. הֲדֹךְ *niederwerfen* Hiob 40, 12.

[הַדָּם] aram. m. pl. הַדָּמִין *Stück* Dan. 2, 5. 3, 29.

הֲדֹם m. *Schemel*, stets mit רֶגֶל verbunden Jes. 66, 1. Ps. 110, 1; *der Fussschemel Gottes = Tempel* Ps. 99, 5. 132, 7. Klagel. 2, 1. 1 Chr. 28, 2.

הֲדַס—הֲדַס m. pl. הֲדַסִּים *Myrthe* Jes. 41, 19. 55, 13. Zach. 1, 8. 10. 11. Neh. 8, 15.

הֲדַסָּה (*Myrthe*) n. pr. hebr. Name der Ester Est. 2, 7.

הָדַף* fut. יֶהְדֹּף, suff. יֶהְדְּפֶנּוּ ,יֶהְדְּפֵם, inf. הֲדֹף, suff. הֲדָפָהּ *stossen, verstossen* Num. 35, 20. Deut. 6, 19. 9, 4. Jos. 23, 5. Ezech. 34, 21. Hiob 18, 18; *zurückstossen* 2 Kön. 4, 27. Spr. 10, 3.

הָדַר* fut. תֶּהְדַּר (*erheben*); part. הָדוּר *prächtig* Jes. 63, 1. הֲדוּרִים *hervorragende, unebene Stellen* Jes. 45, 2; gewöhnl. bildlich *ehren* Lev. 19, 32; *bevorzugen* Ex. 23, 3. Lev. 19, 15.

Nifal pf. pl. נֶהְדָּרוּ *geehrt werden* Klagel. 5, 12.

Hitp. *sich brüsten* Spr. 25, 6.

[הֲדַר] aram. Pael pf. 1 sg. הַדְּרֵת, 2 sg. הַדַּרְתָּ part. מְהַדַּר *ehren, preisen* Dan. 4, 31. 34. 5, 23.

הָדָר m. cs. הֲדַר, suff. הֲדָרִי, pl. cs. הַדְרֵי 1) *Schmuck, Zier* Ezech. 16, 14. Ps. 45, 4. 110, 3. 149, 9. Spr. 20, 29. עֵץ הָדָר *schöner Baum* Lev. 23, 40. 2) *Glanz, Pracht* Ps. 29, 4. 104, 1. 145, 5. Hiob 40, 10.

הֶדֶר m. *Schmuck, Zier* Dan. 11, 20.

[הֲדָרָה] f. cs. הַדְרַת *Schmuck* Spr. 14, 28; in Verb. mit קֹדֶשׁ *heiliger (= festlicher) Schmuck* Ps. 29, 2. 96, 9. 2 Chr. 20, 21.

הֲדֹרָם n. pr. = אֲדֹנִירָם s. d.

הֲדַרְעֶזֶר s. הֲדַדְעֶזֶר.

הָהּ interj. des Schmerzes: *ach!* Ezech. 30, 2.

הוֹ interj. des Schmerzes: *ach, wehe!* Amos 5, 16.

הֱוָא s. הָיָה.

הוּא m. und הִיא f. (im Pentat. gewöhnl. הִוא) pron. pers. *er, sie*; wird zur Hervorbringung des Nachdrucks der 3. Person des Verbi zugesetzt. הוּא יִירָשֶׁךָ *er wird dich beerben* Gen. 15, 4; daher *selbst* Jes. 7, 14; eben so zur Verstärkung anderer Fürwörter; z. B. מִי הוּא *wer denn?* Gen. 27, 33. Hiob 4, 7; אַתָּה הוּא מַלְכִּי *du bist mein König* Ps. 44, 5. אֲנִי הוּא *ich bin es = ich bin derselbe* Jes. 41, 4. 43, 10; mit dem Artikel הַהוּא *dieser, jener*.

הוּא aram. pron. pers. *er* Dan. 2, 21.

הֱוָא s. הֲוָה.

הוֹד 1) m. suff. הוֹדִי, הוֹדוֹ—הוֹדֹה (Jer. 22, 18) *Glanz, Pracht, Majestät* Ps. 21, 6. 104, 1. Dan. 11, 21. הוֹד נַחְרוֹ *sein prächtiges Schnauben* Hiob 39, 20. הוֹדִי נֶהְפַּךְ עָלַי *mein Glanz (= Gesichtsfarbe) verwandelte sich, erblich* Dan. 10, 8. 2) n. pr. m. 1 Chr. 7, 37.

הוֹדַוְיָהוּ—הוֹדַוְיָה (*preiset Gott*) n. pr. m. mehrer Personen in Esra (2, 40) und der Chronik (I. 3, 24. 5. 24. 9, 7).

הוֹדְוָה (*Glanz Gottes*) n. pr. m. Neh. 7, 43.

הוֹדִיָּה n. pr. mehrer Leviten u. s. w. Neh. 8, 7. 9, 5. 10, 11. 14. 19.

הָוָה s. הָיָה.

הֲוָא—הֲוָה aram. m. pf. 3 f. הֲוָת, הֲוַת, 2 sg. הֲוַיְתָ, 1 sg. הֲוֵית, 3 pl. הֲווֹ, fut. 3 sg. m. לֶהֱוֵא, 2 sg. תֶּהֱוֵה—תֶּהֱוֵא, pl. לֶהֱוֹן ,לֶהֶוְיָן, imp. pl. הֱווֹ *sein, werden* Dan. 2, 20. 35. 5, 17. Esra 5, 5; gew. mit dem part. eines Verbi הֲוָה בְנֵא *er hatte gebaut* Esra 5, 11. חָזֵה הֲוֵית *ich sah* Dan. 4, 7.

[הַוָּה] f. cs. הַוַּת, pl. הַוּוֹת (הַוֹּת) 1) *Gier, Habsucht* Spr. 10, 3. 11, 6; überhpt. *Frevel, Bosheit* Ps. 5, 10. 52, 4. 9. 2) *Verderben* Ps. 57, 2. 91, 3. Spr. 19, 13; *Unglück* Hiob 6, 2. 30, 13; an beiden letzten Stellen Kri: הַיָּה.

הֹוָה f. (*Verderben, Unglück* Jes. 47, 11. Ezech. 7, 26.

הוֹהָם n. pr. König von Hebron Jos. 10, 3.

הוֹי Interj. 1) der Klage, *ach, wehe!* 1 Kön. 13, 30. Jes. 17, 12. 2) der Drohung: *wehe!*

meist mit dem Nom. Jes. 1, 4. 5, 8; mit אֶל Jer. 48, 1; mit עַל Jer. 50, 27. Ezech. 13, 3; mit לְ Ezech. 13, 18. 3) des Zurufes: *he! o!* Jes. 18, 1. 29, 1. 55, 1. Zach. 2, 10.

[**הוּךְ** angenommene Wurzel für durch Erweichung des ל aus הָלַךְ gebildete aram. Formen] inf. מְהָךְ, fut. יְהָךְ—יְהָךְ *gehen* Esra 5, 5. 6, 5. 7, 13.

הֹלֵלוֹת—הוֹלֵלוֹת—הוֹלֵלוּת f. *Narrheit, Tollheit* Koh. 1, 7. 2, 12. 9, 3. 10, 13.

הוֹלֵם s. הָלַם.

הוּם* pf. 3 sg. suff. הָמָם *in Verwirrung bringen* Deut. 7, 23.

Nifal fut. 3 sg. f. וַתֵּהֹם *in Unruhe gerathen* 1 Sam. 4, 5. 1 Kön. 1, 45. Rut 1, 19.

Hifil fut. אָהִימָה, 3 pl. f. תְּהִימֶנָה *toben, lärmen* Micha 2, 12. Ps. 55, 3.

הוֹמָם n. pr. m. 1 Chr. 1, 39 = הֵימָם Gen. 36, 22.

*[**הוּן**] Hifil fut. תָּהִינוּ *leichtfertig handeln* Deut. 1, 41.

הוֹן suff. הוֹנְךָ, pl. suff. הוֹנֶיךָ 1) *Besitz, Reichthum* Ezech. 27, 33. Spr. 1, 13. בְּלֹא־הוֹן *umsonst* Ps. 44, 13. 2) *genug* Spr. 30, 15. 16.

הוֹר s. הָרָה.

הוֹשְׁבוֹתִי s. יָשַׁב.

הוֹשָׁמָע (*Gott hört*) n. pr. m. 1 Chr. 3, 18.

הוֹשֵׁעַ (*Gotthilf*) n. pr. 1) früherer Name des *Josua* Num. 13, 8. 16. Deut. 32, 44. 2) der letzte König des Reiches Israel 2 Kön. 17, 1. 3) der bekannte Prophet *Hosea* Hos. 1, 1. 2.

הוֹשַׁעְיָה (*Gotthilf*) n. pr. m. 1) Jer. 42, 1. 43, 2. 2) Neh. 12, 32.

הוּת s. הָתַת.

הוֹתִיר n. pr. m. 1 Chr. 25, 4. 28.

הָזָה* part. הֹזִים *träumen, faseln* Jes. 56, 10.

הִזַּכּוּ Jes. 1, 16 s. זָכָה.

הִי m. *Wehklage* Ezech. 2, 10.

הִיא pron. pers. f. *sie* s. הוּא.

הֵידָד interj. *Ha! Hurrah!* sowohl von den freudigen Rufen bei dem Weinpressen Jer. 25, 30. 48, 33 als vom Kriegsgeschrei Jes. 16, 9. Jer. 51, 14.

[**הֻיְּדָה**] f. pl. הֻיְּדוֹת *Lobgesang* Neh. 12, 8.

הָיָה* (הָוָה) pf. 2 sg. f. הָיִית—הָיִית (2 Sam. 14, 2), 2 pl. הֱיִיתֶם (וִהְיִיתֶם), part. f. הוֹיָה, fut. אֶהְיֶה—אֶהְיֶה ;תִּהְיֶה—תְּהִי ;יִהְיֶה—יְהִי—יֶהֱוֵא (Koh. 11, 3); נִהְיֶה—נְהִי ;תִּהְיוּ ,תִּהְיֶינָה; inf. abs. הָיוֹ—הָיֹה, cs. הֱיוֹת (בִּהְיוֹת u. s. w.) —הֱיֹה (Ezech. 21, 15); imp. הֱיֵה (וֶהְיֵה—הֱוֵה—הֱוֵא ,הֱיִי (הֱוִי Jes. 16, 4), הֱיוּ (וִהְיוּ) 1) *sein*, sowohl zur Verbind. des Subjects mit dem Prädicat Gen. 1, 2, als auch zur Bezeichnung des Zustandes Gen. 27, 28 und der Existenz überhaupt Gen. 2, 5. Jes. 7, 7. 2) *geschehen, sich ereignen* Gen. 41, 13; besonders bei Einleitung einer Erzählung: וַיְהִי *und es geschah* Gen. 12, 11 oder einer Vorhersagung: וְהָיָה *und es wird geschehen* Gen. 27, 40. הָיָה דְבַר־ *es erging das Wort des...* Ezech. 1, 3. וַתְּהִי עָלָיו רוּחַ אֱלֹהִים *es kam über ihn der Geist Gottes* Num. 24, 2. 3) *werden, entstehen* Gen. 1, 3. 5. 3, 5. Richt. 11, 39. In Verbindung mit לְ a) Jemand *gehören = haben.* וַיְהִי־לוֹ *er hatte* Gen. 26, 14: *angehören*: וְהָיְתָה לְאִישׁ־אַחֵר *sie gehört einem andern Manne an* Jer. 3, 1. b) *zu etwas werden* 1 Sam. 4, 9. וַתְּהִי לְגֶפֶן *es wurde zum Weinstock* Ezech. 17, 6. c) mit doppeltem לְ bezeichnet es gewöhnl. das Verhältniss zweier Personen. וַתְּהִי־לִי לְאִשָּׁה *sie ward mir zum Weibe* Gen. 20, 12. וִהְיִיתֶם לִי לְעָם *ihr sollt mir zum Volke sein* Jer. 11, 4. d) bei Sachen *zu etwas dienen* Gen. 1, 15. 11, 3. e) vor dem Inf. mit לְ *im Begriff sein* וַיְהִי הַשֶּׁמֶשׁ לָבוֹא *die Sonne war im Begriff unterzugehen* Gen. 15, 12. Jos. 2, 5; *im Sinne haben etwas zu thun* 2 Chr. 26, 5.

Nifal נִהְיָה *geschehen, sich ereignen* Deut. 4, 32. Richt. 20, 3. Jer. 5, 30; *werden* mit לְ *zu...* Deut. 27, 9. תַּאֲוָה נִהְיָה *ein erfüllter Wunsch* Spr. 13, 19; *dasein, existiren* Joel 2, 2. Zach. 8, 10; *dahin sein, zu Ende sein* Dan. 2, 1. 8, 27.

הַיָּה Hiob 6, 2. 30, 13 Kri = הַוָּה s. d.

הֵיךְ *wie?* Dan. 10, 17. 1 Chr. 13, 12.

הֵיכָל m. (f. Jes. 44, 28) cs. הֵיכַל, suff. הֵיכָלוֹ, pl. הֵיכָלוֹת, cs. הֵיכְלֵי, suff. הֵיכְלֵיכֶם *Palast* 1 Kön. 21, 1. 2 Kön. 20, 18. Jes. 13, 22. Ps. 45, 16. 144, 12; gewöhnl. von dem *Tempel* Jer. 7, 4. Ps. 5, 8 und zwar von dem zwischen dem Vorhof u. dem Allerheiligsten liegenden Theile 1 Kön. 6, 5. 17. 7, 50.

הֵיכַל m. emph. הֵיכְלָא und הֵיכָלָא, suff. הֵיכְלִי, הֵיכְלֵהּ 1) *Palast* Dan. 4, 1. 26. 5, 5. 6, 19. 2) *Tempel Gottes* Dan. 5, 2. Esra 5, 15.

הֵילֵל *Glanz, Morgenstern* Jes. 14, 12.

הִים s. הום.

הֵימָם n. pr. s. הוֹמָם.

הֵימָן (*bewährt*) n. pr. 1) ein Weiser von den Nachkommen des Serach 1 Kön. 5, 11. 1 Chr. 2, 6. 2) levitischer Sangmeister zur Zeit David's Ps. 88, 1. 1 Chr. 6, 18.

הֵימַן aram. s. אֲמַן.

הִין m. ein Maass für Flüssigkeiten Ex. 30, 24. Lev. 19, 36. Num. 28, 14. Ezech. 4, 11.

הָכַר fut. pl. תַּהְכְּרוּ *übertäuben, unterdrücken* mit ל Hiob 19, 3.

הַכָּרָה f. cs. הַכָּרַת *Erkennung* Jes. 3, 9.

[הָלָא] denom. v. הָלְאָה Nifal part. f. נַהֲלָאָה *weit entfernt, weit verschlagen* Micha 4, 7.

הָלְאָה adv. *weit hin* Num. 17, 2. גֶּשׁ־הָלְאָה *tritt zurück* Gen. 19, 9; gewöhnl. וָהָלְאָה zum Anschluss an eine Zeit- (Lev. 22, 27) oder eine Ortbestimmung *von da an und weiter* Num. 32, 19. מֵהָלְאָה לְ׳ *jenseits, über etwas hinaus* Gen. 35, 21. Jer. 22, 19.

[הִלּוּל] pl. הִלּוּלִים *Freudenfeier* (bei Einbringung der Erndte u. s. w.) Lev. 19, 24. Richt. 9, 27.

הֲלוֹם s. הֲלֹם.

הַלָּז pron. dem. *dieser* (m.) Richt. 6, 20. Zach. 2, 8. Dan. 8, 16; *diese* (f.) 2 Kön. 4, 25; verkürzt aus

הַלָּזֶה pron. dem. m. *dieser da* Gen. 24, 65. 37, 19.

הַלֵּזוּ pron. dem. fem. *diese da* Ezech. 36, 35.

[הָלִיךְ] pl. suff. הֲלִיכַי *Schritt* Hiob 29, 6.

[הֲלִיכָה] f. pl. הֲלִיכוֹת 1) *das Einhergehen* Nah. 2, 6. Ps. 68, 25. 2) *Weg* Hab. 3, 6. Spr. 31, 27. 3) *Karawane* Hiob 6, 19.

***הָלַךְ** pf. 3 pl. הָלְכוּ—הָלְכוּא (Jos. 10, 24); inf. abs. הָלוֹךְ, part. הֹלֵךְ, fut. יַהֲלֹךְ, 3 sg. f. תַּהֲלַךְ, 1 sg. אֶהֱלֹךְ, pl. יַהַלְכוּ, inf. הֲלֹךְ, imp. pl. הִלְכוּ (Jer. 51, 50). — Statt dieser meist nur in dichterischer Sprache (und im Pentat. Ex. 3, 19. 9, 23. Num. 22, 13. 14. 16) vorkommenden Formen des fut., inf. cs. u. imp. sind die entsprechenden Bildungen von יָלַךְ in gewöhnlichen Gebrauch; fut. יֵלֵךְ—יֵלֵךְ—ps. וַיֵּלֶךְ, תֵּלֵךְ, אֵלֵךְ— אֵלֵךְ — ps. וָאֵלֵךְ—אֵלְכָה—ps. אֵלֵכָה, pl. יֵלְכוּ, הֲלִכְנָה, inf. לֶכֶת, ps. לָכֶת, (לְלֶכֶת, כְּלֶכֶת), suff. לֶכְתִּי; imp. לֵךְ־—לֵךְ—לְכָה—לֵךְ, ps. לֵכָה, לְכִי, לְכוּ, לֵכְנָה *gehen*, im weiteren Umfange des Wortes, die verschiedenartigsten Bewegungen einschliessend, daher sowohl von dem eigentlichen *Gehen* von Menschen und Thieren Gen. 3, 14. 12, 4. 14, 24. Ex. 5, 7. 10, 24; als auch vom *Fahren* eines Schiffes Gen. 7, 18; vom *Strömen* des Flusses Gen. 2, 14; von der *Bewegung* eines Himmelskörpers Hiob 31, 26; von der *Verbreitung* einer Pest Ps. 91, 6; vom *Herabfahren* des Blitzes Ex. 9, 23. Hiob 41, 11 u. s. w. Daran schliessen sich Bedeutungen, wie: *kommen* Num. 22, 17. 23, 13. 1 Sam. 23, 27; *wandern, reisen* Gen. 11, 31. 1 Kön. 2, 8; *fortgehen* Gen. 24, 61. 26, 16. 30, 26. Ex. 3, 19. Hiob 16, 6; häufig mit pleon. pron. לֶךְ־לְךָ *gehe fort* Gen. 12, 1. אֵלֲכָה לִּי *ich will fortgehen* Hohel. 4, 6; *vergehen, dahingehen* Hiob 19, 10; *verschwinden* Hiob 14, 20. הָלַךְ אַחֲרֵי *Jemandem folgen* Gen. 24, 39. 61; *in den Wegen Jemandes wandeln* (vgl. דֶּרֶךְ) = *seinen Geboten oder seinem Beispiel folgen* Deut. 28, 9. 1 Kön. 15, 26; eben so: *in den Sünden Jemandes wandeln* 1 Kön. 15, 3. Der *Wandel* wird auch durch adverbialiter zugesetzte subst. näher bezeichnet; z. B. הֹלֵךְ צְדָקוֹת *wer in Gerechtigkeit wandelt* Jes. 33, 15; eben so mit תָּמִים Ps. 15, 2; נְכֹחוֹ Jes. 57, 2; רוּחַ Micha 2, 11; ähnlich sind dichterische Redensarten zu fassen, wie הַגְּבָעוֹת תֵּלַכְנָה חָלָב *die Hügel fliessen in Milch* = *strömen über von Milch* Joel 4, 18; כָּל־בִּרְכַּיִם תֵּלַכְנָה מַּיִם *alle Knie zerfliessen in Wasser* (Bild der grössten Entmuthigung) Ezech. 21, 12. —Der Ort, *wohin* man geht, gewöhnl. mit אֶל Richt. 9, 2; mit לְ 1 Sam. 10, 26; mit עַל 2 Sam. 15, 20; mit accus. Gen. 28, 2. — Noch wird durch הָלַךְ die *Zunahme* einer Thätigkeit oder eines Zustandes ausgedrückt. וְהַמַּיִם הָיוּ הָלוֹךְ וְחָסוֹר *die Wasser nahmen immer mehr ab* Gen. 8, 5. 12, 9. 26, 13. Richt. 4, 24. 1 Sam. 14, 19. 2 Sam. 5, 10. 1 Chr. 11, 9. — Der imp. לְכָה—לְכוּ hat auch wohl die blosse Bedeutung der Interjection *auf! wohlan!* Gen. 19, 32. 37, 20. Jos. 18, 8. 1 Sam. 9, 10.

Nifal נֶהֱלָכְתִּי *vergehen* Ps. 109, 23.

Piel *einhergehen, wandeln* Ps. 86, 11. Hiob 30, 28; *hin- und hergehen* 1 Kön. 21, 27; *umherlaufen* Klagel. 5, 18; part. מְהַלֵּךְ *ein* (rüstiger) *Fussgänger* Spr. 6, 11.

Hifil pf. הוֹלִיךְ, 1 sg. suff. הֹלַכְתִּיהָ, fut.

יוליכני, suff. וַיֵּלֶךְ .ps—וַיֵּלֶךְ—וַיּוֹלֶךְ—יוֹלֵךְ—יוֹלִיךְ, 1 sg. אוֹלִיךְ—אוֹלֵךְ, inf. suff. לְהֹלִיכוֹ, imp. הוֹלֵךְ, f. הֵילִיכִי, pl. הֹלִיכוּ, part. מוֹלִיךְ *führen, geleiten, bringen* Lev. 26, 13. Num. 17, 11. Deut. 28, 36. 2 Sam. 13, 13. 2 Kön. 6, 19. 17, 27. 24, 15. Jes. 63, 12. Ezech. 40, 24. Hos. 2, 16. Klagel. 3, 2. Koh. 10, 20; *hinnehmen* Ex. 2, 9; *forttreiben* Ex. 14, 21.

Hitp. הִתְהַלֵּךְ *umhergehen, umherwandeln* Gen. 3, 8. Ex. 21, 19; *umherziehen* Ps. 105, 13; überhaupt *wandeln* (vom sittlichen Leben) Gen. 5, 24. 6, 9. 17, 1.

הֲלַךְ aram. (vgl. הוּךְ). Pael part. מְהַלֵּךְ *umhergehen* Dan. 4, 26.

Afel part. pl. מַהְלְכִין *umhergehen* Dan. 3, 25; *wandeln* Dan. 4, 34.

הֵלֶךְ m. 1) *Strom* (Honig) 1 Sam. 14, 26. 2) *Wanderer* 2 Sam. 12, 4.

הֲלָךְ aram. m. *Zoll, Wegegeld* Esra 4, 13. 20. 7, 24.

הָלַל* fut. יָהֵלּוּ, inf. suff. הִלּוֹ 1) *leuchten, glänzen.* בְּהִלּוֹ נֵרוֹ *wenn sein Licht glänzte* Hiob 29, 3. 2) *prahlen, übermüthig sein, ausgelassen sein* Ps. 5, 6. 73, 3. 75, 5.

Piel הִלֵּל *loben, preisen*, meist in Beziehung auf Gott; gewöhnl. mit dem acc. Ps. 113, 1; zuweilen mit לְ 1 Chr. 23, 5. 29, 13. 2 Chr. 5, 13; oder mit בְּ Ps. 44, 9; wozu noch ein Object Ps. 56, 5. 11; auch in Beziehung auf Menschen Gen. 12, 15. Spr. 27, 2. 28, 4. 31, 28. 2 Chr. 23, 12; inf. הַלֵּל *Lobpreisung* Esra 3, 11. 2 Chr. 5, 13. שִׂפְתֵי רְנָנוֹת יְהַלֶּל־פִּי *mit Jubellippen preist mein Mund (Gott)* Ps. 63, 6.

Pual pf. 3 sg. f. ps. הֻלָּלָה, 3 pl. הוּלָּלוּ *gelobt werden* Ezech. 26, 17. Spr. 12, 8; (durch Hochzeitslieder) *gefeiert werden* Ps. 78, 63; part. מְהֻלָּל *preisenswerth* (v. Gott) Ps. 48, 2. 145, 3.

Poel fut. יְהוֹלֵל *thöricht machen* Jes. 44, 25. Hiob 12, 17. Koh. 7, 7.

Poal pf. מְהוֹלָל *thöricht sein* Koh. 2, 2. מְהוֹלָלַי *die gegen mich rasen* Ps. 102, 9.

Hifil fut. יָהֵל, (יַאֲהִיל Hiob 25, 5 = יָהֵל), יָהֵלּוּ, תָּהֵל *leuchten lassen, Licht verbreiten* Jes. 13, 10. Hiob 25, 5. 31, 26. 41, 10.

Hitpal. הִתְהַלֵּל 1) *sich rühmen* 1 Kön. 20, 11. Spr. 20, 14; mit בְּ Jer. 9, 23. Ps. 97, 7. Spr. 25, 14; mit עִם Ps. 106, 5. 2) *gerühmt werden* Spr. 31, 30.

Hitpol. f. יִתְהֹלָל *sich wahnsinnig stellen* 1 Sam. 21, 14; *sich rasend benehmen* Jer. 50, 38. 51, 7; bildlich: von *sehr schnell fahrenden* Wagen Jer. 46, 9. Nah. 2, 5.

הִלֵּל n. pr. m. Richt. 12, 13. 15.

הָלַם* part. הוֹלֵם = הֹלֵם, fut. suff. יֶהֶלְמֵנִי, inf. הֲלֹם *schlagen, zerschlagen* mit acc. Richt. 5, 26. Jes. 41, 7. Ps. 74, 6. 141, 5. Spr. 23, 35. הֲלוּמֵי יָיִן *geschlagen (= betäubt) von Wein* Jes. 28, 1. וַיֵּלֶךְ וַהֲלוֹם *(die Menge) zerschlug sich immer mehr* 1 Sam. 14, 16.

הֲלֹם adv. *hierher* Ex. 3, 5. Richt. 18, 3: *hier* Gen. 16, 13.

הֶלֶם n. pr. m. 1 Chr. 7, 35.

הַלְמוּת f. *Hammer* Richt. 5, 26.

הָם n. pr. Ortschaft, wo die Susim wohnten Gen. 14, 5.

הֵם u. **הֵמָּה** pron. pers. pl. von הוּא *sie*; mit art. הָהֵמָּה, הָהֵם; mit praep. בָּהֵם, כָּהֵמָּה u. s. w.; zuweilen für fem. Zach. 5, 10. Hohel. 6, 8. Rut 1, 22.

הַמְּדָתָא n. pr. Vater des Haman Est. 3, 1.

הֵמָּה s. הֵם.

[הֵמָה] suff. mit praep. מֵהֱמֵהֶם *Menge* Ezech. 7, 11.

הָמָה* part. f. הוֹמָה—הוֹמִיָּה, pl. הֹמִיּוֹת, fut. אֶהֱמֶה (אֶהֱמָיָה), pl. יֶהֱמָיוּן (יֶהֱמָיוּן), inf. כַּהֲמוֹת, Bezeichnung verschiedenartiger Naturlaute a) von Thieren, bei Bären *brummen* Jes. 59, 11; bei Hunden *knurren* Ps. 59, 7 u. s. w. b) von Meereswellen *brausen, rauschen* Jes. 17, 12. Jer. 5, 22. c) von einer Volksmenge: *toben, lärmen* 1 Kön. 1, 41. Ps. 46, 7. 83, 3; daher הֹמִיּוֹת *die lärmenden (volkreichen Strassen)* Spr. 1, 21; auch von einzelnen Menschen: *zanken* Spr. 7, 11 oder auch *seufzen, klagen, jammern* Ps. 42, 6. 55, 18. 77, 4. Bildlich für tiefe innere Erregung: הָמוּ מֵעַי *meine Eingeweide sind erregt* (vor Erbarmen) Jer. 31, 20. Hohel. 5, 4; eben so von dem *Herzen* Jer. 4, 19.

הֵמוֹ s. הָמוֹן.

הֲמוּלָּה s. הֲמֻלָּה.

הָמוֹן m. cs. הֲמוֹן, suff. הֲמוֹנוֹ, (הֲמוֹנֹה), הֲמֹנְכֶם, pl. הֲמוֹנִים 1) *das Toben, Brausen, Rauschen* 1 Kön. 18, 41. Jes. 17, 12. Ps. 65, 8. Hiob 39, 7.

2) gewöhnl. *Menge* Gen. 17, 4. 1 Sam. 14, 16; *Kriegsmacht* Ezech. 31, 18; *Erregung des Innern* Jes. 63, 15; pl. *Schaaren* Joel 4, 14.

הִמּוֹן—הִמּוֹ aram. pron. pers. pl. (acc.) *sie* Dan. 2, 34. Esra 4. 10.

הֲמוֹנָה prophetischer Ortsname Ezech. 39, 16.

[הֶמְיָה] f. cs. הֶמְיַת *das Rauschen* Jes. 14, 11.

הֲמִיתֵהוּ Spr. 19, 18 }
הֲמִיתִיו 1 Sam. 17, 35 } s. מוּת.

הֲמוּלָּה—הֲמֻלָּה *Lärmen, Brausen* Jer. 11, 16. Ezech. 1, 24.

הָמַם* pf. הַמֹּתִי, 3 sg. suff. הֲמָמָם ,הֲמָמָנִי, fut. וַיָּהָם, suff. וַיְהֻמֵּם, inf. suff. לְהֻמָּם 1) *treiben* Jes. 28, 28. 2) *in Verwirrung, Bestürzung bringen* Ex. 14, 24. 23, 27. Jos. 10, 10. Jer. 51, 34. 2 Chr. 15, 6; *vernichten* Deut. 2, 15. Est. 9, 24.

הָמָן n. pr. *Haman*, der bekannte Feind der Juden Est. 3, 1.

[הַמְנוּךְ Ktib **—הַמְנִיךְ** Kri] aram. m. emph. הַמְנִיכָא *Halskette* Dan. 5, 7. 16. 29.

[הֶמֶס] m. pl. הֲמָסִים *Reisholz, Reisig* Jes. 64, 1.

הִמְסִיו s. מֶסָה.

הֵן pron. pers. f. pl. von הִיא, nur mit praep. כָּהֵן ,לָהֵן ,בָּהֵן ,מֵהֵן (Ezech. 16, 47) sonst הֵנָּה s. d.

הֵן—הֶן 1) interj. *siehe da!* Gen. 3, 22; längere Form הִנֵּה s. d. 2) so yiel wie אִם *wenn* Ex. 4, 1. 8, 22. Lev. 25, 20. Jes. 54, 15. Jer. 3, 1. Hiob 40, 23; *ob* Jer. 2, 10.

הֵן aram. 1) interj. *siehe da!* Dan. 3, 17. 2) *wenn* Dan. 2, 5. 6. 3, 15. 18; *ob* Esra 5, 17. הֵן־הֵן *entweder—oder* Esra 7, 26.

הֵנָּה pron. pers. pl. von הִיא *sie* Gen. 21, 29; mit Art. הָהֵנָּה *jene* 1 Sam. 17, 28; mit praef. בָּהֵנָּה, כָּהֵנָּה u. s. w. כָּהֵנָּה וְכָהֵנָּה *so und so viel* 2 Sam. 12, 8.

הֵנָּה adverb. *hierher* Gen. 45, 8. Jos. 3, 9; *hier* Gen. 21, 23; auch von der Zeit: *jetzt* Gen. 15, 16.

הִנֵּה (das verlängerte הֵן) *siehe da!* Gen. 19, 2; besonders bei lebhafter Erzählung; gewöhnl. folgt das part., in welchem Falle das Subject wenn es pron. pers. ist, meist als suff. angehängt wird: הִנְנִי עֹמֵד *siehe ich stand* Gen. 41, 17. הִנְּךָ—הִנָּךְ ,הִנְּךָ ;הִנּוֹ—הִנֵּהוּ (Jer. 18, 3) —הִנֶּנִּי; plur. הִנְנוּ—הִנֶּנּוּ ;הִנְּכֶם ;הִנָּם; ohne folg. Verbum הִנֵּנִי *hier bin ich* Gen. 22, 1.

הֲנָחָה f. *Ruhe, Erlass* Est. 2, 18.

הִנֹּם n. pr. eines Mannes, nach welchem ein Thal südöstlich von Jerusalem benannt war גֵּיא הִנֹּם Neh. 11, 30; גֵּי־הִנֹּם Jos. 15, 8. 18, 16. גֵּיא בֶן־הִנֹּם Jer. 7, 31. 32. 19, 2. 6. 2 Chr. 28, 3. גֵּי בֶן־הִנֹּם Jos. 15, 8. 18, 16. 2 Chr. 33, 6. גֵּי בְנֵי הִנֹּם 2 Kön. 23, 10 Ktib.

הֵנַע n. pr. Stadt in Mesopotamien 2 Kön. 18, 34. Jes. 37, 13.

הֲנָפָה s. נוּף.

הָסָה* fut. וַיַּהַס *durch einen Zischlaut Ruhe gebieten*, überhaupt: *zum Schweigen bringen* Num. 13, 30.

Piel imp. הַס, ps. הָס; pl. הַסּוּ *still!* Richt. 3, 19. Amos 6, 10. Zach. 2, 17. Neh. 8, 11; adv.: *in der Stille* Amos 8, 3.

הָסוּרִים s. אָסַר.

[הֲפֻגָה] pf. pl. הֲפֻגוֹת *das Aufhören* Klagel. 3, 49.

הָפַךְ* fut. וַיַּהֲפֹךְ ,אֶהֱפֹךְ ,יַהֲפֹךְ, suff. וַיַּהַפְכֵהוּ, inf. הָפֹךְ, suff. הָפְכִּי ,לְהָפְכָּהּ ,הָפְכְּכֶם, imp. הֲפֹךְ, הֲפֹךְ 1) *umkehren, umstürzen* Hagg. 2, 22. Hiob 28, 9; *zerstören* (besond. durch Naturereignisse) Gen. 19, 21. Deut. 29, 22. Hiob 12, 15; *Zerstörung anrichten* Amos 4, 11; *durchwühlen, durchsuchen* 2 Sam. 10, 3. 1 Chr. 19, 3; *das Bett umstürzen = heilen* Ps. 41, 4. 2) *umwenden* z. B. den Nacken Jos. 7, 8 (= *fliehen*), u. ohne Object *sich umdrehen* Richt. 20, 41. 2 Kön. 5, 26; *fliehen* Ps. 78, 9; *die Hand umwenden = umkehren* 1 Kön. 22, 34. 2 Kön. 9, 23; mit ב *gegen Jemand feindlich handeln* Klagel. 3, 3; ohne יד *umkehren* 1 Sam. 25, 12. 2 Chr 9, 12. 3) *verwandeln* mit accus. und ל Deut. 23, 6; mit doppelt. acc. Ps. 114, 8. Als Object steht zuweilen das Resultat der Umkehrung od. Umwandlung: וַיַּהֲפֹךְ יְהוָה רוּחַ־יָם *Gott verwandelte* (den Wind in) *einen Westwind* Ex. 10, 19. וְהִיא הָפְכָה שֵׂעָר לָבָן *sie* (die Geschwulst) *hat das Haar weiss gemacht* Lev. 13, 10. Richt. 7, 13. 1 Sam. 10, 9. Zef. 3, 9. הָפַךְ לָבָן *weiss werden* Lev. 13, 3. 4. 13. 20. 4) *verdrehen* (die Worte) Jer. 23, 36. הַפְכְּכֶם *über eure Verkehrtheit!* Jes. 29, 16.

Nifal נֶהְפַּךְ, part. f. נֶהְפֶּכֶת, inf. abs. נַהֲפוֹךְ 1) *zerstört werden* Jona 3, 4. Hiob 28. 5. 2) *sich umwenden* Jos 8, 20. Ezech. 4, 8; mit ב gegen

Jemd. נֶהֶפְכוּ עָלֶיהָ צִרֶיהָ *die Schmerzen wendeten sich gegen sie = überfielen sie* 1 Sam. 4, 19. Dan. 10, 16. 3) *verwandelt werden*, gewöhnl. mit מִן und לְ Est. 9, 22; bloss mit לְ Ex. 7, 15. נֶהֶפְכוּ־בִי *sie verwandeln sich* (und sind nun) *gegen mich* Hiob 19, 19; daher zu *etwas werden* Lev. 13, 25. Jer. 2, 21; überhpt.: *in's Gegentheil verwandelt werden* z. B. *der Saft* (in Saftlosigkeit) Ps. 32, 4; *die Nahrung* (in Gift) Hiob 20, 14; *das Herz* (in Muthlosigkeit) Hos. 11, 8. Klagel. 1, 20. נֶהְפּוֹךְ הוּא *es kam ganz anders!* Est. 9, 1. 4) *verkehrt sein, tückisch sein* Spr. 17, 2.

Hof. הָהְפַּךְ *sich wenden, überfallen* mit עַל Hiob 30, 15.

Hitp. הִתְהַפֵּךְ 1) *sich im Kreise drehen* Gen. 3, 24; *rollen* Richt. 7, 13; bildlich: *tückisch, verkehrt sein* Hiob 37, 12, 2) *verwandelt werden* Hiob 38, 14.

הֶפֶךְ—הֵפֶךְ m. *das Gegentheil* Ezech. 16, 34.

הֲפֵכָה f. *Zerstörung* Gen. 19, 29

הֲפַכְפַּךְ adj. *gewunden* Spr. 21, 8.

הֻצַּב n. pr. einer assyrischen Königin Nah. 2, 8.

הַצָּלָה f. *Rettung* Est. 4, 14.

הֹצֶן m. eine Art Waffe Ezech. 23, 24.

***הַר** m. mit Art. הָהָר, mit He loc. הָרָה u. הָהָרָה, cs. הַר, suff. הַרְרִי (= הָרִי), הַרְכֶם, pl. הָרִים, cs. הָרֵי u. הַרְרֵי, suff. הָרָיו, הֲרָרֶיהָ, הֲרָרֵיהָ *Berg, Gebirge* Gen. 12, 8. 14, 6. 10. Ex. 3, 12. Num. 33, 47. Deut. 11, 11. 33, 19. Ezech. 35, 8. Ps. 30, 8. — n. pr. mit הַר s. אֶפְרַיִם, חֶרֶס, יְהוּדָה, יַעַר u. s. w.

הֹר n. pr. zweier Berge, von denen der eine südöstlich von Palästina liegt und auf dem Ahron starb Num. 20, 22. 33, 38; der andere liegt nordöstlich von Palästina Num. 34, 7. 8.

הָרָא n. pr. Landschaft im assyrischen Reiche 1 Chr. 5, 26.

הַרְאֵל prophet. Name der Opferstätte Ezech. 43, 15 = אֲרִיאֵל s. d.

***הָרַג** pf. 3 sg. suff. הֲרָגוֹ, הֲרַגְתָּהוּ, הֲרָגָתַם, fut. אֶהֱרֹג, תַּהֲרֹג, suff. אֶהֶרְגֵהוּ, אַהַרְגֵה, inf. הֲרֹג, suff. הָרְגֵנוּ, imp. הֲרֹג, הִרְגוּ, *erschlagen, tödten*; gewöhnl. mit acc. Richt. 9, 54. Amos 9, 4; mit לְ 2 Sam. 3, 30. Hiob 5, 2; *ein Morden anrichten* mit בְּ Ps. 78, 31. 2 Chr. 28, 9. הֲרֻגָיו *die von ihm Erschlagenen* Jes. 27, 7. Spr. 7, 26.

Nifal inf. בְּהֵרָג (Ezech. 26, 15) statt בְּהֵהָרֵג *erschlagen werden* Ezech. 26, 6. Klagel. 2, 20.

Pual הֹרַג, הֹרַגְנוּ *erschlagen werden* Jes. 27, 7. Ps. 44, 23.

הֶרֶג m. *das Erschlagen, Blutbad* Jes. 30, 25. Ezech. 26, 15. Spr. 24, 11. Est. 9, 5.

הֲרֵגָה f. *das Erschlagen, Blutbad* Jer. 7, 32; adject. *zum Erschlagen bestimmt* Zach. 11, 4.

***הָרָה** pf. 2 f. הָרִית, 3 f. ps. הָרָתָה, fut. וַתַּהַר, תַּהֲרוּ, תַּהֲרֶין, inf. abs. הָרֹה, הָרוֹ und הֹרוֹ, *schwanger werden* Gen. 4, 1. 16, 4. Richt. 13, 3; mit לְ desjenigen von dem man schwanger wird Gen. 38, 18. 25; mit מִן Gen. 19, 36; *gebären* Jes. 33, 11. 59, 4. Hiob 15, 35. 1 Chr. 4, 17; part. הוֹרָתָם *ihre Mutter* Hos. 2, 7. Hohel. 3, 4. הוֹרַי *meine Vorfahren* Gen. 49, 26.

Pual הֹרָה *empfangen werden* Hiob 3, 3.

[הָרֶה] adj. f. הָרָה, cs. הָרַת, pl. הָרוֹת suff. הָרוֹתֶיהָ, הָרוֹתֵיהֶם, הָרִיּוֹתָיו (ausnahmsweise mit Art. 2 Kön. 15, 16) *schwanger* Gen. 16, 11. 2 Kön. 8, 12. Hos. 14, 1. Amos 1, 13. וְרַחְמָהּ הֲרַת עוֹלָם *und ihr Leib ist der einer ewig Schwangern* (die also nie gebiert) Jer. 20, 17.

[הַרְהֹר] aram. m. pl. הַרְהֹרִין *Gedanke* Dan. 4, 2.

הֵרוֹן m. suff. הֵרֹנֵךְ *Schwangerschaft* Gen. 3, 16.

הָרִיָּה s. הָרָה.

הֵרָיוֹן m. *Empfängniss, Schwangerschaft* Hos. 9, 11. Rut 4, 13.

הָרִים Dan. 8, 11 Ktib s. רוּם.

הָרָם s. הָרָן.

הֹרָם n. pr. eines kanaanitischen Königs Jos. 10, 33.

הָרֻם n. pr. m. 1 Chr. 4, 8.

הַרְמוֹן m. (= אַרְמוֹן) *Burg* Amos 4, 3.

הָרָן n. pr. 1) Bruder Abraham's, Vater des Lot Gen. 11, 26. 31. 2) ein Levite 1 Chr. 23, 9. — בֵּית הָרָן Num. 32, 36 u. בֵּית הָרָם Jos. 13, 27 Stadt im Gebiete des Stammes Gad.

***הָרַס** fut. תַּהֲרֹס, אֶהֱרֹס, suff. יֶהֶרְסְךָ, pl. יֶהֶרְסוּ, ps. יֶהֱרֹסוּ, imp. הֲרֹס־, suff. הָרְסֵם *niederreissen, einreissen* 2 Sam. 11, 25. Ps. 28, 5; (den Zaun einreissen und) *durchbrechen* Ex. 19, 21. 24; *ausreissen* Ps. 58, 7; *niederwerfen* Ex. 15, 7. Jes. 22, 19.

Nifal pf. נֶהֶרְסוּ, fut. יֵהָרֵסוּ *niedergerissen werden* Jer. 50, 15. Spr. 11, 11.

Piel fut. suff. תְּהָרְסֵם, inf. abs. הָרֵס *nieder-reissen* Ex. 23, 24; *zerstören* Jes. 49, 17.

הֶרֶס m. nur in עִיר הַהֶרֶס *Stadt der Zerstörung* (= der Zerstörung geweiht) prophet. Name einer Stadt in Aegypten Jes. 19, 18.

[הֲרִסָה] pl. suff. הֲרִסֹתָיו *Trümmer* Amos 9, 11.

הֲרִיסֻת f. *Verwüstung; das Land deiner Verwüstung = dein verwüstetes Land* Jes. 49, 19.

[הָרָר] s. הַר.

הֲרָרִי—הָרָרִי—הָרָרִי *Gebirgsbewohner* 2 Sam. 23, 11. 33. vgl. אֲרָרִי.

הָשֵׁם n. pr. m. 1 Chr. 11, 34 = יָשֵׁן 2 Sam. 23, 32.

הַשְׁמָעוּת f. *das Verkündigen* Ezech. 24, 26.

הִשְׁתַּחֲוָיָה f. suff. הִשְׁתַּחֲוָיָתִי *das Niederfallen* (zum Anbeten) 2 Kön. 5, 18.

הִתּוּךְ (v. נָתַךְ) m. *das Schmelzen* Ezech. 22, 22.

הִתְחַבְּרוּת f. *Vereinigung, Befreundung* Dan. 11, 23.

הֵתָיוּ s. אָתָא.

הֲתָךְ n. pr. Est. 4, 5.

[הָתַל] Piel fut. יְהַתֵּל *verspotten* mit בְּ 1 Kön. 18, 27. (Die übrigen Formen siehe unter תָּלַל, von dessen Hifil jenes nur ein secundäres Verb. zu sein scheint.)

[הָתֹל] m. pl. הֲתֻלִים *Spottreden* Hiob 17, 2.

*[**הָתַת**] Poel fut. תְּהוֹתְתוּ *losbrechen, losstürzen* Ps. 62, 4.

ו

וְ [וּ meist vor der Tonsylbe וָמֶלֶךְ Spr. 24, 21 und (kurz) vor ְ: וָחֳלִי Koh. 6, 2; וַ vor ֲ: וַעֲלִיתֶם Num. 13, 17; וֶ vor ֱ: וֶאֱמֶת Gen. 47, 29 mit dem es zusammengez. wird in וֵ z. B. וֵאלֹהָי Ps. 42, 12; וִ vor י das ein Schwa haben sollte וִיהוּדָה Ex. 1, 2; וּ vor ב, מ, פ und vor einfachem Schwa], conj. copul. *und* Gen. 1, 1; da aber die hebräische Sprache die Sätze lieber coordinirt als subordinirt, so nimmt ו auch verschied. Bedeutungen an, die in anderen Sprachen durch besondere conj. ausgedrückt werden. Es steht z. B. vor dem Nachsatze (unser „*so*") Gen. 13, 9; heisst *aber*, *und doch* Richt. 16, 15; *da doch* Ps. 60, 13; *ja, doch* Jes. 3, 14; *so wahr!* Joel 4, 21 u. s. w. Bedeutungen, die stets aus dem Zusammenhange zu entnehmen sind.

וַ mit folg. Dagesch forte (daher וָ vor Alef) das sog. Vav conversivum, welches eigentlich ein verstärktes ו conjunctivum ist und den Satz in eine Abhängigkeit von dem vorhergehenden bringt; vor pf. heisst es וְ.

[וְדָן] n. E.] n. pr. Ort in Arabien Ezech. 27, 19.

וָהֵב (n. E.) n. pr. eines Ortes Num. 21, 14.

[וָו] m. pl. cs. וָוֵי, suff. וָוֵיהֶם *Haken, Nagel* Ex. 27, 10. 36, 38.

וָזָר (n. E.) m. *Schuldbelasteter, Verbrecher* Spr. 21, 8.

וַיְזָתָא n. pr. Sohn des Haman Est. 9, 9.

וָלָד m. *Kind* Gen. 11, 30.

וָלֶד m. *Kind* 2 Sam. 6, 23 Kri.

וַנְיָה n. pr. m. Esra 10, 36.

וָפְסִי n. pr. m. Num. 13, 14.

וַשְׁנִי n. pr. m. 1 Chr. 6, 13 (= יוֹאֵל 1 Sam. 8, 2).

וַשְׁתִּי n. pr. Gemahlin des Ahasveros Est. 1, 9. 2, 1.

ז

זְאֵב 1) m. pl. זְאֵבִים, cs. זְאֵבֵי *Wolf* Gen. 49, 27. Jes. 11, 6. Hab. 1, 8. 2) n. pr. eines midianitischen Fürsten Richt. 7, 25. 8, 3; nach dem auch der Ort יֶקֶב זְאֵב benannt wurde.

זֹאת pron. demonstr. *diese*, fem. von זֶה.

זָבַד suff. זְבָדַנִי *beschenken* Gen. 30, 20.

זֶבֶד m. *Geschenk* Gen. 30, 20.

זָבָד n. pr. m. 1 Chr. 2, 36. 37.—7, 21.—11, 41.—2 Chr. 24, 26 (= יוֹזָכָר 2 Kön. 12, 22).

זַבְדִּי n. pr. m. Jos. 7, 1. 17. 18 (= זִמְרִי 1 Chr. 2, 6).—Nehem. 11, 17.—1 Chr. 8, 19.—27, 27.

זַבְדִּיאֵל n. pr. m. Neh. 11, 14.

זְבַדְיָהוּ—זְבַדְיָה n. pr. m. (*Zebedäus*) Esra 8, 8.—10, 20.—1 Chr. 8, 15.—17.—12, 7.—26, 2.—27, 7.—2 Chr. 17, 8.—19, 11.

זְבוּב m. pl. cs. זְבוּבֵי *Fliege* Jes. 7, 18. זְבוּבֵי מָוֶת *giftige Fliegen* Koh. 10, 1. — בַּעַל זְבוּב s. בַּעַל.

זָבוּד n. pr. m. 1 Kön. 4, 5.

זַבּוּד n. pr, m. Esra 8, 14 Ktib.

זְבוּדָה (Kri) — **זְבִידָה** (Ktib) n. pr. Mutter des Jojakim 2 Kön. 23, 36.

זְבֻל—זְבוּל m. mit He loc. זְבֻלָה *Wohnung*, nur poëtisch und meist von Gott gebraucht 1 Kön. 8, 13. Jes. 63, 15. Ps. 49, 15. 2 Chr. 6, 2. „*Sonne und Mond standen*“ זְבֻלָה *in ihrer Wohnung* d. h. *am Himmel* Hab. 3, 11.

זְבֻלוּן - זְבוּלֻן n. pr. sechster Sohn des Jakob und der Lea und danach benannter Stamm im Norden Palästina's Gen. 30, 20. 49, 13. Jos. 19, 10. Richt. 5, 14. 18; n. gent. זְבוּלֹנִי Num. 26, 27.

זָבַח fut. אֶזְבַּח, inf. זְבֹחַ, suff. זָבְחוֹ, imp. זְבַח *schlachten* 1 Sam. 28, 24. 1 Kön. 19, 21. זָבַח זֶבַח *ein Mahl veranstalten* Gen. 32, 54. Ezech. 39, 17; besonders: *opfern* Ex. 8, 25. 2 Sam. 15, 12. 1 Kön. 8, 63. Ps. 50, 14. 116, 17.

Piel זִבַּח, fut. אֲזַבֵּחַ *opfern* 1 Kön. 8, 5. 2 Chr. 30, 22; gewöhnl. von Götzen- oder doch unerlaubten Opfern 1 Kön. 3, 3. Hos. 4, 13. Hab. 1, 16. 2 Chr. 33, 22.

זֶבַח m. ps. זָבַח, suff. זִבְחִי, זִבְחֲכֶם, pl. זְבָחִים, cs. זִבְחֵי, suff. זִבְחֵיהֶם—זְבָחֵימוֹ, זְבָחֶיךָ (Deut. 32, 38)—זִבְחוֹתָם (Hos. 4, 19) 1) eigentl. *das Geschlachtete*, daher *Mahlzeit* Gen. 31, 54. Ezech. 39, 17. Spr. 17, 1. 2) *Schlachtopfer* (Gegensatz von עוֹלָה u. מִנְחָה) Jer. 17, 26; überhaupt *Opfer* 1 Sam. 15, 22; *Opfermahlzeit* 1 Sam. 20, 29; 3) bildlich: *Schlacht*, *Blutbad* Jer. 46, 10. Zef. 1, 7. 4) n. [illegible] König der Midjaniter Richt. 8, 6. 21.

זַבַּי n. pr. m. Esra 10, 28.—Neh. 3, 20 (Ktib).

זְבִידָה s. זְבוּדָה.

זְבִינָא (*Gekaufter*) n. pr. m. Esra 10, 43.

***זָבַל** fut. suff. יִזְבְּלֵנִי *wohnen bei* Jemand. mit accus. Gen. 30, 20.

זְבֻל s. זְבוּל.

זְבֻלוּן s. זְבוּלֻן.

***זְבַן** aram. part. pl. זָבְנִין *kaufen, gewinnen* Dan. 2, 8.

זָג m. *Schale*, *Hülse* Num. 6, 4.

זֵד pf. adj. זֵדִים (v. זוּד) *übermüthig* Jer. 43, 2; meist als substant.: *Frevler, Bösewicht* Ps. 86, 14. 119, 21.

זָדוֹן m. cs. זְדוֹן, suff. זְדֹנְךָ *Uebermuth* 1 Sam. 17, 28. Spr. 11, 2; *Frevel*, *Bosheit* Deut. 17, 12. 18, 22.

זֶה (f. זֹאת) pron. dem. *dieser* 1) zur Verstärkung von Fragewörtern: מִי הוּא זֶה *wer ist es denn?* Est. 7, 5. מִי־זֶה בָּא *wer kommt da?* Jes. 63, 1. מַה־זֶּה *wie denn?* Gen. 27, 20. לָמָּה זֶּה *warum denn?* Ex. 5, 22. 2) adv. *hier* Num. 13, 17. Ps. 104, 25 = בָּזֶה Ex. 24, 14; *jetzt* זֶה שְׁנָתַיִם הָרָעָב *nun schon zwei Jahre ist Hungersnoth* Gen. 45, 6. זֶה פַעֲמַיִם *schon zweimal* Gen. 27, 36. — Zuweilen schliesst es als pron. dem. das relat. mit ein = *derjeniger, welcher* Ps. 78, 54. 104, 8.

זֹה pr. dem. = זֹאת 2 Kön. 6, 19. Ezech. 40, 45. Koh. 2, 2. 24. 5, 15. 18. 7, 23. 9, 13.

זָהָב m. cs. זְהַב, suff. זְהָבִי *Gold* Gen. 2, 12; *Goldschekel* (wenn ein Zahlwort vorangeht) Gen. 24, 22. Richt. 8, 26. 2 Kön. 5, 5; bildlich für *goldhelles Oel* Zach. 4, 12; für *goldhellen Glanz* der Wolken Hiob 37, 22.

***[זָהַם]** Piel pf. 3 f. mit suff. זִהֲמַתּוּ *Jemand. etwas widerlich machen* mit dopp. acc. Hiob 33, 20.

זַהַם n. pr. ps. זָהַם Sohn des Rehabeam 2 Chr. 11, 19.

***[זָהַר]** Nifal pf. נִזְהַר, imp. הִזָּהֵר *belehrt werden*, *sich belehren lassen* Ps. 19, 12. Ezech. 3, 21; *sich hüten*, *sich vorsehen* Koh. 4, 13. 12, 12.

Hifil 1) *belehren* mit dopp. acc. Ex. 18, 20; *warnen* 2 Kön. 6, 10. Ezech. 3, 18. 2) *Glanz verbreiten*, *strahlen* Dan. 12, 3.

זְהַר aram. *warnen*; וּזְהִירִין הֲווֹ *nehmt euch in Acht* Esra 4, 22.

זֹהַר m. *Glanz* Dan. 12, 3.

זִו m. *Schimmer*, *Blüthe* (vgl. זִיו), daher Name des zweiten Monats (Ijar) 1 Kön. 6, 1. 37.

זוֹ pron. dem. = זֶה Hos. 7, 16.

זוּ pron. dem. = זֶה Hab. 1, 11. Ps. 12, 8; sehr häufig schliesst es das pron. relat. mit ein Ex. 5, 13. 16. Jes. 43, 21. Ps. 32, 8. 68, 29. זוּ חָטָאנוּ לוֹ *er, gegen den wir gesündigt haben* Jes. 42, 24.

*__זוּב__ part. זָב, f. זָבָה, cs. זָבַת, fut. יָזוּב, יָזֻבוּ *fliessen* Lev. 15, 25. Jes. 48, 21. Ps. 78, 20; meist mit dem Gegenstand als Subject, aus dem oder über den etwas fliesst, daher זָב *ein Schleimflüssiger* Lev. 15, 2. זָבָה *eine (Blut-) flüssige* Lev. 15, 19. זָבַת חָלָב וּדְבַשׁ *fliessend von Milch und Honig* Ex. 3, 8. זָב עִמְקֵךְ *dein Thal fliesst über* Jer. 49, 4; dah. *sich verbluten* Klag. 4, 9.

זוֹב m. suff. זוֹבוֹ *Fluss* (von Schleim oder Blut) Lev. 15, 2. 28.

*__זוּד__ pf. 3 f. זָדָה, pl. זָדוּ *überwallen, übermüthig sein, freveln* Ex. 8, 11. Jer. 50, 29.

Hifil pf. 3 pl. הֵזִידוּ fut. יָזֵד, יָזִיד, וַיָּזֶד 1) *überwallen lassen* d. h. *kochen* Gen. 25, 29. 2) *übermüthig, freventlich handeln* Ex. 21, 14. Deut. 1, 43. 17, 13. Neh. 9, 10.

[זוּד] aram. Hafel inf. לַהֲזָדָה *frevelhaft handeln* Dan. 5, 20.

זוּזִים n. pr. einer alten Völkerschaft in der Nähe Palästina's Gen. 14, 5.

זוֹחֵת n. pr. m. 1 Chr. 4, 20.

[זָוִית] f. pl. זָוִיּוֹת, זָוִית *Ecke, Ecksäule* Zach. Ps. 144, 12.

*__זוּל__ part. pl. זָלִים *herausschütten* (wie etwas, das man nicht achtet) Jes. 46, 6.

Hifil pf. 3 pl. suff. הִזִּילוּהָ *geringschätzen* Klagel. 1, 8.

[זוּלָה] cs. זוּלַת und זוּלָתִי, suff. זוּלָתְךָ, praep. *ausser* Deut. 1, 36. 4, 12; *nur* 1 Kön. 3, 18.

*__[זוּן]__ Hof. part. מוּזָנִים *wohlgenährt sein* Jer. 5, 8 Ktib.

[זוּן] aram. Itp. יִתְּזִין *sich ernähren* Dan. 4, 9.

זוֹנָה s. זָנָה.

*__זוּעַ__ pf. זָע, fut. יָזוּעוּ *sich bewegen* Est. 5, 9; *zittern, wanken* Koh. 12, 3.

Pilpel part. pl. מְזַעְזְעִים *zittern machen* Hab. 2, 7.

זוּעַ aram. part. pl. זָאעִין (Ktib) = זָיְעִין (Kri) *zittern* Dan. 5, 19. 6, 27.

זְוָעָה f. (überall Ktib = זַעֲוָה Kri) *Schrecken, Entsetzen* Deut. 28, 25. Jes. 28, 19. Jer. 15, 4.

*__זוּר__ pf. pl. זָרוּ—זֹרוּ, part. pass. f. זוּרָה (= זוּרָה), fut. יָזוּר (= וַיָּזַר), suff. תְּזוּרֶהָ 1) *auspressen* Richt. 6, 38; passive: *ausgedrückt werden* Jes. 1, 6; *zertreten* Jes. 59, 5. Hiob 39, 15. 2) *fremd werden* mit לְ Hiob 19, 17; mit מִן Hiob 19, 13; *entrückt werden* mit מִן Ps. 78, 30; *abtrünnig sein* Ps. 58, 4.

Polel fut. וַיְזוֹרֵר *niesen* 2 Kön. 4, 35.

Hof. part. מוּזָר *entfremdet* Ps. 69, 9.

זוּרֶה s. זוּר.

*__[זָחַח]__ Nifal fut. יִזַּח *sich verschieben* Ex. 28, 28. 39, 21.

*__זָחַל__ *kriechen* Deut. 32, 24. Micha 7, 17; *sich scheuen* Hiob 32, 6.

זֹחֶלֶת s. אֶבֶן.

זִיד s. זוּד.

[זֵידוֹן] adj. pl. זֵידוֹנִים *überwallend* Ps. 124, 5.

זִיו (vgl. זָו) aram. m. suff. זִיוִי, זִיוֵהּ, pl. suff. זִיוַי, זִיוָךְ, זִיוֹהִי *Glanz* Dan. 2, 31; gewöhnl., besond. im plur. von der *frischen Gesichtsfarbe* Dan. 4, 33. 5, 6. 9. 10. 7, 28.

זִיז m. *Fülle, Ueberfluss* Jes. 66, 11. זִיז שָׂדַי *die Fülle der Felder = Thiere* Ps. 50, 11. 80, 14.

זִיזָא (*Fülle*) n. pr. m. 1 Chr. 4, 37. — 2 Chr. 11, 20.

זִיזָה n. pr. m. 1 Chr. 23, 11 = זִינָא das. v. 10.

זִינָא s. זִיזָה.

זִיעַ (*Bewegung*) n. pr. m. 1 Chr. 5, 13.

זִיף u. **זִיפָה** n. pr. 1) 1 Chr. 4, 16. 2) זִיף Ortschaft in Juda, nach der auch die umliegende Wüste benannt wurde Jos. 15, 55. 1 Sam. 23, 14. 2 Chr. 11, 8; n. gent. זִפִים 1 Sam. 23, 19. 26, 1.

[זִיקָה] f. pl. זִיקוֹת *Feuerbrand, brennendes Holz* Jes. 50, 11.

זַיִת m. cs. זֵית, suff. זֵיתְךָ, pl. זֵיתִים *Olive* Ex. 27, 20. Jes. 17, 6; vollst. זֵית שֶׁמֶן Deut. 8, 8; oder זֵית יִצְהָר 2 Kön. 18, 32; meist *Olivenbaum, Oelbaum* Gen. 8, 11. Richt. 9, 9. Ps. 128, 3. הַר הַזֵּיתִים *der Oelberg*, östlich von Jerusalem Zach. 14, 4; auch מַעֲלֵה הַזֵּיתִים 2 Sam. 15, 30.

זֵיתָן (*Oelbaum*) n. pr. 1 Chr. 7, 10.

זַךְ—זָךְ adj. f. זַכָּה *rein, klar* Ex. 27, 20. 30, 34; bildlich von *lauterem* Wandel Spr. 20, 11; vom *untadligen* Gebet Hiob 16, 17.

זָכָה* fut. אֶזְכֶּה *rein, untadlig sein* Micha 6, 11. Ps. 51, 6. Hiob 15, 14.

Piel fut. יְזַכֶּה *reinigen, läutern* z. B. *das Herz* Ps. 73, 13; *den Lebenswandel* Ps. 119, 9.

Hitp. imp. pl. הִזַּכּוּ *sich reinigen* Jes. 1, 16.

זָכוּ aram. f. *Unschuld* Dan. 6, 23.

זְכוֹכִית f. *Glas, Krystall* Hiob 28, 17.

[זָכוּר] m. suff. זְכוּרְךָ, collect. *die Männlichen* Ex. 23, 17. 34, 23. Deut. 20, 13.

זַכּוּר (*Eingedenk*) n. pr. m. Num. 13, 4. — Neh. 3, 2. — 10, 13. — 13, 13. — 1 Chr. 4, 26. — 25, 2 (= זִכְרִי 9, 15).

זַכַּי (*Unschuldiger*) n. pr. m. Esra 2, 9. Neh. 3, 20 (Kri). 7, 14.

זָכַךְ* pf. 3 pl. זַכּוּ *klar, rein sein* Hiob 15, 15. 25, 5. Klagel. 4, 7.

Hif. pf. הֲזִכּוֹתִי *reinigen* Hiob 9, 30.

זָכַר* pf. suff. זְכָרָנוּ, fut. אֶזְכֹּר, suff. אֶזְכָּרְךָ, אֶזְכְּרֵכִי, inf. זְכֹר, כְּזָכְרִי, לִזְכֹּר, suff. בְּזָכְרֵנוּ 1) *gedenken, sich erinnern,* gewöhnlich mit accus. Lev. 26, 42. Ps. 42, 7. 137, 6; selten mit ל Ex. 32, 13. Deut. 9, 27. Jer. 31, 34. Ps. 136, 23. 2 Chr. 6, 42; mit accus. der Sache u. ל der Person Lev. 26, 45. Jer. 2, 2 u. mit zu ergänzendem accus. Ps. 25, 7. Neh. 13, 31; *bedenken* Jes. 47, 7. Klagel. 1, 9. Koh. 11, 8; *erwähnen* mit ב Jer. 3, 16. 2) (n. E.) denom. v. אַזְכָּרָה *als Duftopfer aufnehmen* Ps. 20, 4.

Nifal inf. suff. הִזָּכֶרְכֶם *gedacht werden, in Erinnerung gebracht werden* Num. 10, 9. Ezech. 21, 29; *beachtet werden* Hiob 28, 18. 2) denom. v. זָכָר, fut. יִזָּכֵר *als Männliches geboren werden* Ex. 34, 19.

Hifil inf. suff. הַזְכִּרְכֶם 1) *in Erinnerung bringen* mit accus. Gen. 40, 14. 41, 9. Ex. 20, 21. Num. 5, 15. 2 Sam. 18, 18. Jes. 19, 17. Ezech. 21, 29. Ps. 87, 4; *erinnern* (eine Person) Jes. 43, 26; daher מַזְכִּיר *Hofchronist* 2 Sam. 8, 16. 20, 24. 2) *aussprechen* mit ב Ex. 23, 13. Jos. 23, 7. Jes. 48, 1. 49, 1. Amos 6, 10; *anrufen* Jes. 26, 13. 48, 1. Ps. 20, 8; *preisen* Jes. 12, 4. Ps. 77, 12. Hohel. 1, 4. 3) *Duftopfer bringen* (denom. von אַזְכָּרָה) Jes. 66, 3. Ps. 38, 1. 70, 1.

זָכָר m. pl. זְכָרִים *Mann, Männchen* (bei Menschen u. Thieren) Gen. 1, 27. Esra 8, 3. 2 Chr. 31, 16. (Bei Anhängung von suff. dient die Form זָכוּר s. d.)

זֵכֶר — זֶכֶר m. suff. זִכְרִי 1) *Andenken* Ex. 17, 14. Deut. 32, 26. 2) in der dichter. Sprache (oft parallel mit שֵׁם) *Name* Ex. 3, 15. Hos. 12, 6. 14, 8. Ps. 102, 13. 135, 13.

זִכָּרוֹן m. cs. זִכְרוֹן, suff. זִכְרוֹנְךָ, pl. זִכְרֹנוֹת, suff. זִכְרֹנֵיכֶם *Andenken, Erinnerung* Ex. 17, 14. Num. 17, 5; *Zeichen der Erinnerung* Ex. 13, 9. Jes. 57, 8; *Anführung* (eines alten Spruches) Hiob 13, 12. סֵפֶר זִכְרֹנוֹת *Chronik* Est. 6, 4.

זִכְרִי (*Gedachter, Ruhmvoller*) n. pr. m. Sohn der Jizhar Ex. 6, 21. — Neh. 11, 9. — 1 Chr. 8, 19. — 9, 15 (= זַכּוּר 1 Chr. 25, 2) — 27, 16. — 2 Chr. 17, 16. — 23, 1. — 28, 7.

זְכַרְיָהוּ — זְכַרְיָה (*Gott gedenkt*) n. pr. *Zacharia* 1) König von Israel 2 Kön. 15, 8. 2) Prophet, Sohn des Jojada 2 Chr. 24, 20. 3) Prophet zur Zeit des Usia 2 Chr. 26, 5. 4) Sohn des Jeberechja, Zeitgenosse des Jesaia Jes. 8, 2. 5) 2 Kön. 18, 2. 2 Chr. 29, 1. 6) der bekannte Prophet *Zacharia,* Sohn des Berechja, zur Zeit Esra's Zach. 1, 1. 7, 1. Esra 5, 1 (wo er nach dem Grossvater Iddo bezeichnet wird).

זֻלּוּת f. *Niedrigkeit, Schlechtigkeit* Ps. 12, 9.

[זַלְזַל] m. pl. זַלְזַלִּים *Rebe* Jes. 18, 5.

זָלַל* nur part. זוֹלֵל 1) *verächtlich* Jer. 15, 19; *verachtet* Klagel. 1, 11. 2) (wie זוּל) *verschwenderisch, gefrässig* Deut. 21, 20. Spr. 23, 20. 21. 28, 7.

Nifal pf. נָזֹלּוּ — נָזֹלּוּ *erbeben* Richt. 5, 5. Jes. 64, 2.

(Hifil הִזִּילוּהָ s. זוּל).

זַלְעָפָה (aus זַעַף mit eingefügt. ל) f. pl. זַלְעָפוֹת cs. זַלְעֲפוֹת *Glut* Ps. 11, 6; *Angst, Schrecken* Ps. 119, 53. Klagel. 5, 10.

זִלְפָּה n. pr. Magd u. Kebsweib Jakob's, Mutter des Gad und des Ascher Gen. 29, 24.

זִמָּה f. cs. זִמַּת, suff. זִמָּתֵךְ, זִמָּתֵכְנָה (= זִמָּתְכֶן), pl. suff. זִמֹּתָי 1) *das Sinnen, Trachten* Spr. 24, 9; pl. *Gedanken* Hiob 17, 11. 2) *Tücke, Bosheit* Ps. 26, 10. 119, 150. Spr. 10, 23. 3) *Unzucht* Lev. 18, 17. Richt. 20, 6. Jer. 13, 27. Ezech. 16, 43. Hos. 6, 9. Hiob 31, 11.

זְמוֹרָה f. cs. זְמֹרַת, pl. suff. זְמֹרֵיהֶם *Rebe* Num. 13, 23. Jes. 17, 10. Ezech. 15, 2. Nah. 2, 3. 2) *Ruthe* Ezech. 8, 17.

זַמּוֹת f. suff. זַמֹּתִי *Gedanke* Ps. 17, 3.

זַמְזֻמִּים n. pr. eines alten, zum Stamme der Refaim gehörigen Volkes Deut. 2, 20.

זָמִיר m. cs. זְמִיר *Gesang* Jes. 25, 5. Hohel. 2, 12.

זְמִירָה 1) s. זְמִרָה; 2) n. pr. m. 1 Chr. 7, 8.

זָמַם* pf. 2 sg. זַמּוֹתָ, זַמֹּתִי u. זָמַמְתִּי, fut. יָזְמוּ (— קָמַי) *sinnen, trachten* mit acc. der Sache Spr. 31, 16; gewöhnl. *auf Böses sinnen* Gen. 11, 6. Deut. 19, 19. Ps. 31, 14. Spr. 30, 32, oder auch Jemandem *Leid oder Strafe zuzufügen* Jer. 4, 28. 51, 12. Zach. 1, 6. Klagel. 2, 17; *auflauern* mit לְ Ps. 37, 12.

[זָמָם] m. suff. זְמָמוֹ *Vorhaben, Plan* Ps. 140, 9.

*[זָמַן] Pual part. pl. מְזֻמָּנִים *bestimmt, festgesetzt* Esra 10, 14. Neh. 13, 31.

[זְמַן] aram. Hafel הַזְמִנְתּוּן Ktib oder Hitp. הִזְדְּמִנְתּוּן Kri *bereit halten* Dan. 2, 9.

זְמָן m. suff. זְמַנָּם, pl. suff. זְמַנֵּיהֶם *Zeit, Frist* Koh. 3, 1. Est. 9, 27. 31. Neh. 2, 6.

זְמַן aram. m. emph. זִמְנָא, pl. זִמְנִין, emph. זִמְנַיָּא *Zeit, Frist* Dan. 2, 16. 21; *Mal* Dan. 6, 11. בֵּהּ זִמְנָא *um dieselbe Zeit* Dan. 3, 7. 8. 4, 33. Esra 5, 3.

*זָמַר fut. תִּזְמֹר *beschneiden, die Blätter abschneiden* Lev. 25, 3. 4.

Nifal fut. יִזָּמֵר *abgeschnitten werden* Jes. 5, 6.

Piel inf. זַמֵּר u. זַמְּרָה *singen, besingen* mit accus. Jes. 12, 5. Ps. 47, 7. 147, 1; mit לְ Richt. 5, 3. Ps. 9, 12. 1 Chr. 16, 9; mit אֶל Ps. 59, 18; mit einem Instrument: *spielen* Ps. 144, 9. 149, 3; auch ohne ein solches *spielen* Ps. 27, 6. 108, 2.

זְמַר aram. m. emph. זְמָרָא *Gesang, Saitenspiel* Dan. 3, 5. 7. 10. 15.

[זַמָּר] aram. m. pl. emph. זַמָּרַיָּא *Sänger* Esra 7, 24.

זֶמֶר m. ps. זָמֶר ein dem *Hirschgeschlecht* angehöriges Thier Deut. 14, 5.

זִמְרָה f. cs. זִמְרַת, suff. זִמְרָתִי = זִמְרָת *Gesang, Spiel* Jes. 51, 3. Amos 5, 23. Ps. 81, 3. 98, 5; *Gegenstand des Gesanges* Ex. 15, 2. Jes. 12, 2. Ps. 118, 14. זִמְרַת הָאָרֶץ *die gepriesenste Frucht des Landes* Gen. 43, 11.

זְמֹרָה s. זְמוֹרָה.

[זְמִרָה] f. pl. זְמִרוֹת *Gesang* Jes. 24, 16. Ps. 95, 2. 119, 54. Hiob 35, 10. נְעִים זְמִרוֹת *der liebliche Sänger* 2 Sam. 23, 1.

זִמְרִי n. pr. 1) König von Israel 1 Kön. 16, 9. 10. 2 Kön. 9, 31. 2) Stammesfürst in Simeon, erschlagen von Pinchas Num. 25, 14. 3) 1 Chr. 2, 6 (vgl. זַבְדִּי.—8, 36. 4) 1 Chr. 9, 42. 5) Name eines arabischen Stammes Jer. 25, 25.

זִמְרָן n. pr. Sohn des Abraham und der Ketura, und arabischer Stamm Gen. 25, 2. 1 Chr. 1, 32.

זַן m. pl. זְנִים *Art, Gattung* Ps. 144, 13. 2 Chr. 16, 14.

[זַן] aram. m pl. cs. זְנֵי *Art, Gattung* Dan. 3, 5. 7. 10. 15.

[זָנַב] Piel [denom. v. זָנָב], fut. תְּזַנֵּב *den Schwanz* (= *die Nachhut eines Heereszuges*) *angreifen, schlagen* Deut. 25, 18. Jos. 10, 19.

זָנָב m. suff. זְנָבוֹ, pl. זְנָבוֹת, cs. זַנְבוֹת *Schwanz* Ex. 4, 4. Richt. 15, 4. Hiob 40, 17; *Ende* (eines Holzscheits) Jes. 7, 4; bildlich: *unbedeutend, verachtet* Deut. 28, 13. 44. Jes. 9, 13. 19, 15.

זָנָה* fut. 2 f. suff. תִּזְנִים, 3 sg. f. וַתִּזְנֶה—וַתִּזֶן—וַתִּזְנִי (Jer. 3, 6), inf. abs. זָנֹה *buhlen*; die Person, *mit* der man buhlt, steht gewöhnlich im accus. Jes. 23, 17. Jer. 3, 1. Ezech. 16, 28; mit אֶל Num. 25, 1. Ezech. 16, 26. 28; sehr häufig bildlich: Jemandem *nachhängen* und zwar *von* der *Hinneigung zum Götzendienst*, wobei die constr. mit אַחֲרֵי gewöhnlich ist Lev. 17, 7. Num. 15, 39. Deut. 31, 16. Richt. 8, 33. Die Person, *von* der man abfällt oder der man untreu wird, mit מִן Ps. 73, 27; mit מֵעַל Hos. 9, 1; mit עַל Richt. 19, 2; mit תַּחַת Ezech. 23, 5. Hos. 4, 12.

Pual זוּנָּה mit אַחֲרֵי *umworben, (zur Buhlerei) gesucht werden* Ezech. 16, 34.

Hifil pf. 2 p. הִזְנִיתָ, fut. וַיִּזֶן, inf. abs. הַזְנֵה, cs. הַזְנוֹת (2 Chr. 21, 11) *zum Buhlen verleiten* Lev. 19, 29; bildlich: *zum Abfall von Gott verleiten* Ex. 34, 16. 2 Chr. 21, 11. 13; dann selbst *buhlen* Hos. 4, 10. 18. 5, 3.

זָנוֹחַ—זָנֹחַ n. pr. zweier Ortschaften in Juda 1) Jos. 15, 34 Neh. 3, 13. 11, 30. 2) Jos. 15, 56. 1 Chr. 4, 18.

[זְנוּן] m. pl. זְנוּנִים, cs. זְנוּנֵי, suff. זְנוּנַיִךְ *Buhlerei, Unzucht* Gen. 38, 24. 2 Kön. 9, 22; bildlich: *Götzendienst* Hos. 2, 4. Nah. 3, 4.

זְנוּת f. suff. זְנוּתָם, זְנוּתֵיכֶם, זְנוּתֵךְ, זְנוּתַיִךְ *Buhlerei, Unkeuschheit* Hos. 4, 11; bildlich: *Abfall von Gott* Num. 14, 33; *Götzendienst* Jer. 3, 2. 9.

*זָנַח fut. יִזְנַח *verstossen, verwerfen* Hos. 8,3. Zach. 10, 6. Ps. 88, 15; *verzichten* mit מִן Klagel. 3, 17.
Hifil הִזְנִיחַ *verwerfen* 1 Chr. 28, 9. 2 Chr. 11, 14; *entweihen* 2 Chr. 29, 19.

*[זָנַק] Piel fut. יְזַנֵּק *hervorspringen* Deut. 33, 22.

זֵעָה f. cs. זֵעַת *Schweiss* Gen. 3, 19.

זַעֲוָה = זְוָעָה s. d.

זַעֲוָן n. pr. m. Gen. 36, 27. 1 Chr. 1, 42.

זְעֵיר adj. u. adverb. *ein wenig* Jes. 28, 10. 13. Hiob 36, 2.

זְעֵיר aram. adj. f. זְעֵירָה *klein* Dan. 7, 8.

*[זָעַךְ] Nifal pf. נִזְעָכוּ *erlöschen* Hiob 17, 1.

*זָעַם fut. אֶזְעֹם, 3 pl. suff. יִזְעָמוּהוּ, imp. זָעֲמָה *zürnen* Ps. 7, 12; mit acc. Jes. 66, 14. Zach. 1, 12; *wüthen* mit עַל Dan. 11, 30; *verfluchen* Num. 23, 7. 8. Spr. 24, 24. זְעוּם יְהוָֹה *gottverflucht* Spr. 22, 14.
Nifal part. pl. פָּנִים נִזְעָמִים *finstere Miene* Spr. 25, 23.

זַעַם m. ps. זָעַם, suff. זַעְמִי *Zorn, Wuth* Jes. 10, 5. Hos. 7, 16. Klagel. 2, 6. Dan. 8, 19. 11, 36.

*זָעַף fut. יִזְעַף, inf. suff. בְּזַעְפּוֹ *verdriesslich sein, schlecht aussehen* Gen. 40, 6. Dan. 1, 10; *zürnen* Spr. 19, 3. 2 Chr. 26, 19.

זָעֵף adj. *verdriesslich* 1 Kön. 20, 43. 21, 4.

זַעַף m. suff. זַעְפּוֹ *Zorn, Wuth* Jes. 30, 30. Jona 1, 15.

*זָעַק fut. אֶזְעַק, inf. זְעֹק, suff. זַעֲקֵךְ, imp. זְעַק, זַעֲקִי *rufen* mit acc. Richt. 12, 2; *schreien* 1 Sam. 28, 12; *wehklagend schreien* 2 Sam. 13, 19. Jer. 20, 8. 47, 2; *über* etwas mit acc. Hab. 1, 2; mit לְ Jes. 15, 5. Jer. 48, 31; mit עַל Jer. 30, 15; *wehklagend anrufen, zu Jem. schreien* mit אֶל Richt. 6, 7. Ps. 22, 6; mit לְ Hos. 8, 2. 1 Chr. 5, 20.
Nifal pf. נִזְעַקוּ *durch Schreien zusammengerufen werden, zusammenlaufen* Jos. 8, 16. Richt. 6, 34. 18, 22. 23. 1 Sam. 14, 20.
Hifil fut. וַיַּזְעֵק, inf. cs. לְהַזְעִיק, imp. הַזְעֵק־ *durch Schreien zusammenrufen, versammeln* Richt. 4, 10. 13. 2 Sam. 20, 4. 5; *ausrufen lassen* Jona 3, 7; Jem. *anrufen* mit acc. Zach. 6, 8; *wehklagen* Hiob 35, 9.

זְעַק aram. *schreien* Dan. 6, 21.

זַעַק m. suff. זַעֲקֵךְ *Geschrei, Wehklagen* Jes. 30, 19.

זְעָקָה f. cs. זַעֲקַת, suff. זַעֲקָתִי *Geschrei, Wehklagen* Hiob 16, 18. Est. 4, 1; זַעֲקַת סְדֹם *das Geschrei über Sodom* Gen. 18, 20. Jes. 15, 5.

זִפְרֹן n. pr. mit He loc. זִפְרֹנָה Ort im Norden Palästina's Num. 34, 9.

זֶפֶת f. ps. זָפֶת *Pech* Ex. 2, 3. Jes. 34, 9.

[זֵק] m. pl. זִקִּים 1) *Fesseln* Jes. 45, 14. Nah. 3, 10. Ps. 149, 8. Hiob 36, 8 (vgl. אֲזִק); 2) *Pfeile* Spr. 26, 18.

*זָקֵן fut. יִזְקַן *alt werden, alt sein* Gen. 18, 12. 13. Jos. 13, 1. Spr. 23, 22. 2 Chr. 24, 15.
Hifil *altern* von Menschen Spr. 22, 6 und von Pflanzen Hiob 14, 8.

זָקָן m. cs. זְקַן, suff. זְקָנִי, זְקַנְכֶם *Bart* Lev. 13, 30. 19, 27. 2 Sam. 10, 4. Jer. 41, 5; *Kinn* 1 Sam. 17, 35. 2 Sam. 20, 9.

זָקֵן adj. cs. זְקַן, pl. זְקֵנִים, fem. זְקֵנוֹת, cs. זִקְנֵי, suff. זְקֵנַי, זִקְנֵיכֶם *alt* Gen. 25, 8. Richt. 19, 16; subst. *Greis* Lev. 19, 32. Zach. 8, 4; pl. *die Aeltesten = Vorsteher, Angesehensten* Ex. 24, 14. Ps. 107, 32. Klagel. 1, 19.

זֹקֶן m. *Greisenalter* Gen. 48, 10.

זִקְנָה f. cs. זִקְנַת, suff. זִקְנָתוֹ *Greisenalter* Gen. 24, 36. 1 Kön. 11, 4. 15, 23. Ps. 71, 9.

זְקֻנִים m. suff. זְקֻנָיו *Greisenalter* Gen. 21, 2. 7. 37, 3. 44, 20.

*זָקַף *aufrichten* Ps. 145, 14. 146, 8.

זְקַף aram. part. pass. זְקִיף *aufrichten* Esra 6, 11.

*זָקַק fut. pl. יָזֹקּוּ *läutern* (ein Metall) mit לְ Hiob 28, 1: auch vom Regen, der in der Wolke *geläutert, durchgeseiht* wird Hiob 36, 27.
Piel זִקֵּק *läutern* Mal. 3, 3.
Pual part. מְזֻקָּק *geläutert werden*, von Metall Ps. 12, 7. 1 Chr. 28, 18. 29, 4: von *Hefen* Jes. 25, 6.

זָר (eig. part. v. זוּר s. d.) f. זָרָה, pl. זָרִים, זָרוֹת *fremd*, in verschiedenartigen Beziehungen: *Ausländer* Jes. 61, 5; meist mit dem Nebenbegriff des *Feindes* Jes. 1, 7. 25, 5. Jer. 51, 51. Hos. 5, 7; *Fremder* im Gegensatz zu Hausgenossen 1 Kön. 3, 18. Hiob 19, 15. אֵל זָר = *Abgott* Ps. 44, 21. 81, 10; plur. זָרִים *Abgötter* Deut. 32, 16; *Nichtpriester* Ex. 30, 33. Lev. 22, 10; *unheilig* Ex. 30, 9. Lev. 10, 1; Gegensatz zum Gatten Deut. 25, 5 oder zur Gattin Spr. 5, 3. 20. 22, 14; überhaupt: *ein Anderer* Spr. 14, 10. 27, 2. Hiob 19, 27; *fremdartig* Jes. 17, 10. 28, 21. Hos. 8, 12.

זֵר m. suff. זֵרוֹ *Kranz, Leiste* Ex. 25, 11. 30, 4.

זָרָא (= זָרָה) *Ekel* Num. 11, 20.

***זָרַב** Pual fut. יְזֹרְבוּ *verbrannt werden* Hiob 6, 17.

זְרֻבָּבֶל (*in Babylon erzeugt*) n. pr. *Serubabel*, Führer des ersten nach Palästina aus Babylon zurückkehrenden Zuges Hagg. 1, 1. 2, 2. Zach. 4, 7. Esra 3, 2. 4, 2. 1 Chr. 3, 19.

זֶרֶד n. pr. ps. זָרֶד Thal und Bach östlich vom Jordan Num. 21, 12. Deut. 2, 13.

***זָרָה** fut. תִּזְרֶה suff. תִּזְרֵם, 3 sg. וַיִּזֶר, inf. זְרוֹת, imp. זְרֵה *streuen, verstreuen* Ex. 32, 20. Num. 17, 2. Jes. 41, 16. Ezech. 5, 2; speziell *worfeln* (durch Aufwerfen die Spreu von den Körnern sondern) Jer. 4, 11. 15, 7. Rut 3, 2; bildl.: *von sich weisen* Jes. 30, 22.

Nifal fut. וַיִּזָּרוּ, inf. suff. בְּהִזָּרוֹתֵיכֶם *zerstreut werden* Ezech. 6, 8. 36, 19.

Piel pf. 3 sg. suff. זֵרָם, 2 sg. זֵרִיתָ, inf. זָרוֹת, fut. אֱזָרֶה *zerstreuen* Lev. 26, 33. 1 Kön. 14, 15. Jer. 31, 10. Ezech. 12, 14; *streuen* Mal. 2, 3. *verbreiten* Spr. 15, 7; *sichten* (das Gute vom Bösen unterscheiden) Ps. 139, 3.

Pual pf. pl. זֹרוּ, fut. יְזֹרֶה, part. m. זֹרָה (= מְזֹרָה), f. מְזֹרָה *geworfelt werden* Jes. 30, 24; *bestreut werden* (ein Netz mit Lockspeise) Spr. 1, 17; *abtrünnig werden* Ps. 58, 4.

זְרֹעַ—אֶזְרוֹעַ f. (selten m.) suff. זְרֹעִי, זְרֹעוֹ; pl. זְרֹעִים u. זְרֹעוֹת *der Arm* 2 Sam. 1, 10. Jes. 9, 19; bei Thieren: *Vorderfuss* Num. 6, 19. Deut. 18, 3; sehr häufig als Bild der Macht, des Stolzes, der Gewalt. אִישׁ זְרוֹעַ *ein mächtiger Mann* Hiob 22, 8; *Hülfe* Jes. 33, 2. Ps. 83, 9. 89, 22; *Vertrauen* Jer. 17, 5; concr. זְרֹעִים *Mächtige* Jes. 51, 5. Dan. 11, 31.

[זֵרוּעַ] pl. suff. זֵרוּעֶיהָ *das Gesäete* Lev. 11, 37; pl. *Gartenkräuter* Jes. 61, 11.

זַרְזִיף m. *Regenguss* Ps. 72, 6.

זַרְזִיר m. *gegürtet* Spr. 30, 31.

***זָרַח** fut. יִזְרַח, inf. זְרֹחַ *aufstrahlen, aufgehen* (von der Sonne) Gen. 32, 32. Ex. 22, 2. Ps. 104, 22; bildlich von der Herrlichkeit Gottes Deut. 33, 2. Jes. 60, 2; von dem *ausbrechenden* Aussatz 2 Chr. 26, 19.

זֶרַח m. ps. זָרַח, suff. זַרְחֵךְ 1) *Strahl, Glanz* Jes. 60. 3. 2) n. pr. Sohn des Juda und der Tamar Gen. 38, 30. Num. 26, 13. Jos. 7, 18. 1 Chr. 2, 4. 6; n. gent. זַרְחִי Num. 26, 13. Jos. 7, 17.

זְרַחְיָה n. pr. m. Esra 7, 4. 1 Chr. 5, 32. 6, 36. 2) Esra 8, 4.

***זָרַם** pf. 2 sg. suff. זְרַמְתָּם *hinwegreissen* Ps. 90, 5.

Pual זֹרְמוּ *herabströmen* Ps. 77, 8.

זֶרֶם m. ps. זָרֶם *Platzregen* Jes. 4, 6. 28, 2. 32, 2.

[זִרְמָה] f. cs. זִרְמַת *Samenguss* Ezech. 23, 20.

***זָרַע** fut. יִזְרַע, inf. זְרֹעַ, imp. זְרַע 1) *säen* Lev. 25, 22. Richt. 6, 3; mit accus. des Samens, den man *streut* Lev. 26, 16. Jer. 12, 13. Koh. 11, 6 oder des Bodens, den man *besäet* Gen. 47, 23. Ex. 23, 10. Jer. 2, 2; auch mit beiden accus. Lev. 19, 19. Deut. 22, 9. זֹרֵעַ זֶרַע *samenerzeugend* Gen. 1, 29; *mit Salz bestreuen* Richt. 9, 45 Symbol der Zerstörung für immer; bildlich von den Handlungen des Menschen mit Rücksicht auf deren Folgen: man *säet Gerechtigkeit* Spr. 11, 18; *Unrecht* Spr. 22, 8. Hiob 4, 8; *Wind* Hos. 8, 7. 2) *einpflanzen* Jes. 17, 10; bildlich von einem (fest zu gründenden) Volke Jer. 31, 27. Hos. 2, 25; aber auch *zerstreuen* Zach. 10, 9.

Nif. *besäet werden* Deut. 21, 4. 29, 22. Ezech. 36, 9; *befruchtet werden* Num. 5, 28; *sich fortpflanzen* Nah. 1, 14; *gesäet werden* Lev. 11, 37.

Pual pf. זֹרְעוּ *ausgesäet werden* Jes. 40, 24.

Hifil part. מַזְרִיעַ *Samen fortpflanzen, ausbilden* Gen. 1, 11. 12. Lev. 12, 2.

זֶרַע m. ps. זָרַע, cs. einmal זֶרַע Num. 11, 7; suff. זַרְעִי, pl. suff. זַרְעֵיכֶם 1) *Samen* bei Pflanzen Gen. 1, 11. Num. 11, 7 u. bei Menschen Num. 5, 13; fast immer übertragen auf die *Nachkommenschaft*, daher so viel wie *Kinder, Sprösslinge, Nachkommen* Gen. 15, 3. 2) *Saat* 5. Gen. 8, 22. Num. 20, 5. 1 Sam. 8, 15.

זְרֹעַ s. זְרוֹעַ.

זְרַע aram. *Same, Kinder* Dan. 2, 43.

[זֵרֹעַ] m. pl. זֵרֹעִים *Gartenkraut* Dan. 1, 12.

[זֵרְעֹן] m. pl. זֵרְעֹנִים *Gartenkraut* Dan. 1, 16.

***זָרַק** fut. יִזְרֹק *sprengen, spritzen*, meist vom Opferblut Ex. 24, 6. Lev. 1, 5; auch vom Wasser Ezech. 36, 25; *streuen* Ex. 9, 8. Hiob 2, 12. 2 Chr. 34, 4. שֵׂיבָה זָרְקָה בּוֹ *Greisenhaar ist zerstreut an ihm* Hos. 7, 9.

Pual זֹרַק *gesprengt werden* Num. 19, 13. 20.

זָרַר s. זור.

זֶרֶשׁ n. pr. Frau des Haman Est. 5, 10. 6, 13.

זֶרֶת f. ps. זָרֶת *Spanne* Ex. 28, 16. 39, 9. 1 Sam. 17, 4. Jes. 40, 12. Ezech. 43, 13.

זַתּוּא n. pr. m. Esra 2, 8. 10, 27. Neh. 7, 13. 10, 16.

זֵתָם (*Oelbaum*) n. pr. m. 1 Chr. 23, 8. 26, 22.

זֵתַר n. pr. m. Est. 1, 10.

ח

[חֹב] m. חֻבִּי *Busen, Schoss* Hiob 31, 33.

[חָבָא]* Nifal pf. נַחְבְּאוּ ,נַחְבֵּאתָ ,נֶחְבָּא ,נַחְבֵּתֶם (Jos. 2, 16); fut. אֵחָבֵא *sich verbergen* Gen. 3, 10. Jos. 10, 16. נַחְבֵּאתָ לִבְרֹחַ *du bist heimlich geflohen* Gen. 31, 27; *geborgen sein* Hiob 3, 21.

Pual pf. pl. חֻבָּאוּ *sich verbergen* Hiob 24, 4.

Hifil 3 sg. suff. הֶחְבִּיאָנִי, 3 f. הֶחְבִּיאָה—הֶחְבְּאַתָה, fut. אַחְבִּא *verbergen* Jos. 6, 17. 25. 1 Kön. 18, 4. 13. 2 Kön. 6, 29; *bergen, schützen* Jes. 49, 2.

Hitp. *sich verbergen* Gen. 3, 8. 1 Sam. 14, 11. Hiob 38, 30.

חָבַב part. חֹבֵב *im Schosse halten, lieben* Deut. 33, 3.

חֹבָב (*Geliebter*) n. pr. Schwiegervater des Moses Num. 10, 29. Richt. 4, 11.

חָבָה* imp. חֲבִי (= חֲבֵה) *sich verbergen* Jes. 26, 20.

Nifal inf. נֶחְבָּה und הֵחָבֵה *sich verbergen* 1 Kön. 22, 25. 2 Kön. 7, 12. Jer. 49, 10.

חֲבוּלָה aram. f. *Verbrechen* Dan. 6, 23.

חָבוֹר n. pr. *Chaboras,* Fluss in Mesopotamien, der sich in den Eufrat ergiesst 2 Kön. 17, 6. 18, 11. 1 Chr. 5, 26 (vgl. כְּבָר).

חַבּוּרָה suff. חַבֻּרָתִי, pl. cs. חַבֻּרוֹת, suff. חַבּוּרֹתָי *Strieme, Wunde* Gen. 4, 23. Ex. 21, 25. Jes. 1, 6. Ps. 38, 6. Spr. 20, 30.

חָבַט* fut. יַחְבֹּט *schlagen,* z. B. die Körner aus dem Getreide Richt. 6, 11. Rut 2, 17; die Oliven vom Baume Deut. 24, 20; bildlich: Jes. 27, 12.

Nifal fut. יֵחָבֶט *ausgeschlagen werden* Jes. 28, 27.

חֲבָיָה—חֳבַיָּה (*Gottesschutz*) n. pr. m. Esra 2, 61. Neh. 7, 63.

חֶבְיוֹן m. *Hülle* Hab. 3, 4.

חָבַל* fut. יַחְבֹּל, תַּחְבֹּל, אֶחְבֹּל, inf. חֲבֹל, imp. suff. חַבְלֵהוּ *verbinden,* daher der symbolische Name (מַקֵּל) חֹבְלִים *Verbindungsstab* Zach. 11, 7. 14. 2) *Jemanden binden* oder *verpflichten, pfänden* mit accus. der Person, *von* der man das Pfand nimmt Spr. 26, 13. Hiob 22, 6; oder accus. der Sache, *die* man als Pfand nimmt Ex. 22, 25. Deut. 24, 6. 17. Hiob 24, 3; daher בְּגָדִים חֲבֻלִים *abgepfändete Kleider* Amos 2, 8. 3) *sich verschulden, vergehen* Hiob 34, 31. Neh. 1, 7.

Nifal fut. יֵחָבֶל לוֹ *Schmerz wird ihm angethan = wehe ihm!* Spr. 13, 13.

Piel pf. 3 sg. f. suff. חִבְּלַתְךָ 1) *verderben, beschädigen* Jes. 13, 5. 32, 7. 54, 16. Hohel. 2, 15. Koh. 5, 5. 2) *empfangen, kreisen, gebären* Micha 2, 10. Ps. 7, 15. Hohel. 8, 5.

Pual חֻבַּל *zerbrochen werden* Jes. 19, 27; *verstört sein* Hiob 17, 1.

[חֲבַל] aram. Pael pf. suff. חַבְּלוּנִי, inf. חַבָּלָה imp. suff. חַבְּלוּהִי *beschädigen* Dan. 6, 23; *zerstören* Dan. 4, 30. Esra 6, 12.

Itp. fut. תִּתְחַבַּל *zerstört werden, untergehen* Dan. 2, 44. 6, 27. 7, 14.

חֶבֶל m. suff. חֶבְלוֹ, pl. חֲבָלִים, cs. חַבְלֵי—חֶבְלֵי, suff. חַבְלֵיהֶם, חֲבָלַיִךְ 1) *Strick, Seil, Band* Jos. 2, 15. 2 Sam. 17, 13. 1 Kön. 20, 31. Koh. 12, 6. Est. 1, 6; bildlich: 2 Sam. 22, 6. Jes. 5, 18. Ps. 18, 5. Spr. 5, 22. Hiob 36, 8. חַבְלֵי אָדָם *menschliche* (dem Menschen angemessene) *Bande* Hos. 11, 4; besonders *Messschnur* 2 Sam. 8, 2 oder *Messkette* Amos 7, 17.

Zach. 2, 5; daher 2) das von der Messschnur abgemessene *Land, Bezirk, Gebiet* Deut. 3, 4. 32, 9. Micha 2, 5; bildlich: *Loos, Schicksal* Ps. 16, 6. 3) *Haufe Menschen* 1 Sam. 10, 5. Ps. 119, 61. 4) *Schmerz*, besonders der Gebärenden Jes. 66, 7. Jer. 13, 21.

חֲבָל aram. m. emph. חֲבָלָא *Beschädigung* Dan. 3, 25: *Schaden* Esra 4, 22.

חֹבֵל m. pl. cs. חֹבְלֵי *Steuermann* Ezech. 27, 8. 28; collectiv: *Schiffsmannschaft* Jon. 1, 6.

חִבֵּל m. *Steuerruder*; n. A. *Mast* Spr. 23, 34.

חֲבֹל m. 1) *Pfand* Ezech. 18, 12. 16. 33, 15. 2) *Vergehen* Neh. 1, 7.

[חֲבֹלָה] f. suff. חֲבֹלָתוֹ *Pfand* Ezech. 18, 7.

חֲבַצֶּלֶת f. *Lilie* Jes. 35, 1. Hohel. 2, 1.

חֲבַצִּנְיָה n. pr. m. Jer. 35, 3.

חָבַק* inf. חֲבֹק *umarmen* Koh. 3, 5. 2 Kön. 4, 16; אֶת־יָדָיו *die Hände verschränken* (und nichts thun) Koh. 4, 5.

Piel *umarmen* mit acc. Gen. 33, 4. Spr. 5, 20. Hohel. 2, 6. 8, 3; mit לְ Gen. 29, 13. 48, 10; bildlich: *den Stein umarmen = auf Steinen liegen* Hiob 24, 8; ähnlich Klagel. 4, 5.

חִבֻּק m. *das Verschränken* (der Hände) Spr. 6, 10. 24, 33.

חֲבַקּוּק (*Umarmung*) n. pr. *Habakuk*, der bekannte Prophet Hab. 1, 1. 3, 1.

חָבַר* 1) *sich verbinden, zusammenkommen* Gen. 14, 3; *verbunden sein* Ex. 26, 3. 28, 7. Ezech. 1, 9. חֲבוּר עֲצַבִּים *gebunden an Götzen* Hos. 4, 17. 2) חֹבֵר חָבֶר *Beschwörer* Deut. 18, 11. Ps. 58, 6.

Piel *verbinden* Ex. 26, 6; *sich verbinden* 2 Chr. 20, 36.

Pual pf. חֻבַּר, fut. הַיְחָבְרְךָ (= הֲיִתְחַבֵּר לְךָ Ps. 94, 20) *verbunden werden* Ex. 28, 7. 39, 4. Ps. 94, 20. Koh. 9, 4 (Kri). שֶׁחֻבְּרָה־לָּהּ יַחְדָּו *die ganz verbunden ist* Ps. 122, 3.

Hifil fut. *verbinden, zusammenstellen*, mit בְּ Hiob 16, 4.

Hitp. pf. אֶתְחַבַּר (= הִתְחַבֵּר) *sich verbinden* Dan. 11, 6. 2 Chr. 20, 35. 37.

חָבֵר m. suff. חֲבֵרוֹ, pl. חֲבֵרִים, cs. חַבְרֵי, suff. חֲבֵרֶיךָ *Genosse, Freund* Richt. 20, 11. Jes. 44, 11. Ps. 45, 8. אֶחָד ... חֲבֵרוֹ *der eine den andern* Koh. 4, 10; fem. [חֲבֶרֶת], suff. חֲבֶרְתְּךָ *Genossin* Mal. 2, 14.

[חָבַר] aram. m. pl. suff. חַבְרוֹהִי *Genosse* Dan. 2, 13. 17. 18.

[חַבָּר] m. pl. חַבָּרִים *Genosse* Hiob 40, 30.

חֶבֶר—חָבֶר m. ps. חָבֶר, pl. חֲבָרִים, suff. חֲבָרַיִךְ 1) *Genossenschaft* Hos. 6, 9. בֵּית חָבֶר *gemeinschaftliches Haus* Spr. 21, 9. 25, 24. 2) *Beschwörung, Zauberkunst* Deut. 18, 11. Jes. 47, 9. 12. Ps. 58, 6. 3) n. pr. a) Familie des Stammes Ascher Gen. 46, 17. Num. 26, 45 (wo חָבֶר) 1 Chr. 7, 31. 32; n. gent. חֶבְרִי Num. das. b) Mann der Jael aus dem Stamme Keni Richt. 4, 11. 17. c) 1 Chr. 4, 18. d) 1 Chr. 8, 17.

[חֲבַרְבֻּרָה] f. pl. suff. חֲבַרְבֻּרֹתָיו *bunte Flecken* Jer. 13, 23.

[חַבְרָה] aram. f. suff. חַבְרָתַהּ *Gefährtin, die Andere* Dan. 7, 20.

חֶבְרָה f. *Gemeinschaft* Hiob 34, 8.

חַבּוּרָה f. suff. חֲבֻרָתוֹ *Wunde* Jes. 53, 5.

חֶבְרוֹן (*Verbindung*) n. pr. mit He loc. חֶבְרוֹנָה 1) *Hebron*, alte Stadt in Juda, früher Kirjat Arba Gen. 13, 18. 23, 2. Richt. 1, 10. Num. 13, 22. 2 Sam. 2, 1. 2) Sohn des Kehat Ex. 6, 18. 1 Chr. 5, 28; n. gent. חֶבְרֹנִי Num. 3, 27. 3) 1 Chr. 2, 42. 43.

חֲבֶרֶת s. חָבֵר.

חֹבֶרֶת f. ps. חֹבָרֶת *Verbindung, Ort der Verbindung* Ex. 26, 4. 10. 36, 17.

חָבַשׁ* fut. יַחְבֹּשׁ—יַחֲבֹשׁ; אֶחְבְּשָׁה—אֶחְבֹּשׁ, suff. יַחְבְּשֵׁנִי, inf. חֲבֹשׁ, suff. חָבְשָׁהּ, imp. חִבְשׁוּ חֲבוֹשׁ, 1) *binden, festbinden* z. B. den Kopfbund Ex. 29, 9. Ezech. 16, 10. 24, 17. 27, 24; poëtisch: *Schilf ist gebunden um mein Haupt = ich bin tief unten im Wasser* Jona 2, 6; ähnlich Hiob 40, 13. 2) *satteln (den Gurt festbinden)* Gen. 22, 3. Richt. 19, 10. 3) *verbinden* (eine Wunde), *heilen* Hiob 5, 18; mit לְ Ezech. 34, 4. 16; mit acc. Hos. 6, 1; daher לֹא אֶהְיֶה חֹבֵשׁ *ich kann kein Verbinder sein = ich kann hier nicht helfen* Jes. 3, 7; *herrschen* Hiob 34, 17.

Piel *verbinden* mit לְ Ps. 147, 3; *verstopfen* Hiob 28, 11.

Pual 3 f. חֻבָּשָׁה, pl. ps. חֻבָּשׁוּ *verbunden werden* Jes. 1, 6. Ezech. 30, 21.

[חֲבִת] m. pl. חֲבִתִּים *Pfannenbackwerk* 1 Chr. 9, 31.

חָג—חַג suff. חַגִּי, pl. חַגִּים, suff. חַגֵּךְ, חַגֵּיכֶם 1) *Fest* Ex. 10, 9. Richt. 21, 19. Nah. 2, 1. 2) *Festopfer* Ex. 23, 18. Mal. 2, 3. Ps. 118, 27.

חָגָא m. *Schrecken, Zittern* Jes. 19, 17.

חָגָב m. pl. חֲגָבִים 1) *Heuschrecke* Lev. 11, 22. Num. 13, 33. Jes. 40, 22. Koh. 12, 5. 2 Chr. 7, 13. 2) n. pr. m. Esra 2, 46.

חֲגָבָה—חֲגָבָא n. pr. m. Esra 2, 45. Neh. 7, 48.

*__חָגַג__ pf. 2 pl. חַגֹּתֶם, fut. תָּחֹג, pl. תָּחֹגּוּ, suff. תְּחָגֻּהוּ, inf. לָחֹג, imp. f. חָגִּי *tanzen, hüpfen* 1 Sam. 30, 16; *taumeln* Ps. 107, 27; gewöhnl. (ein Fest) *feiern* Ex. 5, 1. 23, 14. Ps. 42, 5; meist mit dem Zusatze חַג Ex. 12, 14. Lev. 23, 39. Num. 29, 12. Nah. 2, 1.

[חָגוּ] m. pl. cs. חַגְוֵי *Schlucht* Jer. 49, 16. Obadj. 1, 3. Hohel. 2, 14.

[חָגוּר] adj. pl. cs. חֲגוּרֵי *umgürtet* Ezech. 23, 15.

חֲגוֹר m. suff. חֲגֹרוֹ *Gurt* 1 Sam. 18, 4. 2 Sam. 20, 8. Spr. 31, 24.

חֲגוֹרָה s. חֲגֹרָה.

חַגַּי (*Festlicher*) n. pr. *Haggai*, der bekannte Prophet Hag. 1, 1. 2, 1. 10. 13. Esra 5, 1.

חַגִּי n. pr. Sohn des Gad Gen. 46, 16. Num. 26, 15, wo auch das gleichlautende n. gent.

חַגִּיָּה (*Gottesfest*) n. pr. m. 1 Chr. 6, 15.

חַגִּית n. pr. Gemahlin David's, Mutter des Adonija 2 Sam. 3, 4. 1 Kön. 1, 5. 1 Chr. 3, 2.

חָגְלָה n. pr. 1) f. Num. 26, 33. 27, 1. 36, 11. 2) בֵּית חָגְלָה Ort in Benjamin Jos. 15, 6. 18, 19. 21.

*__חָגַר__ fut. יַחְגֹּר, inf. חֲגוֹר, imp. חֲגֹר, חִגְרוּ, חֲגוֹרָה (Jes. 32, 11 = חֲגֹרְנָה) 1) *umgürten* mit dopp. accus. Ex. 29, 9. Lev. 8, 13; mit acc. u. בְּ Lev. 8, 7. Spr. 31, 17. 2) *sich umgürten mit* ... (acc.) 2 Sam. 3, 31. Jes. 15, 3. Klagel. 2, 10; daher חֲגוּר כְּלֵי מִלְחָמָה *mit Kriegswaffen umgürtet* Richt. 18, 11. חֲגֻרַת־שַׂק *mit Sack umgürtet* (Bild der Trauer) Joel 1, 8; mit בְּ Lev. 16, 4. חֲגֹר מָתְנֶיךָ *gürte deine Lenden* 2 Kön. 4, 29 = *mache dich reisefertig*. Ex. 12, 11. 2 Kön. 9, 1; daher חֹגֵר *der sich Rüstende* 1 Kön. 20, 11. Bildlich: *sich mit Zorn umgürten* Ps. 76, 11; *mit Jubel* Ps. 65, 13; *mit Fluch* Ps. 109, 19. 3) = חָרַג *zitternd fliehen* 2 Sam. 22, 46.

חֲגוֹרָה—חֲגֹרָה f. suff. חֲגֹרָתוֹ, pl. חֲגֹרֹת *Gurt* 2 Sam. 18, 11. 2 Kön. 3, 21. Jes. 3, 24; *Lendenschurz, Schürze* Gen. 3, 7.

חַד = אֶחָד *einer* Ezech. 33, 30.

[חַד] adj. fem. חַדָּה *scharf* Jes. 49, 2. Ezech. 5, 1. Ps. 57, 5. Spr. 5, 4. עֵין חַדָּה n. pr. Stadt in Isachar Jos. 19, 21.

חַד aram. fem. חֲדָא u. חֲדָה *einer* Dan. 6, 3. 7, 16; als Ordnungszahl: *der erste* Dan. 7, 1. Esra 5, 13. 6, 3; für den unbestimmten Artikel: Dan. 2, 31. 4, 16. 6, 18. Esra 4, 8. חַד־שִׁבְעָה *siebenfach* Dan. 3, 19. כַּחֲדָה *zugleich* Dan. 2, 35.

*__חָדַד__ pf. pl. חַדּוּ, fut. 3 sg. ps. יָחַד *scharf werden* Spr. 27, 17; *hitzig, gierig sein* Hab. 1, 8.

Hifil fut. יָחַד (= יָחֵד) *schärfen* Spr. 27, 17.

Hofal pf. f. הוּחַדָּה *geschärft sein* Ezech. 21, 14. 15. 16.

חֲדַד (*Schärfe*) n. pr. Sohn des Ismael Gen. 25, 15. 1 Chr. 1, 30.

*__חָדָה__ fut. יִחַדְּ *sich freuen* Ex. 18, 9. Hiob 3, 6.

Piel fut. 2 sg. suff. תְּחַדֵּהוּ *erfreuen* Ps. 21, 7.

[חַדּוּד] pl. cs. חַדּוּדֵי חָרֶשׂ *spitze Scherben* Hiob 41, 22.

חֶדְוָה f. cs. חֶדְוַת *Freude* Neh. 8, 10. 1 Chr. 16, 27.

חֶדְוָה aram. f. *Freude* Esra 6, 16.

חָדִיד (*scharf*) n. pr. Stadt in Benjamin Esra 2, 33. Neh. 7, 37. 11, 34.

[חֲדִי] pl. suff. חֲדוֹהִי (= hebr. חָזֶה) *Brust* Dan. 2, 32.

*__חָדַל__ pf. 1 sg. mit frag. ה: הֶחֳדַלְתִּי, 3 pl. ps. חָדֵלּוּ, fut. אֶחְדַּל—אֶחְדָּלָה, יֶחְדַּל, יֶחְדָּלוּ, inf. חֲדֹל, imp. חֲדַל, חִדְלוּ (ps. חֲדָלוּ), *aufhören* (etwas zu sein oder zu thun) Ex. 9, 34. Richt. 15, 7. Jes. 24, 8. Ezech. 3, 27. Zach. 11, 12. לֹא־יֶחְדַּל אֶבְיוֹן *der Arme hört nicht auf = es wird an Armen nicht fehlen* Deut. 15, 11. לֹא יֶחְדַּל־פָּשַׁע *es fehlt nicht an Sünde* Spr. 10, 19. חָדְלוּ פְּרָזוֹן *die Fürsten hörten auf* (*es zu sein*) Richt. 5, 7. חָדְלוּ אֳרָחוֹת *die Wege hörten auf* (*es zu sein*) = *waren verödet* Richt. 5, 6. רְעֵבִים חָדֵלּוּ *die Hungrigen hörten auf* (*es zu sein*) 1 Sam. 2, 5. חָדְלוּ קְרוֹבָי *meine Verwandten hörten auf* (*sich als solche zu zeigen*) Hiob 19, 14; zuweilen mit pleon. Fürwort חֲדַל־לְךָ *lass doch ab* 2 Chr. 25, 16. 35, 21; überhaupt: *Ruhe haben* Ps. 49, 9. Hiob 14, 6. 2) *ablassen, unterlassen*; a) mit folgend. inf. und לְ Gen. 11, 8. Deut. 23, 23. 1 Sam. 12, 23; unpersönlich: חָדַל לִהְיוֹת *es* *war nicht mehr* Gen. 18, 11. חָדַל לִסְפּוֹר *man zählte nicht mehr* Gen. 41, 49. b) mit folgend. Hauptw. im accus. חָדְלוּ רֹגֶז *sie lassen ab von Unruhe* Hiob 3, 17. הֶחֳדַלְתִּי אֶת־דִּשְׁנִי *soll ich aufgeben meine Fettigkeit?* Richt. 9, 9. d) mit folgend. Hauptw. mit מִן *Jemand in Ruhe lassen* Ex. 14, 12. Hiob 7, 16; *auf etwas verzichten* 1 Sam. 9, 5. Jes. 2, 22.

חָדֵל adj. cs. חֲדַל *vergänglich, unbedeutend* Ps. 39, 5. חֲדַל אִישִׁים *der verachtetste unter den Menschen* Jes. 53, 3.

חֶדֶל m. ps. חָדֶל *Vergänglichkeit* Jes. 38, 11.

חַדְלַי n. pr. m. 2 Chr. 28, 12.

חֵדֶק—חֵדֶק m. ps. חָדֶק *spitze Dornen* Micha 7, 4. Spr. 15, 19.

חִדֶּקֶל n. pr. ps. חִדָּקֶל Fluss *Tigris* Gen. 2, 14. Dan. 10, 4.

*חָדַר *umschliessen* mit לְ Ezech. 21, 9.

חֶדֶר m. ps. חָדֶר, cs. חֲדַר, mit He loc. הַחַדְרָה, suff. חֶדְרוֹ, pl. חֲדָרִים, cs. חַדְרֵי, suff. חֲדָרֶיךָ *Zimmer, Gemach* Gen. 43, 30. Ex. 7, 28. Jes. 26, 20. חֶדֶר בְּחֶדֶר *das innerste Gemach* 1 Kön. 20, 30; bildlich: חַדְרֵי־בָטֶן *das Innerste des Herzens* Spr. 18, 8. 20, 27. 30. 26, 22. חַדְרֵי תֵימָן *der äusserste Süden* Hiob 9, 9; wofür auch bloss הַחֶדֶר Hiob 37, 9.

חַדְרָךְ n. pr. eines sonst unbekannten Landes Zach. 9, 1.

*[חָדַשׁ] Piel *erneuern, neu herstellen, von Neuem feiern* 1 Sam. 11, 4. Jes. 61, 14. Ps. 104, 30. Hiob 10, 17. 2 Chr. 24, 4.

Hitp. *sich erneuern* Ps. 103, 5.

חָדָשׁ f. חֲדָשָׁה, pl. חֲדָשִׁים, f. חֲדָשׁוֹת *neu, noch nicht dagewesen* Ex. 1, 8. Deut. 32, 17. Jes. 66, 22. אִשָּׁה חֲדָשָׁה *eine eben vermählte Frau.* חָגוּר חֲדָשָׁה *neu gerüstet* 2 Sam. 21, 16. חֲדָשׁוֹת *Neues* Jes. 42, 9. 48, 6.

חֹדֶשׁ m. suff. חָדְשׁוֹ, pl. חֳדָשִׁים, cs. חָדְשֵׁי, suff. חָדְשֵׁיכֶם, חָדָשָׁיו 1) *Neumondstag* 1 Sam. 20, 5. Hos. 5, 7. חֹדֶשׁ בְּחָדְשׁוֹ *an jedem Neumondstage* Num. 28, 24. 2) *Monat* Gen. 29, 14. 38, 24. 3) n. pr. f. 1 Chr. 8, 9.

חֲדָשָׁה n. pr. Stadt in Juda Jos. 15, 37 (später *Adasa*).

חָדְשִׁי n. pr. Stadt im Norden Palästina's 2 Sam. 24, 6.

חֲדַת aram. adj. *neu* Esra 6, 4.

חֲדַתָּה s. חָצוֹר.

[חֲוָא] aram. Pael fut. אֲחַוֵּא, 3 pl. suff. יְחַוּנַּנִי, יְחַוִּנַּהּ, pl. נְחַוֵּא *sagen, verkünden* Dan. 2, 4. 11, 24; mit doppelt. accus. Dan. 5, 7.

Hafel fut. תְּהַחֲוֹן, נְהַחֲוֵה, יְהַחֲוֵה, suff. תְּהַחֲוֻנַּנִי, inf. הַחֲוָיָה; imp. pl. suff. הַחֲוֹנִי *verkünden* Dan. 2, 6. 7. 5, 12; mit doppelt. accus. Dan. 2, 6. 9.

*חוּב Piel pf. חִיַּבְתֶּם *verschulden, in Schuld bringen* Dan. 1, 10.

חוֹב m. *Schuld* חֲבֹלָתוֹ חוֹב = חֲבֹלָה חוֹבוֹ *das Pfand für seine Schuld* Ezech. 18, 7.

חוֹבָה n. pr. Ortschaft bei Damascus Gen. 14, 15.

*חוּג pf. חָג *einen Kreis beschreiben* Hiob 26, 10.

חוּג m. *Kreis, Wölbung* Jes. 40, 22. Spr. 8, 27. Hiob 22, 14.

*חוּד pf. 2 pl. חַדְתֶּם, fut. אָחוּדָה, imp. חוּד—חוּדָה *ein Räthsel aufgeben* Richt. 14, 12. 13. 16. Ezech. 17, 2.

*[חָוָה] Piel fut. אֲחַוֶּה, suff. אֲחַוְּךָ—אֲחַוְּךָ, inf. חַוֹּת *verkünden*, nur dichterisch Ps. 19, 3. Hiob 32, 10. 17; *belehren* mit accus. d. Person Hiob 15, 17. 36, 2; mit doppelt. accus. Hiob 32, 6.

חֲוָה aram. s. חֲוָא.

[חַוָּה] pl. חַוֹּת, suff. חַוֹּתֵיהֶם *Zeltdorf, Weiler* Num. 32, 41; davon das n. pr. (von Ortschaften in Gilead) חַוֹּת יָאִיר Num. 32, 41. Deut. 3, 14. Jos. 13, 30. Richt. 10, 4. 1 Kön. 4, 13. 1 Chr. 2, 23.

חַוָּה n. pr. des ersten Weibes, *Eva* Gen. 3, 20. 4, 1.

חוֹזַי (*Seher*) n. pr. eines Chronisten 2 Chr. 33, 19.

חוֹחַ m. pl. חֲוָחִים—חוֹחִים 1) *Dornstrauch* 1 Sam. 13, 6. 2 Kön. 14, 9. Jes. 34, 13. Hos. 9, 6. Spr. 26, 9. Hohel. 2, 2. 2) *spitzer Haken, Harpune* Hiob 40, 26; und einer ähnlichen Art von *Ketten* 2 Chr. 33, 11.

*[חוּט] aram. Afel fut. pl. יְחִיטוּ *ausbessern* Esra 4, 12.

חוּט m. *Faden* Gen. 14, 23. Jos. 2, 18. Richt. 16, 12. Hohel. 4, 3.

חִוִּי n. pr. kanaanitischer Stamm Ex. 3, 8. Jos. 3, 10. 2 Sam. 24, 7 am Antilibanon u. Hermon

Jos. 11, 3. Richt. 3, 3; bei Sichem Gen. 34, 2 und Gibeon Jos. 9, 1.

חֲוִילָה n. pr. eines Landes, das vom Pischon umflossen wird Gen. 2, 11. 2) arabische Landschaft Gen. 25, 18. 1 Sam. 15, 7, so benannt nach dem gleichnamigen Sohn des Joktan Gen. 10, 29. 1 Chr. 1, 23. 3) Sohn des Kusch Gen. 10, 7. 1 Chr. 1, 9.

***חִיל—חוּל** pf. 2 sg. f. חַלְתְּי (Jes. 23, 4 = חַלְתְּ), 3 f. חָלָה, 1 pl. חַלְנוּ, 3 pl. חָלוּ; fut. אוֹחִילָה (Jer. 4, 19 = אָחוּלָה), 2 f. תָּחִילִין (= תָּחִילִי), 3 m. יָחוּל—יָחִיל—וַיָּחֶל, 3 f. וַתָּחֶל—תָּחוּל (Jer. 51, 29) —יָחִילוּן—יָחִילוּ—יָחֵלוּ, 3 pl. וַתָּחֶל—תָּחִיל; inf. abs. u. cs. חוּל; imp. חוּלִי, pl. חִילוּ *sich drehen, winden, kreisen* 1) besonders von der sich in Geburtsschmerzen *windenden* Frau Jes. 13, 8. 26, 17. 66, 7; daher *gebären*: Jes. 23, 4. 45, 10. 54, 1. 66, 8. 2) *sich im Tanze drehen* Richt. 21, 21. 3) *zittern, beben* Deut. 2, 25. 1 Sam. 31, 3. Jer. 5, 3. 51, 29. Ezech. 30, 16. Ps. 96, 9. 114, 7; *um* etwas mit לְ Micha 1, 12. 4) *herniederfahren, über etwas kommen* mit עַל 2 Sam. 3, 29. Jer. 23, 19. 30, 23; mit בְּ Hos. 11, 6. Klagel. 4, 6. 5) *stark sein, gedeihen* Ps. 10, 5. Hiob 20, 21; *ausharren, warten* Gen. 8, 10. Richt. 3, 25.

Polel pf. חוֹלֵל, fut. 3 f. suff. תְּחוֹלֶלְכֶם, part. suff. מְחֹלְלֶךָ 1) *gebären, erzeugen, hervorbringen* Deut. 32, 18. Jes. 51, 2. Ps. 90, 2. Spr. 25, 23. Hiob 26, 13. 39, 1. 3) *harren auf* Jemd. mit לְ Hiob 35, 14. 2) *zittern machen* Ps. 29, 9 [מְחוֹלֶלֶת Jes. 51, 9 s. חָלַל].

Polal pf. חוֹלָלְתִּי, fut. יְחוֹלָלוּ 1) *geboren werden, entstehen* Ps. 51, 7. Spr. 8, 24. 25. Hiob 15, 7. 2) *in Schrecken gesetzt werden* Hiob 26, 5 [מְחֹלָל Jes. 53, 5 s. חָלַל].

Hifil fut. יָחִיל *zittern machen* Ps. 29, 8.

Hofal fut. יוּחַל *geboren werden, entstehen* Jes. 66, 8.

Hitp. imp. הִתְחוֹלֵל, part. מִתְחוֹלֵל 1) *sich im Kreise drehen*, vom Wirbelwind Jer. 23, 19; von dem umherirrenden Frevler Hiob 15, 20. 2) *harren* mit לְ Ps. 37, 7.

Hitpalp. fut. וְהִתְחַלְחַל *in Schrecken gerathen* Est. 4, 4.

חוּל n. pr. Sohn des Aram Gen. 10, 23. 1 Chr. 1, 17.

חוֹל m. 1) *Sand* Ex. 2, 12. Deut. 33, 19; häufig als Bild unzähliger Menge Gen. 22, 17. Jos. 11, 4. Jes. 48, 19. Hab. 1, 9. Ps. 78, 27 oder der Schwere Spr. 27, 3. 2) (n. E.) der Vogel *Phönix*, dem von der Fabel ein ausserordentlich langes Leben zugeschrieben wird Hiob 29, 18 (wo aber auch die Bedeutung *Sand* ausreicht).

חוּם adj. *schwarz* Gen. 30, 32. 33. 40.

חֹמָה—חוֹמָה cs. חוֹמַת, suff. חוֹמָתָהּ, pl. חוֹמוֹת —חֹמוֹת, suff. חוֹמֹתַי, dual. חֹמֹתַיִם *Mauer, Stadtmauer* Deut. 3, 5. Jos. 26, 1. 56, 5. Jer. 51, 58. Nah. 2, 6; für *Stadt* Jer. 49, 27. Amos 1, 7; als Bild des Widerstandes Jer. 1, 18; des Schutzes 1 Sam. 25, 16. Zach. 2, 9.

***חוּס** pf. 2 pl. חַסְתֶּם, 3 f. חָסָה, fut. אָחוּס—אָחוּס, יָחוּס—יָחֹס, 3 f. וַתָּחָס—תָּחֹס, imp. חוּסָה *sich erbarmen* mit עַל Joel 2, 17. Jona 4, 10. Ps. 72, 13; meist in Redensarten wie: לֹא תָחוֹס עֵינְךָ עֲלֵיהֶם *dein Auge soll nicht erbarmend auf sie blicken = du sollst ihrer nicht schonen* Deut. 7, 16. 13, 9. Jes. 13, 18; und mit Auslassung von עֵינִי: וַתָּחָס עָלֶיךָ *ich schonte deiner* 1 Sam. 24, 11; *sich leid sein lassen um etwas* Gen. 45, 20.

חוֹף m. *Ufer, Gestade* Gen. 49, 13. Deut. 1, 7. Jos. 9, 1. Richt. 5, 17; *Bord* (v. Schiffen) Gen. 49, 13.

חוּפָּם (*Beschützter*) n. pr. Sohn des Benjamin Num. 26, 39 = חֻפִּים Gen. 46, 21; n. gent. חוּפָמִי Num. 26, 39.

חוּץ m. mit He loc. הַחוּצָה, חוּצָה, pl. חוּצוֹת— חֻצוֹת, suff. חוּצֹתָיו *Strasse* Jes. 51, 23. Jer. 5, 1. 37, 21 im Gegensatz zu רְחוֹב *freier Platz* Spr. 7, 12; meist aber im Gegensatz zu בַּיִת und daher überhaupt *draussen* Deut. 23, 13; eben so לַחוּץ Ezech. 41, 17. מִחוּץ Klagel. 1, 20. חוּצָה *nach aussen* Spr. 5, 16. בַּחוּץ *unter freiem Himmel* Hiob 31, 32. Esra 10, 13. מוֹלֶדֶת חוּץ *die nicht im Hause geboren* Lev. 18, 9; endlich zur praep. geworden: מִחוּץ לְ·· *ausserhalb* Gen. 19, 16. Ex. 26, 35. Lev. 8, 17. Jos. 6, 23. — קִרְיַת חֻצוֹת n. pr. Stadt in Moab Num. 22, 39.

[חוֹק] suff. חֵיקְךָ=חוֹקְךָ Ps. 74, 11 Ktib.

***חוּר** fut. pl. יֶחֱוָרוּ *erblassen* Jes. 29, 22.

חוּר m. 1) *weisses Zeug* Est. 1, 6. 8, 15. 2) n. pr.
a) neben Ahron genannt Ex. 17, 10. 24, 14.
b) Sohn des Kaleb, Grossvater des Bezalel Ex. 31, 2. 35, 30. 1 Chr. 2, 19. 20. 50. 4, (1). 4.
c) König der Midjaniter Num. 31, 8. Jos. 13, 21.
d) Neh. 3, 9 (vgl. בֶּן־חוּר).

חור—חוּר s. חֹר ,חַר.

חִוָּר aram. *weiss* Dan. 7, 9.

חוּרִי m. *weisse Zeuge* Jes. 19, 9.

חוּרִי n. pr. m. Num. 13, 5.

חוּרִי n. pr. m. 1 Chr. 5, 14.

חוּרַי n. pr. s. חֻדַּי.

חוּרָם (*Edelgeborner*) n. pr. 1) König von Tyrus zur Zeit Salomo's 1 Chr. 14, 1. 2 Chr. 2, 2. 11. 8, 2. 18. 9, 21 = חִירָם 1 Kön. 5, 15 ff. 2) Künstler, Sohn eines Tyrier's und einer Danitin 2 Chr. 4, 11 = חִירָם 1 Kön. 7, 13 = חִירוֹם 1 Kön. 7, 40; mit dem Zusatz אָבִי 2 Chr. 2, 12 und אָבִיו 2 Chr. 4, 16. 3) 1 Chr. 8, 5.

חַוְרָן (*Höhlengebiet*) n. pr. Landschaft südlich von Damaskus bis zum Jabbok, später *Auranitis* Ezech. 47, 16. 18.

*__חוּשׁ__ pf. u. part. חָשׁ, 1 sg. חַשְׁתִּי, fut. יָחוּשׁ, 3 sg. f. וַתָּחַשׁ (Hiob 31, 5 = וַתַּחַשׁ), inf. suff. חוּשִׁי, imp. חוּשָׁה 1) *eilen, herbeieilen* Deut. 32, 35. 1 Sam. 20, 38. Jes. 8, 1. Ps. 70, 2. חוּשָׁה לִּי *eile zu mir* (= *zu meiner Hülfe*) Ps. 70, 6. 141, 1. 2) *aufgeregt sein* Hiob 20, 2; *empfinden, geniessen* Koh. 2, 25; part. חָשִׁים *eilend, hurtig* Num. 32, 17.

Hifil pf. pl. הֶחִישׁוּ, fut. אָחִישׁ, suff. אֲחִישֶׁנָּה *beeilen, eilig herbeibringen* Jes. 5, 19. 60, 22; *eilig suchen* Ps. 55, 9; *eilig etwas thun, sich beeilen* Richt. 20, 37. Jes. 28, 16.

חוּשָׁה (*Schnelligkeit*) n. pr. m. 1 Chr. 4, 4 = שׁוּחָה 1 Chr. 4, 11; n. gent. חֻשָׁתִי 2 Sam. 21, 18. 1 Chr. 11, 29. (חֻשָׁתִי) 20, 4.

חוּשַׁי n. pr. Freund des David 2 Sam. 15, 32. 37. 17, 5. 15.

חוּשִׁים s. חֻשִׁים.

חוּשָׁם s. חֻשָׁם.

חוּת s. חָתַת.

חֹתָם-חוֹתָם 1) m. suff. חֹתָמוֹ ,חֹתָמְךָ *Siegel, Siegelring* Gen. 38, 18. Ex. 28, 11. 1 Kön. 21, 8. Hohel. 8, 6. 2) n. pr. m. 1 Chr. 7, 32.—11, 44.

חֲזָאֵל (*Gott schaut*) n. pr. König von Syrien 1 Kön. 19, 15. 2 Kön. 8, 12 = חֲזָהאֵל 2 Kön. 8, 8. 13. 29 etc.

*__חָזָה__ pf. חָזִיתִי, fut. אֶחֱזֶה, ps. אֶחֱז, 3 f. תֶּחֱזֶ, 3 pl. יֶחֱזוּ—יֶחֱזָיוּן, f. תֶּחֱזֶינָה, inf. חֲזוֹת, imp. חֲזֵה, pl. חֲזוּ *sehen, schauen* (poëtisch für רָאָה) Ps. 58, 11. Spr. 22, 29. Hiob 23, 9. 24, 1; *auf etwas merken* Jes. 26, 11. 33, 20. 48, 6. Ps. 11, 4. 7. 17, 2. 46, 9: *ausersehen* Ex. 18, 21. Jes. 57. 8. Hiob 8, 17: mit בְּ *gern auf etwas sehen* Micha 4, 11. Ps. 27, 4. Hiob 36, 25. Hohel. 7, 1. Besonders von dem *prophetischen Schauen* (der göttlichen Erscheinung) Ex. 24, 11. Num. 24, 4. 16. Ps. 63, 3. Hiob 15, 17. 19, 26; daher: *weissagen, predigen* Jes. 1, 1. 13, 1. 30, 10. Ezech. 13, 6. Zach. 10, 2. Klagel. 2, 14.

חֲזָא—חֲזָה aram. pf. 2 sg. m. חֲזַיְתָ, 1 sg. חֲזֵית, 2 pl. חֲזֵיתוֹן, part. חָזֵה, pl. חָזַיִן, inf. מֶחֱזֵא *sehen* Dan. 2, 26. 43. 3, 25. 27. 4, 20. 7, 1. Esra 4, 14; part. pass. חֲזֵה *angemessen* Dan. 3, 19.

חָזֶה m. cs. חֲזֵה, pl. חָזוֹת *Brust, Bruststück* (des Opferthieres) Ex. 29, 26. Lev. 7, 30. Num. 6, 20.

חֹזֶה m. (eigentl. part. v. חָזָה), cs. חֹזֵה, pl. חֹזִים 1) *Seher, Prophet* 2 Sam. 24, 11. 2 Kön. 17, 13. Jes. 30, 10. Amos 7, 12. Micha 3, 7. 1 Chr. 21, 9. 2) *Vertrag, Bündniss* Jes. 28, 15. 3) כָּל־חֹזֶה n. pr. m. Neh. 3, 15. 11, 5.

חֲזָהאֵל s. חֲזָאֵל.

חֲזוֹ n. pr. Sohn des Nachor Gen. 22, 22.

[חֵזוּ] aram. m. emph. חֶזְוָא, suff. חֶזְוֵהּ ,חֶזְוִי, pl. cs. חֶזְוֵי 1) *Aussehen* Dan. 7, 20. 2) *Gesicht, Erscheinung* Dan. 2, 19; häufig חֶזְוֵי רֵאשִׁי *meine geistigen Gesichte*, d. h. *Träume* Dan. 2, 28. 4, 2. 7. 7, 1.

חָזוֹן m. cs. חֲזוֹן 1) *Vision, Erscheinung* Dan. 1, 17. 8, 1. 15. 2) *Offenbarung* 1 Sam. 3, 1. Klagel. 2, 9; *Prophezeiung, Weissagung, prophetische Rede* Jes. 1, 1. Jer. 14, 14. Ezech. 13, 16. 1 Chr. 17, 15.

[חָזוֹת] f. cs. חֲזוֹת *Prophezeiung* 2 Chr. 9, 29.

[חֲזוֹת] aram. f. suff. חֲזוֹתֵהּ *Anblick* Dan. 4, 8. 17.

חָזוּת f. suff. חֲזוּתְכֶם 1) *Offenbarung* Jes. 21, 2. 29. 11. 2) *Bündniss* Jes. 28, 18. 3) adj. *sichtbar* קֶרֶן חָזוּת *ein ansehnliches Horn* Dan. 8, 5. 8.

חֲזִיאֵל (*Anblick Gottes*) n. pr. m. 1 Chr. 23, 9.

חֲזָיָה n. pr. m. Neh. 11, 5.

חֶזְיוֹן n. pr. eines Syrer's 1 Kön. 15 18.

חִזָּיוֹן m. cs. חֶזְיוֹן, suff. חֶזְיֹנוֹ, pl. חֶזְיֹנוֹת *Erscheinung* Hiob 4, 13. 7, 14. 20, 8. 33, 15; *prophetische Vision* Joel 3, 1; *Offenbarung* 2 Sam. 7, 17. Zach. 13, 4. גֵּיא חִזָּיוֹן prophetischer Name *Jerusalem's* Jes. 22, 1. 5.

[חָזִיז] m. cs. חֲזִיז, pl. חֲזִיזִים *Blitzstrahl* Zach. 10, 1. Hiob 28, 26. 38, 25.

חֲזִיר m. *Schwein* Lev. 11, 7. Deut. 14, 8. Jes. 65, 4. 66, 17. Spr. 11, 22. חֲזִיר מִיָּעַר *das wilde Schwein, Eber* Ps. 80, 14.

חֵזִיר n. pr. m. Neh. 10, 21. — 1 Chr. 24, 15.

*חָזַק pf. 2 sg. suff. חֲזַקְתַּנִי, fut. יֶחֱזַק—יֶחֱזָק, יֶחֶזְקוּ—יֶחֱזָקוּ, inf. חָזְקָה, suff. חֶזְקָה, imp. חֲזַק, חִזְקוּ 1) *fest an etwas haften*; mit בְּ 2 Sam. 18, 9; bildl.: 2 Chr. 31, 4; mit לְ u. inf. *eifrig sein etwas zu thun* Jos. 23, 6. 1 Chr. 28, 7 oder *zu unterlassen* Deut. 12, 23. 2) *stark, fest, mächtig, muthig sein* Gen. 41, 57. Richt. 1, 28; so in dem häufigen Zuruf חֲזַק Deut. 31, 7; auch wiederholt חֲזַק וַחֲזָק Dan. 10, 19; pl. חִזְקוּ *muthig! fest!*; *stark sein gegen* (עַל) Jemd. d. h. *ihn überwältigen* Ezech. 3, 14. Dan. 11, 5. 2 Chr. 8, 3. 27, 5; auch mit מִן 1 Sam. 17, 50. 2 Sam. 10, 11. 13, 14. 1 Kön. 20, 23 oder mit dem suff. חֲזַקְתַּנִי *du warst stärker als ich = du überwältigtest mich* Jer. 20, 7. 2 Chr. 28, 20; ferner mit עַל auf Jemand *losdrängen* Ex. 12, 33. 3) *hart sein, sich verhärten* Ex. 7, 13; auch mit עַל: חָזְקוּ עָלַי דִּבְרֵיכֶם *ihr führet harte Reden gegen mich* Mal. 3, 13. 1 Chr. 21, 4; mit אֶל 2 Sam. 24, 4. 4) *genesen* Jes. 39, 1. לְחָזְקָה *dass er* (der Arm) *gesunde* Ezech. 30, 21; von einem Hause: לְחָזְקָה *dass es fest sei* 2 Kön. 12, 13.

Piel pf. חִזְּקָם, imp. חַזֵּק, suff. חַזְּקֵנִי 1) *fest halten* Jes. 33, 23. יְחַזְּקוּ־לָמוֹ דָּבָר רָע *sie halten fest an dem bösen Vorhaben* Ps. 64, 6; *fest machen* Jes. 22, 21. Ps. 147, 13; *befestigen* Jes. 41, 7. Jer. 10, 4. 2 Chr. 11, 11. 17. 32, 5. 2) *stark machen* Richt. 3, 12. 16, 28. Jes. 54, 2. Nah. 3, 14. 1 Chr. 29, 12; besonders in der Redensart חִזֵּק אֶת־יְדֵי = *Jemand unterstützen* Richt. 9, 24. Jes. 35, 3. Jer. 23, 14. Ezech. 13, 22. Hiob 4, 3. וַיְחַזֵּק אֶת־יָדוֹ בֵּאלֹהִים *er kräftigte ihn durch* (den Gedanken an) *Gott* 1 Sam. 23, 16. Neh. 2, 18; daher *ermuthigen* Deut. 3, 28. Jes. 41, 7. Dan. 10, 18. 19. 3) *verhärten* Ex. 9, 12. 14, 8. Jos. 11, 20. Jer. 5, 3. 4) *ausbessern* 2 Kön. 12, 7. 15; mit לְ 1 Chr. 26, 27.

Hifil pf. הֶחֱזִיק, 3 f. suff. הֶחֱזִקַתְנִי, הֶחֱזִיקַתְהוּ, part. f. מַחֲזֶקֶת 1) *haften lassen* הַחֲזִיקִי אֶת־יָדֵךְ בּוֹ *lasse deine Hand an ihm haften = fasse ihn mit der Hand* Gen. 21, 18; daher gewöhnl. mit בְּ *einen Körpertheil Jemandes oder die Person selbst anfassen,* z. B. um ihn zu stützen oder zu führen Lev. 25, 35. Richt. 16, 26. Jes. 51, 18 oder aus sonst einem Grunde Deut. 25, 11. הֶחֱזַקְתִּי בִּזְקָנוֹ *ich fasste ihn am Kinn* 1 Sam. 17, 35. Jes. 4, 1. 45, 1. Zach. 8, 23. Spr. 7, 13. מַחֲזִיק בַּפֶּלֶךְ *einer der an der Krücke geht* 2 Sam. 3, 29; *anfassen* mit לְ 2 Sam. 15, 5. 2) *festhalten, zurückhalten* mit בְּ Deut. 22, 25. Ex. 9, 2; *bei sich behalten* Richt. 7, 8. מַחֲזִיק בְּתֻמָּתוֹ *er bleibt fest bei seiner Tugend* Hiob 2, 3. 9. 1 Kön. 9, 9. Jes. 56, 4. 6. Spr. 4, 13; *sich mit etwas beschäftigen* Neh. 5, 16; *festhalten* mit accus. Micha 7, 18. 3) *ergreifen* mit accus. Jes. 41, 9. 13. Jer. 6, 24. 8, 21. 50, 42. Nah. 3, 14. Zach. 14, 13. Ps. 35, 2. Neh. 4, 11; *sich bemächtigen* Dan. 11, 21; *in sich fassen* 2 Chr. 4, 5. 4) *Macht üben* Dan. 11, 7; mit עַל Hiob 18, 19; *arbeiten* Neh. 3, 4 ff.; mit acc. *befestigen* 2 Kön. 15, 19. Jer. 51, 12. הַחֲזֵק מִלְחַמְתְּךָ *halte fest aus in deinem Kampfe* 2 Sam. 11, 25; *unterstützen* Ezech. 16, 49. 30, 25; daher מַחֲזִיק *Helfer* Dan. 11, 1. 6. 5) *ausbessern* Ezech. 27, 9. 27.

Hitp. הִתְחַזֵּק *sich stark zeigen, seine Kraft zusammennehmen* Gen. 48, 2. Num. 13, 20; *sich tapfer halten* 1 Sam. 4, 9. 2 Sam. 10, 12. 2 Chr. 32, 5; *Macht gewinnen, sich in der Macht befestigen* 2 Chr. 1, 1. 12, 13; *Muth gewinnen* Dan. 10, 19. 21.

חָזָק adj. f. חֲזָקָה, pl. חֲזָקִים, cs. חִזְקֵי 1) *hart, frech* (von dem Gesicht) Ezech. 3, 8; von der Stirn Ezech. 3, 7. 8; vom Herzen Ezech. 2, 4. 2) *stark, mächtig* Ex. 10, 19. Num. 13, 31. יָד חֲזָקָה *Macht, Gewalt* Ex. 3, 19. 6, 1. 13, 9. Dan. 9, 15. בְּחָזָק *mit Macht* Jes. 40, 10.

חָזֵק adj. *stark* Ex. 19, 19. 2 Sam. 3, 1 (eigentl. part. von חָזַק).

[חֵזֶק] m. suff. חִזְקִי *Macht* Ps. 18, 2.

חֹזֶק m. suff. חָזְקֵנוּ *Macht* Amos 6, 13. בְּחֹזֶק יָד = בְּיָד חֲזָקָה *mit Gewalt* Ex. 13, 16.

[חֶזְקָה] f. cs. חֶזְקַת, suff. חֶזְקָתוֹ *Macht* Jes. 8, 11. כְּחֶזְקָתוֹ *als er mächtig wurde* 2 Chr. 12, 1. 26, 16.

חָזְקָה f. *Gewalt* Richt. 4, 3. 1 Sam. 2, 16. Ezech. 34, 4. בְּחָזְקָה *heftig* Richt. 8, 1; *inbrünstig* Jona 3, 8.

חִזְקִי (*Macht*) n. pr. m. 1 Chr. 8, 17.

חִזְקִיָּה - חִזְקִיָּהוּ (*Gottesmacht*) n. pr. 1) *Hiskia,* König von Juda 2 Kön. 18, 1. 10 = יְחִזְקִיָּה—

יְחִזְקִיָּהוּ Jes. 1, 1. Hos. 1, 1. 2) Vorfahr des Propheten Zefanja Zef. 1, 1. 3) Neh. 7, 21. 10, 18.—1 Chr. 3, 23.

חָח m. suff. הַחִי, pl. הַחִים *Haken, Spange* Ex. 35, 22; *Ring*, den man Thieren durch die Nase oder die Kinnbacke legt; bildlich: auf Menschen, die *gefangen* und *gefesselt* werden, angewendet 2 Kön. 19, 28. Jes. 37, 29. Ezech. 19, 4. 9. 29, 4 (wo הַחַיִּים im Ktib als du.) 38, 4.

חָטָא* pf. 3 sg. f. חָטָאת (= חָטְאָה Ex. 5, 16), part. חוֹטֵא—חוֹטֶא, f. חוֹטְאָה, fut. אֶחֱטָא, pl. תֶּחֶטְאוּ — ps. תֶּחֶטָאוּ, inf. חֲטֹא — חֲטוֹ, suff. חֲטֹאוֹ *sündigen, sich vergehen* Ex. 9, 34. 20, 17. 32, 30. Jes. 1, 4. Ezech. 18, 4. 33, 12. Ps. 39, 2; mit לְ der Person, *gegen* die man sich versündigt (deren Gebot man übertritt) Gen. 20, 6. 40, 1. Ex. 32, 33. 1 Sam. 14, 34. Ps. 51, 6. 119, 11; selten mit suff. חֹטְאִי *wer gegen mich sündigt* Spr. 8, 36; die Sache, *an* der man sich versündigt, mit עַל Lev. 5, 5. Num. 6, 11. Neh. 13, 26 oder mit בְּ Gen. 42, 22. Lev. 5, 22. 1 Sam. 19, 5. Neh. 9, 29. חֹטֵא נַפְשׁוֹ *er verwirkt sein Leben* Hab. 2, 10. Spr. 20, 2; part. *Sünder* Jes. 65, 20. Koh. 9, 18. 2) *für schuldig gelten, leiden* Ex. 5, 16. 3) *vermissen* וְלֹא תֶחֱטָא *du vermissest nichts* Hiob 5, 24.

Piel pf. 2 sg. חִטֵּאתָ, fut. 1 sg. suff. אֲחַטֶּנָּה 1) *entsündigen* mit accus. Lev. 14, 52. Num. 19, 19. Ezech. 43, 23. Ps. 51, 9; mit עַל Ex. 29, 36. 2) *als Sündopfer darbringen* Lev. 6, 19. 9, 15. 2 Chr. 29, 24; 3) *ersetzen* Gen. 31, 39.

Hifil pf. הֶחֱטִיא—הֶחֱטִי (2 Kön. 13, 6), suff. הֶחֱטִיאָם, inf. הַחֲטִיא — הַחֲטִי (Jer. 32, 35), לַחֲטִיא—לְהַחֲטִיא, fut. יַחֲטִא 1) *zu Sünden verleiten* mit acc. der Person 1 Kön. 16, 26. Koh. 5, 5; mit dopp. acc. 2 Kön. 17, 21; mit acc. u. לְ *zu Sünden gegen Jemd. verleiten* Ex. 23, 33. 2) (ein Ziel) *verfehlen* Richt. 20, 16.

Hitp. fut. יִתְחַטָּא 1) *sich entsündigen* Num. 8, 21. 19, 12. 31, 23. 2) *entsündigen, reinigen* Num. 31, 20. 3) *sich unsicher fühlen, schwindlig werden* Hiob 41, 17.

[חַטָּא] adj. fem. חַטָּאָה, pl. חַטָּאִים, suff. חַטָּאֶיהָ *sündhaft* Gen. 13, 13. Num. 32, 14. Amos 9, 8; *als Sünder betrachtet, der Strafe verfallen* 1 Kön. 1, 21; subst. *Sünder* Jes. 13, 9.

חֵטְא m. suff. חֶטְאוֹ, pl. חֲטָאִים, cs. חֲטָאֵי, suff. חֲטָאֵיכֶם, חֲטָאַי *Sünde, Vergehen, Schuld* Gen. 41, 9. Lev. 19, 17. Num. 27, 3. 2 Kön. 10, 29. Jes. 1, 18. Koh. 10, 4.

חֲטָאָה f. 1) *Sünde* Ex. 34, 7. Jes. 5, 18. 2) adj. fem. v. חַטָּא s. d.

חַטָּאָה aram. f. *Sündopfer* Esra 6, 17 Kri; das Ktib hat חַטָּיָא.

חֶטְאָה f. *Schuld* Num. 15, 28.

חֲטָאָה f. 1) *Sünde* Gen. 20, 9. Ex. 32, 21. Ps. 32, 1. 109, 7. 2) *Sündopfer* Ps. 40, 7.

חַטָּאת f. cs. חַטַּאת, suff. חַטָּאתִי, חַטַּאתְכֶם, pl. חַטָּאוֹת, cs. חַטֹּאת—חַטֹּאות, suff. חַטֹּאותַי, חַטֹּאתֵיהֶם — חַטֹּאתָם, חַטֹּאתֵינוּ — חַטֹּאותֵינוּ 1) *Sünde* Ex. 32, 30. 1 Kön. 8, 34; pl. Lev. 16, 16. Num. 5, 6. 1 Kön. 14, 16. Jes. 59, 12. Ps. 25, 18. 79, 9. Hiob 13, 23. Neh. 9, 2. 2) *Sündopfer* Ex. 29, 14; pl. 2 Kön. 12, 17. 3) *Strafe* Zach. 14, 19. Klagel. 4, 6.

חָטַב* fut. יַחְטְבוּ, inf. לַחְטֹב *zerschneiden, zerhauen*, gewöhnl. mit עֵצִים Deut. 19, 5. 29, 10. Ezech. 39, 10. חֲטֻבוֹת *buntgestreifte* (Decken) Spr. 7, 16.

Pual part. pl. f. מְחֻטָּבוֹת *ausgeschnitten, geschnitzt* Ps. 144, 12.

חִטָּה f. pl. חִטִּים—חִטִּין (Ezech. 4, 9), cs. חִטֵּי *Weizen* (sg. von dem auf dem Felde, pl. von Körnern) Gen. 30, 14. Ex. 9, 32. Ezech. 27, 17. חֵלֶב חִטָּה Ps. 81, 17 oder חֵלֶב חִטִּים Ps. 147, 14 *das Mark des Weizens*; noch stärker: חֵלֶב כִּלְיוֹת חִטָּה *das beste Mark des Weizens* Deut. 32, 14.

חַטּוּשׁ n. pr. m. Esra 8, 2. 1 Chr. 3, 22.—Neh. 3, 10.—10, 5.—12, 2.

[חֲטָי] aram. m. suff. חֲטָאָךְ—חֲטָיָךְ *Sünde* Dan. 4, 24.

חַטָּיָה aram. s. חַטָּאָה.

חֲטִיטָא (*Nachforschung*) n. pr. m. Esra 2, 42. Neh. 7, 45.

חַטִּיל n. pr. m. Esra 2, 57. Neh. 7, 59.

חֲטִיפָא n. pr. m. Esra 2, 54. Neh. 7, 56.

חָטַם* fut. אֶחֱטָם- *bändigen, mässigen* Jes. 48, 9.

חָטַף* fut. יַחְטֹף, inf. חֲטוֹף *rauben* Richt. 21, *berauben* Ps. 10, 9.

חֹטֶר m. *Zweig, Spross* Jes. 11, 1; *Ruth* 14, 3.

חַטָּת s. חַטָּאת.

חַי (vgl. חָיָה), cs. חֵי, f. חַיָּה, pl. חַיִּים

1) adj. a) *lebendig*, *lebend* Gen. 3, 20. 43, 7. Lev. 14, 4. 6. Deut. 4, 4. חַי־אָנִי *so wahr ich lebe* Num. 14, 28. חַי הָאֱלֹהִים *so wahr Gott lebt* 2 Sam. 2, 27 und ähnlich: Richt. 8, 19. Jer. 44, 26; בְּאֵר לַחַי רֹאִי *Brunnen des Lebendigen mich Sehenden (Gottes)* Gen. 16, 14. אִישׁ חַי *ein kräftiger Mann* 2 Sam. 23, 20 Ktib; b) *frisch*, *roh* (v. Fleisch) Lev. 13, 14. 1 Sam. 2, 15; von Pflanzen Ps. 58, 10; von fliessendem Wasser Gen. 26, 19. Num. 19, 17. c) *wieder auflebend* כָּעֵת חַיָּה *um die wieder auflebende Zeit = über ein Jahr um diese Zeit* Gen. 18, 10. 14. 2) subst. *Leben* לְחָי *zum Leben!* (Begrüssung = *Glückauf!*) 1 Sam. 25, 6. חֵי פַרְעֹה *beim Leben des Pharao* Gen. 42, 15. חֵי נַפְשְׁךָ *bei deinem Leben!* 1 Sam. 20, 3. 2 Kön. 2, 2. Amos 8, 14.

Plur. חַיִּים 1) *die Lebendigen* אֶרֶץ חַיִּים *das Land der Lebenden* d. h. *die Erde* Ps. 27, 13. 116, 9. 142, 6. 2) cs. חַיֵּי, suff. חַיַּי *das Leben* Gen. 6, 17. 23, 1. 25, 7; bildlich für *Glück, Wohlsein* Ps. 34, 13. Spr. 4, 22. 12, 28.

חַי aram. emph. חַיָּא, pl. חַיִּין, emph. חַיַּיָּא, cs. חַיֵּי 1) *lebend* Dan. 2, 30. 4, 14. 31. 6, 21. 27. 2) *Leben* Dan. 7, 12. Esra 6, 10.

חִיאֵל (verkürzt aus יְחִיאֵל s. d.) n. pr. m. 1 Kön. 16, 34.

חָיֵב s. חוב.

חִידָה f. pl. חִידוֹת, suff. חִידֹתָם *Räthsel* Num. 12, 8. Richt. 14, 12. 1 Kön. 10, 1; *dichterische Gleichnissrede* Ezech. 17, 2. Hab. 2, 6. Ps. 49, 5. Spr. 1, 6; *listige Reden* Dan. 8, 23.

חָיָה* pf. 2 pl. וִחְיִיתֶם, fut. אֶחְיֶה, יִחְיֶה—יְחִי—יֶחִי, inf. חֲיוֹ—חָיֹה, cs. לְחְיוֹת, suff. חֲיוֹתָם, imp. חֲיֵה, וֶחְיֵה, חֲיוּ, וִחְיוּ 1) *leben*, *am Leben bleiben* Gen. 20, 7. 42, 18. Num. 24, 23. Deut. 33, 6. Ezech. 16, 6. 18, 9. 28. 33, 12. Ps. 118, 17. Koh. 6, 6; 2) *wiederaufleben, in's Leben zurückkehren* 1 Kön. 17, 22. Ezech. 37, 5; *sich erholen* Gen. 45, 27. Richt. 15, 19; *genesen* Jos. 5, 8. 2 Kön. 8, 8. Jes. 38, 21.

Piel חִיָּה, 3 sg. f. suff. חִיָּתְנִי, fut. 2 sg. suff. תְּחַיֵּינוּ, inf. suff. לְחַיֹּתֵנוּ, imp. suff. חַיֵּיהוּ *leben lassen* Ex. 22, 17. Num. 31, 15; *am Leben erhalten* Gen. 7, 3. Deut. 6, 24; *beleben* 1 Sam. 2, 6; *kräftigen* Ps. 71, 20. 119, 50; *pflegen* 2 Sam. 12, 3. Jes. 7, 21. Hos. 14, 8; *wieder herstellen* Neh. 3, 34; *in Erfüllung bringen* Hab. 3, 2.

Hifil הֶחֱיָה, 1 sg. הֶחֱיֵיתִי, 2 sg. suff. הֶחֱיִתָנוּ, 2 pl. הַחֲיִתֶם, inf. לְהַחֲיוֹת, imp. הַחֲיוּ *leben lassen* Num. 22, 33. 31, 18. Jos. 6, 25. Richt. 8, 19; *am Leben erhalten* mit acc. oder ל Gen. 45, 7. 47, 25; *beleben*, *kräftigen* Jes. 38, 16. 57, 15.

חֲיָה aram. imp. חֱיִי *leben* Dan. 2, 4. 3, 9.

Afel part. מַחֵא *leben lassen* Dan. 5, 19.

[חָיֶה] adj. fem. pl. חָיוֹת *lebhaft, kräftig* Ex. 1, 19.

חַיָּה f. cs. חַיַּת—חַיְתוֹ, suff. חַיָּתִי, pl. חַיּוֹת *das Lebende* 1) *Thier*, sowohl a) *ein einzelnes* Gen. 37, 20 und daher auch pl. Ezech. 1, 5. Ps. 104, 25. Dan. 8, 4; als auch und gewöhnl. b) collectiv *Gethier* Gen. 1, 25. Jes. 40, 16; im Gegensatz zu den Hausthieren (בְּהֵמָה) Gen. 7, 21. Lev. 25, 7. חַיַּת קָנֶה *das Thier des Schilfes (Krokodil)* Ps. 68, 31. 2) (wie נֶפֶשׁ mit dem es oft parallel steht) *Leben* Ps. 74, 19. 143, 3. Hiob 33, 22. 28; *Seele* Ezech. 7, 13. Ps. 78, 50. Hiob 33, 18. 36, 14; *Lust, Gier* Jes. 57, 10. Hiob 33, 20. 38, 39. 3) *Haufe, Schaar* 2 Sam. 23, 13. Ps. 68, 11.

חֵיוָה—חֵיוָא aram. f. emph. חֵיוְתָא, cs. חֵיוַת, pl. חֵיוָן, emph. חֵיוָתָא *Thier*, einzelnes Dan. 7, 3. 5. 12 und collectiv: *Gethier* Dan. 2, 38. 4, 13.

חַיּוּת f. *Leben* 2 Sam. 20, 3.

חָיַי* *leben, am Leben bleiben* nur im pf. 3 sg. חַי (= חָיָה), neben dem nur einmal das fem. וָחָיָה (= וְחָיְתָה) Ex. 1, 16 vorkommt; חַי steht im Pentat. durchgängig statt חָיָה Gen. 3, 22. 5, 5 ff. 25, 7. Ex. 33, 20. Lev. 18, 5. Num. 21, 8. Deut. 4, 42. 19, 4; ferner: 1 Sam. 20, 31. 2 Sam. 22, 47. Jer. 38, 2. Ezech. 18, 13. 24. 20, 11. 13. 21. Ps. 18, 47. Neh. 6, 11 (in allen andern Stellen ist חַי adj.).

חַיִּים s. חַי.

חַיִל m. cs. חֵיל, suff. חֵילִי, pl. חֲיָלִים, suff. חֵילֵיהֶם 1) *Stärke, Kraft, Tapferkeit* Hab. 3, 19. אַנְשֵׁי־חַיִל *tüchtige Männer* Gen. 47, 6. Ex. 18, 21; ähnlich: אֵשֶׁת חַיִל Spr. 31, 10. Rut 3, 11. בֶּן־חַיִל 2 Sam. 2, 7. 17, 10. גִּבּוֹר חַיִל 1 Kön. 11, 28. עָשָׂה חַיִל *Tüchtiges ausführen* Num. 24, 18. Spr. 31, 29. Rut 4, 11. 2) *Vermögen, Besitz* Deut. 8, 17. 18. Jes. 60, 5. 3) *Zug* 1 Kön. 10, 2; *Heer* 1 Sam. 17, 20. 1 Kön. 20, 19. Dan. 11, 13. 4) *Zwinger* (= חֵל) Ps. 84, 8. 122, 7.

חַיִל aram. suff. חֵילֵהּ *Kraft, Vermögen* Dan. 3, 4. 20; *Heer* Dan. 3, 20. 4, 32.

חֵיל m. 1) *Heer* 2 Kön. 18, 17. Jes. 36, 2. 2) vgl. חֵל.

חִיל m. *Schrecken, Angst* Ex. 15, 14. Jer. 6, 24. Micha 4, 9. Ps. 48, 7.

חִילָה f. *Angst* Hiob 6, 10.

חֵילָה f. *Zwinger* Ps. 48, 14.

חֵילָם n. pr. Stadt im Ostjordanlande 2 Sam. 10, 16 = חֵלָאם v. 17.

חִילֵן n. pr. Ortschaft in Juda 1 Chr. 6, 43 = חֹלֹן Jos. 21, 15.

חִין m. (= חֵן) *Anmuth* Hiob 41, 4.

חַיִץ m. *Wand, Scheidewand* Ezech. 13, 10.

חִיצוֹן adj. f. חִיצוֹנָה *äussere* 1 Kön. 6, 29. Est. 6, 4.

חֵק—חֵיק m. suff. חֵיקִי 1) *Busen, Schoss* Ex. 4, 6. Num. 11, 12. Spr. 5, 20; auch als Bild der Vertraulichkeit (zwisch. Ebegatten) Deut. 13, 7. 2 Sam. 12, 3. 8; der Empfindung Jes. 65, 6. Ps. 79, 12. Spr. 6, 27. Hiob 19, 27. 2) überhpt. *der innere Raum* z. B. eines Wagens 1 Kön. 22, 35; der Erde Ezech. 43, 14; des Altars Ezech. 43, 13.

חִירָה n. pr. m. Gen. 38, 1. 12.

חִירָם—חִירוֹם = חוּרָם s. d.

חִישׁ (vgl. חוּשׁ) adv. *schnell* Ps. 90, 10.

[חַךְ] m. pl. cs. חַכֵּי *Fussangel* Hos. 6, 9.

חֵךְ m. suff. חִכִּי *Gaumen* Hiob 29, 10. Klagel. 4, 4; Organ des Geschmackes Spr. 24, 13; bildlich: Ps. 119, 103; der Sprache Spr. 5, 3. Hiob 31, 30; liebkosender Reden Hohel. 7, 10.

***חָכָה** part. pl. cs. חוֹכֵי *harren, vertrauen* mit לְ Jes. 30, 18.

Piel pf. 3 sg. f. חִכְּתָה, fut. יְחַכֶּה, 1 pl. חִכִּינוּ, imp. חַכֵּה, pl. חַכּוּ *warten, harren* 2 Kön. 7, 9. 9, 3. Jes. 30, 18. Dan. 12, 12; *auf* Jemand mit לְ Hab. 2, 3. Hiob 3, 21; daher *vertrauen* Jes. 8, 17. 64, 3. Zef. 3, 8. Ps. 33, 20. 106, 13; mit accus: חִכָּה אֶת־אִיּוֹב בִּדְבָרִים *er wartete auf Hiob mit Worten* d. h. *er hatte ihn ausreden lassen* Hiob 32, 4.

חַכָּה f. *Angel, Harpune* Jes. 19, 8. Hab. 1, 15. Hiob 40, 25.

חֲכִילָה n. pr. (mit dem Artikel) Hügel in der Wüste Sif 1 Sam. 23, 19. 26, 1. 3.

[חַכִּים] m. pl. חַכִּימִין, emph. חַכִּימַיָּא, cs. חַכִּימֵי *Weiser* Dan. 2, 21; besond. von den *Magiern* Dan. 2, 12. 4, 3. 5, 8.

חֲכַלְיָה n. pr. Vater des Nehemia Neh. 1, 1.

חַכְלִילִי adj. *dunkel, trübe* Gen. 49, 12.

חַכְלִלוּת f. *Dunkelheit* Spr. 23, 29.

***חָכַם** fut. יֶחְכַּם, imp. חֲכַם, חַכְמוּ *weise sein* Deut. 32, 29. 1 Kön. 5, 11; *weise werden* Spr. 8, 33. 20, 1; *lernen* Spr. 6, 6; *erforschen* Koh. 2, 19. 7, 23.

Piel fut. יְחַכֵּם *weise machen, belehren* Ps. 105, 22. 119, 98. Hiob 35, 11.

Pual part. מְחֻכָּם *geschickt* Ps. 58, 6; *gelehrt* Spr. 30, 24.

Hif. part. f. cs. מַחְכִּימַת *weise machen* Ps. 19, 8.

Hitp. *sich klug zeigen, überlisten* mit לְ Ex. 1, 10; *sich weise machen, forschen* Koh. 7, 16.

חָכָם adj. u. subst. cs. חֲכַם, f. חֲכָמָה, cs. חַכְמַת, pl. חֲכָמִים, f. חֲכָמוֹת, cs. חַכְמֵי, f. חַכְמוֹת *weise, gelehrt, geschickt* Ex. 31, 6. 35, 25. Deut. 1, 13. 4, 6. Richt. 5, 29. 2 Sam. 14, 2. Jer. 9, 16. חֲכַם חֲרָשִׁים *Beschwörungskundiger* Jes. 3, 3.

חָכְמָה f. cs. חָכְמַת, suff. חָכְמָתִי, חָכְמַתְכֶם *Weisheit, Klugheit, Geschicklichkeit* Ex. 28, 3. Deut. 4, 6. Spr. 5, 1.

חָכְמָה aram. f. emph. חָכְמְתָא, cs. חָכְמַת *Weisheit* Dan. 2, 21. 30. Esra 7, 25.

חַכְמוֹנִי (*Weiser*) n. pr. m. 1 Chr. 11, 11. 27, 32 (viell. תַּחְכְּמֹנִי = 2 Sam. 23, 8 s. d.).

חָכְמוֹת f. *Weisheit* Ps. 49, 4. Spr. 1, 20. 9, 1. 24, 7.

חַכְמוֹת f. *Weisheit* Spr. 14, 1.

חֵיל—חֵל m. *Befestigungswerk, Umwallung, Zwinger* 2 Sam. 20, 15. 1 Kön. 21, 23. Jes. 26, 1. Klagel. 2, 8.

חֹל (v. חָלַל) *Unheiliges* Lev. 10, 10. 1 Sam. 21, 5. Ezech. 48, 15.

חָלָא fut. יֶחֱלָא *krank sein* 2 Chr. 16, 12 (vgl. חָלָה).

חֶלְאָה 1) f. suff. חֶלְאָתָהּ *Rost* Ezech. 24, 6. 11. 12. 2) n. pr. f. 1 Chr. 4, 5. 7.

חֲלָאִים s. חֳלִי.

חֵלָאם s. חֵילָם.

חָלָב m. mit Art. הֶחָלָב, cs. חֲלֵב (v. einer Nebenform חֲלֵב), suff. חֲלָבִי *Milch* Gen. 49, 12. Ex. 3, 8. 23, 19. Deut. 32, 14. Richt. 4, 19. Jes. 60, 16. Hohel. 5, 1. טְלֵה חָלָב *ein säugendes Lamm* 1 Sam. 7, 9.

חֵלֶב—חֲלֶב (Jes. 34, 6) m. suff. חֶלְבּוֹ, חֶלְבְּכֶם, pl. חֲלָבִים, cs. חֶלְבֵי, suff. חֶלְבְּהֶן—חֶלְבֵּמוֹ—חֶלְבֵּהֶן 1) *Fett* Richt. 3, 22. 2 Sam. 1, 22. Ps. 73, 7; besonders das zum *Opfer auf dem Altare bestimmte Fett* Ex. 23, 18. Lev. 8, 16 u. im pl. *Fettstücke* Gen. 4, 4. Lev. 6, 5; auch als Bild des *Besten* Gen. 45, 18. Deut. 32, 14; *des Ueberflusses* Ezech. 39, 19. Ps. 63, 6; *des Uebermuthes* Ps. 17, 10. Hiob 15, 27. 2) n. pr. s. חֵלֶד.

חֶלְבָּה (*Fett*) n. pr. Stadt in Ascher Richt. 1, 31.

חֶלְבּוֹן n. pr. Stadt in Syrien Ezech. 27, 18 jetzt: *Aleppo.*

חֶלְבְּנָה f. *Galbanum,* ein stark riechendes Harz Ex. 30, 34.

חֶלֶד ps. חָלֶד, suff. חֶלְדִּי 1) *Welt* Ps. 49, 2; als Bild der Vergänglichkeit Ps. 17, 14; אֲנִי מֶה־חָלֶד *wie vergänglich ich bin* Ps. 89, 48. 2) *Leben* Hiob 11, 17; *Lebensdauer* Ps. 39, 6.

חֵלֶד n. pr. m. 1 Chr. 11, 30 = חֶלְדַּי 1 Chr. 27, 15. und חֵלֶב 2 Sam. 23, 29.

חֹלֶד m. *Maulwurf* (n. A. *Wiesel*) Lev. 11, 29.

חֻלְדָּה n. pr. einer Prophetin zur Zeit des Josia 2 Kön. 22, 14. 2 Chr. 34, 22.

חֶלְדַּי n. pr. m. 1) = חֵלֶד s. d. 2) Zach. 6, 10 = חֵלֶם das. 6, 14.

חָלָה* part. f. חוֹלָה, cs. חוֹלַת, fut. ps. יֶחֱלֶה, inf. חֲלוֹת 1) *krank sein, krank werden* Gen. 48, 1. 2 Kön. 1, 2. Ps. 35, 13; *an* etwas mit accus. 1 Kön. 15, 23. 2 Kön. 13, 14. חָלָה לָמוּת *sterbenskrank sein* Jes. 38, 1. חוֹלַת אַהֲבָה *liebeskrank* Hohel. 2, 5. רָעָה חוֹלָה *ein schlimmes Uebel* Koh. 5, 12. 15. 2) *sich schwach fühlen* Jes. 57, 10. Spr. 23, 35; *schwach werden* Richt. 16, 7; *sich grämen* mit עַל 1 Sam. 22, 8.

Nifal pf. נֶחֱלֵיתִי, pl. נֶחְלוּ, part. f. נַחְלָה, pl. נַחְלוֹת *krank werden* Ezech. 34, 4. Dan. 8, 27; *sich abmühen* Jer. 12, 13; *sich grämen* Amos 6, 6; part. *schmerzlich, gefährlich* Jer. 10, 19. 14, 17. 30, 12. Nah. 3, 19.

Piel pf. חִלָּה, חִלִּינוּ, fut. יְחַל, imp. חַל, חַלּוּ *Krankheit verhängen über Jemand* mit בְּ Deut. 29, 21; meist in der Redensart חִלָּה אֶת־פְּנֵי *sich bittend an Jemand wenden* Ps. 45, 13. Spr. 19, 6; (*zu Gott*) *beten* Ex. 32, 11. 1 Kön. 13, 6. Mal. 1, 9.

Pual pf. חֻלֵּיתָ *schwach werden* Jes. 14, 10.

Hifil pf. 3 sg. הֶחֱלִי (= הֶחֱלָה), pl. הֶחֱלוּ, part. f. מַחֲלָה *krank machen* Jes. 53, 10. Spr. 13, 12. הֶחֱלֵיתִי הַכּוֹתֶךָ *ich habe dich krank geschlagen* Micha 6, 13; *krank sein* Hos. 7, 5.

Hofal pf. הָחֳלֵיתִי *verwundet sein* 1 Kön. 22, 34.

Hitp. imp. הִתְחַל, fut. וַיִּתְחַל *krank werden,* 2 Sam. 13, 2; *sich krank stellen* 2 Sam. 13, 5. 6.

חַלָּה f. cs. חַלַּת, pl. חַלּוֹת *Kuchen* 2 Sam. 6, 19; meist von *Opferkuchen* Ex. 29, 2. Lev. 2, 4. Num. 6, 15.

חֲלוֹם m. suff. חֲלֹמוֹ, pl. חֲלֹמוֹת, suff. חֲלוֹמֹתֵיכֶם *Traum* Gen. 37, 5. בַּעַל חֲלֹמוֹת *Träumer* Gen. 37, 19; von *prophetischen Visionen* Deut. 13, 2. 1 Sam. 28, 15. Jer. 23, 28. Joel 3, 1; als Bild der *Vergänglichkeit* Ps. 73, 20. Hiob 20, 8; der *Nichtigkeit* Koh. 5, 6.

חַלּוֹן m. (Jos. 2, 18) u. f. (Ezech. 41, 16), pl. חַלֹּנִים—חַלּוֹנִים (Jer. 22, 14)—חַלֹּנוֹת, cs. חַלּוֹנֵי *Fenster* Gen. 8, 6. 1 Kön. 6, 4. Joel 2, 9. Hohel. 2, 9.

חֹלוֹן n. pr. Stadt in Moab Jer. 48, 21. 2) = חִילֵן s. d.

חֲלוֹף m. nur Spr. 31, 8 בְּנֵי חֲלוֹף *verwaiste Kinder.*

חֲלוּשָׁה f. *Niederlage* Ex. 32, 18.

חֲלַח n. pr. Landschaft in Assyrien 2 Kön. 17, 6. 18, 11. 1 Chr. 5, 26.

חַלְחוּל n. pr. Stadt in Juda Jos. 15, 58.

חַלְחָלָה f. *Schrecken, Angst* Jes. 21, 3. Ezech. 30, 4. 9. Nah. 2, 11.

*[חָלַט] Hifil fut. וַיַּחְלְטוּ (st. וַיַּחְלִיטוּ) *als bestimmt annehmen* 1 Kön. 20, 33.

חֲלִי m. pl. חֲלָאִים *Geschmeide* Spr. 25, 12. Hohel. 7, 2.

חֳלִי m. ps. חֹלִי, suff. חָלְיוֹ, pl. חֳלָיִים—חֳלָיִם, suff. חֳלָיֵנוּ *Krankheit* Deut. 7, 15. 28, 59. 61. 1 Kön. 17, 17. Jes. 53, 4. 2 Chr. 21, 15.

חֶלְיָה f. *Geschmeide* Hos. 2, 15.

חָלִיל m. pl. חֲלִלִים *Flöte* 1 Kön. 1, 40. Jes. 5, 12. 30, 29. Jer. 48, 36.

חָלִלָה—חָלִילָה (eigentl. subst. חָלִיל *Entweihung* mit He parag.) adv. *fern sei es!* als Bezeichnung des Abscheues 1 Sam. 14, 45. 20, 2; meist mit לְ der Pers. Gen. 18, 25. Hiob 27, 5; verstärkt חָלִילָה לָנוּ מִמֶּנּוּ Jos. 22, 29 oder durch מֵיהוָה 1 Kön. 21, 3. 1 Chr. 11, 19; zuweil. folgt noch מִן v. d. Inf. Gen. 18, 25. Jos. 24, 16 oder vor subst. Hiob 34, 10 oder אִם mit fut 1 Sam. 14, 45.

חֲלִיפָה f. pl. חֲלִפוֹת—חֲלִיפוֹת *Veränderung* Ps. 55, 20; *Ablösung* Hiob 14, 14. חֲלִיפוֹת וְצָבָא *wechselnde Mühen* Hiob 10, 17. חֲלִיפוֹת חֹדֶשׁ *abwechselnd einen Monat* 1 Kön. 5, 28; mit שְׂמָלוֹת oder בְּגָדִים: *Kleider zum Wechseln*, d. h. *ein Anzug* Gen. 45, 22. Richt. 14, 19. 2 Kön. 5, 5.

חֲלִיצָה f. suff. חֲלִצָתוֹ, pl. suff. חֲלִיצוֹתָם *Rüstung* 2 Sam. 2, 21; *Kleidung* Richt. 14, 19.

חֵלְכָה m. ps. חֵלֶכָה, pl. חֵלְכָאִים, adj. *unglücklich, elend* Ps. 10, 8. 10. (st. חֵלְכָּאִים Ktib liest Kri: חֵל כָּאִים *Heer der Betrübten* vgl. כָּאָה) 14.

*חָלַל *durchbohrt, verletzt sein* Ps. 109, 22.

Nifal pf. 3 sg. נִחַל, 2 f. נִחַלְתְּ, 3 pl. נִחַלּוּ, fut. יֵחַל, אֵחַל, inf. הֵחַל, suff. הֵחַלּוֹ *entweiht werden* Lev. 21, 4. Jes. 48, 11. Ezech. 7, 24. 20, 9. 22, 16. 26. 25, 3.

Piel חִלֵּל, inf. suff. חַלְּלָם 1) *durchbohren* Ezech. 28, 9. 2) *entweihen, schänden* Gen. 49, 4. Ex. 31, 14. Lev. 19, 8. 22, 9. Ps. 89, 32; mit כֶּרֶם *den Weinberg zu weltlichem Gebrauch preisgeben* (Lev. 19, 23), d. h. *ihn benutzen* Deut. 20, 6. 28, 30. Jer. 31, 5. 3) denom. von חָלִיל *Flöte blasen* 1 Kön. 1, 40.

Polel part. f. מְחוֹלֶלֶת *durchbohren* Jes. 51, 9. Hiob 26, 13 (vgl. auch חוּל).

Pual part. מְחֻלָּל 1) *durchbohrt* Ezech. 32, 26. 2) *entweiht* Ezech. 36, 23.

Polal part. מְחֹלָל *durchbohrt, verwundet* Jes. 53, 5.

Hifil pf. הֵחֵל, f. הֵחֵלָּה, 1 sg. הַחִלֹּתִי, fut. יָחֵל—יַחֵל, אָחֵל—אַחֵל, pl. יָחֵלּוּ, הַחִלֹּינָה, inf. הָחֵל, suff. הַחִלָּם, imp. הָחֵל 1) *entweihen* Ezech. 39, 7; *unerfüllt lassen* Num. 30, 3. 2) *anfangen* Gen. 6, 1. 9, 20. 11, 6. 41, 54. Deut. 2, 24. 25. 31. 16, 9. Richt. 20, 31. 40.

Hofal הוּחַל *angefangen werden* Gen. 4, 26.

חָלָל m. cs. חֲלַל, pl. חֲלָלִים, cs. חַלְלֵי, suff. חֲלָלֵינוּ, חַלְלֵיכֶם 1) *Erschlagener* Num. 19, 16. 31, 8. Deut. 21, 1. Richt. 16, 24. 1 Sam. 17, 52. 2) *Entweiheter* Ezech. 21, 30.

חֲלָלָה f. *Entweihete* Lev. 21, 7. 14.

*חָלַם fut. יַחֲלֹמוּן—יַחֲלֹמוּ—יַחֲלֹמוּ יַחֲלֹם 1) *stark sein* Hiob 39, 4. 2) *träumen* Gen. 37, 6. 40, 5. 41, 11; auch von *prophetischen Visionen* Deut. 13, 4. Joel 3, 1.

Hifil part. pl. מַחְלְמִים (st. מַחֲלִימִים) 1) *stark machen* Jes. 38, 16. 2) *träumen lassen* Jer. 29, 8.

חֵלֶם n. pr. s. חֶלְדַּי.

חֵלֶם aram. m. emph. חֶלְמָה—חֶלְמָא, suff. חֶלְמִי, חֶלְמָךְ, pl. חֶלְמִין *Traum* Dan. 2, 4. 28. 4, 2. 6. 15. 5, 12.

חַלָּמוּת f. *Eidotter* Hiob 6, 6.

חַלָּמִישׁ m. cs. חַלְמִישׁ *Kieselstein* Deut. 8, 15. 32, 13. Jes. 50, 7. Ps. 114, 8.

חֵלֹן n. pr. m. Num. 1, 9. 2, 7. 7, 24. 29. 10, 16.

*חָלַף fut. יַחֲלֹף, inf. לַחֲלוֹף 1) *vorübergehen, schweben* 1 Sam. 10, 3. Ps. 90, 5. Hiob 9, 11. Hohel. 2, 11. 2) *übertreten* Jes. 24, 5; *vernichten* Jes. 2, 18. Hiob 20, 24; *durchstossen* Richt. 5, 26.

Piel *wechseln* Gen. 41, 14. 2 Sam. 12, 20.

Hifil pf. הֶחֱלִף, fut. יַחֲלִיף, וַהַחֲלֵף *verändern* Gen. 31, 7. 41; *wechseln* Gen. 35, 2. Ps. 102, 27; *vertauschen* Lev. 27, 10; אֲרָזִים נַחֲלִיף *Zedern wollen wir an deren Stelle pflanzen* Jes. 9, 9; יַחֲלִיפוּ כֹחַ *sie gewinnen neue Kraft* Jes. 40, 31; dasselbe ohne כֹּחַ Hiob 14, 7. 29, 20.

חֲלַף aram. fut. pl. יַחְלְפוּן *vorübergehen* Dan. 4, 13. 20.

חֵלֶף m. 1) *Verwechselung*, daher: *anstatt* Num. 18, 21. 31. 2) n. pr. Stadt in Naftali Jos. 19, 33.

*חָלַץ I fut. תַּחֲלֹץ *ausziehen* (die Fussbekleidung) Deut. 25, 9. Jes. 20, 2. חֲלוּץ הַנָּעַל *Barfüsser* Deut. 25, 10; *herausstrecken* Klagel. 4, 3; *sich entziehen* mit מִן Hos. 5, 6.

Nifal *gerettet werden* Ps. 60, 7. 108, 7. Spr. 11, 8. 9.

Piel fut. suff. אֲחַלֶּצְךָ—אֲחַלְּצֵהוּ, imp. חַלְּצָה 1) *herausreissen* Lev. 14, 40; *retten* Ps. 6, 5. 50, 15. 81, 8. 2) (= לָחַץ) *bedrängen* Ps. 7, 5.

*חָלַץ II part. pass. חָלוּץ *gerüstet* Num. 32, 21. 27; הֶחָלוּץ *Vortrab, Vorhut* Jos. 6, 7.

Nifal imp. pl. הֵחָלְצוּ *sich rüsten* Num. 31, 3. 32, 17.

Hifil fut. יַחֲלִיץ *kräftigen* Jes. 58, 11.

[חָלָץ] f. du. חֲלָצַיִם, suff. חֲלָצֶיךָ *Lende, Hüfte* Jes. 32, 11. Jer. 30, 6; für den *Ort der Zeugung*: Gen. 35, 11. 1 Kön. 8, 19.

חָלֶץ n. pr. m. 1) 2 Sam. 23, 26. 1 Chr. 11, 27. 27, 10. 2) חָלֶץ, ps. חָלֶץ 1 Chr. 2, 39.

חֲלִצָה s. חֲלִיצָה.

חָלַק* fut. יַחֲלֹק, inf. חֲלֹק, imp. חִלְקוּ 1) *theilen* Jos. 22, 8. Spr. 29, 24; *zutheilen* Deut. 4, 19. 29, 25; *vertheilen* Spr. 17, 2; *plündern* 2 Chr. 28, 21. 2) *glatt sein* Hos. 10, 2; *heucheln* Ps. 55, 22.

Nifal fut. יֵחָלֵק *eingetheilt werden* Num. 26, 55; *sich theilen* Gen. 14, 15; *sich spalten* Hiob 38, 24.

Piel pf. 3 f. suff. חִלְּקַתָּה, fut. אֲחַלֵּק *theilen, eintheilen* Ex. 15, 9; *zutheilen* Jes. 34, 17. 53, 12. Hiob 21, 17; *zerstreuen* Gen. 49, 7. Klagel. 4, 16.

Pual חֻלַּק *getheilt werden* Jes. 33, 23. Amos 7, 17.

Hifil pf. הֶחֱלִיקָה, inf. לַחֲלֹק (= לְהַחֲלִיק Jer. 37, 12) *glätten* Jes. 41, 7; die Zunge—die Worte *glätten* = *schmeicheln, heucheln* Ps. 5, 10. Spr. 2, 16. 7, 5. 28, 23; auch ohne dergl. Object Ps. 36, 3. Spr. 29, 5; *entschlüpfen* Jer. 37, 12.

Hitp. *unter sich eintheilen* mit accus. Jos. 18, 5.

חָלָק adj. pl. fem. חֲלָקוֹת *glatt (unbehaart)* Gen. 27, 11; *unbewachsen* Jos. 11, 17. 12, 7; חַלְּקֵי־נַחַל *unbelaubtes Thal* Jes. 57, 6; *heuchlerisch, trügerisch* Spr. 5, 3. 26, 28. חֲלָקוֹת *glatte Reden* Jes. 30, 10; *heuchlerische Reden* Ps. 12, 3. 4. 73, 18.

חֵלֶק m. suff. חֶלְקִי, pl. חֲלָקִים 1) *Theil* Gen. 14, 24. חֵלֶק כְּחֵלֶק *zu gleichen Theilen* Deut. 18, 8; *Antheil, Loos* Jes. 17, 14. Jer. 10, 16. Hiob 20, 29; *Stück Landes* 2 Kön. 9, 10. 36. 37. Amos 7, 4. 2) *Glätte, Heuchelei* Spr. 7, 21. 3) n. pr. Familie in Gilead Num. 26, 30; n. gent. חֶלְקִי das.

[חַלֻּק] adj. pl. cs. חַלֻּקֵי *glatt* 1 Sam. 17, 40.

חֲלָק aram. m. suff. חֲלָקֵהּ *Theil, Loos* Dan. 4, 20; *Antheil* Esra 4, 16.

חֶלְקָה f. cs. חֶלְקַת 1) *Stück Land* Gen. 33, 19. 2 Kön. 3, 25; 2) *Glätte* חֶלְקַת צַוָּארָיו *sein glatter Hals* Gen. 27, 16; *Heuchelei* Spr. 6, 24. 3) חֶלְקַת הַצֻּרִים n. pr. Ortschaft der Gibeoniten 2 Sam. 2, 16.

[חֲלַקָּה] f. pl. חֲלַקּוֹת *glatte Reden* Dan. 11, 32.

חֲלֻקָּה f. *Abtheilung* 2 Chr. 35, 5.

חֶלְקַי n. pr. m. Neh. 12, 15.

חִלְקִיָּהוּ—חִלְקִיָּה n. pr. 1) Hohepriester zur Zeit des Josia 2 Kön. 22, 8. 12. 2) Vater des Jeremia Jer. 1, 1. 3) 2 Kön. 18, 18. 26. Jes. 22, 20. 36, 3. — Jer. 29, 3. — Neh. 8, 4.—1 Chr. 6, 30. — 26, 11.

[חֲלַקְלַק] adj. pl. f. חֲלַקְלַקּוֹת *schlüpfrige Stellen* Jer. 23, 12. Ps. 35, 6; *glatte Reden* Dan. 11, 21. 34.

חֶלְקַת—חֶלְקָת n. pr. Levitenstadt in Ascher Jos. 19, 25. 21, 31 = חוקק 1 Chr. 6, 60 s. d.

חָלַשׁ* 1) fut. יַחֲלֹשׁ *niederstrecken, besiegen* mit acc. Ex. 17, 13; mit עַל Jes. 14, 12. 2) fut. יֶחֱלַשׁ *schwach, hinfällig werden* Hiob 14, 10.

חַלָּשׁ adj. *schwach* Joel 4, 10.

[חָם] m. suff. חָמִיךְ, חָמִיהָ *Schwiegervater* (Vater des Mannes, in Bezug auf die Frau) Gen. 38, 13. 25. 1 Sam. 4, 19. 21.

חָם n. pr. *Ham*, dritter Sohn des Noah Gen. 6, 10. 9, 24 und Stammvater africanischer Völkerschaften Gen. 10, 6; dichterisch für *Aegypter* Ps. 78, 51. 105, 23. 27. 106, 22.

חַם (v. חָמַם) adj. pl. חַמִּים *warm* Jos. 9, 12. Hiob 37, 17.

חֹם m. *Hitze, Wärme* Gen. 8, 22. Jes. 18, 4. Jer. 17, 8. Hiob 24, 19. לֶחֶם חֹם *frisches Brod* 1 Sam. 21, 7. (An den anderen Stellen ist חֹם inf. v. חָמַם)

חֵמָא = חֵמָה f. *Zorn* Dan. 11, 44.

חֱמָא—חֲמָא aram. f. *Zorn* Dan. 3, 13. 19.

חֶמְאָה f. cs. חֶמְאַת *dicke Milch, Rahm, Sahne* Gen. 18, 8; auch dichterisch für *Milch* Deut. 32, 14; *Käse* Spr. 30, 33 (vgl. חֵמָה).

חָמַד* fut. 1 sg. suff. אֶחְמְדֵם, 2 sg. תַּחְמֹד, 1 pl. suff. נֶחְמְדֵהוּ *verlangen, begehren* Ex. 20, 14; *lieb gewinnen* Jes. 1, 29. 53, 2. Ps. 68, 17. Spr. 1, 22; part. pass. *kostbar* Esra 8, 27; mit בֶּגֶד *Feierkleider* Gen. 27, 15; als subst. suff. חֲמוּדוֹ, pl. חֲמוּדֵיהֶם *Kostbarkeit, Schatz* Ps. 39, 12. Hiob 20, 20; *Götzen* Jes. 44, 9.

Nifal part. נֶחְמָד *wünschenswerth, köstlich* Gen. 2, 9. 3, 6. Ps. 19, 11. Spr. 21, 20.

Piel adverb. חִמַּדְתִּי וְיָשַׁבְתִּי *ich wohne gern* Hohel. 2, 3.

חֶמֶד m. *Kostbarkeit, Lieblichkeit*; adjectivisch: *lieblich* Jes. 32, 12. Ezech. 23, 6. 12. 23. Amos 5, 11.

חֶמְדָּה f. cs. חֶמְדַּת, suff. חֶמְדָּתִי *Kostbarkeit, Lieblichkeit* 1 Sam. 9, 20. Hagg. 2, 7; meist adjectivisch: *lieblich, kostbar* Jes. 2, 16. Jer. 3, 19. Ps. 106, 24. חֶמְדַּת נָשִׁים *die lieblichste der Frauen* Dan. 11, 37 (weibliche Gottheit, viell. *Nanäa* 2 Makk. 1, 13 ff.). בְּלֹא חֶמְדָּה *unbeliebt* 2 Chr. 21, 20.

[חֲמֻדָה] f. pl. חֲמוּדוֹת—חֲמֻדוֹת *Kostbarkeiten* Dan. 11, 38; meist adjectivisch: *kostbar, lieblich* 2 Chr. 20, 25. אִישׁ־חֲמֻדוֹת *werther Mann* Dan. 10, 11. 19; wofür bloss חֲמוּדוֹת Dan. 9, 23.

חֶמְדָּן (*anmuthig*) n. pr. m. Gen. 36, 26 = חַמְרָן 1 Chr. 1, 41.

חַמָּה f. 1) *Glut* Ps. 19, 7. 2) *Sonne* Jes. 30, 26. Hiob 30, 28. Hohel. 6, 10.

חֵמָה 1) (v. יָחַם) f. cs. חֲמַת, suff. חֲמָתִי, pl. חֵמוֹת *Zorn, Grimm* Gen. 27, 44. Deut. 29, 27; adjectivisch: *grimmig* Lev. 26, 28. Ezech. 5, 15. Spr. 22, 24. Dan. 8, 6. 2) = חֶמְאָה *Rahm* Hiob 29, 6.

חֹמָה s. חוֹמָה.

חֲמוּאֵל n. pr. m. 1 Chr. 4, 26.

חֲמוּטַל n. pr. Frau des Königs Josia 2 Kön. 23, 31. 24, 18. Jer. 52, 1 Kri (wo Ktib: חֲמִיטַל).

חָמוּל n. pr. Sohn des Perez Gen. 46, 12. 1 Chr. 2, 5; n. gent. חָמוּלִי Num. 26, 21.

חַמּוֹן n. pr. 1) Ort in Ascher Jos. 19, 28. 2) s. חַמַּת.

חָמוֹץ m. *einer, dem Gewalt geschehen ist* Jes. 1, 17.

[חַמּוּק] m. pl. cs. חַמּוּקֵי *Wölbung* Hohel. 7, 2.

חֲמוֹר—חֲמֹר m. pl. חֲמֹרִים, suff. חֲמֹרֵינוּ 1) *Esel* Gen. 22, 5. 43, 18. 45, 23. 49, 14. 2) *Haufen*, im Wortspiele Simson's: *Mit einem Esel (schlug ich) einen Haufen, zwei Haufen* Richt. 15, 16. 3) n. pr. m. Gen. 33, 19. 34, 2. Jos. 24, 32. Richt. 9, 28.

[חָמוֹת] f. suff. חֲמוֹתָהּ, חֲמוֹתֵךְ *Schwiegermutter* (der Frau) Micha 7, 6. Rut 1, 14.

חֹמֶט m. *Eidechse* Lev. 11, 30.

חֻמְטָה n. pr. Ort in Juda Jos. 15, 54.

חָמִיץ adj. *gesalzen* (v. Viehfutter) Jes. 30, 24.

חֲמִישִׁי s. חֲמִשִּׁי.

***חָמַל** fut. יַחְמֹל, אֶחְמוֹל, תַּחְמְלִי, תַּחְמֹל, inf. לְחֶמְלָה *sich erbarmen, schonen*, meist mit עַל Ex. 2, 6. Deut. 13, 9. Ezech. 16, 5; mit אֶל Jer. 50, 14. 51, 3; *sich leid sein lassen* 1 Sam. 15, 9. 2 Sam. 12, 4.

חֶמְלָה f. cs. חֶמְלַת, suff. חֶמְלָתוֹ *Erbarmen* Gen. 19, 16. Jes. 63, 9.

***חָמַם** pf. 3 sg. m. חַם, 1 pl. חַמּוֹתִי, inf. לָחֹם—לַחְמֹם (Jes. 47, 14), suff. בְּחֻמּוֹ, fut. יֵחַם—יָחֹם—יֵחַם, יֵחָמוּ, תֵּחַם, 3 pl. f. וַיֵּחַמְנָה (Gen. 30, 38; vergl. auch יָחַם) *heiss sein* oder *werden* Ex. 16, 21. Ps. 39, 4. Hiob 6, 17; *erwarmen* 2 Kön. 4, 34. חַמּוֹתִי *mir ist warm* Jes. 44, 16 oder unpersönl. וְחַם לַאדֹנִי *es wird meinem Herrn warm werden* 1 Kön. 1, 2. Hagg. 1, 6. Koh 4, 11; *sich erwärmen* Jes. 44, 15. 47, 14; *sich erhitzen* Deut. 19, 6 (von Rache), Gen. 30, 38. Jer. 51, 39. Ezech. 24, 11. Hos. 7, 7 (von Eifer, Brunst).

Nifal part. pl. נֵחָמִים *erhitzt sein* Jes. 57, 5.

Piel fut. 3 f. תְּחַמֵּם *wärmen* Hiob 39, 14.

Hitp. fut. יִתְחַמָּם *sich erwärmen* Hiob 31, 20.

[חַמָּן] m. pl. חַמָּנִים, suff. חַמָּנֵיכֶם *Götzenbilder* (wahrscheinl. Sonnensäulen) Lev. 26, 30. Jes. 17, 8.

***חָמַס** fut. יַחְמֹס *abreissen* Hiob 15, 33. Klagel. 2, 6; meist bildl.: *verletzen* (ein Gesetz) Ezech. 22, 26. Zef. 3, 4; *berauben* Spr. 8, 36; *Gewalt üben* Jer. 22, 3. מְזִמּוֹת תַּחְמֹסוּ *ihr hegt gewaltthätige Gedanken* Hiob 21, 27.

Nif. pf. pl. נֶחְמְסוּ *gewaltsam entblösst werden* Jer. 13, 22.

חָמָס m. cs. חֲמַס, suff. חֲמָסוֹ, pl. חֲמָסִים *Unrecht, Gewaltthat* Gen. 6, 11. 49, 5; mit gen. object. חֲמָסִי *das Unrecht gegen mich* Gen. 16, 5. Richt. 9, 24. Obad. 1, 10; *Falschheit.* עֵד חָמָס *falscher Zeuge* Ex. 23, 1. Deut. 19, 16. Ps. 35, 11. שִׂנְאַת חָמָס *unbegründeter Hass* Ps. 25, 19.

חָמֵץ part. pass. cs. חֲמוּץ fut. יֶחְמַץ, inf. f. suff. חֻמְצָתוֹ 1) *säuern, sauer werden* Ex. 12, 34. 39. Hos. 7, 4. 2) *Unrecht üben* Ps. 71, 4. 3) *beflecken* Jes. 63, 1.

Hitp. fut. יִתְחַמֵּץ *gähren* (bildl. von schlechten Gedanken, die im Geiste des Menschen sich bilden) Ps. 73, 21.

חָמֵץ adj. *gesäuert*; subst. *Gesäuertes* Ex. 12, 15. Lev. 7, 13. Deut. 16, 3. Amos 4. 5.

חֹמֶץ m. *Essig* Num. 6, 3. Ps. 69, 22. Spr. 10, 26. Rut 2, 14.

***חָמַק** *sich wenden, fortgehen* Hohel. 5, 6.
Hitp. fut. 2 sg. f. תִּתְחַמָּקִין *herumschweifen* Jer. 31, 22.

***חָמַר** fut. pl. יֶחְמְרוּ *kochen, schäumen* Ps. 46, 4. 75, 9. 2) denom. von חֵמָר, fut. 3 sg. suff. וַתַּחְמְרָה *verkleben* Ex. 2, 3.
Poalal pf. pl. חֳמַרְמְרוּ — חֳמַרְמְרָה — ps. חֳמַרְמָרוּ *entzündet sein* Hiob 16, 16; bildlich von *heftiger Erregung* Klagel. 1, 20. 2, 11.

חֵמָר m. *Erdharz, Asphalt* Gen. 11, 3. 14, 10. Ex. 2, 3.

חֹמֶר m. pl. חֳמָרִים 1) *Lehm* Gen. 11, 3. Ex. 1, 14. Jes. 45, 9. בָּתֵּי־חֹמֶר *lehmerne Häuser* — Bild des hinfälligen menschlichen Körpers Hiob 4, 19. 2) *Haufe* Ex. 8, 10; *Wogenschwall* Hab. 3, 15. 3) ein *Getreidemass* = 10 Bat Lev. 27, 16. Num. 11, 32. Jes. 5, 10. Ezech. 45, 11. 14.

חֶמֶר m. ps. חָמֶר (*schäumender*) *Wein* Deut. 32, 14. Jes. 27, 2.

חֲמַר aram. m. emph. חַמְרָא *Wein* Dan. 5, 1. Esra 6, 9.

[חֲמֹרָה] f. dual. חֲמֹרָתַיִם *Haufen* Richt. 15, 16 (vgl. חֲמוֹר).

חַמְרָן n. pr. s. חֶמְדָּן.

חָמֻשׁ denom. von חֹמֶשׁ (*Bauch*) part. pass. חֲמֻשִׁים (auch חֲמֻשִׁים wie von חמשׁ) (*um den Leib*) *gegürtet, rüstig, tapfer* (wie חֲלוּצִים) Ex. 13, 18. Jos. 1, 14. 4, 12. Richt. 7, 11.
Piel חִמֵּשׁ (denom. von חָמֵשׁ) *den fünften Theil* (als Abgabe) *erheben* Gen. 41, 34.

חָמֵשׁ cs. חֲמֵשׁ (bei fem.) u. חֲמִשָּׁה cs. חֲמֵשֶׁת (bei masc.), *fünf*; pl. חֲמִשִּׁים, suff. חֲמִשֶּׁיךָ, חֲמִשֵּׁיהֶם *funfzig* 2 Kön. 1, 10. 14.

חֹמֶשׁ m. 1) *Fünftel* Gen. 47, 26. 2) *Bauch* 2 Sam. 2, 23. 3, 27. 4, 6. 20, 10.

חֲמִשָּׁה s. חָמֵשׁ.

חֲמִישִׁי—חֲמִשִׁי f. חֲמִישִׁיה—חֲמִשִׁיה *der fünfte* Gen. 1, 23. Lev. 19, 25. Num. 7, 36. 1 Kön. 14, 25; das fem. (suff. חֲמִישִׁתוֹ, חֲמִשִׁתָיו) auch = *Fünftel* Gen. 47, 24. Lev. 5, 24. Num. 5, 7.

חֲמִשִּׁים s. חָמֵשׁ.

חַמַּת (*Warm* [*quell*]) n. pr. 1) Stadt in Naftali Jos. 19, 35 viell. = חַמֹּת דֹּאר Jos. 21, 32 und חַמּוֹן 1 Chr. 6, 61. 2) n. pr. m. 1 Chr. 2, 55.

חֵמַת s. חֵמָה.

חֲמָת mit He loc. חֲמָתָה n. pr. *Hamat*, bedeutende Stadt in Syrien am Orontes, nördliche Grenze des jüd. Reiches in seiner grössten Ausdehnung Num. 13, 21. Richt. 3, 3. 2 Kön. 14, 28. 25, 21. Jer. 49, 23. Ezech. 47, 16. Amos 6, 2 (חֲמַת רַבָּה). Zach. 9, 2. 1 Chr. 18, 3. 2 Chr. 8, 4; n. gent. חֲמָתִי Gen. 10, 18.

חֵמֶת f. cs. חֵמַת *Schlauch* Gen. 21, 14. 15. 19.

חֵן m. suff. חִנּוֹ 1) *Gunst* Koh. 9, 11; in der sehr häufigen Redensart: מָצָא חֵן בְּעֵינֵי Gen. 6, 8 oder נָשָׂא חֵן בְּעֵינֵי Est. 2, 15 *Gunst in den Augen Jemandes finden.* וְנָתַתִּי אֶת־חֵן הָעָם *ich werde dem Volke Gunst geben bei* . . . Ex. 3, 21. Gen. 39, 21. 2) *Anmuth* Spr. 3, 22; meist adjectivisch: אֵשֶׁת חֵן *eine anmuthige Frau* Spr. 11, 16. אֶבֶן חֵן *Zauberstein* Spr. 17, 8. 3) *Gnade* Zach. 12, 10. חֵן חֵן *Heil! Heil!* Zach. 4, 7. 4) n. pr. m. Zach. 6, 14.

חֵנָדָד (*Gnade des Hadad*) n. pr. m. Esra 3, 9.

***חָנָה** part. suff. חֹנֶךָ, f. חֹנָה, fut. וַיִּחַן, 3 sg. f. תַּחֲנֶה, pl. יַחֲנוּן—יַחֲנוּ (Richt. 11, 18); inf. חֲנוֹת, suff. חֲנֹתֵנוּ; imp. חֲנֵה *lagern* Ex. 18, 5. 19, 2; mit עַל *belagern* Jos. 10, 31. 1 Kön. 16, 15. Jer. 52, 4; auch mit blossem suff. חֹנָךְ *der dich belagert* Ps. 53, 6. חֲנוֹת הַיּוֹם *der Tag neigt sich* Richt. 19, 9.

חַנָּה f. pl. חַנּוֹת, suff. חַנּוֹתַי 1) *Gnade* Ps. 77, 10. 2) *Bitte* Hiob 19, 17. 3) n. pr. *Hanna, Anna* Mutter des Samuel 1 Sam. 1, 2.

חֲנוֹךְ—חֲנֹךְ (*Eingeweiheter*) n. pr. 1) *Henoch*, Sohn des Kain u. die nach ihm benannte Stadt Gen. 4, 17. 2) Sohn des Jered Gen. 5, 18 ff. 3) Sohn des Ruben Gen. 46, 9. Ex. 6, 14. Num. 26, 5 (wo das n. gent. חֲנֹכִי) 1 Chr. 5, 3. 4) Sohn des Midjan Gen. 25, 4. 1 Chr. 1, 33.

חָנוּן (*Begnadigter*) n. pr. 1) König der Ammoniter 2 Sam. 10, 1. 1 Chr. 19, 2. 2) Neh. 3, 13. —30.

חַנּוּן adj. *barmherzig, gnädig* Ex. 22, 26. 34, 6. Ps. 86, 15.

[חָנוּת] f. pl. חֲנֻיוֹת *Laden, Gewölbe* Jer. 37, 16.

***חָנַט** fut. pl. וַיַּחַנְטוּ, inf. חֲנֹט *einbalsamiren* Gen. 50, 2. 26; *reife (Früchte) bringen* Hohel 2, 13.

חֲנֻטִים m. *Einbalsamirung* Gen. 50, 3.

חִנְטִין aram. *Weizen* Esra 6, 9. 7, 22.

חַנִּיאֵל n. pr. 1) Stammesfürst in Manasse Num. 34, 23. 2) 1 Chr. 7, 39.

[חָנִיךְ] m. pl. suff. חֲנִיכָיו *Eingeweiheter, Geübter* Gen. 14, 14.

חֲנִינָה f. *Gnade, Erbarmen* Jer. 16, 13.

חֲנִית f. suff. חֲנִיתוֹ, pl. חֲנִיתִים, suff. חֲנִיתֹתֵיהֶם *Lanze, Spiess* 1 Sam. 13, 19. 26, 7. Jes. 2, 4. Hab. 3, 11. 2 Chr. 23, 9.

חָנַךְ* pf. suff. חֲנָכוֹ, fut. 3 sg. suff. יַחְנְכֶנּוּ, pl. וַיַּחְנְכוּ, imp. חֲנֹךְ 1) *einweihen* (ein Haus) Deut. 20, 5. 1 Kön. 8, 63. 2 Chr. 7, 5. 2) *einüben, gewöhnen* Spr. 22, 6.

חֲנֻכָּה f. cs. חֲנֻכַּת *Einweihung* Num. 7, 10. Ps. 30, 1. Neh. 12, 27.

[חֲנֻכָּה] aram. f. cs. חֲנֻכַּת *Einweihung* Dan. 3, 2. Esra 6, 16.

חִנָּם (v. חֵן) 1) *umsonst, ohne Lohn* Gen. 29, 15. Jes. 52, 3. Hiob 1, 9. 2) *ohne Grund* 1 Sam. 19, 5. Mal. 1, 10. Ps. 35, 7. Spr. 1, 11; *vergeblich* Ezech. 14, 23. Spr. 1, 17.

חֲנַמְאֵל n. pr. m. Jer. 32, 7. 9.

חֲנָמַל m. *Reif* Ps. 78, 47.

*חָנַן pf. 3 sg. suff. חַנַּנִי, 1 sg. חַנֹּתִי, fut. אָחֹן, תָּחֹן, suff. תְּחָנְכֶם, 3 sg. יֶחֱנַן—וַיָּחָן—יָחֹן (Amos 5, 15), suff. יְחָנְךָ, ps. יְחֻנֵּנוּ, יְחָנֵּנִי, יְחֻנֶּךָּ, inf. abs. חָנוֹן, cs. suff. לְחַנֶּנְכֶם, לְחֶנְנָהּ, imp. suff. חָנֵּנִי, pl. חָנֻּנִי *sich gnädig erweisen, gnädig sein, begnadigen* mit acc. Gen. 33, 5. 11. 43, 29. Ex. 33, 19. Num. 6, 25. Deut. 7, 2. 28, 50. 2 Sam. 12, 22. 2 Kön. 13, 23. Jes. 27, 11. 30, 18. 19. Mal. 1, 9. Ps. 4, 2. 102, 14. Hiob 19, 21. 33, 24.

Nifal pf. 2 sg. f. נֵחַנְתְּ *holdselig sein* Jer. 22, 23.

Piel fut. יְחַנֵּן *sanft machen* Spr. 26, 25.

Polel fut. pl. יְחֹנְנוּ *gnädig behandeln* Spr. 14, 21; *lieb haben* Ps. 102, 15.

Hofal fut. יֻחַן *begnadigt werden* Jes. 26, 10; *Gnade finden* Spr. 21, 10.

Hitp. הִתְחַנֵּן *flehen* 1 Kön. 8, 59; gewöhnl. mit אֶל Deut. 3, 23; mit לְ Hos. 12, 5. Hiob 19, 16. Est. 4, 8.

חֲנַן aram. inf. מִחַן *gnädig behandeln* Dan. 4, 24.

· Itp. *beten* Dan. 6, 12.

חָנָן n. pr. m. Jer. 35, 4.—Esra 2, 46. Neh. 7, 49.—1 Chr. 8, 38.—11, 43. בֵּית חָנָן Ort in Dan 1 Kön. 4, 9.

חֲנַנְאֵל n. pr. eines Thurmes in Jerusalem Jer. 31, 38. Zach. 14, 10. Neh. 3, 1. 12, 39.

חֲנָנִי n. pr. 1) Prophet 2 Chr. 16, 7. 2) 1 Kön. 16, 1. 3) Bruder des Nehemia Neh. 1, 2. 7, 2. 3) Esra 10, 20.—1 Chr. 25, 4.

חֲנַנְיָה—חֲנַנְיָהוּ n. pr. (*Ananias*) 1) falscher Prophet zur Zeit des Jeremia Jer. 28, 1. 2) Genosse des Daniel, später Schadrach genannt Dan. 1, 6. 7. 3) Jer. 36, 12. — 1 Chr. 3. 19. — 25, 4. 23. — 2 Chr. 26, 11.

חָנֵס n. pr. Stadt in Mittelägypten Jes. 30, 4.

חָנֵף* fut. תֶּחֱנַף *gottlos, schlecht sein* Jes. 24, 5. Jer. 3, 1. 23, 11. Ps. 106, 38; *entweihen* Jer. 3, 9.

Hifil fut. יַחֲנִיף *entweihen* Num. 35, 33. Jer. 3, 2; *zum Abfall bewegen* Dan. 11, 32.

חָנֵף m. pl. חֲנֵפִים, cs. חַנְפֵי *Ruchloser* Jes. 33, 14. Spr. 11, 9. Hiob 8, 13. 36, 13.

חֹנֶף m. *Ruchlosigkeit* Jes. 32, 6,

חֲנֻפָּה f. *Ruchlosigkeit* Jer. 23, 15.

[חָנַק]* Nifal fut. יֵחָנֵק *sich erdrosseln* 2 Sam. 17, 23.

Piel part. מְחַנֵּק *erwürgen* Nah. 2, 13.

חַנָּתֹן n. pr. Ort in Sebulon Jos. 19, 14.

[חָסַד]* Piel fut. suff. יְחַסֶּדְךָ *im Verdacht haben* Spr. 25, 10.

Hitp. fut. תִּתְחַסָּד *sich liebevoll zeigen*, mit עִם 2 Sam. 22, 26. Ps. 18, 26.

חֶסֶד m. ps. חָסֶד, suff. חַסְדִּי, pl. חֲסָדִים, cs. חַסְדֵי—חֲסָדֵי suff. חֲסָדַי 1) *Gnade, Liebe, Gunst* Gen. 24, 12. חֶסֶד וֶאֱמֶת *treue Liebe* Gen. 24, 49. 47, 29. אִישׁ חֶסֶד *ein liebevoller Mann* Spr. 11, 17; pl. *Liebesbeweise* Gen. 32, 11. חַסְדֵי דָוִד *Liebesbeweise an David* Jes. 55, 3. 2 Chr. 6, 42. 2) *Schmach, Schande* Lev. 20, 17. Spr. 14, 34. 3) n. pr. s. בֶּן־חֶסֶד.

חֲסַדְיָה n. pr. Sohn des Serubabel 1 Chr. 3, 20.

חָסָה* pf. 3 sg. f. חָסָיָה (= חָסְתָה), 3 pl. חָסוּ, fut. אֶחֱסֶה־יֶחֱסֶה, יֶחֱסָיוּן—יֶחֱסוּ, inf. חֲסוֹת, imp. חֲסוּ *sich bergen, Schutz suchen bei J., vertrauen auf J.*, immer mit בְּ Deut. 32, 37. Ps. 57, 2; auch in Redensarten wie: *sich im Schatten J.* (Richt. 9, 15) oder *unter den Flügeln Jemandes bergen* Ps. 36, 8. 61, 5.

חֹסָה (*Zuflucht*) n. pr. m. 1 Chr. 16, 38. 26, 10.

חָסוּת f. *das Schutzsuchen* Jes. 30, 3.

חָסִיד adj. u. subst. suff. חֲסִידְךָ, pl. חֲסִידִים, cs. חֲסִידֵי, suff. חֲסִידַי 1) *liebreich, gütig* Jer. 3, 12. Ps. 12, 2. 18, 26. 145, 17. 2) *fromm, gottergeben* Deut. 33, 8. Micha 7, 2.

חֲסִידָה f. *Storch* Lev. 11, 19. Deut. 14, 18. Jer. 8, 7. Zach. 5, 9. Ps. 104, 17. Hiob 39, 13.

חָסִיל m. *Abfresser*, eine Art Heuschrecke 1 Kön. 8, 37. Jes. 33, 4. Joel 1, 4. Ps. 78, 46.

חֲסִין adj. *mächtig* Ps. 89, 9.

חַסִּיר aram. adj. *mangelhaft* Dan. 5, 27.

***חָסַל** fut. suff. יַחְסְלֶנּוּ *abfressen* Deut. 28, 38.

***חָסַם** fut. תַּחְסֹם 1) *das Maul verbinden* Deut. 25, 4. 2) *aufhalten, hemmen* Ezech. 39, 11.

***[חָסַן]** Nif. fut. יֵחָסֵן *aufbewahrt werden* Jes. 23, 18.

[חֲסַן] aram. Afel pl. הֶחֱסִנוּ, fut. יַחְסְנוּן *in Besitz haben* Dan. 7, 18. 22.

חָסֹן adj. *mächtig* Amos 2, 9; subst. Jes. 1, 31.

חֹסֶן m. *Vermögen, Besitz* Jer. 20, 5. Ezech. 22, 25. Spr. 27, 24; bildlich: *Schatz* Jes. 33, 6.

[חֱסֵן] aram. m. emph. חִסְנָא, suff. חִסְנִי *Stärke, Macht* Dan. 2, 37. 4, 27.

***[חָסַף]** Pual (duplic.) part. מְחֻסְפָּס *schuppenartig* Ex. 16, 14.

חֲסַף aram. m. emph. חַסְפָּא *Thon* Dan. 2, 33. 35. חֲסַף טִינָא *lehmiger Thon* Dan. 2, 41.

***חָסֵר—חָסַר** pf. pl. ps. חָסֵרוּ, fut. אֶחְסַר, תֶּחְסַר, pl. יַחְסְרוּ 1) *Mangel leiden* Ps. 23, 1. Spr. 13, 25; *an* mit accus. ... Deut. 2, 7. 8, 9. Jer. 44, 18. Ezech. 4, 17. Ps. 34, 11; *fehlen an* etwas: *Vielleicht fehlen den fünfzig Gerechten fünf* Gen. 18, 28 (wo חֲמִשָּׁה acc.). 2) *fehlen* Jes. 51, 14; mit לְ der Person Deut. 5, 8. 3) *abnehmen, sich vermindern* Gen. 8, 3. 5. 1 Kön. 17, 14.

Piel part. מְחַסֵּר 1) *Mangel leiden lassen* mit accus. d. Pers. u. מִן d. Sache Koh. 4, 18. 2) *nachsetzen, geringer achten* Ps. 8, 6.

Hifil pf. הֶחְסִיר, fut. יַחְסִיר 1) *Mangel leiden lassen* mit dopp. acc. Jes. 32, 6. 2) *Mangel haben* Ex. 16, 18.

חָסֵר adj. cs. חֲסַר *entbehrend, Mangel leidend.* מָה־אַתָּה חָסֵר עִמִּי *was fehlt dir bei mir?* 1 Kön. 11, 22. חֲסַר מְשֻׁגָּעִים אָנִי *fehlt es mir an Wahnsinnigen?* 1 Sam. 21, 16. חֲסַר־לֵב *thöricht* Spr. 6, 32. Koh. 10, 3; subst. *Thorheit* Spr. 10, 21.

חֶסֶר m. *Mangel* Spr. 28, 22. Hiob 30, 3.

חֹסֶר m. *Mangel* Deut. 28, 48. 57. Amos 4, 6.

חַסְרָה n. pr. m. 2 Chr. 34, 22 = חַרְחַס 2 Kön. 22, 14.

חֶסְרוֹן m. *das Mangelnde* Koh. 1, 15.

חַף adj. *rein, unschuldig* Hiob 33, 9.

***[חָפָא]** Piel fut. וַיְחַפְּאוּ *umhüllen, heimlich thun* 2 Kön. 17, 9.

***חָפָה** Part. II חָפוּי, cs. חֲפוּי *verhüllen* 2 Sam. 15, 30. Jer. 14, 3. 4. Est. 6, 12. 7, 8.

Nifal part. f. נֶחְפָּה *überzogen, belegt* Ps. 68, 14.

Piel pf. חִפָּה, fut. וַיְחַף, suff. וַיְחַפֵּהוּ *überziehen* mit dopp. accus. 2 Chr. 3, 9.

Pual חֻפָּה *überdeckt werden* Jes. 4, 5 (wo es auch subst. sein kann).

חֻפָּה f. suff. חֻפָּתוֹ 1) *Umhüllung* Jes. 4, 5 (wo es auch Pual von חָפָה sein kann); *Brautgemach* Joel 2, 16. Ps. 19, 6. 2) n. pr. m. 1 Chr. 24, 13.

***חָפַז** fut. יַחְפֹּז, fut. 2 pl. תַּחְפֹּזוּ, inf. suff. חָפְזִי, חָפְזָה *ängstlich eilen* 2 Sam. 4, 4; *ängstlich sein* Deut. 20, 3; *enteilen* Hiob 40, 23; *sich übereilen* Ps. 31, 23. 116, 11.

Nifal pf. 3 pl. ps. נֶחְפָּזוּ, inf. suff. בְּהֵחָפְזָם, fut. יֵחָפֵזוּן *eilig sein* 1 Sam. 23, 26; *ängstlich fliehen* 2 Kön. 7, 15. Ps. 48, 6. 104, 7.

חִפָּזוֹן m. *Eile, Hast* Ex. 12, 11. Deut. 16, 3.

חֻפִּים n. pr. Sohn des Benjamin Gen. 46, 21 = חֻפִּם 1 Chr. 7, 12 = חוּפָם Num. 26, 39 (n. gent. חוּפָמִי).

[חֹפֶן] m. dual. חָפְנַיִם, cs. חָפְנֵי, suff. חָפְנָיו, חָפְנֵיכֶם *die geschlossene Hand*, in die man etwas fasst Ex. 9, 8. Lev. 16, 12. Ezech. 10, 7. Koh. 4, 6.

חָפְנִי n. pr. Sohn des Eli 1 Sam. 1, 3. 3, 17.

***חָפַף** part. חֹפֵף *schützend umhüllen* mit עַל Deut. 33, 12.

***חָפֵץ** pf. 3 sg. f. ps. חָפֵצָה, fut. אֶחְפֹּץ—אֶחְפָּץ, יַחְפֹּץ—יַחְפֹּץ, תַּחְפֹּץ—תַּחְפֹּץ, pl. יַחְפְּצוּ — ps. יַחְפֹּצוּ, inf. abs. חָפֹץ 1) *wollen, verlangen*

1 Kön. 13, 33. Jon. 1, 14; mit acc. Jes. 1, 11. Hos. 6, 6. Micha 7, 18. Ps. 34, 13. 35, 27. 37, 23. 40, 7. 51, 18. 21; mit inf. u. ל Deut. 25, 7. Richt. 13, 23. 1 Kön. 9, 1; ohne ל (dichterisch) Jes. 53, 10. 58, 2. Hiob 13, 3. 21, 14. 33, 32; mit folgd. fut. Jes. 42, 21. 2) *lieb haben, lieb gewinnen, Gefallen haben*, mit ב Gen. 34, 19. Num. 14, 8. Ps. 147, 10. Spr. 18, 2. 3) *ausstrecken* Hiob 40, 17.

חָפֵץ adj. fem. חֲפֵצָה, pl. חֲפֵצִים, cs. חֲפֵצֵי *wollend, begehrend* 1 Kön. 21, 6. Ps. 35, 27. Neh. 1, 11; *willig* 1 Chr. 28, 9.

חֵפֶץ m. suff. חֶפְצִי, pl. חֲפָצִים, suff. חֲפָצֶיךָ, חֶפְצֵיהֶם 1) *Wunsch, Verlangen* 1 Kön. 5, 23. Ps. 16, 3. 107, 30. 2) *Gefallen an etwas* mit ב 1 Sam. 15, 22. 18, 25. Jer. 22, 28. Koh. 5, 3. 12, 1; adj. אַבְנֵי־חֵפֶץ *kostbare Steine* Jes. 54, 12. אֶרֶץ חֵפֶץ *köstliches Land* Mal. 3, 12; pl. *Kostbarkeiten* Spr. 3, 15. 8, 11. 3) *Sache, Angelegenheit, Geschäft* Jes. 53, 10. 58, 3. 13. Ps. 111, 2. Koh. 3, 1. 8, 6.

חֶפְצִי־בָהּ (*ich habe Gefallen an ihr*) n. pr. f. 2 Kön. 21, 1.—(prophetisch:) Jes. 62, 4.

*חָפַר fut. אֶחְפֹּר, 3 sg. m. suff. יַחְפְּרֵהוּ, pl. יַחְפְּרוּ, inf. לַחְפֹּר 1) *graben* Gen. 26, 19. Deut. 23, 14; mit acc. (einen Brunnen u. dergl.) Gen. 26, 18. Num. 21, 18. Koh. 10, 8; mit Auslassung von בּוֹר Ps. 35, 7; *herausgraben* Hiob 3, 21; *nach etwas suchen* Hiob 11, 18. 39, 29; daher: 2) *auskundschaften* Deut. 1, 22. Jos. 2, 2. 3.

*חָפֵר pf. pl. ps. חָפֵרוּ, fut. pl. יַחְפְּרוּ, תֶּחְפְּרוּ, ps. יֶחְפָּרוּ *erröthen, beschämt dastehen* Jes. 1, 29. 24, 23. Micha 3, 7. Ps. 34, 6.

Hifil pf. הֶחְפִּיר, part. מַחְפִּיר 1) *Schande bereiten* Spr. 13, 5. 19, 26. 2) *Beschämung zeigen* Jes. 33, 9. 54, 4.

חֵפֶר n. pr. 1) kanaanitische Königstadt im Süden Palästina's Jos. 12, 17. 1 Kön. 4, 10. 2) Beiname einer Stadt גַּת in Sebulon Jos. 19, 13, Geburtsort des Propheten Jona 2 Kön. 14, 25. 3) Sohn des Gilead Num. 26, 32 (wo das n. gent. חֶפְרִי). 27, 1. Jos. 17, 2. 4) 1 Chr. 4, 6. — 11, 36.

חֲפָרַיִם n. pr. Ort in Isachar Jos. 19, 19.

חָפְרַע n. pr. *Hofra (Apries)*, König von Aegypten Jer. 44, 30.

[חֲפַרְפֵּרָה] f. pl. חֲפַרְפֵּרוֹת *Maulwurf* Jes. 2, 20; nach anderer Lesart in zwei Wörter: לַחְפֹּר פֵּרוֹת (*in die Mauselöcher*).

*חָפַשׂ fut. 2 sg. suff. תַּחְפְּשֶׂנָּה *durchsuchen, untersuchen* Spr. 20, 27. Klagel. 3, 40; *nach etwas suchen* mit acc. der Sache Ps. 64, 7. Spr. 2, 4.

Nifal pf. נֶחְפְּשׂוּ *durchsucht werden* Obadj. 1, 6.

Piel fut. אֲחַפֵּשׂ *suchen* Gen. 31, 35. 44, 12. 2 Kön. 10, 23; *aufsuchen* 1 Sam. 23, 23. Amos 9, 3; *durchsuchen* 1 Kön. 20, 6. Zef. 1, 12; *forschen* Ps. 77, 7.

Pual part. מְחֻפָּשׂ *gesucht werden* Ps. 64, 7 (s. חֵפֶשׂ). Spr. 28, 12.

Hitp. הִתְחַפֵּשׂ *sich suchen lassen = sich verstellen, verkleiden* 1 Sam. 28, 8. 1 Kön. 20, 38; *sich unkenntlich machen* Hiob 30, 18.

חֵפֶשׂ m. *das Suchen* חֵפֶשׂ מְחֻפָּשׂ *ein tief ersonnener Plan* Ps. 64, 7.

*[חָפַשׁ] Pual pf. 3 sg. f. ps. חֻפָּשָׁה *für frei erklärt werden* Lev. 19, 20.

חֹפֶשׁ m. suff. חָפְשִׁי *das Hinbreiten, Lager* Ps. 88, 6. בִּגְדֵי חֹפֶשׁ *hingebreitete Decken* Ezech. 27, 20.

חֻפְשָׁה f. *Freibrief* Lev. 19, 20.

חָפְשׁוּת s. חָפְשִׁית.

חָפְשִׁי adj. pl. חָפְשִׁים 1) *frei* Hiob 3, 19; meist mit שִׁלַּח oder יָצָא verbunden Ex. 21, 5. Deut. 15, 12. Jes. 58, 6; auch לַחָפְשִׁי Ex. 21, 2. 26. 2) *steuerfrei* 1 Sam. 17, 25.

חָפְשִׁית (Kri, Ktib חָפְשׁוּת) *Lager, Krankenlager.* בֵּית הַחָפְשִׁית *Krankenhaus* 2 Kön. 15, 5. 2 Chr. 26, 21.

חֵץ (v. חָצַץ) m. mit Jod parag. חֲצִי, suff. חִצִּי, pl. חִצִּים, cs. חִצֵּי, suff. חִצַּי, חִצֶּיךָ—(aufgelöst:) חֲצָצֶיךָ (Ps. 77, 18) *Pfeil* Num. 24, 8. 1 Sam. 20, 36 ff.; בַּעֲלֵי חִצִּים *Schützen* Gen. 49, 23; häufig als Bild göttlicher *Strafen* Deut. 32, 23; daher חִצִּי *mein Leiden* Hiob 34, 6; auch der *Verleumdung* Jer. 9, 7. Ps. 11, 2. 64, 4 u. s. w. חֵץ הַחֲנִית *die eiserne Spitze der Lanze* 1 Sam. 17, 7 Ktib.

*חָצַב (חָצֵב) part. חֹצְבֵי—חֹצֵב *aushauen*; fut. תַּחְצֹב, inf. לַחְצֹב im felsigen Boden *ausgraben* z. B. Cisternen Deut. 6, 11; Kelter Jes. 5, 2; Grab Jes. 22, 16; *heraushauen* Deut. 8, 9; *behauen* (Steine) 2 Kön. 12, 13; (steinerne Säulen) Spr. 9, 1; *einhauen in* ... Hos. 6, 5. חֹצֵב לַהֲבוֹת אֵשׁ *er schleudert gespaltene Feuerflammen* (*Blitze*) Ps. 29, 7.

Nifal fut. pl. יֵחָצְבוּן *eingegraben werden* (in Stein) Hiob 19, 24.

Pual pf. חֻצַּבְתֶּם *ausgehauen werden* Jes. 51, 1.

Hifil part. fem. מַחְצֶבֶת *zerschmettern* Jes. 51, 9.

חָצָה* fut. וַיַּחַץ—יֶחֱצֶה, pl. יֶחֱצוּ *theilen* Richt. 9, 43. Hiob 40, 30; meist in *zwei Theile theilen* Gen. 32, 8. Ex. 21, 35. Num. 31, 27. עַד צַוָּאר יֶחֱצֶה *bis an den Hals reicht er* Jes. 30, 28. לֹא יֶחֱצוּ יְמֵיהֶם *sie bringen ihre Tage nicht zur Hälfte* Ps. 55, 24.

Nifal fut. 3 f. תֵּחָץ, pl. יֵחָצוּ *getheilt werden* Ezech. 37, 22. Dan. 11, 4; *sich theilen* 2 Kön. 2, 8. 14.

חָצוֹר (*Gehöfte*) n. pr. 1) Stadt im Norden Palästina's, später zum Stamme Naftali gehörig Jos. 11, 1. 10. 12, 19. 19, 36 (neben עֵין חָצוֹר v. 37) Richt. 4, 2. 1 Kön. 9, 15. 2 Kön. 15, 29. 2) zwei Städte in Juda, wovon eine den Beinamen חֲדַתָּה (*neu*) hatte, die andere = חֶצְרוֹן Jos. 15, 23. 25. 3) Stadt in Benjamin Neh. 11, 33. 4) ein nomadischer Stamm in Arabien Jer. 49, 28.

חֲצוֹצְרָה s. חֲצֹצְרָה.

[חֲצוֹת] f. cs. חֲצוֹת *Mitte* Ex. 11, 4. Ps. 119, 62. Hiob 34, 20.

חֲצִי m. ps. חֵצִי, suff. חֶצְיוֹ, חֶצְיֵנוּ, חֶצְיָם *Hälfte* Ex. 24, 6. 25, 10. Jos. 8, 33. 2 Sam. 18, 3. Zach. 14, 8.

חֵצִי s. חֵץ u. חֵצִי.

חֲצִי הַמְּנֻחוֹת n. pr. eines Ortes oder Mannes 1 Chr. 2, 52; n. gent. חֲצִי הַמָּנַחְתִּי 1 Chr. 2, 54 (vgl. מְנוּחָה u. מָנַחַת).

חָצִיר m. cs. חֲצִיר 1) *Gras* 1 Kön. 18, 5; häufig als Bild der Vergänglichkeit Jes. 40, 7. 51, 12. Ps. 103, 15. 129, 6. 2) *Lauch* Num. 11, 5. 3) = חָצֵר *Gehege*, *Aufenthaltsort* Jes. 34, 13. 35, 7.

[חֹצֶן] m. suff. חָצְנוֹ *Schoss* Ps. 129, 7.

חֹצֶן m. suff. חָצְנִי *Schoss* Jes. 49, 22. Neh. 5, 13.

[חֲצַף]* aram. Hafel part. f. מְהַחְצְפָה—מַחְצְפָה *streng, dringend* Dan. 2, 15. 3, 22.

חֹצֵץ part. חֹצֵץ *gliederweise marschirend* Spr. 30, 27.

Pual part. מְחֻצָּצִים *gliederweise einherziehend* Richt. 5, 11.

Pual pf. pl. חֻצָּצוּ *genau abgemessen* Hiob 21, 21.

חָצָץ m. *Kieselstein* Spr. 20, 17. Klagel. 3, 16 (חֲצָצֶיךָ s. חֵץ).

חַצְצֹן־תָּמָר (*Palmenreihe*) n. pr. Ort in Juda, später עֵין גֶּדִי Gen. 14, 7. 2 Chr. 20, 2 (vergl. תָּמָר).

חִצֵּר (denom. v. חֲצֹצְרָה) part. מַחְצְצְרִים (Ktib) — מַחְצְרִים (Kri) *trompeten* 1 Chr. 15, 24. 2 Chr. 5, 13. — מַחְצְרִים 2 Chr. 5, 12 (Ktib).

חֲצֹצְרָה f. pl. חֲצֹצְרוֹת *Trompete* Num. 10, 2. 31, 6. 2 Kön. 11, 14. Hos. 5, 8. Ps. 98, 6. 1 Chr. 15, 24.

חָצֵר m. u. f. cs. חֲצַר, suff. חֲצֵרוֹ, pl. חֲצֵרִים—חֲצֵרוֹת, cs. חַצְרֵי—חַצְרוֹת, suff. חֲצֵרַי—חֲצֵרוֹתַי, חַצְרֹתֵיהֶם—חַצְרֵיהֶם, חַצְרוֹתָיו—חֲצֵרֹתָיו 1) *Hof*, *Hofraum*, *Vorhof* Ex. 8, 9. 2 Sam. 17, 18. 2 Kön. 21, 5. Jes. 1, 12. Ps. 96, 8. 100, 4. Neh. 8, 16. 13, 7; *die Vorhöfe Gottes* häufige dichterische Umschreibung für *Tempel* Ps. 65, 5. 84, 11. 2) *Gehöft*, *Flecken*, *Dorf* Lev. 25, 31. Jos. 13, 28. 1 Chr. 4, 33; geogr. Namen durch Zusammensetz. mit חָצֵר: חֲצַר אַדָּר Num. 34, 4 = אַדָּר s. d. u. vgl. גַּדָּה, סוּסָה, עֵינוֹן, שׁוּעָל, תִּיכוֹן.

חֶצְרוֹ s. חֶצְרַי.

חֶצְרֹן—חֶצְרוֹן n. pr. 1) Sohn des Ruben Gen. 46, 9. Ex. 6, 14. Num. 26, 6. 1 Chr. 5, 3. 2) Sohn des Perez Gen. 46, 12. Num. 26, 21. Rut 4, 18. 1 Chr. 4, 1; n. gent. חֶצְרֹנִי — חֶצְרוֹנִי Num. 26, 6. 21. 3) Stadt in Juda Jos. 15, 25 = חָצוֹר.

חֲצֵרוֹת n. pr. Lagerplatz der Israeliten in der Wüste Num. 11, 35. 12, 16. 33, 17. Deut. 1, 1.

חֶצְרַי n. pr. m. 2 Sam. 23, 35 Ktib = חֶצְרוֹ Kri u. 1 Chr. 11, 37.

חֲצַרְמָוֶת n. pr. 1) Sohn des Joktan Gen. 10, 26. 1 Chr. 1, 20.

חֵק s. חֵיק.

[חֵקֶק] m. pl. cs. aufgelöst: חִקְקֵי *Beschluss, Anordnung* Richt. 5, 15. Jes. 10, 1.

חֹק m. cs. und mit Makkef חָק־ (vergl. Ezech. 45, 14), suff. חֻקִּי, חֻקְּךָ, חֻקֵּךְ, חֻקּוֹ, חֻקְּכֶם, חֻקָּם 1) *das Bestimmte, Festgestzte* Ezech. 45, 14; z. B. *Gehalt*, *Lohn* Gen. 47, 22. Lev. 10, 13. 14; *Tagewerk* Ex. 5, 14. Spr. 31, 15; *Ziel* Hiob 14, 13; *Grenze* Spr. 8, 29. Hiob 26, 10. לֶחֶם

חֻקִּי *das mir beschiedene Brod* Spr. 30, 8; לִבְלִי־חֹק *masslos* Jes. 5, 14. 2) (*göttliche*) *Satzung, Gesetz, Vorschrift* Ex. 15, 25. 26. 18, 16. Deut. 4, 5. 26, 17. — [חֻקָּהּ Jes. 30, 8 ist imper. v. חָקַק.]

[חָקָה]* Pual part. מְחֻקֶּה *eingegraben, eingezeichnet* 1 Kön. 6, 35. Ezech. 8, 10.

Hitp. fut. 2 sg. תִּתְחַקֶּה *sich Zeichen machen um* ... mit עַל Hiob 13, 27.

חֻקָּה f. cs. חֻקַּת, pl. חֻקּוֹת, suff. חֻקֹּתָיו, חֻקֹּתֶיךָ, חֻקֹּתֵיהֶם—חֻקֹּתָם *Satzung, Gesetz* Num. 9, 14; *Sitte, Lebensweise* Lev. 18, 3. 1 Kön. 3, 3. Micha 6, 16; auch von Naturgesetzen Jer. 5, 24. 31, 35. 33, 25. Hiob 38, 33.

חֲקוּפָא n. pr. m. Esra 2, 51. Neh. 7, 53.

חוּקֹק—חֻקֹּק n. pr. mit He loc. חֻקֹּקָה Stadt in Ascher Jos. 19, 34. 1 Chr. 6, 60 vielleicht dieselbe mit חֶלְקָת s. d.

חָקַק* 1 sg. suff. חַקֹּתִיךָ, 2 sg. חַקּוֹתָ, inf. suff. בְּחוּקוֹ—בְּחֻקוֹ, imp. suff. חֻקָּהּ, part. חֹקְקִי (= חֹקֵק) *eingraben, einzeichnen* Jes. 30, 8. 49, 16. Ezech. 4, 1. 23, 14; *festsetzen* Jes. 10, 1. 22, 16. Spr. 8, 27. 29. חוֹקְקֵי יִשְׂרָאֵל *Führer Israels* Richt. 5, 9.

Poel fut. pl. יְחוֹקְקוּ *einzeichnen = vorschreiben* Spr. 8, 15; part. מְחֹקֵק a) *Gesetzgeber* Deut. 33, 21. Richt. 5, 14. Jes. 33, 22. b) *Herrscherstab* Gen. 49, 10. Num. 21, 18. Ps. 60, 9. 108, 9.

Pual part. מְחֻקָּק *das Festgesetzte, das Gesetz* Spr. 31, 5.

Hof. fut. pl. יֻחַקּוּ *eingezeichnet werden* Hiob 19, 23.

חקק s. חֵק.

חָקַר* pf. 2 sg. suff. חֲקַרְתָּנִי, fut. אֶחְקֹר, יַחְקֹר—יַחֲקָר־, suff. יַחְקְרֶנּוּ, inf. חֲקֹר, suff. חָקְרָהּ, imp. suff. חָקְרֵנִי, pl. חִקְרוּ *erforschen, ausforschen* Deut. 13, 15; gewöhnl. mit acc. 1 Sam. 20, 12. Ps. 139, 23. Spr. 18, 17; mit לְ Hiob 28, 3; *auskundschaften* Richt. 18, 2. 2 Sam. 10, 3. 1 Chr. 19, 3.

Nifal נֶחְקַר *erforscht werden* 1 Kön. 7, 47. Jer. 31, 37.

Piel חִקֵּר *erforschen* Koh. 12, 9.

חֵקֶר m. pl. cs. חִקְרֵי *Erforschung* Spr. 25, 27. אֵין חֵקֶר *unerforschlich, unergründlich* Jes. 40, 28. Ps. 145, 3. Hiob 5, 9; *tiefe Weisheit* Hiob 8, 8. 11, 7; *das Verborgenste* Hiob 38, 16; pl. *Pläne, Gedanken* Richt. 5, 16.

[חֹר] m. pl. חֹרִים *Edler, Angesehener* 1 Kön. 21, 8. Jes. 34, 12. Neh. 4, 13. בֶּן־חוֹרִים *von edler Herkunf* Koh. 10, 17.

חוֹר—חֹר m. pl. חֹרִים, cs. חֹרֵי, suff. חֹרָיו, חֹרֵיהֶן *Loch, Höhle* 1 Sam. 14, 11. 2 Kön. 12, 10. Ezech. 8, 7. Nah. 2, 13. Hiob 30, 6. Hohel. 5, 4; von den *Augenhöhlen* Zach. 14, 12.

חֻר m. pl. חוּרִים *Loch* Jes. 11, 8; *Gefängniss* Jes. 42, 22.

[חֲרָא] n. pl. cs. חֲרֵי (= חֲרָאֵי), suff. חַרְאֵיהֶם—חֲרֵיהֶם *Mist, Auswurf* 2 Kön. 6, 25. 18, 27. Jes. 36, 12 überall Ktib, wofür Kri an der ersten Stelle דִּבְיוֹנִים, an den andern: צוֹאָתָם.

חָרֵב* fut. יֶחֱרַב, pl. יֶחֶרְבוּ, ps. יֶחֱרָבוּ, תֶּחֱרַבְנָה, inf. abs. חָרֹב, imp. חֲרַב, חָרְבִי, חִרְבוּ—חֳרָבוּ (Jer. 2, 12) 1) *austrocknen* (intrans.) Gen. 8, 13. Jes. 19, 5. 6. 44, 27. Hos. 13, 15. Ps. 106, 9. Hiob 14, 11. 2) *wüst sein, verwüstet werden* Jes. 34, 10. 60, 12. Jer. 26, 9. Ezech. 6, 6. 12, 20. Amos 7, 9; *verstört sein, sich entsetzen* Jer. 2, 12; trans. *verwüsten, vernichten* Jer. 50, 21. 27.

Nifal pf. נֶחֶרְבוּ, part. f. נֶחֱרֶבֶת, pl. נֶחֱרָבוֹת 1) *sich gegenseitig vernichten* 2 Kön. 3, 23. 2) *verwüstet werden* Ezech. 26, 19. 30, 7.

Pual pl. חֹרָבוּ *getrocknet werden* Richt. 16, 7. 8.

Hifil pf. הֶחֱרִיב, part. מַחֲרִיב, f. מַחֲרֶבֶת 1) *austrocknen* (trans.) 2 Kön. 19, 24. Jes. 37, 25. 42, 15. 50, 2. Jer. 51, 36; *verdorren machen* Jes. 42, 15. 2) *verwüsten* Richt. 16, 24. Jes. 37, 18.

Hofal pf. 3 f. ps. הָחֳרָבָה, inf. abs. הָחֳרֵב, part. f. מָחֳרָבוֹת 1) *verwüstet werden* Ezech. 26, 2. 29, 12. 2) wie Nifal Nr. 1. 2 Kön. 3, 23.

[חֲרַב] aram. Hof. pf. 3 sg. f. הָחָרְבַת *verwüstet werden* Esra 4, 15.

חָרֵב adj. fem. חֲרֵבָה, pl. mit art. הֶחֳרֵבוֹת 1) *trocken* Lev. 7, 10. Spr. 17, 1. 2) *wüst* Jer. 33, 10. Hag. 1, 4. Neh. 2, 3.

חֹרֶב m. *Trockenheit, Auszehrung* Deut. 28, 22. Zach. 11, 17.

חֶרֶב f. ps. חָרֶב, suff. חַרְבִּי, pl. חֲרָבוֹת, cs. חַרְבוֹת, suff. חַרְבוֹתָיו, חַרְבוֹתָם — חַרְבוֹתֵיהֶם *Messer* Jos. 5, 2; *Meissel* Ex. 20, 22; *Scheere* Ezech. 5, 1; *Beil* Ezech. 26, 9; gewöhnlich *Schwert* Ex. 15, 9. Deut. 32, 42. Jes. 2, 4. Micha 4, 3. Ps. 59, 8. לְפִי־חֶרֶב *mit der Schärfe des Schwertes* Gen. 34, 26. עֲוֹנוֹת חֶרֶב *todeswürdige Sünden* Hiob 19, 29; bildlich: für *Krieg* Gen. 31, 26. Lev. 26, 6. Num. 19, 16.

חוֹרֵב—חֹרֵב n. pr. mit He loc. חֹרֵבָה *Horeb*, eine der Spitzen des Sinaigebirges Ex. 3, 1. 17, 6. Deut. 1, 2. 1 Kön. 8, 9.

חֹרֶב m. 1) *Trockenheit* Richt. 6, 37; *Gluth* Gen. 31, 40. Jes. 25, 5. Hiob 30, 30. 2) *Verwüstung* Ezech. 29, 10. Zef. 2, 14. Hag. 1, 11. עָרֵי חֹרֶב *wüste Städte* Jes. 61, 4.

חָרְבָּה f. pl. חֳרָבוֹת, cs. חָרְבוֹת, suff. חָרְבֹתָיו, חָרְבוֹתֵיהֶם *Verwüstung, verwüsteter Ort, Trümmer, Einöde* Lev. 26, 31. Jes. 52, 9. Ps. 102, 7. 109, 10. חָרְבוֹת עוֹלָם *die seit langer Zeit wüst liegenden Städte* Jes. 58, 12. 61, 4; *Steinhaufen* Hiob 3, 14 für *grosse Bauten*, wie die Pyramiden, die als Todtenpaläste dienten.

חָרָבָה f. *Trockniss, festes Land* Gen. 7, 22. Ex. 14, 21. Jos. 3, 17.

[חֲרָבוֹן] m. pl. cs. חַרְבֹנֵי *Hitze* (bildlich für *Fieberglut*) Ps. 32, 4.

חַרְבוֹנָה—חַרְבוֹנָא n. pr. m. Est. 1, 10. 7, 9.

חָרַג* fut. pl. יַחְרְגוּ *hervorspringen* Ps. 18, 46.

חַרְגֹּל m. *Springer*, eine Heuschreckenart Lev. 11, 22.

חָרַד* fut. יֶחֱרַד יֶחֶרְדוּ, imp. חִרְדוּ *erschrecken, zittern* Gen. 27, 33. Ex. 19, 16. 18. Jes. 32, 11; mit אֶל: *sich zitternd an Jemand wenden* Gen. 42, 28 oder (עַל = אֶל) *sich Unruhe machen wegen Jemand* 2 Kön. 4, 13; mit לִקְרָאת *erschrocken entgegen kommen* 1 Sam. 16, 4. 21, 2; mit אַחֲרֵי *hastig folgen* 1 Sam. 13, 7.

Hifil pf. וְהַחֲרַדְתִּי, הֶחֱרִיד *in Schrecken setzen* Richt. 8, 12; *aufschrecken, verscheuchen* Deut. 28, 26. 2 Sam. 17, 2. Zach. 2, 4.

חָרֵד adj. pl. חֲרֵדִים *ängstlich* Richt. 7, 3; *besorgt um*... mit עַל 1 Sam. 4, 13; *ehrfurchtsvolle Scheu empfindend* mit עַל Jes. 66, 2; mit אֶל Jes. 66, 5; mit בְּ Esra 9, 4. 10, 3.

חֲרֹד n. pr. (wovon n. gent. חֲרֹדִי 2 Sam. 23, 25) mit עֵין־ Name einer Quelle oder eines Ortes Richt. 7, 1.

חֲרָדָה f. cs. חֶרְדַּת, pl. חֲרָדוֹת *Schrecken* Gen. 27, 33. Ezech. 26, 16. חֶרְדַּת אֱלֹהִים *gewaltiger Schrecken* 1 Sam. 14, 15; *Unruhe, Störung* 2 Kön. 4, 13.

חָרָה* [חָרָה Ezech. 24, 11. Hiob 30, 30 u. חָרוּ Jes. 24, 6 s. חָרַר] fut. יִחַר—יֶחֱרֶה, inf. abs. חָרֹה, cs. חֲרוֹת 1) *entbrennen*, fast immer mit dem Subject אַף *es entbrennt der Zorn* Ex. 22, 23; mit בְּ *über* Jemand Gen. 30, 2. Ex. 32, 10. Num. 11, 33; mit עַל Zach. 10, 3; ohne אַף *zürnen* Hab. 3, 8. 2) unpersönl.: *es verdriesst* mit לְ Gen. 4, 6. Num. 16, 15. 1 Sam. 20, 7.

Nifal pf. נִחֲרוּ, part pl. נֶחֱרִים *erzürnt, erbittert sein gegen Jemand* mit בְּ Jes. 41, 11. 45, 24. Hohel. 1, 6 [vgl. חָרַר].

Hifil pf. הֶחֱרָה, fut. וַיִּחַר 1) *entbrennen lassen* Hiob 19, 11. 2) *eifrig arbeiten* Neh. 3, 20.

Tifel fut. תְּתַחֲרֶה, part. מְתַחֲרֶה *streiten, wetteifern* mit accus. Jer. 12, 5; mit בְּ Jer. 22, 15.

Hitp. fut. 2 sg. תִּתְחַר *sich ereifern* Ps. 37, 8; mit בְּ *über* Jemand Ps. 37, 1. 7. Spr. 24, 19.

חַרְהֲיָה n. pr. m. Neh. 3, 8.

[חָרוּז] m. pl. חֲרוּזִים (*Perlen-*) *Schnur, Halskette* Hohel. 1, 10.

חָרוּל m. pl. חֲרֻלִּים *Dorn, Gestrüpp* Zef. 2, 9. Spr. 24, 31. Hiob 30, 7.

חֲרוּמַף n. pr. m. Neh. 3, 10.

חָרוֹן m. cs. חֲרוֹן, suff. חֲרוֹנִי, חֲרֹנְךָ, pl. suff. חֲרוֹנֶיךָ 1) *Glut* Ps. 58, 10. 2) *Zorn* Ex. 15, 7. Ps. 88, 17. Neh. 13, 18; sehr häufig חֲרוֹן אַף *der glühende Zorn* Ex. 32, 12. Num. 25, 4. Deut. 13, 18.

חֹרוֹן s. בֵּית חֹרוֹן.

חֲרוּפִי s. חָרִיף.

חָרוּץ adj. (eigntl. part. pass. v. חָרַץ) pl. חֲרוּצִים 1) *beschlossen* Jes. 10, 22; *abgemessen* Hiob 14, 5; *eingerissen* (am Auge) Lev. 22, 22; *gespitzt, geschärft* als Eigenschaft des מוֹרַג *Dreschschlitten* Jes. 41, 15 u. dann für *diesen* selbst Jes. 28, 27 und pl. חֲרֻצוֹת Amos 1, 3; bildlich für die *spitzen Bauchschuppen des Krokodils* Hiob 41, 22. 2) subst. *Einschnitt, Graben* Dan. 9, 25. 3) *Entscheidung, Gericht* Joel 4, 14. 4) *Gold* Zach. 9, 3. Ps. 68, 14. Spr. 3, 14. 8, 10. 19. 12, 27. 16, 16. 5) pl. חָרוּצִים—חָרֻצִים *fleissig* Spr. 10, 4. 12, 24. 13, 4. 21, 5; *Fleiss* Spr. 12, 27. 6) n. pr. m. 2 Kön. 21, 19.

חָרַז s. חָרוּז.

חַרְחוּר n. pr. m. Esra 2, 51. Neh. 7, 53.

חַרְחַס n. pr. m. 2 Kön. 22, 14 = חַסְרָה 2 Chr. 34, 22.

חַרְחֻר m. *Entzündung* Deut. 28, 22.

חֶרֶט m. *Griffel* בְּחֶרֶט אֱנוֹשׁ Jes. 8, 1 s. אֱנוֹשׁ; *Meissel* Ex. 32, 4.

חָרִטּ s. חָרִיט.

[חַרְטֹם] m. pl. חַרְטֻמִּים, cs. חַרְטֻמֵּי (*Hieroglyphen-*) *Schreiber, Bilderschriftkenner, Ausleger der Träume* u. s. w. Gen. 41, 24. Ex. 7, 11. Dan. 1, 20.

חַרְטֹם aram. m. pl. חַרְטֻמִּין, emph. חַרְטֻמַּיָּא wie das hebr. Dan. 2, 10. 27. 4, 4.

חֳרִי m. *Glut*, immer mit אַף verbunden: *glühender Zorn* Ex. 11, 8. Deut. 29, 23. Jes. 7, 4.

חֹרִי m. 1) *feines Backwerk, Weissbrod* Gen. 40, 16. 2) n. pr. a) pl. חֹרִים (eigentl. *Höhlenbewohner*) Ureinwohner des Gebirges Sëir, von den Edomitern vertrieben Gen. 14, 6. 36, 20. Deut. 2, 12. 22. b) Gen. 36, 22.

חֲרִי s. חֲרָא.

[חָרִיט] m. pl. חֲרִטִים—חֲרִיטִים *Tasche, Beutel* 2 Kön. 5, 23. Jes. 3, 22.

חָרִיף n. pr. m. Neh. 7, 24. 10, 20 = יוֹרָה Esra 2, 18; n. gent. חֲרִיפִי (Ktib) — חֲרוּפִי (Kri) 1 Chr. 12, 5.

[חָרִיץ] m. pl. cs. חֲרִיצֵי 1) *Schnitt* (Käse oder geronnene Milch) 1 Sam. 17, 18. 2) *Dreschwalze* 2 Sam. 12, 31. 1 Chr. 20, 3.

חָרִישׁ m. suff. חֲרִישׁוֹ *das Pflügen* Gen. 45, 6. 1 Sam. 8, 12; *Pflügezeit* Ex. 34, 21.

חֲרִישִׁי adj. f. חֲרִישִׁית *schweigend*, dah. *schwül, heiss* Jona 4, 8.

*חָרַךְ fut. יַחֲרֹךְ *sengen, rösten* לֹא־יַחֲרֹךְ רְמִיָּה צֵידוֹ *der Lässige röstet nicht sein Erjagtes* (aus Trägheit) Spr. 12, 27.

[חֲרַךְ] aram. Hitp. הִתְחָרַךְ *versengt werden* Dan. 3, 27.

[חָרָךְ] m. pl. חֲרַכִּים *Fenstergitter* Hohel. 2, 9.

חָרֻלִּים s. חָרוּל.

*[חָרַם] Hifil הֶחֱרִים, וְהַחֲרַמְתִּי, (Num. 21, 2; wogegen es Micha 4, 13 = וְהַחֲרַמְתְּ), fut. וַיַּחֲרֵם 1) *spalten* Jes. 11, 15; 2) *für Banngut, für geweiht erklären* Lev. 27, 28. Micha 4, 13; daher *tödten, vernichten* Jos. 8, 26; *zerstören* Num. 21, 3. Deut. 3, 6.

Hofal fut. יָחֳרַם *geweiht werden* Lev. 27, 29; *eingezogen werden* Esra 10, 8; *getödtet werden* Ex. 22, 19.

חָרֻם adj. *plattnäsig* Lev. 21, 18.

חֳרֵם n. pr. Ort in Naftali Jos. 19, 38.

חָרִם n. pr. m. Esra 2, 32. 10, 31. Neh. 3, 11. 7, 42.

חֵרֶם m. suff. חֶרְמִי, pl. חֲרָמִים 1) *Banngut* Lev. 27, 28. Num. 18, 14; daher *der Vernichtung verfallen* Deut. 7, 26. Jos. 6, 17; *Vernichtung* Jes. 43, 28. Mal. 3, 24. אִישׁ חֶרְמִי *der von mir der Vernichtung bestimmte Mann* 1 Kön. 20, 42. Jes. 34, 5. 2) *Netz, Garn* Ezech. 26, 5. 14. 32, 3. 47, 10. Hab. 1, 15. 16. Koh. 7, 26.

חֵרֶם m. *Bann* Zach. 14, 11.

חָרְמָה (*Bann*) n. pr. (mit Art.) Stadt im Süden Palästina's Num. 14, 45. 21, 3. 1 Sam. 30, 30; zum Stamme Juda Jos. 15, 30, dann zu Simeon gehörig Jos. 19, 4. Richt. 1, 17. 1 Chr. 4, 30.

חֶרְמוֹן n. pr. *Hermon*, Bergkette im Nordosten Palästina's Deut. 3, 8, die auch die Namen שְׂנִיר, שִׂיאֹן und שִׂרְיֹן führte Deut. 3, 9. 4, 48; vielleicht nach einzelnen Spitzen Hohel. 4, 8. 1 Chr. 5, 23 wie auch בַּעַל חֶרְמוֹן Richt. 3, 3. 1 Chr. 5, 23; daher auch der pl. חֶרְמוֹנִים vorkommt Ps. 42, 7.

חֶרְמֵשׁ m. *Sichel* Deut. 16, 9. 23, 26.

חָרָן (*verbrannt, verdorrt*) n. pr. 1) Stadt in Mesopotamien, später *Karra* Gen. 11, 31. 27, 10. 2 Kön. 19, 12. Ezech. 27, 23. 2) m. 1 Chr. 2, 46.

חֹרֹנִי s. חוֹרֹנַיִם.

חֹרֹנַיִם (*Doppel-Choron*) n. pr. Stadt in Moab Jes. 15, 5. Jer. 48, 3. 5. 34. — n. gent. חֹרֹנִי Neh. 2, 10. 19.

חַרְנֶפֶר n. pr. m. 1 Chr. 7, 36.

חֶרֶס m. ps. חָרֶס mit He parag. חַרְסָה 1) *Sonne* Richt. 14, 18. Hiob 9, 7. 2) *Krätze* Deut. 28, 27. 3) in n. pr. תִּמְנַת־חֶרֶס Richt. 2, 9 = ח׳ סֶרַח s. d.; vielleicht ist auch חֶרֶס Richt. 8, 13 n. pr. eines Ortes.

חַרְסוּת (Ktib) — חַרְסִית (Kri) *Thon* = oder *Töpferplatz*, Name eines Thores in Jerusalem Jer. 19, 2.

*חָרַף fut. יֶחֱרַף 1) *höhnen, schmähen* Ps. 69, 10. 119, 42. Spr. 27, 11. לֹא יֶחֱרַף לְבָבִי מִיָּמָי *mein Herz schmäht keinen meiner Tage* (= *ich habe mir keinen Vorwurf zu machen*) Hiob 27, 6. 2) (denom. von חֹרֶף) *überwintern* Jes. 18, 6.

Nifal part. f. נֶחֱרֶפֶת *preisgegeben* Lev. 19, 20.

Piel pf. חֵרֵף, fut. יְחָרֵף, inf. suff. חָרְפָם *geringschätzen, preisgeben* Richt. 5, 18; gew. *höhnen, schmähen* mit acc. Richt. 8, 15. Jes. 65, 7. Ps. 74, 10; mit לְ 2 Chr. 32, 17; *sich vermessen gegen* mit בְּ 2 Sam. 23, 9.

חָרֵף n. pr. m. 1 Chr. 2, 51.

חֹרֶף m. suff. חָרְפִּי *Spätherbst*, *Winter* (im Gegensatz zu קַיִץ) Gen. 8, 22. Zach. 14, 8. Ps. 74, 17. Spr. 20, 4. בֵּית הַחֹרֶף *Winterpalast* Jer. 36, 22. Amos 3, 15; *Zeit der Reife*, bildlich: *der Manneskraft* Hiob 29, 4.

חֶרְפָּה f. cs. חֶרְפַּת, suff. חֶרְפָּתִי, pl. חֲרָפוֹת, cs. חֶרְפּוֹת 1) *Schmähung*, *Hohnrede* Ps. 69, 10. Klagel. 3, 30. 2) *Schande*, *Schmach* Gen. 30, 23. 34, 14.

***חָרַץ** fut. יֶחֱרַץ *spitzen*, in der Redensart: *kein Hund wird seine Zunge spitzen gegen Jem.* = *es wird diesem nicht das mindeste Leid widerfahren* Ex. 11, 7. Jos. 10, 21; *entscheiden* 1 Kön. 20, 40; *hervorbrechen* 2 Sam. 5, 24 (vgl. חָרוּץ).

Nifal part. f. נֶחֱרָצָה *entschieden*, *fest beschlossen* Jes. 10, 23. 28, 22. Dan. 9, 26. 27; subst. *Beschluss* Dan. 11, 36.

[**חֲרַץ**] aram. m. suff. חַרְצֵהּ *Lende* Dan. 5, 6.

[**חַרְצֻבָּה**] m. pl. חַרְצֻבּוֹת *Fessel*, *Kette* Jes. 58, 6; *Leiden* Ps. 73, 4.

[**חַרְצָן**] m. pl. חַרְצַנִּים *Kern* (der Weinbeere) Num. 6, 4.

***חָרַק** fut. יַחֲרֹק, יַחַרְקוּ (mit den Zähnen) *knirschen* als Zeichen verhaltenen Ingrimmes Ps. 35, 16. 37, 12. 112, 10. Hiob 16, 9. Klagel. 2, 16.

***חָרַר** pf. 3 f. חָרָה, 3 pl. חָרוּ *glühen* Ezech. 24, 11; *verdorren* Jes. 24, 6. Hiob 30, 30.

Nifal pf. נִחַר (ps. נָחָר—נִחַר), pl. נִחָרוּ, fut. יֵחָר, יֵחָרוּ *angebrannt*, *verbrannt sein* Jer. 6, 29. Ezech. 15, 4. 5. 24, 10; *verdorrt sein* Ps. 69, 4. 102, 4. [נִחָרוּ, נִחָרִים s. חָרָה.]

Pilpel inf. חַרְחַר *entzünden* Spr. 26, 20.

[**חָרֵר**] m. pl. חֲרֵרִים *verdorrtes Land* Jer. 17, 6.

חֶרֶשׂ m. ps. חָרֶשׂ, pl. cs. חַרְשֵׂי, suff. חַרְשָׂהּ *Scherbe* Jes. 45, 9. Ezech. 23, 34. Ps. 22, 16. כְּלִי־חֶרֶשׂ *irdenes Gefäss* Lev. 6, 21. Num. 5, 17.— קִיר חֶרֶשׂ Jes. 16, 11. Jer. 48, 31. 36 = קִיר חֲרֶשֶׂת 2 Kön. 3, 25. Jes. 16, 7 n. pr. Hauptstadt Moabs, auch קִיר מוֹאָב genannt Jes. 15, 1.

חַרְסָה s. חֶרֶשׂ.

***חָרַשׁ** f. יַחֲרֹשׁ, inf. לַחֲרֹשׁ 1) *einschneiden*, *eingraben* Jer. 17, 1 (vgl. חָרַת). 2) *bearbeiten* (Metalle u. dgl.), *schmieden* 1 Kön. 7, 14; bildlich: *Unrecht schmieden* Hos. 10, 13. Hiob 4, 8. 3) *pflügen* Deut. 22, 10. Hiob 1, 14. לַחֲרֹשׁ חֲרִישׁוֹ *für ihn zu pflügen* 1 Sam. 8, 12; bildlich: *auf Jemandes Rücken pflügen* = *ihn misshandeln* Ps. 129, 3.

Nifal fut. 3 f. תֵּחָרֵשׁ *umgepflügt werden* Jer. 26, 18.

Hifil part. מַחֲרִישׁ *etwas im Schilde führen gegen Jem.* 1 Sam. 23, 9.

*[**חָרַשׁ**] fut. יֶחֱרַשׁ, תֶּחֱרְשָׁנָה *still sein*, *schweigen* Ps. 28, 1. 50, 3; *taub werden* Micha 7, 16.

Hifil pf. הֶחֱרִישׁ, fut. אַחֲרִישׁ, inf. abs. הַחֲרֵשׁ, imp. הַחֲרֵשׁ, הַחֲרִישִׁי *schweigen* Gen. 34, 5. Num. 30, 15. Richt. 18, 19. Est. 4, 14; *verschweigen* Hiob 41, 4.

Hitp. pf. הִתְחָרְשׁוּ *sich still verhalten* Richt. 16, 2.

חָרָשׁ (= חָרֵשׁ) m. cs. חָרַשׁ, pl. חָרָשִׁים, cs. חָרָשֵׁי *Einschneider*, *Arbeiter* in Metall, Stein, Holz; daher חָרַשׁ עֵצִים *Zimmermann* 2 Sam. 5, 11. Jes. 44, 13. חָרַשׁ אֶבֶן *Steinhauer*, *Steinschneider* Ex. 28, 11. 2 Sam. 5, 11. חָרַשׁ בַּרְזֶל *Schmidt* 2 Chr. 24, 12; überhaupt: *Schmidt* 1 Sam. 13, 19. Jer. 10, 9. הֶחָרָשׁ וְהַמַּסְגֵּר *Zimmerleute und Schlosser* (= *Handwerkerstand*) 2 Kön. 24, 14. Bildlich: *Schmiede des Verderbens* Ezech. 21, 36.

חֶרֶשׁ m. pl. חֲרָשִׁים 1) *Beschwörungskunst* Jes. 3, 3; 2) *künstliche Arbeit* und *Arbeiter* 1 Chr. 4, 14; daher גֵּיא חֲרָשִׁים (גֵּי) *Handwerkerthal* n. pr. eines Ortes Neh. 11, 35. 1 Chr. 4, 14. 3) *schweigend, im Geheimen* Jos. 2, 1. 4) n. pr. m. 1 Chr. 9, 15.

חֵרֵשׁ adj. חֵרְשִׁים *taub* Ex. 4, 11. Lev. 19, 14. Jes. 35, 5.

חֹרֵשׁ m. *schneidendes Werkzeug* Gen. 4, 22.

חֹרֶשׁ m. mit He loc. חֹרְשָׁה, pl. חֳרָשִׁים *Walddickicht* 1 Sam. 23, 15. 16. 18. Jes. 17, 9. 2 Chr. 27, 4.

חַרְשָׁא n. pr. m. Esra 2, 52. Neh. 7, 54.

חֲרֹשֶׁת f. 1) *das Schneiden*, *Bearbeiten* Ex. 31, 5. 35, 33. 2) n. pr. חֲרֹשֶׁת הַגּוֹיִם Stadt im Norden Palästina's Richt. 4, 2. 13. 16.

חָרַת part. pass. חָרוּת *eingraben* Ex. 32, 16.

חֶרֶת ps. חָרֶת n. pr. Wald im Gebirge Juda 1 Sam. 22, 5.

חֲשֻׂפָא—חֲשׂוּפָא (*Entblösster*) n. pr. m. Esra 2, 43. Neh. 7, 46.

***חָשַׂךְ** pf. ps. חָשָׂךְ, part. חוֹשֵׂךְ, fut. אֶחְשׂךְ— אֶחֱשֹׂךְ, הַחֲשֹׂךְ *zurückhalten* Gen. 20, 6. 2 Sam.

18, 16. 2 Kön. 5, 20. Ps. 19, 14. 78, 50. Spr. 17, 27. Hiob 30, 10. 33, 18: *vorenthalten* mit accus. der Sache u. מִן d. Person Gen. 22, 12. 16. 39, 9; *aufbewahren* Hiob 38, 23; *sparen* Jes. 54, 2; *schonen* Jes. 14, 6. 58, 1. Jer. 14, 10. Spr. 13, 24. Esra 9, 13.

Nifal fut. יֵחָשֵׂךְ—יֵחָשֶׂךְ *gehemmt werden* Hiob 16, 6; *aufgespart werden* Hiob 21, 30.

***חָשַׂף** pf. 3 sg. suff. חֲשָׂפָהּ, part. II pl. cs. חֲשׂוּפֵי; fut. וַיֶּחֱשֹׂף, inf. לַחְשֹׂף, imp. f. חֶשְׂפִּי *entblössen, aufdecken* Jes. 20, 4. 47, 2. 52, 10. Jer. 13, 26; *entblättern* Joel 1, 7. Ps. 29, 9; *herausschöpfen* Jes. 30, 14. Hagg. 2, 16.

[חָשִׂף] m. pl. cs. חֲשִׂפֵי *Abtheilung, Heerde* 1 Kön. 20, 27.

***חָשַׁב** pf. 1 pl. suff. חֲשַׁבְנֻהוּ, fut. יַחְשֹׁב—יַחֲשֹׁב־ יַחְשְׁבוּ—יַחֲשֹׁבוּן, 3 pl. f. suff. תַּחְשְׁבֻנִי (Hiob 19, 15) 1) *verbinden, verknüpfen, künstlich zusammenfügen.* חֹשֵׁב *Kunstweber* Ex. 26, 1; auch von anderen *künstlichen Werken* 2 Chr. 26, 15. 2) *im Sinne haben* 2 Sam. 14, 13. Micha 2, 1. Mal. 3, 16. Ps. 36, 5. 52, 4; *denken* Jes. 10, 7; *beabsichtigen* mit accus. der Sache Ps. 35, 4 oder mit לְ u. inf. 1 Sam. 18, 25. Klagel. 2, 8. Neh. 6, 6; *ersinnen* (Anschläge) Gen. 50, 20. 2 Sam. 14, 14. Est. 8, 3; *Jemandes achten* mit accus. Jes. 13, 17. 33, 8. 53, 3; *für etwas halten* mit doppelt. accus. Jes. 53, 4. Amos 6, 5 oder accus. d. Sache u. לְ 1 Sam. 1, 13. Hiob 13, 24. 19, 15. 35, 2. 41, 19. 24; *Jemandem etwas anrechnen* Gen. 15, 6. 2 Sam. 19, 20. Ps. 32, 2. 40, 18.

Nifal pf. נֶחְשַׁב, part. נֶחְשָׁב, fut. יֵחָשֵׁב *beachtet werden* 1 Kön. 10, 21; *für etwas gehalten werden* Gen. 31, 15. Spr. 17, 28. Deut. 2, 11; *angerechnet werden* Lev. 7, 18. Num. 18, 30. Ps. 106, 31; *zu etwas gerechnet werden* Lev. 25, 31; *gerechnet werden* 2 Kön. 22, 7.

Piel pf. חִשַּׁבְתִּי *bedenken* Ps. 77, 6. Spr. 16, 9; *eifrig sinnen* Ps. 73, 16; *Pläne machen* Spr. 24, 8; *ersinnen, gegen* ... mit אֶל Hos. 7, 15. Nah. 1, 9; mit עַל Dan. 11, 24; *beachten* mit acc. Ps. 144, 3; *Abrechnung halten mit* ... mit אֶת 2 Kön. 12, 16; *berechnen* Lev. 25, 27. — וְהָאֳנִיָּה חִשְּׁבָה לְהִשָּׁבֵר *das Schiff war nahe daran zu scheitern* Jona 1, 4.

Hitp. fut. יִתְחַשָּׁב *sich zu Jemand rechnen*, mit בְּ Num. 23, 9.

חֲשַׁב aram. part. pass. pl. חֲשִׁיבִין *geachtet* Dan. 4, 32.

חֵשֶׁב m. *Band, Gurt* Ex. 28, 28. Lev. 8, 7.

חַשְׁבַּדָּנָה n. pr. m. Neh. 8, 4.

חֲשֻׁבָה n. pr. m. 1 Chr. 3, 20.

חֶשְׁבּוֹן m. 1) *Berechnung* Koh. 7, 25. 27. 9, 10. 2) n. pr. Hauptstadt des emoritischen Reiches, dessen König Sichon war Num. 21, 26. Richt. 11, 19; dann zum Stamme Ruben Num. 32, 37. Jos. 13, 17; später zu Gad gerechnet und zur Levitenstadt gemacht Jos. 21, 37. Hohel. 7, 5. noch später zu Moab gehörig Jes. 15, 4.

[חִשָּׁבוֹן] m. pl. חִשְּׁבֹנוֹת (*künstliche*) *Rechnung* Koh. 7, 29; *künstliches Werk* 2 Chr. 26, 15.

חֲשַׁבְיָהוּ—חֲשַׁבְיָה (*Gott bedenkt*) n. pr. m. Esra 8, 24. Neh. 12, 24. — Esra 8, 1. 19. 1 Chr. 25, 3. 19. — Neh. 3, 17. 10, 11. 11, 22. — Neh. 11, 15. 1 Chr. 9, 14. — 1 Chr. 6, 30. — 26, 30. 27, 17.

חֲשַׁבְנָה n. pr. m. Neh. 10, 26.

חֲשַׁבְנְיָה n. pr. m. Neh. 3, 10. — 9, 5.

***חָשָׁה** fut. תֶּחֱשֶׁה, אֶחֱשֶׁה, inf. לַחְשׁוֹת *schweigen* Jes. 62, 1. Ps. 28, 1. Koh. 3, 7; *sich besänftigen* Ps. 107, 29.

Hifil pf. הֶחֱשֵׁיתִי, imp. הַחֲשׁוּ, part. מַחְשֶׁה 1) *sich ruhig verhalten* 2 Kön. 2, 3. Jes. 42, 14; *unterlassen* 1 Kön. 22, 3; *Verzicht leisten auf*.. mit מִן Ps. 39, 3. 2) *zum Schweigen bringen* mit לְ Neh. 8, 11 (וַתַּחֲשׁ Hiob 31, 5 s. חוּשׁ).

חַשּׁוּב (*Geachtet*) n. pr. m. Neh. 3, 23. 11, 15. 1 Chr. 9, 14. Neh. 3, 11. 10, 24.

[חֲשׁוֹךְ] aram. emph. חֲשׁוֹכָא *Finsterniss* Dan. 2, 22.

חָשׁוּק s. חָשֻׁק.

***חֲשַׁח** aram. part. pl. m. חַשְׁחִין, f. חַשְׁחָן *brauchen, bedürfen* Dan. 3, 16. Esra 6, 9.

חַשְׁחוּת aram. f. *Bedarf* Esra 7, 20.

חֲשֵׁיכָה s. חֲשֵׁכָה.

חוּשִׁים—חֻשִׁים n. pr. m. 1) Sohn des Dan Gen. 46, 23 = שׁוּחָם s. d. 2) f. 1 Chr. 8, 8. 12.

***חָשַׁךְ** fut. תֶּחְשַׁךְ *sich verfinstern, dunkel werden* Ex. 10, 16. Jes. 5, 30. וְחָשְׁכָה לָכֶם *es wird für euch zu dunkel sein* Micha 3, 6; auch von den Augen, die die Sehkraft verlieren Ps. 69, 24. Klagel. 5, 17. Koh. 12, 3; von der Haut, die ihren *Glanz verliert* Klagel. 4, 8.

Hifil pf. הֶחְשִׁיךְ, וְהַחֲשַׁכְתִּי, fut. יַחְשִׁיךְ 1) *finster machen* Amos 5, 8; mit לְ Amos 8, 9. מַחְשִׁיךְ עֵצָה *dunkeln Sinn bezeugend* Hiob 38, 2. 2) *Finsterniss zeigen, finster sein* Jer. 13, 16. Ps. 105, 28. 139, 12.

[חָשֵׁךְ] adj. pl. חֲשֵׁכִים *finster, elend* Spr. 22, 29.

חֹשֶׁךְ m. suff. חָשְׁכִּי *Finsterniss* Gen. 1, 2; häufig als Bild des Unglücks 1 Sam. 2, 9. Jes. 59, 9. Ps. 18, 29. Hiob 15, 22.

חֲשֵׁיכָה—חֲשֵׁכָה f. cs. חֶשְׁכַת *Finsterniss* Gen. 15, 12. Jes. 8, 22. Ps. 18, 12. 139, 12.

חֲשֵׁכִים (pl.) *Finsterniss* Jes. 50, 10.

*[חָשַׁל] Nifal part. pl. נֶחֱשָׁלִים *schwach, ermattet* Deut. 25, 18 (vgl. חָלַשׁ).

חֲשַׁל aram. part. חָשֵׁל *zerreiben* Dan. 2, 40.

חָשֻׁם n. pr. m. Esra 2, 19. Neh. 7, 22.

חוּשָׁם—חֻשָׁם n. pr. m. Gen. 36, 34. 1 Chr. 1, 45.

חֻשִׁם n. pr. m. 1 Chr. 7, 12.

חֶשְׁמוֹן (*Fettigkeit*) n. pr. Ort in Juda Jos. 15, 27.

חַשְׁמַל m. mit He: הַחַשְׁמַלָה *glänzendes Erz* Ezech. 1, 4. 27. 8, 2.

[חַשְׁמַן] m. pl. חַשְׁמַנִּים *Vornehme, Edle* Ps. 68, 32.

חַשְׁמֹנָה n. pr. Lagerplatz der Israeliten in der Wüste Num. 33, 29. 30.

חֹשֶׁן m. *Brustschild* des Hohepriesters Ex. 28, 22.

*חָשַׁק *umfassen, lieb gewinnen* mit ב Gen. 34, 8. Deut. 7, 7. 21, 11. Ps. 91, 14; *begehren* mit inf. und ל 1 Kön. 9, 19; *liebend erretten* mit accus. Jes. 38, 17.

Piel חִשֵּׁק durch *Querstangen verbinden* Ex. 38, 28.

Pual part. pl. מְחֻשָּׁקִים pass. des Piel Ex. 27, 17. 38, 17.

חֵשֶׁק m. suff. חִשְׁקִי *das Begehren* 1 Kön. 9, 1; *Lust* Jes. 21, 4.

[חָשֻׁק] m. pl. suff. חֲשׁוּקֵיהֶם—חֲשֻׁקֵיהֶם *Querstangen* Ex. 27, 10. 38, 17.

[חִשֻּׁק] m. pl. suff. חִשֻּׁקֵיהֶם *Speichen* (des Rades) 1 Kön. 7, 33.

[חִשֻּׁר] m. pl. suff. חִשֻּׁרֵיהֶם *Nabe* (des Rades) 1 Kön. 7, 33.

[חַשְׁרָה] f. cs. חַשְׁרַת *Ansammlung* 2 Sam. 22, 12.

חֲשַׁשׁ m. *dürres Gras* Jes. 5, 24.

חַת ps. חָת suff. חִתְּכֶם, pl. חַתִּים 1) adj. *zerbrochen* 1 Sam. 2, 4; *ängstlich* Jer. 46, 5. 2) subst. m. *Furcht, Schrecken* Gen. 9, 2. Hiob 41, 25.

חֵת n. pr. Sohn des Kanaan Gen. 10, 15, Stammvater des kanaanitischen Stammes, der sowohl בְּנֵי חֵת Gen. 23, 3 (בְּנוֹת חֵת Gen. 27, 46) als auch חִתִּי Gen. 46, 34, pl. הַחִתִּים Jos. 1, 4 (fem. חִתִּית Ezech. 16, 3; pl. חִתִּיֹּת 1 Kön. 11, 1) benannt wird.

*חָתָה fut. יַחְתֶּה, suff. יַחְתְּךָ, inf. לַחְתּוֹת 1) *hinwegreissen* Ps. 52, 7. 2) *nehmen, fassen* Jes. 30, 14. Spr. 6, 27. 25, 22.

חִתָּה f. cs. חִתַּת *Schrecken* Gen. 35, 5.

חִתּוּל m. *Verband* Ezech. 30, 21.

[חַתְחַת] m. pl. חַתְחַתִּים *Schrecken, Gefahren* Koh. 12, 5.

חִתִּי s. חֵת.

חִתִּית f. 1) suff. חִתִּיתָם *Schrecken, Furcht* Ezech. 26, 17. 32, 23. 2) s. חֵת.

*[חָתַךְ] Nif. נֶחְתַּךְ *bestimmt sein* Dan. 9, 24.

*חָתַל Pual pf. 2 sg. f. חֻתַּלְתְּ *eingewindelt, eingewickelt werden* Ezech. 16, 4.

Hofal inf. abs. הָחְתֵּל dass. wie Pual Ezech. 16, 4.

חֲתֻלָּה f. *Windel* Hiob 38, 9.

חֶתְלֹן n. pr. Ort in Syrien Ezech. 47, 15. 48, 1.

*חָתַם fut. יַחְתֹּם, inf. לַחְתֹּם, imp. חֲתֹם, חִתְמוּ 1) *besiegeln* 1 Kön. 21, 8. Est. 8, 8. חוֹתֵם *Besiegler*, d. h. *oberster Herr* Ezech. 28, 12. הַחוֹתְמִים *die Unterzeichneten* Neh. 10, 2; *verschliessen* Jes. 8, 16. Hohel. 4, 12; mit בְּעַד Hiob 9, 7; *verwahren* Deut. 32, 34; „*des Menschen Hand versiegelt er*" = *hindert den Gebrauch derselben* Hiob 37, 7.

Nifal part. נֶחְתָּם, inf. abs. נַחְתּוֹם *besiegelt werden* Est. 3, 12. 8, 8.

Piel pf. חִתְּמוּ *verschliessen* Hiob 24, 16.

Hif. pf. הֶחְתִּים *verschliessen, abhalten* Lev. 15, 3.

חֲתַם aram. pf. suff. חַתְמַהּ *versiegeln* Dan. 6, 18.

חֹתָם s. חוֹתָם.

חֹתֶמֶת f. *Siegelring* Gen. 38, 25.

*[חָתַן] Hitp. pf. 2 pl. הִתְחַתַּנְתֶּם *sich verschwägern* mit ב Deut. 7, 3. Jos. 23, 12. 1 Sam. 18, 21. Esra 9, 14; mit אֶת Gen. 34, 9. 1 Kön. 3, 1; mit ל 2 Chr. 18, 1.

חָתָן m. cs. חֲתַן, suff. חֲתָנוֹ, pl. suff. חֲתָנָיו 1) *Schwiegersohn* Gen. 19, 14. 1 Sam. 18, 18.

Neh. 6, 18; überhaupt: *verschwägert* 2 Kön. 8, 27. 2) *Bräutigam* (am Hochzeitstage) Jes. 62, 5. Jer. 7, 34. Ps. 19, 6; auch *junger Ehemann* Ex. 4, 25. 26.

חֹתֵן m. suff. חֹתְנוֹ, חֹתֶנְךָ *Schwiegervater* (Vater der Frau) Ex. 3, 1. 18, 6; fem. suff. חֹתַנְתּוֹ *Schwiegermutter* Deut. 27, 23.

חֲתֻנָּה f. *Hochzeit* Hohel. 3, 11.

חָתַף* fut. יַחְתֹּף *hinwegreissen* Hiob 9, 12.

חֶתֶף m. *Raub* Spr. 23, 28.

חָתַר* fut. אֶחְתֹּר, יַחְתְּרוּ, imp. חֲתָר־ *durchbrechen* mit בְּ Amos 9, 2. Ezech. 8, 8; mit acc. Hiob 24, 16; *rudern* Jona 1, 13.

חָתַת* pf. חַת, fem. חַתָּה (ps. חָתָּה), pl. חַתּוּ imp. חַתּוּ, fut. אֵחַתָּה, תֵּחַת (ps. תֵּחָת), pl. תֵּחַתּוּ *erschrecken, sich fürchten, verzagen* Deut. 1, 21. 1 Sam. 2, 10. 2 Kön. 19, 26. Jes. 8, 9. Jer. 14, 4. 17, 18. 48, 1. 50, 2.

Piel pf. 2 sg. suff. חִתַּתַּנִי *in Schrecken setzen* Jer. 51, 56. Hiob 7, 14.

Hifil pf. 1 sg. הַחִתֹּתִי, 2 sg. הַחִתֹּתָ, fut. 1 sg. suff. אַחִתְּךָ, 3 sg. suff. יְחִתֵּנִי, יְחִיתַן (= יְחִתֵּן) *in Schrecken setzen* Jes. 9, 3. Jer. 1, 17. 49, 37. Hab. 2, 17. Hiob 31, 34.

חֲתַת m. 1) *Schrecken* Hiob 6, 21. 2) n. pr. m. 1 Chr. 4, 13.

ט

טְאֵב aram. *fröhlich sein* Dan. 6, 24.

טֵאטֵא s. טוא.

טָב aram. adj. *gut* Dan. 2, 32; *angenehm* Esra 5, 17.

טָבְאֵל (*gut ist Gott*) n. pr. ps. טָבְאָל 1) Name eines Syrers, dessen Sohn zum Könige von Juda vorgeschlagen wurde Jes. 7, 6. 2) persischer Beamter in Samaria Esra 4, 7.

[טְבוּל] m. pl. טְבוּלִים *Kopfbinde, Turban* Ezech. 23, 15.

טַבּוּר m. *Erhöhung, Hügel, Bergspitze* Richt. 9, 37. Ezech. 38, 12.

טָבַח* inf. u. imp. טְבֹחַ *schlachten* Gen. 43, 16. Ex. 21, 37. Deut. 28, 31; *tödten, morden* Jer. 25, 34. Ps. 37, 14. Klagel. 2, 21.

טַבָּח m. pl. טַבָּחִים 1) *Koch* (der auch das Amt des Schlächters hatte) 1 Sam. 9, 23. 2) *Scharfrichter*; pl. שַׂר הַטַּבָּחִים oder רַב הַטַּבָּחִים *Oberster der Leibwache* Gen. 37, 36. 2 Kön. 25, 8.

טַבָּח aram. m. pl. emph. טַבָּחַיָּא wie das hebr. טַבָּח Nr. 2. Dan. 2, 14.

טֶבַח m. ps. טָבַח, suff. טִבְחָהּ 1) *das Schlachten* Spr. 7, 22; *Schlachtvieh* (in Verbind. mit dem Zeitworte טָבַח) Gen. 43, 16. Spr. 9, 2; *das Morden* Jes. 34, 6. 2) n. pr. Sohn des Nachor Gen. 22, 24.

[טַבָּחָה] f. pl. טַבָּחוֹת *Köchin* 1 Sam. 8, 13.

טִבְחָה f. *Schlachtvieh* 1 Sam. 25, 11. Ps. 44, 23.

טִבְחַת n. pr. Ort in Syrien 1 Chr. 18, 8 (vgl. טֶבַח n. pr.) = בֶּטַח 2 Sam. 8, 8.

טָבַל* fut. יִטְבֹּל *eintauchen* mit בְּ der Flüssigkeit, in die man eintaucht Gen. 37, 31. Ex. 12, 22. Lev. 4, 6. Num. 19, 18; *seinen Fuss in Oel tauchen* Bild des Ueberflusses Deut. 33, 24; *untertauchen, baden* 2 Kön. 5, 14.

Nifal pf. נִטְבְּלוּ *sich eintauchen, benetzen* Jos. 3, 15.

טְבַלְיָהוּ (*Gott hat gereinigt*) n. pr. m. 1 Chr. 26, 11.

טָבַע* fut. יִטְבַּע, אֶטְבְּעָה *einsinken, versinken* Jer. 38, 6. Ps. 69, 15. Klagel. 2, 9; *eindringen* 1 Sam. 17, 49.

Pual pf. טֻבְּעוּ *versenkt werden* Ex. 15, 4.

Hofal pf. הָטְבָּעוּ *versenkt werden* Jer. 38, 22; *eingefügt werden*, bildlich von den Grundfesten der Erde Hiob 38, 6; von den Bergen Spr. 8, 25.

טַבָּעוֹת n. pr. m. Esra 2, 43. Neh. 7, 46.

טַבַּעַת f. suff. טַבַּעְתּוֹ, pl. טַבָּעוֹת, cs. טַבְּעֹת, suff. טַבְּעֹתָם—טַבְּעֹתֵיהֶם *Ring* mit eingesenkter

Schrift, *Siegelring* Gen. 41, 42; dann *Ring* überhaupt Ex. 26, 29. 35, 22. 36, 34. Num. 31, 50.

טַבְרִמּוֹן (*gütig ist Rimmon*, eine syrische Gottheit) n. pr. Vater des Ben-Hadad 1 Kön. 15, 18.

טַבָּת n. pr. Stadt in Efraim Richt. 7, 22.

טֵבֵת Name des zehnten Monats (December—Januar) Est. 2, 16.

טָהוֹר adj. cs. טְהוֹר—טְהָר־, f. טְהוֹרָה, pl. טְהוֹרִים f. טְהוֹרוֹת *rein* Zach. 3, 5: von den zum Essen *erlaubten* Thieren Gen. 7, 2. Lev. 20, 25; von der *levitischen Reinheit* Lev. 11, 36; von *unverfälschtem* Gold Ex. 25, 11; von der *sittlichen Reinheit* Ps. 19, 10. 51, 12. Spr. 15, 26, wobei Verbindungen wie טְהוֹר עֵינַיִם *reinen Blickes* Hab. 1, 13; טְהָר־לֵב *reinen Herzens* Spr. 22, 11; טְהָר־יָדַיִם *rein an Händen* Hiob 17, 9 vorkommen.

טָהֵר* pf. 2 f. טָהֲרָה, fut. יִטְהַר (ps. יִטְהָר), imp. טְהַר *rein sein, rein werden* Lev. 11, 32. 15, 13. 22, 4. 2 Kön. 5, 10. Ezech. 24, 13.

Piel pf. טִהַר, fut. אֲטַהֵר, imp. suff. טַהֲרֵנִי *reinigen* Num. 8, 7. Ezech. 36, 25. Ps. 51, 4; *für rein erklären* Lev. 13, 13; *aufklären, aufheitern* (der Himmel) Hiob 37, 21.

Pual part. f. מְטֹהָרָה *gereinigt* Ezech. 22, 24.

Hitp. pf. הִטַּהַרְנוּ, 3 pl. הִטַּהֲרוּ (ps. הִטֶּהָרוּ), imp. הִטַּהֲרוּ, part. מִטַּהֵר *sich reinigen* Gen. 35, 2. Num. 8, 7. Jos. 22, 17. Esra 6, 20; *gereinigt werden* Lev. 14, 7.

טֹהַר m. suff. טָהֳרָהּ 1) *Reinheit, Glanz* Ex. 24, 10; 2) *Reinigung* Lev. 12, 4. 6.

[טְהָר] m. suff. טְהָרוֹ *Glanz* Ps. 89, 45.

טָהֳרָה f. cs. טָהֳרַת, suff. טָהֳרָתוֹ *Reinigung* Lev. 12, 4. 5. 13, 35. Neh. 12, 45. טָהֳרַת הַקֹּדֶשׁ *die heilige Reinigung* 2 Chr. 30, 19. טָהֳרַת לְכָל־קֹדֶשׁ *die Reinigung alles Heiligen* 1 Chr. 23, 28.

[טוא]* Pilpel pf. suff. וְטֵאטֵאתִיהָ *ich will sie hinwegfegen* Jes. 14, 23.

טוֹב* pf. טוֹב, pl. טֹבוּ, inf. טוֹב *gut sein* Richt. 11, 25. Hohel. 4, 10; *schön sein* Num. 24, 5; unpersönl. טוֹב־לִי *es ging mir gut* Hos. 2, 9. וְטוֹב לָכֶם *es wird euch wohl ergehen* Deut. 5, 30. 15, 16. 19, 13. טוֹב בְּעֵינַי *es gefällt mir* 2 Sam. 15, 26. אִם־עַל־הַמֶּלֶךְ טוֹב *wenn es dem König gefällt* Est. 3, 9 (vgl. das adj. טוֹב).

Hifil הֵטִיב (wogegen הֵיטִיב zu יָטַב gehört) הֵטִיבֹתָ, pl. הֵטַבְנוּ, הֵטִיבוּ, fut. 3 sg. suff. יֵטִיבְךָ, הֵטֵיב, imp. f. הֵטִיבִי, pl. הֵטִיבוּ, part. מֵטִיב—מֵטִב, pl. cs. מֵטִיבֵי 1) *gut thun*, meist adjectivisch oder adverbial. zu übersetzen: הֵטִיבִי נַגֵּן *singe schön* Jes. 23, 16. Ezech. 33, 32. הֵטִיבוּ מַצֵּבוֹת *sie machen schöne Bildsäulen* Hos. 10, 1. מֵטִבֵי לָכֶת *schön einherschreitend* Spr. 30, 29. הֵיטִיבוּ דַרְכֵיכֶם *bessert eure Wege* Jer. 18, 11. 2) *Gutes erweisen* Jer. 32, 41. Ps. 119, 68; mit acc. Jer. 33, 41; mit לְ Num. 10, 29. Ps. 125, 4. וְיֵטִיבְךָ לִבְּךָ *lass dir wohl sein* Koh. 11, 9.

טוֹב 1) adj. fem. טוֹבָה, pl. טוֹבִים, f. טוֹבוֹת *gut, schön* in mannigfachen Beziehungen, denen meistens auch der deutsche Sprachgebrauch entspricht. זָהָב טוֹב *reines Gold* Gen. 2, 12. טוֹבֵי לֵב *fröhlichen Herzens* 1 Kön. 8, 66. טוֹב עַיִן *wohlwollend* Spr. 22, 9; als subst. טוֹב *Glück, Annehmlichkeit* Gen. 49, 15. Ps. 73, 28; *das sittlich Gute* Ps. 14, 1. 38, 21; eben so טוֹבָה *das Glück* Ps. 16, 2; *Wohlthat* Ex. 18, 9. 1 Sam. 25, 21. 2) n. pr. a) Landschaft nordöstlich von Palästina Richt. 11, 3. 2 Sam. 10, 6. 8. b) in dem n. pr. m. טוֹב אֲדֹנִיָּה 2 Chr. 17, 8.

טוּב suff. טוּבִי 1) *das Gut* d. h. *das Beste, Vorzüglichste* Gen. 24, 10. 45, 18. Deut. 6, 11. 2) *Güte* Zach. 9, 17. Ps. 25, 7. 31, 20. טוּב טַעַם *verständiger Sinn* Ps. 119, 66. טוּב לֵב *Fröhlichkeit* Jes. 65, 14. 3) *Glück* Ps. 128, 5. Spr. 11, 10.

טוֹבָה s. טוֹב adj.

טוֹבִיָּה (*Gott ist gut*) n. pr. *Tobia* Zach. 6, 10. —Esra 2, 60. Neh. 7, 63.—Neh. 2, 10.

טָוָה* pf. pl. טָווּ *spinnen* Ex. 35, 25. 26.

טוּחַ* pf. טַח (intr.)—טָח, pl. טָחוּ, טַחְתֶּם, part. טָחִים, inf. לָטוּחַ *überstreichen* Lev. 14, 42. Ezech. 13, 10 ff. (von heuchlerischen Propheten) 1 Chr. 29, 4; *verklebt sein* Jes. 44, 18.

Nifal inf. הִטּוֹחַ *bestrichen werden* Lev. 14, 43. 48.

[טוֹטֶפֶת] f. pl. טוֹטָפֹת—טֹטָפֹת *Band, Stirnbinde* Ex. 13, 16. Deut. 6, 8. 11, 18.

[טול]* Hifil pf. הֵטִיל, הֵטַלְתִּי, fut. וַיָּטֶל, אֲטִילְךָ, וַיְטִלֵהוּ, וַיָּטִילוּ, imp. pl. suff. הֲטִילֻנִי *werfen*, *schleudern* 1 Sam. 18, 11. 20, 33. Jona 1, 5. 12. 15; *hinwerfen* Jer. 16, 13. Ezech. 32, 4; *erregen* (einen Sturm) Jona 1, 4.

Hofal pf. pl. הוּטְלוּ, fut. יְטֻל—יוּטַל *geworfen werden* Spr. 16, 33; *hingestürzt werden* Jer. 22, 28; *hinstürzen* (intr.) Ps. 37, 24. Hiob 41, 1.

Pilpel part. suff. מְטַלְטֶלְךָ *umherwerfen* Jes. 22, 17.

טוּר m. pl. טוּרִים—טֻרִים, cs. טוּרֵי 1) *Reihe, Schicht* Ex. 28, 17. 1 Kön. 6, 36. 7, 20. 2) *runde Einfassung* Ezech. 46, 23.

טוּר aram. m. emph. טוּרָא *Berg* Dan. 2, 35. 45.

טוּשׂ fut. יָטוּשׂ *fliegen* Hiob 9, 26.

טְוָת aram. f. *Fasten*, adv. *fastend* Dan. 6, 19.

[טָחָה] Piel part. מְטַחֲוֵי־קֶשֶׁת *Bogenschützen* Gen. 21, 16.

[טֻחָה] f. pl. טֻחוֹת *Nieren* Ps. 51, 8. Hiob 38, 36.

טְחוֹן m. *Handmühle* Klagel. 5, 13.

טָחַן* fut. יִטְחַן, 2 pl. ps. תִּטְחָנוּ; imp. f. טַחֲנִי *mahlen* Num. 11, 8. Richt. 16, 21. Jes. 47, 2; *zerstossen* Ex. 32, 20. Deut. 9, 21. טֹחֲנוֹת *die zerstossenden* (Zähne) Koh. 12, 3; bildl.: *sich preisgeben* Hiob 31, 10; *misshandeln* Jes. 3, 15.

טַחֲנָה f. *Mühle* Koh. 12, 4.

[טְחֹר] m. pl. טְחֹרִים, cs. טְחֹרֵי *Beulen, Geschwülste*, gewöhnlich als Kri für das Ktib עֳפָלִים Deut. 28, 27. 1 Sam. 5, 6; im Text selbst: 1 Sam. 6, 11. 17.

טִיחַ m. *Tünche* Ezech. 13, 12.

טִיט m. *Lehm, Thon* Jes. 41, 25. Nah. 3, 14; *Schlamm, Koth* Jes. 57, 20. Jer. 38, 6. Ps. 40, 3.

[טִין] aram. m. emph. טִינָא *Lehm* Dan. 2, 41. 43.

טִירָה f. cs. טִירַת, pl. טִירוֹת, suff. טִירֹתָם—טִירוֹתֵיהֶם 1) *runde Einfassung* Ezech. 46, 23. 2) *unmauerter Ort, Burg* Hohel. 8, 9. 3) *Zeltlager, Zeltdorf* Gen. 25, 16. Num. 31, 10.

טַל m. ps. טָל, suff. ps. טַלֶּךָ *Thau* Gen. 27, 28. Ex. 16, 13. Deut. 33, 28. Jes. 26, 19.

טַל aram. m. *Thau* Dan. 4, 12. 20.

טָלָא* part. pass. טָלוּא, pl. טְלֻאִים, f. טְלֻאוֹת *gefleckt, bunt* Gen. 30, 32. 35. בָּמוֹת טְלֻאוֹת *mit Fetzen belegte Höhen* (*Tempelchen*) Ezech. 16, 16.

Pual part. pl. f. מְטֻלָּאוֹת *geflickt* Jos. 9, 5.

טְלָאִים s. טְלִי.

טָלֶה m. cs. טְלֵה *Lamm* 1 Sam. 7, 9. Jes. 65, 25.

טַלְטֵל s. טוּל.

טַלְטֵלָה f. *Umherschleuderung* Jes. 22, 17.

[טְלִי] m. pl. טְלָאִים *Lamm* Jes. 40, 11; dagegen ist es 1 Sam. 15, 4 wahrscheinlich n. pr. eines Ortes; vielleicht = טֶלֶם Jos. 15, 24.

[טָלַל]* Piel fut. suff. וַיְטַלְלוּהוּ *unter Dach bringen, vollenden* Neh. 3, 15.

[טְלַל] aram. Afel fut. 3 f. תַּטְלֵל *im Schatten liegen* Dan. 4, 9.

טֶלֶם n. pr. Ort in Juda Jos. 15, 24; vgl. טְלִי.

טַלְמוֹן n. pr. m. Esra 2, 42. Neh. 7, 45.

טָמֵא* pf. 2 f. טָמֵאת, fut. יִטְמָא, inf. לְטָמְאָה *unrein sein*; sowohl von der *levitischen* Lev. 15, 32. Hag. 2, 13 als der *sittlichen Unreinheit* Lev. 18, 25. Ezech. 22, 4. Ps. 106, 39.

Nifal נִטְמָא, 2 f. נִטְמֵאת, 2 pl. נִטְמֵאתֶם—נִטְמֶתֶם (Lev. 11, 43), part. pl. נִטְמָאִים *sich verunreinigen* z. B. durch Ehebruch Num. 5, 27; durch Götzendienst Ezech. 23, 30; durch Blutschande Lev. 18, 24.

Piel טִמֵּא, suff. טִמְּאוֹ, 2 f. טִמֵּאת, 2 pl. טִמֵּאתֶם; fut. אֲטַמֵּא; inf. טַמֵּא, suff. בְּטַמַּאֲכֶם *verunreinigen, entweihen* Num. 19, 13. 35, 34. Deut. 21, 23. 2 Chr. 36, 14; *für unrein erklären* Lev. 13, 3; *schänden* Gen. 34, 5. Ezech. 33, 26.

Pual part. f. מְטֻמָּאָה *verunreinigt* Ezech. 4, 14.

Hitp. fut. יִטַּמָּא *sich verunreinigen* Lev. 11, 43. 21, 1. Hos. 9, 4.

Hotp. pf. f. הֻטַּמָּאָה *verunreinigt, entweiht sein* Deut. 24, 4.

טָמֵא adj. cs. טְמֵא, fem. טְמֵאָה, cs. טְמֵאַת, pl. טְמֵאִים *unrein* (vergl. das Verbum טָמֵא) Lev. 5, 2. 11, 31. Jes. 6, 5. Ezech. 22, 5. Amos 7, 17; *Unreinheit* Deut. 26, 14.

טֻמְאָה f. *Unreinheit* Micha 2, 10 (vgl. טָמֵא).

טֻמְאָה f. cs. טֻמְאַת, pl. טֻמְאוֹת, suff. טֻמְאוֹתֵיכֶם, טֻמְאֹתָם *Unreinheit* in *levitischem* und *moralischem* Sinne Lev. 5, 3. 16, 16. Ezech. 36, 29. Esra 6, 21.

[טָמָא—טָמָה] Nifal pf. 1 pl. נִטְמִינוּ *für unrein betrachtet werden* Hiob 18, 3.

טָמַן* pf. 1 sg. suff. טְמַנְתִּיו; fut. יִטְמֹן, suff. יִטְמְנֵהוּ, inf. לִטְמוֹן, suff. לְטָמְנוֹ; imp. suff.

טָמַן *vergraben, verscharren* Gen. 35, 4. Ex. 2, 12. Jos. 7, 21. Hiob 3, 16. 40, 13. טְמוּנֵי חוֹל *das im Sande Vergrabene* Deut. 33, 19; *tief hineinstecken* Jer. 43, 9. Spr. 19, 24. 26, 15; *verbergen* Jos. 2, 6. Jer. 13, 4; bildlich Hiob 31, 33; *heimlich* (eine Schlinge, ein Netz) *legen* Ps. 9, 16. 35, 8. Jer. 18, 22. Hiob 18, 10. טָמוּן *aufbewahrt, bestimmt* Hiob 20, 26; subst. *Versteck, finsterer Ort* Hiob 40, 13.

Nifal imp. הִטָּמֵן *sich vergraben* Jes. 2, 10.
Hifil fut. וַיַּטְמִנוּ *vergraben, verbergen* 2 Kön. 7, 8.

טֶנֶא m. suff. טַנְאֲךָ *Korb* Deut. 26, 2. 4; bildlich für den *Fruchtertrag* Deut. 28, 5. 17.

*[טָנַף] Piel fut. suff. אֲטַנְּפֵם *beschmutzen* Hohel 5, 3.

*[טָעָה] Hifil pf. pl. הִטְעוּ *irre führen* Ezech. 13, 10.

*טָעַם fut. יִטְעַם *kosten, geniessen* 1 Sam. 14, 24. 2 Sam. 3, 35. Jona 3, 7; *schmecken* Hiob 12, 11. 34, 3; geistig: *einsehen* Ps. 34, 9. Spr. 31, 18.

[טעם] aram. Pael fut. יְטַעֲמוּנֵהּ, יְטַעֲמוּן *zu kosten geben* Dan. 4, 22. 5, 21.

טַעַם ps. טָעַם, m. suff. טַעְמוֹ 1) *Geschmack* Ex. 16, 31. Num. 11, 8. Hiob 6, 6. 2) *Einsicht* 1 Sam. 25, 33. Jer. 48, 11. Ps. 119, 66. Spr. 11, 22. Hiob 12, 20. מְשִׁיבֵי טַעַם *weise Rathgeber* Spr. 26, 16; *Verstand* 1 Sam. 21, 14. Ps. 34, 1; *Beschluss* Jona 3, 7.

טְעֵם aram. m. *Beschluss* Esra 6, 14. 7, 23.

טְעֵם aram. m. emph. טַעְמָא 1) *Genuss* Dan. 5, 2. 2) *Sinn*; שָׂם טְעֵם עַל *auf Jemand achten* Dan. 3, 12. 6, 14. עֵטָא וּטְעֵם *verständiger Rath* Dan. 2, 14. בְּעֵל טְעֵם *Rath (Beamter)* Esra 4, 8. יָהַב טְעֵם *Rechnung ablegen* Dan. 6, 3. 3) *Beschluss, Befehl* Esra 6, 14. שָׂם טְעֵם *einen Befehl (Edikt) ergehen lassen* Dan. 3, 10. Esra 6, 1.

*טָעַן imp. pl. טַעֲנוּ *beladen* Gen. 45, 17.
Pual part. pl. cs. מְטֹעֲנֵי *durchbohrt* Jes. 14, 19.

טַף m. ps. טָף, suff. טַפְּנוּ, טַפְּכֶם, טַפָּם collect. *die Kleinen, die Kinder* Gen. 47, 12. Ex. 12, 37. Num. 32, 17. Jos. 1, 14.

*[טָפַח] Piel pf. 3 sg. f. טִפְּחָה *ausspannen* Jes. 48, 13; *gedeihen lassen, pflegen* Klagel. 2, 22.

טֶפַח m. 1) *Handbreite* (als Mass) 1 Kön. 7, 26. 2 Chr. 4, 5.

טֹפַח m. *Handbreite* Ex. 25, 25. Ezech. 40, 5.

[טִפֻּח] m. pl. טִפֻּחִים *das Pflegen, Warten.* עֹלְלֵי טִפֻּחִים *die zart gepflegten Kinder* Klagel. 2, 20.

[טְפָחָה] f. pl. טְפָחוֹת *Handbreit*, als Bild der Kürze des menschlichen Lebens Ps. 39, 6. 2) *Unterbalken* (beim salomonischen Tempel) 1 Kön. 7, 9.

*טָפַל fut. יִטְפֹּל *anfügen, hinzufügen* mit עַל Hiob 14, 17. טֹפְלֵי־שֶׁקֶר *Trugandichter* Hiob 13, 4; ähnlich Ps. 119, 69.

טִפְסַר m. pl. suff. טַפְסְרַיִךְ *Befehlshaber, Anführer* Jer. 51, 27. Nah. 3, 17.

טָפַף (denom. v. טַף) inf. abs. טָפוֹף *trippeln, kleine Schritte machen* Jes. 3, 16.

[טְפַר] aram. suff. טִפְרֵיהּ (Ktib) — טִפְרַהּ (Kri), pl. suff. טִפְרוֹהִי *Nagel, Kralle* Dan. 4, 31. 7, 19.

*טָפַשׁ *fett sein*, bildl. *verstockt sein* Ps. 119, 70.

טָפַת n. pr. Tochter Salomo's 1 Kön. 4, 11.

*טָרַד *treiben, drängen.* דֶּלֶף טֹרֵד *eine unabl ssig strömende Rinne* (wo ein Tropfen den andern drängt) Spr. 19, 13. 27, 15.

טרד aram. part. pl. טָרְדִין, pass. טְרִיד *verstossen* Dan. 4, 22. 29. 30. 5, 21.

טרום Rut 3, 14 Ktib = טֶרֶם s. d.

*[טָרַח] Hif. fut. יַטְרִיחַ *beladen* Hiob 37, 11.

טֹרַח m. suff. טָרְחֲכֶם *Mühe, Last* Deut. 1, 12. Jes. 1, 14.

[טָרִי] adj. f. טְרִיָּה *frisch* Richt. 15, 15. Jes. 1, 6.

טֶרֶם adv. 1) *noch nicht* (mit dem fut.) Gen. 2, 5. Ex. 10, 7. 1 Sam. 3, 3; *bevor, ehe* Ex. 12, 34. Jos. 2, 8; häufiger בְּטֶרֶם Gen. 27, 4; meist mit fut., selten mit pf. Ps. 90, 2. Spr. 8, 25. מִטֶּרֶם mit inf. *bevor* Hagg. 2, 15.

*טָרַף fut. יִטְרֹף, imp. טְרֹף — לִטְרָף־ *zerreissen* (vom wilden Thiere), *zerfleischen* Gen. 37, 33. 49, 27; überhaupt *vernichten* Amos 1, 11. Ps. 50, 22.

Nifal fut. יִטָּרֵף *zerrissen werden* Ex. 22, 12.
Pual pf. טֹרַף *zerrissen werden* Gen. 37, 33.

Hifil (denom. von טֶרֶף), imp. suff. הַטְרִיפֵנִי *lass mich essen* Spr. 30, 8.

טָרָף adj. *frisch sprossend* Gen. 8, 11.

טֶרֶף m. suff. טַרְפּוֹ, pl. cs. טַרְפֵּי *Raub, Beute* Gen. 49, 9. Num. 23, 24; überhaupt: *Speise* Mal. 3, 10. Ps. 111, 5. Spr. 31, 15. 2) *Blatt* Ezech. 17, 9.

טְרֵפָה f. *das Zerrissene* Gen. 31, 39. Ex. 22, 12.

[טַרְפְּלַי] aram pl. emph. טַרְפְּלָיֵא Bewohner einer assyrischen Landschaft Esra 4, 9.

י

יָאַב* pf. יָאַבְתִּי *Verlangen haben nach* ... mit ל Ps. 119, 131.

יָאָה* pf. 3 sg. f. ps. יָאָתָה *es gebührt* Jer. 10, 7.

יְאוֹר s. יְאֹר.

יַאֲזַנְיָהוּ—יַאֲזַנְיָה (*Gott hört*) n. pr. m. 1) 2 Kön. 25, 23 (= יְזַנְיָהוּ Jer. 40, 8 — יְזַנְיָה Jer. 42, 1). 2) Jer. 35, 3. 3) Ezech. 8, 11.—11, 1.

יָאִיר (*Erleuchter*) n. pr. 1) Sohn des Manasse Num. 32, 41 (wovon n. gent. יָאִרִי 2 Sam. 20, 26). 2) Richter aus dem Stamme Manasse Richt. 10, 3. 3) Vater des Mordechai Est. 2, 5.

[יָאַל]* I = [אָוַל] Nifal pf. נוֹאֲלוּ, ps. נֹאָלוּ, 1 pl. נוֹאַלְנוּ *thöricht sein, thöricht handeln* Num. 12, 11. Jes. 19, 13. Jer. 5, 4. 50, 36.

[יָאַל]* II] Hifil pf. הוֹאַלְתִּי, הוֹאִיל, fut. יֹאֶל—וַיֹּאֶל—וַיּוֹאֶל, imp. הוֹאֶל—הוֹאֵל, pl. הוֹאִילוּ *den Willen äussern, unternehmen, wagen* Gen. 18, 27. 31. 1 Sam. 17, 39; *anfangen* Deut. 1, 5; *sich entschliessen* Ex. 2, 21. 1 Sam. 12, 22. 1 Chr. 17, 27; etwas *durchsetzen* Jos. 7, 7. 17, 12. הוֹאִיל הָלַךְ *er geht absichtlich* Hos. 5, 11; *wollen* Hiob 6, 9 und daher als Bittform: הוֹאֶל־נָא וְלִין *übernachte doch!* Richt. 19, 6. 2 Sam. 7, 29. 2 Kön. 5, 23. 6, 3. Hiob 6, 28.

יְאֹר m. [כָּאֹר Amos 8, 8 = כַּיְאֹר], suff. יְאֹרִי, pl. יְאֹרִים, cs. יְאֹרֵי, suff. יְאֹרֶיךָ, יְאֹרֵיהֶם *Fluss* Jes. 33, 21. Hiob 28, 10. Dan. 12, 5. 6 (*Tigris*); am häufigsten von dem *Nil* Gen. 41, 1. Ex. 2, 3 (zuweilen ausdrücklich als יְאֹר מִצְרַיִם bezeichnet Amos 8, 8. 9, 5) und von dessen *Armen* und *Kanälen* Ex. 8, 1. Jes. 7, 18. 19, 6. Ezech. 29, 4. קְצִיר יְאֹר *die Erndte des Nil-Getreides* Aegyptens Jes. 23, 3.

[יָאַשׁ]* Nifal נוֹאָשׁ *abstehen von* etwas mit מִן 1 Sam. 27, 1; adverb. *umsonst, vergebens* Jes. 57, 10. Jer. 2, 25. 18, 12. אִמְרֵי נוֹאָשׁ *vergebliche Reden* Hiob 6, 26.

Piel inf. לְיַאֵשׁ *der Verzweiflung überlassen* Koh. 2, 20.

יֹאשִׁיָּהוּ—יֹאשִׁיָּה (*Gott stützt*) n. pr. 1) *Josia*, König von Juda 2 Kön. 23, 23. Jer. 1, 3. 2 Chr. 34, 33. 2) Zeitgenosse des Propheten Zacharja Zach. 6, 10.

יְאָתְרַי (*Gott leitet*) n. pr. m. 1 Chr. 6, 6 = אֶתְנִי das. 6, 26.

[יָבַב]* Piel fut. וַתְּיַבֵּב *klagen, wimmern* Richt. 5, 28.

יְבוּל m. suff. יְבוּלָהּ—יְבֻלָהּ *Ertrag*, meist von Bodenerzeugnissen Lev. 26, 4. Deut. 11, 17. 32, 22. Ps. 67, 7; dichterisch überhaupt *Besitz* Hiob 20, 28.

יְבוּס n. pr. früherer Name *Jerusalems* Richt. 19, 10. 11. 1 Chr. 11, 4. 5; n. gent. יְבוּסִי—יְבֻסִי kanaanitischer Volksstamm Gen. 15, 21. Ex. 3, 8. 2 Sam. 5, 6; zuweilen wird הַיְבוּסִי für *Jerusalem* gebraucht Jos. 15, 8. 19, 16; dichterisch Zach. 9, 7.

יִבְחָר (*Erwählter*) n. pr. Sohn des David 2 Sam. 5, 15. 1 Chr. 3, 6. 14, 5.

יָבִין (*Verständiger*) n. pr. König von Chazor Jos. 11, 1. 12, 19. Richt. 4, 2. Ps. 83, 10.

יָבִישׁ s. יָבֵשׁ.

[יָבַל]* Hifil fut. 3 sg. suff. יוֹבִלֵנִי—יֹבִלֵנִי, 1 sg. suff. אוֹבִילֵם, pl. יוֹבִילוּ, suff. יֹבִלוּהָ nur dichterisch: *führen, leiten* Jes. 23, 7. Jer. 31, 9. Ps. 60, 11. 108, 11; *bringen* Ps. 68, 30. 76, 12.

Hofal fut. תּוּבַלְנָה, תּוּבָלוּן, תּוּבַל, יוּבַל *geleitet werden* Jes. 55, 12. Ps. 45, 16. Hiob 21, 30; *gebracht werden* Jes. 18, 7. Hos. 12, 2.

[יְבַל] aram. Hifil pf. הֵיבֵל, inf. הֵיבָלָה *bringen* Esra 5, 14. 7, 15.

יָבָל m. 1) pl. cs. יִבְלֵי *Bach* Jes. 30, 25. 44, 4. 2) n. pr. Sohn des Lemech Gen. 4, 20.

יֻבַל s. יוּבַל.

[יַבָּל] adj. f. יַבֶּלֶת *Geschwüre habend* Lev. 22, 22.

יִבְלְעָם (*Volkbezwingend*) n. pr. Ort in Manasse Jos. 17, 11. Richt. 1, 27. 2 Kön. 9, 27 = בִּלְעָם 1 Chr. 6, 55.

יָבָם* m. suff. יְבָמִי *Schwager* (Bruder des Mannes) Deut. 25, 5. 7.

[יָבַם] denom. v. יָבָם. Piel pf. suff. יִבְּמָהּ, inf. suff. יַבְּמִי, imp. יַבֵּם *die Schwagerehe vollziehen an* ... mit acc. Gen. 38, 8. Deut. 25, 5. 7.

[יְבָמֶת] f. suff. יְבִמְתֵּךְ *Schwägerin* (Frau des Bruders oder des Bruders des Mannes) Deut. 25, 7. 9. Rut 1, 15.

יַבְנְאֵל (*Gott erbaut*) n. pr. 1) Ort in Juda Jos. 15, 11. 2) Ort in Naftali Jos. 19, 33.

יַבְנֶה (*Erbauer*) n. pr. *Jabne* philistische Stadt, von Ussia erobert, später *Jamnia* 2 Chr. 26, 6.

יִבְנְיָה n. pr. m. 1 Chr. 9, 8.

יִבְנִיָּה n. pr. m. 1 Chr. 9, 8.

יַבֹּק n. pr. eines Nebenflusses des Jordan auf dessen östlichem Ufer Gen. 32, 23. Num. 21, 24. Deut. 2, 37. 3, 16. Jos. 12, 2. Richt. 11, 13.

יְבֶרֶכְיָהוּ (*Gott segnet*) n. pr. m. Jes. 8, 2.

יִבְשָׂם (*duftend*) n. pr. m. 1 Chr. 7, 2.

יָבֵשׁ* fut. יִיבַשׁ, pl. ps. יָבֵשׁוּ inf. abs. יָבוֹשׁ, cs. בִּיבֹשׁ und יְבֹשֶׁת *trocknen, vertrocknen* Gen. 8, 7. Jos. 9, 5; *verdorren* Jes. 27, 11. Zach. 11, 17.

Piel fut. תְּיַבֵּשׁ, וַיַּבְּשֵׁהוּ (Nah. 1, 4 = וַיְיַבְּשֵׁהוּ) *austrocknen* (trans.) Nah. 1, 4; *verdorren machen* Spr. 17, 22. Hiob 15, 30.

Hifil pf. הוֹבַשְׁתָּ, fut. אוֹבִישׁ *austrocknen* (trans.) Jos. 2, 10. Ps. 74, 15; *verdorren lassen* Ezech. 17, 24. [Vgl. בּוֹשׁ.]

יָבֵשׁ 1) adj. fem. יְבֵשָׁה, pl. יְבֵשִׁים, f. יְבֵשׁוֹת *trocken, dürr* Num. 6, 3. 11, 6. Jes. 56, 3. Ezech. 37, 4. 2) n. pr. יָבֵשׁ—יָבֵישׁ a) mit He loc. יָבֵשָׁה, vollständ. יָבֵשׁ גִּלְעָד Stadt im Ostjordanlande Richt. 21, 8. 1 Sam. 11, 1. 31, 12. 13; n. E. auch zuweilen bloss גִּלְעָד 1 Kön. 17, 1. Hos. 6, 8. b) m. 2 Kön. 15, 10. 13. 14.

יַבָּשָׁה f. *das Trockene, Festland* Gen. 1, 9. Ex. 4, 9. 14, 16. Jes. 44, 3. Ps. 66, 6.

יַבֶּשֶׁת f. ps. יַבָּשֶׁת *das Trockene, Festland* Ex. 4, 9. Ps. 95, 5.

[יַבֶּשֶׁת] f. emph. יַבֶּשְׁתָּא *das Trockene, die Erde* Dan. 2, 10.

יִגְאָל (*Erlöser*) n. pr. m. 1) Num. 13, 7. 2) 2 Sam. 23, 36. 3) 1 Chr. 3, 22.

יָגֵב m. pl. יֹגְבִים *Feldarbeiter, Pflüger* 2 Kön. 25, 12 Kri (vgl. גּוּב). Jer. 52, 16.

[יָגֵב] m. pl. יְגֵבִים *Acker* Jer. 39, 10.

יָגְבְּהָה (*Höhe*) n. pr. Ort in Gad Num. 32, 35. Richt. 8, 11.

יִגְדַּלְיָהוּ (*Gott ist gross*) n. pr. m. Jer. 35, 4.

***[יָגָה]** Nifal part. pl. cs. נוּגֵי, f. נוּגוֹת *bekümmert sein* Zef. 3, 18. Klagel. 1, 4.

Piel fut. וַיַּגֶּה Klagel. 3, 33 = וַיְיַגֶּה *betrüben.*

Hifil pf. הוֹגָה, suff. הוֹגָהּ, fut. 2 pl. תּוֹגְיוּן = תּוֹגוּ, part. pl. suff. מוֹגַיִךְ *mit Kummer erfüllen, betrüben* Jes. 51, 23. Hiob 19, 2. Klagel. 1, 5. 12. 3, 32.

יָגוֹן m. suff. יְגוֹנָם *Kummer, Gram* Gen. 42, 38. 44, 31. Jes. 35, 10. Jer. 31, 13.

יָגוֹר adj. (eigentl. part. v. יָגֹר) *sich fürchtend* Jer. 22, 25. 39, 17.

יָגוּר (*Aufenthalt*) n. pr. Ort in Juda Jos. 15, 21.

[יָגִיעַ] adj. pl. cs. יְגִיעֵי *müde* Hiob 3, 17.

יְגִיעַ m. suff. יְגִיעֲךָ, pl. suff. יְגִיעֶי *Arbeit, Mühe* Gen. 31, 42; *das Erarbeitete, Erwerb, Besitz* Deut. 28, 33. Jes. 55, 2. Hos. 12, 9. Ps. 128, 2; *Werk* Hiob 10, 3.

יָגְלִי (*Verbannter*) n. pr. m. Num. 34, 22.

***יָגַע** fut. יִיגַע, pl. יִגְעוּ—יִיגְעוּ (ps. יִגָעוּ—יִיגָעוּ) *müde werden* 2 Sam. 23, 10. Jes. 40, 28; *an etwas arbeiten* mit ב Jos. 24, 13 oder dem inf. mit ל Spr. 23, 4.

Piel fut. תְּיַגַּע *müde machen* Jos. 7, 3. Koh. 10, 15.

Hifil 2 sg. suff. הוֹגַעְתַּנִי, 1 pl. הוֹגַעְנוּ *ermüden, belästigen* Jes. 43, 23. 24. Mal. 2, 17.

יְגָע m. *Mühe, Erwerb* Hiob 20, 18.

יָגֵעַ adj. pl. יְגֵעִים *müde* Deut. 25, 18. 2 Sam. 17, 2; *ermüdend* Koh. 1, 8.

יְגִיעָה f. cs. יְגִעַת *Mühseligkeit* Koh. 12, 12.

יָגֹר* pf. יָגֹרְתִּי · יָגֹרְתָּ *sich fürchten, Grauen empfinden*, mit accus. der Sache Ps. 119, 39. Hiob 3, 25. 9, 28; mit מִפְּנֵי Deut. 9, 19. 28, 60.

יְגַר aram. m. *Steinhaufe* Gen. 31, 47.

יָד* f. (selten m.) cs. יַד, suff. יָדִי, יָדְךָ (יָדְכָה), יֶדְכֶם, du. יָדַיִם, cs. יְדֵי, suff. יָדַי, יָדֵיהוּ (=יָדָיו), יְדֵיכֶם, pl. יָדוֹת, cs. יְדוֹת, suff. יְדוֹתָיו · יְדוֹתָם *Hand* Gen. 38, 28. Ex. 13, 16 (daher בֵּין הַיָּדַיִם *zwischen den Händen = vorn auf der Brust* Zach. 13, 6) u. in viel. davon ausgehend. Uebertragungen: a) *Thätigkeit, Macht, Hülfe.* הִנֵּה יָדִי עִמְּךָ *ich bin bereit dich zu unterstützen* 2 Sam. 3, 12; ähnl. 1 Sam. 22, 17. 2 Kön. 15, 19. כְּיַד הַמֶּלֶךְ *nach dem Vermögen des Königs* 1 Kön. 10, 13. Est. 1, 7. בְּיָד *mit Macht* Jes. 28, 2. וְלֹא־מָצְאוּ כָל־אַנְשֵׁי־חַיִל יְדֵיהֶם *die Kriegsleute fanden nicht ihre Hand* d. h. *hatten ihre Kraft verloren* Ps. 76, 6; *That* Ex. 14, 30; ferner als Bild des *Schutzes* Jes. 25, 10; der *Fürsorge* Esra 7, 6. 9. 8, 22; der *Leitung* z. B. צֹאן יָדוֹ *die Heerde seiner Leitung* Ps. 95, 7 (vergl. עַל יְדֵי No. f.); der *Züchtigung* Ex. 7, 4. Rut. 1, 13. יָדִי כָּבְדָה *die auf mir ruhende Hand* (Gottes) *ist schwer* Hiob 23, 2. b) In einem andern Sinn ist „*die Hand Gottes kam über mich*" = *ich fühlte mich* (prophetisch) *begeistert* 1 Kön. 18, 46. Ezech. 1, 3. 3, 22; ebenso יַד־יְהוָה עָלַי חָזָקָה Ezech. 3, 14 u. וַתִּפֹּל עָלַי יַד אֲדֹנָי Ezech. 8, 1; daher חֶזְקַת הַיָּד *überwältigende* (göttliche) *Kraft* Jes. 8, 11; ähnl. מִפְּנֵי יָדְךָ Jer. 15, 17. c) *Handschlag* als Zeichen der Zusicherung, נָתַן יָד 2 Kön. 10, 15; der Unterwerfung mit לְ 2 Chr. 30, 8; mit accus. Klagel. 5, 6; mit תַּחַת 1 Chr. 29, 24. יָד לְיָד *die Hand darauf! gewiss!* Spr. 11, 21. d) als Raumbezeichnung: *bestimmter Ort* Num. 2, 17. Deut. 23, 13. Jos. 8, 20. Jes. 57, 8; daher *Denkmal* 1 Sam. 15, 12. 2 Sam. 18, 18. Jes. 56, 5; *Seite, Ufer* des Flusses Ex. 2, 5. Deut. 2, 37; daher רְחַב יָדַיִם *weit ausgebreitet, geräumig* Gen. 34, 21. Jes. 33, 21. Ps. 104, 25. יָדוֹת *Seitenlehnen* 1 Kön. 10, 19; *Seiteneinfassungen* 1 Kön. 7, 35. e) bei Berechnungen z. B. אַרְבַּע הַיָּדֹת *vier Fünftel* Gen. 47, 24. שְׁתֵּי הַיָּדוֹת *zwei Drittel* 2 Kön. 11, 7. תֵּשַׁע יָדוֹת *neun Zehntel* Neh. 11, 1. חָמֵשׁ יָדוֹת *fünfmal* Gen. 43, 34. עֶשֶׂר יָדוֹת *zehnmal* Dan. 1, 20. f) יָדוֹת *Zapfen* an den Brettern der Stiftshütte Ex. 26, 17; *Achsen* des Rades 1 Kön. 7, 32. g) mit Präpos. zusammenges. בְּיַד *durch* Num. 15, 23. 33, 1. מִיַּד *aus etwas heraus* Gen. 32, 12. 1 Sam. 17, 37. Jes. 47, 14. עַל־יְדֵי *in die Hände* (bei Uebergabe) Gen. 42, 37. Ps. 63, 11; *unter der Leitung* 1 Chr. 25, 2. 3. 6; *nach der Weise* 2 Chr. 23, 18. 29, 27.

יַד aram. f. emph. יְדָא, suff. יְדָךְ, יְדֵהּ, יְדְהֹם, dual. יְדַיִן, suff. יְדַי *Hand* Dan. 5, 5; *Macht* Dan. 3, 17; *Besitz* Esra 7, 14. 25; *Thätigkeit* Esra 5, 8. — לָא בִידַיִן *nicht durch Hände = durch eine höhere Macht* Dan. 2, 34. 45.

[יְדָא] aram. Afel part. מְהוֹדֵא—מוֹדֵא *danken* Dan. 2, 23. 6, 11.

יִדְאֲלָה n. pr. Stadt in Sebulon Jos. 19, 15.

יִדְבָּשׁ n. pr. m. 1 Chr. 4, 3.

יָדַד* pf. 3 pl. יַדּוּ *werfen* (das Loos) Joel 4, 3. Obadj. 1, 11. Nah. 3, 10.

יְדִדוּת f. *Liebe, geliebter Gegenstand* Jer. 12, 7.

יָדָה* imp. pl. יְדוּ *schleudern* Jer. 50, 14.

Piel inf. לְיַדּוֹת, fut. וַיַּדּוּ (=וַיְיַדּוּ) *schleudern* Klagel. 3, 53; *abschlagen* Zach. 2, 1.

Hifil pf. 3 pl. הוֹדוּ, 1 pl. הוֹדִינוּ, fut. אוֹדֶה, suff. אוֹדְךָ (ps. אוֹדֶךָּ), אֲהוֹדֶנּוּ—אוֹדֶנּוּ (Ps. 28, 7), יְהוֹדֶה—יוֹדֶה (Neh. 11, 17), 3 pl. יוֹדוּךָ—יְהוֹדוּךָ (Ps. 45, 18), inf. הוֹדוֹת, imp. pl. הוֹדוּ, part. מוֹדֶה, pl. מוֹדִים 1) *bekennen, eingestehen* Spr. 28, 13; mit עַל Ps. 32, 5. 2) *dankend bekennen, danken, preisen*, meist mit accus. Gen. 29, 35. 49, 8. Ps. 7, 18; mit לְ Ps. 75, 2. 106, 1; mit לְ u. accus. *Jemand für etwas danken* Ps. 107, 8.

Hitp. הִתְוַדָּה *bekennen, Bekenntniss ablegen* Lev. 5, 5; mit accus. Lev. 16, 21. 26, 40. Num. 5, 7; mit עַל Neh. 1, 6. 9, 2.

יַדּוֹ n. pr. m. Esra 10, 42 Ktib. — 1 Chr. 17, 21.

יָדוֹן (*Richter*) n. pr. m. Neh. 3, 7.

יַדּוּעַ (*bekannt*) 1) Name eines Hohepriesters Neh. 12, 11. 22. 2) Neh. 10, 22.

יְדִיתוּן—יְדֻתוּן—יְדוּתוּן (*Lobender*) n. pr. eines levitischen Sängers und Musikers 1 Chr. 26, 41, 42. 25, 1 und des von ihm herrührenden Geschlechts oder Sängerchor's, das in Ueberschriften von Psalmen (Ps. 39. 62. 77) und in späteren Zeiten genannt wird Neh. 11, 17. 2 Chr. 35, 15.

יְדִי n. pr. m. Esra 10, 42 Kri.

[יָדִיד] m. cs. יְדִיד, suff. יְדִידִי, pl. suff. יְדִידֶיךָ, *Geliebter, Liebling, Freund* Deut. 33, 12. Jes. 5, 1. Jer. 11, 15. Ps. 60, 7. 127, 2; adj. *lieblich* Ps. 84, 2. שִׁיר יְדִידֹת *Liebeslied* Ps. 45, 1.

יְדִידָה (*Geliebte*) n. pr. Mutter des Königs Josia 2 Kön. 22, 1.

יְדִידְיָה (*Freund Gottes*) n. pr. Beiname des Salomo 2 Sam. 12, 25.

יְדָיָה (*Er preiset Gott*) n. pr. m. 1) Neh. 3, 10. 2) 1 Chr. 4, 37.

יְדִיעֲאֵל (*Gott kennt*) n. pr. Sohn des Benjamin 1 Chr. 7, 6. 10. 11.

יְדִיתוּן s. יְדוּתוּן.

יִדְלָף (*träufelnd*) n. pr. Sohn des Nachor Gen. 22, 22.

יִדְּמוּ (Ex. 15, 16) s. דָּמַם.

יָדַע pf. 3 sg. suff. יְדָעָנוּ, 2 f. sg. יָדַעַתְּ, 3 pl. יָדְעוּ—יָדְעוּן, fut. יֵדַע—יֵדַע (Ps. 138, 6), תֵּדַע, אֵדְעָה—אֵדַע, תֵּדְעוּן — (ps. תֵּדָעִי) תֵּדְעִי, inf. דַּעַת—דֵּעָה, imp. דַּע—דְּעָה (Spr. 24, 14), דְּעִי, דְּעוּ 1) *wahrnehmen* (sinnliche Eindrücke mit Bewusstsein aufnehmen) Gen. 3, 7. Ex. 2, 4. 1 Sam. 22, 3. Jes. 40, 21. 28; *empfinden*, z. B. Liebe oder Hass Koh. 9, 1; Unglück Koh. 8, 5; Strafe Hos. 9, 7. Hiob 21, 19. יָדְעָה אִישׁ *sie hat einen Mann empfunden*, vom geschlechtlichen Umgang der Frau mit dem Manne Gen. 19, 8. Richt. 11, 39, was zuweilen noch durch מִשְׁכַּב זָכָר deutlicher gemacht wird Num. 31, 17. Richt. 21, 18; ebenso vom Mann in Bezug auf die Frau (*beiwohnen*) Gen. 4, 1. 1 Kön. 1, 4; auch von *unnatürlichem Beischlaf* Gen. 19, 5. Richt. 19, 22. 2) *kennen* (eine Person) Gen. 29, 5. Ex. 5, 2. 2 Sam. 3, 25. יֹדֵעַ *ein Freund* Ps. 87, 4. Hiob 19, 13. יֹדְעֵי אֱלֹהִים Dan. 11, 32 oder יֹדְעֵי שְׁמֶךָ יְהוָה Ps. 9, 11 *die Gott — seinen Namen kennen* d. h. *verehren*. יְדוּעַ *bekannt, angesehen* Deut. 1, 15. יְדוּעַ חֹלִי *bekannt mit Krankheit* d. h. *fortwährend krank* Jes. 53, 3; *verstehen* (eine Sache) Gen. 25, 27. Jes. 29, 12. Est. 1, 13. יֹדְעֵי הַיָּם *seekundige* 1 Kön. 9, 27; *kennen lernen* Num. 14, 31. Deut. 34, 10. 3) *erkennen, einsehen* Ex. 6, 7. Deut. 4, 39. 8, 5. Jes. 6, 9; *sich um etwas kümmern* Gen. 39, 6. Spr. 27, 23. Hiob 9, 21; *untersuchen* Hiob 34, 4; *beachten* Gen. 18, 19. Ex. 2, 25. Jes. 51, 7. Amos 3, 2. Nah. 1, 7. 4) *wissen* Gen. 4, 9. 43, 19; mit Object im accus. Gen. 27, 2. Hiob 15, 9; *um etwas wissen* mit בְּ Gen. 19, 33. 1 Sam. 22, 15 oder עַל Hiob 37, 16; überhaupt aber mit abhängig. Satze mit u. ohne Conj.: לֹא יָדַעְתִּי אֲכַנֶּה *ich weiss nicht zu schmeicheln* Hiob 32, 22; mit inf. Jer. 1, 6. Amos 3, 10; mit inf. und לְ Koh. 4, 13. יֹדְעִים *Wissende, Gelehrte* Koh. 9, 11. יֹדְעֵי טוֹב וָרָע *wissend Gutes und Böses* = *sittliche Erkenntniss habend* Gen. 3, 5.

Nifal pf. נוֹדַע, fut. יִוָּדַע, ps. יִוָּדֵעַ 1) *bemerkt werden* Gen. 41, 21. Ex. 2, 14; *sich bemerkbar machen* 1 Sam. 22, 6. Rut. 3, 3; *übel vermerkt, bestraft werden* Jer. 31, 19. Spr. 10, 9; *bekannt sein* Ex. 21, 36. Richt. 16, 9. 2) *erkannt werden* Jes. 66, 14. Ps. 76, 2; *sich offenbaren* Ex. 6, 3. Ezech. 20, 9.

Piel *wissen lassen, anzeigen*, mit doppelt. accus. Hiob 38, 12.

Pual part. מְיֻדָּע *Bekannter, Freund* 2 Kön. 10, 11. Ps. 55, 14. Hiob 19, 14. Rut 2, 1 Ktib.

Poel pf. 1 sg. יוֹדַעְתִּי *bestellen* 1 Sam. 21, 3.

Hifil pf. 1 sg. הוֹדַעְתִּי, fut. יֹדַע—יוֹדִיעַ, inf. הוֹדִיעַ, imp. הוֹדַע, suff. הוֹדִיעֵנִי 1) *erkennen lassen, wissen lassen, anzeigen, belehren* mit dopp. acc. Gen. 41, 39. Ex. 33, 12. Spr. 22, 21; mit accus. d. Sache u. לְ d. Pers. Ex. 18, 20. Ps. 103, 7; bloss mit לְ d. Pers. Spr. 9, 9; die Sache wird häufig durch einen abhängig. Satz ausgedrückt Jos. 4, 22. 1 Sam. 28, 15. 1 Kön. 1, 27; oder durch inf. mit לְ Ps. 90, 12. 2) *fühlen lassen, strafen* Richt. 8, 16.

Hofal pf. הוּדַע (= הוֹדַע), part. f. מוּדַעַת *bekannt werden* Lev. 4, 23. 28. Jes. 12, 5.

Hitp. fut. אֶתְוַדַּע, inf. הִתְוַדַּע *sich zu erkennen geben* Gen. 45, 1. Num. 12, 6.

יְדַע aram. pf. 1 sg. יִדְעֵת, part. יָדַע, pl. יָדְעִין, pass. יְדִיעַ, fut. אִנְדַּע, 3 pl. יִנְדְּעוּן, imp. דַּע, *erkennen* Dan. 4, 22; *wissen* Dan. 4, 14. 6, 16.

Hifil pf. 3 sg. הוֹדַע, suff. הוֹדְעָךְ, 2 sg. suff. הוֹדַעְתַּנִי, הוֹדַעְתֶּנָא, 1 pl. הוֹדַעְנָא, fut. 3 sg. יְהוֹדַע, suff. יְהוֹדְעִנַּנִי, 2 pl. תְּהוֹדְעוּן, suff. תְּהוֹדְעוּנַּנִי, 3 pl. יְהוֹדְעוּן, inf. הוֹדָעָה, suff. הוֹדָעוּתָךְ *wissen lassen, verkünden, mittheilen* Dan. 2, 5. 15. 23. 25. 29. 30. 5, 8. 7, 16. Esra 4, 14. 5, 10. 7, 25.

יָדָע (*Wissender*) n. pr. m. 1 Chr. 2, 28. 32.

יְדַעְיָה (*Gott weiss*) n. pr. m. 1) Zach. 6, 10. 14. 2) 1 Chr. 9, 10. 24, 7.

יִדְּעֹנִי m. pl. יִדְּעֹנִים *Wahrsager*, *Beschwörer* Lev. 19, 31. Deut. 18, 11. 1 Sam. 28, 3; *der Wahrsagergeist* Lev. 20, 27.

יְדֻתוּן s. יְדוּתוּן.

יָהּ verkürzte Form für יְהוָֹה (s. d.) oder zunächst des aus diesem verkürzten יָהוּ (das nur in vielen n. pr. — wo es mit יָה wechselt — vorkommt) Ex. 15, 2. 17, 16. יָהּ selbst kommt in Zusammensetzung mit Hauptwörtern vor, um die Grösse auszudrücken (wie אֱלֹהִים, אֵל), שַׁלְהֶבֶתְיָה, מַאְפֵּלְיָה (s. d.). בְּיָהּ scheint nur den *Gottesbegriff* zu verstärken Jes. 26, 4. Ps. 68, 5.

יָהַב* imp. הַב — הָבָה (הָבָה), f. הָבִי, pl. הָבוּ *geben* Gen. 29, 21. Ps. 60, 13. Spr. 30, 15. Hiob 6, 22; *reichen* Rut 3, 15; *verschaffen*, *anschaffen* Gen. 30, 1. 2 Sam. 16, 20; *herbeischaffen* Deut. 1, 13. 2 Sam. 11, 15; *darbringen* Ps. 29, 1. 96, 8. 1 Chr. 16, 28. הָבָה wird meist adverb. (ohne Rücksicht auf Geschlecht und Zahl) für *wohlan!* gebraucht Gen. 11, 3. 38, 16. (הָבוּ Hos. 4, 18 s. אָהַב).

יְהַב aram. pf. 2 sg. יְהַבְתְּ, 3 pl. יְהַבוּ (pass. 3 f. sg. יְהִיבַת, 3 pl. יְהִיבוּ), part. יָהֵב, pass. יְהִיב—יְהַב, imp. הַב *geben*, *übergeben* Dan. 2, 21. 23. 37. 3, 28. 5, 17. 6, 3. 7, 4. 12. 14. Esra 5, 14.

Itpael fut. 3 sg. יִתְיְהֵב, pl. יִתְיַהֲבוּן, part. מִתְיְהֵב, f. מִתְיַהֲבָא, pl. מִתְיַהֲבִין *gegeben werden* Dan. 4, 13. 7, 25. Esra 4, 20. 6, 8. 7, 19.

[יְהָב] m. suff. יְהָבְךָ *das Beschiedene*, *Geschick* Ps. 55, 23.

[יָהַד] Hitp. (denom. v. יְהוּדִי) part. pl. מִתְיַהֲדִים *sich als Juden bekennen* Est. 8, 17.

יְהֻד n. pr. Ort in Dan Jos. 19, 45.

יָהְדַי n. pr. m. 1 Chr. 2, 47.

יֵהוּא (*Gott ist*) n. pr. 1) König von Israel 1 Kön. 19, 16. 2 Kön. 9, 2. 10, 36. 2) Prophet 1 Kön. 16, 1. 2 Chr. 19, 2. 20, 34. 3) 1 Chr. 2, 38.—4, 35.—12, 3.

יְהוֹאָחָז (*Gott stützt*) n. pr. 1) König von Israel 2 Kön. 10, 35. 13, 1. 2) König von Juda 2 Kön. 23, 30. 2 Chr. 36, 1 = יוֹאָחָז 2 Chr. 36, 2. 3. 3) = אֲחַזְיָה (s. d.) 2 Chr. 21, 17.

יְהוֹאָשׁ (*Gott ist Stütze*) n. pr. 1) König von Juda 2 Kön. 12, 1 = יוֹאָשׁ 2 Kön. 11, 2 ff. 2 Chr. 22, 11 ff. 2) König von Israel 2 Kön. 13, 10 = יוֹאָשׁ das. v. 9.

יְהוּד aram. n. pr. für יְהוּדָה als Bezeichnung *Judäa's* Dan. 2, 25. 5, 13. 6, 14. Esra 5, 1. 8.

יְהוּדָה (*Gepriesen*) n. pr. 1) *Jehuda*, *Juda*, Sohn des Jakob uud der Lea Gen. 29, 35; der von ihm benannte Stamm und das von diesem bewohnte Land war im Süden Palästinas; nach dem Exil für Palästina (*Judäa*) überhaupt Hagg. 1, 1. 14. 2, 2. 2) Esra 3, 9. Neh. 12, 8.—Neh. 11, 9.—Neh. 12, 34.—36.

יְהוּדִי m. pl. יְהוּדִים—יְהוּדִיִּים, fem. יְהֻדִיָּה (1 Chr. 4, 18)—יְהוּדִית 1) *Judäer*, d. h. ein Mann aus dem Reiche Juda 2 Kön. 16, 6. 25, 25. 2) nach Wegführung der 10 Stämme = *Israelit*, *Jude* Jer. 32, 12. 34, 9. 40, 11. 43, 9. Est. 2, 5. 4, 7. Neh. 1, 2. — Das fem. יְהוּדִית adverb. *jüdisch*, d. h. *in jüdischer* = *hebräischer* Sprache 2 Kön. 18, 26. Jes. 36, 11. Neh. 13, 24. 3) n. pr. m. Jer. 36, 14. 21. 23.

[יְהוּדַי] m. pl. יְהוּדָאִין, emph. יְהוּדָיֵא *Jude* Dan. 3, 8. 12. Esra 4, 12.

יְהוּדִית n. pr. Frau des Esau Gen. 26, 24.

יְהוָֹה Name des einzigen und wahren *Gottes* bei den Israeliten. Da man aus religiöser Scheu denselben nicht aussprach, so versah man die Buchstaben יהוה mit den Vocalen von אֲדֹנָי *Herr* (nur unter י ein ְ statt ֲ) und wenn ohnehin schon אֲדֹנָי vorhergeht Jes. 28, 16 oder folgt Hab. 3, 19 mit den Vocalen von אֱלֹהִים, also יֱהוִֹה, schrieb danach auch וַיהוָֹה, בַּיהוָֹה, לַיהוָֹה, כַּיהוָֹה und setzte in das etwa folgende בגדכפת ein Dagesch lene. Demnach steht יהוה zu אֲדֹנָי im Verhältniss des Ktib zum Kri. Die ursprüngliche Aussprache ist nicht mit Sicherheit festzustellen. „*Jehova*" ist jedenfalls falsch, da man mit dieser Aussprache das Ktib mit den Vocalen des Kri liesst; die Aussprache יַהְוֶה *Jahwe* betrachtet den Namen als fut. von הָיָה = הָוָה, so dass es heissen würde: *der Seiende*, *Dauernde*, *Ewige* (Ex. 3, 14). Aus יַהְוֶה erklärt sich die Verkürzung in יָהּ—יָהוּ (bei Zusammensetzungen) und יָהּ; in der Schrift pflegt man יהוה in יְיָ, י׳ oder ה׳ zu abbreviiren. Mit dem vollen Namen יְהוָֹה werden folgende prophetisch-symbolische n. pr. gebildet: a) יְהוָֹה יִרְאֶה (*Gott sieht*) für den Berg Moria Gen. 22, 14; b) יְהוָֹה נִסִּי (*Gott ist mein Panier*) für einen von Moses erbauten Altar Ex. 17, 15; c) יְהוָֹה צִדְקֵנוּ (*Gott unser Heil*) für den idealen Königsspross Jer. 23, 6. d) יְהוָֹה שָׁלוֹם (*Gott ist Friede*) für den von Gideon erbauten Altar Richt. 6, 24. e) יְהוָֹה שָׁמָּה (*Gott ist daselbst*) künftiger Name Jerusalem's Ezech. 48, 35.

יְהוֹזָבָד (*Gott ist Geber*) n. pr. m. 1) 2 Kön. 12, 22. 2 Chr. 24, 26. 2) 1 Chr. 26, 4. 3) 2 Chr. 17, 18.

יְהוֹחָנָן (*Gott schenkt*) n. pr. 1) Hohepriester in der persischen Zeit Esra 10, 6 (= יוֹחָנָן Neh. 12, 22 = יוֹנָתָן Neh. 12, 11). 2) Esra 10, 28. — Neh. 6, 18. — 12, 13. — 12, 42. — 1 Chr. 26, 3. — 2 Chr. 17, 15. — 28, 12.

יְהוֹיָדָע (*Gott weiss*) n. pr. 1) Hohepriester zur Zeit des Joasch 2 Kön. 11, 4. 2 Chr. 22, 11. 2) 2 Sam. 8, 18. — 1 Chr. 12, 27.

יְהוֹיָכִין (*Gott befestigt*) n. pr. König von Juda 2 Kön. 24, 8. 2 Chr. 36, 8; andere Formen: יוֹיָכִין Ezech. 1, 2. יְכָנְיָה — יְכָנְיָהוּ Jer. 24, 1. 27, 20. 28, 4. Est. 2, 6. כָּנְיָהוּ Jer. 22, 24. 37, 1.

יְהוֹיָקִים (*Gott richtet auf*) n. pr. König von Juda 2 Kön. 23, 34. Jer. 1, 3. 2 Chr. 36, 4; früher אֶלְיָקִים s. d.

יְהוֹיָרִיב (*Gott führt den Streit*) n. pr. eines Priesters u. Priesterfamilie 1 Chr. 9, 10. 24, 7; sonst יוֹיָרִיב s. d.

יְהוּכַל (*Vermögender*) n. pr. m. Jer. 37, 3 = יוּכַל das. 38, 1.

יְהוֹנָדָב (*Gott schenkt*) n. pr. 1) Neffe des David 2 Sam. 13, 5. 2) Rechabite aus dem Stamme Keni 2 Kön. 10, 15. Jer. 35, 8; für beide auch: יוֹנָדָב 2 Sam. 13, 3. — Jer. 35, 6.

יְהוֹנָתָן (*Gott giebt*) n. pr. 1) Sohn des Gerschom Richt. 18, 30. 2) Sohn des Saul 1 Sam. 18, 1; wofür auch יוֹנָתָן 1 Sam. 13, 3. 3) Sohn des Priesters Ebjatar 2 Sam. 15, 27. 4) vgl. יְהוֹחָנָן.

יְהוֹסֵף s. יוֹסֵף.

יְהוֹעַדָּה n. pr. m. 1 Chr. 8, 36 = יַעְרָה 1 Chr. 9, 42.

יְהוֹעַדָּן n. pr. f. 2 Kön. 14, 2 Kri (wo Ktib יְהוֹעַדִּין) 2 Chr. 25, 1.

יְהוֹצָדָק (*Gott ist gerecht*) n. pr. m. Hag. 1, 1. 12. 2, 2 = יוֹצָדָק Esra 3, 2. 8. 5, 2.

יְהוֹרָם (*Gott ist erhaben*) n. pr. 1) König von Juda 1 Kön. 22, 51. 2 Kön. 8, 16. 2 Chr. 21, 1 = יוֹרָם 2 Kön. 8, 23. 2) König von Israel 2 Kön. 1, 17 = יוֹרָם 2 Kön. 9, 14. 3) 2 Chr. 17, 8.

יְהוֹשֶׁבַע (*Gott ist* [*mein*] *Schwur*) n. pr. Schwester des Königs Achasja von Juda und Frau des Hohepriesters Jojada 2 Kön. 11, 2. 2 Chr. 22, 11, wo יְהוֹשַׁבְעַת.

יְהוֹשֻׁעַ (*Gott hilft*) n. pr. 1) ***Josua***, Sohn des Nun, Jünger und Nachfolger des Moses Ex. 17, 9. 24, 13. 32, 17. Num. 11, 28. 27, 18. Deut. 3, 28. 31, 7. Jos. 1, 1 ff. 1 Chr. 7, 27; früher הוֹשֵׁעַ Num. 13, 8. 16. Deut. 32, 44; die Form יֵשׁוּעַ Neh. 8, 17. 2) 1 Sam. 6, 14. 18. 3) Stadtoberster zur Zeit des Josia, nach dem ein Thor in Jerusalem hiess 2 Kön. 23, 8. 4) Sohn des Jehozadak, Hohepriester Hag. 1, 1. Zach. 3, 1; sonst auch יֵשׁוּעַ Esra 2, 2. 3, 2. 5, 2.

יְהוֹשָׁפָט (*Gott richtet*) n. pr. 1) Beamter am Hofe David's 2 Sam. 8, 16. 2) desgl. bei Salomo 1 Kön. 4, 17. 3) König von Juda 1 Kön. 15, 24. 2 Chr. 17, 1. 4) 2 Kön. 9, 2. 14. — עֵמֶק יְהוֹשָׁפָט ***Thal des Josafat***, in der Nähe Jerusalem's Joel 4, 2. 12. [Vgl. יוֹשָׁפָט.]

יְהִי (Ps. 33, 9) s. הָיָה.

יָהִיר adj. ***hochmüthig, stolz*** Hab. 2, 5. Spr. 21, 24.

יְהַלֶּלְאֵל (*Er preist Gott*) n. pr. m. 1 Chr. 4, 16. — 2 Chr. 29, 12.

יַהֲלֹם m. Name eines Edelstein's, vielleicht ***Diamant*** Ex. 28, 18. Ezech. 28, 13.

יַהְצָה — יַהַץ n. pr. Stadt im Stamme Ruben Num. 21, 23. Jos. 13, 18; später zu Moab gehörig Jes. 15, 4. Jer. 48, 34.

יוֹאָב (*Gott ist Vater*) n. pr. 1) ***Joab***, Feldherr des David 1 Sam. 26, 6. 1 Kön. 2, 33. 1 Chr. 2, 16. 2) 1 Chr. 4, 14. 3) Esra 2, 6. Neh. 7, 11 (vgl. עַטְרוֹת).

יוֹאָח (*Gott ist Bruder*) n. pr. 1) 2 Kön. 18, 18. Jes. 36, 3. 2) 1 Chr. 6, 6. — 26, 4. — 2 Chr. 34, 8.

יוֹאָחָז 1) s. אֲחַזְיָה u. יְהוֹאָחָז. 2) 2 Chr. 34, 8.

יוֹאֵל n. pr. 1) Sohn des Samuel 1 Sam. 8, 2. 1 Chr. 6, 18 (= וַשְׁנִי 1 Chr. 6, 13). 2) ***Joel***, der bekannte Prophet Joel 1, 1. 3) 1 Chr. 6, 21.

יוֹאָשׁ (= יְהוֹאָשׁ s. d.) n. pr. 1) Vater des Gideon Richt. 6, 11. 2) 1 Kön. 22, 26. 3) 1 Chr. 4, 22.

יוֹב n. pr. Sohn des Isachar Gen. 46, 13 (= יָשׁוּב Num. 26, 24. 1 Chr. 7, 1).

יוֹבָב (*Geheul*) n. pr. 1) Sohn des Joktan Gen. 10, 29. 1 Chr. 1, 23. 2) Gen. 36, 33. 1 Chr. 1, 44.—Jos. 11, 1.—1 Chr. 8, 9. 18.

יֹבֵל—יוֹבֵל m. pl. יוֹבְלִים *Widder*, *Widderhorn* Ex. 19, 13. Jos. 6, 8. 2) *Hornblasen*, *Schall*, von dem durch Hörnerschall (am 10. des 7. Monats) verkündeten *Jobel-* (*Jubel-*) oder *Freijahr*, welches שְׁנַת הַיּוֹבֵל Lev. 25, 40 oder bloss יוֹבֵל heisst Lev. 25, 10. Num. 36, 4.

יוּבַל m. *Fluss* Jer. 17, 8.

יוּבָל n. pr. Sohn des Lemech Gen. 4, 21.

יוֹזָבָד (= יְהוֹזָבָד) n. pr. Esra 8, 33. — 10, 22. 1 Chr. 12, 5 (= אֶלְזָבָד v. 12). — 2 Chr. 31, 13.

יוֹזָכָר (*Gott gedenkt*) n. pr. 2 Kön. 12, 22 (= זָבָד 2 Chr. 24. 26).

יוֹחָא n. pr. 1 Chr. 8, 16. — 11, 45.

יוֹחָנָן (= יְהוֹחָנָן s. d.) n. pr. 1) Sohn des Josia 1 Chr. 3, 15. 2) 1 Chr. 12, 5. 12.

יוֹיָדָע (= יְהוֹיָדָע s. das.) n. pr. 1) Neh. 3, 6. 2) Hohepriester Neh. 12, 10. 11.

יוֹיָכִין s. יְהוֹיָכִין.

יוֹיָקִים (= יְהוֹיָקִים s. d.) n. pr. Hohepriester Neh. 12, 10.

יוֹיָרִיב (= יְהוֹיָרִיב s. d.) n. pr. Neh. 11, 5.

יוֹכֶבֶד (*Gott ehrt*) n. pr. Mutter des Moses Ex. 6, 20. Num. 26, 59.

יוּכַל s. יְהוּכַל.

יוֹם* m. suff. יוֹמְךָ ,יוֹמָם, du. יוֹמָיִם, pl. יָמִים—יָמִין (Dan. 12, 13)—יְמוֹת—יָמִימָה, cs. יְמֵי, suff. יָמַי, יְמֵיכֶם *Tag* Gen. 1, 5; u. zwar nach dem Zusammenhang sowohl *Geburtstag* Hiob 3, 1 als *Todestag* 1 Sam. 26, 10; *Freudentag* Hos. 7, 5; *Unglückstag* Ps. 37, 13; *Gerichtstag* (Gottes) Jes. 2, 12. Joel 1, 15; *Schlachttag* Jes. 9, 3 u. s. w. 2) Für allgem. Zeitbestimmungen: הַיּוֹם *heute*. כַּיּוֹם (כְּהַיּוֹם) *wie es gegenwärtig ist*, *jetzt* Gen. 25, 31. 1 Sam. 22, 8; בְּיוֹם (mit folgd. Inf. oder abhäng. Satz) *als*, *wenn* (von der Zeit) Gen. 2, 4. 17. Ex. 6, 28. מִיּוֹם *seitdem* Ex. 10, 6. 1 Sam. 29, 8. יוֹם—יוֹם *täglich* Gen. 39, 10; *stets* Ps. 61, 9; ebenso יוֹם וָיוֹם Est. 3, 4 u. מִיּוֹם אֶל־יוֹם Num. 30, 15. יוֹם בְּיוֹם 1 Sam. 18, 10. כָּל־הַיּוֹם *täglich* Ps. 42, 4. *den ganzen Tag* Ps. 32, 3.

Plur. *Tage*, *Zeitdauer* a) *unbestimme Zeit* Gen. 40, 4. Num. 9, 22. 1 Sam. 29, 3. כָּל־הַיָּמִים *alle Zeit*, *immer* Deut. 4, 40. יָמִים עַל־יָמִים *von Zeit zu Zeit* 2 Chr. 21, 15; *Dienstzeit* Gen. 29, 21; *Lebensdauer* Ps. 102, 24; besond. in Verbind. mit הֶאֱרִיךְ (s. אָרַךְ). b) bestimmt durch Hinzufügung eines Zeitmasses חֹדֶשׁ יָמִים *ein voller Monat* Num. 11, 20. שְׁנָתַיִם יָמִים *zwei volle Jahre* Gen. 41, 1; dann יָמִים allein für *Jahr* Gen. 24, 55. Lev. 25, 29. מִיָּמִים יָמִימָה *von Jahr zu Jahr* Ex. 13, 10. 1 Sam. 1, 3.

יוֹם aram. m. emph. יוֹמָא, pl. יוֹמִין, emph. יוֹמַיָּא, cs. יוֹמֵי—יְמֵי—יוֹמָת, suff. יוֹמֵיהוֹן *Tag* Dan. 6, 8. 11; *Zeit* Dan. 4, 31. Esra 4, 15.

יוֹמָם adv. *bei Tage* Ex. 13, 21. Deut. 28, 66; *täglich* Ps. 13, 3.

יָוָן n. pr. 1) Sohn des Jafet Gen. 10, 2 und Bezeichnung Griechenlands (*Jonien*) Jes. 66, 19. Ezech. 27, 13. Dan. 8, 21; n. gent. יְוָנִי Joel 4, 6. 2) Ort im südl. Arabien 27, 19.

יָוֵן m. cs. יְוֵן *Schlamm*, *Koth* Ps. 40, 3. 69, 3.

יוֹנָדָב s. יְהוֹנָדָב.

יוֹנָה 1) f. cs. יוֹנַת, suff. יוֹנָתִי, pl. יוֹנִים, c. יוֹנֵי *Taube* Gen. 8, 8. Ps. 55, 7; häufig als Bild der Lieblichkeit und Unschuld Hohel. 1, 15. 2, 14. יוֹנַת אֵלֶם *stumme* (*verschüchterte*) *Taube* Ps. 56, 1. בְּנֵי יוֹנָה *junge Tauben* Lev. 5, 11. 2) *Gewaltthat*, *Bedrückung* חֶרֶב הַיּוֹנָה *das wüthende Schwert* Jer. 46, 16. הָעִיר הַיּוֹנָה *die gewaltthätige Stadt* Zef. 3, 1. 3) n. pr. *Jona*, der bekannte Prophet 2 Kön. 14, 25. Jona 1, 1.

יְוָנִי s. יָוָן.

יוֹנֵק m. *Reis* Jes. 53, 2 (sonst part. v. יָנַק s. d.)

[יוֹנֶקֶת] f. suff. יֹנַקְתּוֹ, pl. suff. יוֹנְקוֹתָיו ,יוֹנְקוֹתֶיהָ *Sprössling*, *Reis* Hos. 14, 7. Ps. 80, 12. Hiob 14, 7.

יוֹנָתָן (= יְהוֹנָתָן s. d.) n. pr. m. Jer. 40, 8. — 1 Chr. 2, 3.

יְהוֹסֵף—יוֹסֵף (*Er vermehre*) n. pr. *Josef* 1) Sohn des Jakob und der Rahel Gen. 30, 24; ferner: Bezeichnung der beiden Stämme, in die sich der Stamm Josef theilte, *Manasse* und *Efraim* Jos. 17, 17. Richt. 1, 23; später für das *Reich Israel* Ezech. 37, 16. Ps. 78, 67; endlich für

Israel überhaupt Ps. 80, 2. 81, 6. 2) Esra 10, 42.—Neh. 12, 14.—1 Chr. 25, 2. 9.

יוֹסִפְיָה n. pr. m. Esra 8, 10.

יוֹעֵאלָה (*Helfer*) n. pr. m. 1 Chr. 12, 7.

יוֹעֵד (*Gott kräftigt*) n. pr. m. Neh. 11, 7.

יוֹעֶזֶר (*Gott ist Hülfe*) n. pr. m. 1 Chr. 12, 6.

יוֹעָשׁ (*Gott eilt herbei*) n. pr. m. 1 Chr. 7, 8.—27, 28.

יוֹצָדָק s. יְהוֹצָדָק.

יוֹצֵר m. (eig. part. v. יָצַר) ***Bildner***, ***Former***, daher 1) *Töpfer* Jes. 29, 16. 41, 25. Ps. 2, 9; יוֹצְרִים *Töpferzunft* 1 Chr. 4, 23. 2) *Holzschnitzer* Jes. 44, 9. Hab. 2, 18. 3) bildlich von Gott: *Schöpfer* Jer. 10, 16. Amos 4, 13. 4) (= אוֹצָר) *Schatzkammer* Zach. 11, 13.

יוֹקִים (*Gott richtet auf*) n. pr. m. 1 Chr. 4, 22.

יוֹר s. יָרָה.

יוֹרֶה 1) m. *Frühregen* (im Herbst) Deut. 11, 14. Jer. 5, 24. 2) n. pr. m. (n. A. יוֹרָה) Esra 2, 18 = חָרִיף Neh. 7, 24.

יוֹרַי n. pr. m. 1 Chr. 5, 13.

יוֹרָם (= יְהוֹרָם s. d.) n. pr. m. 2 Sam. 8, 10 = הֲדוֹרָם 1 Chr. 18, 10.

יוּשַׁב חֶסֶד (*Gnade wird erwiesen*) n. pr. m. 1 Chr. 3, 20.

יוֹשִׁבְיָה (*Gott lässt wohnen*) n. pr. m. 1 Chr. 4, 35.

יוֹשָׁה n. pr. m. 1 Chr. 4, 34.

יוֹשַׁוְיָה n. pr. m. 1 Chr. 11, 46.

יוֹשָׁפָט (= יְהוֹשָׁפָט s. d.) n. pr. m. 1 Chr. 11, 43. — 15, 24.

יוֹתָם (*Gott ist untadlig*) n. pr. 1) jüngster Sohn des Gideon Richt. 9, 5. 2) König von Juda 2 Kön. 15, 32.

יוֹתֵר—יֹתֵר (eigntl. part. v. יָתַר) *Rest* 1 Sam. 15, 15; *Vortheil*, *Gewinn* Koh. 6, 8; adv. *mehr*, *zu sehr* Koh. 2, 15. 7, 16; *ausser* Est. 6, 6. Koh. 12, 9. 12.

יַז—יֵז s. נָזָה.

יְזִיאֵל n. pr. m. 1 Chr. 12, 3 (Kri).

יִזִּיָּה n. pr. m. Esra 10, 25.

יָזִיז (*Glänzender*) n. pr. m. 1 Chr. 27, 31.

יִזְלִיאָה n. pr. m. 1 Chr. 8, 18.

יָזֵם s. זָמַם.

יְזַנְיָהוּ · יְזַנְיָה s. יַאֲזַנְיָהוּ.

[יֶזַע] m. ps. יֶזַע *Schweiss* Ezech. 44, 18.

יֶזְרַח n. pr. mit dem Artikel הַיִּזְרָח zur Familie אֶזְרָח (s. d.) gehörig 1 Chr. 27, 8.

יִזְרַחְיָה (*Gott erscheint*) n. pr. m. 1) Neh. 12, 42. 2) 1 Chr. 7, 3 (= זְרַחְיָה s. d.).

יִזְרְעֵאל—יִזְרְעֶאלָה—יִזְרְעֵאל (*Gott pflanzt ein*) n. pr. 1) *Jisreel* (*Esdrelon*) Stadt in Isachar, Sommerresidenz der Könige von Israel seit Ahab Jos. 19, 18. 1 Kön. 18, 45. 46. 2 Kön. 9, 15 ff.; auf die blutigen Thaten Ahab's (1 Kön. 21) und Jehu's (2 Kön. 10) deutet Hosea 1, 4 mit den Worten דְּמֵי יִזְרְעֶאל; dieser Prophet gab auch seinem Sohn den prophet. Namen *Jisreel* Hos. 1, 4. — עֵמֶק יִזְרְעֶאל *Thal Jisreel* Jos. 17, 16. Richt. 6, 33. Hos. 1, 5 ist die grosse Ebene, in welcher Jisreel lag; n. gent. יִזְרְעֵאלִי 1 Kön. 21, 1. יִזְרְעֵאלִית 1 Sam. 27, 3. יִזְרְעֵלִית 1 Sam. 30, 5. 2) Stadt in Juda Jos. 15, 56. 3) n. pr. m. 1 Chr. 4, 3.

יָחַד fut. 2 m. u. 3 f. sg. תֵּחַד *Gemeinschaft haben mit* . . . mit בְּ Gen. 49, 6; mit אֶת Jes. 14, 20.

Piel imp. יַחֵד *einig machen* Ps. 86, 11.

יַחַד m. ps. יָחַד *Vereinigung* 1 Chr. 12, 17; meist adverb. *zusammen*, *insgesammt* Deut. 33, 5. Ps. 40, 15. 133, 1; *zugleich* 2 Sam. 21, 9. Hiob 6, 2. יַחַד לֹא *Keiner* Hos. 11, 7. יַחַד סָבִיב *vollständig rings umher* Hiob 10 8.

יָחַד s. חָדָה.

יַחְדָּיו—יַחְדָּו eigentl. *sie zusammen*, daher *beide* oder *miteinander* Gen. 13, 6. 22, 6; *zugleich* Jes. 1, 31. Ps. 4, 9; *insgesammt* Ps. 14, 3. 19, 10.

יַחְדּוֹ (*vereinigt*) n. pr. m. 1 Chr. 5, 14.

יַחְדִּיאֵל (*Gott erfreut*) n. pr. m. 1 Chr. 5, 24.

יֶחְדְּיָהוּ (*Gott erfreut*) n. pr. m. 1 Chr. 24, 20. — 27, 30.

יְחַוְאֵל n. pr. Ktib für יְחִיאֵל s. d.

יַחֲזִיאֵל (*Gott schaut*) n. pr. m. Esra 8, 5. — 1 Chr. 12, 4. — 16, 6. — 23, 19. — 2 Chr. 20, 14.

יַחְזְיָה (*Gott schaut*) n. pr. m. Esra 10, 15.

יְחֶזְקֵאל (*Gott ist stark*) n. pr. 1) der bekannte Prophet *Ezechiel—Hesekiel* Ezech. 1, 3. 24, 24. 2) 1 Chr. 24. 16.

יְחִזְקִיָּהוּ—יְחִזְקִיָּה n. pr. m. 1) s. חִזְקִיָּה. 2) Esra 2, 16.

יַחְזֵרָה (*Er führe zurück*) n. pr. m. 1 Chr. 9, 12 = אַחְזַי Neh. 11 13.

יְחִי—יְחִי s. חָיָה.

יְחִיאֵל (*Gott lebt*) n. pr. m. Esra 8, 9.—1 Chr. 15, 18. 20.—2 Chr. 21, 2—29, 14 (Kri, wo Ktib יְחוּאֵל).—35, 8. — n. gent. יְחִיאֵלִי 1 Chr. 26, 21 (vgl. חִיאֵל).

יָחִיד adj. suff. יְחִידְךָ, pl. יְחִידִים, fem. יְחִידָה, suff. יְחִידָתִי *der — die Einzige* nämlich *Sohn* Gen. 22, 2. 16. Jer. 6, 26. Amos 8, 10 oder *Tochter* Richt. 11, 34; *einsam* Ps. 25, 16. 68, 7. יְחִידָה dichterisch für: *Leben* Ps. 22, 21. 35, 17.

יְחִיָּה n. pr. m. 1 Chr. 15, 24.

יָחִיל adj. *wartend, vertrauend* Klagel. 3, 26.

*[**יָחַל**] Nifal pf. 3 f. נוֹחֲלָה, fut. וַיִּיָּחֶל *warten* Gen. 8, 12. 1 Sam. 13, 8 Ktib. Ezech. 19, 5.

Piel pf. 3 pl. יִחֲלוּ, ps. יִחֵלוּ, fut. אֲיַחֵל 1) *warten, harren* Hiob 6, 11. 29, 21; *hoffen, vertrauen* mit לְ Ps. 31, 25; mit אֶל Jes. 51, 5. 2) *hoffen lassen* Ps. 119, 49; *vertrösten* Ezech. 13, 6.

Hifil pf. 1 sg. הוֹחַלְתִּי, fut. אוֹחִיל, אֹחִילָה, fut. וַיּוֹחֶל, הוֹחֵל *warten* 1 Sam. 10, 8. 13, 8 (Kri). 2 Sam. 18, 14. Hiob 32, 16; *auf*... mit לְ Hiob 32, 11; *vertrauen auf*... mit לְ Ps. 38, 16. 42, 6. (אוֹחִילָה Jer. 4, 19 s. חוּל.)

יַחְלְאֵל (*Er harrt auf Gott*) n. pr. Sohn des Sebulon Gen. 46, 14; n. gent. יַחְלְאֵלִי Num. 26, 26.

*[**יָחַם**] fut. Kal יֵחַם u. s. w. s. [חָמַם].

Piel pf. 3 sg. f. suff. יֶחֱמַתְנִי (= יִחֲמַתְנִי), inf. יַחֵם, suff. לְיַחֲמֵנָה *sich erhitzen* (von der Brunst) Gen. 30, 41. 31, 10; *empfangen* (*erzeugen*) Ps. 51, 7.

יַחְמוּר m. eine Hirschart, vielleicht *Damhirsch* Deut. 14, 5. 1 Kön. 5, 3.

יַחְמַי n. pr. m. 1 Chr. 7, 2.

יָחֹן s. חָנָה.

יָחֵף adj. *barfuss* 2 Sam. 15, 30. Jes. 20, 2; *Barfüssigkeit* Jer. 2, 25.

יַחְצִיאֵל—יַחְצְאֵל (*Gott theilt*) n. pr. Sohn des Naftali Gen. 46, 24. 1 Chr. 7, 13. — n. gent. יַחְצְאֵלִי Num. 26, 48.

יָחַר fut. יִיַחַר *zögern* 2 Sam. 20, 5 Ktib; vgl. אָחַר.

יָחַר s. חָרָה.

[**יָחַשׂ**] Hitpael (denom. von יַחַשׂ) *in die Geschlechtsrollen eingetragen werden* 1 Chr. 5, 17. 9, 1; inf. als subst.; הִתְיַחְשָׂם *ihre Eintragung, ihr Geschlechtsverzeichniss* Esra 8, 1. 1 Chr. 7, 5.

יַחַשׂ m. *Geschlechtsfolge* Neh. 7, 5.

יֵחַת s. חָתַת u. נָחַת.

יַחַת n. pr. m. 1) 1 Chr. 4, 2. 2) 1 Chr. 6, 5. 28.—23, 10.—2 Chr. 34, 12.

יֵט—יַט s. נָטָה.

*__יָטַב__ fut. יִיטַב—יֵיטַב, pl. יִיטְבוּ *gut sein, gefallen* Lev. 10, 19; *gut ergehen* Gen. 12, 13; überhaupt gleichbedeutend mit טוֹב s. d.

Hif. pf. הֵיטִיב, fut. וַיֵּיטֶב ebenfalls = Hifil von טוֹב s. d.

יְטַב aram. fut. יֵיטַב *gefallen* mit עַל Esra 7, 18.

יָטְבָה n. pr. eines Ortes 2 Kön. 21, 19.

יָטְבָתָה—[יָטְבָת] n. pr. Lagerplatz der Israeliten Num. 33, 33. Deut. 10, 7.

יוּטָּה—יֻטָּה n. pr. Priesterstadt in Juda Jos. 15, 55. 21, 16.

יְטוּר n. pr. Sohn des Ismael Gen. 25, 15. 1 Chr. 1, 31; der nach ihm benannte arabische Stamm 1 Chr. 5, 19; später: *Ituräer*.

יַיִן m. ps. יָיִן, cs. יֵין, suff. יֵינִי *Wein* Gen. 19, 32. 35. Deut. 32, 38. Hohel. 5, 1; *Weinrausch* Gen. 9, 24.

יֵיף s. יָפָה.

יַךְ s. נָכָה.—1 Sam. 4, 13 Ktib für יַד Kri.

*[**יָכַח**] Nifal pf. נוֹכָח, 2 sg. f. נוֹכַחַת = נֹכָחַת *mit Jemandem rechten* Jes. 1, 18. Hiob 23, 7; וְאֶת־כֹּל וְנֹכַחַת *in Bezug auf Alles ist dir dein Recht geschehen* Gen. 20, 16.

Hifil הוֹכִחַ—הוֹכַח—הֹכִיחַ, fut. אוֹכִיחַ, הוֹכַח, יוֹכַח, inf. לְהוֹכִיחַ—לְהֹכִיחַ—הוֹכֵחַ, imp. הוֹכַח *das Richteramt üben* mit לְ Jes. 2, 4. 11, 3. 4. Micha 4, 3; part. מוֹכִיחַ *Schiedsrichter* Hiob 9, 33; *entscheiden* Gen. 31, 37. 42. 1 Chr. 12, 17; *beweisen* Spr. 30, 6. Hiob 6, 25; *darlegen* Hiob 13, 15. 19, 5; *bestimmen* Gen. 24, 14. 44;

zurechtweisen Lev. 19, 17. Spr. 9, 8. 19, 25. Hiob 32, 12; *Vorwürfe machen* mit acc. der Person Gen. 21, 25. Hos. 4, 4. Ps. 50, 8. 21; daher מוֹכִיחַ *ein Strafredner* Jes. 29, 21. Amos 5, 10. Spr. 24, 25; *züchtigen* 2 Sam. 7, 14. Ps. 6, 2. 105, 14. Spr. 3, 12. Hiob 13, 10; *schmähen* 2 Kön. 19, 4.

Hofal הוּכַח *gezüchtigt werden* Hiob 33, 19.

Hitp. fut. יִתְוַכָּח *rechten mit* ... durch עִם Micha 6, 2.

יְכִילְיָה s. יְכָלְיָה.

יָכִין (*Er stellt fest*) n. pr. 1) Sohn des Simeon Gen. 46, 10. Ex. 6, 15 (n. gent. יָכִינִי Num. 26, 12) = יָרִיב 1 Chr. 4, 24. 2) Neh. 11, 10. 1 Chr. 24, 17. 3) Name einer der beiden Säulen vor dem salomonischen Tempel 1 Kön. 7, 21.

יָכוֹל—יָכֹל* 1 sg. יָכֹלְתִּי, suff. יְכָלְתִּיו, 2 sg. יָכֹלְתָּ, pl. יָכְלוּ, ps. יָכֹלוּ, inf. abs. יָכוֹל—יָכֹל, cs. יְכֹלֶת 1) *können*, meist mit inf. und לְ Gen. 13, 6; auch ohne לְ Gen. 37, 4. Ex. 2, 3. Jes. 46, 2. Ps. 36, 13. 2) *bezwingen, überwinden* mit לְ Gen. 32, 26. Obadj. 1, 7. Ps. 129, 2; mit acc. Ps. 13, 5; ohne Object Gen. 30, 8.

Hof. fut. אוּכַל in demselben Gebrauch wie Kal Gen. 19, 19. Num. 22, 38. 1 Sam. 17, 9; statt des inf. folgt zuweilen das Verbum fin. Num. 22, 6. Est. 8, 6; ferner: *ertragen können* mit acc. Jes. 1, 13. Ps. 101, 5; mit מִן Hiob 31, 23; *dürfen* Gen. 43, 32. Deut. 12, 17. 16, 5.

יְכִל aram. pf. 2 sg. יְכֵלְתָּ, part. יָכִל, f. יָכְלָה, pl. יָכְלִין, fut. יִכֻּל *können* mit inf. und לְ Dan. 2, 27. 47. 3, 17. 29. 5, 16 (Kri).

Afel הֵיכַל u. Hofal fut. הוּכַל, יוּכַל *können* Dan. 2, 10. 5, 16 (Ktib). 6, 21; *bezwingen* Dan. 7, 21.

יְכָלְיָהוּ—יְכָלְיָה (*Gott ist mächtig*) n. pr. Mutter des Ussia 2 Kön. 15, 2. 2 Chr. 26, 3 Kri (wofür Ktib: יְכִילְיָה).

יְכָנְיָהוּ—יְכָנְיָה s. יְהוֹיָכִין.

יָלַד* pf. 3 f. suff. יְלָדַתּוּ, יְלָדַתְהוּ, יְלָדַתְנִי, 2 f. יָלַדְתְּ—יְלִדְתִּי (Jes. 23, 4), suff. יְלִדְתָּנִי, 1 sg. suff. יְלִדְתִּיהוּ, part. יוֹלֶדֶת—יוֹלֵדָה, fut. יֵלֵד, אֵלֵד, וַתֵּלֶד, הֲלֵדָה, inf. לֶדֶת—לֵדָה (zusammen-gezog. לַת 1 Sam. 4, 19), suff. לִדְתִּי, לְדִתָּהּ *gebären*, meist von der Frau Richt. 13, 3. 4; *erzeugen* (vom Manne) Gen. 4, 18. Num. 11, 12. Spr. 23, 22; überhaupt: *hervorbringen* Ps. 7, 15. Spr. 27, 1. Hiob 38, 29; יוֹלַדְתְּ = *Mutter* Jer. 50, 12. Spr. 17, 25. 23, 25. Hohel. 6, 9. יָלוּד *Kind* 1 Kön. 3, 26. 27. Hiob 14, 1. 1 Chr. 14, 4.

Nifal pf. נוֹלַד, fut. יִוָּלֵד *geboren werden* Gen. 4, 18. 1 Chr. 2, 3.

Piel inf. suff. יַלֶּדְכֶן, part. מְיַלֶּדֶת, pl. מְיַלְּדֹת *Geburtshülfe leisten* mit acc. Ex. 1, 16; part. *Hebamme* Gen. 35, 17. 38, 28. Ex. 1, 17.

Pual יֻלַּד, part. יוּלָּד *geboren werden* Gen. 4, 26. Richt. 13, 8; *entstehen* Ps. 90, 2.

[נוּלְּדוּ] *geboren werden* ist eine aus Nifal und Pual gemischte Form 1 Chr. 3, 5. 20, 8.

Hifil הוֹלִיד *erzeugen* (stets vom Manne) Gen. 5, 3; *befruchten* Jes. 55, 10; *hervorbringen* Jes. 59, 4; *gebären lassen* Jes. 66, 9.

Hofal inf. הֻלֶּדֶת—הוּלֶּדֶת *geboren werden* Gen. 40, 20. Ezech. 16, 4. 5.

Hitpael fut. וַיִּתְיַלְדוּ *sich in die Geschlechtsregister eintragen lassen* Num. 1, 18.

יֶלֶד m. ps. יָלֶד, pl. יְלָדִים, cs. יַלְדֵי—יִלְדֵי, suff. יְלָדֶיהָ, יַלְדֵיהֶם *Kind* Gen. 21, 8. 33, 1. Ex. 2, 6. auch das *Junge* von Thieren Jes. 11, 7; von *Jünglingen* Gen. 4, 23. 42, 22. Koh. 4, 13; dichterisch wie בְּנֵי z. B. יַלְדֵי פֶשַׁע *Sünder* Jes. 57, 4. יַלְדֵי נָכְרִים *Fremde* Jes. 2, 6.

יַלְדָּה f. pl. יְלָדוֹת *Mädchen* Gen. 34, 4. Joel 4, 3. Zach. 8, 5.

יַלְדוּת f. suff. יַלְדוּתֶךָ—יַלְדֻתֶךָ *Jugendalter* Koh. 11, 9. 10; concr. *junge Mannschaft* Ps. 110, 3.

יִלּוֹד m. pl. יִלֹּדִים *der Geborne* Ex. 1, 22. Jos. 5, 5. 2 Sam. 5, 14.

יָלוֹן (*übernachtend*) n. pr. m. 1 Chr. 4, 17.

[יָלִיד] m. cs. יְלִיד, pl. cs. יְלִידֵי *der Geborne*, in der Verbindung יְלִיד בַּיִת *der im Hause Geborne* (scil. *Sklave*) Gen. 14, 14. 17, 12. Lev. 22, 11. Jer. 2, 14; dann überhaupt *Sohn* 2 Sam. 21, 16; *Nachkomme* Num. 13, 22.

יָלַךְ s. הָלַךְ.

[יָלַל]* Hifil pf. הֵילִיל, fut. יְיֵלִיל, אֵילִילָה—אֵילִיל, pl. יְהֵילִילוּ—יְיֵלִילוּ, הֵילִילוּ, imp. הֵילֵל, הֵילִילוּ *jammern, klagen* Jes. 15, 2. 65, 14. Jer. 47, 2. Micha 1, 8. Zach. 11, 2; *jauchzend schreien* Jes. 52, 5.

יְלֵל m. *das Geheul* Deut. 32, 10.

יְלָלָה f. cs. יִלְלַת, suff. יִלְלָתָהּ *Jammer, Klage* Jes. 15, 8. Zef. 1, 10. Zach. 11, 3.

יָלַע* *unbesonnen reden, geloben* Spr. 20, 25.

יַלֶּפֶת f. *Ausschlag, Flechte* Lev. 21, 20.

יֶלֶק m. Name einer Heuschreckenart Jer. 51, 27. Joel 1, 4. 2, 25. Nah. 3, 16. Ps. 105, 34.

יַלְקוּט m. *Hirtentasche* 1 Sam. 17, 40.

יָם m. cs. יָם u. יַם, mit He loc. יָמָּה, pl. יַמִּים 1) *Meer* Gen. 1, 10. Ex. 15, 8; auch *Meeresbett* Jes. 11, 9. 2) *grosser Fluss*, z. B. Nil Jes. 18, 2. 19, 5; Eufrat Jes. 27, 1; pl. von den Nilkanälen Ezech. 32, 2. 3) (יָם הַנְּחֹשֶׁת) *das kupferne Meer*, ein grosses Becken im salomonischen Tempel 1 Kön. 7, 24. 2 Kön. 25, 13. 2 Chr. 4, 3 = הַיָּם מוּצָק 1 Kön. 7, 23. 4) die Weltgegend *Westen*, weil das (mittelländische) Meer von Palästina nach Westen liegt Gen. 12, 8. 28, 14; zuweilen — wie es scheint — auch *Süden* Jes. 49, 12. Ps. 107, 3.

[יָם] aram. m. emph. יַמָּא *Meer* Dan. 7, 2. 3.

[יֵם] m. pl. יֵמִים *heisse Quellen* (n. A. *Maulesel*) Gen. 36, 24.

יְמוּאֵל n. pr. Sohn des Simeon Gen. 46, 10. Ex. 6, 15; wofür נְמוּאֵל (n. gent. נְמוּאֵלִי) Num. 26, 12. 1 Chr. 4, 24.

יְמִימָה (*Taube*) n. pr. Tochter des Hiob Hiob 42, 14.

יָמִין 1) f. (m. Ex. 15, 6. Spr. 27, 16), cs. יְמִין, suff. יְמִינִי *die rechte Seite* Gen. 48, 13. 2 Sam. 2, 21. יַד יְמִינִי *meine rechte Hand* Jer. 22, 24. יֶרֶךְ יְמִינוֹ *seine rechte Hälfte* Richt. 3, 16. יָמִין allein: *die rechte Hand* Gen. 48, 13. 18. Ex. 15, 6. Bildlich: אִישׁ יְמִינִי *der Mann zu meiner Rechten*, d. h. *der meine Rechte stützt* Ps. 80, 18. מִימִינִי *zu meiner Rechten = zu meinem Beistande* Ps. 16, 8. 2) die Weltgegend *Süden* (weil man sich Osten vorn denkt) 1 Sam. 23, 19. 2 Kön. 23, 13. Hiob 23, 9. 2) n. pr. Sohn des Simeon Gen. 46, 10. Ex. 6, 15; n. gent. יָמִינִי Num. 26, 12 (יָמִין Dan. 12, 12 s. יוֹם).

יְמִינִי 1) Ktib Ezech. 4, 6. 2 Chr. 3, 17 s. יְמָנִי. 2) vgl. בִּנְיָמִין.

יִמְלָה—יִמְלָא n. pr. m. 1 Kön. 22, 8. 9. 2 Chr. 18, 7. 8.

יַמְלֵךְ (*er lässt herrschen*) n. pr. m. 1 Chr. 4, 34.

[יָמַן] Hifil (denom. von יָמִין), fut. אֵימִנָה, 2 pl. תֵּאָמִינוּ (Jes. 30, 21); inf. לְהֵימִין, imp. f. הֵימִינִי, part. pl. מַיְמִינִים *sich zur Rechten wenden* Gen. 13, 9. 2 Sam. 14, 19. Jes. 30, 21. Ezech. 21, 21; *die rechte Hand gebrauchen* 1 Chr. 12, 2.

[יְמַן] aram. s. אֲמַן.

יִמְנָה (*Glück*) n. pr. 1) Sohn des Ascher Gen. 46, 17. Num. 26, 44. 2) 2 Chr. 31, 14.

יְמָנִי adj. f. יְמָנִית *recht* (von den Gliedern des Körpers u. s. w.) Ex. 29, 20. Lev. 8, 23. 1 Kön. 6, 8. Ezech. 4, 6 und 2 Chr. 3, 17 Kri.

יִמְנָע (*Er hält zurück*) n. pr. m. 1 Chr. 7, 35.

[יָמַר]* Hifil הֵימִיר = הֵמִיר s. מוּר].

Hitp. fut. 2 pl. תִּתְיַמָּרוּ *sich rühmen* Jes. 61, 6 (n. A. *eintauschen*).

יִמְרָה n. pr. m. 1 Chr. 7, 36.

[יָמַשׁ] Hif. imp. suff. הֲיִמִשֵׁנִי *lass mich tasten* Richt. 16, 26 Ktib; vgl. מָשַׁשׁ.

יָנַאץ s. נָצַץ.

יָנָה* fut. 1 pl. suff. נִינֵם *wir wollen sie bedrücken* Ps. 74, 8 (vgl. יוֹנָה).

Hif. pf. הוֹנָה, pl. הוֹנוּ, fut. יוֹנֶה, תּוֹנֶה, suff. תּוֹנֵנִי, pl. תּוֹנוּ—הוֹנוּ, inf. suff. לְהוֹנוֹתָם, part. pl. suff. מוֹנַיִךְ *bedrücken, übervortheilen* Ex. 22, 20. Lev. 19, 33. 25, 14. 17. Deut. 23, 17. Jes. 49, 26. Jer. 22, 3. Ezech. 18, 12. 22, 7. 46, 18.

יָנוֹחַ mit He יָנוֹחָה n. pr. 1) Stadt zwischen Efraim u. Manasse Jos. 16, 7. 8. 2) Stadt im Norden Palästina's 2 Kön. 15, 29.

יָנוּם—יָנִים (Ktib — Kri) n. pr. Ort in Juda Jos. 15, 53.

[יְנִיקָה] f. pl. suff. יְנִיקוֹתָיו *Sprössling* Ezech. 17, 4.

יָנַק* fut. יִינַק, אִינַק, תִּינְקִי, pl. תִּינְקוּ *saugen* Hiob 3, 12; meist bildl.: *einsaugen, geniessen* Deut. 33, 19. Jes. 60, 16. 66, 11. 12. Hiob 20, 16; part. יוֹנֵק *Säugling* Num. 11, 12. Deut. 32, 25. Ps. 8, 3 (vgl. יוֹנֵק).

Hifil pf. f. הֵינִיקָה, pl. הֵנִיקוּ, fut. 3 sg. suff. וַיְנִקֵהוּ, 3 sg. f. תֵּינִק—תֵּנִק, suff. וַתְּנִקֵהוּ, inf. לְהֵינִיק, imp. f. suff. הֵינִקֵהוּ, part. מֵינֶקֶת, suff. מֵינִקְתּוֹ—מֵנִקְתּוֹ, pl. מֵינִיקוֹת *säugen* Gen. 32, 16. Ex. 2, 7. 9. 1 Sam. 1, 23. 1 Kön. 3, 21; part. *Säugamme* Gen. 24, 59. 35, 8. 2 Kön. 11, 2. Jes. 49, 23. 2 Chr. 22, 11; *zu saugen (zu geniessen) geben* Deut. 32, 13.

יַנְשׁוּף—יַנְשׁוֹף m. Name eines (unreinen) Vogels, wahrscheinl. *Nachteule* (n. A. *Rohrdommel*) Lev. 11, 17. Deut. 14, 16. Jes. 34, 11.

יָסַד* inf. לִיסוֹד—לִיסֹד, suff. יָסְדִי—יָסְדוֹ *gründen* Jes. 51, 13. 16. Ps. 24, 2. Hiob 38, 4;

den Grundstein legen Jes. 54, 11. Esra 3, 12; *aufschichten* 2 Chr. 31, 7; *zu etwas bestellen* Hab. 1, 12; *für Jemand bestimmen* Ps. 104, 8.

Nifal pf. pl. נוֹסְדוּ, fut. 3 f. תִּוָּסֵד, inf. הִוָּסְדָהּ, הִוָּסְדָם 1) *gegründet werden* Ex. 9, 18. Jes. 44, 28. 2) *sich mit einander berathen* Ps. 2, 2. 31, 14.

Piel יִסַּד, fut. suff. יְיַסְּדֶנָּה *den Grundstein legen* Jos. 6, 26. 1 Kön. 5, 31. Jes. 28, 16; *einrichten, einsetzen* 1 Chr. 9, 22. יִסַּדְתָּ עֹז *du hast eine feste Macht errichtet* Ps. 8, 3; *befehlen* Est. 1, 8.

Pual יֻסַּד, part. מְיֻסָּד *gegründet werden, einen Grundstein bekommen* 1 Kön. 6, 37. 7, 10. Hohel. 5, 15. Esra 3, 6.

Hofal הוּסַד, part. מוּסָד *gegründet werden* Jes. 28, 16. Esra 3, 11. 2 Chr. 3, 3.

יְסֻד m. *Beginn, Anfang* Esra 7, 9.

יְסוֹד—יְסֹד m. suff. יְסוֹדוֹ, pl. suff. יְסֹדֶיהָ—יְסוֹדוֹתֶיהָ *Gründung* 2 Chr. 24, 27; *Grund* Ex. 29, 12; *Grundstein, Grundlage* Ezech. 30, 4. Hab. 3, 13. Ps. 137, 7. Klagel. 4, 11. יְסוֹד עוֹלָם *für ewig gegründet, befestigt* Spr. 10, 25; *Entstehung* Hiob 4, 19. שַׁעַר הַיְסוֹד Name eines Thores in Jerusalem 2 Chr. 23, 5, sonst שַׁעַר סוּר 2 Kön. 11, 6.

[יְסוּדָה] f. suff. יְסוּדָתוֹ *Gründung* Ps. 87, 1.

יִסּוֹר m. *Tadler, Meisterer* Hiob 40, 2.

[יָסוּר] m. pl. suff. יְסוּרַי *Abtrünniger* Jer. 17, 13 (Ktib).

*__יָסַךְ__ fut. יִיסַךְ *gegossen werden* Ex. 30, 32.

יִסְכָּה (*Schauend*) n. pr. Tochter des Haran Gen. 11, 29.

יִסְמַכְיָהוּ (*Gott stützt*) n. pr. m. 2 Chr. 31, 13.

*__יָסַף__ part. יוֹסֵף (Jes. 29, 14. 38, 5) *fortfahren* Num. 11, 25. Deut. 5, 19; mit inf. u. לְ *etwas ferner thun* z. B. וְיָסַף עוֹד לְהַנִּיחוֹ *er wird sie noch länger lassen* Num. 32, 15; ohne לְ: לֹא יָסְפָה שׁוּב *sie kam nicht mehr zurück* Gen. 8, 12; *hinzufügen* mit accus. der Sache וְיָסְפָה שֹׁרֶשׁ *sie wird Wurzel ansetzen* 2 Kön. 19, 30; mit accus. u. עַל *hinzufügen etwas zu etwas* Lev. 22, 14. 26, 21. Deut. 19, 9. Jer. 45, 3; ohne accus. 2 Chr. 9, 6.

Nif. נוֹסַף, f. נוֹסְפָה, part. נוֹסָף, *hinzugethan werden* Num. 36, 3. 4. Jer. 36, 32; *sich zu Jemand schlagen* mit עַל Ex. 1, 10. וְנוֹסַף עוֹד *und es kommt mehr hinzu* Spr. 11, 24. נוֹסָפוֹת *Neues (Unglück)* Jes. 15, 9.

Hifil הוֹסִיף, הוֹסַפְתִּי, הֹסִף, fut. אוֹסִיף—אֹסִף—אוֹסִף—יוֹסִף—יוֹסֵף, תּוֹסֵף—תּוֹסְף—תֹּסֵף, אוֹסִיפָה—וַיֹּאסֶף—יוֹסֶף (1 Sam. 18, 29), 2 pl. תּוֹסִיפוּ—תֹּאסִפוּן—תֹּסִפוּן (Ex. 5, 7) [vgl. אָסַף] *hinzufügen, vermehren* mit accus. Lev. 19, 25; mit עַל Deut. 13, 1. 2 Kön. 20, 6. Ps. 61, 7; adv. (wie Kal) mit inf. u. לְ: לֹא אֹסִף עוֹד לְקַלֵּל *ich will nicht ferner verfluchen* Gen. 8, 21; ohne לְ: אַל־תֹּסֶף רְאוֹת פָּנַי *lasse dich nicht mehr bei mir sehen!* Ex. 10, 28. Deut. 3, 26. Amos 7, 8; mit folg. verb. finit.: לֹא תוֹסִיפִי יִקְרְאוּ־לָךְ *man wird dich nicht mehr nennen* Jes. 47, 1. Hos. 1, 6. Spr. 23, 35.

[יְסַף] aram. Hof. pf. 3 sg. f. הוּסְפַת *vermehrt werden* Dan. 4, 33.

*__יָסַר__ fut. 1 sg. suff. אַיְסִרֵם *zurechtweisen* Spr. 9, 7; *züchtigen* Hos. 10, 10. Ps. 94, 10.

Nifal fut. אִוָּסֵר, imp. f. הִוָּסְרִי *sich belehren lassen, in sich gehen* Lev. 26, 23. Jer. 6, 8. 31, 18. Ps. 2, 10. Spr. 29, 19.

Piel 3 f. suff. יִסְּרַתּוּ, inf. לְיַסְּרָה *züchtigen, strafen* Lev. 26, 18. 28. Deut. 21, 18. Ps. 6, 2; *warnen* Jes. 8, 11; *belehren* Spr. 31, 1; *zurichten* Jes. 28, 26.

Hifil fut. suff. אַיְסִירֵם *züchtigen* Hos. 7, 12.

Nitpael (Nifal—Hitp.) pf. pl. נִוַּסְּרוּ *gewarnt werden* Ezech. 23, 48.

[יָע] m. pl. יָעִים, suff. יָעָיו *Schaufel* Ex. 27, 3. Num. 4, 14. 1 Kön. 7, 40.

יַעְבֵּץ n. pr. 1) m. 1 Chr. 4, 9. 10. 2) Ort in Juda 1 Chr. 2, 55.

*__יָעַד__ fut. 3 sg. suff. יִיעָדֶנָּה *bestimmen* Ex. 21, 8. 9. 2 Sam. 20, 5. Micha 6, 9; *Jemand an einen Ort bescheiden* Jer. 47, 7.

Nifal pf. 1 sg. נוֹעַדְתִּי, pl. נוֹעֲדוּ (ps. נוֹעָדוּ), part. pl. נוֹעָדִים, fut. אִוָּעֵד, וַיִּוָּעֲדוּ *sich zur Zusammenkunft verabreden* Jos. 11, 5. Amos 3, 3. Hiob 2, 11; *sich zu Jemand verfügen*, mit לְ Ex. 25, 22; mit אֶל Num. 10, 4. Neh. 6, 10; mit עַל 1 Kön. 8, 5 *sich zusammenrotten gegen Jemand* mit עַל Num. 14, 35.

Hifil fut. suff. יְעִידֵנִי—יוֹעִידֵנִי *Jemand* (vor Gericht) *laden* Jer. 49, 19. 50, 44. Hiob 9, 19.

Hofal part. pl. מוּעָדִים, f. מְעָדוֹת 1) *zusammengestellt werden* Jer. 24, 1. 2) *sich wenden* Ezech. 21, 21.

יְעְדִי—יעדו s. עִדּוֹ.

יָעָה* *hinwegraffen* Jes. 28, 17.

יְעוּאֵל n. pr. m. 1 Chr. 9, 6 und im Ktib 1 Chr. 9, 35.—11, 44.—2 Chr. 26, 11.—29, 13 s. יְעִיאֵל.

יְעוּץ (*Rathender*) n. pr. 1 Chr. 8, 10.

יָעִיר—יָעוּר (*Waldbewohner*) n. pr. m. 1 Chr. 20, 5 = יַעְרֵי 2 Sam. 21, 19.

[יָעוֹר] m. pl. יְעוֹרִים *Wald* Ezech. 34, 25 Ktib.

יְעִישׁ—יְעוּשׁ n. pr. m. Gen. 36, 5. 18. 1 Chr. 1, 35.—2 Chr. 11, 19.

***[יָעַז]** Nifal part. נוֹעָז *frech* Jes. 33, 19.

יַעֲזִיאֵל (*Gott ist mächtig*) n. pr. m. 1 Chr. 15, 18 = עֻזִּיאֵל das. v. 20.

יַעֲזִיָּהוּ n. pr. m. 1 Chr. 24, 26.

יַעְזֵר—יַעְזֵיר n. pr. Levitenstadt (und Landschaft) im Stamme Gad, später zu Moab gehörig Num. 21, 32. Jos. 13, 25. 21, 37. Jes. 16, 8. 1 Chr. 6, 66. 26, 31.

יָעַט* pf. 3 sg. suff. יְעָטָנִי *umhüllen* Jes. 61, 10.

יְעַט aram. part. pl. suff. יָעֲטוֹהִי—יַעֲטוֹהִי *Rathgeber* Esra 7, 14. 15.

Itp. pf. pl. אִתְיָעַטוּ *sich berathen* Dan. 6, 8.

יְעִיאֵל n. pr. Esra 8, 13.—1 Chr. 5, 7—und Kri für יְעוּאֵל s. d.

יָעִיר s. יָעוּר.

יְעִישׁ s. יְעוּשׁ.

יַעְכָּן n. pr. m. 1 Chr. 5, 13.

***[יָעַל]** Hifil pf. הוֹעִיל, fut. אוֹעִיל, pl. יוֹעִילוּ—יוֹעֲלוּ—יֹעִילוּ *Nutzen bringen* Hab. 2, 18. Spr. 11, 4; *helfen* 1 Sam. 12, 21; mit acc. Jes. 57, 12; *Nutzen haben* Hiob 21, 15. 35, 3.

יָעֵל 1) m. pl. יְעֵלִים, cs. יַעֲלֵי *Gemse* Ps. 104, 18. Hiob 39, 1; geographische Bezeichnung *Gemsenberge* 1 Sam. 24, 3. 2) n. pr. a) eines sonst unbekannten Richters Richt. 5, 6. b) der Frau des Keniten Cheber Richt. 4, 17. 5, 24.

יַעְלָא—יַעֲלָה 1) f. cs. יַעֲלַת (חֵן) *liebliche Gemse* (Bild der lieblichen Frau) Spr. 5, 19. 2) n. pr. m. Esra 2, 56. Neh. 7, 58.

יַעְלָם n. pr. edomitischer Stammesfürst Gen. 36, 5. 14. 1 Chr. 1, 35.

יַעַן (für יַעֲנֶה) eigentl. subst. *Absicht*, *Zweck*, aber nur als 1) praep. und zwar vor einem subst. *wegen* Ezech. 5, 9. יַעַן מֶה *weswegen?* Hag. 1, 9. 2) meist conj. *weil* mit folg. אֲשֶׁר Gen. 22, 16 oder כִּי Num. 11, 10 oder inf. 1 Kön. 21, 20. Jes. 30, 12. 37, 29 oder verb. fin. Num. 20, 12. 1 Kön. 14, 13; verstärkt יַעַן וּבְיַעַן *eben weil* Lev. 26, 43 oder יַעַן בְּיַעַן Ezech. 36, 3.

[יָעֵן] m. pl. יְעֵנִים *Strauss* Klagel. 4, 3 Kri.

יַעֲנָה f. nur mit בַּת pl. בְּנוֹת יַעֲנָה *Strauss* Lev. 11, 16. Deut. 14, 15; als Bild der Wüste Jes. 13, 21. 34, 13. 43, 20. Jer. 50, 39; des Klagegeschrei's Micha 1, 8. Hiob 30, 29.

יַעְנַי (*Gott erhört*) n. pr. 1 Chr. 5, 12.

יָעֵף* pf. pl. ps. יָעֵפוּ, fut. יִעַף—יִיעַף, pl. יִיעֲפוּ, ps. יִעָפוּ—יִיעָפוּ *ermüden, ermatten* Jes. 40, 28. 30. 31. Jer. 2, 24. Hab. 2, 13; *schwach werden* Jes. 44, 12; *vergehen* Jer. 51, 58. 64.

Hofal part. מֻעָף *ermüdet* Dan. 9, 21.

יָעֵף adj. pl. יְעֵפִים *ermüdet* Richt. 8, 15. 2 Sam. 16, 2. Jes. 40, 29. 50, 4.

יְעָף m. *angestrengter Lauf* Dan. 9, 21.

יָעַץ* pf. 3 sg. suff. יְעָצָנִי, part. fem. suff. יוֹעַצְתּוֹ, fut. אִיעָצָה, suff. אִיעָצְךָ 1) *rathen, Rath geben* 2 Sam. 16, 23; mit acc. Ex. 18, 19. Jer. 38, 15. Ps. 16, 7. 2 Chr. 22, 3; dopp. acc. 1 Kön. 1, 12. Jes. 19, 11; mit לְ Hab. 2, 10. Hiob 26, 3; 2) *beschliessen* Jes. 14, 26. 27. 23, 9. Ps. 62, 5; *einen Plan fassen* Micha 6, 5; *belehren* Num. 24, 14. יוֹעֵץ *Rathgeber* Jes. 1, 26. 3, 3. Hiob 3, 14. 12, 17. Esra 7, 28. 8, 25. 2 Chr. 25, 16.

Nifal pf. נוֹעַץ, pl. נוֹעֲצוּ, fut. יִוָּעֵץ *sich berathen mit Jem.* mit אֶת 1 Kön. 12, 8. Jes. 40, 14; mit אֶל 2 Kön. 6, 8; mit עִם 2 Chr. 32, 3; häufig folgt יַחְדָּו Jes. 45, 21. Ps. 71, 10. 83, 6; *rathen* 1 Kön. 12, 6. 9. 2 Chr. 10, 6. 9; *beschliessen* 1 Kön. 12, 28. 2 Chr. 30, 23; part. pl. נוֹעָצִים *berathen, besonnen* Spr. 13, 10.

Hitp. fut. pl. יִתְיָעֲצוּ *sich berathen* Ps. 83, 4.

יַעֲקֹב (*Fersenhalter*) n. pr. *Jakob*, der bekannte Patriarch Gen. 25, 26, nach dem sehr häufig das ganze Volk Israel benannt wird.

יַעֲקֹבָה n. pr. m. 1 Chr. 4, 36.

יַעֲקָן n. pr. m. edomitischer Stammesfürst 1 Chr. 1, 42 (= עֲקָן Gen. 36, 27); der Stamm heisst: בְּנֵי יַעֲקָן s. בְּאֵר.

יַעַר m. ps. יָעַר mit He loc. יַעְרָה, suff. יַעְרִי, pl. יְעָרִים (vgl. יָעוֹר) und יְעָרוֹת 1) *Wald* Deut. 19, 5. Jos. 17, 15. 1 Sam. 14, 26. Ezech. 39, 10. Ps. 29, 9. בָּמוֹת יַעַר *waldige Höhen* Jer. 26, 18.

Micha 3, 12. סְבְכֵי הַיַּעַר *Walddickicht* Jes. 9, 17. 10, 34. בֵּית יַעַר Jes. 22, 8 = בֵּית יַעַר הַלְּבָנוֹן *das Zeughaus* in Jerusalem (wozu das Holz vom Libanon genommen war) 1 Kön. 7, 2. 10, 17. 21. Als Bild *dichtgedrängter* Menschen Jer. 21, 14. 46, 23. 2) *Waldhonig* Hohel. 5, 1. 3) n. pr. קִרְיַת יְעָרִים (*Waldstätte*) Stadt an der Grenze Juda's und Benjamin's Jos. 9, 17. 18, 15. Richt. 18, 12; auch קִרְיַת הַיְּעָרִים Jer. 26, 20, קִרְיַת עָרִים Esra 2, 25 und קִרְיַת Jos. 18, 28 (vgl. בַּעֲלָה); poëtisch: שְׂדֵי יָעַר Ps. 132, 6.

יָעַר s. עור.

[יַעְרָה] f. יַעְרַת הַדְּבַשׁ *Honigmasse* 1 Sam. 14, 27.

יַעְרָה s. יְהוֹעַדָּה.

יַעְרִי s. יָעוּר.

יַעֲרֶשְׁיָה n. pr. m. 1 Chr. 8, 27.

יַעֲשַׂי—יַעֲשׂוּ (Ktib—Kri) (*Gott schafft*) n. pr. m. Esra 10, 36.

יַעֲשִׂיאֵל n. pr. m. 1 Chr. 11, 47.—27, 21.

יִפְדְיָה (*Gott befreit*) n. pr. m. 1 Chr. 8, 25.

***יָפָה** pf. 2 sg. f. יָפִית, fut. 3 sg. וַיִּיף, 2 sg. f. וַתִּיפִי *schön, angenehm sein* Ezech. 16, 13. 31, 7. Hohel. 4, 10. 7, 2. 7.

Piel fut. suff. יְיַפֵּהוּ *schmücken* Jer. 10, 4.

Polpal pf. 2 sg. יָפְיָפִיתָ *sehr schön sein* Ps. 45, 3.

Hitpael fut. 2 sg. f. תִּתְיַפִּי *sich schmücken* Jer. 4, 30.

יָפֶה adj. cs. יְפֵה, f. יָפָה, cs. יְפַת, suff. יָפָתִי, pl. f. יָפוֹת, cs. יְפַת—יְפוֹת *schön* Gen. 12, 11. 14. 39, 6. 41, 2. 4. Amos 8, 13. Hohel. 2, 10; *recht, angemessen* Koh. 3, 11. 5, 17.

יְפֵה־פִיָּה adj. *sehr schön* Jer. 46, 20.

יָפוֹא—יָפוֹ n. pr. *Joppe* (*Jaffa*) berühmte Hafenstadt am mittelländischen Meere, zum Stamme Dan gehörig Jos. 19, 46. Jon. 1, 3. Esra 3, 7. 2 Chr. 2, 15.

***[יָפַח]** Hitpael fut. 3 sg. f. תִּתְיַפֵּחַ *stöhnen* Jer. 4, 31.

[יָפֵחַ] adj. cs. יְפֵחַ *hauchend, schnaubend* Ps. 27, 12.

יֳפִי m. ps. יֹפִי, suff. יָפְיֵךְ, יָפְיוֹ *Schönheit, Vorzüglichkeit* Jes. 33, 17. Ezech. 28, 7. Ps. 45, 12. 50, 2.

יָפִיעַ (*Glänzend*) n. pr 1) Ort in Sebulon Jos. 19, 12. 2) n. pr. m. a) Sohn des David 2 Sam. 5, 15. 1 Chr. 3, 7. 14, 6. b) Jos. 10, 3.

יַפְלֵט (*Er rettet*) n. pr. m. 1 Chr. 7, 32. 33; n. gent. יַפְלֵטִי Jos. 16, 3.

יְפֻנֶּה n. pr. 1) Vater des Kaleb Num. 13, 6. 2) 1 Chr. 7, 38.

***[יָפַע]** Hifil הוֹפִיעַ, 2 sg. ps. הוֹפָעְתָּ, fut. תּוֹפַע—הֹפַע *erscheinen, erglänzen* Deut. 33, 2. Ps. 50, 2. 80, 2. 94, 1. Hiob 3, 4. 10, 3. 22. 37, 15.

[יִפְעָה] f. suff. יִפְעָתֵךְ *Glanz* Ezech. 28, 7.

יֶפֶת ps. יָפֶת n. pr. *Jafet*, zweiter Sohn des Noah Gen. 5, 32. 10, 2.

יִפְתָּח (*Oeffnender*) n. pr. 1) Richter in Israel Richt. 11, 1. 1 Sam. 12, 11. 2) Stadt in Juda Jos. 15, 43.

יִפְתַּח־אֵל n. pr. Thal zwischen Ascher und Sebulon Jos. 19, 14. 27.

***יָצָא** pf. 1 sg. יָצָתִי—יָצָאתִי (Hiob 1, 21), 2 sg. f. יָצָאת, part. fem. יֹצֵא (Koh. 10, 5 = יֹצְאָה)—יוֹצֵאת—יֹצֵאת—יוֹצֵת (Deut. 28, 57), fut. יֵצֵא, pl. (ps. יֵצֵאוּ), f. תֵּצֶאן—תֵּצֶאנָה, inf. צֵאת יָצוֹא, suff. צֵאתִי, imp. צֵא—צְאָה (Richt. 9, 29), צְאִי, צְאוּ (ps. צֵאוּ), צֶאנָה *herausgehen, herauskommen* Gen. 8, 7. 11, 31. 15, 4. 19, 14. 24, 15. 43. 25, 26. Ex. 13, 8. 15, 20. Num. 22, 32. Jer. 31, 4. Hohel. 1, 8. 3, 11; der Ort *von* wo? gewöhnl. mit מִן, selten mit acc. (אֶת) Gen. 44, 4. Ex. 9, 29. Jer. 10, 20; ohne אֶת überhaupt häufiger bei part. הַיֹּצֵא הַשָּׂדֶה *was aus dem Felde herauskommt* Deut. 14, 22. יֹצְאֵי הַתֵּבָה *die aus der Arche kamen* Gen. 9, 10; dagegen יֹצְאֵי צָבָא *die zum Heere ausziehen* 1 Chr. 5, 18. יוֹצְאֵי שַׁבָּת *die am Sabbat herausgehen* 2 Kön. 11, 7. Ferner: *aufgehen* (von der Sonne) Gen. 19, 23; *zum Kriege ausziehen* Deut. 20, 1; *entstammen* Gen. 10, 11. 16, 6; besonders in der Redensart יָצָא מִמֵּעָיו *aus seinen Eingeweiden hervorgehen* Gen. 15, 4 oder מֵחֲלָצָיו Gen. 35, 11 oder יְרֵכוֹ Gen. 46, 26; *ausgegeben werden* 2 Kön. 12, 13; *sich heraushelfen* Koh. 7, 18; *untergehen* Ezech. 26, 18. וַיֵּצֵא לִבָּם *ihr Herz ging aus = sie verloren den Muth* Gen. 42, 28.

Hifil הוֹצִיא, הוֹצֵאתִי, fut. יוֹצִא—יֹצֵא—יוֹצִיא—יֹצֵא, pl. יוֹצִיאוּ, inf. הוֹצִיא, imp. הוֹצֵא (הַיְצֵא Gen. 8, 17 Kri), part. מוֹצֵא—מוֹצִיא (Ps. 135, 7) *herausführen, herausbringen* Gen. 14, 18. 15, 5. 7. 19, 12. Ex. 6, 7. 13. Lev. 16, 27. 24, 23.

Num. 17, 24; *hervorbringen* Num. 17, 23; *ausgeben, verwenden* 2 Kön. 12, 12.

Hofal pf. f. ps. הוּצָאָה, part. f. מוּצֵאת, pl. מוּצָאִים, f. מוּצָאוֹת *herausgeführt werden* Gen. 38, 25. Jer. 38, 22. Ezech. 14, 22. 38, 8.

יְצָא aram. nur Schafel שֵׁיצִיא *beendigt werden* Esra 6, 15.

*[יָצַב] Nifal pf. f. נִצְּבָה (ps. נִצָּבָה), pl. נִצְּבוּ part. נִצָּב, f. נִצֶּבֶת—נִצָּבָה *sich hinstellen* Ex. 7, 15. Num. 16, 27; *stehen* Gen. 28, 13. Ex. 17, 9; häufig mit עַל *bei* ... Gen. 45, 1. Ex. 18, 14. Num. 23, 6. 1 Sam. 22, 7. Amos 9, 1. Rut. 2, 5; auch von Sachen: *feststehen* Ex. 15, 8. Ps. 119, 89. Klagel. 2, 4; *stehen bleiben* Gen. 37, 7; part. *standhaft* Zach. 11, 16 (vgl. נָצַב).

Hifil הִצִּיב, fut. וַיַּצֵּב—יַצֵּב—יַצִּיב, pl. וַיַּצִּבוּ *hinstellen* Gen. 21, 28; *aufstellen, aufrichten* Gen. 33, 20. 35, 14. Jos. 6, 26. 1 Sam. 15, 12; *feststellen* Deut. 32, 8. Ps. 41, 13. 74, 17. 78, 13. Spr. 15, 25. לְהַצִּיב הַדָּרְבָן *den Stachel* (grade) *zu richten* 1 Sam. 13, 21. לְהַצִּיב יָדוֹ *seine Stellung zu befestigen* 1 Chr. 18, 3.

Hofal part. מֻצָּב *hingestellt sein, stehen* Gen. 28, 12; *gepflanzt sein* Richt. 9, 6 [הֻצַּב Nah. 2, 8 ist n. pr.].

Hitp. הִתְיַצֵּב, fut. 3 sg. f. וַתֵּתַצַּב (= וַתִּתְיַצֵּב Ex. 2, 4) imp. ps. הִתְיַצָּבָה *sich hinstellen, sich aufstellen* Ex. 19, 17. 34, 5. Num. 22, 22. Hiob 33, 5; *bei* Jemd., gewöhnl. mit עַל Num. 23, 3. Hab. 2, 1. Hiob 1, 6. 2 Chr. 11, 13; *Stand halten* Deut. 7, 24. 9, 2. Jos. 1, 5. Hiob 41, 2; *Fuss fassen* 2 Sam. 21, 5. 2 Chr. 20, 6.

[יְצַב] aram. Pael inf. יַצָּבָא *sich Gewissheit verschaffen* Dan. 7, 19.

*[יָצַג] Hifil pf. 1 sg. suff. הִצַּגְתִּיו, 3 sg. suff. הִצִּיגַנִי, fut. 3 sg. וַיַּצֵּג, suff. וַיַּצִּגֵם, 1 sg. אַצִּיגָה *stellen, hinstellen* Gen. 30, 38. 43, 9. Richt. 6, 37. Hos. 2, 5; *aufstellen* Gen. 33, 15. 47, 2. 1 Sam. 5, 2.

Hofal fut. יֻצַּג *aufgestellt sein, zurückbleiben* Ex. 10, 24.

יִצְהָר 1) m. suff. יִצְהָרֶךָ—יִצְהָרְךָ *Oel* Num. 18, 12. Deut. 7, 13. 11, 14. בְּנֵי הַיִּצְהָר *die mit Oel Gesalbten* (Oberhäupter Josua und Serubabel) Zach. 4, 14. 2) n. pr. Sohn des Kehat Ex. 6, 18; n. gent. יִצְהָרִי Num. 3, 27.

יִצְחָק (*Lacher*) n. pr. *Isak*, der bekannte Patriarch Gen. 21, 3; zuweilen für das ganze Volk *Israel* gebraucht; vgl. יִשְׂחָק.

[יָצוּעַ] m. suff. יְצוּעִי, pl. cs. יְצוּעֵי, suff. יְצוּעָי 1) *Lagerstätte, Bett* Gen. 49, 4. Ps. 63, 7. 132, 3. Hiob 17, 13. 1 Chr. 5, 1. 2) Ktib für יָצִיעַ s. d.

[יָצִיא] m. pl. cs. יְצִיאֵי *hevorgegangen* 2 Chr. 32, 21 Kri.

יַצִּיב aram. adj. emph. יַצִּיבָא *gewiss* Dan. 3, 24. 6, 13; *genau* Dan. 2, 45. 7, 16. מִן יַצִּיב *gewisslich* Dan. 2, 8.

יָצִיעַ m. (f. 1 Kön. 6, 6) *Stockwerk, Anbau* (in der Bautechnik) 1 Kön. 6, 5. 6. 10 Kri (Ktib: יָצוּעַ).

*[יָצַע] Hifil fut. יַצִּיעַ, אַצִּיעָה (ein Lager) *hinbreiten, sich betten* Jes. 58, 5. Ps. 139, 8.

Hofal fut. יֻצַּע *hingebreitet werden, als Lagerstätte dienen* Jes. 14, 11. Est. 4, 3.

*יָצַק pf. 3 sg. suff. יְצָקָם, fut. יִצֹק—יִצַּק (intransitiv), אֶצֹק—אֶצַּק, pl. וַיִּצְקוּ, inf. צֶקֶת, imp. צֹק—יְצֹק, pl. יִצְקוּ *giessen, ausgiessen* Gen. 28, 18. Lev. 8, 15. 1 Kön. 18, 34. 2 Kön. 4, 40. 41. Jes. 44, 3. Ezech. 24, 3; intrans. *fliessen* 1 Kön. 22, 35; bildlich von einer Krankheit, die Jemd. *befällt* Ps. 41, 9; auch vom *Giessen* der Metalle Ex. 38, 27. 1 Kön. 7, 46. Hiob 28, 2; vom Staube, der sich *zur festen Masse bildet* Hiob 38, 38; daher יָצוּק *gegossen, fest, hart* Hiob 41, 15. 16 [יָצוּק Hiob 29, 6 s. צוק].

Piel part. f. מְיַצֶּקֶת *ausgiessen* 2 Kön. 4, 5 Ktib (Kri s. Hifil).

Hifil part. f. מוֹצֶקֶת 1) *ausgiessen* 2 Kön. 4, 5 (Kri). 2) (= יָצַג), fut. וַיַּצִּקוּ, suff. וַיַּצִּקֻם *hinlegen, hinstellen* Jes. 7, 23. 2 Sam. 15, 24.

Hof. pf. הוּצַק, fut. יוּצַק, part. מוּצָק *gegossen werden* 1 Kön. 7, 16. Ps. 45, 3; part.: *fest* Hiob 11, 15.

יְצֻקָה f. suff. יְצֻקָתוֹ *Guss* 1 Kön. 7, 24.

יָצַר 1 Kön. 8, 37. 2 Chr. 6, 28 s. צָרַר.

יָצַר Jes. 11, 13 s. צָרַר.

*יָצַר I. fut. וַיֵּצֶר—יֵצַר הֵצֵרִי *eng sein* Jes. 49, 19. Spr. 4, 12, meist mit לְ. וַיֵּצֶר־לוֹ *es ward ihm ängstlich* Gen. 32, 7; oder *bedrängt sein* Richt. 2, 15. 10, 9; *leid sein* 1 Sam. 30, 6. 2 Sam. 13, 2.

יָצַר II fut. וַיִּיצֶר—וַיִּצֶר u. suff. יִצְּרֵהוּ, אֶצָּרְךָ

1) *bilden, gestalten, formen* Gen. 2, 7. 19. Jes. 44, 10. 12. Jer. 1, 5; überhaupt: *erschaffen* Ps. 74, 17. 95, 5. 104, 26; daher יוֹצֵר (s. das.) *Schöpfer, Bildner, Töpfer*. 2) = אָצַר *sammeln* Amos 7, 1.

Nifal נוֹצַר *geschaffen werden* Jes. 43, 10.

Pual fut. pl. ps. יֻצָּרוּ *vorgebildet werden* Ps. 139, 16.

Hofal fut. יוּצַר *verfertigt werden* Jes. 54, 17.

יֵצֶר m. suff. יִצְרוֹ 1) *Gebilde* Jes. 29, 16. Hab. 2, 18. Ps. 103, 14; bildl. *das Sinnen, Trachten* Gen. 6, 5. 8, 21. Deut. 31, 21. 1 Chr. 28, 9. 29, 18; *Vorstellung, Einbildung* Jes. 26, 3. 2) n. pr. Sohn des Naftali Gen. 46, 24. Num. 26, 49 (wo n. gent. יִצְרִי).

[יֵצֶר] m. pl. suff. יְצֻרַי *Muskel, Glied* Hiob 17, 7.

יִצְרִי n. pr. m. 1) 1 Chr. 25, 11 = צְרִי v. 9. 2) vgl. יֵצֶר.

*יָצַת fut. 3 f. תִּצַּת, 3 pl. m. יִצַּתוּ, f. תִּצַּתְנָה *entzünden* mit בְּ Jes. 9, 17; intr. *verbrennen* Jes. 33, 12. Jer. 49, 2. 51, 58.

Nifal pf. 3 sg. f. נִצְּתָה, pl. נִצְּתוּ (נִצְּתָה Jer. 2, 15) *entzündet sein, brennen* 2 Kön. 22, 13. 17; *verbrannt sein* Neh. 1, 3. 2, 17; *verödet sein* Jer. 2, 15. 9, 11. 46, 19.

Hifil הִצִּית, הִצַּתִּי, pl. הִצִּיתוּ, fut. וַיַּצֶּת־, 1 sg. suff. אַצִּיתֶנָּה (wie von צות), pl. וַיַּצִּיתוּ, imp. suff. הַצִּיתוּהָ (2 Sam. 14, 30 Kri; Ktib הוֹצִיתִיהָ), part. מַצִּית mit dem Obj. אֵשׁ u. בְּ d. Sache *Feuer anlegen an* . . . Jer. 17, 27. Ezech. 21, 3. Amos 1, 14. Klagel. 4, 11; oder acc. d. Sache u. בָּאֵשׁ *verbrennen* Jos. 8, 8. 19; ohne בָּאֵשׁ Jes. 27, 4. Jer. 51, 30.

יֶקֶב m. ps. יָקֶב, suff. יִקְבֶךָ, pl. יְקָבִים, cs. יִקְבֵי, suff. יְקָבֶיךָ *Kufe*, in welche der gekelterte Wein läuft Jes. 5, 2. Joel 2, 24; auch wohl für *Kelter* Jes. 16, 10. Hiob 24, 11. יֶקֶב זְאֵב geographische Bezeichnung Richt. 7, 25; ebenso יִקְבֵי הַמֶּלֶךְ Zach. 14, 10.

יְקַבְצְאֵל n. pr. Ort in Juda Neh. 11, 25 = קַבְצְאֵל s. d.

*יָקַד fut. וַתִּיקַד—יֵקַד *brennen* Deut. 32, 22. Jes. 10, 16. 65, 5.

Hof. fut. 3 sg. f. תּוּקַד *angezündet sein, brennen* (Subj. *Feuer*) Lev. 6, 2. Jer. 15, 14. 17, 4.

יְקַד aram. part. f. יָקִדְתָּא (—יָקִדְתָּא) *brennen* Dan. 3, 6, 11. 17.

יְקוֹד—יְקֹד m. *Brand* Jes. 10, 16.

[יְקֵדָא] aram. f. cs. יְקֵדַת *Brand* Dan. 7, 11.

יָקְדְעָם n. pr. Ort in Juda Jos. 15, 56.

יָקֶה n. pr. m. Spr. 30, 1.

[יְקָהָה] f. cs. יִקְּהַת Gen. 49, 10 und לִיקֲּהַת (=לִיקְּהַת) Spr. 30, 17 *Gehorsam*.

יָקוּד m. *Heerdfeuer* Jes. 30, 14.

יְקוֹד s. יְקֹד.

יָקוּט s. קוּט.

יְקוּם m. *das Bestehende, lebende Wesen* Gen. 7, 4. 23. Deut. 11, 6.

יָקוּשׁ m. pl. יְקוּשִׁים *Vogelsteller* Jer. 5, 26. Ps. 91, 3. Spr. 6, 5.

יָקֹשׁ m. *Vogelsteller* Hos. 9, 8.

יְקוּתִיאֵל (*Macht Gottes*) n. pr. m. 1 Chr. 4, 18.

יָקְטָן (*Kleiner*) n. pr. Sohn des Eber, Vater arabischer Stämme Gen. 10, 25. 26. 1 Chr. 1, 19. 20.

יָקִים (*Er richtet auf*) n. pr. m. 1 Chr. 8, 19. — 24, 12.

יַקִּיר adj. *theuer, geliebt* Jer. 31, 20.

יַקִּיר aram. emph. יַקִּירָה—יַקִּירָא 1) adj. *bedeutsam* Dan. 2, 11. 2) subst. *Angesehener* Esra 4, 10.

יְקַמְיָה (*Gott besteht*) n. pr. m. 1 Chr. 2, 41. — 3, 18.

יָקְמְעָם (*Volksbestand*) n. pr. Levitenstadt in Efraim 1 Kön. 4, 12. 1 Chr. 6, 53 (wahrscheinl. = קִבְצַיִם Jos. 21, 22).

יְקַמְעָם (*Volksbestand*) n. pr. m. 1 Chr. 23, 19. 24, 23.

יָקְנְעָם (*Volksbesitz*) n. pr. Levitenstadt in Sebulon Jos. 12, 22. 19, 11. 21, 34.

*יָקַע fut. 3 sg. f. תֵּקַע *sich verrenken* Gen. 32, 26; bildlich (mit Subj. נַפְשִׁי) *sich losreissen* mit מִן Jer. 6, 8. Ezech. 23, 17; mit מֵעַל Ezech. 23, 18.

Hifil pf. 1 pl. suff. הוֹקַעֲנוּם, fut. pl. suff. וַיֹּקִיעֻם, imp. הוֹקַע *aufhängen* (an einen Pfahl) Num. 25, 4. 2 Sam. 21, 6. 9.

Hofal part. pl. מוּקָעִים *aufgehängt werden* 2 Sam. 21, 13.

*יָקַץ fut. יִיקַץ — יִקַץ — יֵקַץ — וַיִּיקַץ אִיקַץ *er-*

machen Gen. 9, 24. 28, 16. 41, 21. 1 Kön. 3, 15. 18, 27.

[Hifil הֵקִיץ s. קוּץ].

*יָקַר fut. יֵקַר—יִיקַר *theuer, werth sein* Jes. 43, 4. Ps. 139, 17. יָקְרָה נַפְשִׁי בְּעֵינֶיךָ *mein Leben war theuer in deinen Augen = du schontest meiner* 1 Sam. 26, 21. 2 Kön. 1, 13. 14; ähnlich mit Subj. דָּמָם Ps. 72, 14; *theuer, unerschwinglich sein* Ps. 49, 9; *berühmt werden* 1 Sam. 18, 30; *beehrt werden* Zach. 11, 13.

Hifil fut. אוֹקִיר, imp. הֹקַר *selten machen* Jes. 13, 12. Spr. 25, 17.

יָקָר adj. cs. יְקַר, f. יְקָרָה, cs. יִקְרַת, pl. יְקָרוֹת *selten* 1 Sam. 3, 1; *kostbar* 2 Sam. 12, 30. 1 Kön. 5, 31; *bedächtig* Spr. 17, 27; subst. *Pracht* Ps. 37, 20; adverb. *lieblich* Hiob 31, 26 [vgl. יְקָרָה].

יְקָר m. suff. יְקָרוֹ *Kostbarkeit* Hiob 28, 10. אֶדֶר הַיְקָר *der kostbare Mantel* Zach. 11, 13. Spr. 20, 15; *Pracht* Ps. 49, 13. Est. 1, 4; *Ehre* Est. 6, 6.

יְקָר aram. m. cs. יְקַר, emph. יְקָרָה—יְקָרָא *Ehre, Herrlichkeit* Dan. 2, 6. 37. 4, 33. 5, 20.

[יְקָרָה] f. cs. יִקְרַת, pl. suff. בְּיִקְּרוֹתֶיךָ (Ps. 45, 10) *Kostbarkeit.* פִּנַּת יִקְרַת מוּסָד *ein kostbarer zum Grundstein (geeigneter) Eckstein* Jes. 28, 16.

*יָקֹשׁ pf. 1 sg. יָקֹשְׁתִּי, 3 pl. יָקְשׁוּ, ps. יְקֹשׁוּן, mit פַּח *eine Schlinge legen* mit לְ Ps. 141, 9; dasselbe ohne פַּח Jes. 29, 21. Jer. 50, 24. יוֹקְשִׁים *Vogelsteller* Ps. 124, 7.

Nifal pf. נוֹקַשׁ, fut. תִּוָּקֵשׁ *verstrickt werden,* nur bildlich: Deut. 7, 25. Jes. 8, 15. 28, 13. Ps. 9, 17. Spr. 6, 2.

Pual part. יוּקָשִׁים (= מְיֻקָּשִׁים) *verstrickt werden* Koh. 9, 12.

יָקְשָׁן (*Auflaurer*) n. pr. Sohn des Abraham und der Ketura Gen. 25, 2. 1 Chr. 1, 32.

יָקְתְאֵל n. pr. Stadt in Juda Jos. 15, 38.

*יָרֵא 1 sg. יָרֵאתִי, 1 pl. יָרֵאנוּ יְרֵאתֶם—יְרֵאתֶם (Jos. 4, 24), fut. אִירָא, (suff. אִירָאֶנּוּ), יִרָא—יִירָא, (suff. יִרָאֶךָ), 3 pl. יִרְאוּ—יִירְאוּ, הִירֶאנָה, imp. יְרָא, pl. יְראוּ, inf. יְרֹא, לִרֹא, meistens f. לְיִרְאָה 1) *Furcht empfinden, sich fürchten* Gen. 15, 1. 26, 24; *vor* Jem. oder einer Sache meist mit מִפְּנֵי Deut. 5, 5. 1 Sam. 18, 29. 1 Kön. 1, 50; oder מִן Deut. 28, 10. Spr. 31, 21; seltener mit acc. Num. 14, 9. 21, 34. Richt. 6, 27. 1 Kön. 1, 51. Ps. 23, 4, das, *wofür* man fürchtet, mit לְ Jos. 9, 24. Spr. 31, 21; das, was man *zu thun* sich fürchtet, im inf. mit מִן Gen. 46, 3. Ex. 3, 6. Richt. 6, 27. 2) *sich scheuen, Ehrfurcht empfinden,* gewöhnl. mit acc. Ex. 1, 17. Lev. 19, 3. 30. Deut. 13, 5. Jos. 4, 14. 1 Sam. 12, 24. 1 Kön. 18, 3; selten mit מִן Lev. 19, 14. 32. Ps. 119, 120; *verehren* mit acc. 2 Kön. 17, 28.

Nifal fut. תִּוָּרֵא *verehrt werden* Ps. 130, 4; part. נוֹרָא meist adject. *furchtbar, erhaben* Gen. 28, 17. Ex. 15, 11; f. pl. נוֹרָאוֹת *Furchtbares, furchtbare — gewaltige Thaten* Deut. 10, 21. Ps. 45, 5. 145, 6.

Piel pf. 3 pl. suff. יֵרְאֻנִי, inf. suff. לְיָרְאָם, לְיָרְאֵנִי, part. מְיָרְאִים *Furcht einjagen* 2 Sam. 14, 15. Neh. 6, 9. 14. 19. 2 Chr. 32, 18.

יָרֵא adj. cs. יְרֵא, f. יִרְאַת (Spr. 31, 30), pl. יְרֵאִים, cs. יִרְאֵי, suff. יְרֵאָיו *fürchtend,* urspr. part. u. constr. wie das Verbum. יְרֵא אֱלֹהִים *gottesfürchtig* Gen. 22, 12. Ex. 18, 21. יְרֵאֶיךָ *deine Verehrer* Ps. 31, 20. 34, 8.

יִרְאָה f. cs. יִרְאַת, suff. יִרְאָתִי 1) *Furcht, Schrecken* Jes. 7, 25. Ezech. 30, 13. Jona 1, 10. 16. Ps. 55, 6. 2) *Furcht, Verehrung, Scheu* wobei cs. u. suff. meist objectiv: יִרְאַת אֱלֹהִים *die Furcht vor Gott, Gottesfurcht* Gen. 20, 11; יִרְאָתִי *die Furcht vor mir* Jer. 32, 40; dagegen יִרְאָתָם אֹתִי *ihre Furcht vor mir* Jes. 29, 13; יִרְאָה für *Gottesfurcht*: Hiob 4, 6. 15, 4.

יִרְאוֹן (*Schrecken*) n. pr. Ort in Naftali Jos. 19, 38.

יִרְאִיָּה (*Gott sieht*) n. pr. m. Jer. 37, 13. 14.

יָרֵב symbolisch-prophetischer Name Assyriens Hos. 5, 13. 10, 6: das *Streitbare, Kriegerische.*

יָרֵב—יָרִב s. רִבָה.

יְרֻבַּעַל (*Baalsbekämpfer*) n. pr., den Gideon erhielt Richt. 6, 32. 7, 1. 9, 1; dafür יְרֻבֶּשֶׁת 2 Sam. 11, 21.

יָרָבְעָם (*Volksmehrer*) *Jarobeam* n. pr. zweier Könige von Israel 1 Kön. 12—14. 2 Kön. 14, 23 ff.

יְרֻבֶּשֶׁת s. יְרֻבַּעַל.

*יָרַד pf. 3 sg. dichterisch יָרַד Richt. 5, 13 und רָד Richt. 19, 11, fut. הֵרַדְנָה ,וַיֵּרֶד ,אֵרֵד, inf. יְרֹד, cs. רֶדֶה (Gen. 46, 3)—רֶדֶת, suff. רִדְתִּי—יָרְדִי (Ps. 30, 4 Kri), imp. רֵד, (רְדָה), רְדִי, רְדוּ *sich nach unten bewegen, herabsteigen* Gen.

44, 26. Ex. 19, 18. 32, 1; *herabfliessen* Deut. 9, 21. Jos. 3, 16; *herabfallen* Ex. 9, 19; *sinken* Klagel. 1, 9; *versinken* Ex. 15, 5; *niedersteigen* (von der Grenzlinie) Num. 34, 11. Jos. 15, 10. יוֹרְדֵי הַיָּם *die in die See stechen* Jes. 42, 10. Ps. 107, 23. יוֹרְדֵי בוֹר Ps. 28, 1 oder יֹרְדֵי דוּמָה Ps. 115, 17 oder יוֹרְדֵי עָפָר Ps. 22, 30 *die Todten.* עֵינִי יֹרְדָה מַּיִם *mein Auge fliesst in Wasser nieder = zerfliesst vor Thränen* Klagel. 1, 16; ähnlich: Jer. 9, 17. 13, 17. 14, 17. Klagel. 3, 48.

Hifil הוֹרִיד, fut. אוֹרִיד, וַתֹּרֶד, imp. הוֹרֵד, suff. הוֹרִידֻמוֹ *herabbringen* Gen. 43, 22. 1 Kön. 5, 23; *herablässen* Jos. 2, 15; *herabnehmen* Gen. 24, 18; *herabstürzen* Obadj. 1, 3 u. s. w.

Hofal הוּרַד, fut. 2 sg. תּוּרַד *herabgebracht werden* Gen. 39, 1; *herabgenommen werden* Num. 10, 17; *herabgestürzt werden* Jes. 14, 15.

יֶרֶד ps. יָרֶד n. pr. m. 1) Gen. 5, 15. 18—20. 2) 1 Chr. 4, 18.

יַרְדֵּן (*Fluss*) n. pr. *Jordan*, der Hauptfluss Palästina's; gewöhnl. mit dem Artikel Gen. 13, 10. 32, 11. 50, 10. אֶרֶץ יַרְדֵּן für *Palästina* Ps. 42, 7; dagegen ist Hiob 40, 23 die appellat. Bedeutung *Fluss* noch erhalten.

*__יָרָה__ pf. 1 sg. יָרִיתִי, part. יֹרֶה, pl. יֹרִים, fut. 1 pl. suff. וַנִּירָם, inf. יָרֹה, cs. לִירוֹת-לִירוֹא, imp. יְרֵה 1) *schleudern* Ex. 15, 4; *werfen* (das Loos) Jos. 18, 6; *niederwerfen* Num. 21, 30; gewöhnl. *schiessen* Ex. 19, 13. 1 Sam. 20, 36. 2 Kön. 13, 17. Spr. 26, 18. 2 Chr. 26, 15; *auf* Jemand. mit לְ Ps. 11, 2; mit acc. Ps. 64, 5; part. *Bogenschütze* 1 Chr. 10, 3. 35, 23; 2) *einsenken* Gen. 31, 51. Hiob 38, 6.

Nifal fut. 3 sg. יִיָּרֶה *erschossen werden* Ex. 19, 13.

Hifil pf. 3 sg. suff. הוֹרָהוּ, הֹרָנִי, 2 sg. suff. הוֹרֵתָנִי, 1 sg. הוֹרֵיתִי, suff. הוֹרֵיתִיךָ — הֹרֵתִיךָ, fut. יוֹרֶה — וַיּוֹר (2 Kön. 13, 17), suff. יוֹרֵנוּ, וְיוֹרֵנוּ, יֹרֵם, 3 sg. f. suff. תּוֹרֶךָ, ps. תֹּרֶךָ, 3 pl. יוֹרוּ — יֹרוּ, suff. יֹרֵהוּ — יוֹרוּךָ, inf. הוֹרֹת, imp. suff. הֹרֵנִי 1) *niederwerfen* Hiob 30, 19; *schiessen* 1 Sam. 20, 20. 36. 2 Sam. 11, 20. 2 Kön. 13, 17. 19, 32; *auf* Jem. mit לְ 2 Chr. 35, 23; mit acc. Ps. 64, 5; noch mit acc. חֵץ *einen Pfeil auf Jemanden*] *abschiessen* Ps. 64, 8; מוֹרִים (מוֹרְאִים Ktib 2 Sam. 11, 24) *Bogenschützen* 1 Sam. 31, 3. 1 Chr. 10, 3. 2) *herabschiessen* (intrans.), *herabströmen, benetzen* Jes. 28, 26. Hos. 6, 3. מוֹרֶה = יוֹרֶה *Frühregen* Joel 2, 23. Ps. 84, 7. 3) *hindeuten* Spr. 6, 13; *zeigen* (scil. den Weg) Gen. 46, 28. 4) *unterweisen, belehren* Ex. 24, 12. 35, 34; gewöhnl. mit dopp. acc. Ex. 4, 12. Ps. 27, 11; mit לְ der Person Deut. 33, 10. Hos. 10, 12. Hab. 2, 19; mit בְּ der Sache Ps. 25, 8. 32, 8. Hiob 27, 11; mit אֶל der Sache 2 Chr. 6, 27. מוֹרֶה *Lehrender* Jes. 9, 14. 2 Chr. 15, 3; *Lehrer* Jes. 30, 20. Spr. 5, 13. [יוֹרֶא Spr. 11, 25 s. רָוָה.]

[יָרֵהַ] s. רָהָה.]

יְרוּאֵל (*Gotteswohnung*) n. pr. einer Wüste 2 Chr. 20, 16.

יָרוֹחַ n. pr. m. 1 Chr. 5, 14.

יָרוֹק m. *Grünes, Kraut* Hiob 39, 8.

יְרוּשָׁה—יְרוּשָׁא (*Besitz*) n. pr. Mutter des Königs Jotam 2 Kön. 15, 33. 2 Chr. 27, 1.

יְרוּשָׁלַםִ (beständiges Kri für das Ktib יְרוּשָׁלֵם (*Friedenswohnung*); nur einige Male im Texte: יְרוּשָׁלַיִם; mit He loc. יְרוּשָׁלַמָה 1 Kön. 10, 2— יְרוּשָׁלַיְמָה 2 Chr. 32, 9) n. pr. *Jerusalem*, die Residenzstadt der Könige David und Salomo und der Könige von Juda; früher שָׁלֵם (s. d.) und יְבוּס (s. d.); gelegen an der Grenze Juda's und Benjamin's Jos. 18, 28. Richt. 1, 21.

יְרוּשְׁלֶם—יְרוּשְׁלֵם aram. n. pr. *Jerusalem* Esra 4, 20. 5, 14.

יָרֵחַ m. suff. יְרֵחֶךָ *Mond* Gen. 37, 9. Deut. 4, 19. Koh. 12, 2; als Bild *ewiger Dauer* Ps. 89, 38; daher עַד בְּלִי יָרֵחַ *bis kein Mond mehr ist,* d. h. *immer* Ps. 72, 7; eben so וְלִפְנֵי יָרֵחַ *vor dem Monde,* d. h. *so lange der Mond besteht* Ps. 72, 5.

יֶרַח m. pl. יְרָחִים, cs. יַרְחֵי *Monat* Ex. 2, 2. Deut. 21, 13. 33, 14. Hiob 7, 3.

יְרַח aram. m. pl. יַרְחִין *Monat* Dan. 4, 26. Esra 6, 15.

יְרִיחֹה—יְרִיחוֹ—יְרֵחוֹ (*Balsamduftende*) n. pr. *Jericho*, Stadt in der Nähe des Jordan im Stamme Benjamin Num. 22, 1. Jos. 2, 1. 18, 21. 1 Kön. 16, 34.

יְרֹחָם (*Geliebter*) n. pr. m. 1) Vorfahr des Samuel 1 Sam. 1, 1. 1 Chr. 6, 12. 19. 2) Neh. 11, 12. 1 Chr. 9, 12. 3) 1 Chr. 9, 8.—12, 7.—27, 22.— 2 Chr. 23, 1.

יְרַחְמְאֵל (*Gott erbarmt sich*) n. pr. m. 1) Jer. 36, 26. 2) 1 Chr. 2, 9 (n. gent. יְרַחְמְאֵלִי 1 Sam. 27, 10). 3) 1 Chr. 24, 29.

יְרֵהַ֫ע n. pr. m. 1 Chr. 2, 34. 35.

יָרַט* fut. suff. יִרְטֵנִי=יָרְטֵנִי *sich entgegenstürzen* Num. 22, 32; *der Weg stürzte mir entgegen* d. h. *ich war zur Reise gezwungen* (n. A. *war mir verderblich*); trans. *stürzen* Hiob 16, 11.

יְרִיאֵל (=יְרִיאֵל) n. pr. m. 1 Chr. 7, 2.

יָרִיב 1) m. suff. יְרִיבְךָ, pl. suff. יְרִיבַי *Gegner* Jes. 49, 25. Jer. 18, 19. Ps. 35, 1. 2) n. pr. m. (*Streitführer*) a) Sohn des Simeon 1 Chr. 4, 24 = יָכִין (s. d.). b) Esra 8, 16.

יְרִיבַי n. pr. m. 1 Chr. 11, 46.

יְרִיָּהוּ—יְרִיָּה (= יְרִיאֵל) n. pr. 1 Chr. 23, 19. 24, 23. 26, 31.

יְרִיחוֹ s. יְרֵחוֹ.

יְרִימוֹת (*Hoheit*) n. pr. m. 1 Chr. 7, 7. — 12, 5. — 24, 30. — 25, 4 (= יְרֵמוֹת 25, 22). — 27, 19. — 2 Chr. 31, 13. יְרִימוֹת 2 Chr. 11, 18 ist nach Ktib ein Sohn, nach Kri eine Tochter David's.

יְרִיעָה f. pl. יְרִיעוֹת, suff. יְרִיעֹתַי, יְרִיעוֹתֵיהֶם *Vorhang* der Stiftshütte Ex. 26, 1 ff; *Umhang* eines Zeltes Jes. 54, 2; überhaupt *Zelt* 2 Sam. 7, 2. Jer. 4, 20. Hab. 3, 7. Hohel. 1, 5.

יְרִיעוֹת n. pr. f. 1 Chr. 2, 18.

יָרֵךְ f. cs. יֶרֶךְ, suff. יְרֵכִי, du. יְרֵכַיִם, suff. יְרֵכֶיךָ *Lende, Weiche*, die Fleischmasse am Oberschenkel, *Keule* bei Thieren Hohel. 7, 2, während מָתְנַיִם das *Ende des Rückens* bezeichnet; daher מִמָּתְנַיִם וְעַד יְרֵכַיִם *von den Hüften bis zu den Lenden* Ex. 28, 42. וַיַּךְ אוֹתָם שׁוֹק עַל־יָרֵךְ *er schlug sie Schenkel und Lende*, d. h. *vollständig, bis zur Lähmung* Richt. 15, 8; *auf die Lende schlagen* Jer. 31, 19. Ezech. 21, 17 Bild des Schmerzes und der Reue; *herausgehen aus den Lenden Jemandes = von ihm abstammen* Gen. 46, 26. Ex. 1, 5; *die Hand unter die Lende legen* Gen. 24, 2. 47, 29. Symbol des Schwures. 2) *Seite* Ex. 40, 22 u. zwar die *hintere* oder *untere Seite* Ex. 25, 31. 37, 17.

[יַרְכָא] aram. f. suff. יַרְכָתֵהּ *Lende* Dan. 2, 32.

[יַרְכָה] f. יַרְכָתוֹ, dual. יַרְכָתַיִם, cs. יַרְכְּתֵי *Seite* und zwar die *hintere Seite* z. B. der Stiftshütte Ex. 26, 23. 27; dann überhaupt der *hinterste Raum* z. B. eines Hauses 1 Kön. 6, 16; einer Höhle 1 Sam. 24, 4; eines Schiffes Jona 1, 5; *das äusserste Ende* Gen. 49, 13; der Erde Jer. 6, 22; des Nordens Jes. 14, 13; des Libanon Jes. 37, 24; der Gruft, d. h. *die tiefste Stelle derselben* Jes. 14, 15.

יָרֵם (*Gott ist erhaben*) n. pr. m. 1 Chr. 26, 25.

יַרְמוּת (*Anhöhe*) n. pr. 1) Stadt in Juda Jos. 10, 3. 15, 35. Neh. 11, 29. 2) Levitenstadt in Isachar Jos. 21, 29 = רֶמֶת Jos. 19, 21 u. רָאמוֹת 1 Chr. 6, 58.

יְרֵמוֹת (*Hoheit*) n. pr. m. Esra 10, 26 — 27. — 1 Chr. 7, 8. — 23, 23 (vgl. יְרִימוֹת).

יְרֵמַי n. pr. m. Esra 10, 33.

יִרְמְיָהוּ—יִרְמְיָה (*Gott ist erhaben*) n. pr. 1) der bekannte Prophet *Jeremia* Jer. 1, 1. Dan. 9, 2. 2 Chr. 35, 25. 2) Schwiegervater des Königs Jehoachas 2 Kön. 23, 31. 3) Jer. 35, 3. 4) Neh. 10, 3 — 12, 1. 12. — 1 Chr. 5, 24 — 12, 4. 10. — 13.

יָרַע* *verzagen, sich fürchten* Jes. 15, 4.

יִרְפְּאֵל (*Gott stellt her*) n. pr. Stadt in Benjamin Jos. 18, 27.

יָרַק* inf. abs. יָרֹק *speien* Num. 12, 14. Deut. 25, 9.

יָרָק m. cs. יֶרֶק *Grünes, Kraut* Deut. 11, 10. 1 Kön. 21, 2. 2 Kön. 19, 26. Jes. 37, 27. Spr. 15, 17.

יֶרֶק m. das *Grün* Gen. 1, 30. 9, 3, Num. 22, 4. Jes. 15, 6. Ps. 37, 2.

יֵרָקוֹן m. *Blässe, Gelbheit* des Gesichtes Jer. 30, 6; *Vergilbtheit* des Getreides Deut. 28, 22. 1 Kön. 8, 37. Amos 4, 9. Hag. 2, 17.

יַרְקוֹן n. pr. mit מֵי verbunden, Ort in Dan Jos. 19, 46.

יָרְקְעָם (*Volksausbreitung*) n. pr. Stadt in Juda 1 Chr. 2, 44.

יְרַקְרַק adj. pl. f. יְרַקְרַקֹּת *grünlich* Lev. 13, 49. 14, 37; *grüngelblich, in das Goldgelbe spielend* Ps. 68, 14.

יָרַשׁ* pf. 2 sg. suff. וִירִשְׁתָּהּ, 2 pl. וִירִשְׁתֶּם, 1 pl. suff. וִירִשְׁנוּהָ, fut. יִירַשׁ, suff. יִירָשְׁךָ, 3 pl. יִירְשׁוּ—יִרְשׁוּ, inf. רֶשֶׁת, suff. רִשְׁתְּךָ u. לְרִשְׁתֵּנוּ (Richt. 14, 15); imp. רֵשׁ—רָשׁ—יְרָשָׁה (Deut. 33, 23), רְשׁוּ 1) *in Besitz nehmen, sich aneignen* 1 Kön. 21, 19; meist auf kriegerischem Wege; *erobern* Gen. 22, 17. Deut. 1, 21. 2, 24. 31. 33, 23. Ps. 44, 4; dann überhaupt: *besitzen* Gen. 15, 7. 8. Jes. 63, 18. Jer. 49, 1; meistens folgt für diese Bedeutung ein Object wie *Land*

u. dgl. 2) *erben* Gen. 21, 10; יוֹרֵשׁ *Erbe* 2 Sam. 14, 7; mit accus. der Sache Num. 27, 11. Ps. 25, 13; *beerben* mit acc. d. Person Gen. 15, 3. 4. Spr. 30, 23. 3) *berauben* Richt. 14, 15; *vertreiben* (meist mit folgd. Object: *Volk* u. dgl.) Deut. 2, 12. 21. 9, 1. 11, 23. Jes. 54, 3.

Nifal fut. אִוָּרֵשׁ ,יִוָּרֵשׁ (eigentl. *beraubt werden*) *verarmen* Gen. 45, 11. Spr. 20, 13. 23, 21. 30, 9.

Piel fut. יְיָרֵשׁ *in Besitz nehmen, verzehren* Deut. 28, 42.

Hifil pf. הוֹרִישׁ, fut. אוֹרִישׁ, וַיּוֹרֶשׁ—יוֹרִישׁ, 3 sg. f. suff. הוֹרִישָׁמוֹ, inf. הוֹרֵשׁ—הוֹרִישׁ 1) *in Besitz geben, besitzen lassen*, mit dopp. acc. Richt. 11, 24; *erobern lassen* Zach. 9, 4; *erobern* Num. 33, 53. Jos. 8, 7; Object ist hier meist *Land* u. dgl. 2) *erben lassen* וְהוֹרִישֵׁנִי עֲוֹנוֹת נְעוּרָי *du lässest mich erben* (= *strafst mich für*) *die Sünden meiner Jugend* Hiob 13, 26; *vererben* mit לְ der Person Esra 9, 12. *arm machen* 1 Sam. 2, 7; *fortnehmen* (eine Sache) Hiob 20, 15; gewöhnl. *vertreiben* (Obj. *Volk* u. dgl.) Ex. 34, 24. Num. 32, 21. Deut. 11, 23. Richt. 1, 27. Ps. 44, 3; *vernichten* Ex. 15, 9. Num. 14, 12.

יְרֵשָׁה f. *Eroberung*. הָיָה יְרֵשָׁה *erobert werden* Num. 24, 18.

יְרֻשָּׁה f. cs. יְרֻשַּׁת, suff. יְרֻשָּׁתְךָ, יְרֻשַּׁתְכֶם *Besitz* Deut. 2, 5. Jos. 1, 15. 2 Chr. 20, 11; *Erbe* Jer. 32, 8.

יִשְׂחָק n. pr. Nebenform von יִצְחָק (s. d.) Jer. 33, 26. Amos 7, 9. Ps. 105, 9.

יְשִׂימִאֵל (*Gott gründet*) n. pr. m. 1 Chr. 4, 36.

יָשַׂם fut. וַיִּישֶׂם Gen. 50, 26 u. Ktib Gen. 24, 33, וָאִישְׂמָה Ktib Richt. 12, 3 (nicht in allen editt.) Nebenform von שׂוּם *legen, setzen* s. d.

יִשְׂרָאֵל (*Gotteskämpfer*) n. pr. *Israel*, der dem *Jakob* beigelegte Ehrenname Gen. 32, 29. 35, 10. (Hos. 12, 4), nach dem auch seine Nachkommen בְּנֵי יִשְׂרָאֵל *Kinder Israel* oder auch bloss יִשְׂרָאֵל Ex. 5, 2. Num. 21, 1 u. s. w. genannt werden. Nach der Theilung des Reiches wurde das *Zehnstämmereich* vorzüglich so genannt (daher מַלְכֵי יִשְׂרָאֵל *die Könige des Reiches Israel*), während nach dem Exil der Name wieder der allgemeine wurde Ps. 14, 7. 2 Chr. 12, 1. 15, 17. 19, 8; n. gent. יִשְׂרְאֵלִי 2 Sam. 17, 25; f. יִשְׂרְאֵלִית Lev. 24, 10.

יְשַׂרְאֵלָה (oder יְשַׂרְאֵלָה) n. pr. m. 1 Chr. 25, 14 = אֲשַׂרְאֵלָה das. v. 2.

יִשָּׂשכָר [beständ. Kri für das Ktib יִשָּׂשכָר] (*Er erhält Lohn*) n. pr. *Isachar*, fünfter Sohn des Jakob und der Lea Gen. 30, 18 u. der nach ihm benannte Stamm in Mittelpalästina Jos. 19, 17.

יֵשׁ—יֶשׁ־ suff. יֶשְׁךָ, יֶשְׁנוֹ, יֶשְׁכֶם—יֶשְׁכֶם urspr. subst. *Wesenheit, Existenz*. לְהַנְחִיל אֹהֲבַי יֵשׁ *meinen Freunden Seiendes* (*Habe, Besitz*) *zu verleihen* Spr. 8, 21; dann aber (wie der Gegensatz אַיִן s. d.) gleich einem Verb. *es ist, es giebt* gebraucht. יֵשׁ עֵינַיִם *Augen sind da* = *man hat Augen* Jes. 43, 8. יֵשׁ אֱלֹהִים שֹׁפְטִים *es giebt einen richtenden Gott* Ps. 58, 12; mit לִי, לְךָ u. s. w. umschreibt es das Verb. *haben*: יֶשׁ־לִי תִקְוָה *ich habe Hoffnung* Rut 1, 12. יֶשׁ־לִי רָב *ich habe viel* Gen. 33, 9; mit folgd. part. יֵשׁ מְפַזֵּר *Mancher streut aus* Spr. 11, 24; mit pron. אִם־יֶשְׁךָ מַצְלִיחַ *wenn du beglückest* Gen. 24, 42. 49. 43, 4. Deut. 13, 4. 29, 14. Richt. 6, 36 oder statt dessen אֲשֶׁר, z. B. יֵשׁ אֲשֶׁר אֹמְרִים *Manche sagten* Neh. 5, 3. יֵשׁ אֲשֶׁר יִהְיֶה *zuweilen war* ... Num. 9, 20; alleinstehend entspricht es unserem *Ja!* 1 Sam. 9, 12. Jer. 37, 17; verstärkt יֵשׁ וָיֵשׁ *Ja, ja!* 2 Kön. 10, 15. Nebenform: אִשׁ 2 Sam. 14, 19. Micha 6, 10.

יָשַׁב* part. יוֹשֵׁב—יֹשְׁבִי (Ps. 123, 1) f. יוֹשְׁבָה—יוֹשֶׁבֶת—יֹשַׁבְתְּ (Jer. 22, 3 Kri, יֹשַׁבְתִּי Ktib), fut. וַיֵּשֶׁב—יֵשֵׁב, inf. cs. שֶׁבֶת (ps. שָׁבֶת), suff. שִׁבְתִּי; imp. שֵׁב (שְׁבָה), שְׁבִי, שְׁבוּ 1) *sitzen, sich setzen* Gen. 27, 19; gewöhnl. mit עַל *auf* Ex. 17, 12; zuweilen mit לְ Jes. 47, 1. Ps. 9, 5. 132, 12; *bei* 1 Kön. 13, 20. Spr. 9, 14. Hiob 2, 13. וַתֵּשֶׁב לִימִינוֹ *sie setzte sich zu seiner Rechten* (als den Ehrensitz) 1 Kön. 2, 19. Ps. 110, 1; *thronen* Ps. 2, 4. 123, 1. יֹשֵׁב כְּרֻבִים *der über Cherubim Thronende* Ps. 99, 1. יוֹשֵׁב תְּהִלּוֹת *der über Lobgesängen Thronende* Ps. 22, 4. 2) *wohnen* Deut. 8, 12; mit בְּ Gen. 13, 12; mit עַל Jer. 23, 8. Part. gew. subst. und mit folgd. gen. *Bewohner*. יֹשֵׁב אֹהֶל *Zeltbewohner* Gen. 4, 20; häufig collect. *die Einwohnerschaft* Ex. 34, 12. 15. Jes. 5, 3. 24, 17; dann aber sagt man auch von einer Stadt (oder einem Lande) *sie wohne* = *sie habe Einwohner, sei bewohnt* oder *bewohnbar* Jes. 13, 20. Jer. 17, 6. 25. Ezech. 26, 20. 36, 35. Joel 4, 20. Zach. 2, 8. 7, 7. 12, 6. 3) *bleiben, weilen* Gen. 22, 5. 24, 55; mit לְ Jemand *erwarten* Ex. 24, 14;

verbleiben auch v. leblosen Dingen Gen. 49, 24; *stehen* Jer. 30, 8. Ps. 122, 5. 125, 1.

Nifal pf. pl. נוֹשְׁבוּ, ps. נוֹשָׁבוּ, part. f. נוֹשָׁבָה—נוֹשֶׁבֶת, pl. נוֹשָׁבוֹת *bewohnt werden* Ex. 16, 35. Jer. 6, 8. 22, 6. Ezech. 36, 10; *bevölkert werden* Ezech. 26, 17.

Piel pf. pl. יִשְּׁבוּ *errichten* Ezech. 25, 4.

Hifil pf. הַהוֹשִׁיב (mit Art. st. pron. rel.), 1 sg. suff. הוֹשַׁבְתִּים—הוֹשְׁבוֹתִים (Zach. 10, 6), fut. וַיֹּשֶׁב ,וְנֹשֵׁב, 3 pl. suff. וַיֹּשִׁבֻם 1) *setzen* 1 Sam. 2, 8. 1 Kön. 2, 24. 21, 9. Ps. 113, 8. 2 Chr. 23, 20; *versetzen* Ps. 143, 3. Klagel. 3, 6; *heimführen* (eine Frau) Esra 10, 14. Neh. 13, 23; *einsetzen* Hiob 36, 7. 2) *wohnen lassen* Lev. 23, 43. Ezech. 36, 11. Hos. 12, 10; *Wohnsitz anweisen* Gen. 47, 6. 11. 1 Sam. 12, 8. 2 Kön. 17, 6. 24. Ps. 107, 36; *bewohnt machen, bevölkern* Jes. 54, 3. Ezech. 36, 33. 3) *weilen lassen* Ps. 4, 9; *warten lassen* 1 Sam. 30, 21.

Hofal pf. 2 pl. הוּשַׁבְתֶּם, fut. 3 sg. f. תּוּשַׁב *zum Wohnen zugelassen werden* Jes. 5, 8; *bewohnt werden* Jes. 44, 26.

יֹשֵׁב בַּשֶּׁבֶת (*in Ruhe wohnend*) n. pr. 2 Sam. 23, 8 = יָשָׁבְעָם 1 Chr. 11, 11.

יְשֶׁבְאָב (*Vatersitz*) n. pr. m. 1 Chr. 24, 13.

יִשְׁבּוֹ בְנֹב (Kri יִשְׁבִּי) n. pr. m. 2 Sam. 21, 16.

יִשְׁבַּח (*preisend*) n. pr. m. 1 Chr. 4, 17.

יָשֻׁבִי לֶחֶם n. pr. m. 1 Chr. 4, 22.

יָשָׁבְעָם (*das Volk bekehrt sich*) n. pr. m. 1) 1 Chr. 11, 11 = יֹשֵׁב בַּשֶּׁבֶת. 2) 1 Chr. 27, 2.

יִשְׁבָּק (*verlassend*) n. pr. Sohn des Abraham und der Ketura Gen. 25, 2. 1 Chr. 1, 32.

יָשְׁבְּקָשָׁה (*Sitz im Unglück*) n. pr. m. 1 Chr. 25, 4. 24.

יָשׁוּב (*Heimkehrer*) n. pr. 1) Sohn des Isachar Num. 26, 24 (wo n. gent. יָשֻׁבִי) = יוֹב Gen. 46, 13 = יָשִׁיב 1 Chr. 7, 1 Ktib. 2) Esra 10, 29 (vgl. שְׁאָר יָשׁוּב).

יִשְׁוָה n. pr. Sohn des Ascher Gen. 46, 17.

יְשׁוֹחָיָה (*von Gott gebeugt*) n. pr. m. 1 Chr. 4, 36.

יִשְׁוִי n. pr. 1) Sohn des Ascher Gen. 46, 17. Num. 26, 44. 2) Sohn des Saul 1 Sam. 14, 49.

יֵשׁוּעַ n. pr. m. 1) 1 Chr. 24, 11.—2 Chr. 31, 15 (vgl. יְהוֹשֻׁעַ). 2) Ort in Juda Neh. 11, 26.

יְשׁוּעָה f. mit He parag. לִישׁוּעָתָה—יְשׁוּעָתָה, cs. יְשׁוּעַת, suff. יְשׁוּעָתִי, pl. יְשׁוּעוֹת—יְשֻׁעוֹת *Hülfe, Beistand* Ex. 15, 2. Ps. 3, 3. 9; *Sieg* Hab. 3, 8. Ps. 118, 15; *Heil, Glück* Hiob 30, 15; pl. *Hülfleistungen* Jes. 26, 18; *Siege* 2 Sam. 22, 51. Ps. 116, 13. יְשׁוּעוֹת פָּנָיו *Hülfleistungen durch sein* (mir zugewandtes) *Antlitz* Ps. 42, 6. 12. 43, 5.

[יֶשַׁח] m. suff. יֶשְׁחֲךָ *Leerheit* (des Magens), *Hunger* Micha 6, 14.

***[יָשַׁט]** Hifil fut. וַיּוֹשֶׁט—יוֹשִׁיט *hinreichen, hinhalten* Est. 4, 11. 5, 2. 8, 4.

יִשַׁי n. pr. *Isai*, Vater des David 1 Sam. 16, 1 = אִישַׁי 1 Chr. 2, 13.

יָשִׁיב s. יָשׁוּב.

יְשִׁיָּה—יִשִּׁיָּהוּ n. pr. m. Esra 10, 31. — 1 Chr. 7, 3.—12, 6.—23, 20.

יְשִׁמוֹן—יְשִׁימֹן—יְשִׁמֹן m. *Wüste*, meist dichterisch Num. 21, 20. 23, 28. Deut. 32, 10. Jes. 43, 19. Ps. 68, 8. 78, 40.

יְשִׁימוֹת 1) f. *Verwüstung* Ps. 55, 16 Ktib. 2) בֵּית הַיְשִׁימוֹת n. pr. Ort in Moab Num. 33, 49. Jos. 12, 3. 13, 20. Ezech. 25, 9.

יָשִׁישׁ m. pl. יְשִׁישִׁים *Greis* Hiob 12, 12. 15, 10. 29, 8. 32, 6.

יְשִׁישַׁי (*Betagter*) n. pr. m. 1 Chr. 5, 14.

יָשֵׁם (Ezech. 6, 6) s. שָׁמֵם.

יִשְׁמָא n. pr. m. 1 Chr. 4, 3.

יִשְׁמָעֵאל (*Gott hört*) n. pr. *Ismael* 1) Sohn des Abraham und der Hagar, Stammvater zwölf arabischer Stämme Gen. 16, 15. 25, 13; n. gent. יִשְׁמְעֵאלִי Gen. 37, 27 — יִשְׁמְעֵלִי 1 Chr. 27, 30. 2) Bandenführer zur Zeit des Jeremia 2 Kön. 25, 23. 3) Esra 10, 22. — 1 Chr. 8, 38. — 2 Chr. 23, 1.

יִשְׁמַעְיָה—יִשְׁמַעְיָהוּ (*Gott hört*) n. pr. m. 1 Chr. 12, 4.—27, 19.

יִשְׁמְרַי (*Gott hütet*) n. pr. m. 1 Chr. 8, 18.

***יָשֵׁן—יָשַׁן** fut. אִישַׁן, 3 pl. יִשָׁנוּ, inf. לִישׁוֹן *schlafen* Jes. 5, 27. Ps. 3, 6. 4, 9. 121, 4. Koh. 5, 11; *einschlafen* Gen. 2, 21. 41, 5; vom *Todesschlafe* Jer. 51, 39. Ps. 13, 4. Hiob 3, 13; bildlich: *unthätig sein* Ps. 44, 24.

Nifal pf. 2 pl. נוֹשַׁנְתֶּם, part. נוֹשָׁן, f. נוֹשֶׁנֶת *alt, veraltet sein* Lev. 13, 11. 26, 10; *lange* (in einem Lande) *wohnen* Deut. 4, 25.

Piel fut. suff. וַתְּיַשְּׁנֵהוּ *einschläfern* Richt. 16, 19.

יָשָׁן adj. f. יְשָׁנָה, pl. יְשָׁנִים *alt* (von Sachen) Lev. 25, 22. Jes. 22, 11. Hohel. 7, 14 (vgl. יְשָׁנָה).

יָשֵׁן adj. (eig. part.) f. יְשֵׁנָה, pl. יְשֵׁנִים, cs. יְשֵׁנֵי *schlafend* 1 Sam. 26, 7. 12. Hohel. 5, 2. 7, 10. יְשֵׁנֵי אַדְמַת עָפָר *die im Erdenstaube Schlafenden = Todten* Dan. 12, 2.

יְשָׁנָה (*Altstadt*) n. pr. 1) Stadt in Juda 2 Chr. 13, 19. 2) Name eines Thores in Jerusalem Neh. 3, 6. 12, 30.

*[**יָשַׁע**] Nifal pf. נוֹשַׁעְתֶּם, fut. 1 sg. ps. אִוָּשֵׁעַ, 3 sg. f. תִּוָּשַׁע *gerettet, befreit werden* Num. 10, 9. Ps. 18, 4; *siegreich sein* Deut. 33, 29. Zach. 9, 9.

Hifil הוֹשִׁיעַ, fut. יוֹשִׁיעַ—יוֹשַׁע—יְהוֹשַׁע, suff. יוֹשִׁיעֵם, יוֹשִׁעֲכֶם, inf. הוֹשִׁיעַ, הוֹשַׁע, imp. הוֹשַׁע, הוֹשִׁיעָה *helfen, erretten*, meist mit accus. Ex. 14, 30. Jes. 35, 4. Ps. 72, 13. 107, 13; *zu Hülfe kommen* mit ל Deut. 22, 27. Jos. 10, 6. Richt. 10, 14. 2 Sam. 10, 11. Jer. 11, 12. Ezech. 34, 22. Ps. 72, 4. 116, 6. Spr. 20, 22; *Sieg verleihen* 1 Chr. 18, 6. יָדִי הוֹשִׁיעָה לִּי *meine Hand hat mir zum Siege verholfen*, d. h. *keine fremde Hülfe* Richt. 7, 2; ähnlich: Jes. 59, 16. 63, 5. Ps. 44, 4. 98, 1. Hiob 40, 14. — הוֹשֵׁעַ יָדְךָ לָךְ *dass du dir helfest mit deiner Hand*, d. h. *Gewalt übest* 1 Sam. 25, 26. 33.

יֵשַׁע—(ps.) **יֶשַׁע**, m. suff. יִשְׁעִי, יִשְׁעֲךָ, ps. יִשְׁעֶךָ, יִשְׁעוֹ, nur dichterisch: *Hülfe, Rettung* Ps. 18, 36. 24, 5. 27, 1. 50, 23. 85, 8; *Fruchtbarkeit* Jes. 45, 8; *Glück, Heil* Jes. 61, 10. Ps. 132, 16. Hiob 5, 4. 11.

יִשְׁעִי (*Heil*) n. pr. m. 1 Chr. 2, 31.—4, 20. 42.—5, 24.

יְשַׁעְיָהוּ—יְשַׁעְיָה (*Gotthilf*) n. pr. *Jesaia* 1) der bekannte Prophet 2 Kön. 19, 20. Jes. 1, 1. 2) Esra 8, 7.—19.—Neh. 11, 7.—1 Chr. 3, 21.—25, 3. 15.—26, 25.

יָשְׁפֵה—יָשְׁפֶה ein Edelstein, *Jaspis* Ex. 28, 20. 39, 13. Ezech. 28, 13.

יִשְׁפָּה n. pr. m. 1 Chr. 8, 16.

יִשְׁפָּן n. pr. m. 1 Chr. 8, 22.

*****יָשַׁר**** fut. יִישַׁר—יִשַׁר, 3 pl. f. וַיִּשַּׁרְנָה 1) *gerade sein*, fast immer mit בְּעֵינֵי־, *gerade sein in den Augen des* ... d. h. *ihm wohlgefallen* Num. 23, 27. Richt. 14, 3. 1 Sam. 18, 20. 2 Sam. 17, 4. לֹא יָשְׁרָה נַפְשׁוֹ בּוֹ *seine Seele hat an ihm kein Gefallen* Hab. 2, 4. 2) *geradeaus gehen* 1 Sam. 6, 12.

Piel pf. 1 sg. ps. יִשַּׁרְתִּי, fut. יְיַשֵּׁר, suff. וַיְיַשְּׁרֵם (2 Chr. 32, 30) *gerade machen, ebenen* Jes. 40, 3. 45, 2 Kri. Spr. 3, 6. 11, 5. יְיַשֵּׁר לָכֶת *er geht den geraden Weg* Spr. 15, 21; ähnlich: Spr. 9, 15; *etwas als recht anerkennen* Ps. 119, 128; *geradeaus leiten* 2 Chr. 32, 30.

Pual part. מְיֻשָּׁר *angepasst, passend* 1 Kön. 6, 35.

Hifil fut. אוֹשִׁר (Jes. 45, 2 Ktib), 3 pl. יַיְשִׁרוּ, imp. הוֹשַׁר (Ktib)—הַיְשַׁר (Kri) *ebenen* Ps. 5, 9; *geradeaus blicken* Spr. 4, 25.

יָשָׁר adj. u. subst. cs. יְשַׁר, f. יְשָׁרָה, pl. יְשָׁרִים, cs. יִשְׁרֵי, f. יְשָׁרוֹת *gerade* Ps. 107, 7; *geradeaus gerichtet* Ezech. 1, 7. 23; *ungefährdet* Esra 8, 21; häufig mit בְּעֵינֵי־ *wohlgefällig in den Augen* ... Deut. 6, 18; meist in sittlicher Beziehung: *redlich, fromm* Num. 23, 10. 1 Sam. 29, 6. Ps. 33, 1. 112, 4. יִשְׁרֵי לֵב *redlichen Herzens* Ps. 7, 11; auch von Gott: *gerecht, wahrhaft* Deut. 32, 4. Ps. 92, 16; subst. *das Rechte* Ps. 37, 37. 111, 8. Hiob 33, 27; pl. יְשָׁרִים *Ausgleichung* Dan. 11, 17. — סֵפֶר הַיָּשָׁר *Buch der Redlichen* (n. A. *Buch der Gesänge*), eine Liedersammlung Jos. 10, 13. 2 Sam. 1, 18.

יֵשֶׁר (*Redlichkeit*) n. pr. m. 1 Chr. 2, 18.

יֹשֶׁר m. suff. יָשְׁרוֹ *Geradheit* Spr. 2, 13. 4, 11; *Redlichkeit, Wahrheit* 1 Kön. 9, 4. Spr. 14, 2; *richtig* Koh. 12, 10. מִיֹּשֶׁר *mehr als recht ist* Spr. 11, 24. עַל־יֹשֶׁר *gegen das Recht* Spr. 17, 26.

יְשַׂרְאֵלָה s. יְשַׂרְאֵלָה.

[**יְשָׁרָה**] f. cs. יִשְׁרַת *Redlichkeit* 1 Kön. 3, 6.

יְשֻׁרוּן dichterischer Name für *Israel*, wahrsch. von יָשָׁר abzuleiten, Deut. 32, 15. 33, 5. 26. Jes. 44, 2.

יָשֵׁשׁ adj. *alt, betagt* 2 Chr. 36, 17.

יָת aram. suff. יָתְהוֹן Zeichen des accus. wie hebr. אֵת Dan. 3, 12.

יְתִב aram. part. pl. יָתְבִין 1) *sitzen* Dan. 7, 10. 26; *sich setzen* Dan. 7, 9; 2) *wohnen* Esra 4, 17.

Hifil הוֹתֵב *wohnen lassen* Esra 4, 10.

יָתֵד m. cs. יְתַד, pl. יְתֵדֹת, cs. יִתְדֹת, suff. יְתֵדֹתֶיךָ, יְתֵדֹתָיו u. s. w. *Pflock, Nagel* Ex. 27, 19. Num. 3, 37. Richt. 4, 21; *Spaten* Deut. 23, 14; als Bild der Festigkeit Jes. 22, 23; daher ein *fester Wohnplatz* Esra 9, 8; *Oberherr* Zach. 10, 4.

יָתוֹם m. pl. יְתוֹמִים, suff. יְתֹמֶיךָ *Waise* Ex. 22, 21

23. Jer. 49, 11. Ps. 94, 6; überhaupt *einsam, verlassen* Ps. 10, 14. Hiob 6, 27.

יָתוּר (v. תּוּר) m. *das Erspähete* Hiob 39, 8.

יַתִּר—יַתִּיר (*geräumig*) n. pr. Priesterstadt in Juda Jos. 15, 48. 21, 14. 1 Sam. 30, 27. 1 Chr. 6, 42.

יַתִּיר aram. adj. fem. יַתִּירָה—יַתִּירָא *gross, mächtig* Dan. 2, 31. 4, 33; *vorzüglich* Dan. 5, 12; adverb. *sehr* Dan. 3, 22.

יִתְלָה (*hoch*) n. pr. Ort in Dan Jos. 19, 42.

יִתֹּם s. תָּמַם.

יִתְמָה (*verwaist*) n. pr. m. 1 Chr. 11, 46.

יַתְנִיאֵל (*Gott schenkt*) n. pr. m. 1 Chr. 26, 2.

יִתְנָן (*geschenkt*) n. pr. Stadt in Juda Jos. 15, 23.

[יָתַר] Nifal נוֹתַר, fut. יִוָּתֵר *übrig gelassen werden, übrig bleiben* Ex. 10, 16. 12, 10. 29, 34. 1 Kön. 19, 10; *zurückbleiben* Gen. 32, 25. Dan. 10, 13; *verbleiben* Spr. 2, 21.

Hifil הוֹתִיר, 1 sg. הוֹתַרְתִּי, fut. יוֹתֵר—יוֹתִיר, 3 f. וַתֹּתַר (Rut 2, 14); 2 sg. תּוֹתֵר, inf. הוֹתִיר—הוֹתֵר 1) *übrig lassen* Ex. 10, 16. 12, 10. 16, 19. 20; (*am Leben*) *erhalten* Deut. 28, 11. 30, 9. Ps. 79, 11. 2) *einen Vorzug haben* Gen. 49, 4.

יֶתֶר m. suff. יִתְרוֹ, pl. יְתָרִים 1) *Strick* Richt. 16, 7; *Sehne* (am Bogen) Ps. 11, 2; *Gurt* Hiob 30, 11; bildl.: *Lebensfaden* Hiob 4, 21. 2) *Rest* Ex. 23, 11; *das Uebrige* Deut. 3, 13; oft adjectivisch zu übersetzen: יֶתֶר בָּנָיו *seine übriggebliebenen Kinder* Deut. 28, 54; adv. *ausser* Num. 31, 32; *sehr* Dan. 8, 9. עַל יֶתֶר *reichlich* Ps. 31, 24. יֶתֶר מְאֹד *noch viel mehr* Jes. 56, 12. 3) *Vorzug* Gen. 49, 3; *Vornehmheit* Spr. 17, 7. 4) n. pr. a) Sohn des Gideon Richt. 8, 20. b) Vater des Amasa 1 Kön. 2, 5. 1 Chr. 2, 17 = יִתְרָא 2 Sam. 17, 25. c) 1 Chr. 2, 32—4, 17. — 7, 38 = יִתְרָן 7, 37. d) vgl. יִתְרוֹ u. יִתְרִי.

יַתֵּר s. יַתִּיר.

יֹתֵר s. יוֹתֵר.

יִתְרָא s. יֶתֶר.

יִתְרָה f. cs. יִתְרַת Jes. 15, 7. Jer. 48, 36: *das Uebrige (was sie erworben . . .).*

יִתְרוֹ (*Vorzug*) n. pr. Schwiegervater des Moses Ex. 3, 1. 4, 18. 18, 1 = יֶתֶר Ex. 4, 18 (vgl. חֹבָב).

יִתְרוֹן m. mit כ: כְּיִתְרוֹן=כִּיתְרוֹן *Vorzug* Koh. 2, 13; *Vortheil* Koh. 1, 3. 2, 11.

יִתְרִי n. gent. 2 Sam. 23, 38.

יִתְרָן s. יֶתֶר.

יִתְרְעָם (*Rest des Volkes*) n. pr. Sohn des David 2 Sam. 3, 5. 1 Chr. 3, 3.

יֹתֶרֶת f. *die netzartige Decke der Leber* Ex. 29, 13. 22. Lev. 9, 10.

יְתֵת n. pr. edomitischer Stammesfürst Gen. 36, 40. 1 Chr. 1, 51.

כ

כְּ (verkürzt aus כִּי) suff. כָּהֶם, כָּכֶם (vgl. כְּמוֹ) 1) adverb. des Vergleichs a) *wie* כְּאֶרֶץ מִצְרַיִם *wie das Land Aegypten* Gen. 13, 10. כָּזֶה *wie dieser = ein solcher* Gen. 41, 38; das wiederholte כְּ—כְּ überträgt entweder die Eigenschaft des zweiten Wortes auf das erste וְהָיָה כַצַּדִּיק כָּרָשָׁע *dem Gerechten erginge es wie dem Frevler* Gen. 18, 25. כָּמוֹךָ כְּפַרְעֹה *du bist dem Pharao gleich* Gen. 44, 18. Lev. 24, 16. Deut. 1, 17. Ps. 139, 12; oder die Eigenschaft der ersten Wortes auf das zweite כָּכֶם כַּגֵּר *wie ihr, so der Fremdling* Num. 15, 15. Lev. 7, 7; dafür setzt man auch כְּ—וּכְ Jos. 14, 11. 1 Sam. 30, 24. Ezech. 18, 4. Dan. 11, 29, oder כְּ—כֵּן Joel 2, 4. Ps. 127, 4. Selten heisst כְּ *auf welche Weise* Koh. 11, 5. b) (wie das latein. *quam* vor dem Superl.) *wie*, den Vergleich mit der gedachten höchsten Intensität bezeichnend (כ essentiae) z. B. כְּמַהְפֵּכַת זָרִים *wie nur Feinde zerstören können* Jes. 1, 7. כִּמְעַט *so gar wenig* Jes. 1, 9. כְּהֶחָכָם *so sehr weise* Koh. 8, 1; ähnlich: Ex. 22, 24. Num. 11, 1. 1 Sam. 10, 27. Jes. 13, 6. Hiob 24, 14. Neh. 7, 2. c) *wie, ungefähr* bei Zeit- u. Raumangaben u. dgl. כַּחֲצֹת הַלַּיְלָה *um die Mitte der Nacht* Ex. 11, 4. כְּאַלְפַּיִם אִישׁ *gegen zweitausend Mann* Jos. 7, 3. כְּדֶרֶךְ יוֹם *ungefähr eine Tagereise* Num. 11, 31; daher auch כְּרֶגַע *in einem Augenblick, sofort* Num. 16, 21. כִּמְעַט *in Kürzem, schnell* Ps. 2, 12. 81, 15. 94, 17. Hiob 32, 22; *kaum* Hos. 3, 4. כִּמְעַט־רֶגַע *in einem kurzen Augenblick* Jes. 26, 20. Esra 9, 8. 2) conj. der Zeit *als, da, wenn* meist vor dem inf. כִּשְׁמֹעַ עֵשָׂו *als Esau hörte* Gen. 27, 34. כַּהֲרִימִי קוֹלִי *als ich meine Stimme erhob* Gen. 39, 18; vor part. כְּמֵשִׁיב *als er zurückzog* Gen. 38, 29; vor subst. כְּעָב טַל *zur Zeit der Thauwolke* Jes. 18, 4. 3) praep. *nach, gemäss, zufolge.* כִּדְמוּתֵנוּ *nach unserer Aehnlichkeit* Gen. 1, 26. 4, 17. 1 Sam. 13, 14. 2 Kön. 1, 17. כִּמְעַט *um ein Weniges, beinahe* Gen. 26, 10. Ps. 94. 17.

כְּ aram. *wie* das hebr. Dan. 6, 1. 7, 4. 9.

***כָּאַב** part. כּוֹאֵב, fut. יִכְאַב *Schmerz empfinden, leiden* Gen. 34, 25. Ps. 69, 30. Spr. 14, 13. Hiob 14, 22.

Hif. pf. suff. הִכְאַבְתִּיו, fut. pl. תַּכְאִבוּ *Schmerzen bereiten* Ezech. 13, 22. 28, 24. Hiob 5, 18; *verwüsten* 2 Kön. 3, 19.

כְּאֵב m. suff. כְּאֵבִי *Schmerz, Leiden* Jes. 17, 11. 65, 14. Hiob 2, 13. 16, 6.

כַּאבִּיר s. כַּבִּיר.

***[כָּאָה]** Nifal pf. נִכְאָה, part. cs. נִכְאֵה *gedemüthigt werden* Ps. 109, 16. Dan. 11, 30.

Hifil inf. הַכְאוֹת *betrüben* Ezech. 13, 22.

[כָּאֶה] adj. pl. כָּאִים *betrübt* Ps. 10, 10 (nach der Lesart: חֵל כָּאִים s. חֵלְכָה).

כָּאֹר Amos 8, 8 = כַּיְאֹר s. יְאֹר.

***כָּבֵד—כָּבַד** fut. יִכְבַּד *schwer sein* (zu tragen oder zu thun) Ex. 18, 18. Num. 11, 14. Hiob 6, 3; mit עַל *Jemand zur Last fallen* 2 Sam. 13, 25; gewöhnl. *schwer auf Jemand lasten* z. B. von üppigem Haarwuchs 2 Sam. 14, 26; von der Arbeit Ex. 5, 9. Neh. 5, 18; der Sünde Jes. 24, 20. Ps. 38, 5. תִּכְבַּד עָלַי יָדֶךָ *deine Hand lastet* (strafend) *auf mir* Ps. 32, 4. 1 Sam. 5, 6. 11; ähnlich von menschlicher Obmacht Richt. 1, 35. Hiob 33, 7. 2) *stark sein, überhand nehmen* Gen. 12, 10. 18, 20. 43, 1. 47, 4; *sich verhärten* (vom Herzen) Ex. 7, 14. 9, 7; vom Ohre (also *nicht hören*) Jes. 59, 1; *schwer sein* vom Auge (also *nicht sehen*) Gen. 48, 10; *die Schlacht war hart* Richt. 20, 34; mit אֶל *für Jemand* d. h. *unglücklich für ihn* 1 Sam. 31, 3. 3) *reich sein* Ezech. 27, 25; *an etwas* mit בְּ Gen. 13, 2. 4) *geehrt sein* Jes. 66, 5. Hiob 14, 21.

Nifal נִכְבַּד, part. pl. cs. נִכְבַּדֵּי, suff. נִכְבַּדֶּיהָ, נִכְבַּדֵּיהֶם, fut. אִכָּבֵד—אִכָּבְדָה, inf. suff. הִכָּבְדִי 1) *beschwert sein* Spr. 8, 24. 2) *geehrt werden* Jes. 43, 4; *sich Ehre verschaffen* Ex. 14, 4. Lev. 10, 3; *seine Ehre wahren* 2 Kön. 14, 10; part. *geehrt* Gen. 34, 19. Num. 22, 15. נִכְבָּדוֹת *Herrliches* Ps. 87, 3.

Piel pf. 2 sg. suff. כִּבַּדְתָּנִי, fut. אֲכַבֵּד, 3 sg. suff. יְכַבְּדָנְנִי—יְכַבְּדָנִי 1) *verhärten* 1 Sam. 6, 6. 2) *ehren* Ex. 20, 12. Num. 22, 17. Ps. 50, 23; mit dopp. acc. *Jemand mit einer Sache ehren* Jes. 43, 23; mit לְ d. Pers. Ps. 86, 9.

Pual fut. יְכֻבַּד, part. מְכֻבָּד *geehrt werden* Jes. 58, 13. Spr. 13, 18. 27, 18.

Hifil inf. abs. הַכְבֵּד *schwer machen* z. B. *das Joch* d. h. *ein schweres Joch auflegen* 1 Kön. 12, 10. Jes. 47, 6; *schwere Fesseln anlegen* Klagel. 3, 7; *eine Schuldenlast auflegen* Hab. 2, 6; (mit Auslassung v. עֹל) *bedrücken* Jes. 8, 23; mit עַל Neh. 5, 15. 2) *verhärten* (*das Herz*) Ex. 8, 28; *das Ohr* Jes. 6, 10; ohne Obj. *verstockt werden* 2 Chr. 25, 19. 3) *zahlreich, stark machen* Jer. 30, 19.

Hitp. 1) *sich zahlreich zeigen* Nah. 3, 15. 2) *vornehm thun* Spr. 12, 9.

כָּבֵד 1) adj. cs. כְּבַד—כְּבֶד, pl. כְּבֵדִים, cs. כִּבְדֵי a) *schwer* Ex. 17, 12. 19, 16. 1 Kön. 12, 4. 11. Jes. 1, 4. 2 Chr. 10, 4; *schwer von Mund* Ex. 4, 10 u. *schwer von Zunge* Ex. 4, 10. Ezech. 3, 5, Bezeichnungen *stammelnder Rede.* b) *stark* Gen. 50, 11. Ex. 9, 3. 18. 24. c) *zahlreich* Gen. 50, 9. Ex. 8, 20. 12, 38. Num. 20, 20. 2) subst. suff. כְּבֵדִי *Leber* Ex. 29, 13. Spr. 7, 23. Klagel. 2, 11; *die Leber beschauen* Ezech. 21, 26, eine Art Wahrsagerei.

כָּבֹד adj. f. כְּבוּדָה—כְּבֻדָּה *herrlich, prächtig* Ezech. 23, 41. Nah. 2, 10; f. als subst. *Herrlichkeit* Ps. 45, 14; *Habe* Richt. 18, 21.

כֹּבֶד m. *Schwere* Spr. 27, 3; *Heftigkeit* Jes. 21, 15. 30, 27; *Menge* Nah. 3, 3.

כְּבֵדֻת f. *Schwerfälligkeit* Ex. 14, 25.

***כָּבָה** fut. יִכְבֶּה *verlöschen* (intrans.) Lev. 6, 5. 1 Sam. 3, 3. Jes. 43, 17. Jer. 7, 20.

Piel כִּבָּה, fut. suff. יְכַבֶּנָּה, inf. suff. כַּבּוֹתְךָ *verlöschen, auslöschen* Jes. 42, 3. 2 Chr. 29, 7;

bildlich: die Liebe Hohel. 8, 7; ein Menschenleben Ezech. 32, 7.

כָּבוֹד m. (nur Gen. 49, 6 f.), cs. כְּבוֹד, suff. כְּבוֹדִי 1) *Ehre* Num. 24, 11. 2) *Herrlichkeit* Ps. 145, 11. כְּבוֹד יְהוָֹה *die Herrlichkeit Gottes*, der Lichtglanz, in dem er erscheint Ex. 16, 7. Ezech. 3, 23. 3) *Fülle, Reichthum* Gen. 31, 1. Jes. 5, 13. 10, 18. 17, 4. 60, 13. 61, 6. 66, 11. Ps. 49, 17. Est. 5, 11. 4) so viel wie *Seele, Person* Gen. 49, 6. Ps. 7, 6. 16, 9. 57, 9. 108, 2.

כְּבוּדָּה s. כָּבֵד.

כָּבוּל n. pr. 1) Stadt in Ascher Jos. 19, 27. 2) Gebiet in Galiläa mit dazugehörigen zwanzig Städten 1 Kön. 9, 13.

כַּבּוֹן n. pr. Stadt in Juda Jos. 15, 40 = מַכְבֵּנָא 1 Chr. 2, 49.

כַּבִּיר—כַּאבִּיר (Jes. 10, 13) adj. *mächtig, gewaltig* Jes. 16, 14. 17, 12. 28, 2. Hiob 36, 5; *überlegen* Hiob 15, 10; *hochmüthig* Hiob 8, 2; adverb. *hoch* Jes. 10, 13; subst. *der Machthaber* Hiob 34, 24; *Grosses* Hiob 31, 25.

כְּבִיר m. *Geflecht, Matraze* 1 Sam. 19, 13. 16.

כֶּבֶל m. pl. cs. כַּבְלֵי *Fessel* Ps. 105, 18. 149, 8.

***כָּבַס** *treten, walken* שְׂדֵה כֹבֵס *Walkerfeld* 2 Kön. 18, 17. Jes. 7, 3. 36, 2.

Piel כִּבֵּס—כִּבֶּס, fut. יְכַבֵּס, imp. f. כַּבְּסִי *waschen* (von Kleidungsstücken) Gen. 49, 11. Ex. 19, 10; bildlich: (das Herz u. s. w.) *reinigen, läutern* Jer. 2, 22. 4, 14. Ps. 51, 4. 9.

Pual כֻּבַּס *gewaschen werden* Lev. 13, 58. 15, 17.

Hotpael inf. הֻכַּבֵּס *gewaschen werden* Lev. 13, 55. 56.

*[**כָּבַר**] Hifil fut. יַכְבִּר *viel machen, häufen* Hiob 35, 16 (vgl. מַכְבִּיר).

כְּבָר 1) adv. *längst, seit geraumer Zeit, schon* Koh. 1, 10. 2, 16. 2) n. pr. Fluss in Mesopotamien, derselbe wie חָבוֹר (s. d.) Ezech. 1, 3. 3, 15. 23. 10, 15. 22.

כְּבָרָה f. 1) *Sieb* Amos 9, 9. 2) כִּבְרַת־אֶרֶץ *eine Strecke Landes* Gen. 35, 16. 48, 7. 2 Kön. 5, 19.

כֶּבֶשׂ m. pl. כְּבָשִׂים, suff. כְּבָשַׂי *junges Schaf* (bis zum dritten Jahr) Ex. 12, 5. Jer. 11, 19. Hos. 4, 16. Hiob 31, 20 (vgl. כֶּשֶׂב).

כַּבְשָׂה (Lev. 14, 10. Num. 6, 14)—כִּבְשָׂה, f. cs. כִּבְשַׂת, pl. כְּבָשׂוֹת, cs. כִּבְשׂוֹת *weibliches Schaf* Gen. 21, 28. 29. 30. 2 Sam. 12, 3. 4. 6 (vergl. כִּשְׂבָּה).

***כָּבַשׁ** fut. יִכְבּוֹשׁ, inf. לִכְבּוֹשׁ, imp. suff. כִּבְשֻׁהָ *niedertreten* Zach. 9, 15; *unterwerfen* Gen. 1, 28; *unterjochen* Jer. 34, 11 (Kri). 16. Neh. 5, 5. 2 Chr. 28, 10; *bezwingen* Est. 7, 8; *vernichten* Micha 7, 19.

Nifal part. pl. f. נִכְבָּשׁוֹת *unterworfen werden* Num. 32, 22. Jos. 18, 1; *unterjocht werden* Neh. 5, 5.

Piel כִּבֵּשׁ *unterwerfen* 2 Sam. 8, 11.

Hifil fut. pl. suff. וַיַּכְבִּישׁוּם *unterjochen* Jer. 34, 11 Ktib.

כֶּבֶשׁ m. *Fusschemel* 2 Chr. 9, 18.

כִּבְשָׁן m. *Ofen* (und zwar *Kalk-* oder *Schmelzofen*) Gen. 19, 28. Ex. 9, 8.

כַּד m. suff. כַּדֵּךְ, pl. כַּדִּים *Krug, Eimer* Gen. 24, 14. Richt. 7, 16. 1 Kön. 17, 12. 18, 34. Koh. 12, 6.

[**כִּדַב**] adj. f. כִּדְבָה *lügenhaft* Dan. 2, 9.

כַּדּוּר [n. E. *Kreis, Ball* s. דּוּר.

כִּדִי s. דַּי.

כַּדְכֹּד—כַּדְכֹּד Jes. 54, 12 — Ezech. 27, 16 m. Name eines Edelsteins, vielleicht *Rubin*.

כִּדְנָה aram. s. דְּנָה.

כְּדָרְלָעֹמֶר n. pr. *Kedorlaomer*, König von Elam Gen. 14, 1. 9.

כָּה aram. *hier* עַד־כָּה *bis hierher* Dan. 7, 28.

כֹּה adv. 1) *so, also* Gen. 15, 5. 31, 8. Jes. 20, 6. כֹּה—בְּכֹה *auf diese Weise—auf jene Weise* 1 Kön. 22, 20. 2) *jetzt.* עַד־כֹּה *bis jetzt* Ex. 7, 16. עַד־כֹּה וְעַד־כֹּה *bis nun — bis nun* d. h. *es dauerte nicht lange* 1 Kön. 18, 45. 3) *hier* Num. 23, 15. Rut 2, 8; *hierher* Gen. 31, 37. עַד־כֹּה *bis dorthin* Gen. 22, 5. כֹּה—כֹּה *hierhin und dorthin* Num. 11, 31. כֹּה וָכֹה *nach allen Seiten hin* Ex. 2, 12.

***כָּהָה** fut. 3 sg. f. וַתִּכְהֶה—תִּכְהֶה, pl. וַתִּכְהֶינָה *schwach werden* Jes. 42, 4; meist von den Augen Gen. 27, 1. Deut. 34, 7. Zach. 11, 17. Hiob 17, 7.

Piel pf. כִּהָה—כֵּהָה, f. כִּהֲתָה 1) Jemanden *hindern, wehren* mit בְּ 1 Sam. 3, 13. 2) *erschlaffen* Ezech. 21, 12; *blass werden* (vom Aussatz) Lev. 13, 6. 56.

[**כֵּהֶה**] adj. f. כֵּהָה, pl. כֵּהוֹת *matt, schwach* 1 Sam. 3, 2. Jes. 61, 3; *blass* Lev. 13, 21. 26. 39; *matt, glimmend* Jes. 42, 3; subst. *Schwächung, Linderung* Nah. 3, 19.

כְּהַל aram. (Nebenform von יְכִל s. d.), part. כָּהֵל, pl. כָּהֲלִין *können* Dan. 2, 26. 4, 15. 5, 8. 15.

כָּהַן im Kal nur part. כֹּהֵן s. folg. Art.

Piel pf. כִּהֵן, pl. כִּהֲנוּ, fut. יְכַהֵן ***Priester sein*** oder ***werden*** Deut. 10, 6. 1 Chr. 5, 36; ***Priesterdienst verrichten*** Ex. 28, 1. 41. 40, 13. Num. 3, 4. Hos. 4, 6; bildlich: כֶּחָתָן יְכַהֵן פְּאֵר *wie der Bräutigam mit einem Kopfbund sich* (priesterlich) *schmückt* Jes. 61, 10.

כֹּהֵן m. pl. כֹּהֲנִים, cs. כֹּהֲנֵי, suff. כֹּהֲנַי ***Priester.*** כֹּהֵן הָרֹאשׁ 2 Chr. 19, 11 oder הַכֹּהֵן הַמָּשִׁיחַ Lev. 4, 3 oder הַכֹּהֵן הַגָּדֹל Num. 35, 25 ***Hohepriester;*** dichterisch für ***hochgestellte Personen*** Hiob 12, 19; nach Einigen hat כֹּהֵן die Bedeutung: ***Beamter*** auch 2 Sam. 8, 18. 20, 26. 1 Kön. 4, 5. 2 Kön. 10, 11.

[כָּהֵן] aram. m. emph. כַּהֲנָא, pl. emph. כָּהֲנַיָּא, suff. כָּהֲנוֹהִי ***Priester*** Esra 7, 12. 13. 16.

כְּהֻנָּה f. cs. כְּהֻנַּת, suff. כְּהֻנַּתְכֶם, pl. כְּהֻנּוֹת ***Priesteramt*** Ex. 40, 15. Num. 18, 1. 25, 13; pl. ***priesterliche Verrichtungen*** 1 Sam. 2, 36.

[כַּו] aram. f. pl. כַּוִּין ***Fenster*** Dan. 6, 11.

כּוּב n. pr. eines (wahrscheinl. nordafrikanischen) Volkes Ezech. 30, 5.

כּוֹבַע m. cs. כּוֹבַע, pl. כּוֹבָעִים ***Helm*** 1 Sam. 17, 5. Jes. 59, 17. Jer. 46, 4. Ezech. 27, 10. 38, 5. 2 Chr. 26, 14.

[כָּוָה]* Nifal fut. 2 sg. תִּכָּוֶה, 3 pl. f. תִּכָּוֶינָה ***sich brennen*** Jes. 43, 2. Spr. 6, 28.

כּוֹחַ s. כֹּחַ.

כְּוִיָּה f. ***Brandwunde*** Ex. 21, 25.

כּוֹכָב m. cs. כּוֹכַב, pl. כּוֹכָבִים, cs. כּוֹכְבֵי, suff. כֹּכְבֵיהֶם 1) ***Stern*** Gen. 1, 16. 15, 5. Jes. 14, 13. Ezech. 32, 7. Ps. 148, 3; bildlich: ***grosser Fürst*** Num. 24, 17. 2) Name einer Gottheit Amos 5, 26.

כּוֹל s. כֹּל.

כּוּל* pf. כָּל ***abmessen*** Jes. 40, 12.

Pilpel כִּלְכֵּל, fut. יְכַלְכֵּל, pl. suff. יְכַלְכְּלוּהוּ 1) ***in sich fassen*** 1 Kön. 8, 27. 2 Chr. 2, 5. 2) ***abmessen*** Ps. 112, 5. 3) ***ertragen*** Jer. 20, 9. Mal. 3, 2. Spr. 18, 14. 4) ***speisen, verpflegen*** Gen. 45, 11. 1 Kön. 4, 7. Zach. 11, 16. Ps. 55, 23.

Polpal pf. כָּלְכְּלוּ ***mit Speise versehen werden*** 1 Kön. 20, 27.

Hifil fut. יָכִיל, suff. יְכִילֻנוּ, pl. יָכִלוּ, inf. הָכִיל 1) ***fassen, enthalten*** 1 Kön. 7, 26. 8, 64. Jer. 2, 13. Ezech. 23, 32. 2) ***aushalten, ertragen*** Jer. 6, 11. 10, 10. Joel 2, 11. Amos 7, 10. (לְהָכִיל Ezech. 21, 33 s. אָכַל).

כּוּמָז m. ***Spange, Armband*** Ex. 35, 22. Num. 31, 50.

[כּוּן]* Kal ungebr. יְכוּנֶנּוּ Hiob 31, 15 s. Polel].

Nifal pf. 3 sg. f. נָכוֹנָה, pl. נָכֹנוּ—נָכוֹנוּ, part. נָכוֹן, cs. נְכוֹן, f. נְכוֹנָה, pl. נְכֹנִים, fut. יִכּוֹן, תִּכּוֹן, pl. יִכֹּנוּ, imp. הִכּוֹן 1) ***sich rüsten, vorbereiten*** Ezech. 38, 7. Amos 4, 12. אֵין נָכוֹן לוֹ ***der sich mit Nichts vorbereitet hat*** Neh. 8, 10; part. ***bereit*** Ex. 19, 11. 15. 34, 2. Jos. 8, 4; ***bestimmt zu*** ... mit לְ der Sache Ps. 38, 18; ***für*** . . . mit לְ der Person Spr. 19, 29. Hiob 12, 5. 18, 12. 2) ***gestützt sein*** Richt. 16, 26. 29; ***befestigt sein, fest stehen*** 1 Sam. 20, 31. 1 Kön. 2, 46. Ezech. 16, 7. Ps. 93, 1. 2. 140, 12. Spr. 20, 18; ***wohl eingerichtet sein*** 2 Chr. 8, 16. 29, 35. Ps. 119, 5. 141, 2. יָדִי תִּכּוֹן עִמּוֹ ***meine Hand bleibt fest mit ihm = meine Hülfe ist ihm gewiss*** Ps. 89, 22. לִבָּם לֹא־נָכוֹן עִמּוֹ ***ihr Herz war ihm nicht fest zugethan*** Ps. 78, 37; part. ***fest*** Ps. 51, 12; ***treu*** Ps. 57, 8; ***fest beschlossen*** Gen. 41, 32; ***wahr, ausgemacht*** Deut. 13, 15; ***recht*** Ex. 8, 22. נְכוֹנָה ***Wahres*** Ps. 5, 10; adv. ***richtig*** Hiob 42, 7. 8. אֶל־נָכוֹן ***sicher, gewiss*** 1 Sam. 23, 23. 26, 4. כְּשַׁחַר נָכוֹן מֹצָאוֹ ***wie Morgenroth, das hell aufgeht*** Hos. 6, 3 עַד נְכוֹן הַיּוֹם. ***bis zum hellen Tageslicht*** Spr. 4, 18. — גֹּרֶן נָכוֹן n. pr. Ortsbezeichnung 2 Sam. 6, 6 = כִּידֹן 1 Chr. 13, 9.

Polel כּוֹנֵן, 1 sg. כּוֹנַנְתִּי, fut. יְכוֹנֵן, suff. וַיְכוֹנְנֵנוּ = וַיְכוֹנְנֶנּוּ (Hiob 31, 15), 3 pl. suff. וַיְכוֹנְנוּנִי, imp. כּוֹנֵן (Hiob 8, 8)—כּוֹנְנָה (Ps. 90, 17), suff. כּוֹנְנֵהוּ 1) ***eine Richtung geben, richten*** z. B. den Pfeil auf der Sehne Ps. 11, 2; ***zielen*** Jes. 51, 13. Ps. 7, 13. 21, 13; ***auf ... achten*** Hiob 8, 8. 2) ***befestigen*** Ps. 9, 8. 40, 3. 90, 17; ***gründen*** (eine Stadt u. s. w.) Ex. 15, 17. Hab. 2, 12. Ps. 24, 2. 107, 36; ***zurichten, bereiten*** Deut. 32, 6. Ps. 119, 73. Hiob 31, 15.

Polal pf. 3 pl. ps. כּוֹנָנוּ 1) ***festgestellt werden*** Ps. 37, 23. 2) ***bereitet werden*** Ezech. 28, 13.

Hifil הֵכִין, suff. הֱכִינָנִי, הֱכִינוֹ, הֱכִינָהּ, 1 sg. הֲכִינוֹתִי (וַהֲכִינוֹתִי), 3 pl. הֵכִינוּ, 1 pl. הֲכִינוֹנוּ—הֵכַנּוּ (1 Chr. 29, 16. 2 Chr. 29, 19); fut. יָכִין—וַיָּכֶן, 2 sg. תָּכִין, suff. תְּכִינֶהָ, inf. abs. הָכֵן—הָכִין, cs. הָכִין, suff. הֲכִינוֹ, imp. הָכֵן, pl. הָכִינוּ 1) ***eine Richtung geben, richten,*** häufig mit

Object לֵב *sein Herz auf... richten, sich einer Sache eifrig zuwenden* 1 Sam. 7,3; Esra 7, 10; mit Ergänzung von אֶל־אֵל Ps. 78, 8. Hiob 11, 13; *auch das Herz eines Andern lenken* 1 Chr. 29, 18; ähnlich mit דֶּרֶךְ 2 Chr. 27, 6; mit פָּנִים Ezech. 4, 3. 2) *befestigen* 1 Sam. 13, 13. Jes. 9, 6. 4, 20; *errichten* Est. 6, 4; *einrichten* Deut. 19, 3. 1 Kön. 6, 19. Hiob 29, 7. 2 Chr. 35, 30; *im Stande sein* Richt. 12, 6; *bereit halten* Gen. 43, 25. Num. 43, 25. Jos. 4, 4. הָכֵן לְךָ *rüste dich* Jer. 46, 14. Ezech. 38, 7; *vorbereiten* Spr. 6, 8. 30, 25. 1 Chr. 22, 5; *zubereiten* Gen. 43, 16. Ex. 16, 5. Hiob 15, 35. 18, 41. 1 Chr. 12, 39; *bilden, schaffen* Jer. 10, 12. 51, 15. Ps. 74, 16. Spr. 8, 27; *bereiten* Jes. 14, 21. Zef. 1, 7. Ps. 7, 14. 57, 7. 65, 7. 103, 19. 147, 8; *bestimmen zu etwas* Ex. 23, 20. 2 Sam. 5, 12. 2 Chr. 29, 18; *sich vornehmen* 1 Chr. 28, 2.

Hofal pf. הֻכַן—הוּכַן, part. מוּכָן, pl. מוּכָנִים, *befestigt werden* Jes. 16, 5; *bestimmt sein für...* Jes. 30, 33. Spr. 21, 31; *errichtet werden* Ezech. 40, 43. Nah. 2, 6. Zach 5, 11.

Hitp. fut. יִתְכּוֹנָן, 2 sg. f. ps. תִּכּוֹנָנִי, 3 sg. f. תִּכּוֹנֵן, 3 pl. ps. יִכּוֹנָנוּ 1) *auf Jemand losgehen* Ps. 59, 5. 2) *befestigt werden* Num. 21, 27. Jes. 54, 14. Spr. 24, 3.

כּוּן n. pr. Stadt in Syrien 1 Chr. 18, 8 (=בֵּרֹתַי 2 Sam. 8, 8).

[כַּוָּן] m. pl. כַּוָּנִים *Opferkuchen* Jer. 7, 18. 44, 19.

כּוֹס m. suff. כּוֹסִי, כֹּסוֹ, pl. כֹּסוֹת 1) *Becher* Gen. 40, 11. 2 Sam. 12, 3. Jer. 35, 5. Ps. 23, 5. מְנָת כּוֹסָם *der Theil ihres Bechers*, d. h. *ihre Bestimmung* Ps. 11, 6. כּוֹסִי *mein Antheil, Besitz* Ps. 23, 5; *den Becher trinken = ein Schicksal erleiden* Jes. 51, 17. Ezech. 23, 32. Klagel. 4, 21. 2) *Pelikan* Lev. 11, 17. Deut. 14, 16. Ps. 102, 7.

כּוּר m. *Schmelzofen*, in welchem das unedle vom edlen Metall gesondert wird Ezech. 22, 18. 20, 22. Spr. 17, 3. 27, 21; daher bildlich כּוּר עֳנִי *der Schmelzofen des Leidens* Jes. 48, 10. כּוּר הַבַּרְזֶל *der eiserne Ofen*, Bild der Leidenszeit in Aegypten Deut. 4, 20. 1 Kön. 8, 51. Jer. 11, 4.

כּוּר hebr. u. aram. s. כּר u. עָשָׁן.

כֹּרֶשׁ—כּוֹרֶשׁ n. pr. *Cyrus*, König der Perser Jes. 44, 28. 45, 1. Dan. 1, 21. 6, 29. 10, 1. Esra 1, 1 ff. 2 Chr. 36, 22.

כּוּשׁ n. pr. 1) Sohn des Cham Gen. 10, 6, der als Stammvater der Aethopier betrachtet wird, so dass כּוּשׁ sowohl dies Volk, als das betreffende Land bezeichnet Gen. 2, 12. 2 Kön. 19, 9. Jes. 18, 1. Ps. 68, 32; n. gent. כּוּשִׁי Jer. 13, 23; f. כּוּשִׁית Num. 12, 1; pl. כֻּשִׁיִּים Amos 9, 7 u. כּוּשִׁים 2 Chr. 21, 16. כֻּשִׁים Dan. 11, 43. 2) ein Mann aus Benjamin Ps. 7, 1.

כּוּשִׁי n. pr. m. Zef. 1, 1 (vgl. כּוּשׁ).

כּוּשָׁן n. pr. eines Volksstammes Hab. 3, 7.

כּוּשַׁן רִשְׁעָתַיִם n. pr. König v. Aram Richt. 3, 8. 10.

[כּוֹשָׁרָה] f. pl. כּוֹשָׁרוֹת *Glück, Freiheit* Ps. 68, 7.

כּוּתָה—כּוּת n. pr. einer assyrischen Landschaft 2 Kön. 17, 24. 30.

***כָּזַב** part. כֹּזֵב *lügen, täuschen* Ps. 116, 11.

Nifal pf. נִכְזַבְתָּ, part. f. נִכְזָבָה 1) *getäuscht werden* Hiob 41, 1. 2) *als Lügner überführt werden* Spr. 30, 6.

Piel pf. כִּזֵּב, fut. יְכַזֵּב, inf. suff. כַּזֶּבְכֶם 1) *trügen, lügen* Num. 23, 19. Micha 2, 11. Hab. 2, 3. Spr. 14, 5. Hiob 6, 28. 34, 6; *treulos sein* Jes. 57, 11. 2) *täuschen* Jes. 58, 11; mit בְּ d. Pers. 2 Kön. 4, 16; mit לְ Ezech. 13, 19. Ps. 78, 36. 89, 36.

Hifil fut. suff. יַכְזִבֵנִי *Jemand Lügen strafen, widerlegen* Hiob 24, 25.

כָּזָב m. pl. כְּזָבִים, suff. כִּזְבֵיהֶם *Lüge, Täuschung* Richt. 16, 10. Ps. 4, 3. אִישׁ כָּזָב *Lügner* Spr. 19, 22; concr. *das Täuschende* z. B. *Götzen* Amos 2, 4.

כֹּזֵבָא n. pr. Ort in Juda 1 Chr. 4, 22 = אַכְזִיב u. כְּזִיב s. d.

כָּזְבִּי (*Täuschung*) n. pr. f. Num. 25, 15.

כְּזִיב n. pr. Ort in Juda Gen. 38, 5 = אַכְזִיב u. כֹּזֵבָא s. d.

כּוֹחַ—כֹּחַ (Dan. 11, 6) m. suff. כֹּחִי, כֹּחֲכָה—כֹּחֲךָ 1) *Kraft, Stärke* Num. 14, 17. Jos. 14, 11. Spr. 24, 10; *Reichthum, Vermögen* Spr. 5, 10. Hiob 6, 22. 36, 19. לֹא־כֹחַ *kraftlos* Hiob 26, 2. 2) *Eidechse* Lev. 11, 30.

***כָּחַד** Nifal נִכְחַד, part. f. נִכְחֶדֶת; fut. יִכָּחֵד 1) *verborgen sein* 2 Sam. 18, 13. Hos. 5, 3. Ps. 69, 6. 139, 15. 2) *verkommen* Zach. 11, 9. 16. Hiob 15, 28; *untergehen* Hiob 4, 7; *vertilgt werden* Ex. 9, 15. Hiob 22, 20.

Piel כִּחֵד, fut. אֲכַחֵד *verbergen, verhehlen*

mit מִן d. Pers. *vor* der man verbirgt Gen. 47, 18. Jos. 7, 19. 1 Sam. 3, 17. 18. Ps. 78, 4. Hiob 15, 18; *verleugnen* mit accus. d. Sache Ps. 40, 11. Hiob 6, 10.

Hif. pf. 1 sg. suff. הִכְחַדְתִּיו, fut. וַיַּכְחֵד, suff. יַכְחִידֶנָּה 1) *verhehlen* Hiob 20, 12. 2) *vernichten* Ex. 23, 23. 1 Kön. 13, 34. Zach. 11, 8. Ps. 83, 5. 2 Chr. 32, 21.

*כָּחַל pf. 2 sg. f. כָּחַלְתְּ *schminken* (die Augenränder) Ezech. 23, 40.

*כָּחַשׁ *abnehmen, mager werden* Ps. 109, 24.

Nifal fut. יִכָּחֲשׁוּ mit לְ *schmeicheln, sich unterwürfig zeigen* Deut. 33, 29.

Piel כִּחֵשׁ—כַּחֵשׁ, fut. יְכַחֵשׁ, תְּכַחֵשׁ *leugnen* Gen. 18, 15; *lügen* Lev. 19, 11. Jos. 7, 11. Spr. 30, 9; *ableugnen* mit בְּ der Person und der Sache Lev. 5, 21. 22; *verleugnen* mit בְּ d. Person Jos. 24, 27. Jes. 59, 13. Hiob 8, 18; mit לְ Hiob 31, 28; *täuschen* mit לְ d. Pers. 1 Kön. 13, 18; *schmeicheln, sich unterwürfig zeigen,* mit לְ Ps. 18, 45. 66, 3. 81, 16; *versagen, ausbleiben* Hab. 3, 17. Hos. 9, 2.

Hitp. fut. יִתְכַּחֲשׁוּ wie Nifal 2 Sam. 22, 45.

כַּחַשׁ m. ps. כָּחַשׁ suff. כַּחֲשִׁי, pl. suff. כַּחֲשֵׁיהֶם 1) *Magerkeit* Hiob 16, 8. 2) *Lüge* Hos. 7, 3. 10, 13. 12, 1. Nah. 3, 1. Ps. 59, 13.

[כֶּחָשׁ] adj. pl. כֶּחָשִׁים *lügenhaft* Jes. 30, 9.

כִּי (für כְּוִי) m. *Brandmal* Jes. 3, 24.

כִּי 1) relative Conj. *dass* a) zur Einleitung untergeordneter Sätze, die gleichsam im accus. stehen (acc. c. inf.); לְמַעַן יַאֲמִינוּ כִּי־נִרְאָה אֵלֶיךָ *damit sie glauben, dass er dir erschienen ist* Ex. 4, 5; das subj. des abhäng. Satzes wird oft zum direct. Object des Verb. im Hauptsatz וַיַּרְא אֱלֹהִים אֶת־הָאוֹר כִּי טוֹב *Gott sah, dass das Licht gut war* Gen. 1, 4. 6, 2. Ex. 32, 25. 1 Kön. 5, 17. 11, 28. Jes. 3, 10. b) vor directer Rede, sogar beim Anfange neuer Abschnitte (wo es meist unübersetzt bleibt) אָמְרָה כִּי־רָאָה יְהוָה בְּעָנְיִי *sie sprach: Gesehen hat Gott mein Leiden* Gen. 29, 32. Ex. 3, 12. Jos. 2, 24. 1 Kön. 11, 23. Jes. 14, 1. Hiob 28, 1; bei Schwurformeln, wie חַי אֵל Hiob 27, 3 u. dgl. c) es verwandelt adverb. u. praepos. in conj. z. B. תַּחַת כִּי, עַד כִּי, עֵקֶב כִּי, יַעַן כִּי, אֶפֶס כִּי, אַף כִּי s. das. 2) Conj. der Zeit *da, als* (vor perf.); *wenn* (vor praes. u. fut.), *so oft* (bei dauernder Vergangenheit) z. B. וַיְהִי כִּי־הֵחֵל הָאָדָם *es geschah, als die Menschen anfingen* Gen. 6, 1. כִּי תִקְנֶה *wenn du kaufst* Ex. 21, 2; vgl. Num. 33, 51. Richt. 2, 18. Jer. 44, 19. Ezech. 3, 19; auch in Folge eines Vordersatzes z. B. *Wäre nicht der Gott meines Vaters . . . mit mir gewesen* כִּי עַתָּה רֵיקָם שִׁלַּחְתָּנִי *so hättest du mich leer entlassen* Gen. 31, 42. 43, 10. Num. 22, 33. Jes. 7, 9. Hiob 8, 6. 37, 20. 3) Conj. der Begründung a) *weil,* wenn der begründende Satz vorangeht: *weil du dies gethan* Gen. 3, 14. 17; *denn,* wenn dieser Satz folgt Gen. 2, 3. 23; oft auf ein früheres Satzglied zurückgreifend Jes. 5, 10, wo כִּי die Begründung der שַׁמָּה angiebt. Jes. 7, 22. Hiob 5, 23. b) indem nur e i n Wort des vorhergehenden Satzes begründet wird (meist die Negation), bezeichnet כִּי den Gegensatz zur ganzen vorigen Aussage: *sondern* Gen. 19, 2. 24, 4. 1 Kön. 3, 22. 21, 15 (vgl. כִּי אִם); zuweil. ergiebt sich ein solcher Gegens. aus d. Zusammenhange, wonach sich die Bedeut. von כִּי richten, z. B. *auch hier habe ich nichts gethan, dass sie mich in das Gefängniss* (d. h. *und doch haben sie mich in das Gefängniss*) *gesetzt* Gen. 40, 15. Jes. 2, 6. 28, 28. Ps. 141, 8: *im Gegentheil!* Hiob 31, 18. כִּי הֲלֹא יָדַעְתִּי *Nein! jetzt weiss ich* 2 Sam. 19, 7. Micha 6, 4. וְאֵשֶׁת נְעוּרִים כִּי תִמָּאֵס *ein Weib der Jugend — kann nicht verschmäht werden* Jes. 54, 6. c) Folgerung, besonders bei Fragen: *was reizt dich* כִּי תַעֲנֶה *dass du antwortest?* Hiob 16, 3; *wer bin ich* כִּי אֵלֵךְ אֶל־פַּרְעֹה *dass ich zu Pharao gehe?* Ex. 3, 11. כִּי יָלַדְתִּי *und nun habe ich gar geboren* Gen. 21, 7. Ex. 16, 3. 2 Kön. 5, 7. d) *obgleich* (wenn eine verschwiegene Begründung zu ergänzen ist) z. B. *Gott führte sie nicht den Weg durch das Land der Philister,* כִּי קָרוֹב הוּא *obgleich er nahe war* (also er sie hätte dort führen müssen) Ex. 13, 17; *du wirst den Kenaani vertreiben, wenn er auch eiserne Wagen hat, wenn er auch stark ist* Jos. 17, 18. Ps. 25, 11. 49, 11.

כִּי אִם [als *ein* Begriff, also mit Ausschluss von Fällen wie Ex. 8, 17. 23, 22 u. s. w.] 1) nach einer Negation und folgd. Verb. *ausser wenn, es sei denn dass* Gen. 32, 27. Lev. 22, 6; *ohne dass* Amos 3, 7; mit folgd. Subst. a) *ausser* Gen. 28, 17. 39, 9. Lev. 21, 2. Statt der Negation geht auch wohl eine Frage vorher Jes. 42, 19. Micha 6, 8. b) *sondern,* meist vor dem subst. Gen. 15, 4. 32, 29; vor dem ganzen Satz Deut. 12, 14. 1 Sam. 8, 19. Ps. 1, 2; die Negation ist zuweil. zu ergänzen: (*Vergiss meiner nicht*), *son-*

dern halte mich in Erinnerung bei dir Gen. 40,14. 2 Sam. 13,33 (Ktib). 2) bei Schwurformeln, wo auch כִּי oder אִם allein gebraucht werden kann: *gewiss nicht* 1 Sam. 25,34. 2 Sam. 3,35.

כִּי עַל כֵּן s. עַל כֵּן unter כֵּן.

[כִּיד] m. suff. כִּידוֹ *Unfall, Verderben* Hiob 21,20.

[כִּידוֹד] m. pl. cs. כִּידוֹדֵי *Funken* Hiob 41,11.

כִּידוֹן m. *Wurfspiess* Jos. 8,18. 1 Sam. 17,6. Jer. 6,23. Hiob 39,23.

כִּידוֹר m. *Krieg, Schlachtgetümmel* Hiob 15,24.

כִּידֹן n. pr. גֹּרֶן כִּידֹן Ortname 1 Chr. 13,9 = גֹּרֶן נָכוֹן 2 Sam. 6,6.

כִּיּוּן Name eines Götzenbildes Amos 5,26.

כִּיּוֹר—כִּיֹּר m. pl. כִּיּוֹרִים u. כִּיֹּרוֹת 1) *Becken* Ex. 30,18. 40,7. 1 Kön. 7,38. 2 Chr. 4,6. 2) *Pfanne* 1 Sam. 2,14. Zach. 12,6. 3) *Bühne, Kanzel* 2 Chr. 6,13.

כִּילַי m *Hartherziger, Geiziger* Jes. 32,5 (vgl. כֵּלַי).

[כֵּילַף] m. pl. כֵּילַפּוֹת *Axt, Beil* Ps. 74,6.

כִּימָה f. das Sternbild der *Plejaden* n. A. *der grosse Hund* (*Sirius*) Amos 5,8. Hiob 9,9. 38,31.

כִּיס m. suff. כִּיסְךָ 1) *Beutel*, zum Geld Jes. 46,6. Spr. 1,14; zum Aufbewahren der Gewichtsteine Deut. 25,13. Micha 6,11. Spr. 16,11. 2) = כּוֹס *Becher* Spr. 23,31 Ktib.

[כִּיר] dual. כִּירַיִם *Kochheerd* Lev. 11,35.

כִּיֹּר s. כִּיּוֹר.

כִּישׁוֹר m. *Spinnrocken* Spr. 31,19.

כָּכָה adv. *so, also* Ex. 12,11. 29,35. Deut. 29,23. Hos. 10,15 (vgl. אֵיכָכָה).

כִּכָּר f. cs. כִּכַּר, pl. כִּכָּרִים u. כִּכָּרוֹת (letzteres in Bedeutung No. 2), cs. כִּכְּרֵי, dualis כִּכָּרַיִם, ps. כִּכָּרָיִם 1) *Kreis, Umkreis* Neh. 12,28; meist כִּכַּר הַיַּרְדֵּן Gen. 13,10. 11. 1 Kön. 7,46; auch bloss הַכִּכָּר Gen. 13,12. 19,29. Deut. 34,3. 2 Sam. 18,23 das vom Jordan durchflossene Thal (bei den Arabern *El-Ghor*). 2) gewöhnl. mit לֶחֶם *ein runder Brodkuchen* Ex. 29,23. Richt. 8,5. 1 Sam. 10,3. 3) eine in runder Form gegossene *Metallmasse* als Gewicht (*Talent*) für *Gold* 2 Sam. 12,30; *Silber* Ex. 38,27; *Blei* Zach. 5,7; es war das grösste Gewicht der Hebräer = 3000 heil. Schekel Ex. 38,25. 27.

[כַּכַּר] aram. pl. כַּכְּרִין *Talent* (wie das hebr. No. 3) Esra 7,22.

כֹּל (כּוֹל Jer. 33,8 Ktib), כָּל־ (כָּל Ps. 35,10. Spr. 19,7), suff. כֻּלְּךָ—כֻּלֵּךְ, כֻּלֹּה—כֻּלּוֹ, כֻּלָּהּ, כֻּלָּנוּ—כֻּלָּנָה—כֻּלָּן, (2 Sam. 23,6) כֻּלְּהֶם—כֻּלָּם, כֻּלְּכֶם, כֻּלְּהֶנָה (1 Kön. 7,37); eigentl. subst. die *Gesammtheit* daher 1) adj. *ganz*, wobei das folgd. subst. (sing.) im genit. gedacht wird mit dem Art., wenn es nicht durch wieder folgd. genit. oder suff. determinirt wird z. B. כָּל־הָעָם *das ganze Volk* Gen. 19,4. כָּל־עַם הָאָרֶץ *das ganze Volk des Landes* 2 Kön. 11,18. כָּל־עַמּוֹ *sein ganzes Volk* Ex. 1,22; daher כֻּלֵּךְ *du ganz* Jes. 22,1. Selten wird כֹּל nachgesetzt חָזוּת הַכֹּל *die ganze Weissagung* Jes. 29,11 und mit wiederholtem suff. תֵּבֵל כֻּלָּהּ *die ganze Welt* Hiob 34,13; adverb. כָּל עוֹד *ganz so lange* Hiob 27,3. כָּל־הֶבֶל *ganz nichtig* Ps. 39,6. 2) *alle* (vor plur.) mit folg. Art. כָּל הָאָדָם *alle Menschen* Gen. 7,21. כָּל־הָעַמִּים *alle Völker* Ex. 19,5. כָּל־עַמֵּי הָאָרֶץ *alle Völker der Erde* Deut. 28,10. שִׁמְעוּ עַמִּים כֻּלָּם *hört ihr Völker alle* 1 Kön. 22,28. כֻּלָּנוּ *wir Alle* Gen. 42,11. לְכֻלְּכֶם *euch Allen* 1 Sam. 22,7; auch abs. *Alles*. בַּכֹּל *mit Allem* Gen. 24,1. יֶשׁ־לִי־כֹל *ich habe Alles* Gen. 33,11. 3) *jeder*, wobei das folgd. subst. ohne Artikel. כָּל־עָם *jedes Volk* Est. 3,8. כָּל־דָּבָר *jegliche Sache* Rut 4,7. כָּל־כְּלִי *was für ein Geräth es sei* Num. 35,22. כָּל־עֵץ *allerlei Bäume* Gen. 2,9; mit der Negation: *kein*. לֹא־תַעֲשֶׂה כָל־מְלָאכָה *du sollst keine Arbeit verrichten* Ex. 20,10. אֵין כֹּל *Nichts ist da* Num. 11,6. אֵין־שָׁם מַחְסוֹר כָּל־דָּבָר *es fehlt dort an gar Nichts* Richt. 18,10.

כֹּל aram. כָּל־, emph. כֹּלָּא, suff. כָּלְּהוֹן, כָּלְּהֵן 1) *ganz* Dan. 2,48. 2) *alle* Dan. 3,2. 4,34. כֹּלָּא *Alles* Dan. 2,40. 4,25. 3) *jeder* Dan. 3,10.

כָּלָא* pf. 3 sg. suff. כְּלָאוֹ, 2 sg. suff. כְּלִתְנִי (st. כְּלָאתִנִי), 1 sg. כָּלִאתִי (st. כָּלָאתִי), 3 pl. כָּלוּ (st. כָּלְאוּ), part. כֹּלֵא—כָּלוּא, fut. יִכְלֶה (st. יִכְלָא), inf. כְּלוֹא, imp. suff. כְּלָאֵם *zurückhalten, hemmen* Jes. 43,6. Hag. 1,10 (wo es mit accus. der Sache und mit מִן der Sache).

Ps. 119, 101. Koh. 8, 8; *vorenthalten, versagen,* gew. mit מִן der Person und acc. der Sache Gen. 23, 6. Ps. 40, 12; *verhindern* acc. der Person Num. 11, 28; *an* ... mit מִן 1 Sam. 25, 33; *einsperren* 1 Sam. 6, 10. Jer. 32, 23. Ps. 88, 9.

Nifal fut. יִכָּלֵא *zurückgehalten werden* Gen. 8, 2. Ezech. 31, 15; *aufhören* Ex. 36, 6.

Piel inf. cs. לְכַלֵּא הַפֶּשַׁע *zu wehren dem Abfall* Dan. 9, 24 (n. A. von כָּלָה).

כֶּלֶא m. suff. כִּלְאוֹ, pl. כְּלָאִים, dualis כִּלְאַיִם 1) *Gefängniss* gewöhnl. mit בֵּית verbunden 1 Kön. 22, 27. 2 Kön. 17, 4. Jes. 42, 7. 22. בִּגְדֵי כִלְאוֹ *seine Gefängnisskleidung* 2 Kön. 25, 29. 2) du. *zweierlei Stoffe* oder *Thiere* oder *Sämereien* Lev. 19, 19. Deut. 22, 9.

כִּלְאָב n. pr. Sohn des David 2 Sam. 3, 3 = דָּנִיֵּאל 1 Chr. 3, 1.

כִּלְאַיִם s. כֶּלֶא.

כָּלֵב n. pr. 1) *Kaleb,* der bekannte Genosse des Josua Num. 13, 6. Jos. 15, 14. 2) 1 Chr. 2, 18. 19. 42. 46. 48 (50) = כְּלוּבַי v. 9. 3) Landschaft in Juda 1 Sam. 30, 14, wovon n. gent. כָּלִבִּי 1 Sam. 25, 3; davon verschieden scheint כָּלֵב אֶפְרָתָה *das Kaleb bei Efrata* (vgl. אֶפְרָת) 1 Chr. 2, 24.

כֶּלֶב m. pl. כְּלָבִים, cs. כַּלְבֵי, suff. כְּלָבֶיךָ 1) *Hund* Ex. 11, 7. 22, 30. 1 Kön. 14, 11. Ps. 68, 24. Hiob 30, 1; als Schimpfname 1 Sam. 24, 15. Jes. 56, 10. Ps. 22, 17. 2) מְחִיר כֶּלֶב *Hurenlohn* Deut. 23, 19; also = קָדֵשׁ s. d.

כָּלָה* pf. 1 sg. כָּלִיתִי, fut. יִכְלֶה—יִכֶל, 3 sg. f. תִּכְלֶה (st. תִּכְלֶה—תֵּכֶל), 3 pl. יִכְלוּ—יִכְלָיוּן, 3 pl. f. תִּכְלֶינָה [vgl. כָּלָא]. 1) *zu Ende gehen, zu Ende sein* Gen. 21, 15. 41, 53. 1 Kön. 17, 14. Jes. 32, 10; *erfüllt werden* Esra 1, 1. 2 Chr. 36, 22. 2) *vollendet sein* Ex. 39, 32. 1 Kön. 6, 38; *entschieden sein.* כָּלְתָה הָרָעָה מֵעִם אָבִי *beschlossen ist das Unheil von Seiten meines Vaters* 1 Sam. 20, 7. 9. 25, 17. Est. 7, 7. 3) *vergehen* Ps. 39, 11. 73, 26. 90, 7. 143, 7. Spr. 5, 11. Hiob 7, 9. 33, 21. כָּלוּ עֵינַי *meine Augen vergehen* (Bild der lebhaften Sehnsucht) Ps. 69, 4. 119, 82. 123. Jer. 14, 6. Klagel. 4, 17; dass. כָּלְתָה נַפְשִׁי *es vergeht meine Seele* Ps. 84, 3.

Piel כִּלָּה, suff. כִּלָּנִי, כִּלָּם, 3 f. כִּלְּתָה, suff. כִּלָּתְהוּ, 1 sg. כִּלִּיתִי—כִּלֵּיתִי, suff. כִּלִּיתִיךָ, כִּלִּיתִים, 3 pl. כִּלּוּ, suff. כִּלּוּם, כִּלּוּנוּ, fut. יְכַלֶּה—יְכַל, תְּכַל, 1 sg. אֲכַלֶּה—אֲכַל, suff. אֲכַלְּךָ, inf. כַּלֵּה—

כַּלּוֹת, suff. כַּלֹּתִי, imp. כַּלֵּה, כַּלּוּ *zu Ende bringen* Ps. 90, 9. Rut 3, 18; *fertig werden* 1 Chr. 27, 24, *mit* etwas acc. Ezech. 42, 15. Rut 2, 21; *vollenden* Gen. 2, 2. Ex. 5, 14. עַד־כַּלֵּה *bis zur Vollendung,* d. h. *völlig* 2 Kön. 13, 17. Esra 9, 14; mit dem inf. und לְ ist es häufig adverb. zu übersetzen וַיְהִי כְּכַלֹּתוֹ לְדַבֵּר *es geschah, als er zu Ende geredet* Num. 16, 31. Gen. 24, 15. 19. Ex. 31, 18. 2 Kön. 10, 25; eben so inf. mit מִן Ex. 34, 33. Lev. 16, 20. Jos. 19, 51. 1 Sam. 10, 13. 2 Sam. 6, 18. Ezech. 43, 23. Aehnlich: כִּלָּה חֲמָתוֹ *er hat seinen ganzen Grimm ausgeschüttet* Ezech. 6, 12. Klagel. 4, 11. חִצַּי אֲכַלֶּה בָּם *alle meine Pfeile will ich gegen sie verschiessen* Deut. 32, 23. לֹא תְכַלֶּה פְּאַת שָׂדְךָ לִקְצֹר *du sollst die Ecke deines Feldes nicht ganz aberndten* Lev. 19, 9. כִּלָּה רָעָה *er beschliesst Böses* Spr. 16, 30. 2) *vergehen lassen* Ps. 78, 33; *aufreiben, vernichten* Gen. 41, 30. Ex. 33, 3. 5. Deut. 7, 22. Jos. 24, 20. מְכַלּוֹת עֵינַיִם *welche die Augen verzehren* (Bild unbefriedigter Sehnsucht) Lev. 26, 16. 1 Sam. 2, 33. Hiob 31, 16. וַתְּכַל דָּוִד (wo נֶפֶשׁ zu ergänzen ist) *David sehnte sich* 2 Sam. 13, 39.

Pual pf. 3 pl. כֻּלּוּ, fut. pl. וַיְכֻלּוּ *vollendet sein* Gen. 2, 1. Ps. 72, 20.

[כָּלֶה] adj. f. כָּלָה, pl. כָּלוֹת 1) *vergehend,* d. h. *schmachtend* (von den Augen) Deut. 28, 32. 2) *fest beschlossen* 1 Sam. 20, 33; verstärkt: כָּלָה וְנֶחֱרָצָה *entschieden und beschlossen* Jes. 10, 23. 28, 22. Dan. 9, 27. 3) adv. *gänzlich* Gen. 18, 21. Ex. 11, 1; auch לְכָלָה Ezech. 13, 13. 2 Chr. 12, 12. עָשָׂה כָלָה *den Garaus machen* Jer. 4, 27. 5, 10. Nah. 1, 9; mit dem acc. Jer. 30, 11. 46, 28. Ezech. 11, 13. 20, 17. Nah. 1, 8. Zef. 1, 18. Neh. 9, 31: mit אֶת Jer. 5, 18; mit בְּ Jer. 30, 11. 46, 28.

כַּלָּה f. suff. כַּלָּתְךָ, pl. suff. כַּלֹּתֶיהָ 1) *Schwiegertochter* Gen. 11, 31. 38, 24. 1 Sam. 4, 19. Rut 1, 22. 2) *Braut* Jes. 62, 5. Hohel. 4, 8.

כְּלֻהֶם 2 Sam. 23, 6 = כֻּלָּם s. כֹּל.

כְּלוּא Kri — **כְּלִיא** Ktib m. so viel wie כֶּלֶא *Gefängniss* Jer. 37, 4. 52, 31.

כְּלוּב m. *Fruchtkorb* Amos 8, 1. 2; *Käfig* Jer. 5, 27.

כְּלוּבַי s. כָּלֵב.

כְּלוּהוּ Kri — **כְּלוּהַי** Ktib n. pr. m. Esra 10, 35.

כְּלוּלָה f. pl. *Brautstand* Jer. 2, 2.

כֶּלַח m. ps. כָּלַח 1) *Gesundheit, Kraft* Hiob 5, 26. 30, 2. 2) n. pr. einer von Nimrod gegründeten Stadt Gen. 10, 11. 12.

כֵּלַי adj. *geizig* Jes. 32, 7 = כִּילַי.

כְּלִי m. ps. כֶּלִי, suff. כֶּלְיְךָ, pl. כֵּלִים, cs. כְּלֵי, suff. כֵּלָיו, כְּלֵיהֶם 1) *Gefäss* Ex. 22, 6. Lev. 11, 32. Num. 19, 17. Deut. 23, 25; überhaupt *Geräthe, Sachen* Gen. 31, 37; *Kleidung* Deut. 22, 5. Jes. 61, 10; *Instrumente* Ps. 71, 22. כְּלֵי מִלְחָמָה *Waffen* 1 Sam. 1, 27. נֹשֵׂא כֵלִים *Waffenträger* 1 Sam. 16, 21. בֵּית כֵּלִים *Zeughaus* Jes. 39, 2. 2) bildlich: *Pläne, Anschläge* Gen. 49, 5. Jes. 32, 7.

כְּלִיא s. כְּלוּא.

[כִּלְיָה] f. pl. כְּלָיוֹת, cs. כִּלְיוֹת, suff. כִּלְיוֹתַי, כִּלְיֹתֵיהֶם 1) *Niere* Ex. 29, 13. חֵלֶב כִּלְיוֹת *Nierenfett*, als das feinste Fett Deut. 32, 14. Jes. 34, 6. 2) das *Innere* überhaupt Jer. 12, 2. Ps. 7, 10. Spr. 23, 16. Klagel. 3, 13.

כִּלָּיוֹן m. cs. כִּלְיוֹן *Vernichtung* Jes. 10, 22. כִּלְיוֹן עֵינַיִם *Hinschmachten der Augen* (Bild der unerfüllten Sehnsucht) Deut. 28, 65.

כִּלְיוֹן (*Vergänglicher*) n. pr. m. Rut. 1, 2.

כָּלִיל 1) adj. u. adv. cs. כְּלִיל, f. cs. כְּלִילַת *gänzlich, vollständig* Lev. 6, 15. 16. Deut. 13, 17. 1 Sam. 7, 9. Jes. 2, 18; *vollkommen* Ezech. 16, 14. כְּלִיל תְּכֵלֶת *ganz von blauer Wolle* Ex. 28, 31. כְּלִיל יֹפִי Ezech. 28, 12 u. f. כְּלִילַת יֹפִי Ezech. 27, 3. Klagel. 2, 15 *vollendet an Schönheit*. כְּלִיל הָעִיר *die ganze Stadt* Richt. 20, 40. 2) subst. *Ganzopfer* Deut. 33, 10. Ps. 51, 21.

כַּלְכֹּל (*Erhalter*) n. pr. Name eines alten Weisen aus dem Stamme Juda 1 Kön. 5, 11. 1 Chr. 2, 6.

***כָּלַל** pf. 3 pl. כָּלְלוּ *vollenden, vollständig machen* Ezech. 27, 4. 11.

[כְּלַל] aram. Schafel pf. suff. שַׁכְלְלֵהּ, 3 pl. שַׁכְלִלוּ, inf. שַׁכְלָלָה *vollenden* Esra 4, 12 Kri. 5, 3. 9. 11. 6, 14.

Ischtafel pf. אִשְׁתַּכְלִלוּ Esra 4, 12 (Ktib); fut. יִשְׁתַּכְלְלוּן *vollendet werden* Esra 4, 13. 16.

כְּלָל (*Vollendung*) n. pr. m. Esra 10, 30.

***[כָּלַם]** Nifal pf. נִכְלַמְתִּי, fut. 2 sg. f. תִּכָּלְמִי, inf. הִכָּלֵם *beschämt werden* 2 Sam. 10, 5. Jes. 50, 7. Ps. 35, 4; *sich schämen, erröthen* Num. 12, 14. Jer. 3, 3. 8, 12. Ezech. 36, 32.

Hif. pf. 3 sg. suff. הִכְלִמוֹ, 1 pl. suff. הֶכְלַמְנוּם, fut. יַכְלִים, part. מַכְלִם 1) *beschämen* 1 Sam. 20, 34. Ps. 44, 10. Spr. 25, 8. 28, 7; *Scham zeigen* Jer. 6, 15. 2) *kränken* Richt. 18, 7. 1 Sam. 25, 7. Hiob 19, 3. Rut. 2, 15.

Hof. pf. 3 pl. הָכְלְמוּ, 1 pl. הָכְלָמְנוּ *sich schämen* Jer. 14, 3. 2) *gekränkt werden* 1 Sam. 25, 15.

כִּלְמַד n. pr. einer Gegend, die neben אַשּׁוּר genannt wird Ezech. 27, 23.

כְּלִמָּה f. cs. כְּלִמַּת, suff. כְּלִמָּתִי, pl. כְּלִמּוֹת *Scham* Jer. 51, 51. Ps. 71, 13; *Schmach* Ps. 4, 3; *Beschimpfung* Jes. 50, 6. 61, 7. Micha 2, 6.

כְּלִמּוּת f. *Schmach* Jer. 23, 40.

כַּלְנֵה—כַּלְנוֹ—כַּלְנֵה (Amos 6, 2)—כַּלְנוֹ (Jes. 10, 9) n. pr. Stadt in Babylon, über die Nimrod geherrscht Gen. 10, 10; wahrsch. *Ktesiphon* am östl. Ufer des Tigris.

***כָּמַהּ** *schmachten, sich sehnen* mit ל Ps. 63, 2.

כַּמָּה—כַּמֶּה s. מָה.

כִּמְהָן—כִּמְהָם n. pr. Sohn des Barsillai 2 Sam. 19, 38. 39. 41; nach ihm hiess eine Herberge Jer. 41, 17 (wo Ktib: כְּמוֹהָם).

כְּמוֹ suff. כָּמוֹנִי, כָּמוֹךָ, כָּמֹהוּ, כָּמֹנוּ, כְּמוֹכֶם, כְּמוֹהֶם wie כְּ 1) adv. *wie* כְּמוֹ־אָבֶן *wie ein Stein* Ex. 15, 5. כְּמוֹ־אֵלֶּה Hiob 12, 3 und bloss כְּמוֹ Ps. 73, 15 *dergleichen*. כָּמוֹךָ—כְּמוֹהֶם *wie du so sie* Richt. 8, 18; *als wenn* Jes. 26, 18. 2) Zeitpartikel *als, da* Gen. 19, 15.

כְּמוֹהָם s. כִּמְהָם.

כְּמוֹשׁ n. pr. Gottheit der Moabiter u. Ammoniter Richt. 11, 24. 1 Kön. 11, 7. 2 Kön. 23, 13. Jer. 48, 7 (wo Ktib: כְּמִישׁ); daher עַם כְּמוֹשׁ *Volk des Kemosch* = *Moab* Num. 21, 29.

כַּמֹּן m. *Kümmel* Jes. 28, 25. 27.

***כָּמַס** part. II. כָּמֻס *verwahren* Deut. 32, 34.

***[כָּמַר]** Nifal *sich zusammenziehen, zusammenschrumpfen* Klagel. 5, 10; meist bildlich mit dem subj. רַחֲמִים *Liebe, Erbarmen empfinden* Gen. 43, 30. 1 Kön. 3, 26; oder mit נִחוּמִים *Mitleid empfinden* Hos. 11, 8.

[כֹּמֶר] m. pl. כְּמָרִים, suff. כְּמָרָיו *Götzenpriester* 2 Kön. 23, 5. Hos. 10, 5. Zef. 1, 4.

[כִּמְרִיר] pl. cs. כִּמְרִירֵי *Verfinsterung* Hiob 3, 5.

כֵּן—כֵּן־ I. adv. des Vergleichs: *so, also* Gen. 1, 7. 29, 26. 44, 10; *ebenfalls* 1 Sam. 23, 17; *wie* Richt. 5, 15; *in dieser Weise* Jer. 14, 10. Ps. 127, 2. Hiob 9, 35; *so gross* Ex. 10, 14; *sofort, sogleich* 1 Sam. 9, 13. Zach. 11, 11. Ps. 48, 6; entsprechend dem vorhergehenden כַּאֲשֶׁר oder כְּ *je mehr — desto mehr* Ex. 1, 12. Hos. 4, 7. — Zusammensetzungen: a) אַחַר כֵּן Lev. 14, 36 oder אַחֲרֵי־כֵן Gen. 15, 14 oder מֵאַחֲרֵי כֵן 2 Sam. 3, 28 *nachher, hierauf.* b) בְּכֵן *so, in dieser Weise* Koh. 8, 10. Est. 4, 16. c) לָכֵן *wahrlich* Gen. 4, 15. 30, 15; *darum* Ex. 6, 6; *jedoch, nichts desto weniger* Jes. 7, 14. 10, 24. Jer. 5, 2. d) עַל־כֵּן *daher, desshalb* Gen. 2, 24. Jes. 5, 25; zuweilen auch *weil* Ps. 42, 7. 45, 3; daher כִּי עַל־כֵּן *darum weil, da doch* Gen. 18, 5. 19, 8. 33, 10. 38, 26. Num. 10, 31. 14, 43. 2 Sam. 18, 20 (Kri). Jer. 29, 28. 38, 4. e) עַד־כֵּן *bis dahin* (v. d. Zeit) Neh. 2, 16.

כֵּן II. (eigentl. part. v. כּוּן) adverb. *recht, wahr* Ex. 10, 29. Num. 27, 7. 36, 5. 2 Kön. 7, 9. Ezech. 33, 10. Koh. 8, 10; *gewiss! ja!* Jos. 2, 4. Esra 10, 12. לֹא־כֵן subst. *das Unrecht, das Unrichtige* Jes. 16, 6. Jer. 8, 6. 23, 10. 48, 30. Spr. 15, 7; pl. כֵּנִים adj. *redlich* Gen. 42, 11. 19. 31. 33. 34.

כֵּן III. m. suff. כַּנִּי 1) *Untersatz, Gestell* Ex. 30, 18. 38, 8. Lev. 8, 11. Jes. 33, 23. Dan. 11, 38. מַעֲשֵׂה כֵן *nach Art eines Gestelles* 1 Kön. 7, 31. 2) *Amt, Stelle* Gen. 40, 13. 41, 13. עַל כַּנּוֹ *an seiner Stelle, statt seiner* Dan. 11, 20. 21, wofür bloss כַּנּוֹ Dan. 11, 7.

כֵּן IV. m. pl. כִּנִּים *Mücke,* n. A. *Laus* Ex. 8, 12. Jes. 51, 6. Ps. 105, 31 (vgl. כִּנָּם).

כֵּן aram. *so, also* Dan. 2, 24. 25. Esra 5, 3.

*[כָּנָה] Piel fut. יְכַנֶּה, 1 sg. אֲכַנֶּה, suff. אֲכַנְּךָ *mit einem Ehrennamen benennen* Jes. 44, 5. 45, 4; *schmeicheln* Hiob 32, 22; mit אֶל Hiob 32, 21.

כַּנָּה f. *Setzling, Sprössling* Ps. 80, 16.

כַּנֵּה n. pr. Stadt oder Landschaft Ezech. 27, 23.

כִּנּוֹר s. כְּנֶת.

כִּנּוֹר m. suff. כִּנֹּרִי, pl. כִּנֹּרוֹת, suff. כִּנּוֹרֶיךָ, כִּנּוֹרוֹתֵינוּ *Cither* Gen. 4, 21. 2 Sam. 6, 5. Jes. 30, 32. Ezech. 26, 13. Ps. 137, 2.

כָּנְיָהוּ s. יְהוֹיָכִין.

כִּנָּם f. coll. = כִּנִּים von כֵּן IV *Ungeziefer* Ex. 8, 13. 14.

כְּנֵמָא aram. *so, auf diese Weise* Esra 4, 8.

כְּנָנִי (= כְּנַנְיָה) n. pr. m. Neh. 9, 4.

כְּנַנְיָה—כְּנַנְיָהוּ—כּוֹנַנְיָהוּ (כּוֹנַנְיָהוּ) (*Gott stützt*) n. pr. mehrer Leviten 1 Chr. 15, 22. 27. 26, 29. 2 Chr. 31, 12. 13. 35, 9.

*כָּנַס inf. u. imp. כְּנוֹס *sammeln* Ps. 33, 7. Koh. 2, 8. 26. 3, 5. Neh. 12, 44; *versammeln* Est. 4, 16. 1 Chr. 22, 2.

Piel pf. כִּנַּסְתִּי *versammeln* Ezech. 22, 21. 39, 28. Ps. 147, 2.

Hitp. inf. הִתְכַּנֵּס *sich hineinstecken* (unter eine Decke) Jes. 28, 20.

*[כָּנַע] Nifal pf. נִכְנַע, fut. יִכָּנַע, inf. הִכָּנַע *gedemüthigt werden* Richt. 8, 28. 11, 33. Ps. 106, 42; *sich demüthigen* Lev. 26, 41. 2 Chr. 33, 23.

Hifil pf. הִכְנִיעַ, 1 sg. הִכְנַעְתִּי, fut. וַיַּכְנַע, suff. יַכְנִיעֵם, imp. suff. הַכְנִיעֵהוּ *niederwerfen, demüthigen* Deut. 9, 3. Richt. 4, 23. Hiob 40, 12. 1 Chr. 17, 10. 2 Chr. 28, 19.

[כִּנְעָה] f. suff. כִּנְעָתֵךְ *Bündel* Jer. 10, 17.

כְּנַעַן ps. כְּנָעַן n. pr. 1) Sohn des Cham Gen. 9, 18. 10, 6. 2) Land *Kanaan,* im engeren Sinne *Phönizien* Jes. 13, 11 oder auch *Philistäa* Zef. 2, 5: im weiteren u. gewöhnl. Sinne der ganze Küstenstrich von der Grenze Sidon's bis nach Gaza Gen. 10, 19, besonders im Gegensatz zu den ostjordanischen Landschaften Num. 33, 51. 3) *Kanaaniter* (*Phönizier*) im Sinne v. *Kaufmann* Hos. 12, 8; pl. כְּנַעֲנִים Hiob 40, 30; suff. כְּנַעֲנֶיהָ Jes. 23, 8. — N. gent כְּנַעֲנִי, f. כְּנַעֲנִיה a) *Kanaaniter* im weiteren u. engeren Sinne Gen. 10, 19 ff. 24, 3. Num. 13, 29. 2) *Kaufmann* Zach. 14, 21. Spr. 31, 24.

כְּנַעֲנָה n. pr. m. 1 Chr. 7, 10. — 1 Kön. 22, 11. 2 Chr. 18, 10.

כְּנַעֲנִי s. כְּנַעַן.

[כָּנַף] Nifal *sich verhüllen* Jes. 30, 20.

כָּנָף f. cs. כְּנַף, suff. כְּנָפִי, pl. cs. כַּנְפוֹת, dual. כְּנָפַיִם, cs. כַּנְפֵי, suff. כְּנָפֶיךָ, כַּנְפֵיהֶם 1) *Flügel* Ex. 19, 4. 25, 20. Lev. 1, 17. 1 Kön. 6, 27. Ezech. 1, 8; adj. בַּעַל כָּנָף Spr. 1, 17 und בַּעַל כְּנָפַיִם Koh. 10, 20 *geflügelt.* עוֹף כָּנָף Gen. 1, 21 od. צִפּוֹר כָּנָף od. כָּנָף allein *Geflügel, Vögel* Gen. 7, 14. Jes. 10, 14: *Schatten der Flügel* ist Bild des Schutzes Ps. 17, 8. 36, 8. 2) *Zipfel, Ecke* eines Kleides Num. 15, 38. Deut. 22, 12. 1 Sam. 15, 27. Jer. 2, 34; *Zipfel* der Bettdecke: daher לֹא יְגַלֶּה כְּנַף אָבִיו *er soll nicht aufdecken den Zipfel seines Vaters = des Vaters Ehebett nicht entweihen* Deut. 23, 1; daher überhaupt auf eheliche Gemeinschaft angewendet Rut 3, 9. 3) *Grenze, Ende, Saum.* כְּנַף הָאָרֶץ *das Ende* (entfernteste Theil) *der Erde* Jes. 24, 16; häufig כַּנְפוֹת הָאָרֶץ *die Enden der Erde* Jes. 11, 12. Ezech. 7, 2. Hiob 37, 3. 38, 13. 4) *Dach, Zinne.* כְּנַף שִׁקּוּצִים *Greuelzinne*, für den durch heidnische Bilder entweihten Tempel Dan. 9, 27.

כִּנֶּרֶת — כִּנְּרוֹת — כִּנֶּרֶה n. pr. Stadt und Landschaft in Naftali (später *Genezareth*) Deut. 3, 17. Jos. 11, 2. 1 Kön. 15, 20 am galiläischen See, welcher danach יָם־כִּנֶּרֶה Num. 34, 11 heisst.

כְּנַשׁ aram. inf. מִכְנַשׁ *versammeln* Dan. 3, 2.

Itpael part. pl. מִתְכַּנְּשִׁין *sich versammeln* Dan. 3, 3. 27.

[כְּנָת] f. pl. suff. כְּנָוֺתָו *Genosse* Esra 4, 7.

[כְּנָת] aram. f. pl. suff. כְּנָוָתְהוֹן, כְּנָוָתֵהּ *Genosse* Esra 4, 9. 5, 6. 6, 6.

כֵּס m. Ex. 17, 16 = כִּסֵּא *Thron.*

כֶּסֶה — כֶּסֶא *Bedeckung, Neumond* Spr. 7, 20. Ps. 81, 4.

כִּסֵּא m. suff. כִּסְאִי, כִּסְאֲךָ (ps. כִּסְאֶךָ), pl. כִּסְאוֹת, suff. כִּסְאוֹתָם *Sessel* 1 Kön. 2, 19; der Platz desselben war dem Range entsprechend 2 Kön. 25, 28. Est. 3, 1; gewöhnl. *Thron* Deut. 17, 18. Jes. 14, 9. Ps. 122, 5.

[כַּסְדַּי] aram. emph. כַּסְדָּאָה (כַּסְדָּיָא) *Chaldäer* Esra 5, 12 = כַּשְׂדִּי s. d.

כָּסָה* part. כֹּסֶה, part. II cs. כְּסוּי *bedecken, verhüllen* Ps. 32, 1. Spr. 12, 16. 23.

Nifal pf. f. ps. נִכְסָתָה, inf. הִכָּסוֹת *zugedeckt werden* Jer. 51, 42. Ezech. 24, 8.

Piel כִּסָּה, suff. כִּסָּהוּ, כִּסָּמוֹ, f. כִּסְּתָה, suff. כִּסָּתְנוּ, 2 sg. כִּסִּיתָ, suff. כִּסִּיתוֹ, 1 sg. כִּסִּיתִי — כִּסֵּתִי — כִּסֵּיתִי, suff. כִּסִּיתִיךָ, 3 pl. כִּסּוּ; fut. יְכַסֶּה — וַיְכַס, suff. יְכַסֵּהוּ — יְכַסֶּנּוּ, יְכַסֵּמוֹ, 2 sg. תְּכַסֶּה — תְּכַס, 3 pl. suff. יְכַסְיֻמוּ — יְכַסּוּהוּ, inf. כַּסּוֹת, imp. suff. כַּסּוּנוּ *bedecken* a) mit acc. der bedeckten Sache Gen. 38, 15. Ex. 15, 10. Ps. 44, 16; part. מְכַסֶּה *Decke* Jes. 14, 11 (sing.). Ezech. 27, 7; *Fettdecke* (auf den Eingeweiden) Lev. 9, 19; ferner; *zudecken* Ex. 21, 33; *verhüllen* Hiob 9, 24. 23, 17; *verheimlichen* Gen. 37, 26. Hiob 16, 18; *vor Jemand* mit מִן Gen. 18, 17; *verschweigen, geheim halten* Ps. 40, 11. Spr. 11, 13. 17, 9; die bedeckte Sache mit לְ Jes. 11, 9. Ezech. 1, 23; mit עַל Lev. 4, 8. Num. 16, 33. Hab. 2, 14. Ps. 106, 17. Spr. 10, 12. Hiob 21, 26. Neh. 3, 37; *schonen* mit עַל Deut. 13, 9. Die Sache, *womit* man bedeckt, steht ausserdem im accusativ Ezech. 16, 10. 18, 16. Mal. 2, 13, meistens aber mit בְּ Lev. 17, 13. Num. 4, 5. Richt. 4, 18. 1 Kön. 1, 1. Jes. 51, 16. Ps. 147, 8. Hiob 15, 27. Die bedeckte Sache wird auch (wenn sie den Körper bezeichnet) ausgelassen und die Bedeckung mit בְּ ausgedrückt, so dass man übersetzt: *sich bedecken mit etwas* Gen. 38, 14. Deut. 22, 12 oder mit acc. Jona 3, 6. וַתְּכַסִּים *und du bedecktest dich damit* Ezech. 16, 18. b) *über etwas decken, breiten = mit etwas zudecken.* תְּהוֹם כַּלְּבוּשׁ כִּסִּיתוֹ *die Fluth, — wie ein Gewand breitetest du sie* (*darüber*) Ps. 104, 6; gewöhnl. mit acc. der Decke und עַל der bedeckten Sache Ezech. 24, 7. 31, 15. Mal. 2, 16. Hiob 36, 32; mit בְּ der Decke Ps. 44, 20; c) *sich Jemandem anvertrauen* mit אֶל Ps. 143, 9.

Pual pf. 3 pl. כֻּסּוּ, fut. יְכֻסֶּה, part. מְכֻסִּים, מְכֻסּוֹת *bedeckt werden* Gen. 7, 19. 20. Ezech. 41, 16; mit בְּ Koh. 6, 4. 1 Chr. 21, 16; mit acc. כָּסּוּ הָרִים צִלָּהּ *Berge wurden überdeckt von ihrem Schatten* Ps. 80, 11; ähnlich Spr. 24, 31.

Hitpael fut. וַיִּתְכַּס, 3 f. ps. וַתִּתְכָּס, pl. יִתְכַּסּוּ *sich bedecken* Gen. 24, 65; mit בְּ 1 Kön. 11, 29. 2 Kön. 19, 1. Jes. 37, 1. 2. 59, 6; mit accus. Jona 3, 8.

כֶּסֶה s. כֶּסֶא.

כִּסֵּה (= כִּסֵּא) m. *Thron* 1 Kön. 10, 19. Hiob 26, 9.

כָּסוּי m. *Decke* Num. 4, 6. 14.

כְּסוּת f. suff. כְּסוּתֹה, כְּסוּתְךָ *Decke, Kleid* Ex. 22, 26. Deut. 22, 12. Hiob 26, 6. 31, 19; *Bekleidung* Ex. 31, 10. כְּסוּת עֵינַיִם *Begütigung, Beschwichtigung* Gen. 20, 16.

כָּסַח* part. f. כְּסוּחָה, pl. כְּסוּחִים *abschneiden* Jes. 33, 12. Ps. 80, 17.

כְּסִיל m. pl. כְּסִילִים, suff. כְּסִילֵיהֶם 1) *Thor*

Ps. 49, 11. Spr. 17, 10; häufig mit dem Nebenbegriff der Sündhaftigkeit Spr. 13, 19. 19, 1. 2) das Sternbild *Orion* (*Riese*) Amos 5, 8. Hiob 9, 9. 38, 31; für *grosse Sternbilder* überhaupt Jes. 13, 10. 3) Ort in Juda Jos. 15, 30.

כְּסִילוּת f. *Thorheit* Spr. 9, 13.

*__כָּסַל__ f. pl. ps. יִכְסָלוּ *thöricht handeln* Jer. 10, 8.

כֶּסֶל m. ps. כָּסֶל, suff. כִּסְלִי, pl. כְּסָלִים, suff. כְּסָלַי 1) *Lende* Lev. 3, 4. 4, 9. 7, 4. Ps. 38, 8. Hiob 15, 27. 2) *Festigkeit, Vertrauen* Ps. 78, 7. Spr. 3, 26. Hiob 8, 14; 3) *Verstocktheit, Thorheit* Ps. 49, 14. Koh. 7, 25.

כִּסְלָה f. suff. כִּסְלָתֶךָ 1) *Vertrauen* Hiob 4, 6. 2) *Thorheit* Ps. 85, 9.

כִּסְלֵו m. der neunte Monat (November—December) Zach. 7, 1. Neh. 1, 1.

כְּסָלוֹן n. pr. Stadt in Juda Jos. 15, 10.

כִּסְלוֹן (*Starker*) n. pr. m. Num. 34, 21.

כְּסֻלּוֹת n. pr. (mit Artikel) Stadt in Isachar Jos. 19, 18.

כִּסְלֹת־תָּבֹר n. pr. Stadt am Berge Tabor, in Sebulon Jos. 19, 12; auch bloss תָּבוֹר Jos. 19, 22. 1 Chr. 6, 62.

כַּסְלֻחִים n. pr. eines Volksstammes Gen. 10, 14. 1 Chr. 1, 12 — wie man glaubt — *Kolchier*.

*__כָּסַם__ fut. יִכְסְמוּ *abscheeren* Ezech. 44, 20.

כֻּסֶּמֶת f. pl. כֻּסְּמִים *Dinkel, Spelt* Ex. 9, 32. Jes. 28, 25. Ezech. 4, 9.

*__כָּסַס__ fut. 2 pl. תָּכֹסּוּ *zählen, rechnen* Ex. 12, 4.

*__כָּסַף__ fut. יִכְסוֹף *nach etwas verlangen*, mit לְ Ps. 17, 12. Hiob 14, 15.

Nifal pf. 3 f. נִכְסְפָה, 2 sg. נִכְסַפְתָּה, inf. abs. נִכְסֹף, part. נִכְסָף 1) *sich sehnen nach etwas* mit לְ Gen. 31, 30. Ps. 84, 3. 2) *erblassen, sich schämen* Zef. 2, 1.

כֶּסֶף m. ps. כָּסֶף, suff. כַּסְפִּי, כַּסְפָּם, pl. suff. כַּסְפֵּיהֶם 1) *Silber* Gen. 24, 35; adject. כְּלֵי כֶסֶף *silberne Geräthe* Gen. 24, 53. אֱלִילֵי כַסְפּוֹ *seine silbernen Götzen* Jes. 2, 20. 2) *Geld* Gen. 42, 28. 47, 16; pl. *Geldstücke* Gen. 42, 35.

כְּסַף aram. m. emph. כַּסְפָּא 1) *Silber* Dan. 2, 32. 35. 2) *Geld* Esra 7, 17.

כָּסִפְיָא n. pr. eines Ortes Esra 8, 17.

[כֶּסֶת] f. pl. כְּסָתוֹת, suff. כִּסְּתוֹתֵיכֶנָה *Kissen* Ezech. 13, 18. 20.

כְּעַן aram. adv. *nun, jetzt* Dan. 2, 23. 4, 34. עַד כְּעַן *bis jetzt* Esra 5, 16.

כְּעֶנֶת aram. adv. *nun, doch*; immer in der Form וּכְעֶנֶת *und so weiter* Esra 4, 10. 7, 12; zusammengez. וּכְעֶת Esra 4, 17.

*__כָּעַס__ fut. יִכְעַס, inf. כְּעוֹס *zornig sein, zürnen* Ezech. 16, 42. Ps. 112, 10. Koh. 7, 9; mit אֶל 2 Chr. 16, 10; *ärgerlich sein* Neh. 3, 33.

Piel pf. 3 sg. f. suff. כִּעֲסַתָּה, 3 pl. suff. כִּעֲסוּנִי *erzürnen, kränken* Deut. 32, 21. 1 Sam. 1, 6.

Hifil pf. הִכְעִיס, fut. 3 pl. suff. יַכְעִיסֻהוּ, inf. לְהַכְעִים *erzürnen, kränken* Deut. 32, 16. 1 Kön. 16, 13. Hos. 12, 15.

כַּעַס m. (ps. כָּעַס), suff. כַּעְסִי, כַּעַסְךָ, כַּעְסוֹ—כַּעְסוֹ, pl. כְּעָסִים 1) *Kränkung* 1 Sam. 1, 6. 1 Kön. 15, 30. 21, 22. 2 Kön. 23, 26. כַּעַס בָּנָיו *Kränkung von seinen Söhnen* Deut. 32, 19. כַּעַס קָרְבָּנָם *ihr kränkendes Opfer* Ezech. 20, 28. 2) *Verdruss* Spr. 12, 16. כַּעַס כְּסִיל *Verdruss* (den man) *vom Thoren* (hat) Spr. 27, 3; *Gram* 1 Sam. 1, 16. Ps. 31, 10. Spr. 17, 25. Koh. 1, 18. 2, 23. 11, 10; *Betrübniss* Koh. 7, 3. 3) *Zorn* Ps. 85, 5. Koh. 7, 9; adj. *zornig* Spr. 21, 19.

כַּעַשׂ m. ps. כָּעַשׂ, suff. כַּעְשִׂי, כַּעַשְׂךָ *Gram* Hiob 6, 2. 17, 7; *Aerger* Hiob 5, 2; *Zorn* Hiob 10, 17.

כְּעֶת s. כְּעֶנֶת.

כַּף f. suff. כַּפִּי, כַּפְּךָ—כַּפֶּכָה, dualis כַּפַּיִם, cs. כַּפֵּי, suff. כַּפַּי, כַּפֵּיהֶם, כַּפֵּימוֹ, pl. כַּפּוֹת, suff. כַּפֹּתָיו *die krumm gebogene, hohle Hand*; כַּף wird meist statt יָד gebraucht, wenn die Thätigkeit oder der Gebrauch der Handfläche in Anwendung kommt oder dieselbe sichtbar wird Ex. 29, 24. 2 Kön. 18, 21. Spr. 31, 20. Hiob 27, 23; dann auch für die *Sohle* des Fusses Deut. 2, 5. Ezech. 1, 7; eben so bei Thieren: *Tatze* Lev. 11, 27. Uebertragen auf mehre der hohlen Hand ähnliche Dinge heisst כַּף a) כַּף הַיָּרֵךְ *die Hüftpfanne* Gen. 32, 33. b) כַּף הַקֶּלַע *die Höhlung an der Schleuder* 1 Sam. 25, 29. c) *Schale* Ex. 37, 16. Num. 7, 14. d) *Handgriff* (des Riegels) Hohel. 5, 5. e) כַּפֹּת תְּמָרִים *Palmzweige* Lev. 23, 40.

[כֵּף] m. pl. כֵּפִים *Fels, Kuppe* Jer. 4, 29. Hiob 30, 6.

*__כָּפָה__ fut. יִכְפֶּה *beugen*, (den Zorn) *besänftigen* Spr. 21, 14.

כִּפָּה f. suff. כִּפָּתוֹ *Palmzweig* Jes. 9, 13. 19, 15. Hiob 15, 32 (vgl. אַגְמוֹן).

כְּפִיר · כְּפֹר · כְּפֹר m. pl. cs. כְּפוֹרֵי 1) *Reif* Ex. 16, 14. Ps. 147, 16. Hiob 38, 29. 2) *Becher* Esra 1, 10. 1 Chr. 28, 17.

כָּפִים m. *Balken, Sparren* Hab. 2, 11.

כְּפִיר m. pl. כְּפִירִים, suff. כְּפִירַיִךְ 1) *junger Löwe* Nah. 2, 14. Ps. 34, 11; verbunden mit אֲרָיוֹת Richt. 14, 5. 2) *Dorf* (s. כָּפָר) Ezech. 38, 13. Neh. 6, 2.

כְּפִירָה n. pr. (mit dem Art.) Stadt in Benjamin, früher den Chiwi (Gibeoniten) gehörig Jos. 9, 17. 18, 26. Esra 2, 25. Neh. 7, 29.

*כָּפַל *zusammenlegen, doppelt legen* Ex. 26, 9; part. II. כָּפוּל *gedoppelt* Ex. 28, 16. 39, 9.

Nifal fut. 3 f. תִּכָּפֵל *sich wiederholen* Ezech. 21, 19.

כֶּפֶל m. dual. כִּפְלַיִם *das Doppelte* Jes. 40, 2. Hiob 11, 6. כֶּפֶל רִסְנוֹ *die Doppelreihe seines Gebisses* Hiob 41, 5.

כָּפַן *niederbeugen* Ezech. 17, 7.

כָּפָן m. *Hunger* Hiob 5, 22. 30, 3.

*כָּפַף inf. כֹּף *beugen, niederdrücken* Jes. 58, 5. Ps. 57, 7. 145, 14. 146, 8.

Nifal fut. אִכַּף *sich beugen, verehren* mit ל Micha 6, 6.

*כָּפַר *bedecken, überziehen* Gen. 6, 14.

Piel כִּפֶּר, fut. יְכַפֵּר, inf. suff. כַּפְּרָהּ *bedecken, zudecken* aber nur bildl.: 1) *die Sünde bedecken*, d. h. *verzeihen* mit accus. d. Sache Ps. 65, 4. 78, 38. Dan. 9, 24; mit עַל Jer. 18, 23. Ps. 79, 9; mit בְּעַד (u. Auslassung des Obj.) 2 Chr. 30, 18; mit ל der Pers. Deut. 21, 8. Ezech. 16, 63; in anderer Weise: *ich will sein Gesicht bedecken = ihn freundlich stimmen* Gen. 32, 21. 2) *Verzeihung bewirken, sühnen* mit בְּעַד Ex. 32, 30. Lev. 16, 17. 24; überhaupt in der Opfersprache: *das vorgeschriebene Sühnritual vollziehen, sühnen*, gewöhnl. mit עַל der zu sühnenden Person oder Sache Ex. 30, 10. Lev. 4, 20. 12, 7. 14, 53. 16, 18; mit מִן der Sünde oder Unreinheit Lev. 16, 16; überhpt. *reinigen, entsündigen* mit acc. Lev. 16, 33. Ezech. 43, 20. 45, 20; selten mit בְּ Lev. 17, 11: in weiterer Uebertragung: *Es wird ein Unheil über dich fallen* לֹא תוּכְלִי כַּפְּרָהּ *dem du durch keine Sühne entgehen kannst* Jes. 47, 11.

Pual *bedeckt* d. h. a) *verziehen werden* Jes. 6, 7. 22, 14. 27, 9. Spr. 16, 6. b) *gesühnt werden*. אֲשֶׁר כֻּפַּר בָּהֶם *diejenigen, für die das Sühnopfer gebracht worden* Ex. 29, 33. וְלָאָרֶץ לֹא יְכֻפַּר לַדָּם *das Land erhält keine Sühne für das Blut* Num. 35, 33.

Hitp. יִתְכַּפֵּר 1 Sam. 3, 14 u. Nitpael נִכַּפֵּר Deut. 21, 8 *gesühnt werden.*

[כָּפָר] m. pl. כְּפָרִים *Dorf* Hohel. 7, 12. 1 Chr. 27, 25; כְּפַר הָעַמּוֹנִי (הָעַמֹּנָה) Ort in Benjamin Jos. 18, 24.

כֹּפֶר m. suff. כָּפְרוֹ, pl. כְּפָרִים 1) *Sühngeld, Lösegeld* Ex. 21, 30. 30, 12. Num. 35, 31. 1 Sam. 12, 3. כָּפְרְךָ (als) *Lösegeld für dich* Jes. 43, 3. 2) *Pech* Gen. 6, 14. 3) *Cyperblume* (mit traubenförmigen Büscheln) Hohel. 1, 14. 4, 13. 4) *Dorf* 1 Sam. 6, 18.

כְּפֹר s. כְּפוֹר.

[כִּפֻּר] pl. כִּפֻּרִים *Sühnung, Entsündigung* Ex. 29, 36. 30, 16. חַטַּאת הַכִּפֻּרִים *Entsündigungsopfer* Ex. 30, 10. יוֹם הַכִּפֻּרִים *Versöhnungstag* Lev. 23, 27. 25, 9.

כַּפֹּרֶת f. *Deckel* (auf der Bundeslade) Ex. 25, 17. Lev. 16, 2. Num. 7, 89. בֵּית הַכַּפֹּרֶת *das Allerheiligste* 1 Chr. 28, 11.

[כָּפַשׁ] Hifil pf. suff. הִכְפִּישַׁנִי *niederdrücken* Klagel. 3, 16.

*כְּפַת aram. pf. 3 pl. כְּפִתוּ *binden* Dan. 3, 21.

Pael inf. כַּפָּתָה *binden* Dan. 3, 20; part. pl. מְכַפְּתִין *gebunden* Dan. 23, 24.

כַּפְתֹּר (כַּפְתּוֹר Amos 9, 1) pl. suff. כַּפְתֹּרֶיהָ, כַּפְתֹּרֵיהֶם 1) *knopf- oder kugelförmige Verzierung* des goldenen Leuchters Ex. 25, 31; *Kapitäl* oder *Knauf* an der Säule Amos 9, 1. Zef. 2, 14. 2) n. pr. Insel *Kreta*, aus welcher die Philister stammten Jes. 47, 4. Amos 9, 7; n. gent. כַּפְתֹּרִים Gen. 10, 14. Deut. 2, 23. 1 Chr. 1, 12 (vgl. כְּרֵתִי).

כַּר m. pl. כָּרִים 1) *Schaf*, besonders das fette, gemästete Deut. 32, 14. 1 Sam. 15, 9. 2 Kön. 3, 4. Jes. 34, 6. Ps. 37, 20; auch wohl *Widder* Ps. 65, 14; *Sturmbock*, als Belagerungswerkzeug Ezech. 4, 2. 21, 27. 3) *Weideplatz* Jes. 30, 23. 4) *Sattel* (beim Kameel mit angehängtem Tragekorb) Gen. 31, 34.

כֹּר m. pl. כֹּרִים *Mass* für Getreide, Mehl- und Oel = Chomer oder 10 Efa od. Bat 1 Kön. 5, 2. 25. Ezech. 45, 14. 2 Chr. 2, 9. 27, 5; aram. pl. כּוֹרִין Esra 7, 22.

[כְּרָא] aram. Itp. pf. 3 sg. f. אֶתְכְּרִיַּת (vom Schmerz) *durchbohrt, betrübt sein* Dan. 7, 15

כְּרָב s. כְּרוּב.

[כִּרְבֵּל] part. Pual מְכֻרְבָּל bekleidet 1 Chr. 15, 27.

[כַּרְבְּלָא] aram. pl. suff. כַּרְבְּלָתְהוֹן *Oberkleid, Mantel* Dan. 3, 21.

כָּרָה* pf. 1 sg. כָּרִיתִי pl. suff. כָּרוּהָ, fut. יִכְרֶה 1 sg. suff. אֶכְרֶהָ 1) *graben, aushöhlen* Gen. 26, 25. 50, 5. Ex. 21, 33. Num. 21, 18. Jer. 18, 20. 22. Ps. 7, 16. 57, 7. 119, 85. Spr. 26, 27. 2 Chr. 16, 14. כֹּרֶה רָעָה *er gräbt* (eine Grube zum) *Unheil* Spr. 16, 27; bildl. *öffnen* Ps. 40, 7. 2) *kaufen* Deut. 2, 6. Hos. 3, 2; *einen Handel schliessen* Hiob 6, 27. 40, 30. 3) *ein Mahl veranstalten* 2 Kön. 6, 23.

Nifal fut. יִכָּרֶה *gegraben werden* Ps. 94, 13.

כֵּרָה f. pl. cs. כְּרֹת 1) *Grube, Cisterne* Zef. 2, 6. 2) *Mahlzeit* 2 Kön. 6, 23.

כְּרוּב m. pl. כְּרֻבִים—כְּרוּבִים *Cherub* (*Greif*), geflügelte Wesen, die als Hüter des Paradieses Gen. 3, 24 u. als Träger des göttlichen Thronwagens gedacht (Ezech. c. 1 und 10), deren Figuren auf dem Deckel der heiligen Lade in Gold angebracht Ex. 25, 19 u. in die Teppiche eingewebt waren Ex. 26, 1; daher wird Gott poëtisch יוֹשֵׁב כְּרֻבִים *der über den Cheruben thront* 1 Sam. 4, 4. Ps. 99, 1 genannt; vgl. Ps. 18, 11. So wird in übertrag. Bedeutung der König von Tyrus ein *gesalbter, schirmender Cherub* genannt Ezech. 28, 14. 16.

כָּרוֹז aram. m. emph. כָּרוֹזָא *Ausrufer, Herold* Dan. 3, 4.

[כְּרַז] aram. Afel pf. 3 pl. הַכְרִזוּ *öffentlich ausrufen* Dan. 5, 29.

כָּרִי n. pr. 2 Sam. 20, 23 Ktib. 2 Kön. 11, 4. 19; wahrscheinl. *Karier,* welche einen Theil der Leibwache bei den israelitischen Königen bildeten.

כְּרִית (*Trennung*) n. pr. eines Baches 1 Kön. 17, 3. 5.

כְּרִיתֻת—כְּרִיתוּת f. pl. suff. כְּרִיתֻתֶיהָ nur verb. mit סֵפֶר *Scheidebrief* Deut. 24, 1. Jes. 50, 1. Jer. 3, 8.

כַּרְכֹּב m. suff. כַּרְכֻּבּוֹ *Rand, Einfassung* Ex. 27, 5. 38, 4.

כַּרְכֹּם m. *Curcuma, Safran* Hohel. 4, 14.

כַּרְכְּמִישׁ n. pr. *Circesium,* Stadt in Mesopotamien, am Einfluss des Chaboras in den Eufrat Jes. 10, 9. Jer. 46, 2. 2 Chr. 35, 20.

כַּרְכַּס n. pr. m. Est. 1, 10.

[כִּרְכָּרָה] f. pl. כִּרְכָּרוֹת *Dromedar* Jes. 66, 20.

כֶּרֶם m. (Jes. 27, 2. 3 f.) suff. כַּרְמִי, pl. כְּרָמִים, cs. כַּרְמֵי 1) *Pflanzung, Garten* Ex. 22, 4. 1 Sam. 22, 7. כֶּרֶם זַיִת *Olivenpflanzung* Richt. 15, 5. 2) besonders *Weinpflanzung, Weinberg* Lev. 19, 10. 25, 4. Deut. 24, 21. Jes. 5, 1. — בֵּית הַכֶּרֶם Ort in Juda Jer. 6, 1. Neh. 3, 14.

כֹּרֵם m. (denom von כֶּרֶם) *Winzer* Jes. 61, 5. Joel 1, 11.

כַּרְמִי (*Winzer*) n. pr. 1) Sohn des Ruben Gen. 46, 9. Ex. 6, 14. Num. 26, 6. 1 Chr. 5, 3. 2) Jos. 7, 1. 1 Chr. 2, 7.

כַּרְמִיל m. *Carmin, Scharlachfarbe* 2 Chr. 2, 6. 13. 3, 14.

כַּרְמֶל m. suff. כַּרְמִלּוֹ 1) *Fruchtland, Gartenland* im Gegensatz zum מִדְבָּר Jer. 2, 7 wie zum לְבָנוֹן und יַעַר Jes. 29, 17. 32, 15. יַעַר כַּרְמִלּוֹ *dichter Gartenwald* (*Cedernwald*) des Libanon 2 Kön. 19, 23. 2) *Gartenfrüchte, frühzeitige Getreide- und Gemüsearten* גֶּרֶשׂ כַּרְמֶל *Grütze von Gartenkorn* Lev. 2, 14. 23, 14. 3) n. pr. a) *Karmel,* das bekannte Vorgebirge am mittelländischen Meer, südlich vom Meerbusen von Akko, mit He loc. כַּרְמֶלָה 1 Sam. 25, 5; oft mit dem Artikel Amos 1, 3; vollständig הַר הַכַּרְמֶל Jos. 19, 26. 1 Kön. 18, 19. b) Stadt in Juda Jos. 15, 55. 1 Sam. 15, 12. 25, 5; n. gent. כַּרְמְלִי 1 Sam. 30, 5. כַּרְמְלִית 1 Sam. 27, 3.

כְּרָן n. pr. m. Gen. 36, 26. 1 Chr. 1, 41.

כָּרְסֵא aram. f. suff. כָּרְסְיֵהּ, pl. כָּרְסָוָן *Thron* Dan. 5, 20. 7, 9.

כִּרְסֵם fut. suff. יְכַרְסְמֶנָּה *verwüsten, zerwühlen* Ps. 80, 14.

כָּרַע* fut. יִכְרַע, 1 sg. אֶכְרְעָה, 3 pl. f. תִּכְרַעְנָה (*das Kniee*) *beugen,* häufig mit עַל בִּרְכָּיו Richt. 7, 6. 1 Kön. 8, 54. 2 Kön. 1, 13; überhpt. *sich niederbeugen, bücken* Est. 3, 5. Jes. 45, 23; *sich winden, krümmen* 1 Sam. 4, 19. 2 Kön. 9, 24. Hiob 39, 3; vom Beischlaf Hiob 31, 10. בִּרְכַּיִם כֹּרְעוֹת *schlotternde Kniee* Hiob 4, 4.

Hif. pf. הִכְרִיעַ, 2 sg. f. suff. הִכְרַעְתַּנִי, inf. הַכְרֵעַ *niederbeugen* a) *unterwerfen* 2 Sam. 22, 40. Ps. 78, 31. b) *betrüben* Richt. 11, 35.

[כֶּרַע] f. nur du. כְּרָעַיִם, suff. כְּרָעָיו *Knie* Ex. 12, 9. Lev. 8, 21. Amos 3, 12; *Springfüsse* Lev. 11, 21.

כַּרְפַּס *Baumwolle, baumwollenes Zeug* Est. 1, 6.

***[כָּרַר]** Pilpel part. מְכַרְכֵּר *tanzen* 2 Sam. 6, 14. 16.

כָּרֵשׂ m. suff. כְּרֵשׂוֹ *Bauch* Jer. 51, 34.

כֹּרֶשׁ s. כּוֹרֶשׁ.

כַּרְשְׁנָא n. pr. eines persischen Grossen Est. 1, 14.

***כָּרַת** pf. 3 sg. suff. כְּרָתוֹ, 2 sg. ps. כָּרָתָּ, 1 sg. כָּרַתִּי, part. f. pl. כֹּרְתוֹת, fut. יִכְרֹת (— לִכְרָת Jes. 44, 14), inf. כְּרָת־ כָּרֹת, imp. כְּרָתָה—כְּרָת־ *abschneiden* Ex. 4, 25. Num. 13, 23. 1 Sam. 24, 6. Jes. 18, 5; *abhauen* 1 Sam. 17, 51. Jer. 10, 3; *zerschneiden* Jer. 34, 18; *umhauen* Deut. 20, 20. Richt. 6, 30. 2 Kön. 18, 4; *ausrotten* Jer. 11, 19. כָּרוּת und כְּרוּת שָׁפְכָה *Verschnittener* Lev. 22, 24. Deut. 23, 2. כֹּרֵת Jes. 14, 8 und כֹּרְתֵי עֵצִים 2 Chr. 2, 9 *Holzfäller*. 2) mit בְּרִית *einen Bund schliessen* (bei welchem Opferthiere zerschnitten wurden Jer. 34, 18) Gen. 21, 27; *mit* Jemand. meist durch עִם Ex. 24, 8 oder אֵת Gen. 15, 18 oder לְ Ex. 23, 32. 1 Sam. 11, 1. Ps. 89, 4. כֹּרְתֵי בְרִיתִי *die mit mir einen Bund schliessen* Ps. 50, 5; eben so כָּרַת אֲמָנָה *einen Vertrag schliessen* Neh. 10, 1.

Nifal pf. 2 sg. נִכְרַתָּ, fut. יִכָּרֵת *abgehauen werden* Hiob 14, 7; *gespalten werden* Jos. 4, 7; *hinweggenommen werden* Joel 1, 5. 16. Zach. 14, 2; *zu Grunde gehen* Gen. 9, 11. 41, 36. Rut 4, 10; *ausgerottet werden* mit dem häufigen Zusatz מִקֶּרֶב עַמּוֹ u. dergl. Lev. 20, 18. לֹא יִכָּרֵת מִכֶּם עֶבֶד *unter euch soll nicht aufhören ein Knecht*, d. h. *ihr sollt für immer Knechte sein* Jos. 9, 23.

Pual כֹּרַּת, fem. כֹּרְתָה *abgeschnitten, umgehauen werden* Richt. 6, 28. Ezech. 16, 4.

Hifil pf. 1 sg. הִכְרַתִּי (וְהִכְרַתִּי), fut. יַכְרֵת, אַכְרִית, inf. cs. הַכְרִית—הַכְרִיה *ausrotten, vernichten, fortschaffen* Lev. 17, 10. Jos. 23, 4. 1 Sam. 2, 33. 20, 15. Ps. 12, 4.

Hofal הָכְרַת *weggeschafft werden, aufhören* Joel 1, 9.

כְּרֻתוֹת f. pl. (in der Bautechnik) *zugeschnittene Balken* 1 Kön. 6, 36. 7, 12.

כְּרֵתִי n. pr. (n. gent. von כְּרֵת), pl. כְּרֵתִים Bewohner der Insel *Kreta* (vergl. auch כַּפְתֹּר), von wo die Philister eingewandert waren, daher gleichbedeutend mit Philister Ezech. 25, 16. Zef. 2, 5 und Philistäa 1 Sam. 3, 14. Aus Kretern und Philistern bestand die Leibwache des Königs David, הַכְּרֵתִי וְהַפְּלֵתִי 2 Sam. 8, 18. 15, 18. 20, 7. 23 (Kri). 1 Kön. 1, 38. 44. 1 Chr. 18, 17.

כֶּשֶׂב m. pl. כְּשָׂבִים *Schaf* (= כֶּבֶשׂ s. d.) Gen. 30, 40. Lev. 1, 10. 3, 7.

כִּשְׂבָּה f. *weibliches Schaf* (= כִּבְשָׂה s. d.) Lev. 5, 6.

כֶּשֶׂד n. pr. Sohn des Nachor Gen. 22, 22.

[כַּשְׂדִּי] n. pr. pl. כַּשְׂדִּים mit He loc. כַּשְׂדִּימָה Landschaft und Volksstamm in Mesopotamien, gewöhnlich *Chaldäa*, *Chaldäer* genannt; häufig mit Babylon identificirt und demnach im weiteren und engeren Sinne gebraucht 2 Kön. 25, 4. Jes. 23, 13. 43, 14. 48, 14. Ezech. 1, 3. Hiob 1, 17; wegen ihrer Beschäftigung mit der Astrologie ist כַּשְׂדִּי = *Astrolog* Dan. 2, 2. 4.

כַּשְׂדִּי (vgl. כַּסְדִּי), aram. emph. כַּשְׂדָּאָה—כַּשְׂדָיָא. pl. כַּשְׂדָּאִין, emph. כַּשְׂדָּאֵי—כַּשְׂדָיֵא 1) *Chaldäer*, Einwohner Babyloniens's Dan. 3, 8. 5, 30. 2) *Astrolog* Dan. 2, 5. 10. 4, 4. 5, 7. 11.

***כָּשָׂה** pf. 2 sg. כָּשִׂיתָ *fett werden* Deut. 32, 15.

כַּשִּׁיל m. *Axt, Beil* Ps. 74, 6.

***כָּשַׁל** fut. יִכְשׁוֹלוּ (Spr. 4, 16 Ktib) *wanken* Jes. 5, 27. 35, 3. Ps. 31, 11. 105, 37. Hiob 4, 4. Neh. 4, 4; meist *straucheln, stürzen* Jes. 59, 10. Ps. 27, 2; mit בְּ der Sache *über* die man stürzt Lev. 26, 37; meistens in moralischer Beziehung = *sich versündigen* Jes. 3, 8. 8, 15. Hos. 4, 5. 14, 2. Spr. 4, 16.

Nifal נִכְשַׁל, fut. יִכָּשֵׁל, inf. suff. בִּכָּשְׁלוֹ (= בְּהִכָּשְׁלוֹ) *zu Falle gebracht werden*, *stürzen* Spr. 4, 12. 24, 17. נִכְשָׁלִים *Wankende, Schwache* 1 Sam. 2, 4; auch oft im moralischem Sinne Hos. 5, 5. 14, 10. Dan. 11, 14. 35.

Piel fut. תְּכַשְּׁלִי *stürzen machen* Ezech. 36, 14 (Ktib).

Hifil fut. תַּכְשִׁלִי, fut. 3 pl. suff. יַכְשִׁלוּם *zu Falle bringen* 2 Chr. 25, 8; *schwächen* Klagel. 1, 14; *verführen, verlocken* Mal. 2, 8. Ps. 64, 9. Spr. 4, 16 (Kri).

Hofal part. pl. מֻכְשָׁלִים *zu Falle gebracht werden* Jer. 18, 23.

כִּשָּׁלוֹן m. *Sturz* Spr. 16, 18.

***[כָּשַׁף]** Piel כִּשֵּׁף, part. מְכַשֵּׁף. f. מְכַשֵּׁפָה

Zauberei treiben 2 Chr. 33, 6; part. *Zauberer, Zauberin* Ex. 7, 11. 22, 17. Deut. 18, 10. Mal. 3, 5. Dan. 2, 2.

[כֶּשֶׁף] m. pl. כְּשָׁפִים, suff. כְּשָׁפַיִךְ *Zauberkünste* 2 Kön. 9, 22. Jes. 47, 9. 12. Micha 5, 11. Nah. 3, 4.

[כַּשָּׁף] m. pl. suff. כַּשָּׁפֵיכֶם *Zauberer* Jer. 27, 9.

כָּשֵׁר* fut. יִכְשַׁר *recht sein, angenehm sein* Koh. 11, 6. Est. 8, 5.

Hifil inf. הַכְשִׁיר *recht betreiben* Koh. 10, 10.

כִּשְׁרוֹן m. *Gradheit, Gedeihen, Geschick* Koh. 2, 21. 4, 4. 5, 10.

כָּתַב* pf. 2 sg. suff. כְּתַבְתָּם, fut. יִכְתֹּב, 1 sg. אֶכְתֹּב, suff. אֶכְתֳּבֶנָּה, inf. לִכְתֹּב, כְּתוֹב, suff. כָּתְבוֹ, imp. כְּתָב־—כְּתֹב, suff. כָּתְבָהּ, כְּתָבֵם 1) *schreiben*, gewöhnl. mit עַל des Materials, *auf* das ... u. acc. der Sache, *die* man schreibt Ex. 34, 1. Deut. 6, 9. 27, 3. Spr. 3, 3; *einschreiben in* ... mit בְּ Ex. 17, 14 oder אֶל Jer. 36, 2. Ezech. 2, 10. 2) *aufschreiben, aufzeichnen* Num. 11, 26. 33, 2. Jes. 4, 3. Ps. 69, 29. 3) *beschreiben* זֶה יִכְתֹּב יָדוֹ לַיהוָה *dieser beschreibt seine Hand für Gott* (*bezeichnet sich als seinen Diener*) Jes. 44, 5; daher כָּתוּב *beschrieben* Ex. 32, 15. Ezech. 2, 10. 4) *unterschreiben* Jer. 32, 12.

Nifal נִכְתַּב, fut. יִכָּתֵב *geschrieben werden* Est. 8, 8; *aufgeschrieben werden* Ps. 69, 29. Hiob 19, 23.

Piel כִּתֵּב *niederschreiben* Jes. 10, 1.

כְּתַב aram. pf. 3 pl. כְּתַבוּ; part. f. כָּתְבָה, pl. כָּתְבָן, part. II כְּתִיב; fut. 1 pl. נִכְתֻּב *schreiben* Dan. 5, 5, 6, 26. Esra 4, 8. 5, 7. 10.

כְּתָב m. suff. כְּתָבָהּ 1) *Schriftart* Est. 1, 22. 3, 12. 8, 9; *Schriftstück* Est. 4, 8. Dan. 10, 21. 2) *Verzeichniss* Ezech. 13, 9. כְּתָבָם הַמִּתְיַחְשִׂים *ihr Geschlechtsregister* Esra 2, 62. בִּכְתָב *schriftlich* 1 Chr. 28, 19.

כְּתָב—כְּתַב aram. m. emph. כְּתָבָא *Schrift* Dan. 5, 8. Esra 6, 18; *Edikt* Dan. 6, 9. 10. 7, 22.

כְּתֹבֶת f. *eingeätzte Schrift* Lev. 19, 28.

כִּתִּיִּים—כִּתִּים n. pr. *Kittier* d. h. 1) Insel *Cypern* Gen. 10, 4. Jes. 23, 1. 12. Ezech. 27, 6. 2) im weiteren Sinne die Inseln und Küsten des mittelländischen Meeres Num. 24, 24. Jer. 2, 10 bis nach Italien hin Dan. 11, 30.

כָּתִית adj. *zerstossenes (Oel)* Ex. 27, 20. 29, 40.

[כֹּתֶל] m. suff. כָּתְלֵנוּ *Wand* Hohel. 2, 9.

כְּתַל aram. m. pl. emph. כָּתְלַיָּא *Wand* Dan. 5, 5. Esra 5, 8.

כִּתְלִישׁ n. pr. Ort in Juda Jos. 15, 40.

[כָּתַם]* Nifal part. נִכְתָּם *eingezeichnet* Jer. 2, 22.

כֶּתֶם m. ps. כָּתֶם *Gold*, nur in der poëtischen Sprache Jes. 13, 12. Ps. 45, 10. Spr. 25, 12. Hiob 31, 24. Hohel. 5, 11. Klagel. 4, 1. Dan. 10, 5.

כֻּתֹּנֶת f. cs. כְּתֹנֶת (abs. Ex. 28, 39), suff. כֻּתָּנְתִּי, pl. כֻּתֳּנֹת, cs. כָּתְנוֹת, suff. כָּתְנֹתָם *Rock* Gen. 3, 21. 37, 3. 23. 31. Ex. 28, 40. Lev. 10, 5. 2 Sam. 13, 19. Neh. 7, 70.

כָּתֵף f. cs. כֶּתֶף, suff. כְּתֵפִי, pl. כְּתֵפוֹת, cs. כִּתְפוֹת, suff. כְּתֵפָיו 1) *Achsel, Schulter* Deut. 33, 12. Jes. 30, 6. 46, 7. 2) in verschiedenen Uebertragungen: *Seite* (eines Hauses) 1 Kön. 6, 8; *Grenze* oder *Seite* (eines Landes) Num. 34, 11. Jos. 15, 11. Ezech. 25, 9; *Abhang* (eines Berges) Jos. 15, 10; כָּתֵף סֹרָרֶת *widerspenstige Schulter* (*Hartnäckigkeit*) Zach. 7, 11; pl. *Schulterstücke* (eines Kleides) Ex. 28, 7; die *Räume* zur Seite der Thür Ezech. 41, 2.

[כָּתַר]* Piel pf. pl. כִּתְּרוּ 1) *umzingeln* Richt. 20, 43. Ps. 22, 13. 2) *warten* mit לְ Hiob 36, 2.

Hifil fut. pl. יַכְתִּרוּ 1) *umgeben* Hab. 1, 4; *schützen* Ps. 142, 8. 2) *sich bekränzen* Spr. 14, 18.

כֶּתֶר m. *Diadem, Krone* Est. 1, 11. 2, 17. 6, 8.

כֹּתֶרֶת—כּוֹתֶרֶת f. pl. כֹּתָרוֹת *Knauf, Capitäl* an der Säule 1 Kön. 7, 16. 2 Chr. 4, 12.

כָּתַשׁ* fut. תִּכְתּוֹשׁ *zerstossen* Spr. 27, 22.

כָּתַת* pf. 1 sg. כַּתּוֹתִי, fut. אֶכֹּת, imp. pl. כֹּתּוּ *zerstossen, zermalmen* Deut. 9, 21. Jes. 30, 14. Ps. 89, 24. כָּתוּת *dem die Hoden zermalmt sind* Lev. 22, 24; *zerschlagen* (die Sicheln, um sie umzuschmieden) Joel 4, 10.

Piel כִּתֵּת *zerschlagen* 2 Kön. 18, 4. Zach. 11, 6. 2 Chr. 34, 7; *umschmieden* (s. Kal) Jes. 2, 4. Micha 4, 3.

Pual pf. כֻּתְּתוּ *zusammengestossen werden* 2 Chr. 15, 6.

Hifil fut. וַיַּכְּתוּ, suff. וַיַּכְּתוּם *zerschlagen, zersprengen* Num. 14, 45. Deut. 1, 44.

Hofal fut. יֻכַּת, pl. יֻכַּתּוּ, ps. יֻכָּתּוּ *zerschlagen werden* Jes. 24, 12. Jer. 46, 5. Micha 1, 7. Hiob 4, 20.

ל

ל* (verkürzt aus אֶל, vor der Tonsilbe meist לָ, suff. לִי, לְךָ, לָךְ (לְכָה), לוֹ, לָהּ, לָנוּ, לָכֶם, לָכֶן, לָהֶם—לָמוֹ, לָהֶן—לָהֵן) praepos. 1) *nach etwas hin, zu, gegen, bis an* z. B. לָשֹׂבַע *bis zur Sättigung* Lev. 26, 5. לֹא יַעֲבֹר עָלָיו לְכָל־דָּבָר *es soll ihm nichts auferlegt werden, bis zum gar nichts* Deut. 24, 5. כֹּהֲנִים לְמֵאָה וְעֶשְׂרִים *Priester bis auf hundert und zwanzig* 2 Chr. 5, 12; so bei dem Uebergange von einem Zustande in den andern, bei *Werden zu etwas* וַיְהִי הָאָדָם לְנֶפֶשׁ חַיָּה *der Mensch wurde ein beseeltes Wesen* Gen. 2, 7. 1 Sam. 4, 9. Ps. 30, 12. Hiob 30, 31: eine ähnl. Bezieh. hat das ל vor dem inf. cs; auch: *mit Beziehung auf* (vgl. אָמַר, דִּבֵּר, צִוָּה u. s. w.; 2) entsprechend unserem dat.; die Constr. mit ל ist in den betreff. Artikeln zu finden; häufig wird ein pron. als dativ scheinbar pleonatisch, in Wirklichkeit verstärkend zum Verb., besond. zum imp. und pf. gesetzt. לֶךְ־לְךָ *gehe fort* Gen. 12, 1. בְּרַח־לְךָ *enteile* Num. 24, 11. הָלַךְ לוֹ *er ist (ganz) fortgegangen* Hohel. 2, 11. נִגְזַרְנוּ לָנוּ *wir sind (ganz) vernichtet* Ezech. 37, 11. 3) entsprechend unserem genitiv, um ein Besitzverhältniss zu bezeichnen, besonders wo der stat. cs. nicht anzuwenden ist. דִּבְרֵי הַיָּמִים לְמַלְכֵי יִשְׂרָאֵל *die Chronik der Könige von Israel* 1 Kön. 15, 31; bei Ueberschriften מִזְמוֹר לְדָוִד *Psalm des David* Ps. 3, 1. לִבְנֵי שִׁמְעוֹן *von den Söhnen Simeons* Num. 1, 22; ebenso zur Anknüpfung von praep., die ursprünglich nomina waren z. B. מִתַּחַת לְ *unterhalb des ...* מִמַּעַל לְ *oberhalb des ..* מִנֶּגֶד לְ *gegenüber* u. s. w. 4) entsprechend unserem accus., besonders in der jüngeren Sprache, statt אֵת; vgl. אָכַל, הָרַג, לָקַח u. s. w. 5) um ein Befinden an einem Orte auszudrücken לִימִין משֶׁה *zur Rechten Mosis ...*, ebenso לְנֶגֶד, לְנֹכַח, לְעֵינֵי, לְמַטָּה, לְחוּץ (s. d. Artt.), u. vor vielen praepos. u. adverb., um den Zustand zu bezeichnen, wie לָבֶטַח, לִמְאֹד, לְבַעֲבוּר, לְבַד, לְאֵין u. s. w; ebenso zur Bezeichnung einer Zeit (besonders dichterisch mit ב wechselnd) לַבֹּקֶר *am Morgen* Ps. 30, 6. לָעֶרֶב *am Abend* Gen. 49, 27; daher auch *innerhalb* לְיָמִים עוֹד שִׁבְעָה *binnen sieben Tagen* Gen. 7, 4.

ל aram. praepos. wie das hebr. לְ, daher *nach etwas hin* Dan. 2, 17; *zu* Dan. 2, 5; vor dem inf. Dan. 2, 9; als Zeichen des dativ Dan. 2, 17 u. (häufiger als im Hebräischen) des acc. Dan. 2, 10. 12. 14. 23. 24: ferner als praeform. vor dem fut. bei dem Verbum הֲוָה s. d.

לֹא—לוֹא (seltener לוֹ) 1) *nicht*, sowohl bei der Aussage als bei dem (strengen) Verbot Gen. 2, 17. 18. 4, 12. 2) *nein* Gen. 19, 2. 23, 11. Jos. 5, 14. 3) mit subst. und adj. verbunden drückt es das Gegentheil derselben aus. לֹא דֶרֶךְ *unwegsam* Hiob 12, 24. לֹא חָכָם *unweise* Deut. 32, 6. לֹא־אֵל *Nichtgott* u. לֹא־עָם *ein Nichtvolk (das gar nicht diesen Namen verdient)* Deut. 32, 21. לֹא כֹל *nichts* s. כֹּל. 4) הֲלֹא *nicht wahr?* Gen. 4, 7; dann auch ohne den Begriff der Frage: *siehe! gewiss!* 1 Kön. 1, 11. 15, 23. Hiob 22, 12; zuweil. steht לֹא statt הֲלֹא Ex. 8, 22. 2 Kön. 5, 26. Jer. 49, 9. Jona 4, 11. Hiob 2, 10. 14, 16. Klagel. 1, 12. 3, 36. 5) בְּלֹא *ohne* z. B. בְּלֹא מְחִיר *ohne Kaufpreis* Ps. 44, 13. בְּלֹא־יוֹמוֹ *vor seiner Zeit* Hiob 15, 32. בְּלֹא כַכָּתוּב *wider die Vorschrift* 2 Chr. 30, 18. לְלֹא *ohne* 2 Chr. 15, 3; sonst ist ל bloss Dat. z. B. לְלֹא בִקְשֻׁנִי *denen, die mich nicht suchten* Jes. 65, 1. 7) Zuweilen subst. *Nichts.* לֹא אוּכַל *ich vermag Nichts* Hiob 31, 23; ebenso Hiob 6, 21.

לָא—לָה aram. 1) *nicht* Dan. 2, 5. הֲלָא *nicht wahr?* Dan. 3, 24. 2) *Nichts.* כְּלָה *wie Nichts* Dan. 4, 32.

לֹא דְבַר (*ohne Trift*) n. pr. Stadt in Ostjordanlande 2 Sam. 17, 27, wofür לוֹ דְבַר 2 Sam. 9, 4. 5 (vgl. לִדְבִר).

לֹא עַמִּי und **לֹא רֻחָמָה** symbolische Namen der Kinder des Propheten Hosea Hos. 1, 6. 8. 9. 2, 25.

לָאָה* fut. תֵּלֶא—תִּלְאֶה, pl. יִלְאוּ *ermüden, unmuthig werden* Hiob 4, 2. 5; *sich* (vergeblich) *abmühen* Gen. 19, 11.

Nifal pf. u. part. f. נִלְאָה, נִלְאֵיתִי, 2 sg. f.

נִלְאָה, pl. נִלְאוּ *sich abmühen* Jes. 16, 12. 47, 13; *müde sein* (*etwas zu thun*, d. h. *es nicht thun wollen*) Ex. 7, 18. Jes. 1, 14. Jer. 6, 11. 15, 6. 20, 9. Spr. 26, 15; dagegen הַעֲוֵה נִלְאוּ *sie mühen sich ab, zu sündigen* Jer. 9, 4; part. *abgemattet* Ps. 68, 10.

Hifil 3 sg. suff. הֶלְאָנִי, 3 sg. f. הֶלְאָה, 1 sg. suff. הֶלְאֵתִיךָ, fut. 3 pl. suff. יַלְאוּךָ, 2 pl. תַּלְאוּ, inf. הַלְאוֹת *ermüden* (trans.) Jer. 12, 5. Ezech. 24, 12. Hiob 16, 7; *belästigen* Jes. 7, 13. Micha 6, 3.

לֵאָה (*ermattet*) n. pr. *Lea*, Frau des Jakob Gen. 29, 16. Rut 4, 11.

לָאט *verhüllen* 2 Sam. 19, 5 (vgl. אַט).

לָט—לָאט eigentl. part. v. לוּט, daher בַּלָּאט *heimlich, leise* Richt. 4, 21 = בַּלָּט 1 Sam. 18, 22. 24, 5.

לָאֵל (*für Gott*) n. pr. m. Num. 3, 24.

לְאוֹם—לְאֹם 1) m. suff. לְאֻמִּי, pl. לְאֻמִּים *Volk* (nur poetisch) Gen. 25, 23. 27. 29. Jes. 51, 4. Ps. 7, 8. Spr. 11, 26. 14, 28. 2) לְאֻמִּים n. pr. eines Volksstammes Gen. 25, 3.

לֵב־—לֵב m. suff. לִבִּי, לִבֵּן—לִבְהֶן (Ezech. 3, 17), pl. לִבּוֹת, suff. לִבֵּהֶם u. (die aufgelöste Form)

לֵבָב m. cs. לְבַב, suff. לְבָבִי, לְבַבְכֶם, pl. לְבָבוֹת, suff. לִבְבֵהֶן (Nah. 2, 8) *Herz* 2 Sam. 18, 14. Ps. 45, 6; das Herz wird nicht sowohl als Mittelpunkt des körperlichen, sondern des geistigen und sittlichen Lebens in den mannigfachsten Beziehungen betrachtet. 1) *das Herz* lebt Ps. 22, 27, wird durch Speise und Trank erquickt Gen. 18, 5. Richt. 19, 5. Ps. 104, 15, schläft und wacht Hohel. 5, 2. Koh. 2, 23; ist krank Jes. 1, 5; es schwindet vor Schwäche Ps. 73, 26; *das Herz* ist Sitz 2) der Willenskraft, daher mit מְאֹד u. נֶפֶשׁ zusammengestellt Deut. 6, 5; des Beschlusses und Vorsatzes 1 Sam. 14, 7. Jes. 10, 7; des Muthes 2 Sam. 17, 10. 3) der sittlichen Triebe; es jubelt zu Gott auf Ps. 84, 3; ist טָהוֹר *rein* Ps. 51, 12. נֶאֱמָן *bewährt* Neh. 9, 8. עִקֵּשׁ *tückisch* Ps. 101, 4 u. s. w., daher לֵב וָלֵב *ein zweideutiger Charakter* Ps. 12, 3. 1 Chr. 12, 33. 4) des Denkens und der Vorstellung (welche Thätigkeit wir gewöhnlich dem Kopfe zuschreiben) לֵב לָדַעַת *ein Herz zum Erkennen* Deut. 29, 3; daher לֵב *Verstand* Hiob 12, 3, woran sich Redensarten wie חֲכַם לֵב *weisen Herzens* Ex. 28, 3. חֲסַר לֵב *unverständig* Spr. 10, 13. אִישׁ לֵבָב *ein verständiger Mann* Hiob 34, 10 u. s. w. anschliessen. 5) übertragen: *Mitte*. בְּלֶב־יָם *mitten im Meere* Ex. 15, 8. עַד לֵב הַשָּׁמַיִם *bis in den Himmel hinein* Deut. 4, 11. 2 Sam. 18, 14. Ezech. 27, 4. Ps. 46, 3. Spr. 30, 19.

[לֵב] aram. m. suff. לִבִּי und לְבַב, suff. לִבְבָךְ, לִבְבֵהּ *Herz* wie das hebr. Dan. 2, 30. 4, 13. 7, 28.

[לְבָאָה] f. pl. suff. לִבְאֹתָיו *Löwin* Nah. 2, 13.

לְבָאוֹת (*Löwinnen-Ort*) n. pr. 1) Stadt in Juda Jos. 15, 32. 2) בֵּית לְבָאוֹת Ort in Simeon Jos. 19, 6 = בֵּית בִּרְאִי 1 Chr. 4, 31.

לְבָאִים s. לָבִי.

[לָבַב] Nifal (denom. v. לֵב) fut. יִלָּבֵב *ein Herz* (d. h. *Verstand*) *bekommen* Hiob 11, 12.

Piel 1) (denom. von לֵב) pf. 2 sg. f. suff. לִבַּבְתִּנִי *du hast mir das Herz geraubt* Hohel. 4, 9. 2) denom. v. לְבִבָה *kneten, zubereiten* 2 Sam. 13, 6. 8.

לֵבָב s. לֵב.

[לְבִבָה] f. pl. לְבִבוֹת eine Art *Kuchen* 2 Sam. 13, 6. 8.

לְבַד s. בַּד.

[לַבָּה] f. cs. לַבַּת (zusammengez. aus לַהֶבֶת) *Flamme* Ex. 3, 2.

[לִבָּה] f. suff. לִבָּתֵךְ *Herz* Ezech. 16, 30.

לְבוֹנָה s. לְבֹנָה.

לְבֻשׁ—לְבוּשׁ m. suff. לְבוּשִׁי, לְבֻשׁוֹ, pl. suff. לְבֻשֵׁיהֶם (לָבֻשׁ Jes. 14, 19 u. לְבֻשֵׁי Ezech. 23, 6. 12 ist part. II von לָבַשׁ) *Kleid, Gewand* Gen. 49, 11. 2 Kön. 10, 22. Klagel. 4, 14; bildlich für die *Haut* Hiob 30, 18; für die *Ehefrau* Mal. 2, 16.

[לְבוּשׁ] aram. m. suff. לְבוּשֵׁהּ, pl. suff. לְבוּשֵׁיהוֹן *Kleid* Dan. 3, 21. 7, 9.

[לָבַט] Nifal fut. יִלָּבֵט *zu Falle gebracht werden* Hos. 4, 14. Spr. 10, 8. 10.

[לָבִי] m. pl. לְבָאִם *Löwe* Ps. 57, 5.

לָבִיא *Löwe, Löwin* Gen. 49, 9. Num. 24, 9. Deut. 33, 20. Jes. 30, 6 [לְבִיא Jer. 39, 7. 2 Chr. 31, 10 = לְהָבִיא s. בּוֹא].

לְבִיָּא f. *Löwin* Ezech. 19, 2.

לְבִים s. לוּבִים.

לָבַן* [das zum Hifil gehörige Kal ungebr.] (denom. von לְבֵנָה) fut. pl. נִלְבְּנָה, inf. לִלְבֹּן (*Backsteine*) *verfertigen* Gen. 11, 3. Ex. 5, 7. 14.

Hifil pf. pl. הִלְבִּינוּ, fut. אַלְבִּין, inf. לַלְבֵּן (= לְהַלְבֵּן Dan. 11, 35) 1) *eine weisse Farbe zeigen, weiss werden* Jes. 1, 18. Joel 1, 7; *rein sein* Ps. 51, 9. 2) *reinigen, läutern* Dan. 11, 35.

Hitp. fut. יִתְלַבְּנוּ *gereinigt werden* Dan. 12, 10.

לָבָן 1) adj. cs. לְבַן (wie von לָבָן), f. לְבָנָה, pl. לְבָנִים, f. לְבָנוֹת *weiss* Gen. 30, 35. 37. 49, 12. Lev. 13, 4. Zach. 1, 8; *weisse Kleider* als Bild der *Heiterkeit* Koh. 9, 8. 2) n. pr. *Laban*, Bruder der Rebekka Gen. 24, 29. 32, 5. 3) Lagerplatz der Israeliten in der Wüste Deut. 1, 1 (viell. = לִבְנָה s. d.).

לְבָנָה 1) f. poëtischer Name für *Mond* Jes. 24, 23. 30, 26. Hohel. 6, 10. 2) n. pr. m. Esra 2, 45. Neh. 7, 48.

לְבֵנָה f. pl. לְבֵנִים, suff. לִבְנֵיכֶם *Backstein*, aus kreidigem Thon geformt und mit Stroh geknetet Gen. 11, 3. Ex. 1, 14. 5, 19. Ezech. 4, 1.

לִבְנָה 1) f. cs. לִבְנַת *Klarheit* Ex. 24, 10. 2) n. pr. a) Lagerplatz der Israeliten in der Wüste Num. 33, 20 (vgl. לָבָן). b) Priesterstadt in Juda Jos. 10, 29. 12, 15. 15, 42. 21, 13. 2 Kön. 8, 22. 19, 8. 23, 31. Jes. 37, 8. 1 Chr. 6, 42.

לִבְנֶה m. *Weisspappel* (n. A. *Styrax*) Gen. 30, 37. Hos. 4, 13.

לְבוֹנָה—לְבֹנָה 1) f. suff. לְבֹנָתָהּ *Weihrauch* Lev. 2, 1. 2. Jes. 43, 23. 66, 3. עֲצֵי לְבוֹנָה *duftende Hölzer* Hohel. 4, 14. גִּבְעַת הַלְּבוֹנָה *Weihrauchhügel*, (n. E.) poetische Bezeichnung für den Weihrauch duftenden *Tempelberg* Hohel. 4, 6. 2) n. pr. Ort bei Schilo Richt. 21, 19.

לְבָנוֹן (*der Weisse, Schneegebirge*) n. pr. mit He loc. לְבָנוֹנָה (in Prosa fast stets mit Artikel). *Libanon*, das grosse Gebirge im Norden Palästinas, bestehend aus zwei parallelen von Nord nach Süd laufenden Gebirgsketten, von denen die westliche der eigentl. *Libanon*, die östliche der *Antilibanon* (s. חֶרְמוֹן) heisst Deut. 1, 7. Jos. 9, 1. 2 Kön. 19, 23. Ps. 29, 6. 2 Chr. 2, 7 (vgl. בִּקְעָה). כְּבוֹד הַלְּבָנוֹן *der (Baum-) Schmuck des Libanon*, hauptsächlich aus Zedern bestehend Jes. 35, 2. 60, 13; auch bloss לְבָנוֹן genannt Jes. 10, 34; ähnlich טוּב לְבָנוֹן Ezech. 31, 16. חֲמַס לְבָנוֹן *die Gewaltthat* (Verwüstung) *gegen den Libanon* Hab. 2, 17. Bildlich wird לְבָנוֹן für aus *Zedern gebaute Paläste* Jer. 22, 6. 23, auch wohl (n. E.) für *Jerusalem* selbst Ezech. 17, 3 gebraucht (vgl. יַעַר).

לִבְנִי (*Weisser*) n. pr. einer Levitenfamilie Ex. 6, 17. Num. 3, 21. 26, 58.

לִבְנָה s. שִׁיחוֹר.

לָבֵשׁ—לָבַשׁ* pf. 3 sg. suff. לְבֵשָׁם, part. II לָבוּשׁ—לָבֻשׁ, cs. לְבֻשׁ—לְבוּשׁ, fut. יִלְבַּשׁ, suff. יִלְבָּשֵׁם, יִלְבָּשֵׁנִי (Ex. 29, 30), 1 sg. suff. אֶלְבָּשֶׁנָּה, inf. לִלְבֹּשׁ, imp. לְבַשׁ, לִבְשִׁי, לִבְשׁוּ *sich bekleiden, anziehen* mit dem acc. des Gewandes Gen. 28, 20. 38, 19. Lev. 6, 3. Deut. 22, 11. 2 Sam. 13, 18. Jer. 4, 30. 46, 4. Ezech. 34, 3. 44, 17. Jona 3, 5. Zach. 13, 4. Hohel. 5, 3. Est. 5, 1; daher לָבֻשׁ שָׁנִים *bekleidet mit Carmesin* Spr. 31, 21. לְבֻשֵׁי תְכֵלֶת *bekleidet mit blauer Wolle* Ezech. 23, 6; selten mit בְּ Est. 6, 8; eben so selten einen Menschen *bekleiden* (wo das Kleid subj. ist) Hiob 29, 19; wie in der Redensart: *der Geist Gottes bekleidete* (*erfüllte*) *ihn* Richt. 6, 34. 1 Chr. 12, 18. 2 Chr. 24, 20. — Bildlich werden Eigenschaften und Zustände als Kleider, die man anzieht, gebraucht; daher *bekleiden* die Triften sich mit Heerden Ps. 65, 14; das kranke Fleisch mit Würmern Hiob 7, 5; der Böse mit Fluch Ps. 109, 18 oder auch mit Schmach Ps. 35, 26. 109, 29. Hiob 8, 22; ein Fürst mit Entsetzen Ezech. 7, 27; der Fromme mit Gerechtigkeit Hiob 29, 14; die Priester mit Heil Ps. 132, 9. 2 Chr. 6, 41; das erlöste Zion mit Macht Jes. 52, 1 und mit seinen Kindern Jes. 49, 18. Gott *bekleidet* sich als Richter mit Gerechtigkeit und mit Kleidern der Rache Jes. 59, 17; mit Hoheit Ps. 93, 1; mit Macht Jes. 51, 9. Ps. 93, 1; mit Glanz und Pracht Ps. 104, 1 u. s. w.

Pual part. pl. מְלֻבָּשִׁים *bekleidet* mit accus. des Kleides 1 Kön. 22, 10. 2 Chr. 5, 12. 18, 9; *versehen sein mit* ... mit בְּ Esra 3, 10.

Hifil pf. 3 sg. suff. הִלְבִּישַׁנִי, fut. וַיַּלְבֵּשׁ, pl. suff. וַיַּלְבִּשׁוּם *bekleiden*, mit acc. der Person und des Kleides Gen. 3, 21. 41, 42. Jes. 22, 21. Zach. 3, 4; mit עַל zur Bezeichnung des *bekleideten* Körpertheiles Gen. 27, 16; mit Auslassung des acc. der Person קְרָעִים תַּלְבִּישׁ נוּמָה *mit Lumpen bekleidet die Trägheit* (den Trägen) Spr. 23, 21. Bildlich *bekleidet* Gott mit Kleidern des Heils Jes. 61, 10. Ps. 132, 16;

die Feinde mit Schmach Ps. 132, 18; den Himmel mit Dunkel Jes. 50, 3 u. s. w.

לְבַשׁ aram. fut. יִלְבַּשׁ, תִּלְבַּשׁ *anziehen, bekleidet werden* mit acc. Dan. 5, 7. 16.

Afel pf. pl. הַלְבִּשׁוּ *bekleiden* mit dopp. acc. Dan. 5, 29.

לְבַשׁ s. לְבוּשׁ.

לֹג m. ein Maass für Flüssigkeiten Lev. 14, 10. 12. 15. 21. 24.

לֹד n. pr. Ort in Benjamin, später *Lydda* (*Diospolis*) genannt Esra 2, 33. Neh. 7, 37. 11, 35. 1 Chr. 8, 12.

לִדְבִר n. pr. Ortschaft in Gad Jos. 13, 26.

לָה aram. s. לָא.

לֹה Deut. 3, 11 = לֹא s. d.

לַהַב m. pl. לְהָבִים, cs. לַהֲבֵי 1) *Flamme* Richt. 13, 20. Jes. 66, 15. Joel 2, 5. פְּנֵי לְהָבִים (vor Erregung) *glühendes Gesicht* Jes. 13, 8. 2) *das Blitzende, Blinkende* z. B. des Schwertes Nah. 3, 3; die (*blinkende*) *Spitze* Hiob 39, 23; die *Klinge* des Dolches Richt. 3, 22.

לֶהָבָה f. cs. לַהֶבֶת, pl. לְהָבוֹת, cs. לַהֲבוֹת 1) *Flamme* Num. 21, 28. Jes. 4, 5. Ezech. 21, 3. Ps. 105, 32. לַהֲבוֹת אֵשׁ *feurige Blitze* Ps. 29, 7. 2) die (*blinkende*) *Spitze* an der Lanze 1 Sam. 17, 7 (vgl. לַבָּה).

לְהָבִים n. pr. Name eines Volkstammes Gen. 10, 13 (wahrscheinlich = לוּבִים s. d.).

לַהַג m. *Sinnen, Studiren* Koh. 12, 12.

לַהַד n. pr. m. ps. לָהַד 1 Chr. 4, 2.

לָהָה (= לָאָה) fut. וַתֵּלַהּ *erschöpft werden* Gen. 47, 13.

[לָהָה]* Hitpalpel part. מִתְלַהְלֵהַּ *sich närrisch benehmen* Spr. 26, 18.

לָהַט* part. לֹהֵט, לֹהֲטִים *brennen, flammen* Ps. 57, 5. 104, 4.

Piel pf. לִהַט, fem. לִהֲטָה, fut. תְּלַהֵט *in Flammen setzen, verbrennen* Deut. 32, 22. Jes. 42, 25. Mal. 3, 19. Ps. 83, 15. 97, 3.

לַהַט m. 1) *Flamme* Gen. 3, 24. 2) pl. suff. לַהֲטֵיהֶם (= לְטֵיהֶם) *Zauberkünste* Ex. 7, 11.

[לָהַם]* Hitpael part. pl. מִתְלַהֲמִים *gern genossen, Leckereien* Spr. 18, 8. 26, 22.

לָהֵן—לָהֶן *desswegen* Rut 1, 16.—Hiob 30, 24.

לָהֵן aram. *desswegen* Dan. 2, 6. 9. 30. 4, 24; *aber* Esra 5, 12; *sondern* Dan. 2, 20.

[לַהֲקָה] f. cs. לַהֲקַת *Haufe* 1 Sam. 19, 20.

לוֹ = לֹא *nicht* 1 Sam. 2, 16. 20, 2. Hiob 6, 21.

לוּא—לוּ (1 Sam. 14, 30. Jes. 48, 18. 63, 19) conj. 1) *wenn*, bei Bedingungen, die man als unmöglich oder als nicht wahrscheinlich oder als thatsächlich nicht geschehen denkt; daher mit dem pf. לוּ הַחֲיִתֶם אוֹתָם *hättet ihr sie leben lassen* Richt. 8, 19. Deut. 32, 29. Jes. 48, 18; mit dem fut. Ezech. 14, 15; mit dem part. Richt. 13, 23. Micha 2, 12; mit יֵשׁ Num. 22, 29. Hiob 6, 2. 16, 4; der Nachsatz folgt im fut. oder pf. oder wird durch וְ oder כִּי עַתָּה eingeleitet 1 Sam. 14, 30; mit zu ergänzendem Nachsatz: לוּ יִשְׂטְמֵנוּ יוֹסֵף *wenn uns nun Josef Hass nachtrüge!* Gen. 50, 15. 2) des Wunsches *wenn doch, möchte doch!* mit pf. לוּ־מַתְנוּ *wären wir doch gestorben!* Num. 14, 2. 20, 3. Jos. 7, 7; mit fut. לוּ יִשְׁמָעֵאל יִחְיֶה *möchte doch Ismael leben bleiben* Gen. 17, 18; mit dem imper. Gen. 23, 13. 15; mit dem part. Ps. 81, 14; mit אִם verbunden Gen. 23, 13. (Zusammensetzungen mit לוּ siehe: לוּלֵא, לוּלֵי, אוּלַי, אַחֲלַי, אִלּוּ).

לוּא s. לֹא.

לוּא s. לוּ.

לֻבִים—לוּבִים (Dan. 11, 43) n. pr. *Libyer* Nah. 3, 9. 2 Chr. 12, 3. 16, 8 (vgl. לְהָבִים).

לוּד n. pr. 1) Sohn des Sem Gen. 10, 22. 2) לוּדִים Volk chamitischer Abkunft Gen. 10, 13. Jer. 46, 9; wahrscheinlich identisch mit לוּד Jes. 66, 19. Ezech. 27, 10. 30, 5.

לָוָה* fut. יִלְוֶה, suff. יַלְוְךָ 1) *entleihen, borgen* Deut. 28, 12. Ps. 37, 21. Neh. 5, 4. לֹוֶה *Schuldner* Jes. 24, 2. Spr. 22, 7. 2) *begleiten* Koh. 8, 15.

Nifal pf. נִלְוָה, pl. נִלְווּ, fut. יִלָּוֶה *sich Jem. anschliessen* mit אֶל Gen. 29, 34. Jes. 56, 3. 6. Jer. 50, 5; mit עַל Num. 18, 2. 4. Jes. 14, 1. Zach. 2, 15. Est. 9, 27. Dan. 11, 34; mit עִם Ps. 83, 9.

Hifil pf. 2 sg. הִלְוִיתָ, fut. suff. יַלְוְךָ, הַלְוֵנִי *darleihen* mit acc. der Person und der Sache Ex. 22, 24. Deut. 28, 12. 44. מַלְוֶה *Gläubiger* Jes. 24, 2.

לוּז* fut. pl. יָלֻזוּ *weichen* Spr. 3, 21.

Nifal part. נָלוֹז, cs. נְלוֹז, pl. נְלוֹזִים *verkehrt* (im moralischen Sinne) Spr. 2, 14. 3, 32. 14, 2; abstr. *Verkehrtheit, Tücke* Jes. 30, 12.

Hifil fut. pl. יַלִּיזוּ *weichen* Spr. 4, 21.

לוּז m. 1) *Mandelbaum* Gen. 30, 37. 2) n. pr. mit He לוּזָה a) früherer Name der Stadt Bet-El Gen. 28, 19. Jos. 18, 13. Richt. 1, 23. b) Stadt im Gebiet der Chittäer Richt. 1, 26.

לוּחַ m. pl. לֻחֹת—לוּחֹת—לֻחוֹת—לוּחוֹת, dual. לֻחֹתַיִם *Tafel* (von Stein), auf die man schreibt Ex. 24, 12. Deut. 4, 13. 9, 9. Jes. 30, 8. Hab. 2, 2 oder ciselirt 1 Kön. 7, 36; *Brett* Ex. 27, 8. 38, 7; *Thürflügel* Hohel. 8, 9; *Getäfel* (des Schiffes) Ezech. 27, 5; bildlich: *Tafel des Herzens* Jer. 17, 1. Spr. 3, 3.

לֻחִית—לוּחִית n. pr. Stadt in Moab Jes. 15, 5. Jer. 48, 5 (Kri) = לֻחוֹת (Ktib).

לוֹחֵשׁ (*Flüsterer*) n. pr. m. Neh. 3, 12. 10, 25.

***לוּט** part. I לוֹט, part. II f. לוּטָה *verhüllen* 1 Sam. 21, 10. Jes. 25, 7 (vgl. לָט).

Hifil fut. וַיָּלֶט *verhüllen* 1 Kön. 19, 13.

לוֹט m. 1) *Hülle, Decke* Jes. 25, 7. 2) n. pr. Sohn des Haran, des Bruders Abraham's Gen. 11, 27. 19, 36. בְּנֵי לוֹט *Söhne Lot's*, gemeinschaftl. Name der Moabiter und Ammoniter Deut. 2, 9. Ps. 83, 9.

לוֹטָן (*Verhüllung*) n. pr. m. Gen. 36, 20. 29. 1 Chr. 1, 38. 39.

לֵוִי n. pr. *Levi*, Sohn des Jakob und der Lea Gen. 29, 34 u. der nach ihm benannte Stamm; n. gent. לֵוִי (st. לֵוִיִּי) Ex. 4, 14. Richt. 17, 9; pl. לְוִיִּם Jos. 21, 1.

לֵוִי aram. pl. emph. לֵוָיֵא *Levite* Esra 6, 16. 7, 24.

לִוְיָה f. cs. לִוְיַת *Kranz* Spr. 1, 9. 4, 9.

לִוְיָתָן m. 1) *Schlange* Jes. 27, 1 (als Symbol Babyloniens). 2) der *Drache* am Himmel (der Hiob 26, 13 als נָחָשׁ בָּרִחַ bezeichnet wird); nach alten mythologischen Vorstellungen haben Zauberer die Macht, dies Sternbild aufzuwecken, um Sonne und Mond zu verdunkeln Hiob 3, 8. 3) *Krokodil* Hiob 40, 25 ff.; symbol. Name Aegyptens Ps. 74, 14. 4) *grosses Seethier* überhaupt Ps. 104, 26.

[לוּל] m. pl. לוּלִים *Wendeltreppe* 1 Kön. 6, 8.

לוּלֵא (aus לוּ u. לֹא) conj. *wenn nicht*, mit pf. Gen. 43, 10. Richt. 14, 18. 2 Sam. 2, 27; im Nachsatz steht gewöhnl. כִּי; der Nachsatz fehlt ganz Ps. 27, 13.

לוּלֵי (= לוּלֵא) conj. *wenn nicht*; mit pf. Gen. 31, 42. 1 Sam. 25, 34; mit part. 2 Kön. 3, 14; ohne folgds. Zeitwort Ps. 94, 17; im Nachsatz folgt כִּי Gen. 31, 42. אָז Ps. 119, 92. אֲזַי Ps. 124, 3.

***לוּן** I. pf. לָן, f. לָנָה (Zach. 5, 4), 1 pl. לַנּוּ, part. pl. לָנִים, fut. יָלִין—וַיָּלֶן, 3 f. תָּלִן, 2 m. תָּלִין, ps. תָּלִן, inf. לִין—לוּן, imp. לִין, לִינִי, לִינוּ *die Nacht zubringen, übernachten* Gen. 24, 23. 25. 32, 22. Num. 22, 8. Richt. 19, 6. 13. 20. 2 Sam. 17, 16. Rut 3, 13; *über Nacht liegen* (von Sachen) Ex. 23, 18. Lev. 19, 13. Deut. 21, 23; so vom Thau, der ein Feld tränkt Hiob 29, 19; dichterisch: *sich aufhalten* Ps. 55, 8. Rut. 1, 16; *verbleiben* Ps. 25, 13. 49, 13. Hiob 19, 4. 39, 9; auch v. Sachen: *weilen* z. B. von der Gerechtigkeit Jes. 1, 21; vom Fluch Zach. 5, 4; von der Kraft am Halse des Krokodil Hiob 41, 14. וּבְהַמְּרוֹתָם תָּלַן עֵינִי *auf ihrem Hohn muss mein Auge weilen* Hiob 17, 2.

Hifil fut. תָּלִין *beherbergen* (bildl.) Jer. 4, 14.

Hitp. fut. יִתְלוֹנָן *seinen Wohnsitz aufschlagen* Hiob 39, 28; *weilen* Ps. 91, 1.

***[לוּן]** II. Nifal fut. יִלֹּנוּ—יִלּוֹנוּ *murren* mit עַל *gegen* Jemand Ex. 15, 24. Num. 14, 2. 17, 6. Jos. 9, 18 u. im Ktib: Ex. 16, 7. Num. 14, 36 (vgl. Hifil). 16, 11; im Kri: Ex 16, 2.

Hifil pf. 2 pl. הֲלִינֹתֶם, fut. וַיַּלֶן, יַלִּינוּ, הֲלִינוּ, part. מַלִּינִים 1) *murren* mit עַל Ex. 16, 8. 17, 3. Num. 14, 27 und Ex. 16, 2 Ktib. 16, 7. Num. 16, 11 Kri. 2) *zum Murren veranlassen* Num. 14, 36 Kri.

***לוּעַ** pf. לָעוּ (Milra) 1) *schlucken, schlingen* Obad. 1, 16. 2) לָעוּ (Milèl) *unverständlich reden, lallen* Hiob 6, 3.

***לוּץ** pf. 2 sg. לַצְתָּ, sonst nur part. לֵץ, לֵצִים *spotten* Spr. 9, 12; part. meist subst. *Spötter* Ps. 1, 1. Spr. 1, 22. 3, 34. 19, 29; *Unverständiger* Spr. 9, 7. 8; *Sünder* Jes. 29, 20.

Poël part. pl. לֹצְצִים *ausgelassen, übermüthig* Hos. 7, 5.

Hifil 3 pl. suff. הֱלִיצֻנִי, fut. יָלִיץ, part. מֵלִיץ, pl. cs. מְלִיצֵי *verspotten* mit accus. Ps. 119, 51. Spr. 19, 28; mit לְ Spr. 3, 34; part. *Dollmetscher* Gen. 42, 23. 2 Chr. 32, 31; *Fürsprecher* Jes. 43, 27. Hiob 16, 20. 33, 23; dah. *vermitteln* mit accus. Spr. 14, 9.

Hitp. fut. תִּתְלוֹצָצוּ *spotten* Jes. 28, 22.

לוּשׁ* 1) part. f. pl. לָשׁוֹת, fut. וַתָּלָשׁ (וַתָּלוּשׁ Ktib), inf. לוּשׁ, imp. f. לוּשִׁי *kneten* Gen. 18, 6. 1 Sam. 28, 24. 2 Sam. 13, 8. Jer. 7, 18. Hos. 7, 4. 2) n. pr. s. לַיִשׁ.

לְוָת aram. praep. *bei.* מִן לְוָתָךְ *von dir aus* Esra 4, 12.

לָזֶה—לָז s. הַלָּז, הַלָּזֶה.

לָזוּ s. הַלָּזוּ.

לְזוּת f. *Verkehrtheit* Spr. 4, 24.

לַח adj. pl. לַחִים *frisch, saftig* Gen. 30, 37. Num. 6, 3. Ezech. 17, 24. 21, 3; *neu* Richt. 16, 7. 8.

[לֵחַ] m. suff. לֵחֹה *Lebenssaft, Frische* Deut. 34, 7.

[לְחוּם] m. suff. לְחוּמוֹ *Mahlzeit* Hiob 20, 23.

לְחִי f. ps. לֶחִי, suff. לֶחְיוֹ, לֶחְיָהּ, dual. לְחָיַיִם, cs. לְחָיֵי, suff. לְחָיַי, לְחָיָו, לְחָיֵיהֶם 1) *Kinnbacke* Deut. 18, 3. Richt. 15, 15. Jes. 30, 28. Hos. 11, 4. Hiob 40, 26. 2) *Wange* Jes. 50, 6. Hohel. 1, 10. 5, 13. Klagel. 1, 2. 3, 30. 3) n. pr. einer felsigen Gegend auf dem Gebirge Juda Richt. 15, 9. 14. 19; vollständig רָמַת לֶחִי Richt. 15, 17.

לָחַךְ* inf. לְחֹךְ *abfressen* Num. 22, 4.

Piel pf. 3 sg. f. ps. לִחֵכָה, fut. יְלַחֲכוּ, ps. יְלַחֵכוּ *lecken* Jes. 49, 23. Micha 7, 17. Ps. 72, 9; *auflecken, aufzehren* Num. 22, 4. 1 Kön. 18, 38.

לָחַם* fut. אֶלְחַם, inf. לְחוֹם, imp. לְחַם 1) *essen* Spr. 23, 1; mit accus. Spr. 4, 17. 23, 6; mit בְּ *an etwas mitessen* Ps. 141, 4. Spr. 9, 5. לְחֻמֵי רֶשֶׁף *verzehrt von Glut* Deut. 32, 24. 2) *bekämpfen* mit accus. Ps. 35, 1; mit לְ Ps. 56, 3. לֹחֲמָם *Angreifer* Ps. 35, 1. 56, 2.

Nifal pf. נִלְחַם, inf. abs. נִלְחֹם, fut. יִלָּחֵם, pl. suff. יִלָּחֲמוּנִי *kämpfen gegen*, gewöhnl. mit בְּ Ex. 14, 25. Num. 21, 26; mit עִם Richt. 5, 20. 1 Sam. 17, 32. 2 Kön. 13, 12; mit אֵת Jos. 10, 25. Jer. 21, 5; mit אֶל Jer. 1, 19. 15, 20; mit עַל 2 Kön. 10, 3. Neh. 4, 8; bei folgdm. Ortsnamen *belagern, bestürmen* Deut. 20, 19. 2 Kön. 19, 8. Jes. 20, 1. Jer. 34, 22; mit accus. (suff.) Ps. 109, 3; *für Jemand kämpfen* mit לְ Ex. 14, 14. 25. Deut. 1, 30. Neh. 4, 14; als Object steht zuweilen מִלְחָמָה 1 Sam. 18, 17. 25, 28. 2 Chr. 33, 8.

לְחוּם m. suff. לְחוּמָם *Fleisch* Zef. 1, 17.

[לָחֶם] m. cs. לְחֶם *Belagerung.* אָז לָחֶם שְׁעָרִים *du belagerte man die Thore* Richt. 5, 8.

לֶחֶם m. ps. לָחֶם, suff. לַחְמִי (ohne pl.) 1) *Brod* Gen. 14, 18. Jos. 9, 5. Jes. 44, 19; näher bestimmt פַּת לֶחֶם *ein Stück Brod* Gen. 18, 5; כִּכַּר לֶחֶם *ein Laib Brod* 1 Sam. 10, 3; חַלַּת לֶחֶם *ein rundes Brod* Lev. 8, 26. מָאתַיִם לֶחֶם *zweihundert Brode* 1 Sam. 25, 18. לֶחֶם הַפָּנִים *die Schaubrode* Ex. 25, 30; auch לֶחֶם הַמַּעֲרֶכֶת *das geschichtete Brod* 1 Chr. 9, 32. 2 Chr. 13, 11 wie עֵרֶךְ לֶחֶם Ex. 40, 23. 2) *Getreide* Gen. 41, 54. Jes. 28, 28; daher אֶרֶץ לֶחֶם *ein getreidereiches Land* 2 Kön. 18, 32. 3) *Speise, Nahrung* Gen. 47, 12. Deut. 9, 18. 10, 18. Ps. 78, 20. לֶחֶם אַבִּירִים *Engelspeise* (Manna) Ps. 78, 25. 105, 40. לֶחֶם שְׁלֹמֹה *der Gebrauch* (für die Tafel) *Salomo's* 1 Kön. 5, 2. לֶחֶם אָמַר לוֹ *Kost sagte er ihm zu* 1 Kön. 11, 18. Auch die *Opfer* werden לֶחֶם Lev. 3, 11. 16 u. לֶחֶם אֱלֹהִים Lev. 21, 17. Num. 28, 2 genannt. אָכַל לֶחֶם *eine Mahlzeit halten* Gen. 37, 25. Ex. 18, 12; überhaupt *essen* 1 Sam. 14, 24. Von dieser nothwendigsten menschlichen Thätigkeit werden dann Bilder für menschliche Thätigkeiten und Verhältnisse hergenommen; daher sagt man: לֶחֶם עַצְלוּת לֹא תֹאכֵל *sie isst nicht das Brod der Trägheit = sie führt nicht ein träges Leben* Spr. 31, 27; eben so spricht man vom *Brod* (Speise) der Bosheit Spr. 4, 17; der Falschheit Spr. 20, 17; der Lüge Spr. 23, 3; der Freude Koh. 9, 7; der Unruhe Ezech. 12, 18. 19; der Heimlichkeit Spr. 9, 17; der Thräne Ps. 80, 6; des Schmerzes Ps. 127, 2; der Trauer Hos. 9, 4. לֶחֶם אֲנָשִׁים לֹא תֹאכֵל *du sollst nicht essen Speise der Menschen* (d. h. *welche dem Trauernden gereicht zu werden pflegte*) Ezech. 24, 17. 22. לֶחֶם הַפֶּחָה לֹא אָכַלְתִּי *ich ass nicht das Brod des Statthalters = ich verzichtete auf die dem Statthalter zustehenden Einkünfte* Neh. 5, 14. In anderer Weise: לַחְמֵנוּ הֵם *unsere Speise sind sie* d. h. *wir werden leicht mit ihnen fertig werden* Num. 14, 9. — בֵּית־לֶחֶם n. pr. s. בַּיִת.

לְחֶם aram. *Mahlzeit* Dan. 5, 1.

לַחְמִי 1) n. pr. Bruder des Goliat 1 Chr. 20, 5. 2) s. בֵּית־לֶחֶם.

לַחְמָס n. pr. Ortschaft in Juda Jos. 15, 40.

[לְחֵנָה] aram. f. suff. לְחֵנָתֵהּ, לְחֵנָתָךְ *Kebsweib* Dan. 5, 2. 3. 23.

לָהַן fut. יִלְהַן, suff. תִּלְחָצֵנִי *pressen, quetschen* Num. 22, 25. 2 Kön. 6, 32; *drängen* Richt. 1, 34; meistens *bedrängen, bedrücken* Ex. 3, 9. 22, 20. 23, 9. Richt. 6, 9. Ps. 56, 2. 106, 42.

Nifal fut. 3 sg. f. תִּלָּחֵץ *sich an* (אֶל) *etwas drängen* Num. 22, 25.

לַחַץ m. suff. לַחֲצֵנוּ *Druck, Bedrängniss* Ex. 3. 9. Deut. 26, 7. 2 Kön. 13, 4. לַחַץ אוֹיֵב *Druck* (von Seiten) *des Feindes* Ps. 42, 10. 43, 2. לֶחֶם לַחַץ *knappe Speise* 1 Kön. 22, 27; eben so מַיִם לַחַץ das.

[לָחַשׁ]* Piel part. מְלַחֲשִׁים *die flüsternden* (Beschwörer) Ps. 58, 6.

Hitpael fut. יִתְלַחֲשׁוּ *sich flüsternd besprechen* 2 Sam. 12, 19. Ps. 41, 8.

לַחַשׁ m. ps. לָחַשׁ, pl. לְחָשִׁים 1) *das Flüstern*; adverb. *flüsternd* Jes. 26, 16. 2) *(geflüsterte) Beschwörungsformel* Jes. 3, 3. Koh. 10, 11. אֲשֶׁר אֵין־לָהֶם לָחַשׁ (Schlangen) *gegen die es keine Beschwörungsformel giebt* Jer. 8, 17. 3) *Amulet* (mit Zaubersprüchen) Jes. 3, 20.

לְהִיה s. לוּחִית.

לְחָיִם s. לוּחַ.

[לָט] pl. suff. לָטֵיהֶם *Zauberkünste* Ex. 7, 22. 8, 3. 14; dafür לַהֲטֵיהֶם Ex. 7, 11 (vgl. לָאט).

לֹט m. ein wohlriechendes Harz (*Ladanum*) Gen. 37, 25. 43, 11.

לְטָאָה f. eine Art *Eidechse* Lev. 11, 30.

לְטוּשִׁם n. pr. arabische Völkerschaft Gen. 25, 3.

לָטַשׁ* fut. יִלְטוֹשׁ 1) *schmieden, hämmern* Gen. 4, 22. 2) *schleifen, schärfen* 1 Sam. 13, 20. Ps. 7, 13; bildlich von feindlichen Blicken Hiob 16, 9.

Pual part. מְלֻטָּשׁ *geschärft* Ps. 52, 4.

[לִיָה] f. pl. לֹיוֹת *Kranz, Gewinde* 1 Kön. 7, 29. 30. 36.

לַיִל m. cs. לֵיל (auch absol. Jes. 15, 1. 21, 11) *Nacht* Ex. 12, 42. Jes. 16, 3. 30, 29; gewöhnl. mit He paragog.:

לַיְלָה m. pl. לֵילוֹת *Nacht* Gen. 1, 5. לַיְלָה *bei Nacht* Gen. 14, 15. לֵילוֹת *in den Nächten* Ps. 16, 7; Bild des Unglücks Jes. 21, 11. Micha 3, 6. Hiob 35, 10.

לֵילְיָא aram. m. *Nacht* Dan. 2, 19. 5, 30.

לִילִית f. ein *Nachtgespenst*, das in Wüsten umherirrt Jes. 34. 14.

לַיִשׁ m. 1) *Löwe* Jes. 30, 6. Spr. 30, 30. Hiob 4, 11. 2) n. pr. m. 1 Sam. 25, 44. 2 Sam. 3, 15 Kri (wo Ktib לוּשׁ). 3) n. pr. mit He loc. לַיְשָׁה sidonitische Stadt an der Nordgrenze Palästinas Richt. 18, 7. 14. 27. 29, von Daniten erobert und דָּן genannt Richt. 18, 29; identisch mit לֶשֶׁם Jos. 19, 47; ein anderer Ort ist לַיְשָׁה Jes. 10, 30.

לָכַד* fut. יִלְכֹּד, suff. יִלְכְּדָהּ 3 pl. suff. יִלְכְּדֻהוּ— יִלְכְּדֻנוֹ (Spr. 5, 22); inf. suff. לְלָכְדָהּ, לְלָכְדֵנִי, imp. suff. לִכְדָהּ, pl. לִכְדוּ *greifen, fassen* daher a) von einem Netz, einer Schlinge, die Jemanden *fasst* Jer. 18, 22. Ps. 35, 8; von Sünden, die Jemanden *umstricken* Spr. 5, 22; ähnlich Hiob 5, 13. b) *gefangen nehmen* Jos. 11, 12. Richt. 7, 25. Jer. 5, 26. 2 Chr. 22, 9. 33, 11. c) *erobern* Num. 21, 32. Jos. 8, 19; *besetzen* Richt. 7, 24; *erbeuten* Deut. 2, 35. d) *treffen*, vom Loose, das auf Jemand. fällt Jos. 7, 14.

Nifal נִלְכַּד, fut. יִלָּכֵד, pass. des Kal: *verstrickt*, von einem Netze *festgehalten werden* Jes. 8, 15. 24, 18. Ps. 9, 16. 59, 13. Hiob 36, 8. Klagel. 4, 20; von einem gegebenen Versprechen Spr. 6, 2; *gefangen werden* Jer. 51, 56; *erobert werden* Jer. 38, 28. Zach. 14, 2; (vom Loose) *getroffen werden* Jos. 7, 16. 1 Sam. 10, 21. 14, 41.

Hitpael fut. יִתְלַכְּדוּ, ps. יִתְלַכָּדוּ *sich zusammenschliessen* (von den Schilden des Krokodil) Hiob 41, 9; von dem sich bildenden Eise Hiob 38, 30.

לֶכֶד m. ps. לָכֶד *Schlinge* Spr. 3, 26.

לְכָה imp. von הָלַךְ s. d. oder = לְךָ von לְ.

לֵכָה n. pr. Ort in Juda 1 Chr. 4, 21.

לָכִישׁ n. pr. Stadt in Juda Jos. 10, 3. 31. 12, 11. 2 Kön. 18, 14. Neh. 11, 30. 2 Chr. 11, 9.

לָכֵן s. כֵּן.

לֶכֶת inf. von הָלַךְ s. d.

[לֻלָאֹת] f. pl. לֻלָאֹת, cs. לֻלְאֹת *Schleife* Ex. 26, 4. 5.

לָלֶת zusammengez. aus לָלֶדֶת s. יָלַד.

לָמַד* fut. יִלְמַד, inf. suff. לָמְדִי, imp. לִמְדוּ *lernen* mit acc. d. Objects Deut. 5, 1. Jos. 2, 4. 29, 24; mit אֶל Jer. 10, 2; oder mit folgd. inf.

u. ל Deut. 14, 23. 17, 19. Ezech. 19, 3; ohne ל Jes. 1, 17. לְמוּדֵי מִלְחָמָה *kriegsgeübt* 1 Chr. 5, 18.

Piel לִמַּד–לִמֶּד, fut. יְלַמֵּד *lehren*, meist mit dopp. acc. Deut. 11, 19. Jer. 9, 13. Koh. 12, 9; mit ל der Person Hiob 21, 22; mit בְּ der Sache Jes. 40, 14; mit מִן der Sache Ps. 94, 12; mit inf. Jer. 9, 4; inf. und ל Jes. 48, 17; *einüben zu* etwas mit ל 2 Sam. 22, 35. Ps. 144, 1. מְלַמֵּד *Lehrer* Ps. 119, 99. Spr. 5, 13.

Pual pf. לֻמַּד, part. f. מְלֻמָּדָה, pl. cs. מְלֻמְּדֵי *gezähmt sein* (von einem Thiere) Jer. 31, 18. Hos. 10, 11; *angelernt sein* Jes. 29, 13; *geübt sein in* etwas (acc.) Hohel. 3, 8. 1 Chr. 25, 7.

לִמֻּד adj. u. subst. pl. לִמּוּדִים, cs. לִמֻּדֵי–לִמּוּדֵי 1) *gewöhnt an* etwas (acc.) Jer. 2, 24. 2) *geübt* Jer. 13, 23. 3) subst. *Schüler, Jünger* Jes. 8, 16. 50, 4. 54, 13. לְשׁוֹן לִמּוּדִים *Zunge der Geübten* = *geübte Zunge* Jes. 50, 4.

לְמַדַּי s. דַּי.

לָמָּה–לָמָה–לָמֶה u. s. w. s. מָה.

לְמוֹ = לָהֶם s. לְ.

לְמוֹאֵל n. pr. m. Spr. 31, 4 = לְמוּאֵל v. 1.

לִמּוּד s. לִמֻּד.

לֶמֶךְ n. pr. ps. לָמֶךְ 1) Sohn des Metusael Gen. 4, 18—24. 2) Sohn des Metuschelach (Metusalem) und Vater des Noah Gen. 5, 25—31. 1 Chr. 1, 3.

לְמַעַן s. מַעַן.

[לֹעַ] m. suff. לֹעֲךָ *Kehle* Spr. 23, 2.

*[לָעַב] Hifil part. pl. מַלְעִבִים *verspotten* mit בְּ 2 Chr. 36, 16.

*לָעַג fut. יִלְעַג· יִלְעֲגוּ *spotten* Spr. 1, 26. Hiob 11, 3; *verspotten* mit ל 2 Kön. 19, 21. Ps. 2, 4. 59, 9. Spr. 17, 5. Hiob 9, 23; mit pleon. pron. Ps. 80, 7.

Nifal part. cs. נִלְעַג *fremdländisch redend* Jes. 33, 19.

Hifil fut. יַלְעִגוּ, הַלְעִיג, part. pl. מַלְעִגִים *spotten* Hiob 21, 3; mit ל Ps. 22, 8. Neh. 2, 19; mit בְּ 2 Chr. 30, 10; mit עַל Neh. 3, 33.

[לָעֵג] adj. pl. cs. לַעֲגֵי 1) *fremdländisch redend* Jes. 28, 11. 2) *spottend*: לַעֲגֵי מָעוֹג *die um Kuchen (Leckerbissen) Spottenden, Schmarotzer* Ps. 35, 16.

לַעַג m. suff. לַעֲגָם *Spott* Ezech. 23, 32. 36, 4. Ps. 79, 4. 123, 4. Hiob 34, 7. זוּ לַעְגָּם *das ist der Spott, der sie trifft* Hos. 7, 16.

לַעְדָּה n. pr. m. 1 Chr. 4, 21.

לַעְדָּן n. pr. m. 1) 1 Chr. 7, 26. 2) 1 Chr. 23, 7. 8.

לָעָה s. לוּעַ.

*לָעַז part. לֹעֵז *fremdländisch* Ps. 114, 1.

*[לָעַט] Hifil imp. suff. הַלְעִיטֵנִי *schlingen lassen* Gen. 25, 30.

לַעֲנָה f. *Wermuth* Spr. 5, 4; als Bild des Unrechts Deut. 29, 17. Amos 5, 7. 6, 12; des Unglücks Jer. 9, 14. 23, 15. Klagel. 3, 15. 19.

לַפִּיד m. pl. לַפִּדִים–לַפִּידִים, cs. לַפִּידֵי 1) *Fackel* Gen. 15, 17. Richt. 7, 16. 15, 4. Jes. 62, 1. Dan. 10, 6. 2) *Blitz* Ex. 20, 15. Ezech. 1, 13. Hiob 41, 11.

לַפִּידוֹת (*Blitze*) n. pr. Mann der Prophetin Debora Richt. 4, 4.

לִפְנֵי s. פָּנִי.

*לָפַת fut. יִלְפֹּת *umschlingen* Richt. 16, 29.

Nifal fut. יִלָּפֵת *sich umbeugen* Rut 3, 8; *sich schlängeln* Hiob 6, 18.

לָצוֹן m. *Spott* Spr. 1, 22. אַנְשֵׁי לָצוֹן = לֵצִים *Spötter, Ruchlose* Jes. 28, 14. Spr. 29, 8.

לָצַץ s. לוּץ.

לַקּוּם n. pr. Ort in Naftali Jos. 19, 33.

*לָקַח pf. 3 sg. קַח (st. לָקַח Ezech. 17, 5), suff. קָחָם (st. לְקָחָם Hos. 11, 3), 2 sg. fem. לָקַחַתְּ (1 Kön. 14, 3) — לָקַחַת (Gen. 30, 15); fut. יִקַּח, suff. יִקָּחֵךְ יִקָּחֵהוּ–יִקָּחֶנּוּ יִקָּחֶהָ יִקָּחֶנָּה–אֶקַּח, אֶקְחָה, suff. אֶקָּחֵם; inf. קַחַת, suff. קַחְתִּי, imp. קַח (לְקַח Ex. 29, 1. Ezech. 37, 16. Spr. 20, 16)— קְחָה, suff. קָחֶם ;קְחִי (לִקְחִי 1 Kön. 17, 11), קְחוּ, suff. קָחֵהוּ *nehmen*, sowohl Sachen als Personen, gewöhnl. mit acc. Ex. 14, 6. Lev 8, 26; mit ל Jer. 40, 2; häufig dient es zur umständlicheren Einführung einer Begebenheit Gen. 8, 20. Lev. 8, 29. 30. 2 Sam. 18, 18. Fernere Nüancen: a) *wegnehmen* Gen. 5, 24. 27, 35. 31, 1. Hiob 12, 20; *wegführen* Gen. 14, 12. 1 Sam. 19, 14; *hinwegraffen* Jer. 15, 15. Ps. 49, 16. Spr. 24, 11; *fortreissen* Hiob 15, 12. b) *einnehmen* Richt. 11, 13. 2 Kön. 13, 25; bildlich (das Herz) *einnehmen, gewinnen* Spr. 6, 25. 11, 30. c) *eine Frau nehmen, heirathen* Gen. 36, 2. Ex. 6, 25. d) *annehmen* Richt. 13, 23.

1 Sam. 12, 3. Hiob 22, 22; *aufnehmen* Gen. 4, 11: *empfangen* Num. 23, 20. e) *holen, herbeibringen* Gen. 27, 9. 13; *abholen* 2 Kön. 18, 32. Amos 9, 3; *holen lassen* Gen. 20, 2. f) *kaufen, erwerben* 2 Sam. 4, 6. Spr. 31, 16. Neh. 10, 32.

Nifal נִלְקַח, fut. אֶלָּקַח *weggenommen werden* 1 Sam. 4, 11. 2 Kön. 2, 9. Ezech. 33, 6; *abgeholt werden* Est. 2, 8. 16.

Pual לֻקַּח, f. לֻקְּחָה, יֻקַּח *genommen werden* Gen. 2, 23. 3, 23. Jer. 29, 22; *weggenommen, weggeführt werden* Jes. 53, 8. Jer. 48, 46; *verkauft werden* Jes. 52, 5.

Hofal fut. יֻקַּח, תֻּקַּח *genommen werden* Hiob 28, 2; *geholt werden* Gen. 12, 15. 18, 4; *weggenommen werden* Jes. 49, 24.

Hitp. part. f. מִתְלַקַּחַת *um sich greifen* Ex. 9, 24. Ezech. 1, 4.

לֶקַח m. suff. לִקְחִי 1) *Lehre, Belehrung* Deut. 32, 2. Jes. 29, 24. Spr. 1, 5. Hiob 11, 4. 2) *einnehmendes Wesen* Spr. 7, 21.

לִקְחִי n. pr. m. 1 Chr. 7, 19.

לָקַט* fut. יִלְקֹט, inf. לְקֹט, imp. לִקְטוּ *aufsammeln, auflesen* Gen. 31, 46. Ex. 16, 18. Ps. 104, 28. Rut 2, 8.

Piel לִקֵּט, fut. אֲלַקְּטָה *aufsammeln, aufklauben* Lev. 19, 9. 10. Richt. 1, 7. Jes. 17, 5. Rut 2, 19; *sammeln, zusammenbringen* Gen. 47, 14.

Pual fut. תְּלֻקְּטוּ *gesammelt werden* Jes. 27, 12.

Hitp. fut. יִתְלַקְּטוּ *sich sammeln* Richt. 11, 3.

לֶקֶט m. *Aehrenlese* Lev. 19, 9. 23, 22.

לָקַק* fut. יָלֹק, pl. יָלֹקּוּ *lecken* Richt. 7, 5; *auflecken* 1 Kön. 21, 19. 22, 38.

Piel part. pl. מְלַקְקִים *lecken* Richt. 7, 6. 7.

[לִקֵּשׁ] Piel (denom. von לֶקֶשׁ) *Spätbeeren ablesen* Hiob 24, 6.

לֶקֶשׁ m. *Spätgras, Grummet* Amos 7, 1.

לְרָא s. יָרֵא.

[לְשַׁד] m. cs. לְשַׁד, suff. לְשַׁדִּי 1) *Saft, Mark* Ps. 32, 4. 2) *fetter Kuchen* Num. 11, 8.

לָשׁוֹן f. (selten m., z. B. Ps. 22, 16), cs. לְשׁוֹן, suff. לְשׁוֹנִי, pl. לְשֹׁנוֹת 1) *Zunge* Richt. 7, 5. Jes. 57, 4. Ps. 137, 6. Hiob 29, 10. Hohel. 4, 11. Klagel. 4, 4; nach der Gestalt der Zunge wird לָשׁוֹן gebraucht von a) *Goldbarren* Jos. 7, 21. b) von *Feuerflammen* Jes. 5, 24. c) von *Meerbusen* (*Meerzungen*) z. B. לְשׁוֹן יָם־הַמֶּלַח *der* (*nördliche*) *Einschnitt des todten Meeres in's Land* Jos. 18, 19; vgl. 15, 2. 5. לְשׁוֹן יָם־מִצְרַיִם *das rothe Meer* Jes. 11, 15. 2) *Sprache* (wie in den meisten Sprachen Zunge und Sprache dasselbe Wort haben) Gen. 10, 20. 31. Jes. 66, 18. Beide Bedeutungen spielen besonders in der dichterischen Sprache in einander über, indem die *Zunge* als das Hauptorgan der *Sprachthätigkeit* betrachtet wird; daher כְּבַד לָשׁוֹן (pl. כִּבְדֵי לָשׁוֹן) Ex. 4, 10 (Ezech. 3, 5) *schwer von Zunge.* אִישׁ לָשׁוֹן *ein vielrediger* (*verleumderischer*) *Mann* Ps. 140, 12. בַּעַל הַלָּשׁוֹן *beredt, beschwörungskundig* Koh. 10, 11.

לִשְׁכָּה f. cs. לִשְׁכַּת, mit He loc. לִשְׁכָּתָה, pl. לְשָׁכוֹת, cs. לִשְׁכוֹת *Zimmer, Zelle* 1 Sam. 9, 22. 2 Kön. 23, 11. Jer. 36, 21. Ezech. 40, 17. Neh. 10, 38. 13, 5 (vgl. נִשְׁכָּה).

לֶשֶׁם m. 1) Name eines Edelsteins (viell. *Opal*) Ex. 28, 19. 39, 12. 2) n. pr. einer Stadt = לַיִשׁ (s. d.) Jos. 19, 47.

[לָשַׁן] denom. von לָשׁוֹן.

Piel part. cs. מְלָשְׁנִי *verleumden* Ps. 101, 5 Kri (wo Ktib מְלוֹשְׁנִי von einer Poël-Form).

Hifil fut. תַּלְשֵׁן *verleumden* Spr. 30, 10.

לִשָּׁן aram. f. pl. emph. לִשָּׁנַיָּא *Sprache, Volk* Dan. 3, 4. 29.

לֶשַׁע n. pr. ps. לָשַׁע Stadt östlich vom todten Meere, später (wie man glaubt) *Kallirrhoe,* mit warmen Quellen Gen. 10, 19.

לֵת zusammenges. aus לֶדֶת s. יָלַד.

לֶתֶךְ m. ein Getreidemass Hos. 3, 2.

לְתַע s. נָתַע.

לָתֵת s. נָתַן.

מ

מָא aram. *was* מָא דִי *das was* Esra 6, 8.

[מַאֲבָס] m. pl. suff. מַאֲבֻסֶיהָ *Futterstall, Speicher* Jer. 50, 26.

מְאֹד m. suff. מְאֹדוֹ, מְאֹדֶךָ *Kraft, Vermögen* Deut. 6, 5. 2 Kön. 23, 25; meist aber adv. *sehr* Gen. 1, 31; verstärkt *gar sehr*: עַד מְאֹד Gen. 27, 33. עַד לִמְאֹד 2 Chr. 16, 14. מְאֹד מְאֹד Num. 14, 7. בִּמְאֹד מְאֹד Gen. 17, 2.

מֵאָה f. cs. מְאַת, pl. מֵאוֹת (מֵאָיוֹת 2 Kön. 11, 4. 9 Ktib), dual. מָאתַיִם *hundert* Gen. 5, 5. 6, 3. 11, 10. 23; das subst. folgt im sing. Gen. 17, 17. 1 Kön. 7, 2; oder im pl. Gen. 26, 12. 2 Sam. 14, 26; selten nach dem subst. Ezech. 42, 2. Esra 2, 69. 2 Chr. 3, 16; als unbestimmt grosse Zahl Lev. 26, 8. Spr. 17, 10. Koh. 8, 12; *der hundertste Theil (ein Procent)* Neh. 5, 11 (vgl. Richt. 20, 10); eine *Abtheilung von Hundert (Centurie)* Ex. 18, 21. Num. 31, 14. Deut. 1, 15. 2 Sam. 18, 4. (Vgl. מִגְדָּל).

מְאָה aram. dual. מָאתַיִן *hundert*, dem subst. nachgesetzt Dan. 6, 2. Esra 6, 17.

מְאוּזָל s. אָזַל.

[מַאֲוַי] m. pl. cs. מַאֲוַיֵּי *Wunsch, Begehr* Ps. 140, 9.

מְאוּם 1) = מוּם *Fehler* Dan. 1, 4. 2) = מְאוּמָה (s. d.) Hiob 31, 7.

מְאוּמָה (zusammenges. aus מָה אוֹ מָה) *etwas, irgend etwas* Num. 22, 38. 2 Kön. 5, 20. Hiob 31, 7 (wo es verkürzt ist in מאום); mit der Negation: *nichts*. וְלֹא יָדַע אִתּוֹ מְאוּמָה *er nahm bei ihm von nichts Kenntniss* Gen. 39, 9. Deut. 13, 18. Richt. 14, 6. 1 Sam. 21, 3. 1 Kön. 18, 43; verstärkt אֵין ... כָּל־מְאוּמָה *gar nichts* Gen. 39, 23.

מָאוֹס m. *Wegwurf* Klagel. 3, 45.

מָאוֹר m. cs. מְאוֹר, pl. מְאֹרֹת—מְאוֹרֹת cs. מְאוֹרֵי 1) *das Leuchten, Beleuchtung* (als Bestimmung der מְנֹרָה u. des שֶׁמֶן) Ex. 25, 6. 35, 14. מְאוֹר עֵינַיִם *Augenlicht = heiteres Aussehen* Spr. 15, 30. מְאוֹר פָּנֶיךָ *Licht deines Angesichts*, als Bild der Allwissenheit Gottes Ps. 90, 8. 2) *leuchtender Körper, Leuchte* Gen. 1, 14—16. Ezech. 32, 8.

מְאוּרָה f. cs. מְאוּרַת *Lichtöffnung, Loch* Jes. 11, 8.

[מֹאזֵן] m. dual. מֹאזְנַיִם, cs. מֹאזְנֵי *Wagschale* Lev. 19, 36. Jes. 40, 12. Ps. 62, 10. Hiob 31, 6.

[מֹאזֵן] aram. dual. emph. מֹאזַנְיָא *Wagschale* Dan. 5, 27.

מַאֲכָל m. cs. מַאֲכַל, suff. מַאֲכָלְךָ, מַאֲכַלְכֶם *das Essen* Gen. 2, 9. עֵץ מַאֲכָל *ein Baum mit essbaren Früchten* Lev. 19, 23. Ezech. 47, 12; *Speise* Gen. 40, 17. Spr. 6, 8. Dan. 1, 10.

מַאֲכֹלֶת f. *das Verzehren* Jes. 9, 4. 18 (vgl. מַכֹּלֶת).

מַאֲכֶלֶת f. pl. מַאֲכָלוֹת *Schlachtmesser* Gen. 22, 6. 10. Richt. 19, 29. Spr. 30, 14.

[מַאֲמָץ] m. pl. cs. מַאֲמַצֵּי־כֹחַ *angestrengte Kraft* Hiob 36, 19.

מַאֲמָר m. cs. מַאֲמַר *Befehl* Est. 1, 15. 2, 20. 9, 32.

מֵאמַר aram. m. *Ausspruch* Dan. 4, 14. Esra 6, 9.

*[מָאֵן] Piel pf. מֵאֵן, f. מֵאֲנָה, fut. יְמָאֵן, inf. מָאֵן *sich weigern* Gen. 39, 8. 48, 19; es folgt inf. mit לְ Gen. 37, 35. Ex. 7, 14. 22, 16. Jer. 5, 3 und ohne לְ Num. 20, 21. 22, 14. Jer. 3, 3. 5, 3. 9, 5. 50, 33. Ps. 77, 3.

מָאֵן adj. *sich weigernd*. אִם מָאֵן אַתָּה *wenn du dich weigerst* Ex. 7, 27. 9, 2. 10, 4. Jer. 38, 21.

[מֵאֵן] adj. pl. מֵאֲנִים *sich weigernd* Jer. 13, 10.

[מָאן] aram. pl. emph. מָאנַיָּא, cs. מָאנֵי *Gefäss* Dan. 5, 2. 3. 23. Esra 5, 14. 7, 19.

*מָאַס pf. 3 sg. suff. מְאָסָם, fut. אֶמְאַס, suff. אֶמְאָסְאךָ (Hos. 4, 6) *verschmähen, verwerfen* (Gegentheil v. בָּחַר) meist mit acc. Lev. 26, 44. Num. 11, 20. Jes. 8, 6; auch mit בְּ Lev. 26, 15. 43. Num. 14, 31. Jer. 6, 19. Ps. 106, 24.

Nifal pf. נִמְאַס, fut. תִּמָּאֵס *verschmäht werden* Jes. 54, 6. Jer. 6, 30. Ps. 15, 4 (יִמָּאֵס Hiob 7, 5 u. יִמָּאֲסוּ Ps. 58, 8 = יִמַּס u. יִמַּסּוּ v. מָסַס s. d.).

מַאֲפֶה m. cs. מַאֲפֵה *Gebackenes* Lev. 2, 4.

מַאֲפֵל m. *Finsterniss* Jos. 24, 7.

מַאְפֵּלְיָה f. *dichte Finsterniss* (die Verstärkung liegt im angehängten יָה (s. d.) Jer. 2, 31.

[מָאַר] Hifil part. מַמְאִיר, f. מַמְאֶרֶת *stechen, schmerzen* Lev. 13, 51. 52. 14, 44. Ezech. 28, 24.

מָאֹר s. מָאוֹר.

מַאֲרָב m. cs. מַאֲרַב *Hinterhalt* (Ort desselben) Jos. 8, 9. Richt. 9, 35. Ps. 10, 8; (die in den Hinterhalt Gestellten) 2 Chr. 13, 13.

מְאֵרָה (v. אָרַר), f. cs. מְאֵרַת, pl. מְאֵרוֹת *Fluch* Deut. 28, 20. Mal. 2, 2. 3, 9. Spr. 3, 33. 28, 27.

[מִבְדָּל] adj. f. pl. מִבְדָּלוֹת *abgesondert, einzeln* Jos. 16, 9 (es ist die Rede von Enclaven des St. Efraim in Manasse).

מָבוֹא m. cs. מְבוֹא, suff. מְבוֹאֲךָ ,מְבֹאוֹ, pl. cs. מְבוֹאֵי—מְבוֹאֹת *das Hineingehen* (entspr. dem מוֹצָא s. d.) 2 Sam. 23, 5 Ktib; *Eingang* (in ein Haus, eine Stadt) Richt. 1, 24. Jer. 38, 14. Ezech. 46, 19. כִּמְבוֹא עָם *wie eine Volksversammlung* Ezech. 33, 31. מְבוֹא הַשֶּׁמֶשׁ *Sonnenuntergang, Westen* Deut. 11, 30. Jos. 1, 4. Ps. 50, 1. כִּמְבוֹאֵי עִיר *wie man eingeht in eine Stadt* Ezech. 26, 10. מְבוֹאֹת יָם *Einfahrten vom Meer her, Buchten* Ezech. 27, 3. עַד לְבֹא = עַד לִמְבוֹא *bis da, wo man kommt nach ...* 1 Chr. 4, 39.

מְבוּכָה f. suff. מְבוּכָתָם *Verwirrung, Bestürzung* Jes. 22, 5. Micha 7, 4.

מַבּוּל m. *Fluth, Sintfluth* Gen. 6, 17 ff.; von *grosser Wassermasse* überhaupt Ps. 29, 10.

מְבוּסָה f. *Niedertretung* Jes. 18, 2. 7. 22, 5.

מַבּוּעַ m. pl. cs. מַבּוּעֵי *Quell* Jes. 35, 7. 49, 10; bildl. *Lebensquell* Koh. 12, 6.

מְבוּקָה f. *Verödung* Nah. 2, 11.

[מָבוֹשׁ] m. pl. suff. מְבֻשָׁיו *Schamtheile* Deut. 25, 11.

מִבְחוֹר m. *das Auserlesene, das Beste.* Man sagt: עִיר מִבְחוֹר *die beste Stadt* 2 Kön. 3, 19 u. מִבְחוֹר בְּרֹשָׁיו *die besten Cypressen* 2 Kön. 19, 23.

מִבְחָר m. cs. מִבְחַר, pl. suff. מִבְחָרָיו *das Auserlesene, Beste.* מִבְחַר שָׁלִשָׁיו *seine besten Hauptleute* Ex. 15, 4. Gen. 23, 6. Deut. 12, 11. Jer. 48, 15. עַם מִבְחָרָיו *sein auserlesenes Volk* Dan. 11, 15.

מַבָּט m. suff. מַבָּטָהּ ,מַבָּטֵנוּ *Aussicht, Hoffnung* Jes. 20, 5. 6. Zach. 9, 5.

מִבְטָא m. *unbedachter Ausspruch* Num. 30, 7. 9.

מִבְטָח m. cs. מִבְטַח, suff. מִבְטַחִי—מִבְטָחִי, מִבְטַחָה (ohne Mappik), מִבְטָחָם, pl. מִבְטַחִים, suff. מִבְטַחַיִךְ *Verlass, Vertrauen* Ezech. 29, 16. Spr. 14, 26. 22, 19. 25, 19; *Gegenstand des Vertrauens* Jer. 2, 37. 17, 7. 48, 13. Ps. 40, 5. 65, 6. Hiob 8, 14. 18, 14. 31, 24. מִשְׁכְּנוֹת מִבְטַחִים *sichere Wohnungen* Jes. 32, 18.

מַבְלִיגִית f. *Erheiterung* Jer. 8, 18.

מִבְנֶה m. cs. מִבְנֵה *Bau* Ezech. 40, 2.

מְבֻנַּי n. pr. m. 2 Sam. 23, 27 = סִבְּכַי s. d.

מִבְצָר m. cs. מִבְצַר, pl. מִבְצָרִים ,מִבְצָרוֹת (Dan. 11, 15), cs. מִבְצְרֵי, suff. מִבְצָרַיִךְ ,מִבְצְרֵיכֶם 1) *Befestigung* Jes. 17, 3. Amos 5, 9. עִיר מִבְצָר *Festung* 1 Sam. 6, 18; pl. עָרֵי מִבְצָר Num. 32, 36. Jer. 5, 17. 2) *Erz* (wie בֶּצֶר) Jer. 6, 27. 3) n. pr. eines Edomiterfürsten Gen. 36, 42. 1 Chr. 1, 53. 3) מִבְצַר־צֹר n. pr. Ort in Ascher Jos. 19, 29. 2 Sam. 24, 7.

מִבְרָח m. pl. suff. מִבְרָחָיו *Flüchtling* Ezech. 17, 21 Kri (Ktib מִבְרָחוֹ).

מְבֻשִׁים s. מָבוֹשׁ.

מִבְשָׂם (*Wohlgeruch*) n. pr. 1) Sohn des Ismael Gen. 25, 13. 1 Chr. 1, 29. 2) 1 Chr. 4, 25.

[מְבַשְּׁלָה] f. pl. מְבַשְּׁלוֹת *Feuerheerd, Kochheerd* Ezech. 46, 23.

מָג m. *Magier*, bei den Persern und Medern Jer. 39, 3.

מַגְבִּישׁ n. pr. eines Ortes Esra 2, 30.

[מִגְבָּלָה] f. pl. מִגְבָּלֹת *Geflochtenes, Schnur* Ex. 28, 14.

[מִגְבָּעָה] f. pl. מִגְבָּעוֹת *spitzer Hut* (der gemeinen Priester) Ex. 28, 40. 29, 9. 39, 28. Lev. 8, 13.

מֶגֶד m. pl. מְגָדִים, suff. מְגָדָיו *Kostbarkeit, kostbare Frucht* Deut. 33, 13—16. Hohel. 4, 13. 16. 7, 14.

מְגִדּוֹן—מְגִדּוֹ (Zach. 12, 11) n. pr. Stadt in Westmanasse Jos. 12, 21. 17, 11. Richt. 1, 27. 1 Kön. 9, 15. 2 Kön. 9, 27. 2 Chr. 35, 22. מֵי מְגִדּוֹ *das Megiddo-Wasser*, d. h. *der Kischon* Richt. 5, 19.

מִגְדֹּל—מִגְדּוֹל n. pr. Stadt im Norden Aegyptens Ex. 14, 2. Num. 33, 7. Jer. 44, 1. 46, 14. 2) = מִגְדָּל *Thurm* 2 Sam. 22, 51 Kri.

מַגְדִּיאֵל (*Gott ist kostbar*) n. pr. eines edomitischen Fürsten Gen. 36, 43. 1 Chr. 1, 54.

מִגְדָּל m. cs. מִגְדַּל, pl. מִגְדָּלִים u. מִגְדָּלוֹת, suff. מִגְדָּלֶיהָ, מִגְדְּלֹתַיִךְ *Thurm* Gen. 11, 4. 5. Jes. 5, 2. 33, 18. Ezech. 26, 9. 27, 11. Ps. 48, 13; *Burg, Castell* Richt. 8, 9. 9, 46. 2 Kön. 9, 17. 2 Chr. 26, 9. 27, 4; bildlich: *Schutz* Ps. 61, 4. Spr. 18, 10. Geogr. Bezeichnungen: 1) מִגְדַּל-עֵדֶר (*Heerdenthurm*) a) nicht weit von Betlehem Gen. 35, 21. b) Thurm in Jerusalem Micha 4, 8. 2) מִגְדַּל-אֵל (*Gottesthurm*) Ort in Naftali Jos. 19, 38. 3) מִגְדַּל-גָּד Ort in Juda Jos. 15, 37. 4) מִגְדַּל הַלְּבָנוֹן Castell im Libanon Hohel. 7, 5. Von Thürmen Jerusalems werden noch genannt: מִגְדַּל חֲנַנְאֵל Zach. 14, 10. Neh. 3, 1; מִגְדַּל הַתַּנּוּרִים Neh. 3, 11. 12, 38; מִגְדַּל הַמֵּאָה Neh. 3, 1. 12, 39; מִגְדַּל דָּוִיד Hohel. 4, 4.

מגדל s. מִגְדּוֹל.

[מִגְדָּנָה] f. pl. מִגְדָּנוֹת *Kostbarkeit* Gen. 24, 53. Esra 1, 6. 2 Chr. 21, 3. 32, 23.

מָגוֹג n. pr. Sohn des Jafet und Volk im Nordosten Europas, wahrscheinlich *Scythen* Gen. 10, 2. Ezech. 38, 2. 39, 6. 1 Chr. 1, 5.

מָגוֹר m. *Schrecken* Jes. 31, 9. Jer. 6, 25. 20, 4. Ps. 31, 14.

מָגוֹר m. suff. מְגוּרָם, pl. cs. מְגוּרֵי, suff. מְגוּרַיִךְ, מְגוּרֵיהֶם 1) *Aufenthalt, Wohnung* Gen. 17, 8. 36, 7. 37, 1. Ps. 55, 16. Hiob 18, 19. 2) *Schreckniss* Klagel. 2, 22. (מְגוּרֵי Ezech. 21, 17 s. מָגַר).

מְגוֹרָה f. cs. מְגוֹרַת *Schreckniss* Spr. 10, 24.

מְגוּרָה f. pl. suff. מְגוּרֹתָם, מְגוּרוֹתַי 1) *Schreckniss* Jes. 66, 4. Ps. 34, 5. 2) *Tenne* Hag. 2, 19.

[מַגְזֵרָה] f. pl. cs. מַגְזְרוֹת *Axt, Beil* 2 Sam. 12, 31.

מַגָּל m. *Sichel* Jer. 50, 16. Joel 4, 13.

מְגִלָּה f. cs. מְגִלַּת *Rolle* Jer. 36, 6. Ezech. 3, 1. Zach. 5, 1. מְגִלַּת סֵפֶר *Buch* Jer. 36, 2. Ezech. 2, 9. Ps. 40, 8.

מְגִלָּה aram. f. *Rolle* Esra 6, 2.

מְגַמָּה f. cs. מְגַמַּת *Streben, Verlangen* Hab. 1, 9.

*__[מָגַן]__ Piel מִגֵּן, fut. suff. אֲמַגֶּנְךָּ, תְּמַגְּנֶךָּ 1) *übergeben, preisgeben* Gen. 14, 20. Hos. 11, 8. 2) *beschenken* mit accus. der Person und der Sache Spr. 4, 9.

מָגֵן (v. גָּנַן) m. (nur 1 Kön. 10, 17 f.) suff. מָגִנִּי, pl. מָגִנִּים — מָגִנּוֹת, cs. מָגִנֵּי, suff. מָגִנָּיו *Schild*, als Schutzwaffe des Kriegers Richt. 5, 8. 1 Kön. 14, 26. 2 Chr. 23, 9. 32, 27; kleiner als צִנָּה 1 Kön. 10, 16. 17. אִישׁ מָגֵן *Gewaffneter* Spr. 6, 11. 24, 34; auch von den *Rückenschilden* des Krokodil Hiob 15, 26. Sehr häufig wird מָגֵן von Gott, dem *Beschützer*, gebraucht Gen. 15, 1. Deut. 33, 29. 2 Sam. 22, 31. Ps. 3, 4. Spr. 30, 5. מָגִנֵּי אֶרֶץ *Beschützer des Landes* = *Grosse, Mächtige* Hos. 4, 18. Ps. 47, 10.

מְגִנָּה f. cs. מְגִנַּת *Verhüllung, Verblendung* Klagel. 3, 65.

מִגְעֶרֶת f. *Verwünschung, Fluch* Deut. 28, 20.

מַגֵּפָה (v. נָגַף) f. cs. מַגֵּפַת, pl. suff. מַגֵּפֹתַי *Plage* Ex. 9, 14. 1 Sam. 6, 4. Zach. 14, 12; *Niederlage* 1 Sam. 4, 17. 2 Sam. 17, 9. 18, 7; gewöhnlich *Pest* Num. 14, 37. 17, 15. 2 Sam. 24, 21. Ps. 106, 29. 1 Chr. 21, 17.

מַגְפִּיעָשׁ n. pr. m. Neh. 10, 21.

*__מָגַר__ part. II pl. cs. מְגוּרֵי *preisgeben* Ezech. 21, 17.

Piel pf. 2 sg. מִגַּרְתָּה *zu Boden strecken* Ps. 89, 45.

[מְגַר] aram. Pael fut. יְמַגַּר *zu Boden strecken* Esra 6, 12.

מְגֵרָה f. pl. מְגֵרוֹת *Säge* 2 Sam 12, 31. 1 Kön. 7, 9. 1 Chr. 20, 3.

מִגְרוֹן n. pr. Stadt in Benjami : 1 Sam. 14, 2. Jes. 10, 28.

[מִגְרָעָה] f. pl. מִגְרָעוֹת *Absatz, Verkürzung* 1 Kön. 6, 6.

[מֶגְרָפָה] f. pl. suff. מֶגְרְפֹתֵיהֶם *Erdscholle* Joel 1, 17.

מִגְרָשׁ m. cs. מִגְרַשׁ, suff. מִגְרָשָׁהּ, pl. (ps.) מִגְרָשׁוֹת, cs. מִגְרְשֵׁי, suff. מִגְרָשֶׁיהָ, מִגְרְשֵׁיהֶם *Bezirk, Weichbild* um eine Stadt, zunächst zum Austreiben der Heerden bestimmt Lev. 25, 34. Num. 35, 2. 4. Jos. 21, 11. Ezech. 48, 15. 1 Chr. 6, 40. עָרֵי מִגְרְשֵׁיהֶם *ihre* (der Leviten)

Bezirksstädte 1 Chr. 13, 2; dann überhaupt *freier Platz um eine Stadt* oder *ein Haus* Ezech. 45, 2. 48, 17; *Küste* Ezech. 27, 28.

[מַד] I. m. suff. מַדּוֹ, pl. suff. מַדָּיו *Obergewand* 1 Sam. 4, 12. Ps. 109, 18; pl. *Waffenrock* Richt. 3, 16. 1 Sam. 17, 38. 39. 18, 4 (vgl. מֶדֶו).

[מַד] II. m. suff. מִדּוֹ, מִדָּה, pl. מִדִּין, suff. מִדֶּיךָ 1) *Gewand* Lev. 6, 3. 2 Sam. 20, 8 (an welchen Stellen מִדּוֹ n. E. stat. cs. ist). 2) *Teppich*, als Sitz Vornehmer Richt. 5, 10. 3) *Maass* Jer. 13, 25. Hiob 11, 9 (vgl. מִדָּה).

מָדָאָה s. מָדַי.

מַדְבַּח aram. m. emph. מַדְבְּחָא *Altar* Esra 7, 17.

מִדְבָּר m. mit He loc. מִדְבָּרָה, cs. מִדְבַּר, mit He loc. מִדְבָּרָה, suff. מִדְבָּרֵךְ, מִדְבָּרָהּ 1) *Trift*, *Weideplatz*, *Steppe* Jer. 9, 9. 23, 10. Joel 1, 19. 2, 22. Ps. 65, 13. 78, 52. 2) eigentl. *Wüste*, *Einöde* Richt. 8, 7. Jes. 35, 1; mit dem Art. ist meist die *arabische Wüste* Gen. 14, 6. Ex. 3, 1. Deut. 11, 24 oder die dem Redenden zunächst liegende *Wüste* Hohel. 3, 6 gemeint; sonst werden die einzelnen Theile durch spezielle Zusätze bezeichnet (die unter den diesen Zusatz betreffenden Artikeln zu finden sind). 2) *Sprachwerkzeug*, *Mund* Hohel. 4, 3.

מָדַד pf. 1 sg. וּמַדּוֹתִי, 2 pl. מַדֹּתֶם, fut. וַיָּמֹד, הֲתָמֹד, pl. תָּמֹדּוּ, יָמֹדּוּ, inf. מֹד *messen, abmessen* Ex. 16, 18. Num. 35, 5. Jes. 40, 12. 65, 7. Ezech. 45, 3. Zach. 2, 6. Rut 3, 15.

Nifal fut. יִמַּד, יִמַּדּוּ *gemessen werden* Jer. 31, 37. 33, 22. Hos. 2, 1.

Piel fut. יְמַדֵּד *ausmessen* (als Herrscher) Ps. 60, 8. 108, 8; *abmessen*, *abzählen* 2 Sam. 8, 2 (מִדַּד Hiob 7, 4 ist subst. s. d.).

Poel fut. וַיְמֹדֵד *ausmessen* (mit dem Blick als Herrscher) Hab. 3, 6.

Hitp. fut. יִתְמֹדֵד *sich lang hinstrecken* 1 Kön. 17, 21.

מִדַּד (v. נָדַד) *das Entfliehen.* וּמִדַּד־עָרֶב *wann entweicht die Nacht?* Hiob 7, 4.

מִדָּה f. cs. מִדַּת, pl. מִדּוֹת, suff. מִדֹּתָיו 1) *Ausdehnung.* אִישׁ מִדָּה *ein riesenhafter Mann* 1 Chr. 11, 23. 20, 6; pl. אַנְשֵׁי מִדּוֹת *Riesen* Num. 13, 32. בֵּית מִדּוֹת *ein grosses Haus* Jer. 22, 14. 2) *Maass* Lev. 19, 35. Hiob 28, 25; *Zahl* Ps. 39, 5. 3) *Steuer*, *Abgabe* Neh. 5, 4. 4) = מַד *Oberkleid* Ps. 133, 2.

מִדָּה aram. f. cs. מִדַּת *Steuer, Abgabe* Esra 4, 20. 6, 8 (vgl. מִנְדָּה).

מַדְהֵבָה f. *Golderpresserin*, Bezeichnung Babylon's Jes. 14, 4.

[מֶדֶו od. מַדְוֶה] m. pl. suff. מַדְוֵיהֶם *Obergewand* 2 Sam. 10, 4. 1 Chr. 19, 4 (vgl. מַד I).

מַדְוֶה m. cs. מַדְוֵה, pl. cs. מַדְוֵי *Krankheit* Deut. 7, 15. 28, 60.

[מַדּוּחַ] m. pl. מַדּוּחִים *Verführung* Klagel. 2, 14.

מָדוֹן m. pl. מְדוֹנִים (Ktib, wofür Kri stets מִדְיָנִים) 1) *Zank, Streit* Hab. 1, 3. Spr. 15, 18; adject. *zänkisch* Jer. 15, 10. Spr. 21, 9. 26, 21. 2) *Gegenstand des Streites* Ps. 80, 7. 3) = מִדָּה *Ausdehnung.* אִישׁ מָדוֹן *ein riesenhafter Mann* 2 Sam. 21, 20 Kri (wo Ktib מִדִּין in derselben Bedeutung). 4) n. pr. Stadt im Norden Palästina's Jos. 11, 1. 12, 19.

מַדּוּעַ adv. *warum? aus welchem Grunde?* Gen. 26, 27. 40, 7. Ex. 3, 3. מַדֻּעַ Ezech. 18, 19.

מְדוֹר aram. s. מְדָר.

מְדוּרָה f. suff. מְדֻרָתָהּ *Holzstoss* Jes. 30, 33. Ezech. 24, 9.

מִדְחֶה m. *Sturz* Spr. 26, 28.

[מַדְחֵפָה] f. pl. מַדְחֵפֹת *Stoss, Schlag* Ps. 140, 12.

מָדַי n. pr. *Medien* Gen. 10, 2. 2 Kön. 17, 6. 18, 11. Jes. 13, 17. 21, 2. Jer. 51, 11. Est. 1, 3; n. gent. מָדִי *Meder* Dan. 11, 1.

מָדַי aram. *Medien* Esra 6, 2; n. gent. emph. מָדָאָה Dan. 6, 1 Kri (wofür Ktib מָדָיָא).

מִדִּין Richt. 5, 10 s. מַד II. 2) 2 Sam. 21, 20 Ktib s. מָדוֹן. 3) n. pr. Stadt in Juda Jos. 15, 61.

מִדְיָן 1) m. nur pl. מִדְיָנִים, cs. מִדְיְנֵי *Streit, Zank*; steht ausser Spr. 18, 18. 19, 13 stets im Kri statt des Ktib מְדוֹנִים s. d. 2) n. pr. des Sohnes Abraham's und der Ketura Gen. 25, 2 und eines arabischen Stammes und Landes, *Midjan*, *Midjaniter*, im Ostjordanlande, am Sinai und im peträischen Arabien Ex. 2, 15. 22, 4. Jos. 13, 21. Richt. 8, 22. 1 Kön. 11, 18. Jes. 9, 3. 10, 26; n. gent. מִדְיָנִי Num. 10, 29; f. מִדְיָנִית Num. 25, 6; pl. m. מִדְיָנִים Gen. 37, 28. Vgl. מְדָן.

[מְדִינָא] aram. f. emph. מְדִינְתָּא, cs. מְדִינַת,

pl. מְדִינָן, emph. מְדִינְתָּא *Provinz* Dan. 2, 48. 3, 2 Esra 5, 8. 7, 16; *Landschaft* Esra 4, 15.

מְדִינָה f. pl. מְדִינוֹת *Gerichtsbezirk*, *Provinz* (*Satrapie*) 1 Kön. 20, 14. Est. 1, 1; *Land* überhaupt Ezech. 19, 8. Klagel. 1, 1. Koh. 2, 8.

מְדֹכָה (v. דוּךְ) f. *Mörser* Num. 11, 8.

מַדְמֵן (*Düngerhaufen*) n. pr. Ort in Moab Jer. 48, 2.

מַדְמַנָּה n. pr. Stadt in Juda Jos. 15, 31.

מַדְמֵנָה 1) f. *Düngerhaufen* Jes. 25, 10. 2) n. pr. Ort in Benjamin Jes. 10, 31.

מְדָן 1) m. nur pl. מְדָנִים *Zank*, *Streit* Spr. 6, 14 (Ktib). 19. 10, 12. 2) n. pr. Sohn Abraham's u. der Ketura Gen. 25, 2; die Nachkommen מְדָנִים identisch mit מְדָנִים Gen. 37, 36.

מַדָּע m. suff. מַדָּעֲךָ *Einsicht*, *Verstand* Dan. 1, 4. 17. 2 Chr. 1, 10—12; *Gedanke* Koh. 10, 20.

מֹדַע s. מוֹדָע.

[מֹדַעַת] m. suff. מֹדַעְתָּנוּ *Bekannter* Rut 3, 2.

מַדְקֵרָה f. pl. cs. מַדְקְרוֹת *Durchbohrung*, *Verwundung* Spr. 12, 18.

מְדָר aram. m. suff. מְדָרֵךְ, מְדוֹרֵהּ, מְדָרְהוֹן *Wohnung*, *Aufenthalt* Dan. 2, 11. 4, 22. 29. 5, 21.

מַדְרֵגָה f. pl. מַדְרֵגוֹת *Felsensteig*, *Höhe* Ezech. 38, 20. Hohel. 2, 14.

מְדֻרָה s. מְדוּרָה.

מִדְרָךְ m. cs. מִדְרַךְ *der Ort, auf den man tritt* Deut. 2, 5.

מִדְרָשׁ m. cs. מִדְרַשׁ *Erklärung*, (*erweiternde*) *Bearbeitung* 2 Chr. 13, 22. 24, 27.

מְדֻשָׁה f. suff. מְדֻשָׁתִי das *Gedroschene*, d. h. *Misshandelte* (scil. Volk) Jes. 21, 10.

מָה—מֶה—מַה [מַד־] zunächst in Pausa u. vor א und ר z. B. מָה אָמַר Ex. 3, 13. מֶה־רָאוּ Est. 9, 26; zuweilen auch vor ה z. B. מָה הָעֲבֹדָה Ex. 12, 26 (מָהֵם statt מָה הֵם Ezech. 8, 6) und vor ע z. B. מֶה עֲמָדִי Gen. 31, 32. מַה־ ist die normale Form; mit folgd. Dagesch forte מַה־פִּשְׁעִי Gen. 31, 36; fliesst auch mit dem folgenden Worte zusammen, wie מַזֶּה Ex. 4, 2. מַלָּכֶם Jes. 3, 15. מַתְּלָאָה Mal. 1, 13. לְמַבָּרִאשׁוֹנָה 1 Chr. 15, 13. מֶה steht gewöhnl. vor הָ, עָ, חָ und auch sonst bei nicht enger Verbindung mit dem folg. Worte, od. zu Anfang längerer Sätze 2 Kön. 1, 7. Jes. 1, 5. Jer. 8, 9. Ps. 4, 3. 10, 13] 1) pron. interrog. *was?* sowohl in directer Frage Gen. 37, 15 als im abhängigen Satze, wo es in das relativ übergeht Gen. 37, 20; daher als relativ מָה רְאִיתֶם *was ihr sehet* Richt. 9, 48 und mit der Negation *nichts* Spr. 9, 13 und als pron. indef. *was es immer sei* 2 Sam. 18, 22; in der rhetorischen Frage (auf die man keine Antwort erwartet) Gen. 37, 10. 26. 44, 16; daher wie eine Negation מַה־מִּנִּי יַהֲלֹךְ *geht er etwa von mir?* Hiob 16, 6. 31, 1. Hohel. 8, 4. Aehnliche Fragen sind: מַה־לִּי וָלָךְ *was habe ich mit dir zu schaffen?* Richt. 11, 12. מַה־לִּי וְלָכֶם 2 Sam. 16, 10. מַה־לְּךָ וּלְשָׁלוֹם *was hast du vom Frieden zu reden?* 2 Kön. 9, 18. מַה־לָּךְ לְדֶרֶךְ מִצְרַיִם *was hast du zu thun auf dem Wege nach Aegypten?* Jer. 2, 18. מַה־לַתֶּבֶן אֶת־הַבָּר *wie kommt das Stroh unter das Korn?* Jer. 23, 28. 2) adverb. interrog. *wie?* Gen. 44, 16; beim Ausruf: מַה־נּוֹרָא *wie furchtbar!* Gen. 28, 17. Num. 24, 5; *warum?* Ex. 14, 15.

Zusammensetzungen: a) בַּמֶּה *woran?* Gen. 15, 8; *worin?* Richt. 16, 5; *in wie fern?* Mal. 1, 2; *weshalb?* 2 Chr. 7, 21. b) כַּמָּה *wie viel?* Gen. 47, 8; *wie gross?* Zach. 2, 6; *wie oft!* Hiob 21, 17. c) לָמָּה (לָמָה) Hiob 7, 20; לָמֶה 1 Sam. 1, 8; לָמָּה Ps. 42, 10. 43, 2 und vor א, ח u. ע [auch von יְהוָה] mit Ausnahme von 2 Sam. 2, 22. 14, 31. Ps. 49, 6) *warum?* (meist als rhetorische Frage) Gen. 4, 6. Ex. 2, 13; im abhängigen Satze 1 Sam. 6, 3; *wozu?* (in die Negation übergehend) Gen. 27, 48. Ex. 32, 11. 12. 1 Sam. 6, 6. Ps. 49, 6. Spr. 5, 20. Koh. 5, 5; verstärkt: לָמָּה זֶּה *wozu denn?* Ex. 5, 22; ebenso: אֲשֶׁר לָמָּה *denn wozu?* (= *damit nicht*) Dan. 1, 10 und שַׁלָּמָה Hohel. 1, 7. d) עַד־מָה *bis wann? wie lange noch?* Ps. 4, 3. 74, 9; *warum?* Ps. 79, 5; *gar bald* Num. 24, 22. e) עַל־מָה *wesshalb, aus welchem Grunde?* Deut. 29, 23. Jer. 9, 11.

מָה aram. *was?* Dan. 4, 32; *was* Dan. 2, 22. מָה דִי *das was* Esra 7, 18; כְּמָה *wie!* Dan. 3, 33. לְמָה Esra 4, 22 und דִי לְמָה Esra 7, 23. *dass nicht.*

*[מָהַהּ] Hitpalpel pf. 1 sg. ps. הִתְמַהְמָהְתִּי, fut. יִתְמַהְמַהּ, inf. הִתְמַהְמַהּ, imp. pl. הִתְמַהְמְהוּ *zögern*, *verziehen* Gen. 19, 16. 43, 10. Ex. 12, 39.

Richt. 3, 26. 19, 8. 2 Sam. 15, 28. Jes. 29, 9. Hab. 2, 3. Ps. 119, 60.

מְהוּמָה f. cs. מְהוּמַת, pl. מְהוּמֹת *Unruhe* Spr. 15, 16. 2 Chr. 15, 5; *Verwirrung, Bestürzung* Deut. 7, 23. 28, 20. 1 Sam. 5, 11. Jes. 22, 5.

מְהוּמָן n. pr. Höfling des Ahasveros Est. 1, 10.

מְהֵיטַבְאֵל (*Gott thut Gutes*) n. pr. 1) m. Neh. 6, 10. 2) f. Gen. 36, 39.

מָהִיר adj. cs. מְהִר *schnell, hurtig* Spr. 22, 29; *geübt* Jes. 17, 5. Ps. 45, 2. Esra 7, 6.

מָהַל* part. II מָהוּל *verfälschen* Jes. 1, 22.

מַהֲלָךְ m. cs. מַהֲלַךְ, suff. מַהֲלָכְךָ *das Gehen*, als Maass. מַהֲלַךְ עֶשֶׂר אַמּוֹת *ein Raum von zehn Ellen* Ezech. 42, 4. Jona 3, 3. 4; *das Weggehen* Neh. 2, 6.

[מַהְלָךְ] m. pl. מַהְלְכִים *Gang, Weg* Zach. 3, 7.

מַהֲלָל m. suff. מַהֲלָלוֹ *Ruhm* Spr. 27, 21.

מַהֲלַלְאֵל (*Ruhm Gottes*) n. pr. Sohn des Kenaan Gen. 5, 12—14. 1 Chr. 1, 2.

[מַהֲלֻמָּה] f. pl. מַהֲלֻמּוֹת *Schlag* Spr. 18, 6. 19, 29.

[מַהֲמֹרֶת] f. pl. מַהֲמֹרוֹת *Netz, Schlinge* Ps. 140, 11.

מַהְפֵּכָה f. cs. מַהְפֵּכַת *Zerstörung* Deut. 29, 22. Jer. 49, 18; als subst. verb. mit accus. Jes. 13, 19. Jer. 50, 40.

מַהְפֶּכֶת f. *Block, Holzklotz*, als Strafwerkzeug Jer. 20, 3. 29, 26. 2 Chr. 16, 10.

מְהֻקְצָעָה s. קָצַע u. מְקֻצָעָה.

מָהַר* I. fut. suff. יִמְהָרֶנָּה *erkaufen, eintauschen* Ps. 16, 4; *durch Gaben eine Frau*, d. h. *heirathen* Ex. 22, 15.

[מָהַר]* II. Nifal part. נִמְהָר, f. נִמְהָרָה, pl. m. נִמְהָרִים, cs. נִמְהֲרֵי *übereilt, unbesonnen* Jes. 32, 4. Hiob 5, 13; *furchtsam* Jes. 35, 4; *ungestüm* Hab. 1, 6.

Piel pf. מִהַר, fut. יְמַהֵר, imp. מַהֲרָה—מַהֵר *eilen* Gen. 18, 6. 1 Sam. 4, 14. 23, 27; häufig adverb. *schnell, eilig* Gen. 27, 20, Ex. 2, 18. 12, 33. 2 Sam. 15, 14; trans. *beschleunigen, schnell herbeibringen* Gen. 18, 6. 1 Kön. 22, 9. Jes. 5, 19. Est. 5, 5; *sich übereilen* Koh. 5, 1; *geübt sein* Jes. 32, 4.

מַהֵר adv. *eilends, schnell, bald* Ex. 32, 8. Deut. 4, 26. Ps. 69, 18.

מֹהַר m. der *Kaufpreis*, den der Bräutigam an den Vater der Braut zu zahlen hat Gen. 34, 12. Ex. 22, 16. 1 Sam. 18, 25.

מְהֵרָה eigentl. subst. *Schnelligkeit*; adv. *schnell, bald* Num. 17, 11. Deut. 11, 17; auch בִּמְהֵרָה Koh. 4, 12 u. עַד־מְהֵרָה *gar schnell* Ps. 147, 15.

מַהֲרַי (*schnell*) n. pr. eines der Helden David's 2 Sam. 23, 28. 1 Chr. 11, 30. 27, 13.

[מַהֲתַלָּה] f. pl. מַהֲתַלּוֹת *Täuschung* Jes. 30, 10.

[מוֹ] eigentl.=מָה; Anhängsel an ב, ל (beide nur in dichterischer Sprache) s. diese Artt. und כְּמוֹ.

מוֹאָב n. pr. *Moab*, Sohn des Lot Gen. 19, 37; Volk und Land der *Moabiter*, des bekannten Volkes auf der Ostseite des todten Meeres Gen. 36, 35. Num. 21, 14. 22, 3. Deut. 1, 5. 2 Kön. 1, 1. Jer. 48, 11; n. gent. מוֹאָבִי Deut. 23, 4; f. מוֹאֲבִיָּה Rut 1, 22 oder מוֹאָבִית 2 Chr. 24, 26; pl. מוֹאֲבִיּוֹת 1 Kön. 11, 1.

מוֹאל Neh. 12, 38 s. מוּל.

[מוֹבָא] m. pl. suff. מוֹבָאָיו Ezech. 43, 11 (auch 2 Sam. 3, 25 Kri, wo Ktib מְבוֹאֶךָ)=מָבוֹא s. d.

מוּג* fut. תָּמוּג—תָּמֹג, suff. תְּמוּגֵנִי, inf. מוּג *zerfliessen, vor Furcht vergehen, verzagen* Amos 9, 5. Ps. 46, 7; auch trans. *zerfliessen machen* Jes. 64, 6. Ezech. 21, 20.

Nifal pf. נָמוֹג, pl. נָמֹגוּ, part. pl. נְמֹגִים *zerfliessen, sich zertheilen* (von einem Haufen Menschen) 1 Sam. 14, 16; *erschüttert sein* Nah. 2, 7; *verzagen* Ex. 15, 15. Jos. 2, 9. 24. Jes. 14, 31. Jer. 49, 23. Ps. 75, 4.

Polel fut. 2 sg. תְּמוֹגְגֶנָּה, תְּמוֹגְגֵנִי *erweichen* (den Erdboden) Ps. 65, 11; *verzagen machen* Hiob 30, 22.

Hitp. pf. 3 pl. ps. הִתְמוֹגָגוּ, fut. יִתְמוֹגָג, pl. תִּתְמוֹגַגְנָה *zergehen, zerfliessen* Amos 9, 13. Nah. 1, 5; *verzagen* Ps. 107, 26.

מוּד s. מָדַד.

מֹדַע—מוֹדָע m. *Bekannter* Spr. 7, 4. Rut 2, 1 Kri (Ktib: מְיֻדָּע).

מוֹט pf. 3 sg. f. מָטָה, pl. מָטוּ, part. מָט, pl. מָטִים, fut. 3 sg. f. תָּמוּט, pl. f. תְּמוּטֶינָה, inf. מוֹט *wanken* Jes. 24, 19. 54, 10. Ps. 46, 3. 7. 60, 4; *die Hand wankt = er beginnt zu verarmen* Lev. 25, 35; ähnlich vom drohenden Unglück: *der Fuss wankt* Deut. 32, 35. Ps.

33, 17. 94, 18; *weichen* vor Jemand. Spr. 25, 26. מָטִים לַהֶרֶג *die zum Tode geführt werden* Spr. 24, 11.

Nifal pf. 3 pl. נָמֹוטּוּ, fut. יִמּוֹט, אֶמּוֹט, pl. יִמּוֹטוּ *erschüttert werden, wanken* Jes. 40, 20. 41, 7. Ps. 10, 6. 17, 5. 82, 5.

Hifil fut. יָמִיטוּ *zum Wanken bringen, stürzen* Ps. 55, 4. 140, 11 (Ktib, wo Kri: יִמּוֹטוּ).

Hitp. pf. 3 sg. f. הִתְמוֹטְטָה *wanken* Jes. 24, 19.

מוֹט m. suff. מֹטֵהוּ 1) *das Wanken* Ps. 55, 23. 66, 9. 121, 3. 2) *Stange, Trage* Num. 4, 10. 12. 13, 23; *Joch* Nah. 1, 13.

מוֹטָה f. pl. מֹטוֹת—מוֹטוֹת *Stange, Trage* 1 Chr. 15, 15; gewöhnlich *Stange des Joches* Lev. 26, 13. Jes. 58, 6. 9. Jer. 27, 2. 28, 10. Ezech. 30, 18. 34, 27.

מוּךְ* pf. מָךְ, fut. יָמוּךְ *arm sein* Lev. 27, 8; *verarmen* Lev. 25, 25. 35. 39. 47.

מוּל* pf. מָל, 2 sg. וּמַלְתָּה, pl. מָלוּ, מַלְתֶּם; part. II מוּל, pl. מֻלִים; fut. וַיָּמָל (vgl. מָלַל II) *beschneiden* Gen. 17, 23. 21, 4. Ex. 12, 44. Jos. 5, 3—7. Jer. 9, 24; bildlich *die Vorhaut des Herzens abschneiden* Deut. 10, 16 oder *das Herz* (eines Andern) *beschneiden* Deut. 30, 6 = *von der Verstocktheit ablassen* resp. *abbringen*.

Nifal fut. יִמּוֹל, pl. יִמֹּלוּ; inf. הִמּוֹל, suff. הִמֹּלוֹ; imp. pl. הִמֹּלוּ *beschnitten werden* Gen. 17, 10. 12; *sich beschneiden* Gen. 17, 24. 25; *sich für Gott beschneiden = sich bekehren* Jer. 4, 4.

Hifil fut. 1 sg. suff. אֲמִילַם (ps. st. אֲמִילֵם) *abschneiden, zerhauen* Ps. 118, 10—12.

מוּל—מוֹל (Deut. 1, 1) — **מוּאל** (Neh. 12, 38) eig. subst. מוּל הָאֱלֹהִים *das Gegenüber* (Gegenstück) *Gottes* Ex. 18, 19; meist adv. *gegenüber* Deut. 2, 19. 3, 29. מוּל מֶחֱזָה אֶל־מֶחֱזָה *eine Dachfläche der andern gegenüber* 1 Kön. 7, 5. אֶל־מוּל *zu ... hin* Ex. 34, 3. Jos. 9, 1. 1 Sam. 17, 30; *im Angesichte* ... Jos. 22, 11. מִמֻּלִי *in meiner Gesichtsweite* Num. 22, 5. מִמּוּל עָרְפּוֹ *vom Genick aus* Lev. 5, 8. מִמּוּל בְּכָאִים *von den Bachabäumen aus* 2 Sam. 5, 23.

מוֹלָדָה n. pr. Stadt in Juda, später zu Simeon gehörig Jos. 15, 26. Neh. 11, 26. 1 Chr. 4, 28.

מוֹלֶדֶת f. suff. מוֹלַדְתִּי, pl. suff. מוֹלְדוֹתַיִךְ—מֹלְדֹתַיִךְ 1) *Geburt, Abstammung* Gen. 43, 7. Est. 2, 10. 20; dichterisch im pl. Ezech. 16, 3. 4; daher mit אֶרֶץ Gen. 31, 13. Rut 2, 11 und ohne אֶרֶץ *Geburtsland, Heimat* Gen. 12, 1. 32, 10. 2) concr. *Kind, Kinder* Gen. 48, 6. Lev. 18, 9. 11; *Landsleute* Est. 8, 6.

[מוּלָה] f. pl. מוּלֹת *Beschneidung* Ex. 4, 26.

מוֹלִיד (*Erzeuger*) n. pr. m. 1 Chr. 2, 29.

מְאוּם—מוּם (Dan. 1, 4) suff. מוּמוֹ. מוּמָם *Fehler*, meist *Leibesfehler* Lev. 21, 17. Deut. 15, 21. Hohel. 4, 7. Dan. 1, 4; *Leibesschaden* Lev. 24, 19; *sittlicher Fehler* Deut. 32, 5. Spr. 9, 7. Hiob 11, 15.

מוּסָב (von סָבַב) m. cs. מוּסַב *Umkreis, Reihe* (von Zimmern) Ezech. 41, 7 (vgl. Hofal von סָבַב).

[מוֹסָד] m. pl. מוֹסָדוֹת, cs. מוֹסְדֵי u. מוֹסְדוֹת nur poëtisch *Grundfeste, Grundlage* Deut. 32, 22. 2 Sam. 22, 8. Jes. 58, 12. Jer. 51, 26. Ps. 82, 5.

מוּסָד m. cs. מוּסַד *Gründung* 2 Chr. 8, 16; *Grund* Jes. 28, 16.

מוּסָדָה f. pl. cs. מוּסְדוֹת *Festsetzung, Bestimmung* Jes. 30, 32. 2) *Grundlage, Unterbau* Ezech. 41, 8 Kri (Ktib: מְיֻסָּדוֹת).

מוּסָךְ (v. סוּךְ) m. cs. מוּסַךְ *bedeckter Gang* 2 Kön. 16, 18 Kri (Ktib: מֵיסַךְ).

[מוֹסֵרָה—מוֹסֵר] (v. אָסַר) m. pl. מוֹסֵרוֹת, cs. מוֹסְרוֹת—מֹסְרוֹת, suff. מוֹסְרֵי, מוֹסְרוֹתַיִךְ, מוֹסְרוֹתֵימוֹ, מוֹסְרֵיכֶם *Fesseln, Bande* Jes. 28, 22. 52, 2. Jer. 2, 20. 5, 5. 30, 8. Ps. 2, 3. 107, 14. 116, 16. Hiob 39, 5.

מוּסָר m. cs. מוּסַר, suff. מוּסָרִי, מוּסָרְךָ 1) *Band, Fessel* Hiob 12, 18. 2) *Züchtigung* Jes. 53, 5. Jer. 30, 14. Spr. 3, 11. 23, 13. Hiob 5, 17. שֵׁבֶט מוּסָר *Zuchtruthe* Hiob 22, 15; *Zurechtweisung, Ermahnung* Deut. 11, 2. Spr. 1, 8. 15, 5. מוּסַר הַשְׂכֵּל *Ermahnung zur Besonnenheit* Spr. 1, 2.

[מוֹעָד] m. pl. suff. מוֹעָדָיו *Schaar* (von Kriegern) Jes. 14, 31.

מוֹעֵד m. suff. מוֹעֲדוֹ—מֹעֲדוֹ, מוֹעֲדָם, pl. מוֹעֲדִים u. מוֹעֲדוֹת (2 Chr. 8, 13), cs. מוֹעֲדֵי, suff. מוֹעֲדַי *Verabredung, Uebereinkunft* Richt. 20, 38; insbesondere a) *verabredete Zeit, bestimmte Frist* Ex. 9, 5. 2 Sam. 20, 5. Jer. 46, 17. Ps. 102, 14; *feste Zeit* Gen. 1, 14. 17, 21. 18, 14. Ex. 23, 15. Lev. 23, 4. Dan. 12, 7; vollständig מוֹעֵד הַיָּמִים *die Frist der Tage* 1 Sam. 13, 11.

מוֹעֵד קֵץ *das festgesetzte Ende* Dan. 8, 19; *Fest* Lev. 23, 2. Hos. 9, 5. 12, 10. Klagel. 1, 15. 2, 7. 22. b) *verabredeter Ort*, *Ort der Zusammenkunft* Jos. 8, 14. 1 Sam. 20, 35; daher אֹהֶל מוֹעֵד *Zelt der Zusammenkunft* (Gottes mit Moses) (Ex. 25, 22) oder des Volkes überhaupt, gewöhnlich *Stiftszelt* Ex. 27, 21. מוֹעֲדֵי אֵל *Gottesstätten*, Orte zu gottesdienstlichen Versammlungen (*Synagogen*) Ps. 74, 8. קִרְיַת מוֹעֲדֵנוּ *die Burg unserer Zusammenkunft* = *Zion* Jes. 33, 20. בֵּית מוֹעֵד לְכָל־חָי *Haus der Zusammenkunft für alles Lebende* = *Grab* Hiob 30, 23. הַר־הַמּוֹעֵד *Berg der Zusammenkunft*, der *Götterberg* der Babylonier, den man sich im äussersten Norden dachte Jes. 14, 13 (מוֹעֲדֵי Hiob 12, 5 s. מָעַד).

מוּעָדָה f. *Zuflucht*. עָרֵי הַמּוּעָדָה = עָרֵי מִקְלָט *Freistädte* Jos. 20, 9.

מוֹעֲדָה s. מָעַד.

מוּעָף m. *Finsterniss*, als Bild des Unglücks Jes. 8, 23.

[מוֹעֵצָה] f. pl. מֹעֵצוֹת, suff. מֹעֲצוֹתָם—מוֹעֲצוֹתֵיהֶם *Ueberlegung* Spr. 22, 20; *Rathschläge* Micha 6, 16; *Anschläge*, *Pläne* Hos. 11, 6. Ps. 5, 11. 81, 13. Spr. 1, 31.

מוּעָקָה f. *Klemme*, Bild der Noth Ps. 66, 11.

מוּפָז s. פָּזַז.

מוֹפַעַת s. מֵיפַעַת.

מוֹפֵת m. suff. מוֹפֶתְכֶם, pl. מוֹפְתִים—מֹפְתִים, cs. מוֹפְתֵי, suff. מוֹפְתָיו *Wahrzeichen* Ex. 7, 9. 1 Kön. 13, 3; *Wunder* Deut. 6, 22; *Warnung*, *Belehrung* 1 Chr. 16, 12; *Gegenstand des Wahrzeichens* Ezech. 12, 6. 11. 24, 24; *der Warnung* Ps. 71, 7. אַנְשֵׁי מוֹפֵת *Männer, die als Wahrzeichen dienen* Zach. 3, 8.

***מוּץ** *drücken*, *bedrücken*; part. מֵץ *Bedrücker* Jes. 16, 4.

מוֹץ s. מֹץ.

מוֹצָא m. suff. מוֹצָאוֹ, מוֹצָאֶךָ, pl. cs. מוֹצָאֵי—מֹצָאֵי, suff. מוֹצָאָיו, מוֹצָאֵיהֶם 1) *das Herausgehen* 2 Sam. 3, 25; *Auszug* Num. 33, 2. כְּמוֹצָאֵי גוֹלָה *wie man auszieht in die Fremde* Ezech. 12, 4; *Ausfuhr* 1 Kön. 10, 28. 2 Chr. 1, 16. 2) *das, was herausgeht* z. B. מוֹצָא mit פֶּה oder שְׂפָתַיִם, *was aus dem Munde, den Lippen herausgeht* = *Wort*, *Ausspruch* Num. 30, 13. Deut. 8, 3. 23, 24. Jer. 17, 16. Ps. 89, 35. מִן־מֹצָא דָבָר *von da, wo der Spruch ausgeht* Dan. 9, 25. מֹצָא דֶשֶׁא *Wuchs des Grases* Hiob 38, 27. 3) *der Ort, aus dem etwas herauskommt* z. B. *das Silber* Hiob 28, 1; *Ausgang* (am Hause) Ezech. 43, 11. 44, 5. מוֹצָא מַיִם *Wasserquelle* Jes. 41, 18. 58, 11. Ps. 107, 33. 35. 2 Chr. 32, 30; *der Aufgang* (der Sonne) Hos. 6, 3. Ps. 19, 7. 65, 9; daher *Osten* Ps. 75, 7. 4) n. pr. m. 1 Chr. 2, 46. — 8, 36. 37. 9, 42.

[מוֹצָאָה] f. pl. מוֹצָאוֹת, suff. מוֹצָאֹתָיו 1) *Abstammung* Micha 5, 1. 2) *Abtritt*, *Kloake* 2 Kön. 10, 27 Kri (Ktib מַחֲרָאוֹת s. d.)

מוּצָק (v. יָצַק) m. 1) *Guss* 1 Kön. 7, 37 (1 Kön. 7, 23. 33. 2 Chr. 4, 2 ist מוּצָק part. Hofal von יָצַק); *Gegossenes*, *Metall* Hiob 38, 38. 2) (von צוּק) *Enge* Hiob 36, 16. 37, 10.

מוּצָקָה f. suff. מֻצַקְתּוֹ, pl. מוּצָקוֹת *Giessgefäss* Zach. 4, 2; *Gussform* 2 Chr. 4, 3 (vgl. יָצַק).

*[מוּק] Hifil fut. pl. יָמִיקוּ *höhnen* Ps. 73, 8.

מוֹקֵד m. pl. cs. מוֹקְדֵי *Brand*, *Glut* Jes. 33, 14. Ps. 102, 4.

מוֹקְדָה f. *Feuerstätte* (des Altars) Lev. 6, 2.

מוֹקֵשׁ m. pl. מוֹקְשִׁים u. מֹקְשׁוֹת, cs. מוֹקְשֵׁי—מֹקְשֵׁי *Harpune*, *Haken* Hiob 40, 24; *Schlinge* Amos 3, 5. Ps. 64, 6. 140, 6; häufig bildlich für *Verführung* Ex. 34, 12. Jos. 23, 13. Hiob 34, 30; für *Gefahr* 2 Sam. 22, 6. Spr. 12, 13. 22, 25; für *Unglück bringend* Ex. 10, 7.

מוֹר s. מֹר.

*[מוּר] Nifal ps. נָמַר *sich verändern* Jer. 48, 11. Hifil הֵמִיר—הֵימִיר, fut. יָמִיר—יָמֵר, suff. יְמִירֶנּוּ, 1 sg. אָמִיר, inf. abs. הָמֵר, cs. הָמִיר *verwechseln*, *vertauschen* Lev. 27, 10; mit accus. d. Obj. u. בְּ der Sache, die man eintauscht Lev. 27, 33. Jer. 2, 11. Hos. 4, 7. Ps. 106, 20; *ändern* Ps. 15, 4; *sich verändern* Ps. 46, 3.

מוֹרָא—מוֹרָה (Ps. 9, 21) m. suff. מוֹרָאִי, מוֹרַאֲכֶם, pl. מוֹרָאִים *Furcht*, *Ehrfurcht*, *Scheu* Deut. 26, 8. Ps. 9, 21. Mal. 2, 5; mit obj. suff. מוֹרַאֲכֶם *Furcht vor euch* Gen. 9, 2. Deut. 11, 25. Mal. 1, 6; *furchtbare That* Deut. 4, 34. 34, 12; *Gegenstand der Furcht* Jes. 8, 13; *Furchtbarer* Ps. 76, 12.

מוֹרַג m. pl. מוֹרַגִּים — מֹרַגִּים *Dreschwalze* 2 Sam. 24, 22. Jes. 41, 15. 1 Chr. 21, 23.

מוֹרָד m. cs. מוֹרַד *der Ort, wo man hinunter*

geht, Abhang Jos. 7, 5. 10, 11. Jer. 48, 5. Micha 1, 4; *Einsenkung, Vertiefung* 1 Kön. 7, 29.

מוֹרָה m. 1) = מוֹרָא *Furcht* Ps. 9, 21. 2) *Scheermesser* Richt. 13, 5. 16, 17. 1 Sam. 1, 11.

מוֹרֶה m. 1) Hifil part. v. יָרָה s. d. 2) n. pr. a) eines Haines oder eine Eiche Gen. 12, 6. Deut. 11, 30. b) eines Hügels im Thale Jisreel Richt. 7, 1 (גִּבְעַת הַמּוֹרֶה). c) eines Thales (Haines) nicht fern von Jerusalem Ps. 84, 7.

מוֹרָט adj. *stark, kühn* Jes. 18, 2. 7 (n. A. part. Pual von מָרַט s. d.).

מוֹרִיָּה s. מֹרִיָּה.

מוֹרָשׁ m. cs. מוֹרַשׁ, pl. cs. מוֹרָשֵׁי, suff. מוֹרָשֵׁיהֶם *Besitz, Wohnort* Jes. 14, 23. Obadj. 1, 17. מוֹרָשֵׁי לְבָבִי *Gedanken meines Herzens* Hiob 17, 11.

מוֹרָשָׁה f. *Besitz, Eigenthum* Ex. 6, 8. Deut. 33, 4. Ezech. 11, 15. 25, 4. 36, 2.

מוֹרֶשֶׁת n. pr. Ort in Juda, woher der Prophet Micha war, welcher desshalb מֹרַשְׁתִּי heisst Jer. 26, 18. Micha 1, 1; die Stadt führt den Zunamen גַּת Micha 1, 14.

***מוּשׁ** pf. מָשׁ, 1 sg. וּמַשְׁתִּי, pl. מָשׁוּ, fut. יָמוּשׁ, יָמֻשׁ—תָּמֻשׁ—תָּמוּשׁ, pl. יָמֻשׁוּ—יָמוּשׁוּ *weichen* Num. 14, 44. Jos. 1, 8. Richt. 6, 18. Jes. 22, 25. 54, 10. 59, 21. Jer. 31, 36. Zach. 14, 4; trans. *hinwegbringen* Zach. 3, 9. (יְמֻשֵּׁנִי Gen. 27, 12 (21. 22) ist fut. v. מָשַׁשׁ s. d.).

Hifil fut. יָמִישׁ, יָמִישׁ, יְמִישׁוּן, imp. suff. הֲמִישֵׁנִי 1) *weichen* Ex. 13, 22. 33, 11. Jes. 46, 7; *aufhören* Jer. 17, 8. Nah. 3, 1; trans. *herausziehen* Micha 2, 3. 2) *tasten* (wie מָשַׁשׁ) Ps. 115, 7; *betasten lassen* Richt. 16, 26 Kri (vgl. יָמֵשׁ); *dicht, greifbar sein* Ex. 10, 21.

מוֹשָׁב m. cs. מוֹשַׁב, suff. מוֹשָׁבִי, pl. cs. מוֹשְׁבֵי, suff. מוֹשְׁבֹתֵיכֶם, מוֹשְׁבוֹתֵיהֶם — מֹשְׁבֹתָם — מֹשְׁבוֹתָם 1) *das Wohnen* 1 Kön. 10, 5. 2 Kön. 2, 19; *das Zusammensitzen, die Versammlung* Ps. 1, 1. 107, 32. עִיר מוֹשָׁב *bewohnte Stadt* Ps. 107, 4. בֵּית מוֹשָׁב *Wohnhaus* Lev. 25, 29; concr. *Einwohner* 2 Sam. 9, 12. 2) *Zeitdauer des Wohnens* Ex. 12, 40. 3) *Ort des Wohnens, Wohnsitz, Wohnung* Gen. 10, 30. 27, 39. 36, 43. Ex. 10, 23. Lev. 23, 17. Num. 31, 10. Ezech. 6, 14; *Sitz, Sitzplatz* 1 Sam. 20, 18, 25. Ezech. 8, 3. 28, 2. Hiob 29, 7.

מֻשִׁי—מוּשִׁי n. pr. einer Levitenfamilie Ex. 6, 19. Num. 3, 33. 26, 58. 1 Chr. 6, 4.

[מוֹשְׁכָה] f. pl. cs. מוֹשְׁכוֹת *Bande, Fesseln* Hiob 38, 31.

[מוֹשָׁעָה] f. pl. מוֹשָׁעוֹת *Hülfsleistung* Ps. 68, 21.

***מוּת** pf. מֵת, f. מֵתָה, 2 sg. מַתָּה, 1 sg. מַתִּי, pl. מֵתוּ, מַתְנוּ (ps. מָתְנוּ); part. מֵת, fem. מֵתָה, suff. מֵתֶךָ, pl. מֵתִים, cs. מֵתֵי, suff. מֵתֶיךָ; fut. יָמוּת—יָמֻת (יָמֹת—יָמוּת), וַיָּמָת, (ps. וַיָּמֹת), 1 sg. אָמוּת—אָמֻתָה, pl. וַיָּמֻתוּ—וַיָּמֻתוּ, תְּמוּתֶנָה; inf. abs. מוֹת, cs. מוּת, suff. מוֹתִי, מֻתֵנוּ, מֻתָן; imp. מֻת *sterben* Gen. 5, 5. 7, 22. 11, 28. 19, 19. 20, 3. 23, 6. 25, 32. 26, 9. 30, 1. 35, 18. 38, 11. 42, 38. 46, 30. Ex. 8, 9. 12, 33. 14, 12. Num. 14, 2. 26, 65. Deut. 32, 50. 33, 6. Richt. 6, 30. 2 Sam. 19, 1. 20, 3. Jes. 22, 2. 26, 19. Ezech. 13, 19; auch von Sachen: *absterben* von einem Baume Hiob 14, 8; *erstarren* vom Herzen 1 Sam. 25, 37; *zu Grunde gehen* von einem Reiche Hos. 13, 1. Amos 2, 2; *vergehen* (v. d. Weisheit) Hiob 12, 2: part. מֵת *todesschuldig* Deut. 17, 6. מֵתִים auch für *Götzen* Ps. 106, 28. מֵתֵי עוֹלָם *die längst Verstorbenen* Ps. 143, 3. Klagel. 3, 6.

Polel pf. 3 sg. suff. מוֹתְתָנִי, 1 sg. מֹתַתִּי, fut. וַיְמוֹתְתֵהוּ, 3 f. תְּמוֹתֵת, inf. לְמוֹתֵת, imp. suff. מוֹתְתֵנִי, part. מְמוֹתֵת *tödten, umbringen* Richt. 9, 54. 1 Sam. 14, 13. 17, 51. 2 Sam. 1, 16. Jer. 20, 17. Ps. 34, 22. 109, 16.

Hifil pf. הֵמִית, suff. הֱמִיתָנִי, הֱמִיתְךָ 3 f. suff. הֱמִיתָתְהוּ, 2 sg. וְהֵמַתָּה, 1 sg. וְהֵמַתִּי, suff. הֲמִתִּיו (1 Sam. 17, 35), הֲמִתִּיהָ, pl. הֵמִיתוּ, suff. הֱמִתֻהוּ, 2 pl. הֲמִתֶּם, הֲמִתֶּן; fut. יָמִית—וַיָּמֶת, suff. וַיְמִתֵהוּ—יְמִיתֵנוּ, 1 pl. suff. נְמִיתֵם; inf. abs. הָמֵת, cs. הָמִית; imp. suff. הֲמִיתֵנִי *tödten, umbringen* Gen. 18, 25. 38, 7. 10. Ex. 1, 16. Num. 14, 15. 35, 19. Richt. 15, 13. 16, 30. 20, 13. 1 Sam. 5, 10. 30, 2. 2 Sam. 13, 28. 14, 32. Jes. 14, 30. 65, 15. Jer. 26, 19. Hos. 2, 5. 2 Chr. 22, 11. מְמִתִים *tödtende (Leiden, Schmerzen)* Hiob 33, 22.

Hofal pf. ps. הוּמָת, pl. הֻמְתוּ, fut. יוּמַת. part. מוּמָת *getödtet werden* Gen. 26, 11. Deut. 21, 22. 1 Sam. 19, 11. 2 Sam. 21, 9. 2 Kön. 11, 15.

מָוֶת m. mit He parag. מָוְתָה, cs. מוֹת, suff. מוֹתִי, pl. cs. מוֹתֵי, suff. מְתָיו *Tod* Gen. 25, 11. 27, 2. Ps. 116, 8. 15; häufig adj. בֶּן־מָוֶת *des*

Todes schuldig 2 Sam. 12, 5: *dem Tode bestimmt* 1 Sam. 20, 31. כְּלֵי־מָוֶת *todbringende Waffen* Ps. 7, 14. מְהוּמַת־מָוֶת *eine tödtliche (furchtbare) Bestürzung* 1 Sam. 5, 11. בְּכוֹר מָוֶת *der Erstgeborene des Todes = schreckliche Krankheit* Hiob 18, 13; pl. nur dichter. Jes. 53, 9. Ezech. 28, 10.

מוֹת aram. m. *Tod* Esra 7, 26.

מוֹתָר m. cs. מוֹתַר *Ueberschuss, Ueberfluss* Spr. 14, 23. 21, 5; *Vorzug* Koh. 3, 19.

מִזְבֵּחַ m. cs. מִזְבַּח, suff. מִזְבַּחֲךָ, ps. מִזְבְּחֶךָ, מִזְבְּחוֹ, pl. מִזְבְּחוֹת, suff. מִזְבְּחֹתָם — מִזְבְּחֹתֵיהֶם *Altar* Gen. 8, 20. Ex. 20, 21. Num. 23, 1. Deut. 7, 5. 12, 3. 33, 10. 1 Kön. 8, 31.

מֶזֶג m. ps. מָזֶג (*gewürzter*) *Wein* Hohel. 7, 3.

[מָזֶה] adj. pl. cs. מְזֵי *verzehrt* Deut. 32, 24.

מִזָּה n. pr. m. Gen. 36, 13. 17. 1 Chr. 1, 37.

[מָזוּ] m. pl. suff. מְזָוֵינוּ *Speicher* Ps. 144, 13.

מְזוּזָה f. cs. מְזוּזַת, suff. מְזוּזָתִי, pl. מְזוּזוֹת—מְזֻזוֹת—מְזוּזֹת *Thürpfosten* Ex. 12, 7. 21, 6. Deut. 6, 9. 11, 20. 1 Kön. 7, 5. Ezech. 41, 21. Spr. 8, 34.

מָזוֹן m. *Nahrung, Speise* Gen. 45, 23. 2 Chr. 11, 23.

מָזוֹן aram. m. *Nahrung* Dan. 4, 9. 18.

מָזוֹר m. suff. מְזֹרוֹ 1) *Verband, Heilung* Jer. 30, 13. Hos. 5, 13. 2) *Netz, Schlinge* Obad. 1, 7.

מְזוֹרָה s. זָרָה Pual.

מֵזַח m. *Gürtel, Band* Ps. 109, 19; daher *Zügel* (der Herrschaft) Jes. 23, 10.

מְזִיחַ m. *Gurt* Hiob 12, 21.

[מַזָּל] m. pl. מַזָּלוֹת *Planet* 2 Kön. 23, 5.

מַזְלֵג m. *Gabel* 1 Sam. 2, 13. 14.

[מִזְלָגָה] f. pl. מִזְלָגוֹת, suff. מִזְלְגֹתָיו *Gabel* Ex. 27, 3. 38, 3. Num. 4, 14. 1 Chr. 28, 17. 2 Chr. 4, 16.

מְזִמָּה f. mit He parag. הַמְזִמָּתָה, suff. מְזִמָּתוֹ, pl. מְזִמּוֹת, suff. מְזִמּוֹתָיו *das Nachdenken* Spr. 1, 4; *Gedanke* Ps. 10, 4. Spr. 8, 12. Hiob 42, 2; *Ueberlegung* Spr. 3, 21. 5, 2; *Anschlag, Plan, Entwurf* Jer. 23, 20. 30, 24. Ps. 37, 7. Spr. 24, 8; oft mit dem Nebensinne des *verbrecherischen Planes* Jer. 11, 15. Ps. 10, 2. 21, 12. 139, 20. Hiob 21, 27; daher אִישׁ מְזִמּוֹת *ein ränkevoller Mann* Spr. 12, 2. 14, 17.

מִזְמוֹר m. *Lied, Gesang*; nur in den Ueberschriften von 57 Psalmen.

[מַזְמֵרָה] f. pl. מַזְמֵרוֹת, suff. מַזְמְרוֹתֵיכֶם *Rebenmesser* Jes. 2, 4. 18, 5. Joel 4, 10. Micha 4, 3.

[מְזַמֶּרֶת] f. pl. מְזַמְּרוֹת *Lichtschneide, Lichtscheere* 1 Kön. 7, 50. 2 Kön. 12, 14. Jer. 52, 18. 2 Chr. 4, 22.

מִזְעָר m. *Wenigkeit* Jes. 24, 6. מְעַט מִזְעָר *kleine Wenigkeit* Jes. 10, 25. 16, 14. 29, 17.

[מָזֶר] m. pl. מְזָרִים *Nordwind, Norden* Hiob 37, 9.

[מַזָּר] m. pl. מַזָּרוֹת *Sternbilder* Hiob 38, 32.

מִזְרֶה m. *Worf-, Windschaufel* Jes. 30, 24. Jer. 15, 7.

מִזְרָח m. mit He loc. מִזְרָחָה, cs. מִזְרַח mit He loc. מִזְרְחָה *der Aufgang* (der Sonne), *Osten* Num. 21, 12. Deut. 4, 41. Jos. 11, 3. 8.

מִזְרָע m. *Saatfeld* Jes. 19, 7.

מִזְרָק m. pl. מִזְרָקִים—מִזְרָקוֹת, cs. מִזְרְקֵי, suff. מִזְרְקֹתָיו *Sprengbecher* Ex. 27, 3. Num. 7, 84. 1 Kön. 7, 50; *Krug* überhaupt Amos 6, 6. Zach. 9, 15.

[מֵחַ] m. pl. מֵחִים—מֵיחִים *fette Schafe* Ps. 66, 15; bildl. für *Reiche, Begüterte* Jes. 5, 17.

מֹחַ m. *Mark* Hiob 21, 24.

*מָחָא fut. pl. יִמְחֲאוּ (die Hände) *zusammenschlagen* (vor Freude) Jes. 55, 12. Ps. 98, 8.

Piel inf. suff. מַחַאֲךָ wie das Kal Ezech. 25, 6.

מְחָא aram. pf. 3 sg. f. מְחָת, part. מָחֵא *schlagen* Dan. 2, 34. 35. 5, 19.

Pael fut. יְמַחֵא *schlagen* (auf die Hand) d. h. *Jemand hindern* Dan. 4, 32.

Itp. fut. יִתְמְחֵא *angeschlagen, angenagelt werden* Esra 6, 11.

מַחֲבֵא m. *Schlupfwinkel, Versteck* Jes. 32, 2.

[מַחֲבֹא] m. pl. מַחֲבֹאִים *Schlupfwinkel, Versteck* 1 Sam. 23, 23.

מַחְבֶּרֶת f. suff. מַחְבַּרְתּוֹ *Zusammenfügung*, d. h. *der Ort, wo zwei Dinge zusammengefügt, verbunden sind* Ex. 26, 4. 28, 27.

[מְחַבְּרָה] f. pl. מְחַבְּרוֹת *Klammer* 1 Chr. 22, 3; *Bindebalken* 2 Chr. 34, 11.

מַחֲבַת m. (f. Ezech. 4, 3) *Tiegel, Pfanne* Lev. 2, 5. 6, 14. 7, 9. 1 Chr. 23, 29.

מַחֲגֹרֶת f. *Umgürtung* Jes. 3, 24.

מָחָה* fem. מָחֲתָה, 1 sg. מָחִיתִי; fut. 3 sg. וַיִּמַח, 1 sg. אֶמְחֶה, suff. אֶמְחֶנּוּ; imp. מְחֵה, suff. מְחֵנִי 1) *abwischen* 2 Kön. 21, 13. Jes. 25, 8. Spr. 30, 20; *ablöschen* (eine Schrift) Num. 5, 23; *auslöschen* (einen Namen aus dem Buche des Lebens) d. h. *tödten* Ex. 32, 32. 33. Deut. 9, 14. 29, 19. 2 Kön. 14, 27. Ps. 9, 6; das *Andenken* Jemandes *auslöschen*, d. h. *vernichten* Ex. 17, 14. Deut. 25, 19; überhaupt *vernichten* Gen. 6, 7. 7, 4. 23; *die Sünden auslöschen* d. h. *sie verzeihen* Jes. 43, 25. Ps. 51, 3. 11. 2) *an etwas hinstreifen*, mit עַל Num. 34, 11.

Nifal pf. 3 pl. נִמְחוּ; fut. יִמַּח—יִמָּחֶה, fem. תִּמָּחֶה, ps. תִּמָּח, pl. יִמָּחוּ *ausgelöscht, vertilgt werden* (in ähnlichen Verbindungen wie Kal) Gen. 7, 23. Deut. 25, 6. Richt. 21, 17. Ezech. 6, 6. Ps. 69, 29. 109, 13. 14. Spr. 6, 33. Neh. 3, 37.

Pual (denom. v. מֵחַ) part. pl. מְמֻחָיִם *fett* Jes. 25, 6.

Hifil fut. 2 sg. תַּמְחִי—תֶּמַח, inf. לִמְחוֹת (= לְהַמְחוֹת) 1) *vergehen lassen* Jer. 18, 23. Neh. 13, 14. 2) denom. v. מֹחַ *das Mark vernichten, entnerven* Spr. 31, 3.

מְחוּגָה f. *Zirkel* Jes. 44, 13.

מָחוֹז m. cs. מְחוֹז *Küste, Hafen* Ps. 107, 30.

מְחִיָּיאֵל—מְחוּיָאֵל n. pr. m. Gen. 4, 18.

מַחֲוִים n. gent. 1 Chr. 11, 46.

מָחוֹל m. 1) cs. מְחוֹל, suff. מְחוֹלֵנוּ *Reigentanz* Jer. 31, 4. 13. Ps. 30, 12. 149, 3. 150, 4. Klagel. 5, 15. 2) n. pr. m. 1 Kön. 5, 11.

מְחוֹלָה s. אָבֵל.

מַחֲזֶה m. cs. מַחֲזֵה *Gesicht, Vision* Gen. 15, 1. Num. 24, 4. 16. Ezech. 13, 7.

מֶחֱזָה f. *Oeffnung, Fenster* 1 Kön. 7, 4. 5.

מַחֲזִיאוֹת (*Offenbarungen*) n. pr. m. 1 Chr. 25, 4. 30.

מְחִי m. *Stoss, Schlag* Ezech. 26, 9.

מְחִידָא n. pr. m. Esra 2, 52. Neh. 7, 54.

מִחְיָה f. cs. מִחְיַת, suff. מִחְיָתְךָ (von חָיָה) 1) *Lebenserhaltung* Gen. 45, 5. Esra 9, 8. 9; *Lebensmittel* Richt. 6, 4. 2 Chr. 14, 12; *Kost* Richt. 17, 10. 2) (von מָחָה *schlagen* s. מְחָא aram.) *Wunde, Mal* Lev. 13, 10. 24.

מְחִיָּיאֵל s. מְחוּיָאֵל.

מְחִיר m. suff. מְחִירָהּ, pl. suff. מְחִירֵיהֶם *Kaufpreis* 1 Kön. 21, 2. Ps. 44, 13; *Lohn* Deut. 23, 19; überhaupt *Geld* Spr. 17, 16; בִּמְחִיר *für Geld* (Gegensatz v. חִנָּם *umsonst*) 2 Sam. 24, 24. 1 Kön. 10, 28. Micha 3, 11. בְּלוֹא מְחִיר Jes. 55, 1 und לֹא בִמְחִיר Jes. 45, 13 *unentgeltlich* Jes. 15, 13.

מַחֲלָה f. *Krankheit* Ex. 15, 26 (aber מַחֲלָה Spr. 13, 12 ist part. Hifil v. חָלָה).

מַחֲלֶה m. suff. מַחֲלֵהוּ *Krankheit* Spr. 18, 14.

מַחְלָה (*Schwache*) n. pr. f. 1) Num. 26, 33. 27, 1. 36, 11. 2) 1 Chr. 7, 18.

מְחֹלָה (v. חוּל) f. cs. מְחֹלַת, pl. מְחוֹלוֹת *Reigentanz* Ex. 15, 20. 32, 19. Richt. 21, 21. Hohel. 7, 1.

[מְחִלָּה] (v. חָלַל) f. pl. מְחִלּוֹת *Höhlung* Jes. 2, 19.

מַחְלוֹן (*Schwacher*) n. pr. erster Mann der Rut Rut 1, 2. 5. 4, 10.

מַחְלִי n. pr. einer Levitenfamilie (von Merari) Ex. 6, 19. Num. 3, 33. 26, 58. 1 Chr. 6, 4. 14. 32. 23, 21. 24, 28; verschieden von 1 Chr. 23, 23. 24, 30.

[מַחֲלִי] m. pl. מַחֲלִיִּים *Krankheit* 2 Chr. 24, 25.

[מַחֲלָף] m. pl. מַחֲלָפִים *Opfermesser* Esra 1, 9.

[מַחְלָפָה] f. pl. cs. מַחְלְפוֹת *Haarflechte, Zopf* Richt. 16, 13. 19.

[מַחֲלָצָה] f. pl. מַחֲלָצוֹת *Feierkleid* Jes. 3, 22. Zach. 3, 4.

[מַחְלְקָא] aram. f. pl. suff. מַחְלְקָתְהוֹן *Abtheilung* Esra 6, 18.

מַחֲלֹקֶת f. suff. מַחֲלֻקְתּוֹ, pl. מַחְלְקוֹת, suff. מַחְלְקוֹתֵיהֶם—מַחְלְקֹתָם 1) *Eintheilung* Jos. 11, 23. 12, 7. 18, 10. Ezech. 48, 29. 2) *Abtheilung* 1 Chr. 26, 1. 27, 1. 2 Chr. 31, 17. 3) סֶלַע הַמַּחְלְקוֹת (*Fels der Scheidung*) n. pr. eines Ortes 1 Sam. 23, 28.

מַחֲלַת m. Name eines Instrumentes Ps. 53, 1. 88, 1.

מָחֲלַת n. pr. 1) Tochter des Ismael und Frau

des Esau Gen. 28, 9 (wofür בָּשְׂמַת Gen. 36, 3). 2) Frau des Rehabeam 2 Chr. 11, 18.

מְחֹלָתִי n. gent. zu אָבֵל מְחוֹלָה s. d.

[מַחֲמָאָה] f. pl. מַחֲמָאֹת *Glätte, glatte Reden* Ps. 55, 22.

מַחְמָד m. cs. מַחְמַד, pl. מַחֲמַדִּים, cs. מַחֲמַדֵּי, suff. מַחֲמַדֶּיהָ, מַחֲמַדֵּיהֶם (Klagel. 1, 11 Kri) *Lust, Begehr,* häufig mit עַיִן *Lust des Auges,* d. h. *Dinge, an denen das Auge Lust empfindet* 1 Kön. 20, 6. Ezech. 24, 16. 21. 25. Klagel. 2, 4; *Lust des Leibes* d. h. *Kinder* Hos. 9, 16; überhpt. *Kostbarkeiten* Jes. 64, 10. Joel 4, 5. Klagel. 1, 11; *Prachtgebäude* Hos. 9, 6; adjectiv. *prächtig* Hohel. 5, 16. 2 Chr. 36, 19.

[מַחֲמֹד] m. pl. suff. מַחֲמוּדֶּיהָ, מַחֲמוּדֵּיהֶם (Klagel. 1, 11 Ktib) *Kostbarkeit* Klagel. 1, 7.

מַחְמָל m. cs. מַחְמַל *Lust, Freude* Ezech. 24, 21.

מַחְמֶצֶת f. *Gesäuertes* Ex. 12, 19. 20.

מַחֲנֶה m. (f. Gen. 32, 9. Ps. 27, 3), cs. מַחֲנֵה, suff. מַחֲנֶךָ, מַחֲנֵהוּ, מַחֲנֵיהֶם, pl. מַחֲנִים—מַחֲנוֹת, du. מַחֲנַיִם 1) *Ort, wo man lagert, Lager,* meist *Kriegslager* Deut. 23, 10. 15. Jos. 10, 5. Richt. 8, 10; *Zeltlager* Gen. 32, 8. Num. 1, 52. 5, 3; daher *offene Stadt* im Gegensatz zu מִבְצָר Num. 13, 19. 2) *das, was lagert, ein Haufe, Abtheilung* Gen. 50, 9. Ezech. 1, 24; vom *Heuschreckenzuge* Joel 2, 11; dual., *Doppelreihe* (der *Tanzenden*) Hohel. 7, 1. — מַחֲנֵה־דָן n. pr. eines Ortes in Juda Richt. 13, 25. 18, 12.

מַחֲנַיִם (*Doppellager*) n. pr. Levitenstadt in Gad nördlich vom Jabbok Gen. 32, 3. Jos. 13, 26. 30. 21, 36. 38. 2 Sam. 17, 24. 1 Kön. 2, 8. 4, 14.

מַחֲנָק m. *Erwürgung, Tod* Hiob 7, 15.

מַחְסֶה (מַחֲסֶה) מחסה m. cs. מַחֲסֵה, suff. מַחְסִי (מַחֲסִי), מַחְסֵהוּ, מַחְסֵנוּ *Ort, wo man sich birgt, Zufluchtsort* Jes. 4, 6. 25, 4. Ps. 104, 18. Hiob 24, 8; überhaupt *Zuflucht, Schutz* Jes. 28, 15; sehr häufig von Gott gesagt Jer. 17, 17. Joel 4, 16. Ps. 14, 6. 71, 7. 91, 9.

מַחְסוֹם m. *Maulkorb* Ps. 39, 2.

מַחְסֹר—מַחְסוֹר m. suff. מַחְסֹרְךָ (מַחְסוֹרְךָ), מַחְסֹרוֹ, pl. suff. מַחְסֹרֶיךָ *Mangel* Deut. 15, 8. Richt. 18, 10. Ps. 34, 10. Spr. 6, 11. 24, 34. כָּל־מַחְסוֹרְךָ עָלַי *für Alles, was dir fehlt, habe ich zu sorgen* Richt. 19, 20; *Dürftigkeit* Spr. 11, 24. 14, 23. 21, 5. 22, 16. אִישׁ מַחְסוֹר *ein Armer* Spr. 21, 17.

מַחְסֵיָה (*Gott ist Zuflucht*) n. pr. m. Jer. 32, 12.

מָחַץ* fut. יִמְחַץ, suff. אֶמְחָצֵם, imp. מְחַץ 1) *zerschlagen, zerschmettern* Num. 24, 8. 17. Deut. 32, 39. 33, 11. Richt. 5, 26. Ps. 18, 39. Hiob 5, 18. 2) *herumschütteln* Ps. 68, 24.

מַחַץ m. *Schlag* Jes. 30, 26.

מַחְצֵב m. *das Behauen.* אַבְנֵי מַחְצֵב *behauene Steine* 2 Kön. 12, 13. 22, 6. 2 Chr. 34, 11.

מֶחֱצָה f. cs. מֶחֱצַת *Hälfte* Num. 31, 36. 43.

מַחֲצִית f. suff. מַחֲצִיתוֹ *Hälfte* Ex. 30, 13. 23. Lev. 6, 13.

מָחַק* *zerspalten, durchschlagen* Richt. 5, 26.

[מֶחְקָר] m. pl. cs. מֶחְקְרֵי das *Innerste* Ps. 95, 4.

מָחָר (v. אָחַר) *der folgende Tag, morgen* Ex. 19, 10. כָּעֵת מָחָר הַשְּׁלִשִׁית *übermorgen um diese Zeit* 1 Sam. 20, 12; auch von der Zukunft überhaupt: *einst* Gen. 30, 33. Ex. 13, 14. Jos. 4, 6.

[מַחֲרָאָה] f. pl. מַחֲרָאוֹת *Abtritt* 2 Kön. 10, 27 Ktib (wo Kri: מוֹצָאוֹת).

מַחֲרֵשָׁה f. suff. מַחֲרַשְׁתּוֹ, pl. מַחֲרֵשׁוֹת (versetzt aus חֶרְמֵשׁ) *Sichel* 1 Sam. 13, 20. 21.

מַחֲרֶשֶׁת f. suff. מַחֲרַשְׁתּוֹ *Pflugschar* 1 Sam. 13, 20.

מָחֳרָת cs. מָחֳרַת *der folgende Tag* Num. 11, 32. לְמָחֳרָת Jona 4, 7, meist aber מִמָּחֳרָת *am folgenden Tage* Gen. 19, 34. Lev. 7, 16. מִמָּחֳרַת הַשַּׁבָּת *am Tage nach dem Sabbat* Lev. 23, 11.

מָחֳרָתָם mit vorges. לְ *am folgenden Tage* 1 Sam. 30, 17.

מַחְשֹׂף m. *das Entblössen;* als nomen verbale: *indem er das Weisse entblösste* Gen. 30, 37.

מַחֲשָׁבָה f. cs. מַחֲשֶׁבֶת, suff. מַחֲשַׁבְתּוֹ, pl. מַחֲשָׁבוֹת, cs. מַחְשְׁבוֹת, suff. מַחְשְׁבוֹתַי, מַחְשְׁבֹתֵיהֶם—מַחְשְׁבֹתָם 1) *das Denken, Sinnen* Gen. 6, 5; *Gedanke* Jes. 55, 8; *Plan, Anschlag* Jes. 66, 18. Jer. 6, 19. 11, 19. Ps. 33, 10. 11. Est. 8, 3. 2) *Kunstweberei* Ex. 31, 4. 35, 33. 35; *künstliches Werk* 2 Chr. 2, 13. 26, 15.

מַחְשָׁךְ m. pl. מַחֲשַׁכִּים; cs. מַחֲשַׁכֵּי *Finsterniss* Jes. 42, 16; als Bild der Heimlichkeit Jes. 29, 15; des Unglücks Ps. 88, 7. 19. 143, 3. Klagel. 3, 6; pl. *finstere (versteckte) Oerter* Ps. 74, 20.

מַחַת n. pr. mehrerer Leviten 1 Chr. 6, 20.— 2 Chr. 29, 12.—31, 13.

מַחְתָּה f. suff. מַחְתָּתוֹ, pl. מַחְתּוֹת, suff. מַחְתֹּתָיו *Kohlenpfanne* Ex. 27, 3. 38, 3. 2 Kön. 25, 15; *Räucherpfanne* Lev. 10, 1. Num. 16, 17; *Lichtputze* Ex. 25, 38. 37, 23.

מְחִתָּה (v. חָתַת) f. cs. מְחִתַּת *Schrecken* Jes. 54, 14. Ps. 89, 41. Spr. 10, 15.

מַחְתֶּרֶת f. *Einbruch* Ex. 22, 1. Jer. 2, 34.

[מַט] stets mit He loc. מַטָּה, ps. מָטָּה *nach unten hin* Deut. 28, 43. Koh. 3, 21; *unten* Spr. 15, 24; eben so לְמַטָּה *unten* Deut. 28, 13. Jer. 31, 37; auch von Zeitbestimmungen *darunter* 1 Chr. 27, 23; מִלְמַטָּה *nach unten hin* Ex. 26, 24. 39, 20.

מְטָה—מְטָא aram. pf. 3 sg. f. מְטָת—מְטַת, 3 pl. מְטוֹ; fut. 3 sg. יִמְטָא *reichen, ragen* mit ל Dan. 4, 8. 17. 19; *gelangen, kommen* Dan. 4, 21. 25. 6, 25. 7, 13. 22.

מַטְאֲטֵא m. *Besen* Jes. 14, 23.

מַטְבֵּחַ m. *Abschlachtung* Jes. 14, 21.

מַטֶּה m. cs. מַטֵּה, suff. מַטְּךָ, מַטֵּהוּ, pl. מַטּוֹת, suff. מַטָּיו, מַטֵּהֶם 1) *Ast, Zweig* Ezech. 7, 10. 11. 19, 14; *Ruthe, Zuchtruthe* Jes. 10, 5. 14, 5. Jer. 14, 17. Micha 6, 9; *Stab, Stecken* Ex. 4, 2. 7, 9. 12. 8, 1. Jes. 10, 15. מַטֵּה שִׁכְמוֹ *der für seinen Rücken bestimmte Stab* Jes. 9, 3; *Zepter* Ps. 110, 2; *Speer* Hab. 3, 9. 14; *Stütze*. מַטֵּה לֶחֶם *Stütze des Brodes*, d. h. *Nahrung* Lev. 26, 26. Ezech. 4, 16. Ps. 105, 16. 2) *Familie, Stamm* Num. 1, 16. 36, 7.

מַטָּה s. מַט.

מִטָּה f. cs. מִטַּת, suff. מִטָּתִי, pl. מִטּוֹת *Bett* Gen. 47, 31. 2 Kön. 4, 10. Ps. 6, 7; *Kissen, Polster* Ezech. 23, 41. Est. 1, 6. 7, 8.

מֻטֶּה m. *Rechtsbeugung, Unrecht* Ezech. 9, 9.

[מֻטָּה] f. pl. מֻטּוֹת *Ausspannung* (der Flügel) Jes. 8, 8.

מַטְוֶה m. *Gespinnst* Ex. 35, 25.

מְטִיל m. *Stange* Hiob 40, 18.

מַטְמוֹן pl. מַטְמֹנִים—מַטְמוֹנִים, cs. מַטְמֻנֵי (*unterirdischer*) *Versteck* Jes. 45, 3. Hiob 3, 21; (*versteckter*) *Schatz* Gen. 43, 23. Jer. 41, 8. Spr. 2, 4.

מַטָּע m. cs. מַטַּע, suff. מַטָּעָהּ, pl. cs. מַטָּעֵי, suff. מַטָּעַי *Pflanzung* Jes. 60, 21. 61, 3. Ezech. 17, 7. 31, 4. 34, 29. Micha 1, 6.

[מַטְעָם] m. pl. מַטְעַמִּים *Leckerbissen, schmackhaftes Gericht* Gen. 27, 4. 7.

[מַטְעַמָּה] f. pl. suff. מַטְעַמּוֹתָיו *Leckerbissen* Spr. 23, 3. 6.

מִטְפַּחַת f. pl. מִטְפָּחוֹת *Tuch* Jes. 3, 22. Rut 3, 15.

[מָטַר] denom. von מָטָר] Nifal fut. תִּמָּטֵר *beregnet werden* Amos 4, 7.

Hifil הִמְטִיר, fut. יַמְטֵר *regnen lassen* Gen. 2, 5; auch mit dem Object מָטָר Jes. 5, 6; eben so mit Objecten wie *Hagel* Ex. 9, 23; *Brod* Ex. 16, 4; *Manna* Ps. 78, 24; *Schwefel* Gen. 19, 24 u. s. w.

מָטָר m. cs. מְטַר, pl. cs. מִטְרוֹת *Regen* Deut. 11, 14. 17; pl. *Regengüsse* Hiob 37, 6.

מַטָּרָא f. = מַטָּרָה *Zielscheibe* Klagel. 3, 12.

מַטְרֵד (*Vertreibung*) n. pr. f. Gen. 36, 39.

מַטָּרָה f. 1) *Zielscheibe* 1 Sam. 20, 20. Hiob 16, 12. 2) *Gefängniss* Jer. 32, 2. 38, 13. 39, 15. Neh. 3, 25. 12, 39.

מַטְרִי n. pr. m. 1 Sam. 10, 21.

[מַי] m. pl. מַיִם, ps. מָיִם mit He loc. הַמַּיְמָה, cs. מֵי—מֵימֵי, suff. מֵימַי, מֵימֶיךָ, מֵימָיו, מֵימֶיהָ, מֵימֵיהֶם *Wasser* Gen. 1, 2. 7, 7. Ex. 4, 9. 7, 15. 19. 23, 25. Num. 20, 8. Jer. 6, 7; meist mit dem pl. constr., seltener mit dem sing. Gen. 9, 15. Num. 19, 13. 20. 20, 2. 24, 7. 33, 14. מַיִם wird gebraucht als Bild der Verzagtheit Jos. 7, 5. Ezech. 7, 17. 21, 12; des Ueberflusses Jes. 11, 9. Ps. 65, 10. 79, 3; grosser Gefahr Ps. 69, 2. מֵימֵי רַגְלַיִם anständiger Ausdruck (im Kri) für *Urin* 2 Kön. 18, 27. Jes. 36, 12. — Einige Zusammensetzungen mit מַיִם folgen:

מֵי זָהָב (*Goldstrom*) n. pr. Gen. 36, 39. 1 Chr. 1, 50.

מִי pron. 1) interr. *wer?* Gen. 3, 11. בַּת־מִי *wessen Tochter?* Gen. 24, 23. לְמִי־אַתָּה *wem gehörst du an?* Gen. 32, 18. אֶת־מִי *wen?* Jes. 6, 8. מִמִּי *von wem?* Ezech. 32, 19; bei rhetorischen Fragen tritt eine Verstärkung ein durch Hinzufügung von הוּא Jes. 50, 9. Hiob 4, 7. 17, 3; von זֶה Ps. 24, 8. Hiob 38, 2; von הוּא זֶה Jer. 30, 21. Ps. 24, 10. Est. 7, 5; solche rhetorische Fragen werden besonders bei Wunschformeln angewendet מִי יְשִׂמֵנִי שֹׁפֵט wer möchte mich zum Richter machen! = o wäre ich Richter! 2 Sam. 15, 4. 23, 15 (vgl. נָתַן). 2) indef. wer immer Ex. 24, 14. Richt. 7, 3. Jes. 54, 15. Spr. 9, 4. Koh. 5, 9; mit folgend. אֲשֶׁר Ex. 32, 33. 2 Sam. 20, 11. 3) wie? (eigentl. als welcher?) Jes. 51, 19. Amos 7, 2. 5. מִי אַתְּ wie erging es dir? Rut 3, 16.

מֵידְבָא n. pr. Ortschaft in Ruben, später zu Moab gehörig Num. 21, 30. Jos. 13, 9. Jes. 15, 2. 1 Chr. 19, 7.

מֵידָד (*Liebe*) n. pr. m. Num. 11, 26. 27.

מֵידַעַת s. מֹדַעַת.

מֵיטָב m. cs. מֵיטַב *das Beste.* מֵיטַב הָאָרֶץ *der beste Theil des Landes* Gen. 47, 6. 11. Ex. 22, 4. 1 Sam. 15, 9. 15.

מִיכָא s. מִיכָה u. מִיכָיָה.

מִיכָאֵל (*wer ist wie Gott?*) n. pr. *Michael,* 1) Name eines Engels Dan. 10, 13. 21. 12, 1. 2) Num. 13, 13. 3) Sohn des Königs Josafat 2 Chr. 21, 2. 4) 1 Chr. 5, 13. 14.—6, 25.—7, 3.—8, 16.—12, 20.—27, 18.

מִיכָה n. pr. (verkürzt aus מִיכָיְהוּ) *Micha* 1) der bekannte Prophet aus Moreschet Gat Micha 1, 1. Jer. 26, 18 Kri, wo Ktib: מִיכָיָה s. d. u. מִיכָיְהוּ. 2) Sohn des Mefiboset 1 Chr. 8, 34. 35 = מִיכָא 2 Sam. 9, 12.

מִיכָיָה n. pr. m. 1) Jer. 26, 18 Ktib. 2) 2 Kön. 22, 12 = מִיכָה 2 Chr. 34, 20. 3) Neh. 12, 35 = מִיכָא Neh. 11, 17. 22. 4) Neh. 12, 41.

מִיכָיָהוּ (*wer ist wie Gott?*) n. pr. 1) m. 2 Chr. 17, 7. 2) f. Gemahlin des Rehabeam 2 Chr. 13, 2 = מַעֲכָה 1 Kön. 15, 2.

מִיכָיְהוּ n. pr. m. 1) Richt. 17, 1. 4 = מִיכָה das. v. 5. 8. 9 etc. 2) Prophet zur Zeit des Ahab 1 Kön. 22, 8. 2 Chr. 18, 7 = מִיכָה v. 14 und מִיכָהוּ v. 8 Ktib. 3) Jer. 36, 11. 13.

מִיכַל 1) m. cs. מִיכַל *Bach* 2 Sam. 17, 20. 2) מִיכַל n. pr. Frau des David 1 Sam. 14, 49. 19, 11. 2 Sam. 6, 16.

מַיִם s. מַי.

מִיָּמִן—מִימִין n. pr. 1) eine Priesterfamilie Neh. 10, 8. 12, 5. 1 Chr. 24, 9 = מִנְיָמִין Neh. 12, 17. 41. 2) Esra 10, 25.

מִין m. suff. מִינֵהוּ—מִינוֹ, pl. suff. מִינֵהֶם *Art, Gattung* (kommt nur mit לְ vor) Gen. 1, 11. 12. 21. Lev. 11, 16. Deut. 14, 13. Ezech. 47, 10.

מֵינֶקֶת s. ינק.

[מְסִדָּה] f. pl. cs. מְסִדּוֹת Ezech. 41, 8 Ktib, wo Kri מוּסְדוֹת s. d.

מֵיסַךְ m. cs. מֵיסַךְ 2 Kön. 16, 18 Ktib, wo Kri מוּסַךְ s. d.

מֵפַעַת—מֵיפַעַת n. pr. Levitenstadt in Ruben, später zu Moab gehörig Jos. 13, 18. (21, 37). Jer. 48, 21 Kri (wo Ktib: מוֹפַעַת). 1 Chr. 6, 64.

מִיץ m. *das Drücken, Pressen* Spr. 30, 33.

מֵישָׁא n. pr. m. 1 Chr. 8, 9.

מִישָׁאֵל (*wer ist was Gott ist?*) n. pr. 1) Sohn des Usiel Ex. 6, 22. Lev. 10, 4. 2) einer der Gefährten des Daniel, später מֵישַׁךְ genannt Dan. 1, 6. 7. 11. 19. 3) Neh. 8, 4.

מִישֹׁר—מִישׁוֹר m. *Ebene* 1 Kön. 20, 23. 25. Jes. 40, 4. 42, 16. Zach. 4, 7; bildlich: a) *Ruhe, Glück* Ps. 26, 12. 143, 10. b) *Billigkeit, Gerechtigkeit* Jes. 11, 4. Mal. 2, 6. Ps. 27, 11. 45, 7. 67, 5. Mit dem Artikel הַמִּישׁוֹר wird es zum n. pr. und bezeichnet zunächst eine Ebene im Ostjordanlande, im Gebiete Ruben und Moab Deut. 3, 10. 4, 43. Jos. 13, 9. 20, 8. Jer. 48, 8. 21. 2 Chr. 26, 10; die Ebene bei Jerusalem Jer. 21, 13.

מֵישַׁךְ n. pr. Name, der dem מִישָׁאֵל (s. d.) am Hofe des Nebukadnezar gegeben wurde Dan. 1, 7. 2, 49. 3, 13.

מֵישַׁע (*Sieg*) n. pr. eines Königs von Moab 2 Kön. 3, 4.

מֵישָׁע n. pr. Sohn des Kaleb 1 Chr. 2, 42.

[מֵישָׁר] m. pl. מֵישָׁרִים *Gradheit,* adverb. *grade (leicht) hinunter* Hohel. 7, 10; meist in sittlicher Beziehung: *Billigkeit, Gerechtigkeit, Wahrheit* Jes. 33, 15. 45, 19. Ps. 99, 4; adverb. *gerecht* Ps. 58, 2. 75, 3. Hohel. 1, 4. Dan. 11, 6.

מִישֹׁר s. מִישׁוֹר.

[מֵיתָר] m. pl. suff. מֵיתָרֵי, מֵיתְרֵיהֶם 1) *Zeltstrick* Ex. 35, 18. 39, 40. Jes. 54, 2. Jer. 10, 20. 2) *Sehne* (des Bogens) Ps. 21, 13.

מָךְ s. מוּךְ.

מַכְאוֹב m. suff. מַכְאֹבִי, pl. מַכְאוֹבִים—מַכְאֹבוֹת, suff. מַכְאֹבֵינוּ *Schmerz, Leid* Ex. 3, 7. Jes. 53, 3. 4. Koh. 1, 18. 2, 23.

מַכְבִּיר m. *Fülle, Menge* Hiob 36, 31.

מַכְבֵּנָא n. pr. Stadt in Juda 1 Chr. 2, 49 = כַּבּוֹן Jos. 15, 40.

מַכְבַּנִּי n. pr. m. 1 Chr. 12, 13.

מִכְבָּר m. cs. מִכְבַּר *Gitterwerk* Ex. 27, 4. 35, 16. 38, 4.

מַכְבֵּר m. *Decke* 2 Kön. 8, 15.

מַכָּה f. cs. מַכַּת, suff. מַכָּתִי, pl. מַכּוֹת, suff. מַכּוֹתָם *Schlag, Wunde* 1 Kön. 22, 35. Jes. 1, 6; *Leid, Schmerz* Lev. 26, 21. Deut. 28, 61; *Niederlage* Jos. 10, 10. Jes. 10, 26. — חִטִּים מַכּוֹת *ausgedroschener Weizen* 2 Chr. 2, 9.

מִכְוָה f. cs. מִכְוַת *verbrannte Stelle* auf der Haut, *Brandfleck* Lev. 13, 24. 25. 28.

מָכוֹן m. cs. מְכוֹן, suff. מְכוֹנִי, pl. suff. מְכוֹנֶיהָ (dichterisch) *Stätte, Wohnsitz* Ex. 15, 17. 1 Kön. 8, 39. Jes. 18, 4. Ps. 33, 14; *Grundfeste* Ps. 89, 15. 97, 2. Ps. 104, 5; *Stütze* Dan. 8, 11.

מְכוֹנָה f. pl. מְכֹנוֹת *Fussgestell, Postament* 1 Kön. 7, 27. 2 Kön. 16, 17. Esra 3, 3.

מְכוּרָה f. suff. מְכוּרֹתָם, pl. suff. מְכֹרֹתַיִךְ *Abstammung* Ezech. 21, 35. 29, 14 (vgl. מְכֹרָה).

מָכִיר n. pr. 1) Sohn des Manasse Gen. 50, 23. Num. 32, 39; für den Stamm Manasse Richt. 5, 14; n. gent. מָכִירִי Num. 26, 29. 2) 2 Sam. 9, 4. 5. 17, 27.

מָכַךְ* fut. 3 pl. יָמֹכּוּ *niedergedrückt sein* Ps. 106, 43.

Nifal fut. יִמַּךְ *sich senken, den Einsturz drohen* Koh. 10, 18.

Hof. pf. 3 pl. הֻמְּכוּ (st. הֻמַּכּוּ) *niedergestürzt werden* Hiob 24, 24.

[מִכְלָאָה] f. pl. cs. מִכְלְאֹת, suff. מִכְלְאֹתֶיךָ *Hürde, Stall* Ps. 50, 9. 78, 70.

מִכְלָה f. 1) *Hürde, Stall* Hab. 3, 17. 2) מִכְלוֹת זָהָב *Vollendung von Gold* d. h. *lauter Gold* 2 Chr. 4, 21.

מִכְלוֹל m. *Vollkommenheit.* לְבֻשֵׁי מִכְלוֹל *schön bekleidet* Ezech. 23, 12. 38, 4 (n. A. ist תְּכֵלֶת=מִכְלוֹל *Purpur* (Ezech. 23, 6).

[מַכְלֻל] m. pl. מַכְלֻלִים Ezech. 27, 24 = מִכְלוֹל s. d.

מִכְלָל m. cs. מִכְלַל *Vollkommenheit* Ps. 50, 2.

מַכֹּלֶת (zusammenges. von מַאֲכֹלֶת) f. *Speise* 1 Kön. 5, 25.

[מִכְמָן] m. pl. cs. מִכְמַנֵּי *Schatz* Dan. 11, 43.

מִכְמָס n. pr. Ort i. Benjamin Esra 2, 27 (vgl. מִכְמָשׂ).

מִכְמָר m. *Netz* Jes. 51, 20.

[מַכְמֹר] m. pl. suff. מַכְמֹרָיו *Netz, Schlinge* Ps. 141, 10.

[מִכְמֶרֶת] f. suff. מִכְמַרְתּוֹ *Netz* Hab. 1, 15. 16.

מִכְמֹרֶת f. *Netz* Jes. 19, 8.

מִכְמָשׂ—מִכְמַשׂ (מִכְמָשׁ) n. pr. Ort in Benjamin 1 Sam. 13, 2. 5. Neh. 11, 31 = מִכְמָס s. d.

מִכְמְתָת n. pr. (mit Art.) Ort an der Grenze zwischen Efraim und Manasse Jos. 16, 6. 17, 7.

מַכְנַדְבַי n. pr. m. Esra 10, 40.

מְכֹנָה f. 1) s. מְכוֹנָה. 2) n. pr. Stadt in Juda Neh. 11, 28.

מְכֻנָה f. suff. מְכֻנָתָהּ *Ort, Stelle* Zach. 5, 11.

[מִכְנָס] m. dual. cs. מִכְנְסֵי *Beinkleider* Ex. 28, 42. Lev. 6, 3. 16, 4. Ezech. 44, 18.

מֶכֶס (v. כָּסַס) m. suff. מִכְסָם *Abgabe, Steuer* Num. 31, 28. 38.

מִכְסָה f. cs. מִכְסַת *Zahl, Summe* Ex. 12, 4. Lev. 27, 23.

מִכְסֶה m. cs. מִכְסֵה, suff. מִכְסֵהוּ *Decke* Gen. 8, 13. Ex. 26, 14. Num. 4, 10. 25.

מְכַסֶּה m. *Umhüllung* Jes. 23, 18 (vgl. כָּסָה Piel).

מַכְפֵּלָה n. pr. Gegend bei Hebron Gen. 23, 17. 19. 49, 30.

מָכַר* pf. 3 sg. suff. מְכָרָנוּ, מְכָרָם; part. suff. מֹכְרֵיהֶן (= מֹכְרָם Zach. 11, 5); fut. יִמְכֹּר; inf. לִמְכּוֹר, suff. מִכְרָם, לְמִכְרָהּ; imp. מִכְרָה, fem. מִכְרִי *verkaufen* Gen. 25, 31. 31, 15. Ex. 21, 7. 8. Lev. 25, 27. Deut. 32, 30. Neh. 10, 32. 13, 15; das Object steht im accus., die Person *an* die man verkauft, mit לְ; der Preis, *um* den man verkauft mit בְּ; bildlich: *übergeben, überliefern* Richt. 2, 14. 3, 8. 4, 9. 10, 7. 1 Sam. 12, 9. Ps. 44, 13.

Nifal נִמְכַּר, fut. יִמָּכֵר *verkauft werden* Ex. 22, 2. Lev. 25, 34; *überliefert werden* Est. 7, 4.

Hitp. הִתְמַכֵּר, inf. suff. הִתְמַכֶּרְךָ *verkauft werden* Deut. 28, 68; *sich hingeben, sich preisgeben* 1 Kön. 21, 20. 25. 2 Kön. 17, 17.

מֶכֶר m. suff. מִכְרָהּ, מִכְרָם 1) *Waare zum Verkauf* Neh. 13, 16. 2) *Kaufpreis* Num. 20, 19. Spr. 31, 10.

מַכָּר m. suff. מַכָּרוֹ, pl. suff. מַכָּרֵיכֶם *Bekannter* 2 Kön. 12, 6. 8.

מִכְרֶה m. cs. מִכְרֵה *Grube* (v. Steinsalz) Zef. 2, 9.

מְכֵרָה f. pl. suff. מְכֵרֹתֵיהֶם 1) *Anschläge, Ränke* Gen. 49, 5 (nach dem Aegyptischen: *Vorrathskammer*). 2) Name eines Ortes, wovon n. gent. מְכֵרָתִי 1 Chr. 11, 36.

[מְכוּרָה] f. pl. suff. מְכוּרֹתַיִךְ *Abstammung* Ezech. 16, 3 (vgl. מְכוּרָה).

מְכֹרָה s. מְכוּרָה.

מִכְרִי n. pr. m. 1 Chr. 9, 8.

מְכֵרָתִי s. מְכֵרָה.

מִכְשֹׁל—מִכְשׁוֹל m. pl. מִכְשֹׁלִים *das Straucheln* Ps. 119, 165. צוּר מִכְשׁוֹל *ein Stein, über den man fällt* Jes. 8, 14; dann auch ohne צוּר *Anstoss* im materiellen Lev. 19, 14 als auch im bildlichen Sinne Jes. 57, 14. Ezech. 3, 20; daher *Verlockung* (zur Sünde) 1 Sam. 25, 31. Ezech. 7, 19. 14, 3. 21, 20.

מַכְשֵׁלָה f. pl. מַכְשֵׁלוֹת *das Stürzende, dem Einsturz Nahe* Jes. 3, 6; *verfallende Trümmer* Zef. 1, 3.

מִכְתָּב m. cs. מִכְתַּב *Schrift, Schriftzug* Ex. 32, 16. 39, 30. Deut. 10, 4; *Schrift, Brief* Jes. 38, 9; 2 Chr. 21, 12; *schriftliches Edikt* Esra 1, 1. 2 Chr. 36, 22.

מְכִתָּה f. suff. מְכִתָּתָהּ *das Zertrümmern* Jes. 30, 14.

מִכְתָּם m. Bezeichnung einer Gattung Psalmen, nur in den Ueberschriften der Ps. 16. 56. 57. 58. 59. 60; n. E. *Denkschrift.*

מַכְתֵּשׁ m. *Mörser* Spr. 27, 22; *Höhlung* in der Kinnbacke, worin die Zähne sitzen Richt. 15, 19.

מָלֵא* pf. 3 sg. suff. מְלָאוֹ, 1 sg. מָלֵתִי—מָלֵאתִי (Hiob 32, 18), 3 pl. מָלוּ—מָלְאוּ (Ezech. 28, 16), ps. מָלֵאוּ; part. מָלֵא, pl. מְלֵאִים; fut. 3 sg. f. suff. תִּמְלָאֵמוֹ; inf. מְלֹאות—מְלֹאת; imp. pl. מִלְאוּ 1) *voll sein* Jos. 3, 15; das, *wovon* etwas voll ist, steht im accus. Gen. 6, 13; oft steht dieser voran Jer. 23, 10. Ps. 10, 7. 33, 5; selten mit אֶת Jer. 6, 11; von einer Zeitfrist: *voll werden, abgelaufen sein* Gen. 29, 21. 50, 3. Lev. 8, 33. 1 Sam. 18, 26. Jes. 40, 2 u. so auch von der Lebenszeit: *zu Ende sein* 1 Chr. 17, 11. Bildlich: *das Herz ist voll von Wünschen, Absichten* Koh. 8, 11. 9, 3; daher אֲשֶׁר מְלָאוֹ לִבּוֹ *dessen Herz voll ist,* d. h. *welcher die Absicht hat* (das suff. an מְלָאוֹ ist pleon.) Est. 7, 5. תִּמְלָאֵמוֹ נַפְשִׁי *meine Gier werde voll von* (sättige sich an) *ihnen* Ex. 15, 9. 2) *sich ausbreiten, einen Raum ausfüllen* und daher mit determinirtem accus. (אֶת) construirt, besonders von der *Herrlichkeit Gottes,* die einen Raum erfüllt Ex. 40, 34. 35. 1 Kön. 8, 10. 11. Jes. 6, 1. Jer. 23, 24. Ezech. 10, 3. 43, 5. 44, 4. 2 Chr. 5, 14. 7, 1. 2; aber auch sonst trans. *füllen* mit dopp. accus. Gen. 1, 22. 28. 9, 1. 1 Kön. 18, 34. Jer. 16, 18. 19, 4. Ezech. 8, 17. 28, 16. 30, 11. מִלְאוּ יֶדְכֶם *füllet eure Hand* d. h. *übernehmet ein Amt* Ex. 32, 29. מִלְאוּ הַשְּׁלָטִים *füllet die Schilde* d. h. *bessert sie aus, rüstet sie* Jer. 51, 11.

Nifal pf. נִמְלָא, fut. יִמָּלֵא *voll werden, voll sein, sich füllen* Ezech. 27, 25. Spr. 24, 4. Auch hier steht das, *wovon* man voll wird, im accus. Gen. 6, 11. Spr. 3, 10. Hohel. 5, 2. אִמָּלְאָה הָחֳרָבָה *ich will mich füllen* (bereichern) *an ihr, die verwüstet worden* Ezech. 26, 2; mit אֶת Num. 14, 21. 1 Kön. 7, 14. 2 Kön. 3, 20. Ezech. 10, 4; mit מִן Ezech. 32, 6; mit ל u. inf. Hab. 2, 14; *ablaufen* (von einer Zeitfrist) Ex. 7, 25; unpersönl.: בְּלֹא יוֹמוֹ תִּמָּלֵא *vor der Zeit läuft es* (das Leben) *ab* Hiob 15, 32.

Piel pf. מִלֵּא—מִלָּא (Jer. 51, 34), 2 sg. suff. מִלֵּאתָנִי, 3 pl. suff. מִלְאוּהָ, מִלְאוּךְ; fut. יְמַלֵּא—יְמַלֶּה (Hiob 8, 21), 3 pl. f. תְּמַלֶּאנָה; inf. לְמַלֹּאות—לְמַלֵּא; imp. מַלֵּא, מַלְאוּ *füllen, anfüllen* 2 Kön. 21, 16; mit dopp. accus. Gen. 21, 19. Ex. 35, 35. 1 Kön. 18, 35; selten mit מִן der Sache, *mit* der man anfüllt Jer. 51, 34. Ps. 127, 5; *vervollständigen* 1 Kön. 1, 14; *sättigen* Jer. 31, 25. Spr. 6, 30. Hiob 38, 39; *erfüllen* (ein Versprechen) 1 Kön. 8, 15; *in Erfüllung gehen lassen* Ps. 20, 5. 6; (eine Frist) *ablaufen lassen, inne halten* Gen. 29, 27. Ex. 23, 26. Hiob 39, 2. Dan. 9, 2; adv. קִרְאוּ מַלְאוּ *rufet mit voller Stimme* Jer. 4, 5. מִלֵּא אַחֲרֵי *vollständig Jemandem folgen* Deut. 1, 36. Jos. 14, 9. 1 Kön. 11, 6. מִלֵּא אֶת־יַד *in ein Amt einführen* Ex. 28, 41. Lev. 21, 10. Num. 3, 3. 2 Chr. 13, 9. מִלֵּא יָדוֹ בַקֶּשֶׁת *den Bogen in die Hand nehmen* 2 Kön. 9, 24. וּמִלֵּאתָ בוֹ מִלֻּאַת אֶבֶן *mache darin einen Einsatz von Steinen* Ex. 28, 17. 31, 5. 35, 33.

Pual part. pl. מְמֻלָּאִים *besetzt* Hohel. 5, 14.

Hitp. fut. 3 pl. ps. יִתְמַלָּאוּן *in voller Zahl auftreten* Hiob 16, 10.

מְלָא aram. pf. 3 sg. f. מְלָאת *anfüllen* Dan. 2, 35.

Itp. pf. 3 sg. הִתְמְלִי *erfüllt werden* Dan. 3, 19.

מָלֵא adj. cs. מְלֵא, f. מְלֵאָה, cs. מְלֵאתִי; pl. m. מְלֵאִים, f. מְלֵאוֹת *voll* Gen. 41, 7; mit accus. der Sache Num. 7, 13. Deut. 33, 23. Jes. 1, 21. 51, 20. Jer. 6, 11. כֶּסֶף מָלֵא *vollwichtiges Geld* Gen. 23, 9. 1 Chr. 21, 22. מֵי מָלֵא *in vollen Zügen* Ps. 73, 10; *laut* Jer. 12, 6.

מְלֹא—מְלוֹא—מְלוֹ suff. m. מְלֹאוֹ, מְלֹאָהּ eigentl. *die Fülle, das Füllende,* mit suff. fast nur in Redensarten wie אֶרֶץ וּמְלֹאָהּ *die Erde und was sie füllt.* Deut. 33, 16. יָם וּמְלֹאוֹ Ps. 96, 11. עִיר וּמְלֹאָהּ Amos 6, 8. אֶרֶץ מִמְּלֹאָהּ *die Erde* (wird leer) *von dem was sie füllt* Ezech. 12, 19. מְלֹא־הַגּוֹיִם *eine Fülle von Völkern* Gen. 48, 19. מְלֹא בֵיתוֹ *sein Haus voll* ... Num. 22, 18. מְלֹא הָעֹמֶר *ein Omer voll* Ex. 16, 33. מְלֹא קוֹמָתוֹ *so lang er war* 1 Sam. 28, 20. מְלֹא כָל־הָאָרֶץ *voll ist die ganze Erde* Jes. 6, 3.

מִלֹּא s. מִלּוֹא.

[מִלֻּא] m. pl. מִלּוּאִים—מִלֻּאִים, suff. מִלֻּאֵיכֶם 1) *Einführung in das Amt, Amtsweihe* Ex. 29, 22. Lev. 8, 33 und die dafür bestimmten *Opfer* Lev. 8, 28. 31. 2) *Besatz, Einfassung* (von Steinen) Ex. 25, 7. 35, 9. 1 Chr. 29, 2.

מְלֵאָה f. suff. מְלֵאָתְךָ *das vollständig Gereifte* beim Getreide Ex. 22, 28. Deut. 22, 9 und beim Wein Num. 18, 27.

[מִלֻּאָה] f. cs. מִלֻּאַת, pl. מִלֻּאֹתָם *Einfassung, Besatz* Ex. 28, 16. 20. 39, 13.

מַלְאָךְ m. cs. מַלְאַךְ, suff. מַלְאָכִי, pl. מַלְאָכִים, cs. מַלְאֲכֵי, suff. מַלְאָכֶיךָ, מַלְאֲכֵכֵה (Nah. 2, 14 = מַלְאָכַיִךְ) 1) *Bote* Gen. 32, 4. 1 Kön. 19, 2; *Prophet* Num. 20, 16. 2 Chr. 36, 16. 2) *Engel* Hos. 12, 5; meist mit dem Zusatz יְהוָה oder אֱלֹהִים Gen. 16, 7. 21, 17. מַלְאֲכֵי רָעִים *böse Engel* (für: *Plagen*) Ps. 78, 49.

מְלָאכָה f. cs. מְלֶאכֶת, suff. מְלַאכְתְּךָ, pl. cs. מַלְאֲכוֹת, suff. מַלַאֲכוֹתֶיךָ 1) *Arbeit, Verrichtung* Gen. 2, 2. Ex. 12, 16. 1 Chr. 28, 19; *Geschäft, Beruf* Jona 1, 8. עֹשֵׂי מְלָאכָה *Arbeiter* 2 Kön. 12, 12; *Verwalter* Est. 3, 9. 2) *Vermögen, Habe* Gen. 33, 14. Ex. 22, 7. 10. 2 Chr. 17, 13.

מַלְאֲכוּת f. cs. מַלְאֲכוּת *Botschaft* Hag. 1, 13.

מַלְאָכִי n. pr. *Maleachi,* der bekannte Prophet Mal. 1, 1.

מְלֶאכֶת s. מְלָאכָה.

מִלֵּאת f. *Füllung, Einfassung* Hohel. 5, 12.

מַלְבּוּשׁ m. suff. מַלְבּוּשְׁךָ, pl. suff. מַלְבֻּשֵׁיהֶם *Kleid* 1 Kön. 10, 5. Ezech. 16, 13. Zef. 1, 8.

מַלְבֵּן m. *Ziegelform* Nah. 3, 14; *Ziegelofen* 2 Sam. 12, 31 (Kri). Jer. 43, 9.

מִלָּה f. suff. מִלָּתִי, pl. מִלִּים—מִלִּין, suff. מִלֶּיךָ, מִלֵּיהֶם *Wort* (nur dichterisch) sehr häufig im Hiob, ausserdem 2 Sam. 23, 2. Ps. 19, 5. 139, 4. Spr. 23, 9.

מִלָּה aram. f. cs. מִלַּת, emph. מִלְּתָא—מִלְּתָה, pl. מִלִּין, cs. מִלֵּי, emph. מִלַּיָּא *Wort, Rede, Sache* Dan. 2, 5. 8. 9. 10. 5, 10. 7, 1. 11.

מִלּוֹ s. מִלֹּא.

מִלּוֹא s. מִלֹּא.

מִלּוֹא—מִלֹּא (*Aufschüttung, Wall*) n. pr. 1) eines Theils der Befestigung Jerusalems 2 Sam. 5, 9. 1 Kön. 9, 15. 24. 11, 27. 1 Chr. 11, 8. 2 Chr. 32, 5. בֵּית מִלֹּא 2 Kön. 12, 21. 2) בֵּית מִלּוֹא Festungswerk bei Sichem Richt. 9, 6. 20.

מִלּוּאִים s. מִלֻּא.

מַלּוּחַ m. *ein salziges Gewächs, Melde* Hiob 30, 4.

מַלּוּךְ (*Rathgeber*) n. pr. m. Esra 10, 29.—Neh. 10, 5. 28. 12, 2 (vgl. מַלּוּכִי).—1 Chr. 6, 29.

מְלוּכָה—מְלֻכָה f. *Königthum, Herrschaft* 1 Sam. 10, 25. Ps. 22, 29; adject. *königlich* 2 Sam. 12, 26. 1 Kön. 1, 46. 2 Kön. 25, 25. Jes. 62, 3. Jer. 41, 1.

מַלּוּכִי Ktib — **מְלִיכוּ** Kri n. pr. m. Neh. 12, 14 = מַלּוּךְ das. v. 2.

מָלוֹן m. cs. מְלוֹן *Ort des Uebernachtens, Herberge* Gen. 42, 27. 43, 21. Ex. 4, 24. Jos. 4, 3. 8. Jer. 9, 1. מְלוֹן קִצֹּה *seine entlegenste Wohnung* 2 Kön. 19, 23.

מְלוּנָה f. (hängende) *Nachthütte* (eines Feldwächters) Jes. 1, 8. 24, 20.

מָלַח (denom. v. מֶלַח) fut. תִּמְלַח *salzen* Lev. 2, 13.

Nifal (wahrscheinl. von einer andern Wurzel) *zerrissen sein, zergehen* Jes. 51, 6.

Pual part. מְמֻלָּח *wohl durchgerührt* Ex. 30, 35.

Hofal הֻמְלַחַתְּ לֹא הֻמְלַחַתְּ *du bist nicht im Salzwasser gebadet worden* Ezech. 16, 4.

מְלָה aram. דִּי מְלַח הֵיכְלָא מְלַחְנָא *da wir mit dem Salz des Palastes salzen*, d. h. *da wir im Solde des Königs stehen* Esra 4, 14.

מֶלַח m. *Salz* Gen. 19, 26. Lev. 2, 13. 2 Kön. 2, 20. Hiob 6, 6; als Symbol der Dauer Num. 18, 19; der Oede Richt. 9, 45; als Bild der Unfruchtbarkeit des Bodens Deut. 29, 22. Ezech. 47, 11. Zef. 2, 9. יָם הַמֶּלַח *das todte Meer* Gen. 14, 3. Num. 34, 12 (auch יָם הָעֲרָבָה und יָם הַקַּדְמוֹנִי genannt). גֵּיא (הַ)מֶּלַח *Salzthal* südlich vom todten Meer 2 Kön. 14, 7. Ps. 60, 2. 2 Chr. 25, 11. תֵּל מֶלַח Ortschaft in Babylonien Esra 2, 59. Neh. 7, 61.

מְלַח aram. m. *Salz* Esra 4, 14. 6, 9. 7, 22.

[מֶלַח] m. pl. מְלָחִים *Lumpen* Jer. 38, 11. 12.

[מַלָּח] m. pl. מַלָּחִים, suff. מַלָּחַיִךְ *Schiffer* Ezech. 27, 9. 27. 29. Jona 1, 5.

מְלֵחָה (eig. adj.) f. *gesalzenes*, d. h. *unfruchtbares Land* Ps. 107, 34. Hiob 39, 6; vollständ. אֶרֶץ מְלֵחָה Jer. 17, 6.

מִלְחָמָה—מִלְחֶמֶת f. suff. מִלְחַמְתִּי, pl. מִלְחָמוֹת, cs. מִלְחֲמוֹת, suff. מִלְחֲמֹתָיו *Krieg* Gen. 14, 2. 1 Sam. 4, 2. 14, 52. אִישׁ מִלְחָמָה *ein kriegerischer Mann* 1 Sam. 16, 18; *Kriegsheld* Ex. 15, 3; *kriegsfähig, dienstfähig* Num. 31, 49. Deut. 2, 14. אִישׁ מִלְחֲמוֹת תֹּעִי *im Kriege begriffen mit Toi* 2 Sam. 8, 10. אַנְשֵׁי מִלְחַמְתֶּךָ *deine Gegner* Jes. 41, 12. כְּלֵי מִלְחָמָה *Waffen* Richt. 18, 11. Jer. 21, 4. בֵּית מִלְחַמְתִּי *der Ort, wo ich Krieg führe* 2 Chr. 35, 21.

***[מָלַט]** Nifal נִמְלַט, fut. יִמָּלֵט *gerettet werden* Ps. 22, 6; *sich retten, entrinnen* Gen. 19, 17. Richt. 3, 26. Hiob 1, 15; *davon eilen* 1 Sam. 20, 29. 2 Sam. 1, 3.

Piel fut. יְמַלֵּט 1) *retten* 2 Sam. 19, 10. Ps. 116, 4; mit Ergänzung von נַפְשׁוֹ *sich retten* Amos 2, 15. Ps. 33, 17. Hiob 20, 20. 22, 30. 2) *ausbrüten* Jes. 34, 15.

Hifil הִמְלִיט 1) *retten* Jes. 31, 5. 2) *gebären* Jes. 66, 7.

Hitp. fut. יִתְמַלְּטוּ 1) *sich retten, entkommen* Hiob 19, 20. 2) *hervorsprühen* Hiob 41, 11.

מֶלֶט m. *Kalk, Cement* Jer. 43, 9.

מְלַטְיָה (*Gott rettet*) n. pr. m. Neh. 3, 7.

מְלִיכוּ s. מַלּוּכִי.

[מְלִילָה] f. pl. מְלִילֹת *Aehre* Deut. 23, 26.

מְלִיצָה f. *dichterische Rede* Spr. 1, 6; *Gleichnissrede* Hab. 2, 6.

***מָלַךְ** fut. יִמְלֹךְ, inf. מְלֹךְ—מָלֹךְ, suff. מָלְכוֹ; imp. מְלֹךְ—מָלְכָה—מְלֹךְ (Kri, Ktib: מְלוּכָה), f. מִלְכִי 1) *herrschen, regieren, König sein* Jos. 13, 12. Est. 1, 1; meist mit עַל 1 Sam. 12, 14; mit בְּ 2 Sam. 3, 21. 1 Kön. 11, 37. 2) *zur Regierung gelangen, die Regierung antreten* 1 Sam. 13, 1. 2 Sam. 15, 10. 2 Kön. 25, 27.

Nifal fut. יִמָּלֵךְ *sich bedenken* Neh. 5, 7.

Hifil הִמְלִיךְ *zum König ernennen* 1 Sam. 15, 35.

Hofal הָמְלַךְ *zum König ernannt werden* Dan. 9, 1.

מֶלֶךְ m. suff. מַלְכִּי, pl. מְלָכִין—מְלָכִים (Spr. 31, 3), cs. מַלְכֵי, suff. מַלְכֵיכֶם, מַלְכֵינוּ 1) *König* Gen. 14, 1. 17. 17, 16. Jer. 44, 17. 21. 2) = מֹלֶךְ Götze *Moloch* Jes. 57, 9. Amos 5, 26 (vgl. מַלְכָּם). 3) n. pr. m. 1 Chr. 8, 35. 9, 41; auch הַמֶּלֶךְ Jer. 36, 26. 38, 6.

מֶלֶךְ aram. m. emph. מַלְכָּה—מַלְכָּא, pl. מַלְכִין—מְלָכִים, emph. מַלְכַיָּא *König* Dan. 2, 21. 27. 4, 16. Esra 4, 13.

מְלַךְ aram. m. suff. מִלְכִּי *Rath* Dan. 4, 24

מֹלֶךְ m. *Moloch*, Götze (der Ammoniter), dem Kinder geopfert wurden, indem man sie durch das Feuer gehen liess Lev. 18, 21. 20, 2, 4. 2 Kön. 23, 10. Jer. 32, 35 (vgl. מֶלֶךְ, מַלְכָּם, מִלְכֹּם).

[מַלְכָּא] aram. f. emph. מַלְכְּתָא *Königin (-Mutter)* Dan 5, 10.

מַלְכֹּדֶת f. suff. מַלְכֻּדְתּוֹ *Fangnetz* Hiob 18, 10.

מַלְכָּה f. cs. מַלְכַּת, pl. מְלָכוֹת *Königin* 1 Kön. 10, 1. Hohel. 6, 8. Est. 1, 9.

מִלְכָּה n. pr. f. Gen. 11, 29. 22, 20.

מַלְכוּ aram. f. cs. מַלְכוּת, emph. מַלְכוּתָא, suff. מַלְכוּתָךְ, pl. מַלְכְוָתָא, emph. מַלְכְוָתָא *Königreich* Dan. 2, 39. 44. 7, 27; *Herrschaft* Dan. 6, 1. 29. Esra 7, 23.

מַלְכוּת f. suff. מַלְכוּתוֹ—מַלְכֻתוֹ, pl. מַלְכֻיּוֹת *Königreich* Est. 3, 6. Dan. 8, 22; *Herrschaft* Ps. 145, 11; *königliche Würde* Est. 1, 19; *Regierung* Esra 4, 6; adj. יֵין מַלְכוּת *der königliche Wein* Est. 1, 7. 11. 6, 8. 8, 15.

מַלְכִּיאֵל (*Gott ist König*) n. pr. m. Gen. 46, 17. Num. 26, 45 (wo n. gent. מַלְכִּיאֵלִי).

מַלְכִּיָּהוּ—מַלְכִּיָּה n. pr. m. Jer. 38, 6.—Esra 10, 25. 31. Neh. 3, 11. — Neh. 8, 4. 10, 4. — 1 Chr. 6, 25. 9, 12 u. s. w.

מַלְכִּי־צֶדֶק (*König der Gerechtigkeit*) n. pr. Priester u. König zu Salem Gen. 14 18. Ps. 110, 4.

מַלְכִּירָם (*der König ist erhaben*) n. pr. m. 1 Chr. 3, 18.

מַלְכִּי־שׁוּעַ—מַלְכִּישׁוּעַ (*König ist Hülfe*) n. pr. Sohn des Saul 1 Sam. 14, 49. 31, 2. 1 Chr. 8, 33. 9, 39.

מַלְכָּם m. so viel wie מֶלֶךְ (s. d.) Jer. 49, 1. Amos 1, 15. Zef. 1, 5 (n. E. auch 2 Sam. 12, 30).

מִלְכֹּם m. so viel wie מֹלֶךְ (s. d.) 1 Kön. 11, 5. 33. 2 Kön. 23, 13.

מְלֶכֶת f. *Königin*, nur als מְלֶכֶת הַשָּׁמַיִם *Himmelskönigin*, Name einer phönizischen Gottheit Jer. 7, 18. 44, 17. 18. 19. 25.

מֹלֶכֶת n. pr. f. (mit Art.) 1 Chr. 7, 18.

מָלַל* I Kal nur part. מוֹלֵל (durch Zeichen) *reden* Spr. 6, 13.

Piel מִלֵּל (nur dichterisch = הִגִּיד) *verkünden* Gen. 21, 7. Ps. 106, 2: *reden* Hiob 8, 2. 33, 3.

מָלַל* II imp. מֹל *beschneiden* Jos. 5, 2.

Nifal pf. 2 pl. נְמַלְתֶּם (= נְמַלֹּתֶם); fut. יִמַּל, ps. יִמָּל, pl. יִמָּלוּ *abgeschnitten werden* Ps. 37, 2. Hiob 14, 2. 18, 16. 24, 24; *sich beschneiden* Gen. 17, 11.

Poel fut. יְמוֹלֵל *abgeschnitten werden* Ps. 90, 6.

Hitp. fut. 3 pl. יִתְמֹלְלוּ *zerbröckeln* Ps. 58, 8.

[מְלַל] aram. Pael מַלִּל, fut. יְמַלִּל, part. מְמַלִּל— מְמַלֵּל, f. מְמַלְּלָא *reden* Dan. 6, 22. 7, 11. 20, 25.

מִלֲלַי n. pr. m. Neh. 12, 36.

מַלְמַד m. *Ochsenstecken* Richt. 3, 31.

[מָלַץ]* Nifal pf. נִמְלְצוּ *beredt, angenehm sein* Ps. 119, 103.

מֶלְצַר m. *Aufseher* Dan. 1, 11. 16.

מָלַק* *abkneipen* (den Kopf eines Thieres) Lev. 1, 15.

מַלְקוֹחַ m. 1) *Beute* Num. 31, 11. Jes. 49, 24. 25. 2) du. mit suff. ps. מַלְקוֹחָי *Gaumen* Ps. 22, 16.

מַלְקוֹשׁ m. *Spätregen* (vor der Erndte) Deut. 11, 14. Jer. 5, 24. Hos. 6, 3. Joel 2, 23. Spr. 16, 15. Hiob 29, 23.

[מֶלְקָח] m. du. מֶלְקָחַיִם, suff. מַלְקָחֶיהָ *Zange* Ex. 25, 38. Num. 4, 9. 1 Kön. 7, 49. Jes. 6, 6. 2 Chr. 4, 21.

מֶלְתָּחָה f. *Kleiderkammer* 2 Kön. 10, 22.

מַלּוֹתִי (*ich habe geredet*) n. pr. m. 1 Chr. 25, 4. 26.

[מַלְתָּעָה] f. pl. cs. מַלְתְּעוֹת *Gebiss* Ps. 58, 7 (vgl. מְתַלְּעָה).

[מַמְּגֻרָה] f. pl. מַמְּגֻרוֹת *Vorrathshaus* Joel 1, 17.

[מֵמַד] m. pl. cs. מְמַדֶּיהָ *Maass* Hiob 38, 5.

מְמוּכָן n. pr. Est. 1, 14. 21. מְמֻכָן v. 16 Kri, wo Ktib מוּמְכָן.

[מָמוֹת] m. pl. cs. מְמוֹתֵי *Todesarten*. מְמוֹתֵי תַחֲלֻאִים יָמֻתוּ *an Krankheiten sterben sie* Jer. 16, 4. מְמוֹתֵי חָלָל *wie ein Erschlagener stirbt* Ezech. 28, 8. מְמוֹתָתִים 2 Kön. 11, 2 Ktib = מוּמָתִים Kri *getödtet*.

מַמְזֵר m. *Mischling, Bastard* Deut. 23, 3. Zach. 9, 6.

מִמְכָּר m. cs. מִמְכַּר, suff. מִמְכָּרוֹ, pl. suff. מִמְכָּרָיו *Verkauf* Lev. 25, 27. 29. 50. Deut. 18, 8; *Waare zum Verkauf* Lev. 25, 14. Neh. 13, 20; *das Verkaufte* Lev. 25, 25. 28. 33. Ezech. 7, 13.

מִמְכֶּרֶת f. *Verkauf*. מִמְכֶּרֶת עָבֶד *wie man einen Knecht verkauft* Lev. 25, 42.

מַמְלָכָה f. cs. מַמְלֶכֶת, suff. מַמְלַכְתִּי, pl. מַמְלָכוֹת, cs. מַמְלְכוֹת *Königreich* Gen. 10, 10. 20, 9. Deut. 28, 25. Ps. 46, 7; *Herrschaft* 1 Sam. 28, 17; adject. *königlich* Deut. 17, 18. 2 Kön. 11, 1.

[מַמְלָכוּת] f. cs. מַמְלְכוּת = מַמְלָכָה (s. d.) Jos. 13, 12. 1 Sam. 15, 28. Jer. 26, 1.

מִמְסָךְ m. *gemischter* (gewürzter) *Wein* Jes. 65, 11. Spr. 23, 30.

מֶמֶר (v. מָרַר) m. *Bitterkeit, Verdruss* Spr. 17, 25.

מַמְרֵא n. pr. eines Emoriters und Verbündeten des Abraham Gen. 14, 13. 24. Statt אֵלֹנֵי מַמְרֵא *Eichen des Mamre* steht auch bloss מַמְרֵא Gen. 23, 17. 19. 25, 9. 35, 27. 49, 30. 50, 13.

[מַמְּרֹר] m. pl. מַמְּרֹרִים *Bitterkeit* als Bild des Unglücks Hiob 9, 18.

מִמְשַׁח m. *Ausbreitung.* כְּרוּב מִמְשַׁח *ein Cherub mit ausgebreiteten Flügeln* (als Bild schützender Macht) Ezech. 28, 14.

מִמְשָׁל m. pl. מִמְשָׁלִים *Herrschaft* Dan. 11, 3. 5; pl. concr. *Herrschaften, Häupter* 1 Chr. 26, 6.

מֶמְשָׁלָה f. cs. מֶמְשֶׁלֶת, suff. מֶמְשַׁלְתּוֹ, pl. cs. מֶמְשְׁלוֹת, cs. מֶמְשְׁלוֹתֶיו *Herrschaft* Gen. 1, 16. 1 Kön. 9, 19. Ps. 114, 2; concr. *Herrscher* Ps. 136, 9.

מִמְשָׁק m. cs. מִמְשַׁק *Besitz* Zef. 2, 9.

[מַמְתַּק] m. pl. מַמְתַּקִּים *Süssigkeit* Hohel. 5, 16. Neh. 8, 10.

מָן m. suff. מַנְךָ *Manna*, die wunderbare Speise der Israeliten in der Wüste Ex. 16, 15. Num. 11, 7. Deut. 8, 3. Jos. 5, 12. Ps. 78, 24. Neh. 9, 20.

מַן Ps. 61, 8 s. מָנָה.

מַן־—מָן aram. pron. interr. *wer? was?* Dan. 3, 15. Esra 5, 3. 9; in der indirecten Frage Esra 5, 4. 2) pron. indef. מַן־דִּי *wer immer* Dan. 3, 6. 11. 4, 14.

[מֵן] m. (wovon n. E. מִנֵּהוּ Ps. 68, 24 *sein Antheil*) pl. מִנִּים Ps. 150, 4 und מִנִּי Ps. 45, 9 Name eines musikalischen Instrumentes. Formen wie מִנִּי, מִנֵּי u. s. w. s. מִן, das gleichsam als cs. von מֵן betrachtet werden kann.

מִן praepos., meist (in der älteren Sprache) assimilirt מִ mit folgendem Dagesch, vor gutturalen מֵ, selten מִ (z. B. מִחוּץ, מִהְיוֹת, vergl. Richt. 8, 2. Jes. 14, 3), suff. מִנִּי—מֶנִּי, מִנֵּהוּ, מֵהֶן, מֵהֶם—מִנְּהֶם, מִכֶּם oder von der Form מִמֶּן: מִמֶּנִּי, מִמֶּנּוּ, מִמֶּנָּה *von, aus* a) sowohl die *örtliche Entfernung*, als auch die *Entstehung* oder die *Abkunft* von Jemand bezeichnend; eben so das Entstehen von einer *Ursache* aus z. B. מִמֵּי הַמַּבּוּל *durch die Wasser der Sintfluth* Gen. 9, 11. מִשִּׁירִי אֲהוֹדֶנּוּ *mit meinem Liede danke ich ihm* Ps. 28, 7. b) bei den Zeitwört. des Fürchtens, Sichschämens u. dergl., Verbergens u. s. w., wo man es gewöhnl. mit *vor* übersetzt. c) bei den Zeitw. des Fragens, Forderns, auch des Rächens *an* Jemandem. d) In der Bedeutung des Heraushebens, Bevorzugens, wo es das מִן des Comparativ wird. מְתוּקִים מִדְּבַשׁ *süsser als Honig* Ps. 19, 11; oder einen Theil bezeichnet מִן הָעָם *einige aus dem Volke* Ex. 16, 27. מִבְּנוֹת חֵת *eine von den Töchtern Chet* Gen. 27, 46; מֵאַחַת *eine von* Lev. 4, 2; daher מֵאַיִן Jes. 41, 24 = מֵאֶפֶס Jes. 40, 17 = מֵאֵין Jer. 10, 6 *Nichts, Keiner.* e) den zuständlichen Unterschied, von der Lage, Seite u. s. w. wie מִמַּעַל *oberhalb*, מִתַּחַת *unterhalb*, מִבַּיִת *innerhalb*, מִחוּץ *ausserhalb*, מִקֶּדֶם *östlich* Gen. 13, 11. f) das Entferntsein von der Zeit מֵעוֹדְךָ *seitdem du bist* Num. 22, 30 = מִיָּמֶיךָ Hiob 38, 12. מִקֵּץ (*seit*) *nach dem Ende* Gen. 41, 1. מִן הַמּוֹעֵד *nach der festgesetzten Zeit* 2 Sam. 20, 5. g) vor dem Infinitiv: *dass nicht.* מֵרְאוֹת *so dass er nicht sah* Gen. 27, 1. מֵרַחֵם *dass sie sich nicht erbarme* Jes. 49, 15; der inf. kann auch durch ein subst. ersetzt werden z. B. מִגְּבִירָה *dass sie nicht mehr Herrin sei* 1 Kön. 15, 13; selten steht statt des inf. das fut. מִן־יְקוּמוּן *dass sie nicht aufstehen* Deut. 33, 11. Zuweilen aber bezeichnet מִן vor dem infin. auch die Zeit. מִשּׂוּמִי *seit dem ich gegründet* Jes. 44, 7. מֵהָקִיץ *nach dem Erwachen* Ps. 73, 20. h) vor andern praep. steht מִן um das Verlassen des durch diese praep. bezeichneten Verhältnisses anzugeben z. B. מֵאֵת *von ... hinweg* Gen. 19, 24. מִבֵּין *zwischen ... heraus* Ps. 104, 12. מִתַּחַת *von unten weg* Ex. 6, 6 (vgl. auch פָּנִים).

מִן aram. praep. suff. מִנִּי, מִנָּךְ, מִנֵּהּ, מִנַּהּ, מִנְּהוֹן (מִנְּהֵן) wie das hebr., daher a) *von, aus*, als Ursache oder Entstehungsgrund Dan. 2, 5. Esra 4, 21. מִן דִּי *weil* Dan. 3, 22; מִן קְשֹׁט *in Wahrheit* Dan. 2, 47. מִן יַצִּיב *gewiss* Dan. 2, 8. b) als Bezeichnung des Compar. *mehr als* Dan. 2, 30. c) im partitiven Sinne מִנְּהוֹן *ein Theil von ihnen* Dan. 2, 33. d) nach den Zeitw. des Bittens, Verlangens u. s. w. Dan. 2, 49.

מְנֵה—מְנָא aram. part. pass. מְנָא *zählen* Dan. 5, 25. 26.

Pael pf. 3 sg. מַנִּי, 2 sg. מַנִּיתָ, imp. מַנִּי *beauftragen, einsetzen* (in ein Amt) Dan. 2, 24. 49. 3, 12. Esra 7, 25.

מְנָאוֹת s. מָנָה.

מַנְגִּינָה f. *Spottlied* (*Gegenstand desselben*) Klagel. 3, 63.

מִנְדָּה aram. (aufgelöst aus מִדָּה) f. *Steuer, Abgabe* Esra 4, 13. 7, 24.

מַנְדַּע aram. (aufgelöst aus מַדַּע) m. emph. מַנְדְּעָא, suff. מַנְדְּעִי *Einsicht* Dan. 2, 21. 5, 12; *Vernunft* Dan. 4, 31. 33.

***מָנָה** fut. תִּמְנֶה, inf. מְנוֹת, imp. מְנֵה *zählen* Gen. 13, 16. 2 Sam. 24, 1. 1 Kön. 20, 25; *eine Zählung veranstalten* mit בְּ 1 Chr. 21, 17; *bestimmen* Jes. 65, 12.

Nifal pf. נִמְנָה, fut. יִמָּנֶה, inf. הִמָּנוֹת *gezählt werden* Gen. 13, 16. Koh. 1, 15; *zu etwas gerechnet werden* mit אֶת Jes. 53, 12.

Piel pf. מִנָּה, fut. וַיְמַן, imp. מַן *bestimmen* Hiob 7, 3. Dan. 1, 5. 10; *bestellen* Jona 2, 1. 4, 6—8; *fügen* Ps. 61, 8.

Pual part. pl. מְמֻנִּים *bestellt* 1 Chr. 9, 29.

מָנָה f. cs. מְנַת, pl. מְנָיוֹת—מְנָאוֹת—מָנוֹת, suff. מְנוֹתֶהָ *Geschenk, Gabe* 1 Sam. 1, 4. 5. 9, 23. Est. 2, 9. 9, 19. Neh. 8, 10; *Antheil* Jer. 13, 25; besonders von Opfer- u. Tempelantheilen Ex. 29, 26. Neh. 12, 47. 13, 10. מְנָאוֹת הַתּוֹרָה *die vom Gesetz vorgeschriebenen Antheile* Neh. 12, 44.

מָנֶה m. pl. מָנִים *Mine*, eine Münze von verschiedenem Gehalt 1 Kön. 10, 17. Ezech. 45, 12. Esra 2, 69. Neh. 7, 71.

[מֹנֶה] m. pl. מֹנִים *Mal* Gen. 31, 7. 41.

מְנֵה s. מְנָא.

מִנְהָג m. cs. מִנְהַג *Führung* (eines Wagens) 2 Kön. 9, 20.

מִנְּהוֹ s. מִן.

[מִנְהָרָה] f. pl. מִנְהָרוֹת *Höhle* Richt. 6, 2.

מָנוֹד m. cs. מְנוֹד (*Gegenstand des* (*Kopf-*) *Schüttelns* d. h. *des Spottes* Ps. 44, 15.

מָנוֹחַ m. cs. מְנוֹחַ, pl. [מְנוּחִים] suff. מְנוּחָיְכִי 1) *Ruheplatz* Gen. 8, 9. Deut. 28, 65. Jes. 34, 14. Rut 3, 1. Klagel. 1, 3. 1 Chr. 6, 16; *Ruhe* Ps. 116, 7. 2) n. pr. Vater des Simson Richt. 13, 2.

מְנֻחָה—מְנוּחָה f. suff. מְנֻחָתוֹ, מְנוּחָתִי, pl. מְנוּחוֹת 1) *Ruheplatz* Num. 10, 33. Jes. 32, 18. Jer. 45, 3. Ps. 95, 11; *Ruhe* Gen. 49, 15. 1 Kön. 8, 56; *Beruhigung* 2 Sam. 14, 17. מֵי מְנֻחוֹת *ruhige Gewässer* Ps. 23, 2. שַׂר מְנוּחָה *Oberster der Lager* Jer. 51, 59. 2) n. pr. eines Ortes in Benjamin Richt. 20, 43; vielleicht derselbe wie חֲצִי הַמְּנֻחוֹת u. מָנַחַת (s. d.).

מָנוֹן m. (*verzärteltes*) *Kind* Spr. 29, 21.

מָנוֹס m. suff. מְנוּסִי *das Fliehen* Jer. 25, 35. 46, 5. Amos 2, 14. Ps. 142, 5; *Zufluchtsort, Zuflucht* 2 Sam. 22, 3. Jer. 16, 19. Ps. 59, 17.

מְנוּסָה f. *Flucht* Jes. 52, 12. מְנֻסַת־חֶרֶב *wie man flieht vor dem Schwert* Lev. 26, 36.

מָנוֹר m. cs. מְנוֹר *Weberbaum* 1 Sam. 17, 7. 2 Sam. 21, 19. 1 Chr. 11, 23. 20, 5.

מְנֹרָה—מְנוֹרָה f. cs. מְנֹרַת, pl. מְנוֹרוֹת *Leuchter* Ex. 25, 31. 32. 1 Kön. 7, 49. Jer. 52, 19.

[מִנְּזָר] m. pl. suff. מִנְּזָרַיִךְ *Fürsten* Nah. 3, 17 (n. A. *Söldlinge, Truppen*).

מִנְחָה f. cs. מִנְחַת, suff. מִנְחָתוֹ, pl. suff. מִנְחֹתֵיכֶם 1) *Geschenk, Gabe* Gen. 32, 14; *Tribut* Richt. 3, 15. 2 Sam. 8, 2; speciell *Opfergabe* Gen. 4, 3; und noch specieller: *Mehlopfer* Ex. 30, 9 im Gegensatz zu זֶבַח dem *blutigen Opfer*. Die Darbringung des täglich zweimaligen Opfers dient als *Zeitbestimmung* 1 Kön. 18, 29. 36. 2 Kön. 3, 20. Dan. 9, 21. Esra 9, 4. 5.

מִנְחָה aram. f. pl. suff. מִנְחָתְהוֹן *Mehlopfer* Dan. 2, 46. Esra 7, 17.

מְנֻחָה s. מְנוּחָה u. חֲצִי.

מְנַחֵם (*Tröster*) n. pr. König von Israel 2 Kön. 15, 17.

מָנַחַת (*Ruhe*) n. pr. 1) m. Gen. 36, 23. 1 Chr. 1, 40. 2) ps. מָנָחַת Name eines Ortes 1 Chr. 8, 6; n. gent. v. חֲצִי הַמְּנֻחָה ist חֲצִי הַמְּנַחְתִּי 1 Chr. 2, 54 (vgl. חֲצִי und מְנוּחָה).

מְנִי Name einer Gottheit, die in Babylonien verehrt wurde Jes. 65, 11.

מִנִּי 1) Ps. 45, 9 s. מֵן. 2) = מִן s. d. 3) Jer. 51, 27 n. pr. eines armenischen Landstriches.

מְנָיוֹת s. מָנָה.

מִנְיָמִין s. מִיָּמִין.

מִנְיָן aram. m. cs. מִנְיַן *Zahl* Esra 6, 17.

מִנִּית n. pr. Stadt in Ammon Richt. 11, 33. Ezech. 27, 17.

[מִנְלֶה] m. suff. מִנְלָם *Besitz* Hiob 15, 29.

מְנֻסָה s. מְנוּסָה.

***מָנַע** pf. 3 sg. suff. מְנָעֲנִי, מְנָעוֹ, fut. יִמְנַע, imp. מְנַע, מִנְעִי *zurückhalten* Spr. 11, 26. Hiob 20, 13; *versagen* Ps. 21, 3; gewöhnl. steht der, den man *zurückhält* (*dem man etwas versagt*) im accus., u. das *wovon man zurückhält* (*was man versagt*) mit מִן Num. 24, 11. Jer. 31, 16.

48, 10. Spr. 1, 15. Hiob 31, 16; zuweilen umgekehrt Gen. 30, 2. 2 Sam. 13, 13. 1 Kön. 20, 7. Amos 4, 7; auch מִן mit inf. 1 Sam. 25, 26;

Nifal נִמְנַע *versagt werden* Jer. 3, 3; mit מִן Joel 1, 13. Hiob 38, 15; *sich weigern* mit מִן u. inf. Num. 22, 16.

מַנְעוּל m. pl. suff. מַנְעֻלָיו *Schloss* (zum Verschliessen) Hohel. 5, 5. Neh. 3, 3. 6.

מִנְעָל m. *Riegel, Schloss* Deut. 33, 25.

[מַנְעָם] m. pl. suff. מַנְעַמֵּיהֶם *liebliche Speisen* Ps. 141, 4.

מְנַעַנְעִים (v. נוּעַ) pl. m. Name eines musikal. Instruments, *Cymbel* 2 Sam. 6, 5.

[מְנַקִּית] f. pl. מְנַקִּיּוֹת, suff. מְנַקִּיֹּתָיו *Opferschaale* Ex. 25, 29. 37, 16. Num. 4, 7. Jer. 52, 19.

מֵנֶקֶת s. יָנַק.

מְנַשֶּׁה (*Vergessenmachender*) n. pr. 1) *Manasse* Sohn des Josef Gen. 41, 51; der nach ihm benannte Stamm hatte seinen Antheil zur Hälfte westlich, zur Hälfte östlich vom Jordan, Jos. 17, 5; n. gent. מְנַשִּׁי Deut. 4, 43. 2) Richt. 18, 30 Kri. 3) König von Juda 2 Kön. 21, 1. 2 Chr. 33, 1. 4) Esra 10, 30.—33.

מְנָת f. *Antheil* Ps. 11, 6. 16, 5. 63, 11. 2 Chr. 31, 3. 4.

מָס m. *der Verzagte* Hiob 6, 14.

מַס m. pl. מִסִּים *Frohndienst* Ex. 1, 11. 2 Sam. 20, 24. הָיָה לָמַס oder לְמַס עֹבֵד *frohnpflichtig werden* Gen. 49, 15. Deut. 20, 11. Jos. 16, 10. Klagel. 1, 1.

מֵסַב m. suff. מְסִבּוֹ, pl. מְסִבַּי 1) *Umgebung*; adv. *ringsum* 2 Kön. 23, 5. 2) *Ring* 1 Kön. 6, 29. 3) *Tafelrunde* Hohel. 1, 12 (מְסִבַּי Ps. 140, 10 ist part. Hif. v. סָבַב s. d.).

[מְסִבָּה] f. pl. מְסִבּוֹת *Kreislauf*; adverb. im *Kreise* Hiob 37, 12.

מַסְגֵּר m. 1) *Schlosser* 2 Kön. 24, 14. 16. Jer. 24, 1. 29, 2 (vgl. חָרָשׁ). 2) *Gefängniss* Jes. 24, 22. 42, 7. Ps. 142, 8.

מִסְגֶּרֶת f. suff. מִסְגַּרְתּוֹ, pl. מִסְגְּרוֹת, suff. מִסְגְּרֹתֵיהֶם—מִסְגְּרוֹתָם 1) *Schloss, Burg* 2 Sam. 22, 46. Micha 7, 17. Ps. 18, 46. 2) *Leiste, Rand* Ex. 25, 25. 3) (in der Bautechnik) *eingefasstes Feld, eingeschlossene Figur* 1 Kön. 7, 28. 35.

מַסָּד m. *Grundlage* 1 Kön. 7, 9.

מִסְדְּרוֹן mit He: מִסְדְּרוֹנָה *Säulenhalle* Richt. 3, 23.

[מָסָה]* Hifil pf. 3 pl. הִמְסִיו (=הִמְסוּ), fut. 1 sg. אַמְסֶה, 2 sg. וַתֶּמֶס, 3 pl. suff. יַמְסֵם *zerfliessen machen* Ps. 6, 7. 39, 12. 147, 18; *muthlos machen* Jos. 14, 8.

מַסָּה f. 1) pl. מַסּוֹת *Prüfung, Leiden* Hiob 9, 23; *Grossthat, Wunder* Deut. 4, 34. 7, 19. 29, 2. 2) n. pr. eines Ortes in der Wüste Ex. 17, 7. Deut. 6, 16. 9, 22. 33, 8. Ps. 95, 8.

מִסָּה f. cs. מִסַּת, eigentl. *das Abgemessene*, dann adverb. *nach Massgabe* Deut. 16, 10.

מַסְוֶה m. *Hülle, Schleier* Ex. 34, 33.

מְסוּכָה f. *Dornenhecke* Micha 7, 4.

מַסָּח m. *Ablösung* 2 Kön. 11, 6.

מִסְחָר m. *Handel, Einkauf* 1 Kön. 10, 15.

מָסַךְ* inf. מְסֹךְ *mischen* (den Wein mit Gewürzen) Jes. 5, 22. (das Getränk mit Thränen) Ps. 102, 10; *eingiessen* Jes. 19, 14. Spr. 9, 2. 5.

מֶסֶךְ m. *Würzwein* Ps. 75, 9.

מָסָךְ (v. סָכַךְ) m. cs. מְסַךְ *Decke* 2 Sam. 17, 19. Jes. 22, 8. Ps. 105, 39; *Vorhang* (bei der Stiftshütte) Ex. 26, 36. Num. 4, 5.

מְסֻכָה f. suff. מְסֻכָתֶךָ *Decke* Ezech. 28, 13.

מַסֵּכָה f. 1) (v. נָסַךְ) cs. מַסֵּכַת, pl. מַסֵּכוֹת, suff. מַסֵּכֹתָם a) *Guss*, daher adject. *gegossen* Ex. 32, 4. Lev. 19, 4. Num. 33, 52. b) *Gegossenes*, d. h. *Götzenbild* Deut. 9, 12. 27, 15. Jes. 30, 22. 42, 17. c) *Bündniss* Jes. 30, 1. 2) (von סָכַךְ) *Decke* Jes. 25, 7. 28, 20.

מִסְכֵּן adj. *arm, elend* Koh. 4, 13. 9, 15. 16.

מִסְכֵּנֻת f. *Dürftigkeit* Deut. 8, 9.

[מִסְכְּנָת] f. pl. מִסְכְּנוֹת gewöhnl. als gen. zu עָרֵי *Vorrathsstädte* Ex. 1, 11. 1 Kön. 9, 19; ohne עָרֵי dasselbe 2 Chr. 32, 28.

מַסֶּכֶת f. ps. מַסָּכֶת *Aufzug des Gewebes* Richt. 16, 13. 14.

מְסִלָּה f. cs. מְסִלַּת, pl. מְסִלּוֹת, suff. מְסִלּוֹתָם *aufgeschütteter, gebahnter Weg, Landstrasse* Num. 20, 19. Jes. 7, 3; auch für *Bahnen* der Sterne Richt. 5, 20; bildlich wie דֶּרֶךְ *Lebensweise* Spr. 16, 17.

מַסְלוּל m. *Hochweg* Jes. 35, 8.

[מַסְמֵרָה—מַסְמֵר] m. pl. מַסְמְרִים—מַסְמְרִים—מַסְמְרוֹת—מַשְׂמְרוֹת—מַסְמְ־וֹת— *Nagel, Pflock* Jes. 41, 7. Jer. 10, 4. Koh. 12, 11. 1 Chr. 22, 3. 2 Chr. 3, 9.

מָסַס* inf. מְסֹס *zerfliessen, vergehen* Jes. 10, 18.

Nifal pf. 3 sg. נָמַס, ps. נָמָס, 3 pl. נָמַסּוּ; fut. יִמַּס, ps. יִמָּס (aufgelöst יִמָּאֵס Hiob 7, 5), 3 pl. יִמַּסּוּ (יִמָּאֲסוּ Ps. 58, 8); inf. הִמֵּס *zerfliessen, zergehen* Ex. 16, 21. Jes. 34, 3. Ps. 68, 3. 97, 5. Hiob 7, 5; *vergehen* Ps. 58, 8. 112, 10; *„das Herz zerfliesst"* häufiges Bild der Verzagtheit Deut. 20, 8. Jos. 2, 11. 2 Sam. 17, 10; part. נָמֵס *untüchtig* 1 Sam. 15, 9.

Hifil pf. 3 pl. הֵמַסּוּ *zerfliessen* (muthlos) *machen* Deut. 1, 28.

מַסַּע—מַסָּע m. pl. cs. מַסְעֵי, suff. מַסָּעָיו, מַסְעֵיהֶם 1) *Aufbruch, Zug* Ex. 40, 36; *Reisestation* Gen. 13, 3. Num. 33, 1; auch als ursprünglicher inf. mit acc. וּלְמַסַּע אֶת־הַמַּחֲנוֹת *zum Aufbruch der Lager* Num. 10, 2. Deut. 10, 11. 2) אֶבֶן שְׁלֵמָה מַסָּע *völlig zugehauene Steine* 1 Kön. 6, 7. 3) *Geschoss* Hiob 41, 18.

מִסְעָד m. *Stütze* 1 Kön. 10, 12.

מִסְפֵּד m. cs. מִסְפַּד, suff. מִסְפְּדִי *Klage, Trauer, Trauerfeier* Gen. 50, 10. Joel 2, 12. Micha 1, 11. Ps. 30, 12.

מִסְפּוֹא m. *Futter* (für Thiere) Gen. 24, 25. 42, 27. 43, 24. Richt. 19, 19.

מִסְפַּחַת f. pl. מִסְפָּחוֹת, suff. מִסְפְּחֹתֵיכֶם 1) *Grind, Schorf* Lev. 13, 6. 7. 8. 2) *weites Kleid, Tuch* Ezech. 13, 18. 21.

מִסְפָּר m. cs. מִסְפַּר, suff. מִסְפָּרָם, מִסְפַּרְכֶם, pl. cs. מִסְפְּרֵי 1) *Zahl* Ex. 16, 16. Num. 14, 29. 29, 18. 1 Chr. 12, 23. בְּמִסְפָּר *nach der Zahl*, d. h. *genau gezählt* Deut. 25, 2. Jes. 40, 26. אֵין מִסְפָּר *unzählig* Gen. 41, 49. Ps. 104, 25; als inf. mit acc. Num. 23, 10; adj. *zählig*, d. h. *eine geringe Zahl* Gen. 34, 30. Deut. 4, 27. 33, 6. Jes. 10, 19. Ezech. 12, 16. Ps. 105, 12. Hiob 16, 22. 2) *Erzählung* Richt. 7, 15. 3) n. pr. m. Esra 2, 2 = מִסְפֶּרֶת Neh. 7, 7.

מִסְפֶּרֶת n. pr. s. מִסְפָּר No. 3.

מָסַר inf. לִמְסָר־ *begehen* Num. 31, 16.

Nifal fut. יִמָּסְרוּ *ausgehoben werden* (zum Dienst) Num. 31, 5.

מוֹסָר m. suff. מֹסָרָם *Mahnung, Warnung* Hiob 33, 16.

מָסֹרֶת (aus מַאְסֹרֶת) f. *Band, Fessel* Ezech. 20, 37.

מִסְתּוֹר m. *Schutz* Jes. 4, 6.

מַסְתֵּר m. *das Verhüllen*. מַסְתֵּר פָּנִים *etwas* (Abschreckendes), *vor dem man das Gesicht verhüllt* Jes. 53, 3.

מִסְתָּר m. pl. מִסְתָּרִים, suff. מִסְתָּרָיו *Ort zum Verbergen, Schlupfwinkel* Jer. 49, 10. Ps. 10, 9. בַּמִּסְתָּר Hab. 3, 14 und בְּמִסְתָּרִים Jer. 13, 17 *im Geheimen*.

[מֵעַ] m. pl. cs. מְעֵי, suff. מֵעַי, מֵעֵיהֶם *Eingeweide* 2 Sam. 20, 10. 2 Chr. 21, 19; *Leib, Bauch* Gen. 15, 4. 25, 23. Ezech. 7, 19. Jona 2, 1. Hohel. 5, 14; bildlich wie לֵב, בֶּטֶן u. s. w. *das Innere*, als Sitz der Empfindung Jes. 16, 11. Jer. 4, 19. Klagel. 1, 20; daher gleichbedeutend mit רַחֲמֶיךָ Jes. 63, 15; auch Bild des Gedächtnisses Ps. 40, 9. מִמְּעֵי אִמִּי *von meiner Geburt an* Jes. 49, 1. Ps. 71, 6.

[מְעָ] aram. m. pl. suff. מְעוֹהִי *Bauch* Dan. 2, 32.

[מַעְבָּד] m. pl. suff. מַעְבָּדֵיהֶם *That, Handlung* Hiob 34, 25.

[מַעְבָד] aram. m. pl. suff. מַעְבָדוֹהִי *That, Handlung* Dan. 4, 34.

מַעֲבֶה m. cs. מַעֲבֵה *Dichtheit*. בְּמַעֲבֵה הָאֲדָמָה *in dichter* (lehmiger) *Erde* 1 Kön. 7, 46.

מַעֲבָר m. cs. מַעֲבַר 1) *Ort des Ueberschreitens, Furt* Gen. 32, 23; *Pass* 1 Sam. 13, 23. 2) *Streich, Schlag* Jes. 30, 32.

מַעְבָּרָה f. pl. מַעְבָּרוֹת—מַעְבְּרוֹת, cs. מַעְבְּרוֹת (wie מַעֲבָר) *Furt* Jos. 2, 7. Richt. 3, 28. 12, 5. 6. Jes. 16, 2. Jer. 51, 32; *Pass* 1 Sam. 14, 4. Jes. 10, 29.

מַעְגָּל m. cs. מַעְגַּל, pl. cs. מַעְגְּלֵי, suff. מַעְגְּלֶיךָ 1) *Kreis, kreisförmige Umwallung* 1 Sam. 26, 5. 7. 2) *Wagenspur, Geleise, Weg* meist bildlich wie דֶּרֶךְ u. s. w. Jes. 26, 7. Ps. 23, 3. 65, 12. 140, 6. Spr. 2, 9.

מַעְגָּלָה f. pl. suff. מַעְגְּלוֹתָם—מַעְגְּלוֹתֶיהָ 1) *Kreis* (des Lagers) 1 Sam. 17, 20. 2) *Weg* (wie מַעְגָּל) Jes. 59, 8. Ps. 17, 5. Spr. 2, 15.

מָעַד* fut. אֶמְעַד *wanken* 2 Sam. 22, 37. Ps. 26, 1. 37, 31. Hiob 12, 5.

Pual part. f. מוּעֶדֶת (st. מְמֻעֶדֶת) *wankend* Spr. 25, 19.

Hifil imp. הַמְעַד *wanken machen* Ps. 69, 24 (vgl. עָמַד).

מַעַדְי n. pr. m. Esra 10, 35.

מַעַדְיָה n. pr. m. Neh. 12, 5 = מוֹעַדְיָה v. 17.

[מַעֲדָן] m. pl. מַעֲדַנִּים—מַעֲדַנּוֹת, cs. מַעֲדַנֵּי, suff. מַעֲדַנָּי 1) *Lieblichkeit, köstliche Speise* Gen. 49, 20. Spr. 29, 17. Klagel. 4, 5. מַעֲדַנּוֹת adverb. *guten Muthes* 1 Sam. 15, 32. 2) *Band* (das die einzelnen Sterne zu einem Bilde vereinigt) Hiob 38, 31.

מַעְדֵּר m. *Hacke* zum Jäten Jes. 7, 25.

[מֵעָה] f. pl. מְעוֹתָיו = מֵעֶה s. d. Jes. 48, 19.

מָעוֹג m. *runder Kuchen* 1 Kön. 17, 12. Ps. 35, 16 (vgl. לָעֵג).

מָעוֹז s. מָעֹז.

מָעוֹךְ n. pr. 1 Sam. 27, 2 = מַעֲכָה s. d.

מְעוֹלֵל m. collect. *Kinder* Jes. 3, 12 (vgl. עָלַל).

מָעוֹן m. cs. מְעוֹן, suff. מְעוֹנוֹ 1) *Wohnung, Aufenthalt* Jer. 9, 10. Zef. 3, 7; oft von der *Wohnung Gottes*, worunter zuweilen *der Himmel* Deut. 26, 15. Ps. 68, 6, zuweilen der *Tempel* verstanden wird 1 Sam. 2, 29. 32. Ps. 26, 8. 2 Chr. 36, 15. 2) *Zuflucht, Schutz* Ps. 71, 3. 90, 1. 91, 9. 3) n. pr. Stadt in Juda Jos. 15, 55. 1 Sam. 25, 2, wozu eine Steppe מִדְבַּר מָעוֹן 1 Sam. 23, 24. 25 gehörte. 4) Name einer Landschaft südlich von Palästina Richt. 10, 12 (vgl. מְעוּנִים). 5) n. pr. m. 1 Chr. 2, 45.

מְעֹן—מְעוֹן n. pr. in Zusammensetzungen: בַּעַל מְעוֹן Num. 32, 38. Ezech. 25, 9. 1 Chr. 5, 8. בֵּית בַּעַל מְעוֹן Jos. 13, 17. בֵּית מְעוֹן Jer. 48, 23 (vgl. בְּעוֹן) Ortschaft in Moab, dem Stamme Ruben zugetheilt.

מְעֹנָה—מְעוֹנָה f. suff. מְעֹנָתוֹ, pl. מְעוֹנוֹת, suff. מְעוֹנֹתָיו *Wohnung, Aufenthalt* Amos 3, 4. Ps. 104, 22. Hiob 37, 8. 38, 40. Hohel. 4, 8; vom *Himmel* als der göttlichen Wohnung Deut. 33, 27; dem *Tempel* Ps. 76, 3.

מְעוּנִים 1) n. gent. von מָעוֹן (No. 4. s. d.) arabische Völkerschaft im Süden Palästinas 1 Chr. 4, 41 Kri (wo Ktib: מְעִינִים). 2 Chr. 26, 7. 2) n. pr. m. Esra 2, 50. Neh. 7, 52.

מְעוֹנֹתַי n. pr. m. 1 Chr. 4, 14.

מָעוּף m. *Finsterniss* Jes. 8, 22.

[מָעוֹר] m. pl. suff. מְעוֹרֵיהֶם *Schamtheile* Hab. 2, 15.

מָעֹז—מָעוֹז m. suff. מָעֻזִּי—מָעוּזִּי, מָעֻזָּה—מָעוּזָּה, pl. מָעֻזִּים, cs. מָעוּזֵּי, suff. מָעֻזְנֶיהָ (st. מָעֻזֶּיהָ) *fester Ort, Festung* Richt. 6, 26. Jes. 17, 9. 23, 4. 11. 14. Ezech. 30, 15. Dan. 11, 10. 19. אֱלֹהַּ מָעֻזִּים *Gott der Festungen*, d. h. n. E. *Jupiter Capitolinus*, n. A. *Mars* Dan. 11, 38. Bildlich: *Schutz, Zuflucht* 2 Sam. 22, 33. Ps. 31, 5. 43, 2. מָעוֹז רֹאשִׁי *Schutz meines Hauptes* = *mein Helm* Ps. 60, 9. 108, 9.

מַעַזְיָה—מַעַזְיָהוּ n. pr. m. Neh. 10, 9. 1 Chr. 24, 18.

***מָעַט** fut. יִמְעַט, inf. מְעֹט *wenig sein, gering sein* Ex. 12, 4. Lev. 25, 16; *wenig werden, sich vermindern* Ps. 107, 39. Spr. 13, 11.

Piel pf. 3 pl. ps. מִעֵטוּ *wenig sein* Koh. 12, 3.

Hifil pf. 3 sg. f. הִמְעִיטָה, fut. תַּמְעִיט *wenig machen, vermindern* Lev. 26, 22. Ps. 107, 38; *wenig nehmen* Ex. 16, 17. 18. Num. 11, 32. 35, 8. 2 Kön. 4, 3; *wenig geben* Ex. 30, 15.

מְעַט m. pl. מְעַטִּים eig. *Wenigkeit*, meist adj. *wenig*, sowohl vor als nach dem subst. מְעַט מַיִם *ein wenig Wasser* Gen. 18, 4. בִּמְתֵי מְעָט *mit wenig Leuten* Deut. 26, 5. מְעַט *ein wenig Zeit* Ex. 17, 4. Ps. 37, 10. Rut 2, 7. מְעַט מְעַט *nach und nach* Ex. 23, 30. כִּמְעַט vgl. כְּ No. 1. c. u. 3.

מָעַט adj. fem. מְעֻטָּה *geschärft* Ezech. 21, 20.

מַעֲטֶה m. cs. מַעֲטֵה *Umhüllung* Jes. 61, 3.

מַעֲטָפָה f. pl. מַעֲטָפוֹת *Mantel* Jes. 3, 22.

מָעַי n. pr. m. Neh. 12, 36.

מְעִי m. *Trümmerhaufe* Jes. 17, 1.

מְעִיל m. suff. מְעִילִי, pl. מְעִילִים, suff. מְעִילֵיהֶם *Obergewand, Talar* Lev. 8, 7. 1 Sam. 2, 19. 28, 14. 2 Sam. 13, 18. 1 Chr. 15, 27. Bildlich spricht man vom *Gewand* der Gerechtigkeit Jes. 61, 10; des Eifers Jes. 59, 17; des Rechts Hiob 29, 14; der Schmach Ps. 109, 29.

מַעְיָן m. cs. מַעְיַן—מַעְיְנוֹ, suff. מַעְיָנוֹ, pl. a) מַעְיָנִים, cs. מַעְיְנֵי, suff. מַעְיָנַי, b) מַעְיָנוֹת, cs. מַעְיְנוֹת, suff. מַעְיְנֹתֶיךָ *Quelle* Gen. 7, 11. Lev. 11, 36. Jes. 12, 3. 41, 18. Hos. 13, 15. Ps. 104, 10. 114, 8. Spr. 5, 16. Hohel. 4, 15; *Zuflucht, Schutz* Ps. 87, 7.

מְעִינִים s. מְעוּנִים.

***מָעַךְ** part. מָעוּךְ *zerpresst* (an den Testikeln) Lev. 22, 24; *hineinstossen* 1 Sam. 26, 7.

Pual pf. pl. מֹעֲכוּ *betastet werden* Ezech. 23, 3.

מַעֲכָה n. pr. 1) Stadt und Landschaft am Fusse des Hermon 2 Sam. 10, 6. 8. 1 Chr. 19, 7; das Land heisst vollständig אֲרַם מַעֲכָה 1 Chr. 19, 6; die Hauptstadt בֵּית מַעֲכָה 2 Sam. 20, 14 (vgl. אָבֵל); n. gent. מַעֲכָתִי Deut. 3, 14. Jos. 12, 5. 13, 11. 13. 2 Kön. 25, 23; verkürzt מַעֲכַת Jos. 13, 13. 2) Vater des Philisterkönig Achisch 1 Kön. 2, 39 (= מָעוֹךְ s. d.). 3) Sohn des Nachor Gen. 22, 24 (vielleicht in Beziehung mit Nr. 1). 4) Gemahlin des Rehabeam 1 Kön. 15, 2. 10. (13). 2 Chr. 11, 20 (vgl. מִיכָיָהוּ). 5) Mutter des Absalon 2 Sam. 3, 3. 1 Chr. 3, 2. 6) m. 1 Chr. 11, 43. — 27, 16. 7) f. 1 Chr. 2, 48.—7, 15. 16.

מָעַל* fut. יִמְעַל—יִמְעֹל, pl. יִמְעֲלוּ, ps. תִּמְעֲלוּ; inf. מְעֹל u. -מַעַל, suff. מַעֲלָם *Untreue begehen, treulos sein* Neh. 1, 8; mit בְּ der Person, *gegen* die, oder der Sache, *an* der man die Untreue begeht 2 Chr. 30, 7; meist mit מַעַל als Object Lev. 5, 15. Num. 5, 6. 12. Jos. 7, 1; überhaupt *ungehorsam sein* Deut. 32, 51. Dan. 9, 7; *ungerecht sein* Spr. 16, 10.

מַעַל m. suff. מַעֲלוֹ *Untreue, Ungehorsam, Sünde* Lev. 5, 15. 26, 40.

מַעַל ps. מָעַל (eig. subst. verkürzt aus מַעְלָה) nur in der Form: a) מִמַּעַל *oben* Ex. 20, 4 oder mit folgend. לְ *oberhalb* Gen. 22, 9. b) מַעְלָה מַעְלָה *immer höher* Deut. 28, 43. c) וָמַעְלָה mit vorhergehenden מִן *von . . . an und darüber* Ex. 30, 14 oder . . . *und weiter* Richt. 1, 36. Hagg. 2, 15. d) לְמַעְלָה *nach oben* Ex. 25, 20. Richt. 7, 13; *oben an* Deut. 28, 13; *gar sehr* Esra 9, 6. 1 Chr. 14, 2. 22, 5. 23, 17; verstärkt עַד לְמַעְלָה 2 Chr. 16, 12. e) מִלְמַעְלָה* *oben* Gen. 6, 16. Jer. 31, 37; *darüber* Gen. 7, 20; *oben darauf* Ex. 25, 21. 1 Kön. 7, 11. Ezech. 10, 19.

מֹעַל m. *Erhebung* Neh. 8, 6.

[מֶעָל] aram. m. pl. cs. מֶעָלֵי *Aufgang* (der Sonne) Dan. 6, 15.

מַעֲלָה f. pl. מַעֲלוֹת, suff. מַעֲלֹתָיו—מַעֲלֹתֵהוּ (Ezech. 43, 17) 1) *das Hinaufsteigen, Hinaufziehen* Esra 7, 9. שִׁיר הַמַּעֲלוֹת (wahrscheinlich) *Pilger-* oder *Wallfahrtslied* Ps. 120 — 134; bildlich vom *Aufsteigen* der Gedanken Ezech. 11, 5. 2) *Stufe* Ex. 20, 22. 1 Kön. 10, 20. Amos 9, 6. Neh. 3, 15; *Abtheilung, Grad* (an einer Sonnenuhr) 2 Kön. 20, 11. Jes. 38, 8.

מַעֲלֶה m. cs. מַעֲלֵה, pl. suff. מַעֲלָיו 1) *der Ort, wo man hinaufsteigt* 1 Sam. 9, 11. Neh. 12, 37; daher häufig bei geogr. Angaben: *da, wo man hinaufkommt nach* . . . Jos. 10, 10. 2 Sam. 15, 30. Jes. 15, 5. 2) *Erhöhung, Bühne* Neh. 9, 4; *Treppe* Ezech. 40, 31.

[מַעֲלִיל] Zach. 1, 4 Ktib für מַעֲלָל.

[מַעֲלָל] m. pl. מַעֲלָלִים, cs. מַעַלְלֵי, suff. מַעֲלָלָיו, מַעַלְלֵיכֶם *That, Handlung* Deut. 28, 20. 1 Sam. 25, 3. Zach. 1, 4 (Kri). Ps. 78, 7.

מַעֲמָד m. cs. מַעֲמַד, suff. מַעֲמָדְךָ *Standort, Posten* Jes. 22, 19. 1 Chr. 23, 28. 2 Chr. 35, 15; *das Stehen* 1 Kön. 10, 5. 2 Chr. 9, 4.

מָעֳמָד m. *Ort, wo man stehen kann* Ps. 69, 3.

מַעֲמָסָה f. *Last* Zach. 12, 3.

[מַעֲמָק] m. pl. מַעֲמַקִּים, cs. מַעֲמַקֵּי *Tiefe* als Bild der Betrübniss Ps. 130, 1. מַעֲמַקֵּי־מַיִם *Grund des Wassers* Ezech. 27, 34. Ps. 69, 3. 15; ähnlich Jes. 51, 10.

מַעַן (verkürzt aus מַעֲנֶה) nur als לְמַעַן, suff. לְמַעַנְכֶם, לְמַעַנְךָ, לְמַעֲנִי 1) vor subst. *wegen, um . . . willen* Gen. 18, 24. לְמַעֲנִי *meinetwegen* 2 Kön. 19, 34. 2) *damit, auf dass* mit folgendem futur. Ex. 4, 5 oder inf. Gen. 18, 19; verstärkt: לְמַעַן אֲשֶׁר *damit* Gen. 18, 19. Lev. 17, 5. Num. 17, 5. לְמַעַן לָמוּג *um zaghaft zu machen* Ezech. 21, 20; selten mit dem pf. Jos. 4, 24. 3) *so dass* Jes. 44, 9; *denn* Neh. 6, 13.

מַעֲנָה f. *Furche*. כְּבַחֲצִי מַעֲנָה (als Maass:) *ungefähr eine halbe Furchenlänge* 1 Sam. 14, 14 (pl. suff. מַעֲנוֹתָם Ps. 129, 3 Ktib).

מַעֲנֶה m. cs. מַעֲנֵה, suff. מַעֲנֵהוּ 1) *Antwort, Rede* Micha 3, 7. Spr. 15, 1. 16, 1. Hiob 32, 3. 5. 2) *Bestimmung* Spr. 16, 4 (vgl. auch Hifil v. עָנָה).

מְעֹנָה s. מְעוֹנָה.

מַעֲנִית f. suff. מַעֲנִיתָם *Furche* Ps. 129, 3 Kri.

מַעַץ n. pr. m. 1 Chr. 2, 27.

מַעֲצֵבָה f. *Ort des Schmerzes* Jes. 50, 11.

מַעֲצָד m. *Axt, Beil* Jes. 44, 12. Jer. 10, 3.

מַעְצוֹר m. *Hinderniss* 1 Sam. 14, 6.

מַעְצָר m. *Hinderniss* Spr. 25, 28.

מַעֲקֶה m. *Einfassung, Geländer* Deut. 22, 8.

[מַעֲקָשׁ] m. pl. מַעֲקַשִּׁים *krummer, holpriger Weg* Jes. 42, 16.

מַעַר (v. עָרָה) m. suff. מַעְרֵךְ 1) *Blösse, Scham* Nah. 3, 5. 2) *Zwischenraum* 1 Kön. 7, 36.

מַעֲרָב m. 1) mit He loc. מַעֲרָבָה *Westen* Jes. 43, 5. Ps. 103, 12. Dan. 8, 5. 1 Chr. 26, 30. 2 Chr. 32, 30. 33, 14. 2) suff. מַעֲרָבֵךְ, pl. מַעֲרָבַיִךְ *Austausch, Handel, Handelsverkehr* Ezech. 27, 13—34.

מַעֲרָבָה f. *Westen* Jes. 45, 6.

[מַעֲרָה] f. pl. מַעֲרוֹת *freier Raum* (vor dem Lager) 1 Sam. 17, 23 Ktib (vgl. מָעַר No. 2).

מַעֲרֶה n. pr. vollst. מַעֲרֵה־גָבַע Ort in Benjamin Richt. 20, 33.

מְעָרָה f. cs. מְעָרַת, pl. מְעָרוֹת *Höhle* Gen. 23, 9. 1 Sam. 13, 6. 24, 4. Jes. 32, 14.

מַעֲרִיץ s. עָרַץ.

[מַעֲרָךְ] m. pl. cs. מַעַרְכֵי *Anordnung, Entwurf* Spr. 16, 1.

מַעֲרָכָה f. pl. מַעֲרָכוֹת, cs. מַעַרְכוֹת *Anordnung, Aufstellung* Ex. 39, 37. Richt. 6, 26. 1 Chr. 12, 38; besonders *Schlachtordnung* 1 Sam. 17, 26; *Schlacht* 1 Sam. 4, 12. 16.

מַעֲרֶכֶת f. *Anordnung, Aufstellung* (der Schaubrode) Lev. 24, 6. 7.

[מַעֲרֹם] m. pl. suff. מַעֲרֻמֵּיהֶם *Nacktheit*, concr. *die Nackten* 2 Chr. 28, 15.

מַעֲרָצָה f. *Macht, Gewalt* Jes. 10, 33.

מַעֲרָת n. pr. Ort in Juda Jos. 15, 59.

מַעֲשֶׂה m. cs. מַעֲשֵׂה, suff. מַעֲשֵׂנוּ, מַעֲשֵׂהוּ, pl. מַעֲשִׂים, cs. מַעֲשֵׂי, suff. מַעֲשַׂי, מַעֲשֵׂיכֶם (die plur. suff. zuweilen mit sing. Bedeutung z. B. Gen. 46, 33. 47, 3. 1 Sam. 19, 4. Ps. 45, 2. 66, 3). 1) *das Thun, Verrichten*, daher *Thätigkeit, Geschäft* Gen. 46, 33. 47, 3. Ex. 5, 4. יְמֵי הַמַּעֲשֶׂה *Werktage* Ezech. 46, 1; *Handlungsweise* Ex. 23, 24. Lev. 18, 3. Koh. 4, 3. 9, 10. 2) *That, Handlung* Gen. 20, 9. Richt. 2, 10. 1 Sam. 8, 8. 3) *Werk, Arbeit* Ex. 26, 1; besonders von den *göttlichen Werken*, der *Schöpfung* Jes. 5, 19. Ps. 8, 7. 19, 2; auch der *Ertrag* des Feldes Ex. 23, 16; der *Viehstand* 1 Sam. 25, 2.

מַעֲשַׂי n. pr. m. 1 Chr. 9, 12.

מַעֲשֵׂיָהוּ—מַעֲשֵׂיָה (*Gottes Werk*) n. pr. m. Jer. 21, 1. 37, 3.—29, 21.—35, 4.—1 Chr. 15, 18. 20.—2 Chr. 23, 1.

מַעֲשֵׂר m. cs. מַעְשַׂר—מַעֲשַׂר, suff. מַעְשְׂרוֹ, pl. מַעַשְׂרוֹת, suff. מַעְשְׂרֹתֵיכֶם *der Zehnte* Gen. 14, 20. Lev. 27, 30. 31. Num. 18, 28. Neh. 12, 44; überhaupt: *Zehntel* Ezech. 45, 11. 14.

[מַעֲשַׁקָּה] f. pl. מַעֲשַׁקּוֹת *Erpressung* Jes. 33, 15. Spr. 28, 16.

מֹף n. pr. die Stadt *Memphis* am linken Nilufer in Mittelägypten Hos. 9, 6; vgl. נֹף.

מְפִבֹשֶׁת n. pr. Sohn des Saul 2 Sam. 21, 8.

מִפְגָּע m. *Gegenstand des Angriffs* Hiob 7, 21.

מַפָּח m. cs. מַפַּח *Aushauch* (der Seele) Hiob 11, 20.

מַפֻּחַ m. *Blasebalg* Jer. 6, 29.

מְפִיבֹשֶׁת n. pr. Sohn des Jonatan, des Sohnes Saul 2 Sam. 4, 4. 9, 6. 21, 7 = מְרִיב בַּעַל 1 Chr. 8, 34 u. מְרִי־בַעַל 1 Chr. 9, 40.

מֻפִּים n. pr. Sohn des Benjamin Gen. 46, 21; wahrsch. = שְׁפוּפָם s. d.

מֵפִיץ (eig. part. Hifil v. פּוּץ s. d.) m. *Hammer* Spr. 25, 18.

מַפָּל m. cs. מַפַּל, pl. cs. מַפְּלֵי *das Herabfallende*, daher מַפַּל בַּר *Getreideabfall* Amos 8, 6. מַפְּלֵי בְשָׂרוֹ *seine fleischigen Wammen* Hiob 41, 15.

[מִפְלָאָה] f. pl. cs. מִפְלְאוֹת *Wunderthat* Hiob 37, 16.

[מִפְלַגָּה] f. pl. מִפְלַגּוֹת *Abtheilung* 2 Chr. 35, 12.

מַפָּלָה Jes. 17, 1. } *Zusammengefallenes, Trümmer.*
מְפֹלָה Jes. 23, 13. 25, 2. }

מִפְלָט m. *Ort, wohin man flieht, Zuflucht* Ps. 55, 9.

מִפְלֶצֶת f. suff. מִפְלַצְתָּהּ *Scheusal, Götzenbild* 1 Kön. 15, 13. 2 Chr. 15, 16.

[מִפְלָשׂ] m. pl. cs. מִפְלְשֵׂי *das Hin- und Herschweben* Hiob 37, 16.

מַפֶּלֶת f. suff. מַפַּלְתּוֹ 1) *das Hingefallene*, z. B. *todtes Thier, Aas* Richt. 14, 8; *Baumstamm* Ezech. 31, 13. 2) *Fall, Sturz* Ezech. 26, 15. Spr. 29, 16.

[מִפְעָל] m. pl. suff. מִפְעָלָיו *Werk* Spr. 8, 22.

[מִפְעָלָה] f. pl. cs. מִפְעֲלוֹת *Werk, That* Ps. 46, 9. 66, 5.

מֵפַעַה s. מֵיפַעַת.

מַפָּץ m. suff. מַפָּצוֹ *das Zerschlagen* Ezech. 9, 2.

מַפֵּץ m. *Hammer* Jer. 51, 20.

מִפְקָד m. cs. מִפְקַד 1) *Musterung* 2 Sam. 24, 9. 1 Chr. 21, 5. 2) *Anordnung* 2 Chr. 31, 13; *angewiesener Platz* Ezech. 43, 21; ein Thor in Jerusalem hiess שַׁעַר הַמִּפְקָד Neh. 3, 31.

[מִפְרָץ] m. pl. suff. מִפְרָצָיו *Bucht, Hafen* Richt. 5, 17.

מַפְרֶקֶת f. suff. מַפְרַקְתּוֹ *Genick* 1 Sam. 4, 18.

מִפְרָשׂ m. suff. מִפְרָשֶׂךָ, pl. cs. מִפְרְשֵׂי *Ausbreitung* Hiob 36, 29; *Segel* Ezech. 27, 7.

מִפְשָׂעָה f. *der Ort, wo die Füsse anfangen, der Schritt* 1 Chr. 19, 4.

מַפְתֵּחַ m. *Schlüssel* Richt. 3, 25. Jes. 22, 22. 1 Chr. 9, 27.

מִפְתָּח m. cs. מִפְתַּח *das Oeffnen* Spr. 8, 6.

מִפְתָּן m. cs. מִפְתַּן *Schwelle* 1 Sam. 5, 4. Ezech. 9, 3. Zef. 1, 9.

מוֹץ—מֹץ (Zef. 2, 2) m. *Spreu* Jes. 17, 13. 29, 5. 41, 15. Hos. 13, 3. Ps. 1, 4. 35, 5. Hiob 21, 18.

מָצָא* 3 sg. f. suff. מְצָאַתְנוּ, מְצָאָתַם, 2 sg. מָצָאת, suff. מְצָאתִים, 1 sg. מְצָתִיו—מְצָאתִיו (Num. 11, 11); part. מֹצֵא—מוֹצֵא (Koh. 7, 26), f. מֹצֵאת; fut. יִמְצָא, 3 pl. suff. יִמְצָאוּנְהָ, יִמְצָאֻנְנִי, f. תִּמְצֶאןָ; inf. מְצֹא, suff. מְצֹאֲכֶם; imp. מְצָא 1) *finden* Gen. 30, 14. 2 Kön. 9, 35. Jer. 2, 24. 34. Spr. 1, 28. 8, 17; *auffinden* Gen. 44, 16; *antreffen* 2 Kön. 10, 13; *erreichen* Ex. 22, 5. 2 Sam. 20, 6; *erwerben* Lev. 25, 26, wobei oft יָד als subj. dient Lev. 25, 28. Jes. 10, 10. Hiob 31, 25. מָצָא חֵן *Gunst erlangen* Num. 11, 11. מָצָא יָד vgl. יָד. מָצָא אֶת לִבּוֹ *sich erdreisten* 2 Sam. 7, 27. 2) *treffen* (wozu subj.: Unglück, Leiden, Strafe) Ex. 18, 8. Num. 20, 14. Richt. 6, 13. 2 Kön. 7, 9. 3) *sich finden, da sein* 2 Sam. 18, 22; *genügen* Num. 11, 22.

Nifal pf. 1 sg. נִמְצֵאתִי, 2 sg. f. נִמְצֵאת; part. pl. נִמְצְאִים—נִמְצָאִים; fut. יִמָּצֵא, 3 pl. f. תִּמָּצֶאינָה *gefunden werden* Gen. 44, 16. Jer. 50, 20; *sich finden lassen* Jes. 55, 6. 65, 1. Jer. 29, 14; *befunden (erkannt) werden* Ps. 46, 2; *betroffen werden* Spr. 6, 31; *sich befinden* 1 Sam. 13, 15. Jer. 52, 25; *gegenwärtig sein* Gen. 19, 15; *vorhanden sein* 2 Kön. 18, 15; *ausreichen* Jos. 17, 16.

Hifil pf. 1 sg. suff. הִמְצִיתִךָ; fut. 3 sg. suff. יַמְצִאֶנּוּ *hinlangen; in die Hand geben* Lev. 9, 12. 13. 18; *ausliefern* 2 Sam. 3, 8; *preisgeben* Zach. 11, 6; *Jemand ergehen lassen* Hiob 34, 11; *treffen lassen* Hiob 37, 13.

מַצָּב (v. יָצַב) m. cs. מַצַּב, suff. מַצָּבְךָ *Standort* Jos. 4, 3. 9. Jes. 22, 19; *Posten, Wachposten* 1 Sam. 13, 23. 2 Sam. 23, 14.

מֻצָּב m. *Bollwerk* Jes. 29, 3 (vgl. Hofal v. יָצַב).

מַצָּבָה—מִצָּבָה f. *Posten, Besatzung* 1 Sam. 14, 12. Zach. 9, 8.

מַצֵּבָה f. cs. מַצֶּבֶת, pl. מַצֵּבוֹת, cs. מַצְּבוֹת, suff. מַצְּבֹתֵיהֶם—מַצְּבֹתָם, מַצֵּבוֹתֶיךָ *Denkstein* Gen. 28, 18. 31, 13. 45. 35, 14. Ex. 24, 4. Jes. 19, 19; *Standbild, Säule* zu götzendienerisch. Zwecken Ex. 23, 24. 34, 13. Lev. 26, 1. Deut. 7, 5. 2 Kön. 3, 2. 17, 10.

מְצֹבָיָה n. pr. eines Ortes 1 Chr. 11, 47.

מַצֶּבֶת f. suff. מַצַּבְתָּהּ *Denkstein* Gen. 35, 14. 20. 2 Sam. 18, 18; *Stamm* Jes. 6, 13.

מֵצַד m. *Bergfeste* 1 Chr. 11, 7. 12, 8. 16.

[מְצָדָה] f. pl. מְצָדוֹת *Bergfeste, versteckter Ort* im Gebirge oder sonst Richt. 6, 2. 1 Sam. 23, 14. 24, 1. Jes. 33, 16. Jer. 48, 41. Ezech. 33, 27.

מְצֻדָה s. מְצוּדָה.

מְצֹדָה s. מְצוּדָה.

מָצָה* pf. 2 sg. f. מָצִית; fut. 3 sg. m. וַיִּמֶץ *aussaugen, ausschlürfen* Jes. 51, 17. Ezech. 23, 34. Ps. 75, 9; *auspressen* Richt. 6, 38.

Nifal pf. נִמְצָה, fut. יִמָּצוּ *ausgeschlürft werden* Ps. 73, 10; *ausgepresst werden* Lev. 1, 15. 5, 9.

מַצָּה f. cs. pl. 1) מַצּוֹת—מַצֹּת *ungesäuertes Brod* Gen. 19, 3. Ex. 12, 15. חַג הַמַּצּוֹת *das Fest der ungesäuerten Brode* Ex. 23, 15, wofür bloss הַמַּצּוֹת Ex. 12, 17. 2) (v. נָצָה) *Zank, Streit* Jes. 58, 4. Spr. 13, 10. 17, 19.

מִצָּה n. pr. Ort in Benjamin Jos. 18, 26.

[מִצְהָלָה] f. pl. cs. מִצְהֲלוֹת, suff. מִצְהֲלוֹתַיִךְ *das Wiehern* Jer 8, 16. 13, 27.

מָצוֹד m. cs. מְצוֹד, pl. מְצוֹדִים 1) *Netz* Koh. 7, 26. 2) *Fang* Spr. 12, 12.

מָצוֹד m. suff. מְצוֹדוֹ *Bollwerk* Hiob 19, 6.

מְצוּדָה f. suff. מְצוּדָתָהּ, pl. מְצוּדוֹת 1) *Bollwerk* Jes. 29, 7; *Feste* Ezech. 19, 9. 2) *Netz* Koh. 9, 12.

מְצָדָה—מְצוּדָה f. cs. מְצֻדַת, suff. מְצוּדָתִי, pl. מצודות 1) *Feste* 1 Sam. 22, 4. 2 Sam. 5, 7. Hiob 39, 28; *Schutz, Zufluchtsort* 2 Sam. 22, 2. Ps. 91, 2. 144, 2; adj. *befestigt* Ps. 31, 3. 2) *Netz* Ezech. 12, 13. 3) *Fang* Ezech. 13, 21.

מִצְוָה f. cs. מִצְוַת, suff. מִצְוָתְךָ, pl. מִצְוֹת—מִצְוֹות (Neh. 9, 14), suff. מִצְוֹתַי *Gebot*, sowohl ein einzelnes Lev. 4, 2, als die Gesammtheit der Gebote Deut. 6, 1. Jer. 32, 11; *Auftrag* Mal. 2, 1. 4.

[מְצוֹלָה] f. pl. מְצֹלוֹת—מְצוֹלֹת *Meerestiefe* Ex. 15, 5. Neh. 9, 11; bildlich für *Gefängniss* Ps. 88, 7.

מְצֻלָה—מְצוּלָה f. pl. מְצֻלוֹת—מְצוּלוֹת *Tiefe*, meist des Meeres Jona 2, 4. Micha 7, 19. Ps. 68, 23. 107, 24; eines Flusses Zach. 10, 11. Hiob 41, 23; eines Sumpfes Ps. 69, 3. 16.

מָצוֹק m. *Bedrängniss* Deut. 28, 53. Jer. 19, 9. Ps. 119, 143; adj. *bedrängt* 1 Sam. 22, 2.

מָצוּק m. pl. cs. מְצֻקֵי *steiler Fels* 1 Sam. 14, 5; *Pfeiler* 1 Sam. 2, 8.

מְצוּקָה f. pl. suff. מְצוּקֹתַי, מְצוּקוֹתֵיהֶם—מְצֻקוֹתֵיהֶם *Bedrängniss, Noth* Zef. 1, 15. Ps. 25, 17. 107, 6. 28. Hiob 15, 24.

מָצוֹר m. cs. מְצוֹר 1) *Einschliessung, Belagerung* Ezech. 4, 7. 5, 2; daher בָּא בְּמָצוֹר *belagert werden* Deut. 20, 19. 2 Kön. 24, 10; ähnlich Jer. 10, 17. Ezech. 4, 3. Zach. 12, 2. 2) *Belagerungswerk, Wall* Deut. 20, 20. Micha 4, 14. Zach. 9, 3. עִיר מָצוֹר *befestigte Stadt* Ps. 31, 22. 60, 11. 2 Chr. 8, 5. 3) *Enge, Bedrängniss* Deut. 28, 53. Jer. 19, 9. מֵי מָצוֹר *knappes Wasser* Nah. 3, 14. 4) *Thurm, Warte* Hab. 2, 1. 5) dichterisch für מִצְרַיִם *Aegypten* 2 Kön. 19, 24. Jes. 19, 6. Micha 7, 12.

[מָצוֹר] m. pl. suff. מְצוּרַיִךְ *Belagerung* Ezech. 4, 8.

מְצוּרָה f. pl. מְצֻרוֹת—מְצוּרוֹת *Belagerungswerkzeug* Jes. 29, 3. Nah. 2, 2. עָרֵי מְצוּרוֹת *feste Städte* 2 Chr. 11, 10. 12, 4; auch מְצוּרוֹת allein *Festungen* 2 Chr. 11, 11.

מֵצַח m. suff. מִצְחֲךָ, מִצְחוֹ, pl. cs. מִצְחוֹת *Stirn* Ex. 28, 38. Ezech. 9, 4; *starke, eherne Stirn* Bild der Frechheit Jes. 48, 4. Ezech. 3, 7. 8. 9.

מִצְחָה f. cs. מִצְחַת *Beinschiene* 1 Sam. 17, 6.

מֵצַל s. צָלַל.

[מְצִלָּה] f. pl. מְצִלּוֹת *Schelle* Zach. 14, 20.

מְצִלָּה f. *schattiger Ort* Zach. 1, 8.

מְצֻלָה s. מְצוּלָה.

[מְצֶלֶת] f. du. מְצִלְתַּיִם *Cymbel*, aus zwei Becken bestehend Esra 3, 10. Neh. 12, 27. 1 Chr. 13, 8.

מִצְנֶפֶת f. *Kopfbund* des Hohepriesters Ex. 28, 4. Lev. 8, 9. 16, 4; des Königs Ezech. 21, 31.

מַצָּע m. *Lager* Jes. 28, 20.

[מִצְעָד] m. pl. cs. מִצְעֲדֵי *Schritt* Ps. 37, 23. Spr. 20, 24. בְּמִצְעָדָיו *in seinem Gefolge* Dan. 11, 43.

מִצְעָר m. 1) *Kleinheit, kleine Zahl* 2 Chr. 24, 24. לַמִּצְעָר *auf kurze Zeit* Jes. 63, 18; adj. *klein* Gen. 19, 20. Hiob 8, 7. 2) Bezeichnung eines Berges (Bergspitze des Hermon) Ps. 42, 7.

מִצְפָּה n. pr. (mit Art.) mit He loc. מִצְפָּתָה 1) Stadt in Benjamin Richt. 20, 1. 1 Sam. 10, 17. 1 Kön. 15, 22. Jer. 40, 6. 41, 10. Neh. 3, 7. 2 Chr. 16, 6 (vgl. מִצְפֶּה No. 2 d.). 2) Stadt in Gilead Gen. 31, 49. Richt. 10, 17. 11, 11. 34. Hos. 5, 1 (vgl. מִצְפֶּה No. 2 c.).

מִצְפֶּה m. cs. מִצְפֵּה 1) *Warte* Jes. 21, 8. 2 Chr. 20, 24. 2) n. pr. a) Ort in Juda Jos. 15, 38. b) in Moab 1 Sam. 22, 3. c) in Gilead Richt. 11, 29, vollst. רָמַת הַמִּצְפֶּה Jos. 13, 26 (vgl. רָמָה), und wahrsch. = מִצְפָּה No. 2. d) in Benjamin Jos. 18, 26 = מִצְפָּה No. 1. e) Thal im Norden Palästinas Jos. 11, 8.

[מַצְפֹּן] m. pl. suff. מַצְפֻּנָיו *Schatz* Obadj. 1, 6.

מָצַץ* fut. 2 pl. תָּמֹצּוּ *saugen* Jes. 66, 11.

מְצֻקָה—מָצֻק s. מְצוּקָה—מָצוּק.

מָצֻק s. יָצַק u. מוּצָק.

מְצֻקֶת s. מוּצֶקֶת.

[מֵצַר] m. pl. מְצָרִים *Engpass, Bedrängniss* Klagel. 1, 3.

מֵצַר m. *Bedrängniss* Ps. 118, 5.

מִצְרַיִם n. pr. Sohn des Cham und Name des von diesem stammenden Volkes *Aegypter* und des Landes *Aegypten* Gen. 10, 6. 45, 2. 20; n. gent. מִצְרִי Gen. 39, 1; pl. מִצְרִים Gen. 12, 12; fem. מִצְרִיָּה Gen. 16, 1; pl. מִצְרִיּוֹת Ex. 1, 19 (vgl. מָצוֹר No. 5.).

מַצְרֵף m. *Schmelztiegel* Spr. 17, 3. 27, 21.

מַצּוּת f. *Streit.* אַנְשֵׁי מַצֻּתֶךָ *deine Gegner* Jes. 41, 12.

מַק m. *Moder, Fäulniss* Jes. 3, 24. 5, 24.

מַקָּבָה f. pl. מַקָּבוֹת *Hammer* 1 Kön. 6, 7. Jes. 44, 12. Jer. 10, 4.

[מַקֶּבֶת] f. 1) *Hammer* Richt. 4, 21. 2) *Höhle, Felsenhöhlung* als Bild der Abstammung Jes. 51, 1.

מַקֵּדָה n. pr. Ort in Juda Jos. 10, 10. 15, 41.

מִקְדָּשׁ m. cs. מִקְדַּשׁ, suff. מִקְדָּשׁוֹ—מִקְדְּשׁוֹ (Num. 18, 29); pl. מִקְדָּשִׁים, cs. מִקְדְּשֵׁי, suff. מִקְדָּשַׁי, מִקְדְּשֵׁיכֶם 1) *Heiligthum, heiliger Ort,* meist von der Stiftshütte und dem Tempel Ex. 15, 17. Lev. 16, 33. Ps. 78, 69; auch von dem Tempel in Bet-El Amos 7, 13. מִקְדָּשׁ מְעַט *kleines Heiligthum* (wo nicht alle heil. Gebräuche beobachtet werden) Ezech. 11, 16; pl. *heilige Oerter, Cultusstätten* Lev. 26, 31. Amos 7, 9. Ps. 68, 36. מִקְדְּשֵׁי אֵל *die heiligen* (*Fügungen*) *Gottes* Ps. 73, 17. 2) *Asyl, Zufluchtsort* Jes. 8, 14. 3) *das Geweihete, Geheiligte* Num. 18, 29.

[מַקְהֵל] m. pl. מַקְהֵלִים *Versammlung* Ps. 26, 12.

[מַקְהֵלָה] f. pl. מַקְהֵלוֹת *Versammlung* Ps. 68, 27.

מַקְהֵלֹת n. pr. Lagerplatz der Israeliten Num. 33, 25. 26.

מִקְוֵא s. מִקְוֶה.

מִקְוָה f. *Wasserbehälter* Jes. 22, 11.

מִקְוֶה m. cs. מִקְוֵא—מִקְוֵה 1) *Sammelplatz, Ansammlung* (v. Wasser) Gen. 1, 10. Ex. 7, 19. Lev. 11, 36. 2) *Zug, Trupp* 1 Kön. 10, 28. 2 Chr. 1, 16. 3) *Gegenstand des Vertrauens* Jer. 14, 8. 17, 13. 50, 7; *Hoffnung* Esra 10, 2. 1 Chr. 29, 15.

מָקוֹם m. cs. מְקוֹם, suff. מְקוֹמִי, pl. מְקֹמוֹת, suff. מְקוֹמֹתָם *Ort* in weiterem Umfang der Bedeutung, meist mit dem deutschen Sprachgebrauch zusammenfallend Gen. 1, 9. 13, 4. 36, 40. Deut. 12, 2; *Raum* Richt. 20, 36; *leerer Raum* Jes. 28, 8; *Stillstand* Hiob 16, 18. מְקוֹם אֲשֶׁר *da wo* Lev. 4, 33. 14, 13. Est. 4, 3. 8, 17. Koh. 11, 3. מְקוֹם *statt* Jes. 33, 21. בִּמְקוֹם אֲשֶׁר *statt dass* Hos. 2, 1.

מָקוֹר m. cs. מְקוֹר, suff. מְקוֹרָהּ *Quell* Jer. 8, 23. 51, 36. Zach. 13, 1. מְקוֹר דָּמִים für die weiblichen Genitalien Lev. 12, 7; auch bloss מְקֹרָהּ Lev. 20, 18; daher bildlich für *ehelichen Umgang* Spr. 5, 18; *für Nachkommenschaft* Ps. 68, 27.

מִקָּח m. cs. מִקַּח *das Annehmen* 2 Chr. 19, 7.

[מַקָּחָה] f. pl. מַקָּחוֹת *Waare* Neh. 10, 32.

מִקְטָר m. cs. מִקְטַר *das Räuchern* Ex. 30, 1.

מִקְטֶרֶת f. suff. מִקְטַרְתּוֹ *Räucherpfanne* Ezech. 8, 11. 2 Chr. 26, 19.

מַקֵּל m. cs. מַקַּל—מַקֵּל, suff. מַקְלִי, מַקֶּלְכֶם, pl. מַקְלוֹת *Ast, Zweig* Gen. 30, 37. 38. 41. Jer. 1, 11. 48, 17; daher *Gerte* Num. 22, 27. Ezech. 39, 9; *Stock* Gen. 32, 11. Ex. 12, 11. 1 Sam. 17, 43; als Werkzeug der Wahrsagerei Hos. 4, 12.

מִקְלוֹת n. pr. m. 1 Chr. 8, 32. 9, 37. 38. — 27, 4.

מִקְלָט m. cs. מִקְלַט, suff. מִקְלָטוֹ *Aufnahme, Zuflucht* Num. 35, 15. Jos. 20, 3; meist עִיר מִקְלָט *Freistadt* Num. 35, 11. Jos. 21, 13. 1 Chr. 6, 42.

מִקְלַעַת f. pl. מִקְלָעוֹת, cs. מִקְלְעוֹת *eingeschnittene, eingegrabene Arbeit* 1 Kön. 6, 18. 29. 32. 7, 31.

מַקְנֶה Ezech. 8, 3 s. קָנָה.

מִקְנָה f. cs. מִקְנַת, suff. מִקְנָתוֹ 1) *Kauf.* סֵפֶר הַמִּקְנָה *Kaufbrief* Jer. 32, 11. מִקְנַת כֶּסֶף *für Geld gekauft* Gen. 17, 12. 23. Ex. 12, 44. 2) *Kaufpreis* Lev. 25, 16. 51. 3) *Eigenthum* Gen. 23, 18. Lev. 27, 22.

מִקְנֶה m. cs. מִקְנֵה, suff. מִקְנְךָ, מִקְנֵהוּ, מִקְנֵנוּ, מִקְנֵהֶם, מִקְנְכֶם—מִקְנֵיכֶם, pl. suff. מִקְנַי, מִקְנֶיךָ (die suff. des pl. meist mit sing. Bedeutung z. B. Gen. 34, 23. 47, 17. Num. 31, 9. Deut. 3, 19. Jes. 30, 23) 1) *Besitz,* aber nur vom *Viehstand, den Heerden* gebraucht Gen. 13, 7. Ex. 12, 38. Num. 32, 1. 26. Hiob 1, 3. אַנְשֵׁי מִקְנֶה *Hirten* Gen. 46, 32. 2) *Kauf.* מִקְנֵה הַשָּׂדֶה *gekauft* (war) *das Feld* Gen. 49, 32.

מִקְנֵיָהוּ (*Eigenthum Gottes*) n. pr. m. 1 Chr. 15, 18. 21.

מִקְסָם m. cs. מִקְסַם *Wahrsagerei* Ezech. 12, 24. 13, 7.

מָקַץ n. pr. eines Ortes 1 Kön. 4, 9.

מִקְצוֹעַ—מִקְצֹעַ m. pl. מִקְצֹעֹת, cs. מִקְצֹעֵי—מִקְצֹעֹת, suff. מִקְצֹעוֹתָיו *Ecke, Winkel* Ex. 26, 24. 36, 29. Ezech. 46, 21. 41, 22. Neh. 3, 19. 2 Chr. 26, 9.

[מַקְצֻעָה] f. pl. מַקְצֻעוֹת *Hobel, Schnitzmesser* Jes. 44, 13.

[מִקְצֹעָה] f. pl. מִקְצֹעֹת *Ecke, Winkel* Ex. 26, 23. 36, 28.

מִקְצָת f. suff. מִקְצָתָם *Theil* Dan. 1, 2. 5. Neh. 7, 70; *nach Verlauf* Dan. 1, 15. 18.

***[מָקַק]** Nifal pf. 3 pl. נָמַקּוּ, 2 pl. נְמַקֹּתֶם; part. pl. נְמַקִּים; fut. 3 sg. f. תִּמַּק, pl. יִמַּקּוּ (ps. יִמַּקּוּ), f. תִּמַּקְנָה *zergehen, zerfliessen* Jes. 34, 4; *untergehen* Lev. 26, 39. Ezech. 24, 23. 33, 10; *faulen, verwesen* Zach. 14, 12. Ps. 38, 6. Hifil inf. הָמֵק *verwesen* Zach. 14, 12.

מִקְרָא m. pl. cs. מִקְרָאֵי, suff. מִקְרָאֶהָ 1) *das Zusammenrufen* Num. 10, 2. מִקְרָא קֹדֶשׁ *heilige Berufung, Festversammlung* Ex. 12, 16. Lev. 23, 2. Jes. 1, 13. 4, 5. 2) *das Gelesene* Neh. 8, 8.

מִקְרֶה m. cs. מִקְרֵה, suff. מִקְרֶהָ 1) *Zufall* 1 Sam. 6, 9. 20, 26. Rut 2, 3. 2) *Schicksal* Koh. 2, 14. 15. 3, 19. 9, 2. 3.

מְקָרֶה m. *Gebälk* Koh. 10, 18.

מְקֵרָה f. *Abkühlung* Richt. 3, 30. 24.

מְקַרְקַר s. קוּר.

מִקְשָׁה 1) adj. *gedrechselt, abgerundet* (n. A. *gediegen*) Ex. 25, 18. Num. 8, 4. Jer. 10, 5. 2) subst. *Gurkenfeld* Jes. 1, 8.

מִקְשֶׁה adj. *gekräuselt* (vom Haar) Jes. 3, 24.

מַר verb. s. מָרַר.

מַר m. *Tropfen* Jes. 40, 15.

מַר adj. f. מָרָה—מָרָא (Rut 1, 20), cs. מָרַת (מָרַּה Spr. 14, 10), pl. מָרִים, cs. מָרֵי *bitter* Ex. 15, 23. Num. 5, 18. Jes. 5, 20. Spr. 27, 7; meist in Uebertragungen wie: *unglückbringend* Jer. 2, 19. Amos 8, 10. Zef. 1, 14. Ps. 64, 4; *schrecklich* Hab. 1, 6. Koh. 7, 26; *heftig* Gen. 27, 34. Jes. 33, 7. Ezech. 27, 30. 31. Est. 4, 1; *unglücklich* Rut. 1, 20. מַר נֶפֶשׁ (מָרַת, מָרֵי) *bekümmert* 1 Sam. 1, 10. Jes. 38, 15; *verzweifelt* 1 Sam. 22, 2. Spr. 31, 6. Hiob 3, 20 (21, 25); *grimmig* Richt. 18, 25. 2 Sam. 17, 8; subst. *Schmerz* 1 Sam. 15, 32. מַר נֶפֶשׁ *tiefe Kümmerniss* Ezech. 27, 31. Hiob 7, 11. 10, 1; eben so מָרָה 2 Sam. 2, 26. Spr. 14, 10.

מֹר—מוֹר—מָר־—מֹר m. suff. מוֹרִי *Myrrhe*, ein wohlriechendes Harz, das aus einem der Akazie ähnlichen Baum fliesst Ex. 30, 23. Ps. 45, 9. Spr. 7, 17. Hohel. 3, 6. 5, 1. Est. 2, 12. מָר עֹבֵר *fliessende Myrrhe* Hohel. 5, 5. 13 (vgl. דְּרוֹר).

מָרָא Rut 1, 20 s. מַר.

מָרָא* part. f. מוֹרְאָה *widerspenstig sein* Zef. 3, 1 Hif. fut. 3 sg. f. תַּמְרִיא *schwingen machen* (scil. die Flügel) Hiob 39, 18.

מָרֵא aram. m. suff. מָרִאי *Herr* Dan. 2, 47. 4, 16. 21. 5, 23.

מְרֹאדַךְ בַּלְאֲדָן n. pr. König v. Babylon Jes. 39, 1, wofür 2 Kön. 20, 12 בְּרֹאדַךְ בַּלְאֲדָן (vgl. מְרֹדָךְ).

מַרְאָה f. pl. מַרְאֹת 1) *Spiegel* Ex. 38, 8. 2) *Erscheinung* Gen. 46, 2. Num. 12, 6. Ezech. 8, 3. Dan. 10, 7.

מַרְאֶה m. cs. מַרְאֵה, suff. מַרְאֵהוּ, מַרְאֶהָ, pl. cs. מַרְאֵי (Koh. 11, 9 Ktib), suff. מַרְאֶיךָ, מַרְאָיו, מַרְאֵיהֶן (die plur. suff. mit sing. Bedeutung) *das Gesehene, der Anblick* Lev. 13, 12. Deut. 28, 34. Hiob 41, 1; *das Aeussere* 1 Sam. 16, 7. מַרְאֵה עֵינָיו *der Augenschein* Jes. 11, 3; *das Ansehen, Aussehen* Lev. 14, 37, besonders in Verbindung. wie יְפֵה מַרְאֶה (יְפַת, יְפוֹת) *schön von Ansehen* Gen. 12, 11. 39, 6. 41, 2. 2) *Erscheinung* Num. 12, 8. Ezech. 1, 28. Dan. 8, 16.

מֻרְאָה f. suff. מֻרְאָתוֹ *Kropf* Lev. 1, 16.

מְרֹאוֹן n. pr. einer Landschaft in Palästina Jos. 12, 20; vgl. שִׁמְרוֹן u. מְרֹנֹתִי.

מָרֵשָׁה—מָרֵאשָׁה n. pr. Stadt in Juda Jos. 15, 44. Micha 1, 15. 2 Chr. 11, 8. 14, 8. 9.

[מַרְאָשָׁה] f. pl. suff. מַרְאֲשׁוֹתֵיכֶם *Kopfschmuck* Jer. 13, 18.

[מְרַאֲשֹׁת] f. nur pl. suff. מְרַאֲשֹׁתָיו *zu seinen Häupten* (*da wo man mit dem Kopfe liegt*) Gen. 28, 11. 18. 1 Sam. 19, 13. 16. 26, 7. 11. 26. 1 Kön. 19, 6 (vgl. רֹאשׁ).

מֵרַב n. pr. Tochter des Saul 1 Sam. 14, 49. 18, 17. 19.

[מַרְבַד] m. pl. מַרְבַדִּים *Polster, Decke* Spr. 7, 16. 31, 22.

מַרְבֶּה m. cs. מַרְבֵּה *Menge, Grösse* Jes. 9, 6. 33, 23 (sonst part. Hifil v. רָבָה).

מַרְבָּה f. *Weite, Grösse*; adj. *weit, gross* Ezech. 23, 32.

מַרְבִּית f. suff. מַרְבִּיתָם 1) *Menge, Fülle* 2 Chr. 9, 6. מַרְבִּית הָעָם *die Meisten unter dem Volk* 2 Chr. 30, 18. מַרְבִּיתָם *die Meisten von ihnen* 1 Chr. 12, 29. 2) *Zuwachs, Nachkommenschaft* 1 Sam. 2, 33. 3) *Zins* Lev. 25, 37.

מֻרְבֶּכֶת f. *Eingerührtes* (*Backwerk*) Lev. 6, 14. 7, 12. 1 Chr. 23, 29.

מְרֻבָּע m. *das Geviert, Quadrat* Ezech. 45, 2.

מַרְבֵּץ cs. מַרְבֵּץ *Lagerplatz* (für Thiere) Ezech. 25, 5. Zef. 2, 15.

מַרְבֵּק m. *Mast, Mästen*; adj. *gemästet* 1 Sam. 28, 24. Jer. 46, 21. Amos 6, 4. Mal. 3, 20.

מַרְגּוֹעַ m. *Ruhe, Erholung* Jer. 6, 16.

[מַרְגְּלֹת] f. nur pl. suff. מַרְגְּלֹתָיו *am Fussende, zu Füssen* Rut 3, 4 ff; *Füsse* Dan. 10, 6.

מַרְגֵּמָה f. *Steinhaufen* (n. A. *Schleuder*) Spr. 26, 8.

מַרְגֵּעָה f. *Erholung, Ruhe* Jes. 28, 12.

***מָרַד** fut. יִמְרֹד, inf. suff. לְמָרְדְכֶם *sich empören* Gen. 14, 4; *gegen* mit בְּ Num. 14, 9. Jos. 22, 16. 19; mit עַל Neh. 2, 19. 2 Chr. 13, 6; mit accus. Jos. 22, 19. מֹרְדֵי אוֹר *Feinde des Lichts* Hiob 24, 13. מָרוּד *zurückgestossen* Jes. 58, 7.

מְרַד aram. adj. emph. מָרָדָא, f. מָרָדְתָּא *abtrünnig* Esra 4, 12. 15.

מֶרֶד m. *Abfall, Empörung* Jos. 22, 22.

מְרַד aram. *Abfall* Esra 4, 19.

מַרְדּוּת f. *Widerspenstigkeit* 1 Sam. 20, 30.

מְרֹדָךְ n. pr. einer babylonischen Gottheit, *Mars* (Planet und Kriegsgott) Jer. 50, 2; vgl. מְראֹדַךְ בַּלְאֲדָן u. אֱוִיל מְרֹדַךְ.

מָרְדֳּכַי n. pr. 1) *Mordechai*, Pflegevater der Ester Est. 2, 5 ff. 2) Esra 2, 2. Neh. 7, 7.

מֻרְדָּף m. *Verfolgung* Jes. 14, 6.

מָרָה adj. f. s. מַר.

***מָרָה** pf. 3 sg. f. מָרְתָה, ps. מָרָתָה, 1 sg. מָרִיתִי; part. מוֹרֶה, pl. מֹרִים; inf. abs. מָרוֹ *widerspenstig, ungehorsam sein* Num. 20, 10. Deut. 21, 18. Jes. 50, 5; mit accus. Jer. 4, 17, gewöhnlich אֶת־פִּי Num. 20, 24. 27, 14. 1 Sam. 12, 15. 1 Kön. 13, 26 oder אֶת־דְּבַר Ps. 105, 28; mit בְּ Hos. 14, 1. Ps. 5, 11.

Hifil pf. 3 pl. הִמְרוּ; fut. 3 sg. m. יַמְרֶה, 3 sg. f. וַתֶּמֶר, 2 sg. תַּמֵּר (Ex. 23, 21), 3 pl. suff. יַמְרוּהוּ; inf. לַמְרוֹת, suff. בְּהַמְרוֹתְכֶם *erzürnen, kränken* Ps. 78, 17. 40. Hiob 17, 2; *widerspenstig, ungehorsam sein* mit acc. Deut. 1, 26. Jes. 3, 8. Ezech. 5, 6. Ps. 107, 11; mit בְּ Ex. 23, 21. Ezech. 20, 8; mit עִם Deut. 9, 7. 24.

מָרָה n. pr. mit He loc. מָרָתָה Name eines Bitterbrunnens auf der Halbinsel Sinai Ex. 15, 23. Num. 33, 8.

מֹרָה f. cs. (רוּחַ) מֹרַת *Herzeleid* Gen. 26, 35.

מָרוּד m. suff. מְרוּדִי, pl. suff. מְרוּדֶיהָ *Verfolgung, Elend* Klagel. 1, 7. 3, 19.

מֵרוֹז n. pr. Ortschaft im Norden Palästinas Richt. 5, 23.

מְרוֹחַ adj. cs. (אָשֶׁךְ) מְרוֹחַ *der zerdrückte* (*Testikeln*) *hat* Lev. 21, 20.

מָרוֹם m. cs. מְרוֹם, pl. מְרוֹמִים, cs. מְרוֹמֵי, suff. מְרוֹמָיו 1) *hochgelegener Ort*, von Gefilden Richt. 5, 18; von Strassen Spr. 8, 2. 9, 3. 14; von Bergen Jes. 37, 24; daher häufig für *Himmel* Jes. 24, 21. 40, 26. Micha 6, 6. Ps. 71, 19; plur. *himmlische Mächte* Hiob 25, 2. יֹשְׁבֵי מָרוֹם *die hoch Sitzenden, Vornehmen* Jes. 26, 5; dasselbe ohne יֹשְׁבֵי Jes. 24, 4. Koh. 10, 6. 2) adj. *erhaben* Jes. 57, 15. Jer. 17, 12. Ps. 92, 9; *entfernt* Ps. 10, 5; *übermüthig* Ps. 56, 3.

מֵרוֹם n. pr. מֵי מֵרוֹם Name eines Sees im Norden Palästinas Jos. 11, 5. 7.

מֵרוֹץ m. *Lauf* Koh. 9, 11.

מְרֻצָה—מְרוּצָה f. 1) *Lauf* 2 Sam. 18, 27; *Laufbahn, Wandel* Jer. 8, 6. 23, 10. 2) (st. מְרֻצָה v. (רָצַץ *Bedrückung* Jer. 22, 17.

[מָרוּק] m. pl. suff. מְרוּקֵיהֶן *Einreibung* Est. 2, 12.

מָרוֹר s. מְרֹר.

מָרוֹת n. pr. Stadt in Juda Micha 1, 12.

מַרְזֵחַ m. cs. מִרְזַח *Geschrei* Jer. 16, 5. Amos 6, 7.

***מָרַח** fut. יִמְרְחוּ *zerreiben* Jes. 38, 21.

מֶרְחָב m. pl. cs. מֶרְחֲבֵי *weiter Raum* Hos. 4, 16. Hab. 1, 6; bildlich für *Freiheit* 2 Sam. 22, 20. Ps. 31, 9. 118, 5.

מֶרְחָק m. pl. מֶרְחַקִּים — מֶרְחַקִּים, cs. מֶרְחַקֵּי *Entfernung* Zach. 10, 9. אֶרֶץ מֶרְחָק *fernes Land* Jes. 13, 5. 33, 17; eben so מֶרְחַקֵּי־אָרֶץ Jes. 8, 9. מִמֶּרְחָק *von fern her* Spr. 31, 14;

von oben her Ps. 138, 6; *in der Ferne* Jer. 31, 10; *fernhin* Jes. 17, 13.— בֵּית הַמֶּרְחָק n. pr. eines Gehöftes unweit Jerusalem 2 Sam. 15, 17.

מַרְחֶשֶׁת f. *Tiegel* Lev. 2, 7. 7, 9.

*מָרַט fut. אֶמְרְטָה, suff. אֶמְרְטֵם, inf. לְמָרְטָה *raufen, ausraufen* Jes. 50, 6. Esra 9, 3. Neh. 13, 25; part. II *abgerieben, kahl* (die Schulter vom Lasttragen) Ezech. 29, 18. 2) *glätten, schärfen* Ezech. 21, 14. 16. 33.

Nifal יִמָּרֵט *kahl werden* Lev. 13, 40. 41.

Pual pf. 3 sg. f. ps. מֹרָטָּה, part. מְמֹרָט— מוֹרָט *geglättet, polirt sein* 1 Kön. 7, 45; *geschärft sein* Ezech. 21, 15. 16; (n. E.) *stark, kühn* (von einem Volke) Jes. 18, 2. 7 (vgl. מוֹרָט).

מְרַט aram. 3 pf. pl. pass. *kahl werden* Dan. 7, 4.

מֶרִי m. ps. מֶרִי, suff. מֶרְיְךָ, מִרְיָם *Widerspenstigkeit, Ungehorsam* Deut. 31, 27. Hiob 23, 2. Neh. 9, 17. בֵּית מֶרִי *das widerspenstige Haus* (*Volk*) Ezech. 2, 5. 8, wofür auch bloss מֶרִי Ezech. 2, 7.

מְרִי־בַעַל n. pr. = מְפִיבֹשֶׁת s. d.

מְרִיא m. pl. מְרִיאִים, cs. מְרִיאֵי, suff. מְרִיאֵיכֶם eine Art *Mastvieh* 2 Sam. 6, 13. 1 Kön. 1, 9. Jes. 1, 11. 11, 6. Ezech. 39, 18. Amos 5, 22.

מְרִיב בַּעַל n. pr. = מְפִיבֹשֶׁת s. d.

מְרִיבָה f. cs. מְרִיבַת *Streit, Hader* Gen. 13, 8. Num. 27, 14; daher n. pr. zweier Brunnen in der Wüste a) in der Wüste Sin Ex. 17, 7. Ps. 95, 8. 106, 32. b) in der Wüste Zin bei Kadesch Num. 20, 13. 24. Deut. 33, 8; vollst. מְרִיבַת קָדֵשׁ Num. 27, 14. Deut. 32, 51 oder מְרִיבוֹת קָדֵשׁ Ezech. 47, 19. 48, 28.

מְרָיָה n. pr. m. Neh. 12, 12.

מוֹרִיָּה—מֹרִיָּה n. pr. des Berges, auf dem der salomonische Tempel erbaut wurde Gen. 22, 2. 2 Chr. 3, 1.

מְרָיוֹת n. pr. m. 1) Neh. 12, 15 = מְרֵמוֹת (v. 3 s. d.). 2) Esra 7, 3. 1 Chr. 5, 32. 6, 37. 3) Neh. 11, 11. 1 Chr. 9, 11.

מִרְיָם n. pr. *Mirjam* 1) Schwester des Moses Ex. 15, 20. Num. 12, 1. Micha 6, 4. 2) 1 Chr. 4, 17.

מְרִירוּת f. *Betrübniss* Ezech. 21, 11.

מְרִירִי adj. *bitter, gefährlich* Deut. 32, 24.

מֹרֶךְ (von רָכַךְ) *Weichlichkeit, Zaghaftigkeit* Lev. 26, 36.

מֶרְכָּב m. suff. מֶרְכָּבוֹ 1) *Sitz* (zum Reiten oder Fahren) Lev. 15, 9. Hohel. 3, 10. 2) *Wagen* 1 Kön. 5, 6.

מֶרְכָּבָה f. cs. מִרְכֶּבֶת, suff. מִרְכַּבְתּוֹ, pl. מַרְכָּבוֹת, cs. מַרְכְּבוֹת, suff. מַרְכְּבֹתֶיךָ *Wagen*, sowohl Staats- als Kriegswagen Gen. 41, 43. 46, 29. Ex. 15, 4. 1 Kön. 10, 29; auch von dem Thronwagen Gottes Hab. 3, 8. — בֵּית הַמַּרְכָּבוֹת n. pr. einer Stadt in Simeon Jos. 19, 5. 1 Chr. 4, 31.

מַרְכֹּלֶת f. suff. מַרְכֻלְתֵּךְ *Markt-* oder *Handelsplatz* Ezech. 27, 24.

מִרְמָה 1) f. pl. מִרְמוֹת *Hinterlist, Trug* Gen. 27, 35. Ps. 10, 7. 2) n. pr. m. 1 Chr. 8, 10.

מְרֵמוֹת n. pr. m. 1) Esra 10, 36. 2) Esra 8, 33. Neh. 3, 4. 21. 10, 6. 12, 3; vgl. מְרָיוֹת.

מִרְמָס m. *das was zertreten wird, Zertretung* Jes. 5, 5. 7, 25. 10, 6. Ezech. 34, 19. Micha 7, 10. Dan. 8, 3.

מֵרֹנֹתִי n. gent. (viell. von מֵרֹאוֹן) Neh. 3, 7. 1 Chr. 27, 30.

מֶרֶס n. pr. m. Est. 1, 14.

מַרְסְנָא n. pr. m. Est. 1, 14.

[מֵרֵעַ] m. suff. מֵרֵעֲךָ, מֵרֵעֵהוּ, pl. מֵרֵעִים *Freund, Genosse* Gen. 26, 26. Richt. 14, 11. 15, 2. 2 Sam. 3, 8.

מִרְעֶה m. cs. מִרְעֵה, suff. מִרְעֵהוּ, pl. suff. מִרְעֵיכֶם *Weideplatz* Jes. 32, 14. Hiob 39, 8; *Futter* Gen. 47, 4. Ezech. 34, 18.

מַרְעִית f. suff. מַרְעִיתִי *das Weiden* Hos. 13, 6. צֹאן מַרְעִיתֶךָ *die von dir geweideten Schafe,* (*Israel*) Ps. 74, 1; *Heerde* Jer. 10, 21; *Weideplatz* Jes. 49, 9.

מַרְעֲלָה n. pr. Ort in Sebulon Jos. 19, 11.

מַרְפֵּה—מַרְפֵּא (Jer. 8, 15) m. 1) *Heilung* Jer. 14, 19. 2 Chr. 21, 18; *Heilmittel* Jer. 33, 6; dann allgemeiner für *Rettung* Spr. 6, 15; *Labung* Spr. 4, 22. 2) *Ruhe, Gelassenheit* Spr. 15, 4; adj. *gelassen* Koh. 10, 4.

מַרְפֵּה s. מַרְפֵּא.

מִרְפָּשׂ m. cs. מִרְפַּשׂ *schlammiges Wasser* Ezech. 34, 19.

*[מָרַץ] Nifal pf. pl. נִמְרְצוּ, part. נִמְרָץ, f. נִמְרֶצֶת *eindringlich sein* Hiob 6, 25; *einschneidend, heftig* 1 Kön. 2, 8. Micha 2, 10.

Hifil fut. suff. יַמְרִיצְךָ *reizen* Hiob 16, 3.

מַרְצֵה s. מְרוּצָה.

מַרְצֵעַ m. *Pfrieme* Ex. 21, 6.

מַרְצֶפֶת f. *Unterlage* 2 Kön. 16, 17.

מָרַק* part. מָרוּק, imp. pl. מִרְקוּ *glätten, poliren* 2 Chr. 4, 16; *schärfen* Jer. 46, 4.

Pual מֹרַק *abgerieben werden* Lev. 6, 21.

מָרָק m. cs. מְרַק *Brühe* Richt. 6, 19. 20. Jes. 65, 4 (Kri).

[מֶרְקָח] m. pl. מֶרְקָחִים *Gewürzstaude* Hohel. 5, 13.

מֶרְקָחָה f. *Mischung, Gebräu* Ezech. 24, 10. Hiob 41, 23.

מִרְקַחַת f. *Salbenmischung* Ex. 30, 25. 1 Chr. 9, 30. 2 Chr. 16, 14.

מָרַר* pf. 3 sg. מַר, f. מָרָה; fut. יֵמַר *bitter schmecken* Jes. 24, 9; meist bildlich מַר לִי *es ist mir wehe* Jes. 38, 17. Rut 1, 13. Klagel. 1, 4. מָרָה נֶפֶשׁ כָּל־הָעָם *alles Volk war erbittert* 1 Sam. 30, 6.

[Nifal נָמַר s. מור].

Piel *verbittern* Ex. 1, 14; *anfeinden* Gen. 49, 23. אֲמָרֵר בַּבֶּכִי *ich will bitterlich weinen* Jes. 22, 4.

Hifil pf. הֵמַר; inf. הָמֵר *betrüben* mit accus. Hiob 27, 1; mit לְ Rut 1, 20; *bitterlich klagen* Zach. 12, 10.

Hitpalp. fut. יִתְמַרְמַר *sich erbittert zeigen* Dan. 8, 7. 11, 11.

[מָרֹר] m. pl. מְרֹרִים—מְרוֹרִים *Bitterkraut* Ex. 12, 8. Num. 9, 11; bildl. für *Schmerzen* Klagel. 3, 15.

מְרֵרָה f. suff. מְרֵרָתִי *Galle* Hiob 16, 13.

מְרֹרָה f. cs. מְרוֹרַת, suff. מְרֹרָתוֹ, pl. מְרֹרוֹת *Gift* Hiob 20, 14. 25; adj. *giftig* Deut. 32, 32; bildlich für *Feindseligkeit* Hiob 13, 26.

מְרָרִי n. pr. Sohn des Levi Gen. 46, 11. Ex. 6, 16. 19. Num. 26, 57.

מְרוֹרִים s. מָרֹר.

מַרְשָׁה s. מָרֵאשָׁה.

מִרְשַׁעַת f. *Frevlerin* 2 Chr. 24, 7.

מְרָתַיִם (*Doppeltrotz*) symbolische Bezeichnung Babel's (wohl mit Beziehung auf den Namen אֲרַם נַהֲרַיִם) Jer. 50, 21.

מַשָּׂא m. suff. מַשָּׂאוֹ, מַשַּׂאֲכֶם, pl. cs. מַשְּׂאוֹת *das Tragen* Num. 4, 24. אֵלֶּה מַשָּׂא בְנֵי־קְהָת *das ist, was die Söhne Kehat zu tragen haben* Num. 4, 15. אֵין לָכֶם מַשָּׂא *ihr habt nicht zu tragen* 2 Chr. 35, 3. לְאֵין מַשָּׂא *so dass man es nicht tragen konnte* 2 Chr. 20, 25. 2) *das Getragene, die Last* 2 Sam. 15, 33. 2 Kön. 5, 17. Ps. 38, 5. כֶּסֶף מַשָּׂא *eine Last* (*Masse*) *Silber* 2 Chr. 17, 11; *Dienst, Tempeldienst* 1 Chr. 15, 22. 27; *Tribut* Hos. 8, 10. 3) *Ausspruch, Vortrag* von prophet. Reden, hauptsächlich bei Jesaia (13, 1. 14, 28. 15, 1. 17, 1. 19, 1 u. s. w.); ferner Nah. 1, 1. Zach. 9, 1. Mal. 1, 1. Klagel. 2, 14. 4) *Sehnsucht* Ezech. 24, 25. 5) n. pr. eines Sohnes des Ismael und arabischen Stammes Gen. 25, 14. 1 Chr. 1, 30.

מַשֹּׂא m. *das Hochachten.* מַשֹּׂא פָנִים *Parteilichkeit* 2 Chr. 19, 7.

מַשָּׂאָה f. *emporsteigender Rauch* Jes. 30, 27.

מַשְׂאֵת f. cs. מַשְׂאַת, pl. מַשְׂאוֹת, suff. מַשְׂאֹתֵיכֶם 1) *das Tragen* Zef. 3, 18. 2) *Gabe*, sowohl *Tempelgabe* Ezech. 20, 40. Ps. 141, 2. 2 Chr. 24, 6 als *Steuer* Amos 5, 11 u. überhaupt *Geschenk* Gen. 43, 34. 2 Sam. 11, 8. Jer. 40, 5. Est. 2, 18. 3) *Rauchsäule* Richt. 20, 38. 40. [מַשְּׂאוֹת Ezech. 17, 9 s. נָשָׂא].

מִשְׂגָּב m. cs. מִשְׂגַּב, suff. מִשְׂגַּבִּי *Höhe, Burg* Jes. 25, 12. 33, 16; *Hochland* (von Moab) Jer. 48, 1 (fem.); meist bildlich: *Schutz, Zufluchtsort, Feste* 2 Sam. 22, 3. Ps. 9, 10. 59, 10. 17.

מְשׂוּכָה f. suff. מְשׂוּכָתוֹ *Umzäunung* Jes. 5, 5 (vgl. מְסוּכָה und מְשֻׂכָה).

מַשּׂוֹר m. *Säge* Jes. 10, 15.

מְשׂוּרָה f. *Maass* (für flüssige Dinge) Lev. 19, 35. Ezech. 4, 11. 16.

מָשׂוֹשׂ m. cs. מְשׂוֹשׂ, suff. מְשׂוֹשִׂי *Freude, Wonne* Hos. 2, 13. Ps. 48, 3. Klagel. 2, 15; auch als ursprünglicher inf. statt des verbi finiti Jes. 8, 7.

מִשְׂחָק m. *Gegenstand des Spottes* Hab. 1, 10.

מַשְׂטֵמָה m. *Gehässigkeit* Hos. 9, 7. 8.

מְשֻׂכָה f. cs. מְשֻׂכַת *Dornenhecke* Spr. 15, 19.

מַשְׂכִּיל s. שָׂכַל.

מַשְׂכִּית f. suff. מַשְׂכִּיתוֹ—מַשְׂכִּתוֹ, pl. מַשְׂכִּיּוֹת, suff. מַשְׂכִּיֹּתָם *Bild, Figur* Num. 33, 52. Spr. 25, 11. אֶבֶן מַשְׂכִּית *ein Stein mit Bildern* Lev. 26, 1. חַדְרֵי מַשְׂכִּיתוֹ *seine mit Bildern bemalten Zimmer* Ezech. 8, 12; bildlich *Einbildung, Vorstellung* Ps. 73, 7. Spr. 18, 11.

מַשְׂכֹּרֶת f. suff. מַשְׂכֻּרְתִּי *Lohn* Gen. 29, 15. 31, 7. 41. Rut 2, 12.

מִשְׁמָר s. מִסְמָר.

מִשְׂפָּח m. *Blutvergiessen* Jes. 5, 7.

מִשְׂרָה f. *Herrschaft* Jes. 9, 5.

[מִשְׂרָפָה] f. pl. cs. מִשְׂרְפוֹת *das Verbrennen* Jer. 34, 5. מִשְׂרְפוֹת שִׂיד *zu Kalk verbrannt* Jes. 33, 12. — מִשְׂרְפוֹת מַיִם n. pr. Stadt bei Sidon Jos. 11, 8. 13, 6.

מַשְׂרֵקָה (*Rebenpflanzung*) n. pr. einer edomitischen Ortschaft Gen. 36, 36. 1 Chr. 1, 47.

מַשְׂרֵת m. *Pfanne* 2 Sam. 13, 9.

מַשׁ n. pr. Sohn des Aram Gen. 10, 23 (= מֶשֶׁךְ 1 Chr. 1, 17).

מַשָּׁא m. *Darlehn*, *Schuld* Neh. 5, 10. 10, 32; als object zu נָשָׁא: *Unterpfand* Neh. 5, 7.

מֵשָׁא n. pr. Grenzort des joktanischen (südöstlichen) Arabiens Gen. 10, 30.

[מַשְׁאָב] m. pl. מַשְׁאַבִּים *Schöpfbrunnen* Richt. 5, 11.

מַשָּׁאָה f. cs. מַשַּׁאת, pl. מַשָּׁאוֹת *Darlehn* Deut. 24. 10. Spr. 22, 26.

[מַשְּׁאָה] f. pl. מַשְּׁאוֹת—מַשּׁוּאוֹת *Trümmer* Ps. 73, 18. 74, 3.

מַשָּׁאוֹן m. *Täuschung* Spr. 26, 26.

מִשְׁאָל n. pr. Levitenstadt in Ascher Jos. 19, 26. 21, 30 (= מָשָׁל 1 Chr. 6, 59).

[מִשְׁאָלָה] f. pl. cs. מִשְׁאֲלֹת, suff. מִשְׁאֲלוֹתֶיךָ *Bitte, Wunsch* Ps. 20, 6. 37, 4.

מִשְׁאֶרֶת f. suff. מִשְׁאַרְתֶּךָ, pl. suff. מִשְׁאֲרוֹתֶיךָ, מִשְׁאֲרֹתָם *Backtrog* Ex. 7, 28. 12, 34. Deut. 28, 5. 17.

מִשְׁבְּצָה f. pl. מִשְׁבְּצוֹת 1) *Wirkerei, Weberei* Ps. 45, 14. 2) *Fassung* der Edelsteine Ex. 28, 11. 39, 13.

מַשְׁבֵּר m. cs. מַשְׁבֵּר *Muttermund* 2 Kön. 19, 3. Jes. 37, 3. מַשְׁבֵּר בָּנִים *Geburt von Kindern* Hos. 13, 13.

[מִשְׁבָּר] m. pl. cs. מִשְׁבְּרֵי, suff. מִשְׁבָּרֶיךָ *sich brechende Welle, Brandung* Ps. 93, 4; als Bild von Gefahren und Leiden 2 Sam. 22, 5. Jona 2, 4. Ps. 42, 8. 88, 8.

[מִשְׁבָּת] m. pl. suff. מִשְׁבַּתֶּהָ *Vernichtung* Klagel. 1, 7.

מִשְׁגֶּה m. *Irrthum* Gen. 43, 12.

מָשָׁה* pf. 1 sg. suff. מְשִׁיתִהוּ *herausziehen* Ex. 2, 10.

Hifil fut. 3 sg. suff. יַמְשֵׁנִי *herausziehen, retten* 2 Sam. 22, 17. Ps. 18, 17.

מֹשֶׁה n. pr. *Moses*, Prophet und Gesetzgeber in Israel Ex. 2, 10. Jes. 63, 11. Micha 6, 4. Ps. 90, 1.

מַשֶּׁה m. *Darlehn* Deut. 15, 2.

מְשֹׁאָה—מְשׁוֹאָה f. *Verwüstung, Verderben* Zef. 1, 15. Hiob 30, 3. 38, 27.

מַשּׁוּאָה s. מַשָּׁאָה.

מְשׁוֹבָב n. pr. m. 1 Chr. 4, 34.

מְשֻׁבָה—מְשׁוּבָה f. cs. מְשׁוּבַת, suff. מְשׁוּבָתִי, pl. suff. מְשׁוּבֹתֵינוּ, מְשֻׁבוֹתַיִךְ 1) *Abfall, Abtrünnigkeit* Jer. 8, 5. Hos. 14, 5. Spr. 1, 32. מְשׁוּבָתִי *Abfall von mir* Hos. 11, 7; pl. *Versündigungen* Jer. 2, 19. 3, 22. 5, 6. 14, 7. 2) *die Abtrünnige*, als apposit. zu Israel Jer. 3, 6. 8. 11. 12.

מְשׁוּגָה f. suff. מְשׁוּגָתִי *Irrthum* Hiob 19, 4.

מָשׁוֹט m. *Ruder* Ezech. 27, 29.

[מִשּׁוֹט] m. pl. suff. מִשּׁוֹטָיִךְ *Ruder* Ezech. 27, 6.

מְשׁוּסָה Jes. 42, 24 Ktib s. מְשִׁסָּה.

מָשַׁח* pf. 3 sg. suff. מְשָׁחֲךָ, 2 sg. suff. מְשַׁחְתּוֹ; fut. יִמְשַׁח; inf. מְשֹׁחַ, suff. מָשְׁחֲךָ, מָשְׁחוֹ; imp. suff. מִשְׁחָהוּ (*mit Oel*) *bestreichen* Gen. 31, 13. Ex. 29, 2. Amos 6, 6; *das Schild*, um es geschmeidig und im Kriege brauchbar zu machen Jes. 21, 5; auch mit Farbe Jer. 22, 14; besonders aber *salben* (zum Priester, zum König) Num. 35, 25. 2 Sam. 2, 4. מָשׁוּחַ *eben erst gesalbt* 2 Sam. 3, 39; dann überhaupt (zum König) *wählen* Richt. 9, 8. 15; *weihen* Jes. 61, 1. Ps. 45, 8; *zu etwas bestimmen* 2 Chr. 22, 7.

Nifal inf. *gesalbt werden* הִמָּשַׁח Lev. 6, 13. 1 Chr. 14, 8.

מְשַׁח aram. *Oel* Esra 6, 9. 7, 22.

מִשְׁחָה f. cs. מִשְׁחַת *Salbung* Lev. 10, 7. שֶׁמֶן הַמִּשְׁחָה *Salböl* Ex. 25, 6; *Weihungsgabe* Lev. 7, 35.

מָשְׁחָה f. (eig. inf.) suff. מָשְׁחָתָם *das Salben* Ex. 29, 29. 40, 15; *Weihungsgabe*, *Antheil* Num. 18, 8 (vgl. מִשְׁחָה).

מַשְׁחִית (eig. part. Hif. v. שָׁחַת) f. 1) *Verderben* Jer. 51, 1. Ezech. 21, 36; concr. *der Verderber* (*Todesbote*) Ex. 12, 23. 2) *Schlinge, Falle* Jer. 5, 26. הַר הַמַּשְׁחִית wird 2 Kön. 23, 13 vom Oelberge u. Jer. 51, 25 von Babel gebraucht.

מִשְׁחָר m. *Morgenröthe* Ps. 110, 3.

מַשְׁחֵת m. suff. מַשְׁחֵתוֹ *Verderben* Ezech. 9, 1.

מִשְׁחַת m. *Verderbtheit*, adj. *entstellt* Jes. 52, 14.

מָשְׁחָת m. suff. מָשְׁחָתָם *Verderbtheit, Fehler* Lev. 22, 25.

מִשְׁטַח—מִשְׁטוֹחַ m. *Ort, wo* (Netze) *ausgespannt werden* Ezech. 26, 5. 14. 47, 10.

מִשְׁטָר m. suff. מִשְׁטָרוֹ *Herrschaft* Hiob 38, 33.

מֶשִׁי m. ein kostbarer Stoff, wahrsch. *Seide* Ezech. 16, 10. 13.

מְשִׁי s. מוּשִׁי.

מְשֵׁיזַבְאֵל (*Gott befreit*) n. pr. m. Neh. 3, 4. 10, 22. 11, 24.

מָשִׁיחַ adj. u. subst. cs. מְשִׁיחַ, suff. מְשִׁיחִי, pl. suff. מְשִׁיחָי *gesalbt, bestrichen* 2 Sam. 1, 21. הַכֹּהֵן הַמָּשִׁיחַ *der gesalbte* (d. h. *Hohe-*) *Priester* Lev. 4, 3. 6, 15; meist subst. *der Gesalbte*, d. h. *der König*, besonders als מְשִׁיחַ יְהוָה 1 Sam. 24, 7. Ps. 84, 10. Klagel. 4, 20, was auch von Cyrus gesagt wird Jes. 45, 1; dann überhaupt von *Gottgeweiheten* (Patriarchen) Ps. 105, 15. 1 Chr. 16, 22.

מָשַׁךְ** fut. יִמְשֹׁךְ, inf. מְשֹׁךְ, suff. מָשְׁכוֹ, imp. מְשֹׁךְ, suff. מָשְׁכֵנִי, pl. מִשְׁכוּ—מָשְׁכוּ (Ezech. 32, 20) ***ziehen, 1) *an* oder *nach sich* oder *herauf-, herbeiziehen* in eigentl. und bildlicher Bedeutung Gen. 37, 28. Ex. 12, 21. Jes. 5, 18. Jer. 38, 13. Ezech. 32, 20. Hosea 11, 4. Ps. 10, 9. Hiob 40, 25. Hohel. 1, 4; *herbeibringen* Richt. 4, 6. 7; *dehnen* z. B. *Jahre* Neh. 9, 30; *den Zorn* Ps. 85, 6; *die Saat* (d. h. *in langgedehnte Furchen streuen*) Amos 9, 13; *das Horn* (d. h. *langgedehnte Töne blasen*) Ex. 19, 13. Jos. 6, 5; *das Fleisch mit Wein* (d. h. *es pflegen, kräftigen*) Koh. 2, 3. מָשַׁךְ יָדוֹ אֶת־ *sich mit Jemandem verbinden* Hos. 7, 5. מָשַׁךְ חֶסֶד *Gnade erweisen* Ps. 36, 11. 109, 12; mit dopp. acc. Jer. 31, 3; *niederwerfen* Ps. 28, 3. Hiob 24, 22. 2) *an etwas ziehen* mit בְּ Deut. 21, 3; *am Bogen*, d. h. *ihn spannen* 1 Kön. 22, 34 (auch bloss קֶשֶׁת Jes. 66, 19); *an der Schreibfeder*, d. h. *schreiben* Richt. 5, 14. 3) intrans. *sich ausbreiten* Richt. 20, 37; *Jemandem nachgehen* Hiob 21, 33.

Nifal *sich lange hinziehen* Jes. 13, 22. Ezech. 12, 25. 28.

Pual part. מְמֻשָּׁךְ, f. מְמֻשָּׁכָה *langgestreckt* Jes. 18, 2. 7; *hingezogen* Spr. 13, 12.

מֶשֶׁךְ m. 1) *der Zug*, d. h. *das langhin Gesäete* Ps. 126, 6. 2) *Besitz* Hiob 28, 18. 3) n. pr. a) Sohn des Jafet Gen. 10, 2 und jafet. Volksstamm (Moscher, Mosocher) Ezech. 27, 13. 32, 26. 38, 2. 3. 39, 1. b) arabischer Stamm Ps. 120, 5. 1 Chr. 1, 17 (vgl. מַשׁ).

מִשְׁכָּב m. cs. מִשְׁכַּב, suff. מִשְׁכָּבְךָ, מִשְׁכַּבְכֶם, pl. cs. מִשְׁכְּבֵי, suff. מִשְׁכְּבוֹתָם 1) *das Liegen* Jes. 57, 8 (*bei ihnen zu liegen*). מִשְׁכַּב צָהֳרַיִם *Mittagsruhe* 2 Sam. 4, 5; vom *Beischlaf* Lev. 18, 22. Num. 31, 17. Ezech. 23, 17. 2) *Ort, wo man liegt, Lager, Bett* Lev. 15, 4. 26. Ps. 4, 5. חֲדַר מִשְׁכָּבְךָ *dein Schlafzimmer* Ex. 7, 28. Koh. 10, 20; *Polster* 2 Sam. 17, 28. Spr. 7, 17; *Krankenlager* Ex. 21, 18; *Gruft* 2 Chr. 16, 14.

מִשְׁכַּב aram. m. suff. מִשְׁכְּבִי, מִשְׁכְּבָךְ, מִשְׁכְּבֵהּ *Lager, Bett* Dan. 2, 28. 29. 4, 2. 7. 10. 7, 1.

מִשְׁכָּן m. cs. מִשְׁכַּן, suff. מִשְׁכָּנִי, pl. a) [מִשְׁכָּנִים] cs. מִשְׁכְּנֵי, suff. מִשְׁכְּנֵיהֶם b) מִשְׁכָּנוֹת, cs. מִשְׁכְּנוֹת, suff. מִשְׁכְּנֹתָם *Wohnung* in weiterem Sinne, *Aufenthaltsort* Num. 24, 5. Hab. 1, 6. Ps. 87, 2; auch von Thieren Hiob 39, 6; vom Tempel, als der *Wohnung Gottes* Lev. 15, 31. Ps. 46, 5; besonders wird מִשְׁכָּן von dem *Zeltheiligthum* in der Wüste im engeren (vom inneren Theil Ex. 26, 1. 7) und weiteren Sinne gebraucht und daher auch מִשְׁכַּן הָעֵדֻת *Wohnung des Zeugnisses* Ex. 38, 21. Num. 1, 50, oder מִשְׁכַּן אֹהֶל מוֹעֵד *Wohnung der Stiftshütte* Ex. 39, 32, meist מִשְׁכַּן יְהוָה *Wohnung Gottes* Num. 16, 9 genannt.

מִשְׁכַּן aram. m. suff. מִשְׁכְּנֵהּ *Wohnung* Esra 7, 15.

***מָשַׁל** I fut. יִמְשֹׁל; inf. מְשֹׁל *herrschen, Gewalt haben*, meist mit בְּ Gen. 4, 7. 37, 8. Richt. 8, 23; selten mit acc. Ps. 66, 7. Dan. 11, 3; mit עַל Spr. 28, 15. Neh. 9, 37; mit אֶל Jer. 33, 26; *ein Recht haben* mit folgend. inf. und לְ Ex. 21, 8; part. מוֹשֵׁל *Herrscher* Ps. 105, 20. Spr. 6, 7. 29, 12; pl. Jes. 14, 5. 28, 14.

Hifil pf. 3 sg. suff. הִמְשִׁילָם; fut. 2 sg. m. suff. תַּמְשִׁילֵהוּ *herrschen lassen, die Herrschaft geben*, mit בְּ Ps. 8, 7. Dan. 11, 39; inf. הַמְשֵׁל *Herrschaft* Hiob 25, 2.

מָשַׁל II (denom. von מָשָׁל) fut. יִמְשֹׁל *Gleichnissreden gebrauchen* Ezech. 12, 23. 16, 44. 17, 2. 18, 2. 3. מֹשְׁלִים *Dichter* Num. 21, 27.

Nifal נִמְשַׁל *geglichen, gleichgestellt sein* Jes. 14, 10. Ps. 28, 1. 49, 13.

מִשְׁמַנָּה n. pr. m. 1 Chr. 12, 10.

מִשְׁמָע m. cs. מִשְׁמַע 1) *das was man hört* Jes. 11, 3. 2) n. pr. a) Sohn des Ismael Gen. 25, 14. 1 Chr. 1, 30. b) 1 Chr. 4, 25.

מִשְׁמַעַת f. suff. מִשְׁמַעְתֶּךָ 1) *geheimer Rath* (des Königs), zu dem nur die Nächsten zugelassen werden 1 Sam. 22, 14. 2 Sam. 23, 23. 1 Chr. 11, 25. 2) coll. *Unterthanen* Jes. 11, 14.

מִשְׁמָר m. cs. מִשְׁמַר, suff. מִשְׁמַרְכֶם, pl. suff. מִשְׁמָרָיו 1) *Ort, wo man verwahrt, Gefängniss, Gewahrsam* Gen. 40, 3. 4. 42, 19. Lev. 24, 12. Num. 15, 34. 4) *Wache, Wachposten* Jer. 51, 12. Hiob 7, 12. Neh. 4, 3. 7, 3. 1 Chr. 26, 16. 3) *etwas, das man verwahrt* Ezech. 38, 7. Spr. 4, 23; (*ein zu beobachtender*) *Gebrauch* Neh. 13, 14.

מִשְׁמֶרֶת f. ps. מִשְׁמָרֶת, suff. מִשְׁמַרְתִּי, pl. מִשְׁמָרוֹת, cs. מִשְׁמְרוֹת, suff. מִשְׁמְרֹתָם—מִשְׁמְרוֹתֵיהֶם 1) *das Bewachen* Num. 3, 38. 2 Kön. 11, 5. 6. 1 Chr. 23, 32; *Aufbewahrung* Ex. 12, 6. 16, 23. 32. Num. 17, 25; *Dienst* Lev. 8, 35. Num. 1, 53. 2) *Wache, Wachposten, Dienstposten* Jes. 21, 8. Hab. 2, 1. 2 Chr. 8, 14; *die Wachenden selbst* Neh. 7, 3. 3) *Sache, die man bewacht* 1 Sam. 22, 23 oder *beobachtet, Gesetz, Gebrauch* Gen. 26, 5. Lev. 18, 30. 22, 9. שֹׁמְרִים מִשְׁמֶרֶת בֵּית שָׁאוּל *die treu zum Hause Saul's hielten* 1 Chr. 12, 29.

מִשְׁנֶה m. cs. מִשְׁנֵה, suff. מִשְׁנֵהוּ, pl. מִשְׁנִים 1) *Wiederholung* Deut. 17, 18. Jos. 8, 32; *das Doppelte* Ex. 16, 5. 22. Deut. 15, 18. Jes. 61, 7. Jer. 16, 18. 17, 18. Zach. 9, 12. Hiob 42, 10. כֶּסֶף מִשְׁנֶה Gen. 43, 12 = מִשְׁנֶה־כֶסֶף Gen. 43, 15 *noch einmal so viel Geld.* 2) *der Zweite*, dem Range nach Gen. 41, 43. 1 Sam. 23, 17. 2 Kön. 23, 4. 25, 18. Jer. 52, 24. Est. 10, 3. Neh. 2, 9. 2 Chr. 35, 24. מִשְׁנֶה *die zweite Abtheilung der Stadt* 2 Kön. 22, 14; *der zweite Sohn* 1 Sam. 8, 2. 17, 13. 2 Sam. 3, 3. 1 Chr. 16, 5. אֲחֵיהֶם הַמִּשְׁנִים *die folgenden Brüder* 1 Chr. 15, 18. הַמִּשְׁנִים *das nachgeborene (bessere) Vieh* 1 Sam. 15, 9. כְּפוֹרֵי כֶסֶף מִשְׁנִים *silberne Becher zweiter Sorte* Esra 1, 10.

מְשִׁסָּה f. pl. מְשִׁסּוֹת *Plünderung, Beraubung* 2 Kön. 21, 14. Jes. 42, 22. 24 (Kri). Jer. 30, 16. Hab. 2, 7. Zef. 1, 13.

מִשְׁעוֹל m. *Hohlweg, enger Weg* Num. 22, 24.

מִשְׁעִי *Reinigung* Ezech. 16, 4.

Piel part. מְמַשֵּׁל *Gleichnissreden gebrauchen* Ezech. 21, 5.

Hifil fut. 2 pl. suff. תַּמְשִׁלוּנִי *vergleichen* Jes. 46, 5.

Hitp. fut. אֶתְמַשֵּׁל *gleichgestellt sein* Hiob 30, 19.

מָשָׁל m. cs. מְשַׁל, suff. מְשָׁלוֹ, pl. מְשָׁלִים, cs. מִשְׁלֵי 1) *Gleichniss, Parabel* Ezech. 12, 22. 17, 2. 24, 3. Koh. 12, 9; *Denkspruch, Lehrspruch, Sentenz* Spr. 1, 1. 6. 10, 1. Hiob 13, 12. *dichterische Rede* Num. 27, 7. Hiob 27, 1; *Lehrgedicht* Ps. 49, 5; *Sprüchwort* 1 Sam. 10, 12. 24, 14; *Straf-* oder *Spottrede* Jes. 14, 4. Micha 2, 4. Hab. 2, 6; überhaupt *Spott* Deut. 28, 37. Ps. 69, 12. 2) n. pr. = מִשְׁאָל s. d.

מֹשֶׁל m. suff. מָשְׁלוֹ 1) *Herrschaft* Zach. 9, 10. 2) *Aehnlichkeit* Hiob 41, 25.

מְשֹׁל m. *Spottrede* Hiob 17, 6.

מִשְׁלָח m. cs. מִשְׁלַח *Ort, wohin man schickt* Jes. 7, 25 oder *wonach man* (die Hand) *ausstreckt*, d. h. *Thätigkeit, Geschäft* Deut. 15, 10. 23, 21. 28, 8. 20.

מִשְׁלוֹחַ - מִשְׁלֹחַ m. 1) *das Schicken* Est. 9, 19. 22. 2) mit יָד *Besitz* Jes. 11, 14.

מִשְׁלַחַת f. 1) *Sendung* Ps. 78, 49. 2) *Entlassung* Koh. 8, 8.

מְשֻׁלָּם (*Befreundeter*) n. pr. m. Esra 8, 16. — 10, 29. — Neh. 3, 4. 6 (auch symbolischer Name Israels Jes. 42, 19).

מְשֶׁלֶמְיָה (*Gott belohnt*) n. pr. m. 1 Chr. 9, 21. 26, 1. 2. 9 (= שֶׁלֶמְיָה v. 14).

מְשִׁלֵּמוֹת (*Vergeltung*) n. pr. m. 2 Chr. 28, 12. Neh. 11, 13 identisch mit:

מְשִׁלֵּמִית n. pr. m. 1 Chr. 9, 12.

מְשֻׁלֶּמֶת (*Befreundete*) n. pr. Gemahlin des Manasse 2 Kön. 21, 19.

מְשֻׁלָּשׁ m. *eine Zahl von drei* Gen. 38, 24.

מְשַׁמָּה f. pl. מְשַׁמּוֹת *Verwüstung* Jes. 15, 6. Jer. 48, 34; *Grauen, Entsetzen* Ezech. 5, 15. 6. 14. 33, 28. 29. 25, 3.

[**מַשְׁמָן**] m. pl. מַשְׁמַנִּים *fette Speisen* Neh. 8, 10.

מִשְׁמָן m. cs. מִשְׁמַן, pl. cs. מִשְׁמַנֵּי, suff. מִשְׁמַנָּיו *Fettigkeit* Jes. 17, 4. מִשְׁמַנֵּי הָאָרֶץ *fettes Land* Gen. 27, 28. 39. Dan. 11, 24; *fette, starke Männer, Helden* Jes. 10, 16. Ps. 78, 31.

מִשְׁעָם n. pr. m. 1 Chr. 8, 12.

מִשְׁעָן m. cs. מִשְׁעַן *Stütze* 2 Sam. 22, 19. Jes. 3, 1.

מַשְׁעֵן m. *Stütze* Jes. 3, 1.

מַשְׁעֵנָה f. *Stütze* Jes. 3, 1.

מִשְׁעֶנֶת f. suff. מִשְׁעַנְתּוֹ, pl. suff. מִשְׁעֲנֹתָם *Stütze* Ps. 23, 4; meist *Stock*, worauf man sich stützt Ex. 21, 19. Num. 21, 18. Richt. 6, 21. 2 Kön. 4, 29. 18, 21.

מִשְׁפָּחָה f. cs. מִשְׁפַּחַת, suff. מִשְׁפַּחְתִּי, pl. מִשְׁפָּחוֹת, cs. מִשְׁפְּחוֹת, suff. מִשְׁפְּחֹתָם — מִשְׁפְּחֹתֵיהֶם *Familie, Geschlecht, Stamm* in engerem und weiterem Sinne Gen. 10, 5. 24, 40. Richt. 13, 2. Jer. 33, 24. Zach. 12, 12. 1 Chr. 2, 55; auch von Thieren Gen. 8, 19.

מִשְׁפָּט m. cs. מִשְׁפַּט, suff. מִשְׁפָּטִי, pl. מִשְׁפָּטִים, cs. מִשְׁפְּטֵי, suff. מִשְׁפָּטַי, מִשְׁפְּטֵיהֶם 1) *das Richten* Lev. 19, 15. Deut. 1, 17. Ezech. 21, 32. Ps. 122, 5. מִשְׁפָּט עָשָׂה *das Richteramt hat er geübt* Ps. 9, 17. 2) *Ort des Gerichts, Gericht* Jes. 3, 14. 28, 6. Ps. 143, 2. Hiob 9, 32. 22, 4. 3) *Rechtssache, Prozess* Ex. 23, 6. Num. 27, 5. Ps. 9, 5. Hiob 13, 18. בַּעַל מִשְׁפָּטִי *mein Gegner im Prozess* Jes. 50, 8. דִּבֶּר מִשְׁפָּטִים אֵת *mit Jemand rechten* Jer. 12, 1. 3) *Urtheilsspruch, Entscheidung* 1 Kön. 3, 28. 20, 40. Ps. 17, 2; daher מִשְׁפַּט מָוֶת *Todesurtheil* Deut. 19, 6. Jer. 26, 11. 3) *Rechtsvorschrift, Gesetz* Ex. 15, 25. 21, 1. Lev. 18, 4. בְּלֹא מִשְׁפָּט *gegen das Recht* Spr. 13, 23; *die Gesammtheit der Gesetze* Jes. 51, 4. 4) *das was Jemand zukommt, Gebühr, Recht* Deut. 18, 3. 21, 17. 1 Sam. 8, 9. 10, 25. Jer. 32, 7; überhpt. *Gebrauch, Sitte* 1 Sam. 2, 13. 1 Kön. 18, 28. 2 Kön. 11, 14; *Art und Weise* Gen. 40, 13. Ex. 26, 30. Richt. 13, 12. 2 Kön. 1, 7.

מִשְׁפְּתַיִם f. *Hürden, offene Sommerställe* Gen. 49, 14. Richt. 5, 16.

מֶשֶׁק m. *Besitz.* בֶּן־מֶשֶׁק *Besitzer, Erbe* Gen. 15, 2.

מַשָּׁק m. *eiliger Lauf* Jes. 33, 4.

מַשְׁקֶה m. cs. מַשְׁקֵה, suff. מַשְׁקֵהוּ, pl. מַשְׁקִים, suff. מַשְׁקָיו 1) (part. Hif. v. שָׁקָה s. d.) *Mundschenk* Gen. 40, 2. 5. 1 Kön. 10, 5. Neh. 1, 11. 2) *bewässerte Gegend* Gen. 13, 10. Ezech. 45, 15. 3) *das Tränken.* כְּלֵי מַשְׁקֶה *Schenkgefäss* 1 Kön. 10, 21; *das Schenkamt* Gen. 40, 21. 4) *Trank* Lev. 11, 34. Jes. 32, 6.

מִשְׁקוֹל m. *Gewicht* Ezech. 4, 10.

מַשְׁקוֹף m. *Oberschwelle* Ex. 12, 7.

מִשְׁקָל m. cs. מִשְׁקַל, suff. מִשְׁקָלוֹ 1) *das Wägen* Lev. 19, 35. אֵין מִשְׁקָל *nicht zu wägen* 1 Chr. 22, 3. 14. 2) *Gewicht* Gen. 24, 22. Lev. 26, 26. Richt. 8, 26. 2 Sam. 12, 30.

מִשְׁקֹלֶת Jes. 28, 17. } *Setzwage* (bei Ausführung eines Baues).

מִשְׁקֶלֶת 2 Kön. 21, 13. }

מִשְׁקָע m. *Ort, wo sich das Wasser gesetzt, geklärt hat, klares Wasser* Ezech. 34, 18.

מִשְׁרָה m. cs. מִשְׁרַת (עֲנָבִים) *Trank durch Aufweichung von Trauben* Num. 6, 3.

מַשְׁרוֹקִיתָא aram. f. *Pfeife* Dan. 3, 5. 7.

מִשְׁרָעִי n. gent. von einem unbekannten Orte 1 Chr. 2, 53.

מָשַׁשׁ fut. 1 sg. suff. אֲמֻשְּׁךָ, 3 sg. suff. יְמֻשֵּׁנִי, יְמֻשֵּׁהוּ *betasten* Gen. 27, 12. 21. 22.
Piel fut. יְמַשֵּׁשׁ *herumtappen* Deut. 28, 29. Hiob 5, 14. 12, 25; mit accus. *durchsuchen, durchwühlen* Gen. 31, 34. 37.
[Hifil s. יָמַשׁ und מוּשׁ].

מִשְׁתֶּה m. cs. מִשְׁתֵּה, pl. suff. מִשְׁתָּיו, מִשְׁתֵּיכֶם, מִשְׁתֵּיהֶם (mit sing. Bedeutung) 1) *das Trinken* Est. 5, 6. 7, 2. יֵין מִשְׁתָּיו *sein Trinkwein* Dan. 1, 5. 16. 2) *Getränk* Dan. 1, 10. 3) *Gelage, Mahl, Festmahl* Gen. 19, 3. Richt. 14, 10. 1 Sam. 25, 36. Koh. 7, 2.

מִשְׁתַּחֲוִיתֶם s. שָׁחָה.

מִשְׁתֵּי m. aram. emph. מִשְׁתְּיָא *Gelage* Dan. 5, 10.

[מַת] m. pl. מְתִים, מְתָם—מְתִים, cs. מְתֵי, suff. מְתָיו, מְתֶיךָ *Männer* Deut. 2, 34. 3, 6. Jes. 3, 25. Hiob 19, 19; überhaupt *Leute* Gen. 34, 30. Deut. 4, 27. 26, 5.

מֵת s. מוּת.

מַתְבֵּן m. *Streu* Jes. 25, 10.

מֶתֶג m. suff. מִתְגִּי *Zaum* 2 Kön. 19, 28. Jes. 37, 29. Ps. 32, 9. Spr. 26, 3; bildlich *Herrschaft* 2 Sam. 8, 1.

מָתוֹק adj. *süss* Richt. 14, 14. Jes. 5, 20. Spr. 16, 24.

[מָתוֹק] adj. f. מְתוּקָה, pl. מְתוּקִים *süss* Ps. 19, 11. Koh. 5, 11.

מְתוּשָׁאֵל n. pr. m. Gen. 4, 18.

מְתוּשֶׁלַח n. pr. m. *Methusalem* Gen. 5, 21. 1 Chr. 1, 3.

מָתַח fut. 3. sg. suff. יִמְתָּחֵם *ausspannen, ausdehnen* Jes. 40, 22.

מָתַי adv. 1) der Zeit *wann* Ps. 101, 2. Spr. 23, 35. 2) der Frage *wann?* Gen. 30, 30. Ps. 41, 6. לְמָתַי *zu wann?* Ex. 8, 5. עַד־מָתַי *wie lange?* Jes. 6, 11; meist in rhetorischer Frage *wie lange noch, bis wann?* 1 Sam. 16, 1. Ps. 6, 4. אַחֲרֵי מָתַי *nach wie langer Zeit?* Jer. 13, 27.

מַתְכֹּנֶת f. suff. מַתְכֻּנְתּוֹ *Maass, Zahl* Ex. 5, 8. Ezech. 45, 11; *Verhältniss* Ex. 30, 32. 37. 2 Chr. 24, 13.

מַתְּלָאָה = מַה־תְּלָאָה.

[מְתַלְּעָה] pl. cs. מְתַלְּעוֹת = מַלְתָּעוֹת (s. d.) *Zähne, Gebiss* Joel 1, 6. Hiob 29, 17.

מְתֹם m. 1) *Unbeschädigtes, Gesundes* Jes. 1, 6. Ps. 38, 4. 8. 2) = מְתִים *männiglich, ein Jeder* Richt. 20, 48.

[מֹתֶן] m. du. מָתְנַיִם, cs. מָתְנֵי, suff. מָתְנַי, מָתְנָיו *die Oberhüfte* mit Einschluss des Kreuzes Gen. 37, 34. Ex. 12, 11. 28, 42. Deut. 33, 11. מֵי מָתְנַיִם *Wasser, das bis an die Hüften reicht* Ezech. 47, 4.

מַתָּן m. suff. מַתָּנָם 1) *Geschenk* Gen. 34, 12. אִישׁ מַתָּן *ein freigebiger Mann* Spr. 19, 6. תְּרוּמַת מַתָּנָם *ihre geschenkte Hebe* Num. 18, 11. 2) n. pr. a) eines Baalpriesters 2 Kön. 11, 18. 2 Chr. 23, 17. b) Jer. 38, 1.

[מַתְּנָא] aram. f. pl. מַתְּנָן, suff. מַתְּנָתָךְ *Geschenk* Dan. 2, 6. 48. 5, 17.

מַתָּנָה f. cs. מַתְּנַת, pl. מַתָּנוֹת, cs. מַתְּנוֹת, suff. מַתְּנֹתָם, מַתְּנוֹתֵיכֶם *Geschenk, Gabe* Gen. 25, 6. Lev. 23, 38. Deut. 16, 17. Ezech. 20, 26. Est. 9, 22; *Bestechung* Spr. 15, 27. Koh. 7, 7. 2) n. pr. Lagerplatz der Israeliten Num. 21, 18. 19.

מַתְּנַי n. pr. m. Esra 10, 33.—37.—Neh. 12, 19.

מִתְנִי n. gent. von einem unbekannten Orte 1 Chr. 11, 43.

מַתַּנְיָהוּ—מַתַּנְיָה (*Gott schenkt*) n. pr. 1) früherer Name des Königs Zidkiah 2 Kön. 24, 17. 2) Esra 10, 26.—27.—30.—37.— Neh. 11, 17.— 12, 8.—13, 13. 1 Chr. 9, 15.—25, 4. 16.—2 Chr. 20, 14.—29, 13.

מָתְנַיִם s. מֹתֶן.

מָתַק fut. pl. יִמְתְּקוּ, ps. יִמְתָּקוּ *süss werden, süss schmecken* Ex. 15, 25. Spr. 9, 17; mit לְ der Person Hiob 21, 33; mit accus. מְתָקוֹ רִמָּה *süss schmeckt ihm der Wurm* Hiob 24, 20.

Hifil fut. תַּמְתִּיק *süss schmecken* Hiob 20, 12. נַמְתִּיק סוֹד *wir pflogen angenehmes Gespräch* Ps. 55, 15.

מֶתֶק m. *Süssigkeit* Spr. 16, 21. 27, 9.

מֹתֶק m. suff. מָתְקִי *Süssigkeit* Richt. 9, 11.

מִתְקָה n. pr. Lagerplatz der Israeliten Num. 33, 28. 29.

מִתְרְדָת n. pr. *Mithridates* 1) Schatzmeister des Cyrus Esra 1, 8. 2) persischer Beamter Esra 4, 7.

מַתָּת (zusammengezog. aus מַתֶּנֶת) f. cs. מַתַּת *Geschenk* 1 Kön. 13, 7. Ezech. 46, 5. 11. Spr. 25, 14. Koh. 3, 13. 5, 18.

מַתַּתָּה n. pr. m. Esra 10, 33.

מַתִּתְיָהוּ—מַתִּתְיָה (*Gabe Gottes*) n. pr. *Matthathia* Esra 10, 43. Neh. 8, 4. — 1 Chr. 9, 31. 15, 18. 21. 16, 5.

נ

נָא Partikel der Ermahnung und Bitte, *doch*, meist dem imper. u. fut. (voluntativ), seltener dem pf. (Gen. 40, 14) folgend; bei Fällen wie נֶגְדָה־נָּא Ps. 116, 14 *o doch vor* ist ein Zeitwort zu ergänzen. Als Anhängsel an Partikeln dient es zur Verstärkung z. B. אַל־נָא *nicht doch!* Gen. 19, 7. Num. 12, 11. אִם־נָא *wenn doch!* Ex. 33, 13. הִנֵּה־נָא *siehe doch!* Gen. 19, 2. אַיֵּה־נָא *wo denn?* Ps. 115, 2. אוֹי־נָא *wehe doch!* Jer. 4, 31 (vgl. אָנָּא).

נָא adj. *halbgar, halbgekocht* Ex. 12, 9.

נֹא n. pr. *Theben,* Hauptstadt Oberägyptens Jer. 46, 25. Ezech. 30, 14—16; vollständig נֹא אָמוֹן Nah. 3, 8 (vgl. אָמוֹן).

נאר—נאוד m. pl. נֹאדוֹת *Schlauch* Jos. 9, 4. 13. Richt. 4, 19. 1 Sam. 16, 20; als Bild des Vertrocknetseins Ps. 119, 83; nach einem andern Bilde sammelt Gott die *Thränen* der Leidenden in einem *Schlauche* Ps. 56, 9, d. h. *er gedenkt ihrer.*

*[**נָאָה**] Pilel pf. נַאֲוָה (נָאֲוָה), 3 pl. נָאווּ *lieblich sein* Jes. 52, 7. Hohel. 1, 10; *geziemen* Ps. 93, 5 (vgl. נָאוֶה).

[**נָאָה**] f. pl. cs. נְאוֹת *Wohnstätte, Wohnung* Jer. 25, 37. Amos 1, 2. Ps. 74, 20. 83, 13. Klagel. 2, 2; *Flur, Trift* Jer. 9, 9. 23, 10. Joel 1, 19. Ps. 23, 2. 65, 13.

נאוד s. נאד.

נָאוֶה adj. f. נָאוָה (vgl. נָאָה) *lieblich* Hohel. 1, 5. 2, 14. 4, 3. 6, 4; *geziemend* Ps. 33, 1. 147, 1. Spr. 17, 7. 19, 10. 26, 1.

***נָאַם** fut. 3 pl. יִנְאֲמוּ *reden* (von der prophetischen Rede) Jer. 23, 31; kommt ausser dieser Stelle nur im part. II cs. נְאֻם *das Gesprochene, der Ausspruch* vor Gen. 22, 16. Num. 14, 28. 24, 3. 1 Sam. 2, 30. 2 Sam. 23, 1. 2 Kön. 9, 26. Jes. 1, 24. Jer. 1, 8. Ezech. 13, 6. Ps. 36, 2. Spr. 30, 1.

***נָאַף** fut. יִנְאַף *ehebrechen* Ex. 20, 13; *mit Jemand* durch acc. Lev. 20, 10. Spr. 6, 32; part. *Ehebrecher, Ehebrecherin* Lev. 20, 10. Ezech. 16, 38; als Bild der Abgötterei Jer. 3, 9. 5, 7.

Piel pf. 3 pl. ps. נִאֵפוּ; fut. 3 pl. יְנָאֲפוּ, f. תְּנָאַפְנָה *Ehebruch treiben* Jes. 57, 3. Jer. 3, 8. 29, 23. Ezech. 23, 37. Ps. 50, 18.

[**נִאֻף**] m. pl. נִאוּפִים, suff. נִאֻפַיִךְ *Ehebruch* Jer. 13, 27. Ezech. 23, 43.

[**נַאֲפוּף**] m. pl. suff. נַאֲפוּפֶיהָ *Gegenstand des Ehebruchs* (*Götzendienstes*) Hos. 2, 4.

***נָאַץ** fut. יִנְאַץ *verwerfen, verschmähen* Ps. 107, 11. Spr. 1, 30. 5, 12. 15, 5. Klagel. 2, 6; *für verworfen halten* Jer. 33, 24; *zürnen* Deut. 32, 19. Jer. 14, 21.

Piel pf. נִאֵץ, part. מְנַאֲצַי—מְנָאֲצַי *lästern, verhöhnen* (meist mit dem Obj. Gott) Num. 14, 23. 16, 30. Deut. 31, 20. Jes. 60, 14. Jer. 23, 17; *zur Gotteslästerung Anlass geben* 2 Sam. 12, 14 [יִנְאָץ s. נוץ].

Hitp. (— Pual) part. מִנֹּאָץ *gelästert werden* Jes. 52, 5.

נְאָצָה f. *Lästerung* 2 Kön. 19, 3. Jes. 37, 3.

[**נֶאָצָה**] f. pl. נֶאָצוֹת *Lästerung* Neh. 9, 18. 26.

[**נֶאָצָה**] f. pl. suff. נֶאָצוֹתֶיךָ *Lästerung* Ezech. 35, 12.

***נָאַק** fut. 3 pl. ps. יִנְאָקוּ *schreien, ächzen* Ezech. 30, 24. Hiob 24, 12.

נְאָקָה f. cs. נַאֲקַת, suff. נַאֲקָתָם, pl. cs. נַאֲקוֹת *das Aechzen, Klagegeschrei* Ex. 2, 24. 6, 5. Richt. 2, 18. Ezech. 30, 24.

*[**נֵאֵר**] Piel נֵאַר, 2 sg. נֵאַרְתָּה *niederwerfen* Klagel. 2, 7; *verwerfen* Ps. 89, 40.

נֹב—נֹבֶה n. pr. Priesterstadt in Benjamin 1 Sam. 21, 2. 22, 9. 11. 19. Neh. 11, 32 (vgl. יִשְׁבּוֹ בְנֹב).

*[**נָבָא—נָבָה**] Nifal pf. נִבָּא, 2 sg. נִבֵּאתָ—נִבֵּיתָ (Jer. 26, 9); part. נִבָּא, pl. נִבְּאִים—נִבָּאִים; fut. יִנָּבֵא; inf. suff. הִנָּבְאֲךָ (Zach. 13, 4) *begeisterte* (*prophetische*) *Reden führen* 1 Sam. 10, 11. 19, 20. Ezech. 37, 4; *dergl. Gesänge vortragen* 1 Chr. 25, 2. 3, da hiermit gewöhnl. der Hinweis auf die Zukunft verbunden war, so ergiebt sich die Bedeutung: *weissagen, prophezeien* Jer. 20, 1. 32, 3. Ezech. 4, 7. Amos 7, 13. Zach. 13, 3.

Hitp. pf. 2 sg. הִתְנַבֵּיתָ, הִנַּבֵּאתִי, 3 pl. הִנַּבְּאוּ; fut. יִתְנַבֵּא; inf. הִתְנַבּוֹת 1) *prophetische Reden halten* Num. 11, 25. 1 Sam. 10, 5. 6. 13. 19, 20. Ezech. 37, 10; *weissagen, prophezeien* 1 Kön. 22, 10. Jer. 23, 13. Ezech. 13, 17. 2) *sich wie ein Verzückter, wie ein Wahnsinniger geberden* 1 Kön. 18, 29. Jer. 29, 26.

[**נְבָא**] aram. Itp. pf. הִתְנַבִּי *prophezeien* Esra 5, 1.

***נָבַב** part. pass. נָבוּב, cs. נְבוּב *hohl* Ex. 27, 8. 38, 7; bildl.: *hohlköpfig, geistesleer* Hiob 11, 12.

[**נָבָה**] Nebenform v. נָבָא s. d. — וַיִּבּוּ (der Form nach fut. Hif. eines Verbi נָבָה) Ktib 2 Kön. 3, 24 für וַיַּכּוּ v. נָכָה].

נֹבֶה s. נֹב.

נְבוֹ n. pr. eines Berges im Gebiete Moab, auf dem Moses starb Deut. 32, 49. 34, 1. 2) einer Stadt, welche der Stamm Ruben (mit Veränderung des Namens) in Besitz nahm Num. 32, 38. 33, 47. 1 Chr. 5, 8 u. die später wieder zu Moab gerechnet wurde Jes. 15, 2. Jer. 48, 1. 22. 3) einer (anderen) Stadt Esra 2, 29. 10, 43, daher נְבוֹ אַחֵר Neh. 7, 33. 4) einer babylonischen Gottheit, die in mehreren (bald folgenden) babylon. n. pr. erscheint Jes. 46, 1.

נְבוּאָה f. cs. נְבוּאַת *Weissagung* Neh. 6, 12. 2 Chr. 9, 29. 15, 8.

נְבוּאָה aram. cs. נְבוּאַת *Weissagung* Esra 6, 14.

נְבוּזַרְאֲדָן n. pr. Feldherr und Oberster der Leibwache des Nebukadnezar 2 Kön. 25, 8. Jer. 39, 9. 40, 1. 41, 10. 43, 6. 52, 12.

נְבוּכַדְנֶאצַּר (נְבֻ־), **נְבוּכַדְנֶצַּר (נְבֻ־)**, **נְבוּכַדְרֶאצַּר**, **נְבוּכַדְרֶצּוֹר** n. pr. *Nebukadnezar (Nebuchodonosor)*, König v. Babylon, welcher Jerusalem u. den Tempel zerstörte 2 Kön. 24, 1. 25, 1. Jer. 21, 2. 49, 28. Ezech. 26, 7. 29, 18. 30, 10. Est. 2, 6. Dan. 1, 1 ff. Esra 2 Chr. 36, 6.

נְבוּשַׁזְבָּן, **נְבוֹ שַׂרְסְכִים** n. pr. oberster Kämmerer des Nebukadnezar Jer. 39, 3. 13.

נָבוֹת n. pr. m. 1 Kön. 21, 2. 2 Kön. 9, 21.

נְבִזְבָּה aram. f. pl. suff. נְבִזְבְּיָתָךְ *Geschenk* Dan. 2, 6. 5, 17.

***נָבַח** inf. לִנְבֹּחַ *bellen* Jes. 56, 10.

נֹבַח n. pr. eines Mannes aus Manasse und der von ihm eroberten Stadt קְנָת Num. 32, 42. Richt. 8, 11; vielleicht = נֹפַח Num. 21, 30.

נִבְחַז n. pr. einer Gottheit der Avvim 2 Kön. 17, 31.

***[נָבַט]** Piel נִבַּט *blicken*, mit לְ Jes. 5, 30.
Hifil הִבִּיט, fut. וַיַּבֵּט—יַבִּיט, imp. הַבֵּט—הַבִּיטָה—הַבֶּט־—הַבִּיט *den Blick auf etwas richten, hinblicken* Jes. 42, 18. Hiob 6, 19. Klagel. 1, 11; *auf* etwas, gewöhnl. mit אֶל Num. 21, 9. Jes. 8, 22; mit עַל Hab. 2, 15; mit לְ Ps. 74, 20. 104, 32; mit אַחֲרֵי *sich umsehen* Gen. 19, 17. 1 Sam. 24, 9 (aber מֵאַחֲרָיו Gen. 19, 26 *während sie ihm folgte*); sonst *Jemand. nachsehen* Ex. 33, 8; mit acc. (mit der Nebenbedeutung: *auf etwas achten*) Jes. 5, 12. 38, 11. Amos 5, 22. Ps. 84, 10. Klagel. 3, 63. 4, 16 oder um die Richtung anzudeuten Gen. 15, 5. Ps. 142, 5. Hiob 35, 5; *mit Wohlgefallen auf etwas sehen* mit בְּ Ps. 22, 18. 92, 12; überhpt. *erblicken, sehen* Num. 23, 21. 1 Sam. 2, 32.

נְבָט n. pr. m. 1 Kön. 11, 26.

נָבִיא m. suff. נְבִיאֲךָ, נְבִיאֲכֶם, pl. נְבִיאִים—נְבִאִים, cs. נְבִיאֵי, suff. נְבִיאַי, נְבִיאֵיכֶם *Verkünder* des göttlichen Wortes, *Prophet* Num. 11, 29. Deut. 18, 15. 1 Sam. 3, 20. Jer. 1, 5. אִם יִהְיֶה נְבִיאֲכֶם יְהוָה *wenn wer von euch ein Prophet Gottes ist* Num. 12, 6; *Wahrsager* Deut. 13, 2. 1 Kön. 18, 25; *Sprecher, Dolmetscher* Ex. 7, 1; überhaupt *Gottesmann, Frommer* Gen. 20, 7. Ps. 105, 15. — בְּנֵי נְבִיאִים *Prophetenschüler* 1 Kön. 20, 35. 2 Kön. 2, 3. 3) *Prophezeiung* Dan. 9, 24 [נָבִיא z. B. 1 Sam. 9, 7 u. s. w. ist fut. Hif. v. בּוֹא].

נְבִיא aram. m. emph. נְבִיָּא (Kri, Ktib נְבִיאָה), pl. emph. נְבִיַּיָּא *Prophet* Esra 5, 1. 2. 6, 14.

נְבִיאָה f. 1) *Frau eines Propheten* Jes. 8, 3. 2) *Prophetin* Ex. 15, 20. Richt. 4, 4. 2 Kön. 22, 14. Neh. 6, 14.

נְבָיוֹת n. pr. Sohn des Ismael Gen. 25, 13. 28, 9. 36, 3. 1 Chr. 1, 29 und der von ihm hergeleitete arabische Stamm der Nabatäer Jes. 60, 7.

[נֶבֶךְ] m. pl. cs. נִבְכֵי *Quell, Tiefe* Hiob 38, 16.

***נָבֵל—נָבַל** part. נֹבֵל, f. נֹבֶלֶת; fut. יִבּוֹל, יִבֹּל, pl. ps. יִבֹּלוּ, 1 pl. נַּבֶל (Jes. 64, 5) *verwelken*, meist von Pflanzen, z. B. כְּאֵלָה נֹבֶלֶת עָלֶהָ *wie eine Terebinthe, welkend an ihrem Laube* (d. h. mit welkem Laube) Jes. 1, 30. 40, 7. 8. Jer. 8, 13. Ezech. 47, 12. Ps. 37, 2; daher נֹבֶלֶת *welkes Laub* Jes. 34, 4; übertragen auf ein *verwüstetes* Land Jes. 24, 4; auf einen *verwitternden* Berg Hiob 14, 18; auf sich *erschöpfende, sich abmattende* Menschen Ex. 18, 18. 2 Sam. 22, 46 u. dergl.; *thöricht handeln* Spr. 30, 32.
Piel pf. suff. נִבַּלְתִּיךְ *verunehren, entweihen* Deut. 32, 15. Jer. 14, 21. Micha 7, 6; *zum Abscheu machen* Nah. 3, 6.

נָבָל m. pl. נְבָלִים, fem. נְבָלוֹת 1) adj. u. subst. *verächtlich* Deut. 32, 21. 2 Sam. 3, 33; *schändlich* Ps. 14, 1. 39, 9; *thöricht* Deut. 32, 6. Spr. 17, 21. Hiob 2, 10. 2) n. pr. m. 1 Sam. 25, 3.

נֵבֶל—נֶבֶל m. ps. נָבֶל, pl. נְבָלִים, cs. נִבְלֵי, suff. נִבְלֵיהֶם, נְבָלֶיךָ 1) *Krug* Jes. 30, 14. Jer. 48, 12. Klagel. 4, 2; *Schlauch* 1 Sam. 1, 24. 25, 18. נִבְלֵי שָׁמַיִם *Schläuche des Himmels*, d. h. *Wolken* Hiob 38, 37. 2) Name eines (*bauchigen*) musikalischen Instruments 2 Sam. 6, 5. Amos 5, 23. 6, 5. Ps. 71, 22. 92, 4.

נְבָלָה f. *Schändlichkeit, Niederträchtigkeit* Gen. 34, 7. Deut. 22, 21. Richt. 20, 6. 2 Sam. 13, 12.

נְבֵלָה f. cs. נִבְלַת, suff. נִבְלָתִי, נִבְלָתְךָ *todter Körper*, sowohl von Menschen Deut. 28, 26. Jes. 26, 19 als von Thieren Lev. 7, 24. Deut. 14, 21.

נְבַלָּט n. pr. Stadt in Benjamin Neh. 11, 34.

נַבְלוּת f. suff. נַבְלֻתָהּ *Scham* Hos. 2, 12.

***נָבַע** *hervorquellen, hervorsprudeln* Spr. 18, 4.

Hifil fut. יַבִּיעַ, 3 pl. f. תַּבַּעְנָה 1) *hervorquellen lassen*, meist bildlich für *reden* Ps. 19, 3. 94, 4. 119, 171. Spr. 1, 23. 2) *in Fluss bringen, gähren (faulen) machen* Koh. 10, 1.

[נָבָךְ] wovon נִבְכֵי Jes. 19, 3 s. בָּקַק Nifal].

[נֶבְרְשָׁא] aram. f. emph. נֶבְרַשְׁתָּא *Leuchter* Dan. 5, 5.

נִבְשָׁן n. pr. (mit Artikel) Stadt in Juda Jos. 15, 62.

נֶגֶב m. mit He loc. נֶגְבָּה 1) *Trockenheit, Dürre* Jos. 15, 19. Richt. 1, 15. Ps. 126, 4. 2) *Süden, Mittagseite* Gen. 13, 14. 28, 14. Num. 34, 3; verstärkt נֶגֶב תֵּימָנָה Ex. 27, 9. בַּנֶּגְבָּה Jos. 15, 21 u. לַנֶּגְבָּה 1 Chr. 26, 17 *in der Gegend nach Süden*; als topogr. Bezeichnung versteht man darunter a) *den Süden Palästinas* Num. 13, 17. 21, 1. Deut. 34, 3; vollständig אֶרֶץ הַנֶּגֶב Gen. 24, 62; also das Land des Stammes *Juda*, oft auch durch spezielle Zusätze näher bestimmt 1 Sam. 27, 10. 30, 14. b) *die arabische Wüste* Jes. 30, 6. c) *Aegypten* Dan. 8, 9. 11, 5.

*[נָגַד] Hifil הִגִּיד, הִגַּדְתִּי; fut. יַגִּיד—יַגֵּד—יַגֶּד, suff. יַגִּידֶהָ—יַגִּדֶהָ, יַגֶּדְךָ; inf. abs. הַגֵּד—הַגִּיד, cs. לְהַגִּיד—לַגִּיד (2 Kön. 9, 15 Ktib) *verkünden, mittheilen, anzeigen, erzählen* Ps. 19, 2. Hiob 38, 4. Est. 2, 10; die Sache steht im acc. Jes. 44, 7. Jer. 9, 11. Ps. 30, 10; die Person, der man erzählt, meist im dat., selten im acc. Deut. 32, 7. Ezech. 43, 10. Hiob 31, 37. Je nach dem Zusammenh. kann es ferner übersetzt werden: (ein Geheimniss) *verrathen* Jos. 2, 20; (ein Räthsel) *lösen* Richt. 14, 12. 1 Kön. 10, 3; (einen Traum) *deuten* Gen. 41, 24 u. s. w.

Hofal הֻגַּד; fut. יֻגַּד; inf. abs. הֻגֵּד *berichtet, erzählt werden* Gen. 22, 20. Jos. 9, 24.

נֶגֶד mit He נֶגְדָּה, suff. נֶגְדִּי eigentl. *das Vordere*, aber nur als praep. a) *vor, in Gegenwart* Gen. 31, 32. Ps. 116, 14. נֶגֶד הַשָּׁמֶשׁ *angesichts der Sonne*, d. h. *öffentlich* Num. 25, 4. חַטָּאתִי נֶגְדִּי תָמִיד *meine Sünde ist mir stets gegenwärtig* Ps. 51, 5. b) *gegenüber* Ex. 19, 2. נֶגְדּוֹ *ihm gegenüber* 1 Kön. 21, 10; *gradeaus* Jos. 6, 5. Amos 4, 3. c) כְּנֶגְדּוֹ *wie das Gegenüber, ein Gegenstück, ein Gleiches* Gen. 2, 18. 20. d) לְנֶגֶד=נֶגֶד *vor, in Gegenwart* 2 Sam. 22, 25. 2 Kön. 1, 13. Jes. 1, 7; *gegenüber* Neh. 3, 28; *gegen* (im feindl. Sinne) Neh. 3, 37. e) מִנֶּגֶד *von dem Angesicht hinweg, entfernt* Gen. 21, 16. Deut. 28, 66. Jes. 1, 16. Jona 2, 5. Spr. 14, 7. מִנֶּגֶד לַגִּבְעָה *von grade vor Gibea her* Richt. 20, 34; *gegenüber* 2 Kön. 2, 7.

נְגַד aram. part. נָגֵד *sich hinziehen* Dan. 7, 10.

נֶגֶד aram. *nach der Richtung hin* Dan. 6, 11.

***נָגַהּ** fut. יִגַּהּ *glänzen, strahlen* Jes. 9, 1. Hiob 18, 5. 22, 28.

Hifil fut. יַגִּיהַּ *leuchten lassen* Jes. 13, 10; *erleuchten* 2 Sam. 22, 29. Ps. 18, 29.

נֹגַהּ m. suff. נָגְהָם *Glanz, Strahl* 2 Sam. 22, 13. Jes. 4, 5. 62, 1. Joel 2, 10. Hab. 3, 11.

נְגַהּ aram. m. emph. נָגְהָא *Licht, Morgenlicht* Dan. 6, 20.

[נְגֹהָה] f. pl. נְגֹהוֹת *Lichtglanz* Jes. 59, 9.

נְגוֹ s. עֲבֵד נְגוֹ.

***נָגַח** fut. יִגַּח *stossen* (mit dem Horn) Ex. 21, 28. 31. 32.

Piel fut. יְנַגַּח *stossen* Ezech. 34, 21; *um sich stossen* Dan. 8, 4; *niederstossen* Deut. 33, 17. 1 Kön. 22, 11. Ps. 44, 6.

Hitp. fut. יִתְנַגַּח *sich einander stossen, kämpfen* mit עִם Dan. 11, 40.

נַגָּח adj. *stössig* Ex. 21, 29. 36.

נָגִיד m. cs. נְגִיד, pl. נְגִידִים, cs. נְגִידֵי *Fürst* 2 Sam. 6, 21. 2 Kön. 20, 5. Dan. 11, 22; *Vorsteher* 1 Chr. 26, 24. 2 Chr. 35, 8; pl. נְגִידִים adj. *Fürstliches, Erhabenes* Spr. 8, 6.

נְגִינָה f. suff. נְגִינָתָם, pl. נְגִינוֹת *Saitenspiel* Jes. 38, 20. Ps. 77, 7. Klagel. 5, 14; *Gegenstand des Spottliedes* Ps. 69, 13. Hiob 30, 9. Klagel. 3, 14. — נְגִינַת Ps. 61, 1 und נְגִינוֹת (in den Ueberschriften der Ps. 4. 6. 54. 55. 67. 76) so wie נְגִינוֹתַי Hab. 3, 19 Name eines musikalischen Instruments.

***נָגַן** part. pl. נֹגְנִים *Saitenspieler* Ps. 68, 26.

Piel pf. נִגֵּן *saitenspielen* 1 Sam. 16, 16. Jes. 23, 16. Ps. 33, 3; part. מְנַגֵּן *Saitenspieler* 2 Kön. 3, 15.

***נָגַע** pf. 1 pl. suff. נְגַעֲנוּךָ; fut. יִגַּע; inf. נְגֹעַ—גַּעַת, suff. נָגְעוֹ; imp. גַּע 1) *nahe an etwas herankommen*, mit עַל Jes. 6, 7. Dan. 10, 16; (bildlich *bedrohen* Richt. 20, 41); mit אֶל Gen. 20, 6. Dan. 9, 21; *gelangen zu Jemandem* Jona 3, 6; *reichen bis* Jer. 51, 9; *anstreifen an* Hag. 2, 12; *anfassen, schädigen* Hiob 2, 5;

dichterisch mit עַד *bis an etwas reichen* Jes. 16, 8. Micha 1, 9. נָגַע עַד לִבֵּךְ *es dringt dir ans Herz* Jer. 4, 18. תִּגַּע עָדֶיךָ *es langt an dich* Hiob 4, 5. 2) *berühren, anfassen* mit acc. Jes. 52, 11; meist aber mit בּ Gen. 32, 26. Lev. 15, 23. Num. 31, 19. דָּמִים בְּדָמִים נָגָעוּ *eine Blutschuld stösst an die andere* Hos. 4, 2. נָגַע אֱלֹהִים בְּלִבָּם *Gott hat ihnen das Herz gerührt* 1 Sam. 10, 26; häufig mit der Nebenbedeutung: *beschädigen* Jos. 9, 19. 2 Sam. 14, 10. Ps. 144, 5. Hiob 1, 11. 19. 1 Chr. 16, 22; *treffen, strafen* 1 Sam. 6, 9. Hiob 19, 21; mit acc. Gen. 26, 29; daher נָגוּעַ *geschlagen, von Unglück heimgesucht* Jes. 53, 4. Ps. 73, 14. 3) *herankommen* (von einer Zeitfrist) Esra 3, 1. Neh. 7, 73.

Nifal fut. יִנָּגְעוּ (in die Flucht) *geschlagen werden* Jos. 8, 15.

Piel pf. 3 sg. suff. נִגְּעוֹ, fut. וַיְנַגַּע *mit Plage* (z. B. נֶגַע *Aussatz*) *heimsuchen* Gen. 12, 17. 2 Kön. 15, 5. 2 Chr. 26, 20.

Pual fut. 3 pl. ps. יְנֻגָּעוּ *heimgesucht werden* Ps. 73, 5.

Hifil pf. הִגִּיעַ, 2 sg. f. הִגַּעַתְּ; fut. יַגַּע—יַגִּיעַ, suff. יַגִּיעֶנָּה; part. f. מַגַּעַת 1) *gelangen lassen* mit אֶל Ex. 12, 22; mit עַל Jes. 6, 7. Jer. 1, 9; *hinreichen, hinhalten* mit לְ Ex. 4, 25. הִגִּיעַ לָאָרֶץ *niederwerfen* Jes. 25, 12. Klagel. 2, 2; ebenso אֶל־הָאָרֶץ Ezech. 13, 14 und עַד עָפָר Jes. 26, 5. 2) *an etwas reichen* mit acc. Gen. 28, 12; mit לְ Hiob 20, 6. 2 Chr. 3, 11; mit עַד Jes. 8, 8; mit עַד לְ־ 2 Chr. 28, 9; *herankommen* (von einer Zeit) Ezech. 7, 12. Hohel. 2, 12. Koh. 12, 1. Est. 2, 12; *anlangen* 1 Sam. 14, 9. Jes. 30, 4. Est. 4, 14. 6, 14. 9, 1. Dan. 8, 7; *begegnen, treffen* mit אֶל Koh. 8, 14. Est. 9, 26; *nahe kommen* mit לְ Zach. 14, 5. Ps. 88, 4.

נֶגַע m. ps. נָגַע, suff. נִגְעִי, pl. נְגָעִים, cs. נִגְעֵי *Schlag, Plage* Gen. 12, 17. Ex. 11, 1. Deut. 17, 8. 2 Sam. 7, 14. Ps. 38, 12. 39, 11. 2 Chr. 6, 29, speziell vom *Aussatze* Lev. 13, 3 ff.

***נָגַף** fut. יִגֹּף, suff. וַיִּגְּפֵהוּ—יִגָּפֶנּוּ; inf. נְגֹף, suff. נָגְפּוֹ *schlagen, stossen* Ex. 21, 22. 35. Jes. 19, 22; *mit Leiden heimsuchen* Ex. 7, 27. Jos. 24, 5; besonders mit *tödtlichem Leid* Ex. 12, 23. 1 Sam. 25, 38. 26, 10. 2 Sam. 12, 15; *in die Flucht jagen* Richt. 20, 35. 1 Sam. 4, 3; *sich an etwas stossen* Ps. 91, 12. Spr. 3, 23.

Nifal pf. 2 pl. נִגַּפְתֶּם; fut. יִנָּגֵף; inf. abs. נִגּוֹף, cs. הִנָּגֵף (*in die Flucht*) *geschlagen werden* Lev. 26, 17. Num. 14, 42. Deut. 28, 7 Richt. 20, 39; gewöhnlich folgt לִפְנֵי darauf.

Hitp. fut. יִתְנַגְּפוּ *sich an etwas stossen* Jer. 13, 16.

נֶגֶף m. *Stoss.* אֶבֶן נֶגֶף *ein Stein, an den man sich stösst* Jes. 8, 14; 2) *Sterben, Pest* Ex. 12, 13. 30, 12. Num. 8, 19. 17, 11. 12. Jos. 22, 17.

*[**נָגַר**] Nifal pf. 3 sg. f. נִגְּרָה, part. נִגָּרִים, f. נִגָּרוֹת *rinnen, fliessen* 2 Sam. 14, 14. Klagel. 3, 49; *vergehen* Hiob 20, 28; *ausgestreckt sein* Ps. 77, 3.

Hifil pf. הִגַּרְתִּי; fut. יַגֵּר, 3 pl. suff. יַגִּירֻהוּ; imp. 4 suff. הַגִּרֵם *überfliessen lassen* Ps. 75, 9; *einwerfen* Micha 1, 6; *preisgeben* Jer. 18, 21. Ezech. 35, 5. Ps. 63, 11.

Hofal part. pl. מֻגָּרִים *hingegossen* Micha 1, 4.

***נָגַשׂ** fut. יִגֹּשׂ, 2 pl. תִּנְגֹּשׂוּ *antreiben, drängen* mit acc. Jes. 58, 3; mit בּ Jes. 9, 3; gewöhnl. part. נֹגֵשׂ *Antreiber, Aufseher* Ex. 5, 10. 13; *Oberster, Herrscher* Jes. 3, 12. 60, 17; *streng zur Zahlung einer Schuld antreiben* Deut. 15, 2. 3; mit dopp. acc. 2 Kön. 23, 25.

Nifal נִגַּשׂ *sich aneinander drängen* Jes. 3, 5; *bedrängt sein* Jes. 53, 7; *angestrengt, erschöpft sein* 1 Sam. 13, 6. 14, 24.

***נָגַשׁ** (pf. kommt nicht vor, dafür Nifal) fut. יִגַּשׁ, תִּגְּשׁוּן; inf. גֶּשֶׁת, suff. גִּשְׁתּוֹ; imp. גַּשׁ—גֶּשׁ—גְּשָׁה, f. גְּשִׁי, pl. גְּשׁוּ, ps. גֹּשׁוּ *sich nahen, herantreten* Gen. 27, 21. Jos. 3, 9. 2 Sam. 1, 15; meist mit אֶל Gen. 44, 18. 45, 4. Ex. 28, 43. 34, 30; mit עַד Gen. 33, 3. Richt. 9, 52; mit accus. Num. 4, 19. 1 Sam. 30, 21; *hintreten zu einer Frau* (vom ehelichen Umgang) Ex. 19, 15; *anfassen* mit בּ Jes. 65, 5. גֶּשׁ־הָלְאָה *tritt weiter hin, tritt zurück* Gen. 19, 9. גְּשָׁה־לִּי *rücke hin um meinetwillen* d. h. *mache mir Platz* Jes. 49, 20.

Nifal (nur pf. נִגַּשׁ u. part. pl. נִגָּשִׁים) *sich nahen, herantreten* Ex. 24, 2. 1 Sam. 7, 10; meist mit אֶל Ex. 19, 22. 20, 18. Deut. 25, 1; *unmittelbar folgen auf...* mit בּ Amos 9, 13.

Hifil pf. 3 sg. suff. הִגִּישׁוֹ; fut. יַגִּישׁ—יַגֵּשׁ; imp. הַגִּישָׁה—הַגֶּשָׁה 1) *hintreten lassen, hinbringen* Ex. 21, 6. Lev. 2, 8; *herbeibringen* 1 Sam. 23, 9. Amos 6, 3. Hiob 40, 19; *hinstellen* Gen. 27, 25. 1 Sam. 28, 25. 2 Kön. 4, 5; (Opfer, Geschenke) *darbringen* Ex. 32, 6. 1 Kön. 5, 1. Amos 5, 25. Mal. 1, 7. 8. 3, 3. 2) *herantreten* Jes. 41, 22. 45, 21; *sich nähern* Amos 9, 10.

Hofal pf. 3 pl. ps. הֻגְּשׁוּ, part. מֻגָּשׁ *hingebracht werden* 2 Sam. 3, 34; *geopfert werden* Mal. 1, 11.

Hitp. pf. pl. הִתְנַגְּשׁוּ *sich einander nähern* Jes. 45, 20.

נֵד m. 1) *Damm, Mauer* Ex. 15, 8. Jos. 3, 13. 16. Ps. 78, 13. 2) = נאד *Schlauch* Ps. 33, 7 [נֵד Jes. 17, 11 s. נוּד].

נֹד m. *das Umherirren* Ps. 56, 9.

[נָדָא] Hifil fut. וַיַּדַּא *entfernen* 2 Kön. 17, 21 Ktib].

***נָדַב** fut. 3 sg. suff. יִדְּבֶנּוּ *antreiben, bewegen* Ex. 25, 2. 35, 29.

Hitp. הִתְנַדֵּב *sich willig zeigen* Richt. 5, 2. 9; *sich freiwillig erbieten* Neh. 11, 2; *freiwillig geben*, besonders von Tempelgaben Esra 2, 68. 1 Chr. 29, 5. 9. 17.

[נְדַב] aram. Itp. הִתְנַדַּבוּ, inf. הִתְנַדָּבוּת *freiwillig geben* Esra 7, 13. 15. 16.

נָדָב n. pr. 1) Sohn Ahron's Ex. 6, 23. Lev. 10, 1. 2) König von Israel 1 Kön. 15, 25. 3) 1 Chr. 2, 28. — 8, 30. 9, 36.

נְדָבָה f. cs. נִדְבַת, pl. נְדָבוֹת, cs. נִדְבוֹת, suff. נִדְבוֹתָם, נִדְבֹתֵיכֶם *Willigkeit, Bereitwilligkeit*, meist für *freiwillig gebrachte* (nicht gesetzlich vorgeschriebene) *Tempelgaben* Ex. 35, 29. Lev. 22, 18. Num. 15, 3. Deut. 12, 6. Amos 4, 5. Ps. 54, 8. גֶּשֶׁם נְדָבוֹת *reichlicher Regen* Ps. 68, 10. נִדְבוֹת פִּי *die Gaben meines Mundes* d. h. *mein Gebet* Ps. 119, 108.

נְדִבָה s. נָדִיב.

נְדַבְיָה (*Gott hat geschenkt*) n. pr. m. 1 Chr. 3, 18.

נִדְבָּךְ aram. m. *Schicht* von Mauersteinen Esra 6, 4.

***נָדַד** pf. 3 sg. f. נָדְדָה; fut. יִדּוֹד, 3 f. תִּדַּד, 3 pl. יִדּוּדוּן; inf. נְדֹד *sich in Bewegung setzen, sich entfernen, entfliehen* Gen. 31, 40. Jes. 10, 31. 22, 3. Nah. 3, 7. Ps. 31, 12. 55, 8. 68, 13; *umherirren* Jes. 21, 14. Hiob 15, 23.

Poal נוֹדַד *verschwinden* Nah. 3, 17.

Hifil fut. 3 pl. suff. יְנִדֻהוּ *verjagen* Hiob 18, 18.

Hof. fut. יֻדַּד; part. מֻנָד *verschwinden* Hiob 20, 8; *verworfen werden* 2 Sam. 23, 6.

[Hitp. vgl. נוּד].

נְדַד aram. pf. 3 sg. f. נַדַּת *entfliehen* Dan. 6, 19.

[נֶדֶד] m. pl. נְדֻדִים *das Umherwälzen* (des Schlaflosen) Hiob 7, 4.

***[נָדָה]** Piel part. מְנַדִּים, suff. מְנַדֵּיכֶם 1) *beschimpfen* Jes. 66, 5. 2) *hinausschieben* mit לְ des Obj. Amos 6, 3.

נֵדֶה m. *Lohn* Ezech. 16, 33.

נִדָּה f. cs. נִדַּת, suff. נִדָּתָהּ *Verwerfung, Abscheu, Greuel* Lev. 20, 21. Ezech. 7, 19. 20. Zach. 13, 1. Klagel. 1, 17. 2 Chr. 29, 5. אֶרֶץ נִדָּה *ein unreines Land* Esra 9, 11. מֵי נִדָּה *Wasser der* (Entsündigung von der) *Unreinheit* Num. 19, 13. 20. 31, 23. 2) speziell die *Menstruation* Lev. 12, 5. 15, 25. Ezech. 22, 10. אִשָּׁה נִדָּה *eine menstruirende Frau* Ezech. 18, 6.

***נָדַח** fut. יִדַּח, inf. נְדֹחַ *hineinstossen, hineinschlagen* Deut. 20, 19; *verstossen* 2 Sam. 14, 14.

Nifal pf. 3 sg. f. נִדְּחָה; part. נִדָּח, suff. נִדָּחֶךָ, f. נִדַּחַת—נִדָּחָה, pl. נִדָּחִים, cs. נִדְּחֵי *verstossen werden* 2 Sam. 14, 14. Jer. 40, 12. 49, 5; *entfernt werden* Hiob 6, 13; *sich verführen lassen* Deut. 4, 19. 30, 17; part. *verirrt, herumirrend, verbannt* Deut. 22, 1. 30, 4. Jes. 16, 4. Jer. 30, 17. Ezech. 34, 4. Micha 4, 6. וְנִדְּחָה יָדוֹ בַגַּרְזֶן *seine Hand holt aus mit der Axt* Deut. 19, 5 [vgl. נָדַח].

Pual part. מֻנָּדָח *verstossen werden* Jes. 8, 22.

Hifil pf. הִדִּיחַ; fut. וַיַּדַּח, 3 sg. f. suff. הִדִּיחַתְנוּ, 3 pl. יַדִּיחוּ *herabstossen* Ps. 62, 5; *verstossen* Ps. 5, 11. 2 Chr. 13, 9; *verbannen* Deut. 30, 1. Jer. 16, 15; *verjagen* Jer. 50, 17; *abwendig machen* Deut. 13, 6. 11. 14; *verführen* 2 Kön. 17, 21 (Kri). Spr. 7, 21. 2 Chr. 21, 11; *veranlassen* 2 Sam. 15, 14.

Hofal part. מֻדָּח *gejagt* Jes. 13, 14.

נָדִיב adj. u. subst. cs. נְדִיב, f. נְדִיבָה, suff. נְדִבָתִי, pl. נְדִיבִים, f. נְדִיבוֹת, cs. נְדִיבֵי, suff. נְדִיבֵמוֹ (= נְדִיבֵיהֶם) *willig* Ex. 35, 5. 22. Ps. 51, 14. 1 Chr. 28, 21. 2 Chr. 29, 31; subst. *Freigebiger* Spr. 19, 6; *Edler, Vornehmer, Fürst* Num. 21, 18. 1 Sam. 2, 8. Jes. 32, 8. Ps. 83, 12. Spr. 8, 16. Hiob 12, 21. נְדִבָתִי *mein fürstliches Ansehen* Hiob 30, 15. נְדִיבוֹת *edle Gesinnung* Jes. 32, 8.

נָדָן m. 1) suff. נְדָנָהּ *Scheide* 1 Chr. 21, 27. 2) pl. suff. נְדָנַיִךְ *Geschenk, Lohn* Ezech. 16, 33.

נִדְנֶה aram. m. *Scheide* bildlich für *Leib* Dan. 7, 15.

נָדַף* fut. 3 sg. suff. יִדְּפֶנּוּ, תִּדְּפֶנּוּ, 2 sg. תִּנְדֹּף *hinwegwehen, verwehen* Ps. 1, 4. 68, 3; *überwältigen* Hiob 32, 13.

Nifal pf. נִדַּף; part. נִדָּף; inf. abs. הִנָּדֵף *verweht werden* Lev. 26, 36. Jes. 19, 7. 41, 2. Ps. 68, 3. Spr. 21, 6. Hiob 13, 25.

נָדַר* fut. יִדֹּר—יִדַּר, 3 pl. יִדְּרוּ, 2 pl. תִּדְּרוּ; inf. נְדֹר; imp. pl. נִדְרוּ *geloben* Gen. 28, 20. Num. 6, 2. 21. Deut. 12, 11. Jona 1, 16.

נֶדֶר—נֵדֶר m. suff. נִדְרִי, pl. נְדָרִים, suff. נְדָרַי, נִדְרֵיהֶם *Gelübde* Gen. 28, 20. Lev. 22, 18. Num. 30, 14. 2 Sam. 15, 7. Ps. 22, 26. Spr. 20, 25.

נֹהַּ m. *Klage* Ezech. 7, 11.

נָהַג* fut. יִנְהַג, 1 sg. suff. אֶנְהָגְךָ, 3 pl. יִנְהֲגוּ; imp. נְהַג *leiten, führen* meist mit acc. Ex. 3, 1. 1 Sam. 30, 20. Ps. 80, 2. Jes. 11, 6 (mit ב); *lenken* (einen Wagen, ein Reitthier) 2 Sam. 6, 3. 2 Kön. 4, 24. 9, 20. 1 Chr. 13, 7 (mit ב); *hinwegführen* Gen. 31, 18. Klagel. 3, 3; mit der Nebenbedeutung *rauben, gefangen nehmen* Jes. 20, 4. 60, 11. Hiob 24, 3; *sich beschäftigen mit* ... durch ב Koh. 2, 3.

Piel נִהַג; fut. יְנַהֵג, suff. יְנַהֶגְךָ *führen, leiten* Jes. 49, 10. 63, 14. Ps. 48, 15; *hinwegführen* Gen. 31, 26. Deut. 4, 27. 28, 37; *lenken lassen* Ex. 14, 25; *eine Richtung* (dem Winde) *geben* Ex. 10, 14. Ps. 78, 26.

נָהָה* imp. נְהֵה *jammern, klagen* Ezech. 32, 18. Micha 2, 4.

Nifal fut. יִנָּהוּ *sich sehnen nach* ... mit אַחֲרֵי 1 Sam. 7, 2.

נְהוֹר aram. m. emph. נְהוֹרָא *Licht* Dan. 2, 22 Kri (wo Ktib נְהִירָא).

נְהִי m. ps. נֶהִי *Jammer, Klage* Jer. 9, 9. 17. 31, 15. Amos 5, 16. Micha 2, 4.

נִהְיָה f. *Klage* Micha 2, 4.

נְהִיר aram. s. נְהוֹר.

נַהִירוּ f. *Erleuchtung, Einsicht* Dan. 5, 11. 14.

[נָהַל]* Piel נִהַלְתָּ; fut. יְנַהֵל *geleiten, führen* Ex. 15, 13. Jes. 40, 11. 49, 10. 51, 18. Ps. 31, 4; *unterstützen* Gen. 47. 17. 2 Chr. 28, 15.

Hitp. *sich fortbewegen* Gen. 33, 14.

נַהֲלָל n. pr. Levitenstadt in Sebulon Jos. 19, 15. 21, 35 (vgl. נַהֲלֹל).

נַהֲלֹל 1) m. pl. נַהֲלֹלִים *Höhle* (n. A. *Strauch*) Jes. 7, 19. 2) n. pr. = נַהֲלָל Richt. 1, 30.

נָהַם* fut. יִנְהֹם *brüllen* (v. Löwen) Jes. 5, 29. 30. Spr. 28, 15; *stöhnen* Ezech. 24, 23; *klagen* Spr. 5, 11.

נַהַם m. *das Brüllen* Spr. 19, 12. 20, 2.

נְהָמָה f. cs. נַהֲמַת *das Toben* iJes. 5, 30. Ps. 38, 9.

נָהַק* fut. יִנְהַק, pl. יִנְהֲקוּ *schreien* Hiob 6, 5. 30, 7.

נָהַר* fut. pl. יִנְהֲרוּ 1) *leuchten, strahlen* (vor Freude) Jes. 60, 5. Ps. 34, 6. 2) *strömen* Jes. 2, 2. Jer. 31, 12. 51, 44. Micha 4, 1.

נָהָר m. cs. נְהַר, pl. נְהָרוֹת—נְהָרִים, cs. נַהֲרֵי—נַהֲרוֹת, suff. נַהֲרוֹתָם, נַהֲרוֹתֶיךָ 1) *Strom* Gen. 2, 10. Hab. 3, 8. Ps. 93, 3. Hiob 20, 17. הַנָּהָר gewöhnlich *der Eufrat* Gen. 31, 21. Ex. 23, 31; auch bloss נָהָר Jes. 7, 20. Jer. 2, 18. Micha 7, 12: auch für den *Nil* Jes. 19, 5. 2) *Kanal, Flussarm* Ex. 7, 19. Ezech. 32, 14; dual. נַהֲרַיִם mit אֲרַם Bezeichnung *Mesopotamiens* Gen. 24, 10. Deut. 23, 5. Richt. 3, 8. Ps. 60, 2, wofür auch פַּדַּן אֲרָם Gen. 25, 20. 28, 2; dichterisch שְׂדֵה אֲרָם Hos. 12, 13.

נְהַר aram. m. emph. נַהֲרָה—נַהֲרָא *Strom* Dan. 7, 10. עֲבַר נַהֲרָה *die Landschaft jenseit* (diesseit) *des Eufrat* Esra 4, 16. 5, 3. 7, 21.

נְהָרָה f. *Strahl* Hiob 3, 4.

[נוא]* Kal nur תְּנוּאוּן Num. 32, 7 Ktib = תְּנִיאוּן Hifil].

Hifil הֵנִיא; fut. יָנִיא—יָנִי, 3 pl. יְנִיאוּ *wehren, hindern* Num. 30, 6; *abwendig machen* Num. 32, 7. 9; *zurückweisen* Ps. 141, 5; *zu nichte machen* Ps. 33, 10.

נוּב* fut. יָנוּב, pl. יְנוּבוּן *sprossen, grünen* Ps. 62, 11. 92, 15; *hervorbringen* Spr. 10, 31.

Polel fut. יְנוֹבֵב *beredt machen* Zach. 9, 17.

נוֹב s. נִיב.

[נוּגֵי, נוּגוֹת s. יָגָה].

נוּד* pf. נָד, pl. נָדוּ; part. נָד; fut. יָנוּד, תָּנוּד—תָּנֹד, pl. תְּנֻדוּ; imp. f. נוּדִי, pl. נֻדוּ 1) *umherschweifen, umherirren* Jer. 4, 1. Spr. 26, 2; part. *unstät. irrend* Gen. 4, 12. 14; *fliehen* Jer. 49, 30. 50, 3. 8. Ps. 11, 1; *ausbleiben* Jes. 17, 11. 2) *schwanken, sich hin- und herbewegen* 1 Kön. 14, 15; besonders mit Ergänzung von ראשׁ *den Kopf schütteln*, als Zeichen der Theilnahme und des Beileids, daher überhaupt:

Theilnahme bezeugen, bemitleiden, trösten Ps. 69, 21; mit ל der Person Jes. 51, 19. Jer. 15, 5. 22, 10. Nah. 3, 7. Hiob 2, 11. 42, 11.

Hifil fut. יָנִיד, 3 sg. f. suff. תְּנִדֵנִי; inf. לְהָנִיד ***ins Wanken bringen*** 2 Kön. 21, 8. Ps. 36, 12; ***den Kopf schütteln***, als Zeichen des Mitleids Jer. 18, 16 (vgl. נוּעַ Hifil).

[Hofal s. נָדַד].

Hitpolel pf. 3 sg. f. הִתְנוֹדְדָה ***hin- und herschwanken*** Jes. 24, 20; ***verspotten*** Jer. 48, 27. Ps. 64, 9; ***Reue empfinden*** Jer. 31, 18.

נוּד aram. fut. 3 sg. f. תְּנֻד ***umherirren, sich verlaufen*** Dan. 4, 11.

נוֹד n. pr. eines Landes Gen. 4, 16.

נוֹדָב (***Edler***) n. pr. m. 1 Chr. 5, 19.

נָוָה** fut. יִנְוֶה ***weilen, Ruhe finden Hab. 2, 5.

Hifil (von נָוָה = נָאָה) fut. 1 sg. suff. אַנְוֵהוּ ***rühmen, preisen*** Ex. 15, 2.

נָוָה f. cs. נְוַת, pl. נְוֹת 1) ***Wohnstätte*** Zef. 2, 6. Hiob 8, 6. 2) ***Bewohnerin***. נְוַת בַּיִת ***Hausfrau*** Ps. 68, 13.

נָוֶה m. cs. נְוֵה, suff. נָוֵהוּ, נָוְךָ, נָוֵהֶם (sing.), pl. suff. נְוֵיהֶן 1) ***Lagerstätte*** (von Thieren) Jes. 34, 13. 35, 7; besonders ***Weideplatz*** für Heerden 2 Sam. 7, 8. Jes. 65, 10. Ezech. 25, 5. 34, 14; ***Trift*** Hos. 9, 13. 2) ***Hütte*** Jer. 33, 12; überhaupt ***Wohnung*** Jes. 27, 10. Jer. 49, 20. Spr. 21, 20. Hiob 5, 3. 24; auch vom ***Heiligthum*** 2 Sam. 15, 25, das auch noch besonders durch נְוֵה קָדְשֶׁךָ Ex. 15, 13 oder נְוֵה צֶדֶק Jer. 31, 23 bezeichnet wird.

נָוָה (= נָאוָה) adj. f. נָוָה ***lieblich*** Jer. 6, 2.

נוּחַ** pf. 3 sg. f. נָחָה, 1 sg. נַחְתִּי, 1 pl. נַחְנוּ, 3 pl. נָחוּ, fut. יָנוּחַ—יָנֻחַ [vgl. Hifil], pl. יָנוּחוּ; inf. נוֹחַ—נוּחַ, suff. נוּחֲךָ, נְחֹה 1) ***ruhen, sich ausruhen Ex. 23, 12. Num. 10, 36. 2 Chr. 6, 41; ***feiern*** Ex. 20, 11; ***sich in Ruhe befinden*** Jes. 14, 7. Hab. 3, 16. Hiob 3, 26. Est. 9, 16. 22; von der ***Ruhe im Grabe*** Jes. 57, 2. Spr. 21, 16. Hiob 3, 17. Dan. 12, 13; unpersönlich: אָז יָנוּחַ לִי ***dann hätte ich Ruhe = dann wäre mir wohl*** Hiob 3, 13. Jes. 23, 12. Neh. 9, 28. 2) ***sich niedersenken, niederlassen*** Ex. 10, 15. 2 Sam. 21, 10. Jes. 7, 19. 25, 10; ***stehen bleiben*** Gen. 8, 4; von dem Gottesgeist, der auf Jemanden ***herniederkommt*** Num. 11, 25. 26. 2 Kön. 2, 15. Jes. 11, 2; auch von sonstigen Eigenschaften Spr. 14, 33. Koh. 7, 9; ein Lager ***aufschlagen*** Jes. 7, 2; ***umlagern*** 2 Sam. 17, 12.

Hifil a) pf. הֵנִיחַ, 1 sg. הֲנִחוֹתִי—הֲנִחֹתִי, 3 pl. הֵנִיחוּ; fut. יָנִיחַ, וַיָּנַח [vgl. Kal], suff. יְנִיחֵנִי, יְנִיחֶךָ, 3 sg. f. suff. תְּנִיחֵנוּ 1) ***Ruhe verschaffen*** mit ל Ex. 33, 14. Deut. 12, 10. Jos. 21, 42. Jes. 14, 3. 2 Chr. 14, 6; mit dem Obj. מְנוּחָה Jes. 28, 12; mit acc. d. Pers. Jes. 63, 14. Spr. 29, 17; (den Zorn) an Jemd. ***auslassen, stillen*** Ezech. 5, 13. 16, 42. 24, 13. Zach. 6, 8. 2) ***herabsenken*** Ex. 17, 11; ***hinstellen*** Ezech. 37, 1. 40, 2.

Hifil b) pf. הִנִּיחַ—הִנִּחַ, 1 sg. הִנַּחְתִּי; fut. יַנִּיחַ—וַיַּנַּח, suff. וַיַּנִּיחֵהוּ, וַיַּנִּיחֵם, 3 sg. f. וַתַּנַּח; inf. suff. הַנִּיחוֹ; imp. הַנַּח—הַנִּיחָה; part. מַנִּיחַ 1) ***lassen, belassen*** Num. 32, 15. Richt. 3, 1. Jer. 27, 11. 43, 6. Est. 3, 8; ***zulassen, erlauben*** Ps. 105, 14. אֵינֶנּוּ מַנִּיחַ לוֹ לִישׁוֹן ***er lässt ihn nicht schlafen*** Koh. 5, 11; ***in Ruhe lassen, gewähren*** 2 Sam. 16, 11. 2 Kön. 23, 18. הַנִּיחָה לִּי ***lasse mich!*** Ex. 32, 10. הַנַּח־לוֹ ***gewähre ihm*** Hos. 4, 17. הַנִּיחָה אוֹתִי ***lasse mich los!*** Richt. 16, 26; ***überlassen*** Ps. 119, 121; ***zurücklassen*** Gen. 42, 33. 2 Sam. 16, 21. Jes. 65, 15. Ezech. 16, 39. Ps. 17, 14. Koh. 2, 18; ***verlassen*** Jer. 14, 9. Koh. 10, 4; ***liegen lassen*** Gen. 39, 16. Ex. 16, 23. 24. Lev. 7, 15; ***ruhen lassen*** Koh. 7, 18. 11, 6; ***beschwichtigen*** Koh. 10, 4. 2) ***hinlegen, niederlegen*** Lev. 16, 23. Num. 19, 9. Deut. 14, 28. 1 Kön. 8, 9. 13, 31. Jes. 46, 7. Ezech. 44, 19; ***hinstellen*** Deut. 26, 4. 1 Sam. 6, 18; ***hineinlegen*** Ezech. 22, 20; ***hinbringen*** Jes. 14, 1. Ezech. 37, 14. Num. 15, 34; ***niederwerfen*** Jes. 28, 2. Amos 5, 7.

Hofal pf. 3 sg. f. הֻנִּיחָה, part. מֻנָּח 1) ***freigelassen werden*** (von einem unbebauten Raum) Ezech. 41, 9; part. als subst. ***der freigelassene Raum*** Ezech. 41, 11. 2) ***niedergelegt werden*** Zach. 5, 11.

נוֹחַ—נוּחַ inf. v. נוּחַ s. d.

נוֹחָה (***Ruhe***) n. pr. m. 1 Chr. 8, 2.

נוּט fut. 3 sg. f. תָּנוּט ***wanken, beben*** Ps. 99, 1.

נְוָיֹת s. נָיוֹת.

נְוָלוּ aram. f. ***Misthaufen*** Esra 6, 11.

נְוָלִי aram. f. ***Misthaufen*** Dan. 2, 5. 3, 29.

נוּם** pf. 3 pl. נָמוּ (Milra); fut. יָנוּם; inf. נוּם ***schlummern, einnicken Jes. 5, 27. 56, 10. Nah. 3, 18. Ps. 76, 6. 121, 3. 4.

נוּמָה f. ***Schläfrigkeit*** Spr. 23, 21.

[נוּן]** Nifal fut. יִנּוֹן ***Nachkommen haben Ps. 72, 17 Kri (Ktib: יָנִין als fut. Hifil).

נון—נוּן (*Fisch*) n. pr. Vater des Josua Ex. 33, 11. 1 Chr. 7, 27.

נוּס* pf. נָס, 2 sg. נַסְתָּה, 1 sg. נַסְתִּי, 3 pl. וְנָסוּ—נָסוּ, 1 pl. נַסְנוּ; part. נָס; fut. יָנוּס—וַיָּנָס—וַיָּנָס, pl. יָנֻסוּ—יְנוּסוּ, 2 pl. תְּנוּסוּן; inf. abs. נוֹס, cs. נוּס, נָס; imp. pl. נֻסוּ *fliehen, sich flüchten* Gen. 14, 10. 19, 20. Ex. 4, 3. 14, 27. 21, 13. Num. 10, 35. 35, 6. Deut. 28, 7. 1 Sam. 19, 10. 2 Sam. 18, 3. 24, 13. 2 Kön. 9, 3. Jes. 20, 6. 30, 16. Jer. 48, 6. Ps. 114, 3; von leblosen Dingen: *entschwinden* Deut. 34, 7. Jes. 51, 11. Hohel. 2, 17.

Polel pf. 3 sg. f. נֹסְסָה *treiben, jagen* mit ב Jes. 59, 19.

Hifil pf. הֵנִיס; fut. 3 pl. יָנִיסוּ; inf. הָנִיס 1) *in die Flucht jagen* Deut. 32, 30. 2) *flüchten, in Sicherheit bringen* Ex. 9, 20. Richt. 6, 11.

Hitpolel inf. הִתְנוֹסֵס *sich flüchten* Ps. 60, 6.

נוּעַ* pf. 3 pl. נָעוּ—נָעוּ; part. נָע, pl. f. נָעוֹת; inf. נוּעַ—נוֹעַ; fut. יָנוּעַ, 3 sg. f. תָּנוּעַ, 3 pl. יְנוּעוּן—יָנֻעוּ—יְנוּעוּ (Ps. 59, 16 Ktib) *sich bewegen* 1 Sam. 1, 13; *hin und her schweben* Richt. 9, 9. Hiob 28, 4 oder *schwanken* Ps. 107, 27; bildlich von *unsicheren* Wegen Spr. 5, 6; *taumeln* Jes. 24, 20. 29, 9; *erbeben* Ex. 20, 15. Jes. 6, 4. 7, 2. 19, 1; *herumirren, herumschweifen* Jer. 14, 10. Ps. 59, 16. 109, 10. Klagel. 4, 14. 15; *herumwandern* Amos 4, 8. 8, 12; part. נָע *unstät* Gen. 4, 12. 14.

Nifal fut. יִנּוֹעַ, pl. יִנּוֹעוּ *hin- und herbewegt, geschüttelt werden* Amos 9, 9. Nah. 3, 12.

Hifil pf. 1 sg. וַהֲנִיעוֹתִי, 3 sg. f. הֵנִיעָה; fut. יָנִיעַ, suff. יְנִעֵם, 3 sg. f. suff. תְּנִיעֵנִי, 1 sg. אָנִיעָה, suff. אֲנִיעֶךָ, pl. יָנִיעוּ—יָנִעוּ—יְנִיעוּן; imp. suff. הֲנִיעֵמוֹ *bewegen* (die Hand) als Zeichen des Spottes Zef. 2, 15; *schütteln* (den Kopf) auch als Zeichen des Spottes 2 Kön. 19, 21. Ps. 22, 8. 109, 25. Klagel. 2, 15 oder der Theilnahme Hiob 16, 4 (vgl. נוּד; *wanken machen* Dan. 10, 10; *umherirren lassen* Num. 32, 13. Amos 9, 9. Ps. 59, 12.

נוֹעַדְיָה (*Gott versammelt*) n. pr. 1) m. Esra 8, 33. 2) eine vorgebliche Prophetin Neh. 6, 14.

נוּף* pf. נַפְתִּי *besprengen, benetzen* Spr. 7, 17.

Polel fut. יְנֹפֵף *erheben, schwingen* Jes. 10, 32 (vgl. Hifil).

Hifil pf. הֵנִיף, 2 sg. הֲנֵפֹתָ, 1 sg. הֲנִיפוֹתִי; fut. וַיָּנֶף, suff. וַיְנִיפֵהוּ, 2 sg. תָּנִיף; inf. הָנִיף—הֲנָפָה, suff. הֲנִיפְכֶם; imp. הָנִיפוּ; part. מֵנִיף, suff. מְנִיפוֹ 1) *etwas schwingend erheben*, um durch das Niederfallen eine Wirkung hervorzubringen, z. B. ein schneidendes Werkzeug Ex. 20, 23. Deut. 23, 26. 27, 5. Jos. 8, 31. Jes. 10, 15; daher *die Hand drohend* (oder sonst bedeutsam) *erheben* 2 Kön. 5, 11. Jes. 13, 2. 19, 16. Zach. 2, 13. Hiob 31, 21; *schwingen* (in einer Schwinge) Jes. 30, 28. 2) bei dem Opferritual *eine gewisse Bewegung mit der Opfergabe machen* und sie dadurch *weihen* Lev. 23, 11. Num. 5, 25, was auch mit Menschen, die dem heiligen Dienste geweiht werden, geschieht Num. 8, 11; dann überhaupt *weihen* Ex. 35, 22; *schenken* Ps. 68, 10.

Hofal הוּנַף (als Opfergabe) *geschwungen, geweiht werden* Ex. 29, 27.

נוֹף m. *Anhöhe* Ps. 48, 3.

נוּץ* pf. 3 pl. נָצוּ (Mihra) *flüchtig sein* Klagel. 4, 15.

Hifil pf. 3 pl. הֵנֵצוּ; fut. 3 sg. יָנֵאץ (Koh. 12, 5 = יָנֵץ) *Blüthen bringen, blühen* Hohel. 6, 11. 7, 13. Koh. 12, 5.

נֹצָה—נוֹצָה f. 1) *Schwinge, Flügel* Ezech. 17, 3. 7. Hiob 39, 13. 2) suff. נֹצָתָהּ *Unrath* (im Kropf) Lev. 1, 16.

[נוק] s. [יָנַק].

נוּר aram. m. emph. נוּרָא *Feuer* Dan. 3, 6.* 27. 7, 9. 10.

נוּשׁ fut. וָאָנוּשָׁה *krank sein, leiden* Ps. 69, 21.

נָזָה* fut. יִז—יֵז—יִזָּה 1) *spritzen* (intr.) Lev. 6, 20. 2 Kön. 9, 33. Jes. 63, 3.

Hifil pf. הִזָּה, הִזֵּיתָ; fut. יַז—יַזֶּה; imp. הַזֵּה; part. מַזֶּה *sprengen* Ex. 29, 21. Lev. 4, 6. 8, 11. 30. 16, 14. Num. 8, 7. 19, 21. 2) *mit Freude erfüllen* (n. A. *um sich sammeln*) Jes. 52, 15.

נָזִיד m. cs. נְזִיד *Gekochtes, Gericht* Gen. 25, 29. 34. 2 Kön. 4, 38.

נָזִיר m. cs. נְזִיר, pl. נְזִרִים, suff. נְזִירֶיהָ *Geweiheter* (durch Gelübde), *Nasiräer* Num. 6, 2. Richt. 13, 5. 7. 16, 17. Amos 2, 11. 12; dann überhaupt: *Hervorragender, Ausgezeichneter* Gen. 49, 26. Deut. 33, 16. Klagel. 4, 7; der im Sabbatjahr *unbeschnitten* (*ungepflegt*) *bleibende Weinstock* heisst auch נָזִיר, weil ein Nasiräer sich nicht die Haare schor Lev. 25, 5. 11.

נָזַל* [נֹזְלוּ—נָזְלוּ s. נָזַל] fut. יִזַּל, תִּזַּל, pl. יִזְּלוּ, nur dicht. *fliessen, rinnen* Num. 24, 7. Deut. 32, 2. Ps. 147, 18. Hohel. 4, 10; *überfliessen* (von Wolken, Augen) Jes. 45, 8. Jer. 9, 17. Hiob 36, 28; part. נֹזְלִים *Wasser, Fluthen* Ex. 15, 8. Jes. 44, 3. Ps. 78, 16. 44. Spr. 5, 15. Hohel. 4, 15.

Hifil הִזִּיל *fliessen lassen* Jes. 48, 21 [vgl. זול].

נֶזֶם m. suff. נִזְמָהּ, pl. נְזָמִים, cs. נִזְמֵי *Ring* (als Zierrath) Hos. 2, 15, meist *Nasenring* Gen. 24, 47. Spr. 11, 22 oder *Ohrring* Gen. 35, 4. Ex. 32, 2.

נְזַק* aram. part. נָזִק *Schaden leiden* Dan. 6, 3.

Afel fut. 3 sg. f. תְּהַנְזִק; inf. cs. לְהַנְזָקַת; part. f. מְהַנְזְקַת *Schaden zufügen* Esra 4, 15. 22; *Schaden leiden* Esra 4, 13.

נֵזֶק m. *Schaden* Est. 7, 4.

נָזַר* Nifal [נָזֹרוּ s. זוּר] fut. יִנָּזֵר; inf. הִנָּזֵר *sich enthalten* (der Speise) Zach. 7, 3; *sich fern halten* Lev. 22, 2; *sich entfremden von* ... mit מֵאַחֲרֵי Ezech. 14, 7; *abfallen zu Jemand* mit ל Hos. 9, 10.

Hifil הִזִּיר, 2 pl. הִזַּרְתֶּם; fut. יַזִּיר; inf. הַזִּיר, suff. הַזִּירוֹ 1) *fern halten* Lev. 15, 31. 2) [denom. von נָזִיר] *sich enthalten, das Gelübde eines Nasiräers ausführen* Num. 6, 2. 3. 12.

נֵזֶר m. suff. נִזְרוֹ, נִזְרְךָ 1) *Krone, Diadem* z. B. des Königs 2 Sam. 1, 10. 2 Kön. 11, 12. Spr. 27, 24. 2 Chr. 23, 11; des Hohepriesters (der goldene Stirnreif צִיץ) Ex. 29, 6. Lev. 8, 9. Ps. 132, 18. אַבְנֵי נֵזֶר *Edelsteine* Zach. 9, 16. 2) königliche *Würde* Ps. 89, 40; priesterliche *Weihe* Lev. 21, 12; *Weihe* des Nasiräers Num. 6, 4. 8. 12. ראשׁ נִזְרוֹ *sein geweihetes (ungeschorenes)* Haupt Num. 6, 18, auch bloss נֵזֶר für *das ungeschorene Haar* Num. 6, 19. Jer. 7, 29.

נֹחַ (*Ruhe, Trost*) n. pr. *Noah*, der bekannte Patriarch Gen. 5, 29 ff. Jes. 54, 9. Ezech. 14, 14. 1 Chr. 1, 4.

נַחְבִּי n. pr. m. Num. 13, 14.

נָחָה* pf. suff. נָחַנִי, נָחָם, נָחֲךָ, 2 sg. נָחִיתָ; imp. נְחֵה, suff. נְחֵנִי *führen, leiten* Gen. 24, 27. Ex. 13, 17. 15, 13. 32, 34. Jes. 58, 11. Ps. 5, 9.

Hifil pf. 3 sg. suff. הִנְחַנִי, 2 sg. suff. הִנְחִיתָם; fut. 3 sg. suff. יַנְחֵם, יַנְחֵנִי, יַנְחֵנוּ; inf. לַנְחֹתָם—לְהַנְחֹתָם *führen, leiten* Gen. 24, 48. Ex. 13, 21. Deut. 32, 12. Neh. 9, 12. 19; *holen* Num. 23, 7; *vorstellen* mit אֶת־פְּנֵי 1 Sam. 22, 4; *fortführen* 2 Kön. 18, 11. Hiob 12, 23; *hinbringen* 1 Kön. 10, 26.

נְחוּם n. pr. s. רְחוּם.

נַחוּם (*Tröster*) n. pr. *Nahum*, der bekannte Prophet Nah. 1, 1.

[נִחֻם—נִחוּם] m. pl. נִחֻמִים, suff. נִחוּמַי 1) *Trost* Jes. 57, 18. Zach. 1, 13. 2) *Erbarmen* Hos. 11, 8.

נָחוֹר (*Durchbohrer*) n. pr. 1) Grossvater des Abraham Gen. 11, 22. 1 Chr. 1, 26. 2) Bruder des Abraham Gen. 11, 26. 22, 20. 24, 10. Jos. 24, 2.

נָחוּשׁ adj. f. נְחֻשָׁה—נְחוּשָׁה *ehern* 2 Sam. 22, 35. Hiob 6, 12. 20, 24; fem. auch substant. *Erz, Kupfer* Lev. 26, 19. Jes. 45, 2. 48, 4. Micha 4, 13.

נְחִילוֹת f. pl. Bezeichnung eines Instruments oder einer Tonart (n. A. eines Musikcorps) Ps. 5, 1.

[נָחִיר] m. dual. suff. נְחִירָיו *Nasenlöcher* Hiob 41, 12.

נָחַל* fut. יִנְחַל, 3 pl. suff. יִנְחָלוּהָ, יִנְחָלוּם; inf. cs. נְחֹל *in Besitz geben* mit acc. d. Pers. (u. der Sache) Zach. 2, 16; daher *vertheilen, eintheilen* Num. 34, 18. Ezech. 47, 14. 2) *in Besitz nehmen* Ex. 23, 30. Jos. 14, 1. Zef. 2, 9; *Besitz bekommen* Num. 18, 20. Richt. 11, 2, oft mit dem Object נַחֲלָה Num. 18, 23. Jos. 17, 6; *besitzen* Ex. 32, 13. Deut. 19, 14; *beherrschen* mit ב Ps. 82, 8. Bildlich *nimmt* Gott Israel als seinen *Besitz* an Ex. 34, 9; man *nimmt* ferner *in Besitz*: die *Zeugnisse Gottes* Ps. 119, 111; *Thorheit* Spr. 14, 18; *Trug* Jer. 16, 19; *Wind* Spr. 11, 29; *Gutes* Spr. 28, 10; *Ehre* Spr. 3, 35.

Piel pf. נִחֵל; inf. נַחֵל *in Besitz geben, vertheilen* Num. 34, 29. Jos. 13, 32. Jos. 4, 11. 19, 51.

Hifil pf. הִנְחִיל; fut. יַנְחִיל; inf. הַנְחִיל—הַנְחֵל *in Besitz geben, besitzen lassen*, gewöhnl. mit doppelt. accus. Deut. 1, 38. 32, 8. 1 Sam. 2, 8. Spr. 8, 21; mit ל d. Pers. 1 Chr. 28, 8.

Hofal הָנְחַלְתִּי לִי יַרְחֵי־שָׁוְא *mir wurden Monate des Ungemachs zugetheilt* Hiob 7, 3.

Hitp. pf. 3 pl. suff. הִתְנַחֲלוּם; fut. 2 pl. הִתְנַחֲלוּ, ps. תִּתְנֶחָלוּ *unter sich vertheilen* Num. 32, 18. 33, 54. 34, 13. Ezech. 47, 13; *in Besitz nehmen* Jes. 14, 2; *vererben* Lev. 25, 46.

נַחַל m. ps. נָחַל, mit He נַחְלָה, pl. נְחָלִים, cs. נַחֲלֵי, suff. נְחָלֶיהָ, dual. נַחֲלַיִם 1) *Fluss* Lev. 11, 9. Jes. 34, 9. Koh. 1, 7; meist *Bach* Lev. 23, 40. Num. 21, 15. 14, 5. Deut. 2, 13; dichterisch *Bäche Honig* Hiob 20, 17; *Oel* Micha 6, 7; *Schwefel* Jes. 30, 33; *Bäche der Niederträchtigkeit* Ps.

18, 5. 2) *Thal, Schlucht* Deut. 21, 4. Num. 13, 23. Spr. 30, 17. 3) *Schacht* (beim Bergbau) Hiob 28, 4.

נַחֲלָה f. [נְחָלָה Num. 34, 5. Ps. 124, 4 u. s. w. s. נַחַל] cs. נַחֲלַת, suff. נַחֲלָתִי (wofür נַחֲלָת Ps. 16, 6), נַחֲלַתְכֶם, pl. נְחָלוֹת 1) *Antheil, Besitz* Gen. 31, 14. Num. 16, 14. Deut. 12, 9. Jos. 19, 51. Bildlich wird *Besitz Gottes* gebraucht für Israel Joel 2, 17. Ps. 33, 12; das heilige Land 1 Sam. 26, 19. 2 Sam. 20, 19; den Tempel Ex. 15, 17; die Tempelgaben Deut. 18, 1. 2) (n. E.) *Krankheit, Leiden* Jes. 17, 11; *krank* Ps. 68, 10.

נַחֲלִיאֵל (*Besitz Gottes*) n. pr. Lagerplatz der Israeliten Num. 21, 19.

נֶחֱלָמִי n. gent. Jer. 29, 24.

נַחֲלָת s. נַחֲלָה.

*[**נָחַם**] Nifal pf. נִחַם, 1 sg. נִחַמְתִּי; part. נִחָם; fut. יִנָּחֵם *sich bedenken, andern Sinnes werden, sich leid sein lassen* Ex. 13, 17. 1 Sam. 15, 29. Jer. 4, 28. 31, 19. Joel 2, 14. Jona 3, 9. Zach. 8, 14; mit עַל Ex. 32, 12. Amos 7, 3. 6; mit אֶל Jer. 26, 3. 42, 10; mit לְ Richt. 21, 15; *sich besänftigen lassen* mit עַל Jes. 57, 6; *bereuen* Hiob 42, 6; mit עַל Jer. 8, 6; mit כִּי Gen. 6, 7. 1 Sam. 15, 11. 35; *sich trösten* Jer. 15, 6. Ps. 77, 3; mit אַחֲרֵי Gen. 24, 67; mit עַל 2 Sam. 13, 39. Ezech. 32, 31; *sich rächen* mit מִן Jes. 1, 24.

Piel pf. נִחַם; fut. יְנַחֵם *trösten, Trost zusprechen* mit accus. Gen. 37, 35. 50, 21. Jes. 49, 13. Hiob 29, 25; *Beruhigung gewähren* Gen. 5, 29. Ps. 23, 4. Hiob 7, 13.

Pual pf. 3 sg. f. ps. נֻחָמָה *getröstet werden* Jes. 54, 11. 66, 13.

Hitp. pf. 1 sg. הִתְנֶחָמְתִּי; fut. יִתְנֶחָם; inf. הִתְנַחֵם *sich bedenken, andern Sinnes werden* Num. 23, 19; *sich besänftigen* Ezech. 5, 13; mit עַל Deut. 32, 36. Ps. 135, 14; *sich beruhigt fühlen* Ps. 119, 52. מִתְנַחֵם לְךָ לְהָרְגֶךָ *er sucht Beruhigung in Betreff deiner, wenn er dich erschlägt* Gen. 27, 42; *sich trösten lassen* Gen. 37, 35.

נַחַם (*Trost*) n. pr. m. 1 Chr. 4, 19.

נִחֻם s. נִחוּם.

נֹחַם m. *Mitleid* Hos. 13, 14.

נֶחָמָה f. suff. נֶחָמָתִי *Trost* Ps. 119, 50. Hiob 6, 10.

נְחֶמְיָה (*Gott tröstet*) n. pr. 1) *Nehemia*, Statthalter von Judäa Neh. 1, 1. 8, 9. 10, 2. 2) Neh. 3, 16. 3) Esra 2, 2. Neh. 7, 7.

נַחֲמָנִי (*Tröster*) n. pr. m. Neh. 7, 7.

נַחְנוּ = אֲנַחְנוּ *wir* Gen. 42, 11. Ex. 16, 7. 8. Num. 32, 32. Klagel. 3, 42.

****נָחַץ** part. נָחוּץ *dringend* 1 Sam. 21, 9.

[**נָחַר** s. חָרָה Nifal].

נַחַר m. suff. נַחְרוֹ *das Schnauben* Hiob 39, 20.

[**נַחֲרָה**] f. cs. נַחֲרַת *das Schnauben* Jer. 8, 16.

נַחְרַי n. pr. m. 2 Sam. 23, 37. 1 Chr. 11, 39.

[**נָחַשׁ**] Piel נִחֵשׁ; fut. יְנַחֵשׁ *Wahrsagerei treiben* Lev. 19, 26. Deut. 18, 10. 2 Kön. 17, 17. 21, 6; *eine Ahnung, ein Vorgefühl haben* Gen. 30, 27. 44, 5. 15; *als Vorbedeutung ansehen* 1 Kön. 20, 33.

נָחָשׁ m. cs. נְחַשׁ, pl. נְחָשִׁים *Schlange* Gen. 3, 1. 49, 17. Num. 21, 6. 9 (vgl. בָּרִיחַ u. עֲקַלָּתוֹן).

נַחַשׁ m. pl. נְחָשִׁים *Wahrsagerei* Num. 23, 23. 24, 1.

נְחָשׁ aram. m. emph. נְחָשָׁא *Kupfer* Dan. 2, 45. 4, 20. 7, 19.

נַחְשׁוֹן (*Wahrsagender*) n. pr. Stammesfürst in Juda Ex. 6, 23. Num. 1, 7. 2, 3. 7, 12. 17. 10, 14. Rut 4, 20. 1 Chr. 2, 10.

נְחשֶׁת f. suff. נְחָשְׁתִּי, נְחֻשְׁתֵּךְ, נְחֻשְׁתָּהּ, dual. נְחֻשְׁתַּיִם 1) *Erz, Kupfer* Gen. 4, 22. Ex. 26, 11. 2 Kön. 25, 13. 2) *eherne Fesseln* Klagel. 3, 7; besonders im dualis Richt. 16, 21. 2 Sam. 3, 34. 2 Kön. 25, 7. 3) *eherner Kessel* Ezech. 16, 36. 24, 11.

נְחֻשְׁתָּא n. pr. f. 2 Kön. 24, 8.

נְחֻשְׁתָּן n. pr. der von Moses herrührenden, später abgöttisch verehrten kupfernen Schlange 2 Kön. 18, 4.

****נָחַת** fut. יֵחַת, תֵּחַת—תִּנְחַת *herabsteigen* Jer. 21, 13; *eindringen* mit עַל Ps. 38, 3; mit בּ Spr. 17, 10.

Nifal pf. 3 pl. נִחֲתוּ *eindringen* mit בּ Ps. 38, 3.

Piel pf. נִחַת, f. נִחֲתָה; imp. נַחֵת *niederdrücken* (den Bogen, wenn man ihn spannt) 2 Sam. 22, 35. Ps. 18, 35; *eindrücken* Ps. 65, 11.

Hifil imp. הַנְחַת *niederstrecken* Joel 4, 11.

[**נָחֵת**] adject. pl. נְחִתִּים *herniedersteigend* 2 Kön. 6, 9.

נְחַת aram. part. נָחֵה *heruntersteigen* Dan. 4, 10. 20.

Afel fut. 2 sg. תַּחֵת; imp. אֲחֵת; part. pl. מְהַחֲתִין *hinabbringen* Esra 5, 15; *niederlegen, verwahren* Esra 6, 1. 5.

Hofal הָנְחַת *herabgestürzt werden* Dan. 5, 20.

נַחַת m. 1) *das Niedersteigen* Hiob 17, 16. נַחַת זְרוֹעוֹ *das Niederfallen* (der Schlag) *seines Armes* Jes. 30, 30. נַחַת שֻׁלְחָנוֹ *was auf seinen Tisch kommt* Hiob 36, 16. 2) n. pr. Vorfahr des Samuel 1 Chr. 6, 11 (= תֹּחוּ 1 Sam. 1, 1 und תּוֹחַ 1 Chr. 6, 19).

*__נָטָה__ pf. 1 sg. נָטִיתִי, 3 pl. נָטוּ—נָטָיוּ; part. suff. נוֹטֵיהֶם (sing. Bedeutung), part. II נָטוּי; fut. 3 sg. יִטֶּה—וַיֵּט—וַיֵּט—וַיֵּט, f. תִּטֶּה—וַתֵּט; pl. יִטּוּ, נִטָּה; inf. נְטוֹת; imp. נְטֵה 1) *ausstrecken* mit Object חֶרֶב ,יָמִין ,זְרוֹעַ ,יָד u. dgl. Ex. 8, 1. 2. 13. 15, 12. Ezech. 30, 25. Spr. 1, 24. Hiob 15, 25. זְרוֹעַ נְטוּיָה *der* (machtvoll, drohend) *ausgestreckte Arm* Ex. 6, 6. Jer. 32, 21; *ausspannen,* mit Object אֹהֶל u. dgl. Gen. 33, 19. קַו Jes. 34, 11. Klagel. 2, 8. שָׁמַיִם Jes. 45, 12. 2) *zuwenden* Gen. 39, 21. Jes. 66, 12. Ps. 21, 12. 1 Chr. 21, 10; mit Obj. שְׁכֶם Gen. 49, 15. לֵב Ps. 119, 112 u. dgl. 3) *sich neigen* Jer. 14, 8. Ps. 62, 4. 102, 12; *eine Richtung einschlagen* Num. 21, 15; mit אֶל *sich zu Jemandem hinbegeben* Gen. 38, 16; ähnlich mit עַד Gen. 38, 1; mit מִן ,מֵעִם ,מִפְּנֵי *sich abwenden, ausweichen* Num. 22, 33. 1 Kön. 11, 9. Ps. 44, 19. Hiob 31, 7; mit אַחֲרֵי *sich Jemandem anschliessen* Ex. 23, 2. 1 Kön. 2, 28; *sich einer Sache ergeben* 1 Sam. 8, 3.

Nifal pf. 3 pl. נִטָּיוּ; fut. יִנָּטֶה *sich hinstrecken* Num. 24, 6. Jer. 6, 4; *ausgespannt werden* Zach. 1, 16.

Hifil pf. הִטָּה, suff. הִטָּהוּ, 3 sg. f. suff. הִטַּתְהוּ, 1 sg. הִטֵּיתִי, pl. הִטּוּ; fut. אַטֶּה—אַט—אֶט, יַט—יַטֶּה, יַטֵּהוּ—יַטֶּנּוּ, suff. יַטּוּ, pl. תַּט—תַּטֶּה; inf. הַטּוֹת; imp. הַט 1) *ausstrecken* die Hand Jes. 31, 3. Jer. 6, 12. 15, 6. 2) *ausspannen* ein Zelt u. dgl. 2 Sam. 16, 22. 21, 10. Jes. 54, 2. 3) *neigen, hinhalten* Gen. 24, 14; das Ohr, d. h. *aufhorchen* Ps. 45, 11. 116, 2; den Himmel, d. h. *öffnen* Ps. 144, 5; *neigen lassen* Ps. 141, 4; *fallen lassen* Ps. 27, 9; *beugen* das Recht, d. h. es *verletzen* Ex. 23, 6. Deut. 27, 19. Klagel. 3. 35, und mit Ergänzung dieses Objects Ex. 23, 2; den Weg (des Rechts) Amos 2, 7. Spr. 17, 23. Hiob 23, 11; oft sagt man: *Jemanden* statt: *das Recht Jemandes beugen* Amos 5, 12. Mal. 3, 5. Spr. 18, 5 oder *Jemanden vom Rechte abbeugen*, d. h. *ihm sein Recht versagen* Jes. 10, 2. 4) *zuwenden, hinlenken* Num. 22, 23. Jos. 24, 23. 2 Sam. 19, 15. 1 Kön. 8, 58. Hos. 11, 4. Ps. 119, 36. Spr. 2, 2. 21, 1. Esra 7, 28. 5) *ablenken* das Herz 1 Kön. 11, 4: überhaupt *verführen* zum Bösen Jes. 44, 20. Spr. 7, 21. Hiob 36, 18; *irre leiten* Jes. 29, 21.

[נָטִיל] adj. pl. cs. נְטִילֵי *belastet, tragend* Zef. 1, 11.

[נְטִיפָה] f. pl. נְטִיפוֹת—נְטִפוֹת *Ohrgehänge* Richt. 8, 26. Jes. 3, 19.

[נְטִישָׁה] f. pl. נְטִישׁוֹת *Ast, Ranke* Jes. 18, 5. Jer. 5, 10. 48, 32.

*__נָטַל__ fut. יִטּוֹל *aufheben* Jes. 40, 15; *auflegen* mit עַל 2 Sam. 24, 12. Klagel. 3, 28.

Piel fut. suff. יְנַטְּלֵם *erheben* Jes. 63, 9.

נְטַל aram. 1 sg. נִטְלֵת, part. II f. נְטִילַת *erheben* Dan. 4, 31. 7, 4.

נֵטֶל m. *Last* Spr. 27, 3.

*__נָטַע__ part. נֹטֵעַ—נוֹטֵעַ; fut. יִטַּע, תִּטַּע, suff. תִּטָּעֵמוֹ—תִּטָּעֵם; inf. נְטֹעַ—טַעַת; imp. pl. נִטְעוּ *pflanzen, einpflanzen* Num. 24, 6. Jer. 1, 10. Koh. 3, 2; *befestigen* Koh. 12, 11. Dan. 11, 45; bildlich: *Völker einpflanzen,* d. h. *ihnen einen festen Wohnsitz gewähren* Ex. 15, 17. Ps. 44, 3. 80, 9; überhaupt *bilden, schaffen* Jes. 51, 16. Ps. 94, 9.

Nifal pf. 3 pl. ps. נִטָּעוּ *eingepflanzt werden* Jes. 40, 24.

נֶטַע m. ps. נָטַע, cs. נְטַע, suff. נִטְעֵךְ, pl. cs. נִטְעֵי 1) *das Pflanzen* Jes. 17, 11. 2) *Pflanzung* Jes. 5, 7. 17, 10. Hiob 14, 9.

[נָטִעַ] m. pl. נְטִעִים *Pflanzung* Ps. 144, 12.

נְטָעִים n. pr. Ort in Juda 1 Chr. 4, 23.

*__נָטַף__ fut. 3 sg. f. תִּטֹּף, pl. יִטְּפוּ, f. תִּטֹּפְנָה *träufeln* (trans.), *von sich geben* Ps. 68, 9; die Flüssigkeit, welche träufelt im acc. Joel 4, 18. Richt. 5, 4. Spr. 5, 3. Hohel. 5, 5. 13; auch bildlich von der Rede Hiob 29, 22. Hohel. 4, 11.

Hifil fut. אַטִּף, תַּטִּיף; imp. הַטֵּף *träufeln lassen* Amos 9, 13; meist bildlich von der prophetischen Rede, *predigen* Ezech. 21, 2. 7. Amos 7, 16. Micha 2, 6. 11.

נָטָף m. pl. cs. נִטְפֵי *Tropfen* Hiob 36, 27; speziell von *Harz*- od. *Balsamtropfen* Ex. 30, 34.

נְטֹפָה n. pr. einer Stadt bei Betlehem Esra 2, 22. Neh. 7, 26; n. gent. נְטֹפָתִי 2 Sam. 23, 28. 29. 2 Kön. 25, 23. Jer. 40, 8. Neh. 12, 28. 1 Chr. 2, 54. 9, 16.

נְטִפָה s. נְטִיפָה.

נָטַר* fut. יִנְטוֹר—יִטּוֹר, תִּטּוֹר, אֶטּוֹר. 1) *bewachen* Hohel. 1, 6. 8, 11. 12. 2) (den Zorn) *bewahren, feindselige Gesinnung hegen* Jer. 3. 5. 12. Ps. 103, 9; *gegen* ... mit acc. Lev. 19, 18; mit לְ Nah. 1, 2.

נְטַר aram. pf. 1 sg. נִטְרֵת *bewahren* Dan. 7, 28.

נָטַשׁ* part. II. pl. נְטֻשִׁים; fut. יִטֹּשׁ, suff. יִטְּשֵׁנוּ; imp. נְטוֹשׁ 1) *verlassen, im Stiche lassen, verstossen* Richt. 6, 13. 1 Sam. 12, 22. 1 Kön. 8, 57. Jes. 2, 6. Jer. 15, 6. Ezech. 29, 5. Ps. 27, 9. Spr. 17, 14; *aus dem Sinne lassen* 1 Sam. 10, 2. Spr. 1, 8. 6, 20; *verzichten auf..., preisgeben* Ex. 23, 11. Neh. 10, 32; *zulassen* Gen. 31, 28; *überlassen* mit עַל der Pers. 1 Sam. 17, 20. 22. 28. וְדָמָיו עָלָיו יִטּוֹשׁ *seine Blutschuld bringt er ihm heim* Hos. 12, 15. 2) *hinbreiten* Num. 11, 31. 1 Sam. 30, 16. Ezech. 31, 12; *sich ausbreiten, um sich greifen* 1 Sam. 4, 2. 3) *zücken* das Schwert Jes. 21, 15.

Nifal pf. 3 sg. f. נִטְּשָׁה, pl. נִטְּשׁוּ; fut. יִנָּטְשׁוּ *hingestreckt sein* Amos 5, 2; *sich ausbreiten* Richt. 15, 9. 2 Sam. 5, 18, 22; *sich dehnen* Jes. 16, 8; daher von Seilen, welche *schlaff werden* Jes. 33, 23.

Pual נֻטַּשׁ *verlassen werden* Jes. 32, 14.

נִי (aus נְהִי v. נָהָה), m. suff. נִיהֶם *Klaggeschrei* Ezech. 27, 32 (n. E. auch Ezech. 21, 15).

נִיב m. suff. נִיבוֹ *Ertrag* Mal. 1, 12. נִיב שְׂפָתָיִם *Frucht der Lippen* d. h. *Rede* Jes. 57, 19 Kri.

נֵיבַי n. pr. m. Neh. 10, 20 (Kri).

נִיד m. *Bewegung* Hiob 16, 5.

נִידָה f. *Verbannung* Klagel. 1, 8 (n. A. = נִדָּה *Abscheu*).

נָיוֹת n. pr. Ort bei oder in Rama 1 Sam. 19, 18. 19. 22. 23. 20, 1 überall Kri, wofür Ktib נְוָית.

נִיחֹחַ—נִיחוֹחַ m. suff. נִיחֹחִי, נִיחֹחֲכֶם, pl. suff. נִיחוֹחֵיהֶם nur im genitiv zu רֵיחַ, in der Opfersprache *angenehmer Geruch = wohlgefällige Aufnahme* Gen. 8, 21. Ex. 29, 18. Lev. 1, 9. 26, 31. Num. 15, 3. 28, 2. Ezech. 20, 28.

[נִיחֹחַ—נִיחוֹחַ] aram. m. pl. נִיחֹחִין *Opfer* Dan. 2, 46. Esra 6, 10.

נִין m. suff. נִינִי *Sprosse, Nachkomme* Gen. 21, 23. Jes. 14, 22. Hiob 18, 19.

נִינְוֵה n. pr. *Ninive*, Hauptstadt Assyriens, am Tigris Gen. 10, 11. Jes. 37, 37. Jona 1, 2 ff. Nah. 1, 1. Zef. 2, 13.

נִים m. *Flüchtling* Jer. 48, 44 Kri.

נִיסָן m. Name des ersten Monats bei den Hebräern (März—April) Est. 3, 7. Neh. 2, 1.

נִיצוֹץ m. *Funke* Jes. 1, 31.

נִיר m. suff. נִירִי *Leuchte* 2 Sam. 22, 29 (s. נֵר).

נִיר* imp. pl. נִירוּ *urbar machen* Jer. 4, 3. Hos. 10, 12.

נִיר m. 1) *Leuchte*, als Bild dauernder Nachkommenschaft 1 Kön. 11, 36. 15, 4. 2 Kön. 8, 19. 2 Chr. 21, 7. 2) *Acker* Jer. 4, 3. Hos. 10, 12. Spr. 13, 23 [נִירָם Num. 21, 30 s. יָרָה].

נָיוֹת s. נָוִית.

[נָכָא]* Nifal part. pl. נִכְּאִים *fortgeschlagen, mit Schlägen fortgejagt werden* Hiob 30, 8.

נָכָא adj. pl. נְכָאִים *niedergeschlagen* Jes. 16, 7.

נָכֵא adj. fem. נְכֵאָה *niedergeschlagen* Spr. 15, 13. 17, 22. 18, 14 (s. נָכֶה).

נְכֹאת f. Name eines Gewürzes Gen. 37, 25. 43, 11.

נֶכֶד m. suff. נֶכְדִּי *Spross, Nachkomme* Gen. 21, 23. Jes. 14, 22. Hiob 18, 19.

[נָכָה]* Nifal pf. נִכָּה *erschlagen werden* 2 Sam. 11, 15 (vgl. נָכָא).

Pual pf. 3 sg. f. ps. נֻכָּתָה, pl. נֻכּוּ *zerschlagen werden* Ex. 9, 31. 32.

Hif. pf. הִכָּה, suff. הִכַּנִי (ps. הִכָּנִי), הִכְּךָ, הִכָּהוּ, הִכִּיתִי, 1 sg. הִכִּיתוֹ, suff. הִכִּיתָ, 2 sg. הִכָּם, suff. הִכִּיתִיו, הִכִּיתִיךָ, 3 pl. הִכּוּ; fut. יַכֶּה—וַיַּךְ (ps. וַיַּךְ), suff. יַכֶּכָּה (ps. יַכֶּכָּה), יַכֵּהוּ—יַכֶּנּוּ—יַכּוּ, 3 f. וַתַּךְ, 3 pl. יַכּוּ, 1 pl. וַנַּךְ, suff. יַכֵּם, נַכֶּנּוּ—נַכֵּהוּ; inf. abs. הַכֵּה, cs. הַכּוֹת; imp. הַךְ—הַכֵּה, suff. הַכֵּינִי, pl. הַכּוּ *schlagen*, in mannigfachen meist dem deutschen Sprachgebrauch entsprechenden Bedeutungen gewöhnl. mit acc. Gen. 19, 11. Ex. 8, 12. 17, 5. 21, 18. 20. Num. 35, 16. Deut. 25, 3. 28, 22. 1 Kön. 20, 35. Jer. 18, 18. Ezech. 6, 11. Hos. 14, 6. Ps. 78, 20. Spr. 23, 35; selten mit בְּ Ex. 17, 6. 1 Sam. 6, 19. 18, 11. 1 Kön. 20, 21. Zach. 10, 11; das, *womit* man schlägt (straft) (die Folge des Schlages) mit בְּ Gen. 19, 11 oder mit accus. Amos 6, 11. Mal.

4, 46. 7, 2. 1 Sam. 17, 9. 35. 2 Kön. 14, 7; *hineinstechen* 1 Sam. 2, 14. 19, 10; *stechen* (von den Sonnenstrahlen) Jes. 49, 10. Jona 4, 7. Ps. 121, 6; bildlich וַיַּךְ לֶב־דָּוִד אֹתוֹ *dem David klopfte das Herz* (*vor Erwartung*) 1 Sam. 24, 6; (*vor Reue*) 2 Sam. 24, 10.

Hofal pf. הֻכָּה—הוּכָּה, f. הֻכְּתָה, 1 sg. הֻכֵּיתִי, 3 pl. הֻכּוּ; fut. יֻכֶּה, תֻּכּוּ; part. מֻכֶּה, f. מֻכָּה, pl. מֻכִּים, cs. מֻכֵּי *geschlagen werden* Ex. 5, 14. 16. Jes. 1, 5. Hos. 9, 16. Zach. 13, 6; *heimgesucht werden* 1 Sam. 5, 12. Jes. 53, 4; *erschlagen werden* Ex. 22, 1. Num. 25, 14. 15. Jer. 18, 21; *erobert werden* Ezech. 33, 21; *getroffen werden* (von den Sonnenstrahlen) Ps. 102, 5.

נָכֶה adj. cs. נְכֵה *geschlagen.* נְכֵה רַגְלַיִם *gelähmt* 2 Sam. 4, 4. 9, 3. נְכֵה רוּחַ *niedergeschlagen* Jes. 66, 2 (vgl. נָכָא).

[נֵכֶה] m. pl. נֵכִים *Unwürdiger, Niedriger* Ps. 35, 15.

נְכֹה—נְכוֹ n. pr. *Necho,* König von Aegypten, Nachfolger des Psammetich 2 Kön. 23, 29. 33. Jer. 46, 2. 2 Chr. 35, 20. 36, 4.

נָכוֹן n. pr. s. כון.

נָכֹחַ adj. suff. נְכֹחוֹ, pl. נְכֹחִים, fem. נְכֹחָה, pl. נְכֹחוֹת *redlich, billig* Spr. 8, 9; meist subst. *das Rechte, Redlichkeit, redlicher Wandel* Jes. 26, 10. 30, 10. 57, 2. 59, 14. Amos 3, 10.

[נֹכַח] (eigtl. *das Gegenüber*) praep. suff. נִכְחוֹ *gegenüber* Ex. 14, 2; *in gerader Richtung* Ezech. 46, 9.

נֹכַח (= נֹכַח) praep. *gegenüber* Ex. 26, 35; auch mit folg. לְ Jos. 15, 7; ebenso לְנֹכַח Gen. 30, 38; *gradeaus* Spr. 4, 25. נֹכַח פְּנֵי *in Gegenwart des* (coram) Jer. 17, 6. Klagel. 2, 19.

נָכַל* part. נוֹכֵל *betrüglich handeln* Mal. 1, 14.

Piel pf. נִכְּלוּ *betrüglich behandeln* mit לְ Num. 25, 18.

Hitp. הִתְנַכֵּל *sich listig benehmen* mit בְּ Ps. 105, 25; mit acc. Gen. 37, 18.

[נֵכֶל] m. pl. cs. נִכְלֵיהֶם *Arglist* Num. 25, 18.

[נֶכֶס] m. pl. נְכָסִים *Besitzthümer* Jos. 22, 8. Koh. 5, 18. 6, 2.

2) *überliefern* 1 Sam. 23, 7.

Hifil pf. הִכִּיר; fut. יַכִּיר—וַיַּכֵּר, suff. יַכִּירֵהוּ—יַכִּירֶנּוּ, יַכִּירָנוּ (Jes. 63, 16); imp. הַכֶּר־, suff. הַכִּירֵנוּ *erkennen* (durch sinnliche Wahrnehmung) Gen. 27, 23. 38, 26. 42, 8. Richt. 18, 3. 1 Kön. 18, 7. Hiob 4, 16; *kennen* Hiob 24, 17. 34, 25; *erkunden* Gen. 31, 32. 37, 32. 38, 25; *anerkennen* Deut. 21, 17. Jes. 61, 9. 63, 16; *berücksichtigen* Ps. 142, 5. Rut. 2, 10. 19. הִכִּיר פָּנִים *bevorzugen* Deut. 1, 17. 16, 19. Spr. 24, 23. 28, 21; *verstehen* Neh. 13, 24; *unterscheiden* Esra 3, 13; *erkennen, einsehen* 2 Sam. 3, 36. Hiob 24, 13. Neh. 6, 12.

Hitp. fut. יִתְנַכֵּר 1) *erkannt werden* Spr. 20, 11. 2) *sich fremd stellen* Gen. 42, 7; *sich verstellen* 1 Kön. 14, 5. 6.

נֵכָר m. cs. נֵכַר, eigtl. subst. *die Fremde,* aber nur adj. gebraucht: אַדְמַת נֵכָר *fremdes Land* Ps. 137, 4. אֵל נֵכָר *fremder Gott* Deut. 32, 12. אֱלֹהֵי נֵכַר־הָאָרֶץ *die fremden Götter des Landes* Deut. 31, 16; besonders בֶּן־נֵכָר (= נָכְרִי) *der Fremde* Gen. 17, 12. Neh. 9, 2, wofür bloss נֵכָר Neh. 13, 30.

נֵכֶר m. (aussergewöhnliches) *Unheil* Hiob 31, 3.

נֹכֶר m. suff. נָכְרוֹ. wie נֵכָר Obad. 1, 12.

נָכְרִי adj. pl. נָכְרִים, f. נָכְרִיָּה, pl. נָכְרִיּוֹת *fremd* Ex. 2, 22. 21, 8. 1 Kön. 11, 1; häufig subst. *der, die Fremde* Gen. 31, 15. Richt. 19, 12. Jes. 2, 6. Spr. 5, 20.

נְכֹת m. suff. נְכֹתֹה *Gewürz* (= נְכֹאת) 2 Kön. 20, 13. Jes. 39, 2.

[נָלָה] Hifil inf. suff. כַּנְּלֹתְךָ (= כְּהַנְלֹתְךָ) *vollenden, ein Ende machen* Jes. 33, 1.

נְמִבְזָה f. *Verächtliches, Geringes* 1 Sam. 15, 9.

נָמָה s. נוּם.

נְמוּאֵל n. pr. m. Num. 26, 9.—12 (wo n. gent. נְמוּאֵלִי). 1 Chr. 4, 24 = יְמוּאֵל s. d.

נָמַל s. מָלַל II.

נְמָלָה f. pl. נְמָלִים *Ameise* Spr. 6, 6. 30, 25.

נָמֵם s. מָסַס.

נָמַר s. מוּר.

נָמֵר m. pl. נְמֵרִים *Panther* Jes. 11, 6. Jer. 5, 6. 13, 23. Hos. 13, 7. Hab. 1, 8. Hohel. 4, 8.

נְמַר aram. m. *Panther* Dan. 7, 6.

נִמְרֹד n. pr. *Nimrod*, alter Held, Jäger und König Gen. 10, 8—12.

נִמְרָה n. pr. Stadt in Gad Num. 32, 3; vollst. בֵּית נִמְרָה Num. 32, 36. Jos. 13, 27 und מֵי נִמְרִים Jes. 15, 6. Jer. 48, 34.

נִמְשִׁי n. pr. m. 1 Kön. 19, 16. 2 Kön. 9, 2.

נֵס m. suff. נִסִּי *Stange, Fahne, Panier* Ex. 17, 15 (vgl. יְהוָה). Num. 21, 8. Ps. 60, 6; *Flagge* Jes. 33, 23. Ezech. 27, 7; bildlich *Warnungszeichen* Num. 26, 10.

נָסַב s. סָבַב.

נְסִבָּה f. *Fügung, Schickung* 2 Chr. 10, 15 (vgl. סִבָּה).

*__נָסַג__ inf. abs. נָסוֹג; fut. יִסַּג *weichen* Micha 2, 6; *abfallen* Jes. 59, 13 (vgl. סוּג Nifal).

Hifil fut. תַּסֵּג—תַּסִּיג, part. מַסִּיג *bei Seite schaffen* Micha 6, 14; *verrücken* (den Grenzstein) Deut. 19, 14. 27, 17. Hos. 5, 10. Spr. 22, 28. 23, 10 (vgl. נָשַׂג).

Hofal הֻסַּג *zurückgedrängt werden* Jes. 59, 14.

*__[נָסָה]__ Piel pf. 1 sg. נִסִּיתִי, 3 fem. נִסְּתָה; fut. אֲנַסֶּה; inf. נַסּוֹת, suff. נַסֹּתְךָ: imp. נַס, suff. נַסֵּנִי *versuchen* Deut. 4, 34. 28, 56. Richt. 6, 39. 1 Sam. 17, 39. Koh. 7, 23; *in Versuchung bringen, prüfen* Gen. 22, 1. Ex. 15, 25. Deut. 33, 8. Ps. 26, 2. Dan. 1, 12. הֲנִסָּה דָבָר אֵלֶיךָ *tritt eine Prüfung an dich heran* Hiob 4, 2. [נְסָה Ps. 4, 7 = נְשָׂא s. נָשָׂא].

*__נָסַח__ fut. יִסַּח, suff. יִסָּחֲךָ, pl. יִסְּחוּ *herausreissen* Ps. 52, 7. Spr. 2, 22. 15, 25.

Nifal pf. נִסַּחְתֶּם *herausgerissen werden* Deut. 28, 63.

[נְסַח] aram. Itp. fut. יִתְנְסַח *herausgerissen werden* Esra 6, 11.

נָסִיךְ m. suff. נְסִיכָם, pl. cs. נְסִיכֵי, suff. נְסִיכֵיהֶם—נְסִיכֵמוֹ 1) *gegossenes Bild* Dan. 11, 8. 2) *Trankopfer* Deut. 32, 38. 3) *Fürst* Jos. 13, 21. Ezech. 32, 30. Micha 5, 4. Ps. 83, 12.

*__נָסַךְ__ fut. תִּסְּכוּ; inf. נְסֹךְ 1) *giessen* Jes. 29, 10; ein Trankopfer Ex. 30, 9. Hos. 9, 4; ein metallenes Bild Jes. 40, 19. 44, 10. 2) *zum Fürsten* (durch Opfer) *weihen* Ps. 2, 6; ein Bündniss schliessen Jes. 30, 1. 3) (eine Decke) *ausbreiten* Jes. 25, 7.

Nifal נִסַּכְתִּי (als Fürst) *geweiht, eingesetzt werden* Spr. 8, 23.

Piel fut. יְנַסֵּךְ *als Trankopfer ausgiessen* 1 Chr. 11, 18.

Hifil pf. 3 pl. הִסִּכוּ; fut. וַיַּסֵּךְ, אַסִּיךְ; inf. הַסֵּךְ—הַסִּיךְ *Trankopfer darbringen* Gen. 35, 14. Num. 28, 7. Jer. 7, 18. 32, 29. Ezech. 20, 28.

Hofal יֻסַּךְ *ausgegossen werden* Ex. 25, 29. 37, 16 (n. A. v. סָכַךְ s. d.).

נֶסֶךְ—נֵסֶךְ m. ps. נָסֶךְ, suff. נִסְכִּי, נִסְכָּה, pl. נְסָכִים, suff. נִסְכֵּיהֶם, נִסְכֶּיהָ 1) *Trankopfer* Gen. 35, 14. Ex. 29, 40. Lev. 23, 37. Num. 4, 7. 29, 31. Ps. 16, 4. 2) *gegossenes Bild* Jes. 41, 29. 48, 5.

[נְסַךְ] aram. Pael inf. נַסָּכָה *Trankopfer bringen* Dan. 2, 46.

נְסַךְ aram. m. pl. suff. נִסְכֵּיהוֹן *Trankopfer* Esra 7, 17.

נִסְמָן s. סָמַן.

*__נָסַס__ part. נֹסֵס *dahinschwinden* Jes. 10, 18 [vgl. נוּס].

Hitp. part. pl. f. מִתְנוֹסְסוֹת *glänzen, hervorstrahlen* Zach. 9, 16 [vgl. נוּס].

*__נָסַע__ fut. יִסַּע, suff. יִסָּעֵם, pl. יִסְעוּ, יִסַּע—נִסְעָה; inf. נְסֹעַ, suff. נָסְעָם; imp. סְעוּ *herausreissen* einen Pfosten, Pflock u. dgl. Richt. 16, 3. Jes. 33, 20; daher gewöhnlich (ein Zelt) *abbrechen, aufbrechen, reisen, ziehen* Gen. 11, 2. 33, 12. 17. Num. 4, 5. 10, 28. Deut. 1, 19.

Nifal נִסַּע *losgerissen werden* Jes. 38, 12. Hiob 4, 21.

Hifil fut. יַסַּע, יַסִּיעַ, תַּסִּיעַ, pl. יַסִּעוּ *aufbrechen lassen* Ex. 15, 22. Ps. 78, 26. 80, 9; *bei Seite stellen* 2 Kön. 4, 4; *herausreissen* Hiob 19, 10; Steine *ausbrechen* 1 Kön. 5, 31. Koh. 10, 9.

*__נָסַק__ fut. אֶסַּק *hinaufsteigen* Ps. 139, 8.

[נְסַק] aram. Afel pf. 3 pl. הַסִּקוּ; inf. הַנְסָקָה *heraufbringen* Dan. 3, 22. 6, 24.

Hofal הֻסַּק *heraufgebracht werden* Dan. 6, 24.

נִסְרֹךְ n. pr. eines Götzen der Assyrer 2 Kön. 19, 37. Jes. 37, 38.

[נָסַת] zum Hifil הַסִּית s. [סוּת].

נֵעָה n. pr. (mit Art.) Ort in Sebulon Jos. 19, 13.

נֹעָה n. pr. f. Num. 26, 33. 27, 1. 36, 11. Jos. 17, 3.

נְעוּרִים pl. m. suff. נְעוּרַי—נְעֻרַי, נְעוּרֶיךָ—נְעוּרַיִכִי, נְעוּרֵיהֶם *Jugend, Jugendzeit* Jes. 54, 6. Jer. 2, 2. 3, 4. Ps. 103, 5. 144, 12.

נְעִיאֵל n. pr. Ort in Naftali Jos. 19, 27.

נָעִים adj. cs. נְעִים, pl. נְעִימִים, f. נְעִמוֹת *lieblich, angenehm* 2 Sam. 1, 23. 23, 1. Ps. 147, 1. Spr. 23, 8; pl. m. u. f. *Lieblichkeit, Glück* Ps. 16, 6. 11. Hiob 36, 11.

נָעַל* part. II f. pl. נְעֻלוֹת; fut. suff. אֶנְעָלֵךְ; imp. נְעֹל 1) *verriegeln, verschliessen* Richt. 3, 23. 24. 2 Sam. 13, 17. 18. Hohel. 4, 12. 2) (denom. von נַעַל) *beschuhen* Ezech. 16, 10.

Hifil fut. 3 pl. suff. יַנְעִלוּם *mit Schuhen versehen* 2 Chr. 28, 15.

נַעַל f. ps. נָעַל, suff. נַעֲלִי, נַעַלְךָ, pl. נְעָלִים—נְעָלוֹת, suff. נַעֲלֵיכֶם, נְעָלֵינוּ, du. נַעֲלַיִם *Schuh* Gen. 14, 23. Ex. 12, 11. Deut. 25, 10. 29, 4. Jos. 9, 5. 13. Amos 2, 6. *Seinen Schuh auf etwas werfen* ist Zeichen der Besitznahme Ps. 60, 10. 108, 10 (vgl. Rut 4, 7).

נָעֵם* pf. 3 sg. f. ps. נָעֵמָה, pl. נָעֵמוּ; fut. יִנְעַם *lieblich, anmuthig sein* Gen. 49, 15. Ezech. 32, 19. Ps. 141, 6. Hohel. 7, 7; mit ל *werth sein, gefallen* 2 Sam. 1, 26. Spr. 2, 10; *wohl ergehen* Spr. 24, 25.

נַעַם ps. נָעַם n. pr. m. 1 Chr. 4, 15.

נֹעַם m. *Lieblichkeit, Anmuth* Spr. 3, 17. 15, 26; *Huld, Gnade* Zach. 11, 7. Ps. 27, 4. 90, 17.

נַעֲמָה (*Liebliche*) n. pr. 1) Schwester des Tubalkain Gen. 4, 22. 2) Mutter des Rehabeam 1 Kön. 14, 21. 31. 2 Chr. 12, 13. 3) Stadt in Juda Jos. 15, 41. 4) einer sonst unbekannten Stadt, wovon n. gent. נַעֲמָתִי Hiob 2, 11.

נַעֲמִי s. נַעֲמָן.

נָעֳמִי (*Anmuthige*) n. pr. Schwiegermutter der Rut und der Orpa Rut 1, 2 ff.

נַעֲמָן m. pl. נַעֲמָנִים 1) *Lieblichkeit*, adj. *lieblich* Jes. 17, 10. 2) n. pr. a) Sohn (Enkel) des Benjamin Gen. 46, 21. Num. 26, 40 (n. gent. נַעֲמִי). 1 Chr. 8, 4. 7. 2) Feldherr des Syrerkönigs 2 Kön. 5, 1 ff.

נַעֲמָתִי s. נַעֲמָה.

נַעֲצוּץ m. pl. נַעֲצוּצִים *Dornhecke, Gebüsch* Jes. 7, 19. 55, 13.

נָעַר* I *brüllen* Jer. 51, 38.

נָעַר* II *ausschütteln, abschütteln* Jes. 33, 9. 15. Neh. 5, 13.

Nifal pf. נִנְעַרְתִּי; fut. אִנָּעֵר *hin- und hergeschüttelt werden* Ps. 109, 23; *weggescheucht werden* Hiob 38, 13; *sich schütteln, heftig bewegen* Richt. 16, 20.

Piel pf. נִעֵר; fut. יְנַעֵר *umherstossen* Neh. 5, 13; *hineinstossen, versenken* Ex. 14, 27. Ps. 136, 15.

Hitp. imp. f. הִתְנַעֲרִי *sich* (den Staub) *abschütteln* Jes. 52, 2.

נַעַר m. (u. urspr. auch f., wo statt des Ktib נַעַר das Kri נַעֲרָה liest) ps. נָעַר, suff. נַעַרְךָ, נַעֲרוֹ, pl. נְעָרִים, cs. נַעֲרֵי, suff. נְעָרַי, נַעֲרֵיהֶם 1) eigentlich *Kind* (ohne Unterschied des Geschlechts z. B. Hiob 1, 19. Rut 2, 21), dann aber meistens *Knabe* Ex. 2, 6. וְהַנַּעַר נָעַר *der Knabe war noch jung* 1 Sam. 1, 24; *junger Mann, Jüngling* Gen. 37, 2. 41, 12; *Knappe, Diener* Gen. 14, 24. 18, 7. 1 Sam. 14, 1. 25, 5. 2) *das Umhergetriebene* Zach. 11, 16.

נֹעַר m. *Jugend* Ps. 88, 16. Spr. 29, 21. Hiob 33, 25. 36, 14.

נַעֲרָה (wofür im Pent. häufig als Ktib נַעַר) f. pl. נְעָרוֹת (נְעָרִים Rut 2, 21 s. נַעַר), cs. נַעֲרוֹת, suff. נַעֲרֹתַי 1) *Mädchen* Gen. 24, 14; *Dienerin* 1 Sam. 25, 42; auch von einem Kebsweibe gebraucht Richt. 19, 3. 2) n. pr. f. 1 Chr. 4, 5. 3) n. pr. Stadt an der Grenze Efraims Jos. 16, 7 (= נַעֲרָן 1 Chr. 7, 28).

נְעֻרוֹת pl. f. suff. נְעֻרֹתֵיהֶם *Jugend* Jer. 32, 30.

נַעֲרַי s. פַּעֲרַי.

נְעַרְיָה n. pr. m. 1 Chr. 3, 22. 23. — 4, 42.

נַעֲרָן s. נַעֲרָה.

נְעֹרֶת f. *Werg* Richt. 16, 9. Jes. 1, 31.

נֹף n. pr. *Memphis* in Aegypten Jes. 19, 13. Jer. 2, 16 (vgl. מֹף).

נֶפֶג n. pr. 1) Bruder des Korach Ex. 6, 21. 2) Sohn des David 2 Sam. 5, 15. 1 Chr. 3, 7. 14, 6.

נָפָה f. 1) *Sieb, Schwinge* Jes. 30, 28. 2) *Höhe*, im n. pr. נָפַת דֹּר Jos. 12, 23. נָפַת דֹּאר 1 Kön. 4, 11. נָפוֹת דּוֹר Jos. 11, 2 (vgl. דּוֹר) *das Hügelgebiet um Dor* (vgl. נֶפֶת).

נְפִיסִים—נְפוּסִים n. pr. m. Esra 2, 50; dafür נְפִישְׁסִים Neh. 7, 52.

נָפַח* fut. יִפַּח; inf. פַּחַת; imp. f. פְּחִי *blasen, hauchen* Gen. 2, 7. Ezech. 37, 9; *wegblasen* Jer. 15, 9; *anblasen* (Feuer) Jes. 54, 16. Ezech. 22, 21. Hagg. 1, 9. סִיר נָפוּחַ *ein angeblasener* (kochender) *Topf* Jer. 1, 13. Hiob 41, 12.

Pual part. נֻפָּח *angeblasen* Hiob 20, 26.

Hifil pf. הִפַּחְתִּי *verhauchen lassen* das Leben Hiob 31, 39; *wegblasen, geringschätzen* Mal. 1, 13.

נֹפַח n. pr. der Stadt, die sonst נֹבַח (s. d.) heisst Num. 21, 30.

[נְפִיל] m. pl. נְפִלִים—נְפִילִים *Riese* Gen. 6, 4. Num. 13, 33.

נָפִישׁ n. pr. Sohn des Ismael und arabischer Stamm Gen. 25, 15. 1 Chr. 1, 31. 5, 19.

נְפִישְׁסִים s. נְפוּסִים.

נֹפֶךְ m. Name eines Edelsteins, wahrsch. *Karfunkel* Ex. 28, 18. 39, 11. Ezech. 27, 16. 28, 13.

נָפַל* fut. יִפֹּל—יִפָּל, 1 pl. נִפְּלָה, 2 pl. תִּפְּלוּ, תִּפֹּלְנָה, תִּפֹּלוּ; inf. נְפֹל, suff. נָפְלוֹ—נִפְלוֹ, נָפְלָם; imp. pl. נִפְלוּ *fallen* 1) in mannigfachen, dem deutschen Gebrauche entsprechenden Bedeutungen, z. B. *hinfallen* Richt. 5, 27; *hineinfallen* Ex. 21, 33; *herabfallen* Deut. 22, 8; *herabkommen* Jes. 9, 7. Ezech. 8, 1. Hiob 1, 16; *herabspringen* Gen. 24, 64; *überfallen* Hiob 1, 15; *sich* (bittend u. s. w.) *zur Erde, auf sein Angesicht werfen* Gen. 17, 3. 1 Sam. 20, 41; *sich stürzen* (in das Schwert) 1 Sam. 31, 4; *in der Schlacht fallen* 2 Sam. 1, 4 und überhaupt *umkommen* Ex. 19, 21. נָפַל לְמִשְׁכָּב *bettlägerig werden* Ex. 21, 18; *einsinken* Num. 5, 21. 27; *einfallen* Amos 9, 11; bildlich *sinken an Macht* 2 Sam. 1, 10; *sittlich sinken* Jes. 3, 8. נָפַל מִן *geringer sein als*... Hiob 12, 3. 2) *sich lagern* Gen. 25, 18. Richt. 7, 12; *liegen* Deut. 21, 1. 22, 4. Richt. 3, 25. 4, 22. 19, 27. 1 Sam. 5, 3. 31, 8; *übergehen zu* Jemand mit עַל 2 Kön. 7, 4. 25, 11. Jes. 54, 15. Jer. 21, 9. 1 Chr. 12, 19, oder mit אֶל Jer. 38, 19. 3) *ausfallen, sich entscheiden* Rut. 3, 18; *ausfallen, ausbleiben* (sich nicht erfüllen) Jos. 21, 43. 1 Kön. 8, 56. 2 Kön. 10, 10; *ausfallen, nicht gerechnet werden* Num. 6, 12. 4) Man sagt ferner: das Loos *fällt* Ezech. 24, 6. Jona 1, 7; ein Antheil *fällt* Jemandem *zu* Richt. 18, 1. Ps. 16, 6; das Herz *fällt* (= wird muthlos) 1 Sam. 17, 32; das Gesicht *fällt* (zeigt Niedergeschlagenheit) Gen. 4, 6; das Blut *fällt* zur Erde (wird unschuldiger Weise vergossen) 1 Sam. 26, 20; das Gebet *fällt vor*... (wird angenommen von...) Jer. 36, 7. 37, 20.

Hifil pf. 1 sg. הִפַּלְתִּי, suff. הִפַּלְתִּיו, 3 pl. suff. הִפִּילֻהוּ; fut. אַפִּיל, וַיַּפֵּל; inf. הַפִּיל, לִנְפֹּל (=לְהַפִּיל), suff. הַפִּילְכֶם; imp. pl. הַפִּילוּ; part. מַפִּיל 1) *fallen lassen* Gen. 2, 21. Jer. 15, 8. Ezech. 30, 22. Spr. 19, 15; *fällen* 2 Kön. 3, 19. 6, 5; *werfen* Jer. 22, 7; *niederwerfen* Spr. 7, 26; *niederreissen* 2 Sam. 20, 15; *stürzen* (trans.) Ps. 37, 14. 73, 18; *hinlegen lassen* Deut. 25, 2; *umkommen lassen* 1 Sam. 18, 25. 2 Kön. 19, 7. Ps. 106, 26; *einsinken lassen* Num. 5, 22. 2) *ausfallen lassen, auslassen, etwas nicht thun* (was besprochen oder befohlen war) Richt. 2, 19. 1 Sam. 3, 19. Est. 6, 10. 3) *ein Loos werfen, loosen* 1 Sam. 14, 42. Jes. 34, 17. Est. 3, 7; *vertheilen* (zum Besitz) Jos. 13, 6. 23, 4. Ezech. 45, 1; ein Gebet *niederlegen, aussprechen* Jer. 38, 26. 42, 9. Dan. 9, 18. 20. אוֹר פָּנַי לֹא יַפִּילוּן *mein freundliches Gesicht trübten sie nicht* Hiob 29, 24.

Pilel נִפְלֵל *fallen* Ezech. 28, 23.

Hitp. pf. 1 sg. ps. הִתְנַפָּלְתִּי; fut. אֶתְנַפַּל *sich hinwerfen* Deut. 9, 18. 25. Esra 10, 1; *sich stürzen* Gen. 43, 18.

נְפַל aram. pf. 3 pl. נְפַלוּ; part. pl. נָפְלִין; fut. 3 sg. יִפֵּל—יִפֻּל, 2 pl. תִּפְּלוּן *fallen* Dan. 2, 46. 7, 20; *sich niederwerfen* Dan. 3, 5. 6. 15; *herabkommen* Dan. 4, 28; *geworfen werden* Dan. 3, 23.

נֵפֶל m. ps. נָפֶל *Fehlgeburt, Frühgeburt* Ps. 58, 9. Hiob 3, 16. Koh. 6, 3.

נָפַץ* part. II. נָפוּץ; inf. abs. נָפוֹץ *zerschlagen* Richt. 7, 19. Jer. 22, 28 [Andere scheinbar dem Kal angehörige Formen sind Nifal von פּוּץ].

Piel pf. נִפֵּץ, נִפַּצְתִּי; fut. 2 sg. suff. תְּנַפְּצֵם *zerschlagen, zerschmettern* Jer. 48, 12. Ps. 2, 9. 137, 9. Dan. 12, 7; *auseinander nehmen* 1 Kön. 5, 23; *an einander schmettern* Jer. 13, 14; *zerstreuen* Jer. 51, 20—23.

Pual part. pl. f. מְנֻפָּצוֹת *zerschlagen werden* Jes. 27, 9.

נֶפֶץ m. *Zerschlagung* Jes. 30, 30.

נְפַק* aram. pf. 3 sg. f. נִפְקַת, 3 pl. נְפַקוּ; part. נָפֵק, pl. נָפְקִין; imp. pl. פֻּקוּ *herausgehen, herauskommen* Dan. 2, 13. 14. 3, 26. 5, 5. 7, 10.

Afel pf. הַנְפֵק—הַנְפֵּק, pl. הַנְפִּקוּ *herausnehmen, herausgeben* Dan. 5, 2. 3. Esra 5, 14. 6, 5.

[נִפְקָא] aram. f. emph. נִפְקְתָא *Ausgabe* Esra 6, 4. 8.

[נָפַשׁ] denom. v. נֶפֶשׁ.
Nifal fut. יִנָּפֵשׁ, ps. וַיִּנָּפַשׁ *sich ausruhen, erholen* Ex. 23, 12. 31, 17. 2 Sam. 16, 14.

נֶפֶשׁ f. (m. als Bezeichnung männl. Personen z. B. Gen. 46, 25. 27. Lev. 20, 6. Num. 31, 28) ps. נָפֶשׁ, suff. נַפְשִׁי, pl. נְפָשִׁים (Ezech. 13, 20) —נְפָשׁוֹת, cs. נַפְשׁוֹת, suff. נַפְשֹׁתָם, eigentl. *Hauch, Athem,* gewöhnlich 1) *Leben, Lebenskraft* Gen. 9, 4. 35, 18. Lev. 17, 11. 14. Jer. 15, 9. Ps. 19, 8. Spr. 1, 19. Hiob 31, 39. Rut. 4, 15; daher הִכָּה נֶפֶשׁ *tödten* Gen. 37, 21. Lev. 24, 17. 18. Deut. 19, 21. 22, 26. בְּנֶפֶשׁ *wegen des Todes* 2 Sam. 14, 7. אֶל־נַפְשׁוֹ *um seines Lebens willen (um es zu erhalten)* 1 Kön. 19, 3. בְּנַפְשֵׁנוּ *mit Lebensgefahr* Klagel. 5, 9. 2) *Seele,* d. h. die *thierische Seele,* auf welche Bedürfnisse u. sinnliche Empfindungen bezogen werden Num. 11, 6. Spr. 22, 23; daher נֶפֶשׁ selbst für solche Empfindungen gesetzt wird, wie *Gier* Ps. 17, 9. 27, 12. Spr. 23, 2. רְחַב נֶפֶשׁ *unersättlich* Spr. 28, 25. מַר נֶפֶשׁ *bekümmert* Spr. 31, 6 (vgl. מַר). 3) andererseits steht נֶפֶשׁ für die Gesammtheit solcher Empfindungen, für *Person, Individuum* Ex. 1, 5. 12, 4. Lev. 7, 27. Num. 19, 18; daher נַפְשִׁי *meine Person = ich,* וַתִּנָּצֵל נַפְשִׁי *= und ich wurde gerettet* Gen. 32, 31; auch von *Thieren* Lev. 11, 46. נֶפֶשׁ מֵת *ein Todter* Num. 6, 6, was auch bloss durch נֶפֶשׁ bezeichnet wird Lev. 21, 1. Num. 9, 6. 4) *Duft.* בָּתֵּי הַנֶּפֶשׁ *Riechfläschchen* Jes. 3, 20.

נֶפֶת f. *Anhöhe,* nur im n. pr. שְׁלֹשֶׁת הַנֶּפֶת *Dreihügel* (oder drei Orte, die נֶפֶת hiessen) Jos. 17, 11.

נָפַת n. pr. s. נָפָה.

נֹפֶת f. (m. Spr. 24, 13) *Saft* (des Zuckers), *Süssigkeit* Ps. 19, 11. Spr. 5, 3. 27, 7. Hohel. 4, 11.

[נַפְתּוּל] m. pl. cs. נַפְתּוּלֵי *Kampf* Gen. 30, 8.

נַפְתֻּחִים n. pr. eines Volkes chamitischer Abkunft Gen. 10, 13. 1 Chr. 1, 11.

נַפְתָּלִי n. pr. *Naftali,* Sohn des Jakob und der Bilha Gen. 30, 8 und der nach ihm benannte Stamm, der seinen Wohnsitz im Norden Palästina's hatte Jos. 19, 32 ff. Richt. 5, 18.

נֵץ f. suff. נִצָּהּ 1) *Blüthe* Gen. 40, 10. 2) m. *Habicht* Lev. 11, 16. Deut. 14, 15. Hiob 39, 26.

נָצָא inf. abs. נָצֹא Nebenform v. יָצָא Jer. 48, 9.

נָצַב s. יָצַב.

נָצַב s. נְצִיב.

נִצָּב m. das *Heft* (eines Dolches) Richt. 3, 22.

נִצְבָּא aram. f. emph. נִצְבְּתָא *Festigkeit* Dan. 2, 41.

נָצַג s. יָצַג.

***נָצָה** pf. 3 pl. נָצוּ; fut. 3 pl. f. תִּצֶּינָה *flüchten* Klagel. 4, 15; *zerstört sein* Jer. 4, 7.
Nifal part. pl. נִצִּים; fut. 3 pl. יִנָּצוּ *sich streiten, zanken* Ex. 2, 13. 21, 22. Lev. 24, 10. Deut. 25, 11. 2 Sam. 14, 6; *verwüstet sein* 2 Kön. 19, 25. Jes. 37, 26.
Hifil pf. 3 pl. הִצּוּ; inf. suff. הַצֹּתוֹ, הַצֹּתָם *streiten* mit עַל Num. 26, 9; mit acc. Ps. 60, 2.

נִצָּה f. suff. נִצָּהּ *Blüthe, Blume* Jes. 18, 5. Hiob 15, 33.

נֹצָה s. נוֹצָה.

נְצוּרָה f. n. E. *Wacht,* daher עִיר נְצוּרָה *Wachtthurm* Jes. 1, 8; n. A. v. נָצַר oder צוּר s. d.

***[נָצַח]** Piel inf. נַצֵּחַ, part. מְנַצֵּחַ *an der Spitze stehen, die Aufsicht führen, leiten* Esra 3, 8. 9. 1 Chr. 15, 21. 23, 4. 2 Chr. 2, 1. 17. 34, 12. 13. מְנַצֵּחַ in 53 Psalmüberschriften und Hab. 3, 18 ist *Chorführer.*

[נְצַח] Itp. part. מִתְנַצַּח *übertreffen* Dan. 6, 4.

נֵצַח—נֶצַח m. suff. נִצְחִי, pl. נְצָחִים 1) *Saft, Blut* Jes. 63, 3. 6. 2) *Ruhm, Glanz* 1 Sam. 15, 29. 1 Chr. 29, 11. 3) *Sieg* Hab. 1, 4. Spr. 21, 28. Hiob 23, 7. 34, 36. 36, 7. 4) *Dauer, Beständigkeit* Klagel. 3, 18. נֵצַח נְצָחִים *in alle Dauer* Jes. 34, 10; meist adverb. *beständig, dauernd* Jer. 15, 18. Amos 1, 11. Ps. 16, 11; *gänzlich* Ps. 13, 2; ebenso לָנֶצַח *auf immer* Ps. 9, 7. 19. Hiob 4, 20; *gänzlich* Hiob 20, 7; mit der Negation *nimmermehr* Ps. 49, 20.

[נִצָּח] adj. f. נִצַּחַת *dauernd, gänzlich* Jer. 8, 5.

נְצִיב m. pl. נְצִבִים—נְצִיבִים 1) *Stehendes, Aufgerichtetes,* dah. *Säule* Gen. 19, 26. 2) *Beamter, Vorsteher* 1 Kön. 4, 19. 2 Chr. 8, 10 Ktib; *Posten, Besatzung* 1 Sam. 10, 5. 2 Sam. 8, 6. 14. 3) n. pr. Stadt in Juda Jos. 15, 43.

נְצִיחַ n. pr. m. Esra 2, 54. Neh. 7, 56.

[נָצִיר] m. pl. נְצִירִים *Geretteter* Jes. 49, 6 Ktib (das Kri נְצוּרִים ist part. II v. נָצַר).

***[נָצַל]** Nifal pf. 1 pl. נִצַּלְנוּ; fut. יִנָּצֵל; imp. הִנָּצֵל *sich herausreissen, flüchten* Deut. 23, 16. Amos 3, 12. Spr. 6, 3. 5; *gerettet werden* Gen. 32, 31. 2 Kön. 19, 11. Jes. 20, 6. Jer. 7, 10. Ps. 69, 15.

Piel pf. 2 pl. נִצַּלְתֶּם; fut. pl. יְנַצְּלוּ *ausräumen* Ex. 3, 22. 12, 36; *Beute machen* 2 Chr. 20, 25; *retten* Ezech. 14, 14.

Hifil pf. הִצִּיל; fut. וַיַּצֵּל—יַצֵּל, suff. יַצִּילְךָ—יַצִּלֶךָּ; inf. הַצֵּל ,הַצִּיל; imp. הַצֵּל, suff. הַצִּילֵנִי; part. מַצִּיל *herausreissen, fortnehmen* Gen. 31, 9. 16. 1 Sam. 17. 35. 30, 22. Hos. 2, 11. Spr. 19, 19; *entziehen* Ps. 119, 43; *befreien* Ex. 6, 6; *schützen* Ex. 2, 19. Num. 35, 25. Deut. 32, 39. Ezech. 34, 10. Micha 5, 5; *beistehen* Deut. 25, 11. Richt. 11, 26. 18, 28; gewöhnlich *retten* Ex. 18, 10. Gen. 32, 12; meist mit acc. der Person und מִן (מִיַּד) dessen, *wovor* man *schützt, rettet* u. s. w.; mit לְ der Person Jona 4, 6. אֵין מַצִּיל בֵּינֵיהֶם *keiner war da, sie gegen einander zu schützen* 2 Sam. 14, 6; *sich entziehen* 2 Sam. 20, 6.

Hofal part. מֻצָּל *herausgerissen, gerettet* Amos 4, 11. Zach. 3, 2.

Hitp. fut. וַיִּתְנַצְּלוּ *sich etwas abnehmen* mit acc. Ex. 33, 6.

[נְצַל] aram. inf. הַצָּלָה, suff. הַצָּלוּתֵהּ; part. מַצִּל *retten* Dan. 3, 29. 6, 15. 28.

[נִצָּן] m. pl. נִצָּנִים *Blüthe* Hohel. 2, 12.

נָצַץ* part. נֹצֵץ *glänzen, schimmern* Ezech. 1, 7.

נָצַק s. יָצַק.

נָצַר* pf. 3 sg. f. suff. נְצָרַתֶם, part. II f. cs. נְצֻרַת; fut. יִצֹּר, suff. יִצְּרֶנְהוּ, 3 f. תִּצֹּר, suff. תִּנְצְרֶךָּ; 2 sg. m. תִּצֹּר, suff. תִּצְּרֵנִי—תִּנְצְרֵנִי, תִּצְּרֶנּוּ, 1 sg. אֶצֹּר—אֶצְּרָה, suff. אֶצָּרְךָ, אֶצְּרֶנָּה—אֶצְּרֶנְהוּ, 3 pl. יִצְּרוּ—יִנְצֹרוּ, suff. יִצְּרוּנִי, יִנְצְרוּנִי; inf. נְצֹר; imp. נְצֹר—נִצְּרָה, suff. נְצָרֶהָ 1) *bewahren, behüten,* meist dichterisch Deut. 32, 10. 33, 9. Jes. 27, 3. 42, 6. 49, 6 Kri. Ps. 12, 8. 25, 21. 32, 7. 34, 14. 64, 2. 119, 33. 69. 129. 145. 140, 2. 141, 3. Spr. 2, 8. 11. 3, 1. 4, 13. 13, 6. 20, 28. נֹצְרִים *Wächter* Jer. 31, 6. מִגְדַּל נוֹצְרִים *Wachtthurm* 2 Kön. 17, 9. 18, 8. 2) *einschliessen, belagern* Jes. 1, 8 (vgl. נְצוּרָה) Jer. 4, 16. Ezech. 6, 12. נְצוּרִים *enger Ort, Schlucht* Jes. 65, 4. נְצֻרוֹת *Verborgenes* Jes. 48, 6. נְצֻרַת־לֵב *verstockten Herzens* Spr. 7, 10.

נֵצֶר m. *Zweig, Spross* Jes. 11, 1. 14, 19. 60, 21.

נָצַת s. יָצַת.

נְקֵא aram. adj. *rein* Dan. 7, 9.

נָקַב* fut. יִקֹּב—יִנְקֹב, suff. יִקְּבֶנּוּ, 2 sg. תִּקֹּב; inf. suff. נָקְבוֹ; imp. נָקְבָה [vgl. קָבַב] 1) *bohren, durchbohren* 2 Kön. 12, 10. 18, 21. Jes. 36, 6. Hab. 3, 14. Hag. 1, 6. Hiob 40, 24. 26. 2) *benennen* Amos 6, 1; *bezeichnen* Gen. 30, 28. Jes. 62, 2. 3) *lästern* Lev. 24, 11. 16.

Nifal pf. 3 pl. נִקְּבוּ *verzeihnet werden* Num. 1, 17. Esra 8, 20. 1 Chr. 12, 31. 2 Chr. 28, 15.

[נֶקֶב] m. pl. suff. נְקָבֶיךָ 1) (wahrscheinlich) musikalisches Instrument, viell. *Flöte* Ezech. 28, 13. 2) n. pr. Stadt in Naftali Jos. 19, 33.

נְקֵבָה f. *Weib, Weibliches,* von Menschen und Thieren Gen. 1, 27. 6, 19. Deut. 4, 16. Jer. 31, 22.

נָקֹד adj. pl. נְקֻדִּים, f. נְקֻדּוֹת *mit Punkten versehen, punktirt, gefleckt* Gen. 30, 32. 35. 31, 8.

[נִקֻּד] m. pl. נִקֻּדִים 1) *Brodkrume* (n. A. *schimmlicht*) Jos. 9, 5. 12. 2) eine Art *Kuchen* 1 Kön. 14, 3.

נֹקֵד m. pl. נֹקְדִים *Schafzüchter* 2 Kön. 3, 4. Amos 1, 1.

[נְקֻדָּה] f. pl. נְקֻדּוֹת *Punkt* Hohel. 1, 11 (vgl. נָקֹד).

נָקָה* inf. abs. נָקֹה *frei ausgehen* Jer. 49, 12.

Nifal pf. נִקָּה, f. נִקְּתָה, ps. נִקָּתָה, 2 sg. נִקִּיתָ, 1 sg. נִקֵּיתִי; fut. יִנָּקֶה; inf. abs. הִנָּקֵה; imp. f. הִנָּקִי *für rein* (in sittlicher Beziehung), *straflos erklärt werden, frei ausgehen* Gen. 24, 8. 41. Ex. 21, 19. Num. 5, 19. 28. 31. Richt. 15, 3. Jer. 25, 29. 49, 12. Ps. 19, 14. Spr. 6, 29; *ausgeleert sein* Jes. 3, 26.

Piel pf. 1 sg. נִקֵּיתִי; fut. יְנַקֶּה, 2 sg. suff. תְּנַקֵּנִי, תְּנַקֵּהוּ, 1 sg. suff. אֲנַקֶּךָּ; inf. abs. נַקֵּה; imp. suff. נַקֵּנִי *für unschuldig, straflos erklären, straflos lassen* Ex. 20, 7. 1 Kön. 2, 9. Jer. 30, 11. Joel 4, 21. Ps. 19, 13. Hiob 9, 28.

נְקוֹדָא (*Hirt*) n. pr. m. Esra 2, 48. Neh. 7, 50.

נָקַח s. לָקַח.

נָקַט s. קוּט.

נָקִי—נָקִיא (Joel 4, 19. Jona 1, 14) adj. cs. נְקִי, pl. נְקִיִּם—נְקִיִּים *rein, schuldlos, straffrei* Gen. 24, 41. 44, 10. Num. 32, 22. Jos. 2, 17. Ps. 24, 4. Hiob 9, 23. דָּם נָקִי *unschuldiges* (d. h. mit Unrecht vergossenes) *Blut* Deut. 19, 10. 21, 8; überhaupt *frei von Lasten* Deut. 24, 5. 1 Kön. 15, 22.

נִקָּיוֹן m. cs. נִקְיוֹן 1) *Reinheit, Lauterkeit* Gen. 20, 5. Hos. 8, 5. Ps. 26, 6. 73, 13. 2) *Leere,* daher נִקְיוֹן שִׁנַּיִם *Hunger* Amos 4, 6.

נָקִיק m. cs. נְקִיק, pl. cs. נְקִיקֵי *Höhlung, Spalte* Jes. 7, 19. Jer. 13, 4. 16, 16.

*__נָקַם__ fut. יִקֹּם; inf. cs. נְקֹם; imp. נְקֹם *rächen, strafen* Ex. 21, 20; meist mit Obj. נָקָם oder נְקָמָה *die Rache (Strafe) für Jemanden vollziehen, Jemanden rächen* Lev. 26, 25. Num. 31, 2. Ezech. 24, 8; oder mit accusativ der Sache oder der Person, die *gerächt wird* Deut. 32, 43. 1 Sam. 24, 13; die Person, *an der* die Rache vollzogen wird, gewöhnlich mit מִן, selten im acc. Lev. 19, 18. Jos. 10, 13; mit לְ Ezech. 25, 12. נֹקֵם *rächend, strafend* Nah. 1, 2; mit עַל der Sache Ps. 99, 8.

Nifal pf. נִקַּמְתִּי, pl. נִקְּמוּ; fut. יִנָּקֵם *sich rächen an* Jemand. mit בְּ Richt. 15, 7. 1 Sam. 18, 25. Jer. 50, 15. Ezech. 25, 12; mit מִן 1 Sam. 14, 24. Jes. 1, 24. Jer. 46, 10. Est. 8, 13; verstärkt durch נָקָם Richt. 16, 28. Ezech. 25, 15; *die Rache vollziehen für* Jemand. mit לְ Jer. 15, 15; *bestraft werden* Ex. 21, 20.

Piel pf. נִקַּמְתִּי *rächen* mit acc. (und מִן) 2 Kön. 9, 7. Jer. 51, 36.

Pual יֻקַּם *gerächt werden* Gen. 4, 15. 24; *bestraft werden* Ex. 21, 21.

Hitp. *sich rachsüchtig zeigen* Jer. 5, 9. 29. 9, 8; part. *Rachsüchtiger* Ps. 8, 3. 44, 17.

נָקָם m. cs. נְקַם *Rache, Vergeltung* Deut. 32, 35. 41. Jes. 61, 2. Ps. 58, 11. נְקַם בְּרִית *Strafe für den* (gebrochenen) *Bund* Lev. 26, 25. נְקַם־אַחַת *einmalige Rache* (wo פַּעַם zu ergänzen) Richt. 16, 28.

נְקָמָה f. cs. נִקְמַת, suff. נִקְמָתִי, pl. נְקָמוֹת *Rache, Vergeltung* Jer. 51, 6. Ps. 94, 1. עָשָׂה נְקָמָה oder נָתַן *Rache vollziehen an* ... mit בְּ Num. 31, 3. Ezech. 25, 14. 17. Ps. 149, 7; dasselbe durch נָקַם נְקָמָה oder לָקַח mit מִן Num. 31, 2. Jer. 20, 10.

נָקַע (Nebenform v. יָקַע) nur pf. *sich wegwenden von etwas* mit מִן oder מֵעַל Ezech. 23, 18. 22. 28.

*__נָקַף__ fut. 3 pl. יִנְקֹפוּ *im Kreise herumgehen* Jes. 29, 1.

Piel נִקֵּף *umhauen* Jes. 10, 34; *zerstören* Hiob 19, 26.

Hifil pf. הִקִּיף, הִקַּפְתֶּם; fut. וַיַּקֵּף, pl. תַּקִּפוּ; inf. הַקִּיף—הַקֵּף *im Kreise umgeben, umziehen,* gewöhnl. mit acc. Jos. 6, 3. 11. Ps. 22, 17. 48, 13. 2 Chr. 23, 7; *umspannen* 1 Kön. 7, 24; *umringen* mit dopp. acc. Klagel. 3, 5 (wo אֹתִי zu ergänzen); mit אֶל d. Pers. 2 Kön. 11, 8; mit עַל 2 Kön. 6, 14. Ps. 17, 9. 88, 18 und noch acc. d. Sache Hiob 19, 6; *rund abscheeren* Lev. 19, 27; intrans. *umlaufen* (von der Zeit) Hiob 1, 5.

נֹקֶף m. *das Abschlagen* (der Oliven) Jes. 17, 6. 24, 13.

נִקְפָּה f. *Strick* Jes. 3, 24.

*__נָקַר__ fut. 3 pl. suff. יִקְּרוּהָ; inf. נְקוֹר *ausstechen, ausbohren* 1 Sam. 11, 2. Spr. 30, 17.

Piel pf. נִקַּר; fut. תְּנַקֵּר *ausstechen* Num. 16, 14. Richt. 16, 21; *durchbohren* Hiob 30, 17.

Pual pf. נֻקַּרְתֶּם *ausgebohrt werden* Jes. 51, 1.

[נְקָרָה] f. cs. נִקְרַת, pl. cs. נִקְרוֹת *Höhlung* Ex. 33, 22. Jes. 2, 21.

*__נָקַשׁ__ part. נוֹקֵשׁ *sich verstricken* Ps. 9, 17.

Nifal fut. 2 sg. תִּנָּקֵשׁ *verstrickt, verführt werden* Deut. 12, 30.

Piel fut. יְנַקֵּשׁ *Schlingen legen* Ps. 38, 13; mit לְ Ps. 109, 11.

Hitp. part. מִתְנַקֵּשׁ *nachstellen* 1 Sam. 28, 9.

נְקַשׁ aram. part. f. pl. נָקְשָׁן *an einander schlagen* Dan. 5, 6.

נֵר m. suff. נֵרִי, pl. נֵרוֹת, suff. נֵרֹתֶיהָ, נֵרֹתֵיהֶם 1) *Leuchter, Lampe* Ex. 25, 37. 27, 20. 1 Sam. 3, 3. Spr. 31, 18. 1 Chr. 28, 15; bildlich für *Glück* u. dgl. Spr. 13, 9. Hiob 21, 17. 29, 3. 2) n. pr. Vater des Abner 1 Sam. 14, 50. 51 (und nach 1 Chr. 8, 33. 9, 39 des Kisch).

נִר m. (= נִיר) *Acker* Spr. 21, 4.

נֵרְגַל n. pr. einer assyr. Gottheit 2 Kön. 17, 30.

נֵרְגַל שַׂרְאֶצֶר (*Neriglissar*) n. pr. 1) eines Obersten der Magier unter Nebukadnezar Jer. 39, 3. 13. 2) eines Kriegsobersten Jer. 39, 3.

נִרְגָּן m. (eig. part. Nifal v. רָגַן s. d.) *Klätscher, Verleumder* Spr. 16, 28. 18, 8. 26, 20. 22.

נֵרְדְּ m. suff. נִרְדִּי, pl. נְרָדִים *Narde,* indische Grasart, woraus wohlriechendes Oel bereitet wurde Hohel. 1, 12. 4, 13. 14.

נֵרִיָּה (*Leuchte Gottes*) n. pr. Vater des Baruch Jer. 32, 12. 36, 4. 2) Jer. 51, 59.

*__נָשָׁא__ pf. 3 sg. f. suff. נְשָׁאַתְנִי, 2 sg. f. suff. נְשָׂאתִים (Ezech. 16, 58), 3 pl. נָשׂוּא—נָשְׂאוּ (Ps. 139, 20) — נָשׂוּ (Ezech. 39, 26); part. f. נֹשְׂאת—נֹשֵׂאת; part. II cs. נְשׂוּי—נְשָׂא—נְשׂוּא (Ps. 32, 1); fut. יִשָּׂא, suff. יִשָּׂאֶהָ—יִשָּׂאֶנָּה; pl. יִשְׂאוּ, ps. יִשָּׂאוּ, suff. יִשָּׂאֻנוּ יִשָּׂאוּנְךָ, 3 pl. f. תִּשֶּׂאנָה—תִּשֶּׂנָה, 2 pl. f. תִּשֶּׂאינָה (Ezech.

23, 49); inf. cs. שׂוֹא—נְשֹׂא (Ps. 89, 10)—שְׂאֵת, לְשֵׂאת ,בְּשֵׂאֵת, suff. שְׂתוֹ ,נְשֹׂאִי—שְׂאֵתִי (Hiob 41, 17); imp. נְשָׂא—שָׂא—נְשָׂה—נְסָה (Ps. 4, 7), suff. שָׂאֵהוּ, f. שְׂאִי, pl. שְׂאוּ, suff. שָׂאוּנִי 1) *heben, aufheben* Gen. 7, 17. Ezech. 3, 14; *erheben* das *Auge* Gen. 13, 14. Ps. 123, 1; die *Hand* als Zeichen des Schwures Ex. 6, 8. Num. 14, 30. Deut. 32, 40. Neh. 9, 15; des Gebets Ps. 28, 2. Klagel. 2, 19; der Hülfe Ezech. 20, 6. Ps. 10, 12; der Feindseligkeit mit בְּ *gegen* 2 Sam. 18, 28. 20, 21; mit לְ Ps. 106, 26; das *Haupt* als Zeichen der Kraft Richt. 8, 28. Zach. 2, 4. Ps. 83, 3. Hiob 10, 15; bildlich von den Pforten, die sich *aufthun* Ps. 24, 7; *das Haupt eines Andern erheben* heisst entweder *seiner wahrnehmen* Gen. 40, 13. 20. 2 Kön. 25, 27 oder eine *Zählung vornehmen* Ex. 30, 12. Num. 4, 2 (vgl רֹאשׁ); dafür auch נָשָׂא מִסְפָּר 1 Chr. 27, 23; *sein Angesicht* (*Auge*) *erheben* = *sich Jemd. zuwenden* mit אֶל Num. 6, 26. Ezech. 9, 32. Hos. 4, 8 (ähnlich mit אוֹר פָּנֶי Ps. 4, 7) oder ist ein Bild *der Zuversicht* 2 Sam. 2, 22. Hiob 11, 15; mit Auslassung von פָּנִים Gen. 4, 7 (Gegensatz von נָפַל); *das Angesicht eines Andern erheben* = *ihn freundlich aufnehmen* Gen. 32, 21. Mal. 1, 8. Hiob 42, 9 oder *ihn hochachten*, *Rücksicht nehmen auf ihn*, *parteiisch sein für ihn* Gen. 19, 21. Lev. 19, 15. Deut. 10, 17. Mal. 2, 9. Ps. 82, 2. Spr. 6, 35. 18, 5. Hiob 13, 8. 32, 21. 34, 19. Klagel. 4, 16; daher נְשֹׂא פָנִים *hochgeachtet, angesehen* 2 Kön. 5, 1. Jes. 3, 3. 9, 14. Hiob 22, 8; mit obj. נַפְשׁוֹ oder דֵּעוֹ (Hiob 36, 3) *sich im Geiste zu Jemd. erheben* Ps. 25, 1. 86, 4. 143, 8, oder als Bild des Wunsches Ps. 24, 4 (נַפְשׁוֹ Ktib). Spr. 19, 18; die *Stimme erheben* Gen. 27, 38. Richt. 9, 7. Ps. 93, 3 und oft mit mit Auslassung von קוֹל *laut sprechen, aufschreien* Num. 14, 1. Jes. 3, 7. 42, 2. 11. Hiob 21, 12, daher נָשָׂא dann übersetzt wird: *aussprechen*: z. B. eine Schmähung Ps. 15, 3; eine Beschuldigung Lev. 19, 17; ein falsches Gerücht Ex. 23, 1; ein Gebet Jes. 37, 4; eine Klage Jer. 7, 29. Ezech. 19, 1. 26, 17. Amos 5, 1; eine Gleichnissrede Num. 24, 3. Micha 2, 4. Hiob 27, 1; ein Lied Ps. 81, 3; eine Prophezeiung 2 Kön. 9, 25; eine Beschwörung 1 Kön. 8, 31; besonders in der Redensart: *den Namen Gottes aussprechen*, d. h. *schwören* Ex. 20, 7. Ps. 16, 4. 24, 4 (wo נַפְשִׁי Kri=שְׁמִי). 139, 20; ähnlich vom Bunde *reden* Ps. 50, 16; Zank *hervorrufen* Hab. 1, 3; ferner *nehmen, aufnehmen* Gen. 21, 18. 27, 3. 2 Kön. 4, 36. 9, 25. Jona 1, 12. Ps. 24, 5. 2) *tragen* Gen. 44, 1. Ex. 19, 4. 27, 7. Lev. 10, 4. Num. 11, 12. 13, 23. 1 Kön. 10, 22. Jes. 22, 6. Amos 5, 26. Ps. 91, 12. Klagel. 5, 13. נֹשֵׂא כֵלִים *Waffenträger* 1 Sam. 16, 21. נְשֻׂאֹתֵיכֶם *die von euch getragenen* (Götzen) Jes. 46, 1; mit בְּ *an* etwas *tragen* (*helfen*) Num. 11, 17. Ezech. 18, 19. 20. Neh. 4, 11; *ertragen, dulden* Gen. 13, 6. Deut. 1, 9. 11. Jes. 1, 14. Ps. 55, 13. 89, 51. Hiob 21, 3; *tragen, auf sich nehmen* Schmach Ezech. 39, 26. Ps. 69, 8; eine Strafe Jes. 53, 4. 12; Schuld Ex. 28, 38. Num. 14, 33. Ezech. 4, 5. 16, 58 (wo עָוֹן zu ergänzen); überhaupt נָשָׂא עָוֹן *eine Schuld büssen* Lev. 5, 1. 24, 15. נָשָׂא חֵן *Gunst finden* Est. 2, 15. 5, 2; *bringen* Deut. 28, 49. 1 Kön. 10, 11. 22. 1 Chr. 18, 2; *heimführen* ein Weib, *heirathen* 2 Chr. 11, 21. 3) *forttragen, fortbringen* Gen. 47, 30. Ex. 10, 19. Lev. 16, 22. 1 Sam. 17, 34. 2 Sam. 14, 14. 2 Kön. 2, 16. Ps. 102, 11; *erbeuten* 1 Chr. 18, 11; *fortnehmen* Num. 16, 15; mit subj. לֵב *fortreissen, bewegen* Ex. 35, 26. 2 Kön. 14, 10; mit dem obj. עָוֹן oder חֵטְא u. dergl. die Sünde *fortnehmen* d. h. *verzeihen* Gen. 4, 13. Ex. 10, 18. 32, 32. 34, 7. Num. 14, 18. 1 Sam. 15, 25. Micha 7, 18. Ps. 32, 5. 85, 3; mit לְ der Sünde Gen. 50, 17. 1 Sam. 25, 28. Ps. 25, 18; oft bleibt עָוֹן u. dgl. aus, so dass נָשָׂא überhaupt *verzeihen* heisst mit לְ d. Person Gen. 18, 24. 26. Num. 14, 19. Hos. 1, 6. Ps. 99, 8. נֹשֵׂא עָוֹן Jes. 33, 24 oder נְשׂוּי פֶּשַׁע Ps. 32, 1 *einer, dem die Sünde verziehen ist*.

Nifal pf. u. part. נִשָּׂא, f. נִשֵּׂאת, fut. יִנָּשֵׂא; 3 pl. יִנָּשְׂאוּ—יִנָּשׂוּא (Jer. 10, 5), fem. תִּנָּשֶׂאנָה. 1) *sich erheben* Jes. 33, 10. Ps. 7, 7; *erhöht werden* Jes. 40, 4. 2 Chr. 32, 23; part. *hoch, erhaben* Jes. 2, 2. 13. 14. 30, 25. 1 Chr. 14, 2. נִשֵּׂאת *das Dargebrachte, Geschenk* 2 Sam. 19, 43. 2) *getragen werden* Ex. 25, 28. Jes. 66, 12. Zach. 5, 7. 3) *fortgebracht werden* 2 Kön. 20, 17.

Piel pf. נִשֵּׂא (2 Sam. 5, 12)—נִשָּׂא (2 Sam. 19, 43. 1 Kön. 9, 11. Amos 4, 2), suff. נִשְּׂאוֹ; fut. 3 sg. suff. יְנַשְּׂאֵהוּ; imp. suff. נַשְּׂאֵם 1) *erhöhen, gross machen* 2 Sam. 5, 12. Jes. 63, 9. Ps. 28, 9. Est. 3, 1. 5, 11; *unterstützen* 1 Kön. 9, 11. Esra 1, 4. 2) *bringen* 2 Sam. 19, 43. 3) *forttragen* Amos 4, 2; mit נֶפֶשׁ *sich nach etwas sehnen* Jer. 22, 27.

Hifil pf. pl. הִשִּׂיאוּ *tragen lassen* (eine Schuld) Lev. 22, 16; *herbeibringen* 2 Sam. 17, 13.

Hitp. fut. ps. יִתְנַשֵּׂא, 3 sg. f. תִּנַּשֵּׂא, 3 pl. יִנַּשְּׂאוּ *sich erheben* Num. 16, 3. 23, 24. Ezech. 29, 15. Spr. 30, 32. Dan. 11, 14; *erhöht werden* Num. 24, 7.

נְשָׂא aram. imp. שָׂא *forttragen* Dan. 2, 35. Esra 5, 15.

Itp. part. f. מִתְנַשְּׂאָה *sich erheben* Esra 4, 19.

נְשָׂא s. נָשִׂיא.

נְשָׂאָה s. נָשָׂא.

נִשֵּׂאת s. נָשָׂא Nifal.

*[נָשַׂג] Hifil הִשִּׂיג, fut. וַיַּשֵּׂג—יַשִּׂיג; inf. הַשֵּׂג; part. f. מַשֶּׂגֶת 1) *erreichen, einholen* Gen. 31, 25. 44, 4. 47, 9. 1 Sam. 30, 8. יָדוֹ הִשִּׂיגָה *sein Vermögen reicht aus* Lev. 5, 11. 14, 21. 2) (= הִסִּיג) (den Grenzstein) *verrücken* Hiob 24, 2.

נְשָׂה s. נָשָׂא.

נָשִׂיא m. cs. נְשִׂיא, pl. נְשִׂאִים—נְשִׂיאִים, cs. נְשִׂיאֵי, suff. נְשִׂיאֵהֶם 1) *Fürst* Gen. 23, 6. Ex. 16, 22. 22, 27. Num. 1, 44. 17, 17. 2) *Wolke* Jer. 10, 13. 51, 16. Ps. 135, 7. Spr. 25, 14.

*[נָשַׂק] Nifal pf. 3 sg. f. נִשְּׂקָה *entzündet werden* Ps. 78, 21.

Hifil pf. pl. הִשִּׂיקוּ; fut. יַשִּׂיק *heizen* Jes. 44, 15. Ezech. 39, 9.

*נָשָׁא [vergl. נָשָׁה] inf. abs. נָשֹׁא; part. נֹשֵׁא, pl. נֹשְׁאִים 1) *drängen, verstossen* Jer. 23, 39. 2) *darleihen* mit בְּ Jes. 24, 2. Neh. 5, 7; daher part. *Gläubiger, Schuldherr* 1 Sam. 22, 2.

Nifal pf. pl. נִשְּׁאוּ *verlockt werden* Jes. 19, 13.

Hifil pf. pl. הִשִּׁיא, suff. הִשִּׁיאַנִי, 2 sg. הִשֵּׁאתָ; fut. יַשִּׁיא (Ps. 55, 16 Kri), suff. יַשִּׁאֲךָ, pl. יַשִּׁאוּ ,תַּשִּׁאוּ 2) *verführen, verlocken* mit acc. Gen. 3, 13. 2 Kön. 19, 10. Jer. 37, 9. 49, 16. Obadj. 1, 3. 7; mit לְ 2 Kön. 18, 29. Jer. 4, 10. 29, 8; *bedrängen* mit בְּ Ps. 89, 23; mit עַל Ps. 55, 16.

*נָשַׁב *anwehen* mit בְּ Jes. 40, 7.

Hifil fut. יַשֵּׁב *wehen lassen* Ps. 147, 18; (durch Wehen) *verscheuchen* Gen. 15, 11.

*נָשָׁה I [vgl. נָשָׁא] pf. נָשִׁיתִי, part. נֹשֶׁה 1) *bedrängen* Jer. 23, 39. 2) *borgen, darleihen* mit בְּ Deut. 24, 11. Jer. 15, 10. Jes. 24, 2. Neh. 5, 10; part. *Gläubiger, Schuldherr* Ex. 22, 24. Jes. 50, 1.

Hifil fut. יַשֶּׁה, part. cs. מַשֵּׁה *darleihen* mit בְּ d. Pers. u. acc. d. Sache Deut. 15, 2. 24, 10.

*נָשָׁה II pf. נָשִׁיתִי; fut. 2 sg. תֶּשִׁי (= תִּנְשֶׁה) *vergessen* Deut. 32, 18. Klagel. 3, 17.

Nifal fut. 2 sg. suff. תִּנָּשֵׁנִי *vergessen* Jes. 44, 21.

Piel pf. 3 sg. suff. נַשַּׁנִי (st. נִשַּׁנִי) *vergessen machen* Gen. 41, 51.

Hifil pf. 3 sg. suff. הִשָּׁהּ *vergessen machen* Hiob 39, 17; *übersehen* Hiob 11, 6.

נָשֶׁה m. nur in גִּיד הַנָּשֶׁה *die zu dem Hüftnerv führende Sehne* Gen. 32, 33.

נְשִׁי m. suff. נִשְׁיֵךְ (Kri)—נְשִׁיְכִי (Ktib) *Schuld* 2 Kön. 4, 7.

נְשִׁיָּה f. *Vergessenheit* Ps. 88, 13.

נָשִׁים s. אִשָּׁה.

[נְשִׁיקָה] f. pl. נְשִׁיקוֹת *Kuss* Spr. 27, 6. Hohel. 1, 2.

*נָשַׁךְ pf. 3 sg. suff. נְשָׁכוֹ ,נְשָׁכָם; fut. יִשֹּׁךְ, ps. יִשָּׁךְ, suff. יִשְּׁכֶנּוּ 1) *beissen* Gen. 49, 17. Num. 21, 8. 9. Amos 5, 19. 9, 3. Micha 3, 5. Spr. 23, 32. Koh. 10, 8. 11. 2) *bedrücken* Hab. 2, 7; *wuchern* Deut. 23, 20.

Piel pf. נִשְּׁכוּ; fut. יְנַשְּׁכוּ *beissen* Num. 21, 6. Jer. 8, 17.

Hifil fut. תַּשִּׁיךְ *um Zinsen leihen* Deut. 23, 20. 21.

נֶשֶׁךְ m. *Zins, Wucher* Ex. 22, 24. Lev. 25, 36. Deut. 23, 20. Ezech. 18, 8. Ps. 15, 5. Spr. 28, 8.

נִשְׁכָּה f. suff. נִשְׁכָּתוֹ, pl. נְשָׁכוֹת *Zelle, Kammer* Neh. 3, 30. 12, 44. 13, 7 (vgl. לִשְׁכָּה).

*נָשַׁל fut. יִשַּׁל; imp. שַׁל 1) *ausziehen* Ex. 3, 5. Jos. 5, 15; *vertreiben* Deut. 7, 1. 22; *abwerfen* (die Früchte) Deut. 28, 40. 2) intrans. *herausfahren* Deut. 19, 5.

Piel fut. יְנַשֵּׁל *vertreiben* 2 Kön. 16, 6.

*נָשַׁם fut. אֶשֹּׁם *heftig athmen, schnauben* Jes. 42, 14.

[נִשְׁמָא] aram. f. suff. נִשְׁמְתָךְ *Lebenshauch, Leben* Dan. 5, 23.

נְשָׁמָה f. cs. נִשְׁמַת, suff. נִשְׁמָתִי, pl. נְשָׁמוֹת 1) *Hauch* Hiob 37, 10; *Zornhauch* Jes. 30, 33; *Lebenshauch, Athem* Gen. 2, 7. 7, 22. Jes. 2, 22. 42, 5. Dan. 10, 17. 2) *Seele* Jes. 57, 16. Spr. 20, 27. Hiob 34, 14; *beseeltes Wesen, Lebendes* Deut. 20, 16. Jos. 11, 11. 14. Ps. 150, 6.

*נָשַׁף *blasen* Ex. 15, 10; *anblasen* mit בְּ Jes. 40, 24.

נֶשֶׁף m. ps. נָשֶׁף, suff. נִשְׁפּוֹ *Dämmerung*, sowohl von der Abenddämmerung 2 Kön. 7, 7.

Hiob 24, 15, als der Morgendämmerung 1 Sam. 30, 17. Hiob 7, 4; überhaupt *Nacht, Dunkelheit* Jes. 5, 11. 59, 10. Jer. 13, 16. Hiob 3, 9.

*נָשַׁק fut. יִשַּׁק, suff. יִשָּׁקֵהוּ, 1 sg. אֶשָּׁקָה, pl. יִשָּׁקוּ, ps. יִשָּׁקוּן; inf. לִנְשֹׁק; imp. שְׁקָה 1) *küssen,* gewöhnlich mit לְ Gen. 27, 26. 27. 29, 11. 48, 10. 50, 1. 2 Sam. 15, 5. 20, 9; mit acc. Gen. 33, 4. 1 Sam. 20, 41. Hohel. 1, 2. 8, 1; als Zeichen der Verehrung oder Huldigung Gen. 41, 40. 1 Kön. 19, 18. Hos. 13, 2. Hiob 31, 27. 2) *sich rüsten* Ps. 78, 9. 1 Chr. 12, 2. 2 Chr. 17, 17.

Piel fut. יְנַשֵּׁק; inf. נַשֵּׁק; imp. pl. נַשְּׁקוּ *küssen* mit לְ Gen. 29, 13. 31, 28. 32, 1. 45, 15; als Zeichen der Huldigung mit acc. Ps. 2, 12.

Hifil part. pl. f. מַשִּׁיקוֹת *dicht berühren* Ezech. 3, 13.

נֶשֶׁק—נֵשֶׁק m. ps. נָשֶׁק *Rüstung, Waffen* 1 Kön. 10, 25. 2 Kön. 10, 2. Jes. 22, 8 (vergl. יַעַר). Ezech. 39, 10; *Rüsthaus, Zeughaus* Neh. 3, 19. יוֹם נָשֶׁק *Schlachttag* Ps. 140, 8.

נֶשֶׁר m. ps. נָשֶׁר, pl. נְשָׁרִים, cs. נִשְׁרֵי *Adler* Lev. 11, 13. Deut. 14, 12. Ezech. 1, 10; als Bild der Schnelligkeit Ex. 19, 4. 2 Sam. 1, 23. Jer. 4, 13; der Macht Ezech. 17, 7; der Verjüngung Ps. 103, 5 u. s. w.

נְשַׁר aram. m. pl. נִשְׁרִין *Adler* Dan. 4, 30. 7, 4.

*נָשַׁת pf. 3 sg. f. נָשְׁתָה, ps. נָשָׁתָּה *verlechzen, verkommen* Jes. 41, 17. Jer. 51, 30.

Nifal pf. 3 pl. נִשְּׁתוּ *versiegen* Jes. 19, 5.

נִשְׁתְּוָן m. *Brief, Schrift* Esra 4, 7. 7, 11.

נִשְׁתְּוָן aram. m. emph. נִשְׁתְּוָנָא *Brief, Schrift* Esra 4, 18. 23. 5, 5.

נְתִבָה s. נְתִיבָה.

[נְתוּן Ktib für נְתִין s. d.].

*[נָתַח] Piel נִתַּח; fut. יְנַתַּח, ps. תְּנַתֵּחַ *in Stücke zerlegen, zerstücken* Richt. 19, 29. 20, 6. 1 Sam. 11, 7; meist in der Opfersprache üblich Lev. 1, 6. 12. 8, 20.

נֵתַח m. pl. נְתָחִים, suff. נְתָחָיו *Stück, Glied* Ex. 29, 17. Lev. 1, 8. Richt. 19, 29. Ezech. 24, 4.

נָתִיב m. cs. נְתִיב *Weg, Pfad* (dichterisch) Ps. 78, 50. 119, 35. Hiob 18, 10. 28, 7. 41, 24.

נְתִיבָה f. suff. נְתִיבָתִי, pl. נְתִבוֹת—נְתִיבוֹת, suff. נְתִיבוֹתֵיהֶם *Weg, Pfad* (dichterisch, in ähnlichen Uebertragungen wie דֶּרֶךְ) Richt. 5, 6. Jes. 59, 8. Jer. 6, 16. Hos. 2, 8. Ps. 142, 4. Spr. 7, 25. Hiob 30, 13.

[נָתִין] m. pl. נְתִינִים (wofür Ktib נְתוּנִים Esra 8, 17) eigentl. *Geweihete,* d. h. *Tempeldiener* Esra 2, 70. 8, 20. Neh. 7, 60. 11, 21. 1 Chr. 9, 2.

[נְתִין] aram. pl. emph. נְתִינַיָּא *Tempeldiener* Esra 7, 24.

*נָתַךְ fut. 3 sg. f. תִּתַּךְ, 3 pl. יִתְּכוּ *sich ergiessen* (bildlich von Zorn und dergl.) Jer. 42, 18. 44, 6. Hiob 3, 24. Dan. 9, 11. 27. 2 Chr. 12, 7. 34, 25.

Nifal pf. נִתַּךְ, fem. נִתְּכָה, 2 pl. נִתַּכְתֶּם, part. f. נִתֶּכֶת *sich ergiessen* Ex. 9, 33. 2 Sam. 21, 10. Jer. 7, 20. 42, 18. Nah. 1, 6. 2 Chr. 34, 21; *geschmolzen werden* Ezech. 22, 21. 24, 11.

Hifil pf. הִתִּיךְ; fut. 2 sg. suff. תַּתִּיכֵנִי, 3 pl. יַתִּיכוּ; inf. הַנְתִּיךְ *schmelzen* (trans.) Ezech. 22, 20; *zerrinnen lassen* Hiob 10, 10; *ausschütten* 2 Kön. 22, 9. 2 Chr. 34, 17.

Hofal fut. 2 pl. תֻּתְּכוּ *geschmolzen werden* Ezech. 22, 22.

*נָתַן pf. 1 sg. נָתַתִּי, ps. נָתָתִּי, 2 sg. נָתַתָּ—נָתַתָּה (2 Sam. 22, 41), suff. נְתַתָּנִי, 1 pl. נָתַנּוּ, suff. נְתַנּוּךָ; fut. יִתֵּן, תִּתֵּן, suff. תִּתְּנֵהוּ—תִּתְּנוֹ—תִּתְּנֵנוּ; inf. נְתֹן—נָתֹן—תֵּת—תֵּתֶן (1 Kön. 6, 19), suff. תִּתִּי; imp. תֵּן—תְּנָה—תֵּן, suff. תְּנֵהוּ, תְּנָה, תְּנֵם, f. תְּנִי, ps. תֵּנִי, pl. תְּנוּ *geben* Gen. 1, 29. 14, 21. 23, 4. 29, 19. 30, 14. 26. 34, 16. 35, 4. 38, 9. Ex. 22, 29. Richt. 17, 4. 1 Sam. 21, 10. Ps. 28, 4. 74, 14; *von sich geben* Gen. 4, 12. 49, 21. Num. 20, 8. Jes. 43, 6. Hohel. 1, 12; eine Stimme Joel 2, 11. Amos 3, 4. Hab. 3, 10. Ps. 46, 7; *übergeben* Jes. 42, 24. Ps. 118, 18. 124, 6; besonders mit עַל־יַד Gen. 42, 37; dagegen נָתַן יָד *die Hand reichen,* als Zeichen der Unterwerfung Klagel. 5, 6 oder der Zusicherung 2 Kön. 10, 15; mit Obj. בְּרִית *einen Bund schliessen* Lev. 26, 46; mit עֹרֶף *den Nacken zuwenden, fliehen* 2 Chr. 29, 6. וְנָתַתִּי אֶת־כָּל־אֹיְבֶיךָ אֵלֶיךָ עֹרֶף *ich werde machen, dass alle deine Feinde dir den Nacken zuwenden, vor dir fliehen* Ex. 23, 27. 2 Sam. 22, 41; *verbreiten* Ezech. 26, 17. Ps. 8, 2.— מִי יִתֵּן *wer gäbe! möchte doch!* häufige Wunschformel mit folgendem inf. Ex. 16, 3. 2 Sam. 19, 1; mit verb. fin. Hiob 6, 8. 13, 5 und וְ Deut. 5, 26; mit folgd. acc. Num. 11, 29. Deut. 28, 67. Richt. 9, 29. Hiob 14, 4. מִי יִתְּנֵנִי *wäre ich doch!* Jer. 9, 1. Hiob 29, 2; *erlauben,* gewöhnl. mit acc. d. Pers. u. inf. Gen. 31, 7. Num. 20, 21. Richt. 1, 34. 15, 1. 1 Sam. 18, 2; mit folgd. part. 1 Kön. 15, 17. 2) *setzen, stellen, legen* (wie שׂוּם) Gen. 1, 17. 41, 48. Lev. 2, 1. 19, 14. 1 Kön. 12, 4. Koh. 3, 11; *einsetzen* (in eine Würde) Gen. 41, 41. 1 Sam. 12, 13. 1 Kön. 2, 35. 1 Chr. 16, 7; *festsetzen* (Grenze) Jos. 22, 25; *anbringen* (an einem Gebäude) 1 Kön. 6, 6. 7, 39. Ezech. 26, 8. נָתַן בְּרֹאשׁ *Jemandem* (Sünde) *heimkommen lassen* Ezech. 9, 10. 3) *zu etwas machen* mit dopp. acc. Num. 21, 29. Deut. 26, 19. Ps. 105, 32. Klagel. 1, 13; oder mit acc. der Person und לְ der Sache Jes. 42, 6. Neh. 1, 11. 3, 36. 2 Chr. 25, 16; *Jemand für etwas halten* Gen. 42, 30. 1 Sam. 1, 16.

Nifal pf. נִתַּן, 1 pl. נִתַּנּוּ, 2 pl. נִתַּתֶּם; part. נִתָּן; fut. יִנָּתֵן; inf. abs. הִנָּתֹן, cs. הִנָּתֵן *gegeben werden* Ex. 5, 16. 18. Lev. 19, 20. Jer. 32, 4. Esra 9, 7; *übergeben werden* Lev. 26, 25; *gelegt werden* Est. 6, 8; *für etwas gehalten werden* Jes. 51, 12.

Hofal fut. יֻתַּן *gegeben, gebracht werden* Lev. 11, 38. Num. 26, 54. Hiob 28, 15; *hängen* 2 Sam. 18, 9.

נְתַן aram. fut. יִנְתֵּן, תִּנְתֵּן, suff. יִתְּנִנַּהּ, pl. יִנְתְּנוּן; inf. מִנְתַּן *geben* Dan. 2, 16. 4, 14. 22. 29. Esra 4, 13. 7, 20.

נָתָן (*Geber*) n. pr. 1) Prophet zur Zeit Davids 2 Sam. 7, 2. 12, 1. 1 Kön. 1, 8. Ps. 51, 2. 2) Sohn Davids 2 Sam. 5, 14. 1 Chr. 3, 5, wovon die Familie בֵּית נָתָן Zach. 12, 12. 3) 2 Sam. 23, 36. 1 Chr. 11, 38. 4) 1 Kön. 4, 5. 5) Esra 8, 16.—10, 39.—1 Chr. 2, 36.

נְתַנְאֵל (*Gott giebt*) n. pr. 1) Stammesfürst in Isachar Num. 1, 8. 2, 5. 7, 18. 23. 10, 15. 2) Bruder des David 1 Chr. 2, 14. 3) Esra 10, 22.— Neh. 12, 21.—36.—1 Chr. 15, 24.—24, 6.—26, 4.— 2 Chr. 17, 7.—35, 9.

נְתַנְיָהוּ—נְתַנְיָה n. pr. m. 1) Jer. 36, 14. 2) 2 Kön. 25, 23. 25. Jer. 40, 8. 14. 3) 1 Chr. 25, 2. 12. 4) 2 Chr. 17, 8.

נְתַן־מֶלֶךְ n. pr. m. 2 Kön. 23, 11.

*__נָתַס__ *zerstören* Hiob 30, 13.

*__[נָתַע]__ Nifal pf. 3 pl. ps. נִתָּעוּ *ausgerissen werden* Hiob 4, 10.

*__נָתַץ__ fut. אֶתֹּץ, 3 sg. suff. יִתְּצֵנִי, יִתָּצֵךְ, pl. תִּתֹּצוּ (Jes. 22, 10), ps. תִּתֹּצוּ; inf. u. imp. נְתֹץ *einreissen, niederreissen*, gewöhnl. von Altären, Gebäuden u. dgl. Ex. 34, 13. Deut. 7, 5. Richt. 8, 9; selten von Menschen Ps. 52, 7. Hiob 19, 10; *ausreissen* Ps. 58, 7.

Nifal pf. pl. נִתְּצוּ *niedergerissen werden* Jer. 4, 26. Nah. 1, 6.

Piel pf. נִתֵּץ; fut. יְנַתֵּץ *niederreissen* Deut. 12, 3. 2 Chr. 31, 1. 33, 3.

Pual pf. נֻתַּץ *niedergerissen werden* Richt. 6, 28.

Hofal fut. יֻתַּץ *niedergerissen werden* Lev. 11, 35.

*__נָתַק__ pf. 1 pl. suff. נְתַקְנוּהוּ; fut. 1 sg. suff. אֶתְּקֶנְךָּ *abreissen* Jer. 22, 24; *entfernen, fortlocken* Richt. 20, 32. נָתוּק *einer, dem die Hoden abgerissen sind* Lev. 22, 24.

Nifal pf. נִתַּק, pl. נִתְּקוּ, ps. נִתָּקוּ; fut. יִנָּתֵק *zerrissen werden* Richt. 16, 9. Jes. 5, 27. 33, 20. Jer. 10, 20. Koh. 4, 12; bildlich Hiob 17, 11; *hinweggerissen werden* Hiob 18, 14; *sich entfernen* Jos. 4, 18. 8, 16.

Piel pf. 2 sg. fem. נִתַּקְתִּי (Jer. 2, 20 = נִתַּקְתְּ), pl. נִתְּקוּ; fut. יְנַתֵּק *zerreissen* Richt. 16, 9. 12. Jer. 5, 5. 30, 8. Ps. 2, 3. 107, 14.

Hifil inf. suff. הַתִּיקֵנוּ; imp. suff. הַתִּקֵם *entfernen* Jos. 8, 6; *fortreissen* Jer. 12, 3.

Hofal pf. pl. הָנְתְּקוּ *sich entfernen* Richt. 20, 31.

נֶתֶק m. ps. נָתֶק *Schorf, Grind* Lev. 13, 30ff.

*__נָתַר__ fut. יִתַּר *aufhüpfen* Hiob 37, 1.

Piel inf. נַתֵּר *hüpfen, springen* Lev. 11, 21.

Hifil fut. יַתֵּר, suff. יַתִּירֵהוּ; inf. הַתֵּר; part. מַתִּיר 1) *lösen, befreien* 2 Sam. 22, 33. Jes. 58, 6. Ps. 105, 20. 146, 7; *frei ausstrecken* Hiob 6, 9. 2) *erbeben machen* Hab. 3, 6.

[נְתַר] aram. Afel imp. אַתַּרוּ *abstreifen* Dan. 4, 11.

נֶתֶר m. *Nitron, Laugensalz* Jer. 2, 22. Spr. 25, 20.

*__נָתַשׁ__ fut. אֶתּוֹשׁ, 3 sg. suff. יִתְּשֵׁם; inf. נְתוֹשׁ, suff. נָתְשִׁי *ausreissen, zerstören* Deut. 29, 27. 1 Kön. 14, 15. Jer. 12, 15. 17.

Nifal fut. יִנָּתֵשׁ *ausgerissen werden* Jer. 31, 40. Dan. 11, 4.

Hofal fut. תֻּתַּשׁ *ausgerissen werden* Ezech. 19, 12.

ס

סְאָה f. pl. סְאִים, dual. סָאתַיִם *ein Maass* für Getreide und Mehl Gen. 18, 6. 1 Sam. 25, 18. 1 Kön. 18, 32. 2 Kön. 7, 1.

סְאוֹן m. cs. סְאוֹן *Soldatenschuh* (n. A. *Rüstung*) Jes. 9, 4.

סָאַן denom. von סְאוֹן nur part. סֹאֵן *beschuht* (*gerüstet*) Jes. 9, 4.

סַאסְּאָה (aus סְאָה סְאָה) f. *mit Maass, mässig* Jes. 27, 8.

***סָבָא** fut. 1 pl. נִסְבְּאָה; inf. suff. כְּסָבְאָם *einschlürfen, saufen* Jes. 56, 12. Nah. 1, 10. Spr. 23, 20, part. סֹבֵא *Säufer* Deut. 21, 20. Spr. 23, 21; part. II pl. סְבוּאִים *besoffen* Nah. 1, 10.

[סָבָא] pl. סָבָאִים vgl. סְבָא.

סֹבֶא m. suff. סָבְאֵךְ, סָבְאָם *Trank* Jes. 1, 22; *Gelage* Hos. 4, 18.

סְבָא n. pr. Sohn des Kusch und afrikanische Völkerschaft Jes. 43, 3. 45, 14. סְבָאִים Ezech. 23, 42 Kri könnte das n. gent. davon sein.

סָבַב pf. 1 sg. סַבֹּתִי—סַבּוֹתִי, 2 pl. סַבֹּתֶם, 3 pl. סָבְבוּ—סַבּוּ, suff. סַבּוּנִי—סְבָבוּנִי; part. סֹבֵב—סֹבֵיב (2 Kön. 8, 21); fut. a) יָסֹב—יָסֵב, suff. יְסֻבֵּנִי, נָסֹב—נָסֵב, תָּסֹבּוּ, תְּסֻבֶּינָה, f. יָסֹבּוּ, pl. יְסֻבֶּנּוּ b) יָסוֹב—יִסֹּב; inf. סֹב—לָסֹב; imp. סֹב, סֹבִּי, סֹבּוּ *herumgehen, herumziehen* Jes. 23, 16. Hohel. 3, 3. Koh. 12, 5; *umziehen* Deut. 2, 1. Jos. 6, 15. Richt. 11, 18; *umgeben, umzingeln* Hos. 12, 1. Ps. 118, 11. Hiob 16, 13 (mit עַל). Koh. 9, 14; *eine Rundreise machen* 1 Sam. 7, 16; *umfliessen* Gen. 2, 11. 13; *umspannen* 1 Kön. 7, 15; *sich um den Tisch* (*zu Tische*) *setzen* 1 Sam. 16, 11; *sich herumstellen* Gen. 37, 7. 2 Sam. 18, 15; *sich drehen* Spr. 26, 14; *sich wenden* Gen. 42, 24. 1 Sam. 15, 27. 2 Kön. 9, 18. Koh. 1, 7. 2 Chr. 33, 14; (von geistiger Thätigkeit) Koh. 2, 20. 7, 25; *hintreten* 1 Sam. 22, 18; *ausbiegen* 1 Sam. 18, 11; *bei Seite treten* 2 Sam. 18, 30; *übergehen* Num. 26, 7. 9. 1 Kön. 2, 15; *Veranlassung sein zu*... mit בְּ 1 Sam. 22, 22.

Nifal fut. יִסֹּבּוּ *sich umwenden* Ezech. 1, 9.

Piel inf. סַבֵּב *wenden* 2 Sam. 14, 20.

Poel fut. 3 sg. suff. יְסוֹבְבֶנְהוּ—יְסֹבְבֶנּוּ, 1 sg. אֲסוֹבְבָה *umgeben* Jona 2, 4. Ps. 32, 10; *umziehen* Ps. 26, 6. 59, 7; *umgeben* (*schützend*) Deut. 32, 10, Jer. 31, 22.

Hifil pf. הֵסֵב, הֵסַבָּה, הֲסִבֹּתִי, הֵסַבּוּ; fut. וַיַּסֵּב, suff. וַיְסִבֵּנִי, pl. יַסֵּבּוּ, נְסִבָּה—נָסֵב; inf. הָסֵב; imp. הָסֵב, f. הָסֵבִּי; part. מֵסֵב, pl. suff. מְסִבַּי *herumgehen lassen* Ex. 13, 18. Ezech. 47, 2; *herumbauen* 2 Chr. 14, 6; *umziehen* Jos. 6, 11; *sich wenden lassen* 2 Chr. 13, 13; *umwenden* Richt. 18, 23. 1 Kön. 18, 37. *zuwenden* 2 Sam. 3, 12. 1 Kön. 8, 14. Esra 6, 22. 1 Chr. 10, 14. 12, 23; *abwenden* 1 Kön. 21, 4. 2 Kön. 20, 2. Ezech. 7, 22. Hohel. 6, 5. 2 Chr. 29, 6; *umändern* (Namen) 2 Kön. 23, 34. 24, 17. 35, 22; *sich wenden* 2 Sam. 5, 23; *fortbringen* Jer. 21, 4; *fortschieben* 2 Sam. 20, 12; *verlegen* 2 Kön. 16, 18; *bringen* 1 Sam. 5, 8. 1 Chr. 13, 3; *umzingeln* Ps. 140, 10.

Hofal fut. יוּסַב, part. f. pl. מוּסַבֹּת—מְסַבֹּת 1) *umgeben sein* Ex. 28, 11. 39, 6. 13; *gewälzt werden* Jes. 28, 27. 2) *verändert werden* Num. 32, 38 (vgl. מוּסַב).

סִבָּה f. *Wendung, Fügung* 1 Kön. 12, 15 (= נְסִבָּה s. d.).

סָבִיב m. cs. סְבִיב, pl. cs. סְבִיבֵי, suff. סְבִיבֶיךָ 1) *Umkreis, Umgebung* Jer. 21, 14. 32, 44. 33, 13. Ps. 76, 12. 89, 8. 97, 2. 1 Chr. 11, 8; *Nachbarn* Jer. 48, 17. 2) adverb. *ringsum, nach allen Seiten* Gen. 23, 17. Ex. 25, 24; ebenso מִסָּבִיב Deut. 25, 19; verstärkt: סָבִיב סָבִיב Ezech. 8, 10. 3) praep. mit folgdm. לְ *ringsum*... Num. 1, 50. 16, 24 oder mit עַל Jer. 12, 9, oder im stat. constr. Amos 3, 11 oder mit suff. (des plur.) Jer. 46, 14 (*rings um dich*). 49, 5. Ps. 50, 3.

[סְבִיבָה] f. pl. סְבִיבוֹת, suff. סְבִיבוֹתַי, סְבִיבֹתֵיכֶם, סְבִיבוֹתֵיהֶם 1) *Umlauf, Kreislauf* Koh. 1, 6; *Umgebung* Num. 22, 4. Neh. 12, 28. 2) praep. mit folgdm. genitiv oder mit suff. Gen. 35, 5. 41, 48. Ex. 7, 24. Deut. 17, 41.

סָבַךְ* part. II pl. סְבֻכִים *flechten, in einander schlingen* Nah. 1, 10.

Pual fut. 3 pl. יְסֻבָּכוּ *sich herumschlingen* Hiob 8, 17.

סְבָךְ m. *Dickicht, Gebüsch* Gen. 22, 13. Ps. 74, 5.

סְבֹךְ m. suff. סֻבְּכוֹ, pl. סִבְכֵי (wie von סְבַךְ) *Dickicht* Jes. 9, 17. 10, 34. Jer. 4, 7 (vgl. שְׂבָךְ).

סַבְּכָא aram. f. ein musikalisches Instrument, der Harfe ähnlich Dan. 3, 5 (vgl. שַׂבְּכָא).

סִבְּכַי n. pr. eines Helden Davids 2 Sam. 21, 18. 1 Chr. 11, 29. 20, 4. 27, 11 (= מְבֻנַּי 2 Sam. 23, 27).

סָבַל* fut. יִסְבֹּל; inf. לִסְבֹּל *tragen* eine Last Gen. 49, 15. Jes. 46, 7; bildlich: *Sünden auf sich laden, dafür büssen* Jes. 53, 11. Klagel. 5, 7; *für Jemanden sorgen* Jes. 46, 4.

Pual part. pl. מְסֻבָּלִים *trächtig sein* Ps. 144, 14.

Hitp. fut. יִסְתַּבֵּל *lästig sein* Koh. 12, 5.

[סְבַל] aram. Poal part. מְסוֹבְלִין *errichtet werden* Esra 6, 3.

סֵבֶל m. *Last, Lastarbeit* 1 Kön. 11, 28. Ps. 81, 7. Neh. 4, 11.

[סֹבֶל] m. suff. סֻבֳּלוֹ *Last* Jes. 10, 27. 14, 25. עֹל סֻבֳּלוֹ *sein lastendes Joch* Jes. 9, 3.

סַבָּל m. pl. סַבָּלִים 1) *Lastträger* Neh. 4, 4. 2 Chr. 2, 1. 17. 34, 13. 2) *Last* 1 Kön. 5, 29.

[סְבָלָה] f. pl. cs. סִבְלוֹת, suff. סִבְלֹתֵיכֶם, סִבְלֹתָם *Lastarbeit* Ex. 1, 11. 2, 11. 5, 4. 5. 6, 6. 7.

סִבֹּלֶת s. שִׁבֹּלֶת.

סְבַר* aram. fut. יִסְבַּר *denken, meinen* Dan. 7, 25.

סִבְרַיִם n. pr. einer syrischen Stadt Ezech. 47, 16.

סְבָתָה—סַבְתָּא n. pr. Sohn des Kusch Gen. 10, 7. 1 Chr. 1, 9.

סַבְתְּכָא n. pr. Sohn des Kusch Gen. 10, 7. 1 Chr. 1, 9.

סָג s. סוּג.

סֵג s. סִיג.

סָגַד* fut. יִסְגֹּד—יִסְגּוֹד *sich (anbetend) niederwerfen vor* ... mit לְ Jes. 44, 15. 17. 19. 46, 6.

סְגִד aram. pf. 3 sg. סְגִד; fut. יִסְגֻּד, 1 pl. נִסְגֻּד, pl. יִסְגְּדוּן; part. pl. סָגְדִין *sich anbetend niederwerfen vor* ... mit לְ Dan. 2, 46. 3, 6. 7. 15. 18. 28.

סְגוֹר m. 1) *Verschluss* Hos. 13, 8. 2) *reines Gold* Hiob 28, 15 (vgl.

סְגֻלָּה f. cs. סְגֻלַּת, suff. סְגֻלָּתוֹ *Besitz* Koh. 2, 8. 1 Chr. 29, 3; besonders von *Israel* Ex. 19, 5. Deut. 7, 6. 14, 2. 26, 18. Ps. 135, 4 oder den *Frommen* Mal. 3, 17 als dem Besitze Gottes.

[סֶגֶן] m. pl. סְגָנִים, suff. סְגָנֶיהָ *Fürst, Edler* Jes. 41, 25. Jer. 51, 28. Ezech. 23, 6. Neh. 2, 16. 4, 8. 5, 7.

[סְגַן] aram. m. pl. סִגְנִין, emph. סִגְנַיָּא *Fürst, Vorsteher* Dan. 2, 48. 3, 2. 6, 8.

סָגַר* fut. יִסְגֹּר; inf. לִסְגּוֹר; imp. סְגֹר *verschliessen* Jes. 22, 22; die Sache, an der das Schloss befestigt ist (Thür u. s. w.), gewöhnl. im acc. Gen. 19, 6. 10. Jos. 2, 7. 1 Sam. 1, 5; selten mit בְּעַד 1 Sam. 1, 6; die *eingeschlossene* Person oder Sache mit בְּעַד Gen. 7, 16. Richt. 3, 22. 9, 51. 2 Kön. 4, 4. 21. Jes. 26, 20 oder mit עַל Hiob 13, 14. סָגַר עֲלֵיהֶם הַמִּדְבָּר *die Wüste schliesst sie ein* Ex. 14, 3; *der Verschliessende* (draussen) mit אַחֲרֵי Gen. 19, 6; *schliessen, ausfüllen* (eine Lücke) 1 Kön. 11, 27; *einlegen* in eine Lücke Gen. 2, 21; *schützend umgeben* Ps. 35, 3. סֹגֶרֶת *verschlossen* Jos. 6, 1. זָהָב סָגוּר *reines Gold* 1 Kön. 6, 20. 7, 49. 10, 21 (vgl. סְגוֹר).

Nifal נִסְגַּר; fut. יִסָּגֵר *verschlossen werden* Jes. 45, 1. 60, 11. Neh. 13, 19; *eingeschlossen werden* Num. 12, 14; *sich einschliessen* 1 Sam. 23, 7. Ezech. 3, 24.

Piel pf. סִגַּר, suff. סִגְּרַנִי; fut. 3 sg. suff. יְסַגֶּרְךָ mit בְּיַד in die Macht Jemandes *liefern* 1 Sam. 17, 46. 24, 19. 26, 8; dasselbe ohne בְּיַד 2 Sam. 18, 28.

Pual סֻגַּר, part. f. מְסֻגֶּרֶת *verschlossen werden* Jos. 6, 1. Jes. 24, 10. Jer. 13, 19. Koh. 12, 4; *eingeschlossen werden* Jes. 24, 22.

Hifil pf. הִסְגִּיר; fut. יַסְגִּיר—יַסְגֵּר 1) *einschliessen* Lev. 13, 4. 5; *verschliessen* Lev. 14, 38. 2) *überliefern, ausliefern* gewöhnlich mit בְּיַד Jos. 20, 5. 1 Sam. 23, 11. 20. 30, 15. Ps. 31, 9. Klagel. 2, 7; mit אֶל Deut. 23, 16. Hiob 16, 11; *preisgeben* Deut. 32, 30. Amos 6, 8. Hiob 11, 10; mit לְ Ps. 78, 48. 50. 62; *verrathen* Obadj. 1, 14; mit לְ Amos 1, 6. 9.

סְגַר aram. *verschliessen* Dan. 6, 23.

סַגְרִיר m. *Regenguss* Spr. 27,15.

סַד m. *Block*, an dem die Füsse des Gefangenen befestigt wurden Hiob 13,27. 33,11.

סָדִין m. pl. סְדִינִים *leinenes Tuch* Richt. 14,12. Jes. 3,23. Spr. 31,24.

סְדֹם n. pr. *Sodom*, die bekannte Stadt, die ihrer Sünden wegen unterging Gen. 13,13. 18,16. 19,1 und daher als Bild der Verderbtheit und der Züchtigung gebraucht wird Deut. 29,22. 32,32. Jes. 1,9. 10. 3,9. 13,19. Jer. 23,14. 49,18. 50,40. Ezech. 16,46. Amos 4,11. Zef. 2,9. Klagel. 4,6.

[סֵדֶר] m. pl. סְדָרִים *Ordnung*. לֹא־סְדָרִים *Wirrniss* Hiob 10,22.

סַהַר m. *Rundung* Hohel. 7,3.

סֹהַר m. nur im genitiv zu בֵּית *das Gefängniss* Gen. 39,20ff.

סוֹא n. pr. eines ägyptischen Königs, *Sevechos* 2 Kön. 17,4.

*__סוּג__ I pf. סָג, part. II סוּג; fut. 1 pl. נָסוֹג *zurückweichen* Ps. 53,4. 80,19. סוּג לֵב *ein im Herzen Zurückgewichener, Abtrünniger* Spr. 14,14.

Nifal pf. נָסוֹג, 1 sg. נְסוּגֹתִי, 3 pl. נָסֹגוּ; part. pl. נְסוֹגִים; fut. 3 pl. יִסֹּגוּ *zurückweichen* Ps. 78,57; meist mit אָחוֹר Jes. 42,17. 50,5. Jer. 46,5. Ps. 35,4; mit מֵאַחֲרֵי Zef. 1,6.

סוּג II part. pass. fem. סוּגָה *eingefasst* Hohel. 7,3.

סוּג Ktib Ezech. 22,18 = סִיג s. d.

סוּגַר m. *Verschluss, Gefängniss* Ezech. 19,9.

סוֹד m. suff. סוֹדִי, סֹדָם *Sitzung, Versammlung* Gen. 49,6. Jer. 6,11. 15,17. Ps. 64,3. 89,8. 111,1; daher *gemeinschaftliche Berathung* Spr. 15,22; *Rath, Plan* Jer. 23,18. Ps. 25,14. Spr. 3,32; Hiob 15,8; *Beschluss* Amos 3,7. Spr. 11,13. 20,19; *Fürsorge* Hiob 29,4.

סוֹדִי (*Beschluss [Gottes]*) n. pr. m. Num. 13,10.

סוּחַ n. pr. m. 1 Chr. 7,36.

סוּחָה f. *Kehricht, Misthaufen* Jes. 5,25.

סוֹטַי—סֹטַי (*Abwendung Gottes*) n. pr. m. Esra 2,54. Neh. 7,57.

*__סוּךְ__ pf. 2 sg. f. סַכְתְּ, 1 sg. סַכְתִּי; fut. 2 sg. תָּסוּךְ, תָּסֹכִי, 1 sg. suff. אֲסֻכֵךְ, 3 pl. suff. יְסֻכוּם; inf. סוּךְ *sich salben* mit Obj. שֶׁמֶן *mit Oel* Deut. 28,40. Micha 6,15. Rut 3,3. Dan. 10,3; trans. *einen Andern salben* Ezech. 16,9. 2 Chr. 28,15.

Hifil fut. וַיָּסֶךְ *sich salben* 2 Sam. 12,20 [וַיָּסֶךְ Ex. 40,21 u. s. w. s. סָכַךְ].

סוּמְפֹּנְיָה aram. f. *Sackpfeife* Dan. 3,5. 10 (Kri, Ktib סִיפֹּנְיָה). 15.

סְוֵנֵה n. pr. *Syene*, Stadt im Süden Aegyptens Ezech. 29,10.

סוּס m. pl. סוּסִים—סֻסִים, cs. סוּסֵי, suff. סֻסַי, סוּסֵיהֶם 1) *Pferd, Ross* Gen. 49,17. Deut. 17,16. 2 Sam. 15,1. 2 Kön. 3,7. 7,7. 2) vgl. סִיס.

סוּסָה f. suff. סֻסָתִי *Ross* Hohel. 1,9.

סוּסִי (*Reiter*) n. pr. m. Num. 13,11.

*__סוּף__ pf. pl. סָפוּ; fut. יָסוּף, pl. יָסֻפוּ *zu Ende gehen, vergehen* Jes. 66,17. Amos 3,15. Ps. 73,19. Est. 9,28.

Hifil fut. 1 sg. אָסֵף, suff. אֲסִיפֵם *vernichten* Jer. 8,13. Zef. 1,2. 3.

סוּף aram. pf. 3 sg. f. סָפַת *in Erfüllung gehen* Dan. 4,30.

Afel fut. 3 sg. f. תָּסֵף *vernichten* Dan. 2,44.

סוּף m. 1) *Schilf, Binse* Ex. 2,3. 5. Jes. 19,6. Jona 2,6. יַם סוּף *das Schilfmeer, rothe Meer* Ex. 10,19. Num. 33,10. 1 Kön. 9,26. Jer. 49,21. 2) n. pr. eines Ortes Deut. 1,1.

סוֹף m. suff. סֹפוֹ *Ende* Joel 2,20. Koh. 3,11. 7,2. 12,13. 2 Chr. 20,16.

סוֹף aram. m. emph. סוֹפָא *Ende* Dan. 4,8. 19. 6,27. 7,26. 28.

סוּפָה f. 1) mit He parag. סוּפָתָה, suff. סוּפָתְךָ, pl. סוּפוֹת *Sturmwind* Jes. 17,13. 21,1. Jer. 4,13. Hos. 8,7. Ps. 83,16. Spr. 10,25. Hiob 21,18. 2) n. pr. eines Ortes Num. 21,14.

*__סוּר__ pf. סָר, f. סָרָה, 1 sg. ps. סָרְתִּי, 3 pl. סָרוּ, 2 pl. סַרְתֶּם; part. סָר; fut. וַיָּסַר—יָסַר—יָסוּר, 1 sg. אָסֻרָה—אָסוּר; inf. abs. סוֹר, cs. סוּר; imp. סוּר—סוּרָה, pl. סוּרוּ 1) *weichen, abweichen* Deut. 11,16; gewöhnl. mit מִן Ps. 119,102 oder מֵעִם 1 Sam. 18,12 oder מֵעַל Num. 14,9. 2 Kön. 10,31 oder מֵאַחֲרֵי 2 Kön. 10,29; mit pleon. pron. סוּר לְךָ מֵאַחֲרַי *höre auf, hinter mir her* (*zu laufen*) 2 Sam. 2,22; *aufhören, verschwinden* 1 Kön. 15,14. Jes. 11,13; *ungehorsam sein* Jer. 6,28; mit בְּ gegen Hos. 7,14. 2) *herantreten* 1 Kön. 20,39; *einkehren* gewöhnl. mit אֶל Gen. 19,2. Richt. 4,18 19,12; mit לְ Richt. 20,8; mit acc. d. Beweg. 2 Kön. 4,8. Spr. 9,4.

Polel סוֹרֵר *verderben, zerwühlen* Klagel. 3, 11.

Hifil pf. הֵסִיר, suff. הֱסִירָהּ, f. הֵסִירָה, 2 sg. הֲסִירֹתָ, 3 pl. הֵסִירוּ; fut. וַיָּסַר—יָסֵר—יָסִיר, suff. וְהָסֵר—תָּסֵר, 3 f. יְסִירֶנָּה—יְסִירֶהָ, יְסִירֵהוּ, pl. יָסִירוּ; inf. הָסֵר, הָסִיר, suff. הֲסִירְכֶם—הֲסִירְךָ; imp. הָסֵר, f. הָסִירִי *entfernen, fortschaffen* Ex. 8, 4. Lev. 3, 4. 1 Sam. 7, 3. 28, 3. 2 Sam. 5, 6. 2 Kön. 18, 4. Jes. 1, 16; *ablegen* Deut. 21, 13. 1 Sam. 1, 14. Hiob 27, 5; *abnehmen* Gen. 8, 13. Zach. 3, 4; *benehmen* Hiob 12, 20. 24. הֵסִיר מִשְׁפָּט *Jemandem sein Recht nicht angedeihen lassen* Hiob 27, 2. 34, 5; *absetzen* Richt. 9, 29. 1 Kön. 15, 13; *unerfüllt lassen* Jos. 11, 15. Ps. 66, 20; *abwenden* Deut. 7, 4. 15. Spr. 28, 9. 2) *bei sich aufnehmen* mit אֶל 2 Sam. 6, 10. 1 Chr. 13, 13.

Hofal pf. הוּסַר; fut. יוּסַר; part. מוּסָר *entfernt, weggenommen werden* Lev. 4, 31. 35. 1 Sam. 21, 7; *aufhören* Jes. 17, 1. Dan. 12, 11 (vgl. יָסַר Hofal).

סוּר 1) adj. (eig. part. II v. סוּר) f. סוּרָה *vertrieben* Jes. 49, 21. 2) subst. m. pl. suff. סוּרַי *Abtrünniger* Jer. 17, 13 Kri (wo Ktib: יְסוּרַי s. d.). 3) *Ranke* Jer. 2, 21. 4) שַׁעַר סוּר Name eines Thores des Königspalastes in Jerusalem 2 Kön. 11, 6, wofür 2 Chr. 23, 5 שַׁעַר הַיְסוֹד.

*[**סוּת**] Hifil 3 sg. suff. הֱסִיתְךָ—הֱסִיתְךָ, 3 sg. f. הֱסִתָּהּ, 3 pl. suff. הֱסִיתוּךָ; fut. 2 sg. suff. תְּסִיתֵנִי; 3 sg. וַיָּסֶת—יָסִית, suff. יְסִיתְךָ, יְסִיתֵהוּ, יְסִיתֵם *bereden, verlocken, verführen* Deut. 13, 7. Jos. 15, 18. Richt. 1, 14. 1 Kön. 21, 25. 2 Kön. 18, 32. Jer. 38, 22. Hiob 36, 16; *anreizen gegen Jemd.* mit בְּ 1 Sam. 26, 19. 2 Sam. 24, 1. Jer. 43, 3. Hiob 2, 3; *abwenden von Jemand* mit מִן 2 Chr. 18, 31.

סוּת m. suff. סוּתֹה *Gewand* Gen. 49, 11.

*__סָחַב__ fut. 3 pl. suff. יִסְחָבוּם; inf. סָחוֹב *herumzerren, herumschleppen* Jer. 15, 3. 22, 19. 49, 20; *hinzerren, hinschleifen* 2 Sam. 17, 13.

[**סְחָבָה**] f. pl. סְחָבוֹת *Lappen, Lumpen* Jer. 38, 11. 12.

*[**סָחָה**] Piel סֵחֵיתִי *wegfegen* Ezech. 26, 4.

סְחִי m. *Kehricht, Mist* Klagel. 3, 45.

סָחִישׁ m. *Nachwuchs* (im zweiten Jahre nach der Aussaat) 2 Kön. 19, 29. Jes. 37, 30; vergl. שָׁחִיס.

*__סָחַף__ *wegtreiben, wegschwemmen* Spr. 28, 3.

Nifal נִסְחַף *weggerissen werden* Jer. 46, 15.

*__סָחַר__ fut. 2 pl. ps. תִּסְחָרוּ, 3 pl. יִסְחֲרוּ *herumziehen, sich umthun nach* ... mit אֶל Jer. 14, 18; *durchziehen, durchwandern* mit acc. Gen. 34, 10. 21. 42, 34; part. סֹחֵר *Kaufmann* Gen. 23, 16. 37, 28. Jes. 23, 2. 8. Spr. 31, 14. 2 Chr. 9, 14; ebenso סֹחֶרֶת, suff. סֹחַרְתֵּךְ *die mit dir Handel Treibende* Ezech. 27, 12. 16, 18.

Pealpal סְחַרְחַר *heftig klopfen* (vom Herzen) Ps. 38, 11.

[**סַחַר**] m. cs. סְחַר 1) *Handelsplatz* Jes. 23, 3. 2) *Handelserwerb* Jes. 45, 14. Spr. 3, 14.

[**סַחַר**] m. suff. סַחְרָהּ *Erwerb* Jes. 23, 18. Spr. 3, 14. 31, 18.

סְחֹרָה f. cs. סְחֹרַת *Handel* Ezech. 27, 15.

סֹחֵרָה f. *Schild* Ps. 91, 4.

סֹחֶרֶת f. 1) part. f. v. סָחַר s. d. 2) eine Art *Marmor* Est. 1, 6.

[**סֵטָה**] m. pl. סֵטִים *Vergehen, Sünde* (vergl. שְׂטִים) Ps. 101, 3.

סִיג m. pl. סִגִים—סִיגִים (wie v. סֵג), suff. סִגַיִךְ *Schlacken, unedle Bestandtheile* edler Metalle Jes. 1, 22. 25. Ezech. 22, 18. 19. Ps. 119, 119. Spr. 25, 4. 26, 23.

סִיוָן m. der dritte Monat des jüdischen Jahres (Mai—Juni) Est. 8, 9.

סִיחֹן—סִיחוֹן n. pr. König der Emoriter Num. 21, 21. Deut. 2, 26. Richt. 11, 19. Ps. 136, 19.

סִין n. pr. 1) *Pelusium*, östlichste Grenzstadt Aegyptens Ezech. 30, 15. 16. 2) Wüste, unfern vom Sinai Ex. 16, 1. 17, 1. Num. 33, 11 (vgl. סִינַי).

סִינַי n. pr. *Sinai*, das bekannte Gebirge in der danach benannten Halbinsel; vollst. הַר סִינַי Ex. 16, 1. 19, 11. מִדְבַּר סִינַי *die Wildniss um den Sinai* Ex. 19, 1.

סִינִי n. pr. 1) eines phönizischen Stammes Gen. 10, 17. 1 Chr. 1, 15. 2) אֶרֶץ סִינִים ein von Palästina sehr entferntes Land, wahrscheinl. *China* Jes. 49, 12.

סִים m. *Schwalbe* Jer. 8, 7 Kri (Ktib: סוּס).

סִיסְרָא n. pr. m. 1) Richt. 4, 2 ff. Ps. 83, 10. 2) Esra 2, 53. Neh. 7, 55.

סִיעָא (*Versammlung*) n. pr. m. Neh. 7, 47 = סִיעֲהָא Esra 2, 44.

סִיעֲהָא s. סִיעָא.

סִיפַנְיָה s. סוּמְפֹּנְיָה.

סִיר m. u. f. (Ezech. 24, 6), pl. סִירוֹת—סִירִים, suff. סִירֹתָיו 1) *Topf, Kessel* Ex. 16, 3. 27, 3. 1 Kön. 7, 45. Ezech. 11, 3. Ps. 58, 10. 60, 10. Koh. 7, 6. 2) *Dorn* Jes. 34, 13. Hos. 2, 8. Nah. 1, 10. Koh. 7, 6; *Angelhaken* Amos 4, 2.

סְךְ m. *Trupp, dichte Menge* Ps. 42, 5.

[סֹךְ] m. suff. סוּכּוֹ—סֻכֹּה—סֻכּוֹ *Hütte* Ps. 27, 5. 76, 3; *Lager* (des Wildes) Jer. 25, 38. Ps. 10, 9 (vgl. שׂוֹךְ).

סֻכָּה f. cs. סֻכַּת, suff. סֻכָּתוֹ, pl. סֻכֹּת *Hütte* Gen. 33, 17. Lev. 23, 42. Jes. 1, 8. חַג הַסֻּכּוֹת *das Laubhüttenfest* Lev. 23, 34. Deut. 16, 13. Zach. 14, 18; *Lager des Wildes* Hiob 38, 40.

סֻכּוֹת n. pr. mit He loc. סֻכֹּתָה 1) Stadt im Ostjordanlande im Gebiete Gad Gen. 33, 17. Jos. 13, 27. Richt. 8, 15. 1 Kön. 7, 46. Ps. 60, 8. 2) (סֻכּוֹת) erster Lagerplatz der Israeliten Ex. 12, 37. 13, 20. Num. 33, 5.

סֻכּוֹת בְּנוֹת n. pr. einer babylonischen Gottheit 2 Kön. 17, 30.

סִכּוּת n. pr. einer Gottheit Amos 5, 26.

סֻכִּיִּים n. pr. eines afrikanischen Volkes 2 Chr. 12, 3.

***סָכַךְ** pf. 2 sg. סַכֹּתָה—סַכֹּתָ; 1 sg. שַׂכֹּתִי; fut. 2 sg. suff. תְּסֻכֵּנִי, 3 pl. יָסֹכּוּ, suff. יְסֻכֻּהוּ 1) *bedecken* mit accus. der bedeckten Sache Hiob 40, 22; mit עַל 1 Kön. 8, 7. 1 Chr. 28, 18 und בּ der Decke Ex. 25, 20. 37, 9; bildlich *schützen* Ezech. 28, 14. 16. Ps. 139, 13. סֹכֵךְ *Schutzdach* (testudo) Nah. 2, 6. 2) *über etwas decken, breiten = mit etwas zudecken*, mit acc. der Decke und עַל der bedeckten Sache Ex. 33, 22. 40, 3; mit לְ und בּ Klagel. 3, 44; überhaupt *umhüllen, schützen* Ps. 140, 8.

Poël fut. 2 sg. תְּשֹׂכְכֵנִי *bedecken, versehen mit...* durch acc. Hiob 10, 11.

Hifil fut. יָסֵךְ, תָּסֵךְ; inf. הָסֵךְ; part. מֵסִיךְ (= מֵסֵךְ) *decken, breiten* mit acc. der Decke und עַל der bedeckten Sache Ex. 40, 21; *schützen* mit עַל Ps. 5, 12; mit לְ Ps. 91, 4; *einschliessen* mit accus. Hiob 38, 8; mit בְּעַד Hiob 3, 23. הֵסֵךְ אֶת־רַגְלָיו euphemistische Redeweise für: *seine Nothdurft verrichten* Richt. 3, 24. 1 Sam. 24, 4 [וַיָּסֶךְ 2 Sam 12, 20 s. סוּךְ].

[Hofal יֻסַּךְ *bedeckt werden* Ex. 25, 29. 37, 16 n. A. von נָסַךְ].

Pilpel pf. סִכְסַכְתִּי; fut. יְסַכְסֵךְ *reizen gegen* mit בּ Jes. 9, 10. 19, 2.

סְכָכָה (*Umschliessung*) n. pr. Ort in der Wüste Juda Jos. 15, 61.

***[סָכַל]** Nifal נִסְכַּלְתִּי *sich als einen Thoren zeigen, thöricht handeln* 1 Sam. 13, 13. 2 Sam. 24, 10. 1 Chr. 21, 8. 2 Chr. 16, 9.

Piel fut. יְסַכֵּל; imp. סַכֶּל־ *thöricht machen* Jes. 44, 25; *vereiteln* 2 Sam. 15, 31.

Hifil הִסְכַּלְתִּי *thöricht handeln* 1 Sam. 26, 21; vollst. durch Zusatz von עֲשׂוֹ Gen. 31, 28.

סָכָל m. pl. סְכָלִים (adj. u. subst.) *thöricht* Jer. 4, 22. 5, 21; *Thor* Koh. 2, 19. 7, 17. 10, 3. 14.

סֶכֶל m. *Thorheit* Koh. 10, 6.

סִכְלוּת f. *Thorheit* Koh. 2, 3. 12. 13. 7, 25. 10, 1. 13 (vgl. שִׂכְלוּת).

***סָכַן** fut. יִסְכָּן־—יִסְכֹּן *schalten, walten* mit עַל Hiob 22, 2; *schaffen, Nutzen bringen* Hiob 15, 3; mit לְ Hiob 22, 2. 34, 9; part. סֹכֵן *Schaffner* Jes. 22, 15; fem. סֹכֶנֶת *Schaffnerin* 1 Kön. 1, 2. 4.

Nifal fut. יִסָּכֶן־ *sich in Gefahr bringen* Koh. 10, 9.

Pual part. הַמְסֻכָּן תְּרוּמָה *wer arm ist an Gabe* Jes. 40, 20.

Hifil pf. הִסְכַּנְתִּי; inf. abs. הַסְכֵּן; imp. הַסְכֶּן־ 1) *beaufsichtigen* Ps. 139, 3; 2) *gewohnt sein* Num. 22, 30; mit עִם *sich mit Jemandem vertragen* Hiob 22, 21.

***[סָכַר]** = סָגַר Nifal fut. יִסָּכֵר *verschlossen werden* Gen. 8, 2. Ps. 63, 12.

Piel סִכַּרְתִּי *überliefern* Jes. 19, 4.

סָכַר Esra 4, 5 = שָׂכַר *miethen* s. d.

***[סָכַת]** Hifil imp. הַסְכֵּת *aufhorchen* Deut. 27, 9.

סֻכֹּת s. סֻכּוֹת.

סַל m. pl. סַלִּים, cs. סַלֵּי *Korb* Gen. 40, 16. 18. Ex. 29, 3. Richt. 6, 19.

***[סָלָא]** Pual part. pl. מְסֻלָּאִים *aufgewogen werden* Klagel. 4, 2 (vgl. סָלָה).

סַלּוּא—סַלֻּא n. pr. m. Neh. 11, 7. 1 Chr. 9, 7.

סִלָּא n. pr. eines Ortes 2 Kön. 12, 21.

***[סָלַד]** Piel fut. אֲסַלְּדָה *frohlocken* Hiob 6, 10.

סֶלֶד (*Freude*) n. pr. m. 1 Chr. 2, 30.

סָלָה* pf. 2 sg. סָלִיתָ *niederdrücken* Ps. 119, 118.

Piel סִלָּה *niedertreten* Klagel. 1, 15.

Pual fut. תְּסֻלֶּה *aufgewogen werden* Hiob 28, 16. 19 (vgl. סָלָא).

סֶלָה ein nur in den Psalmen und Hab. 3, 3. 9. 13, gewöhnlich am Ende eines Versgliedes (Ps. 55, 20. 57, 4) oder eines Absatzes (Ps. 3, 3. 5. 24, 6. 10) vorkommendes Wort, das wahrscheinlich ein musikalisches Zeichen ist, viell. *Pause*.

סַלּוּ (*Erhebung*) n. pr. m. Neh. 12, 7 = סַלָּי v. 20.

סָלוּא n. pr. m. Num. 25, 14.

סַלּוּא s. סָלָא.

[סַלּוֹן] m. pl. סַלּוֹנִים *Dornen*, bildlich für *Gottlose* Ezech. 2, 6.

סַלּוֹן m. *Dorn* Ezech. 28, 24.

סָלַח* fut. יִסְלַח, 1 sg. אֶסְלוֹחַ—אֶסְלַח (Jer. 5, 7 Ktib); inf. סְלֹחַ; imp. סְלָחָה—סְלַח *verzeihen, vergeben* mit לְ Num. 14, 19. 30, 6. Deut. 29, 19. Jer. 50, 20. Dan. 9, 19.

Nifal נִסְלַח *es wird vergeben* mit לְ Lev. 4, 20. Num. 15, 25. 26.

סַלָּח m. *Vergeber, Verzeiher* Ps. 86, 5.

סְלִחָה s. סְלִיחָה.

סַלַּי s. סַלּוּ.

סְלִיחָה f. pl. סְלִחוֹת—סְלִיחוֹת *Verzeihung* Ps. 130, 4. Dan. 9, 9. Neh. 9, 17.

סַלְכָה n. pr. Ort an der Ostgrenze Baschans, zu Gad gehörig Deut. 3, 10. Jos. 12, 5. 13, 11. 1 Chr. 5, 11.

סָלַל* fut. יָסֹלּוּ; imp. pl. סֹלּוּ, suff. סַלּוּהָ *erhöhen, aufhäufen* Jer. 50, 26; meist mit Obj. Weg u. dgl. *aufhöhen, bahnen* Jes. 57, 14. 62, 10. Jer. 18, 15. Spr. 15, 19. Hiob 19, 12. 30, 12; ein dgl. Obj. ist zu ergänzen Ps. 68, 5.

Pilpel imp. suff. סַלְסְלֶהָ *hochhalten, hochschätzen* Spr. 4, 8.

Hitp. part. מִסְתּוֹלֵל *sich erheben* Ex. 9, 17.

סֹלְלָה f. pl. סֹלְלוֹת *aufgeschütteter Wall* zum Zwecke der Belagerung einer Stadt 2 Sam. 20, 15. 2 Kön. 19, 32. Jer. 32, 24. Dan. 11, 15.

סֻלָּם m. *Leiter* Gen. 28, 12.

[סַלְסִלָּה] f. pl. סַלְסִלּוֹת *Ranke* Jer. 6, 9.

סֶלַע m. ps. סָלַע, suff. סַלְעִי, pl. סְלָעִים 1) *Fels* Num. 20, 8. 10. Deut. 32, 13. 1 Sam. 13, 6; oft als Bild der Hartnäckigkeit Jer. 5, 3; der Festigkeit Num. 24, 21; des Schutzes 2 Sam. 22, 2. Ps. 31, 4. 42, 10; einzelne Felsen führten besondere Namen Richt. 15, 11. 20, 45. 1 Sam. 23, 28. 2) n. pr. *Petra*, Hauptstadt Edoms, häufig mit dem Art. הַסֶּלַע Richt. 1, 36. 2 Kön. 14, 7. Jes. 16, 1.

סָלְעָם m. eine Art Heuschrecke Lev. 11, 22.

[סָלַף]* Piel fut. יְסַלֵּף *verdrehen, verkehren* Ex. 23, 8. Deut. 16, 19. Spr. 13, 6. 19, 3; *verderben* Hiob 12, 19.

סֶלֶף m. *Verderbtheit* Spr. 11, 3. 15, 4.

סְלִק* aram. pf. 3 sg. f. סִלְקַת—סְלִקַת, 3 pl. סְלִקוּ; part. pl. f. סָלְקָן *heraufsteigen, heraufkommen* Dan. 2, 29. 7, 3. 8. 20. Esra 4, 12.

סֹלֶת f. suff. סָלְתָּהּ *feines Mehl* Gen. 18, 6. Lev. 2, 2. 1 Kön. 5, 2. 2 Kön. 7, 16. Ezech. 16, 13.

[סַם] m. pl. סַמִּים *Würze, Specereien* Ex. 25, 6. Lev. 16, 12.

סַמְגַּר־נְבוֹ n. pr. eines babylonischen Vornehmen Jer. 39, 3.

סְמָדַר m. *Blüthenansatz* Hohel. 2, 13. 15. 7, 13.

סָמַךְ* pf. 3 sg. f. suff. ps. סְמָכָתְנִי, סְמָכָתְהוּ; fut. יִסְמֹךְ; imp. suff. סְמָכֵנִי 1) *stützen, unterstützen* mit acc. Ezech. 30, 6. Ps. 3, 6. 37, 17. 24; *kräftigen* Jes. 59, 16. 63, 5; mit dopp. acc. דָּגָן וְתִירוֹשׁ סְמַכְתִּיו *Korn und Most habe ich ihm zugesetzt* Gen. 27, 37; mit לְ Ps. 145, 14; *die Hand stützend auflegen* ist Zeichen der *Weihe* bei Menschen Num. 27, 23 und Opferthieren Lev. 4, 15; part. II סָמוּךְ *fest gegründet* Jes. 26, 3. Ps. 111, 8. 112, 8. 2) *auf etwas lasten* Ps. 88, 8; *belagern* Ezech. 24, 2.

Nifal fut. יִסָּמֵךְ *sich stützen auf* ... mit עַל Richt. 16, 29. 2 Kön. 18, 21; *vertrauen* Jes. 48, 2. Ps. 71, 6. 2 Chr. 32, 8.

Piel imp. suff. סַמְּכוּנִי *kräftigen, laben* Hohel. 2, 5.

סְמַכְיָהוּ (*Gott stützt*) n. pr. m. 1 Chr. 26, 7.

סֵמֶל—סֶמֶל ps. סָמֶל *Bild* Deut. 4, 16; besond. *Götzenbild* Ezech. 8, 3. 5. 2 Chr. 33, 7. 15.

[סָמַן]* Nifal נִסְמָן *bezeichnet werden* Jes. 28, 25.

סָמַר* *starren* Ps. 119, 120.

Piel fut. 3 sg. f. תְּסַמֵּר *sich emporsträuben* Hiob 4, 15.

סָמָר adj. *borstig* Jer. 51, 27.

סְנָאָה n. pr. Ort in Juda Esra 2, 35. Neh. 7, 38; mit Art. הַסְּנָאָה Neh. 3, 3.

סַנְבַלַּט n. pr. *Sanballat*, persischer Statthalter in Samarien Neh. 2, 10. 4, 1 u. s. w.

סַנָּה n. pr. vollst. קִרְיַת־סַנָּה (*Palmenstadt*), identisch mit דְּבִר s. d.

סְנֶה m. *Dornbusch* Ex. 3, 2. 4. Deut. 33, 16.

סֶנֶּה n. pr. eines Felsens gegenüber Michmasch 1 Sam. 14, 4.

סְנוּאָה (*Gehasste*) n. pr. (f.) mit Art. Neh. 11, 9.

סַנְוֵרִים pl. m. *Blindheit* Gen. 19, 11. 2 Kön. 6, 18.

סַנְחֵרִיב n. pr. *Sanherib*, König von Assyrien 2 Kön. 18, 13. 19, 16 ff.

[סַנְסִן] m. pl. suff. סַנְסִנָּיו *Palmenzweig* Hohel. 7, 9.

סַנְסַנָּה n. pr. Stadt in Juda Jos. 15, 31.

סְנַפִּיר m. *Flossfeder* Lev. 11, 9. Deut. 14, 9.

סָס m. *Motte* Jes. 51, 8.

סִסְמָי n. pr. m. 1 Chr. 2, 40.

***סָעַד** fut. יִסְעַד, suff. יִסְעָדֶךָ; inf. suff. סַעֲדָהּ; imp. סְעַד—סַעֲדָה, suff. סְעָדֵנִי; pl. סַעֲדוּ *stützen* Jes. 9, 6. Ps. 20, 3. 41, 4. 94, 18. Spr. 20, 28; mit Obj. לֵב *laben, sättigen* Gen. 18, 5. Richt. 19, 5. 8; *speisen* 1 Kön. 13, 7.

[סְעַד] Pael part. pl. מְסַעֲדִין *helfen* Esra 5, 2.

***סָעָה** nur part. f. סֹעָה *stürmen, jagen* Ps. 55, 9.

סָעִיף s. סְעִף.

[סֵעֵף] Piel (denom. v. סְעִף) part. מְסָעֵף *die Zweige abschlagen* Jes. 10, 33.

[סְעִף] m. cs. סְעִיף, pl. סְעִפִּים, cs. סְעִפֵּי, suff. סְעִפֶּיהָ 1) *Zweig* Jes. 17, 6. 27, 10. 2) *Kluft* eines Felsens Richt. 15, 8. 11. Jes. 2, 21. 57, 5. 3) *Parthei* 1 Kön. 18, 21.

[סֵעֵף] m. pl. סֵעֲפִים *Zweifältiger* Ps. 119, 113.

[סְעַפָּה] f. pl. suff. סְעַפֹּתָיו *Zweig* Ezech. 31, 6. 8.

***סָעַר** fut. pl. יִסְעֲרוּ *stürmen* Jona 1, 11. 13. Hab. 3, 14.

Nifal fut. יִסָּעֵר *stürmisch erregt werden* 2 Kön. 6, 11.

Piel fut. 1 sg. suff. אֲסָעֲרֵם (für אֲסָעֲרֵם) *verstreuen* Zach. 7, 14.

Pual fut. יְסֹעַר; part. fem. סֹעֲרָה *verstreut werden* Hos. 13, 3; *umstürmt werden* Jes. 54, 11.

סַעַר m. ps. סָעַר, suff. סַעַרְךָ *Sturm* Jer. 23, 19. Amos 1, 14. Jona 1, 4. Ps. 55, 9. 83, 16.

סְעָרָה f. cs. סַעֲרַת, pl. סְעָרוֹת, cs. סַעֲרוֹת *Sturm* 2 Kön. 2, 1. Jer. 23, 19. Ezech. 13, 11. Zach. 9, 14.

סַף m. ps. סָף, suff. סִפִּי, pl. סִפִּים—סִפּוֹת 1) *Becken, Schale* Ex. 12, 22. 1 Kön. 7, 50. 2) *Schwelle*, eigentlich *Eingangsraum* Richt. 19, 27. 1 Kön. 14, 17. Amos 9, 1. Est. 2, 21. 3) n. pr. m. 2 Sam. 21, 18 = סִפַּי 1 Chr. 20, 4.

***סָפַד** fut. יִסְפֹּד, תִּסְפֹּד, inf. סְפוֹד, לִסְפֹּד; imp. סִפְדוּ, סְפֹדְנָה *klagen, jammern, trauern* 2 Sam. 1, 12; meist mit עַל 2 Sam. 11, 26. Micha 1, 8; oder mit לְ Gen. 23, 2. 1 Kön. 14, 13; aber עַל שָׁדַיִם סֹפְדִים *klagen und sich dabei auf die Brust schlagen* Jes. 32, 12.

Nifal fut. יִסָּפְדוּ *beklagt werden* Jer. 16, 4. 25, 33.

***סָפָה** pf. 3 sg. f. סָפְתָה [סָפוּ Amos 3, 15. Ps. 73, 19 s. סוּף]; fut. 2 sg. תִּסְפֶּה; inf. סְפוֹת, לִסְפּוֹת; imp. סְפוּ 1) *hinwegnehmen, hinwegraffen* Gen. 18, 23. Deut. 29, 18. Jes. 7, 20. Jer. 12, 4. Ps. 40, 15. 2) *hinzufügen, hinzulegen* Num. 32, 14. Jes. 29, 1. 30, 1. Jer. 7, 21.

Nifal pf. נִסְפָּה; part. נִסְפֶּה; fut. אֶסָּפֶה, 2 pl. תִּסָּפוּ *hinweggerafft werden* Gen. 19, 15. 17. Num. 16, 26. 1 Sam. 12, 25. 26, 10. 27, 1. Jes. 13, 15. Spr. 13, 23. 1 Chr. 21, 12.

Hifil fut. אַסְפֶּה *zusammenbringen, häufen* Deut. 32, 23.

[סַפָּה] f. pl. סַפּוֹת *Teppich* 2 Sam. 17, 28.

סִפָּה s. סַף.

***סָפַח** imp. suff. סְפָחֵנִי *anschliessen, zugesellen* 1 Sam. 2, 36.

Nifal pf. נִסְפְּחוּ *sich anschliessen* Jemandem mit עַל Jes. 14, 1.

Piel part. מְסַפֵּחַ *voll einschenken* Hab. 2, 15.

Pual fut. יְסֻפָּחוּ *sich versammeln* Hiob 30, 7.

Hitp. inf. הִסְתַּפֵּחַ *sich anschliessen, Theil haben an* ... mit בְּ 1 Sam. 26, 19.

סַפַּחַת f. *Schorf, Grind* Lev. 13, 2. 14, 56.

סִפַּי n. pr. s. סַף Nr. 3.

סְפִיחַ m. cs. סְפִיחַ, pl. suff. סְפִיחֶיהָ 1) *Nachwuchs* Lev. 25, 5. 11. 2 Kön. 19, 29. 2) *Fluth, Ueberschwemmung* Hiob 14, 19.

סְפִינָה f. *Schiff* Jona 1, 5.

סַפִּיר m. pl. סַפִּירִים *Sapphirstein* Ex. 24, 10. 28, 18. Jes. 54, 11. Ezech. 1, 26. Hiob 28, 6. Hohel. 5, 14. Klagel. 4, 7.

סֵפֶל m. *Schale, Gefäss* Richt. 5, 25. 6, 38.

***סָפַן** fut. יִסְפֹּן 1) *überziehen, täfeln* 1 Kön. 6, 9. 7, 3. 7. Jer. 22, 14. Hag. 1, 4. 2) *verbergen* Deut. 33, 21 (n. A. *hochachten*).

סִפֻּן m, *Wölbung* 1 Kön. 6, 15.

[סָפַף] Hitp. (denom. v. סַף) הִסְתּוֹפֵף *am Eingange stehen* Ps. 84, 11.

***סָפַק** fut. יִסְפֹּק; inf. סְפֹק 1) *schlagen (die Hände zusammen)*, als Zeichen des Unwillens Num. 24, 10; des Spottes Klagel. 2, 15 (vergl. שָׂפַק); auch ohne כַּף Hiob 34, 37; *auf die Hüfte* als Zeichen des Schmerzes Jer. 31, 19. Ezech. 21, 17; *schlagen, strafen* Hiob 34, 26. 2) *hin- und her wanken* Jer. 48, 26.

סֵפֶק (שֶׂפֶק) m. suff. סִפְקוֹ *Ueberfluss* Hiob 20, 22.

***סָפַר** pf. 3 sg. suff. סְפָרָם; fut. יִסְפֹּר; inf. לִסְפֹּר *zählen* Gen. 15, 5. Ps. 87, 6. 2 Chr. 2, 16; *zuzählen* Jemandem mit לְ Esra 1, 8; *genau beobachten* Hiob 14, 16 (vgl. סֹפֵר).

Nifal fut. יִסָּפֵר *gezählt werden* Gen. 16, 10. 32, 13. Hos. 2, 1.

Piel fut. יְסַפֵּר; inf. סַפֵּר *erzählen von etwas* mit acc. Ex. 9, 16. Ps. 102, 22; *aufzählen* Ps. 40, 6. 50, 16; *zählen* Ps. 22, 18.

Pual fut. יְסֻפַּר *erzählt werden* Jes. 52, 15. Hab. 1, 5. Ps. 22, 31. 88, 12. Hiob 37, 20.

סָפַר aram. m. emph. סָפְרָא *Schreiber* Esra 4, 8. 7, 12.

סֵפֶר m. suff. סִפְרִי, pl. סְפָרִים *Schrift* Dan. 1, 17; *Brief* 2 Sam. 11, 14. 1 Kön. 21, 8. 2 Kön. 5, 5. Est. 8, 5; *Urkunde, Dokument* Deut. 24, 1. 3. Jer. 32, 12. 14. יֹדֵעַ סֵפֶר *Schriftkundiger* Jes. 29, 11; *Buch* (in Rollenform) Gen. 5, 1. Ex. 24, 7. Jes. 34, 4. Ps. 40, 8. הַסְּפָרִים *die* (bekannten) *heiligen Bücher* Dan. 9, 2.

סֹפֵר m. pl. סֹפְרִים, cs. סֹפְרֵי *Schreiber* 2 Kön. 25, 19; *Schriftkundiger* Ps. 45, 2. Esra 7, 6. Jer. 8, 8. 1 Chr. 2, 55.

סְפָר m. 1) *Zählung* 2 Chr. 2, 16. 2) n. pr. mit He loc. סְפָרָה Stadt in Arabien Gen. 10, 30.

סְפַר aram. m. pl. סִפְרִין, emph. סִפְרַיָּא *Buch* Dan. 7, 10. Esra 6, 18. סְפַר דָּכְרָנַיָּא *Chronik* Esra 4, 15. בֵּית סִפְרַיָּא *Archiv* Esra 6, 1.

סְפָרַד n. pr. eines fernen Landes, n. E. *Bosporus*, n. A. *Sardes* Obad. 1, 20.

סִפְרָה f. suff. סִפְרָתֶךָ *Buch* (n. A. *Zählung*) Ps. 56, 9.

[סְפֹרָה] f. pl. סְפֹרוֹת *Zählung* Ps. 71, 15.

סְפַרְוַיִם n. pr. wahrscheinl. *Sipphara* in Mesopotamien 2 Kön. 17, 24. 31 Kri 18, 34. 19, 13. Jes. 36, 19. 37, 13; n. gent. סְפַרְוִים (wofür das zweite Mal Ktib סְפָרִים) 2 Kön. 17, 31.

סֹפֶרֶת (*Schreibkunde*) n. pr. m. mit Art. Esra 2, 55. Neh. 7, 57.

סָקַל* fut. pl. יִסְקְלוּ; inf. suff. סָקְלוֹ; imp. suff. סְקָלֻהוּ *mit Steinen werfen, steinigen* Ex. 8, 22. 17, 4. Deut. 13, 11. 17, 5. Jos. 7, 25. 1 Sam. 30, 6. 1 Kön. 21, 10.

Nifal fut. יִסָּקֵל *gesteinigt werden* Ex. 19, 13. 21, 28.

Piel fut. יְסַקֵּל; imp. סַקְּלוּ 1) *mit Steinen bewerfen* 2 Sam. 16, 6. 13. 2) *entsteinigen, von Steinen befreien* Jes. 5, 2. 62, 10.

Pual סֻקַּל *gesteinigt werden* 1 Kön. 21, 14.

סַר adj. f. סָרָה *missmüthig, verdriesslich* 1 Kön. 20, 43. 21, 4. 5.

[סָרָב] m. pl. סָרָבִים *Dorn, Stachel* Ezech. 2, 6.

[סַרְבָּל] aram. m. pl. suff. סַרְבָּלֵיהוֹן *weites Oberkleid* Dan. 3, 21. 27.

סַרְגוֹן n. pr. eines assyrischen Königs Jes. 20, 1.

סֶרֶד n. pr. Sohn des Sebulon Gen. 46, 14. Num. 26, 26 (wo n. gent. סַרְדִּי).

סָרָה f. 1) *Frevel* Deut. 19, 16. Jes. 31, 6. 59, 13, besond. *Abfall von Gott* Deut. 13, 6. Jes. 1, 5. Jer. 28, 16. 29, 32. 2) *Aufhören, Nachlass* Jes. 14, 6 (vgl. סָר).

סִרָה n. pr. einer Cisterne 2 Sam. 3, 26.

[סָרוּחַ] m. pl. cs. סְרוּחֵי *Mitra*, Kopfbedeckung der Babylonier Ezech. 23, 15.

***סָרַח** part. fem. סֹרַחַת, part. II pl. סְרוּחִים — סְרֻחִים; fut. תִּסְרַח *sich ausstrecken* Amos

6, 4. 7; *sich ausbreiten* Ezech. 17, 6; *überhängen* Ex. 26, 13.

Nifal (von anderer Wurzel) pf. 3 sg. f. נִסְרְחָה *stinkend, entartet* Jer. 49, 7.

סֶרַח m. *das Ueberhängende* Ex. 26, 12.

סִרְיֹן m. suff. סִרְינוֹ, pl. סִרְיֹנוֹת *Panzer* Jer. 46, 4. 51, 3 (vgl. שִׁרְיוֹן).

סָרִיס m. cs. סְרִיס, pl. סָרִיסִים, cs. סָרִיסֵי— סְרִיסֵי, suff. סָרִיסָיו *Verschnittener, Castrat* Jes. 56, 3. 4. Jer. 38, 7. Est. 2, 21. Dan. 1, 3; überhaupt *Hofbedienter* Gen. 37, 36, 40, 2. 7. 2 Kön. 20, 18. 25, 19. Jer. 41, 16.

[סָרַךְ] aram. m. pl. סָרְכִין, emph. סָרְכַיָּא, cs. סָרְכֵי *Beamter, Minister* Dan. 6, 3 ff.

[סֶרֶן] m. pl. סְרָנִים, cs. סַרְנֵי 1) *Achse* 1 Kön. 7, 30. 2) *Fürst*, besonders bei den Philistern Jos. 13, 3. Richt. 16, 18. 30. 1 Sam. 6, 4.

[סַרְעַפָּה] f. pl. suff. סַרְעַפֹּתָיו *Zweig* Ezech. 31, 5.

[סָרַף] Piel part. suff. מְסָרְפוֹ *sein Vetter*, n. A. *sein Verbrenner* (מְשָׂרְפוֹ) Amos 6, 10.

סִרְפַּד m. *Stechdorn* Jes. 55, 13.

סָרַר* *widerspenstig sein* Hos. 4, 16; sonst nur part. סוֹרֵר, pl. סוֹרְרִים, f. סֹרֵרָה — סֹרֶרֶת *widerspenstig, abtrünnig* Deut. 21, 18. Jes. 1, 23. Jer. 5, 23. Ps. 68, 7. Spr. 7, 11.

סְתָו m. *Regenzeit, Winter* Hohel. 2, 11.

סְתוּר n. pr. m. Num. 13, 13.

סָתַם* fut. 2 pl. ps. תִּסְתֹּמוּ; inf. לִסְתּוֹם; imp. סְתֹם *verstopfen* 2 Kön. 3, 19. 25. 2 Chr. 32, 3. 30; *geheim halten* Dan. 8, 26. 12, 4. 9; part. II סָתֻם—סָתוּם *das Verborgene, Geheime* Ezech. 28, 3. Ps. 51, 8.

Nifal inf. הִסָּתֵם *geschlossen werden* Neh. 4, 1.

Piel pf. 3 pl. suff. סִתְּמוּם *verstopfen* Gen. 26, 15. 18.

[סָתַר]* Nifal נִסְתַּר; fut. יִסָּתֵר *sich verbergen* Gen. 4, 14. Num. 5, 13. Deut. 7, 20. 1 Kön. 17, 3; *verborgen sein* Jes. 65, 16; part. *unbekannt* Deut. 29, 28. Hiob 3, 23.

Piel imp. f. סַתְּרִי *bergen* Jes. 16, 3.

Pual part. f. מְסֻתֶּרֶת *verborgen, heimlich* Spr. 27, 5.

Hifil הִסְתִּיר; inf. לַסְתִּר (= לְהַסְתִּיר Jes. 29, 15) *verbergen, geheim halten* 1 Sam. 20, 2. Spr. 25, 2; *bergen, schützen* Ps. 17, 8. Hiob 14, 13; mit Obj. פָּנִים *sein Antlitz verbergen vor Jemandem* = *sich Jemandem entziehen* Deut. 31, 18.

Hitp. fut. 3 sg. f. ps. תִּסְתַּתָּר *sich verbergen* 1 Sam. 23, 19. 26, 1; *sich entziehen* Jes. 45, 15; *verschwinden* Jes. 29, 14.

[סְתַר] aram. pf. 3 sg. suff. סַתְרֵהּ *zerstören* Esra 5, 12.

Pael part. f. pl. מְסַתְּרָתָא *das Verborgene* Dan. 2, 22.

סֵתֶר m. ps. סָתֶר, suff. סִתְרִי, pl. סְתָרִים *Heimlichkeit* Deut. 27, 24. Jes. 45, 19. Ps. 139, 15. Spr. 9, 17. 21, 14; *Umhüllung* Hiob 22, 14. סֵתֶר רַעַם *Umhüllung der Donnerwolke* Ps. 81, 8. דְּבַר סֵתֶר *Geheimniss* Richt. 3, 19; bildlich: *Schutz, Schirm* Jes. 16, 4. Ps. 27, 5. 31, 21. 119, 114.

סִתְרָה f. *Schutz* Deut. 32, 38.

סִתְרִי (*Gott ist Schutz*) n. pr. m. Ex. 6, 22.

ע

עָב m. u. f. cs. עַב, pl. עָבִים—עָבוֹת, cs. עָבֵי, suff. עָבָיו 1) *Wolke* Richt. 5, 4. 2 Sam. 23, 4. 1 Kön. 18, 44. Ps. 18, 12. עַב הֶעָנָן *dichte Wolke* Ex. 19, 9; als Bild der Höhe Jes. 14, 1. 4. Hiob 20, 6; der Vergänglichkeit Jes. 44, 22. Hiob 30, 15; der Schnelligkeit Jes. 19, 1. 60, 8. Ps. 104, 3. 2) *Dickicht* Jer. 4, 29. 3) *schwellenartige Vorlage* im salomonischen Tempel 1 Kön. 7, 6.

[עֹב] m. pl. עֻבִּים dasselbe mit עָב No. 3. Ezech. 41, 26.

עָבַד* fut. יַעֲבֹד; inf. עֲבֹד—עֲבוֹד, suff. עָבְדְךָ; imp. עֲבֹד, suff. עָבְדֵהוּ, pl. עִבְדוּ 1) *arbeiten* Ex. 5, 18; *bearbeiten* (den Erdboden u. s. w.)

Gen. 2, 5. 15. 4, 2. 2 Sam. 9, 10. Jer. 27, 11. Zach. 13, 5; *verrichten* (einen Dienst u. s. w.) Ex. 13, 5. Num. 18, 7. Jes. 19, 21; *verfertigen* Jes. 19, 9; der Lohn, *für* den man arbeitet, mit בְּ Gen. 29, 20. 30, 26. Ezech. 29, 20. Hos. 12, 13. Aber auch die Person, *mit* der man arbeitet, *die* man für sich arbeiten lässt, steht mit בְּ, daher man עָבַד בְּ übersetzen kann: *Jemanden arbeiten lassen, knechten* Ex. 1, 14. Lev. 25, 39. Deut. 15, 19. Jer. 25, 14. 27, 7. 34, 9; st. בְּ mit dem acc. Gen. 15, 13. 2) *dienen* Ex. 21, 2; mit acc. der Person Deut. 15, 18; *unterwürfig sein* Gen. 14, 4. 1 Sam. 17, 9. 2 Kön. 18, 7; besonders von der Verehrung der Gottheit Ex. 23, 25. Deut. 4, 28. Mal. 3, 18. Hiob 36, 11; selten mit לְ statt des acc. z. B. Richt. 2, 13. 1 Sam. 4, 9. 2 Sam. 16, 19; mit noch acc. der Sache Ex. 10, 26.

Nifal pf. נֶעֱבַד, נֶעֱבַדְתֶּם; fut. יֵעָבֵד *bearbeitet werden* Ezech. 36, 9. 34. Koh. 5, 8; unpersönlich mit בְּ Deut. 21, 4.

Pual עֻבַּד *zum Arbeiten gebraucht werden* Deut. 21, 3. Jes. 14, 3; die Person mit בְּ.

Hifil pf. הֶעֱבִיד; fut. וַיַּעֲבִדוּ; inf. הַעֲבִיד *zum Arbeiten anhalten* Ex. 1, 13. 6, 5. 2 Chr. 2, 17; *eine Arbeit auflegen* Jes. 43, 23. 24. Ezech. 29, 18; *dienen lassen* Jer. 17, 4.

Hofal fut. 2 sg. suff. תָעָבְדֵם *zum Dienste angehalten werden, dienen, anbeten* Ex. 20, 5. 23, 24. Deut. 5, 9. 13, 3.

עֲבַד aram. pf. 2 sg. עֲבַדְתְּ, 1 sg. עַבְדֵת, 3 pl. עֲבַדוּ; part. עָבֵד, f. עָבְדָא, pl. עָבְדִין; fut. 2 pl. תַּעַבְדוּן; inf. מֶעְבַּד *machen* Jer. 10, 11. Dan. 3, 1. 15. 4, 32. 6, 11. Esra 6, 13; *vollbringen* Dan. 3, 32. 6, 28; *veranstalten* Dan. 5, 1; *verfahren mit* ... durch בְּ Dan. 4, 32; *begehen* Dan. 6, 23. Esra 6, 16. עֲבַד קְרָב *Krieg führen* Dan. 7, 21.

Itp. fut. יִתְעֲבֵד, תִּתְעַבְדוּן; part. מִתְעֲבֵד, f. מִתְעַבְדָא *gemacht werden* Esra 4, 19. 5, 8. 7, 26. הַדָּמִין יִתְעַבְדוּן *er soll in Stücke zerrissen werden* Dan. 2, 5. 3, 29.

עֶבֶד m. ps. עָבֶד, suff. עַבְדִּי, pl. עֲבָדִים, cs. עַבְדֵי, suff. עֲבָדַי, עַבְדֵיכֶם 1) *Knecht, Diener*, im weitesten Sinne Gen. 9, 25. 24, 34; daher auch der Fromme ein *Diener Gottes* genannt wird Gen. 26, 24. Num. 12, 7. 2 Sam. 3, 18. Jes. 44, 2. Zach. 3, 8. In der demüthigen Anrede steht עַבְדְּךָ *dein Knecht* für „*ich*" Gen. 19, 19; eben so עֲבָדֶיךָ „*wir*" Gen. 42, 11. 2) n. pr. m. Richt. 9, 26.—Esra 8, 6.

[עֲבָד] m. pl. suff. עֲבָדֵיהֶם *Handlung* Koh. 9, 1.

עֲבֵד aram. m. pl. suff. עַבְדוֹהִי, עַבְדָיךְ *Knecht, Diener* wie das hebr. Dan. 2, 4. 7. 6, 21. Esra 4, 11. 5, 11.

עֹבֵד־אֱדֹם n. pr. m. 1) 2 Sam. 6, 10. 1 Chr. 13, 13. 2) 1 Chr. 26, 4. 8.

עֶבֶד מֶלֶךְ n. pr. m. Jer. 38, 7. 39, 16.

עֲבֵד נְגוֹ n. pr. babylonischer Name des Asarja Dan. 1, 7. 2, 49 (נְגוֹא Dan. 3, 29).

עַבְדָּא n. pr. m. 1 Kön. 4, 6.—Neh. 11, 17 = עֹבַדְיָה 1 Chr. 9, 16.

עַבְדְּאֵל (*Gottesdiener*) n. pr. m. Jer. 36, 26.

עֲבֹדָה—עֲבוֹדָה f. cs. עֲבֹדַת, suff. עֲבֹדָתִי 1) *das Arbeiten, die Arbeit* Ex. 1, 14. Deut. 26, 6; *Dienst* Num. 8, 26. 1 Chr. 26, 30; besonders von gottesdienstlichen Handlungen Ex. 12, 25. 13, 5; *Verrichtung, Geschäft* Ps. 104, 23. עֲבֹדַת עֲבֹדָה *Dienstverrichtung* Num. 4, 47. 2) *Bearbeitung* (des Bodens) Neh. 10, 38. 3) *Geräthschaft* Num. 3, 26. 31. 36.

עֲבֻדָּה f. *Dienerschaft, Gesinde* Gen. 26, 14. Hiob 1, 3.

עַבְדּוֹן (*Diener Gottes*) n. pr. 1) eines Richters Richt. 12, 13. 2) 1 Chr. 8, 23.—30.—2 Chr. 34, 20. 3) Levitenstadt in Ascher Jos. 21, 30. 1 Chr. 6, 59 = עֶבְרֹן Jos. 19, 28.

עַבְדִּי n. pr. m. Esra 10, 26.—1 Chr. 6, 29.—2 Chr. 29, 12.

עַבְדִּיאֵל n. pr. m. 1 Chr. 5, 15.

עֹבַדְיָה—עֹבַדְיָהוּ n. pr. 1) der bekannte Prophet *Obadja* Obad. 1, 1. 2) Esra 8, 9.—1 Chr. 3, 21.—7, 3.—8, 38. 9, 44.—9, 16 (vgl. עַבְדָּא).—12, 9.—27, 19.—2 Chr. 17, 7.—34, 12.

עַבְדֻת f. suff. עַבְדֻתֵנוּ *Knechtschaft* Esra 9, 8. 9. Neh. 9, 17.

עָבָה* pf. 2 sg. עָבִיתָ *dick sein* 1 Kön. 12, 10. 2 Chr. 10, 10; *dick werden* Deut. 32, 15.

[עֲבָה] m. pl. cs. עֲבִי *Dichtheit* 2 Chr. 4, 17.

עֲבוֹדָה s. עֲבֹדָה.

עֲבוֹט m. suff. עֲבֹטוֹ *Pfand* Deut. 24, 10. 13.

עֲבוּר m. 1) *Ertrag* Jos. 5, 11. 12. 2) בַּעֲבוּר, suff. בַּעֲבוּרִי a) conj. *damit*, mit folgd. fut. Gen. 21, 30 oder inf. Ex. 9, 16 (vor dem zuweilen noch לְ steht 1 Chr. 19, 3) oder folgd. אֲשֶׁר

Gen. 27, 10; dasselbe ist לְבַעֲבוּר Ex. 20, 17. 2 Sam. 14, 20. b) präpos. *um — willen* Gen. 8, 21. בַּעֲבוּרִי *um meinetwillen* 1 Sam. 23, 10.

עָבַט* fut. תַּעֲבֹט 1) *sich* (auf ein Pfand) *etwas leihen* Deut. 15, 6. 2) *ein Pfand nehmen, pfänden* Deut. 24, 10.

Piel fut. יְעַבְּטוּן *vertauschen, wechseln* Joel 2, 7.

Hifil הֶעֱבַטְתָּ, fut. 2 sg. suff. תַּעֲבִטֶנּוּ; inf. הַעֲבֵט *Jemandem* (auf ein Pfand) *leihen* Deut. 15, 6. 8.

עַבְטִיט m. *Verschuldung* Hab. 2, 6.

עֲבִי m. *Dichtheit* Hiob 15, 26.

עֳבִי m. suff. עָבְיוֹ *Dicke* 1 Kön. 7, 26. Jer. 52, 21.

עֲבִידָא aram. f. emph. עֲבִידְתָּא, cs. עֲבִידַת *Arbeit, Dienst* Esra 4, 24. 5, 8; *Geschäft, Amt* Dan. 2, 49. 3, 12.

עָבַר* pf. 3 sg. suff. עֲבָרוֹ; fut. יַעֲבֹר, suff. יַעַבְרֶנּוּ, 1 sg. אֶעֱבֹר—אֶעְבְּרָה, ps. אֶעְבֹּרָה, —יַעַבְרֶנְהוּ 3 pl. suff. יַעַבְרֻנְהוּ *überschreiten* oder *durchschreiten* (einen Fluss u. s. w.) Gen. 32, 11. Jos. 4, 22. 2 Sam. 17, 22; *durchziehen* (ein Land) mit בְּ Ex. 12, 12. Num. 13, 32; mit עַל 2 Kön. 4, 9; mit acc. Ps. 8, 9; *hindurch gehen* (בֵּין) Gen. 15, 17. Jer. 34, 19; *vorübergehen* Hohel. 5, 6; mit עַל Gen. 18, 5. Jer. 18, 16. Spr. 24, 30; mit acc. Gen. 32, 32. Richt. 3, 26; *weitergehen* 2 Sam. 16, 1. 18, 9; *einhergehen* (mit לִפְנֵי) Gen. 33, 3. 2 Kön. 4, 31; *über etwas hinweg gehen, überfluthen* Jes. 54, 9. Ps. 38, 5. 42, 8. 124, 4; *übertreten* (Bund, Verbot) Deut. 26, 13. Jos. 7, 15 (vgl. unten עָבַר בִּבְרִית); *über Jemd. kommen* mit עַל Num. 5, 14; mit בְּ Nah. 3, 19. Ps. 103, 16; *bezwingen* Jer. 23, 9; *vorübergehen* (von der Zeit) 1 Kön. 18, 29. Jer. 8, 20. Hohel. 2, 11. Man sagt vom Gelde: עֹבֵר לַסֹּחֵר *gangbar (courant) beim Kaufmann* Gen. 23, 16; *vorübergehen bei der Musterung = gemustert werden* Ex. 30, 13. 2 Kön. 12, 5. עָבַר עַל־פֶּשַׁע *über eine Sünde hinweggehen (sie nachsichtig behandeln)* Micha 7, 18. Spr. 19, 11. עָבַר בִּבְרִית *eingehen in den Bund* Deut. 29, 11 u. ebenso עָבַר בַּשֶּׁלַח *in ein Geschoss hineinrennen* Hiob 33, 18. עָבַר וָשׁוּב *hin- und hergehen* Ex. 32, 27.

Nifal fut. יֵעָבֵר *durchschritten werden* Ezech. 47, 5.

Piel עִבֵּר 1) *bespringen* Hiob 21, 10. 2) *herangehen lassen, heranziehen* 1 Kön. 6, 21.

Hifil pf. 2 sg. הֶעֱבַרְתָּ—הַעֲבַרְתָּ (Jos. 7, 7); fut. יַעֲבִיר—יַעֲבֵר; inf. לַעֲבִיר (= לְהַעֲבִיר), suff. לְהַעֲבִרוֹ; imp. הַעֲבֵר—הַעֲבֶר *hinüberführen, hinüberbringen* Gen. 47, 21. Num. 32, 5; *hindurchgehen lassen* Jos. 7, 7. Ps. 78, 13. 136, 14; *hindurchführen* Ezech. 47, 3; besonders vom Hindurchführen der Opfer durch das Feuer (beim Molochdienst) Lev. 18, 21. 2 Kön. 16, 3; *vorübergehen lassen* Ex. 33, 19. 1 Sam. 16, 9. Jer. 46, 17; *abnehmen* Jona 3, 6. Est. 8, 2; besonders von Sünden = *verzeihen* 2 Sam. 12, 13. Zach. 3, 4; *hinwegschaffen* 1 Kön. 15, 12. 2 Chr. 35, 23; *zur Uebertretung veranlassen* 1 Sam. 2, 24. הֶעֱבִיר רוּחַ *einen Wind wehen lassen* Gen. 8, 1. הֶעֱבִיר קוֹל *eine Bekanntmachung ergehen lassen* Ex. 36, 6. Esra 1, 1. Neh. 8, 15; ähnlich mit Obj. שׁוֹפָר Lev. 25, 9. הֶעֱבִיר תַּעַר *ein Scheermesser führen* Num. 8, 7. לְהַעֲבִרוֹ *über das Ziel hinaus* 1 Sam. 20, 26.

Hitp. הִתְעַבֵּר 1) *sich ereifern, zürnen* Ps. 78, 21; mit בְּ Deut. 3, 26. Ps. 78, 62; mit עִם Ps. 89, 39. 2) *erzürnen* Spr. 20, 2.

עֵבֶר m. suff. עֶבְרוֹ, pl. עֲבָרִים, cs. עֶבְרֵי, suff. עֲבָרָיו, עֶבְרֵיהֶם 1) *Seite* Ex. 32, 15. Jes. 47, 15. Jer. 49, 32 eines Flusses, Thales etc.; 1 Sam. 14, 1. 26, 13; daher עֵבֶר הַיַּרְדֵּן *diesseits- oder jenseits* (je nach dem Zusammenhange) *des Jordan* Gen. 50, 10. Deut. 3, 25. Jos. 1, 14. Richt. 5, 17; oft näher bestimmt durch Zusätze wie מִזְרָחָה Jos. 18, 7 oder מְבוֹא הַשֶּׁמֶשׁ Deut. 11, 30 oder מַעֲרָבָה 1 Chr. 26, 30; daher überhaupt *Uferländer* Jes. 7, 20. 1 Kön. 5, 4; pl. vergl. עֲבָרִים. 2) n. pr. a) Enkel des Arpachschad Gen. 10, 24. 11, 14; die von ihm abgeleiteten Völker heissen בְּנֵי עֵבֶר Gen. 10, 21; vgl. עִבְרִי. b) Neh. 12, 20.— 1 Chr. 5, 13.—8, 12.—22.

עֲבַר aram. *jenseits.* עֲבַר נַהֲרָה *das westliche Uferland* des Eufrat Esra 4, 10. 5, 3.

עֲבָרָה· f. pl. cs. עַבְרוֹת 1) *Fähre* 2 Sam. 19, 19. 2) *Rand, Grenze* 2 Sam. 15, 28.

עֶבְרָה f. cs. עֶבְרַת, suff. עֶבְרָתִי, pl. עֲבָרוֹת, cs. עֶבְרוֹת—עַבְרוֹת, eigtl. *Ueberwallung, Wuth* Jes. 14, 6. Amos 1, 11; pl. *Wuthausbrüche* Ps. 7, 7; vom Zorn oder Strafgericht Gottes Klagel. 3, 1. עַם עֶבְרָתִי *das Volk, dem ich zürne* Jes. 10, 6.

עִבְרִי f. עִבְרִיָּה; pl. m. עִבְרִים—עִבְרִיִּים f. עִבְרִיּוֹת—עִבְרִיֹּת *Hebräer*, wahrscheinl. als die von jenseit (des Eufrat) Stammenden; gewöhnlich gebraucht, wo Fremde von Israeliten (Gen. 39, 14) oder Israeliten von sich zu Fremden sprechen (Ex. 1, 19), oder Israel. Fremden gegenüber gestellt werden Gen. 43, 32. Deut. 15, 12. 1 Sam. 29, 3.

עֲבָרִים n. pr. eines Gebirges im Ostjordanlande Jer. 22, 20; vollst. הַר הָעֲבָרִים Num. 27, 12. Deut. 32, 49 oder הָרֵי הָעֲבָרִים Num. 33, 47. 48. עִיֵּי הָעֲבָרִים Name eines Ortes an diesem Gebirge Num. 21, 11. 33, 44; auch bloss עִיִּים Num. 33, 45.

עֶבְרֹן n. pr. Levitenstadt in Ascher Jos. 19, 28 (vgl. עַבְדּוֹן).

עַבְרֹנָה n. pr. Lagerplatz der Israeliten Num. 33, 34.

***עָבַשׁ** *verdorren* Joel 1, 17.

***[עָבַת]** Piel fut. suff. וַיְעַבְּתוּהָ *umstricken* Micha 7, 3.

עָבוֹת—עָבֹת adj. f. עֲבֻתָּה *dichtbelaubt* Lev. 23, 40. Ezech. 6, 13. 20, 28. Neh. 8, 15.

עֲבוֹת—עֲבֹת m. (f. Richt. 15, 14) pl. עֲבֹתִים—עֲבֹתוֹת, suff. עֲבֹתֵימוֹ 1) *Strick* Richt. 15, 13. Jes. 5, 18. Hos. 11, 4. Ps. 2, 3. 118, 27. 129, 4. Hiob 39, 10. 2) *Flechtwerk* Ex. 28, 14. 3) *dichtbelaubte (Bäume)* Ezech. 19, 11. 31, 3. 10. 14.

***עָגַב** fut. 3 sg. f. וַתַּעְגְּבָה—וַתַּעֲגַב *lieben* (in unzüchtiger Weise), *brünstig sein* Ezech. 23, 7; mit אֶל Ezech. 23, 12; mit עַל Ezech. 23, 5. 9; mit בְּ Ezech. 23, 5. 9. עֹגְבִים *Buhlen* Jer. 4, 30.

[עֶגֶב] m. pl. עֲגָבִים *Liebeslied* Ezech. 33, 31.

עֻגָב s. עוּגָב.

עֲגָבָה f. suff. עַגְבָתָהּ *unkeusche Liebe* Ezech. 23, 11.

עֻגָה (עוּגָה) f. cs. עֻגַת, pl. עֻגוֹת *rundes Backwerk, Kuchen* Gen. 18, 6. Ex. 12, 39. Num. 11, 8. 1 Kön. 17, 13. 19, 6. Ezech. 4, 12. Hos. 7, 8.

עָגוּר m. Name eines Zugvogels, *Schwalbe* (n. A. *Kranich*) Jes. 38, 14. Jer. 8, 7.

עָגִיל m. pl. עֲגִילִים *Ring* Num. 31, 50. Ezech. 16, 12.

עָגוֹל—עָגֹל adj. fem. pl. עֲגֻלּוֹת *rund, kreisförmig* 1 Kön. 7, 23. 31. 10, 19.

עֵגֶל m. suff. עֶגְלֵךְ, pl. עֲגָלִים, cs. עֶגְלֵי *Kalb* Ex. 32, 4. 1 Sam. 28, 24. 1 Kön. 12, 28. Hos. 8, 5. 13, 2.

עֲגָלָה f. suff. עֶגְלָתוֹ, pl. עֲגָלוֹת, cs. עֶגְלֹת *Wagen* Gen. 45, 19. 46, 5. Num. 7, 3. Jes. 28, 27. 28.

עֶגְלָה f. cs. עֶגְלַת, suff. עֶגְלָתִי, pl. cs. עֶגְלוֹת 1) *weibliches Kalb, junge Kuh* Gen. 15, 9. Richt. 14, 18. Hos. 10, 4. 2) n. pr. Weib David's 2 Sam. 3, 5. 1 Chr. 3, 3.

עֶגְלוֹן n. pr. 1) König von Moab Richt. 3, 12. 17. 2) Stadt in Juda Jos. 10, 3. 12, 12. 15, 39.

עֶגְלַיִם n. pr. (mit vorgesetztem עֵין) Ort am todten Meere Ezech. 47, 10.

עֶגְלַת n. pr. mit dem Beinamen שְׁלִשִׁיָּה (d. h. wahrscheinl. dritte Stadt dieses Namens) Stadt in Moab Jes. 15, 5. Jer. 48, 34.

***עָגַם** *gebeugt sein, Mitleid empfinden* Hiob 30, 25.

***[עָגַן]** Nifal fut. 2 pl. f. תֵּעָגֵנָה *sich* (für Männer) *verschlossen halten* Rut 1, 13.

עַד (nach Waw עֶד in וָעֶד), m. cs. עֲדֵי, suff. עָדֶיךָ, עָדָיו, עֲדֵיכֶם, עֲדֵי; עֲדֵיהֶם (Hiob 32, 12), עַד־הֵם = עֲדֵיהֶם (2 Kön. 9, 18) 1) *ewige Dauer, Ewigkeit* Spr. 12, 19. Hiob 19, 24. 20, 4; meist adj. oder adverb. z. B. הַרְרֵי עַד *ewige Berge* Hab. 3, 6. שֹׁכֵן עַד *der ewig Thronende* Jes. 57, 15; verstärkt עֲדֵי עַד Ps. 83, 18 oder עוֹלְמֵי עַד Jes. 45, 17 oder עוֹלָם וָעֶד Ex. 15, 18. Ps. 9, 6 *in alle Ewigkeit.* 2) praep. *bis* und zwar a) räumlich עַד־סְדֹם *bis Sodom* Gen. 13, 12. עַד־הֵנָּה *bis hierher* 1 Sam. 7, 12, daher auch bei vielen Zeitwörtern, die einen Fortgang im Raum und ein Anlangen am Ziele bedeuten, vgl. אָזַן Hifil, בִּין Hitp., בּוֹא, נָגַע, נָגַשׁ u. s. w. b) zeitlich עַד הַיּוֹם הַזֶּה *bis auf diesen Tag* Gen. 26, 33. עֲדֵי־עָרֶב *bis zum Abend* Ps. 104, 23. עַד־כֹּה Ex. 7, 16 oder עַד־הֵנָּה Num. 14, 19 *bis jetzt.* עַד־אָנָה *bis wann?* Num. 14, 11; vor einem ganzen Satz mit dem inf. עַד שׁוּב אַף־אָחִיךָ *bis sich gelegt der Zorn deines Bruders* Gen. 27, 45 oder mit folgndm. אֲשֶׁר Deut. 2, 14, wofür auch עַד שֶׁ־ Richt. 5, 7. Hohel. 2, 17; oder mit folgdm. אִם Gen. 24, 19 oder עַד אֲשֶׁר אִם Gen. 28, 15. 3) adverb. eine Steigerung ausdrückend, *sogar.* עַד־עֲקָרָה *sogar die Unfruchtbare* 1 Sam. 2, 5. Haggai 2, 19. Hiob 25, 5; *sehr.* עַד־מְהֵרָה *sehr schnell* Ps. 147, 15. עַד לְמָעְלָה 2 Chr. 16, 12 oder עַד מְאֹד Gen. 27, 33 *gar sehr.* 4) conj. *bis dass,* *so dass* 1 Sam. 20, 41. Jes. 47, 7; mit folgdm. אֲשֶׁר Jos. 17, 14; *während dass* mit folgd. pf. 1 Sam. 14, 19; mit folgd. part. Hiob 1, 18; mit folgd. fut. Hiob 8, 21. מִן — עַד *sowohl — als auch* 1 Sam. 15, 3. 5) *Beute* Gen. 49, 27. Zef. 3, 8.

עַד aram. 1) praep. *bis* Dan. 4, 5. Esra 5, 16. עַד דִּבְרַת = עַל דִּבְרַת (vgl. דִּבְרַת) Dan. 4, 14; *innerhalb* (von der Zeit) Dan. 6, 8. 2) conj. *bis dass* Dan. 4, 30; *während dass* Dan. 6, 25.

עֵד I (eig. part. von עוּד) m. suff. עֵדִי, pl. עֵדִים, cs. עֵדֵי, suff. עֵדַי, עֵדֵיהֶם *Zeuge* Lev. 5, 1. Deut. 17, 6. Jes. 44, 8. Hiob 16, 19; auch von leblosen Dingen Gen. 31, 48; daher *Beweis, Beweisstück* Jes. 43, 9. Hiob 10, 17; *Bewährung, Bestätigung* Jes. 55, 4.

[עֵד] II m. pl. עִדִּים *Zeit* (der Menstruation), daher בֶּגֶד עִדִּים *unreines, beflecktes Kleid* Jes. 64, 5.

עֹד s. עוֹד.

עִדֹּא n. pr. m. 1 Kön. 4, 14.

עֹדֵד n. pr. eines Propheten 2 Chr. 28, 9 (vgl. עוֹדֵד).

עָדָה* I *über etwas hinziehen* mit עַל Hiob 28, 8. Hifil part. מַעֲדֶה *abziehen* (ein Kleid) Spr. 25, 20.

עָדָה* II pf. 2 sg. f. עָדִית; fut. 3 sg. תַּעְדֶּה — וַתַּעַד, 2 sg. f. תַּעְדִּי, 1 sg. suff. אֶעְדֵּךְ; imp. עֲדֵה *anlegen* (ein Kleid) Jes. 61, 10; Schmucksachen Jer. 4, 30. 31, 4. Ezech. 16, 13. 23, 40. Hos. 2, 15; mit dopp. accus. Ezech. 16, 11; bildlich Hiob 40, 10.

עָדָה n. pr. 1) Frau des Lemech Gen. 4, 19. 20. 2) Frau des Esau Gen. 36, 2. 4.

עֲדָה aram. pf. 3 fem. עֲדָת; fut. יֶעְדֵּה, תֶּעְדֵּא *weichen, vergehen* Dan. 4, 28. 6, 9. 13. 7, 14; *hinstreifen an* (ב) Dan. 3, 27.

Afel pf. 3 pl. הֶעְדִּיו; fut. 3 pl. יְהַעְדּוֹן; part. מְהַעְדֵּה *abnehmen, wegnehmen* Dan. 5, 20. 7, 26; *absetzen* Dan. 2, 21.

עֵדָה f. 1) *Zeugin* Gen. 31, 52; *Zeugniss* Gen. 21, 30. Jos. 24, 27 (pl. עֵדוֹת s. עֵדוּת). 2) cs. עֲדַת, suff. עֲדָתִי *Versammlung, Gemeinde* Ex. 12, 6. Lev. 19, 2; *Rotte, Schaar* Num. 16, 5. Jer. 6, 18. Ps. 22, 17; *Schwarm* (von Thieren) Richt. 14, 8. Ps. 68, 31; *Hausstand, Familie* Hiob 15, 34. 16, 7.

עִדּוֹא—עִדּוֹ n. pr. 1) Zach. 1, 1. 7. Esra 5, 1. 6, 14. 2) Neh. 12, 4. 16. 3) Prophet und Verfasser historischer Schriften 2 Chr. 12, 15. 13, 22.

עֵדוּת—עֵדֻת f. pl. suff. עֵדוֹתָיו, עֵדְוֹתָיו—עֵדוֹתֶיךָ, עֵדְוֹתֶיךָ 1) *Zeugniss, Vorschrift, Gesetz* 2 Kön. 17, 15 Ps. 19, 8. 78, 5. 1 Chr. 29, 19; besonders als Bezeichnung der Bundestafeln Ex. 25, 21, daher אֲרוֹן הָעֵדוּת *Lade des Gesetzes* Ex. 25, 22, eben so מִשְׁכַּן הָעֵדוּת Ex. 38, 21. פָּרֹכֶת הָעֵדֻת Lev. 24, 3 u. s. w.; 2 Kön. 11, 12. 2 Chr 23, 11 ist das zusammengerollte und um das Haupt des Königs gelegte Gesetz zu verstehen. 2) in den Ueberschriften Ps. 60, 1. 80, 1; vielleicht auch *Gesetz, Offenbarung.*

עֲדִי m. ps. עֶדִי, suff. עֶדְיוֹ, עֶדְיֵךְ, pl. עֲדָיִים, עֲדָיִים 1) *Schmuck, Zierrath* Ex. 33, 5. 6. 2 Sam. 1, 24. עֲדִי עֲדָיִים *schönster Schmuck* Ezech. 16, 7; *Geschirr* (beim Pferd) Ps. 32, 9. 2) *Alter* Ps. 103, 5.

עֲדִיאֵל (*Gott ist Schmuck*) n. pr. m. 1 Chr. 4, 36.—9, 12.—27, 25.

עֲדָיָה—עֲדָיָהוּ n. pr. m. 2 Kön. 22, 1.—1 Chr. 8, 21.—Neh. 11, 12. 1 Chr. 9, 12.—Esra 10, 29. —39.—Neh. 11, 5.—2 Chr. 23, 1.

עָדִין 1) adj. f. עֲדִינָה *üppig* Jes. 47, 8. 2) n. pr. m. Esra 2, 15. Neh. 7, 20.

עֲדִינָא n. pr. einer der Helden Davids 1 Chr. 11, 42.

עֲדִינוֹ n. pr. einer der Helden Davids 2 Sam. 23, 8.

עֲדִיתַיִם n. pr. Stadt in Juda Jos. 15, 36.

עַדְלַי n. pr. m. 1 Chr. 27, 29.

עֲדֻלָּם n. pr. Stadt in Juda, in deren Nähe eine grosse Höhle war Jos. 12, 15. 15, 35. 1 Sam. 22, 1. 2 Sam. 23, 13; n. gent. עֲדֻלָּמִי Gen. 38, 1. 12. 20.

[עָדַן] Hitp. fut. יִתְעַדְּנוּ *behaglich leben* Neh. 9, 25.

עֵדֶן m. pl. עֲדָנִים, suff. עֲדָנֶיךָ 1) *Anmuth, Lieblichkeit* 2 Sam. 1, 24. Jer. 51, 34. Ps. 36, 9. 2) n. pr. eines Landes, dessen Lage Gen. 2, 10 ff. 4, 16 beschrieben ist und in dem sich der zum Aufenthalt der ersten Menschen bestimmte Garten (*Paradies*) befand Gen. 2, 15; derselbe dient als Bild eines herrlich blühenden Landes Jes. 51, 3. Ezech. 31, 9. 36, 35. Joel 2, 3.

עֶדֶן n. pr. 1) *Aden,* Ortschaft an der Südküste Arabiens Ezech. 27, 23. 2) בְּנֵי עֶדֶן 2 Kön.

19, 12. Jes. 37, 12 Ortschaft in Mesopotamien, vielleicht identisch mit בֵּית־עֶדֶן Amos 1, 5.

עִדָּן aram. m. emph. עִדָּנָא, pl. עִדָּנִין, emph. עִדָּנַיָּא *Zeit* Dan. 2, 8. 9. 21; *Zeitfrist, Zeitmaass* (wie מוֹעֵד) Dan. 4, 13. 7, 12. 25.

עֲדֶן (= עַד־הֵן) adv. *bis jetzt* Koh. 4, 3.

עַדְנָא (*Wohlleben*) n. pr. m. Esra 10, 30.

עַדְנָה n. pr. m. 2 Chr. 17, 14.

עֶדְנָה f. *Wollust* Gen. 18, 12.

עֲדֶנָּה (= עַד־הֵנָּה) adv. *bis jetzt* Koh. 4, 2.

עַדְנַח n. pr. m. 1 Chr. 12, 29.

עַדְעָדָה n. pr. Stadt in Juda Jos. 15, 22.

*__עָדַף__ nur part. עֹדֵף, f. עֹדֶפֶת, pl. עֹדְפִים *überschüssig sein* Ex. 16, 23. 26, 12. Lev. 25, 27. Num. 3, 46.

Hifil הֶעְדִּיף *Ueberschuss haben* Ex. 16, 18.

*__עָדַר__ inf. עֲדֹר *ordnen, zusammenreihen* 1 Chr. 12, 33. 38.

Nifal pf. נֶעְדַּר, f. נֶעְדָּרָה; part. f. נֶעְדֶּרֶת; fut. יֵעָדֵר 1) *vermisst werden* 1 Sam. 30, 19. 2 Sam. 17, 22. Jes. 34, 16. 40, 26. 59, 15. Zef. 3, 5. 2) *behackt, mit der Hacke bearbeitet werden* Jes. 5, 6. 7, 25.

עֵדֶר m. 1) suff. עֶדְרוֹ, pl. עֲדָרִים, cs. עֶדְרֵי, suff. עֶדְרֵיהֶם *Heerde* Gen. 29, 2. 32, 17. Jer. 6, 3. 2) n. pr. m. 1 Chr. 23, 23 24, 30. 3) Stadt in Juda Jos. 15, 21; vielleicht identisch mit מִגְדַּל־עֵדֶר Gen. 35, 21; das auch einen Thurm bei Jerusalem bezeichnet Micha 4, 8.

עֶדֶר n. pr. m. 1 Chr. 8, 15.

[עֲדָשָׁה] m. pl. עֲדָשִׁים *Linsen* Gen. 25, 34. 2 Sam. 17, 28. 23, 11. Ezech. 4, 9.

עַוָּא s. עַוָּה.

*__[עוּב]__ Hifil fut. יָעִיב *bewölken, verdunkeln* Klagel. 2, 1.

עוֹב pl. עָבִים s. עָב.

עוֹבֵד n. pr. m. 1) Sohn des Boas und der Rut Rut 4, 17. 21. 22. 1 Chr. 2, 12. 2) 1 Chr. 2, 37.— 11, 47.—26, 7.—2 Chr. 23, 1.

עוֹבָל n. pr. Sohn des Joktan Gen. 10, 28 = עֵיבָל 1 Chr. 1, 22.

*__עוּג__ fut. 2 sg. suff. תְּעֻגֶנָּה *backen* Ezech. 4, 12.

עוֹג — עֹג n. pr. König von Baschan Num. 21, 33. Deut. 3, 3. 11. 1 Kön. 4, 19. Ps. 136, 20.

עֻגָב — עוּגָב m. suff. עֻגָבִי *Flöte, Schalmei* Gen. 4, 21. Ps. 150, 4. Hiob 21, 12. 30, 31.

*__עוּד__ [Kal nur fut. 1 sg. suff. אֲעוּדֵךְ Klagel. 2, 13 Ktib, wofür Kri אֲעִידֵךְ s. Hifil].

Piel pf. 3 pl. suff. עִוְּדֻנִי *umringen* Ps. 119, 61.

Polel fut. יְעוֹדֵד, part. מְעוֹדֵד *aufrichten* Ps. 146, 9. 147, 6.

Hifil pf. הֵעִיד, 2 sg. הַעֵדֹתָה—הַעִידֹתָ, 1 sg. הַעִידֹתִי, 3 pl. הֵעִידוּ; fut. אָעִיד—וָאָעֵד—אָעִידָה, suff. אֲעִידֶךָ, 2 sg. תָּעִיד—וַתָּעַד, 3 sg. וַיָּעַד, 3 sg. f. suff. וַתְּעִידֵנִי, 3 pl. suff. יְעִידֻהוּ; inf. הָעֵד; imp. pl. הָעִידוּ *zum Zeugen anrufen* Deut. 4, 26; daher (unter Anrufung von Zeugen) *warnen* Gen. 43, 3. Ex. 19, 23. 1 Sam. 8, 9. Neh. 9, 26; *verwarnen* Ps. 81, 9; *als Zeugen annehmen* Jes. 8, 2. Jer. 32, 44; *Zeugniss gegen Jemanden ablegen* 1 Kön. 21, 10. Mal. 2, 14; die Person, welche gewarnt oder *gegen* die gezeugt wird mit בְּ Ex. 19, 21; *als Beispiel* (eines Unglücks) *bezeichnen* Klagel. 2, 13; eines Glückes Hiob 29, 11.

Hofal הוּעַד *es ist gewarnt worden* Ex. 21, 29.

Hitp. fut. 1 pl. ps. נִתְעוֹדָד *sich aufrichten* Ps. 20, 9.

עוֹד m. eigentl. *Dasein, Dauer* בְּעוֹדִי *so lange ich bin* Ps. 104, 33. 146, 2. מֵעוֹדִי *seitdem ich bin* Gen. 48, 15. Num. 22, 30; meist aber adverb. a) *ferner* Gen. 4, 25. 46, 29. Richt. 13, 8. Jer. 2, 9. לֹא עוֹד oder אֵין עוֹד *nicht mehr* Gen. 8, 21. 9, 11. 1 Sam. 1, 18. 2 Kön. 4, 6. b) *noch* Lev. 25, 51. כָּל־עוֹד *so lange noch* Hiob 27, 3. c) *während*; בְּעוֹד לַיְלָה *während es noch Nacht ist* Spr. 31, 15. Das subj. des folgd. Satzes hängt sich, wenn es ein pron. pers. ist, als suff. an z. B. עוֹדֶנּוּ חַי *er lebt noch* Gen. 43, 27. עוֹדֶנִּי הַיּוֹם חָזָק *ich bin heute noch stark* Jos. 14, 11. הַעוֹדָם חַיִּים Ex. 4, 18 *leben sie noch?* עוֹדָךְ מְדַבֶּרֶת *während du noch sprichst* 1 Kön. 1, 14. עוֹדֶנָּה 1 Kön. 1, 22; mit folgd. fut. עוֹדֵנוּ (Kri) *noch wir* oder עוֹדֵינָה (Ktib) *noch sie* (*unsere Augen*) Klagel. 4, 17.

עוֹד aram. *noch* Dan. 4, 28.

עֹדֵד—עוֹדֵד n. pr. m. 2 Chr. 15, 1. 8 (vgl. עִדּוֹ).

*__עָוָה__ pf. 1 sg. עָוִינוּ *sich versündigen* Dan. 9, 5; *gegen* ... mit עַל Est. 1, 16.

Nifal pf. 1 sg. נַעֲוֵיתִי; part. cs. נַעֲוֵה *gekrümmt, gebeugt sein* (vor Gram) Jes. 21, 3. Ps. 38, 7. נַעֲוֵה־לֵב *krummen, tückischen Herzens* Spr. 12, 8.

Piel pf. עִוָּה *beugen, verderben* Klagel. 3, 9; *in's Unglück stürzen* Jes. 24, 1.

Hifil pf. הֶעֱוֵיתִי; pl. הֶעֱווּ, 1 pl. הֶעֱוִינוּ; inf. abs. הַעֲוֵה; cs. suff. הַעֲוֹתוֹ *krümmen* das Grade Hiob 33, 27; den Weg, d. h. *schlecht handeln* Jer. 3, 21; überhaupt *sündigen* 2 Sam. 7, 14. 19, 20. 24, 17. 1 Kön. 8, 47. Jer. 9, 4. Ps. 106, 6.

עַוָּה f. *Zerstörung* Ezech. 21, 32.

עַוָּה—עַוָּא n. pr. einer (wahrscheinl. mesopotamischen) Landschaft 2 Kön. 17, 24. 18, 34. 19, 13. Jes. 37, 13.

עָוֹן s. עָוֹן.

עוֹז s. עֹז.

***עוּז** oder עוֹז, inf. cs. לָעוֹז *sich flüchten* Jes. 30, 2.

Hifil pf. הֵעִיזוּ; imp. הָעֵז, pl. הָעִיזוּ—הָעִזוּ *flüchten* (trans.), *in Sicherheit bringen* Ex. 9, 19; *flüchten, davoneilen* Jes. 10, 31. Jer. 4, 6. 6, 1.

***עוּט** fut. 2 sg. וַתַּעַט (statt וַתָּעַט) auf (אֶל) *etwas losstürzen* 1 Sam. 14, 32 (Kri). 15, 19.

[עַוִּי] n. gent. pl. עַוִּים Ureinwohner Palästina's Deut. 2, 23. Jos. 13, 3; davon hiess eine Stadt in Benjamin הָעַוִּים Jos. 18, 23.

[עֲוָיָא] aram. f. pl. suff. עֲוָיָתָךְ *Schuld* Dan. 4, 24.

[עֲוִיל] m. pl. עֲוִילִים, suff. עֲוִילֵיהֶם *Kind* Hiob 19, 18. 21, 11.

עֲוִיל m. *Uebelthäter* Hiob 16, 11.

עַוִּים s. עַוִּי.

עֲוִית n. pr. einer edomitischen Stadt Gen. 36, 35. 1 Chr. 1, 46 Kri (wo Ktib עיות).

***[עָוַל]** Piel fut. יְעַוֵּל *Unrecht thun* Jes. 26, 10; part. *Ungerechter* Ps. 71, 4.

עַוָּל m. *Uebelthäter* Zef. 3, 5. Hiob 18, 21. 27, 7. 29, 17. 31, 3.

עָוֶל m. cs. עֶוֶל (Ezech. 28, 18), suff. עַוְלוֹ *Unrecht, Uebelthat* Lev. 19, 15. Deut. 25, 16. Jer. 2, 5. Ezech. 18, 26. Ps. 7, 4. Spr. 29, 27. Hiob 34, 10.

עוֹל s. עֹל.

עוּל part. f. pl. עָלוֹת *säugen*, *Milch geben* Gen. 33, 13. 1 Sam. 6, 7. 10; als subst. *milchende Schafe* Jes. 40, 11. Ps. 78, 71 (nach Einigen ist auch עָלִי Gen. 33, 13 alterthüml. plur. st. עָלִים *Junge*).

עוּל m. suff. עוּלָהּ *Säugling, Kind* Jes. 49, 15. 65, 20.

עַוְלָה f. zusammengez. עוֹלָה (Jes. 61, 8) mit He עַוְלָתָה, zsgz. עֹלָתָה, pl. עוֹלֹת *Unrecht, Ungerechtigkeit* Ps. 37, 1. 92, 16 [Ktib עֹלָתָה, Kri עַוְלָתָה] Hiob 5, 16. בְּנֵי עַוְלָה *Uebelthäter* 2 Sam. 3, 34. 7, 10; pl. *üble Thaten* Ps. 58, 3.

עוֹלָה f. 1) = עַוְלָה s. d. 2) *Ganzopfer* s. עֹלָה.

עוֹלֵל m. pl. עוֹלָלִים, suff. עוֹלָלַיִךְ *Kind* Jer. 6, 11. Ps. 137, 9. Klagel. 1, 5. 2, 19. 4, 4.

עוֹלָל m. pl. עֹלָלִים—עוֹלָלִים, cs. עֹלְלֵי, suff. עֹלְלֵיהֶם *Kind* 1 Sam. 15, 3. 2 Kön. 8, 12. Ps. 8, 3. 17, 14.

עוֹלֵלוֹת s. עֹלֵלוֹת.

עוֹלָם—עֹלָם m. suff. עֹלָמוֹ, pl. עוֹלָמִים, cs. עוֹלְמֵי 1) *Vorzeit* z. B. יְמוֹת עוֹלָם *die Tage der Vorzeit* Deut. 32, 7. Jes. 63, 11. מֵעוֹלָם *von Alters her* Gen. 6, 4. Jos. 24, 2. Jes. 46, 9. Spr. 8, 23. לְעֹלָמִים *vor langen Zeiten* Koh. 1, 10. 2) *ewige* d. h. *sehr lange Zeit* von der Zukunft, z. B. וַעֲבָדוֹ עוֹלָם *er diene auf lange Zeit* Ex. 21, 6. Deut. 15, 17. שִׂמְחַת עוֹלָם *beständige Freude* Jes. 35, 10 u. in den dichterischen Wünschen יְחִי לְעוֹלָם *er lebe ewig!* 1 Kön. 1, 31. Ps. 45, 7. 61, 8; bestimmter שְׁנַת עוֹלָם *der ewige Schlaf, der Tod* Jer. 51, 39. בֵּית עֹלָמוֹ *sein ewiges Haus, Grab* Koh. 12, 5. 3) der eigentl. Begriff der *Ewigkeit*, ohne Anfang und ohne Ende, wird nur dem göttlichen Wesen beigelegt Gen. 21, 33. Jes. 40, 28, daher מֵעוֹלָם וְעַד עוֹלָם *von jeher bis in Ewigkeit* Ps. 90, 2; plur. עוֹלָמִים statt des singul. 1 Kön. 8, 13; Ps. 61, 5. 77, 8. 4) *Weltsinn* (n. A. *Einsicht*) Koh. 3, 11.

עָוֹן—עָוֹן m. cs. עֲוֹן—עֲוֹן, suff. עֲוֹנִי, עֲוֹנְכֶם—עֲוֹנֵךְ (=עֲוֹנֵךְ), עֲוֹנֵנוּ, pl. עֲוֹנוֹת, suff. עֲוֹנֹתַי, עֲוֹנֹתֶיךָ—עֲוֹנֹתֵיהֶם—עֲוֹנֹתָם, עֲוֹנֹתֵינוּ—עֲוֹנֵינוּ, עֲוֹנֹתָיו, עֲוֹנֹתַיִךְ 1) *Schuld, Vergehen, Sünde* Gen. 19, 15. Ex. 28, 43. Lev. 16, 21. 22. Jes. 43, 24. 64, 5. Ezech. 28, 18. Spr. 5, 22. 2) *Unglück, Leiden* Gen. 4, 13. Ps. 31, 11. 49, 6.

עוֹנָה f. suff. עֹנָתָהּ, pl. suff. עוֹנֹתָם 1) *eheliche Beiwohnung* Ex. 21, 10. 2) *Götze* Hos. 10, 10 Kri.

[עִוְעֶה] m. pl. עִוְעִים *Verkehrtheit* Jes. 19, 14.

***עוּף** I. pf. 3 pl. עָפוּ, part. f. עָפָה, pl. עָפוֹת, fut. יָעוּף—וַיָּעַף, ps. וַיָּעֹף, 1 pl. נָעֻפָה, 3 pl.

תְּעוּפֶינָה, יָעֻף; inf. עוּף *fliegen* Deut. 4, 17. Jes. 6, 6. 11, 14. 31, 5. 60, 8. Hab. 1, 8. Zach. 5, 1. Ps. 18, 11. Hiob 5, 7; *verschwinden* Ps. 90, 10. Hiob 20, 8.

Polel fut. יְעוֹפֵף 1) *fliegen* Gen. 1, 20. Jes. 6, 2. 14, 29. 2) *fliegen lassen, schwingen* Ezech. 32, 10.

Hifil fut. 2 sg. תָּעִיף *fliegen, schweben lassen* Spr. 23, 5 Kri.

Hitp. fut. יִתְעוֹפֵף *entfliegen* Hos. 9, 11.

*עוּף II fut. 2 sg. תָּעֻפָה (n. A. subst.), 3 sg. וַיָּעַף 1) *verhüllt sein* Hiob 11, 17. 2) *erschöpft, ohnmächtig werden* Richt. 4, 21. 1 Sam. 14, 28. 31.

עוֹף m. *Geflügel* Gen. 1, 20; zuweilen עוֹף כָּנָף *Geflügeltes* Gen. 1, 21. Ps. 78, 27.

עוֹף aram. m. *Geflügel* Dan. 2, 38; *Vogel* Dan. 7, 6.

עוֹפַי n. pr. m. Jer. 40, 8 Ktib (Kri: עֵיפַי).

*עוּץ imp. pl. עֻצוּ *Rath geben* Richt. 19, 30; mit Obj. עֵצָה *Plan fassen* Jes. 8, 10.

עוּץ n. pr. 1) Sohn des Aram Gen. 10, 23. 1 Chr. 1, 17. 2) Sohn des Nachor Gen. 22, 21. 3) Nachkomme des Seir, Stammvaters des Chori Gen. 36, 28. 1 Chr. 1, 42; daher Edom אֶרֶץ עוּץ genannt wird Jer. 25, 20. Hiob 1, 1. Klagel. 4, 21.

*[עוק] Hifil fut. תָּעִיק; part. מֵעִיק *niederdrücken* Amos 2, 13.

*[עָוַר] Piel עִוֵּר; fut. יְעַוֵּר *blind machen, blenden* Ex. 23, 8. Deut. 16, 19. 2 Kön. 25, 7.

עִוֵּר adj. pl. עִוְרִים, f. עִוְרוֹת *blind* Ex. 4, 11. Deut. 28, 29. Jes. 42, 7. 59, 10.

*עוּר part. עֵר; fut. 3 sg. suff. יְעוּרֶנּוּ; imp. עוּרָה, עוּרִי 1) *wachen* Hohel. 5, 2; *erwachen*, meist im Sinne von *sich erheben, thätig sein* Richt. 5, 12. Jes. 52, 1. Ps. 44, 24. 2) *erwecken* Hiob 41, 2. עֵר וְעֹנֶה *Anrufender und Antwortender* Mal. 2, 12.

Nifal pf. נֵעוֹר; fut. יֵעוֹר, pl. יֵעֹרוּ — יֵעוֹרוּ 1) *erweckt werden* Zach. 4, 1. Hiob 14, 12; *erwachen, sich erheben, sich aufmachen* Jer. 6, 22. 25, 32. Joel 4, 12. Zach. 2, 17. 2) (wie עָרָה) *entblösst sein* Hab. 3, 9 (vgl. עֶרְיָה).

Polel a) pf. עוֹרֵר, 1 sg. עוֹרַרְתִּי; fut. תְּעוֹרְרוּ; inf. עֹרֵר; imp. עוֹרְרָה *aufwecken* Hohel. 2, 7. 3, 5. 8, 4. 5; (durch Beschwörung) *herbeirufen* Hiob 3, 8; *aufregen* Jes. 14, 9. Zach. 9, 13. Spr. 10, 12; *schwingen* 2 Sam. 23, 18. Jes. 10, 26 (vgl. עָרַר).

Polel b) fut. 3 pl. יְעֹעֵרוּ *erheben* (Geschrei) Jes. 15, 5.

Pilpel עַרְעֵר vgl. עָרַר.

Hifil הֵעִיר, 1 sg. הַעִירֹתִי, suff. הַעִירֹתִיהוּ; fut. יָעִיר—יָעֵר, suff. יְעִירֵנִי, 1 sg. אָעִירָה; inf. בָּעִיר (st. בְּהָעִיר Ps. 73, 20); imp. הָעִירָה, הָעִירוּ; part. מֵעִיר 1) *aufwecken* Zach. 4, 1. Hohel. 2, 7. 3, 5. 8, 4; mit Obj. *Morgenröthe = sehr früh aufstehen* Ps. 57, 9; *erregen* den Zorn Ps. 78, 38; den Eifer Jes. 42, 13; das Ohr = *Jem. zum aufmerksamen Horchen veranlassen* Jes. 50, 4; den Geist Jemandes = *ihn zu etwas veranlassen* Jer. 51, 11. Hag. 1, 14. Esra 1, 1; überhaupt *veranlassen, zu etwas bewegen* Jes. 41, 25. 45, 13. Jer. 50, 9. Joel 4, 7; *aufregen, aufreizen* Jer. 51, 1. Dan. 11, 2. יָעִיר קִנּוֹ *er fordert* (die Jungen) *auf, das Nest zu verlassen* Deut. 32, 11. 2) *erwachen* Ps. 73, 20; bildlich: *sich aufmachen* Ps. 35, 23.

Hitpolel pf. 1 sg. הִתְעֹרַרְתִּי; fut. יִתְעֹרָר; imp. f. הִתְעוֹרְרִי *erregt werden* Hiob 17, 8. 31, 29; *sich aufmachen* Jes. 51, 17. 64, 6.

עוּר aram. m. *Spreu* Dan. 2, 35.

עוֹר m. suff. עוֹרִי, עוֹרוֹ—עֹרוֹ, pl. עֹרֹת, suff. עוֹרֹתָם *Haut* Ex. 34, 29. Hiob 10, 11; *Fell* Gen. 3, 21. 27, 16. Lev. 16, 27; *Leder* Lev. 13, 48. 2 Kön. 1, 8. עוֹר בְּעַד עוֹר *Haut um Haut = Leben für Leben* (d. h. Hiob tröstet sich für den Verlust seiner Kinder damit, dass sein eigenes Leben erhalten blieb) Hiob 2, 4.

עִוָּרוֹן m. *Blindheit* Deut. 28, 28. Zach. 12, 4.

עֲוָרִים Jes. 30, 6 Ktib s. עַיִר.

עַוֶּרֶת f. *Blindheit* Lev. 22, 22.

*עוּשׁ imp. pl. עוּשׁוּ *eilen* Joel 4, 11.

*[עָוַת] Piel 3 sg. suff. עִוְּתַנִי, עִוְּתוֹ, 3 pl. suff. עִוְּתוּנִי; fut. יְעַוֵּת; inf. עַוֵּת *krümmen* Koh. 7, 13; meist bildlich z. B. *das Recht* (= *ungerecht handeln*) Hiob 8, 3. 34, 12; *die Wagschale* Amos 8, 5; *den Weg* (d. h. *ins Unglück führen*) Ps. 146, 9; dann auch mit einer Person als Obj. *Jemanden ungerecht behandeln* Ps. 119, 78. Hiob 19, 6. Klagel. 3, 36.

Pual part. מְעֻוָּת *gekrümmt* Koh. 1, 15.

Hitp. pf. 3 pl. הִתְעַוְּתוּ *sich krümmen* (vor Altersschwäche) Koh. 12, 3.

*עוּת inf. עוּת *erkräftigen Jemanden mit etwas* durch dopp. acc. Jes. 50, 4.

עַוָּתָה f. suff. עַוָּתָתִי *Bedrückung* Klagel. 3, 59.

עוּתַי (*Gott kräftigt*) n. pr. m. Esra 8, 14. — 1 Chr. 9, 4.

עַז adj. f. עַזָּה, pl. עַזִּים, cs. עַזֵּי, f. עַזּוֹת *stark, mächtig* Gen. 49, 3. Ex. 14, 21. Num. 13, 28. Jes. 43, 16. עַז נֶפֶשׁ *frech, trotzig* Deut. 28, 50. Jes. 56, 11. Dan. 8, 23; pl. f. *trotzig* als adverb. Spr. 18, 23.

עֵז f. pl. עִזִּים, suff. עִזֶּיךָ *Ziege* Gen. 15, 9. גְּדִי עִזִּים Gen. 27, 9 oder שֵׂה עִזִּים Deut. 14, 4 *Zicklein.* שְׂעִיר עִזִּים Gen. 37, 31 oder צְפִיר עִזִּים Dan. 8, 5 *Ziegenbock*; fem. שְׂעִירַת עִזִּים Lev. 4, 28; der plur. steht auch statt *Ziegenhaare* Ex. 25, 4. 26, 7. 36, 14. Num. 31, 20.

עֵז aram. f. pl. עִזִּין *Ziege* Esra 6, 17.

עֹז—עוֹז—עֹז m. suff. עֻזִּי—עֻזְּךָ—עֻזֵּךְ—עֻזּוֹ—עֻזָּהּ, עֻזֵּנוּ, עֻזְּמוֹ *Macht, Stärke* Ex. 15, 2. 13. 1 Sam. 2, 10. Hab. 3, 4. Ps. 28, 7. 59, 17. 81, 2; oft adjectivisch *stark* Richt. 9, 51. Ps. 89, 11. 18; adverb. Richt. 5, 21.

עֻזָּא—עֻזָּה n. pr. m. 2 Sam. 6, 3. 6. 1 Chr. 13, 7. — Esra 2, 49. Neh. 7, 51. — 1 Chr. 8, 7.

עֲזָאזֵל n. pr. eines in der Wüste hausenden Dämon Lev. 16, 8. 10. 26; n. A. einer zackigen Klippe.

עָזַב* part. cs. עֹזְבֵי; fut. יַעֲזֹב, inf. עֲזֹב, suff. עָזְבְךָ, עָזְבְכֶם; imp. עֲזֹב—עִזְבָה, pl. עִזְבוּ 1) *verlassen* Gen. 44, 22. 1 Kön. 11, 33; *im Stich lassen* Gen. 39, 13. Ezech. 8, 12. Zach. 11, 17. Hiob 20, 19; *zurücklassen* Gen. 50, 8. Ex. 2, 20. Richt. 2, 21. Ps. 49, 11; *überlassen* Gen. 39, 6. Lev. 19, 10. 23, 22. Jer. 49, 11. Ps. 16, 10. Hiob 39, 11. 14. Rut. 2, 16. Neh. 9, 28; *unterlassen* Gen. 24, 27. Jes. 42, 16. Spr. 10, 17. 28, 13. Rut 2, 20; *ablassen von . . .* (acc.) Ps. 37, 8. Hiob 9, 27; *erlassen* Neh. 5, 10; *zulassen, erlauben* Neh. 3, 34; *freilassen* Hiob 10, 1; daher *losbinden* (das unter seiner Last erliegende Thier) Ex. 23, 5; *sich Jemand anheimgeben* Ps. 10, 14; part. עָזוּב *das Zurückgelegte* 2 Kön. 14, 26; in der Redensart עָצוּר וְעָזוּב *das Verwahrte und Zurückgelegte* (die letzte Reserve) Deut. 32, 36. 1 Kön. 14, 10. 21, 21. 2 Kön. 9, 8. עֲזוּבָה, cs. עֲזוּבַת *Verlassenheit, Oede* Jes. 6, 12. 17, 9. 2) *ausbessern* Neh. 3, 8.

Nifal נֶעֱזַב; fut. תֵּעָזֵב *verlassen werden* Lev. 26, 43. Neh. 13, 11.

Pual עֻזַּב, f. עֻזָּבָה *verlassen werden* Jes. 32, 14. Jer. 49, 25.

[עִזָּבוֹן] m. pl. suff. עִזְבוֹנַיִךְ *Handelsplatz* Ezech. 27, 12. 14. 16. 22; *Waaren* (zum Tauschhandel) Ezech. 27, 27. 33.

עַזְבּוּק n. pr. m. Neh. 3, 16.

עַזְגָּד n. pr. m. Esra 2, 12. Neh. 7, 17.

עַזָּה n. pr. mit He loc. עַזָּתָה *Gaza,* eine der fünf philistischen Hauptstädte Gen. 10, 19. Richt. 16, 1. 21. 1 Sam. 6, 17; vom Stamme Juda erobert Jos. 15, 47. Richt. 1, 18; später wieder unabhängig 2 Kön. 18, 8; n. gent. עַזָּתִי Jos. 13, 3. Richt. 16, 2.

עֻזָּה s. עֻזָּא.

עֲזוּבָה 1) s. עָזַב. 2) n. pr. a) Frau des Kaleb 1 Chr. 2, 18. 19. 2) Mutter des Königs Josafat 1 Kön. 22, 42.

עִזּוּז adj. *mächtig* Ps. 24, 8; subst. *der Mächtige* Jes. 43, 17.

עֱזוּז m. suff. עֱזוּזוֹ *Macht* Jes. 42, 25. Ps. 78, 4. 145, 6.

עַזּוּר s. עַזֻּר.

עָזַז* fut. יָעֹז, תָּעֹז—וַתָּעָז; inf. cs. עֹז—עוֹז; imp. עוּזָּה *sich mächtig zeigen* Ps. 68, 29; *sich mächtig dünken* Jes. 30, 2. Ps. 9, 20. 52, 9; *den Sieg davon tragen* Dan. 11, 12. וַתָּעָז יָדוֹ *er gewann die Oberhand* Richt. 3, 10. 6, 2. Ps. 89, 14; *mächtig emporsprudeln* Spr. 8, 28.

[Nifal part. נוֹעָז s. [יָעַז].

Hifil הֵעֵז, f. הֵעֵזָה, mit Obj. פָּנֶיהָ *sich frech benehmen* Spr. 7, 13; ebenso mit בְּפָנָיו Spr. 21, 29.

עָזָז n. pr. m. 1 Chr. 5, 8.

עֲזַזְיָהוּ (*Gott ist mächtig*) n. pr. m. 1 Chr. 15, 21. — 27, 20. — 2 Chr. 31, 13.

עֻזִּי (= עֻזִּיָּה) n. pr. 1) Name eines Hohepriesters Esra 7, 4. 1 Chr. 5, 31. 6, 36. 2) Neh. 11, 22. — 12, 19. 42. — 1 Chr. 7, 2. 7. — 9, 8.

עֻזִּיאֵל = יַעֲזִיאֵל s. d.

עֻזִּיאֵל (*Gott ist meine Macht*) n. pr. 1) Sohn des Kehat Ex. 6, 18. 22. Lev. 10, 4. Num. 3, 19; n. gent. עָזִּיאֵלִי Num. 3, 27. 2) Neh. 3, 8. — 1 Chr. 4, 42. — 7, 7. — 25, 4. — 2 Chr. 29, 14.

עֻזִּיָּהוּ—עֻזִּיָּה n. pr. 1) König von Juda 2 Kön. 15, 13. 30. 32. 34 (während sonst in 2 Kön. 14, 21. 15, 1. 6. 8. 23. 27 עֲזַרְיָהוּ—עֲזַרְיָה). Jes. 1, 1. 6, 1. 7, 1. Hos. 1, 1. Amos 1, 1. 2 Chr. 26, 1 ff. 2) Vorfahr des Samuel 1 Chr. 6, 9. 3) Esra 10, 21. — Neh. 11, 4. — 1 Chr. 27, 25.

עֻזִּיזָא (*Starker*) n. pr. m. Esra 10, 27.

עַזְמָוֶת n. pr. 1) eines Davidischen Helden 2 Sam. 23, 31. 1 Chr. 11, 33. 12, 3. 2) 1 Chr. 27, 25. 3) Ort in Benjamin Esra 2, 24. Neh. 12, 29; auch בֵּית עַזְמָוֶת Neh. 7, 28.

עָזְנִיָּה f. eine Adlerart, *der schwarze Adler* Lev. 11, 13. Deut. 14, 12.

[עָזַק]* Piel fut. 3 sg. suff. יְעַזְּקֵהוּ *umgraben* Jes. 5, 2.

עִזְקָא aram. f. cs. עִזְקַת, suff. עִזְקְתֵהּ *Siegelring* Dan. 6, 18.

עֲזֵקָה n. pr. Stadt in Juda Jos. 10, 10. 15, 35. 1 Sam. 17, 1. Jer. 34, 7. Neh. 11, 30.

עָזַר* fut. suff. יַעְזְרֵהוּ, יַעְזְרֶךָּ; 3 pl. יַעְזְרוּ, suff. יַעְזְרוּנִי—יַעְזְרֻנִי; inf. עֲזֹר, suff. עָזְרוֹ—עָזְרֵנִי; imp. suff. עָזְרֵנִי, pl. suff. עִזְרוּנִי *helfen, beistehen, unterstützen*, gew. mit acc. Gen. 49, 25. Deut. 32, 38. Jos. 1, 14. Jes. 41, 6. Ps. 37, 40; zuweilen mit ל 2 Sam. 21, 17. Jes. 50, 7. 9. Hiob 26, 2. 1 Chr. 18, 5 oder mit בְּ 2 Chr. 20, 23; mit עִם 1 Chr. 12, 21 oder אַחֲרֵי 1 Kön. 1, 7 *sich auf die Seite Jemandes schlagen.* עֹזְרֵי הַמִּלְחָמָה *Kriegshelden* 1 Chr. 12, 1.

Nifal pf. 1 sg. נֶעְזַרְתִּי; fut. יֵעָזְרוּ *Hülfe erlangen* Ps. 28, 7. Dan. 11, 34. 1 Chr. 5, 20. 2 Chr. 26, 15.

Hifil inf. לַעְזִיר (st. לְהַעְזִיר); part. pl. מַעְזְרִים *helfen* 2 Sam. 18, 3 (Ktib). 2 Chr. 28, 23.

עֵזֶר m. suff. עֶזְרִי 1) *Hülfe, Beistand* Ex. 18, 4. Deut. 33, 7. 26. 29. Ps. 115, 9; *Helfer, Gehülfe* Gen. 2, 18. 20. Ps. 70, 6. 2) n. pr. m. Neh. 3, 19. — 1 Chr. 4, 4 (= עֶזְרָה v. 17). — 12, 9.

עֶזֶר n. pr. m. ps. עֵזֶר Neh. 12, 42.—1 Chr. 7, 21.

עַזּוּר—עַזֻּר n. pr. m. Jer. 28, 1. — Ezech. 11, 1.— Neh. 10, 18.

עֶזְרָא n. pr. 1) *Esra*, der bekannte Schriftgelehrte Esra 7, 1 ff. Neh. 8, 1 ff. 2) Zeitgenosse des Serubabel Neh. 12, 1.

עֲזַרְאֵל n. pr. m. Esra 10, 41. — Neh. 11, 13.— 1 Chr. 12, 6.—25, 18 (= עֻזִּיאֵל v. 4).—27, 22.

עֶזְרָה f. mit He parag. עֶזְרָתָה, cs. עֶזְרַת, suff. עֶזְרָתִי 1) *Hülfe, Beistand* Richt. 5, 23. Jes. 10, 3. Nah. 3, 9. Ps. 35, 2. 44, 27. 2) n. pr. = עֵזֶר (s. d.).

עֲזָרָה f. 1) *Vorhof* Ezech. 43, 14. 2 Chr. 4, 9. 6, 13. 2) *Einfassung* (n. A. *Absatz, Terrasse*) des Altars Ezech. 43, 14. 17. 20.

עֶזְרִי n. pr. m. 1 Chr. 27, 26.

עַזְרִיאֵל n. pr. m. 1) Jer. 36, 26. 2) 1 Chr. 5, 24.—27, 19.

עֲזַרְיָהוּ—עֲזַרְיָה n. pr. m. 1) Name dreier Hohepriester, von denen einer zur Zeit Salomo's lebte 1 Kön. 4, 2. Esra 7, 1. 3. 1 Chr. 5, 35. 36. 37. 40. 2) König von Juda, sonst עֻזִּיָּה s. d. 3) König von Juda, sonst אֲחַזְיָה s. d. 4) Genosse Daniel's, sonst עֲבֵד נְגוֹ Dan. 1, 7. 5) Jer. 43, 2.—Neh. 3, 23.—1 Chr. 6, 21 u. s. w.

עַזְרִיקָם n. pr. m. 1 Chr. 3, 23.—8, 38. 9, 44.— 9, 14.—2 Chr. 28, 7.

עֶזְרָת f. = עֶזְרָה *Hülfe* Ps. 60, 13. 108, 13.

עַזָּתִי s. עַזָּה.

עֵט m. *Griffel* (zum Schreiben) Jer. 8, 8. 17, 1. Ps. 45, 2. Hiob 19, 24.

עֵטָא aram. f. *Rath, Ueberlegung* Dan. 2, 14.

עָטָה* part. f. עֹטְיָה; fut. וַיַּעַט—יַעְטֶה (vgl. עיט) 1) *sich umhüllen* mit acc. der Hülle 1 Sam. 28, 14; häufig dichterisch: *sich umhüllen* mit Eifer Jes. 59, 17; mit Schmach Ps. 71, 13. 109, 29; mit Segen Ps. 84, 7 u. s. w. עָטָה עַל שָׂפָם *sich bis über das Kinn verhüllen* (Zeichen der Trauer) Lev. 13, 45. Ezech. 24, 17. 22. Micha 3, 7; part. עֹטְיָה *eine Verhüllte* (*Verachtete*) Hohel. 1, 7. 2) *zusammenballen, festpacken* Jes. 22, 17. Jer. 43, 12.

[Pual מְעֻטָּה s. מעט].

Hifil pf. 2 sg. הֶעֱטִיתָ *umhüllen* mit עַל der Person und acc. der Sache Ps. 89, 46.

[עֲטִין] m. pl. suff. עֲטִינָיו *Sehne, Ader* Hiob 21, 24.

[עֲטִישָׁה] pl. f. עֲטִישֹׁתָיו *das Niesen* Hiob 41, 10.

עֲטַלֵּף m. pl. עֲטַלֵּפִים *Fledermaus* Lev. 11, 19. Deut. 14, 18. Jes. 2, 20.

עָטַף* fut. יַעֲטֹף; inf. עֲטֹף 1) *sich umhüllen mit* ... (acc.) Ps. 65, 14. 73, 6; *sich verhüllen, verbergen* Hiob 23, 9. 2) *schwach, ohnmächtig werden* (als subj. gewöhnl. רוּחַ oder לֵב) Jes. 57, 16. Ps. 61, 3. 102, 1. Klagel. 2, 19; daher הָעֲטֻפִים *die nachgebornen, schwächlichen* (Schafe) Gen. 30, 42.

Nifal inf. כְּעָטֵף (für בְּהֵעָטֵף) *ohnmächtig werden* Klagel. 2, 11.

Hifil inf. הַעֲטִיף *schwächliche Junge gebären* Gen. 30, 42.

Hitp. הִתְעַטֵּף *ohnmächtig werden* mit subj. נֶפֶשׁ Jona 2, 8. Ps. 107, 5; mit subj. רוּחַ Ps. 77, 4. 142, 4. 143, 4; ohne dergl. subj. Klagel. 2, 12.

*עָטַר fut. 2 sg. suff. תַּעְטְרֶנּוּ *umschliessen, umgeben* mit אֶל 1 Sam. 23, 26; mit acc. Ps. 5, 13.

Piel 3 sg. f. עִטְּרָה; fut. 2 sg. suff. תְּעַטְּרֵהוּ; part. suff. מְעַטְּרֵכִי (st. מְעַטְּרֵךְ) *krönen* Ps. 65, 12; mit dopp. acc. Ps. 8, 6. 103, 4; mit לְ der Person Hohel. 3, 11.

Hifil part. f. מַעֲטִירָה *Kronen vertheilen* Jes. 23, 8.

עֲטָרָה f. cs. עֲטֶרֶת, pl. עֲטָרוֹת 1) *Kranz* Jes. 28, 1. Spr. 4, 9. 16, 31; *Krone, Diadem* Ps. 21, 4. Est. 8, 15. 2) n. pr. f. 1 Chr. 2, 26.— Als Ortsname a) עֲטָרוֹת Jos. 16, 7 oder עַטְרוֹת אַדָּר Jos. 16, 5. 18, 13 Ortschaft in Efraim b) עַטְרוֹת בֵּית־יוֹאָב Ortschaft in Juda 1 Chr. 2, 54. c) עַטְרֹת שׁוֹפָן Ort in Gad Num. 32, 35.

עַי n. pr. einer kanaanitischen Stadt bei Bet-El Jer. 49, 3; gewöhnl. mit dem Art. Gen. 12, 8. 13, 3. Jos. 7, 3 (wahrscheinl.=עַיָּא u. עַיָּת s. d.).

עִי m. pl. עִיִּין—עִיִּים, cs. עִיֵּי *Steinhaufen, Trümmer* Jer. 26, 18. Micha 1, 6. 3, 12. Ps. 79, 1; daher עִיֵּי הָעֲבָרִים (*Steinhaufen auf dem Gebirge Abarim*) Ortsname Num. 21, 11. 33, 44, wofür bloss עִיִּים Num. 33, 45; ein anderes עִיִּים in Juda Jos. 15, 29.

עַיָּא n. pr. Stadt in Benjamin Neh. 11, 31 (vgl. עַי).

עֵיבָל n. pr. 1) Berg im Gebirge Efraim, nördlich vom Gerisim Deut. 11, 29. Jos. 8, 30. 2) = עוֹבָל 1 Chr. 1, 22.

עַיָּה n. pr. Stadt in Efraim 1 Chr. 7, 28.

עִיּוֹן n. pr. Stadt in Naftali 1 Kön. 15, 20. 2 Chr. 16, 4.

עַיּוּת n. pr. 1 Chr. 1, 46 Ktib s. עֲוִית.

עַיִט m. cs. עֵיט *Raubvogel* Gen. 15, 11. Jes. 18, 6. 46, 11. Jer. 12, 9. Ezech. 39, 4. Hiob 28, 7.

עֵיטָם n. pr. Stadt in Juda Richt. 15, 8. 11. 1 Chr. 4, 3. 32. 2 Chr. 11, 6.

עֵילוֹם m. *Ewigkeit* (= עוֹלָם) 2 Chr. 33, 7.

עִילַי n. pr. m. 1 Chr. 11, 29 = צַלְמוֹן 2 Sam. 23, 28.

עֵילָם n. pr. 1) Sohn des Sem Gen. 10, 22 und danach Name der persischen Provinz *Elymais* mit der Hauptstadt Susa und auch wohl von Persien überhaupt Gen. 14, 1. Jes. 21, 2. 22, 6. Jer. 25, 25. 49, 34. Ezech. 32, 24. Dan. 8, 2. 2) Esra 2, 7. — 31. — Neh. 4, 37. 1 Chr. 8, 24.

עַיָם m. *Gluth* Jes. 11, 15.

עָיַן part. עוֹיֵן (denom. v. עַיִן) *scheel anblicken* 1 Sam. 18, 9 Kri (Ktib: עָוֹן).

עַיִן f. ps. עָיִן, mit He loc. עַיְנָה, cs. עֵין, suff. עֵינִי, עֵינְךָ—עֵינָם, dual. עֵינַיִם, cs. עֵינֵי, suff. עֵינַי—עֵינֵימוֹ, עֵינֵיהוּ; pl. (in Bedeutg. Nr. 4) עֲיָנוֹת, cs. עֵינוֹת—עֵינוֹת 1) *das Auge*, als Organ des Sehens Spr. 20, 12; daher לְעֵינֵי *vor den Augen*, *in Gegenwart* Deut. 34, 12. עַיִן בְּעַיִן *Auge in Auge*, d. h. *unmittelbar* Num. 14, 14; וְהָיִיתָ לָּנוּ לְעֵינָיִם *du wirst uns als Führer dienen* Num. 10, 31; sehr häufig auch von geistiger Thätigkeit, soweit sie von sinnlicher Wahrnehmung durch das Auge abhängt oder durch das Auge sich manifestirt; daher בְּעֵינֵי *in den Augen* (d. h. *nach der Ansicht*) Jemandes Gen. 6, 8. מֵעֵינֵי *von den Augen Jemandes hinweg*, d. h. *ohne sein Wissen* Lev. 4, 13. 2 Sam. 12, 11; eben so adjectivische Verbindungen wie טוֹב עַיִן *wohlwollend* Spr. 22, 9; רַע עַיִן *missgünstig* Spr. 23, 6. 28, 22 und רָעָה עֵינְךָ *du blickst missgünstig* Deut. 15, 9 (vgl. auch חוּס); ferner גְּבַהּ עֵינַיִם *hochmüthig* Ps. 101, 5 und שַׁח עֵינַיִם *demüthig* Hiob 22, 29. טְהוֹר עֵינַיִם *reinen Sinnes* Hab. 1, 13. 2) *das, was gesehen wird, das Aeussere, Aussehen* Lev. 13, 5. Num. 11, 7. 1 Sam. 16, 7; *daher* כְּעֵין *wie* Ezech. 1, 4. Dan. 10, 6; *Oberfläche* Ex. 10, 5. Num. 22, 5. 3) *das Auge, die Perle* des Weines Spr. 23, 31. 4) *Quell* Gen. 16, 7. 24, 16. 49, 22. Ex. 15, 27. Deut. 8, 7. 33, 28. Spr. 8, 28. 5) עַיִן n. pr. a) einer Levitenstadt des Stammes Simeon, in Juda belegen Jos. 15, 32. 19, 7. 21, 16. 1 Chr. 4, 32 (wofür Neh. 11, 29 עֵין רִמּוֹן). b) Ort in Palästina Num. 34, 11. Ausserdem werden durch Zusammensetzung mit עֵין eine Menge Ortsbezeichn. gebildet: 1) עֵין־גֶּדִי (גֶּדִי) Stadt in Juda am todten Meere Jos. 15, 62. 1 Sam. 24, 1. 2. Ezech. 47, 10. Hohel. 1, 14, früher חַצְצוֹן תָּמָר 2 Chr. 20, 2. 2) עֵין עֶגְלַיִם s. עֶגְלַיִם 3) עֵין־גַּנִּים (*Gartenquell*) a) Ort in Juda Jos. 15, 34.

b) Levitenstadt in Isachar Jos. 19, 21. 21, 29 = עָנֵם 1 Chr. 6, 58. 4) עֵין הָאר s. דּוֹר. 5) עֵין חַדָּה s. חַד. 6) עֵין חָצוֹר Stadt in Naftali Jos. 19, 37 (vgl. חָצוֹר). 7) עֵין מִשְׁפָּט (*Quell des Gerichts*) Ort an der Südgrenze Palästina's = קָדֵשׁ Gen. 14, 7. 8) עֵין רֹגֵל Quell auf der Südostseite Jerusalem's Jos. 15, 7. 18, 16. 2 Sam. 17, 17. 1 Kön. 1, 9. 9) עֵין רִמּוֹן Ortsname Neh. 11, 29. 10) עֵין שֶׁמֶשׁ Ortschaft und Quell zwischen Juda und Benjamin Jos. 15, 7. 11) עֵין הַתַּנִּין Quell bei Jerusalem Neh. 2, 13. 12) עֵין תַּפּוּחַ Ortschaft in Manasse Jos. 17, 7.

עַיִן aram. f. pl. עַיְנִין, cs. עַיְנֵי, suff. עַיְנַי *Auge* Dan. 4, 31. 7, 8. 20; bildl. für Schutz Esra 5, 5.

עֵינָן—עֵינוֹן n. pr. mit Vorsetzung v. חֲצַר Ort im Norden Palästina's Num. 34, 9. 10. Ezech. 47, 17. 48, 1.

עֵינָם—עֵינַיִם n. pr. mit Art. Ort in Juda Gen. 38, 21. Jos. 15, 34.

עֵינָן n. pr. m. 1) Num. 1, 15. 2, 29. 7, 78. 83. 10, 27. 2) vgl. עֵינוֹן.

***עִיף** *schmachten* Jer. 4, 31.

עָיֵף adject. f. עֲיֵפָה, pl. עֲיֵפִים *müde, matt, erschöpft* Gen. 25, 29. Richt. 8, 4. Jes. 46, 1; *verdorrt* Ps. 143, 7.

עֵפָה—עֵיפָה f. mit He parag. עֵפָתָה 1) *Dunkelheit* Amos 4, 43. Hiob 10, 22. 2) n. pr. a) Sohn des Midjan Gen. 25, 4. 1 Chr. 1, 33 und arabischer Stamm Jes. 60, 6. b) 1 Chr. 2, 47. c) n. pr. f. 1 Chr. 2, 46.

עֵיפַי n. pr. m. Jer. 40, 8 Kri (Ktib עוֹפַי).

עַיִר m. suff. עִירֹה, pl. עֲיָרִים—עֲיָרִם 1) *Eselfüllen* Gen. 32, 16. 49, 11. Richt. 10, 4. 12, 14. Jes. 30, 6 Kri (wo Ktib עֲיָרִים). 24. Hiob 11, 12. 2) *Stadt, Flecken* Richt. 10, 4 (vgl. עִיר).

עִיר I. f. (m. nur Num. 35, 2. 3. Richt. 19, 12) suff. עִירִי, pl. עָרִים (wovon עֲיָרִים Richt. 10, 4 s. עַיִר Nebenform sein kann), cs. עָרֵי, suff. עָרַי, עָרֵיהֶם *Stadt* Gen. 4, 17. Num. 32, 16. Jes. 45, 13. Jer. 33, 10. Zach. 1, 17. Esra 2, 70 [בָּעִיר Ps. 73, 20 = בְּהָעִיר (inf. Hif. v. עוּר) u. מֵעִיר Hos. 7, 4 etc. part. Hif. v. עוּר]. Zusammensetzungen zur Bildung geogr. Eigennamen: 1) עִיר הַמֶּלַח Stadt in Juda, nahe dem todten Meere Jos. 15, 62. 2) עִיר נָחָשׁ Ortschaft 1 Chr. 4, 12. 3) עִיר שֶׁמֶשׁ Stadt in Dan Jos. 19, 41. 4) עִיר הַתְּמָרִים a) Beiname Jericho's wegen der Palmenpflanzungen Deut. 34, 3. Richt. 3, 13. 2 Chr. 28, 15. b) Ort in Arabien Richt. 1, 16.

עִיר II m. 1) *Angst, Schmerz* Jer. 15, 8. 2) n. pr. m. 1 Chr. 7, 12 (= עִירִי v. 7).

עִיר aram. m. pl. עִירִין *Wächter, Engel* Dan. 4, 10. 14. 20.

עִירָא n. pr. 1) Priester bei David 2 Sam. 20, 26. 2) Name zweier Helden David's 2 Sam. 23, 26. 38. 1 Chr. 11, 28. 40.

עִירָד n. pr. Sohn des Chanoch Gen. 4, 18.

עִירוּ n. pr. m. 1 Chr. 4, 15.

עִירִי n. pr. m. vgl. עִיר II.

עִירָם n. pr. Ort in Edom Gen. 36, 43. 1 Chr. 1, 54.

עֵרֹם—עֵירֹם adj. pl. עֲרֻמִּים *nackt* Gen. 3, 7. 10. Ezech. 18, 7. 16. 23, 29; subst. *Nacktheit* Deut. 28, 48.

עַיִשׁ m. Name einer Sterngruppe (*Siebengestirn* u. dgl.) Hiob 38, 32; vgl. עָשׁ.

עַיָּת n. pr. Stadt in Benjamin Jos. 10, 28 (vgl. עַי).

עַכְבּוֹר (*Maus*) n. pr. m. 1) Gen. 36, 38. 39. 1 Chr. 1, 49. 2) 2 Kön. 22, 12. 14 = עַבְדּוֹן 2 Chr. 34, 20.

עַכָּבִישׁ m. *Spinne* Jes. 59, 5. Hiob 8, 14.

עַכְבָּר m. pl. cs. עַכְבְּרֵי, suff. עַכְבְּרֵיכֶם *Maus* Lev. 11, 29. 1 Sam. 6, 4. 5. Jes. 66, 17.

עַכּוֹ n. pr. *Acco*, Stadt am mittelländ. Meer, dem Stamme Ascher zugetheilt Richt. 1, 31. (Micha 1, 10 ist n. E. בְּעַכּוֹ = בָּכוֹ).

עָכוֹר n. pr. eines Thales bei Jericho Jos. 7, 26. 15, 7. Jes. 65, 10. Hos. 2, 17.

עָכָן n. pr. m. Jos. 7, 1. 22, 20 = עָכָר 1 Chr. 2, 7.

***[עָכַס]** Piel fut. 3 pl. f. תְּעַכֵּסְנָה *mit Schrittkettchen klirren* Jes. 3, 16.

עֶכֶס m. pl. עֲכָסִים *Schrittkettchen* Jes. 3, 18; *Kette* Spr. 7, 22.

עַכְסָה n. pr. Tochter des Kaleb Jos. 15, 16. Richt. 1, 12.

***עָכַר** fut. 3 sg. suff. יַעְכָּרְךָ *betrüben, verstören* Gen. 34, 30. Jos. 7, 25; *beschädigen* 1 Sam. 14, 29. 1 Kön. 18, 17. Spr. 11, 29.

Nifal part. נֶעְכָּר, fem. ps. נֶעְכָּרֶת *betrübt, verstört werden* Ps. 39, 3. Spr. 15, 6.

עָכָר s. עָכָן.

עָכְרָן n. pr. m. Num. 1, 13. 2, 27. 7, 72. 77. 10, 26.

עַכְשׁוּב m. *Otter, Schlange* Ps. 140, 4.

עַל m. 1) *Höchster, Gott* Hos. 7, 16. 11, 7. הֻקַם עָל *als Höchster hingestellt sein* 2 Sam. 23, 1. 2) *Höhe.* מֵעָל *in der Höhe, oben* Gen. 27, 39. 49, 25. Ps. 50, 4.

עַל dichterisch עֲלֵי, suff. עָלַי, עָלֶיךָ, עָלַיִךְ (עָלֵיכִי), עָלָיו, עָלֶיהָ, עָלֵינוּ, עֲלֵיכֶם, עֲלֵיהֶם—עָלֵימוֹ praep. *auf, ob, über* 1) in räumlicher Beziehung auf die Frage wo? Gen. 1, 26 als auch wohin? Gen. 2, 5; daher bei den Zeitw. des Bedeckens, Schützens, Lastens, Beschwerens (s. die betreffenden Artikel); ferner in Verbindungen wie לֹא יִשָּׁמַע עַל פִּיךָ *er soll nicht gehört werden in (aus) deinem Munde* Ex. 23, 13. וּמִלָּתוֹ עַל לְשׁוֹנִי *sein Wort ist auf meiner Zunge* 2 Sam. 23, 2. הָיָה עַל *anhaben* (ein Gewand), *tragen* Gen. 37, 23. Deut. 7, 25. עַל עָנִי יַחְבֹּלוּ *das, was der Arme am Leibe hat, pfänden sie* Hiob 24, 9. 2) *bei, vor, um,* überhaupt Bezeichnung einer höheren Stellung im Verhältniss zu einer andern, also besonders bei עָמַד, הִתְיַצֵּב u. dgl. עַל עֵין הַמַּיִם *am Wasserquell* Gen. 24, 13. 30. 1 Sam. 4, 20. 2 Sam. 1, 9. Hiob 1, 6. עַל־יַד *bei* Num. 2, 17; daher עַל הַלֶּחֶם *bei der Mahlzeit* 1 Sam. 20, 24. Spr. 23, 30; dann auch ein geistiges Ueberragen, daher bei den Zeitwörtern des Herrschens, Fürbittens, Fürkämpfens u. s. w. und entsprechend dem Deutschen *über* in Redensarten wie הוֹדָה עַל *Bekenntniss ablegen über* ... Ps. 32, 5. 3) bei den Zeitwörtern des Hinzufügens, Vermehrens, Hinzurechnens; daher עַל נָשָׁיו *zu seinen Frauen* Gen. 28, 9. Ex. 35, 22. Jes. 32, 10. 4) *nach, gemäss* עַל שֵׁם *nach dem Namen* Gen. 48, 6. עַל־דִּבְרָה *nach der Weise* Ps. 110, 4; *wegen, in Betreff* Ps. 44, 23. Hiob 34, 36. עַל־יֶתֶר *reichlich* Ps. 31, 24. עַל־רָצוֹן *wohlgefällig* Jes. 60, 7. 5) *gegen* (im feindlichen Sinne) bei den Zeitwörtern des Kämpfens u. dgl., daher *obgleich.* עַל דַּעְתְּךָ *obgleich du weisst* Hiob 10, 7. 16, 17. 34, 6. Zusammensetzungen: a) כְּעַל *gemäss wie* Jes. 59, 18. 63, 7. 2 Chr. 32, 19. b) מֵעַל *von etwas herab* Gen. 24, 64; *aus etwas heraus* Jes. 34, 16. Jer. 36, 11; *oben, oberhalb* Gen. 1, 7.

עַל aram. praep. suff. עֲלָךְ, עֲלוֹהִי, עֲלַיְנָא, עֲלֵיהוֹן wie das hebr. *auf* Dan. 2, 10; *über* Dan. 5, 23; *zu, an* Dan. 7, 16; *wegen* Esra 4, 15; *gegen* Dan. 3, 29.

[עֵל] aram. m. emph. עֵלָּא *Höhe,* adverb. mit folgd. מִן *oberhalb* Dan. 6, 3.

עֹל—עוֹל m. suff. עֻלּוֹ *Joch* Num. 19, 2. 1 Sam. 6, 7; häufig als Bild tyrannischer Herrschaft Gen. 27, 40. Deut. 28, 48. 1 Kön. 12, 4. Jes. 47, 6. Ezech. 34, 27.

עֻלָּא s. עֹל.

עֻלָּא (*Last*) n. pr. m. 1 Chr. 7, 39.

[עִלֵּג] adj. pl. עִלְּגִים *stotternd* Jes. 32, 4.

עָלָה* pf. 3 sg. f. ps. עָלָתָה, 1 sg. עָלִיתִי; fut. יַעֲלֶה—יַעַל (ps. יָעַל), 1 sg. אֶעֱלֶה—וָאַעַל, 2 pl. תַּעֲלוּ (Ezech. 36, 3 = תַּעֲלוּ); inf. עֲלוֹת; imp. עֲלֵה *hinaufsteigen, hinansteigen* Ex. 24, 12; besonders von niedriger gelegenen Orten nach höher gelegenen z. B. von Aegypten nach Kanaan Gen. 50, 6 oder von Babylonien 2 Kön. 24, 1 oder Assyrien Jes. 36, 1 nach Kanaan u. s. w.; *besteigen* (ein Lager) Gen. 49, 4. Spr. 21, 22; *bespringen* Gen. 31, 10; *überragen* Deut. 28, 43; häufig von leblosen Gegenständen z. B. von der Morgenröthe *heraufkommen, — steigen* Gen. 19, 15. 32, 27; dem Rauch Gen. 19, 28 oder der Flamme Richt. 13, 20; vom Verband (d. h. *angelegt werden*) Jer. 8, 22. Neh. 4, 1; vom Opfer (d. h. *dargebracht werden*) 1 Kön. 18, 29. עָלָה כֻלּוֹ קִמְּשׂוֹנִים (*das Feld*) *ging auf in Nesseln = war mit Nesseln bedeckt* Spr. 24, 31; eben so von einer Zahl: *betragen* 1 Chr. 27, 24; *eingehen, eingebracht werden* Hiob 5, 26; *in (Gerede) kommen* Ezech. 36, 3.

Nifal pf. נַעֲלָה, 2 sg. נַעֲלֵיתָ; fut. יֵעָלֶה; inf. הֵעָלוֹת; imp. pl. הֵעָלוּ *sich erheben* Num. 9, 22 *sich entfernen* Num. 16, 24; *erhaben sein* Ps. 47, 10.

Hifil pf. הֶעֱלָה—הֶעֱלָה (Hab. 1, 15), suff. הֶעֱלָם, הֶעֱלָנוּ, הֶעֱלְךָ; 3 sg. f. וְהֶעֱלָתָה, suff. 2 sg. m. הֶעֱלִיתָ—וְהַעֲלִיתָ—וְהֶעֱלִיתָ, 2 sg. f. הֶעֱלִית; 2 pl. suff. הֶעֱלִיתֻנוּ; fut. יַעֲלֶה—יַעַל, 1 sg. אַעֲלֶה—אַעַל, suff. אַעַלְךָ; inf. abs. הַעֲלֵה, cs. הַעֲלוֹת, לַעֲלוֹת (Hiob 36, 20 = לְהַעֲלוֹת); imp. הַעַל, suff. הַעֲלֵהוּ, f. הַעֲלִי; part. מַעֲלֶה, cs. מַעֲלֵה, f. מַעֲלָה, cs. מַעֲלַת, pl. מַעֲלִים, cs.

מַעֲלֶה *hinaufführen, hinaufbringen*, caus. der Bedeutungen des Kal Gen. 46, 4. 50, 24. Ex. 3, 17. 32, 1. 7. 33, 12. Num. 20, 5. Jos. 2, 6. 1 Sam. 2, 19. 28, 11. Ezech. 23, 46. Neh. 9, 18; *darbringen* Opfer Gen. 22, 2. Lev. 17, 8. Num. 23, 4. Deut. 27, 6. Jes. 57, 6; *aufstecken* Lichter Ex. 30, 8. 40, 4. 25; *fortraffen* Ps. 102, 25. Hiob 36, 20.

Hofal הָעֲלָה (= הֹעֲלָה), f. הָעֲלְתָה *heraufgeführt werden* Nah. 2, 7; *geopfert werden* Richt. 6, 28; *eingetragen werden* 2 Chr. 20, 34.

Hitp. fut. יִתְעַל *sich erheben, brüsten* Jer. 51, 3.

עָלֶה m. cs. עֲלֵה, suff. עָלֵהוּ, עָלֶהָ, pl. cs. עֲלֵי *Laub, Blatt* Gen. 3, 7. Lev. 26, 36. Jes. 1, 30. Ps. 1, 3. Neh. 8, 15.

עִלָּה aram. f. *Vorwand* Dan. 6, 5. 6.

עוֹלָה—עֹלָה f. cs. עֹלַת, pl. עוֹלוֹת—עֹלוֹת, suff. עוֹלֹתֵיהֶם 1) *Ganzopfer, Brandopfer* Gen. 8, 20. 22, 3. Ex. 29, 42. Jes. 56, 7. 2) (= עַוְלָה), mit He עוֹלָתָה *Unrecht* Jes. 61, 8. Ps. 58, 3. 64, 7. 92, 16. Hiob 5, 16. 3) *Stufe* Ezech. 40, 26.

[עֲלָו] aram. pl. עֲלָוָן *Ganzopfer* Esra 6, 9.

עַלְוָה f. 1) = עַוְלָה *Unrecht* Hos. 10, 9. 2) n. pr. eines edomitischen Stammes Gen. 36, 40. 1 Chr. 1, 51 Kri (wofür Ktib עַלְיָה).

עֲלוּמִים pl. m. suff. עֲלוּמָיו, עֲלוּמֶיךָ *Jugendzeit* Jes. 54, 4. Ps. 89, 46. Hiob 20, 11. 33, 25; dagegen ist עֲלֻמֵנוּ Ps. 90, 8 part. II von עלם s. d.

עַלְוָן n. pr. m. Gen. 36, 23 = עַלְיָן 1 Chr. 1, 40.

עֲלוּקָה f. *Vampyr*; n. E. n. pr. Spr. 30, 15.

עָלַז* fut. אֶעֱלֹזָה—אֶעֱלֹז, 3 sg. יַעֲלֹז, 3 pl. יַעֲלוֹזוּ—יַעֲלֹזוּ; inf. עֲלוֹז; imp. עִלְזִי, עִלְזוּ *jubeln, frohlocken* Jes. 23, 12. Jer. 15, 17. Zef. 3, 14. Ps. 60, 8. 68, 5. 94, 3. 96, 12. 149, 5.

עָלֵז adj. *frohlockend* Jes. 5, 14.

עֲלָטָה f. *Finsterniss* Gen. 15, 17. Ezech. 12, 6.

עֵלִי n. pr. des Hohepriesters in Schilo 1 Sam. 1, 3.

עֱלִי m. *Mörserkeule* Spr. 27, 22.

[עִלִּי] adj. f. עִלִּית, pl. עִלִּיּוֹת *obere* Jos. 15, 19. Richt. 1, 15.

[עִלָּי] adj. emph. עִלָּאָה (wofür Ktib beständig עִלָּיָא) *höchster* Dan. 3, 26; auch subst. *Höchster*, von Gott Dan. 4, 31. 7, 25.

עֲלִיָּה f. cs. עֲלִיַּת, pl. עֲלִיּוֹת 1) *Obergemach, Söller* Richt. 3, 20. 2 Kön. 1, 2. 4, 10; dichterisch von den Wolken Ps. 104, 3. 13. 2) *Treppe, Aufgang* 2 Chr. 9, 4.

עֶלְיוֹן adj. fem. עֶלְיוֹנָה, pl. עֶלְיוֹנֹת *höchster* Gen. 40, 17. Jes. 7, 3. Ezech. 42, 5; subst. von Gott Num. 24, 16. Deut. 32, 8.

[עֶלְיוֹן] aram. adj. pl. עֶלְיוֹנִין *Höchster* (von Gott) Dan. 7, 18. 22. 27.

[עַלִּיז] adj. fem. עַלִּיזָה, pl. עַלִּיזִים, cs. עַלִּיזֵי *lärmend* Jes. 22, 2; *ausgelassen, übermüthig* Jes. 13, 3. Zef. 2, 15.

עֲלִיל m. *Schmelzofen* Ps. 12, 7.

עֲלִילָה f. pl. עֲלִילוֹת—עֲלִלוֹת, suff. עֲלִילוֹתָם *That, Handlung* 1 Sam. 2, 3. Zef. 3, 7. Ps. 99, 8. עֲלִילֹת דְּבָרִים *falsche Beschuldigung* Deut. 22, 14. 17.

עֲלִילִיָּה f. *That* Jer. 32, 19.

עֲלִיצֻת f. suff. עֲלִיצֻתָם *Jubel* Hab. 3, 14.

עִלִּית aram. f. suff. עִלִּיתֵהּ *Obergemach* Dan. 6, 11.

[עָלַל]* Poel pf. עוֹלַלְתָּ; fut. 2 sg. תְּעוֹלֵל; inf. abs. עוֹלֵל; imp. עוֹלֵל 1) *Jemandem etwas anthun, behandeln*, mit לְ Klagel. 1, 22. 2, 20; *wehe thun* Klagel. 3, 51. עֹלַלְתִּי בֶעָפָר קַרְנִי *ich entstellte mit Staub mein Horn* (d. h. Haupt) Hiob 16, 15. 2) *Nachlese halten* Deut. 24, 21; mit acc. Lev. 19, 10; bildlich von der *ins Einzelne gehenden Vernichtung* Richt. 20, 45. Jer. 6, 9.

Poal עוֹלַל *angethan werden* Klagel. 1, 12.

Hitpael הִתְעַלֵּל *verüben* mit acc. der Sache Ex. 10, 2; *sich mit Jemandem zu schaffen machen* mit בְּ der Person 1 Sam. 6, 6; *verspotten, schimpflich behandeln* Num. 22, 29. Richt. 19, 25. 1 Sam. 31, 4. Jer. 38, 19.

Hitpoel inf. הִתְעוֹלֵל *verüben* Ps. 141, 4.

עֲלַל aram. pf. 3 sg. עַל, fem. עַלַּת (Ktib)—עַלַּת (Kri); part. pl. m. עָלְלִין (Ktib)—עָלִּין (Kri) *hineingehen, kommen* Dan. 2, 16. 24. 4, 4. 5, 8. 10.

Hofel 3 pf. הַנְעֵל; inf. הַנְעָלָה—הַעָלָה; imp. suff. הַעֵלְנִי *hineinführen, bringen* Dan. 2, 24. 25. 4, 3. 5, 7. 6, 19.

Hofal pf. הֻעַל, pl. הֻעֲלוּ *geführt werden* Dan. 5, 13. 15.

עֹלֵלוֹת pl. f. cs. עֹלְלֹת *Nachlese, einzelne übrig gebliebene Trauben* Richt. 8, 2. Jes. 17, 6. 24, 13. Jer. 49, 9. Obadj. 1, 5. Mich. 7, 1.

עָלַם* part. II. pl. suff. עֲלֻמֵנוּ *unsere verborgenen (Sünden)* Ps. 90, 8 (vgl. עֲלוּמִים).

Nif. pf. נֶעְלַם, f. נֶעֶלְמָה; part. נֶעְלָם, f. נֶעֱלָמָה, pl. נֶעֱלָמִים *verhüllt sein, verborgen sein* Koh. 12, 14; mit מִן Lev. 5, 2. 1 Kön. 10, 3; mit מֵעֵינֵי Lev. 4, 13. Num. 5, 13. Hiob 28, 21; *sich verbergen* Nah. 3, 11; part. *versteckte, listige (Menschen)* Ps. 26, 4.

Hifil pf. הֶעְלִים; part. מַעְלִים; fut. אַעְלִים, 2 sg. תַּעְלֵם—תַּעְלִם; inf. הַעְלֵם *verhüllen vor* mit מִן 2 Kön. 4, 27; meist mit obj. עַיִן u. מִן der Person *Jemandes nicht achten* Lev. 20, 4. Jes. 1, 15. Ezech. 22, 26; mit בְּ d. Pers. 1 Sam. 12, 3; mit Ergänzung von עַיִן und מִן: תַּעְלִים (עֵינֶיךָ מִמֶּנּוּ) לְעִתּוֹת בַּצָּרָה *du entziehst dich uns zur Zeit der Dürre* Ps. 10, 1; ähnl.: *verhülle nicht dein Ohr = entziehe dich nicht* Klagel. 3, 57.

Hitp. pf. 2 sg. הִתְעַלַּמְתָּ; fut. 2 sg. תִּתְעַלֵּם *sich entziehen Jemandem* mit מִן Deut. 22, 1. 3. 4. Jes. 58, 7. Ps. 55, 2; *sich bergen* mit עַל Hiob 6, 16.

עָלַם aram. m. emph. עָלְמָא, pl. עָלְמִין, emph. עָלְמַיָּא *Ewigkeit* (wie das hebr. עוֹלָם) Dan. 2, 20. 3, 33. 7, 18.

עֶלֶם m. ps. עָלֶם *Knabe* 1 Sam. 17, 56. 20, 22.

עֹלָם s. עוֹלָם.

עַלְמָה f. pl. עֲלָמוֹת 1) *Mädchen* Gen. 24, 43. Ex. 2, 8; überhaupt *Frauenzimmer*, auch verheirathetes Jes. 7, 14. Spr. 30, 19. Hohel. 6, 8. 2) עֲלָמוֹת wie es scheint Name eines Instruments Ps. 46, 1. 1 Chr. 15, 20.

עַלְמוֹן (*Versteck*) n. pr. 1) Stadt in Benjamin Jos. 21, 18=עָלֶמֶת (עָלֶמֶת) 1 Chr. 6, 45. 2) עַלְמֹן Lagerplatz der Israeliten, vollst. עַלְמֹן דִּבְלָתָיְמָה Num. 33, 46.

עַלְמוּת f. *Ewigkeit* Ps. 48, 15.

עֲלָמוֹת s. עַלְמָה.

[עֵלְמָי] aram. n. pr. pl. עֵלְמָיֵא *Elamiter* Esra 4, 9 (vgl. עֵילָם).

עָלֶמֶת (*Jugendlichkeit*) n. pr. m. 1 Chr. 7, 8. — 8, 36. 9, 42 (vgl. עַלְמוֹן).

עָלֶמֶת s. עַלְמוֹן.

עָלַס* fut. יַעֲלֹס *frohlocken* Hiob 20, 18.

Nifal part. f. ps. נֶעֱלָסָה *sich fröhlich aufschwingen* Hiob 39, 13.

[עָלַע]* Piel fut. pl. יְעַלְעוּ *schlürfen* Hiob 39, 30.

[עֲלַע] aram. m. pl. עִלְעִין *Rippe* Dan. 7, 5.

[עָלַף]* Pual pf. pl. עֻלְּפוּ; part. fem. מְעֻלֶּפֶת 1) *verhüllt, bedeckt sein* Hohel. 5, 14. 2) *ohnmächtig, bewusstlos sein* Jes. 51, 20.

Hitp. fut. 3 sg. f. תִּתְעַלָּף, 3 pl. f. תִּתְעַלַּפְנָה 1) *sich verhüllen* Gen. 38, 14. 2) *ohnmächtig werden* Amos 8, 13. Jona 4, 8.

עֻלְפֶּה m. *Umhüllung, Trauer* Ezech. 31, 15.

עָלַץ* fut. יַעֲלֹץ, 1 sg. אֶעֶלְצָה; inf. עֲלֹץ *jubeln* Spr. 28, 12. 1 Chr. 16, 32; mit בְּ 1 Sam. 2, 1. Ps. 5, 12; mit לְ Ps. 25, 2.

עַם m. cs. עַם, suff. עַמִּי, pl. עַמִּים—עֲמָמִים (2 Sam. 22, 44. Ps. 144, 2) — עֲמָמִים, cs. עַמְמֵי—עַמֵּי, suff. עַמֶּיךָ—עֲמָמֶיךָ *Volk* in weiterer u. engerer Deutung, daher für das ganze *Menschengeschlecht* Jes. 40, 7. 42, 5, als auch von einem *Volke* Gen. 34, 16 u. von einzelnen *Stämmen*, besond. den *israelitischen Stämmen* Gen. 49, 10. Lev. 21, 1. Deut. 33, 7. Richt. 5, 14. Hos. 10, 14; daher die Redensart נֶאֱסַף אֶל עַמָּיו (s. אָסַף) u. נִכְרַת מֵעַמָּיו Gen. 17, 14; auch überhaupt für eine *Mehrheit von Individuen* Num. 21, 6. Richt. 3, 18. Ps. 18, 28. עֲשִׁירֵי עָם *die reichsten Leute* Ps. 45, 13.

עַם aram. m. emph. עַמָּה—עַמָּא, pl. emph. עַמְמַיָּא *Volk* Dan. 3, 4. Esra 5, 12. 7, 13.

עִם praep. suff. עִמִּי—עִמָּדִי, עִמְּךָ, עִמָּךְ, עִמּוֹ, עִמָּנוּ, עִמָּכֶם, עִמָּם—עִמָּהֶם *mit* bei Begleit. u. Theilnahme Gen. 13, 1; *sammt, wie* Hiob 9, 26. 21, 8. עִם שֶׁמֶשׁ *so lange die Sonne dauert* Ps. 72, 5; ebenso *bei* Gen. 24, 25. 25, 11. 35, 4; *nahe bei* 2 Sam. 13, 23; auch von geistiger Nähe: זִיז שָׂדַי עִמָּדִי *die Fülle der Felder ist mir bewusst* Ps. 50, 11; daher עִם לְבָבִי Deut. 8, 5. Ps. 77, 7 = בִּלְבָבִי. Zusammengesetzt mit מִן ist מֵעִם *von Jemand hinweg* Ex. 21, 14: *von Seiten Jemandes* 1 Kön. 2, 33. Ps. 121, 2; *von, zwischen — weg* Gen. 48, 12.

עִם aram. praep. *mit* Dan. 2, 43. עִם עֲנָנֵי שְׁמַיָּא *mit den Wolken des Himmels*, d. h. *auf denselben* Dan. 7, 13. עִם דָּר וְדָר *zu allen Zeiten* Dan. 3, 33. עִם לֵילְיָא *bei Nacht* Dan. 7, 2.

עָמַד* fut. יַעֲמֹד, 1 sg. אֶעֱמֹד, 3 pl. f. תַּעֲמֹדְנָה—יַעֲמֹדְנָה (Dan. 8, 22); inf. עֲמֹד, suff. עָמְדִי,

עָמְדוּ, עֲמָדְךָ 1) *stehen*, sowohl von Personen als Sachen Gen. 19, 27. 41, 1. Ex. 26, 15. 1 Kön. 13, 28; *sich hinstellen* Ex. 33, 9. Richt. 4, 20. Est. 7, 7. עָמַד בַּפֶּרֶץ *in die Lücke* (d. h. *für* Jemand) *eintreten* Ezech. 22, 30. Ps. 106, 23; *sich befinden* Deut. 10, 10. Jer. 23, 18. Ps. 1, 1. עָמַד לִפְנֵי wird gewöhnl. gebraucht, um die ehrerbietige, dienende Stellung zu bezeichnen Gen. 18, 22. Deut. 10, 8. 1 Kön. 17, 1. 2 Kön. 3, 14. 5, 16; auch עָמַד allein in solcher Bedeutung Dan. 1, 4. 2) *stehen bleiben* Jos. 10, 13. 2 Sam. 20, 12. Hiob 29, 8; *bleiben* Gen. 45, 1. 2 Kön. 15, 20; daher *aufhören* Gen. 30, 9. 1 Kön. 4, 6; *Stand halten* Ex. 18, 23. Jos. 21, 42. Koh. 2, 9. Dan 8, 7; *leben bleiben* Ex. 21, 21; *Bestand haben* Ps. 19, 10. 102, 27. 111, 3. 3) *aufstehen* (wie קוּם) Jes. 47, 13. Dan. 8, 23. 2 Chr. 20, 5; *auftreten* für Jemand mit לְ Esra 10, 14 oder עַל Est. 9, 16; *auferstehen* Dan. 12, 1; mit עַל *gegen Jemand aufstehen* Lev. 19, 16. 1 Chr. 21, 1; bildl. *erstehen, erwachsen* Est. 4, 14 Dan. 11, 7. 1 Chr. 20, 4.

Hifil pf. הֶעֱמִיד; fut. יַעֲמִד—יַעֲמֵד—יַעֲמִיד; inf. abs. הַעֲמֵיד, cs. הַעֲמִיד 1) *hinstellen* Gen. 47, 7. Lev. 14, 11. Spr. 29, 4; *aufstellen* Jes. 21, 6. Neh. 6, 1. 7; *einsetzen* 2 Chr. 19, 5; *als Diener bestellen* (לִפְנֵי) Est. 4, 5; *aufrichten* Esra 9, 9; *festsetzen* Ps. 105, 10. Neh. 10, 33; *bestimmen* für mit לְ 2 Chr. 33, 8. 2) *am Leben erhalten* Ex. 9, 16; intrans. *ausharren* 2 Chr. 18, 34. 3) וְהַמְעַדְתָּ=וְהַעֲמַדְתָּ *wankend machen* Ezech. 29, 7.

Hofal fut. יָעֳמַד, part. מָעֳמָד *gestellt werden* Lev. 16, 10. 1 Kön. 22, 35.

עִמַּד s. עִם.

[עֹמֶד] m. suff. עָמְדִּי, עָמְדְךָ, עָמְדוֹ, עָמְדָם *Standort, Platz* Dan. 8, 17. 10, 11. Neh. 8, 7. 2 Chr. 30, 16. 34, 31.

עֶמְדָּה f. suff. עֶמְדָּתוֹ *Standort* Micha 1, 11.

[עֻמָּה] 1) f. cs. עֻמַּת Koh. 5, 15, sonst nur mit vorgesetztem לְ, suff. לְעֻמָּתוֹ, pl. לְעֻמּוֹת, adv. u. praep.: כָּל עֻמַּת שֶׁ־ *ganz so wie* Koh. 5, 15; gewöhnl. *gegenüber, gleichlaufend* Ex. 25, 27. Ezech. 40, 18. 45, 7; *zugleich mit* 1 Chr. 24, 31; *gleichzeitig* Ezech. 1, 21. זֶה לְעֻמַּת זֶה *das eine wie das andere* Koh. 7, 14. מִלְּעֻמַּת *in der Nähe* 1 Kön. 7, 20. 2) עֻמָּה n. pr. Ort in Ascher Jos. 19, 30.

עַמּוּד m. suff. עַמּוּדוֹ, pl. עַמּוּדִים—עַמֻּדִים, cs. עַמּוּדֵי, suff. עַמֻּדָיו עַמּוּדֵיהֶם 1) *Säule* Ex. 13, 22. 26, 32. 27, 12. Spr. 9, 1. 2) *Standort, Rednerbühne* 2 Kön. 11, 14. 23, 3.

עַמּוֹן n. pr. Sohn des Lot Gen. 19, 38 ff. und Stammvater der *Ammoniter*, die ihren Wohnsitz nordöstl. von Moab zwischen dem Arnon und Jabbok hatten Deut. 3, 16. Richt. 11, 13; n. gent. עַמּוֹנִי Deut. 23, 4; pl. עַמֹּנִים Deut. 2, 20. Neh. 4, 1; fem. עַמֹּנִית 1 Kön. 14, 21; pl. עַמֳּנִיּוֹת 1 Kön. 11, 1 (עַמֳּנִיּוֹת Neh. 13, 23 Kri).

עָמוֹס (*Träger*) n. pr. *Amos*, der bekannte Prophet Amos 1, 1. 7, 8. 8, 2.

עָמוֹק (*Unergründlicher*) n. pr. m. Neh. 12, 7. 20.

עַמִּיאֵל (*Gott vereint*) n. pr. 1) eines der Kundschafter Num. 13, 12. 2) 2 Sam. 9, 4. 5. 17, 27. 3) Vater der Batseba 1 Chr. 3, 5 = אֱלִיעָם 2 Sam. 11, 3. 4) 1 Chr. 26, 5.

עַמִּיהוּד (*vom Volke Juda*) n. pr. m. 1) Num. 1, 10. 2, 18. 7, 48. 53. 10, 22. 1 Chr. 7, 26. 2) Num. 34, 20.—28. 3) 2 Sam. 13, 37 Kri. 4) 1 Chr. 9, 4.

עַמִּיזָבָד (*Volksgeschenk*) n. pr. m. 1 Chr. 27, 6.

עַמִּיחוּר (*Volksedler*) n. pr. m. 2 Sam. 13, 37 Ktib.

עַמִּינָדָב (*Volksfürst*) n. pr. m. 1) Ex. 6, 23. Num. 1, 7. 2, 3. 7, 12. 17. 10, 14. Rut 4, 19. 20. 1 Chr. 2, 10. 2) 1 Chr. 6, 7. 15, 10. 11.

[עֲמִיק] aram. adj. pl. f. emph. עֲמִיקָתָא *Tiefes, Unerforschliches* Dan. 2, 22.

עָמִיר m. *Haufen* geschnittener Halme Jer. 9, 21; *Garbe* Amos 2, 13. Micha 4, 12. Zach. 12, 6.

עַמִּישַׁדַּי (*der Allmächtige vereint*) n. pr. m. Num. 1, 12. 2, 25. 7, 66. 71. 10, 25.

עָמִית f. *Gemeinschaft*. גֶּבֶר עֲמִיתִי *mein Nächster*; meist concr. *der Nächste, Mitmensch* Lev. 5, 20. 18, 20. 19, 15.

*עָמַל fut. יַעֲמֹל *arbeiten, sich abmühen* Jona 4, 10. Ps. 127, 1. Spr. 16, 26. Koh. 1, 3. 2, 11. 21.

עָמָל m. cs. עֲמַל, suff. עֲמָלִי 1) *Mühe, Arbeit* Koh. 1, 3. 2, 22. 5, 17. 2) *das Erarbeitete* Ps. 105, 44. 3) *Mühsal, Leiden, Unglück* Gen. 41, 51. Deut. 26, 7. Ps. 25, 18. 73, 16. Hiob 3, 10. 16, 2. 4) *Schlechtigkeit, Sünde* Num. 23, 21. Jes. 10, 1. 5) n. pr. m. 1 Chr. 7, 35.

עָמֵל adj. u. subst. pl. עֲמֵלִים 1) *arbeitend* Koh. 2, 22. 3, 9; *Arbeiter* Richt. 5, 26. Spr. 16, 26. 2) *Leidender, Mühseliger* Hiob 3, 20. 20, 22.

עֲמָלֵק n. pr. *Amalek*, Enkel des Esau Gen. 36, 12. 16 und alte arabische Völkerschaft, deren Hauptsitz südwestlich von Palästina war Ex. 17, 8. Num. 13, 29. 1 Sam. 15, 7; auch in Palästina selbst hiess ein Berg הַר הָעֲמָלֵקִי Richt. 12, 15 (vgl. das. 5, 14).

עָמַם* pf. 3 pl. suff. עֲמָמוּךָ 1) *dunkel, unbekannt sein* (suff. = לְךָ) Ezech. 28, 3. 2) *verdunkeln* Ezech. 31, 8.

Hofal fut. יוּעַם *verdunkelt sein* Klagel. 4, 1.

עֲמָם s. עַם.

עִמָּנוּאֵל (*Gott mit uns*) symbolischer Name eines Sohnes des Jesaia Jes. 7, 14. 8, 8.

עָמַשׂ—עָמַס* (Neh. 4, 11) fut. יַעֲמֹס 1) *heben, tragen* Zach. 12, 3. עֲמֻסִים *die* (von Gott) *Getragenen* Jes. 46, 3. 2) *beladen* Gen. 44, 13. *aufladen* Jes. 46, 1. Neh. 13, 15; bildlich: *auflegen* (eine Last), *zutheilen* Ps. 68, 20.

Hifil הֶעֱמִיס *aufladen* 1 Kön. 12, 11. 2 Chr. 10, 11.

עֲמַסְיָה (*Gott trägt*) n. pr. m. 2 Chr. 17, 16.

עַמְעָד n. pr. Ort in Ascher Jos. 19, 26.

עָמַק* *tief, unerforschlich sein* Ps. 92, 6.

Hifil הֶעֱמִיק; imp. הַעֲמֵק eigtl. *tief machen*, aber gewöhnlich adverb. zu übersetzen. הַעֲמֵק שְׁאָלָה *verlange etwas aus der Tiefe* Jes. 7, 11. הֶעְמִיקוּ סָרָה *sie sind tief abgefallen* Jes. 31, 6; daher הַמַּעֲמִיקִים מֵיהוָה *die sich tief verbergen vor Gott* Jes. 29, 15.

[עָמֵק] adj. nur pl. cs. עִמְקֵי שָׂפָה *von unverständlicher Sprache* Jes. 33, 19. Ezech. 3, 5. 6.

עָמֹק adj. f. עֲמֻקָּה—עֲמֻקָּה, pl. עֲמֻקִּים, עֲמֻקּוֹת *tief* Lev. 13, 3. Spr. 22, 14. 23, 27; meist bildlich: *unerforschlich, unbegreiflich* Spr. 18, 4. Hiob 11, 8. Koh. 7, 24. עֲמֻקּוֹת *Tiefverborgenes* Hiob 12, 22.

עֹמֶק m. *Tiefe* Spr. 25, 3.

עֵמֶק m. suff. עִמְקְךָ, pl. עֲמָקִים, cs. עִמְקֵי, suff. עֲמָקַיִךְ *Tiefe* Spr. 9, 18; *Vertiefung, Thal* Jos. 8, 13. Richt. 5, 15. Jes. 22, 7. Jer. 49, 4. Micha 1, 4. Ps. 65, 14. Hohel. 2, 1; statt: *die in Thälern aufgestellten Heeresmassen* 1 Chr. 12, 15. — Viele Thäler werden nach in der Nähe belegenen Ortschaften benannt, auch mit עֵמֶק selbst Ortsnamen gebildet, die unter dem zweiten Worte der Zusammensetzung zu finden sind.

[עָמַר]* Piel part. מְעַמֵּר *Garben binden* Ps. 129, 7.

Hitp. fut. הִתְעַמֵּר *sich hart benehmen gegen* ... mit בְּ Deut. 21, 14. 24, 7.

עֹמֶר m. pl. עֳמָרִים 1) *Garbenbund* Deut. 24, 19. Hiob 24, 10. Rut 2, 7. 15. 2) ein Getreidemaass = $^1/_{10}$ Efa Ex. 16, 36. Lev. 23, 10.

עֲמַר aram. m. *Wolle* Dan. 7, 9.

עֲמֹרָה n. pr. einer der vier Städte im Siddim-Thale Gen. 10, 19. 14, 2. Deut. 29, 22. Jes. 1, 9. Jer. 23, 14 (vgl. סְדֹם).

עָמְרִי n. pr. 1) König von Israel 1 Kön. 16, 16. Micha 6, 16. 2) 1 Chr. 7, 8.—9, 4.—27, 18.

עַמְרָם n. pr. 1) Vater des Moses Ex. 6, 18; n. gent. עַמְרָמִי Num. 3, 27. 2) Esra 10, 34.

עָמַשׂ s. עָמַס.

עֲמָשָׂא (= עָמוֹס) n. pr. 1) Feldherr des Absalon 2 Sam. 17, 25. 19, 14. 1 Chr. 2, 17. 2) 2 Chr. 28, 12.

עֲמָשַׂי n. pr. m. 1 Chr. 6, 10. 20. — 15, 24. — 2 Chr. 29, 12.

עֲמַשְׁסַי n. pr. m. Neh. 11, 13.

עֲנָב n. pr. Stadt in Juda Jos. 11, 21. 15, 50.

עֵנָב m. pl. עֲנָבִים, cs. עִנְּבֵי, suff. עֲנָבֵמוֹ (= עִנְּבֵיהֶם) *Weinbeere, Weintraube* Gen. 40, 10. Lev. 25, 5. Deut. 32, 32. עֲנָבִים בַּמִּדְבָּר *wilde Trauben* Hos. 9, 10. דַּם־עֵנָב Deut. 32, 14 u. דַּם־עֲנָבִים Gen. 49, 11 *Traubenblut, Wein.*

[עָנַג]* Pual part. f. מְעֻנָּגָה *zärtlich, verweichlicht* Jer. 6, 2.

Hitp. fut. יִתְעַנַּג; inf. u. imp. הִתְעַנַּג *sich verzärteln* Deut. 28, 56; *sich ergötzen, sich erfreuen*, gewöhnl. mit עַל Jes. 57, 4. 58, 14. Ps. 37, 4. 11. Hiob 22, 26. 27, 10; mit בְּ Jes. 55, 2; mit מִן Jes. 66, 11.

עָנֹג adj. fem. עֲנֻגָּה *verzärtelt, weichlich* Deut. 28, 54. 56. Jes. 47, 1.

עֹנֶג m. *Ueppigkeit* Jes. 13, 22; *Lust* Jes. 58, 13.

עָנַד* fut. suff. אֶעֶנְדֶנּוּ; imp. suff. עָנְדֵם *binden* Spr. 6, 21. Hiob 31, 36.

עָנָה* I pf. 3 sg. m. suff. עָנָם, עָנָהוּ, עָנָךְ, עָנָנִי, 1 sg. עֲנִיתִי; part. suff. עוֹנֶךָ; fut. יַעֲנֶה—יַעַן, suff. יַעֲנֵנּוּ—יַעֲנֵהוּ, 3 pl. f. תַּעֲנֶינָה—תַּעֲנֶה, eigentl. *Jemand anreden* Zach. 1, 11, 1) meist aber in Beziehung auf eine vorhergegangene Rede, daher: *antworten* mit acc. der Person

1 Sam. 28, 15. Micha 6, 5; auch mit noch einem acc. der Sache 1 Kön. 18, 21 oder bloss mit einem solchen Hiob 32, 12; sehr häufig leitet es die Antwort ein, die noch mit אָמַר oder דִּבֶּר eingeführt wird Gen. 18, 27. 2 Kön. 1, 10. Wenn das subj. dazu „*Gott*" ist, so lässt es sich meist mit *erhören* übersetzen 1 Kön. 18, 37. Hos. 14, 9. Ps. 4, 2 und lässt zuweilen noch ein Zeitwort ergänzen z. B. וּמִקַּרְנֵי רֵמִים עֲנִיתָנִי *aus den Hörnern der Büffel hast du mich (befreit und) erhört* Ps. 22, 22. עָנָנִי בַמֶּרְחָב יָהּ *Gott hat mich erhört (und geführt) in freien Raum* Ps. 118, 5. Eben so עָנָה בָאֵשׁ *erhören mit (Gewährung von himmlischem) Feuer* 1 Kön. 18, 24. 1 Chr. 21, 26 oder בְּצֶדֶק *mit Heil* Ps. 65, 6. In etwas anderer Weise: *einen richterlichen Ausspruch thun* Ex. 23, 2. אֱלֹהִים יַעֲנֶה אֶת־שְׁלוֹם פַּרְעֹה *Gott wird (mir die Deutung eröffnen und so) gewähren das Wohl Pharao's* Gen. 41, 16; ähnlich 1 Sam. 9, 17; überhaupt *gewähren* Koh. 10, 19; *willfahren* Hos. 2, 23. Ferner: *einen Wechselgesang anstimmen* Num. 21, 17. 1 Sam. 18, 7. 21, 12. 29, 5. Jer. 51, 14. Hos. 2, 17. Ps. 147, 7. Esra 3, 11. 2) auch ohne vorhergegangene Rede: *anheben zu sprechen* Deut. 21, 7. 25, 9. Jes. 21, 9. Ps. 119, 67. Hiob 3, 2; *schreien* Ex. 32, 18. Jes. 13, 22. 3) in gerichtlichem Style: *aussagen, ein Zeugniss ablegen* mit בְּ *gegen* Jemanden 1 Sam. 12, 3. 2 Sam. 1, 16. Jes. 3, 9 und mit noch einem acc. Ex. 20, 13. Deut. 19, 18. Spr. 25, 18; *für* Jemanden Gen. 30, 33; ähnlich Deut. 31, 21.

Nifal pf. נַעֲנֵיתִי; part. נַעֲנֶה; fut. יֵעָנֶה 1) *Antwort erhalten* Hiob 11, 2. 19, 7; *erhört werden* Spr. 21, 13. 2) *sich erbitten lassen von* ... mit לְ Ezech. 14, 4. 7.

Piel inf. עַנּוֹת *einen Wechselgesang anstimmen* Ex. 32, 18. Jes. 27, 2. Ps. 88, 1.

Hifil part. מַעֲנֶה *gewähren* Koh. 5, 19.

עָנָה* II pf. עָנִיתִי; fut. יַעֲנֶה; inf. עֱנוֹת *unglücklich sein, leiden* Ps. 116, 10. Zach. 10, 2. Koh. 1, 13. 3, 10; *muthlos sein* Jes. 31, 4; *gebeugt werden* Jes. 25, 5.

Nifal pf. 1 sg. נַעֲנֵיתִי; part. נַעֲנֶה, f. נַעֲנָה; inf. לַעֲנֹת (= לְהֵעָנוֹת) *gebeugt sein* Jes. 53, 7. 58, 10. Ps. 119, 107; *sich demüthigen* Ex. 10, 3.

Piel pf. עִנָּה, 1 sg. עִנֵּיתִי, suff. עִנְּךָ, 2 sg. עִנִּיתָ, 1 pl. עִנִּינוּ, 2 pl. עִנִּיתֶם; fut. יְעַנֶּה; inf. עַנּוֹת, suff. עַנֹּתוֹ *niederbeugen, bedrücken* Gen. 15, 13. 16, 6. Ex. 1, 11. 22, 21. 22. Num. 24, 24; *schwächen* Richt. 16, 6. Ps. 102, 24; häufig in der Bedeutung einer Frau *Gewalt anthun* Gen. 34, 2. Deut. 22, 24. Richt. 20, 5; mit dem Obj. נֶפֶשׁ *kasteien, fasten* Lev. 16, 31. Jes. 58, 5. Ps. 35, 13; überhpt. *demüthigen* Deut. 8, 3.

Pual pf. עֻנֵּיתִי; fut. 3 sg. f. תְּעֻנֶּה; inf. suff. עֻנּוֹתוֹ *gebeugt werden* Jes. 53, 4. Ps. 119, 71; *fasten* Lev. 23, 29; inf. als subst. *Leiden* Ps. 132, 1.

Hitp. pf. הִתְעַנָּה; fut. pl. יִתְעַנּוּ; imp. f. הִתְעַנִּי *sich beugen* Gen. 16, 9. Dan. 10, 12; *fasten* Esra 8, 21; *leiden, dulden* 1 Kön. 2, 26. Ps. 107, 17.

עֲנָה aram. pf. 3 sg. f. עֲנָת, 3 pl. עֲנוֹ; part. pl. עָנַיִן *antworten* Dan. 2, 5. 7. 3, 24. 5, 10.

[עֲנֵה] aram. adj. pl. עֲנַיִן *arm, leidend* Dan. 4, 24.

עֲנָה n. pr. Sohn des Seir und choritischer Stamm Gen. 36, 20. 24. 29. 1 Chr. 1, 38. 40. 41.

עָנָו—עָנָיו (Num. 12, 3 Kri) adj. pl. עֲנָוִים, cs. עַנְוֵי *leidend, unglücklich* Ps. 9, 13; *demüthig, bescheiden* Num. 12, 3. Ps. 22, 27. 76, 10 (plur. עֲנָוִים wechselt in Kri u. Ktib häufig mit עֲנִיִּים).

עֲנוּב (*Starker*) n. pr. m. 1 Chr. 4, 8.

עֲנָוָה—עַנְוָה f. suff. עַנְוָתְךָ zusammengez. עַנְתְךָ *Demuth, Bescheidenheit* Zef. 2, 3. Spr. 15, 33. 18, 12. 22, 4; *Milde, Güte* 2 Sam. 22, 36. Ps. 18, 36. 45, 5.

עֲנוֹק n. pr. = עֲנָק, s. d.

עֱנוֹת 1) inf. v. עָנָה. 2) s. עֱנָוָה. 3) mit בֵּית n. pr. Stadt in Juda Jos. 15, 59.

עֱנוּת f. *Leiden* Ps. 22, 25.

עָנִי adj. u. subst. fem. עֲנִיָּה, suff. עֲנִיֶּךָ, pl. עֲנִיִּים, cs. עֲנִיֵּי, suff. עֲנִיָּיו, עֲנִיֶּיךָ *arm, bedürftig* Ex. 22, 24. Deut. 15, 11; *demüthig, bescheiden* Jes. 49, 13. Zach. 9, 9. Ps. 22, 25. 72, 2; *leidend, bedrückt* Jes. 3, 14. 10, 30. 54, 11. Ps. 37, 14 (vgl. עָנָו).

עֳנִי m. ps. עֹנִי—עֳנִי, suff. עָנְיִי *Elend, Leiden* Ex. 3, 7. Deut. 26, 7; *Druck, Knechtschaft* Gen. 16, 11. Klagel. 1, 3; *Mühseligkeit* Gen. 31, 42. לֶחֶם עֹנִי *ärmliches Brod* Deut. 16, 3. בְּנֵי עֹנִי *die Armen* Spr. 31, 5.

עֻנִּי (*Gott erhört*) n. pr. m. 1 Chr. 15, 18. 20.

עֲנָיָה n. pr. m. Neh. 8, 4.

עָנָיו s. עָנָו.

עָנִים n. pr. Stadt in Juda Jos. 15, 50 (vergl. עֵינַיִם u. עֵינָם).

עִנְיָן m. cs. עִנְיַן, suff. עִנְיָנוֹ *das Thun, Treiben* Koh. 1, 13; *Erstreben, Thätigkeit* Koh. 2, 26. 3, 10; *Geschäft, Geschäftigkeit* Koh. 2, 23. 5, 2.

עָנֵם n. pr. Stadt in Isachar 1 Chr. 6, 58 = עֵין גַּנִּים Jos. 19, 21. 21, 29.

עֲנָמִים n. pr. eines ägyptischen Stammes Gen. 10, 13. 1 Chr. 1, 11.

עֲנַמֶּלֶךְ n. pr. eines Gottes der Sefarĕer 2 Kön. 17, 31.

[עָנַן] Piel (denom. v. עָנָן) inf. suff. עַנְנִי *Wolken bilden* Gen. 9, 14.

Poel pf. עוֹנֵן; fut. 2 pl. ps. תְּעוֹנֵנוּ; part. מְעוֹנֵן, pl. מְעֹנְנִים—עֹנְנִים, f. עֹנְנָה *Wahrsagerei, Zauberei treiben* Lev. 19, 26. Deut. 18, 10. 14. 2 Kön. 21, 6. Jes. 2, 6. 57, 3.

עָנָן m. cs. עֲנַן, suff. עֲנָנוֹ, עֲנָנְךָ, pl. עֲנָנִים 1) *Wolke* Gen. 9, 14. Num. 14, 14; als Bild der Vergänglichkeit Jes. 44, 22. Hos. 6, 4. 13, 3; der Schnelligkeit Jer. 4, 13. 2) n. pr. m. Neh. 10, 27.

[עֲנַן] aram. m. pl. cs. עֲנָנֵי *Gewölk* Dan. 7, 13.

עֲנָנָה f. *Gewölk* Hiob 3, 5.

עֲנָנִי n. pr. m. 1 Chr. 3, 24.

עֲנַנְיָה n. pr. 1) m. Neh. 3, 23. 2) Stadt in Benjamin Neh. 11, 32.

עָנָף m. cs. עֲנַף, suff. עַנְפְּכֶם, pl. suff. עֲנָפֶיהָ *Zweig* Lev. 23, 40. Ezech. 17, 8. 36, 8. Ps. 80, 11.

עָנֵף adj. f. עֲנֵפָה *mit Zweigen versehen* Ezech. 19, 10.

[עֲנַף] aram. pl. suff. עַנְפוֹהִי *Zweig* Dan. 4, 9. 11. 18.

[עֲנָק] m. cs. עֲנַק, pl. עֲנָקוֹת—עֲנָקִים *Halsschmuck* Richt. 8, 26. Spr. 1, 9. Hohel. 4, 9.

עָנַק [denom. v. עֲנָק] pf. 3 sg. suff. עֲנָקַתְמוֹ *umschlingen* Ps. 73, 6.

Hifil fut. תַּעֲנִיק; inf. הַעֲנֵיק *auf den Nacken legen, beladen* Deut. 15, 14.

עֲנָק (*Riese*) n. pr. Sohn des Arba, Stammvater des Geschlechts der Riesen, die auch עֲנָקִים genannt werden Num. 13, 22. 33. Deut. 2, 10. 9, 2. Jos. 15, 13. 14; auch עֲנוֹק Jos. 21, 11.

עָנֵר n. pr. 1) m. Gen. 14, 13. 24. 2) Levitenstadt in Manasse 1 Chr. 6, 55 (vgl. תַּעְנָךְ).

***עָנַשׁ** fut. יַעֲנֹשׁ; inf. עֲנֹשׁ—עָנוֹשׁ *Geldstrafe auflegen* Ex. 21, 22. Deut. 22, 19. 2 Chr. 36, 3. יֵין עֲנוּשִׁים *Wein (gekauft für das Geld der ungerecht) Gestraften* Amos 2, 8; überhpt. *strafen* Spr. 17, 26. 21, 11.

Nifal pf. 3 pl. ps. נֶעֱנָשׁוּ; fut. יֵעָנֵשׁ *gestraft werden* Ex. 21, 22. Spr. 22, 3. 27, 12.

עֹנֶשׁ m. *Geldstrafe, Contribution* 2 Kön. 23, 33; *Strafe* Spr. 19, 19.

עֲנָשׁ aram. m. *Geldstrafe* Esra 7, 26.

עֲנָת n. pr. 1) m. Richt. 3, 31. 5, 6. 2) בֵּית עֲנָת Stadt in Naftali Jos. 19, 38.

עֲנָתוֹת n. pr. 1) m. Neh. 10, 20. — 1 Chr. 7, 8. 2) Priesterstadt in Benjamin, Geburtsort des Propheten Jeremia Jos. 21, 18. 1 Kön. 2, 26. Jes. 10, 30. Jer. 1, 1. Esra 2, 23. Neh. 11, 32. 1 Chr. 6, 45; n. gent. עַנְּתֹתִי 2 Sam. 23, 27. Jer. 29, 27.

עַנְתֹתִיָּה n. pr. m. 1 Chr. 8, 24.

עָסִיס m. cs. עֲסִיס *ausgepresster Saft* von Granaten Hohel. 8, 2; meist vom *Wein, Most* Jes. 49, 26. Joel 1, 5; als Bild der Süssigkeit Joel 4, 18. Amos 9, 13.

***עָסַס** pf. 2 pl. עַסּוֹתֶם *zerquetschen, zerstampfen* Mal. 3, 21.

[עָעַר] Poel fut. 3 pl. יְעֹעֵרוּ=יְעֹרְרוּ *erwecken, erregen* Jes. 15, 5 (vgl. עוּר).

עֵפָה s. עֵיפָה.

[עֳפִי] m. pl. עֳפָאִים *Zweig, Laub* Ps. 104, 12.

עֳפִי aram. m. suff. עָפְיֵהּ *Laub* Dan. 4, 9. 11. 18.

***[עָפַל]** Pual pf. 3 sg. f. עֻפְּלָה *hochmüthig sein* Hab. 2, 4.

Hifil fut. יַעְפִּלוּ *vermessen handeln* Num. 14, 44.

עֹפֶל m. pl. עֳפָלִים, cs. עָפְלֵי, suff. עָפְלֵיכֶם 1) *Erhöhung, Hügel* a) Bezeichnung eines Hügels auf Zion Jes. 32, 14. Micha 4, 8. Neh. 3, 26. 11, 21. 2 Chr. 27, 3. 33, 14. b) Hügel bei Samaria 2 Kön. 5, 24. 2) *Beule* Deut. 28, 27. 1 Sam. 5, 6. 12. 6, 4. 5, überall Ktib (wofür Kri: טְחֹרִים s. d).

עָפְנִי (wozu das vorhergeh. כְּפַר zu ergänzen) n. pr. Ort in Benjamin Jos. 18, 24.

[עַפְעַף] m. dual. cs. עַפְעַפֵּי, suff. עַפְעַפַּי *Augenwimpern*, dichterisch für *Augen* überhaupt Jer. 9, 17. Ps. 11, 4. 132, 4. Spr. 4, 25. 6, 25. 30, 13. Hiob 16, 16. עַפְעַפֵּי־שָׁחַר Bild für die ersten Lichtstrahlen des Morgens Hiob 3, 9. 41, 10.

[עִפֵּר] Piel עִפֵּר [denom. v. עָפָר] *mit Erde werfen* 2 Sam. 16, 13.

עָפָר m. cs. עֲפַר, suff. עֲפָרְךָ, pl. (dichterisch) cs. עַפְרוֹת *Staub, (zerriebene) Erde* Gen. 2, 7. 3, 14. Lev. 17, 13; häufig als Bild der Niedrigkeit Jes. 25, 12. Ps. 7, 6. 72, 9. Hiob 16, 15; der Menge Gen. 13, 16. 28, 14. Num. 23, 10. Hiob 27, 16; der Vergänglichkeit Gen. 18, 27. Ps. 103, 14. Hiob 10, 9; dichterisch ist אֶרֶץ=עָפָר *Erde* Jes. 34, 9. Hiob 14, 8. 41, 25 und ferner =קֶבֶר *Grab* oder שְׁאוֹל *Gruft* Ps. 22, 16. 30, daher שֹׁכְנֵי עָפָר Jes. 26, 19 oder יְשֵׁנֵי אַדְמַת עָפָר Dan. 12, 2 = *Todte*, wofür dann bloss עָפָר Ps. 30, 10. Zuweilen ist es = אֵפֶר *Asche* Num. 19, 17. 2 Kön. 13, 7, mit dem es häufig verbunden wird. עַפְרֹת זָהָב *Goldstaub* Hiob 28, 6. רֹאשׁ עַפְרוֹת תֵּבֵל *der Urstaub des Erdballes* Spr. 8, 26.

עֵפֶר n. pr. 1) Sohn des Midjan Gen. 25, 4. 1 Chr. 1, 33. 2) 1 Chr. 4, 17. — 5, 24.

עֹפֶר m. pl. עֳפָרִים *junges Thier*, vom Hirsch oder Reh Hohel. 2, 9. 17. 4, 5. 7, 4. 8, 14.

עָפְרָה n. pr. 1) m. 1 Chr. 4, 14. 2) mit He loc. עָפְרָתָה, cs. עָפְרַת Stadt in Westmanasse Richt. 6, 11. 24. 8, 27. 3) Ort in Benjamin Jos. 18, 23. 1 Sam. 13, 17=בֵּית לְעַפְרָה Micha 1, 10.

עֶפְרוֹן n. pr. 1) m. Gen. 23, 8 ff. 2) Name eines Gebirges an der Grenze Benjamin's Jos. 15, 9; vgl. עֶפְרַיִן.

עֶפְרַיִן n. pr. Stadt in Benjamin 2 Chr. 13, 19 Kri (wofür Ktib עֶפְרוֹן s. d. = אֶפְרַיִם) 2 Sam. 13, 23.

עוֹפֶרֶת f. ps. עֹפָרֶת *Blei* Ex. 15, 10. Num. 31, 22. Jer. 6, 29. Zach. 5, 7. Hiob 19, 24.

עֵץ m. suff. עֵצוֹ, pl. עֵצִים, cs. עֲצֵי, suff. עֵצָיו, עֵצֵינוּ 1) *Baum* Gen. 3, 24; häufig collectiv: *Bäume* Gen. 3, 8. Num. 13, 20. עֵץ פְּרִי Gen. 1, 11 oder עֵץ מַאֲכָל Lev. 19, 23 *Fruchtbaum*. 2) *Holz* Ex. 15, 25. Lev. 14, 6; adj. *hölzern* Lev. 11, 32; *Schaft* (einer Lanze) 2 Sam. 21, 19; *Pfahl* (zum Anheften der Verbrecher) Gen. 40, 19. Deut. 21, 22. Est. 5, 14; *Klotz* Jer. 2, 27. Hab. 2, 19; *Stock* (als Werkzeug des Wahrsagens) Hos. 4, 12; pl. *Holzstücke* Gen. 22, 3.

עָצַב* pf. 3 sg. suff. עֲצָבוֹ, part. II f. cs. עֲצוּבַת, inf. suff. עָצְבִּי *verletzen, betrüben* 1 Kön. 1, 6. Jes. 54, 6. 1 Chr. 4, 10.

Nifal נֶעֱצַב, fut. יֵעָצֵב *sich verletzen* Koh. 10, 9; *sich betrüben* Gen. 45, 5. 1 Sam. 20, 3. Neh. 8, 10. 11; *wegen* ... mit עַל 2 Sam. 19, 3; mit אֶל 1 Sam. 20, 34.

Piel pf. pl. עִצְּבוּ; fut. pl. יְעַצֵּבוּ 1) *bilden* Hiob 10, 8. 2) *kränken* Jes. 63, 10. Ps. 56, 6.

Hifil fut. 3 pl. suff. יַעֲצִיבוּהוּ; inf. suff. הַעֲצִבָה *kränken* Ps. 78, 40; *zum Mitleid bewegen* Jer. 44, 19.

Hitp. fut. יִתְעַצֵּב *sich betrüben* Gen. 6, 6; *sich gekränkt fühlen* Gen. 34, 7.

עֲצַב aram. part. II עֲצִיב *schmerzlich* Dan. 6, 21.

[עָצָב] m. pl. עֲצַבִּים, cs. עֲצַבֵּי, suff. עֲצַבֶּיהָ, עֲצַבֵּיהֶם *Götze, Götzenbild* 1 Sam. 31, 9. Jes. 10, 11. Hos. 14, 9. Ps. 135, 15.

עֶצֶב m. pl. עֲצָבִים, suff. עֲצָבֶיךָ 1) *Gebilde, Gefäss* Jer. 22, 28. 2) *Arbeit* Spr. 14, 23; *das Erarbeitete, der Besitz* Spr. 5, 10. 3) *Schmerz* Gen. 3, 16. Ps. 127, 2. Spr. 10, 22; *Kränkung* Spr. 15, 1.

[עָצֵב] m. pl. suff. עַצְּבֵיכֶם *Arbeiter* Jes. 58, 3.

עֹצֶב m. suff. עָצְבִּי 1) *Götzenbild* Jes. 48, 5 2) *Schmerz* Jes. 14, 3. Ps. 139, 24. 1 Chr. 4, 9

עִצָּבוֹן m. cs. עִצְּבוֹן, suff. עִצְּבוֹנֵךְ *Schmerz* Gen. 3, 16. 17. 5, 29.

עַצֶּבֶת f. cs. עַצֶּבֶת, pl. suff. עַצְּבוֹתָי, עַצְּבוֹתָם 1) *Götzenbild* Ps. 16, 4. 2) *Kränkung* Spr. 10, 10. 15, 13. 3) *Wunde* Ps. 147, 3. Hiob 9, 28.

עָצָה* part. עֹצֶה *verschliessen* Spr. 16, 30.

עָצֶה m. *Rückgrat* Lev. 3, 9.

עֵצָה f. cs. עֲצַת, suff. עֲצָתִי, pl. עֵצוֹת, suff. עֲצֹתֶיךָ 1) *Rath* 1 Kön. 1, 12. Jes. 8, 10. Hiob 5, 13; *Plan, Anschlag* Ps. 33, 10; *Weisheit, Klugheit* Spr. 8, 14. Hiob 12, 13. 2) *Holz* Jer. 6, 6; (u. E.) auch עֲצַת Spr. 27, 9 (wobei נֶפֶשׁ als Wohlgeruch aufzufassen).

עָצוּם adj. pl. עֲצֻמִים—עֲצוּמִים, suff. עֲצוּמָיו *stark mächtig* Gen. 18, 18. Num. 22, 6; *zahlreich* Num. 32, 1. Amos 5, 12. Spr. 7, 26; plur. abstr. *Gewalt* Ps. 10, 10.

עֶצְיוֹן־גֶּבֶר n. pr. Hafenstadt am älanitischen Meerbusen Num. 33, 35. Deut. 2, 8. 1 Kön. 9, 26. 22, 49.

[עָצַל]* Nifal fut. 2 pl. תֵּעָצְלוּ *zögern* Richt. 18, 9.

עָצֵל adj. u. subst. *träge, faul* Spr. 6, 6. 24, 30.

עַצְלָה f. *Faulheit* Spr. 19, 15.

עַצְלוּת f. *Faulheit* Spr. 31, 27.

עֲצַלְתַּיִם f. *Faulheit* Koh. 10, 18.

***עָצַם** pf. 3 pl. ps. עָצָמוּ; fut. 3 pl. יַעַצְמוּ; inf. suff. עָצְמוֹ 1) *stark sein* Gen. 26, 16. Ex. 1, 7. 20. Dan. 8, 8. 24; *zahlreich sein* Ps. 40, 6. 2) *zudrücken* Jes. 33, 15.

Piel pf. suff. עִצְּמוֹ; fut. יְעַצֵּם 1) *verschliessen* Jes. 29, 10. 2) [denom. v. עֶצֶם] *die Knochen zerbrechen* Jer. 50, 17.

Hifil fut. suff. יַעֲצִמֵהוּ *kräftigen, stärken* Ps. 105, 24.

עֶצֶם m. ps. עָצֶם, suff. עַצְמִי, pl. עֲצָמִים—עֲצָמוֹת, cs. עַצְמוֹת, suff. עַצְמִי—עֲצָמַי, עַצְמֹתַי, עַצְמֹתָם—עַצְמוֹתֵיהֶם 1) *Knochen, Gebein* Num. 24, 8. 2 Kön.1 23, 16. Amos 6, 10. Hiob 19, 20. 2) *Körper, Leib* Ps. 6, 3. Spr. 16, 24. Klagel. 4, 7. Koh. 11, 5; in Verbindung mit בָּשָׂר (s. d.) bedeutet es dasselbe in verstärktem Maasse Gen. 2, 23. Hiob 2, 5; oder *die nächste (Bluts-) Verwandtschaft*) Gen. 29, 14. Richt. 9, 2. 2 Sam. 5, 1. 19, 13. 3) *das Wesen* einer Sache, *selbst* Ex. 24, 10. Hiob 21, 23. בְּעֶצֶם הַיּוֹם הַזֶּה *genau an diesem Tage* Gen. 7, 13. Ex. 12, 17. Lev. 23, 14. Jos. 5, 11. 4) n. pr. Ort in Simeon Jos. 15, 29. 19, 3. 1 Chr. 4, 29.

עֹצֶם m. suff. עָצְמִי 1) *Gebein* Ps. 139, 15; 2) *Kraft* Deut. 8, 17. Hiob 30, 21.

עָצְמָה f. cs. עָצְמַת *Stärke* Jes. 40, 29; *Menge* Jes. 47, 9. Nah. 3, 9.

[עֲצֻמָה] f. pl. suff. עֲצֻמוֹתֵיכֶם *Erhärtung, Beweis* Jes. 41, 21.

עַצְמֹן—עַצְמוֹן n. pr. Ort im Süden Palästinas Num. 34, 4. 5. Jos. 15, 4.

עֶצְנִי n. gent. (von einem Orte עֵצֶן) 2 Sam. 23, 8.

***עָצַר** fut. יַעְצֹר, suff. יַעַצְרֵהוּ, יַעַצְרְכָה, 1 sg. אֶעְצֹר, 1 pl. נַעְצְרָה—נַעְצֹר; inf. עֲצֹר 1) *zurückhalten* mit acc. Richt. 13, 15. 1 Kön. 18, 44; part. עָצוּר in Verbind. mit עָזוּב s. עָזַב; mit ל 2 Kön. 4, 24; mit בְּ Hiob 4, 2. 29, 9 und daher *herrschen* mit בְּ 1 Sam. 9, 17; *zurückbehalten*, mit acc. כֹּחַ *stark genug sein* Dan. 10, 8. 2 Chr. 13, 20. 22, 9; ohne כֹּחַ 2 Chr. 20, 37; *versagen* 1 Sam. 21, 6. 2) *verschliessen* mit acc. Deut. 11, 17. 2 Chr. 7, 13; mit בְּעַד Gen. 20, 18; (*den Mutterleib*), d. h. *am Gebären hindern*, daher auch mit acc. *der Frau, die nicht gebären soll* Gen. 16, 2 und ohne Obj. Jes. 66, 9; *einschliessen, einsperren* 2 Kön. 17, 4. Jer. 20, 9. 33, 1. 36, 5. Neh. 6, 10. 1 Chr. 12, 1.

Nifal part. נֶעְצָר, fem. נֶעְצָרָה; fut. 3 sg. f. תֵּעָצַר; inf. הֵעָצֵר *gehemmt werden* Num. 17, 13. 15. 25, 8; *verschlossen werden* 1 Kön. 8, 35; *eingesperrt werden* 1 Sam. 21, 8.

עֶצֶר m. *Herrschaft* Richt. 18, 7.

עֹצֶר m. *Verschliessung* Spr. 30, 16; *Druck* Jes. 53, 8. Ps. 107, 39.

עֲצָרָה f. *Versammlung*, besond. *Festversammlung* 2 Kön. 10, 20. Jes. 1, 13. Joel 1, 14.

עֲצֶרֶת f. pl. suff. עַצְרֹתֵיכֶם *Versammlung* Jer. 9, 1; *Festversammlung, Fest* Lev. 23, 36. Num. 29, 35. Deut. 16, 8. Neh. 8, 18; *Festopfer* Amos 5, 21.

***עָקַב** fut. יַעְקֹב, suff. יַעְקְבֵנִי *hinterlistig behandeln* Gen. 27, 36. Jer. 9, 3. Hos. 12, 4.

Piel fut. 2 sg. suff. יְעַקְּבֵם *zurückhalten* Hiob 37, 4.

עָקֵב m. cs. עֲקֵב, suff. עֲקֵבוֹ, pl. cs. עִקְּבֵי—עִקְבֵי, suff. עֲקֵבֶיךָ, עִקְּבוֹתֶיךָ, עִקְּבוֹת—עִקְּבֵי, *Ferse* Gen. 3, 15. 25, 26. 49, 17. Richt. 5, 22. Jer. 13, 22. Hiob 18, 9; *die Nachhut* eines Heeres Gen. 49, 19. Jos. 8, 13; *die Fusstapfen, Fussspuren* bildlich für *Weg* Ps. 77, 20. 89, 52. Hohel. 1, 8. 2) *Nachsteller* Ps. 49, 6.

עָקֹב adj. fem. עֲקֻבָּה *höckerig* Jes. 40, 4; *hinterlistig, trügerisch* Jer. 17, 9. Hos. 6, 8.

עֵקֶב m. *Folge* Spr. 22, 4; *Lohn* Ps. 19, 12; adv. *für alle Folge, immer* Ps. 119, 33. 112; *in Folge, wegen* Jes. 5, 23. Ps. 40, 16; conj. *weil, dafür dass*, meist mit folgd. אֲשֶׁר Gen. 22, 18. 26, 5 oder כִּי 2 Sam. 12, 10 oder blossem Verbum Deut. 7, 12.

עָקְבָּה f. *Hinterlist* 2 Kön. 10, 19.

***עָקַד** fut. יַעֲקֹד *binden* Gen. 22, 9.

עָקֹד adj. pl. עֲקֻדִּים *gebändert, gestreift* Gen. 30, 35. 40.

עֵקֶד (*Bindung*) mit בֵּית, vollst. בֵּית עֵקֶד הָרֹעִים n. pr. Ort nahe bei Samaria 2 Kön. 10, 12. 14.

עָקָה f. cs. עָקַת *Bedrückung* Ps. 55, 4.

עַקּוּב (*Listiger*) n. pr. m. 1) Esra 2, 42. Neh. 7, 45. 8, 7. 11, 19. 12, 25. 1 Chr. 9, 17. 2) Esra 2, 45. 3) 1 Chr. 3, 24.

***[עָקַל]** Pual part. מְעֻקָּל *gekrümmt, verdreht* Hab. 1, 4.

[עֲקַלְקַל] adj. pl. f. עֲקַלְקַלּוֹת, suff. עֲקַלְקַלּוֹתָם *krumm* Richt. 5, 6; mit Ergänzung von דְּרָכִים *krumme Wege* Ps. 125, 5.

עֲקַלָּתוֹן adj. *gekrümmt, gewunden* Jes. 27, 1.

עֲקָן n. pr. m. Gen. 36, 27; dafür יַעֲקָן (s. d.) 1 Chr. 1, 42.

*עָקַר inf. עֲקוֹר *ausreissen* Koh. 3, 2.

Nifal fut. תֵּעָקֵר *von Grund aus zerstört werden* Zef. 2, 4.

Piel fut. תְּעַקֵּר *die Fussehnen zerschneiden, lähmen* Gen. 49, 6. Jos. 11, 6. 9; überhaupt *zerstören* 2 Sam. 8, 4. 1 Chr. 18, 4.

[עֲקַר] aram. Itp. אִתְעֲקַרוּ *entwurzelt werden* Dan. 7, 8.

עֵקֶר m. 1) *Einwurzelung*, concr. *der Eingebürgerte* Lev. 25, 47. 2) n. pr. m. 1 Chr. 2, 27.

עָקָר adj. f. עֲקָרָה, cs. עֲקֶרֶת *unfruchtbar* Gen. 11, 30. Ex. 23, 26. Deut. 7, 14. Ps. 113, 9.

עִקַּר aram. m. *Grund* Dan. 4, 12. 20. 23.

עַקְרָב m. pl. עַקְרַבִּים 1) *Skorpion* Deut. 8, 15. 2) *Stachelpeitsche* 1 Kön. 12, 11. 14. 3) *stachlichte Pflanze* Ezech. 2, 6. — מַעֲלֵה עַקְרַבִּים n. pr. einer Anhöhe südlich vom todten Meere Num. 34, 4. Jos. 15, 3. Richt. 1, 36.

עֶקְרוֹן n. pr. einer philistischen Stadt, früher zu Juda, dann zu Dan gerechnet Jos. 15, 45. 19, 43. Richt. 1, 18. Zef. 2, 4. Zach. 9, 5; n. gent. עֶקְרוֹנִי Jos. 13, 3; pl. עֶקְרֹנִים 1 Sam. 5, 10.

*עָקַשׁ fut. suff. יַעְקְשֵׁנִי *der Tücke zeihen* Hiob 9, 20.

Nifal part. cs. נֶעְקַשׁ *gekrümmt, verkehrt* Spr. 28, 18.

Piel fut. 3 pl. יְעַקֵּשׁוּ *krümmen, verdrehen* Jes. 59, 8. Micha 3, 9. Spr. 10, 9.

עִקֵּשׁ adj. pl. עִקְּשִׁים, cs. עִקְּשֵׁי *krumm, tückisch* Deut. 32, 5. Ps. 101, 4. Spr. 2, 15. 11, 20.

עִקְּשׁוּת f. *Krümmung* des Mundes d. h. *Verleumdung* Spr. 4, 24. 6, 12.

עָר m. suff. עָרְךָ, pl. עָרִים, suff. עָרֶיךָ 1) *Feind, Widersacher* 1 Sam. 28, 16. Jes. 14, 21. Micha 5, 13. Ps. 139, 20. 2) n. pr. Hauptstadt Moabs Num. 21, 15. Deut. 2, 9; vollständig עָר מוֹאָב Num. 21, 28. Jes. 15, 1.

עָר aram. m. pl. suff. עָרָיךְ *Feind* Dan. 4, 16.

עֵר 1) s. עוּר. 2) n. pr. Sohn des Juda Gen. 38, 3. 46, 12. Num. 26, 19. 1 Chr. 4, 21.

*עָרַב I fut. 1 sg. suff. אֶעֶרְבֶנּוּ; inf. עֲרֹב; imp. עֲרֹב, suff. עָרְבֵנִי *Bürgschaft leisten für* ... mit acc. Gen. 43, 9. 44, 32. Spr. 11, 15. 20, 16. 27, 13; mit לְ Spr. 6, 1; mit Obj. עֲרֻבָּה und לִפְנֵי Spr. 17, 18. עָרְבֵנִי עִמָּךְ *vertritt mich bei dir* Hiob 17, 3; *vertreten* Jes. 38, 14. Ps. 119, 122. עָרַב אֶת־לִבּוֹ *sich getrauen, wagen* Jer. 30, 21; *sich verbürgen für* eine Sache (acc.) Spr. 22, 26; *verpfänden* Neh. 5, 3. 2) mit Obj. מַעֲרָב *Tauschhandel treiben* Ezech. 27, 9. 27.

Hitp. fut. תִּתְעָרַב, יִתְעָרַב; imp. הִתְעָרֵב *sich vermischen mit* ... durch בְּ Ps. 106, 35. Spr. 14, 10. Esra 9, 2; durch עִם Spr. 24, 21; *sich mit Jemd.* (in einen Wettkampf) *einlassen* mit אֶת 2 Kön. 18, 23. Jes. 36, 8.

*עָרַב II inf. עֲרוֹב *dunkel werden* Richt. 19, 9; *sich verdüstern* Jes. 24, 11.

Hifil inf. abs. הַעֲרֵב *etwas des Abends thun* 1 Sam. 17, 16.

עָרֵב fut. יֶעֱרַב, pl. יֶעֶרְבוּ *angenehm sein* Spr. 3, 24; gew. mit לְ Jer. 6, 20. 31, 26. Hos. 9, 4. Mal. 3, 4. Spr. 13, 19; mit עַל Ezech. 16, 37. Ps. 104, 34.

[עֲרַב] aram. Pael part. מְעָרַב *vermischen* mit בְּ Dan. 2, 43.

Itp. part. מִתְעָרַב, pl. מִתְעָרְבִין *sich vermischen* mit בְּ und עִם Dan. 2, 43.

[עֲרָב] m. pl. עֲרָבִים, cs. עַרְבֵי 1) *Weide, Bachweide* Lev. 23, 40. Jes. 44, 4. Ps. 137, 2. Hiob 40, 22. 2) = עֲרָבָה (s. d.) *Steppe*, daher נַחַל הָעֲרָבִים *Steppenbach* Jes. 15, 7.

עָרֵב adj. *lieblich, angenehm* Spr. 20, 17. Hohel. 2, 14.

עֵרֶב m. 1) *Einschlag* des Gewebes Lev. 13, 48. 2) *Gemisch, Gesindel* Ex. 12, 38. Neh. 13, 3.

עֶרֶב m. ps. עָרֶב 1) *Abend* Gen. 1, 5; dual. (בֵּין) הָעַרְבַּיִם *Abenddämmerung*; n. A. *Nachmittag* Ex. 12, 6. Lev. 23, 5. Num. 28, 4. 2) *Fremde*. מַלְכֵי הָעֶרֶב *Könige der Fremde*, welche Hülfstruppen stellen 1 Kön. 10, 15. Jer. 25, 20. 50, 37. Ezech. 30, 5 (n. A. *Vasallenkönige*).

עֹרֵב m. pl. עֹרְבִים, cs. עֹרְבֵי 1) *Rabe* Gen. 8, 7. Lev. 11, 15. 1 Kön. 17, 4. Ps. 147, 9. Spr. 30, 17. 2) n. pr. eines midianitischen Fürsten Richt. 7, 25. Ps. 83, 12, wovon der geogr. Name צוּר עֹרֵב Richt. 7, 25.

עֲרַב—עֲרָב n. pr. *Arabien* Jes. 21, 13. Jer. 25, 24. Ezech. 27, 21; n. gent. עֲרָבִי Jes. 13, 20

—עַרְפֵי Nah. 2, 19; pl. עֲרָבִים 2 Chr. 21, 16 — עַרְבִיִּים 2 Chr. 26, 7 Ktib — עַרְבִיאִים 2 Chr. 17, 11.

עֲרֹב s. עָרוֹב.

עֲרָבָה f. mit He loc. עֲרָבָתָה, suff. עֲרָבָתָהּ, pl. עֲרָבוֹת, cs. עַרְבוֹת 1) *Steppe, Wüste* Jes. 35, 1. Jer. 2, 6. Hiob 24, 5. 39, 6; besonders von der Umgebung des todten Meeres, das danach יָם הָעֲרָבָה heisst Deut. 4, 49. Jos. 3, 16; auch von dem ganzen *Jordanthale* Jos. 4, 13. 12, 3. 2 Sam. 2, 29. 4, 7. 2 Kön. 25, 5. נַחַל הָעֲרָבָה *Steppenfluss*, südöstl. Grenze Palästina's Amos 6, 14 (vgl. עֲרָב). עַרְבוֹת מוֹאָב die Steppen zwischen Moab u. Edom Num. 22, 1. 26, 3. Deut. 34, 8. 2) בֵּית הָעֲרָבָה n. pr. a) Stadt zwischen Juda u. Benjamin Jos. 15, 61. 18, 22. b) Stadt im Süden Juda's Jos. 15, 6; n. gent. עַרְבָתִי 2 Sam. 23, 31. 1 Chr. 11, 32.

עֲרֻבָּה f. suff. עֲרֻבָּתָם *Bürgschaft* Spr. 17, 18; *Unterpfand* 1 Sam. 17, 18.

עֵרָבוֹן m. *Unterpfand* Gen. 38, 17. 18. 20.

עַרְבִי—עַרְבִי—עַרְבִיאִים s. עֲרָב.

עָרַג* fut. תַּעֲרֹג *lechzen, sich sehnen* mit אֶל Joel 1, 20; mit עַל Ps. 42, 2.

עֲרָד n. pr. 1) m. 1 Chr. 8, 15. 2) Stadt im Süden Palästina's Num. 21, 1. 33, 40. Jos. 12, 14. Richt. 1, 16.

[עֲרָד] aram. m. pl. עֲרָדַיָּא *Waldesel* Dan. 5, 21.

[עָרָה]* Nif. fut. יֵעָרֶה *sich ergiessen* Jes. 32, 15.
Piel עֵרָה; fut. יְעָרֶה, 2 sg. תְּעַר; inf. עָרוֹת; imp. עָרוּ 1) *entblössen* Jes. 3, 17; *blosslegen* (den Grund), *zerstören* Hab. 3, 13. Zef. 2, 14. Ps. 137, 7; das Schild, d. h. den Ueberzug *abnehmen*, um sich kampfbereit zu machen Jes. 22, 6. 2) *ausgiessen* Gen. 24, 20; *ausschütten* 2 Chr. 24, 11; *preisgeben* Ps. 141, 8.
Hifil הֶעֱרָה 1) *entblössen* Lev. 20, 18. 2) *preisgeben* Jes. 53, 12.
Hitp. fut. 2 sg. f. תִּתְעָרִי 1) *sich entblössen* Klagel. 4, 21. 2) *aufsprossen* Ps. 37, 35.

עָרֹב—עָרוֹב m. eine der Plagen Aegyptens, n. E. *Gemisch von Thieren*, n. A. *Hundsfliege* Ex. 8, 17. Ps. 78, 45. 105, 31.

עֲרֻגָה—עֲרוּגָה f. cs. עֲרוּגַת, pl. עֲרֻגוֹת—עֲרוּגוֹת *Gartenbeet* Ezech. 17, 7. 10. Hohel. 5, 13. 6, 2.

עָרוֹד m. *Waldesel* Hiob 39, 5.

עֶרְוָה f. cs. עֶרְוַת, suff. עֶרְוָתֵךְ *Nacktheit, Blösse* meist von den *Schamtheilen* Gen. 9, 22. Ex. 20, 23; häufig als Obj. zu גִּלָּה (s. d.); bildlich die *Schwäche eines Landes* Gen. 42, 9. 12. עֶרְוַת דָּבָר *etwas Schimpfliches* Deut. 23, 15.

[עַרְוָה] aram. f. cs. עַרְוַת *Schaden* Esra 4, 14.

עָרוֹם s. עָרֹם.

עָרוּם adj. pl. עֲרוּמִים *listig* Gen. 3, 1. Hiob 5, 12. 15, 5; *klug, besonnen* Spr. 12, 16. 14, 18. 22, 3.

עֵרוֹם s. עֵירֹם.

עֲרוֹעֵר s. עֲרֹעֵר.

עָרוּץ m. cs. עֲרוּץ *Riss, Schlucht* Hiob 30, 6.

עָרוֹת f. *Wiese, Au* Jes. 19, 7.

עֵרִי n. pr. Sohn des Gad Gen. 46, 16. Num. 26, 16.

עֶרְיָה f. 1) *Entblössung*. עֶרְיָה־בֹשֶׁת *schimpfliche Entblössung* Micha 1, 11. עֶרְיָה תֵעוֹר קַשְׁתֶּךָ *ganz entblösst ist dein Bogen* Hab. 3, 9. 2) adj. *nackt, bloss* Ezech. 16, 7. 22. 39. 23, 29.

[עֲרִיסָה] f. pl. suff. עֲרִיסֹתֵיכֶם, עֲרִיסֹתֵינוּ *Backtrog* Num. 15, 20. 21. Ezech. 44, 30. Neh. 10, 38.

[עֲרִיף] m. pl. suff. עֲרִיפֶיהָ *Verdunkelung* Jes. 5, 30.

עָרִיץ [=עָרִיץ] adj. pl. עָרִיצִים, cs. עָרִיצֵי *schrecklich, gewaltthätig* Jer. 20, 11. Ps. 37, 35; subst. *Gewaltherrscher, Tyrann* Jes. 29, 20. Ezech. 28, 7. Ps. 54, 5. Hiob 6, 23.

עֲרִירִי adj. pl. עֲרִירִים *einsam, kinderlos* Gen. 15, 2. Lev. 20, 20. Jer. 22, 30.

עָרַךְ* fut. יַעֲרֹךְ, suff. יַעַרְכֵנִי; יַעַרְכֶהָ—יַעַרְכֶנָּה; 1 sg. אֶעֱרֹךְ—אֶעֶרְכָה; inf. עֲרֹךְ; imp. עִרְכָה, עִרְכוּ *ordnen, in Ordnung stellen* oder *legen*, z. B. vom Schichten des Altarholzes Gen. 22, 9. Lev. 1, 7. 1 Kön. 18, 33; der Opferstücke Lev. 1, 12. 6, 5; der Schaubrode Ex. 40, 4; von Flachsstengeln Jos. 2, 6; *sich in Schlachtordnung stellen, eine Schlacht liefern* mit u. ohne Object מִלְחָמָה Richt. 20, 22. 1 Sam. 17, 21. 2 Sam. 10, 9. יַעַרְכוּנִי *sie bekriegen mich* Hiob 6, 4; *zurecht machen, rüsten* Num. 23, 4; einen Tisch *rüsten, decken* Jes. 21, 5. 65, 11. Ezech. 23, 41. Ps. 23, 5. 78, 19. Spr. 9, 2; Waffen *rüsten* Jer. 46, 3. 1 Chr. 12, 8; daher עָרוּךְ *gerüstet* Jer. 6, 23 und überhaupt *vorbereitet, versehen* 2 Sam. 23, 5. Jes. 30, 33; *sich rüsten* Hiob 33, 5; *aufstecken* (Lichter)

Lev. 24, 4; bildl.: *Dauer verleihen* Ps. 132, 17. 2) mit dem Obj. מִלִּין *Worte an Jemand richten* Hiob 32, 14; ähnlich mit Obj. מִשְׁפָּט *seine Rechtssache vorlegen* Hiob 13, 18. 23, 4; dasselbe ohne dies Obj. Hiob 33, 5; überhpt. *darlegen* Jes. 44, 7. Ps. 50, 21. Hiob 37, 19; ähnlich (*ein Gebet*) *sprechen* Ps. 5, 4. 3) *vergleichen* mit ל d. Pers. u. acc. d. Sache Jes. 40, 18. Ps. 40, 6; *gleichen*, *gleichkommen* mit ל Ps. 89, 7, mit acc. Hiob 28, 17. 19. 36, 19.

Hifil הֶעֱרִיךְ; fut. יַעֲרִיךְ, suff. יַעֲרִיכֶנּוּ *abschätzen* Lev. 27, 8; *eine Kopfsteuer auflegen* 2 Kön. 23, 35.

עֵרֶךְ m. suff. עֶרְכְּךָ, עֶרְכִּי 1) *Ordnung*, *Schicht* Ex. 40, 23. עֵרֶךְ בְּגָדִים *ein vollständiger Anzug* Richt. 17, 10; von der körperlichen Bildung Hiob 41, 4. 2) *Schätzung*, *Werth* Ps. 55, 14 Hiob 28, 13; besonders von der durch den Priester vorzunehmenden Schätzung Lev. 27, 2 ff., wo עֶרְכְּךָ *dein* (d. h. des Abzuschätzenden) *Werth* gleichsam zum terminus technicus geworden und die Bedeutung des suff. in den Hintergrund getreten, daher mit einem genit. עֶרְכְּךָ הַזָּכָר die *Schätzung eines Männlichen* Lev. 27, 3 und mit dem Artikel הָעֶרְכְּךָ Lev. 27, 23. עֵרֶךְ נַפְשׁוֹ = נַפְשׁוֹת עֶרְכּוֹ 2 Kön. 12, 5.

עָרֵל [denom. von עָרֵל] *als verboten betrachten* Lev. 19, 23.

Nifal imp. הֵעָרֵל *sich entblössen* Hab. 2, 16.

עָרֵל adj. cs. עֲרֵל, fem. עֲרֵלָה, pl. עֲרֵלִים, cs. עַרְלֵי 1) *unbeschnitten* Gen. 17, 14. 1 Sam. 17, 26. Jes. 52, 1. 2) in verschiedenen bildlichen Bedeutungen: vom Herzen = *verhärtet* Lev. 26, 41. Jer. 9, 25. Ezech. 44, 7. 9; eben so vom Ohr Jer. 6, 10; von Lippen: *ungeübt* Ex. 6, 12; von Früchten: *zum Genuss unerlaubt* Lev. 19, 23.

עָרְלָה f. cs. עָרְלַת, suff. עָרְלָתוֹ, עָרְלַתְכֶם; pl. עֲרָלוֹת, cs. עָרְלוֹת, suff. עָרְלוֹתֵיהֶם 1) *Vorhaut* Gen. 17, 11. 14. 34, 14. 1 Sam. 18, 25. 27; bildlich: *Vorhaut des Herzens = Verstocktheit* Jer. 4, 4 (vergl. מול Kal u. Nifal); die (*verbotene*) *Frucht der ersten drei Jahre* Lev. 19, 23. גִּבְעַת הָעֲרָלוֹת n. pr. eines Hügels bei Gilgal Jos. 5, 3.

עָרַם* inf. abs. עָרוֹם *listig sein* 1 Sam. 23, 22.

Nifal pf. 3 pl. נֶעֶרְמוּ *sich aufthürmen* Ex. 15, 8.

Hifil fut. יַעְרִם *listig handeln* 1 Sam. 23, 22; *Klugheit erlangen* Spr. 15, 5. 19, 25. יַעֲרִימוּ סוֹד *sie ersinnen listige Anschläge* Ps. 83, 4.

עָרוֹם — עָרֹם adj. fem. עֲרֻמָּה, pl. עֲרֻמִּים — עֲרוּמִּים *nackt* Hos. 2, 5. Hiob 1, 21; *entblösst* (ohne Obergewand) 1 Sam. 19, 24; *dürftig bekleidet* Hiob 22, 6. 24, 7. 10; bildlich: *aufgedeckt*, *offen* Hiob 26, 6.

עָרֹם s. עֵירֹם.

[עָרֵם] m. pl. עֲרֵמִים *Getreidehaufen* Jer. 50, 26.

עֹרֶם m. suff. עָרְמָם *List* Hiob 5, 13.

עֲרֵמָה f. cs. עֲרֵמַת, pl. עֲרֵמוֹת 1) *Getreide-* od. *Aehrenhaufen* Hohel. 7, 3. Rut 3, 7. 2) *Schutt* Neh. 3, 34.

עָרְמָה f. *List* Ex. 21, 14. Jos. 9, 4; *Klugheit* Spr. 1, 4. 8, 5. 12.

עַרְמוֹן m. pl. עַרְמֹנִים *Ahorn* Gen. 30, 37. Ezech. 31, 8.

עֵרָן n. pr. Familie in Efraim; n. gent. עֵרָנִי Num. 26, 36.

עֲרִסָה s. עֲרִיסָה.

עַרְעוֹר s. עַרְעָר Nr. 2 b.

עַרְעָר *Einsamer*, *Verlassener* Jer. 17, 6. Ps. 102, 18.

עֲרֹעֵר — עֲרוֹעֵר — עֲרֹעֵר 1) m. = עַרְעָר Jer. 48, 6. 2) n. pr. mehrer Städte, daher עָרֵי עֲרֹעֵר Jes. 17, 2. a) Stadt in Moab, früher zum Reiche des Sichon, später zu Ruben gehörig Deut 2, 36. 3, 12. 4, 48. Jos. 12, 2. 13, 16. Jer. 48, 19. b) Stadt in Ammon, vom Stamme Gad ausgebaut Num. 32, 34. Jos. 13, 25. Richt. 11, 33 = עַרְעוֹר Richt. 11, 26. c) Stadt in Juda 1 Sam. 30, 28; n. gent. עֲרֹעֵרִי 1 Chr. 11, 44.

עָרַף* fut. יַעֲרֹף, pl. יַעַרְפוּ 1) *träufeln* Deut. 32, 2. 33, 28. 2) [denom. v. עֹרֶף] *den Nacken durchschlagen* Ex. 13, 13. 34, 20. Deut. 21, 4. 6. Jes. 66, 3; überhaupt *abbrechen* Hos. 10, 2.

עֹרֶף m. suff. עָרְפּוֹ *Nacken* Lev. 5, 8. In verschiedenen Verbindungen wie נָתַן עֹרֶף oder פָּנָה עֹרֶף *fliehen*; vgl. auch קָשֶׁה u. קָשָׁה.

עָרְפָּה n. pr. f. Rut 1, 4. 14.

עֲרָפֶל m. *Düster*, *Wetterdunkel* Ex. 20, 18. Deut. 4, 11. 5, 19. Jes. 60, 2.

עָרַץ* fut. יַעֲרֹץ, אֶעֱרוֹץ, תַּעֲרֹץ, pl. תַּעַרְצוּ; inf. עֲרֹץ 1) *schrecken* (trans.) Jes. 2, 19. 12. Hiob 13, 25; *Trotz bieten* Jes. 47, 12. 2) *erschrecken* (intr.) Deut. 1, 29. 7, 21. 20, 3. 31, 6. Jos. 1, 9; *fürchten* Hiob 31, 34.

Hifil fut. 3 pl. יַעֲרִיצוּ *Schrecken einflössen*

Jes. 8, 13; *als furchtbar anerkennen* Jes. 8, 12. 29, 23.

Nifal part. נַעֲרָץ *als furchtbar erkannt* Ps. 89, 8.

°עָרַק part. pl. עֹרְקִים *fliehen* Hiob 30, 3.

[עָרָק] m. pl. suff. עֹרְקַי *Ader, Sehne* Hiob 30, 17.

עַרְקִי n. gent. eines phönizischen Stammes Gen. 10, 17. 1 Chr. 1, 15.

***עָרַר** imp. pl. f. עֹרָה (st. עֹרְנָה) *sich entblössen* Jes. 32, 11 (vgl. überhaupt עור).

Poel pf. 3 pl. עֹרְרוּ *zerstören* Jes. 23, 13.

Pilpel inf. abs. עַרְעֵר *zerstören* Jer. 51, 58.

Hitpalpel fut. 3 sg. f. תִּתְעַרְעַר *zerstört werden* Jer. 51, 58.

עֶרֶשׂ m. ps. עָרֶשׂ, suff. עַרְשִׂי, pl. suff. עַרְשׂוֹתָם *Lagerstätte, Bett* Deut. 3, 11. Amos 6, 4. Ps. 6, 7. 41, 4.

עֵשֶׂב m. suff. עֶשְׂבְּכֶם, pl. cs. עִשְׂבוֹת *Kraut, Gras* Gen. 1, 11. Jes. 42, 15. Spr. 27, 25; als Bild der Vergänglichkeit Ps. 102, 5. 12; der Menge Ps. 72, 16. Hiob 5, 25.

עֲשַׂב aram. m. emph. עִשְׂבָּא *Kraut, Gras* Dan. 4, 12. 22.

°עָשָׂה pf. 3 sg. m. suff. עָשָׂהוּ, עָשְׂךָ, עָשָׂנִי, עָשָׂם, 3 sg. f. עָשְׂתָה—עָשָׂת, 1 sg. עָשִׂיתִי, suff. עֲשִׂיתִיו, עֲשִׂיתֶם, עֲשִׂיתִנִי; fut. יַעַשׂ—יַעֲשֶׂה, 2 sg. f. תַּעַשׂ—תַּעֲשִׂין, 1 sg. אַעַשׂ—אֶעֱשֶׂה, suff. אֶעֶשְׂךָ; 3 pl. fem. תַּעֲשֶׂינָה; inf. abs. עָשֹׂה—עָשׂוֹ, cs. עֲשׂוֹת—עֲשֹׂה—עֲשׂוֹ, suff. עֲשֹׂתוֹ—עֲשׂהוּ; imp. עֲשֵׂה, עֲשִׂי, עֲשׂוּ. 1) *betasten, pressen* Ezech. 23, 21. 2) *thun* Gen. 42, 18. 50, 20. Rut 3, 4; *machen* Gen. 1, 7. 31. 2, 4. Deut. 10, 3. 2 Sam. 7, 9; *zu etwas machen* mit acc. der Person und ל der Sache Gen. 12, 2; *schaffen* Gen. 6, 7. Deut. 32, 6. 15. Jes. 43, 7. Ezech. 29, 3. Hiob 28, 26; *hervorbringen* Lev. 25, 21. Jes. 48, 5; *verüben* Deut. 22, 21; *erweisen* Gen. 20, 13. 21, 23; *mit Jemandem verfahren* Richt. 11, 36. Ezech. 31, 11; *als etwas behandeln* Gen. 34, 31; *verfertigen* Gen. 6, 14. 18, 6; *zubereiten* Gen. 27, 9. 1 Sam. 25, 18; *vollbringen, durchsetzen* Ex. 18, 8. 1 Sam. 26, 25. Hiob 5, 12; *begehen* (ein Fest) Ex. 12, 48. Deut. 5, 15. Est. 9, 17; *verrichten* (ein Opfer) Lev. 16, 24. [Das part. עֹשֶׂה als subst. *Schöpfer* erhält die suff. des plur. im singul.; also עֹשָׂי *mein Schöpfer* Hiob 35, 10; eben so עֹשַׂיִךְ Jes. 54, 5. עֹשָׂיו Ps. 149, 2. עֹשֶׂיהָ Jes. 22, 11.]

Nifal pf. נַעֲשָׂה, fem. נֶעֶשְׂתָה; part. נַעֲשֶׂה, pl. נַעֲשִׂים, f. נַעֲשׂוֹת; fut. יֵעָשֶׂה, 3 fem. תֵּעָשֶׂה—תֵּיעָשֶׂה (Ex. 25, 31)—תֵּעָשׂ, 3 pl. f. תֵּעָשֶׂינָה; inf. הֵעָשׂוֹת meist passiv des Kal z. B. *gethan werden* Gen. 29 26. Ex. 35, 2. Lev. 4, 2. Est. 5, 6. 9, 1; *verfertigt werden* Ex. 25, 31; *zubereitet werden* Lev. 7, 9. Neh. 5, 18; *vollbracht werden* Deut. 13, 15. Ezech. 9, 4; *begangen werden* 2 Kön. 23, 23. Est. 9, 28; überhaupt: *werden, geschehen* Jes. 26, 18. Koh. 1, 9. 4, 3.

Piel pf. pl. עִשּׂוּ *drücken, pressen* Ezech. 23, 3. 8.

Pual pf. עֻשֵּׂיתִי *geschaffen werden* Ps. 139, 15.

עֲשָׂהאֵל (*Gott hat geschaffen*) n. pr. 1) Bruder des Joab 2 Sam. 2, 18. 1 Chr. 2, 16 (wo עֲשָׂה־אֵל). 27, 7. 2) Esra 10, 15.—2 Chr. 17, 8.—31, 13.

עֵשָׂו (*Behaarter*) n. pr. *Esau*, Bruder des Jakob Gen. 25, 25 und Stammvater der Edomiter, die zuweilen בְּנֵי עֵשָׂו Deut. 2, 4 oder בֵּית עֵשָׂו Obadj. 1, 18 oder bloss עֵשָׂו Jer. 49, 8 heissen. הַר עֵשָׂו Obadj. 1, 8. 9. 19. 21 ist das *Gebirge Seir.*

עָשׂוֹר m. *eine Zahl von Zehn, Dekade* z. B. von Tagen Gen. 24, 55; auch der letzte (also zehnte) Tag der Dekade Ex. 12, 3. Lev. 16, 29; ein Instrument mit zehn Saiten, *Zehnsait* Ps. 33, 2. 92, 4. 144, 9.

עֲשִׂיאֵל (*Gott schafft*) n. pr. m. 1 Chr. 4, 35.

עֲשָׂיָה n. pr. m. 2 Kön. 22, 12. 14. 2 Chr. 34, 20. —1 Chr. 4, 36.—6, 15. 15, 6. 11.—9, 5.

עֲשִׂירִי fem. עֲשִׂירִית—עֲשִׂירִיָּה *der, die zehnte* Gen. 8, 5. Jer. 32, 1; fem. *ein Zehntel* Ex. 16, 36. Lev. 5, 11. Num. 28, 5. Jes. 6, 13.

[עָשַׂק] Hitp. pf. הִתְעַשְּׂקוּ *zanken, hadern* Gen. 26, 20.

עֵשֶׂק (*Zank*) n. pr. eines Brunnens bei Gerar Gen. 26, 20.

עָשַׂר [denom. v. עֶשֶׂר] fut. יַעְשֹׂר *den Zehnten einfordern*, mit acc. der Sache, *von der* man ihn fordert 1 Sam. 8, 15. 17.

Piel fut. 1 sg. suff. אֲעַשְּׂרֶנּוּ; inf. abs. עַשֵּׂר 1) *den Zehnten geben, verzehnten* mit acc. Gen. 28, 22. Deut. 14, 22. 2) *den Zehnten erhalten* Neh. 10, 38.

Hifil inf. cs. לַעְשֵׂר, בַּעְשֵׂר 1) *verzehnten* Deut. 26, 12. 2) *den Zehnten erhalten* Neh. 10, 39.

עֶשֶׂר f. עֲשָׂרָה *zehn*, nur in Verbindung mit den Einern, um die Zahlen 11—19 zu bilden z. B. חֲמִשָּׁה עָשָׂר Ex. 16, 1 und חֲמֵשׁ עֶשְׂרֵה Gen. 5, 10 *funfzehn*.

עֶשֶׂר (für das fem.) u. עֲשָׂרָה, cs. עֲשֶׂרֶת (für das m.) *zehn*, stets mit folgd. plur. Gen. 16, 3.— עֲשָׂרֹת *Abtheilungen von Zehn* Ex. 18, 21. 25. Deut. 1, 15; als unbestimmte Zahl Gen. 31, 7. Num. 14, 22. Hiob 19, 3.

עֲשַׂר f. — **עַשְׂרָה** m. aram. *zehn* Dan. 7, 7. 24.

עֲשָׂרָה s. עָשָׂר.

עֶשְׂרֵה s. עָשָׂר.

עִשָּׂרוֹן m. pl. עֶשְׂרֹנִים *Zehntel* (Efa) als Maass für Mehl Ex. 29, 40. Lev. 14, 10.

עֶשְׂרִים *zwanzig* Gen. 18, 31; mit folgd. sing. Gen. 31, 38. Ex. 26, 18 oder plur. Ex. 36, 23. Lev. 27, 5. 2 Sam. 3, 20; zuweilen dem subst. nachgesetzt Gen. 32, 15; *der zwanzigste* Num. 10, 11. 1 Kön. 15, 9.

עֶשְׂרִין aram. *zwanzig* Dan. 6, 2.

עֲשָׂה s. עָשָׂה.

עָשׁ m. 1) = עַיִשׁ s. d. Hiob 9, 9. 2) *Motte* Hos. 5, 12. Ps. 39, 12. Hiob 4, 19. 13, 28. 27, 18.

עָשׁוֹק m. *Bedrücker* Jer. 22, 3.

עֲשׁוּקִים pl. m. *Bedrückung* Amos 3, 9. Hiob 35, 9 (aber Jer. 50, 33. Ps. 103, 6 part. II von עָשַׁק).

עָשׁוֹת adj. *gefestet, gestählt* Ezech. 27, 19.

עַשְׁוָת n. pr. m. 1 Chr. 7, 33.

עָשִׁיר adj. u. subst. pl. עֲשִׁירִים, cs. עֲשִׁירֵי, suff. עֲשִׁירֶיהָ *reich* Ex. 30, 15; mit dem Nebenbegriff *vornehm, angesehen* Ps. 45, 13. Koh. 10, 6 oder *gewaltthätig* Jes. 53, 9. Micha 6, 12. Hiob 27, 19.

***עָשַׁן** fut. יֶעְשַׁן *rauchen, dampfen* Ex. 19, 18. Ps. 104, 32. 144, 5; bildlich von der *Zornglut* Deut. 29, 19. Ps. 74, 1. 80, 5.

עָשֵׁן adj. pl. עֲשֵׁנִים *rauchend* Ex. 20, 15. Jes. 7, 4.

עָשָׁן m. cs. עֲשַׁן—עֶשֶׁן, suff. עֲשָׁנוֹ 1) *Rauch, Dampf* Ex. 19, 18. Jos. 8, 20; oft als Bild der Vergänglichkeit Jes. 51, 6. Ps. 37, 20. 102, 4; auch vom *Dampf des Zornigen* 2 Sam. 22, 9. Hiob 41, 12. 2) n. pr. eines Ortes in Juda (Simeon) Jos. 15, 42. 19, 7. 1 Chr. 4, 32. 6, 44; vollständig כּוּר־עָשָׁן 1 Sam. 30, 30.

***עָשַׁק** fut. יַעֲשֹׁק; inf. עָשׁוֹק, suff. עָשְׁקָם *bedrücken* Ps. 119, 122. Spr. 28, 17. 1 Chr. 16, 21; besonders im Sinne von *betrügen, übervortheilen, berauben* Lev. 5, 21. 19, 13. Deut. 24, 14. 28, 29. Mal. 3, 5; *reissend sein*, von einem Strom Hiob 40, 23.

Pual part. fem. מְעֻשָּׁקָה *bedrückt werden* Jes. 23, 12.

עֵשֶׁק (*Druck*) n. pr. m. 1 Chr. 8, 39.

עֹשֶׁק m. *Bedrückung* Jes. 54, 14. 59, 13; das auf solche Weise *Erworbene* Lev. 5, 23. Ps. 62, 11; überhaupt *Schlechtigkeit, Frevel* Jes. 30, 12. Ps. 73, 8.

עָשְׁקָה f. *Bedrängniss* Jes. 38, 14.

***עָשַׁר** fut. יַעֲשֹׁר *reich sein* Hos. 12, 9. Hiob 15, 29.

Hifil pf. 1 sg. הֶעֱשַׁרְתִּי; fut. 3 sg. יַעֲשִׁיר—יַעְשִׁר, suff. יַעְשְׁרֶנּוּ, 1 sg. וָאַשִׁיר (Zach. 11, 5 = וָאַעְשִׁיר); inf. הַעֲשִׁיר 1) *reich machen, bereichern* Gen. 14, 23. 1 Sam. 2, 7. 17, 25. Ezech. 27, 33. Ps. 65, 10. Spr. 10, 4. 22. 2) *Reichthum erwerben, reich werden* Jer. 5, 27. Zach. 11, 5. Ps. 49, 17. Spr. 21, 17. 23, 4. 28, 20. Dan. 11, 2.

Hitp. part. מִתְעַשֵּׁר *sich reich stellen* Spr. 13, 7.

עֹשֶׁר m. suff. עָשְׁרוֹ *Reichthum, Besitz* Gen. 31, 16. Ps. 49, 7. Spr. 11, 28.

***עָשֵׁשׁ** pf. 3 pl. ps. עָשֵׁשׁוּ *zerfallen, hinfällig werden* Ps. 6, 8. 31, 10. 11.

***עָשַׁת** *über etwas sinnen, ausdenken* Jer. 5, 28.

Hitp. fut. יִתְעַשֵּׁת *sich besinnen, bedenken* Jona 1, 6.

עֲשַׁת aram. pf. 3 sg. עֲשִׁית *sinnen* Dan. 6, 4.

עֶשֶׁת m. *Gebilde* Hohel. 5, 14.

עַשְׁתֵּי alterthümliche Form mit folgendem עָשָׂר (עֶשְׂרֵה) st. אַחַד u. אַחַת zur Bildung der Zahl *elf* Ex. 26, 7. 8. 2 Kön. 25, 2; auch *der elfte* Deut. 1, 3. Jer. 39, 2.

עֶשְׁתּוּת f. *Sinnen, Gedanke, Meinung* Hiob 12, 5.

[עֶשְׁתֹּנָת] f. pl. suff. עֶשְׁתֹּנֹתָיו *Plan, Entwurf* Ps. 146, 4.

עַשְׁתֹּרֶת f. pl. עַשְׁתָּרוֹת, cs. עַשְׁתְּרוֹת 1) *Vermehrung, Zeugung* Deut. 7, 13. 28, 4. 18. 51. 2) n. pr. der Göttin *Astarte* 1 Kön. 11, 5. 33. 2 Kön. 23, 13; wegen der verschiedenen Formen, unter der sie verehrt wurde, kommt auch der pl. vor Richt. 10, 6. 1 Sam. 7, 3 3) עַשְׁתָּרוֹת n. pr.

eines Ortes in Baschan Deut. 1, 4. Jos. 13, 31. 1 Chr. 6, 56; vollständig: עַשְׁתְּרֹת קַרְנַיִם Gen. 14, 5; n. gent. עַשְׁתְּרָתִי 1 Chr. 11, 44 (vergl. בְּעֶשְׁתְּרָה).

עֵת f. suff. עִתּוֹ, pl. עִתּוֹת—עִתִּים, suff. עִתֹּתַי, עִתֶּיךָ *Zeit* Gen. 21, 22; besond. *passende Zeit* Lev. 26, 4. Jes. 60, 22. Ps. 1, 3 Koh. 10, 17; daher בְּלֹא עֵת *zur Unzeit* oder *vor der Zeit* Koh. 7, 17. לְעֵת *zur Zeit* Gen. 8, 11. כָּעֵת *jetzt, nun* Num. 23, 23. Richt. 13, 23. כָּעֵת מָחָר *morgen um diese Zeit* Ex. 9, 18 (vgl. חַי über כָּעֵת חַיָּה). מֵעֵת *mehr als um die Zeit, wenn* … Ps. 4, 8; pl. עִתִּים *Zeitereignisse,* von astronomischen Rechnungen Est. 1, 13. 1 Chr. 12, 32; *Zeitverhältnisse, Schicksale* Jes. 33, 6. Ps. 9, 10. 31, 16. רַבּוֹת עִתִּים *viele Male* Neh. 9, 28.

עֵת קָצִין (עִתָּה) n. pr. Stadt in Sebulon Jos. 19, 13.

עַתְּ s. עַתָּה.

[עָתַד]* Piel imp. suff. עַתְּדָהּ *bestellen* Spr. 24, 27.

Hitp. pf. pl. הִתְעַתְּדוּ *bestimmt werden* für … mit לְ Hiob 15, 29.

עַתָּה (עַתְּ Ezech. 23, 43) adverb. *nun, jetzt* Gen. 19, 9. עַד־עַתָּה *bis jetzt* Gen. 32, 5; häufig als Aufmunterung, Ermahnung Ex. 18, 19. Num. 22, 11; *gesetzt dass* Richt. 13, 12; *aber, jedoch* 1 Kön. 1, 18. Hos. 4, 16; *obgleich* Neh. 5, 5; *denn* 2 Kön. 18, 21. עַתָּה זֶה *soeben* 2 Kön. 5, 22.

עָתוּד s. עָתִיד.

עַתּוּד m. pl. עַתּוּדִים *Bock* Gen. 31, 10. Jes. 1, 11.

עַתַּי n. pr. m. 1 Chr. 2, 35. — 12, 11. — 2 Chr. 11, 20.

עִתִּי adj. (zur rechten Zeit) *bereitstehend* Lev. 16, 21.

עָתִיד adj. pl. עֲתִידִים, f. עֲתִדֹת, suff. עֲתִידֹתֵיהֶם *bereit, gerüstet* Hiob 15, 24. Est. 3, 14. 8, 13 (Kri, wo Ktib עֲתוּדִים); *geschickt, geübt* Hiob 3, 8; pl. f. 1) *Zukunft* Deut. 32, 35. 2) *das Bereitete, Erworbene* Jes. 10, 13 (Kri, wo Ktib עֲתוּדֹתֵיהֶם).

עֲתָיָה n. pr. m. Neh. 11, 4.

עָתִיק adj. *prächtig* Jes. 23, 18.

עַתִּיק adj. pl. עַתִּיקִים *alt* 1 Chr. 4, 22; *entwöhnt* Jes. 28, 9.

עַתִּיק aram. adj. *alt* Dan. 7, 9. 13.

עֲתָךְ n. pr. Stadt in Juda 1 Sam. 30, 30.

עַתְלַי n. pr. m. Esra 10, 28.

עֲתַלְיָהוּ—עֲתַלְיָה n. pr. a) m. Esra 8, 7.— 1 Chr. 8, 26. b) Königin von Juda 2 Kön. 8, 26. 11, 1.

***[עָתַם]** Nif. נֶעְתַּם *verdunkelt werden* Jes. 9, 18.

עָתְנִי n. pr. m. 1 Chr. 26, 7.

עָתְנִיאֵל n. pr. Bruder des Kaleb Jos. 15, 17.

עָתַק* fut. יֶעְתַּק *fortrücken* (intrans.) Hiob 14, 18. 18, 4; *vorrücken* (an Jahren), *alt werden* Hiob 21, 7; *veralten, blöde werden* Ps. 6, 8.

Hifil pf. pl. הֶעְתִּיקוּ; fut. יַעְתֵּק *fortbewegen, versetzen* Hiob 9, 5; mit Ergänz. v. אֹהֶל *sein Zelt versetzen = weiter ziehen* Gen. 12, 8; *tragen, zusammentragen* Spr. 25, 1; *Jemand zum Schweigen bringen* (*ihm das Wort entziehen*) Hiob 32, 15.

עָתָק m. *Ausgelassenheit, Frechheit* 1 Sam. 2, 3. Ps. 31, 19. 94, 4; adj. *frech* Ps. 75, 6.

עָתֵק adj. *mächtig, gross* Spr. 8, 18.

עָתַר* fut. יֶעְתַּר *beten zu* … mit אֶל Ex. 8, 26. 10, 19. Richt. 13, 8. Hiob 33, 26; mit לְ Gen. 25, 21.

Nifal pf. נֶעְתַּר, part. pl. f. נַעְתָּרוֹת; fut. יֵעָתֵר; inf. abs. נַעְתּוֹר; imp. הֵעָתֵר 1) *sich erbitten lassen, erhören* mit לְ Gen. 25, 21. 2 Sam. 21, 14. 24, 25. Jes. 19, 22. Esra 8, 23. 2 Chr. 33, 13. 19. 2) *reichlich sein* Spr. 27, 6.

Hifil pf. 1 sg. הַעְתַּרְתִּי; fut. אַעְתִּיר; imp. הַעְתִּירוּ 1) *beten zu* Jemand mit אֶל Ex. 8, 4. 25. 9, 28. Hiob 22, 27; mit לְ Ex. 10, 18; *für* … mit בְּעַד Ex. 8, 24; mit לְ Ex. 8, 5. 2) *gross thun* Ezech. 35, 13.

עָתָר m. cs. עֲתַר, pl. suff. עֲתָרַי *Duft* Ezech. 8, 11; *Opfer* Zef. 3. 10.

עֶתֶר n. pr. Ort in Simeon Jos. 15, 42, 19, 7.

עֲתֶרֶת f. *Fülle* Jer. 33, 6.

פ

פא adv. = פֹּה *hier* Hiob 38, 11.

[פָּאָה] Hifil fut. 1 sg. suff. אַפְאֵיהֶם (= אַפְאֵם) wahrscheinl. *zerstreuen* Deut. 32, 26.

פֵּאָה f. cs. פְּאַת; pl. פֵּאֹת; cs. (des dual.) פַּאֲתֵי 1) *Seite, Weltgegend* Num. 34, 3. 35, 5; daher מִפְּאַת פָּנִים *an der Gesichts-, vorderen Seite* Lev. 13, 41. לְפֵאָה *gegendweise* Neh. 9, 22. 2) *Ecke, Rand* z. B. des Ackers Lev. 19, 9. 23, 22; des Tisches Ex. 25, 26; des Bettes Amos 3, 12; des Hauptbaares und des Bartes Lev. 19, 27. 21, 5; daher der Spottname arabischer Stämme קְצוּצֵי פֵאָה *mit gestutzter Ecke* Jer. 9, 25. 25, 23. 49, 32. Ein ähnl. Bild scheint in פַּאֲתֵי מוֹאָב *die Seiten (oder Bartecken) Moab's* Num. 24, 17 (Jer. 48, 45) enthalten zu sein.

*[פָּאַר] Piel pf. 3 sg. suff. פֵּאֲרָךְ; fut. יְפָאֵר; inf. פָּאֵר 1) *schmücken, verherrlichen* Jes. 55, 5. 60, 7. 13. Ps. 149, 4. Esra 7, 27. 2) [denom. von פֹּארָה] fut. תְּפָאֵר *die Aeste am Oelbaum ablesen* Deut. 24, 20.

Hitp. fut. ps. אֶתְפָּאָר 1) *sich verherrlichen* Jes. 60, 21. 61, 3; *an* etwas mit ב Jes. 44, 23. 49, 3; *gross thun, sich brüsten gegen* Jemd. mit עַל Richt. 7, 2. Jes. 10, 15. 2) *sich deutlich aussprechen* Ex. 8, 5.

פְּאֵר m. suff. פְּאֵרְךָ, pl. פְּאֵרִים, cs. פַּאֲרֵי, suff. פַּאֲרֵיכֶם *Kopfbinde, Kopfschmuck* Ex. 39, 28. Jes. 3, 20. 61, 3. 10. Ezech. 24, 17. 23. 44, 18.

[פֹּארָה] f. pl. פֹּראוֹת, suff. פֹּארֹתָיו — פֹּרֹאתָיו *Ast, Zweig* Ezech. 17, 6. 31, 5. 6. 8. 12. 13.

פֻּארָה f. *Laub, Gezweige* Jes. 10, 33.

פָּארוּר m. *Röthe* (der Wangen) Joel 2, 6 (vgl. קִבֵּץ).

פָּארָן n. pr. der grossen Wüstenstrecke südlich von Palästina u. westl. von Edom Gen. 21, 21. Num. 10, 12. 13, 3. Deut. 1, 1. 1 Sam. 25, 1. 1 Kön. 11, 18. — הַר פָּארָן Deut. 33, 2. Hab. 3, 3 Name des die Wüste durchziehenden Gebirges. אֵיל פָּארָן Gen. 14, 6 n. pr. eines Ortes nicht weit vom todten Meer.

פָּאַת s. פֵּאָה.

[פַּג] m. pl. פַּגִּים *unreife Feige* Hohel. 2, 13.

פִּגּוּל m. pl. פִּגֻּלִים *Unreines, Verwerfliches* Lev. 7, 18. 19, 7. Jes. 65, 4. Ezech. 4, 14.

*פָּגַע fut. יִפְגַּע; inf. לִפְגֹּעַ, suff. פִּגְעוֹ; imp. פְּגַע 1) *begegnen* mit acc. Ex. 5, 20. 23, 4. 1 Sam. 10, 5. Jes. 64, 4. Amos 5, 19. 2) *auf Jemand stossen, ihn antreffen* mit ב Gen. 32, 2. Num. 35, 19. Jos. 2, 16. Richt. 18, 25. Rut 2, 22; so auch bei Bezeichnung von Ortschaften, auf welche die Grenzlinie stösst, die sie berührt Jos. 16, 7. 19, 11 ff.; auch irgendwo *ankommen* Gen. 28, 11. 3) auf Jemd. *eindringen* mit ב u. zwar a) *bittend, eine Bitte einlegen* Gen. 23, 8. Jer. 7, 16. 27, 18. Hiob 21, 15. Rut 1, 16. b) *tödtlich auf Jemd. eindringen* 1 Kön. 2, 32; d. h. *ihn tödten* Richt. 8, 21. 15, 12. 1 Sam. 22, 17. 2 Sam. 1, 15. 1 Kön. 2, 29; mit acc. der Pers. u. ב d. Sache *bestrafen mit...* Ex. 5, 3.

Hifil pf. הִפְגִּיעַ, 1 sg. הִפְגַּעְתִּי, pl. הִפְגִּעוּ; fut. יַפְגִּיעַ 1) *auf Jemd. dringen lassen* eine Schuld, d. h. ihn *dafür büssen lassen* Jes. 53, 6; ähnl. Jer. 15, 11; part. מַפְגִּיעַ *Strafvollzieher* Hiob 36, 32. 2) *Fürbitte einlegen bei Jemd.* (ב) *für Jemd.* (ל) Jes. 53, 12. 59, 16. Jer. 36, 25.

פֶּגַע m. *Begegniss, Fügung* 1 Kön. 5, 18. Koh. 9, 11.

פַּגְעִיאֵל (*Gottesfügung*) n. pr. Stammesfürst in Ascher Num. 1, 13. 2, 27. 7, 72. 77. 10, 26.

*[פָּגַר] Piel pf. פִּגְּרוּ *schlaff, lässig sein* 1 Sam. 30, 10. 21.

פֶּגֶר m. ps. פָּגֶר, pl. פְּגָרִים, cs. פִּגְרֵי, suff. פִּגְרֵיכֶם *Leichnam, todter Körper* Gen. 15, 11. Jes. 14, 19. Nah. 3, 3; auch *Trümmer* lebloser Dinge Lev. 26, 30.

*פָּגַשׁ fut. יִפְגֹּשׁ, suff. יִפְגָּשְׁךָ; inf. פְּגֹשׁ *begegnen* mit acc. Gen. 32, 18. 33, 8. Ex. 4, 24. 27. 1 Sam. 25, 20. Jes. 34, 14.

Nifal pf. נִפְגָּשׁוּ *einander begegnen* Ps. 85, 11. Spr. 22, 2. 29, 13.

Piel fut. יְפַגְּשׁוּ *auf etwas stossen* Hiob 5, 14.

*פָּדָה pf. suff. פְּדָם, פָּדְךָ, 1 sg. suff. פְּדִיתִיךָ — פְּדִיתִיךָ, פְּדִיתִים; fut. יִפְדֶּה, 1 sg. אֶפְדֶּה,

suff. אֶפְדֵּם, inf. פְּדֹה, פְּדוּת; imp. פְּדֵה, suff. פְּדֵנִי *loskaufen* Ex. 13, 15. Num. 18, 16. 2 Sam. 7, 23. Ps. 49, 8: überhaupt *befreien, retten* 2 Sam. 4, 9. Jer. 15, 21. Hos. 13, 14. Micha 6, 4. Ps. 25, 22. 26, 11. 78, 42. Hiob 5, 20; part. II פְּדוּיִם *die Erlösten* Jes. 35, 10 (vgl. פְּדוּיִם).

Nifal pf. 3 sg. fem. ps. נִפְדָּתָה; fut. יִפָּדֶה *losgekauft werden* Lev. 19, 20. 27, 29; *befreit werden* Jes. 1, 27.

Hifil pf. 3 sg. m. suff. הֶפְדָּהּ *Gelegenheit geben, sich loszukaufen* Ex. 21, 8.

Hofal inf. abs. הָפְדֵּה *losgekauft werden* Lev. 19, 20.

פְּדַהְאֵל (*Gott rettet*) n. pr. m. Num. 34, 28.

פְּדָהצוּר (*der Fels rettet*) n. pr. m. Num. 1, 10. 2, 20. 7, 54. 59. 10, 23.

פְּדוּיִם—פְּדוּיִם pl. m. cs. פְּדוּיֵי *Lösegeld* Num. 3, 46. 51 (vgl. פָּדָה).

פָּדוֹן (*Rettung*) n. pr. m. Esra 2, 44. Neh. 7, 47.

פְּדֻת—פְּדוּת f. 1) *Unterschied* Ex. 8, 19. 2) *Befreiung* Jes. 50, 2. Ps. 111, 9. 130, 7.

פְּדָיָהוּ—פְּדָיָה (*Gott rettet*) n. pr. m. 2 Kön. 23, 36.—Neh. 3, 25.—11, 7—8, 4.—13, 13.—1 Chr. 3, 18.—27, 20.

פִּדְיוֹם m. *Lösegeld* Num. 3, 49.

פִּדְיֹן—פִּדְיוֹן m. *Lösegeld* Ex. 21, 30. Ps. 49, 9.

פַּדָּן m. cs. פַּדַּן mit He loc. פַּדֶּנָה; ausser Gen. 48, 7 nur in der Verbindung פַּדַּן אֲרָם *das Gefilde Syriens*, ziemlich gleichbedeutend mit אֲרַם נַהֲרַיִם Gen. 28, 2. 5. 6. 31, 18.

פָּדַע* imp. suff. פְּדָעֵהוּ *befreien* Hiob 33, 24.

פֶּדֶר m. ps. פָּדֶר, suff. פִּדְרוֹ *Fett* Lev. 1, 8. 12. 8, 20.

פֶּה m. cs. פִּי, suff. פִּי, פִּיךָ, פִּיךְ, פִּיו—פִּיהוּ, פִּיהָ, פִּינוּ, פִּיכֶם, פִּיהֶם—פִּימוֹ; pl. פִּים—פִּיּוֹת—פִּיּוֹת *Mund* Ex. 4, 11 und zwar als Organ der Sprache häufig für diese selbst Ps. 37, 30. Spr. 4, 24 und dergl.; daher *Wort, Befehl* Deut. 1, 26. 1 Sam. 12, 14. Kohel. 8, 2; *Aussage* Jos. 9, 14 und עַל פִּי *nach Aussage, gemäss* Gen. 43, 7. Deut. 17, 6 oder *auf Befehl* Gen. 45, 21. Num. 3, 16. כְּפִי *gemäss, entsprechend* Ex. 16, 21. Lev. 25, 52; eben so לְפִי Gen. 47, 12. Num. 26, 54. פֶּה אֶחָד *einstimmig* Jos. 9, 2. 1 Kön. 22, 13. פֶּה אֶל־פֶּה *Mund zu Mund*, d. h. *in unmittelbarem Verkehr* Num. 12, 8. Fernere Uebertragungen: *Mündung* (eines Flusses) Jes. 19, 7; *Oeffnung* des Brunnens Gen. 29, 2; der (Blut einziehenden oder sich spaltenden) Erde u. dgl. Gen. 4, 11. Num. 16, 30. Jes. 5, 14. Ps. 69, 16; eines Kleides Ex. 28, 32; *Eingang* in eine Stadt Spr. 8, 3; daher פֶּה לָפֶה *von einem Eingang bis zum andern* = *durchgängig* 2 Kön. 10, 21. 21, 16; eben so מִפֶּה אֶל־פֶּה Esra 9, 11. 2) *Schneide, Schärfe* besonders in Redensarten wie הִכָּה לְפִי חֶרֶב *schlagen mit der Schärfe des Schwertes* Gen. 34, 26; pl. *Schneiden* 1 Sam. 13, 21. 3) *Portion, Antheil*, daher פִּי שְׁנַיִם *ein Antheil von zweien* (2 Drittel) Deut. 21, 17. 2 Kön. 2, 9. Zach. 13, 8.

פֹּה—פוֹ (Ezech. 40, 21. 26. 34. 37) adv. *hier* Gen. 19, 12; *hierher* 1 Sam. 16. 11.

פּוּאָה n. pr. m. Richt. 10, 1. — 1 Chr. 7, 1 (vgl. פֻּוָה).

פּוּג* fut. וַיָּפָג, 3 sg. f. תָּפוּג *kalt, empfindungslos sein* Gen. 45, 26; *erkalten* Hab. 1, 4; *nachlassen* Ps. 77, 3.

Nifal pf. 1 sg. נְפוּגוֹתִי *ermattet sein* Ps. 38, 9.

פּוּגָה f. *das Nachlassen* Klagel. 2, 18.

פֻּוָה n. pr. Sohn des Isachar Gen. 46, 13. Num. 26, 23, wo das n. gent. פּוּנִי (vgl. פּוּאָה).

פּוּחַ* fut. יָפוּחַ *blasen, wehen* Hohel. 2, 17. 4, 6 (wo von dem kühlen Luftzuge, der gegen Abend zu wehen pflegt, die Rede ist).

Hifil fut. יָפֵחַ—יָפִיחַ; imp. f. הָפִיחִי *durchwehen* Hohel. 4, 16; *anblasen, anfachen* (die Zornesglut) Ezech. 21, 36; *in Bewegung bringen, aufregen* Spr. 29, 8; *hervorhauchen, aussprechen* Spr. 6, 19. 14, 5. 25; *anschnauben* Ps. 10, 5. 12, 6; *drängen, treiben* Hab. 2, 3 [הָפֵחַ Jes. 42, 22 s. פָּחַח].

פּוּט n. pr. Sohn des Cham Gen. 10, 6. 1 Chr. 1, 8 und Volk chamitischer Abkunft Jer. 46, 9. Ezech. 27, 10. 30, 5. 38, 5.

פּוּטִיאֵל n. pr. Schwiegervater des Elasar Ex. 6, 25.

פּוֹטִיפַר n. pr. Oberster der Leibwache bei Pharao Gen. 37, 36. 39, 1.

פּוֹטִי פֶרַע n. pr. Priester in Aegypten, Schwiegervater Josefs Gen. 41, 45. 46, 20.

פּוּךְ m. 1) Name eines Edelsteins Jes. 54, 11. 1 Chr. 29, 2. 2) *Bleiglanz*, dessen man sich bediente, um den Augen eine schwarze Einfassung zu geben und dadurch deren Glanz zu erhöhen 2 Kön. 9, 30. Jer. 4, 30. 3) קֶרֶן הַפּוּךְ n. pr. Tochter des Hiob Hiob 42, 14.

פּוֹל m. coll. *Bohnen* 2 Sam. 17, 28. Ezech. 4, 9.

פּוּל n. pr. 1) König von Assyrien 2 Kön. 15, 19. 1 Chr. 5, 26. 2) afrikanisches Volk Jes. 66, 19.

פּוּן fut. אָפוּנָה *verwirrt sein* Ps. 88, 16.

פּוּנֶה 2 Chr. 25, 23 s. פָּנָה.

פּוּנִי s. פֻּוָּה.

פּוּנֹן n. pr. Lagerplatz der Israeliten, östlich von Edom Num. 33, 42. 43 (vgl. פִּינֹן).

פּוּעָה n. pr. f. Ex. 1, 15.

פּוּץ* fut. 1 pl. נָפוּץ, 3 pl. יָפֻצוּ—יְפוּצוּ, f. תְּפוּצֶנָה—תְּפוּצֶינָה—תְּפוּצֶין; imp. pl. פֻּצוּ *sich zerstreuen* Gen. 11, 4. Num. 10, 35. 1 Sam. 11, 11. 14, 34. 2 Sam. 20, 22. Ezech. 34, 5. Zach. 13, 7; *sich ausbreiten* Zach. 1, 17. Spr. 5, 16.

Nifal pf. 3 sg. f. נָפוֹצָה, 3 pl. נָפֹצוּ, 2 pl. נְפוֹצוֹתֶם; part. fem. נְפוֹצָה (2 Sam. 18, 8 Kri), pl. נְפֹצִים *zerstreut, zersprengt werden* Gen. 10, 18. 1 Kön. 22, 17. Jer. 10, 21. 40, 15. Ezech. 11, 17. Auch Formen wie נָפַץ 1 Sam. 13, 11. נָפְצָה Gen. 9, 19. נָפְצוּ Jes. 33, 3. נְפֻצוֹת Jes. 11, 12 können als kürzere Formen des Nifal betrachtet werden.

Polel fut. יְפֹצֵץ *zerschmettern* Jer. 23, 29.

Pilpel fut. suff. וַיְפַצְפְּצֵנִי *zerschmettern* Hiob 16, 12.

Hifil הֵפִיץ, suff. הֱפִיצְךָ, הֱפִיצָם, 1 sg. וַהֲפִיצוֹתִי, 3 pl. suff. הֱפִיצֻהוּ, 2 pl. הֲפִיצֹתֶם; fut. אָפִיץ, suff. אֲפִיצֵם, 3 sg. וַיָּפֶץ—יָפֵץ—יָפִיץ, suff. יְפִיצֵם; inf. הָפִיץ; imp. הָפֵץ; part. מֵפִיץ, pl. מְפִצִים *zerstreuen* Gen. 11, 8. 9. Deut. 4, 27. 30, 3. Jer. 18, 17. 23, 1. 2. Ezech. 22, 15. Neh. 1, 8; part. als subst. *Hammer* Nah. 2, 2. Spr. 25, 18; *ausstreuen, ausbreiten* Hiob 37, 11. 38, 24; *sich zerstreuen* Ex. 5, 12. 1 Sam. 13, 8.

Hitp. fut. pl. יִתְפֹּצְצוּ *zerschmettert werden* Hab. 3, 6.

פּוּץ m. pl. suff. פּוּצַי *der Zerstreute* (eigentlich part. II von פּוּץ).

פּוּק* pf. 3 pl. פָּקוּ *wanken* Jes. 28, 7.

Hifil fut. וַיָּפֶק—יָפִיק, 2 sg. תָּפֵק; part. pl. מְפִיקִים 1) *wanken* Jer. 10, 4. 2) *erlangen, erhalten* Spr. 3, 13. 8, 35; *erreichen lassen* Ps. 140, 9; *darreichen* Jes. 58, 10. Ps. 144, 13.

פּוּקָה f. *Anstoss* 1 Sam. 25, 31.

פּוּר s. פָּרַר.

פּוּר m. pl. פֻּרִים—פּוּרִים Name eines jüdischen Festes, *Purim*, abgeleitet von dem persischen Worte פּוּר *Loos* Est. 3, 7. 9, 24.

פּוּרָה f. *Kufe* Hag. 2, 16; *Kelter* Jes. 63, 3.

פּוֹרָתָא n. pr. m. Est. 9, 8.

פּוּשׁ* pf. 3 pl. פָּשׁוּ, 2 pl. פִּשְׁתֶּם (st. פַּשְׁתֶּם); fut. 3 pl. תָּפוּשׁוּ *umherspringen* Jer. 50, 11. Mal. 3, 20; *einhersprengen* Hab. 1, 8.

Nifal pf. 3 pl. נָפֹשׁוּ *sich zerstreuen* Nah. 3, 18.

פּוּתִי n. pr. m. (od. n. gent.) 1 Chr. 2, 53.

פָּז m. *gediegenes Gold* Ps. 19, 11. 21, 4. Spr. 8, 19. Hiob 28, 17. Hohel. 5, 11. 15.

פָּזַז* fut. 3 pl. יָפֹזּוּ *gelenkig sein* Gen. 49, 24.

Piel part. מְפַזֵּז *tanzen, hüpfen* 2 Sam. 6, 16.

Hofal part. מוּפָז *geläutert* 1 Kön. 10, 18.

פָּזַר* part. pass. fem. פְּזוּרָה *zerstreuen* Jer. 50, 17.

Nifal pf. 3 pl. נִפְזְרוּ *umhergestreut werden* Ps. 141, 7.

Piel pf. פִּזַּר; fut. יְפַזֵּר *umherstreuen* Ps. 53, 6. 147, 16; *zerstreuen* Joel 4, 2. Ps. 89, 11; *austheilen, freigebig spenden* Ps. 112, 9. Spr. 11, 24; *zersplittern* Jer. 3, 13.

Pual part. מְפֻזָּר *zerstreut* Est. 3, 8.

פַּח m. pl. פַּחִים, cs. פַּחֵי 1) *Schlinge, Netz, Falle* Jos. 23, 13. Jes. 24, 18. Hiob 18, 9; bildlich für *Nachstellung, Verlockung* Jos. 23, 13. Jes. 8, 14. Ps. 124, 7. 2) *Blechplatte* Ex. 39, 3. Num. 17, 3. (3) vgl. פֶּחָם).

פָּחַד* fut. יִפְחַד *in Furcht sein, fürchten* Deut. 28, 66. Jes. 19, 16; verstärkt durch das Obj. פַּחַד Ps. 14, 5. Hiob 3, 25; *sich fürchten vor ...* mit מִן Ps. 27, 1. 119, 161. Hiob 23, 15; mit אֶל *ängstlich zu Jemanden hineilen* Hos. 3, 5; *Jemand ängstlich ansehen* Jer. 36, 16.

Piel fut. תְּפַחֵד *Furcht empfinden* Jes. 51, 13. Spr. 28, 14.

Hifil pf. הִפְחִיד *in Schrecken setzen* Hiob 4, 14.

פַּחַד m. ps. פָּחַד, suff. פַּחְדְּךָ, pl. פְּחָדִים; dual. suff. פַּחֲדָיו 1) *Furcht, Angst* Hiob 4, 14. 15, 21; häufig mit gen. object. z. B. פַּחַד הַיְּהוּדִים *Furcht vor den Juden* Est. 8, 17; eben so mit suff. פַּחְדְּךָ *Furcht vor dir* Deut. 2, 25; *Gegenstand der Furcht, Gott* Gen. 31, 42. 53; *Gegenstand des Abscheus* Ps. 31, 12. 2) *Hoden* Hiob 40, 17.

פַּחְדָּה f. suff. פַּחְדָּתִי *Furcht* Jer. 2, 19.

פֶּחָה m. cs. פַּחַת—פֶּחַת, suff. פֶּחָתְךָ, פֶּחָם, pl. פַּחוֹת—פַּחֲוֹת, suff. פַּחוֹתֶיהָ *Statthalter, Befehlshaber* 1 Kön. 20, 24. 2 Kön. 18, 24. Jer. 51, 28. Mal. 1, 8. Est. 3, 12. Neh. 2, 7. 5, 14.

פַּחָה aram. m. cs. פַּחַת, pl. emph. פַּחֲוָתָא *Statthalter* Dan. 3, 2. Esra 5, 3. 14.

***פָּחַז** nur part. pl. פֹּחֲזִים *leichtfertig* Richt. 9, 4. Zef. 3, 4.

פַּחַז m. *Leichtsinn, Ausschreitung* Gen. 49, 4.

פַּחֲזוּת f. suff. פַּחֲזוּתָם *Unverlässlichkeit* Jer. 23, 32.

*[**פָּחַח**] Hifil inf. abs. הָפֵחַ *fesseln, binden* Jes. 42, 22.

פַּחִים m. *Gluth, Blitz* Ps. 11, 6.

פֶּחָם m. *Kohle* Jes. 54, 16. Spr. 26, 21; *Kohlenfeuer* Jes. 44, 12.

פֶּחָר aram. m. *Töpfer* Dan. 2, 41.

פַּחַת m. (2 Sam. 17, 9 f.) 1) pl. פְּחָתִים *Grube* 2 Sam. 17, 9. Jer. 48, 44; Bild des Verderbens Jes. 24, 17. 2) cs. v. פֶּחָה s. d.

פַּחַת מוֹאָב n. pr. m. Esra 2, 6. 8, 4. 10, 30. Neh. 3, 11. 7, 11. 10, 15.

פְּחֶתֶת f. *Vertiefung* Lev. 13, 55.

פִּטְדָה f. Name eines Edelsteins, wahrscheinl. *Topas* Ex. 28, 17. Hiob 28, 19.

[**פָּטוּר**] m. pl. cs. פְּטֻרֵי—פְּטוּרֵי *Guirlande, Kranz* 1 Kön. 6, 18. 29. 32. 35.

פָּטִיר s. פָּטַר.

פַּטִּישׁ m. *Hammer* Jes. 41, 7. Jer. 23, 29. 50, 23.

[**פַּטִּישׁ**] aram. m. pl. suff. פַּטִּישֵׁיהוֹן *Kleid* Dan. 3, 21 Ktib (Kri: פַּטְּשֵׁיהוֹן).

***פָּטַר** fut. יִפְטַר 1) *entschlüpfen* 1 Sam. 19, 10. 2) *entlassen* 2 Chr. 23, 8; part. II פְּטוּרִים *entlassen, dienstfrei* 1 Chr. 9, 33 Kri (Ktib פְּטִירִים); *freilassen, ausströmen lassen* Spr. 17, 14.

Hifil fut. יַפְטִירוּ *hervorbrechen lassen* (Reden) Ps. 22, 8.

פֶּטֶר m. *das Durchgebrochene, Erstgeburt* Ex. 13, 2. 34, 19. Num. 3, 12. Ezech. 20, 26.

פִּטְרָה f. cs. פִּטְרַת=פֶּטֶר (s. d.) Num. 8, 16.

פִּי s. פֶּה.

פִּי־בֶסֶת n. pr. Hauptstadt Unterägypten's Ezech. 30, 17.

פִּיד m. suff. פִּידוֹ *Unglück* Spr. 24, 22. Hiob (12, 5.) 30, 24. 31, 29.

[**פִּיָה**] s. פֶּה.

פִּי־הַחִירֹת n. pr. Stadt in Aegypten am Meerbusen von Heroopolis Ex. 14, 2. 9. Num. 33, 7; dafür פְּנֵי הַחִירֹת Num. 33, 8.

פִּיחַ m. *Asche, Russ* Ex. 9, 8. 10.

פִּיכֹל n. pr. Feldherr des Abimelech Gen. 21, 22.

פִּילֶגֶשׁ s. פִּלֶגֶשׁ.

פִּימָה f. *Fett* Hiob 15, 27.

פִּינֹן n. pr. edomitischer Stammesfürst Gen. 36, 41. 1 Chr. 1, 52 (vgl. פּוּנֹן).

פִּנְחָס—פִּינְחָס n. pr. 1) Sohn u. Nachfolger des Hohepriesters Elasar Ex. 6, 25. Richt. 20, 28. 2) Sohn des Eli 1 Sam. 1, 3.

[**פִּיפִיָּה**] f. pl. פִּיפִיּוֹת *Doppelschneide* Jes. 41, 15; adj. *doppelschneidig* Ps. 149, 6.

פִּיק (פֻּק) m. *Wanken* Nah. 2, 11.

פִּישׁוֹן n. pr. eines der vier Hauptströme, wahrscheinl. *Indus* oder *Ganges*, n. E. *Nil*, n. A. *Phasis* Gen. 2, 11.

פִּיתוֹן n. pr. m. 1 Chr. 8, 35.

פִּיתֹם s. פִּתֹם.

פַּךְ m. *Krug, Flasche* 1 Sam. 10, 1. 2 Kön. 9, 1. 3.

[**פָּכָה**] Piel part. pl. מְפַכִּים *hervorströmen* Ezech. 47, 2.

פֹּכֶרֶת הַצְּבָיִים n. pr. m. Esra 2, 57. Neh. 7, 59.

*[**פָּלָא**] Nifal pf. 3 sg. f. נִפְלְאַתָה—נִפְלָאת (2 Sam. 1, 26), 3 pl. נִפְלְאוּ, part. f. נִפְלָאת, pl. m. נִפְלָאִים, f. נִפְלָאוֹת, cs. נִפְלְאוֹת, suff. נִפְלְאֹתֶיךָ; fut. יִפָּלֵא *aussergewöhnlich, ausserordentlich sein* 2 Sam. 1, 26; *wunderbar vorkommen* Ps. 139, 19; mit בְּעֵינֵי Ps. 118, 23; *zu schwer sein* 2 Sam. 13, 2. Zach. 8, 6; mit מִן *zu schwer für Jemand* Gen. 18, 14. Deut. 17, 8. 30, 11. Jer. 32, 17. 27. Ps. 131, 1. Spr. 30, 18; part. pl. f. *Grossartiges, Wunderbares, Wunder* Ex. 3, 20. 34, 10. Richt. 6, 13. Ps. 78, 4; adverb. *ungeheuer* Dan. 8, 24.

Piel inf. פַּלֵּא *weihen* Lev. 22, 21. Num. 15, 3. 8.

Hifil pf. הִפְלִיא—הִפְלָא—הִפְלָא (Deut. 28, 59);

fut. יִפָּלֵא; inf. abs. הִפָּלֵא, cs. הִפָּלֵא 1) *wunderbar verfahren* Jes. 29, 14; ebenso עָשָׂה לְהַפְלִיא Joel 2, 26 oder מַפְלִא לַעֲשׂוֹת Richt. 13, 19; mit dem Obj. מַכֹּתְךָ *er wird dich in ausserordentlicher Weise strafen* Deut. 28, 59; mit Obj. חֶסֶד *wunderbare Gnade erweisen* Ps. 31, 22; mit עֵצָה *wunderbaren Beschluss fassen* Jes. 28, 29. הִפְלִיא לְהֵעָזֵר *ihm wurde auf wunderbare Weise geholfen* 2 Chr. 26, 15; mit נֶדֶר *ein absonderliches Gelübde thun* Lev. 27, 2. Num. 6, 2. גָּדוֹל וְהַפְלֵא *ausserordentlich gross* 2 Chr. 2, 8.

Hitp. הִתְפַּלֵּא *sich wunderbar erweisen an .. mit* ב Hiob 10, 16.

פֶּלֶא m. suff. פִּלְאֶךָ, ps. פִּלְאֶךָ; pl. פְּלָאִים—פְּלָאוֹת *Wunder* Ex. 15, 11. Jes. 25, 1. Ps. 77, 12. 89, 6; pl. adverb. *wunderbar* Klagel. 1, 9. קֵץ הַפְּלָאוֹת *das unbegreifliche Ende* Dan. 12, 6.

פִּלְאִי adj. *wunderbar, unbegreiflich* Richt. 13, 18 Ktib (Kri: פֶּלִי s. פָּלִי); fem. פִּלְאִיָּה Ps. 139, 6 Ktib (Kri: פְּלִיאָה s. פָּלִיא).

פַּלֻּאִי s. פַּלּוּא.

פְּלָאיָה (*Wunder Gottes*) n. pr. m. Neh. 8, 7.

פִּלְאֶסֶר, vollst. תִּגְלַת פִּלְאֶסֶר n. pr. König v. Assyrien 2 Kön. 15, 29. 16, 10. Für פִּלְאֶסֶר auch: פִּלֶסֶר 2 Kön. 16, 7. פִּלְנְאֶסֶר 1 Chr. 5, 6. פִּלְנֶסֶר 1 Chr. 5, 26.

*[**פָּלַג**] Nifal pf. 3 sg. f. נִפְלְגָה *sich trennen, sondern* Gen. 10, 25. 1 Chr. 1, 19.

Piel פִּלַּג; imp. פַּלַּג *abtheilen* Hiob 38, 25; *theilen (unschädlich machen)* Ps. 55, 10.

פְּלַג aram. part. II. f. פְּלִיגָה *theilen* Dan. 2, 41.

פֶּלֶג m. ps. פָּלֶג 1) pl. פְּלָגִים, cs. פַּלְגֵי, suff. פְּלָגָיו *Kanal, Bach* Jes. 30, 25. Ps. 1, 3. 46, 5. Spr. 5, 16. Hiob 29, 6. Klagel. 3, 48. 2) n. pr. Sohn des Eber Gen. 10, 25. 11, 16—19. 1 Chr. 1, 19. 25.

פְּלַג aram. m. *Hälfte* Dan. 7, 25.

[**פְּלַגָּה**] f. pl. פְּלַגּוֹת 1) *Abtheilung, Familie* Richt. 5, 15. 16. 2) *Bach, Wasser* Hiob 20, 17.

[**פְּלֻגָּה**] f. pl. פְּלֻגּוֹת *Abtheilung, Genossenschaft* 2 Chr. 35, 5.

פְּלֻגָּה aram. f. pl. suff. פְּלֻגָּתְהוֹן wie das hebr. פְּלֻגָּה Esra 6, 18.

פִּילֶגֶשׁ—פִּלֶגֶשׁ f. suff. פִּילַגְשׁוֹ, פִּילַגְשִׁי—פִּלַגְשִׁי פִּילַגְשֵׁהוּ; pl. פִּילַגְשִׁים—פִּלַגְשִׁים, cs. פִּלַגְשֵׁי suff. פִּלַגְשֵׁיהֶם 1) *Kebsweib* Gen. 22, 24. 25, 6. 35, 22. Richt. 19, 24. 20, 5. 2 Sam. 16, 21; zuweilen auch den Begriff der *Dienerin* mit einschliessend (Hagar, Bilha, Silpa) Richt. 8, 31 (9, 18). 2) (n. E.) *männlicher Buhle* Ezech. 23, 20.

[**פְּלָדָה**] f. pl. פְּלָדֹת *Stahl, Stahlklinge* Nah. 2, 4.

פִּלְדָּשׁ n pr. m. Gen. 22, 22.

*[**פָּלָה**] Nifal 1 sg. נִפְלֵיתִי, 1 pl. נִפְלִינוּ *ausgezeichnet werden* Ex. 33, 16. Ps. 139, 14.

Hifil הִפְלָה, 1 sg. הִפְלֵיתִי; fut. יַפְלֶה; imp. הַפְלֵה *auszeichnen* Ex. 8, 18. Ps. 4, 4. 17, 7; *einen Unterschied machen* Ex. 9, 4. 11, 7.

פַּלּוּא n. pr. Sohn des Ruben Gen. 46, 9. Ex. 6, 14. Num. 26, 5 (wo n. gent. פַּלֻּאִי). 1 Chr. 5, 3.

פְּלוֹנִי s. פְּלֹנִי u. פַּלְטִי.

*[**פָּלַח**] part. פֹּלֵחַ *einschneiden, furchen* Ps. 141, 7.

Piel fut. יְפַלַּח, 3 pl. f. תְּפַלַּחְנָה *durchbohren* Spr. 7, 23. Hiob 16, 13; *hineinschneiden* 2 Kön. 4, 39; *durchbrechen lassen* d. h. *gebären* Hiob 39, 3.

פְּלַח aram. part. פָּלַח, pl. פָּלְחִין, cs. פָּלְחֵי; fut. 3 pl. יִפְלְחוּן *dienen, anbeten* mit ל Dan. 3, 12. 28. 6, 17; part. *Diener* Esra 7, 24.

פֶּלַח m. *Stück, Theil* Richt. 9, 53. 1 Sam. 30, 12. 2 Sam. 11, 21. Hohel. 4. 3; (der untere) *Mühlstein* Hiob 41, 16.

פִּלְחָא (*Verehrung*) n. pr. m. Neh. 10, 25.

פָּלְחָן aram. m. *Verehrung, Dienst* Esra 7, 19.

***פָּלַט** *entkommen* Ezech. 7, 16.

Piel fut. 2 sg. suff. תְּפַלְּטֵמוֹ; imp. פַּלְּטָה, suff. פַּלְּטֵנִי 1) *entkommen lassen, befreien, retten* Ps. 17, 13. 22, 5. 71, 4. 2) *gebären* Hiob 21, 10.

Hifil fut. יַפְלִיט *in Sicherheit bringen* Jes. 5, 29. Micha 6, 14.

[**פָּלֵט**] m. pl. פְּלֵיטִים—פְּלֵטִים *Flüchtling* Num. 21, 29. Jer. 44, 14; *Eilbote* Jes. 66, 19.

פַּלֵּט m. *Rettung* Ps. 32, 7. 56, 8.

פֶּלֶט n. pr. m. 1 Chr. 2, 47. — 12, 3.— **בֵּית פֶּלֶט** Stadt in Juda Jos. 15, 27; n. gent. **פַּלְטִי** 2 Sam. 23, 26 = פְּלוֹנִי 1 Chr. 11, 27.

פְּלֵטָה — (meist) **פְּלֵיטָה** f. cs. פְּלֵיטַת *Rettung* Gen. 45, 7. הָיָה לִפְלֵיטָה *gerettet werden* Gen. 32,9; *Rest* Ex. 10,5. Jes. 4,2. Ezech. 14,21.

פַּלְטִי (*Gott rettet*) n. pr. m. 1) Num. 13,9. 2) 1 Sam. 25, 44 = פַּלְטִיאֵל 2 Sam. 3,15. 3) n. gent. s. פֶּלֶט.

פִּלְטַי n. pr. m. Neh. 12,17.

פַּלְטִיאֵל s. פַּלְטִי.

פְּלַטְיָהוּ—פְּלַטְיָה (*Gott rettet*) n. pr. m. Ezech. 11, 1. 13.—1 Chr. 3, 21.—4, 42.

[פְּלִי] m. ps. פֶּלִי *Wunderbares* Richt. 13, 18 Kri (Ktib פֶּלְאִי s. d.).

[פְּלִיא] adj. f. פְּלִיאָה *wunderbar, unbegreiflich* Ps. 139, 6 Kri (Ktib פְּלְאִיָה s. פֶּלְאִי).

פְּלָיָה n. pr. m. 1 Chr. 3, 24.

פָּלִיט s. פָּלֵט.

פָּלִיט m. pl. cs. פְּלִיטֵי, suff. פְּלִיטָיו, פְּלִיטֵיהֶם *Flüchtling* Gen. 14, 13. פְּלִיטֵי אֶפְרַיִם *Flüchtlinge aus Efraim* Richt. 12, 4. 5; ähnlich Jes. 45, 20. Jer. 44, 28. Ezech. 6, 8.

פְּלֵיטָה s. פְּלֵטָה.

[פָּלִיל] m. pl. פְּלִלִים—פְּלִילִים *Richter* Ex. 21, 22. Deut. 32, 31. עָוֹן פְּלִילִים *eine Sünde, die vor den Richter kommt* Hiob 31, 11.

פְּלִילָה f. *Entscheidung* Jes. 16, 3.

פְּלִילִי adj. f. פְּלִילִיָּה *richterliche Entscheidung* Jes. 28, 7. Hiob 31, 28 (vgl. פָּלִיל).

פֶּלֶךְ m. ps. פָּלֶךְ, suff. פִּלְכּוֹ 1) *Kreis, Bezirk* Neh. 3, 9. 17. 2) *Spindel* Spr. 31, 19. 3) *Krücke* 2 Sam. 3, 29.

[פָּלַל]* [Nifal נִפְלַל s. נָפַל].

Piel pf. 3 sg. suff. פִּלְלוֹ; fut. יְפַלֵּל 1) *entscheiden* 1 Sam. 2, 25; *Strafe vollziehen* Ps. 106, 30. 2) *vertreten* mit לְ Ezech. 16, 52. 3) *meinen, erwarten* Gen. 48, 11.

Hitp הִתְפַּלֵּל, 1 sg. ps. הִתְפַּלָּלְתִּי; fut. יִתְפַּלֵּל *beten zu* ... mit אֶל 2 Kön. 19, 20; mit לְ Dan. 9, 4; *für* Jemand. mit בְּעַד 1 Sam. 12, 23; mit לְ 1 Sam. 2, 25; mit עַל Hiob 42, 8.

פָּלָל (*Richter*) n. pr. m. Neh. 3, 25.

פְּלַלְיָה (*Gott richtet*) n. pr. m. Neh. 11, 12.

פַּלְמוֹנִי m. *ein Unbekannter, Gewisser* Dan. 8, 13.

פְּלֹנִי m. 1) *ein Unbekannter*, stets in Verbindung mit אַלְמֹנִי *der und der, N. N.* 1 Sam. 21, 3. 2 Kön. 6, 8. Rut 4, 1. 2) n. gent. 1 Chr. 11, 36 (vgl. פֶּלֶט).

***[פָּלַס]** Piel 1) *bahnen* Ps. 78, 50; *gerade richten* Jes. 26, 7. Spr. 4, 26. 2) *darwägen* Ps. 58, 3; *abwägen, beurtheilen* Spr. 5, 21. 3) (= סָלַף) *verkehren, schlecht machen* Spr. 5, 3.

פֶּלֶס m. *Wage* Jes. 40, 12. Spr. 16, 11.

***[פָּלַץ]** Hitp. fut. יִתְפַּלָּצוּן *erbeben* Hiob 9, 6.

פַּלָּצוּת f. *Schrecken, Entsetzen* Jes. 21, 4. Ezech. 7, 18. Ps. 55, 6. Hiob 21, 6.

***[פָּלַשׁ]** Hitp. fut. יִתְפַּלָּשׁוּ; imp. f. הִתְפַּלְּשִׁי *sich wälzen* Jer. 6, 26. 25, 34. Ezech. 27, 30. Micha 1, 10 (Kri).

פְּלֶשֶׁת n. pr. ps. פְּלָשֶׁת *Philistäa*, der Küstenstrich südwestlich von Palästina (welches davon den Namen hat), meist in dichterischer Sprache Ex. 15, 14. Jes. 14, 29. 31. Ps. 60, 10. 83, 8. 87, 4. 108, 10; sonst אֶרֶץ פְּלִשְׁתִּים Gen. 21, 32 u. s. w.; n. gent. פְּלִשְׁתִּי, pl. פְּלִשְׁתִּים *Philister* Gen. 26, 1. 1 Sam. 4, 1. 17, 23.

פֶּלֶת n. pr. m. Num. 16, 1.—1 Chr. 2, 33.

פְּלֵתִי wahrsch. Nebenform v. פְּלִשְׁתִּי vgl. כְּרֵתִי.

פֻּם aram. m. suff. פֻּמַּהּ *Mund, Oeffnung* Dan. 4, 28. 6, 18. 23. 7, 5.

[פֵּן] m. suff. פִּנָּהּ *Ecke* Spr. 7, 8; pl. פִּנִּים vgl. פִּנָּה.

פֶּן־ conj. *dass nicht, damit nicht*, gewöhnlich mit dem fut. Deut. 11, 16; zuweilen ist ein Zeitwort wie fürchten (dass etwas geschehe) u. dgl. vorher zu ergänzen Gen. 3, 22. 38, 11. 44, 34. Spr. 5, 6. Mit folgd. pf. *es könnte sein, dass* (Furcht, dass etwas geschehen sei) 2 Sam. 20, 6. 2 Kön. 2, 16.

פַּנַּג m. Name eines Backwerkes Ezech. 27, 17.

פָּנָה* pf. 1 sg. פָּנִיתִי, part. פּוֹנֶה—פֹּנֶה; fut. יִפְנֶה—יִפֶן; 2 sg. תִּפְנֶה—תֵּפֶן; 1 sg. אֶפְנֶה—אֵפֶן; 1 pl. נֵפֶן; inf. פְּנוֹת; imp. פְּנֵה, pl. פְּנוּ 1) *eine andere Richtung einschlagen*, gewöhnl. *sich irgend wohin oder zu Jemandem wenden*, meist mit אֶל oder einem adverb. des Ortes. Ex. 2, 12. Richt. 6, 14; mit עַל Gen. 24, 49; auch wohl mit בְּ Koh. 2, 11; häufig in geistigem Sinne *sich Jemandem zuwenden* (Bild der Anhänglichkeit, Freundlichkeit) Num. 16, 15. Deut. 31, 18; *sich wenden, um zu gehen* Num. 14, 25. Deut. 9, 15. 16, 7. 1 Kön. 10, 13;

daher überhaupt *gehen* Hohel. 6, 1; *vergehen* (von der Zeit) Ps. 90, 9; *sich gegen Jemand. wenden* mit בְּ Hiob 6, 28; *sich umsehen* mit אַחֲרֵי 2 Sam. 1, 7. 2 Kön. 2, 24; *sich abwenden* Deut. 30, 17; mit מֵעִם Deut. 29, 17. Dagegen heisst לִפְנוֹת בֹּקֶר *als der Morgen nahte* Ex. 14, 27. Richt. 19, 26; *jeden Morgen* Ps. 46, 8; ähnlich לִפְנוֹת עֶרֶב *gegen Abend* Gen. 24, 63. Deut. 23, 12. 2) trans. *wenden*: mit Obj. עֹרֶף *den Nacken wenden = fliehen* Jos. 7, 12 oder *sich abwenden* Jer. 32, 33 (פּוֹנֶה s. פָּנָה).

Piel pf. פִּנָּה, 1 sg. פִּנִּיתִי; imp. פַּנּוּ eigentl. *wenden machen, wegschaffen* Zef. 3, 15; meist: durch Wegschaffen *säubern, räumen* Gen. 24, 31. Lev. 14, 36; *bahnen* (einen Weg) Jes. 40, 3. 57, 14. 62, 10. Mal. 3, 1 und mit Ergänzung von הַדֶּרֶךְ Ps. 80, 10.

Hifil pf. הִפְנָה, fem. הִפְנְתָה; fut. וַיֵּפֶן *wenden machen, drehen* Richt. 15, 4. 1 Sam. 10, 9. Jer. 48, 39; mit Ergänzung von עֹרֶף (wie Kal) *fliehen* Jer. 46, 21. 49, 24 oder auch *sich umwenden* Jer. 46, 5; *sich zuwenden* Jer. 47, 3; *zum Wenden* (Stehen) *bringen* Nah. 2, 9.

Hofal pf. 3 pl. הָפְנוּ; part. מָפְנֶה *sich umwenden* Jer. 49, 8; *gerichtet sein* Ezech. 9, 2.

פִּנָּה f. cs. פִּנַּת, suff. פִּנָּתָהּ, pl. פִּנּוֹת, suff. פִּנֹּתָם *Zinne, Thurm* Zef. 1, 16. 3, 6. 2 Chr. 26, 15; *Dachzinne* Spr. 21, 9. 25, 24; *Ecke* (einer Strasse, eines Hauses u. s. w.) Ex. 27, 2. 1 Kön. 7, 34. Ezech. 43, 20. Spr. 7, 12. Hiob 1, 19. Neh. 3, 24. 31. 32. 2 Chr. 28, 24. אֶבֶן פִּנָּה *Grundstein* Hiob 38, 6; eben so רֹאשׁ פִּנָּה Ps. 118, 22 und bloss פִּנָּה Jes. 19, 13. 28, 16. Jer. 51, 26. Zach. 10, 4, in welchen Stellen es bildlich für *hervorragende Männer* gebraucht wird; daher פִּנּוֹת *die Häupter, Anführer* Richt. 20, 2. 1 Sam. 14, 38. — שַׁעַר הַפִּנָּה *Eckthor,* Name eines Thores in Jerusalem 2 Kön. 14, 13. Jer. 31, 38. 40. 2 Chr. 26, 9; sonst auch שַׁעַר הַפִּנִּים Zach. 14, 10 oder שַׁעַר הַפּוֹנֶה 2 Chr. 25, 23.

פְּנוּאֵל n. pr. 1) m. 1 Chr. 4, 4. — 8, 25 Kri (wo Ktib פְּנִיאֵל). 2) Stadt im Ostjordanlande Gen. 32, 32 (= פְּנִיאֵל v. 31). Richt. 8, 8. 1 Kön. 12, 25.

פְּנֵי ps. פָּנָי, wovon: לִפְנַי *nach vornhin* 1 Kön. 6, 17 (vgl. פָּנִים).

[פְּנִי] m. pl. פְּנִיִּים Spr. 3, 15 Ktib = פְּנִינִים s. d.

פְּנִיאֵל s. פְּנוּאֵל.

פָּנִים pl. m. (nur Ezech. 21, 21 f.) cs. פְּנֵי, suff. פָּנַי, פְּנֵיהֶם—פָּנֵימוֹ 1) *Angesicht, Antlitz* Gen. 43, 31; construirt mit dem sing. Spr. 15, 14 Ktib (wo Kri: וּפִי). Klagel. 4, 16; aber meist mit dem plur. Gen. 4, 5. Ex. 33, 23. Jes. 29, 22. Spr. 25, 23; auch *Gesichter* Ezech. 1, 6. פָּנִים אֶל־פָּנִים *Angesicht zu Angesicht* von der unmittelbaren Anrede Gen. 32, 31. Ezech. 20, 35; auch פָּנִים בְּפָנִים Deut. 5, 4. פָּנִים wird auch gebraucht bei Eigenschaften oder Empfindungen, die sich auf dem Gesichte kenntlich machen; daher עַז פָּנִים *wild* Deut. 28, 50. Dan. 8, 23. קְשֵׁי פָּנִים *trotzig* Ezech. 2, 4. פָּנִים רָעִים *unfreundliches, grämliches Aussehen* Gen. 40, 7. Koh. 7, 3. Neh. 2, 2; ähnlich Spr. 25, 23; dafür bloss פָּנֶיהָ *ihr (betrübtes) Aussehen* 1 Sam. 1, 18; das Gegentheil davon Spr. 15, 13. בֹּשֶׁת פָּנִים *Beschämung* Dan. 9, 7. 8; daher wird Manches, was der Person geschieht, zunächst vom Gesicht ausgesagt z. B. וּפְנֵי עֲנִיִּים תִּטְחָנוּ *ihr zermalmt das Angesicht des Armen*, d. h. *den Armen* Jes. 3, 15; so dass פָּנִים überhaupt für *Person* oder *selbst* gebraucht wird Gen. 33, 10. פָּנַי יֵלֵכוּ *ich selbst werde gehen* Ex. 33, 14. 15. 2 Sam. 17, 11. סֵתֶר פָּנֶיךָ *dein Schutz* Ps. 31, 21. יְשׁוּעוֹת פָּנָיו *die von ihm ausgehende Hülfe* Ps. 42, 6. בַּקְּשׁוּ פָנָיו *suchet ihn auf* Ps. 105, 4. (95, 2). רָאָה (נִרְאָה) אֶת־פְּנֵי *Jemanden besuchen* (vgl. רָאָה). 2) *Blick, Richtung*, als Object von שׂוּם *eine Richtung einschlagen* Gen. 31, 21. Ezech. 6, 2; od. *beabsichtigen* 2 Kön. 12, 18; eben so bei נָתַן 2 Chr. 20, 3; auch *den Blick irgendwohin richten*, Num. 24, 1; meist vom *Zornblick* Lev. 20, 5. 26, 17. Ps. 21, 10. 34, 17. 3) *Vorderseite* Ex. 26, 9. 28, 37. Jer. 1, 13. Joel 2, 20. מִפָּנִים *von vorn* 2 Sam. 10, 9. אֶת־פְּנֵי הָעִיר *vor der Stadt* Gen. 33, 18; auch von der Zeit. לְפָנִים *früher, vordem* Deut. 2, 10. Jos. 14, 15. Richt. 3, 2. 1 Sam. 9, 9. 4) *Oberfläche* Gen. 2, 6. 8, 13; häufig עַל פְּנֵי *auf, über* Gen. 1, 2. 11, 8; eben so אֶל פְּנֵי Lev. 14, 53.

Mit praefixen wird פְּנֵי zur praepos. a) בִּפְנֵי *vor, in Gegenwart* Num. 12, 14. Deut. 7, 24. 25, 9. Spr. 21, 29. Est. 9, 2. b) לִפְנֵי *Angesichts, vor Augen, vor,* sowohl vom Raume Gen. 18, 22 als von der Zeit Gen. 27, 10. לְפָנַי *vor meiner Zeit* Gen. 30, 30; auch als Steigerung לִפְנֵי־דָל *mehr als der Arme* Hiob 34, 19.

c) מִלִּפְנֵי *von etwas hinweg* (Aufhebung des durch לִפְנֵי bezeichneten Verhältnisses) Gen. 4, 16. Ex. 36, 3; zuweilen = לִפְנֵי 1 Kön. 21, 29. Koh. 1, 10. d) מִפְּנֵי *von ... hinweg*, besonders bei Zeitwörtern des Fliehens, Flüchtens u. s. w. Gen. 7, 7. Ex. 9, 30; dann auch zur Bezeichnung der wirkenden Ursache, *wegen*. מִפְּנֵיהֶם *ihretwegen* Gen. 6, 13. מִפְּנֵי אֲשֶׁר *weil* Ex. 19, 18. Jer. 44, 23.

[פְּנִים] meist mit He loc. פְּנִימָה (sonst nur לִפְנִים ,לִפְנֵי (s. פְּנֵי) *von Innen* 1 Kön. 6, 29); *nach Innen* Lev. 10, 18. 2 Kön. 7, 11; *im Innern* 1 Kön. 6, 18. Ps. 45, 14. לִפְנִימָה *nach Innen* Ezech. 40, 16. 41, 3; *im Innern* 1 Kön. 6, 30. מִפְּנִימָה *von Innen* 1 Kön. 6, 19. 21.

פְּנִימִי adj. f. פְּנִימִית, pl. פְּנִימִים f. פְּנִימִיּוֹת *innere* 1 Kön. 6, 27. Ezech. 41, 17. Est. 4, 11. 1 Chr. 28, 11. 2 Chr. 4, 22.

[פָּנִין] m. pl. פְּנִינִים *Koralle* Spr. 3, 15 Kri (wo Ktib פְּנִיִּים) 8, 11. 20, 15. 31, 10. Hiob 28, 18. Klagel. 4, 7.

פְּנִנָּה (*Koralle*) n. pr. f. 1 Sam. 1, 2. 4.

[פָּנַק] Piel part. מְפַנֵּק *verzärteln* Spr. 29, 21.

[פַּס] m. pl. פַּסִּים nur in כְּתֹנֶת פַּסִּים Gen. 37, 3. 2 Sam. 13, 18: *ein Rock bis an die Knöchel* oder *Handfläche*, n. A. *bunter Rock*.

פַּס aram. m. *Knöchel* (der Hand) Dan. 5, 5. 24.

פַּס דַּמִּים n. pr. Ort in Juda 1 Chr. 11, 13 = אֶפֶס דַּמִּים 1 Sam. 17, 1.

***[פָּסַג]** Piel imp. pl. פַּסְּגוּ *abmarken, abgränzen* Ps. 48, 14.

פִּסְגָּה n. pr. eines Hügels in Moab Num. 21, 20. Deut. 3, 17.

פִּסָּה f. cs. פִּסַּת *Ueberfluss* Ps. 72, 16.

***פָּסַח** *überschreiten, über etwas hinwegschreiten* Ex. 12, 13. 23; *verschonen* Jes. 31, 5; *hin und her schwanken* 1 Kön. 18, 21.

Nifal fut. יִפָּסֵחַ *lahm werden* 2 Sam. 4, 4.

Piel fut. pl. יְפַסְּחוּ *springen, umherspringen* 1 Kön. 18, 26.

פֶּסַח m. ps. פָּסַח, pl. פְּסָחִים *Passah, Ueberschreitungsopfer* Ex. 12, 27. Deut. 16, 1. Ezech. 45, 21. 2 Chr. 30, 17.

פָּסֵחַ n. pr. Esra 2, 49. Neh. 7, 51. — Neh. 3, 6. — 1 Chr. 4, 12.

פִּסֵּחַ adj. pl. פִּסְחִים *lahm, hinkend* Lev. 21, 18. 2 Sam. 5, 8.

[פָּסִיל] m. pl. פְּסִילִים, cs. פְּסִילֵי, suff. פְּסִילֵיהֶם [als sing. dient פֶּסֶל] 1) (behauene, geschnitzte) *Götzenbilder* Deut. 7, 25. 12, 3. Jes. 21, 9. 2) *Steinbruch*, als n. pr. eines Ortes bei Gilgal Richt. 3, 19. 26.

פָּסַךְ n. pr. m. 1 Chr. 7, 33.

***פָּסַל** fut. יִפְסֹל; imp. פְּסָל־ *behauen, bearbeiten* (Stein, Holz) Ex. 34, 1. 4. Deut. 10, 1. 3. 1 Kön. 5, 32. Hab. 2, 18.

פֶּסֶל m. ps. פָּסֶל. suff. פִּסְלִי [als pl. dient פְּסִילִים] (behauenes, geschnitztes) *Götzenbild, Götze* Ex. 20, 4. Richt. 18, 30. Jes. 48, 5.

פְּסַנְתֵּרִין — פְּסַנְטֵרִין aram. m. *Psalter* Dan. 3, 5. 7. 10. 15.

***פָּסַס** pf. 3 pl. פַּסּוּ *aufhören, schwinden* Ps. 12, 2.

פִּסְפָּה n. pr. m. 1 Chr. 7, 38.

***פָּעָה** fut. אֶפְעֶה *aufschreien* Jes. 42, 14 (vgl. subst. אֶפְעֶה).

פָּעוּ n. pr. Stadt in Edom Gen. 36, 39 = פָּעִי 1 Chr. 1, 50.

פְּעוֹר n. pr. 1) einer moabitischen Gottheit Num. 31, 16. Jos. 22, 17; vollständ.: בַּעַל פְּעוֹר Num. 25, 3. 5. Hos. 9, 10. Ps. 106, 28. 2) Berg in Moab Num. 23, 28. 3) בֵּית פְּעוֹר Ort in Moab Deut. 3, 29. 34, 6.

פָּעִי s. פָּעוּ.

***פָּעַל** fut. יִפְעַל, 3 pl. ps. יִפְעָלוּן *machen, bewirken, ausführen* Deut. 32, 27. Jes. 44, 15. Hiob 33, 29. פֹּעֲלֵי אָוֶן *Uebelthäter* Ps. 5, 6; *zu etwas machen* mit acc. u. לְ Ps. 7, 14; *bearbeiten* Jes. 44, 12.

פֹּעַל m. suff. פָּעֳלוֹ — פָּעֳלוֹ ,פָּעֳלְךָ ,פָּעֳלִי (Jes. 1, 31. Jer. 22, 13), pl. פְּעָלִים 1) *That, Werk* Deut. 32, 4. Hab. 3, 2. Ps. 44, 2. 95, 9. רַב פְּעָלִים *thatenreich, tapfer* 2 Sam. 23, 20. 1 Chr. 11, 22. 2) *Lohn für die Arbeit* Jer. 22, 13. Hiob 7, 2.

פְּעֻלָּה f. cs. פְּעֻלַּת, suff. פְּעֻלָּתִי ,פְּעֻלַּתְכֶם; pl. פְּעֻלּוֹת 1) *That, Werk* Ps. 17, 4. 28, 5. 2 Chr. 15, 7. 2) *Lohn für die Arbeit* Lev. 19, 13. Jes. 40, 10. 49, 4. 61, 8. 62, 11. Ps. 109, 20.

פְּעֻלְּתַי (*Werk Gottes*) n. pr. m. 1 Chr. 26, 5.

***פָּעַם** inf. suff. פַּעֲמוֹ *stossen, treiben* (bildlich vom Geiste Gottes, der einen Menschen erregt) Richt. 13, 25.

Nifal pf. נִפְעַמְתִּי; fut. וַתִּפָּעֶם *beunruhigt, bestürzt sein* Gen. 41, 8. Ps. 77, 5. Dan. 2, 3.

Hitp. fut. וַתִּתְפָּעֶם wie Nifal Dan. 2, 1.

פַּעַם m. ps. פָּעַם, pl. פְּעָמִים, cs. פַּעֲמֵי, suff. פְּעָמַי ,פְּעָמָיו, dual. פַּעֲמַיִם 1) *Schlag, Tritt, Schritt* 2 Kön. 19, 24. Jes. 26, 6. Ps. 17, 5. 119, 133; auch von den *Rädern* des Wagens Richt. 5, 28. 2) *Ambos* Jes. 41, 7. 3) (fem. ausser Richt. 16, 28. 2 Sam. 23, 8) *Mal* Gen. 33, 3. הַפַּעַם *dies Mal* Gen. 18, 32. 29, 35. עַתָּה הַפַּעַם *nun endlich* Gen. 29, 34. כְּפַעַם בְּפַעַם *wie jedes Mal, wie sonst* Num. 24, 1. Richt. 16, 20. 20, 30. 1 Sam. 3, 10. פַּעֲמַיִם שָׁלוֹשׁ *zwei, drei Mal* Hiob 33, 29.

[פַּעֲמָה] f. pl. suff. פַּעֲמֹתָיו *Ecke* Ex. 25, 12. 1 Kön. 7, 30.

פַּעֲמֹן m. pl. פַּעֲמֹנִים, cs. פַּעֲמֹנֵי *Glocke, Schelle* Ex. 28, 33. 34. 39, 25.

פַּעְנֵחַ s. צָפְנַת.

***פָּעַר** *aufthun, aufsperren* (den Mund) mit acc. Jes. 5, 14. Ps. 119, 131. Hiob 29, 23; mit בְּ Hiob 16, 10.

פַּעֲרַי n. pr. m. 2 Sam. 23, 35 = נַעֲרַי 1 Chr. 11, 37.

פָּצָה* pf. 1 sg. פָּצִיתִי; fut. יִפְצֶה; imp. פְּצֵה, suff. פְּצֵנִי 1) *öffnen* (den Mund) Gen. 4, 11. Richt. 11, 35. Ezech. 2, 8; überhaupt *reden* Ps. 66, 14. Hiob 35, 16. 2) *retten* Ps. 144, 10. 11.

***פָּצַח** fut. 3 pl. יִפְצְחוּ; imp. pl. פִּצְחוּ *ausbrechen* (in Jubel) Jes. 14, 7. 55, 12. Ps. 98, 4.

Piel pf. pl. ps. פִּצֵּחוּ *zerbrechen* Micha 3, 3.

פְּצִירָה f. *Feile*. פְּצִירָה פִים *die Feile mit ihren Schneiden* (*diente zu* ...) 1 Sam. 13, 21.

[פָּצַל]* Piel fut. יְפַצֵּל *abschälen* Gen. 30, 37. 38.

[פְּצָלָה] f. pl. פְּצָלוֹת *abgeschälte Stelle* (an einem Ast) Gen. 30, 37.

פָּצַם* pf. 2 sg. suff. פְּצַמְתָּהּ *spalten* Ps. 60, 4.

פָּצַע* *verwunden* 1 Kön. 20, 37. Hohel. 5, 7. פְּצוּעַ־דַּכָּה *an den Hoden Zerstossener* Deut. 23, 2.

פֶּצַע m. ps. פָּצַע, suff. פִּצְעִי; pl. פְּצָעִים, cs. פִּצְעֵי, suff. פְּצָעַי *Wunde, Schlag* Ex. 21, 25. Jes. 1, 6. Spr. 20, 30. 23, 29. 27, 6. Hiob 9, 17. לְפִצְעִי *wegen der mir beigebrachten Wunde* Gen. 4, 23.

פִּצֵּץ (*Zerstreuung*) n. pr. m. mit Art. 1 Chr. 24, 15.

פָּצַר* fut. יִפְצַר *auf Jemand eindringen* mit בְּ Gen. 19, 9; meist bildl.: *mit Bitten in Jemd. dringen* Gen. 19, 3. 33, 11. Richt. 19, 7.

Hifil inf. abs. הַפְצַר als subst. *Starrsinn* 1 Sam. 15, 23.

פָּקַד* fut. יִפְקֹד; inf. פְּקֹד, suff. פָּקְדִי; imp. פְּקֹד, suff. פָּקְדֵנִי, pl. פִּקְדוּ 1) *mustern, durchzählen* Num. 1, 44. 3, 16. 2 Sam. 24, 4; *überblicken* Hiob 5, 24; *vermissen* 1 Sam. 20, 6. 25, 15. Jes. 34, 16. פְּקוּדִים *die Gemusterten* Num. 1, 44 (vergl. auch das subst. פְּקֻדִּים). 2) *suchen, aufsuchen* Jes. 26, 16. Jer. 23, 2; *untersuchen* Ps. 17, 3; *heimsuchen* (mit Strafen) וְעַתָּה כִּי אַיִן פָּקַד אַפּוֹ *und nun, wenn nichts ist, was sein Zorn heimgesucht* Hiob 35, 15; mit עַל der Person, *die* und acc. der Sache, *wegen* deren die Heimsuchung stattfindet Ex. 20, 5. 32, 34. Jer. 44, 13. Hos. 1, 4. Zach. 10, 3. Hiob 36, 23. Klagel. 4, 22; *strafen* mit בְּ d. Sache Ps. 89, 33. 3) *an Jemd. denken*, mit acc. meist *zum Guten* Gen. 21, 1. Ex. 4, 31. 1 Sam. 2, 21. Ps. 65, 10. Rut 1, 6; *zur Strafe* 1 Sam. 15, 2. Jes. 26, 14. 4) *bestellen, auftragen* mit עַל oder acc. d. Pers. Num. 4, 27. 27, 16. מִי־פָקַד עָלָיו אַרְצָה *wer hat ihm für die Erde den Auftrag gegeben?* Hiob 34, 13; *versorgen* 2 Kön. 5, 24; *befehlen* Esra 1, 2. 2 Chr. 36, 23.

Nifal fut. יִפָּקֵד 1) *gemustert werden* Neh. 7, 1; *vermisst werden* Num. 31, 49. 1 Sam. 20, 18. 25, 21; *leer bleiben* (von einem Orte, wo Jemd. vermisst wird) 1 Sam. 20, 18. 25. 27; *fehlen* Richt. 21, 3. 1 Sam. 25, 7. 2) *gedacht werden* Ezech. 38, 8; *verhängt werden* Num. 16, 29. Spr. 19, 23.

Piel part. מְפַקֵּד *mustern* Jes. 13, 4.

Pual פֻּקַּד *gemustert werden* Ex. 38, 21; *beraubt werden* Jes. 38, 10.

Hifil pf. 2 sg. suff. הִפְקַדְתּוֹ; fut. יַפְקִיד—יַפְקֵד; imp. הַפְקֵד 1) *bestellen*, mit einem Amte oder Auftrage *betrauen* Gen. 39, 5. 41, 34. 2 Kön. 7, 17. Jes. 62, 6. Jer. 1, 10; bildl. Lev. 26, 16; *niederlegen, aufbewahren* Jes. 10, 28. Jer. 36, 20; *anvertrauen, übergeben* Ps. 31, 6; auch von Menschen, die man irgendwo *unterbringt* 1 Sam. 29, 4. Jer. 37, 21.

Hofal pf. הָפְקַד; part. pl. מֻפְקָדִים 1) *über etwas bestellt werden* 2 Kön. 12, 12. 2) *zur Aufbewahrung übergeben werden* Lev. 5, 23.

3) *verhängt werden.* הִיא הָעִיר הָפְקַד *das ist die Stadt, über die verhängt worden* Jer. 6, 6.

Hitp. pf. הִתְפָּקְדוּ; fut. יִתְפָּקֵד *gezählt, gemustert werden* Richt. 20, 15. 17. 21, 9.

Hotp. pf. הָתְפָּקְדוּ *gemustert werden* Num. 1, 47. 2, 33. 26, 62. 1 Kön. 20, 27.

פְּקֻדָּה f. cs. פְּקֻדַּת, suff. פְּקֻדָּתָם, pl. פְּקֻדּוֹת 1) *Musterung, Zählung* 2 Chr. 17, 14. 26, 11. 2) *Heimsuchung, Bestrafung* Jes. 10, 3. Jer. 10, 15. Hos. 9, 7. Micha 7, 4; *Verhängniss* Num. 16, 29. 3) *Aufsicht, Fürsorge* Hiob 10, 12; *Besitz* Ps. 109, 8; *Dienstpflicht, Amt* Num. 3, 32. 4, 16; concr. *Wachposten* 2 Kön. 11, 18. Ezech. 9, 1. 44, 11; bildlich Jes. 60, 17.

פִּקָּדוֹן m. *Aufbewahrung* Gen. 41, 36; *das Aufbewahrte, Niedergelegte* Lev. 5, 21. 23.

פְּקֻדִים m. pl. cs. פְּקוּדֵי *Musterung* Ex. 30, 13. 14. Num. 26, 54; *Berechnung* Ex. 38, 21 (sonst ist פְּקֻדִים auch part. II v. פָּקַד s. d.).

פְּקִדֻת f. *Aufsichtsamt* Jer. 37, 13.

פְּקוֹד m. *Strafe*, symbolischer Name Babylons Jer. 50, 21; n. A. wirkliches n. pr. einer Gegend, wie es auch Ezech. 23, 23 zu sein scheint.

[פִּקּוּד] m. pl. cs. פִּקּוּדֵי, suff. פִּקּוּדֶיךָ — פִּקֻּדֶיךָ *Vorschrift, Befehl* Ps. 19, 9. 119, 4. 87.

***פָּקַח** fut. יִפְקַח; inf. פְּקֹחַ; imp. פְּקַח *öffnen,* fast stets mit Obj. *Auge* 2 Kön. 4, 35; meist in bildlicher Bedeutung: *aufmerksam hinsehen* 2 Kön. 19, 16. Jer. 32, 19; *die Augen eines Andern öffnen = ihm (besondere) Sehkraft verleihen* Gen. 21, 19. 2 Kön. 6, 17. פֹּקֵחַ עִוְרִים *er macht sehend Blinde* Ps. 146, 8. פָּקוֹחַ אָזְנַיִם *man hat offene Ohren* Jes. 42, 20.

Nifal pf. נִפְקְחוּ *geöffnet werden* (s. Kal) Gen. 3, 5. 7. Jes. 35, 5.

פִּקֵּחַ adj. pl. פִּקְחִים *sehend (nicht blind)* Ex. 4, 11. 23, 8.

פֶּקַח (*Oeffnung*) n. pr. König von Israel 2 Kön. 15, 25. Jes. 7, 1. 2 Chr. 28, 6.

פְּקַחְיָה (*Gott macht sehend*) n. pr. König von Israel 2 Kön. 15, 22 ff.

פְּקַח־קוֹחַ m. *Freiheit* Jes. 61, 1.

פָּקִיד m. cs. פְּקִיד, suff. פְּקִידוֹ, pl. פְּקִידִים — פְּקִדִים *Aufseher* Gen. 41, 34. Richt. 9, 28. 2 Kön. 25, 19. Est. 2, 3.

[פֶּקַע] m. pl. פְּקָעִים (*gurkenförmige*) *Verzierung,* in der Bautechnik 1 Kön. 6, 18. 7, 24.

[פַּקֻּעָה] f. pl. פַּקֻּעֹת *Gurke* 2 Kön. 4, 39.

פַּר—פָּר m. pl. פָּרִים, suff. פָּרֶיהָ *Stier, junges Rind* Ex. 24, 5. 29, 1. 3; bildlich für: *Starke, Helden* Jer. 50, 27.

***[פָּרָא]** Hifil fut. יַפְרִיא *Frucht bringen* (n. A. *wild sein* als denom. v. פֶּרֶא) Hos. 13, 15.

פֶּרֶא—פֶּרֶה (Jer. 2, 24) m. pl. פְּרָאִים *Waldesel* Ps. 104, 11; meist als Bild der Flüchtigkeit und Unbändigkeit Jes. 32, 44. Jer. 2, 24. Hiob 11, 12. 39, 5; daher: פֶּרֶא אָדָם *ein Waldesel von Mensch* Gen. 16, 12.

פִּרְאָם (*Wilder*) n. pr. m. Jos. 10, 3.

פֹּראת s. פֹּארָה.

פַּרְבָּר m. pl. פַּרְוָרִים (persischen Ursprunges) *Sommerhaus*; n. A. *Säulenhalle* 2 Kön. 23, 11. 1 Chr. 26, 18.

***פָּרַד** part. II pl. fem. פְּרֻדוֹת *trennen* Ezech. 1, 11.

Nifal pf. pl. נִפְרְדוּ; fut. יִפָּרֵד *auseinandergehen, sich trennen* Gen. 2, 10. 10, 5. 13, 9. 14. 2 Sam. 1, 23; *sich absondern* Richt. 4, 11; part. *ein Abgesonderter,* (der Mahnung) *Unzugänglicher* Spr. 18, 1.

Piel fut. 3 pl. ps. יְפָרֵדוּ *bei Seite gehen* Hos. 4, 14.

Pual part. מְפֹרָד *zerstreut* Est. 3, 8.

Hifil הִפְרִיד *trennen* 2 Kön. 2, 11. Rut 1, 17 *sondern* Gen. 30, 40. Deut. 32, 8.

Hitp. fut. 3 pl. ps. יִתְפָּרָדוּ *zerstreut werden* Ps. 92, 10. Hiob 4, 11; *sich trennen* Hiob 41, 9; *auseinandergehen* Ps. 22, 15.

פֶּרֶד m. suff. פִּרְדּוֹ, pl. פְּרָדִים, suff. פִּרְדֵיהֶם *Maulesel, Maulthier* 2 Sam. 13, 29. 18, 9. Jes. 66, 20. Ps. 32, 9. Esra 2, 66.

פִּרְדָּה f. cs. פִּרְדַּת *Maulthier* 1 Kön. 1, 33. 38.

[פְּרֻדָה] f. pl. פְּרֻדוֹת *Saatkorn* Joel 1, 17.

פַּרְדֵּס m. pl. פַּרְדֵּסִים (wahrscheinl. persischen Ursprungs) *Paradies, Park, Baumgarten* Hohel. 4, 13. Koh. 2, 5. Neh. 2, 8.

***פָּרָה** pf. 2 pl. פְּרִיתֶם, 1 pl. פָּרִינוּ; part. פֹּרֶה, fem. פֹּרִיָּה—פֹּרָת; fut. יִפְרֶה; imp. פְּרֵה, pl. פְּרוּ *fruchtbar sein* Gen. 1, 22. 26, 22. 35, 11. Ex. 23, 30. Jer. 3, 16; *Früchte tragen* Gen. 49, 22. Ps. 128, 3; *hervorsprossen* Jes. 11, 1; trans. *hervorbringen* Deut. 29, 17. Jes. 45, 8.

Hifil pf. 3 sg. suff. הִפְרַנִי, 1 sg. הִפְרֵיתִי; fut. וַיֶּפֶר, suff. יַפְרְךָ; part. suff. מַפְרְךָ *frucht-*

bar machen Gen. 17, 6. 28, 3. 41, 52. 48, 4. Ps. 105, 24.

פָּרָה f. suff. פָּרָהוֹ, pl. פָּרוֹת *Färse, junge Kuh* Gen. 32, 16. Num. 19, 2. Hiob 21, 10.

פֶּרֶה s. פֶּרֶא.

[פֵּרָה] f. pl. פֵּרוֹת Jes. 2, 20 s. חֲפַרְפֵּרָה].

פָּרָה n. pr. m. Richt. 7, 10. 11.

פְּרוּדָא (*Trennung*) n. pr. m. Esra 2, 55 = פְּרִידָא Neh. 7, 57.

פְּרוּזִי s. פְּרָזִי.

פָּרוּחַ (*Emporgesprosster*) n. pr. m. 1 Kön. 4, 17.

פַּרְוַיִם n. pr. einer Gegend, woher Salomo Gold holen liess 2 Chr. 3, 6.

פַּרְוָר s. פַּרְבָּר.

פָּרוּר m. *Topf, Kessel* Num. 11, 8. Richt. 6, 19. 1 Sam. 2, 14.

[פְּרָז] m. pl. suff. פְּרָזָו *Herrscher* Hab. 3, 14.

[פְּרָזָה] f. pl. פְּרָזוֹת *offen, frei.* אֶרֶץ פְּרָזוֹת *offene Gegend* Ezech. 38, 11. עָרֵי הַפְּרָזוֹת *offene (unbefestigte) Städte* Est. 9, 19; adv. פְּרָזוֹת *offen, ohne Befestigung* Zach. 2, 8.

פִּרְזוֹן m. suff. פִּרְזוֹנוֹ *Herrscher* Richt. 5, 7. 11.

פְּרָזִי adj. = פְּרָזָה Est. 9, 19 Kri (wo Ktib פְּרוּזִי); כֹּפֶר הַפְּרָזִי *offene Dörfer* 1 Sam. 6, 18.

פְּרִזִּי n. pr. eines kanaanitischen Stammes Gen. 15, 20. Ex. 3, 8. Jos. 17, 15. Richt. 3, 5.

פַּרְזֶל aram. m. emph. פַּרְזְלָא *Eisen* Dan. 2, 33. 34.

***פָּרַח** fut. יִפְרַח; inf. פְּרֹחַ 1) *blühen, sprossen* Num. 17, 20. 23. Hos. 14, 8. כְּפֹרַחַת *so wie er blühte* Gen. 40, 10; auch von Hautkrankheiten, *ausbrechen* Ex. 9, 10. Lev. 13, 39. פֹּרֵחַ אֲבַעְבֻּעֹת *ausbrechend als Hautblasen* Ex. 9, 9. 2) *fliegen, herumflattern* Ezech. 13, 20.

Hifil pf. 1 sg. הִפְרַחְתִּי; fut. יַפְרִיחַ 1) *blühen machen* Jes. 17, 11. Ezech. 17, 24. 2) *Blüthen bringen, blühen* Ps. 92, 14. Spr. 14, 11. Hiob 14, 9.

פֶּרַח m. ps. פָּרַח, suff. פִּרְחָהּ, pl. suff. פְּרָחֶיהָ *Blüthe* Num. 17, 23. Jes. 5, 24. 18, 5. Nah. 1, 4; *blüthenförmige Verzierung* Ex. 25, 31. Num. 8, 4.

פִּרְחַח m. *junge Brut* Hiob 30, 12.

***פָּרַט** *einzelne Töne hervorbringen, klimpern* Amos 6, 5.

פֶּרֶט m. *einzelne Beere* Lev. 19, 10.

פְּרִי m. ps. פֶּרִי, suff. פִּרְיוֹ, פִּרְיְךָ, פִּרְיֵךְ, פִּרְיוֹ, פִּרְיָהּ, פִּרְיְכֶם, פִּרְיָם—פִּרְיָמוֹ—פִּרְיָהֶם—פִּרְיָן, פִּרְיָהֶן *Frucht* (meist collectiv) Lev. 25, 19. Jer. 17, 8. 29, 5. 28. Ezech. 25, 4. 36, 8. Amos 9, 14; für: *Kinder, Nachkommen* Amos 2, 9. Ps. 21, 11. Klagel. 2, 20; *Frucht der Thaten = Folge derselben* Jes. 27, 9. Jer. 17, 10. Hos. 10, 13.

פְּרִידָא s. פְּרוּדָא.

פָּרִיץ m. cs. פְּרִיץ, pl. פָּרִצִים—פָּרִיצִים, cs. פָּרִיצֵי *Zerreisser, Wilder* Jes. 35, 9; *Räuber, Gewaltthätiger* Jer. 7, 11. Ezech. 7, 22. 18, 10. Ps. 17, 4. Dan. 11, 14.

פֶּרֶךְ m. ps. פָּרֶךְ *Härte, Strenge* Ex. 1, 13. 14. Lev. 25, 43. 53. Ezech. 34, 4.

פָּרֹכֶת f. *Vorhang* (vor dem Allerheiligsten) Ex. 26, 31. Lev. 4, 17.

***פָּרַם** fut. יִפְרֹם *zerreissen* (das Kleid als Zeichen der Trauer) Lev. 10, 6. 13, 45. 21, 10.

פַּרְמַשְׁתָּא n. pr. Sohn des Haman Est. 9, 9.

פַּרְנָךְ n. pr. m. Num. 34, 25.

***פָּרַס** fut. pl. יִפְרְסוּ *brechen* (das Brod), d. h. *davon mittheilen* Jes. 58, 7. Jer. 16, 7.

Hifil pf. pl. הִפְרִיסוּ; part. מַפְרִיס, f. מַפְרֶסֶת mit dem Obj. פַּרְסָה *gespaltene Hufe haben* Lev. 11, 3. 4. Deut. 14, 7 ff; ohne Obj. Ps. 69, 32.

פְּרַס aram. part. pl. פָּרְסִין, part. pass. פְּרִס, fem. פְּרִיסַת *zerbrechen, zerreissen* Dan. 5, 25. 28.

פָּרַס n. pr. *Persien* Est. 1, 3. Dan. 8, 20; n. gent. פַּרְסִי Neh. 12, 22.

פָּרַס aram. n. pr. *Persien* Dan. 5, 28. 6, 9; n. gent. emph. פַּרְסָיָא—פַּרְסָאָה Dan. 6, 29.

פֶּרֶס m. pl. suff. פַּרְסֵיהֶן 1) *Huf, Klaue* Zach. 11, 16. 2) Name eines Raubvogels, *Beinbrecher* Lev. 11, 13. Deut. 14, 12.

פַּרְסָה f. pl. פְּרָסוֹת, cs. פַּרְסוֹת, suff. פַּרְסֹתָיו *Hufe, Klaue* Ex. 10, 26. Lev. 11, 3. Jes. 5, 28. Micha 4, 13.

פַּרְסָאָה s. פָּרַס aram.

פַּרְסִי s. פָּרַס.

***פָּרַע** fut. יִפְרַע; inf. פְּרֹעַ; imp. suff. פְּרָעֻהוּ 1) *losreissen,* (durch Lösung des Bandes) *wild machen* Ex. 32, 25. בִּפְרֹעַ פְּרָעוֹת *als man sich losriss* (vom Joch der Feinde) Richt. 5, 2;

mit Obj. רֹאשׁ *das Haar auflösen, frei fliegen lassen* (Zeichen der Trauer) Lev. 10, 6. 13, 45. 21, 10. Num. 5, 18. 2) *verwerfen, verschmähen* Spr. 1, 25. 4, 15. 8, 33. 13, 18. 15, 32; *ablassen von*... Ezech. 24, 14.

Nifal fut. יִפָּרַע *verwildert werden* Spr. 29, 18.

Hifil pf. הִפְרִיעַ; fut. תַּפְרִיעוּ 1) *losreissen, abziehen* Ex. 5, 4. 2) *zügellos machen* mit בּ 2 Chr. 28, 19.

פֶּרַע m. *das freiflatternde Haupthaar* Num. 6, 5. Ezech. 44, 20.

[פַּרְעָה] f. pl. פְּרָעוֹת, cs. פַּרְעוֹת 1) = פֶּרַע Deut. 32, 42. 2) *Losreissung* (s. פָּרַע) Richt. 5, 2.

פַּרְעֹה n. pr. der ägyptischen Könige Gen. 12, 15. 37, 36. Ex. 5, 1. 1 Chr. 4, 18; zuweilen noch mit Hinzufügung eines zweiten Namens, wie נְכוֹ 2 Kön. 23, 33; חָפְרַע Jer. 44, 30.

פַּרְעֹשׁ 1) m. *Floh* 1 Sam. 24, 15. 2) n. pr. m. Esra 10, 25. — Neh. 3, 25.

פִּרְעָתוֹן n. pr. Stadt in Efraim Richt. 12, 15; n. gent. פִּרְעָתוֹנִי Richt. 12, 13.

פַּרְפַּר n. pr. eines Flusses bei Damascus 2 Kön. 5, 12.

***פָּרַץ** fut. יִפְרֹץ; inf. פְּרֹץ 1) mit acc. *reissen, auseinanderreissen* z. B. eine Mauer Jes. 5, 5. Ps. 80, 13. 89, 41. Koh. 10, 8. Neh. 2, 13. 3, 35; daher פֹּרֵץ coll. *der Einreisser* (die bei einer zu erstürmenden Stadt Vorangehenden, um eine Bresche zu machen) Micha 2, 13. פְּרֻצִים *Risse, Breschen* Neh. 4, 1. עִיר פְּרוּצָה *offene Stadt* Spr. 25, 28; *niederreissen, niederwerfen* 2 Sam. 5, 20. Ps. 60, 3. Hiob 16, 14. 1 Chr. 14, 11. 2) mit בּ *einen Riss machen in*... 2 Chr. 25, 23; *Zerstörung anrichten, einbrechen in*... Ex. 19, 22. 24. 2 Sam. 6, 8. Ps. 106, 29; *bittend in Jemand dringen* (wie פָּצַר) 1 Sam. 28, 23. 2 Sam. 13, 25. 27. 2 Kön. 5, 23. 3) *durchbrechen* Gen. 38, 29. Hiob 28, 4; *sich ausbreiten, zahlreich werden* Gen. 28, 14. 30, 30. 43. Ex. 1, 12. Jes. 54, 3. Hos. 4, 10. Hiob 1, 10. 1 Chr. 4, 38. כִּפְרֹץ הַדָּבָר *als die Sache bekannt wurde* 2 Chr. 31, 5. נִפְרְצָה נִשְׁלְחָה *wir wollen weithin schicken* 1 Chr. 13, 2. תִּירוֹשׁ יְקָבֶיךָ יִפְרֹצוּ *von Most werden deine Kelter überfliessen* Spr. 3, 10.

Nifal part. נִפְרָץ *verbreitet sein* 1 Sam. 3, 1.

Pual part. fem. ps. מְפֹרָצֶת *niedergerissen* Neh. 1, 3.

Hitp. part. pl. מִתְפָּרְצִים *ausreissen, sich losreissen* 1 Sam. 25, 10.

פֶּרֶץ m. ps. פָּרֶץ, pl. פְּרָצִים, suff. פִּרְצֵיהֶם 1) *Riss, Lücke* (in einer Mauer) 1 Kön. 11, 27. Jes. 30, 13. Neh. 6, 1; *Schlag*, der Menschen trifft Richt. 21, 15. 2 Sam. 6, 8. 2) *Durchbruch* Gen. 38, 29. 2 Sam. 5, 20; bildl. *Schaden, Unglück* Jes. 58, 12. Ezech. 22, 30. Ps. 106, 23 (vergl. עָמַד, גָּדֵר). 144, 14. Hiob 16, 14. פְּרָצִים *Durchbrüche*, d. h. *schaarenweise* Amos 4, 3 (Hiob 30, 14). 3) פֶּרֶץ n. pr. Sohn des Juda Gen. 38, 29. Num. 26, 20 (wo n. gent. פַּרְצִי). Rut. 4, 18. 1 Chr. 2, 4. — פֶּרֶץ עֻזָּה n. pr. eines Ortes 2 Sam. 6, 8. — בַּעַל פְּרָצִים n. pr. eines Ortes 2 Sam. 5, 20. — הַר פְּרָצִים n. pr. eines Berges Jes. 28, 21.

[פִּרְצָה] f. pl. פְּרָצוֹת *Lücke, Bresche* Ezech. 13, 5.

***פָּרַק** fut. 2 sg. suff. יִפְרְקֵנִי 1) *abreissen, abwerfen* (ein Joch) Gen. 27, 40; *befreien* Ps. 136, 24. Klagel. 5, 8. 2) *zerreissen* Ps. 7, 3.

Pual fut. יְפֹרַק; imp. pl. פָּרְקוּ 1) *abreissen, abnehmen* Ex. 32, 2. 2) *zerreissen* 1 Kön. 19, 11. Zach. 11, 16.

Hitp. pf. pl. הִתְפָּרְקוּ, ps. הִתְפָּרָקוּ; fut. יִתְפָּרְקוּ *sich etwas abnehmen, ablegen* Ex. 32, 3. 24; *abgerissen werden* Ezech. 19, 12.

פְּרַק aram. imp. פְּרֻק *ablegen* Dan. 4, 24.

[פָּרָק] m. cs. פְּרַק Jes. 65, 4 Ktib für מְרַק s. d.].

פֶּרֶק m. 1) *Gewaltthat* Nah. 3, 1. 2) *Scheideweg* Obad. 1, 14.

***פָּרַר** Kal nur inf. abs. פּוֹר (s. Hitpoel) wie von פּוּר Jes. 24, 19.

Hifil pf. הֵפֵר, ps. הֵפִיר—הֵפַר, suff. הֲפֵרָם, 2 sg. הֲפֵרֹתָה, 3 pl. הֵפֵרוּ; fut. יָפֵר—וַיָּפֶר, suff. יְפֵרֶנּוּ, 1 sg. אָפֵר—אָפִיר, 3 pl. יָפֵרוּ; inf. הָפֵר—הָפִיר; imp. הָפֵר—הָפֵרָה; part. מֵפֵר *brechen* nur bildl. z. B. einen Bund Richt. 2, 1. 1 Kön. 15, 19. Jes. 24, 5. 33, 8. Ezech. 44, 7. Zach. 11, 10; *verletzen* ein Gebot Num. 15, 31; *vereiteln* einen Anschlag 2 Sam. 15, 34. Ps. 33, 10. Neh. 4, 9; ein Vorzeichen Jes. 44, 25; *für ungültig erklären* ein Gelübde Num. 30, 13. 14; *entziehen* Gnade Ps. 89, 34; *abwenden* Zorn Ps. 85, 5; intrans. *die Wirkung versagen* Koh. 12, 5.

Hofal fut. 3 sg. f. תֻּפַר *gebrochen, vereitelt werden* Jes. 8, 10. Jer. 33, 21. Zach. 11, 11.

Poel pf. 2 sg. פּוֹרַרְתָּ *spalten* Ps. 74, 13.

Pilpel fut. 3 sg. suff. יְפַרְפְּרֵנִי *zerschlagen* Hiob 16, 12.

פָּרַשׂ fut. יִפְרֹשׂ *ausbreiten, hinbreiten* eine Decke 2 Sam. 17, 19; die Hände (beim Gebet) Ex. 9, 29; *ausspannen* ein Netz Klagel. 1, 13; die Flügel Ex. 25, 20. Deut. 32, 11. Hiob 39, 26; was als Bild des Schutzes gebraucht wird Ezech. 16, 8. Rut 3, 9; *hinhalten* die Hand Spr. 31, 20; Brod Klagel. 4, 4.

Nifal fut. 3 pl. ps. יִפָּרֵשׂוּ *zerstreut werden* Ezech. 17, 21.

Piel pf. פֵּרַשׂ; fut. יְפָרֵשׂ; inf. פָּרֵשׂ, suff. פָּרִשְׂכֶם 1) *ausbreiten* die Hände (z. B. beim Gebet) Jes. 1, 15. 25, 11. 65, 2; mit בְּ Klagel. 1, 17. 2) *zerstreuen* Zach. 2, 10. Ps. 68, 15.

***פָּרַשׁ** inf. פְּרֹשׁ *erklären, bestimmen* Lev. 24, 12.

Nifal part. pl. f. נִפְרָשׁוֹת *zerstreut, umhergetrieben* Ezech. 34, 12.

Pual פֹּרַשׁ *bestimmt sein* Num. 15, 34; part. מְפֹרָשׁ *mit Erklärungen begleitet* Neh. 8, 8.

Hifil fut. יַפְרִשׁ *absondern* Gift Spr. 23, 32.

[פְּרַשׁ] aram. Pael part. מְפָרַשׁ (pass.) *deutlich, bestimmt* Esra 4, 18.

פָּרָשׁ—פָּרַשׁ (Ezech. 26, 10) m. pl. פָּרָשִׁים, suff. פָּרָשָׁיו *Reiter* Gen. 50, 9. Ex. 14, 17. Jer. 4, 29.

פֶּרֶשׁ m. 1) suff. פִּרְשָׁן *Unrath, Koth* Ex. 29, 14. Mal. 2, 3. 2) n. pr. m. 1 Chr. 7, 16.

פַּרְשֶׁגֶן m. *Abschrift, Copie* Esra 7, 11 (= פַּתְשֶׁגֶן s. d.).

פַּרְשֶׁגֶן aram. wie das hebr. פַּרְשֶׁגֶן Esra 4, 11. 23. 5, 6.

פַּרְשְׁדֹן m. mit He פַּרְשְׁדֹנָה *der Ort zwischen den Beinen, der Schritt*, n. A.=מִסְדְּרוֹן s. d. Richt. 3, 22.

פָּרָשָׁה f. cs. פָּרָשַׁת *Betrag, bestimmte Angabe* Est. 4, 7. 10, 2.

פַּרְשֵׁז (Pielform, gebildet aus פָּרַשׂ) *ausbreiten* Hiob 26, 9.

פַּרְשַׁנְדָּתָא n. pr. Sohn des Haman Est. 9, 5.

פְּרָת n. pr. mit He loc. פְּרָתָה (Jer. 13, 4) Fluss *Eufrat* Gen. 2, 14; oft bloss נָהָר oder הַנָּהָר (s. d); n. E. ist Jer. 13, 4 ff. = אֶפְרָת.

פֹּרָת s. פָּרָה.

[פַּרְתַּם] m. pl. פַּרְתְּמִים (persisch) *Edle, Vornehme* Est. 1, 3. 6, 9. Dan. 1, 3.

***פָּשָׂה** fut. יִפְשֶׂה *sich ausbreiten, um sich greifen* Lev. 13, 5 ff.

***פָּשַׂע** fut. אֶפְשְׂעָה *schreiten, losschreiten* auf . . . mit בְּ Jes. 27, 4.

פֶּשַׂע m. *Schritt* 1 Sam. 20, 3.

***פָּשַׂק** *aufsperren* (die Lippen), *unbedacht reden* Spr. 13, 3.

Piel fut. 2 sg. f. תְּפַשְּׂקִי *auseinandersperren* (die Füsse) Ezech. 16, 25.

פַּשׁ m. *Menge*, n. A. *Sünde* Hiob 35, 15.

***[פָּשַׁח]** Piel fut. 3 sg. suff. יְפַשְּׁחֵנִי *zerfleischen* Klagel. 3, 11.

פַּשְׁחוּר n. pr. m. Jer. 20, 1. — 21, 1. 38, 1. — Esra 2, 38. 10, 22. Neh. 7, 41. — 10, 4.

***פָּשַׁט** fut. יִפְשֹׁט, 3 pl. יִפְשְׁטוּ, ps. יִפְשֹׁטוּ; imp. pl. f. פְּשֹׁטָה (st. פְּשֹׁטְנָה) 1) *sich ausbreiten, verbreiten* Nah. 3, 16; *herumschweifen* zum Angriff, zur Plünderung 1 Sam. 27, 10. 30, 14; daher *angreifen* mit עַל Richt. 9, 33. Hiob 41, 7; mit אֶל Richt. 20, 37. 2) die Kleider *ablegen, ausziehen* Lev. 6, 4. 1 Sam. 19, 24. Jes. 32, 11. Ezech. 26, 16.

Piel inf. פַּשֵּׁט *ausziehen, plündern* 1 Sam. 31, 8. 2 Sam. 23, 10.

Hifil pf. הִפְשִׁיט, fut. 1 sg. suff. אַפְשִׁיטֶנָּה; imp. הַפְשֵׁט *abziehen*, z. B. Rüstung 1 Sam. 31, 9. Micha 2, 8; die Haut *von* (מֵעַל) Jemand Micha 3, 3; bildlich die Ehre von Jemand Hiob 19, 9; *abhäuten* Lev. 1, 6. 2 Chr. 29, 34. 35, 11; meist aber *Jemandem ein Kleid ausziehen*, mit doppelt. acc. Num. 20, 26. 28; überhaupt *entkleiden* Hos. 2, 5. 1 Chr. 10, 9.

Hitp. fut. יִתְפַּשֵּׁט *ablegen* (ein Kleid) 1 Sam. 18, 4.

***פָּשַׁע** pf. 2 sg. f. פָּשַׁעַתְּ, ps. פָּשָׁעַתְּ; fut. יִפְשַׁע; inf. פְּשֹׁעַ; imp. pl. פִּשְׁעוּ *abfallen, treulos werden gegen* Jemd., gewöhnl. mit בְּ 2 Kön. 3, 7; zuweil. mit מִתַּחַת 2 Kön. 8, 20. 22 oder עַל Hos. 8, 1; meist vom *Abfall von Gott* Jes. 1, 2. Jer. 3, 13; daher überhaupt *sündigen* Amos 4, 4. Klagel. 3, 42. Esra 10, 13 und mit einem acc. *Sünden begehen* Zef. 3, 11; part. פֹּשֵׁעַ, pl. פֹּשְׁעִים *Sünder* Jes. 48, 8. Ps. 51, 15.

Nifal part. נִפְשָׁע *treulos geworden* Spr. 18, 19.

פֶּשַׁע m. ps. פָּשַׁע, suff. פִּשְׁעִי, פִּשְׁעֲכֶם, pl. פְּשָׁעִים, cs. פִּשְׁעֵי, suff. פְּשָׁעַי, פִּשְׁעֵיהֶם *Abfall, Sünde, Vergehen* Gen. 31, 36. 50, 17. Ex. 23, 21. Lev. 16, 16. Num. 14, 18. Amos 1, 3. Ps. 32, 5. Spr. 10, 12.

פְּשַׁר* aram. inf. מִפְשַׁר *deuten* Dan. 5, 16. Pael part. מְפַשַּׁר *Deuter* Dan. 5, 12.

פֵּשֶׁר m. *Deutung* Koh. 8, 1.

פְּשַׁר aram. m. emph. פִּשְׁרָה — פִּשְׁרָא, suff. פִּשְׁרֵהּ—פִּשְׁרֵא, pl. פִּשְׁרִין *Deutung* Dan. 2, 7. 9. 25. 4, 3. 15. 5, 16.

[פֵּשֶׁת] f. suff. פִּשְׁתִּי, meist pl. פִּשְׁתִּים, cs. פִּשְׁתֵּי *Flachs* Deut. 22, 11. Hos. 2, 7. פִּשְׁתֵּי עֵץ *Flachsstengel* Jos. 2, 6; adject. בֶּגֶד פִּשְׁתִּים *ein leinenes Kleid* Lev. 13, 47.

פִּשְׁתָּה f. *Flachs* Ex. 9, 31; *Docht aus Flachsfäden* Jes. 42, 3. 43, 17.

פַּת f. suff. פִּתִּי, pl. פִּתִּים *Brocken, Stück*, gew. mit לֶחֶם verbunden Gen. 18, 5; ohne dies Spr. 17, 1; für *Speise* überhaupt 2 Sam. 12, 3. Spr. 23, 8. Hiob 31, 17; plur. *Brocken, Stücke* Lev. 2, 6. 6, 14. Ps. 147, 17.

פֹּת m. suff. פָּתְהֵן *weibliche Scham* Jes. 3, 17.

פְּתָאִים s. פְּתִי.

פֶּתַע adv. *plötzlich, augenblicklich, unerwartet* Num. 12, 4. Ps. 64, 5; eben so בְּפִתְאֹם 2 Chr. 29, 36; verstärkt durch Zusatz von פֶּתַע Num. 6, 9. Jes. 29, 5. 30, 13.

פַּתְבַּג m. suff. פַּתְבָּגוֹ (köstliche) *Speise* Dan. 1, 5. 8. 16. 11, 26.

פִּתְגָם m. *Ausspruch, Befehl* Koh. 8, 11. Est. 1, 20.

פִּתְגָם aram. m. emph. פִּתְגָמָא *Ausspruch, Befehl* Dan. 3, 16. 4, 14.

פָּתָה* fut. יִפְתֶּה—יִפְתְּ 1) *thöricht sein, sich bethören lassen* Deut. 11, 16. Hiob 31, 27; part. פֹּתֶה, fem. פּוֹתָה *thöricht, unerfahren* Hos. 7, 11. Hiob 5, 2. 2) *aufsperren* (wie פָּשַׂק s. d.) Spr. 20, 19.

Nifal pf. נִפְתָּה; fut. אֶפָּת *sich bereden lassen* Jer. 20, 7; *sich bethören lassen* Hiob 31, 9.

Piel pf. 2 sg. suff. פִּתִּיתַנִי; 1 sg. פִּתֵּיתִי; fut. יְפַתֶּה; 1 sg. suff. אֲפַתֶּנּוּ, 3 pl. suff. יְפַתּוּךָ; inf. suff. פַּתֹּתְךָ; imp. fem. פַּתִּי; part. suff. מְפַתֶּיהָ *bereden, verlocken* Ex. 22, 15. Richt. 14, 15. 2 Sam. 3, 25. 1 Kön. 22, 21. Jer. 20, 7. Ezech. 14, 9. Hos. 2, 16. Spr. 1, 10; *heucheln gegen Jemand*. mit acc. Ps. 78, 36.

Pual fut. יְפֻתֶּה *beredet werden* Spr. 25, 15; *sich bereden lassen* Jer. 20, 10. Ezech. 14, 9.

Hifil pf. הַפְּתִית (= הִפְתִּית); fut. יַפְתְּ *weit machen, ausbreiten* Gen. 9, 27; *unbedacht reden* Spr. 24, 28.

[פֹּתָה] f. pl. פֹּתוֹת *Loch*, in dem sich die Thürangel bewegt, *Zapfen* 1 Kön. 7, 50.

פְּתוּאֵל n. pr. m. Joel 1, 1.

פִּתּוּחַ m. suff. פִּתֻּחָהּ, pl. פִּתּוּחִים, cs. פִּתּוּחֵי, suff. פִּתּוּחֶיהָ *Eingrabung in Stein* Zach. 3, 9. 2 Chr. 2, 6. 13. פִּתּוּחֵי חוֹתָם *Siegelschrift* Ex. 28, 11; *Skulpturarbeit* Ps. 74, 6.

פְּתוֹר n. pr. mit He loc. פְּתוֹרָה Stadt am Eufrat Num. 22, 5. Deut. 23, 5.

[פְּתוֹת] m. pl. cs. פְּתוֹתֵי *Stücke, Brocken* Ezech. 13, 19.

פָּתַח* fut. אֶפְתַּח, 3 pl. suff. יִפְתָּחוּם; inf. לִפְתֹּחַ, suff. פִּתְחִי; imp. פְּתַח, fem. פִּתְחִי, pl. פִּתְחוּ *öffnen* Jes. 26, 2. 45, 1. Ezech. 37, 13. Spr. 31, 8. Hiob 31, 32. Hohel. 5, 2. Neh. 13, 19; mit Ergänzung von שַׁעַר *sich ergeben* Deut. 20, 11. 2 Kön. 15, 16; *entblössen* Ps. 37, 14; *entlassen* Jes. 14, 17; *das Ohr Jemandes öffnen*, d. h. *ihn empfänglich für Lehren machen* Jes. 50, 5; ähnlich: *den Mund Jemandes öffnen = ihm die Gabe der Rede verleihen* Num. 22, 28. Ezech. 3, 27. Ps. 51, 17; *sich öffnen* Jes. 45, 8. Ps. 106, 17 (wo eig. Obj. פֶּה zu ergänzen).

Nifal pf. נִפְתַּח; fut. יִפָּתֵחַ *geöffnet werden* Gen. 7, 11; *gelöst werden* Jes. 5, 27; *befreit werden* Jes. 51, 14; *von etwas ausgehen* Jer. 1, 14. כְּיַיִן לֹא יִפָּתֵחַ *wie verschlossen gehaltener Wein* Hiob 32, 19.

Piel פִּתַּח, ps. פִּתֵּחַ; fut. יְפַתַּח, ps. אֲפַתֵּחַ; inf. פַּתֵּחַ 1) *öffnen* Hiob 41, 6; *lösen* (Bande) Jes. 58, 6. Ps. 116, 16. Hiob 12, 18. 38, 31. 39, 5; daher *die Rüstung ablegen* 1 Kön. 20, 11; *abzäumen, absatteln* Gen. 24, 32 und überhpt. *befreien* Jer. 40, 4. Ps. 102, 21. 105, 20; *den Gurt lösen = die Kraft schwächen* Hiob 30, 11 und eben so *die Lenden lösen* Jes. 45, 1; *den Sack lösen*, d. h. *von der Trauer befreien* Ps. 30, 12; ferner *aufreissen* (die Erde) Jes. 28, 24; *sich öffnen* (vgl. Kal) Jes. 48, 8. 60, 11. Hohel. 7, 13. 2) *eingraben, graviren* Ex. 28, 9. Zach. 3, 9. 2 Chr. 2, 13. 3, 7.

Pual part. pl. f. מְפֻתָּחֹת *eingravirt* Ex. 39, 6.

Hitp. imp. f. הִתְפַּתְּחִי *sich abnehmen lassen* (Fesseln) Jes. 52, 2.

פְּתַח aram. pf. 3 pl. pass. פְּתִיחוּ; part. pass. pl. f. פְּתִיחָן *öffnen* Dan. 6, 11. 7, 10.

פֵּתַח m. *Eröffnung, Anfang* Ps. 119, 130.

פֶּתַח m. ps. פָּתַח mit He loc. פֶּתְחָה, suff. פִּתְחוֹ, pl. פְּתָחִים, cs. פִּתְחֵי, suff. פְּתָחַי, פִּתְחֵיהֶם

Oeffnung, Eingang, Thür Gen. 18, 1. 19, 6. 11. Ezech. 42, 4. Ps. 24, 7. Spr. 8, 3. 34. 17, 19.

[פְּתִחָה] f. pl. פְּתִחוֹת *Schwert* Ps. 55, 22.

[פִּתְחוֹן] m. cs. פִּתְחוֹן *Oeffnung* (des Mundes) = *freie Rede* Ezech. 16, 63. 29, 21.

פְּתַחְיָה (*Gott öffnet*, d. h. *befreit*) n. pr. m. Esra 10, 23. Neh. 9, 5.—Neh. 11, 24.—1 Chr. 24, 16.

[פְּתִי] m. ps. פֶּתִי, plur. פְּתָיִם—פְּתָיִים—פְּתָאִים *Einfältiger, Unerfahrener, Thor* Ps. 19, 8. 116, 6. 119, 130; *Thorheit* Spr. 1, 22. 9, 6.

[פְּתִי] aram. m. suff. פְּתָיֵהּ *Breite* Dan. 3, 1. Esra 6, 3.

פְּתִיגִיל m. *Mantel, Feierkleid* Jes. 3, 24.

פְּתַיּוּת f. *Einfalt, Thorheit* Spr. 9, 13.

פָּתִיל m. cs. פְּתִיל, suff. פְּתִילְךָ, pl. פְּתִילִים—פְּתִלִים *Faden, Schnur* Gen. 38, 18. 25. Ex. 28, 37. 39, 3; adj. *angebunden* Num. 19, 15.

[פָּתַל]* Nifal pf. נִפְתַּלְתִּי *ringen, kämpfen* Gen. 30, 8; part. *gewunden, tückisch* Spr. 8, 8. Hiob 5, 13.

Hitp. fut. 3 sg. תִּתְפַּל—תִּתְפַּתָּל *sich listig erweisen* 2 Sam. 22, 27. Ps. 18, 27.

פְּתַלְתֹּל adj. *verschlagen, tückisch* Deut. 32, 5.

פִּתֹם n. pr. Stadt in Niederägypten Ex. 1, 11.

פֶּתֶן m. ps. פָּתֶן, pl. פְּתָנִים *Otter, Natter* Deut. 32, 33. Jes. 11, 8. Ps. 58, 5.

פֶּתַע adv. *plötzlich, unerwartet* Num. 35, 22. Hab. 2, 7. Spr. 6, 15. 29, 1 (vgl. פִּתְאֹם).

פָּתַר* fut. יִפְתָּר- *deuten* (einen Traum) Gen. 40, 8. 41, 12. 15.

פִּתְרוֹן m. suff. פִּתְרֹנוֹ, pl. פִּתְרֹנִים *Deutung* Gen. 40, 5. 8. 12.

פַּתְרוֹס n. pr. eines Theiles von Aegypten Jes. 11, 11. Jer. 44, 1. 15. Ezech. 30, 14; n. gent. pl. פַּתְרֻסִים Gen. 10, 14.

פַּתְשֶׁגֶן m. *Abschrift* Est. 3, 14. 4, 8 (= פַּרְשֶׁגֶן).

פָּתַת* inf. abs. פָּתוֹת *in Stücke zerbrechen* Lev. 2, 6.

צ

צֵאָה f. cs. צֵאת, suff. צֵאָתְךָ *Auswurf, Koth* Deut. 23, 14. Ezech. 4, 12. (צֵאָה Richt. 9, 29 ist imper. v. יָצָא s. d.).

צֹאָה f. cs. צֹאַת, suff. צֹאָתוֹ, צוֹאָתָם *Auswurf, Koth* 2 Kön. 18, 27 und Jes. 36, 12 Kri (wo Ktib: חֲרֵיהֶם); *Unflath, Schmutz* Jes. 4, 4. 28, 8; bildlich Spr. 30, 12.

צאון s. צאן.

[צֹאִי] adj. pl. צוֹאִים—צֹאִים *schmutzig* Zach. 3, 3. 4.

[צֶאֱל] m. pl. צֶאֱלִים *Lotosbüsche* Hiob 40, 22.

צֹאן f. suff. צֹאנִי, צֹאנֵנוּ—צֹאונֵנוּ (Ps. 144, 13 Ktib), צֹאנְכֶם—צֹאנְכֶם *Kleinvieh*, d. h. *Schafe* und *Ziegen* Gen. 4, 2. 31, 43. Ex. 10, 9. 24. Num. 32, 24; dient als plur. von שֶׂה Ex. 21, 37. 1 Sam. 25, 18. Jes. 7, 21; bildlich für *Schaaren von Menschen* Ezech. 36, 37.

צַאֲנָן n. pr. Stadt in Juda Micha 1, 11 = צְנָן Jos. 15, 37.

[צֶאֱצָא] m. pl. צֶאֱצָאִים, cs. צֶאֱצָאֵי, suff. צֶאֱצָאֵי, צֶאֱצָאֵיהֶם *Sprösslinge* Jes. 34, 1. 42, 5; *Nachkommen* Jes. 48, 19. Hiob 21, 8. 31, 8.

צָב m. pl. צַבִּים 1) eine Art *bedeckter Wagen* Num. 7, 3. Jes. 66, 20. 2) *Eidechse* Lev. 11, 29.

צָבָא* part. pl. צֹבְאִים, suff. צֹבֶיהָ (Jes. 29, 7 =צֹבְאֶיהָ), f. צֹבְאוֹת; fut. pl. יִצְבְּאוּ; inf. צְבֹא *Dienst verrichten* im Heiligthum (oft mit Obj. צָבָא) Ex. 38, 8. Num. 4, 23. 8, 24. 1 Sam. 2, 22; *vom Kriegsdienst* Num. 31, 42; daher mit עַל *gegen Jemand zu Felde ziehen* Num. 31, 7. Jes. 29, 8. 31, 4. Zach. 14, 12; part. *Angreifer* Jes. 29, 7.

Hifil part. מַצְבִּא *zum Kriegsdienst ausheben* 2 Kön. 25, 19. Jer. 52, 25.

צְבָא aram. pf. 1 sg. צְבִית; part. צָבֵא; fut. יִצְבֵּא; inf. suff. מִצְבְּיֵהּ *wollen, Gefallen haben* Dan. 4, 14. 32. 5, 19. 21. 7, 19.

צָבָא—צָבָה (Zach. 9, 8) m. cs. צְבָא, suff. צְבָאִי, צְבָאֲךָ, pl. צְבָאוֹת, cs. צִבְאוֹת, suff. צִבְאֹתַי, צִבְאֹתֶם, צִבְאוֹתֵיכֶם, (צְבָאָיו) 1) *Heer* Gen. 21, 22. Richt. 8, 6. 2 Sam. 2, 8; *Heeresabtheilung* Num. 1, 3; daher sagt man יֹצְאֵי צָבָא *die zum Heere ausziehen (ausgehoben werden)* 1 Chr. 5, 18; dafür חֲלוּצֵי צָבָא Num. 31, 5; überhaupt *Schaar* Jer. 3, 19. Ps. 68, 12; *die Schaaren Gottes = Israeliten* Ex. 7, 4. 12, 41 oder = *Engel* Ps. 103, 21. 148, 2; *die Schaaren des Himmels* ebenfalls = *Engel* 1 Kön. 22, 19; meist aber = *Sterne* Gen. 2, 1. Deut. 4, 19. 17, 3. 2 Kön. 17, 16. Jes. 34, 4. 40, 26. Neh. 9, 6 und daher der so häufig (in Sam., Kön., Jes., Jer., den kleinen Propheten [mit Ausnahme von Joel, Obadja, Jona] Psalmen u. Chr.) vorkommende Name יְהוָֹה צְבָאוֹת oder אֱלֹהֵי צְבָאוֹת oder אֱלֹהִים צְבָאוֹת (Ps. 59, 6. 80, 8) *Gott der Heerschaaren*, d. h. *der Engel- oder Sternenheere.* 2) *Kriegsdienst* Num. 4, 23. 8, 25; bildl. *Leidenszeit* Jes. 40, 2. Hiob 7, 1. 10, 17. 14, 14. Dan. 8, 12. 13 [צְבָאוֹת s. noch צְבִי].

צְבָאִים s. צְבֹיִים.

צֹבֵבָה n. pr. f. (mit Art.) 1 Chr. 4, 8.

צָבָה* pf. 3 sg. f. צָבְתָה *anschwellen* Num. 5, 27.

Hifil inf. לַצְבּוֹת (st. לְהַצְבּוֹת) *anschwellen machen* Num. 5, 22.

צָבָה Zach. 9, 8 s. צָבָא.

צָבֶה adj. fem. צָבָה *anschwellend* Num. 5, 21.

צְבוּ aram. f. *Wille, Angelegenheit* Dan. 6, 18.

צָבוּעַ adj. *buntfarbig* Jer. 12, 9.

צָבַט fut. וַיִּצְבָּט־ *einbinden* (in ein Tuch) Rut 2, 14.

צְבִי m. 1) *Herrlichkeit, Schmuck* 2 Sam. 1, 19. Jes. 4, 2. 23, 9. 28, 5. אֶרֶץ צְבִי *das heilige Land* Dan. 11, 16. 41. 2) צְבָאִים—צְבָיִים—צְבִיִּם—צְבָאוֹת *Gazelle, Hirsch, Reh* Deut. 14, 5. 1 Kön. 5, 3. Jes. 13, 14; als Bild der Schnelligkeit 2 Sam. 2, 18. Spr. 6, 5. 1 Chr. 12, 8; der Schönheit Hohel. 2, 9. 17. 8, 14. — Als Zusatz zu dem n. pr. פֹּכֶרֶת Esra 2, 57. Neh. 7, 59.

צִבְיָא (*Hirsch*) n. pr. m. 1 Chr. 8, 9.

צִבְיָה (*Hindin*) n. pr. Mutter des Joasch, Königs von Juda 2 Kön. 12, 2. 2 Chr. 24, 1.

צְבִיָּה f. *Hirschkuh* Hohel. 4, 5. 7, 4.

צְבֹאִים—צְבֹיִם—צְבֹיִּים n. pr. einer der vier Städte im Thale Siddim Gen. 10, 19. 14, 2. Deut. 29, 22. Hos. 11, 8.

*[**צְבַע**] aram. Pael part. pl. מְצַבְּעִין *tränken* Dan. 4, 22.

Itp. fut. יִצְטַבַּע *getränkt werden* Dan. 4, 12. 20. 30. 5, 21.

צֶבַע m. pl. צְבָעִים *buntes Kleid* Richt. 5, 30.

צְבֹעִים n. pr. Ort in Benjamin Neh. 11, 34, wobei ein Thal גֵּי הַצְּבֹעִים 1 Sam. 13, 18.

צִבְעוֹן n. pr. m. Gen. 36, 2. 20. 24. 29. 1 Chr. 1, 40.

***צָבַר** fut. יִצְבֹּר *aufhäufen, aufsammeln* Gen. 41, 35. 49. Ex. 8, 10. Hab. 1, 10. Zach. 9, 3. Ps. 39, 7. Hiob 27, 16.

[**צִבֻּר**] m. pl. צִבֻּרִים *Haufen* 2 Kön. 10, 8.

[**צֶבֶת**] m. pl. צְבָתִים *Getreidehaufen* Rut 2, 16.

צַד m. mit He loc. צִדָּה, suff. צִדְּךָ, pl. צִדִּים, cs. צִדֵּי, suff. צִדָּיו, צִדֵּיכֶם 1) *Seite* bei Menschen wie bei Sachen Ex. 30, 4. Num. 33, 55. 2 Sam. 2, 16. Ezech. 34, 21. עַל צַד *auf dem Arm* (tragen) Jes. 60, 4. 66, 12. מִצַּד *zur Seite, neben* Deut. 31, 26. Ps. 91, 7. 1 Sam. 6, 8. 2) *Feind, Bedränger* Richt. 2, 3 (vgl. n. pr. צִדִּים).

צַד aram. m. *Seite.* מִצַּד *seitens* Dan. 6, 5. לְצַד *gegen ... hin* Dan. 7, 25.

צְדָא aram. mit He interrog. הַצְדָא *ob mit Absicht, absichtlich* Dan. 3, 14.

[**צְדָד**] n. pr. mit He loc. צְדָדָה Stadt im Norden Palästina's Num. 34, 8. Ezech. 47, 15.

***צָדָה** *nachstellen* Ex. 21, 13; mit acc. 1 Sam. 24, 12.

Nifal pf. 3 pl. נִצְדּוּ *zerstört werden* Zef. 3, 6.

צֵדָה s. צֵידָה.

צִדוֹן s. צִידוֹן.

צָדוֹק (*Gerechter*) n. pr. eines Hohepriesters zur Zeit David's 2 Sam. 8, 17. 15, 24. 1 Chr. 5, 34 2) eines späteren Hohepriesters 1 Chr. 5, 38. 3) 2 Kön. 15, 33. 2 Chr. 27, 1. 4) Neh. 3, 4. 10, 22. — 3, 29. 13, 13. — 11, 11.

צְדִיָּה f. *Nachstellung, Absicht* Num. 35, 20. 22.

צִדִּים n. pr. (mit Art.) Stadt in Naftali Jos. 19, 35.

צַדִּיק adj. u. subst. pl. צַדִּיקִים 1) *gerecht, fromm,* von Menschen Gen. 6, 9. 18, 24 wie von Gott Deut. 32, 4. שְׁבִי צַדִּיק *die dem Gerechten abgenommene Beute* Jes. 49, 24. 2) *der* (in einer Streitsache) *Recht hat* Ex. 23, 8. Deut. 25, 1. 1 Kön. 8, 32. Jes. 53, 11; *richtig* Jes. 41, 26.

צָדַק* fut. יִצְדַּק *gerecht sein* Ezech. 16, 52. Ps. 19, 10. 143, 2. Hiob 22, 3. 35, 7; *Recht haben* Gen. 38, 26. Ps. 51, 6. Hiob 9, 15. 20. 10, 15. 33, 12; *sich rechtfertigen, sein Recht erweisen* Jes. 43, 9. 45, 25.

Nifal נִצְדַּק *festgestellt werden* Dan. 8, 14.

Piel pf. 3 sg. f. צִדְּקָה; fut. 2 sg. f. תְּצַדְּקִי; inf. suff. צַדֶּקְךָ, צַדְּקוֹ, צַדֶּקְתֵּךְ *rechtfertigen, für gerecht erklären* Jer. 3, 11. Ezech. 16, 51. 52. Hiob 32, 2. 33, 32.

Hifil pf. 1 sg. suff. הִצְדַּקְתִּיו; fut. יַצְדִּיק *für gerecht erklären, freisprechen* Ex. 23, 7. Deut. 25, 1. 1 Kön. 8, 32. Jes. 5, 23. 50, 8. 53, 11. Spr. 17, 15; *Recht geben* mit acc. Hiob 27, 5; *gerecht richten* 2 Sam. 15, 4. Ps. 82, 3; *zu Gerechten machen, belehren* Dan. 12, 3.

Hitp. fut. 1 pl. ps. נִצְטַדָּק *sich rechtfertigen* Gen. 44, 16.

צֶדֶק m. suff. צִדְקִי 1) *Recht, Gerechtigkeit* Deut. 16, 20. Ps. 35, 27; adject. *richtig* Lev. 19, 36; *gesetzmässig* Ps. 4, 6. 51, 21. 2) *Sieg, Heil* Jes. 41, 2. 10. 51, 5. 61, 3.

צִדְקָה aram. f. *Wohlthätigkeit, Almosen* Dan. 4, 24.

צְדָקָה f. cs. צִדְקַת, suff. צִדְקָתִי, pl. צְדָקוֹת, cs. צִדְקוֹת, suff. צִדְקֹתֵינוּ *Gerechtigkeit* Gen. 18, 19; *Frömmigkeit, Tugend* Gen. 15, 6. Deut. 9, 4. 24, 13; *Sieg, Macht, Hülfe* Richt. 5, 11. Micha 6, 5. Ps. 71, 2. 15; *Milde, Güte* Ps. 11, 7. 24, 5; *Segen* Joel 2, 23.

צִדְקִיָּהוּ—צִדְקִיָּה (*Gott ist Sieg*) n. pr. 1) König von Juda 2 Kön. 24, 17. Jer. 1, 3. 1 Chr. 3, 15. 2 Chr. 36, 10. 2) falscher Prophet unter Ahab 1 Kön. 22, 24. 2 Chr. 18, 10. 23. 3) Jer. 29, 21. 22. — 36, 12. — Neh. 10, 2. — 1 Chr. 3, 16.

[צָהֹב] Hofal part. מֻצְהָב *goldschimmernd* Esra 8, 27.

צָהֹב adj. *goldgelb* Lev. 13, 30.

צָהַל* fut. 2 pl. תִּצְהֲלוּ, 3 pl. ps. יִצְהָלוּ; imp. f. צַהֲלִי, pl. צַהֲלוּ *aufschreien* Jes. 10, 30; *jauchzen* Jes. 12, 6. 24, 14. Jer. 31, 7. Est. 8, 15; *wiehern* (vom Pferde) Jer. 5, 8. 50, 11.

Hifil inf. הַצְהִיל *fröhlich machen* Ps. 104, 15.

[צָהַר] denom. von יִצְהָר] Hifil fut. יַצְהִירוּ *Oel pressen* Hiob 24, 11.

צֹהַר m. *Lichtöffnung, Fenster* Gen. 6, 16; davon als Dual-Form:

צָהֳרַיִם f. eigentlich *Doppellicht,* d. h. *Mittag* Gen. 43, 16.

צַו—צָו m. *Gebot* Jes. 28, 10. 13. Hos. 5, 11.

צוֹא, צוֹאִי s. צֹאִי.

צוֹאָה s. צֹאָה.

צַוָּאר m. cs. צַוַּאר, suff. צַוָּארִי, pl. cs. צַוְּארֵי, suff. צַוְּארֵיהֶם, צַוְּארֵיכֶם, צַוָּארָיו (sing. u. pl. gleichbedeutend) 1) *Hals* Gen. 41, 42. 45, 14. Hohel. 1, 10. עַד צַוָּאר *bis zum Halse,* Bild grosser Gefahr Jes. 8, 8. 30, 28. Hab. 3, 13; eben so mit עַל Klagel. 5, 5. צַוָּאר עָתָק *steifer Hals,* Bild des Trotzes Ps. 75, 6. Hiob 15, 26. 2) *Nacken* Jos. 10, 24. Jer. 27, 12. 28, 10. Hiob 41, 14. Klagel. 1, 14.

צַוַּאר aram. m. suff. צַוְּארֵהּ, צַוְּארָךְ *Hals* Dan. 5, 7. 16.

[צַוְּארֹת] f. pl. suff. צַוְּארֹתֵיכֶם *Hals* Micha 2, 3.

צֹבָה—צוֹבָה—צוֹבָא n. pr. eines syrischen Reiches 1 Sam. 14, 47. 2 Sam. 8, 3. 23, 36. 1 Kön. 11, 23; vollst. אֲרַם צוֹבָה 2 Sam. 10, 6. Ps. 60, 2; gränzte an Chamath, daher חֲמַת צוֹבָה 2 Chr. 8, 3.

צוּד* pf. 3 pl. צָדוּ, suff. צָדוּנִי, צָדוּם; part. צָד; fut. יָצוּד, suff. יְצוּדֻנוּ; inf. abs. צוֹד, cs. צוּד; imp. צוּדָה *jagen, erjagen* Gen. 27, 3. 5. 33. Lev. 17, 13. Jer. 16, 16. Hiob 38, 39. Klagel. 3, 52; *ergreifen* Ps. 140, 12. Hiob 10, 16; *nachstellen* Spr. 6, 26. Klagel. 4, 18.

Polel fut. 2 pl. f. תְּצוֹדֵדְנָה; inf. צוֹדֵד *nachstellen, belauern* Ezech. 13, 18. 20.

Hitp. pf. הִצְטַיַּדְנוּ (denom. v. צַיִד) *sich mit Speise versehen* Jos. 9, 12.

[צָוָה]* Piel צִוָּה, suff. צִוַּנִי; 1 sg. צִוִּיתִי—צִוֵּתִי, suff. צִוִּיתִךָ, צִוִּיתִם; fut. יְצַוֶּה—יְצַו, suff. יְצַוֵּהוּ, 1 sg. אֲצַוֶּה—אֲצַו, suff. אֲצַוְּךָ; inf. צַוֹּת; imp. צַוֵּה—צַו, pl. צַוּוּ 1) *feststellen, festgründen* Jes. 45, 12. Hiob 38, 12. 1 Chr. 16, 15; *entbieten* mit acc. u. עַל Gen. 12, 20; statt עַל auch לְ Lev.

25, 21; mit אֶל u. לְ Jer 47, 7; *sein Haus bestellen*, d. h. *sein Testament machen* mit אֶל 2 Sam. 17, 23; *bestimmen über* Jes. 23, 11. 2) *befehlen*, meist mit acc. Gen. 32, 5. Deut. 3, 18; selten mit לְ Ex. 1, 22, in welchem Falle ein acc. der Sache hinzutritt Deut. 33, 4. Jer. 32, 23, oder der Befehl nicht unmittelbar ergeht Neh. 9, 14; daher לְ mit *in Betreff* zu übersetzen Num. 9, 8. 32, 28. וְהוּא צִוָּה לִי *er hat mir bestellen lassen* 1 Sam. 20, 29. לֹא צִיָּה *verbieten* Deut. 17, 3; part. מְצַוֶּה *Herr, Gebieter* Jes. 55, 4.

Pual pf. צֻוָּה, 1 sg. צֻוֵּיתִי; fut. יְצֻוֶּה *befehligt, beordert werden* Gen. 45, 19. Ex. 34, 34. Lev. 8, 35. וַאדֹנִי צֻוָּה בַיהוָה *mein Herr hat hat von Gott den Befehl erhalten* Num. 36, 2.

צָוַח* fut. 3 pl. ps. יִצְוָחוּ *schreien* Jes. 42, 11.

צְוָחָה f. cs. צִוְחַת, suff. צִוְחָתֵךְ *Geschrei* Jes. 24, 11. Jer. 14, 2. 46, 12. Ps. 144, 14.

צוּלָה f. *Tiefe* (des Flusses oder Meeres) Jes. 44, 27.

צוּם* pf. 1 sg. צַמְתִּי, 2 pl. suff. צַמְתֻּנִי; part. צָם; fut. וַיָּצָם, ps. וַיָּצוֹם, 3 pl. יָצֻמוּ—יָצוּמוּ; inf. abs. צוֹם *fasten* 2 Sam. 1, 12. 12, 16. 22. 23. 1 Kön. 21, 27. הֲצוֹם צַמְתֻּנִי אָנִי *fastet ihr für mich?* Zach. 7, 5.

צוֹם m. suff. צֹמְכֶם, pl. צוֹמוֹת *das Fasten* 2 Sam. 12, 16. Jes. 58, 3. Est. 9, 31.

צוֹעַר s. צָעַר.

צוּעָר (*Kleiner*) n. pr. m. Num. 1, 8. 2, 5. 7, 18. 23. 10, 15.

צוּף pf. 3 pl. צָפוּ *hinströmen* Klagel. 3, 54.

Hifil pf. הֵצִיף; fut. וַיָּצֶף *hinströmen lassen* Deut. 11, 4; *schwimmen machen* 2 Kön. 6, 6.

צוּף 1) m. pl. צוּפִים *Honigwabe* oder *-Zelle* Ps. 19, 11. Spr. 16, 24. 2) n. pr. a) Vorfahr des Samuel 1 Sam. 1, 1. 1 Chr. 6, 20 Kri (Ktib צִיף) vielleicht = צוֹפַי 1 Chr. 6, 11. b) Name einer Landschaft in Palästina 1 Sam. 9, 5.

צוֹפַח n. pr. m. 1 Chr. 7, 35. 36.

צוֹפַי s. צוּף.

צוֹפִים n. pr. Beiname v. Ramataim 1 Sam. 1, 1.

צֹפַר—צוֹפַר n. pr. eines der Freunde Hiob's aus Naama Hiob 2, 11. 11, 1. 20, 1. 42, 9.

צוּץ* pf. צָץ *blühen* Ezech. 7, 10.

Hifil fut. יָצִיץ—וַיָּצֵץ; part. מֵצִיץ 1) *hervorsprossen lassen* Num. 17, 23; *Blüthen treiben, blühen* Ps. 90, 6. 103, 15; bildlich: Jes. 27, 6. Ps. 92, 8. 2) *glänzen* Ps. 132, 18; *hereinblicken* Hohel. 2, 9.

צוּק* pf. 3 pl. צָקוּן, fut. יָצוּק *ergiessen* Hiob 29, 6 (sonst ist יָצוּק part. II v. יָצַק s. d.). צָקוּן לַחַשׁ *sie ergiessen leises Flehen* Jes. 26, 16.

Hifil pf. הֵצִיק; 3 sg. f. suff. הֱצִיקַתְנִי, הֱצִיקַתְהוּ, 1 sg. וַהֲצִיקוֹתִי *bedrängen* mit לְ Deut. 28, 53. 55. 57. Richt. 16, 16. Jes. 29, 2. 7. Jer. 19, 9; mit acc. (suff.) Richt. 14, 17. Hiob 32, 18; part. מֵצִיק *Bedränger* Jes. 51, 13.

Hofal part. מוּצָק *bedrängt werden* Jes. 8, 23 (vgl. מוּצָק).

צוֹק m. *Bedrängniss* Dan. 9, 25.

צוּקָה f. *Bedrängniss* Jes. 8, 22. 30, 6. Spr. 1, 27.

צוֹר s. צַר.

צוּר pf. 2 sg. צַרְתָּ, suff. צַרְתַּנִי; part. pl. צָרִים; fut. יָצַר; 2 sg. תָּצַר—תָּצוּר, suff. תְּצֻרֵם; 3 pl. יָצֻרוּ; inf. צוּר; imp. f. צוּרִי 1) *zusammenbinden, einbinden* Deut. 14, 25. 2 Kön. 5, 23. 12, 11. 2) *einschliessen* mit אֶל 1 Sam. 23, 8; mit לְ 2 Chr. 28, 20; mit עַל der Person und acc. der Sache (*womit* man einschliesst) Jes. 29, 3. Hohel. 8, 9; mit עַל eine Stadt *belagern* Deut. 20, 12. 19. 2 Kön. 6, 24. 17, 5. mit acc. 1 Chr. 20, 1. 3) *angreifen* mit acc. Deut. 3, 9. 19; *bedrängen* Jes. 21, 2; mit acc. Ex. 23, 22; mit לְ 1 Kön. 8, 37. 4) *bilden, verfertigen* Ex. 32, 4. Jer. 1, 5 Ktib (אֶצּוֹרְךָ). Ps. 139, 5.

צוּר m. suff. צוּרִי, pl. צֻרִים 1) *Stein, Fels* Ex. 17, 6. Num. 23, 9. Hiob 22, 24; adj. *steinern* Jos. 5, 2. 3 und daher צוּר חַרְבּוֹ *sein scharfes Schwert* Ps. 89, 44; als Bild des Schutzes Ps. 27, 5. 61, 3; daher sehr häufig von Gott gebraucht Deut. 32, 4. 15. 18. 30. 31. 37. 1 Sam. 2, 2. Ps. 62, 8. 92, 16. 2) *Gestalt* Ps. 49, 15 Kri. 3) n. pr. a) Fürst von Midjan Num. 25, 15. 31, 8. Jos. 13, 21. b) 1 Chr. 8, 30. 9, 36. c) חֶלְקַת הַצֻּרִים Ortsname 2 Sam. 2, 16. ebenso צוּר־עוֹרֵב Richt. 7, 25.

צַוָּר m. suff. צַוָּרֵם *Hals* Neh. 3, 5 (vgl. צַוָּאר).

צוּרָה f. cs. צוּרַת, suff. צוּרָתוֹ, pl. suff. צוּרֹתָיו 1) *Gestalt* Ezech. 43, 11. 2) *Fels* Hiob 28, 10.

[צַוְּרוֹן] m. pl. suff. צַוְּרֹנָיִךְ *Hals* Hohel. 4, 9.

צוּרִיאֵל (*Gott ist Fels*) n. pr. m. Num. 3, 35.

צוּרִישַׁדָּי (*der Allmächtige ist Fels*) n. pr. m. Num. 1, 6. 2, 12. 7, 36. 41. 10, 19.

צות s. יָצַת.

צַח adj. *glänzend, hell, heiter* Jes. 18, 4; *weiss* Hohel. 5, 10; *scharf, heftig* Jer. 4, 11; pl. f. צחות als adverb. *klar, verständlich* Jes. 32, 4.

צִיחָא—צִחָא n. pr. m. Esra 2, 43. Neh. 7, 46. 11, 21.

צִחֶה adj. cs. צִחֵה *lechzend* Jes. 5, 13.

צָחַח pf. 3 pl. צַחוּ *glänzend, weiss sein* Klagel. 4, 7.

[צִחְחִי] m. pl. צְחִחִיִּם *dürre Orte* Neh. 4, 7 Ktib.

צְחִיחַ m. *Dürre* mit gen. סֶלַע *dürrer Felsen* Ezech. 24, 7. 8. 26, 4. 14.

צְחִיחָה f. *dürres Land* Ps. 68, 7.

צַחֲנָה f. suff. צַחֲנָתוֹ *Gestank* Joel 2, 20.

[צַחְצָחָה] f. pl. צַחְצָחוֹת *dürre Gegend* Jes. 58, 11.

צָחַק* fut. יִצְחַק—יִצְחָק *lachen* Gen. 17, 17. 18, 12. 13. 15; *über* Jemand. mit ל Gen. 21, 6. Piel fut. יְצַחֵק; inf. צַחֵק *Scherz treiben* Gen. 19, 14. 21, 9. 26, 8. Richt. 16, 25; *spotten* mit ב Gen. 39, 14. 17.

צְחֹק m. *Gelächter* Gen. 21, 6. Ezech. 23, 32.

צַחַר m. ps. צָחַר *Glanz, Helle* Ezech. 27, 18.

[צָחֹר] adj. pl. f. צְחֹרוֹת *glänzend weiss* Richt. 5, 10.

צֹחַר (*Glanz*) n. pr. m. 1) Gen. 23, 8. 2) Gen. 46, 10. Ex. 6, 15 = זֶרַח Num. 26, 13. 1 Chr. 4, 24. 3) 1 Chr. 4, 7.

צִי m. pl. צִים *Schiff* Num. 24, 24. Jes. 33, 21. Ezech. 30, 9 (vgl. צִיָּה u. צִיִּי).

צִיבָא n. pr. m. 2 Sam. 9, 2. 16, 1.

צַיִד m. cs. צֵיד, suff. צֵידִי *Jagd* Gen. 10, 9. 25, 27. 27, 30; *das Erjagte, Wildpret* Gen. 27, 5. Lev. 17, 13; überhaupt *Nahrung* Ps. 132, 15. Hiob 38, 41; *Reisezehrung* Jos. 9, 5. 14.

[צַיָּד] m. pl. צַיָּדִים *Jäger* Jer. 16, 16.

צֵדָה—צֵידָה f. *Wildpret* Gen. 27, 3 Ktib; *Nahrung* Ps. 78, 25, besonders *Reisezehrung* Gen. 42, 25. Ex. 12, 39. Jos. 1, 11. Richt. 20, 10. 1 Sam. 22, 10.

צִדוֹן—צִידֹן—צִידוֹן n. pr. Sohn des Kanaan Gen. 10, 15 und phönizische Stadt *Sidon* Gen. 49, 13, auch צִידוֹן רַבָּה *Gross-Sidon* genannt Jos. 11, 8; überhaupt für *Phönizien* Deut. 3, 9. Jes. 23, 2. 4; n. gent. צִידֹנִי Richt. 3, 3. Ezech. 32, 30; pl. צִדֹנִים—צִידֹנִים Esra 3, 7. 1 Chr. 22, 4. צִידֹנִין 1 Kön. 11, 33; fem. צִדֹנִית 1 Kön. 11, 1.

צִיָּה f. pl. צִיּוֹת 1) *Dürre, Trockenheit* Hiob 24, 19. אֶרֶץ צִיָּה *Wüste* Ps. 63, 2; eben so pl. Ps. 105, 41.

צָיוֹן m. *trockene Gegend* Jes. 25, 5. 32, 2.

צִיּוֹן n. pr. *Zion*, der südwestliche Hügel Jerusalems 2 Sam. 5, 7; bei Dichtern sehr häufig gleichbedeutend mit *Jerusalem* Jes. 10, 24. Ps. 149, 2 u. s. w.

צִיּוּן m. pl. צִיֻּנִים *Steinmal, Wegezeichen* 2 Kön. 23, 17. Jer. 31, 21. Ezech. 39, 15.

[צִיִּי] m. pl. צִיִּים 1) *Wüstenbewohner* Jes. 23, 13. Ps. 72, 9. 74, 14; *Wüstenthiere* Jes. 13, 21. 34, 14. Jer. 50, 39. 2) *Schiff* Dan. 11, 30.

צִינֹק m. *Gefängniss* Jer. 29, 26.

צִיעֹר n. pr. Ort in Juda Jos. 15, 54.

צִיף s. צוּף.

צִיץ m. pl. צִצִּים 1) *Blüthe, Blume* Num. 17, 23. Jes. 28, 1. 40, 7. Ps. 103, 15; pl. *blüthenähnliche Verzierung* 1 Kön. 6, 29. 32. 35. 2) *Stirnblech* des Hohepriesters Ex. 28, 36. 39, 30. Lev. 8, 9. 3) n. pr. eines Ortes 2 Chr. 20, 16.

צִיצָה f. cs. צִיצַת *Blüthe* Jes. 28, 4.

צִיצִת f. 1) *Troddel, Quaste* (*Schaufäden*) Num. 15, 38. 39. 2) *Haupthaar, Locke* Ezech. 8, 3.

צִיקְלַג s. צִקְלַג.

צִיר m. suff. צִירָהּ, pl. צִירִים, cs. צִירֵי, suff. צִירֵי, צִירֶיהָ 1) *Angel* (der Thür) Spr. 26, 14. 2) *Bote* Jes. 18, 2. Jer. 49, 14. Obadj. 1, 1. Spr. 13, 17. 3) *Schmerz* 1 Sam. 4, 19. Jes. 13, 8. 21, 3. Dan. 10, 16. 4) *Bild* Jes. 45, 16. Ps. 49, 15 Ktib.

[צִיר] Hitp. pf. הִצְטַיָּרוּ *sich* (als Boten) *auf den Weg machen* Jos. 9, 4.

צֵל m. suff. צִלּוֹ—צִלְּלוֹ—צִלִּי, pl. צְלָלִים, cs. צִלְלֵי *Schatten* Richt. 9, 15. 36. Jer. 6, 4. Hiob 40, 22. Hohel. 4, 6; häufig als Bild des Schutzes Num. 14, 9. Richt. 9, 15. Ps. 57, 2.

[צְלָא] aram. Pael part. מְצַלֵּא, pl. מְצַלִּין *beten* Dan. 6, 11. Esra 6, 10.

צָלָה fut. אֶצְלֶה; inf. צְלוֹת *braten* 1 Sam. 2, 15. Jes. 44, 16. 19.

צִלָּה n. pr. f. Gen. 4, 19. 22.

צָלוּל s. צְלִיל.

*צָלֵחַ fut. יִצְלַח; imp. צְלַח *gehen, hindurchgehen* 2 Sam. 19, 18; *eindringen in* mit acc. Amos 5, 6; *über Jemd. kommen* Richt. 14, 6. 1 Sam. 10, 6; *etwas durchsetzen, guten Fortgang haben* Num. 14, 41. Jes. 54, 17. Jer. 12, 1. 22, 30. Ps. 45, 5; *tauglich sein zu...* mit לְ Ezech. 15, 4.

Hifil pf. הִצְלִיחַ; fut. יַצְלִיחַ — יַצְלַח; imp. הַצְלִיחָה — הַצְלַח *beglücken, gelingen lassen* Gen. 24, 42. Ps. 118, 25; mit u. ohne Obj. דֶּרֶךְ *Glück haben* Gen. 39, 2. Deut. 28, 29. 1 Kön. 22, 12. Ps. 1, 3.

[צְלַח] aram. Hafel pf. הַצְלַח; part. מְצַלַּח, pl. מְצַלְחִין *Glück gewähren* mit לְ Dan. 3, 30; *gedeihen, Fortgang haben* Dan. 6, 29. Esra 5, 8. 6, 14.

[צְלָחָה] f. pl. צְלָחוֹת *Schüssel* 2 Chr. 35, 13.

צְלֹחִית f. *Schüssel* 2 Kön. 2, 20.

צַלַּחַת f. ps. צַלָּחַת *Schüssel* 2 Kön. 21, 13. Spr. 19, 24. 26, 15.

צָלִי m. ps. צָלִי *Gebratenes* Ex. 12, 8. 9. Jes. 44, 16.

[צְלִיל] m. cs. צְלִיל *runder Kuchen* Richt. 7, 13. Kri (Ktib צְלוּל).

*צָלַל fut. 3 pl. f. תְּצִלֶּינָה—תְּצִלֶּנָה 1) *versinken* Ex. 15, 10. 2) *zusammenschlagen* (von Thoren, die geschlossen werden) Neh. 13, 19; von Lippen, die zitternd *zusammenschlagen* Hab. 3, 16. 3) *gellen* 1 Sam. 3, 11. 2 Kön. 21, 12. Jer. 19, 3.

Hifil part. מֵצַל *Schatten gebend* Ezech. 31, 3.

צְלֶלְפּוֹנִי (*Schutz des sich mir Zuwendenden*) n. pr. f. (mit Art.) 1 Chr. 4, 3.

צֶלֶם m. suff. צַלְמוֹ, pl. cs. צַלְמֵי, suff. צַלְמָיו, צַלְמֵיכֶם *Schattenbild* (vergängliches) Ps. 39, 7; überhaupt *Bild, Abbild* Gen. 1, 26; *Nachbildung* einer Gestalt 1 Sam. 6, 5. Ezech. 16, 17; *Götzenbild* 2 Kön. 11, 18. Amos 5, 26.

צְלֵם—צֶלֶם aram. m. emph. צַלְמָא *Bild, Gestalt* Dan. 2, 31. 3, 5; *Aussehen* Dan. 3, 19.

צַלְמוֹן n. pr. 1) m. 2 Sam. 23, 28 = עִילַי 1 Chr. 11, 29. 2) Name eines Berges nahe bei Sichem Richt. 9, 48. Ps. 68, 15.

צַלְמָוֶת f. *Dunkelheit, Düster*, nur dichterisch Jes. 9, 1. Jer. 2, 6. Amos 5, 8. Ps. 23, 4. Hiob 3, 5.

צַלְמֹנָה n. pr. Lagerplatz der Israeliten in der Wüste Num. 33, 41. 42.

צַלְמֻנָּע n. pr. König von Midjan Richt. 8, 5. 21.

*צָלַע part. צֹלֵעַ, f. צֹלֵעָה *hinken* Gen. 32, 32. Micha 4, 6. 7. Zef. 3, 19.

צֶלַע f. (1 Kön. 6, 34 m.) suff. צַלְעִי, pl. צְלָעִים 1) *Fall, Sturz* Jer. 20, 10. Ps. 35, 15. 38, 18. 2) *Seite* Ex. 26, 26; *Thürflügel* 1 Kön. 6, 34.

צֵלָע f. cs. צֶלַע 1) *Rippe* Gen. 2, 22. 2) *Seite* 2 Sam. 16, 13; *Seitengemach* 1 Kön. 6, 8. Ezech. 41, 5. 3) n. pr. Stadt in Benjamin Jos. 18, 28. 2 Sam. 21, 14.

[צַלְעָה] f. pl. צְלָעוֹת, cs. צַלְעוֹת, suff. צַלְעֹתָיו 1) *Rippe* Gen. 2, 21. 2) *Seite* Ex. 25, 14. 27, 7. 30, 4; *Seitengemach, Seitenbau* 1 Kön. 6, 5. Ezech. 41, 6. 3) *Gerüst eines Hauses* 1 Kön. 6, 15. 16.

צָלָף n. pr. m. Neh. 3, 30.

צְלָפְחָד n. pr. m. Num. 26, 33. 27, 1. 36, 2.

צֶלְצַח n. pr. Stadt in Benjamin 1 Sam. 10, 2.

צְלָצַל m. cs. צִלְצַל, pl. צֶלְצְלִים, cs. צִלְצְלֵי 1) *das Schwirren, Rauschen*; daher Name eines rauschenden Instruments (*Cymbeln, Castagnetten*) 2 Sam. 6, 5. Ps. 150, 5. צִלְצַל כְּנָפַיִם *rauschende Flügel* (*die vom Winde geblähten Segel*) Jes. 18, 1. 2) *Grille* Deut. 28, 42. 3) *Harpune* Hiob 40, 31.

צֶלֶק n. pr. m. 2 Sam. 23, 37. 1 Chr. 11, 39.

צִלְּתַי (*Gott ist Schutz*) n. pr. m. 1 Chr. 8, 20. — 12, 20.

צָמֵא pf. 2 sg. f. צָמֵת, 1 sg. צָמִתִי (beide Formen wie von צָמָה), fut. יִצְמָא *dürsten, Durst leiden* Ex. 17, 3. Richt. 4, 19. Jes. 49, 10. Rut 2, 9; bildlich *sich sehnen nach...* mit לְ Ps. 42, 3. 63, 2.

צָמָא m. suff. צְמָאִי *Durst* Ex. 17, 3. Ps. 69, 22. 104, 11; *Dürre* Ezech. 19, 13.

צָמֵא adj. f. צְמֵאָה, pl. צְמֵאִים *durstig* Jes. 55, 1; *vertrocknet* Deut. 29, 18. Jes. 44, 3.

צִמְאָה f. *Durst, Trockenheit* Jer. 2, 25.

צִמָּאוֹן m. *Durst* Deut. 8, 15. Jes. 35, 7. Ps. 107, 33

*[צָמַד] Nifal fut. וַיִּצָּמֶד *sich anschliessen, sich weihen* mit לְ Num. 25, 3. 5. Ps. 106, 28.

Pual part. f. ps. מְצֻמֶּדֶת *eng anschliessend* 2 Sam. 20, 8.

Hifil fut. 3 sg. f. תַּצְמִיר *zusammenbringen*, bildlich: *ersinnen* Ps. 50, 19.

צֶמֶד m. suff. צִמְדּוֹ, pl. צְמָדִים, cs. צִמְדֵּי 1) *Gespann, Paar* Richt. 19, 10. 1 Kön. 19, 19. Jes. 21, 7. Jer. 51, 23. Hiob 1, 3. 2) als Maass: *das von einem Gespann Rinder in einem Tage umpflügte Feld* 1 Sam. 14, 14. Jes. 5, 10.

צַמָּה f. suff. צַמָּתֵךְ *Schleier* Jes. 47, 2. Hohel. 4, 1.

[צִמּוּק] m. pl. צִמֻּקִים—צִמּוּקִים in eine Form gepresste *Weintrauben, Rosinenkuchen* 1 Sam. 25, 18. 30, 12. 2 Sam. 16, 1. 1 Chr. 12, 40.

***צָמַח** fut. יִצְמַח, 3 pl. f. תִּצְמַחְנָה *hervorspriessen, wachsen* Gen. 41, 6. Ex. 10, 5. Lev. 13, 37; bildl.: Jes. 42, 9. Hiob 5, 6; mit acc. *hervorbringen* Koh. 2, 6.

Piel fut. יְצַמַּח; inf. צַמֵּחַ *wachsen* (vom Haare) Richt. 16, 22. 2 Sam. 10, 5.

Hifil fut. יַצְמִיחַ—יַצְמַח *hervorspriessen lassen* Gen. 2, 9. Ps. 104, 14; *Triebkraft verleihen* Jes. 55, 10; *hervorbringen lassen* mit doppelt. accus. Ps. 147, 8; *hervorbringen* Gen. 3, 18. Deut. 29, 22. Jes. 61, 11.

צָמֶד s. צָמִיד.

צֶמַח m. suff. צִמְחָהּ *Spross, Gewächs* Gen. 19, 25. Ps. 65, 11; prophetischer Name des *Messias* (Jer. 23, 5. 33, 15) Zach. 3, 8. 6, 12.

צֹמֵחַ adj. *sprossend, wachsend* Ezech. 16, 7.

צָמִיד m. pl. צְמָדִים—צְמִידִים 1) *Armband, Spange* Gen. 24, 22. 30. Num. 31, 50. Ezech. 16, 11. 2) *Deckel* Num. 19, 15.

צַמִּים m. *Schlinge* (n. A. *Räuber*) Hiob 5, 5. 18, 9.

צְמִתֻת—צְמִיתֻת f. eigentl. *Vertilgung*, daher לִצְמִתֻת *gänzlich, für immer* Lev. 25, 23. 30.

***צָמַק** *verdorren, austrocknen* Hos. 9, 14.

צִמֻּק s. צִמּוּק.

צֶמֶר m. ps. צָמֶר, suff. צַמְרִי *Wolle* Lev. 13, 52. Hos. 2, 7; als Bild der weissen Farbe Jes. 1, 18. Ps. 147, 16. בֶּגֶד צֶמֶר *wollenes Kleid* Lev. 13, 47; dafür bloss צֶמֶר Jes. 51, 8.

צְמָרִי n. gent. einer phönizischen Stadt Gen. 10, 18.

צְמָרַיִם n. pr. 1) Stadt in Benjamin Jos. 18, 22. 2) Name eines Berges 2 Chr. 13, 4.

צַמֶּרֶת f. suff. צַמַּרְתּוֹ *Laub, Blätterschmuck* Ezech. 17, 3. 22. 31, 3. 10. 14.

***צָמַת** *hinwegraffen, zerstören* Klagel. 3, 53.

Nifal pf. 1 sg. נִצְמַתִּי, 3 pl. ps. נִצְמָתוּ *hinweggerafft werden* Hiob 6, 17. 23, 17.

Piel pf. 3 sg. f. suff. צִמְּתַתְנִי *hinwegraffen, verzehren* Ps. 119, 139.

Pilel pf. 3 pl. suff. צִמְּתוּתֻנִי *hinwegraffen* Ps. 88, 17.

Hifil pf. 2 sg. הִצְמַתָּה; fut. 3 sg. suff. יַצְמִיתֵם; imp. suff. הַצְמִיתֵם *hinwegraffen, vernichten* 2 Sam. 22, 41. Ps. 54, 7. 73, 27. 94, 23.

צְמִתֻת s. צְמִיתֻת.

[צֵן] m. pl. צִנִּים *Dorn, Stachel* Spr. 22, 5. אַל־מִצְּנִים *sogar aus den* (mit) *Dornen* (umhegten Räumen) Hiob 5, 5.

צִן n. pr. mit He loc. צִנָה—צִנָּה Wüste südlich von Palästina Num. 13, 21. 27, 14. 34, 4. Jos. 15, 3.

צֹנֶא s. צֹאן.

צִנָּה f. cs. צִנַּת, pl. צִנּוֹת 1) *Stachel, Haken* Amos 4, 2. 2) *Schild* 1 Kön. 10, 16. 2 Chr. 11, 12; bildlich: *Schutz* Ps. 91, 4. 3) *Kälte* Spr. 25, 13.

צִנָה—צִנָּה s. צִן.

צֹנֶה m. Ps. 8, 8 = צֹאן *Kleinvieh.*

צָנוֹף s. צָנִיף.

צִנּוֹר m. pl. suff. צִנּוֹרֶיךָ *Rohr, Wasserleitung* 2 Sam. 5, 8; überhaupt *Strömung* Ps. 42, 8.

***צָנַח** fut. 3 sg. f. תִּצְנַח *sich herabbeugen* Jos. 15, 18. Richt. 1, 14; *eindringen* Richt. 4, 21.

[צָנִין] m. pl. צְנִנִּים—צְנִינִם *Dorn, Stachel* Num. 33, 55. Jos. 23, 13.

צָנִיף m. cs. צְנִיף, pl. צְנִיפוֹת *Turban, Kopfbund* Jes. 3, 23. 62, 3 (Kri, wo Ktib צְנוּף). Zach. 3, 5. Hiob 29, 14.

צָנַם part. pass. f. pl. צְנֻמוֹת *dürr* Gen. 41, 23.

צֹנֶן s. צֹאן.

***צָנַע** part. pass. pl. צְנוּעִים *demüthig, bescheiden* Spr. 11, 2.

Hifil inf. abs. הַצְנֵעַ *sich demüthig benehmen* Micha 6, 8.

***צָנַף** fut. יִצְנֹף, suff. יִצְנָפְךָ *sich umwinden* Lev. 16, 4; *zu einem Knäuel wickeln* mit doppelt. accus. Jes. 22, 18.

צְנֵפָה f. *Knäuel* Jes. 22, 18.

צִנְצֶנֶת f. *Krug, Flasche* Ex. 16, 33.

[צַנְתְּרָה] f. pl. cs. צַנְתְּרוֹת *Röhre* Zach. 4, 12.

***צָעַד** fut. יִצְעַד; inf. suff. צַעְדְּךָ *einherschreiten*, meist poëtisch Gen. 49, 22. Richt. 5, 4. 2 Sam. 6, 13. Spr. 7, 8; *Schritte machen* Jer. 10, 5.

Hifil fut. 2 sg. suff. תַּצְעִידֵהוּ *hingehen lassen* Hiob 18, 4.

צַעַד m. ps. צָעַד, suff. צַעֲדִי, pl. צְעָדִים, cs. צַעֲדֵי, suff. צְעָדַי *Schritt* 2 Sam. 6, 13. 22, 37. Spr. 30, 29. Hiob 14, 16. 18, 7.

צְעָדָה f. 1) *das Einherschreiten* 2 Sam. 5, 24. 1 Chr. 14, 15. 2) pl. צְעָדוֹת *Schrittkettchen* Jes. 3, 20.

***צָעָה** part. צֹעֶה, fem. צֹעָה, pl. צֹעִים *ausgiessen, ausleeren* Jer. 48, 12; *niederbeugen, besiegen* Jes. 63, 1; *sich niederbeugen* zur Buhlerei Jer. 2, 20; *gebeugt, niedergedrückt sein* Jes. 51, 14.

Piel pf. 3 pl. suff. צֵעֻהוּ *ausgiessen* (entvölkern) Jer. 48, 12.

צָעוֹר s. צָעִיר.

צָעִיף m. suff. צְעִיפָהּ *Schleier* Gen. 24, 65. 38, 14. 19.

צָעִיר (wofür zuweilen Ktib צָעוֹר) adj. u. subst. f. צְעִירָה, pl. צְעִירִים, cs. צְעִירֵי, suff. צְעִירֵיהֶם 1) *klein, jung* Gen. 25, 23. Richt. 6, 15. Hiob 32, 6; *unbedeutend* Dan. 8, 9; *der (die) Jüngere* Gen. 19, 31. 43, 33. Jos. 6, 26; *Untergebener* Jer. 14, 3. צְעִירֵי הַצֹּאן *Hirtenjungen* Jer. 49, 20. 2) n. pr. mit He loc. צָעִירָה Gebiet in Edom 2 Kön. 8, 21.

***צָעַן** fut. יִצְעַן *wandern* Jes. 33, 20.

צֹעַן n. pr. *Tanis*, Hauptstadt Unterägyptens, Residenz der Könige Num. 13, 22. Jes. 19, 11. 13. Ezech. 30, 14. Ps. 78, 12.

צַעֲנַנִּים Richt. 4, 11 Ktib — **צַעֲנַנִּים** Kri und Jos. 19, 33 n. pr. Ort in Naftali.

[צַעֲצֻעַ] m. pl. צַעֲצֻעִים *geschnitzte Arbeit* 2 Chr. 3, 10.

***צָעַק** fut. יִצְעַק, pl. יִצְעֲקוּ; inf. צְעֹק; imp. fem. צַעֲקִי ps. צְעָקִי; plur. צְעַקְנָה *schreien*, meist vom Klage- oder Hülfsgeschrei Ex. 22, 22. 1 Kön. 20, 39. 2 Kön. 8, 3. Jer. 22, 20. 49, 3. Neh. 9, 27; auch mit dem Obj. צְעָקָה *ein Geschrei erheben* Gen. 27, 34; überhaupt *laut schreien, lärmen* Jes. 42, 2.

Nifal fut. יִצָּעֵק *durch Geschrei* (zum Kriegsdienste) *zusammengerufen werden, sich versammeln* Richt. 7, 23. 24. 10, 17. 12, 1. 1 Sam. 13, 4. 2 Kön. 3, 21.

Piel part. מְצַעֵק *aufschreien* 2 Kön. 2, 12.

Hifil fut. וַיַּצְעֵק *zusammenrufen* 1 Sam. 10, 17.

צְעָקָה f. cs. צַעֲקַת, suff. צַעֲקָתוֹ *Klage-, Hülfsgeschrei* Ex. 3, 9. 11, 6. 22, 22. צַעֲקָתָהּ *das Geschrei über sie* Gen. 18, 21; eben so Gen. 19, 13.

***צָעַר** fut. 3 pl. יִצְעָרוּ, ps. יִצְעָרוּ *klein, unbedeutend sein* Jer. 30, 19. Zach. 13, 7. Hiob 14, 21.

צוֹעַר—צֹעַר n. pr. Stadt an der Südspitze des todten Meeres Gen. 13, 10. 14, 2. 8. 19, 22; später zu Moab gehörig Jes. 15, 5.

צְעָרָה f. suff. צְעָרָתוֹ *Jugend, jüngeres Alter* Gen. 43, 33.

***צָפַד** *kleben an* ... mit עַל Klagel. 4, 8.

***צָפָה** I part. צֹפֶה, f. צֹפִיָּה, pl. צֹפִים, suff. צֹפַיִךְ, f. צֹפוֹת; part. pass. צָפוּי (Hiob 15, 22 = צָפוּ); fut. יִצֶף, 3 pl. f. תִּצְפֶּינָה *blicken, schauen, ausschauen*, meist von der Höhe aus Gen. 31, 49. Ps. 66, 7. Spr. 15, 3. 31, 27. צֹפֶה *Hochwächter, Thurmwächter* 2 Sam. 18, 24. 2 Kön. 9, 17; und daher *Prophet* Jes. 52, 8. Jer. 6, 17; *ausersehen, bestimmen* Hiob 15, 22.

Piel pf. 1 pl. צִפִּינוּ; fut. אֲצַפֶּה; imp. צַפֵּה, f. צַפִּי *ausschauen, warten* Jer. 48, 19. Nah. 2, 2. מְצַפֶּה wie צֹפֶה im Kal Jes. 21, 6; *harren* Ps. 5, 4; *auf* Jem. mit אֶל Klagel. 4, 17; mit בְּ Micha 7, 7.

***[צָפָה]** II Piel צִפָּה; fut. וַיְצַף, suff. וַיְצַפֵּהוּ *belegen, überziehen mit* etwas, dopp. acc. Ex. 36, 34. 37, 2.

Pual part. מְצֻפֶּה, pl. מְצֻפִּים *ausgelegt, überzogen* Ex. 26, 32. Spr. 26, 23.

צָפָה f. suff. צָפָתֶךָ *der Ausfluss, Blut* Ezech. 32, 6.

צְפוֹ n. pr. m. Gen. 36, 11. 15 = צְפִי 1 Chr. 1, 36.

צִפּוּי m. *Ueberzug, Bekleidung* Ex. 38, 17. Num. 17, 3. Jes. 30, 22.

צָפוֹן 1) f. mit He loc. צָפֹנָה, cs. צְפוֹן—צְפוֹנָה *Norden* Gen. 13, 14. Jos. 8, 11. 15, 10. Richt. 21, 19; *Nordwind* Jes. 43, 6. Hohel. 4, 16. 2) Stadt in Gad Jos. 13, 27 (Richt. 12, 1).

צְפוֹן—צְפֹן n. pr. 1) einer ägyptischen Gottheit (*Typhon*) vollst. בַּעַל צְפוֹן, daher als Ortsname Ex. 14, 2. Num. 33, 17. 2) n. pr. Sohn des Gad (n. gent. צְפוֹנִי) Num. 26, 15 = צִפְיוֹן Gen. 46, 16.

צְפוֹנִי m. *der vom* צָפוֹן (*Typhon*) *herkommende* (*Heuschreckenzug*) Joel 2, 20 (vgl. צָפוֹן).

צָפוּעַ s. צֶפַע.

צִפֹּר—צִפּוֹר f. (m. Ps. 102, 8. 104, 17) pl. צִפֳּרִים *Vogel* Gen. 7, 14. Lev. 14, 4.

צַפַּחַת f. *Krug, Schale* 1 Sam. 26, 12. 1 Kön. 17, 12. 19, 6.

צְפִי s. צְפוֹ.

צְפִיָּה f. suff. צְפִיָּתֵנוּ *Warte* Klagel. 4, 17.

צִפְיוֹן s. צְפוֹן.

צַפִּיחִת f. *Kuchen* Ex. 16, 31.

צְפִין s. צָפַן.

[צְפִיעַ] m. pl. cs. צְפִיעֵי *Mist* Ezech. 4, 15 Kri (Ktib צְפוּעֵי).

צָפִיר m. cs. צְפִיר, pl. cs. צְפִירֵי *Bock* Dan. 8, 5. Esra 8, 35. 2 Chr. 29, 21.

[צְפִיר] aram. m. pl. cs. צְפִירֵי *Bock* Esra 6, 17.

צְפִרָה—צְפִירָה f. cs. צְפִירַת *Kranz* Jes. 28, 5; bildlich *Kreislauf, Glückswechsel, Missgeschick* Ezech. 7, 7. 10.

צָפִית f. *Thurmwacht* Jes. 21, 5.

*צָפַן part. pass. suff. צְפוּנֶךָ (Ps. 17, 14 Kri, wo Ktib צְפִינְךָ); fut. יִצְפֹּן, 3 sg. f. suff. תִּצְפְּנֵהוּ—תִּצְפְּנוּ *verbergen* Ex. 2, 2. Jos. 2, 4; *bergen, schützen* Ps. 27, 5. 31, 21. 83, 4; *vor* etwas, d. h. *fernhalten* Hiob 17, 4; *bewahren, verwahren* Ps. 31, 20. Hiob 10, 13. Hohel. 7, 14; daher צָפוּן *der Besitz* Ps. 17, 14. Hiob 20, 26; *bei sich aufnehmen* Spr. 27, 16; *auflauern* (eigentl. *heimlich Netze legen*) mit לְ Ps. 10, 8. Spr. 1, 11. 18.

Nifal נִצְפַּן *verborgen sein* Jer. 16, 17. Hiob 24, 1; *aufbewahrt sein* Hiob 15, 20.

Hifil fut. 2 sg. suff. תַּצְפְּנֵנִי; inf. suff. הַצְפִּינוֹ *verbergen* Ex. 2, 3; *bergen* Hiob 14, 13.

צְפַנְיָהוּ—צְפַנְיָה (*Gott schützt*) n. pr. 1) *Zefanja*, der bekannte Prophet Zef. 1, 1. 2) Jer. 21, 1. 29, 25. 29. 37, 3. 52, 24. 3) Zach. 6, 10. 14. 4) 1 Chr. 6, 21 = אוּרִיאֵל (s. d.).

צָפְנַת פַּעְנֵחַ n. pr. ägyptischer dem Josef beigelegter Name Gen. 41, 45.

צֶפַע m. *Basilisk* Jes. 14, 29.

[צְפִעָה] f. pl. צְפִעוֹת *wilde Sprösslinge* Jes. 22, 24.

צִפְעוֹנִי m. pl. צִפְעֹנִים *Basilisk* Jes. 11, 8. 59, 5. Jer. 8, 17. Spr. 23, 32.

*[צָפַף] Pilel fut. אֲצַפְצֵף, 2 sg. תְּצַפְצֵף; part. מְצַפְצֵף *zirpen, pipen* von Vögeln Jes. 10, 14. 38, 14: von dem aus der Erde kommmenden Laut der Geister Jes. 8, 19. 29, 4.

צַפְצָפָה f. *Weide, Flussstrauch* Ezech. 17, 5.

*צָפַר fut. יִצְפֹּר *umkehren* Richt. 7, 3.

צִפֹּר s. צִפּוֹר.

[צְפַר] aram. m. u. f. pl. צִפְּרִין, emph. צִפְּרַיָּא, cs. צִפְּרֵי *Vogel* Dan. 4, 9. 11. 30.

צְפַרְדֵּעַ m. (in collect. Bedeutg. f.) pl. צְפַרְדְּעִים *Frosch* Ex. 7, 28. 8, 2. Ps. 78, 45. 105, 30.

צִפֹּרָה (*Vogel*) n. pr. Frau des Moses Ex. 2, 21. 18, 2.

צְפִרָה s. צְפִירָה.

צִפֹּרֶן m. pl. suff. צִפָּרְנֶיהָ 1) *Nagel* am Finger Deut. 21, 12. 2) *Spitze* eines Stifts Jer. 17, 1.

צֶפֶת m. *Knauf, Capitäl* 2 Chr. 3, 15.

צְפַת n. pr. Stadt an der Südgrenze Palästina's Richt. 1, 17.

צְפָת n. pr. mit He loc. צְפָתָה Thal bei Marescha in Juda 2 Chr. 14, 9.

צִצִים s. צִיץ.

צַק s. יָצַק.

צִיקְלַג—צִקְלַג n. pr. Stadt im Süden Palästinas, zuerst zu Juda (Jos. 15, 31), dann zu Simeon (Jos. 19, 5), später den Philistern gehörig 1 Sam. 27, 6. Neh. 11, 28. 1 Chr. 11, 28. 12, 20.

[צִקְלוֹן] m. suff. צִקְלֹנוֹ *Tasche* 2 Kön. 4, 42.

צֻקַת s. יָצַק.

צַר m. suff. צָרִי, pl. צָרִים, cs. צָרֵי, suff. צָרַי, צָרֵימוֹ—צָרֵיהֶם 1) *Gegner, Feind*, meist dichterisch Gen. 14, 20. Deut. 32, 27. 41. Jes. 9, 10. Hiob 16, 9. Klagel. 1, 7. 2, 4. 2) *Drangsal, Noth* Jes. 26, 16. 30, 20. Amos 3, 11. Ps. 4, 2. Hiob 15, 24. 38, 23. בַּצַּר לְךָ *wenn dir Bedrängniss ist, wenn du in Noth bist* Deut. 4, 30. בַּצַּר־לִי *wenn ich in Noth bin* 2 Sam. 22, 7. Jes. 25, 4. Hos. 5, 15. Ps. 66, 14. 106, 44. 107, 6. 3) *Fels, Stein* Jes. 5, 28. 4) *Helle, Sonne* Jes. 5, 30.

צַר adj. f. צָרָה *eng* Num. 22, 26. 1 Sam. 2, 32; *drängend, treibend* Jes. 59, 19.

צֵר n. pr. Stadt in Naftali Jos. 19, 35.

צֹר m. *scharfer Stein* Ex. 4, 25. Ezech. 3, 9.

צֹר—צוֹר n. pr. *Tyrus*, die bekannte Hauptstadt Phöniziens 1 Kön. 7, 13. Jes. 23, 1. Jer. 25, 22. Ezech. 27, 3. Amos 1, 9; n. gent. צֹרִי 1 Kön. 7, 14; pl. צֹרִים Esra 3, 7.

*[**צָרַב**] Nifal pf. 3 pl. נִצְרְבוּ *erhitzt sein, glühen* Ezech. 21, 3.

[**צָרֵב**] adj. fem. צָרֶבֶת *glühend* Spr. 16, 27.

צָרֶבֶת f. *Entzündung* Lev. 13, 23. 28.

צְרֵדָה—צְרֵדָתָה n. pr. (mit Art.) Stadt im Gebirge Efraim 1 Kön. 11, 26. 2 Chr. 4, 17 (wofür 1 Kön. 7, 46 צָרְתָן).

צָרָה f. cs. צָרַת, mit He parag. צָרָתָה, suff. צָרָתִי, pl. צָרוֹת, suff. צָרוֹתָם, צָרֹתֵינוּ 1) *Nebenbuhlerin* 1 Sam. 1, 6. 2) *Noth*, *Drangsal* Gen. 35, 3. 42, 21. Deut. 31, 17. Ps. 34, 18. 2 Chr. 20, 9.

צְרוּיָה n. pr. Schwester Davids und Mutter des Joab, Abischai u. Asahel 2 Sam. 2, 18. 1 Chr. 2, 16.

צְרוּעָה n. pr. Mutter des Jerobeam 1 Kön. 11, 26.

צְרוֹר m. pl. צְרֹרוֹת 1) *Päckchen, Bündel, Sack* Gen. 42, 35. Hag. 1, 6. Spr. 7, 20; bildlich: das „*Bündel der Lebenden*" 1 Sam. 25, 29. 2) *Steinchen* 2 Sam. 17, 13; *Körnchen* Amos 9, 9 (צְרוֹר Spr. 26, 8 ist inf. v. צָרַר).

*__צָרַח__ *schreien* Zef. 1, 14.

Hifil fut. יַצְרִיחַ *schreien* Jes. 42, 13.

צְרַח s. צְרִיחַ.

צְרִי n. pr. m. 1 Chr. 25, 3 = יִצְרִי v. 11 (vergl. noch צְרִי).

צֳרִי (nach ו conj. וּצְרִי) m. ps. צֹרִי *Balsam* Gen. 37, 25. 43, 11. Jer. 8, 22. 46, 11. 51, 8. Ezech. 27, 17.

צְרִיחַ m. pl. צְרִחִים *Thurm* Richt. 9, 46. 1 Sam. 13, 6.

צֹרֶךְ m. suff. צָרְכֶּךָ *Bedürfniss* 2 Chr. 2, 15.

*__צָרַע__ part. pass. צָרוּעַ *aussätzig* Lev. 13, 44. 22, 4. Num. 5, 2.

Pual part. מְצֹרָע, fem. מְצֹרַעַת, pl. מְצֹרָעִים *mit Aussatz behaftet* Ex. 4, 6. Lev. 14, 2. Num. 12, 10. 2 Sam. 3, 29. 2 Kön. 5, 1. 27. 7, 3. 15, 5.

צִרְעָה f. *Hornisse* Ex. 23, 28. Deut. 7, 20. Jos. 24, 12.

צָרְעָה n. pr. Ort in Dan Jos. 15, 33. 19, 41. Richt. 13, 2. Neh. 11, 29; n. gent. צָרְעִי 1 Chr. 2, 54 — צָרְעָתִי 1 Chr. 2, 53. 4, 2.

צָרַעַת f. ps. צָרָעַת, suff. צָרַעְתּוֹ *Aussatz* Lev. 13, 2. 47. 2 Kön. 5, 3.

*__צָרַף__ pf. 3 sg. f. suff. צְרָפָתְהוּ; fut. אֶצְרֹף, suff. אֶצְרְפֵנִי; inf. צְרוֹף; imp. צָרְפָה (Ps. 26, 2 Kri, Ktib צְרוֹפָה) *glühen*, *schmelzen*, daher צֹרֵף *Goldschmidt* Richt. 17, 4. Jes. 40, 19; *läutern*, *reinigen* Jes. 1, 25. Zach. 13, 9. Ps. 12, 7. Häufig bildlich: *läutern* Ps. 18, 31. 105, 19. Spr. 30, 5; *prüfen* Ps. 26, 2. 66, 10; *auswählen* Richt. 7, 4.

Piel part. מְצָרֵף *Läuterer* Mal. 3, 2. 3.

צֹרְפִי n. pr. m. (mit Art.) Neh. 3, 31.

צָרְפַת n. pr. mit He loc. צָרְפָתָה *Sarepta*, phönizische Stadt 1 Kön. 17, 9. 10. Obadj. 1, 20.

*__צָרַר__ pf. 3 sg. צַר, fem. צָרָה, 3 pl. צָרְרוּ, suff. צְרָרוּנִי; fut. יָצַר; inf. צְרוֹר, cs. צְרֹר; imp. צוֹר 1) *zusammenbinden, festbinden, einbinden* Ex. 12, 34. Jes. 8, 16. Hos. 4, 19. Spr. 26, 8. 30, 4. Hiob 26, 8. 2) *einengen, bedrängen, anfeinden* mit acc. Num. 10, 9. 33, 55; mit לְ Num. 25, 18. צֹרֵר *Feind* Ex. 23, 22. Jes. 11, 13. Amos 5, 12. Est. 3, 10. 3) intrans. *eng sein* Jes. 28, 20. צַר לִי עָלֶיךָ *es ist mir leid um dich* 2 Sam. 1, 26 (vgl. auch צַר).

Pual part. pl. מְצֹרָרִים *zugebunden* Jos. 9, 4.

Hifil pf. הֵצַר, 1 sg. הֲצֵרֹתִי; fut. יָצֵרוּ; inf. הָצֵר; part. fem. מְצֵרָה *bedrängen* mit לְ Deut. 28, 52. Jer. 10, 18. Zef. 1, 17. Neh. 9, 27. בְּעֵת הָצֵר לוֹ *als er sich in Bedrängniss befand* 2 Chr. 28, 22. 33, 12. אִשָּׁה מְצֵרָה *ein Weib in Kindesnöthen* Jer. 48, 41. 49, 22.

צְרֹר s. צְרוֹר.

צְרֵרָה n. pr. mit He loc. צְרֵרָתָה Ortschaft in Manasse Richt. 7, 22.

צֶרֶת n. pr. m. 1 Chr. 4, 7.

צֶרֶת הַשַּׁחַר n. pr. Stadt in Ruben Jos. 13, 19.

צָרְתָן n. pr. mit He צָרְתָנָה Stadt in Manasse Jos. 3, 16. 1 Kön. 4, 12. 7, 46 (vgl. צְרֵדָה).

ק

קָא m. suff. קָאוֹ *Gespei* Spr. 26, 11.

קָאֵם—קָאם (hebr. u. aram.) s. קום.

קָאַת f. cs. קְאַת *Pelikan, Kropfgans* Lev. 11, 18. Deut. 14, 17. Jes. 34, 11. Zef. 2, 14. Ps. 102, 7.

קַב m. ein Getreidemaass 2 Kön. 6, 25.

קָבַב* pf. 3 sg. suff. קַבֹּה (=קַבּוֹ), 2 sg. suff. קַבֹּתוֹ; fut. אֶקֹּב, 2 sg. suff. תִּקֳּבֶנּוּ; inf. קֹב; imp. קָבָה־, suff. קָבְנוֹ *verfluchen* Num. 22, 11. 23, 8. 11. 13. 25. 27.

קֵבָה f. *Magen* (der Wiederkäuer) Deut. 18, 3.

[קֳבָה] f. קֳבָתָהּ *Bauch, Leib* Num. 25, 8.

קֻבָּה f. *Zelt, Gemach* Num. 25, 8.

[קִבּוּץ] m. pl. suff. קִבּוּצַיִךְ *Haufe, Schaar* Jes. 57, 13.

קְבוּרָה f. cs. קְבֻרַת—קְבוּרַת; suff. קְבֻרָתוֹ *Begräbniss* Jes. 14, 20. Jer. 22, 19. Koh. 6, 3. 2 Chr. 26, 23; *Grab* Gen. 35, 20. 47, 30. Deut. 34, 6. 2 Kön. 21, 26.

[קָבַל]* Piel fut. נְקַבֵּל; imp. קַבֵּל *annehmen* Spr. 19, 20. Hiob 2, 10; *befolgen* Est. 4, 4; *aufnehmen* 1 Chr. 12, 18; *auf sich nehmen* Est. 9, 23. 27. 2 Chr. 29, 16.

Hifil part. pl. f. מַקְבִּילֹת *gegenüberstehen* Ex. 26, 5.

[קְבַל] aram. Pael pf. קַבֵּל, fut. יְקַבְּלוּן, תְּקַבְּלוּן *empfungen* Dan. 2, 6; *übernehmen* Dan. 6, 1. 7, 18.

קֹבֶל m. suff. קָבְלוֹ *Sturmbock* Ezech. 26, 9.

קֳבֵל praep. *vor, in Gegenwart* 2 Kön. 15, 10.

קֳבֵל aram. 1) conj. כָּל־קֳבֵל דִּי *da, weil* Dan. 5, 12. 22; *ganz so wie* Dan. 2, 40. 6, 11. כָּל־קֳבֵל דְּנָה *in Folge dessen* Dan. 2, 12. 24. לָקֳבֵל דְּנָה *in Folge dessen* Esra 4, 16. לָקֳבֵל דִּי *sobald als* Esra 6, 13. 2) praep. לָקֳבֵל, suff. לָקָבְלָךְ *vor, in Gegenwart* Dan. 2, 31. 5, 1; *gegenüber* Dan. 3, 3. 5, 5.

קָבַע* fut. יִקְבַּע *hintergehen, übervortheilen* Mal. 3, 8. 9; *berauben* mit dopp. acc. Spr. 22, 23.

קֻבַּעַת f. *Becher* Jes. 51, 17. 22.

קָבַץ* fut. יִקְבֹּץ; inf. suff. קָבְצִי; imp. קְבֹץ, pl. קִבְצוּ *sammeln* Gen. 41, 35. 48. Deut. 13, 17. Ps. 41, 7; *versammeln* 1 Sam. 7, 5. 1 Kön. 18, 19. Zef. 3, 8. Neh. 5, 16. קֹבֵץ עַל־יָד *wer allmälig ansammelt* Spr. 13, 11.

Nifal pf. 3 pl. נִקְבְּצוּ, fut. pl. יִקָּבְצוּ *versammelt werden* Jes. 56, 8. 60, 7. Est. 2, 8; *sich versammeln* Gen. 49, 2. Jos. 10, 6. 1 Sam. 7, 6.

Piel pf. 3 sg. f. ps. קִבֵּצָה; fut. יְקַבֵּץ *einsammeln* Jes. 62, 9; *sammeln, versammeln* Jes. 56, 8. Micha 1, 7; *umfassen* Jes. 40, 11. 54, 7. קִבְּצוּ פָארוּר *sie nehmen Röthe an, sie erglühen (vor Angst)* Joel 2, 6. Nah. 2, 11.

Pual part. f. מְקֻבֶּצֶת *gesammelt* Ezech. 38, 8.

Hitp. fut. pl. יִתְקַבְּצוּ *sich versammeln* Richt. 9, 47. Jes. 44, 11.

קַבְצְאֵל (*von Gott gesammelt*) n. pr. Stadt in Juda Jos. 15, 21. 2 Sam. 23, 20 (vgl. יְקַבְצְאֵל).

קְבֻצָה f. cs. קְבֻצַת *Ansammlung* Ezech. 22, 20.

קִבְצַיִם (*Doppelsammlung*) n. pr. Levitenstadt in Efraim Jos. 21, 22.

קָבַר* fut. יִקְבֹּר; inf. קְבֹר, suff. קָבְרוֹ *begraben* Gen. 23, 6. 19. 50, 14. Deut. 34, 6.

Nifal fut. אֶקָּבֵר *begraben werden* Rut 1, 17.

Piel fut. 3 sg. suff. תְּקַבְּרֵם *begraben* Num. 33, 4. Hos. 9, 6.

Pual קֻבַּר *begraben werden* Gen. 25, 10.

קֶבֶר m. ps. קָבֶר, suff. קִבְרִי, pl. 1) קְבָרִים, cs. קִבְרֵי, suff. קְבָרֵינוּ, 2) קְבָרוֹת, cs. קִבְרוֹת, suff. קִבְרוֹתֶיךָ *Grab* Gen. 23, 6. 50, 5. Ex. 14, 11. Num. 19, 16. Richt. 8, 32. Jer. 26, 23. אֲחֻזַּת קֶבֶר *Erbbegräbniss* Gen. 23, 4; pl. קְבָרוֹת *Grabstätte, Grabgewölbe* 2 Kön. 22, 20. Hiob 21, 32. — קִבְרוֹת הַתַּאֲוָה (*Gräber der Lust*) n. pr. eines Lagerortes in der Wüste Num. Num. 11, 34. 33, 16. 17. Deut. 9, 22.

קְבֻרָה s. קְבוּרָה.

קָדַד* fut. יִקֹּד, 3 sg. f. תִּקֹּד, 1 sg. אֶקֹּד, pl. יִקְּדוּ *sich bücken* Gen. 24, 26. 48. 43. 28. 1 Sam. 24, 9. 1 Kön. 1, 16.

קִדָּה f. Rinde eines wohlriechenden Baumes, *Cassia* Ex. 30, 24. Ezech. 27, 19.

קְדוּמִים pl. m. *Vorzeit, uralte Zeit*, daher נַחַל קְדוּמִים *Thal, das aus uralter Zeit durch grosse Thaten berühmt war* Richt. 5, 21.

קָדֹשׁ—קָדוֹשׁ adj. und subst. cs. קְדוֹשׁ, suff. קְדֹשִׁי, pl. קְדֹשִׁים, suff. קְדוֹשָׁיו *heilig, rein*, sowohl von Gott Lev. 19, 2. Jes. 40, 25. 41, 20. Hab. 1, 12, als von Menschen Lev. 11, 44; besonders den Gott *Geweiheten* Lev. 21, 6. Num. 6, 5; von ihm *geweiheten* Stätten Ex. 29, 31 oder Tagen Neh. 8, 10; subst. auch von Engeln Zach. 14, 5. Ps. 89, 6. 8. Hiob 5, 1. 15, 15. Dan. 8, 13; endlich: *Heiliges, Heiligthum* Jes. 58, 13. Ps. 46, 5. 65, 5.

קָדַח* inf. קְדֹחַ *brennen, entbrennen* Deut. 32, 22. Jer. 15, 14; *anzünden* Jes. 50, 11. Jer. 17, 4; *verbrennen* Jes. 64, 1.

קַדַּחַת f. *hitziges Fieber* Lev. 26, 16. Deut. 28, 22.

קָדִים m. 1) *Vorder-*, d. h. *Ostseite, Osten* Ezech. 44, 1. קָדִימָה *nach Osten* Ezech. 40, 6. Hab. 1, 9. 2) *Ostwind* Ex. 10, 14. 14, 21; bekannt als sengender, schädlicher Wind Gen. 41, 6. Jona 4, 8; daher oft als Werkzeug der strafenden Thätigkeit Gottes Jes. 27, 8. Jer. 18, 17. Ps. 48, 8. Hiob 27, 22. 3) überhaupt *Wind* als Bild der Eitelkeit oder Nichtigkeit Hos. 12, 2. Hiob 15, 2.

קַדִּישׁ aram. adj. u. subst. pl. קַדִּישִׁין, cs. קַדִּישֵׁי *heilig* Dan. 4, 5; subst. *Heiliger, Engel* Dan. 4, 10. 20; pl. *die Heiligen, Israeliten* Dan. 7, 21. 22. 25.

[קָדַם]* Piel קִדַּמְתִּי; fut. אֲקַדֵּם; imp. קַדְּמָה 1) *vorangehen* Ps. 68, 26; etwas *früh (früher) thun*, mit folgd. verb. fin. Ps. 119, 147 oder inf. Jona 4, 2; *zuvorkommen* mit accus. Ps. 119, 148. 2) *entgegen kommen* im freundlichen Sinne, *empfangen, begrüssen* Ps. 79, 8. Hiob 3, 12, wie im feindlichen Sinne 2 Sam. 22, 6. 2 Kön. 19, 32; das, *womit* man entgegenkommt, *was* man entgegenbringt, *womit* man begrüsst mit ב Deut. 23, 5. Jes. 21, 14. Micha 6, 6. Ps. 95, 2 oder acc. Ps. 21, 4.

Hifil pf. suff. הִקְדִּימַנִי *entgegenkommen* mit acc. Hiob 41, 3; *schnell über Jemand. kommen* Amos 9, 10.

קֶדֶם m. mit He loc. קֵדְמָה, pl. cs. קַדְמֵי 1) *die Vorderseite, vorn* Ps. 139, 5; *nach vorn* Hiob 23, 8. 2) *Osten*. מִקֶּדֶם *vom Osten* Jes. 9, 11; *ostwärts* Gen. 11, 2. 13, 11; *im Osten* Gen. 2, 8. 12, 8; *östlich von* ... mit folgd. ל Gen. 3, 24. 12, 8. Num. 34, 11. בְּנֵי קֶדֶם *Söhne des Ostens*, Gesammtname der östlich von Palästina wohnenden Völker Gen. 29, 1. Richt. 7, 12; ähnlich אֶרֶץ קֶדֶם Gen. 25, 6. הַרְרֵי־קֶדֶם Num. 23, 7; bloss קֶדֶם *für Sitten des Morgenlandes* (Zauberei) Jes. 2, 6. 3) *Vorzeit, Urzeit* Ps. 44, 2. Hiob 29, 2. מִקַּדְמֵי־אָרֶץ *seit Urbeginn der Erde* Spr. 8, 23.

קֳדָם aram. praep. suff. קֳדָמַי, קֳדָמָךְ, קֳדָמוֹהִי u. s. w. *vor* Dan. 2, 9. 10. מִן־קֳדָם wie מִעַם oder מִלִּפְנֵי Dan. 2, 6. 15.

קַדְמָה f. cs. קַדְמַת, suff. קַדְמָתָהּ, קַדְמָתְכֶן, pl. suff. קַדְמוֹתֵיכֶם *Urzustand, früherer Zustand* Jes. 23, 7. Ezech. 16, 55. 36, 11. קַדְמַת *bevor* Ps. 129, 6.

[קַדְמָה] aram. f. מִן קַדְמַת דְּנָה *früher, vordem* Dan. 6, 11. Esra 5, 11.

[קִדְמָה] f. cs. קִדְמַת *vor* (= *diesseits*) Gen. 2, 14; *östlich* Gen. 4, 16. 1 Sam. 13, 5. Ezech. 39, 11.

קֵדְמָה 1) s. קֶדֶם. 2) n. pr. Sohn des Ismael Gen. 25, 15. 1 Chr. 1, 31.

קַדְמוֹן adj. fem. קַדְמֹנָה *östlich* Ezech. 47, 8.

קַדְמֹנִי—קַדְמוֹנִי adj. pl. קַדְמוֹנִים, f. קַדְמוֹנִיּוֹת 1) *östlich* Ezech. 10, 19. Joel 2, 20. Zach. 14, 8. 2) *früher, der alten Zeit angehörig* 1 Sam. 24, 14. Jes. 43, 18. Mal. 3, 4. Hiob 18, 20. 2) n. pr. eines kanaanitischen Stammes Gen. 15, 19.

קְדֵמוֹת n. pr. Levitenstadt in Ruben Jos. 13, 18. 1 Chr. 6, 64 und Wüste daselbst Deut. 2, 26.

[קַדְמַי] aram. adj. f. קַדְמָיְתָא, pl. קַדְמָיָא, f. קַדְמָיָתָא *früher, ehemalig* Dan. 7, 4. 8; *erster* Dan. 7, 24.

קַדְמִיאֵל n. pr. m. Esra 2, 40. 3, 9. Neh. 7, 43. 9, 4. 10, 10. 12, 8.

קַדְמֹנִי s. קַדְמוֹנִי.

קָדְקֹד m. suff. קָדְקֳדוֹ, קָדְקֳדֶךָ *Scheitel* Gen. 49, 26. Deut. 28, 35. 2 Sam. 14, 25.

קָדַר* *düster, finster sein* Joel 2, 10. Micha 3, 6; auch von dem durch Eis *verdeckten* Wasser Hiob 6, 16; bildlich *betrübt sein, trauern* Jer. 8, 21. קֹדֵר *betrübt* Ps. 35, 14. Hiob 5, 11.

Hifil pf. 1 sg. הִקְדַּרְתִּי; fut. אַקְדִּיר, suff. אַקְדִּירֵם *verfinstern* Ezech. 31, 15. 32, 7. 8.

Hitp. pf. הִתְקַדְּרוּ *verfinstert werden* 1 Kön. 18, 45.

קֵדָר n. pr. Sohn des Ismael Gen. 25, 13. 1 Chr

1, 29 und arabischer Stamm Jes. 21, 17. 42, 11. 60, 7. Jer. 2, 10. 49, 28. Ezech. 27, 21. Ps. 120, 5. Hohel. 1, 5.

קִדְרוֹן n. pr. eines Baches (und Thales) bei Jerusalem, der in das todte Meer fliesst 2 Sam. 15, 23. 1 Kön. 2, 37. 15, 13. 2 Kön. 23, 4. 6. Jer. 31, 40.

קַדְרוּת f. *Finsterniss* Jes. 50, 3.

קְדֹרַנִּית adv. *verdüstert, traurig* Mal. 3, 14.

קָדַשׁ* pf. 3 pl. ps. קָדְשׁוּ; fut. יִקְדַּשׁ *geheiligt, geweiht sein* Ex. 29, 21. Lev. 6, 11. Num. 17, 2. 3; *als heilig* (dem Heiligthum) *verfallen sein* Deut. 22, 9. קְדַשְׁתִּיךָ *ich bin für dich heilig* (darf also von dir nicht berührt werden) Jes. 65, 5.

Nifal fut. יִקָּדֵשׁ *geheiligt, geweiht werden* Ex. 29, 43; *sich als Heiligen bewähren* Lev. 10, 3. Num. 20, 13. Ezech. 20, 41.

Piel pf. 3 sg. קִדֵּשׁ, suff. קִדְּשׁוֹ: imp. קַדֵּשׁ—קַדֶּשׁ־ *heiligen, weihen* Ex. 13, 2. Lev. 16, 19. Jos. 7, 13. 1 Kön. 8, 64; *sühnen* Hiob 1, 5; *als heilig betrachten* Lev. 21, 8; *als heilig erkennen lassen* Deut. 32, 51; in weiterem Sinne: (durch weihende Feier) *vorbereiten* Ex. 19, 10. Jos. 7, 13; eben so *ansagen* eine Versammlung 2 Kön. 10, 20. Joel 2, 16; ein Fasten Joel 1, 14; einen Krieg Jer. 6, 4. וְלֹא יְקַדְּשׁוּ אֶת־הָעָם בְּבִגְדֵיהֶם *sie sollen in ihren heiligen Kleidern nicht mit dem Volke verkehren* Ezech. 44, 19; part. pl. מְקַדְּשֵׁיהֶם *ihre heiligen Stätten* Ezech. 7, 24.

Pual part. מְקֻדָּשׁ *geweiht, geheiligt* Ezech. 48, 11. Esra 3, 5. מְקֻדָּשָׁי *die von mir* (zum Kriege) *Berufenen* Jes. 13, 3.

Hifil הִקְדִּישׁ *für das Heiligthum bestimmen* Lev. 27, 14. Richt. 17, 3. 2 Sam. 8, 11; *zu heiligem Dienste weihen* Num. 3, 13. Jer. 1, 5; überhaupt *bestimmen zu* ... Jer. 12, 3; *als heilig erkennen lassen* Num. 20, 12. 27, 14; *als heilig verehren* Jes. 8, 13. 29, 23.

Hitp. fut. 3 pl. ps. יִתְקַדָּשׁוּ 1) *geweiht werden* Jes. 30, 29. 2) *sich als heilig bewähren* Lev. 11, 44. Ezech. 38, 23. 3) *sich* (durch weihende Gebräuche) *heiligen*, d. h. *reinigen, weihen* 2 Sam. 11, 4. Jes. 66, 17. 1 Chr. 15, 14; eben so *sich vorbereiten* Ex. 19, 22. Num. 11, 18. Jos. 7, 13. 1 Sam. 16, 5.

קָדֵשׁ m. pl. קְדֵשִׁים *Geweiheter*, d. h. dem unzüchtigen Dienst der Astarte, daher *Geschändeter, feiler Bube* Deut. 23, 18. 1 Kön. 14, 24. 15, 12. 22, 47. 2 Kön. 23, 7. Hiob 36, 14.

קֶדֶשׁ n. pr. mit He loc. קֶדְשָׁה—קֶדְשָׁה 1) Levitenstadt in Naftali Jos. 21, 32. Richt. 4, 6. 9. 10. 2) Levitenstadt in Isachar 1 Chr. 6, 57 = קִשְׁיוֹן Jos. 19, 20. 21, 28. 3) Stadt in Juda Jos. 15, 23.

קָדֵשׁ s. קָדוֹשׁ.

קֹדֶשׁ m. suff. קָדְשִׁי, pl. קֳדָשִׁים—קָדָשִׁים, cs. קָדְשֵׁי, suff. קָדְשִׁי, קָדְשְׁךָ, קָדָשֶׁיךָ, קָדְשֵׁיהֶם 1) *Heiligkeit, Reinheit*, sowohl von Gott Amos 4, 2. Ps. 60, 8, als bei Menschen und Sachen, wo es sehr häufig adjectivisch im gen. nachsteht הַר קָדְשִׁי *mein heiliger Berg* Ps. 2, 6. שָׂרֵי קֹדֶשׁ *die heiligen Fürsten* (Priester) Jes. 43, 28. 2) *das Geweihete, Geheiligte* Ex. 28, 36. Lev. 19, 8; sehr häufig, besonders im pl. von den *Opfergaben* Lev. 22, 15. Num. 5, 9. קֹדֶשׁ קָדָשִׁים *hochheilig* Ex. 30, 10. Lev. 21, 22. 3) *heiliger Ort, Heiligthum* Ex. 28, 43. Lev. 6, 23. Ps. 89, 36.

קְדֵשָׁה f. pl. קְדֵשׁוֹת *die Geweihete*, d. h. dem unzüchtigen Dienst der Astarte (vergl. קָדֵשׁ) Gen. 38, 21. Deut. 23, 18. Hos. 4, 14.

קָהָה* fut. 3 pl. f. תִּקְהֶינָה *stumpf werden* (von den Zähnen) als Bild der Strafe Jer. 31, 29. 30. Ezech. 18, 2.

Piel pf. קֵהָה *stumpf sein* Koh. 10, 10.

[קָהַל]* Nifal pf. pl. נִקְהֲלוּ; fut. יִקָּהֵל *sich versammeln* Lev. 8, 4; *sich zusammenrotten gegen* ... mit עַל Ex. 32, 1. Num. 16, 3.

Hifil fut. יַקְהֵל—יַקְהִיל—יַקְהִיל *versammeln* Ex. 35, 1. 1 Kön. 8, 1. 2 Chr. 5, 2; *eine Versammlung berufen* Hiob 11, 10.

קָהָל m. cs. קְהַל, suff. קְהָלְךָ, קְהַלְכֶם *Versammlung* Gen. 28, 3. Ex. 12, 6. Deut. 5, 19. Ezech. 38, 7. Ps. 22, 23. Jer. 31, 8.

קְהֵלָתָה n. pr. mit He loc. קְהֵלָתָה Lagerstätte der Israeliten Num. 33, 22. 23.

קְהִלָּה f. cs. קְהִלַּת *Gemeinde* Deut. 33, 4; *Versammlung* Neh. 5, 7.

קֹהֶלֶת (*Versammelnd*) n. pr. m. symbolischer Name des Verfassers des gleichnamigen Buches Koh. 1, 1. 7, 27 (fem.). 12, 8 (הַקּוֹהֶלֶת).

קְהָת n. pr. Sohn des Levi Gen. 46, 11; n. gent. קְהָתִי Num. 3, 27. Jos. 21, 4.

קַו—קָו m. suff. קַוָּם 1) *Schnur, Messschnur* 1 Kön. 7, 23 Kri (Ktib קָוֶה s. d.). Jes. 44, 13. Hiob 38, 5. 2 Chr. 4, 2; *Richtschnur, Gesetz* Jes. 28, 10. 17. Ps. 19, 5. 2) *Kraft*. קַו־קָו *stark, gewaltig* Jes. 18, 2. 7.

קוא* pf. 3 sg. f. קָאָה (st. קָאֲה) *ausspeien* Lev. 18, 28.

Hifil pf. 2 sg. suff. הֱקֵאתוֹ; fut. וַיָּקֵא, suff. וַיְקִאֵנוּ, 3 sg. f. תָּקֵא—תָּקִיא; 2 sg. m. suff. תְּקִיאֶנָּה *ausspeien, von sich geben* Lev. 18, 25. 28. 20, 22. Jona 2, 11. Spr. 23, 8. 25, 16. Hiob 20, 15.

קוֹבַע m. cs. קוֹבַע *Helm* 1 Sam. 17, 38. Ezech. 23, 24 (vgl. כּוֹבַע).

קָוָה* part. pl. cs. קוֵֹי, suff. קוֶֹיךָ, קוַֹי, קוֵֹי *vertrauen auf...* durch folgdn. Gen. (oder suff.) Jes. 49, 23. Ps. 25, 3. 37, 9. Klagel. 3, 25.

Nifal pf. 2 pl. נִקְווּ; fut. 3 pl. יִקָּווּ *sich versammeln* Gen. 1, 9.

Piel pf. 1 sg. קִוִּיתִי—קִוֵּיתִי suff. קִוִּיתִיךָ; fut. יְקַו—יְקַוֶּה; inf. קַוֵּה—קַוֹּה; imp. קַוֵּה *warten, harren, hoffen* mit acc. Ps. 25, 21. Hiob 7, 2; mit אֶל Jes. 51, 5. Ps. 27, 14; meist mit לְ Gen. 49, 18. Jes. 8, 17. 60, 9. Jer. 8, 15. Hiob 3, 9.

[**קָוֶה** Ktib 1 Kön. 7, 23. Jer. 31, 39. Zach. 1, 16 = קַו s. d.].

[**קוֹחַ** m. Jes. 61, 1 n. E. *Kerker*; vgl. פְּקַח־קוֹחַ].

קוּט* fut. אָקוּט, יָקוּט *verwerfen, Ueberdruss haben an...* mit בְּ Ps. 95, 10; mit acc. Hiob 8, 14 [קָט s. קָטַט].

Nifal pf. 3 sg. f. נָקֹטָה (statt נָקֹטָּה), 3 pl. נָקֹטּוּ, 2 pl. נְקֹטֹתֶם *Ekel empfinden an...* mit בְּ Ezech. 6, 9. 20, 43. 36, 31. Hiob 10, 1.

Hitp. fut. אֶתְקוֹטָט *sich ekeln* Ps. 119, 158; mit בְּ Ps. 139, 21.

קוֹל—קֹל m. suff. קוֹלִי, pl. קוֹלוֹת—קֹלֹת *Stimme* Gen. 27, 22; in weitester Ausdehnung von den verschiedensten Arten des Schalles, u. A. des *Donners* Ex. 9, 23. 20, 15, der dichterisch *Gottes Stimme* heisst Ex. 9, 28. Jes. 30, 30. קוֹל גָּדוֹל Deut. 5, 19 oder קוֹל רָם Deut. 27, 14 *laut*. קוֹל־אֶחָד *einstimmig* 2 Chr. 5, 13. Oft steht קוֹל adverb. für: *man ruft! horch!* Jes. 13, 4. 52, 8. 66, 6. Jer. 50, 28. Hiob 39, 24; eben so קוֹלִי *laut* Ps. 142, 2. קוֹלֵךְ Jes. 10, 30.

קוֹלָיָה (*Gottesstimme*) n. pr. m. Jer. 29, 21. — Neh. 11, 7.

קוּם* pf. קָם—קָאם (Hos. 10, 14), f. קָמָה, 1 sg. קַמְתִּי; part. קָם, pl. קָמִים—קוֹמִים (2 Kön. 16, 7); fut. יָקוּם—יָקֹם—יָקָם, 3 pl. יָקֻמוּ—יָקֻמוּ; —יְקוּמוּן; inf. abs. קוֹם, cs. קוּם, suff. קוּמִי; imp. קוּם—קֻם—קוּמָה, f. קוּמִי, pl. קוּמוּ—קֻמוּ, f. קֹמְנָה 1) *stehen* Jos. 3, 16. Hiob 19, 25. 30, 12; *bei* (Jemand) *stehen, beistehen* Ps. 94, 16; *bestehen, Bestand haben* Deut. 33, 11. Jer. 44, 29; *bestehen, bleiben, Geltung haben* Lev. 27, 14. Deut. 19, 15. 25, 6. Jos. 2, 11. 1 Sam. 24, 21. Hiob 15, 29; *weilen* Ps. 24, 3; *beharren* Jes. 32, 8; *starr sein* (von erblindeten Augen) 1 Sam. 4, 15. 2) *aufstehen* Gen. 19, 33. 27, 31. Ex. 21, 19. Deut. 6, 7; mit pleon. pron. Jos. 7, 10. Hohel. 2, 10; *sich erheben* (feindlich) *gegen...* mit בְּ Micha 7, 6; mit עַל Jes. 14, 22; mit אֶל Gen. 4, 8. 1 Sam. 24, 8; *entstehen* Hos. 10, 14. Oft steht קוּם nur als Einleitung zu einer Thätigkeit 2 Sam. 2, 14. Deut. 32, 38. Jes. 33, 10. Jer. 37, 10; daher der imp. sehr häufig als Aufforderung zu einer Thätigkeit: *auf! wohlan!* Gen. 13, 17. 19, 14. Num. 10, 35. Deut. 2, 13. Richt. 18, 9. 1 Kön. 14, 2. Ps. 3, 8. Part. pl. *Feinde, Gegner* Ex. 15, 7. 32, 25. Deut. 33, 11. 2 Sam. 22, 40. Jer. 51, 1. Klagel. 3, 62.

Piel pf. קִיֵּם; fut. אֲקַיְּמָה; inf. קַיֵּם; imp. suff. קַיְּמֵנִי *bestätigen* Ezech. 13, 6. Est. 9, 21; *abschliessen* (einen Vertrag) Rut 4, 7; *erhalten* (am Leben) Ps. 119, 28; *halten* (Eid) Ps. 119, 106.

Polel fut. יְקוֹמֵם *aufstellen* Micha 2, 8; *aufrichten* Jes. 44, 26. 58, 12. 61, 4.

Hifil pf. הֵקִים, 2 sg. וַהֲקֵמֹתָ, suff. הֲקִמֹתוֹ; 1 sg. הֲקִמֹתִי—(וַהֲקִימֹתִי)—הֲקִימֹתִי; 3 pl. הֵקִימוּ; 1 pl. הֲקֵמֹנוּ; fut. יָקִים—יָקֵם—וַיָּקֶם, suff. יְקִמֵנִי, יְקִימֶהָ—יְקִימֶנָּה, יְקִימֵנוּ, 3 pl. יָקִימוּ—יְקִמוּ; יְקִימוּן, f. תְּקִימֶנָה; inf. abs. הָקֵם—הָקִים; cs. הָקִים, suff. הֲקִימוֹ; imp. הָקֵם, suff. הֲקִימֵנִי; part. מֵקִים—מְקִימִי, suff. מְקִימָהּ 1) *Bestand verleihen* Ps. 89, 44; *bestätigen* Num. 30, 14. 15; *erfüllen* einen Befehl 1 Sam. 15, 13; ein Versprechen Gen. 26, 3. Num. 23, 19. 1 Sam. 1, 23. Jer. 44, 25; *erhalten* am Leben Hos. 6, 2. Ps. 41, 11; *verschaffen* Gen. 38, 8. Deut. 25, 7; *entstehen lassen* 2 Sam. 12, 11; *beruhigen* Ps. 107, 29. 2) *aufstehen lassen* Deut. 18, 15; *zum Aufstehen reizen* Gen. 49, 9; *aufstellen* Ex. 26, 30. 40, 18. Num. 1, 51. 10, 21. Jos. 24, 26; *einsetzen* (über Jemand) Micha 5, 4; einen Bund Gen. 6, 18. Lev. 26, 9; *aufrichten* einen Liegenden Deut. 22, 4. 2 Sam. 12, 17. Ps. 113, 7. Hiob 4, 4; *aufziehen* Wache Richt. 7, 19; *hinstellen* Hiob 16, 12.

Hofal pf. הוּקַם—הֻקַם *erfüllt werden* Jer.

35, 14; *aufgestellt werden* Ex. 40, 17; *gestellt werden* 2 Sam. 23, 1.

Hitp. part. f. ps. מִתְקוֹמְמָה *sich erheben* Hiob 20, 27; subst. *Feind, Gegner* Ps. 17, 7. 59, 2. Hiob 27, 7.

קוּם aram. pf. קָם, 3 pl. קָמוּ; part. קָאֵם, pl. קָיְמִין (Kri)—קָאֲמִין Ktib, emph. קָאֲמַיָּא; fut. 3 sg. יְקוּם, f. תְּקוּם; 3 pl. יְקוּמוּן—יְקֻמוּן; imp. f. קוּמִי 1) *stehen* Dan. 2, 31. 7, 10. 16; *bestehen* Dan. 2, 44; *sich hinstellen* Dan. 3, 3. 2) *aufstehen* Dan. 3, 24. 6, 20; *erstehen* Dan. 2, 39. 7, 17. 24; *sich aufmachen* Dan. 7, 5. Esra 5, 2.

Pael inf. קַיָּמָה *festsetzen* Dan. 6, 8.

Hafel pf. הֲקִים, suff. הֲקִימֵהּ—אֲקִימֵהּ, 3 sg. f. הֲקִימַת, 2 sg. m. הֲקֵימְתָּ, 1 sg. הֲקֵימֶת, 3 pl. הֲקִימוּ; fut. 3 sg. יְהָקִים—יְקִים; inf. suff. הֲקָמוּתֵהּ; part. מְהָקֵים 1) *bestätigen* Dan. 6, 9. 16. 2) *aufstellen* Dan. 3, 1. 5. 14. 18; *aufrichten* Dan. 2, 44; *stellen* Esra 6, 18; *einsetzen* Dan. 2, 21. 4, 21. 5, 11. 21. 6, 2. 4.

Hofal pf. 3 sg. f. הֳקִימַת *aufgerichtet werden* Dan. 7, 4. 5.

קֹמָה—קוֹמָה f. cs. קוֹמַת, suff. קוֹמָתָהּ 1) *Höhe* Gen. 6, 15. Ex. 27, 18. 38, 18. 1 Kön. 6, 26. קוֹמַת אֲרָזָיו *seine hochgewachsenen Zedern* 2 Kön. 19, 23. 2) *Wuchs, Statur* 1 Sam. 16, 7. Hohel. 7, 8. מְלֹא־קוֹמָתוֹ *so lang er war* 1 Sam. 28, 20.

קוֹמְמִיּוּת als adverb. *aufrecht* Lev. 26, 13.

[קוּן]* Polel pf. 3 pl. קוֹנְנוּ; fut. יְקוֹנֵן, 3 pl. f. תְּקוֹנֵנָּה; part. fem. מְקוֹנְנוֹת *klagen, ein Klagelied anstimmen* 2 Sam. 1, 17. 3, 33. Ezech. 27, 32. 2 Chr. 35, 25; part. f. subst. *Klageweiber* Jer. 9, 16 (vgl. auch קִנֵּן).

קוֹעַ m. *Fürst, Edler*, n. A. n. pr. eines Landes Ezech. 23, 23.

[קוֹף] m. pl. קוֹפִים—קֹפִים *Affe* 1 Kön. 10, 22. 2 Chr. 9, 21.

קוּץ* I pf. 3 sg. f. קָצָה, 1 sg. קַצְתִּי; part. קָץ; fut. יָקֻץ—וַיָּקָץ, 2 sg. תָּקֹץ, 1 sg. אָקֻץ, 3 pl. יָקֻצוּ *überdrüssig werden* mit בְּ Gen. 27, 46. Lev. 20, 23. Num. 21, 5. 1 Kön. 11, 25. Spr. 3, 11; *Furcht empfinden vor...* mit מִפְּנֵי Ex. 1, 12. Num. 22, 3. Jes. 7, 16.

Hifil fut. 1 pl. suff. נְקִיצֶנָּה *in Schrecken setzen* Jes. 7, 6.

[קוּץ]* II Hifil (zum Kal יָקַץ s. d.) pf. הֵקִיץ, 2 sg. הֲקִיצוֹתָ, וַהֲקִיצוֹתָ, 1 sg. הֱקִיצֹתִי; fut. אָקִיץ; inf. הָקִיץ; imp. הָקִיצָה, pl. הָקִיצוּ *erwachen* 2 Kön. 4, 31. Jes. 26, 10. Ps. 3, 6. 73, 20. Spr. 6, 22. 23, 35; bildl.: *sich aufmachen, sich anschicken* Hab. 2, 19. Ps. 35, 23. 44, 24. 59, 6.

קוּץ III (denom. v. קַיִץ) pf. קָץ *den Sommer zubringen* Jes. 18, 6.

קוֹץ m. pl. קֹצִים, cs. קוֹצֵי *Dorn* Gen. 3, 18. Ex. 22, 5. Richt. 8, 7.

[קְוֻצָּה] f. pl. suff. קְוֻצּוֹתָיו *Locke, Flechte* Hohel. 5, 2. 11.

קוּר* pf. 1 sg. קַרְתִּי *graben, aushöhlen* 2 Kön. 19, 24.

Pilpel קַרְקַר, part. מְקַרְקַר *zerschmettern, zerschlagen* Num. 24, 17. Jes. 22, 5.

Hifil pf. 3 sg. f. הֵקֵרָה (wie von קָרַר); inf. הָקִיר *hervorquellen lassen* Jer. 6, 7.

[קוּר] m. pl. cs. קוּרֵי, suff. קוּרֵיהֶם *Gewebe, Faden* Jes. 59, 5. 6.

קוֹרֵא s. קֹרֵא.

קוֹרָה f. suff. קֹרָתִי, pl. קֹרוֹת *Balken* 2 Kön. 6, 2. 5. Hohel. 1, 17. 2 Chr. 3, 7; für *Haus* Gen. 19, 8.

קוּשָׁיָהוּ n. pr. m. 1 Chr. 15, 17 = קִישִׁי 1 Chr. 6, 29.

קַח, קַחַת s. לָקַח.

קַט adverb. *nur* Ezech. 16, 47.

קֶטֶב m. ps. קָטֶב *Verderben* Jes. 28, 2; *Pest* Deut. 32, 24. Ps. 91, 6.

קֹטֶב m. suff. קָטָבְךָ *Verderben* Hos. 13, 14.

קְטוֹרָה f. *Räucherwerk* Deut. 33, 10.

קְטוּרָה (*Duftende*) n. pr. Weib Abraham's, Mutter zahlreicher arabischer Stämme Gen. 25, 1. 4. 1 Chr. 1, 32.

קָטַט s. קוּט.

קָטַל* fut. יִקְטֹל־, suff. יִקְטְלֵנִי *tödten* Ps. 139, 19. Hiob 13, 15. 24, 14.

קְטַל aram. part. קָטֵל, pass. קְטִיל, f. קְטִילָה *tödten* Dan. 5, 19. 30. 7, 11.

Pael pf. קַטֵּל; inf. לְקַטָּלָה *tödten* Dan. 2, 14. 3, 22.

Itpeel inf. לְהִתְקְטָלָה *getödtet werden* Dan. 2, 13.

Itpael part. pl. מִתְקַטְּלִין *getödtet werden* Dan. 2, 13.

קֶטֶל m. ps. קְטָל *das Morden* Obadj. 1, 9.

*קָטֹן pf. 1 sg. קָטֹנְתִּי; fut. 3 sg. f. תִּקְטַן *klein, gering sein* Gen. 32, 11. 2 Sam. 7, 19.

Hifil inf. הַקְטִין *verkleinern* Amos 8, 5.

קָטָן adj. u. subst. f. קְטַנָּה, pl. קְטַנִּים, cs. קְטַנֵּי, f. קְטַנּוֹת *klein, jung* Gen. 9, 24. 44, 20. 2 Sam. 12, 3. 2 Kön. 2, 23. מִקְּטַנָּם וְעַד גְּדוֹלָם *von Klein bis Gross* Jer. 6, 13. 31, 34; f. *Kleines* Num. 22, 18. יוֹם קְטַנּוֹת *ein Tag des Kleinen* (wo man klein anfängt) Zach. 4, 10.

קָטֹן adj. cs. קְטֹן *klein, jung* Gen. 1, 16. 2 Kön. 23, 2. 2 Chr. 21, 17.

קֹטֶן m. suff. קָטָנִּי *kleine Finger* 1 Kön. 12, 10.

*קָטַף fut. אֶקְטֹף *abpflücken, abreissen* Deut. 23, 26. Ezech. 17, 4. 22. Hiob 30, 4.

Nifal fut. יִקָּטֵף *abgepflückt werden* Hiob 8, 12.

*[קָטַר I] Piel קִטֵּר; fut. יְקַטֵּר *Räucherwerk darbringen, räuchern*, überhaupt *opfern* 1 Sam. 2, 16. 2 Kön. 16, 4. Amos 4, 5.

Pual part. f. מְקֻטֶּרֶת *duftend* Hohel. 3, 6.

Hifil הִקְטִיר; fut. יַקְטֵר—יַקְטִיר (Opfergaben) *in Rauch aufgehen lassen, verbrennen* Ex. 30, 20. Lev. 9, 10. 1 Sam. 2, 15; überhaupt *opfern* Jer. 48, 35. Hos. 2, 15.

Puat fut. 3 pl. תְּקֻטַּר *verbrannt werden* Lev. 6, 15; part. מֻקְטָר *es wird geräuchert, geopfert* Mal. 1, 11.

*קָטַר II *verknüpfen*. חֲצֵרוֹת קְטֻרוֹת *überbrückte* (verbundene) *Höfe* Ezech. 46, 22.

קִטֵּר m. *das Räuchern* Jer. 44, 21.

[קְטַר] aram. m. pl. קִטְרִין, cs. קִטְרֵי *Gelenk* Dan. 5, 6; *Verschlungenes, Räthselhaftes* Dan. 5, 12. 16.

קִטְרוֹן n. pr. Stadt in Sebulon Richt. 1, 30.

קְטֹרֶת f. suff. קְטָרְתִּי *Räucherwerk* Ex. 30, 1. Ezech. 16, 18; für *Opfer* überhaupt Ps. 66, 15.

קַטָּת (zusammengez. aus קַטָּנָה) n. pr. Stadt in Sebulon Jos. 19, 15.

קִיא m. suff. קִיאוֹ *das Ausgespieene* Jes. 19, 14. 28, 8. Jer. 48, 26.

קָיָה imp. pl. קְיוּ *ausspeien* Jer. 25, 27.

קַיִט aram. m. *Sommer* Dan. 2, 35.

קִיטֹר—קִיטוֹר m. *Rauch* Gen. 19, 28. Ps. 119, 83. 148, 8.

קִים m. suff. קִימָנוּ (st. קִימֵנוּ) *Feindschaft* Hiob 22, 20.

קַיָּם aram. adj. f. קַיָּמָה *bleibend, bestehend* Dan. 4, 23. 6, 27.

קְיָם aram. m. *Beschluss* Dan. 6, 8. 16.

קִימָה f. suff. קִימָתָם *das Aufstehen* Klagel. 3, 63.

קִימוֹשׁ s. קִמּוֹשׁ.

קִין s. קוּן u. קִינָה.

קַיִן m. suff. קֵינוֹ 1) *Lanze* 2 Sam 21, 16. 2) n. pr. a) *Kain*, erstgeborner Sohn des Adam Gen. 4, 1. 13. b) Volksstamm im Süden Palästinas Num. 24, 22. Richt. 4, 11; davon n. gent. קֵינִי—קִינִי s. d. c) הַקַּיִן Stadt in Juda Jos. 15, 57.

קִינָה 1) f. pl. קִינוֹת—קִינִים, suff. קִינוֹתֵיהֶם *Klagegesang* 2 Sam. 1, 17. Ezech. 2, 10. 2 Chr. 35, 25. 2) n. pr. Stadt in Juda Jos. 15, 22.

קֵינִי—קִינִי (1 Sam. 27, 10)—קִינִי (1 Chr. 2, 55) nomadisirender Volksstamm in Palästina (vgl. קַיִן) Gen. 15, 19. Num. 24, 21. Richt. 1, 16. 4, 11. 1 Sam. 15, 6. 30, 29.

קֵינָן n. pr. m. Gen. 5, 9. 1 Chr. 1, 2.

קַיִץ m. suff. קֵיצֵךְ 1) *Obsterndte* Micha 7, 1 und *das geerndtete Obst* 2 Sam. 16, 1. Jes. 16, 9. Jer. 40, 12. 2) *Zeit der Obsterndte, Sommer* Gen. 8, 22. Jes. 28, 4. Ps. 32, 4. Spr. 6, 8.

קִיצוֹן adj. f. קִיצוֹנָה *der äusserste* Ex. 26, 4. 10. 36, 11. 17.

קִיקָיוֹן m. *Wunderbaum, ricinus* Jona 4, 6—10.

קִיקָלוֹן m. *Schmach* Hab. 2, 16.

קִר—קִיר m. pl. קִירוֹת, suff. קִירֹתָיו 1) *Mauer, Wand* Lev. 14, 37. Num. 22, 25; daher *Seite* Lev. 1, 15. קִיר הַחוֹמָה *Vertiefung in der Mauer* Jos. 2, 15. אֶבֶן קִיר *Mauersteine* 2 Sam. 5, 11. 2) *Balken, Dachbalken* 1 Kön. 6, 15. 16. 2 Chr. 3, 7. 3) n. pr. a) Stadt in Moab Jes. 15, 1 (vgl. חֶרֶשׂ). b) assyrische Landschaft 2 Kön. 16, 9. Jes. 22, 6. Amos 1, 5. 9, 7.

קֵירֹס n. pr. m. Neh. 7, 47 = קֵרֹס Esra 2, 44.

קִישׁ n. pr. 1) verschiedener Männer aus Benjamin 1 Chr. 8, 30. Est. 2, 5, unter denen der Vater des Königs Saul am bekanntesten ist 1 Sam. 9, 1. 1 Chr. 8, 33. 2) eines Leviten 1 Chr. 23, 21. 2 Chr. 29, 12.

קִישׁוֹן n. pr. *Kischon*, kleiner Fluss, der auf dem Tabor entspringend sich in den Meerbusen von Akko ergiesst Richt. 4, 7. 5, 21. 1 Kön. 18, 40. Ps. 83, 10.

קִישִׁי n. pr. m. 1 Chr. 6, 29 (= קוּשָׁיָהוּ s. d.).

קִיתָרוֹס aram. [Ktib für das Kri קַתְרֹס] *Cither* Dan. 3, 5. 7. 10. 15.

קַל adj. u. subst. ps. קָל, f. קַלָּה, pl. קַלִּים *leicht, schnell* 2 Sam. 2, 18. Jes. 18, 2. Jer. 2, 23. Amos 2, 14; statt סוּס קַל Jes. 30, 16.

קָל aram. m. *Schall* Dan. 3, 5. 7. 10. 15.

קֹל s. קוֹל.

[קָלָה] Nifal fut. pl. וַיִּקָּלְהוּ [2 Sam. 20, 14 Ktib = וַיִּקָּהֲלוּ Kri].

קָלָה* I pf. 3 sg. suff. קָלָם *verbrennen* Jer. 29, 22; part. II קָלוּי *geröstete* (Aehren oder Körner) Lev. 2, 14. Jos. 5, 11.

Nifal part. נִקְלֶה *Verbranntes, Brand, Hitze* Ps. 38, 8.

[קָלָה]* II Nifal pf. נִקְלָה; part. נִקְלֶה *gering-geschätzt, verächtlich sein* 1 Sam. 18, 23. Jes. 3, 5. 16, 14. Spr. 12, 9; *missachtet sein* Deut. 25, 3.

Hifil part. מַקְלֶה *geringschätzen, missachten* Deut. 27, 16.

קָלוּט m. *einer, der ein zu kurzes Glied hat* Lev. 22, 23.

קָלוֹן m. cs. קְלוֹן, suff. קְלוֹנֶךָ *Schande, Schmach* Jes. 22, 18. Jer. 13, 26. Hos. 4, 7. 18.

קַלַּחַת f. *Schüssel, Kessel* 1 Sam. 2, 14. Micha 3, 3.

קָלִיא—קָלִי m. *Geröstetes*, nämlich Aehren oder Körner Lev. 23, 14. 1 Sam. 17, 17. 25, 18. 2 Sam. 17, 28. Rut 2, 14.

קַלַּי n. pr. m. Neh. 12, 20.

קֵלָיָה n. pr. m. Esra 10, 23.

קְלִיטָא n. pr. m. Esra 10, 23. Neh. 8, 7. 10, 11.

קָלַל* pf. 2 sg. קַלּוֹתָ, 1 sg. קַלֹּתִי, 3 pl. קַלּוּ; fut. 3 pl. יֵקַלּוּ *leicht, schnell sein* 2 Sam. 1, 23. Jes. 30, 16. Jer. 4, 13. Hab. 1, 8. Hiob 7, 6. 9, 25; *sich verlaufen* (vom Wasser) Gen. 8, 8. 11; *sich gering fühlen* Hiob 40, 4; *gering geachtet sein* Nah. 1, 14.

Nifal pf. נָקַל—נְקַל, ps. נָקֵל, f. נְקַלָּה, 1 sg. נְקַלֹּתִי; part. נָקַל, f. נְקַלָּה; fut. 3 sg. f. תֵּקַל, 1 sg. אֵקַל, 3 pl. יֵקַלּוּ *leicht werden* Spr. 14, 6; *für ein Geringes gehalten werden, als gering erscheinen* 1 Sam. 18, 23. 1 Kön. 16, 31. 2 Kön. 3, 18. Jes. 49, 6. Ezech. 8, 17; *sich gering achten* 2 Sam. 6, 22; *missachtet werden* Gen. 16, 4. 5. 1 Sam. 2, 30. עַל־נְקַלָּה *leichtfertig* Jer. 6, 14. 8, 11.

Piel קִלֵּל; fut. יְקַלֵּל; part. suff. מְקַלְלַוְנִי (= מְקַלְלִים אֹתִי st. מְקַלְלוּנִי Jer. 15, 10) 1) *gering achten, schmähen*, meist mit acc. Ex. 21, 17. 22, 27. Lev. 19, 14. 20, 9. 24, 14. Neh. 13, 25; mit בְּ Jes. 8, 21; mit לְ 1 Sam. 3, 13. 2) *verfluchen, verwünschen* Gen. 8, 21. 12, 3. Deut. 23, 5. 2 Kön. 2, 24. Jer. 15, 10.

Pual *verflucht werden* Jes. 65, 20. Hiob 24, 18; part. pl. suff. מְקֻלָּלָיו *die von ihm Verfluchten* Ps. 37, 22.

Pilpel קִלְקַל *schütteln* (Pfeile, als eine Art des Loosens) Ezech. 21, 26; *schärfen* Koh. 10, 10.

Hifil pf. הֵקַל, 1 sg. suff. הֲקִלֹּתַנִי, 3 pl. הֵקַלּוּ; fut. יָקֵל; inf. u. imp. הָקֵל 1) *erleichtern* mit מֵעַל Ex. 18, 22. 1 Kön. 12, 4. Jona 1, 5; *leicht* (mild) *verfahren* Jes. 8, 23. 2) *gering schätzen* 2 Sam. 19, 44; *geringschätzig behandeln* Ezech. 22, 7.

Hitpalpel pf. 3 pl. הִתְקַלְקָלוּ *schwanken* Jer. 4, 24.

קָלָל m. *Glänzendes, Polirtes* Ezech. 1, 7.

קְלָלָה f. cs. קִלְלַת, suff. קִלְלָתוֹ, pl. קְלָלוֹת 1) *Schmähung, Beschimpfung* 2 Sam. 16, 12. 2 Kön. 22, 19. Spr. 27, 14. 2) *Fluch, Strafdrohung* Gen. 27, 12. 13. Deut. 28, 13.

[קָלַס]* Piel inf. קַלֵּס *verschmähen* Ezech. 16, 31.

Hitp. fut. יִתְקַלָּס *verspotten* mit בְּ 2 Kön. 2, 23. Ezech. 22, 5. Hab. 1, 10.

קֶלֶס m. *Spott, Hohn* Jer. 20, 8. Ps. 44, 14.

קַלָּסָה f. *Spott* Ezech. 22, 4.

קָלַע* part. קוֹלֵעַ 1) *schleudern* Richt. 20, 16; *wegschleudern, vertreiben* Jer. 10, 18. 2) *eingraben, einschneiden* 1 Kön. 6, 29. 32. 35.

Piel fut. יְקַלַּע, suff. יְקַלְּעֶנָּה *schleudern, fortschleudern* 1 Sam. 17, 49. 25, 29.

קֶלַע m. ps. קָלַע, suff. קַלְעוֹ, pl. קְלָעִים, cs. קַלְעֵי 1) *Schleuder* 1 Sam. 17, 40. 50. 25, 29. 2 Chr. 26, 14. 2) *Umhang, Vorhang* Ex. 27, 9. Num. 4, 26. 3) *Flügelthür* 1 Kön. 6, 34.

[קַלָּע] m. pl. קַלָּעִים *Schleuderer* 2 Kön. 3, 25.

קְלֹקֵל m. *Werthlosigkeit, Verächtlichkeit* Num. 21, 5.

קִלְּשׁוֹן m. *Zack, Spitze.* שְׁלֹשׁ קִלְּשׁוֹן *Dreizack* 1 Sam. 13, 21.

קָמָה f. cs. קָמַת, pl. קָמוֹת *das in Halmen*

stehende Getreide Ex. 22, 5. Deut. 16, 9. 23, 26. Richt. 15, 5. Hos. 8, 7.

קְמוּאֵל n. pr. m. Gen. 22, 21.—Num. 34, 24.—1 Chr. 27, 17.

קָמוֹן n. pr. Ort in Gilead Richt. 10, 5.

קִימּוֹשׁ—קִמּוֹשׂ *Dorn, Distel* Jes. 34, 13. Hos. 9, 6 (vgl. קִמָּשׁוֹן).

קֶמַח m. *Mehl* Gen. 18, 6. Hos. 8, 7.

קָמַט* fut. 2 sg. suff. תִּקְמְטֵנִי *zusammendrücken, erfassen* Hiob 16, 8.

Pual pf. pl. קֻמְּטוּ *hinweggerafft werden* Hiob 22, 16.

קָמַל* pf. 3 pl. ps. קָמֵלוּ *verwelken, verdorren* Jes. 19, 6. 33, 9.

קָמַץ* *zusammenschliessen* die Hand, *ein Handvoll nehmen* Lev. 2, 2. 5, 12. Num. 5, 26.

קֹמֶץ m. suff. קֻמְצוֹ, pl. קְמָצִים *die geschlossene Hand voll* Lev. 2, 2. 5, 12. 6, 8. לִקְמָצִים *händevoll*, Bild grossen Ueberflusses Gen. 41, 47.

[קִמָּשׁוֹן] m. pl. קִמְּשֹׁנִים *Dornen, Unkraut* Spr. 24, 31.

קֵן m. cs. קַן suff. קִנִּי, pl. קִנִּים *Nest* Num. 24, 21. Deut. 22, 6. Ps. 84, 4. Hiob 29, 18; *die im Nest befindlichen Jungen* Deut. 32, 11; *Zelle, Kammer* Gen. 6, 14.

[קָנָא]* Piel קִנֵּא; fut. יְקַנֵּא, 3 pl. suff. יְקַנְאֻהוּ; inf. suff. בְּקַנְאוֹ—בְּקַנְאוֹ *eifern, Eifer zeigen für* ... mit ל Num. 11, 29. 25, 13. 2 Sam. 21, 2; בְּקַנְאוֹ אֶת־קִנְאָתִי *da er für mich eiferte* Num. 25, 11; *sich ereifern über* ... mit ב Gen. 37, 11. Ps. 37, 1. 73, 3; *eifersüchtig sein auf* ... mit acc. Num. 5, 14. Jes. 11, 13; mit ל Ps. 106, 16; *beneiden* mit acc. Gen. 26, 14. Ezech. 31, 9; mit ב Gen. 30, 1. Spr. 3, 31. 23, 17. 24, 1; *Jemand in Eifer bringen, ereifern* Deut. 32, 21. 1 Kön. 14, 22.

Hifil fut. suff. יַקְנִיאֻהוּ, אַקְנִיאֵם; part. מַקְנֶה *ereifern, erzürnen* Deut. 32, 16. 21. Ezech. 8, 3. Ps. 78, 58.

קְנָא aram. fut. תִּקְנֵא *kaufen* Esra 7, 17.

קַנָּא adj. u. subst. *eifervoll, Eiferer* (nur von Gott) Ex. 20, 5. 34, 14. Deut. 4, 24. 5, 9. 6, 15.

קִנְאָה f. cs. קִנְאַת, suff. קִנְאָתִי, pl. קְנָאֹת *Eifer, heftige Erregung* Num. 25, 11. Deut. 29, 19. Ps. 69, 10; *Eifersucht* Num. 5, 14. 25. Spr. 6, 34. Hohel. 8, 6.

קָנָה* pf. 3 sg. suff. קָנַנִי, קָנְךָ, קָנָהוּ; fut. יִקְנֶה, יִקֶן; inf. abs. קָנֹה—קָנוֹ, cs. קְנוֹת—קְנֹת; imp. קְנֵה *erwerben* Ex. 15, 16. Spr. 4, 5. 16, 16. Rut 4, 10; *kaufen* Gen. 33, 19. Lev. 22, 11. 27, 24; *besitzen* Deut. 32, 6. Spr. 18, 15; part. קֹנֶה, suff. קֹנֵהוּ *Eigner, Eigenthümer* Gen. 14, 19. Jes. 1, 3. Zach. 11, 5. Spr. 8, 22.

Nifal pf. נִקְנָה; fut. 3 pl. יִקָּנוּ *gekauft werden* Jer. 32, 15. 43.

Hifil pf. 3 sg. suff. הִקְנַנִי *erkaufen* Zach. 13, 5 [part. מַקְנֶה s. קָנָא].

קָנֶה m. cs. קְנֵה, suff. קָנָהּ; pl. קָנִים, cs. קְנֵי, suff. קְנֹתָם *Rohr, Schilf* Jes. 19, 6. 35, 7. Hiob 40, 21; *Stab* Jes. 42, 3. Ezech. 29, 6; besonders *Messstab* Ezech. 42, 16; *Halm* Gen. 41, 5. 22; *Arm* (am Leuchter) Ex. 25, 32. 36; *Oberarm* (am Körper) Hiob 31, 22; *Gewürzrohr* Ex. 30, 23. Jes. 43, 24. 46, 6. Jer. 6, 20.

קָנָה n. pr. 1) Bach an der Grenze Efraim's u. Manasse's Jos. 16, 8. 2) Ort in Ascher Jos. 19, 28.

קַנּוֹא adj. *eifervoll* Jos. 24, 19. Nah. 1, 2.

קְנַז n. pr. 1) Sohn des Elifas und edomitischer Stamm Gen. 36, 11. 15. 42. 1 Chr. 1, 36. 53. 2) Vorfahr des Kaleb, der darum den Beinamen הַקְּנִזִּי führt Num. 32, 12. Jos. 14, 6. 14 und von dem auch ein Nachkomme קְנַז heisst 1 Chr. 4, 15; Otniël, Kaleb's Bruder, heisst Sohn des קְנַז Jos. 15, 17. Richt. 1, 13. 3, 9. 11. — 3) קְנִזִּי Name eines kanaanitischen Volksstammes Gen. 15, 19.

קְנִזִּי s. קְנַז.

קֵינִי s. קִינִי.

קִנְיָן m. cs. קִנְיַן, suff. קִנְיָנְךָ, קִנְיָנָם *Besitz, Erwerb* Gen. 34, 23. 36, 6. Ps. 104, 24. 105, 21. Spr. 4, 7; *Kauf* Lev. 22, 11.

קִנָּמוֹן m. cs. קִנְּמָן־ *Zimmet* Ex. 30, 23. Spr. 7, 17. Hohel. 4, 14.

[קָנַן] denom. von קֵן] Piel fut. pl. יְקַנְּנוּ *nisten, Nester aufschlagen* Jes. 34, 15. Jer. 48, 28. Ezech. 31, 6. Ps. 104, 17.

Pual part. מְקֻנֶּנֶת (Kri, Ktib: מְקֻנַּנְתִּי) *nisten* Jer. 22, 23.

קִנֵּץ s. קֵץ.

קְנָת n. pr. Stadt in Ostmanasse Num. 32, 42. 1 Chr. 2, 23.

*קָסַם fut. 3 pl. ps. יִקָּסְמוּ, f. תִּקְסַמְנָה; inf. קְסָם־–קְסֹם; imp. f. קָסֳמִי (Kri) — קְסוֹמִי (Ktib) *Wahrsagerei treiben* Deut. 18, 10. 1 Sam. 28, 8. Ezech. 13, 23. 21, 28. Micha 3, 11; part. קֹסֵם, pl. קֹסְמִים *Wahrsager, Zauberer* Deut. 18, 14. Jos. 13, 22. Jes. 3, 2. Zach. 10, 2.

קֶסֶם m. pl. קְסָמִים *Wahrsagerei, Zauberei* Num. 23, 23. Deut. 18, 10. 1 Sam. 15, 23. Jer. 14, 14. Ezech. 21, 26; *Entscheidung, Urtheilsspruch* Spr. 16, 10; pl. *Wahrsagerlohn* Num. 22, 7.

*[קָסַט] Poel fut. יְקוֹסֵס *abschneiden* Ezech. 17, 9.

קֶסֶת f. mit dem gent. הַסֹּפֵר *Schreibzeug, Dintenfass* Ezech. 9, 2. 3. 11.

קְעִילָה n. pr. Stadt in Juda, nahe dem philistischen Gebiete Jos. 15, 44. 1 Sam. 23, 1. Neh. 3, 17. 18. 1 Chr. 4, 19.

קַעֲקַע m. *Einschnitt* in die Haut Lev. 19, 28.

קְעָרָה f. cs. קַעֲרַת, pl. קְעָרֹת, cs. קַעֲרֹת, suff. קְעָרֹתָיו *Schüssel, Schale* Ex. 25, 29. Num. 4, 7 7, 13. 84. 85.

*קָפָא fut. 3 pl. יִקְפָּאוּן (Zach. 14, 6 Ktib) *gerinnen, fest werden* Ex. 15, 8; *sich zusammenziehen, verdüstern* Zach. 14, 6; *ruhig, ungestört sitzen* Zef. 1, 12.

Hifil fut. 2 sg. suff. תַּקְפִּיאֵנִי *gerinnen lassen* Hiob 10, 10.

קִפָּאוֹן m. *Erstarrung, Verdichtung* Zach. 14, 6 Kri.

*[קָפַד] Piel pf. 1 sg. קִפַּדְתִּי *vollenden* Jes. 38, 12.

קְפָדָה f. *Vernichtung* Ezech. 7, 25.

קִפּוֹד—קִפֹּד m. *Igel*, als ein in Ruinen und Sümpfen lebendes Thier Jes. 14, 23. 34, 11. Zef. 2, 14.

קִפּוֹז m. *Pfeil-* oder *Springschlange* Jes. 34, 15.

*קָפַץ fut. 2 sg. תִּקְפֹּץ *verschliessen* den Mund = *schweigen* Jes. 52, 15. Ps. 107, 42. Hiob 5, 16; die Hand (*und nichts geben*) Deut. 15, 7 *zurückhalten* Ps. 77, 10.

Nifal fut. 3 pl. יִקָּפֵצוּן *eingesammelt werden* d. h. *sterben* Hiob 24, 24.

Piel part. מְקַפֵּץ *springen* Hohel. 2, 8.

קֵץ m. suff. קִצּוֹ—קִצָּה, קִצִּי, pl. cs. קִצֵּי (statt קְצֵי Hiob 18, 2) *Ende, Ziel* Gen. 6, 13. 2 Kön. 19, 23. Jes. 37, 24. Ps. 39, 5. לְקֵץ Neh. 13, 6 u. מִקֵּץ Gen. 4, 3. 41, 1 *nach Verlauf von*...

*קָצַב fut. וַיִּקְצָב־ *abhauen* 2 Kön. 6, 6; *behauen, zuschneiden*, daher עֵדֶר הַקְּצוּבוֹת *die Heerde der schöngestalteten* (*Schafe*) Hohel. 4, 2.

קֶצֶב m. pl. cs. קִצְבֵי *Ende* Jona 2, 7; *Zuschnitt, Gestalt* 1 Kön. 6, 25. 7, 37.

*קָצָה inf. קְצוֹת *ein Ende machen, vernichten* Hab. 2, 10.

Piel inf. קַצּוֹת; part. מְקַצֶּה *abhauen* Spr. 26, 6; *verstümmeln, einen Theil abhauen von*... mit בְּ 2 Kön. 16, 32.

Hifil pf. 3 pl. הִקְצוּ; inf. הַקְצוֹת *abkratzen* Lev. 14, 41. 43.

קָצָה f. (pl. m. u. f.) pl. cs. קְצוֹת, suff. קְצוֹתָם *Ende, Endpunkt* Ex. 25, 18. 19. 28, 25. 39, 18. Ps. 19, 7. Hiob 26, 14. מִקְצוֹת הָעָם *aus der Masse des Volkes* 1 Kön. 12, 31; ebenso מִקְצוֹתָם Richt. 18, 2. 2 Kön. 17, 32.

קָצֶה m. cs. קְצֵה, suff. קָצֵהוּ, pl. suff. קְצֵיהֶם *Ende, Endpunkt* Ex. 26, 28. Richt. 6, 21. Ps. 46, 10; *Grenze* Ex. 16, 35; *Theil* Gen. 47, 2. Num. 23, 13. מִקְצֵיהֶם *aus ihrer Masse heraus* Ezech. 33, 2.

קֵצֶה m. *Ende* Jes. 2, 7. Nah. 2, 10. 3, 3. 9.

[קֶצֶו] oder [קְצֵו] m. pl. cs. קַצְוֵי *Ende* Jes. 26, 15. Ps. 48, 11. 65, 6.

[קְצוָה] f. pl. קְצוֹת, suff. קַצְוֹתָו (Ex. 37, 8. 39, 4 Ktib für קְצוֹתָיו Kri) *Ende* Ex. 38, 5. Ps. 65, 9.

קֶצַח m. *Schwarzkümmel* Jes. 28, 25. 27.

קָצִין m. c[illegible] קְצִין, pl. cs. קְצִינֵי, suff. קְצִינַיִךְ *Vorsteher, Anführer* Jos. 10, 24. Richt. 11, 6. 11. Jes. 1, 10. 3, 6. 7. 22, 3. Spr. 6, 7. — עֵת (עִתָּה) קָצִין n. pr. Stadt in Sebulon Jos. 19, 13.

קְצִיעָה 1) f. pl. קְצִיעוֹת *Zimmetrinde, Cassia* Ps. 45, 9. 2) n. pr. f. Hiob 42, 14.

קְצִיץ im n. pr. עֵמֶק קְצִיץ Ort in Benjamin Jos. 18, 21.

קָצִיר m. cs. קְצִיר, suff. קְצִירוֹ, pl. suff. קְצִירֶהָ 1) *die Erndte, das Erndten* Gen. 45, 6. Jes. 9, 2; daher auch als Zeitbestimmung für: *Sommer* Spr. 6, 8. 10, 5. 2) *Erndte, das Geerndtete* Lev. 19, 9. 25, 5. Deut. 24, 19. Hiob 5, 5 (vgl. יְאֹר). 3) pl. *Ranken, Zweige* Ps. 80, 12.

*[קָצַע] Pual part. s. [מְקֻצְעָה].

Hifil fut. יַקְצִעַ *abkratzen* Lev. 14, 41.

Hofal part. pl. f. מְהֻקְצָעוֹת *gewinkelt, in geraden Winkeln gesetzt* Ezech. 46, 22.

קָצַף* fut. יִקְצֹף *zürnen* Deut. 1, 34; *über ...* mit עַל Gen. 41, 10 oder אֶל Jos. 22, 18; *sich verschwören* Est. 2, 21.

Hifil fut. pl. יַקְצִיפוּ *erzürnen, zum Zorne reizen* Deut. 9, 7. Ps. 106, 32.

Hitp. הִתְקַצֵּף *sich zornig geberden* Jes. 8, 21.

קְצַף aram. *zürnen* Dan. 2, 12.

קֶצֶף m. ps. קָצֶף, suff. קִצְפִּי, קִצְפְּךָ—קֶצְפְּךָ 1) *Zorn* Num. 1, 53. Jos. 22, 20. Jes. 60 10. Ps. 38, 2. 102, 11. 2) *Schaum* Hos. 10, 7.

קְצַף aram. m. *Zorn* Esra 7, 23.

קְצָפָה f. *Gebrochenes, Zerknicktes* Joel 1, 7.

קָצַץ* pf. 2 sg. m. וְקַצֹּתָה; part. II pl. cs. קְצוּצֵי *abhauen* Deut. 25, 12; *abschneiden* Jer. 9, 25. 25, 23. 49, 32 (vgl. פֵּאָה).

Piel קִצֵּץ; fut. pl. וַיְקַצְּצוּ *abhauen* Richt. 1, 6. 2 Sam. 4, 12; *abschneiden* Ps. 129, 4; *zerschneiden* Ex. 39, 3; *zerbrechen* Ps. 46, 10.

Pual part. pl. מְקֻצָּצִים *abgehauen* Richt. 1, 7.

[קְצַץ] aram. Pael imp. pl. קַצִּצוּ *abhauen* Dan. 4, 11.

קָצַר* fut. יִקְצֹר, inf. suff. בְּקֻצְרְכֶם, בְּקֻצְרְךָ *abschneiden, mähen, erndten* Lev. 19, 9. 23, 22; part. קֹצֵר, pl. קֹצְרִים *Schnitter* Ps. 129, 7. Rut 2, 3; bildlich *erndtet man* Unrecht Hos. 10, 13 Sturm Hos. 8, 7; Leid Spr. 22, 8. Hiob 4, 8 u. s. w.

קָצֵר—קָצַר* fut. תִּקְצַר, 3 pl. f. תִּקְצַרְ[illegible] *kurz sein, verkürzt werden* Jes. 28, 20. Spr. 10, 27; *die Hand ist kurz = die Macht reicht nicht aus* Num. 11, 23. Jes. 50, 2. 59, 1; mit subj. רוּחַ *jähzornig sein* Micha 2, 7; mit subj. נֶפֶשׁ *verdrüsslich werden* Num. 21, 4. Richt. 16, 16. Zach. 11, 8; *Mitleid empfinden* Richt. 10, 16. part. pass. pl. f. קְצֻרוֹת *verkürzt* Ezech. 42, 5.

Piel קִצַּר *verkürzen* Ps. 102, 24.

Hifil pf. 2 sg. הִקְצַרְתָּ *verkürzen* Ps. 89, 46.

קָצֵר adj. *kurz*, nur in Verbindungen wie קְצַר יָמִים *kurzlebig* Hiob 14, 1. קְצַר־אַפַּיִם Spr. 14, 17 oder קְצַר־רוּחַ Spr. 14, 29 *jähzornig.* קִצְרֵי־יָד *machtlos* 2 Kön. 19, 26. Jes. 37, 27.

קֹצֶר m. *Kürze* Ex. 6, 9.

קָצִיר vgl. מִקְצָת u. [קְצָוָה].

קְצָת aram. f. cs. קְצָת *Ende* Dan. 4, 31. מִן קְצָת *ein Theil* Dan. 2, 42.

קַר adj. pl. קָרִים *kalt, frisch* Jer. 18, 14. Spr. 25, 25. קַר רוּחַ *kaltblütig, besonnen* Spr. 17, 27 Ktib (wo Kri: יְקַר).

קֹר m. *Kälte* Gen. 8, 22.

קֹר s. קִיר.

קָרָא* pf. 3 sg. suff. קְרָאֲנִי, קְרָאֲךָ, 2 sg. f. קָרָאת; fut. יִקְרָא, 1 sg. וָאֶקְרָאֶה—אֶקְרָא (1 Sam. 28, 15), 3 pl. suff. יִקְרָאֻנְנִי, f. תִּקְרֶאןָ—תִּקְרֶאנָה; inf. cs. קְרֹא—קְרֹאות, suff. קָרְאִי; imp. קְרָא, pl. קִרְאוּ, ps. קְרָאוּ, suff. קְרָאֻהוּ; fem. קְרֶאןָ—קְרָאןָ 1) *schreien, rufen* Deut. 15, 9. Jes. 58, 1. Ps. 4, 2. 34, 7. 69, 4. קָרְאוּ אַחֲרֶיךָ מָלֵא *sie schreien laut hinter dir her* Jer. 12, 6; ähnlich קִרְאוּ מַלְאוּ *rufet mit lauter Stimme* Jer. 4, 5; mit אֶל *zu Jemandem schreien, ihn anrufen* (um Hülfe etc.) Deut. 4, 7. 1 Sam. 12, 17. Ps. 30, 9; auch mit accus. Jes. 43, 22. 55, 6. Ps. 17, 6. 50, 15. 118, 5. קָרָא בְּשֵׁם יְהוָה *zu Gott beten, ihn anflehen* Gen. 12, 8. Ex. 33, 19. 2 Kön. 5, 11. 2) *rufen, herbeirufen* mit לְ Lev. 9, 1. Num. 16, 12. 1 Sam. 28, 15. 1 Kön. 1, 28; auch von Sachen 2 Kön. 8, 1; mit accus. Ex. 2, 7. Deut. 31, 14. 1 Sam. 3, 6. Jes. 46, 11. Spr. 1, 28; *einladen* mit לְ Ex. 2, 20. 34, 15. Num. 25, 2. Richt. 8, 1. 12, 1. 1 Kön. 1, 19. Hiob 1, 4; mit acc. 1 Kön. 1, 10; part. II קְרֻאִים *die Geladenen* 1 Sam. 9, 13; *berufen* Jes. 13, 3. 49, 1. 51, 2. קָרָא בְשֵׁם *namentlich (rühmlich) berufen* Ex. 31, 2; überhpt. *rühmen* Jes. 44, 5. קְרוּאֵי הָעֵדָה *die zur Gemeindeversammlung Berufenen* (Vertreter der Gemeinde) Num. 1, 16 Kri (Ktib: קְרִיאֵי). 3) *rufen, zurufen* (Worte) mit אֶל Lev. 1, 1. Deut. 20, 10. 1 Sam. 26, 14. Jes. 6, 3. 40, 2; mit לְ Hiob 19, 16. Klagel. 4, 15; noch bestimmter mit בְּאָזְנֵי Jer. 2, 2. Ezech. 8, 18; *ausrufen, bekannt machen* Lev. 23, 21. Deut. 15, 2. 1 Kön. 13, 4. Est. 6, 9. 4) *nennen* mit לְ der Person u. acc. der Benennung Gen. 1, 5. Rut 1, 20, oder mit שֵׁם Rut 4, 17 und dem betreffend. suff. Gen. 11, 9. Jes. 7, 14; selten auch die Person im acc. Jes. 60, 18. וּקְרָא שֵׁם *mache dir einen Namen* Rut 4, 11. 5) *lesen, vorlesen* Jes. 34, 16; mit acc. Jos. 8, 23; mit בְּ 2 Kön. 23, 2. Neh. 8, 8.

Nifal pf. נִקְרָא, 1 sg. נִקְרֵאתִי; fut. יִקָּרֵא *gerufen werden* Est. 3, 12. 4, 11; *genannt werden* mit לְ der Person Gen. 2, 23; *nach ...* עַל שֵׁם Gen. 48, 6 oder מִן Jes. 48, 2. Der Name Jemandes wird *über* Jemandem *genannt*, um die Zugehörigkeit zu bezeichnen 1 Kön.

8, 43. Jes. 4, 1. 3) *gelesen werden* Est. 6, 1. Neh. 13, 1.

Pual pf. קֹרָא—קֹרָא nur unpersönlich: *man nennt* Jes. 48, 8. 58, 12. 61, 3. 62, 2. Ezech. 10, 13; part. suff. מְקֹרָאִי *mein Berufener* Jes. 48, 12.

קְרָא aram. part. קָרֵא, pass. קְרֵי; fut. יִקְרֵה, 1 sg. אֶקְרֵא, 3 pl. יִקְרוֹן; inf. לְמִקְרָא 1) *schreien, ausrufen* Dan. 3, 4. 4, 11. 5, 7. 2) *lesen* Dan. 5, 7. 8. 15. 16. 17. Esra 4, 18. 23.

Itp. fut. יִתְקְרֵי *gerufen werden* Dan. 5, 12.

קָרָא* II pf. 3 sg. suff. קְרָאַנִי, 3 sg. f. קָרָאת; part. f. pl. suff. קֹרְאֹתַיִךְ; fut. יִקְרָא, suff. יִקְרָאֵנוּ, 3 pl. f. תִּקְרֶאנָה *begegnen, treffen* (subj.: ein Ereigniss u. dgl.) mit acc. Gen. 42, 4. 38. 49, 1. Ex. 1, 10 (wo pl. statt sing.). Lev. 10, 19. Deut. 31, 29. Jes. 51, 19. Jer. 13, 22. Hiob 4, 14. (Alle hier nicht angeführten Stellen gehören zu קָרָא I; vgl. auch קָרָה).

Nifal pf. נִקְרָא; fut. יִקָּרֵא; inf. abs. נִקְרֹא *entgegenkommen, begegnen* Ex. 5, 3; *sich zufällig befinden* 2 Sam. 1, 6. 20, 1; *zufällig gefunden werden* Deut. 22, 6; *sich ereignen* Jer. 4, 20. (Alle anderen Stellen gehören zu קָרָא I; vgl. קָרָה).

Hifil fut. 2 sg. תַּקְרֵא *begegnen lassen* mit dopp. acc. Jer. 32, 23.

קֹרֵא m. *Rebhuhn* 1 Sam. 26, 20. Jer. 17, 11.

[קְרָאָה] f. *Begegnung*, nur im cs. mit vorgesetztem לְ, also לִקְרַאת *entgegen* Gen. 46, 29; *gegenüber* Gen. 15, 10; suff. לִקְרָאתִי *mir entgegen* Num. 23, 3 u. s. w.

[קָרַב—קָרֵב]* pf. 3 sg. f. קָרְבָה, ps. קָרֵבָה; fut. יִקְרַב; inf. a) קְרֹב—קְרָב, suff. קָרְבְכֶם, b) לְקָרְבָה, suff. בְּקָרְבָתָם; imp. קְרַב—קִרְבָה, pl. קִרְבוּ *herantreten* Lev. 10, 4. 2 Sam. 15, 5; *an* ... mit אֶל Ex. 36, 2; *sich nahen, nahe kommen* Ex. 14, 20. Lev. 16, 1. Deut. 20, 2. Zef. 3, 2. Ps. 69, 19; *zu einer Frau herantreten*, vom geschlechtlichen Umgange Gen. 20, 4. Lev. 18, 6. Deut. 22, 14. Jes. 8, 3.

Nifal pf. נִקְרַב *hintreten* Ex. 22, 7. Jos. 7, 14.

Piel pf. קֵרַבְתִּי, 3 pl. קֵרְבוּ; fut. 2 sg. תְּקָרֵב, 1 sg. suff. אֲקָרְבֶנּוּ; imp. קָרֵב, pl. קָרְבוּ 1) *nahen lassen* Ps. 65, 5; *herbeibringen* Jes. 41, 21. 46, 13; *nähern, zusammenbringen* Ezech. 37, 17; *rüsten* Hos. 7, 6. 2) *nahe kommen* Ezech. 36, 8. אֲקָרְבֶנּוּ *ich will mich ihm nahen* Hiob 31, 37.

Hifil הִקְרִיב; fut. יַקְרִיב—יַקְרֵב 1) *herantreten lassen* Ex. 28, 1; *nahe kommen lassen* Jer. 30, 21. Ezech. 22, 4; *hinbringen* Num. 15, 33. Deut. 1, 17. Richt. 5, 25; *zusammenbringen* Jes. 5, 8; häufigst von dem Bringen der Opfergabe an den Altar, *darbringen, opfern* Lev. 1, 2. Num. 28, 26. 2) *nahe kommen*, gewöhnlich adverb. הִקְרִיב לָבוֹא *er näherte sich* Gen. 12, 11; dasselbe ohne לָבוֹא Ex. 14, 10. תַּקְרִיב לָלֶדֶת *sie ist dem Gebären nahe* Jes. 26, 17.

קְרֵב aram. pf. 1 sg. קִרְבֵת, 3 pl. קְרִבוּ; inf. suff. מִקְרְבֵהּ *sich nahen, hintreten* Dan. 3, 8. 26. 6, 13. 21. 7, 16.

Pual fut. 2 sg. תְּקָרֵב *darbringen* Esra 7, 17.

Hafel pf. 3 pl. הַקְרִבוּ, suff. הַקְרְבוּהִי; part. pl. מְהַקְרְבִין *darbringen* (Opfer) Dan. 7, 13. Esra 6, 10. 17.

קָרֵב adj. (eig. part. v. קָרַב), pl. קְרֵבִים *sich nahend, hintretend* Num. 1, 51. Deut. 20, 3. 1 Sam. 17, 41. 2 Sam. 18, 25.

קָרֹב s. קָרוֹב.

קֶרֶב m. suff. קִרְבִּי, קִרְבָּם, קִרְבֶּנָה (st. קִרְבָּן), pl. suff. קְרָבַי 1) *das Innere, Eingeweide*, zumeist bei dem Opferritual Lev. 1, 9; dann auch für den *Mutterleib* Gen. 25, 22; *Bauch* Gen. 41, 21; überhaupt das *Innere* als Sitz der Empfindung und des Willens (wie לֵב) Gen. 18, 12. Jer. 9, 7. Ps. 5, 10. Spr. 26, 24. 2) *das Innere, die Mitte einer Sache*. בְּקֶרֶב *in Mitten, in* Gen. 45, 6. 48, 16. Deut. 31, 17. Jos. 8, 35. בְּקֶרֶב שָׁנִים *innerhalb* (weniger) *Jahre* Hab. 3, 2. מִקֶּרֶב *aus* ... *hinweg* Ex. 23, 25. 31, 14. — קִרְבָּם Ps. 49, 12 ist wahrscheinlich = קִבְרָם *ihr Grab*.

קְרָב m. (meist dichterisch) pl. קְרָבוֹת *Krieg, Streit* 2 Sam. 17, 11. Zach. 14, 3. Ps. 55, 19. 22. 68, 31. 78, 9. 144, 1. Hiob 38, 23. Koh. 9, 18.

קְרָב aram. m. *Kampf, Streit* Dan. 7, 21.

קִרְבָה f. cs. קִרְבַת *Annäherung, Nähe* Jes. 58, 2. Ps. 73, 28.

קָרְבָּן m. ps. קָרְבָּן (Ezech. 40, 43), cs. קָרְבַּן, suff. קָרְבָּנִי, קָרְבַּנְכֶם, pl. suff. קָרְבְּנֵיהֶם *Opfer, Opfergabe* Lev. 1, 2. 7, 38. 22, 27. Num. 28, 2.

קֻרְבָּן m. cs. קֻרְבַּן *Weihgabe* Neh. 10, 35. 13, 31.

[קַרְדֹּם] m. suff. קַרְדֻּמּוֹ, pl. קַרְדֻּמִּים—קַרְדֻּמּוֹת

Axt, Beil Richt. 9, 48. 1 Sam. 13, 20. 21. Jer. 46, 22. Ps. 74, 5.

*קָרָה I pf. suff. קָרָהוּ; קָרָךְ; part. f. pl. קֹרֹת; fut. יִקְרֶה—יִקָּר—וַיִּקֶר, suff. יִקְרֵנִי, יִקְרְךָ; 3 pl. f. תִּקְרֶינָה *treffen, begegnen* (wie קרא II) mit acc. Gen. 42, 29. 44, 29. Num. 11, 23. Deut. 25, 18. 1 Sam. 28, 10. Jes. 41, 22. Est. 4, 7. וַיִּקֶר מִקְרֶהָ *zufällig traf es sich* (dass sie kam) Rut 2, 3.

Nifal pf. נִקְרָה, 1 sg. נִקְרֵיתִי; fut. יִקָּרֶה—יִקָּר; 1 sg. אִקָּרֶה *entgegengehen* Num. 23, 15; *begegnen* Ex. 3, 18. Num. 23, 4. 16; *sich zufällig befinden* 2 Sam. 1, 6.

Hifil pf. הִקְרָה, 2 pl. הִקְרִיתֶם; imp. הַקְרֵה *begegnen lassen* Gen. 27, 20; *fügen, eintreffen lassen* Gen. 24, 12; *bestimmen* Num. 35, 11.

*קָרָה II pf. 3 pl. suff. קֵרוּהוּ; inf. קָרוֹת; part. מְקָרֶה (was auch subst ist s. מְקָרֶה) *Balken legen, wölben* Ps. 104, 3. Neh. 2, 8. 3, 3. 6. 2 Chr. 34, 11.

קָרָה f. suff. קָרָתוֹ *Kälte* Nah. 3, 17. Ps. 147, 17. Spr. 25, 20. Hiob 24, 7. 37, 9.

[קָרֶה] m. cs. קְרֵה *Begegniss* Deut. 23, 11.

קֹרָה s. קוֹרָה.

קָרֹב—קָרוֹב adj. u. subst. suff. קְרֹבוֹ, f. קְרֹבָה, pl. קְרֹבִים, suff. קְרוֹבַי, fem. קְרֹבוֹת *nahe* vom Raume Gen. 19, 20. 45, 10. Deut. 13, 8; von der Zeit Num. 24, 17. Jes. 13, 6; von Beziehungen unter den Menschen, *verwandt* Lev. 21, 2. 25, 25. Ps. 38, 12. Hiob 19, 14; *die Gott Nahen = Frommen* Lev. 10, 3. Ps. 148, 14; daher auch *helfend* Deut. 4, 7. Ps. 34, 19; *gnädig* Jes. 55, 6; *bekannt, gerühmt* Ps. 75, 2. בְּקָרוֹב *in nächster Zeit* Ezech. 11, 3. מִקָּרֹב *aus jüngster Zeit* Deut. 32, 17; *in der Nähe* Jer. 23, 23; *schnell* Ezech. 7, 8; *vergänglich* Hiob 20, 5.

*קָרַח fut. 3 pl. יִקְרְחָה; imp. f. קָרְחִי *sich kahl scheeren* (Zeichen der Trauer) Lev. 21, 5. Micha 1, 16.

Nifal fut. יִקָּרֵחַ *kahl geschoren werden* Jer. 16, 6.

Hifil pf. 3 pl. הִקְרִיחוּ *scheeren* Ezech. 27, 31.

Hofal part. מֻקְרָח *geschoren* Ezech. 29, 18.

קָרֵחַ (*Kahlkopf*) n. pr. m. 2 Kön. 25, 23.

קֶרַח m. ps. קָרַח, suff. קַרְחוֹ *Kälte* Gen. 31, 40. Jer. 36, 30; *Eis* Ezech. 1, 22. Ps. 147, 17. Hiob 6, 16. 37, 10. 38, 29.

קֹרַח n. pr. Sohn des Jizhar, Gegner des Moses Ex. 6, 21. Num. 16, 1. 1 Chr. 6, 7. בְּנֵי קֹרַח, eine Levitenfamilie, die in den Ueberschriften der Psalmen 42—49. 84. 85. 87. 88 genannt wird; n. gent. קָרְחִי Ex. 6, 24; pl. קָרְחִים 1 Chr. 9, 19. 12, 6. 2) 1 Chr. 2, 43. 3) Sohn des Esau Gen. 36, 5. 16. 1 Chr. 1, 35.

קֵרֵחַ adj. *kahl* (am Hinterkopf) Lev. 13, 40. 2 Kön. 2, 23.

קָרְחָא—קָרְחָה f. suff. קָרְחָתֵךְ *Kahlheit, Glatze* als Zeichen der Trauer Lev. 21, 5. Deut. 14, 1. Jes. 3, 24. 15, 2. 22, 12. Jer. 47, 5. Ezech. 27, 31. Micha 1, 16.

קָרְחִי s. קֹרַח.

קָרַחַת f. suff. קָרַחְתּוֹ *Kahlheit* des Hinterkopfes Lev. 13, 42; *kahle Stelle* an einem Zeuge Lev. 13, 55.

קְרִי m. ps. קֶרִי (feindliche) Begegnung in der Redensart הָלַךְ קְרִי עִם *Jemandem entgegen* (Jemandes Willen entgegen) *handeln* Lev. 26, 21; wofür auch בְּקֶרִי Lev. 26, 24 oder בַּחֲמַת־קֶרִי *im Zorn zuwider handeln* Lev. 26, 28.

[קָרִיא] m. pl. cs. קְרִאֵי—קְרִיאֵי = קְרוּאֵי Num. 1, 16 (Ktib). 16, 2. 26, 9 (Kri).

קְרִיאָה f. *Ruf, Verkündigung* Jona 3, 2.

קִרְיָה 1) f. cs. קִרְיַת *Stadt*, meist dichterisch Deut. 2, 36. Jes. 1, 21. 25, 3. 29, 1. Jer. 49, 25. Hos. 6, 8. 2) n. pr. a) קִרְיַת אַרְבַּע (*Stadt des Arba*) älterer Name Hebron's Gen. 23, 2. Jos. 15, 54. 20, 7. Neh. 11, 25. b) קִרְיַת Jos. 18, 28 u. קִרְיַת בַּעַל Jos. 15, 60 = קִרְיַת יְעָרִים (s. d.); vergl. חֻצוֹת u. סַנָּה.

קִרְיָא—קִרְיָה aram. f. emph. קִרְיְתָא *Stadt* Esra 4, 10. 15.

קְרִיּוֹת n. pr. 1) Stadt in Juda Jos. 15, 25. b) Stadt in Moab (zuw. mit Art.) Jer. 48, 24. 41. Amos 2, 2.

קִרְיָתַיִם n. pr. 1) Stadt in Ruben Gen. 14, 5. Num. 32, 37. Jos. 13, 19; später zu Moab gerechnet Jer. 48, 1. 23. Ezech. 25, 9. 2) קִרְיָתַיְמָה Ort in Naftali 1 Chr. 6, 61.

*קָרַם fut. יִקְרַם *überziehen* (mit einer Haut) Ezech. 37, 6; *sich bedecken* (mit einer Haut) Ezech. 37, 8.

קָרַן (denom. v. קֶרֶן) *strahlen* Ex. 34, 29. 30. 35.

Hifil part. מַקְרִן *mit Hörnern versehen* Ps. 69, 32.

קֶרֶן m. ps. קָרֶן, suff. קַרְנִי, dual. קַרְנַיִם—קַרְנָיִם, cs. קַרְנֵי, suff. קַרְנָיו—קַרְנָיו, קַרְנֵיכֶם, pl. קְרָנוֹת, cs. קַרְנוֹת, suff. קַרְנֹתָיו *Horn* Gen. 22, 13. 1 Kön. 22, 11. Ezech. 34, 21. Zach. 2, 1. Dan. 8, 3. 5. 7; *hornförmige Spitze* am Altar Ex. 27, 2. 29, 12. Jer. 17, 1; *Gefäss aus Horn* 1 Sam. 16, 1; *Bergspitze* Jes. 5, 1; *Strahl* (des Blitzes) Hab. 3, 4; häufig als Bild der Macht 1 Sam. 2, 1. Amos 6, 13. Ps. 75, 5. 89, 18.

קֶרֶן aram. m. emph. קַרְנָא, dual. קַרְנַיִן, emph. קַרְנַיָּא *Horn* Dan. 7, 7. 8; *Blasinstrument* Dan. 3, 5.

קֶרֶן הַפּוּךְ (*Büchse der Augenschminke*) n. pr. Tochter des Hiob Hiob 42, 14.

קַרְנַיִם s. עַשְׁתְּרוֹת.

קָרַס* *sich krümmen, beugen* Jes. 46, 1. 2.

[קֶרֶס] m. pl. קְרָסִים, cs. קַרְסֵי *Haken, Spange* Ex. 26, 6. 11.

קֵרֹס s. קֵירֹס.

[קַרְסֹל] m. du. suff. קַרְסֻלָּיו *Unterschenkel* 2 Sam. 22, 37. Ps. 18, 37.

קָרַע* fut. יִקְרַע; inf. קְרוֹעַ, suff. קָרְעִי; imp. pl. קִרְעוּ *zerreissen* Koh. 3, 7; *einreissen* die Kleider als Zeichen der Trauer Gen. 37, 29. 2 Sam. 3, 31. 15, 32; *abreissen* Lev. 13, 56. Jer. 36, 23. Ezech. 13, 20. Ps. 35, 15; *aufreissen* (die Augen mit Schminke) Jer. 4, 30; *öffnen, ausbrechen* (Fenster) Jer. 22, 14; bildlich: den Himmel Jes. 63, 19; das Herz (zur Busse) Hos. 13, 8. Joel 2, 13.

Nifal part. נִקְרָע; fut. יִקָּרַע, ps. יִקָּרֵעַ *gespalten werden* 1 Kön. 13, 3; *zerreissen* (intrans.), *eingerissen werden* Ex. 28, 32. 1 Sam. 15, 27.

[קֶרַע] m. pl. קְרָעִים *Riss, Fetzen* 1 Kön. 11, 30. 31. 2 Kön. 2, 12; *Lumpen* Spr. 23, 21.

קָרַץ* fut. pl. יִקְרְצוּ *zusammenkneifen, zwinkern* mit den Augen Ps. 35, 19. Spr. 6, 13. 10, 10; die Lippen Spr. 16, 30.

Pual קֹרַצְתִּי *abgekneipt, geformt werden* Hiob 33, 6.

קֶרֶץ m. *Verderben* Jer. 46, 20.

[קְרַץ] m. pl. suff. קַרְצוֹהִי, קַרְצֵיהוֹן *Stück*; in der Redensart: *die Stücke Jemandes essen*, d. h. *ihn anklagen* Dan. 3, 8. 6, 25.

קַרְקַע m. 1) *Grund, Boden* Num. 5, 17. 1 Kön. 6, 15. Amos 9, 3. 2) n. pr. Ort in Juda Jos. 15, 3.

קַרְקֹר n. pr. einer Stadt Richt. 8, 10.

קֶרֶשׁ m. ps. קָרֶשׁ, suff. קַרְשֵׁךְ, pl. קְרָשִׁים, cs. קַרְשֵׁי, suff. קְרָשָׁיו *Brett, Planke* Ex. 26, 15. 18. 20. 35, 11. Ezech. 27, 6.

קֶרֶת f. ps. קָרֶת *Stadt* Spr. 8, 3. 9, 3. 14. 11, 11. Hiob 29, 7.

קַרְתָּה n. pr. Levitenstadt in Sebulon Jos. 21, 34.

קַרְתָּן n. pr. Levitenstadt in Naftali Jos. 21, 32.

[קָשָׂה] f. pl. cs. קְשׂוֹת, suff. קְשׂוֹתָיו *Schale* Ex. 25, 29. Num. 4, 7 (vgl. קָשָׂת).

קְשִׂיטָה Name einer Münze Gen. 33, 19. Jos. 24, 32. Hiob 42, 11.

קַשְׂקֶשֶׂת f. pl. קַשְׂקַשִּׂים, suff. קַשְׂקְשֹׂתֶיךָ *Schuppe* Lev. 11, 9. Deut. 14, 9. 1 Sam. 17, 5. Ezech. 29, 4.

[קָשָׂת] f. pl. קְשָׂוֹת, cs. קְשׂוֹת *Schale* Ex. 37, 16. 1 Chr. 28, 17 (vgl. קָשָׂה).

קַשׁ m. *Stroh, Stoppel* Ex. 5, 12; häufig als Bild des Vergänglichen Jes. 41, 2. Hiob 13, 25; Verbrennlichen Ex. 15, 7. Obad. 1, 18.

[קִשֻּׁא] m. pl. קִשֻּׁאִים *Gurke* Num. 11, 5.

קָשַׁב* fut. 3 pl. f. תִּקְשַׁבְנָה *aufhorchen* Jes. 32, 3.

Hifil pf. הִקְשַׁבְתִּי, fut. יַקְשִׁב—יַקְשִׁיב *aufhorchen* Hiob 33, 31; *horchen, hören* mit acc. Jer. 23, 18. Ps. 17, 1. 61, 2; mit לְ Jes. 48, 18. Hohel. 8, 13; mit אֶל Ps. 142, 7. Neh. 9, 34; mit עַל Spr. 17, 4; mit בְּ Ps. 66, 19. 86, 6.

קֶשֶׁב m. ps. קָשֶׁב *das Horchen, Hören* Jes. 21, 7. אֵין קָשֶׁב *es war nichts zu hören* 1 Kön. 18, 29. 2 Kön. 4, 31.

[קַשָּׁב] adj. f. קַשֶּׁבֶת *horchend* Neh. 1, 6. 11.

[קַשֻּׁב] adj. f. pl. קַשֻּׁבוֹת *horchend* Ps. 130, 2. 2 Chr. 6, 40. 7, 15.

קָשָׁה* pf. 3 f. קָשְׁתָה, ps. קָשָׁתָה; fut. יִקְשֶׁה—יִקֶשׁ *hart, heftig sein* 2 Sam. 19, 44; *schwer erscheinen* Deut. 1, 17. 15, 18; *hart, unbarmherzig* Gen. 49, 7. 1 Sam. 5, 7.

Nifal part. נִקְשֶׁה *beschwert, niedergebeugt* Jes. 8, 21.

Piel fut. וַתְּקַשׁ בְּלִדְתָּהּ *die Geburt kam ihr schwer an* Gen. 35, 16.

Hifil הִקְשָׁה, 2 sg. הִקְשִׁיתָ, 3 pl. הִקְשׁוּ; fut. וַיֶּקֶשׁ, 1 sg. אַקְשֶׁה, 3 pl. יַקְשׁוּ; inf. בְּהַקְשֹׁתָהּ

1) *hart machen* das Joch (ein hartes, schweres Joch auflegen) 1 Kön. 12, 4; *verhärten*, den Geist, das Herz (eines Andern) Ex. 7, 3. Deut. 2, 30; das (eigene) Herz Ps. 95, 8. Spr. 28, 14 oder den Nacken Deut. 10, 16. Jer. 19, 15 d. h. *hartnäckig sein*; auch ohne eine solches Object: *hartnäckig sich widersetzen* Ex. 13, 15. Hiob 9, 4. 2) adverb. wie Piel Gen. 35, 17; ähnlich הִקְשִׁיתָ לִשְׁאוֹל *du hast Schweres verlangt* 2 Kön. 2, 10.

קָשֶׁה adj. cs. קְשֵׁה, f. קָשָׁה, cs. קְשַׁת, pl. קָשִׁים, cs. קְשֵׁי, f. קָשׁוֹת *schwer* (zu thun, zu verstehen) Ex. 1, 14. 6, 9. 18, 26. 1 Kön. 12, 4; *hart, heftig* Richt. 2, 19. 2 Sam. 2, 17. 3, 39. Jes. 19, 4. 21, 2. 27, 8. Hohel. 8, 6; das fem. subst. *Hartes* Ps. 60, 5; adverb. *in harter Weise* 1 Sam. 20, 10. 1 Kön. 12, 13. 14, 6; eben so plur. קָשׁוֹת Gen. 42, 7. 30; *hartherzig* 1 Sam. 25, 3; *hartnäckig* Jes. 48, 4; Bedeutungen, die noch bestimmter durch darauf folgende genitive bezeichnet werden, wie קְשֵׁה־עֹרֶף Ex. 32, 9. קְשֵׁי־לֵב Ezech. 3, 7. קְשֵׁי־פָנִים Ezech. 2, 4 *frech*. קְשַׁת־רוּחַ *betrübt* 1 Sam. 1, 15. קְשֵׁה־יוֹם *unglücklich* Hiob 30, 25.

קְשׁוֹט aram. m. *Wahrheit* Dan. 4, 34. מִן קְשֹׁט *wahrlich* Dan. 2, 47.

***[קָשַׁח]** Hifil הִקְשִׁיחַ *verhärten* Jes. 63, 17; *grausam behandeln* Hiob 39, 16.

קֹשְׁטְ m. Spr. 22, 21 — **קֹשֶׁט** Ps. 60, 6 *Wahrheit*.

קְשִׁי m. *Härte, Verstocktheit* Deut. 9, 27.

קִשְׁיוֹן n. pr. Ort in Isachar Jos. 19, 20 (vergl. קֶדֶשׁ).

***קָשַׁר** fut. יִקְשֹׁר; imp. suff. קָשְׁרֵם 1) *binden, knüpfen an* ... mit עַל Deut. 6, 8. Spr. 3, 3; mit בְּ Gen. 44, 30. Jos. 2, 18. Spr. 22, 15; part. II קְשֻׁרִים *gedrungen, kräftig* Gen. 30, 42. 2) *sich verschwören* 1 Kön. 16, 16; *gegen* ... mit עַל 1 Sam. 22, 8. Amos 7, 10; part. קֹשְׁרִים *Verschworene* 2 Sam. 15, 31. 2 Kön. 21, 24.

Nifal pf. 3 sg. f. נִקְשְׁרָה; fut 3 sg. f. תִּקָּשֵׁר *sich knüpfen, sich fest anschliessen* 1 Sam. 18, 1; *zu einem Ganzen verbunden werden* Neh. 3, 38.

Piel fut. תְּקַשֵּׁר, 2 sg. f. suff. תְּקַשְּׁרִים *zusammenknüpfen* Hiob 38, 31; *sich umbinden* Jes. 49, 18.

Pual part. pl. f. מְקֻשָּׁרוֹת *gedrungen, kräftig* Gen. 30, 41.

Hitp. fut. יִתְקַשֵּׁר *sich verschwören* 2 Kön. 9, 14. 2 Chr. 24, 25. 26.

קֶשֶׁר m. ps. קָשֶׁר, suff. קִשְׁרוֹ *Verschwörung* 2 Kön. 11, 14. 15, 15; *Bund* Jes. 8, 12.

[קִשֻּׁר] m. pl. קִשֻּׁרִים, suff. קִשֻּׁרֶיהָ *Band, Gürtel* Jes. 3, 20. Jer. 2, 32.

***קָשַׁשׁ** imp. pl. קוֹשׁוּ *sich sammeln* Zef. 2, 1.

Poel pf. 3 pl. קֹשְׁשׁוּ; part. מְקֹשֵׁשׁ, f. מְקֹשֶׁשֶׁת *sammeln, auflesen* Ex. 5, 7. 12. Num. 15, 32. 1 Kön. 17, 10.

Hitp. imp. pl. הִתְקוֹשְׁשׁוּ *sich sammeln* Zef. 2, 1.

קֶשֶׁת f. (selten m.) ps. קָשֶׁת, suff. קַשְׁתִּי, pl. קְשָׁתוֹת, suff. קַשְׁתוֹתָם — קַשְּׁתֹתֵיהֶם, קַשְׁתֹתָיו *Bogen* Gen. 9, 13. 21, 16. Jes. 5, 28. Jer. 51, 56. Ps. 76, 4. Neh. 4, 7. 10.

קַשָּׁת m. *Bogenschütze* Gen. 21, 20

קַתְרוֹס s. קִיתָרוֹס.

ר

***רָאָה** pf. 3 sg. suff. רָאָם, רָאָהוּ, רָאָהּ, רָאֲךָ, 3 sg. f. suff. רָאַתְךָ, 2 sg. suff. רְאִיתַנִי; part. suff. רֹאֵנִי, רֹאֵנוּ; part. II pl. f. רְאֻיוֹת; fut. יִרְאֶה — יִרְאֶ — (יֵרָא) יַרְא — וַיַּרְא, suff. יִרְאֵנִי — יִרְאֲנִי, 3 f. תִּרְאֶה — תֵּרֶא, 2 f. תִּרְאִי — תִּרְאַי, 1 sg. אֶרְאֶה — אֵרֶא, 3 pl. יִרְאוּ — יִרְאוּהוּ, יִרְאֶנָה — יִרְאֶינָה, fem. תִּרְאֶינָה; inf. abs. רָאֹה — רָאוֹ — רָאוֹת, cs. רְאוֹת — רְאֹה; imp. רְאֵה, f. רְאִי, pl. רְאוּ, f. רְאֶינָה 1) *sehen* in mannigfach nüancirten Bedeutungen Gen. 32, 3. 38, 15. 43, 11. Ex. 3, 7. 4, 14. 33, 20. Lev. 13, 3. 21. 1 Sam. 23, 22. 2 Sam. 1, 7. Jes. 6, 9. 29, 18. Hiob 42, 5. Hohel. 3, 11; *hinsehen* Jes. 60, 5; *betrachten* Hiob

38, 17; *sich umsehen* Jes. 41, 28; *besuchen* 1 Sam. 20, 29; *ausersehen* Gen. 22, 8. 41, 33. Est. 2, 9. 1 Chr. 17, 17; *vorhersehen* Spr. 22, 3 (vergl. רָאָה). בְּלֹא רְאוֹת *unversehens* Num. 35, 23; mit בְּ wird eine besondere Empfindung oder Theilnahme an dem Gesehenen ausgedrückt Gen. 29, 32. Jes. 66, 5. Ps. 22, 18. 118, 7. Hiob 33, 28. 2) im weiteren Sinne *wahrnehmen, merken* Gen. 3, 6. Ex. 20, 15. Jes. 44, 16; *erfahren* Gen. 42, 1; *erleben* Jes. 42, 20. Zef. 3, 15. Ps. 34, 13. Klagel. 3, 1. רָאָה מָוֶת *sterben* Ps. 89, 49. רָאָה חַיִּים *das Leben geniessen* Koh. 9, 9. רָאָה שֵׁנָה *schlafen* Koh. 8, 16.

Nifal pf. נִרְאָה; fut. יֵרָא—יֵרָאֶה, 1 sg. אֵרָאֶה—אֵרָא; inf. הֵרָאֹה—הֵרָאוֹת, הֵרָאוֹת (= לְהֵרָאוֹת) לֵרָאוֹת; imp. הֵרָאֵה *gesehen werden* Richt. 19, 30. 1 Kön. 6, 18; *sichtbar werden, sich zeigen* Ex. 34, 3. Lev. 14, 35. 1 Kön. 18, 1. 2. Hohel. 2, 12. נִרְאָה אֶת־פְּנֵי יְהוָֹה *vor Gott* (d. h. im Tempel) *erscheinen* 1 Sam. 1, 22. Jes. 1, 12. Ps. 42, 3; auch אֶל־פְּנֵי Ex. 23, 17; sonst *erscheinen* (von einem göttlichen Wesen) mit אֶל Gen. 12, 7. 48, 3. Ex. 6, 3. Richt. 13, 10. 21.

Pual רֻאוּ (mit Dagesch im א) *gesehen werden, sichtbar sein* Hiob 33, 21.

Hifil הֶרְאָה, suff. הֶרְאַנִי—הִרְאַנִי, הֶרְאָנוּ, הֶרְאָךְ; 1 sg. הֶרְאֵיתִי, suff. הֶרְאִיתִיךָ, הֶרְאִיתָם; fut. וַיַּרְא—יַרְאֶה, 1 sg. suff. אַרְאֶךָּ; inf. הַרְאוֹת, suff. לְרְאֹתְכֶם (st. לְהַרְאוֹתְכֶם) Deut. 1, 33); imp. f. suff. הַרְאִינִי *sehen lassen, zeigen* Deut. 34, 4. Jes. 30, 30; mit dopp. acc. Gen. 41, 28. Num. 13, 26. Deut. 3, 24. 4, 36. 5, 21. 2 Kön. 8, 13. 11, 4. 20, 13. 15. Ezech. 11, 25. Nah. 3, 5. Hohel. 2, 14; auch mit בְּ (siehe Kal) Deut. 1, 33. Ps. 50, 23. 59, 11. 91, 16; *erleben lassen* Ps. 60, 5. Koh. 2, 24.

Hofal pf. הָרְאָה; part. מָרְאֶה *gezeigt werden* mit acc. der Person Lev. 13, 49. אֲשֶׁר הָרְאֵיתָ *welches dir gezeigt worden ist* Ex. 26, 30. 25, 40. אַתָּה הָרְאֵתָ *dir ist gezeigt worden* Deut. 4, 35.

Hitp. fut. 2 pl. תִּתְרָאוּ *sich einander ansehen* (Zeichen der Verlegenheit) Gen. 42, 1; in feindseligem Sinne mit adverbialem acc. פָּנִים *sich mit einander messen* 2 Kön. 14, 8. 11.

רָאָה f. Name eines unreinen Vogels Deut. 14, 13 (vgl. דָּאָה).

רָאֶה adj. cs. רְאֵה *sehend* Hiob 10, 15.

רֹאֶה־ו eig. part. m. pl. רֹאִים 1) *Seher, Prophet* 1 Sam. 9, 9. 1 Chr. 9, 22. 26, 28. 2 Chr. 16, 7; pl. Jes. 30, 10. 2) *Offenbarung* Jes. 28, 7. 3) n. pr. m. 1 Chr. 2, 52 = רְאָיָה 1 Chr. 4, 2.

רְאוּבֵן (*Sehet einen Sohn*) n. pr. ältester Sohn Jakob's Gen. 29, 32; der nach ihm benannte Stamm war von den ostjordanischen der südlichste Num. 32, 37. Jos. 13, 15; n. gent. רְאוּבֵנִי Deut. 3, 12. 4, 43.

רַאֲוָה (eig. inf. v. רָאָה) f. *das Sichsattsehen* Ezech. 28, 17.

רְאוּמָה n. pr. f. Gen. 22, 24.

רְאוּת f. *das Sehen* Koh. 5, 10 Kri (vgl. רְאִית).

רְאִי m. *Spiegel* Hiob 37, 18.

רֳאִי m. ps. רֹאִי 1) *das Sehen* Gen. 16, 13. 2) *das Aussehen* 1 Sam. 16, 12. Hiob 33, 21. 3) *Warnungszeichen* Nah. 3, 6.

רְאָיָה n. pr. m. Esra 2, 47. Neh. 7, 50.—1 Chr. 4, 2 (vgl. רֹאֶה).—5, 5.

רְאֵים s. רְאֵם.

רִאישׁוֹן s. רִאשׁוֹן.

רְאִית f. *das Sehen* Koh. 5, 10 Ktib (vgl. רְאוּת).

רָאַם pf. 3 sg. f. רָאֲמָה = רָמָה v. רוּם s. d.

רְאֵם—רְאֵים—רֵים m. pl. רְאֵמִים — רֵמִים *Büffel, wilder Ochse*, gewöhnl. als Bild der Kraft und Hoheit Num. 23, 22. Deut. 33, 17. Jes. 34, 7. Ps. 22, 22. 29, 6. 92, 11. Hiob 39, 9. 10.

רָאמוֹת (eigtl. part. pl. f. von רוּם) 1) *Hohes, Unerreichbares* Spr. 24, 7. 2) *Korallen* Hiob 28, 18. 3) n. pr. a) רָאמוֹת Jos. 20, 8. 1 Chr. 6, 65. רָאמֹת Deut. 4, 43. רָמֹת Jos. 21, 36. 1 Kön. 4, 13 Freistadt in Gilead (Gad). b) רָאמוֹת Levitenstadt in Isachar 1 Chr. 6, 58 (vergl. יַרְמוּת).

רָאמֹת s. רָמוֹת.

רָאשׁ s. ראשׁ und רוּשׁ.

רֵאשׁ m. suff. ps. רֵאשֶׁךָ *Armuth* Spr. 6, 11. 30, 8 (vgl. רִישׁ).

רֵאשׁ aram. m. emph. רֵאשָׁה, suff. רֵאשִׁי, רֵאשָׁךְ, רֵאשֵׁיהֹם, pl. רָאשִׁין, suff. רֵאשֵׁהּ, רָאשֵׁיהוֹן, רָאשֵׁהּ *Kopf* Dan. 2, 32. 38. 7, 6. 20 (vgl. חֱזוּ); *Haupt, Spitze* Esra 5, 10; *Anfang* Dan. 7, 1.

רֹאשׁ־ m. suff. רֹאשִׁי, pl. רָאשִׁים (aber Spr. 13, 23 = רָשִׁים v. רוּשׁ), cs. רָאשֵׁי, suff. רָאשָׁיו —רֹאשָׁיו *Kopf* Gen. 3, 15. Jes. 15, 2 und davon in verschiedenen Uebertragungen a) *Spitze,* *oberes Ende* Gen. 8, 5. 11, 4. 47, 31. Ex. 17, 10. 1 Kön. 7, 17. Hiob 24, 24. Est. 5, 2: *Oberhaupt, Vorsteher* Num. 1, 4. 14, 4. כֹּהֵן הָרֹאשׁ *Hohepriester* 2 Kön. 25, 18. 1 Chr. 27, 5, wofür bloss הָרֹאשׁ 2 Chr. 24, 6. רֹאשׁ שִׂמְחָתִי *meine höchste Freude* Ps. 137, 6. רֹאשׁ בְּשָׂמִים Ex. 30, 23. רָאשֵׁי בְשָׂמִים Ezech. 27, 22 oder רֹאשׁ כָּל־בְּשָׂם Hohel. 4, 14 *die vorzüglichsten Spezereien.* רֹאשׁ פִּנָּה *der vorzüglichste Eckstein* Ps. 118, 22; daher als Verstärkung: *gar sehr* Esra 9, 6. b) *Anfang* Ex. 12, 2. Richt. 7, 19. Ezech. 40, 1. מֵרֹאשׁ *von Anbeginn, von lange her* Jes. 40, 21. 41, 4. Spr. 8, 23. Koh. 3, 11. רֹאשׁ דֶּרֶךְ *Anfang der Strasse*, d. h. *Ecke* Ezech. 16, 25. Jes. 51, 20. Spr. 1, 21. 8, 2. c) *Summe, Gesammtheit*, besonders in der Formel נָשָׂא אֶת־רֹאשׁ *eine Zählung vornehmen* Ex. 30, 12. Num. 31, 26 (vgl. unter d); daher ein *Haufe, Abtheilung* Richt. 7, 16. 1 Sam. 13, 17; was auch von den *Armen* eines Flusses gesagt wird Gen. 2, 10. d) als der wichtigste Körpertheil steht „*Kopf*" für „*Mensch*", z. B. bei Zählungen (wie גֻּלְגֹּלֶת s. d.) Richt. 5, 30 und für *Person* überhaupt, besonders in Redensarten wie דָּמְךָ יִהְיֶה בְּרֹאשֶׁךָ *dein Blut komme über dein Haupt* d. h. *über dich* (= *du bist selbst an deinem Tode schuld*) 1 Kön. 2, 37; ähnlich: 2 Sam. 1, 16. 3, 29. Jes. 35, 10. Jer. 23, 19. Ezech. 16, 43. Joel 4, 4. Obad. 1, 15. Ps. 7, 17. וְחִיַּבְתֶּם אֶת־רֹאשִׁי *ihr machet mich verantwortlich* Dan. 1, 10. יִשָּׂא אֶת־רֹאשֶׁךָ *er wird dich hervorziehen* Gen. 40, 13; daher ist שְׂאוּ שְׁעָרִים רָאשֵׁיכֶם Ps. 24, 7 = *erhebet euch (thut euch auf), ihr Thore!*

רוֹשׁ—רֹאשׁ (Deut. 32, 32) m. eine Art *Giftpflanze* Deut. 29, 17; n. E. *Mohn*; daher מֵי רֹאשׁ *Giftwasser, Opium* Jer. 8, 14. 9, 14. 23, 15; überhaupt *Gift* Deut. 32, 32. 33. Hos. 10, 4. Hiob 20, 16; bildlich für Unglück Klagel. 3, 19; für Unrecht Amos 6, 12.

רֹאשׁ n. pr. eines im höchsten Norden wohnenden Volkes (*Russen*) Ezech. 38, 2. 3. 39, 1.

[רִאשָׁה] f. pl. suff. רִאשֹׁתֵיכֶם *Anfang, früherer Zustand* Ezech. 36, 11.

רֹאשָׁה f. = רֹאשׁ (s. d. Nr. a). הָאֶבֶן הָרֹאשָׁה *der Grundstein* Zach. 4, 7.

רִאשׁוֹן—רִישׁוֹן—רִאשֹׁן fem. רִאשֹׁנָה, pl. רִאשֹׁנִים, f. רִאשֹׁנוֹת *der erste*. dem Orte nach (*vordere*) Gen. 32, 18 wie der Zeit nach Ex. 12, 15. רִאשׁוֹנָה *zuerst, vornan* Gen. 33, 2. Num. 2, 9; ebenso בָּרִאשֹׁנָה *früher* Gen. 13, 4; *zuerst* Num. 10, 13; überhaupt *früher, vorangehend* Deut. 4, 32. Hiob 8, 8; subst. *die Alten, die Vorfahren* Lev. 26, 45. Deut. 9, 14. Ps. 79, 8. רִאשֹׁנוֹת *das Alte, die Vergangenheit* Jes. 48, 3. 65, 17; *der älteste* Jes. 43, 27. Hiob 15, 7.

רַאֲשׁוֹת s. רֵאשָׁה.

רִאשֹׁנִית adj. f. = רִאשֹׁנָה *erste* Jer. 25, 1.

רֵשִׁית—רֵאשִׁית (Deut. 11, 12) f. רֵאשִׁיתוֹ—רֵאשִׁתוֹ *Anfang, Beginn* Jer. 26, 1. Spr. 1, 7; *Anbeginn, Urzeit* Gen. 1, 1. רֵאשִׁית גּוֹיִם *das älteste Volk* Num. 24, 20; *Erstling* Ex. 23, 19. Lev. 2, 12. 23, 10; daher *Vorzüglichstes* Deut. 3, 21. 1 Sam. 15, 21. Amos 6, 6. רֵאשִׁית אֹנוֹ *sein Erstgeborener* Deut. 21, 17.

[רַאֲשָׁה] f. pl. cs. רַאֲשֹׁתֵי *Kopfgegend* 1 Sam. 26, 12 (vgl. מְרַאֲשֹׁת).

רַב a) adj. ps. רָב, f. רַבָּה, cs. רַבַּת—רַבָּתִי, pl. רַבִּים (vgl. רָבַב II), cs. רַבֵּי, f. רַבּוֹת *viel, zahlreich* Gen. 24, 25. 26, 14. 30, 43; zuweilen vor dem subst. Jes. 21, 7. Ps. 32, 10. 89, 51. Spr. 7, 26. 1 Chr. 28, 5; *reich an* ... mit folgd. genit. 1 Sam. 2, 5. Jer. 51, 13. Spr. 14, 29. Klagel. 1, 1; ferner: *gross, mächtig, stark* Gen. 7, 11. Num. 11, 33. 1 Kön. 19, 7. Ps. 19, 14. b) subst. רַב *Oberster* Jer. 39, 9. Dan. 1, 3. רַבֵּי הַמֶּלֶךְ *die Grossen des Königs* Jer. 39, 13. 41, 1. c) adv. *genug!* Gen. 45, 28. 2 Sam. 24, 16. רַב לָכֶם *ihr habt genug* Num. 16, 3. Deut. 1, 6. 3, 26; eben so רַבַּת *reichlich, im Uebermaass* Ps. 65, 10. 120, 6. 123, 4.

רַב aram. adj. emph. רַבָּא, f. emph. רַבְּתָא *gross, weit, mächtig* Dan. 2, 10. 4, 27. 7, 2. Esra 4, 10. 5, 8.

רֹב—רוֹב—רָב m. suff. רֻבְּכֶם, pl. cs. רֻבֵּי *Menge, Fülle* Gen. 27, 28. Hos. 8, 12 (Kri, wo Ktib רֻבּוֹ). Spr. 20, 6. Hiob 35, 9. Est. 10, 3. לָרֹב *in Fülle, gar sehr* Gen. 30, 30. 48, 16. 1 Chr. 4, 38 (רֻבָּם Hos. 4, 7 ist inf. cs. v. רָבַב).

רִב s. רִיב.

רִבֹּא s. רִבּוֹ.

רָבַב* I pf. רַב, f. רַבָּה, ps. רָבָּה; pl. רַבּוּ, ps. רָבּוּ; inf. רֹב, suff. רֻבָּם *viel sein* Gen. 6, 1. 5. 18, 20. 1 Sam. 25, 10. Ps. 4, 8. 38, 20. כְּרֻבָּם *je nachdem sie zahlreich wurden* Hos. 4, 7.

Pual part. f. מְרֻבָּבוֹת *vervielfacht* Ps. 144, 13.

*רָבַב II. pf. רָב (Ps. 18, 15), 3 pl. רֹבּוּ; part. pl. רַבִּים, suff. רַבָּיו *schleudern, abschiessen* Gen. 49, 23; part. *Bogenschütze* Jer. 50, 29. Hiob 16, 13.

רבב s. רָבִיב.

רְבָבָה f. pl. רְבָבוֹת, cs. רִבְבוֹת, suff. רִבְבֹתָיו *Myriade, zehntausend* Richt. 20, 10. 1 Sam. 18, 7. 8; überhaupt als grosse Zahl Gen. 24, 60. Num. 10, 36. Micha 6, 7. Ps. 3, 7.

[רְבָבָה aram. pl. רִבְבָן *Myriade* Dan. 7, 10 Kri in einigen Ausgg.; vgl. רִבּוֹ aram.].

רָבַד *betten, ein Lager bereiten* Spr. 7, 16.

*רָבָה pf. 2 sg. רָבִיתָ; fut. יִרְבֶּה—יִרֶב, f. תִּרְבֶּה תֵּרֶב; 3 pl. יִרְבּוּ—יִרְבְּיוּן—יִרְבְּיוּן, f. תִּרְבֶּינָה; inf. רְבוֹת; imp. רְבֵה, pl. רְבוּ *viel, zahlreich, gross sein* oder *werden, sich vermehren* Gen. 1, 22. 35, 11. 43, 34. Ex. 1, 10. 11, 9. Deut. 7, 22. 8, 13. 11, 21. 30, 16. Ps. 139, 18.

Piel pf. 1 sg. רִבִּיתִי; imp. רַבֵּה *vermehren, verstärken* Richt. 9, 29; *viel erwerben* (n. A. *wuchern*) mit בְּ Ps. 44, 13; *grossziehen* Ezech. 19, 2. Klagel. 2, 22.

Hifil pf. הִרְבָּה, suff. הִרְבֵּךְ, 3 f. הִרְבְּתָה; 2 sg. f. הִרְבֵּית (הִרְבֵּיתִי), 1 sg. הִרְבֵּיתִי, suff. הִרְבִּיתִךְ; fut. יַרְבֶּה—יֶרֶב, 2 sg. תַּרְבֶּה—תֶּרֶב; inf. abs. הַרְבֵּה—הַרְבֵּה—הַרְבָּה, cs. הַרְבּוֹת—הַרְבִּית (2 Sam. 14, 11 Ktib) —הַרְבַּת (Kri) — הֶרֶב (Richt. 20, 38); imp. הַרְבֵּה—הֶרֶב *vermehren, zahlreich machen* Gen. 16, 10. 48, 4. Deut. 30, 5; *vergrössern* Lev. 25, 16; *kräftigen, stärken* 2 Sam. 22, 36; *erweitern* 1 Chr. 4, 10; inf. הַרְבֵּה adj. u. adv. *viel, sehr* Gen. 15, 1. Jer. 42, 2. Ueberhaupt kann es häufig mit folgdm. subst. (object) adjectivisch oder mit folgd. Verbum adverb. übersetzt werden z. B. לְמַעַן הַרְבּוֹת סוּס *um sich viele Pferde zu halten* Deut. 17, 16. הִרְבָּה אֶת־חֲלָלֵינוּ *er hat Viele von uns erschlagen* Richt. 16, 24; ähnlich: 2 Sam. 14, 11. Jer. 46, 11. Ezech. 23, 19. Hos. 2, 10. Nah. 3, 16. Hiob 9, 17. 10, 17. 34, 37. הִרְבְּתָה לְהִתְפַּלֵּל *sie betete lange* 1 Sam. 1, 12. 2 Sam. 18, 8. Jes. 55, 7. הֶרֶב כַּבְּסֵנִי *reinige mich vollständig* Ps. 51, 4. הֶרֶב לְהַעֲלוֹתָם *dass sie in Menge aufsteigen liessen* Richt. 20, 38; mit zu ergänzendem Obj. *viel geben* Ex. 30, 15; *viel nehmen* Ex. 16, 17; *zahlreich werden* 1 Chr. 4, 27.

רְבָה aram. 3 sg. f. רְבַת, 2 sg. רְבַת (רְבִית) *gross werden* Dan. 4, 18. 19.

Pael רַבִּי *gross machen* mit לְ Dan. 2, 48.

רֹבֶה m. *Bogenschütz* Gen. 21, 20.

רַבָּה (*Grosse*) n. pr. mit He loc. רַבָּתָה 1) Hauptstadt Ammon's Jos. 13, 25. 2 Sam. 11, 1. 12, 29; vollständig רַבַּת בְּנֵי עַמּוֹן Deut. 3, 11. 2 Sam. 12, 26. Jer. 49, 2. 2) (mit Art.) Ort in Juda Jos. 15, 60.

רִבּוֹ—רִבּוֹא f. pl. רִבּוֹת—רִבֹּאוֹת—רִבְּאוֹת, dual. רִבֹּתַיִם *Myriade, zehntausend* Jona 4, 11. Dan. 11, 12. Esra 2, 64. 69. Neh. 7, 71. 1 Chr. 29, 7; für unbestimmt grosse Zahl Ps. 68, 18.

רִבּוֹ aram. f. pl. רִבְבָן *Myriade* Dan. 7, 10 (vgl. רְבָבָה aram.).

רְבוּ aram. f. emph. רְבוּתָא, suff. רְבוּתָךְ *Macht* Dan. 4, 19. 33. 5, 18. 7, 27.

[רְבִיב] m. pl. רְבִבִים—רְבִיבִים *Regenguss* Deut. 32, 2. Jer. 3, 3. 14, 22. Micha 5, 6. Ps. 65, 11. 72, 6.

רָבִיד m. cs. רְבִד *Halsband* Gen. 41, 42. Ezech. 16, 11.

רְבִיעִי fem. רְבִיעִת—רְבִעִת, pl. רְבִיעִים—רִבְעִים *der (die) vierte* Gen. 1, 19. Lev. 19, 24; fem. *ein Viertel* Ex. 29, 40. Num. 28, 14; pl. *das vierte Geschlecht* 2 Kön. 10, 30. 15, 12.

[רְבִיעַי] aram. f. רְבִיעָיָה—רְבִיעָיָא (Ktib) — רְבִיעָאָה (Kri), emph. רְבִיעָיְתָא *der (die) vierte* Dan. 2, 40. 3, 25. 7, 19. 23.

רַבִּית n. pr. (mit Art.) Stadt in Isachar Jos. 19, 20.

רָבַךְ s. מֻרְבֶּכֶת.

רִבְלָה n. pr. mit He loc. רִבְלָתָה Stadt nördlich von Palästina Num. 34, 11. 2 Kön. 23, 33. 25, 6. Jer. 39, 5. 52, 10.

*רָבַע inf. רְבָעָה, suff. רִבְעָהּ 1) *sich begatten mit …* durch accusativ Lev. 20, 16. 18, 23. 2) denom. von אַרְבַּע, part. II רָבוּעַ, f. רְבֻעָה, pl. רְבֻעִים *geviert, viereckig* Ex. 27, 1. 1 Kön. 7, 5. Ezech. 41, 21.

Pual (denom. von אַרְבַּע) מְרֻבָּע, f. מְרֻבַּעַת, pl. מְרֻבָּעוֹת *viereckig, geviert* 1 Kön. 7, 31. Ezech. 40, 47. 45, 2.

Hifil fut. 2 sg. תַּרְבִּיעַ *begatten lassen* Lev. 19, 19.

רֶבַע m. suff. רִבְעִי, pl. suff. רְבָעָיו, רְבָעֶיהָ, רִבְעֵיהֶן 1) *Viertel* Ex. 29, 40. 1 Sam. 9, 8; *Seite* eines viereckigen Gegenstandes Ezech. 1, 17. 43, 16. 17. 2) *Lager*, eigentl. *das Liegen* Ps. 139, 3. 3) n. pr. m. Num. 31, 8. Jos. 13, 21.

[רִבֵּעַ] m. pl. רִבֵּעִים *das vierte Geschlecht* Ex. 20, 5. 34, 7. Num. 14, 18. Deut. 5, 9.

רֹבַע m. *Viertel* Num. 23, 10 (n. A. *Spross, Nachkommenschaft*). 2 Kön. 6, 25.

רָבַץ* fut. יִרְבַּץ *sich hinstrecken, sich lagern*, meist von Thieren Gen. 49, 9. Num. 22, 27. Jes. 11, 6; bildlich Gen. 4, 7. 49, 25. Deut. 33, 13.

Hifil fut. 1 sg. suff. אַרְבִּיצֵם *lagern lassen, hinlegen* Jes. 13, 20. 54, 11. Jer. 33, 12. Ezech. 34, 15. Ps. 23, 2. Hohel. 1, 7.

רֵבֶץ m. suff. רִבְצָם *Lagerstätte* Jes. 35, 7. 65, 10. Jer. 50, 6.

רִבְקָה n. pr. *Rebekka*, Frau des Isak Gen. 22, 23. 24, 15.

[רַבְרַב] aram. adj. pl. רַבְרְבִין, f. רַבְרְבָן, emph. רַבְרְבָתָא *gross, mächtig* Dan. 2, 48. 3, 33; *stolz* Dan. 7, 8. 11.

[רַבְרְבָן] aram. m. pl. suff. רַבְרְבָנַי, רַבְרְבָנָךְ, רַבְרְבָנוֹהִי *Fürst, Vornehmer* Dan. 4, 33. 5, 1. 23.

רַבְשָׁקֵה (*Oberster Schenk*) n. pr. Feldherr der Assyrer 2 Kön. 18, 17.

רַבַּת s. רַב u. רַבָּה.

[רֶגֶב] m. pl. רְגָבִים, cs. רִגְבֵי *Erdscholle* Hiob 21, 33. 38, 38.

רָגַז—רָגֵז* fut. יִרְגַּז; imp. pl. רִגְזוּ, f. רְגָזָה (st. רְגֹזְנָה Jes. 32, 11) *in heftiger Erregung sein, auffahren* 2 Sam. 19, 1. Jes. 14, 9; *in Unruhe sein* Gen. 45, 24. 2 Sam. 7, 10; *zürnen* Spr. 29, 9; meistens: *zittern, beben* Ex. 15, 14. Deut. 2, 25. 1 Sam. 14, 15. Ps. 4, 5; *sich trotzig zeigen gegen* ... mit לְ Ezech. 16, 43.

Hifil pf. 2 sg. suff. הִרְגַּזְתַּנִי; fut. אַרְגִּיז *in Unruhe versetzen, aufregen, aufstören* 1 Sam. 28, 15. Jes. 14, 16; *zittern machen* Jes. 13, 13; *erzürnen* Hiob 12, 6.

Hitp. inf. suff. הִתְרַגֶּזְךָ *sich tobend benehmen* 2 Kön. 19, 27.

[רְגַז] aram. Hafel pf. הַרְגִּזוּ *erzürnen* Esra 5, 12.

רְגַז aram. m. *Zorn* Dan. 3, 13.

רַגָּז adj. *zitternd, ängstlich* Deut. 28, 65.

רֹגֶז m. suff. רָגְזֶךָ *Unruhe* Jes. 14, 3. Hiob 3, 17. 26. 14, 1; *Toben* Hiob 39, 24; *Krachen* Hiob 37, 2; *Zorn* Hab. 3, 2.

רָגְזָה f. *das Beben* Ezech. 12, 18.

רָגַל* *verleumden* Ps. 15, 3.

Piel רִגֵּל; fut. יְרַגֵּל *verleumden* mit בְּ 2 Sam. 19, 28; *ausforschen, auskundschaften* mit acc. Num. 21, 32; part. מְרַגְּלִים *Kundschafter* Gen. 42, 9.

Tifel pf. תִּרְגַּלְתִּי *zum Gehen anleiten* Hos. 11, 3.

רֶגֶל f. ps. רָגֶל, suff. רַגְלִי, du. רַגְלַיִם, cs. רַגְלֵי, suff. רַגְלַי *Fuss* Deut. 19, 21; Dualform auch für den plur. Lev. 11, 23. 42. עַל־רַגְלָיו (sie fiel) *ihm zu Füssen* 2 Kön. 4, 37; eben so לִפְנֵי רַגְלָיו Est. 8, 3. בְּרַגְלֶיךָ *in deinem Gefolge* Ex. 11, 8. 1 Sam. 15, 21. 2 Sam. 15, 18. 1 Kön. 20, 10; eben so לְרַגְלָהּ 1 Sam. 25, 42. Jes. 41, 2. Hab. 3, 5. בְּרַגְלִי *zu Fuss* Num. 20, 19. Deut. 2, 28. Richt. 4, 10. 2 Sam. 15, 16; für *Fussnägel* 2 Sam. 19, 25; euphemistisch für *Schamtheile* Ex. 4, 25. Deut. 28, 57 (vgl. מַיִם u. סָכַךְ). בְּרַגְלְךָ *mit dem Tritt deines Fusses* Deut. 11, 10; bildlich für *Thätigkeit, Wandel* Gen. 41, 44. Deut. 33, 24. Ps. 36, 12. 66, 9. Spr. 4, 27. Hiob 23, 11; daher לְרַגְלִי *meinetwegen* Gen. 30, 30. לְרֶגֶל הַיְלָדִים *nach der Gangart der Kinder* Gen. 33, 14. — Plur. רְגָלִים *Mal* Ex. 23, 14. Num. 22, 28. 32.

[רְגַל] aram. f. du. רַגְלַיִן, emph. רַגְלַיָּא, suff. רַגְלֵיהּ, רַגְלוֹהִי *Fuss* Dan. 2, 33. 41. 7, 4. 7.

רֹגֵל nur im n. pr. עֵין רֹגֵל Name einer Quelle bei Jerusalem Jos. 15, 7. 18, 16. 2 Sam. 17, 17.

רַגְלִי m. pl. רַגְלִים *Fussgänger* Ex. 12, 37. Jer. 12, 5.

רֹגְלִים n. pr. Ort in Gilead 2 Sam. 17, 27. 19, 32.

רָגַם* fut. pl. יִרְגְּמוּ; inf. רְגוֹם *werfen* mit Steinen, *steinigen*, fast immer unter Zusetzung von אֶבֶן Lev. 24, 23 oder בָּאֶבֶן Lev. 20, 27 oder בָּאֲבָנִים Num. 14, 10; das Obj. im acc. Num. 15, 35. Deut. 21, 21 oder mit בְּ Lev. 24, 16. 2 Chr. 10, 18 oder עַל Ezech. 23, 47.

רֶגֶם n. pr. m. 1 Chr. 2, 47.

רֶגֶם מֶלֶךְ n. pr. m. Zach. 7, 2.

רִגְמָה f. suff. רִגְמָתָם *Versammlung* Ps. 68, 28.

רָגַן* part. pl. רוֹגְנִים *Widerspenstige* Jes. 29, 24.

Nifal part. נִרְגָּן; fut. 2 pl. תֵּרָגְנוּ *murren, sich mürrisch zeigen* Deut. 1, 27. Ps. 106, 25; part. *Zänker* Spr. 16, 28. 18, 8. 26, 20. 22.

רָגַע part. (cs.) רֹגַע *in Bewegung setzen, aufregen* Jes. 51, 15. Jer. 31, 35. Hiob 26, 12; intr. *aufplatzen, bersten* Hiob 7, 5.

Nifal imp. f. הֵרָגְעִי *sich beruhigen* Jer. 47, 6.

Hifil fut. אַרְגִּיעָה—אַרְגִּיעַ; inf. suff. הַרְגִּיעוֹ 1) *aufregen, erwecken* Jes. 51, 4. Jer. 50, 34. אַרְגִּיעָה *ich will eine Bewegung machen* wird gleichsam adverb. gebraucht für *augenblicklich* Jer. 49, 19. 50, 44. עַד אַרְגִּיעָה *nur einen Augenblick lang* Spr. 12, 19. 2) *Ruheplatz finden* Deut. 28, 65. Jes. 34, 14. Jer. 31, 2.

[רָגֵעַ] adj. pl. cs. רִגְעֵי *ruhig, still* Ps. 35, 20.

רֶגַע m. ps. רָגַע, pl. רְגָעִים *Augenblick* Ex. 33, 5. Jes. 54, 7. 8. Ps. 30, 6; meist adverb. *augenblicklich, sofort* Ps. 6, 11; eben so כְּרֶגַע Num. 16, 21. 17, 10. Ps. 73, 19. לִרְגָעִים *jeden Augenblick* Jes. 27, 3. Hiob 7, 18.

***רָגַשׁ** *toben, lärmen* Ps. 2, 1.

[רְגַשׁ] aram. Hafel pf. 3 pl. הַרְגִּשׁוּ *lärmend zusammentreten* Dan. 6, 7. 12. 16.

רֶגֶשׁ m. ps. רָגֶשׁ *Lärm, Getümmel* Ps. 55, 15.

רִגְשָׁה f. cs. רִגְשַׁת *das Toben* Ps. 64, 3.

רָד s. רוּד.

רֵד, רְדָה s. יָרַד.

***רָדַד** part. רֹדֵד; inf. רַד *unterwerfen, niederwerfen* Jes. 45, 1. Ps. 144, 2.

Hifil fut. וַיָּרֶד *ausbreiten* mit acc. u. עַל = *mit etwas überziehen* 1 Kön. 6, 32.

***רָדָה** pf. 2 pl. רְדִיתֶם; part. suff. רֹדֵם; fut. יֵרְדְּ, suff. יִרְדֵּהוּ—יִרְדֵּנוּ, pl. יִרְדּוּ; inf. רְדוֹת; imp. רְדֵה, pl. רְדוּ (Gen. 1, 28; sonst imp. v. יָרַד) *Gewalt haben, herrschen* Num. 24, 19. Ps. 72, 8. 110, 2; *über* ... mit בְּ Gen. 1, 26, 28. 1 Kön. 5, 4. Ezech. 29, 15; *die Aufsicht führen* 1 Kön. 5, 30; mit acc. Lev. 25, 53. Jes. 14, 6. רֹדֵם *ihr Führer* Ps. 68, 28. 2) *sich bemächtigen, nehmen* Richt. 14, 9.

Piel fut. יְרַד *zum Herrscher machen* Richt. 5, 13.

Hifil fut. יַרְדְּ, suff. יַרְדֶּנָּה (st. יַרְדֶּנָּה) 1) *unterjochen* Jes. 41, 2. 2) *mächtig werden lassen* Klagel. 1, 13.

רַדַּי n. pr. m. 1 Chr. 2, 14.

רָדִיד m. suff. רְדִידִי, pl. רְדִידִים *Schleier* Jes. 3, 23. Hohel. 5, 7.

***[רָדַם]** Kal ungebr. רֹדֵם s. [רָדָה].

Nifal part. נִרְדָּם; fut. ps. יֵרָדֵם *tief einschlafen* Jona 1, 5. 6; als Bild der Trägheit Spr. 10, 5; *betäubt, bewusstlos sein* Richt. 4, 21. Ps. 76, 7. Dan. 8, 18. 10, 9.

***רָדַף** fut. יִרְדֹּף—יִרְדֹּף (Ps. 7, 6 gemischte Form aus Kal und Piel), suff. יִרְדָּפְךָ (Ezech. 35, 6); inf. רְדֹף, suff. רָדְפִי (רְדוֹפִי Ktib Ps. 38, 21), רָדְפוֹ, לִרְדָפְךָ; imp. רְדֹף, suff. רָדְפֵהוּ *hinter Jemandem herjagen, verfolgen* meist mit אַחֲרֵי Ex. 14, 4. Jos. 8, 16; mit acc. Lev. 26, 17. Jos. 23, 10. 1 Sam. 25, 29. Amos 1, 11. רֹדֵף *Verfolger* Jos. 8, 20. Ps. 7, 2; bildlich *sich einer Sache befleissigen* mit acc. Jes. 1, 23. Hos. 12, 2. Ps. 34, 15. נִרְדְּפָה לָדַעַת *wir wollen uns beeifern, zu erkennen* Hos. 6, 3.

Nifal part. נִרְדָּף *verfolgt werden* Klagel. 5, 5. Koh. 3, 15.

Piel fut. יְרַדֵּף־ (vgl. Kal) *eifrig verfolgen* mit accus. Hos. 2, 9. Nah. 1, 8. Spr. 19, 7.

Pual רֻדַּף *gejagt werden* Jes. 17, 13.

Hifil pf. 3 pl. suff. הִרְדִּיפֻהוּ *eifrig verfolgen* Richt. 20, 43.

***רָהַב** fut. 3 pl. יִרְהֲבוּ; imp. רְהַב *heftig in Jemanden dringen* mit acc. Spr. 6, 3; *sich frech benehmen gegen* ... mit בְּ Jes. 3, 5.

Hifil fut. 2 sg. suff. תַּרְהִבֻנִי *aufregen* Ps. 138, 3. Hohel. 6, 5.

רַהַב m. ps. רָהַב, pl. רְהָבִים eigentlich *Toben, Ungestüm*, concret: *das Ungethüm, Ungeheuer*; von der Bändigung solcher durch Gott erzählten alte Sagen Hiob 9, 13. 26, 12; dann in dichterischer Sprache vom *Krokodil*, als Repräsentanten Aegyptens Jes. 51, 9. Ps. 87, 4. 89, 11; wobei nebenbei auf die Bedeutung: *Prahlerei* Jes. 30, 7 angespielt wird; pl. *die Ungestümen, Lärmenden* Ps. 40, 5.

רֹהַב m. suff. רָהְבָּם *Ungestüm, Unruhe* Ps. 90, 10.

רָהְגָּה n. pr. m. 1 Chr. 7, 34 Kri (Ktib: רוֹהֲגָה).

רָהָה fut. 2 pl. תִּרְהוּ *sich fürchten, erschrecken* Jes. 44, 8 (n. A. v. יָרָה).

[רַהַט] m. pl. רְהָטִים *Tränkrinne* Gen. 30, 38. 41. Ex. 2, 16; bildlich für: *Locke* Hohel. 7, 6.

רָהִיט m. suff. רְהִיטֵנוּ *Getäfel* Hohel. 1, 17 Kri (wofür Ktib: רַחִיטֵנוּ).

רֵו aram. m. suff. רֵוֵהּ *Aussehen* Dan. 3, 25.

רוֹב s. רַב u. רִיב.

רוּב s. רִיב.

*רוּד pf. רָד, 1 pl. רַדְנוּ *umherschweifen* Jer. 2, 31. Hos. 12, 1.

Hifil fut. תָּרִיד, אָרִיד *umherschweifen* Ps. 55, 3; *unruhig, aufrührerisch werden* Gen. 27, 40.

רוֹדָנִים 1 Chr. 1, 7 = דֹּדָנִים s. d.

***רָוָה** fut. יִרְוֶה, יִרְוְיוּן *triefen* Jer. 46, 10; bildlich vom Ueberfluss Ps. 36, 9; *sich laben* Spr. 7, 18.

Piel pf 3 sg. f. רִוְּתָה, 1 sg. רִוֵּיתִי; fut. 1 sg. suff. אֲרַיָּוֵךְ (st. אֲרַוֵּךְ), 3 pl. suff. יְרַוֻּךְ; imp. רַוֵּה *tränken, benetzen* Jes. 16, 9. Ps. 65, 11; *laben* Jer. 31, 14. Spr. 5, 19; intrans. *triefen* Jes. 34, 5. 7.

Hifil pf. הִרְוָה, suff. הִרְוַנִי, 2 sg. suff. הִרְוִיתָנִי, 1 sg. הִרְוֵיתִי; part. מַרְוֶה *tränken* Jes. 55, 10; *laben* Jer. 31, 25. Spr. 11, 25; mit dopp. acc. Jes. 43, 24. Klagel. 3, 15.

Hofel fut. יוֹרֶא (st. יֻרְוֶה) *gelabt werden* Spr. 11, 25.

רָוֶה adj. f. רָוָה *befeuchtet, benetzt* Deut. 29, 18. Jes. 58, 11. Jer. 31, 12.

רוֹהֲגָה s. רָהְגָּה.

***רָוַח** fut. יִרְוַח unpers. mit לְ *leicht, wohl werden* 1 Sam. 16, 23. Hiob 32, 20.

Pual part. pl. מְרֻוָּחִים *weit, geräumig* Jer. 22, 14.

רֶוַח m. *Raum, Zwischenraum* Gen. 32, 17; *Befreiung* Est. 4, 14.

***[רוּחַ]** Hifil pf. הֵרִיחַ; fut. יָרַח—יָרִיחַ, 1 sg. אָרִיחַ, 3 pl. יְרִיחוּן—יְרִיחוּן; inf. הָרִיחַ, suff. הֲרִיחוֹ *riechen* Gen. 27, 27. Ex. 30, 38. Deut. 4, 28. Ps. 115, 6; im Allgemeinen *wahrnehmen* Richt. 16, 9. Hiob 39, 25; *ein Opfer riechen* = *dasselbe erhalten* 1 Sam. 26, 19 oder *wohlgefällig aufnehmen* (vgl. נִיחֹחַ) Gen. 8, 21. Lev. 26, 31. Amos 5, 21.

רוּחַ f. (zuweilen m.) mit He loc. רוּחָה (Jer. 52, 23), suff. רוּחִי, רוּחֲכֶם, pl. רוּחוֹת—רוחות—רֻחוֹת 1) *Wind* Gen. 8, 1. Ex. 10, 14. Jes. 27, 8. Ps. 104, 4. Hiob 26, 13; als Bild der Nichtigkeit und Vergänglichkeit Hos. 8, 7. 12, 2. Spr. 27, 16. Koh. 1, 14; auch bloss *Wehen*. רוּחַ הַיּוֹם *das Wehen des Tages* (d. h. als es kühler wurde) Gen. 3, 8. 2) *Seite, Gegend* Ezech. 5, 10. 37, 9. רוּחָה *nach jeder Seite hin* Jer. 52, 23. 3) *Athem, Hauch* Ex. 6, 9. Ps. 135, 17. 4) *Leben, Lebenshauch* (wie נֶפֶשׁ) Gen. 6, 17. 45, 27. 1 Kön. 10, 6. רוּחַ אַפֵּינוּ *unser Lebenshauch*, d. h. *der König* als das Leben des Staates Klagel. 4, 20. רוּחַ gilt als Sitz der Empfindungen (Hiob 32, 18) u. Eigenschaften z. B. des Schmerzes Gen. 26, 35; der Eifersucht Num. 5, 14; der Demuth Ps. 51, 19. Spr. 29, 23; des Jähzornes Spr. 14, 29 etc. 5) *Geist*, als Princip des höheren Lebens, zunächst vom *Geiste Gottes* Gen. 1 2. 41, 38. Num. 24, 2. Jes. 44, 3. Joel 3, 1, der auch רוּחַ קֹדֶשׁ genannt wird; derselbe geht auch auf den Menschen Jes. 63, 11. Ps. 51, 13 und von einem zum andern über als *Geist der Weissagung* Num. 11, 25; personificirt 1 Kön. 22, 21; daher Josua heisst: אִישׁ אֲשֶׁר רוּחַ בּוֹ *ein Mann, in welchem* (Gottes) *Geist ist* Num. 27, 18. אִישׁ הָרוּחַ *Prophet* Hos. 9, 7; so spricht man dann *vom Geist der Weisheit, des Rathes* u. s. w. Jes. 11, 2 und im Gegensatz dazu vom רוּחַ רָעָה *bösem Geiste* (*Missstimmung*) 1 Sam. 16, 14; von רוּחַ שֶׁקֶר *Geist der Lüge* 1 Kön. 22, 22. רוּחַ טֻמְאָה *Geist der Unreinheit* Zach. 13, 2 u. s. w.

רוּחַ aram. m. u. f. emph. רוּחָא, suff. רוּחִי, רוּחֵהּ, pl. cs. רוּחֵי 1) *Wind* Dan. 2, 35. 7, 2. 2) *Seele* Dan. 5, 20. 3) *Geist* Dan. 4, 5. 5, 14.

רְוָחָה f. suff. רַוְחָתִי *Erleichterung*, *Befreiung* Ex. 8, 11. Klagel. 3, 56.

רְוָיָה f. *Reichlichkeit*, *Fülle* Ps. 23, 5. 66, 12.

***רוּם** (vergl. רָמַם), pf. רָם, fem. רָאֲמָה—רָמָה (Zach. 14, 10), pl. רָמוּ; fut. יָרֻם—יָרֹם—יָרוּם—וַיָּרָם, 3 pl. יְרֻמוּן—יְרוּמוּ; inf. רֻם—רוּם, suff. רוּמָם (Ezech. 10, 17); imp. רוּמָה; part. רָם *sich erheben* Gen. 7, 17; *hoch sein oder werden* Num. 24, 7. Zach. 14, 10; vielfach in bildlicher Bedeutung, wo von *hohem* (d. h. stolzen) Herzen Deut. 8, 14. 17, 20. Ezech. 31, 10; von *erhobener* Hand, d. h. starker Macht Ex. 14, 8. Ps. 89, 14; von *erhobenem* Horn Ps. 112, 9 u. s. w. gesprochen wird. — וַיָּרֻם Ex. 16, 20 ist viell. denom. von רִמָּה u. würde heissen: *wurmigt werden*, *Würmer haben*.

Polel pf. 3 sg. f. suff. רוֹמֲמָתְהוּ, 1 sg. רוֹמַמְתִּי; fut. יְרוֹמֵם, 1 sg. suff. אֲרוֹמִמְךָ *erhöhen* 1 Sam. 2, 7; *hochhalten* Esra 9, 9; *Achtung verschaffen* Spr. 4, 8; *Schutz gewähren* 2 Sam. 22, 49. Ps. 9, 14. 27, 5; *preisen* Ex. 15, 2. Ps. 30, 2; *grossziehen*, *erziehen* Jes. 1, 2. 23, 4 (wo es n. E. 2 sg. f.). Ezech. 31, 4; *nach Oben streben* Hos. 11, 7; part. f. רוֹמֵמָה *erhaben* Ps. 118, 16. [תְּרוֹמֵם Hiob 17, 4 n. E. = תְּרוֹמְמֵם *du erhebst sie*].

Polal fut. 3 pl. f. תְּרוֹמַמְנָה; part. מְרוֹמָם *erhöht werden, erhaben sein* Ps. 75, 11. Neh. 9, 5.

Hifil pf. הֵרִים, 2 sg. הֲרִימוֹתָ(ה), 1 sg. הֲרִימוֹתִי—הֲרִמֹתִי, 2 pl. הֲרֵמֹתֶם; fut. יָרִים—יָרֵם—וַיָּרֶם, suff. יְרִימֶהָ; inf. הָרִים, suff. הֲרִימִי, הֲרִימְכֶם; imp. הָרֵם—הָרֶם—הָרִים—הָרִימָה, f. הָרִימִי *in die Höhe heben*, *erheben* Ex. 14, 16. 17, 11. Jes. 10, 15; die Hand (beim Schwur) Gen. 14, 22. Dan. 12, 7; *gegen* ... d. h. *sich empören* 1 Kön. 11, 27; die Stimme *erheben, laut schreien* Gen. 39, 15. 18. Jes. 40, 9. 58, 1; *aufheben* (von der Erde) 2 Kön. 6, 7; die Schritte *erheben* = *hingehen* Ps. 74, 3; die Hand, das Haupt, das Horn *erheben* ist Bild der Macht oder des Trotzes 1 Sam. 2, 10. Ps. 3, 4. 75, 5. 6. 89, 18. 43. 92, 11. 110, 7. 148, 14. 1 Chr. 25, 5; *aufrichten* Gen. 31, 45; *zur Schau tragen* Spr. 14, 29; *herausheben, herausnehmen* Num. 17, 2; *auswählen, bevorzugen* 1 Kön. 14, 7. Ps. 89, 20; besonders von Opfergaben, die *erhoben*, für heilige Zwecke *bestimmt* werden Ex. 35, 24. Lev. 2, 9. 6, 8. Num. 31, 28; *wegschaffen* Jes. 57, 14. Ezech. 21, 31.

Hofal הוּרַם; fut. יוּרַם *aufgehoben werden* Dan. 8, 11 (Kri); als Opfergabe *erhoben, geweiht werden* Ex. 29, 27. Lev. 4, 10.

Hitp. fut. יִתְרוֹמָם, 1 sg. ps. אֶרוֹמָם *sich erheben* Jes. 33, 10. Dan. 11, 36.

רום aram. pf. רָם *sich überheben* (vor Stolz) Dan. 5, 20.

Polel pf. מְרוֹמֵם *preisen* Dan. 4, 34.

Afel part. מָרִים *erhöhen* Dan. 5, 19.

Hitpolel pf. 2 sg. הִתְרוֹמַמְתָּ *sich überheben* Dan. 5, 23.

רוּם—רֻם m. *Höhe* Spr. 25, 3; mit und ohne gen. wie עֵינַיִם oder לֵב *Stolz* Jes. 2, 11. 17. 10, 12. Jer. 48, 29. Spr. 21, 4.

רוּם aram. m. suff. רוּמֵהּ *Höhe* Dan. 3, 1. 4, 17. Esra 6, 13.

רוֹם m. *Höhe* (Himmel) Hab. 3, 10.

רוֹמָה (f. *Stolz*) adverb. *stolz* Micha 2, 3.

רוּמָה n. pr. Ort bei Sichem 2 Kön. 23, 36; vielleicht = אֲרוּמָה Richt. 9, 41.

רוֹמָם m. *Lob, Preis* Ps. 66, 17.

[רוֹמֵמָה] f. pl. cs. רוֹמְמוֹת *Lobpreisung* Ps. 149, 6.

רון s. רָנַן.

***[רוֹעַ]** Pual יְרֹעַע (wie von רָעַע) *gelärmt werden* Jes. 16, 10.

Hifil pf. 3 pl. הֵרִיעוּ—הֵרֵעוּ (1 Sam. 17, 20), 2 pl. הֲרֵעֹתֶם—הֲרִיעֹתֶם; fut. יָרִיעַ—יָרֵעַ; inf. הָרִיעַ; imp. f. הָרִיעִי, pl. הָרִיעוּ; part. pl. מְרִיעִים *ein Geschrei erheben*, meist ein Kriegsgeschrei Jos. 6, 10; oft mit dem Obj. תְּרוּעָה Jos. 6, 20; Esra 3, 13; ein Freudengeschrei Jes. 44, 23. Zach. 9, 9; ein Klagegeschrei Jes. 15, 4; *nachschreien* Jemandem mit עַל Hiob 30, 5; *blasen* mit (בְּ) der Posaune oder Trompete Num. 10, 9. Ps. 98, 6; überhaupt Gott mit lauter Stimme *preisen* Ps. 47, 2. 100, 1.

Hitp. fut. אֶתְרוֹעָע, pl. יִתְרוֹעֲעוּ; imp. f. ps. הִתְרוֹעָעִי *Siegesgechrei erheben* Ps. 60, 10. 108, 10; *jubeln* Ps. 65, 14 (vgl. רָעַע).

***[רוּף]** Polel fut. pl. ps. יְרוֹפָפוּ *zittern, beben* Hiob 26, 11.

***רוּץ** pf. רָץ, 1 sg. רַצְתִּי, 2 sg. רַצְתָּה, 3 pl. רָצוּ; part. pl. רָצִין—רָצִים (2 Kön. 11, 13); fut. יָרוּץ—יָרֻץ—יָרֹץ—יָרֶץ [יָרוּץ Jes. 42, 4 s. רָצַץ], 3 pl. יָרוּצוּ—יְרֻצוּ—יְרוּצוּן—יְרֻצוּן; inf. abs. רָצוֹא; imp. רוּץ—רֻץ *laufen, eilen* Gen. 18, 7. 1 Sam. 10, 23. 20, 36. 2 Sam. 18, 21. 2 Kön. 4, 26. 5, 20. Jes. 40, 31. 55, 5. Jer. 23, 21. Ezech. 1, 14. Joel 2, 4. 9. Hiob 16, 14; *wettlaufen* mit Jemand Jer. 12, 5; *geläufig lesen* Hab. 2, 2; part. pl. *Läufer, Trabanten* 1 Kön. 14, 27.

Polel fut. יְרוֹצְצוּ *eilig laufen, jagen* Nah. 2, 5.

Hifil fut. 3 sg. f. תָּרִיץ, 1 sg. suff. אֲרִצֶנּוּ, אֲרִיצֵם, 3 pl. יָרִיצוּ, suff. יְרִיצֻהוּ *schnell hinbringen* Gen. 41, 14. 1 Sam. 17, 17. 2 Chr. 35, 13; mit Obj. יָדַיִן *sich zur Anbetung* (Gottes) *bereit erklären* Ps. 68, 32; *verjagen* Jer. 49, 19. 50, 44 Kri.

***[רוּק]** Hifil pf. 1 sg. הֲרִיקֹתִי, 3 pl. הֵרִיקוּ; fut. יָרִיק—יָרֶק, 1 sg. אָרִיק, suff. אֲרִיקֵם; inf. הָרִיק; imp. הָרֵק; part. pl. מְרִיקִים 1) *leer machen, ausleeren* Gen. 42, 35. Jer. 48, 12. Hab. 1, 17; *leer lassen, schmachten lassen* Jes. 32, 6. 2) mit Obj. der ausgegossenen Sache, daher: *ausgiessen* Zach. 4, 12. Mal. 3, 10. Ps. 18, 43. Koh. 11, 3; mit Obj. חֶרֶב *das Schwert zücken* Ex. 15, 9. Lev. 26, 33. Ezech. 5, 2. 28, 7. 30, 11; eben so die Lanze Ps. 35, 3; überhaupt *bewaffnen* Gen. 14, 14.

Hofal pf. הוּרַק; fut. 3 sg. f. תּוּרַק *gegossen, ausgegossen werden* Jer. 48, 11. Hohel. 1, 3.

***רוּר** pf. רָר *ausfliessen lassen, von sich geben* Lev. 15, 3.

רוש s. ראש.

*רוּשׁ pf. 3 pl. רָשׁוּ *arm sein* Ps. 34, 11; sonst nur part. רָאשׁ—רָשׁ, pl. רָאשִׁים—רָשִׁים, adj. u. subst. *arm, der Arme* 1 Sam. 18, 23. 2 Sam. 12, 1. 4. Spr. 10, 4. 13, 23. 22, 7 (sonst ist רָאשִׁים pl. von רֹאשׁ s. d.).

Polel fut. יְרֹשֵׁשׁ *arm machen, plündern* Jer. 5, 17.

Hitp. part. מִתְרוֹשֵׁשׁ *sich arm stellen* Spr. 13, 7.

רוּת n. pr. *Rut*, die bekannte Stammmutter Davids Rut 1, 4 ff.

רָז aram. m. emph. רָזָה—רָזָא, pl. רָזִין, emph. רָזַיָּא *Geheimniss* Dan. 2, 18. 19. 29. 47. 4, 6.

*רָזָה *verschwinden machen, vernichten* Zef. 2, 11.

Nifal fut. יֵרָזֶה *mager werden, abmagern* Jes. 17, 4.

רָזֶה adj. f. רָזָה *mager* Num. 13, 20. Ezech. 34, 20.

רָזוֹן m. 1) *Magerkeit, Mangel* Jes. 10, 16. Ps. 106, 15. אֵיפַת רָזוֹן *knappes* (unrichtiges) *Maass* Micha 6, 10. 2) = רֹזֵן (s. d.) *Herrscher* Spr. 14, 28.

רְזוֹן n. pr. m. 1 Kön. 11, 23.

רָזִי m. *Verderben*. רָזִי־לִי *wehe mir!* Jes. 24, 16.

רָזַם fut. 3 pl. יִרְזְמוּן *winken* (mit den Augen) Hiob 15, 12 (vgl. רָמַז).

רָזַן nur part. pl. רוֹזְנִים *Herrscher* Richt. 5, 3. Jes. 40, 23. Ps. 2, 2.

*רָחַב *weit, geräumig sein* Ezech. 41, 7; *sich weit aufthun* 1 Sam. 2, 1. Jes. 60, 5.

Nifal part. נִרְחָב *weit, geräumig* Jes. 30, 23.

Hifil pf. הִרְחִיב—הִרְחַב; fut. יַרְחִיב *erweitern* Ex. 34, 24. Deut. 12, 20. Jes. 30, 33. 54, 2; (mit Ergänzung eines Obj.) *Freiheit, Erleichterung verschaffen* mit לְ der Person Gen. 26, 22. Ps. 4, 2. Spr. 18, 16; *weiten Raum verschaffen* mit acc. d. P. Deut. 33, 20; ähnlich 2 Sam. 22, 37. Ps. 119, 32; *weit aufthun* Ps. 81, 11; den Mund (zu feindlicher Rede) *gegen* ... mit עַל Jes. 57, 4. Ps. 35, 21; die Seele, als Zeichen der Gier Jes. 5, 14. Hab. 2, 5; *sich vergrössern* Ps. 25, 17.

רַחַב m. pl. cs. רַחֲבֵי (vgl. רֹחַב) *Breite, weiter Raum* Hiob 36, 16. 38, 18.

רָחָב 1) adj. f. רְחָב, f. רְחָבָה, cs. רַחֲבַת, pl. cs. רַחֲבֵי *weit, breit, geräumig* Ex. 3, 8. Hiob 30, 14; verstärkt durch Zusatz von יָדַיִם Gen. 34, 21. Jes. 33, 21. Ps. 104, 25. רְחַב־נֶפֶשׁ *habgierig* Spr. 28, 25; eben so רְחַב לֵבָב Ps. 101, 5. Spr. 21, 4; fem. רְחָבָה subst. *Freiheit* Ps. 119, 45. 2) n. pr. f. Jos. 2, 1 ff.

רֹחַב m. suff. רָחְבָּהּ *Breite* Gen. 6, 15. 13, 17. Ex. 25, 10. 26, 16. רֹחַב לֵב *umfassende Weisheit* 1 Kön. 5, 9.

רְחֹב—רְחוֹב f. suff. רְחֹבָהּ, pl. רְחֹבוֹת, suff. רְחֹבֹתֵינוּ 1) *freier Platz, Strasse* Gen. 19, 2. Deut. 13, 17. Zach. 8, 5 (wo es m. ist). Klagel. 4, 18. Dan. 9, 25. 2) n. pr. a) רְחֹב vollst. בֵּית רְחֹב Stadt im Norden Palästinas (im Stamme Ascher) Num. 13, 21. Jos. 19, 28. Richt. 1, 31. 18, 28; nach ihr hiess der benachbarte Theil Syriens אֲרַם בֵּית רְחוֹב 2 Sam. 10, 6. 8. — Jos. 19, 30 scheint eine andere Stadt dieses Namens zu sein. b) m. 2 Sam. 8, 3.—Neh. 10, 12.

רְחֹבוֹת n. pr. 1) eines Brunnens Gen. 26, 22. 2) רְחֹבֹת עִיר von Nimrod gegründete Stadt Gen. 10, 11. 3) רְחֹבוֹת הַנָּהָר Stadt Gen. 36, 37.

רְחַבְיָה—רְחַבְיָהוּ (*Gott befreit*) n. pr. Enkel des Moses 1 Chr. 23, 17. 24, 21. 26, 25.

רְחַבְעָם (*Befreier, Erweiterer des Volkes*) n. pr. *Rehabeam*, König von Juda 1 Kön. 11, 43. 2 Chr. 9, 31.

רַחוּם adj. *barmherzig* Ex. 34, 6. Ps. 78, 38.

רְחוּם—רְחֻם (*Geliebter*) n. pr. m. 1) persischer Beamter in Palästina Esra 4, 8. 2) Esra 2, 2. Neh. 10, 26 = נְחוּם Neh. 7, 7. 3) Neh. 3, 17. 4) Neh. 12, 3 = חָרִם s. d.

רָחוֹק—רָחֹק adj. f. רְחֹקָה, pl. רְחוֹקִים, f. רְחֹקוֹת *fern, entfernt* Num. 9, 10. Deut. 13, 8. 20, 15. Jos. 9, 6; subst. *Entfernung* Jos. 3, 4; daher בְּרָחוֹק *in der Entfernung* Ps. 10, 1. מֵרָחֹק *von fern* Gen. 22, 4. לְמֵרָחוֹק *in der Ferne* Esra 3, 13; *von der Zukunft* 2 Sam. 7, 19.

רָחִיט s. רָהִיט.

רֵחַיִם du. *Handmühle* (aus zwei Mühlsteinen bestehend) Ex. 11, 5. Num. 11, 8. Deut. 24, 6. Jes. 47, 2. Jer. 25, 10.

רַחִיק aram. adj. pl. רַחִיקִין *fern* Esra 6, 6.

רָחֵל f. 1) pl. רְחֵלִים, suff. רְחֵלֶיךָ *Mutterschaf* Gen. 31, 38. 32, 15. Jes. 53, 7. Hohel. 6, 6. 2) n. pr. *Rahel*, Frau des Jakob Gen. 29, 6 ff. 1 Sam. 10, 2. Jer. 31, 15. Rut 4, 11.

*רָחַם fut. 1 sg. suff. אֶרְחָמְךָ *lieben* Ps. 18, 2.

Piel pf. רִחַם, suff. רִחַמְךָ, ps. רִחֲמֶךָ; fut.

יְרַחֵם; inf. רַחֵם *sich erbarmen* Klagel. 3, 32; meist mit acc. Ex. 33, 19. Deut. 13, 18. 30, 3. Jes. 9, 16. 14, 1. Hos. 2, 6; mit עַל Ps. 103, 13.

Pual pf. 3 sg. f. ps. רֻחָמָה; fut. יְרֻחָם *Erbarmen, Nachsicht finden* Hos. 14, 4. Spr. 28, 13. לֹא רֻחָמָה prophetischer Name einer Tochter des Propheten Hosea Hos. 1, 6. 8; eben so רֻחָמָה Hos. 2, 3.

רָחָם m. Name eines unreinen Vogels Lev. 11, 18; dafür רָחָמָה Deut. 14, 17.

רַחַם m. ps. רָחַם 1) *Mutterleib* Gen. 49, 25. Ezech. 20, 26. Spr. 30, 16. מִנִּי רָחַם *von der Geburt an* Jes. 46, 3; bildlich für: *Weib* Richt. 5, 30. 2) n. pr. m. 1 Chr. 2, 44.

רֶחֶם m. ps. רָחֶם, suff. רַחְמָהּ *Mutterleib* Gen. 20, 18. 29, 31. Hos. 9, 14. Hiob 31, 15. מֵרֶחֶם *von der Geburt an* Jer. 1, 5. Ps. 22, 11; *bei der Geburt* Hiob 3, 11.

רָחָמָה s. רָחָם.

[רַחְמָה] f. du. רַחֲמָתַיִם *Weib* (vergl. רַחַם) Richt. 5, 30.

רַחֲמִים pl. cs. רַחֲמֵי, suff. רַחֲמֶיךָ *Liebe, Erbarmen* Gen. 43, 14. Spr. 12, 10. Neh. 9, 27.

רַחֲמִין aram. pl. *Erbarmen* Dan. 2, 18.

רַחֲמָנִי adj. pl. f. רַחֲמָנִיּוֹת *liebevoll* Klagel. 4, 10.

***רָחַף** *zittern, beben* Jer. 23, 9.

Piel fut. יְרַחֵף; part. f. מְרַחֶפֶת *schweben* Gen. 1, 2. Deut. 32, 11.

***רָחַץ** fut. אֶרְחַץ, suff. אֶרְחָצֵךְ; inf. רְחֹץ—רָחְצָה; imp. רְחַץ, pl. רַחֲצוּ *waschen, baden* (den Körper u. dgl., nie aber bei Kleidern; vergl. כִּבֵּס) Gen. 18, 4. 24, 32. Ex. 30, 18. Lev. 8, 21. 2 Sam. 11, 8. Ezech. 16, 9; bildlich Ps. 26, 6. 73, 13.

Pual רֻחַץ *gewaschen, gereinigt werden* Ezech. 16, 4. Spr. 30, 12.

Hitp. pf. הִתְרָחַצְתִּי *sich waschen* Hiob 9, 30.

***[רְחַץ]** aram. Itp. pf. 3 pl. הִתְרְחִצוּ *vertrauen auf...* mit עַל Dan. 3, 28.

רַחַץ m. *das Waschen.* סִיר רַחְצִי *mein Waschbecken* (Bild der Unterwürfigkeit) Ps. 60, 10. 108, 10.

רַחְצָה f. *Bad, Schwemme* Hohel. 4, 2.

***רָחַק** fut. יִרְחַק; inf. רְחֹק—רָחְקָה; imp. f. רַחֲקִי, pl. רַחֲקוּ *fern sein, sich entfernen* Deut. 12, 21. Jes. 54, 14. Ezech. 8, 6. 11, 15. Ps. 103, 12. Hiob 5, 4. Klagel. 1, 16; *entfernen* Koh. 3, 5.

Nifal fut. יֵרָחֵק *entfernt werden* Koh. 2, 7 Ktib.

Piel רִחַק; fut. pl. יְרַחֲקוּ *entfernen, fern halten* Jes. 6, 12. 26, 15. 29, 13. Ezech. 43, 9.

Hifil pf. הִרְחִיק; fut. אַרְחִיק *entfernen* Joel 4, 6. Ps. 103, 12; inf. הַרְחֵק *entfernt* Gen. 21, 16. Ex. 33, 7. Jos. 3, 16; adverb. אַרְחִיק נְדֹד *ich irre in die Ferne* Ps. 55, 18; mit (und ohne) inf. לָלֶכֶת *sich entfernen* Gen. 44, 4. Ex. 8, 24. Jos. 8, 4. Richt. 18, 22.

רָחֵק adj. pl. suff. רְחֵקֶיךָ *die von dir Fernen* (Abtrünnigen) Ps. 73, 27.

רָחֹק s. רָחוֹק.

***רָחַשׁ** *überwallen von ...* mit acc. Ps. 45, 2.

רַחַת f. *Schwinge, Wurfschaufel* Jes. 30, 24.

***רָטַב** fut. 3 pl. ps. יִרְטָבוּ *feucht, nass sein* Hiob 24, 8.

רָטֹב adj. *frisch, saftig* Hiob 8, 16.

רָטָה fut. suff. יִרְטֵנִי *hinstossen* Hiob 16, 11 (n. A. v. יָרַט s. d.).

רֶטֶט m. *Schrecken* Jer. 49, 24.

רֻטֲפַשׁ adj. *frisch, saftig* Hiob 33, 25 (eig. Pualform von רטפש).

***[רָטַשׁ]** Piel fut. 2 sg. תְּרַטֵּשׁ *zerschmettern, tödten* 2 Kön. 8, 12. Jes. 13, 18.

Pual fut. 3 pl. יְרֻטְּשׁוּ *zerschmettert werden* Jes. 13, 16. Hos. 10, 14. 14, 1. Nah. 3, 10.

רִי m. *Wässerung, Feuchtigkeit* Hiob 37, 11.

***רִיב** pf. 3 sg. רָב, 2 sg. רַבְתָּ—רִיבוֹתָ, 3 pl. רָבוּ; fut. יָרִיב—יָרֶב—יָרֶב, 1 sg. אָרִיב, 3 pl. יָרִיבוּ—יְרִיבוּן—יְרִבוּן; inf. רִיב—רֹב; imp. רִיב—רִיבָה, pl. רִיבוּ *streiten, zanken* Gen. 26, 22. Ex. 21, 18; *mit...* durch עִם Richt. 11, 25. Hiob 13, 19. 40, 1; mit אֵת Num. 20, 13. Jes. 45, 9. Micha 6, 1; mit אֶל Richt. 21, 22. Jer. 2, 29. Hiob 33, 13; mit בְּ Gen. 31, 36. Richt. 6, 32. Hos. 2, 4; dichter. mit acc. (suff.) Deut. 33, 8. Jes. 27, 8. Hiob 10, 2; mit Obj. רִיב *den Streit Jemandes,* d. h. *für Jemand streiten* 1 Sam. 25, 39. Jer. 51, 36. Ps. 43, 1. Klagel. 3, 58; sonst wird die Person, *für* die man streitet, auch mit לְ bezeichnet Richt. 6, 31. Hiob 13, 8.

Hifil (wozu fut. יָרִיב u. s. w. auch gerechnet werden kann) part. pl. suff. מְרִיבָיו *seine Feinde* 1 Sam. 2, 10. מְרִיבֵי כֹהֵן *Zänkereien der Priester* Hos. 4, 4.

רִיב—רִב m. suff. רִיבִי, רִבְכֶם, pl. רִיבוֹת, cs.

ריבי—**רבות** *Zank, Streit* Gen. 13, 7. Hiob 29, 16; pl. *Streitigkeiten* Deut. 17, 8. 2 Sam. 22, 44; *Streitgründe* Hiob 13, 6. אִישׁ רִיב *im Streit begriffen* Richt. 12, 2. Jer. 15, 10. אִישׁ רִיבִי *mein Gegner* Hiob 31, 35. אַנְשֵׁי רִיבֶךָ *deine Gegner* Jes. 41, 11.

רִיבַי n. pr. m. 2 Sam. 23, 29. 1 Chr. 11, 31.

רִיחַ s. רוּחַ.

רֵיחַ m. suff. רֵיחוֹ, רֵיחֵנוּ *Geruch* Gen. 27, 27; vgl. נִיחֹחַ; bildlich für: *Ruf* Ex. 5, 21.

רֵיחַ aram. m. *Geruch, Hauch* Dan. 3, 27.

רֵים s. רְאֵם.

רֵיעַ s. רֵעַ.

רִיפוֹת pl. f. *Grütze* 2 Sam. 17, 19. Spr. 27, 22.

רִיפַת n. pr. jafet. Stamm Gen. 10, 3. 1 Chr. 1, 6.

רֵק—**רֵיק** adj. f. רֵקָה—רֵיקָה, pl. רֵקִים—רֵיקִים, f. רֵקוֹת *leer* Gen. 37, 24. 41, 27. Richt. 7, 16; *hungrig* Jes. 29, 8; *nichtig* Deut. 32, 47; *nichtsthuerisch* Richt. 9, 4. 11, 3. 2 Chr. 13, 7; pl. subst. *Müssiggang* Spr. 12, 11. 28, 19.

רִיק s. רוּק.

רִיק m. *Leerheit, Nichtigkeit* Ps. 2, 1. 4, 3; adv. *vergeblich* Ps. 73, 13, wofür gewöhnlich לָרִיק (לְרִיק) Lev. 26, 16. 20. Jes. 49, 4. 65, 23.

רֵיקָם adv. *leer* Gen. 31, 42. Ex. 3, 21; *unverrichteter Sache* 2 Sam. 1, 22. Jes. 55, 11; *ohne Grund* Ps. 7, 5. 25, 3.

רִיר m. suff. רִירוֹ *Speichel* 1 Sam. 21, 14; *Schleim* (Eiweiss) Hiob 6, 6.

רִישׁ m. suff. רִישׁוֹ *Armuth* Spr. 28, 19. 31, 7.

רֵישׁ m. suff. רֵישֶׁךָ, רֵישָׁם *Armuth* Spr. 10, 15. 13, 18. 24, 34 (vgl. רֹאשׁ).

רִישׁוֹן s. רִאשׁוֹן.

רַךְ adj. f. רַכָּה, pl. רַכִּים, f. רַכּוֹת *zart, von jugendlichem Alter* Gen. 18, 7. 33, 13. Spr. 4, 3; *verzärtelt* Deut. 28, 54. 56. Jes. 47, 1; *blöde* (von Augen) Gen. 29, 17. לָשׁוֹן רַכָּה *milde Rede* Spr. 25, 15; ähnlich 15, 1. רַכּוֹת adv. *in milder Weise* Hiob 40, 27. רַךְ הַלֵּבָב *weichherzig* Deut. 20, 8. 2 Chr. 13, 7.

רֹךְ m. *Verzärtelung* Deut. 28, 56.

רָכַב fut. יִרְכַּב; inf. רְכֹב; imp. רְכַב 1) *reiten* 2 Kön. 4, 24; meist mit עַל Gen. 24, 61. Num. 22, 30; seltener mit accus. (nach dem part.) 2 Kön. 9, 18 oder בְּ Ps. 68, 5. 34; part. *Reiter* Ex. 15, 1. 21. Jes. 36, 8. 2) *fahren* 1 Kön. 18, 45; mit עַל Lev. 15, 9; mit בְּ Jer. 17, 25; mit acc. Hagg. 2, 22; bildlich vom siegreichen *Einherschreiten* Ps. 45, 5.

Hifil pf. הִרְכַּבְתָּ; fut. יַרְכֵּב, suff. יַרְכִּבֵם *reiten lassen, auf ein Reitthier setzen* Ex. 4, 20. 1 Kön. 1, 33. Est. 6, 9; (die Hand) *auf* (den Bogen) *legen* 2 Kön. 13, 16. 2) *fahren lassen* 2 Kön. 9, 28 auf oder in einem Wagen mit בְּ Gen. 41, 43. 2 Kön. 10, 16; mit אֶל 2 Sam. 6, 3; auch *antreiben* (das Zugthier) Hos. 10, 11; bildlich *fortreissen* Hiob 30, 22; *einhergehen lassen auf*... als Bild der Macht Deut. 32, 13. Jes. 58, 14. Ps. 66, 12.

רֶכֶב m. ps. רָכֶב, suff. רִכְבִּי, pl. cs. רִכְבֵי 1) *Wagen* Gen. 50, 9. 1 Kön. 1, 5; meist *Kriegswagen* Ex. 14, 7; oft collectiv *die Wagenmacht, Wagenzug* Jos. 17, 16. 1 Kön. 16, 9. Jes. 22, 7 und zuweilen einschliesslich der Zugthiere 2 Sam. 8, 4. 10, 18 und der dabei beschäftigten Menschen Jes. 22, 6; daher es dann mit *Gespann* zu übersetzen ist 2 Kön. 7, 14. Jes. 21, 7. עָרֵי הָרֶכֶב *Städte, in denen die Kriegswagen standen* 1 Kön. 9, 19. 10, 26. 2 Chr. 1, 14; bildlich von den *Streitwagen Gottes* Ps. 68, 18; 2) *der obere Mühlstein, Läufer* Deut. 24, 6. Richt. 9, 53.

רַכָּב m. suff. רַכָּבוֹ 1) *Reiter* 2 Kön. 9, 17. 2) *Wagenlenker* 1 Kön. 22, 34. 2 Chr. 18, 33.

רֵכָב n. pr. 1) Stammvater eines Nomadenstammes (*Rechabiten*) 2 Kön. 10, 15. Jer. 35, 6. 1 Chr. 2, 55; n. gent. pl. רֵכָבִים Jer. 35, 2 (vgl. קֵינִי). 2) 2 Sam. 4, 2. 3) Neh. 3, 14.

רִכְבָּה f. *das Reiten* Ezech. 17, 20.

רֵכָה n. pr. eines Ortes 1 Chr. 4, 12.

רְכוּב m. suff. רְכוּבוֹ *Wagen* Ps. 104, 3.

רְכֻשׁ—**רְכוּשׁ** suff. רְכֻשׁוֹ—רְכוּשׁוֹ *Habe, Besitz* Gen. 12, 5. 14, 11. 12. 16. Num. 16, 32. Esra 8, 21.

רָכִיל m. *Verleumdung.* אַנְשֵׁי רָכִיל *Verleumder* Ezech. 22, 9; sonst nur in der Redensart הָלַךְ רָכִיל *Verleumdung umhertragen* Lev. 19, 16. Jer. 6, 28. 9, 3. Spr. 11, 13. 20, 19.

רָכַךְ pf. רַךְ, pl. רַכּוּ; fut. יֵרַךְ *sanft, mild sein* Ps. 55, 22; *zaghaft sein* Deut. 20, 3. 2 Kön. 22, 19. Jes. 7, 4. Jer. 51, 46.

Pual pf. 3 sg. f. רֻכְּכָה *erweicht werden* (zur Linderung des Schmerzes) Jes. 1, 6.

Hifil pf. הֵרַךְ *zaghaft machen* Hiob 23, 16.

רֹכֵל (eigentl. part.) pl. רֹכְלִים, cs. רֹכְלֵי, suff. רֹכְלַיִךְ; f. רֹכֶלֶת, suff. רֹכַלְתֵּךְ *der Umherziehende,* d. h. *Krämer, Kaufmann* 1 Kön. 10, 15. Ezech. 17, 4. Hohel. 3, 6; fem. *Handelsverkehr* Ezech. 27, 20.

רָכָל n. pr. Stadt in Juda 1 Sam. 30, 29.

רְכֻלָּה f. suff. רְכֻלָּתֵךְ *Handelsverkehr* Ezech. 28, 5. 18; *Besitz* Ezech. 26, 12.

***רָכַס** fut. יִרְכְּסוּ *zusammenflechten, — weben* Ex. 28, 28. 39, 21.

[רֶכֶס] m. pl. רְכָסִים *Bergkette* Jes. 40, 4.

[רֹכֶס] m. pl. cs. רֻכְסֵי *Ränke* Ps. 31, 21.

***רָכַשׁ** *erwerben* (Vermögen) Gen. 12, 5. 31, 18. 36, 6. 46, 6.

רֶכֶשׁ m. ps. רָכֶשׁ *Renner, Eilpferd* 1 Kön. 5, 8. Micha 1, 13. Est. 8, 10. 14.

רְכֻשׁ s. רְכוּשׁ.

רָם 1) s. רוּם. 2) n. pr. m. Hiob 32, 2. — Rut 4, 19. 1 Chr. 2, 9. — 2, 25. 27.

רָם s. רוּם.

רֵם s. רְאֵם.

רָמָא s. רְמָה.

***רָמָה** *schleudern* Ex. 15, 1. 21; part. cs. רֹמֵה, pl. cs. רוֹמֵי, mit gen. קֶשֶׁת *Schütze* Jer. 4, 29. Ps. 78, 9.

Piel רִמָּה, 2 sg. suff. רִמִּיתָנִי, 2 sg. f. suff. רִמִּיתִנִי; inf. suff. רַמּוֹתָנִי *täuschen, hintergehen* Gen. 29, 25. Jos. 9, 22. 1 Sam. 19, 17. 28, 12. 2 Sam. 19, 27. Klagel. 1, 19; *verrathen* 1 Chr. 12, 17.

***רְמָה** aram. pf. 3 pl. רְמִיו—רְמוֹ, 1 pl. רְמֵינָא; inf. מִרְמֵא *werfen* Dan. 3, 20. 21. 24. 6, 17; *hinstellen* Dan. 7, 9; *auflegen* Esra 7, 24.

רָמָה 1) f. suff. רָמָתֵךְ, pl. suff. רָמֹתַיִךְ *Höhe* (zu götzendienerischem Zweck) Ezech. 16, 24. 25. 31. 39. 2) n. pr. mehrer Städte a) הָרָמָה in Benjamin Jos. 18, 25. Richt. 19, 13. Jes. 10, 29. b) mit He loc. הָרָמָתָה, Geburts- und Wohnort Samuel's 1 Sam. 1, 19. 2, 11. 7, 17. 19, 18; n. gent. רָמָתִי 1 Chr. 27, 27. c) in Naftali Jos. 19, 36. d) in Ascher Jos. 19, 29. e) = רָמַת הַמִּצְפֶּה 2 Kön. 8, 29 s. מִצְפָּה u. vgl. לְחִי.

רִמָּה f. *Gewürm* Ex. 16, 24. Jes. 14, 11. Hiob 7, 5.

רִמּוֹן 1) m. suff. רִמֹּנִי, pl. רִמּוֹנִים, cs. רִמּוֹנֵי *Granatapfel* Hohel. 8, 2; auch *Granatbaum* Hag. 2, 19; *granatähnliche Verzierung* an Geräthen u. s. w. Ex. 28, 33. 34. 1 Kön. 7, 18. 2) n. pr. a) einer syrischen Gottheit 2 Kön. 5, 18 (daher n. pr. טַבְרִמּוֹן, הֲדַדְרִמּוֹן). b) Ort in Simeon Jos. 15, 32. 19, 7. Zach. 14, 10; vollständig עֵין רִמּוֹן Neh. 11, 29. c) Ort in Sebulon Jos. 19, 13 = רִמּוֹנוֹ 1 Chr. 6, 62. d) Name eines Felsens bei Gibea Richt. 20, 45. e) רִמֹּן פֶּרֶץ Lagerplatz der Israeliten Num. 33, 19.

רִמּוֹנוֹ s. רִמּוֹן.

רָמַת—רָמוֹת n. pr. 1) רָמוֹת נֶגֶב Stadt in Simeon 1 Sam. 30, 27 = רָאמַת נֶגֶב (רָמַת) Jos. 19, 8. 2) s. רָאמוֹת.

רָמוּת f. suff. רָמוּתֶךָ *todter Körper, Aas* Ezech. 32, 5.

רֹמַח m. pl. רְמָחִים, suff. רָמְחֵיהֶם *Spiess* Num. 25, 7. 1 Kön. 18, 28. Neh. 4, 7.

רַמְיָה (*Gott ist erhaben*) n. pr. m. Esra 10, 25.

רְמִיָּה f. 1) *Trug, Täuschung* Micha 6, 12. Ps. 120, 2. 2) *Trägheit, Schlaffheit.* קֶשֶׁת רְמִיָּה *schlaffer Bogen* Hos. 7, 16. Ps. 78, 57. כַּף רְמִיָּה *lässige Hand* Spr. 10, 4; wofür bloss רְמִיָּה Spr. 12, 24, wie Spr. 12, 27 רְמִיָּה=אִישׁ רְמִיָּה *lässiger Mensch.*

רַמִּים 2 Chr. 22, 5 s. אֲרַמִּי.

[רַמָּךְ] f. רַמָּכִים *Stute* Est. 8, 10.

רְמַלְיָהוּ n. pr. m. 2 Kön. 15, 25. Jes. 7, 4. 5. 8, 6.

***רָמַם** (vgl. רוּם) pf. 3 pl. רֹמּוּ (רָמּוּ)—רֹמּוּ *hoch sein, sich erheben* Hiob 22, 12. 24, 24.

Nifal fut. יֵרוֹמוּ—יֵרֹמּוּ; imp. הֵרֹמּוּ *sich erheben* Ezech. 10, 15. 17. 19; *sich entfernen* Num. 17, 10.

רוֹמֵמֻת f. suff. רוֹמְמֻתֵךְ *Hoheit* Jes. 33, 4.

רוֹמַמְתִּי עֶזֶר (*ich habe Hülfe erhöht*) n. pr. m. 1 Chr. 25, 4. 31.

רִמֹּן s. רִמּוֹן.

***רָמַס** fut. יִרְמֹס; inf. רְמֹס; imp. f. רִמְסִי *treten,* z. B. Thon Jes. 41, 25; mit בְּ Nah. 3, 14; meist *zertreten* Jes. 63, 3. Ezech. 26, 11; *häufig betreten* Jes. 1, 12.

Nifal fut. 3 pl. f. תֵּרָמַסְנָה *zertreten werden* Jes. 28, 3.

***רָמַשׂ** fut. תִּרְמֹשׂ *sich regen, kriechen* Gen. 1, 30.

Lev. 11, 46. Ps. 69, 35. 104, 20: *wimmeln von* ... mit acc. Gen. 9, 2. Lev. 20, 25.

רֶמֶשׂ m. *Kriechthier, Gewürm* Gen. 1, 25. Ezech. 8, 10. Hab. 1, 14.

רָמַת—רָמָה s. רָמוֹת.

רִמָּה n. pr. Ort in Isachar Jos. 19, 21.

[רֹן] m. pl. cs. רָנֵּי *Jubel* Ps. 32, 7.

רָנָה fut. 3 sg. f. תִּרְנֶה *klirren* Hiob 39, 23.

רִנָּה 1) f. suff. רִנָּתִי *Geschrei, lautes Rufen* 1 Kön. 22, 36; meist *Jubelruf* Jes. 48, 20. Ps. 30, 6. 126, 6; *Gebet* 1 Kön. 8, 28. Jer. 7, 16. Ps. 17, 1; *Klaggeschrei* Jes. 43, 14. 2) n. pr. m. 1 Chr. 4, 20.

*רָנַן fut. יָרוֹן (st. יָרֹן), 3 sg. f. תָּרֹן, 3 pl. יָרֹנּוּ, f. תְּרֻנֶּה; inf. רֹן; imp. f. רָנִּי—רֹנִּי, pl. רָנּוּ *laut rufen* Jes. 42, 11. Spr. 1, 20. 8, 3; meist *jubeln, jauchzen* Lev. 9, 24. Jes. 12, 6. 35, 6. 54, 1. Jer. 31, 7. Ps. 35, 27. Spr. 29, 6. Hiob 38, 7; *laut klagen* Klagel. 2, 19.

Piel pf. רִנְּנוּ; fut. אֲרַנֵּן, 3 pl. f. תְּרַנֵּנָּה; inf. רַנֵּן *jubeln, jauchzen* Jes. 52, 9. Ps. 71, 23. 132, 16; *über* ... mit acc. Ps. 51, 16. 59, 17; mit ב Ps. 20, 6. 33, 1. 89, 13.

Pual fut. יְרֻנַּן *gejubelt werden* Jes. 16, 10.

Hifil fut. אַרְנִן *jubeln machen* Ps. 65, 9. Hiob 29, 13; *jubeln* Deut. 32, 43. Ps. 32, 11. 81, 2.

Hitp. part. מִתְרוֹנֵן *aufschreien* Ps. 78, 65.

רֶנֶן m. *Jubel* Jes. 35, 2.

רְנָנָה f. cs. רִנְנַת, pl. רְנָנוֹת *Jubel, Jubelgesang* Ps. 63, 6. 100, 2. Hiob 3, 7. 20, 5.

רְנָנִים pl. m. eigentlich *Geschrei, Klage,* dichterischer Name des *Strausses* Hiob 39, 13.

רִסָּה n. pr. Lagerstation der Israeliten Num. 33, 21.

[רְסִיס] m. pl. רְסִיסִים, cs. רְסִיסֵי 1) *Riss, Bresche* Amos 6, 11. 2) (*Thau-*)*Tropfen* Hohel. 5, 2.

רֶסֶן 1) m. suff. רִסְנוֹ *Zaum* Jes. 30, 28. Ps. 32, 9. Hiob 30, 11; *Gebiss* Hiob 41, 5. 2) n. pr. einer alten assyrischen Stadt Gen. 10, 12.

*רָסַס inf. רֹס *wässern, netzen* Ezech. 46, 14.

רַע—רָע adj. f. רָעָה, pl. רָעִים, f. רָעוֹת 1) *böse, schlecht* (in sittlicher Beziehung) Gen. 6, 5. 13, 13. Num. 14, 27. Deut. 1, 35. Ezech. 8, 9; sehr häufig subst. *das Böse* Ps. 28, 3. 34, 17. 2) *schlecht, untauglich* Deut. 17, 1: *gefährlich, bösartig,* von Krankheiten u. dgl. Deut. 28, 59. חַיָּה רָעָה *wildes Thier* Gen. 37, 20. רָעֵי גוֹיִם *die schlimmsten der Völker* Ezech. 7, 24. רַע עַיִן *missgünstig* Spr. 28, 22 u. s. w.; subst. *das Schlechte* Gen. 24, 50; *Unglück* 1 Kön. 22, 18. Zef. 3, 15; daher im gen. אֵשֶׁת רָע *schlechte Frau* Spr. 6, 24. עֲצַת רָע *schlechter Rath* Ezech. 11, 2.

רֵעַ m. 1) suff. רֵעִי, רֵעֲךָ, ps. רֵעֶךָ, רֵעוֹ—רֵעֵהוּ, רֵעֵיהֶם, pl. רֵעִים, cs. רֵעֵי, suff. רֵעַי, רֵעֲכֶם, רֵעָה, רֵעֵהוּ *Freund, Genosse* 2 Sam. 13, 3. Jer. 6, 21. Hohel. 5, 16; meist in weiterem Sinne: *der Andere, der Nebenmensch* Ex. 20, 14. Lev. 19, 18. Hiob 6, 27; besonders in der Redensart אִישׁ—רֵעֵהוּ *der eine — der andere* Gen. 11, 3. 2) suff. רֵעוֹ—רֵעֹה *Lärm* Ex. 32, 17; *Geschrei* Micha 4, 9; *Rollen* des Donners Hiob 36, 33. 3) suff. רֵעִי, pl. רֵעֶיךָ *Gedanke* Ps. 139, 2. 17.

רֹעַ m. *Schlechtigkeit* Jer. 24, 2; *Hässlichkeit* Gen. 41, 19; *Bosheit* Deut. 28, 20. 1 Sam. 17, 28. רֹעַ פָּנִים *trübes Aussehen* Koh. 7, 3. רֹעַ לֵב *Missmuth* Neh. 2, 2.

*רָעֵב pf. 3 pl. ps. רָעֵבוּ; fut. יִרְעַב *hungern, Mangel leiden* Gen. 41, 55. Jes. 8, 21. Ps. 34, 11.

Hifil fut. יַרְעִיב, suff. יַרְעִבְךָ *hungern lassen* Deut. 8, 3. Spr. 10, 3.

רָעָב m. suff. רַעַבְכֶם *Hunger* Amos 8, 11. Neh. 9, 15; meist *Hungersnoth* Gen. 12, 10. 2 Kön. 25, 3.

רָעֵב adj. f. רְעֵבָה, pl. רְעֵבִים *hungrig* 2 Sam. 17, 29. 2 Kön. 7, 12. Ps. 107, 9.

רְעָבוֹן m. cs רַעֲבוֹן *Hungersnoth* Ps. 37, 19 *Bedarf* Gen. 42, 19. 33.

*רָעַד fut. 3 sg. f. תִּרְעַד *beben* Ps. 104, 32.

Hifil part. מַרְעִיד *zitternd* Dan. 10, 11; *besorgt* Esra 10, 9.

רַעַד m. ps. רָעַד *Angst, Schrecken* Ex. 15, 15. Ps. 55, 6.

רְעָדָה f. *Beben, Angst* Jes. 33, 14. Ps. 2, 11. 48, 7. Hiob 4, 14.

*רָעָה pf. 1 sg. suff. רְעִיתִים, 3 pl. suff. רָעוּם; fut. יִרְעֶה—יִרַע, 3 pl. f. תִּרְעֶינָה; inf. רְעוֹת; imp. רְעֵה, f. רְעִי, pl. רְעוּ 1) *weiden, auf die Weide führen* Gen. 29, 7; meist mit acc. Gen. 30, 31. Jes. 40, 11. Ezech. 34, 13. Hohel. 1, 8; mit ב Gen. 37, 2. 1 Sam. 16, 11; part. רֹעֶה

Hirt Num. 27, 17; fem. רֹעָה *Hirtin* Gen. 29, 9; pl. רֹעִים *Hirten* Jer. 3, 15; bildlich *leiten, führen* Micha 7, 14. Ps. 28, 9; mit בְּ Ps. 78, 71. 2) *weiden* (intr.) Gen. 41, 2. 18. Jes. 11, 7. 27, 10; *abweiden*, eine Trift Micha 5, 5. 7, 14; mit dopp. acc. Jer. 2, 16; allgemeiner: *verzehren* Hiob 20, 26; *bedrücken* Hiob 24, 21. 3) *Gefallen haben, sich weiden an* ... mit accus. Hos. 12, 2. Ps. 37, 3. Spr. 13, 20. 28, 7. 29, 3.

Piel pf. רֵעָה *sich zum Genossen nehmen* Richt. 14, 20.

Hifil fut. suff. יַרְעֵם *weiden lassen* Ps. 78, 72.

Hitp. fut. 2 sg. תִּתְרַע *sich gesellen zu* ... mit acc. Spr. 22, 24.

רָעָה f. (eig. adj.) cs. רָעַת, suff. רָעָתִי, pl. רָעוֹת, suff. רָעוֹתֵיהֶם 1) *Bosheit* Gen. 6, 5. Ps. 28, 3. 107, 34. 141, 5. 2) *Unglück* Gen. 19, 19. Num. 11, 15; pl. *Leiden* Deut. 31, 17.

רֵעֶה m. *Freund, Genosse* 2 Sam. 15, 37. 16, 16. 1 Kön. 4, 5. Spr. 27, 10 Ktib.

[רֵעָה] f. pl. suff. רֵעוֹתֶיהָ, רֵעוֹתַי *Genossin, Freundin* Richt. 11, 37 (Kri). 38. Ps. 45, 15.

רֹעֶה s. רָעָה u. רָעַע.

רְעוּ (*Freund*) n. pr. m. Gen. 11, 18 ff.

רְעוּאֵל (*Freund Gottes*) n. pr. 1) Sohn des Esau Gen. 36, 4. 13. 1 Chr. 1, 35. 37. 2) Vater des Jitro Ex. 2, 18. Num. 10, 29. 3) Num. 2, 14 = דְּעוּאֵל s. d. 4) 1 Chr. 9, 8.

רְעוּת f. suff. רְעוּתָהּ 1) eig. *Genossin* gew. *die (eine) Andere* Est. 1, 19; meist אִשָּׁה — רְעוּתָהּ *die eine — die andere* Ex. 11, 2. Jes. 34, 15. 16. Jer. 9, 19. 2) *Streben* nach etwas. רְעוּת רוּחַ *Streben nach Wind, eitles Streben* Koh. 1, 14. 4, 6.

רְעוּת aram. f. *Wille, Wunsch* Esra 5, 17. 7, 18.

רְעִי m. *Weide* 1 Kön. 5, 3.

רֵעִי n. pr. m. 1 Kön. 1, 8.

רֹעִי m. *Hirt* Jes. 38, 12. Zach. 11, 17.

רַעְיָה f. suff. רַעְיָתִי, pl. רַעְיֹתַי *Geliebte, Freundin* Richt. 11, 37 (Ktib). Hohel. 1, 9.

רַעְיוֹן m. *Streben, Wunsch* Koh. 1, 17. 2, 22. 4, 16.

[רַעְיוֹן] aram. m. pl. cs. רַעְיוֹנֵי, suff. רַעְיוֹנַי, רַעְיוֹנָךְ ,רַעְיוֹנֹהִי *Gedanke* Dan. 2, 29. 30. 4, 16. 5, 6. 10. 7, 28.

***[רָעַל]** Hofal pl. הָרְעָלוּ *zittern* Nah. 2, 4.

רַעַל m. *Taumel* Zach. 12, 2.

[רְעָלָה] f. pl. רְעָלוֹת *Schleier* Jes. 3, 19.

רְעֵלָיָה (*Gott fürchtend*) n. pr. m. Esra 2, 2 = רַעַמְיָה Neh. 7, 7.

***רָעַם** fut. יִרְעַם *brausen, stürmen* Ps. 96, 11. 98, 7; *verstört sein* Ezech. 27, 35.

Hifil הִרְעִים; fut. יַרְעֵם; inf. suff. הַרְעִימָהּ 1) *donnern lassen* 1 Sam. 2, 10. 7, 10. Ps. 29, 3. Hiob 40, 9. 2) *aufregen, kränken* 1 Sam. 1, 6. [יַרְעֵם Ps. 78, 72 s. רָעָה Hifil].

רַעַם m. suff. רַעַמְךָ *Donner* Ps. 77, 19. 81, 8. Hiob 26, 14; *Brausen, Tosen* Hiob 39, 25.

רַעְמָה 1) f. *zitternde Mähne* des Rosses Hiob 39, 19. 2) n. pr. Sohn des Kusch Gen. 10, 7 und kuschitischer Stamm Ezech. 27, 22.

רַעַמְיָה s. רְעֵלָיָה.

רַעְמְסֵס—רַעַמְסֵס n. pr. einer ägyptischen Stadt Gen. 47, 11. Ex. 1, 11. 12, 37. Num. 33, 3. 5.

[רָעַן] Pilel pf. f. רַעֲנָנָה *grünen, frisch sein* Hiob 15, 32. Hohel. 1, 16.

רַעֲנָן adj. pl. רַעֲנַנִּים *grün, frisch*, meist als adj. zu עֵץ u. dgl. Deut. 12, 2. Jer. 17, 8. Hos. 14, 9. Ps. 37, 35. 52, 10. 92, 11; bildlich von Menschen Ps. 92, 15.

רַעֲנַן aram. adj. *blühend, glücklich* Dan. 4, 1.

***רָעַע** I pf. 3 pl. רָעוּ; fut. יָרֹעַ, 2 sg. suff. תְּרֹעֵם; inf. רֹעַ (Spr. 11, 15)—רֹעָה (Jes. 24, 19; dagegen wird רֹעָה Spr. 25, 19 als part. act. aufgefasst) *zerschlagen, zerschmettern* Jer. 15, 12. Ps. 2, 9. Hiob 34, 24; *abbrechen* Jer. 11, 16; part. *morsch* Spr. 25, 19.

Nifal fut. יֵרוֹעַ *zerschlagen werden* Spr. 11, 15. 13, 20.

Hitp. pf. 3 sg. f. הִתְרֹעֲעָה; inf. הִתְרוֹעֵעַ *zerschmettert werden* Jes. 24, 19. Spr. 18, 24 (vgl. רוּעַ).

***רָעַע** II pf. 3 sg. רַע, f. רָעָה; fut. יֵרַע — וַיֵּרַע pl. יֵרְעוּ; imp. pl. רֵעוּ *schlecht sein*; mit בְּעֵינֵי *missfallen* Gen. 21, 11. Num. 11, 10; auch ohne einen solchen Zusatz: *missfallen* Jona 4, 1. Neh. 13, 8; *schädlich sein* 2 Sam. 19, 8; mit subj. עַיִן oder לֵב *Missgunst empfinden* Deut. 15, 9. 10. 28, 54; sonst heisst auch יֵרַע לְבָבְךָ *du bist betrübt* 1 Sam. 1, 8; so auch mit פָּנִים Neh. 2, 3. וַיֵּרַע לְמשֶׁה *dem Moses widerfuhr Schlimmes* Ps. 106, 32. 2) *toben* Jes. 8, 9.

Hifil הֵרַע, 2 sg. הֲרֵעֹתָה—הֲרֵעֹתָ, 1 sg. הֲרֵעֹתִי, 3 pl. הֵרֵעוּ, 2 pl. הֲרֵעֹתֶם; fut. יָרַע—יָרֵעַ, 2 sg. תָּרַע, 1 sg. אָרַע, 3 pl. יָרֵעוּ, 1 pl. נָרַע; inf. הָרַע—הָרֵעַ; part. מֵרַע, pl. מְרֵעִים 1) *schlecht machen* seine Thaten Micha 3, 4 = auch *schlecht handeln* ohne solches Obj. 1 Kön. 16, 25. 2 Kön. 21, 11. Jer. 7, 26. 2) *Schlechtes erweisen* Jes. 41, 23. Zef. 1, 12; Jemandem, d. h. *ihn schlecht behandeln*, *misshandeln*, meist mit לְ Gen. 43, 6. Ex. 5, 23. Num. 11, 11. 1 Sam. 26, 21; mit accus. Num. 16, 15. Deut. 26, 6. 1 Sam. 25, 34. Micha 4, 6. Ps. 44, 3; mit בְּ 1 Chr. 16, 22; mit עִם Gen. 31, 7; mit עַל 1 Kön. 17, 20; part. *Uebelthäter* Jes. 9, 16. Ps. 37, 1. 3) *zerstören* Jer. 31, 28. Ps. 74, 3.

*רְעַע aram. fut. 3 sg. f. תֵּרֹעַ *zerschmettern* Dan. 2, 40.

Pael part. מְרָעַע *zerschmettern* Dan. 2, 40.

*רָעַף fut. 3 pl. יִרְעֲפוּ *triefen*, *herabströmen lassen* Hiob 36, 28; mit acc. Spr. 3, 20; *überfliessen* (von Fruchtbarkeit) Ps. 65, 13; *von* etwas mit acc. Ps. 65, 12.

Hifil imp. pl. הַרְעִיפוּ *strömen lassen* Jes. 45, 8.

*רָעַץ fut. 3 sg. f. תִּרְעַץ *zerschmettern* Ex. 15, 6; *bedrücken* Richt. 10, 8.

*רָעַשׁ fut. יִרְעַשׁ *erbeben*, *zittern* Richt. 5, 4. 2 Sam. 22, 8. Ezech. 26, 10; auch von der auf dem Halme *schwankenden* Frucht Ps. 72, 16.

Nifal pf. 3 sg. f. נִרְעֲשָׁה *erschüttert werden* Jer. 50, 46.

Hifil pf. הִרְעַשְׁתִּי *zittern machen* Jes. 14, 16. Ezech 31, 16. Ps. 60, 4; *springen machen* Hiob 39, 20.

רַעַשׁ m. ps. רָעַשׁ *das Zittern*, *Beben* Ezech. 12, 18; besond. *Erdbeben* 1 Kön. 19, 11. Amos 1, 1. Zach. 14, 5; *Brausen*, *Rauschen* Jes. 9, 4. Ezech. 3, 12. Hiob 39, 24. 41, 21.

*רָפָא pf. 1 sg. suff. רְפָאתִיו, רְפָאתִים—רְפָאתָם; fut. יִרְפָּא, 3 pl. f. תִּרְפֶּינָה; inf. abs. רָפוֹא, cs. לִרְפֹּא, suff. רָפְאִי; imp. רְפָא—רְפָה—רְפָאָה, suff. רְפָאֵנִי *heilen* Deut. 32, 39. Jes. 19, 22. Koh. 3, 3; meist mit לְ Num. 12, 13. 2 Kön. 20, 5. Hos. 7, 1; mit acc. Gen. 20, 17. Ps. 41, 5. mit suff. Ps. 6, 3. Jer. 33, 6. Hos. 11, 3; bildlich: *die Risse schliessen* Ps. 60, 4; *den Abfall vergeben* Jes. 57, 19. Jer. 3, 22. Hos. 14, 5. 2 Chr. 30, 20. רֹפֵא *Arzt* Gen. 50, 2. Ex. 15, 26. Jer. 8, 22. 2 Chr. 16, 12.

Nifal pf. נִרְפָּא, f. נִרְפְּתָה, 3 pl. נִרְפְּאוּ; fut. 3 pl. יֵרָפוּ—יֵרָפְאוּ; inf. הֵרָפֵא—הֵרָפֵה *geheilt werden* Lev. 13, 37. Deut. 28, 27. 1 Sam. 6, 3. נִרְפָּא לָנוּ *uns ist Heilung geworden* Jes. 53, 5; *trinkbar werden* (von schlechtem Wasser) 2 Kön. 2, 22; *heil werden* (von zerbrochenen Gefässen) Jer. 19, 11; von sittlichen oder politischen Schäden Jer. 15, 18. 51, 9.

Piel pf. רִפֵּאתִי, 1 pl. רִפִּאנוּ, 2 pl. רִפֵּאתֶם; fut. 3 pl. יְרַפּוּ—יְרַפְּאוּ; inf. abs. רַפֹּא [part. מְרַפֵּא Jer. 38, 4 gehört zu רָפָה s. d.) 1) *heilen* mit accus. Jer. 6, 14. 8, 11. Ezech. 34, 4. Zach. 11, 16; *trinkbar machen* mit לְ 2 Kön. 2, 21; *aufhelfen* mit acc. Jer. 51, 9; *wiederherstellen* 1 Kön. 18, 30. 2) *heilen lassen* Ex. 21, 19.

Hitp. הִתְרַפֵּא *sich heilen lassen* 2 Kön. 8, 20. 9, 15.

רָפָא n. pr. s. רָפָה u. רְפָאִים.

[רְפָאָה] f. pl. רְפֻאוֹת *Heilmittel* Jer. 30, 13. 46, 11. Ezech. 30, 21.

רִפְאוּת f. *Heilung*, *Kräftigung* Spr. 3, 8.

רְפָאִים pl. m. 1) *Schatten*, Bewohner des Todtenreiches u. dieses selbst Jes. 14, 9. 26, 14. 19. Ps. 88, 11. Spr. 2, 18. 9, 18. 21, 26. Hiob 26, 5. 2) n. pr. der riesenhaften Urbewohner Palästina's und des Ostjordanlandes Gen. 14, 5. 15, 20. Deut. 2, 11. 20. 3, 11. 13; davon hiess ein Thal nordwestlich von Jerusalem עֵמֶק רְפָאִים Jos. 15, 8. 18, 16. 2 Sam. 5, 18. 22. 23, 13. Jes. 17, 5 (vgl. רָפָה n. pr.).

רְפָאֵל (*Gott heilt*) n. pr. m. *Rafael* 1 Chr. 26, 7.

*רָפַד fut. יִרְפַּד *sich hinbreiten*, *hinlegen* Hiob 41, 22.

Piel pf. רִפַּדְתִּי; imp. suff. רַפְּדוּנִי 1) *hinbreiten* Hiob 17, 13. 2) *kräftigen* Hohel. 2, 5.

*רָפָה fut. יִרְפֶּה—יִרֶף, pl. יִרְפּוּ, f. תִּרְפֶּינָה (aber Hiob 5, 18 gehört zu רָפָא, wie auch imp. רְפָה Ps. 60, 4) *erschlaffen* Jer. 49, 24; häufig mit subj. יָדַיִם *die Hände erschlaffen* als Bild der Muthlosigkeit 2 Sam. 4, 1. Jes. 13, 7. Jer. 6, 24. 50, 43. Ezech. 7, 17. 21, 12. Zef. 3, 16. 2 Chr. 15, 7; mit folgdm. מִן *von . . . ablassen* Ex. 4, 26. Richt. 8, 3. Neh. 6, 9; ferner von der *zusammensinkenden* Flamme Jes. 5, 24 u. dem sich zum Abend *neigenden* Tage Richt. 19, 9.

Nifal part. pl. נִרְפִּים *lässig*, *träge* Ex. 5, 8. 17 (נִרְפְּתָה Jer. 51, 9. יֵרָפוּ 2 Kön. 2, 22 und הֵרָפֵה Jer. 19, 11 gehören zu רָפָא s. d.).

Piel pf. רִפָּה; fut. 3 pl. f. תְּרַפֶּינָה; part. מְרַפֵּא, pl. מְרַפִּים 1) *schlaff machen* die Hände ... *muthlos machen* Jer. 38, 4. Esra 4, 4; den Gurt = *kraftlos machen* Hiob 12, 21. 2) *schlaff herabhängen* Ezech. 1, 24. 25.

Hifil fut. 3 sg. suff. יַרְפְּךָ, 2 sg. תֶּרֶף, suff. תַּרְפֵּנִי; 1 sg. suff. אַרְפֶּהָ, אַרְפֶּנּוּ, אַרְפְּךָ; imp. הֶרֶף—הַרְפֵּה, pl. הַרְפּוּ *schlaff werden lassen* z. B. die Hände, d. h. *ablassen* 2 Sam. 24, 16. 1 Chr. 21, 15; dasselbe ohne ein solches Obj. Ps. 46, 11. Spr. 4, 13; mit folgd. מִן *von etwas ablassen, etwas unterlassen* Ps. 37, 8 oder Jemd. *loslassen* Deut. 9, 14. Richt. 11, 37; mit לְ 1 Sam. 11, 3. 2 Kön. 4, 27; mit accus. Hiob 7, 19. 27, 6. Hohel. 3, 4; ohne Obj. 1 Sam. 15, 16; *im Stich lassen, verlassen* Deut. 4, 31. 31, 6. 8. Ps. 138, 8. Neh. 6, 3. 1 Chr. 28, 20.

Hitp. pf. 2 sg. הִתְרַפִּיתָ *sich lässig zeigen* Jos. 18, 3. Spr. 18, 9. 24, 10.

רָפָה n. pr. (mit Artikel) 1) Stammvater eines philistischen Riesengeschlechtes 2 Sam. 21, 16. 18. 20. 22; dafür הָרָפָא 1 Chr. 20, 6. 8; wo der pl. הָרְפָאִים v. 4. 2) 1 Chr. 8, 37 = רְפָיָה 1 Chr. 9, 43.

רָפֶה adj. cs. רְפֵה, pl. f. רָפוֹת *schwach, müde* Num. 13, 18. 2 Sam. 17, 2. Jes. 35, 3. Hiob 4, 3.

רָפוּא n. pr. m. Num. 13, 9.

רֶפַח n. pr. m. 1 Chr. 7, 25.

רְפִידָה f. suff. רְפִידָתוֹ *Lager* Hohel. 3, 10.

רְפִידִים n. pr. Lagerplatz der Israeliten Ex. 17, 1. 19, 2. Num. 33, 14.

רְפָיָה s. רָפָה n. pr.

רִפְיוֹן m. *Schlaffheit* Jer. 47, 3.

*[**רָפַס** vgl. רָפַשׂ] Hitp. imp. הִתְרַפֵּס *sich beeilen, heraneilen* Ps. 68, 31. Spr. 6, 3.

רְפַס aram. part. f. רָפְסָה *zertreten* Dan. 7, 7.

[**רַפְסֹדָה**] f. pl. רַפְסֹדוֹת *Floss* 2 Chr. 2, 15.

רָפַף s. רוּף.

*[**רָפַק**] Hitp. part. f. מִתְרַפֶּקֶת *sich lehnen, stützen* Hohel. 8, 5.

*__רָפַשׂ__ (רָפַס) fut. תִּרְפֹּשׂ *zerwühlen, trübe machen* Ezech. 32, 2. 34, 18.

Nifal part. נִרְפָּשׂ *getrübt* Spr. 25, 26.

רֶפֶשׂ m. *Schlamm* Jes. 57, 20.

[**רֶפֶת**] m. pl. רְפָתִים *Stall* Hab. 3, 17.

רָץ s. רוּץ.

[**רַץ**] m. pl. רַצֵּי־כָסֶף *Silberbarren* Ps. 68, 31.

[**רָצָא** pf. רָצָאתִי s. רָצָה; inf. abs. רָצוֹא Nebenform v. רוּץ s. d.].

*[**רָצַד**] Piel fut. 2 pl. תְּרַצְּדוּן *erbeben* Ps. 68, 17.

*__רָצָה__ 2 sg. suff. רְצִיתָם, 1 sg. רָצָאתִי (st. רָצִיתִי Ezech. 43, 27); part. pass. רָצוּי, cs. רְצוּי; fut. יִרְצֶה, 2 sg. תִּרְצֶה—תֶּרֶץ *Wohlgefallen haben an* ... mit בְּ Micha 6, 7. Hag. 1, 8. Ps. 147, 10. 1 Chr. 28, 4. 29, 3. בְּפִיהֶם יִרְצוּ *an ihrem Reden haben sie Wohlgefallen* Ps. 49, 14; *wohlgefällig aufnehmen, gütig behandeln* mit acc. Gen. 33, 10. Deut. 33, 11. Ps. 44, 4. 85, 2. Spr. 16, 7. Koh. 9, 7; *lieben* Ps. 102, 15. Spr. 3, 12. רְצוּי *beliebt* Est. 10, 3; *auserwählt* Deut. 33, 24. 2) *sich freuen* einer Sache mit acc. Hiob 14, 6; mit עִם *Freundschaft schliessen mit* ... Ps. 50, 18. Hiob 34, 9. 3) *abtragen, abzahlen* eine Schuld Lev. 26, 34. 41. 43. 2 Chr. 36, 21.

Nifal pf. נִרְצָה; fut. יֵרָצֶה *angerechnet werden* (als Pflichterfüllung) Lev. 1, 4. 7, 18. 19, 7. 22, 23. 25. 27; *abgetragen, abgezahlt werden* Jes. 40, 2.

Piel fut. 3 pl. יְרַצּוּ *begütigen, befriedigen* Hiob 20, 10.

Hifil pf. 3 sg. f. הִרְצָת *abzahlen, nachholen* Lev. 26, 34.

Hitp. fut. יִתְרַצֶּה *sich beliebt machen* 1 Sam. 29, 4.

רָצוֹן m. cs. רְצוֹן, suff. רְצוֹנִי, רְצֹנְכֶם *Wohlgefallen* Ex. 28, 38. Deut. 33, 16. Ps. 19, 15; *Wunsch, Wille* Ps. 145, 19. Est. 1, 8; *Willkühr* Gen. 49, 6.

*__רָצַח__ fut. יִרְצַח *morden* Ex. 20, 13. Deut. 22, 26. 1 Kön. 21, 19; *tödten* Deut. 4, 42; *hinrichten* Num. 35, 30. רֹצֵחַ *Mörder, Todtschläger* Num. 35, 16. 25.

Nifal part. f. נִרְצָחָה *ermordet werden* Richt. 20, 4. Spr. 22, 13.

Piel fut. תְּרַצְּחוּ (תְּרָצְּחוּ) *morden, Mordthaten begehen* 2 Kön. 6, 32. Jes. 1, 21. Hos. 6, 9. Ps. 62, 4. 94, 6.

רֶצַח m. *Mordgeschrei* Ezech. 21, 27; *Vernichtung* Ps. 42, 11.

רִצְיָא (*Gott ist gütig*) n. pr. m. 1 Chr. 7, 39.

רְצִין n. pr. 1) König von Syrien in Damaskus Jes. 7, 1. 2) Esra 2, 48. Neh. 7, 50.

*רָצַע durchbohren Ex. 21, 6.

*רָצַף part. pass. רָצוּף ausgelegt, getäfelt Hohel. 3, 10.

רֶצֶף 1) m. pl. רְצָפִים glühende Kohle. עֻגַת רְצָפִים ein auf glühenden Kohlen (oder Steinen) gebackener Kuchen 1 Kön. 19, 6. 2) n. pr. einer Stadt 2 Kön. 19, 12. Jes. 37, 12.

רִצְפָּה (רְצָפָה) f. 1) cs. רִצְפַת Steingetäfel, Mosaikpflaster Ezech. 40, 17. 42, 3. Est. 1, 6. 2 Chr. 7, 3. 2) glühende Kohle Jes. 6, 6. 3) n. pr. f. 2 Sam. 3, 7. 21, 8. 10.

*רָצַץ pf. 2 sg. suff. רַצּוֹתָנוּ, 1 sg. רַצּוֹתִי; fut. יָרוּץ, 3 sg. f. תָּרֻץ 1) zerbrechen, zerschlagen 2 Kön. 18, 21. Jes. 42, 3. 4; bildlich bedrücken, unterdrücken Deut. 28, 33. 1 Sam. 12, 3. 4. Jes. 58, 6. 2) zerbrechen (intrans.) Koh. 12, 6.

Nifal pf. נָרֹץ; fut. 2 sg. תֵּרוֹץ zerbrochen, vernichtet werden Ezech. 29, 7. Koh. 12, 6.

Piel רִצַּץ; fut. יְרַצֵּץ zerschlagen Ps. 74, 14; ermorden 2 Chr. 16, 10; bedrücken Hiob 20, 19.

Poel fut. יְרֹצְצוּ bedrücken Richt. 10, 8.

Hifil fut. 3 sg. f. וַתָּרָץ zerschmettern Richt. 9, 53.

Hitp. fut. יִתְרֹצְצוּ einander stossen Gen. 25, 22.

רַק 1) adj. fem. רַקָּה, pl. רַקּוֹת dünn, mager Gen. 41, 19. 20. 27. 2) adv. nur Gen. 41, 40. 47, 22; jedoch, aber Gen. 19, 8. Ex. 8, 24. Deut. 20, 16; meist als Verstärkung רַק רַע durchaus böse Gen. 6, 5. רַק אֵין־דָּבָר durchaus nichts Num. 20, 19. רַק עָשׁוּק fortwährend gedrückt Deut. 28, 33. הֲרַק אַךְ gerade nur? Num. 12, 2. רַק אִם wenn nur 1 Kön. 8, 25. 2 Kön. 21, 8.

רֵק s. רִיק.

רֹק m. suff. רֻקִּי Speichel Jes. 50, 6. Hiob 7, 19. 30, 10.

*רָקַב fut. יִרְקַב verfaulen Jes. 40, 20; vergehen Spr. 10, 7.

רָקָב m. cs. רְקַב Fäulniss, Morschheit Hos. 5, 12. Hab. 3, 16. Spr. 12, 4. 14, 30; das Verweste Hiob 13, 28.

רִקָּבוֹן m. Fäulniss Hiob 41, 19.

*רָקַד inf. רְקוֹד hüpfen, springen Ps. 114, 4. 6. Koh. 3, 4.

Piel springen, tanzen Jes. 13, 21. Hiob 21, 11. 1 Chr. 15, 29; schnell laufen Joel 2, 5; dahinjagen Nah. 3, 2.

Hifil fut. 3 sg. suff. יַרְקִידֵם springen machen Ps. 29, 6.

רַקָּה f. 1) vgl. רַק. 2) suff. רַקָּתוֹ Schläfe Richt. 4, 21. 22. 5, 26; Wange Hohel. 4, 3. 6, 7.

רַקּוֹן n. pr. Ortschaft in Dan am mittelländ. Meere Jos. 19, 46.

*רָקַח fut. יִרְקַח Specereien mischen, würzen Ex. 30, 33. 1 Chr. 9, 30; part. רֹקֵחַ Salbenmischer Ex. 30, 35. Koh. 10, 1.

Pual part. pl. מְרֻקָּחִים gemischt 2 Chr. 16, 14.

Hifil inf. הַרְקַח Gewürze, Salben mischen Ezech. 24, 10.

רֶקַח m. Würzung, Mischung Hohel. 8, 2.

רֹקַח m. Würzung, Mischung Ex. 30, 25. 35.

[רַקָּח] m. pl. רַקָּחִים Salbenmischer Neh. 3, 8.

[רִקֻּחַ] m. pl. suff. רִקֻּחַיִךְ Gewürz, Salbung Jes. 57, 9.

[רַקָּחָה] f. pl. רַקָּחוֹת Salbenmischerin 1 Sam. 8, 13.

רָקִיעַ m. cs. רְקִיעַ Ausdehnung, Himmelsgewölbe Gen. 1, 6. Ezech. 1, 25. Ps. 19, 2. 150, 1. Dan. 12, 3.

רָקִיק m. cs. רְקִיק, pl. cs. רְקִיקֵי dünner Kuchen, Fladen Ex. 29, 23. Lev. 2, 4. Num. 6, 15. 1 Chr. 23, 29.

*רָקַם part. רֹקֵם wirken, weben Ex. 26, 36. 35, 35.

Pual pf. רֻקַּמְתִּי gewebt, d. h. gebildet werden Ps. 139, 15.

רֶקֶם n. pr. 1) m. a) König von Midjan Num. 31, 8. Jos. 13, 21. b) 1 Chr. 2, 43. — 7, 16. 2) Ort in Benjamin Jos. 18, 27.

רִקְמָה f. suff. רִקְמָתָם, pl. רְקָמוֹת, dual. רִקְמָתַיִם buntfarbiges Gewand Richt. 5, 30. Ps. 45, 15; auch vom Gefieder des Adlers Ezech. 17, 3 und buntem Mosaikpflaster 1 Chr. 29, 2.

*רָקַע part. רֹקַע; fut. 1 sg. suff. אֶרְקָעֵם; inf. suff. רַקְעֲךָ; imp. רְקַע stampfen mit dem Fuss Ezech. 6, 11. 25, 6; zerstampfen 2 Sam. 22, 43; ausdehnen, ausbreiten Jes. 42, 5. 44, 24. Ps. 136, 6.

Piel fut. 3 sg. suff. יְרַקְּעֶנּוּ platt schlagen, plätten (Metalle) Ex. 39, 3. Num. 17, 4; mit solchem Blech überziehen Jes. 40, 19.

Pual part. מְרֻקָּע platt geschlagen Jer. 10, 9.

Hifil fut. 2 sg. תַּרְקִיעַ ausbreiten, ausdehnen Hiob 37, 18.

[רָקָע] m. pl. cs. רִקֻּעֵי *Blech* Num. 17, 3.

רָקַק* fut. יָרֹק *speien* Lev. 15, 8.

רַקַּת n. pr. Ort in Naftali Jos. 19, 35.

רָשׁ s. ראשׁ u. רושׁ.

רִשְׁיוֹן m. *Ermächtigung* Esra 3, 7.

רֵשִׁית s. רֵאשִׁית.

רָשַׁם* part. pass. רָשׁוּם *verzeichnet* Dan. 10, 21.

רְשַׁם aram. pf. 2 sg. רְשַׁמְתָּ; part. pass. רְשִׁים; fut. 2 sg. תִּרְשֻׁם *verzeichnen* Dan. 6, 9. 10. 11. 13.

רָשַׁע* fut. אֶרְשַׁע *schlecht sein* 1 Kön. 8, 47; *frevelnd abfallen von ...* mit מִן 2 Sam. 22, 22; *für schuldig gelten* Hiob 9, 29; *schuldig sein* Hiob 10, 7.

Hifil pf. הִרְשִׁיעַ; fut. יַרְשִׁיעַ, 3 pl. יַרְשִׁיעֻן 1) *Schlechtes thun, freveln* Ps. 106, 6; mit Zusatz לַעֲשׂוֹת 2 Chr. 20, 35. 2) *für schlecht halten, für schuldig erklären, verurtheilen* Ex. 22, 8. Deut. 25, 1; *überwinden, siegen* 1 Sam. 14, 47. Jes. 54, 17.

רָשָׁע adj. u. subst. f. רְשָׁעָה, pl. רְשָׁעִים, cs. רִשְׁעֵי *schlecht, böse, frevelhaft* Gen. 18, 23. Ezech. 3, 18. Ps. 37, 40. 75, 9; *ungerecht, schuldig* Ex. 23, 7. Deut. 25. 1. רָשָׁע לָמוּת *des Todes schuldig* Num. 35, 31.

רֶשַׁע m. ps. רֶשַׁע, suff. רִשְׁעוֹ *Schlechtigkeit, Bosheit* Deut. 9, 27. 1 Sam. 24, 14. Koh. 3, 16.

רִשְׁעָה f. cs. רִשְׁעַת, suff. רִשְׁעָתוֹ *Schlechtigkeit, Bosheit* Deut. 9, 4. 25, 2. Jes. 9, 17.

רִשְׁעָתַיִם s. כּוּשַׁן.

רֶשֶׁף 1) m. pl. רְשָׁפִים, cs. רִשְׁפֵּי, suff. רְשָׁפֶיהָ *Glut, Brand* Hohel. 8, 6; *Blitz* Deut. 32, 24. Hab. 3, 5. Ps. 78, 48; *Blitze des Bogens* = *Pfeile* Ps. 76, 4. בְּנֵי רֶשֶׁף *Söhne der Flamme*, wahrsch. = *Engel* (n. A. *Funken*) Hiob 5, 7. 2) n. pr. m. 1 Chr. 7, 25.

[רָשַׁשׁ]* Pual pf. רֻשַּׁשְׁנוּ *geplündert, ausgeraubt werden* Mal. 1, 4 (vgl. רושׁ).

רֶשֶׁת 1) s. יָרַשׁ. 2) f. suff. רִשְׁתִּי, רִשְׁתָּם *Netz* Ezech. 12, 13. Ps. 35, 8. מַעֲשֵׂה רֶשֶׁת *netzartiges Gitterwerk* Ex. 27, 4.

רַתּוֹק m. *Kette* Ezech. 7, 23.

[רַתּוּקָה] f. pl. רַתּוּקוֹת *Kette* 1 Kön. 6, 21 Kri (Ktib: רַתִּיקוֹת).

[רָתַח]* Piel imp. רַתַּח *kochen* (trans.) Ezech. 24, 5.

Pual pf. רֻתְּחוּ *sieden, kochen*, bildlich für *unruhig sein* Hiob 30, 27.

Hitp. fut. יַרְתִּיחַ *aufwallen machen* Hiob 41, 23.

[רֶתַח] m. pl. suff. רְתָחֶיהָ *Kochstück* Ezech. 24, 5.

רַתִּיקָה s. רַתּוּקָה.

רָתַם* imp. רְתֹם *binden* Micha 1, 13.

רֹתֶם m. (f.) pl. רְתָמִים *Ginster, Ginsterwurzel* 1 Kön. 19, 4. 5. Ps. 120, 4. Hiob 30, 4.

רִתְמָה n. pr. Lagerort der Israeliten Num. 33, 18. 19.

[רָתַק]* Nifal fut. יֵרָתֵק *losgerissen werden* Koh. 12, 6 Kri (Ktib יֵרָחֵק).

Pual pf. pl. רֻתְּקוּ *zusammengefesselt werden* Nah. 3, 10.

[רְתֻקָה] f. pl. רְתֻקוֹת *Kette* Jes. 40, 19.

רְתֵת m. *Schrecken* Hos. 13, 1.

ש

שָׂא s. נָשָׂא.

שְׂאֹר m. *Sauerteig* Ex. 12, 15. 19.

שְׂאֵת—שֵׂת (eig. inf. v. נָשָׂא s. d.) suff. שְׂאֵתוֹ 1) *Erhabenheit, Hoheit* Hiob 13, 11. 31, 23 41, 17; *Macht* Gen. 49, 3. Hab. 1, 7. Ps. 62, 5. 2) ein auf der Haut sich *erhebender Grind* oder *Schorf* Lev. 13, 2 ff.

[שְׂבָךְ] m. pl. שְׂבָכִים *Gitterwerk* 1 Kön. 7, 17.

שַׂבְּכָא Dan. 3, 7. 10. 15 s. סַבְּכָא.

שְׂבָכָה f. pl. שְׂבָכוֹת *Gitter*, als Fensterverschluss

2 Kön. 1, 2; *gitterähnliche Verzierung* der Säulen 1 Kön. 7, 17. 18; *Netz* Hiob 18, 8.

שִׂבְמָה—שְׂבָם n. pr. Ort in Ruben Num. 32, 3. 38. Jos. 13, 19. Jes. 16, 8. 9. Jer. 48, 32.

***שָׂבַע—שָׂבֵעַ** pf. 3 pl. ps. שָׂבֵעוּ; fut. יִשְׂבַּע; inf. לִשְׂבֹּעַ; imp. שְׂבַע *satt werden, sich sättigen* Ex. 16, 8. Deut. 6, 11. 14, 29; mit dem acc. der Sache, *mit* der man sich sättigt Spr. 12, 11. 20, 13. In weiterer Uebertragung wird שָׂבַע gebraucht im Sinne von: *genug haben, Ueberfluss haben, zu viel haben*; daher יִשְׂבָּעֶךָּ *er wird deiner satt (überdrüssig) werden* Spr. 25, 17; seltenere Constr. sind mit בְּ Ps. 65, 5. 88, 4. Klagel. 3, 30; mit מִן Jes. 66, 11. Hiob 19, 22. Koh. 6, 3.

Nifal pf. נִשְׂבָּע *satt werden* Hiob 31, 31.

Piel imp. suff. שַׂבְּעֵנוּ *sättigen* Ezech. 7, 19; mit dopp. acc. Ps. 90, 14.

Hifil pf. הִשְׂבִּיעַ; fut. אַשְׂבִּיעַ *sättigen* Jes. 58, 11; meist mit dopp. acc. Ps. 81, 17. 91, 16. 105, 40. 132, 15. 147, 14; mit בְּ des Sachobjects Ps. 103, 5. Klagel. 3, 15; dasselbe mit מִן Ezech. 32, 4; die Person mit לְ Ps. 145, 16.

שָׂבֵעַ adj. cs. שְׂבַע, fem. שְׂבֵעָה, pl. שְׂבֵעִים *satt* 1 Sam. 2, 5. Spr. 27, 7. שְׂבַע יָמִים *lebenssatt* Gen. 35, 29; dasselbe ohne יָמִים Gen. 25, 8. שְׂבַע קָלוֹן *satt von* (d. h. übermässig bedacht mit) *Schmach* Hiob 10, 15.

שָׂבָע m. *Sättigung, Ueberfluss* Gen. 41, 29. Spr. 3, 10. Koh. 5, 11.

שֹׂבַע m. suff. שָׂבְעֲךָ *Sättigung, Genüge* Ex. 16, 3. Lev. 25, 19. 26, 5. Deut. 23, 25. Ps. 78, 25. Spr. 13, 25. Rut 2, 18; bildl.: *Fülle* Ps. 16, 11.

שִׂבְעָה f. cs. שִׂבְעַת *Sättigung* Ezech. 16, 49.

שָׂבְעָה f. suff. שָׂבְעָתֵךְ *Sättigung, Genüge* Jes. 56, 11. Ezech. 16, 28.

***שָׂבַר** part. שֹׂבֵר *betrachten* mit בְּ Neh. 2, 13. 15.

Piel pf. שִׂבַּרְתִּי; fut. 3 pl. f. תְּשַׂבֵּרְנָה *hoffen* Est. 9, 1; *warten auf*... mit לְ Ps. 119, 166. Rut 1, 13; *vertrauen auf*... mit אֶל Jes. 38, 18. Ps. 104, 27. 145, 15.

שֵׂבֶר m. suff. שִׂבְרִי, שִׂבְרוֹ *Hoffnung, Vertrauen* Ps. 119, 116. 146, 5.

***[שָׂגָא** vgl. שָׂגָה] Hifil fut. 2 sg. תַּשְׂגִּיא *gross werden lassen* Hiob 12, 23; *erheben* Hiob 36, 24.

שְׂגָא aram. fut. יִשְׂגֵּא *gross sein* Dan. 3, 31. 6, 26. Esra 4, 22.

***שָׂגַב** *mächtig sein* Deut. 2, 36. שָׂגְבוּ יֶשַׁע *sie erlangten grosses Heil* Hiob 5, 11.

Nifal pf. נִשְׂגָּב, f. נִשְׂגָּבָה *Macht erlangen* Spr. 18, 10; *mächtig sein, erhaben sein* Jes. 12, 4. 26, 5. Ps. 148, 13; *unerreichbar, unbegreiflich* Ps. 139, 6.

Piel fut. יְשַׂגֵּב, suff. יְשַׂגֶּבְךָ *mächtig machen, Macht verleihen* Jes. 9, 10. Ps. 20, 2. 91, 14.

Pual fut. יְשֻׂגָּב *Macht erlangen* Spr. 29, 25.

Hifil fut. יַשְׂגִּיב *Macht beweisen, erhaben sein* Hiob 36, 22.

***שָׂגָה** (vgl. שָׂגָא) fut. יִשְׂגֶּא—יִשְׂגֶּה *gross werden, emporwachsen* Ps. 92, 13. Hiob 8, 7. 11.

שְׂגוּב (*Mächtiger*) n. pr. m. 1 Kön. 16, 34 Kri (Ktib: שְׂגִיב). 1 Chr. 2, 21. 22.

שַׂגִּיא adj. *gross, mächtig* Hiob 36, 26. 37, 23.

שַׂגִּיא aram. adj. fem. pl. שַׂגִּיאָן *mächtig, gross zahlreich* Dan. 2, 6. 48. Esra 5, 11.

שְׂגִיב s. שְׂגוּב.

***[שָׂדַד]** Piel fut. יְשַׂדֵּד *die Schollen zerstossen, eggen* Jes. 28, 24. Hos. 10, 11. Hiob 39, 10.

שָׂדֶה m. cs. שְׂדֵה, suff. שָׂדִי, שָׂדְךָ, שָׂדֵהוּ, שָׂדֶהָ, pl. a) cs. שְׂדֵי, suff. שָׂדֶיךָ, שָׂדֵינוּ b) שָׂדוֹת, cs. שְׂדוֹת, suff. שְׂדֹתֶיהָ, שְׂדֹתֵינוּ, שְׂדוֹתֵיכֶם, שְׂדֹתֵיהֶם—שְׂדֹתָם 1) *Feld, Acker* Gen. 23, 9. Lev. 19, 9. 1 Sam. 8, 14. 22, 7. 1 Kön. 2, 26. 2 Kön. 8, 3. Jer. 32, 7. Micha 2, 4. Neh. 5, 3. 11. 11, 25. 30. אִישׁ שָׂדֶה *Ackersmann* Gen. 25, 27. 2) *Land* im Gegensatz zur Stadt, *das Freie* im Gegensatz zum Hause Gen. 4, 8. 29, 2. Ex. 9, 3. Deut. 28, 3. 1 Sam. 25, 15. עָרֵי הַשָּׂדֶה *Land-* (*Provinzial*) *Städte* 1 Sam. 27, 5. גֶּפֶן שָׂדֶה *wilder Wein* u. פַּקֻּעֹת שָׂדֶה *wilde Koloquinten* 2 Kön. 4, 39. חַיַּת הַשָּׂדֶה *wilde Thiere* (im Gegensatz zu Hausthieren) Gen. 2, 20. 3) *Gefilde, Landschaft* Gen. 14, 7. 32, 4. Ps. 132, 6. Rut 1, 2. Neh. 12, 29.

שָׂדַי m. ps. שָׂדָי dichterische Form für שָׂדֶה *Feld* u. s. w. Deut. 32, 13. Jes. 56, 9. Ps. 8, 8.

שִׂדִּים (*Kalk*) n. pr. des Thales, in welchem die Städte Sodom u. s. w. lagen Gen. 14, 3.

[שְׂדֵרָה] f. pl. שְׂדֵרוֹת *Reihe* von Menschen 2 Kön. 11, 8. 15; von Balken 1 Kön. 6, 9.

שֶׂה m. cs. שֵׂה, suff. שֵׂיוֹ—שֵׂיהוּ *das Junge, Lamm*, von Schafen oder Ziegen Ex. 12, 5. Deut. 14, 4. 22, 1. 1 Sam. 14, 34.

שָׂהֵד m. suff. שָׂהֲדִי *Zeuge* Hiob 16, 19.

[שָׂהֲדוּ] aram. f. emph. שָׂהֲדוּתָא *Zeugniss* Gen. 31, 47.

[שַׂהֲרֹן] m. pl. שַׂהֲרֹנִים *mondförmige Schmucksache* Richt. 8, 21. 26. Jes. 3, 18.

שׂוֹא s. נָשָׂא.

שׂוּב* pf. 1 sg. שַׂבְתִּי; part. שָׂב *alt, grau werden* 1 Sam. 12, 2; part. *Graukopf* Hiob 15, 10.

שׂוּב aram. part. pl. emph. שָׂבַיָּא, cs. שָׂבֵי *Greise, Aeltesten* Esra 5, 5. 9.

שׂוֹבֶךְ m. *dicht verflochtene Zweige* 2 Sam. 18, 9 (vgl. סְבַךְ).

[שׂוּג]* I Pilpel fut. 2 sg. f. תְּשַׂגְשֵׂגִי *mit einer Hecke umgeben* Jes. 17, 11.

[שׂוּג] II Nifal נָשׂוֹג *zurückweichen* 2 Sam. 1, 22 (vgl. סוּג I).

שׂוּד* pf. שַׂדְתָּ (mit Kalk) *überstreichen* Deut. 27, 2. 4.

שׂוּחַ *sich unterreden, besprechen* Gen. 24, 63 (vgl. שִׂיחַ).

שׂוּט* part. pl. cs. שָׂטֵי *abtrünnig sein* Ps. 40, 5.

שׂוּךְ* pf. שַׂכְתָּ *schützend umgeben* mit בְּעַד Hiob 1, 10; *umhegen, einschliessen* mit accus. Hos. 2, 8.

[Polel תְּשֹׂכְכֵנִי s. סכך].

שׂוֹךְ m. — **שׂוֹכָה** f., cs. שׂוֹכַת, suff. שׂוֹכֹה *Zweig* Richt. 9, 48. 49.

שֹׂכֹה — שׂוֹכוֹ — שׂוֹכֹה n. pr. Stadt in Juda Jos. 15, 35. 1 Sam. 17, 1. 1 Kön. 4, 10; ein anderer Ort desselben Namens in Juda Jos. 15, 48 Ktib.

שׂוֹכָתִי n. gent. eines unbekannten Ortes שׂוֹכָה 1 Chr. 2, 55.

שִׂים — שׂוּם* pf. שָׂם, suff. שָׂמָהוּ — שָׂמוֹ, f. שָׂמָה, suff. שָׂמַתְנִי, ps. שָׂמָתְהוּ, 1 sg. שַׂמְתִּי; fut. יָשִׂים — יָשֵׂם — יָשֶׂם — וַיָּשֶׂם, suff. יְשִׂימֵם — יְשִׂמֵם; inf. abs. שׂוֹם, cs. שׂוּם; imp. שִׂים — שִׂימָה, f. שִׂימִי, pl. שִׂימוּ — שִׂמוּ 1) *setzen, stellen, legen* Gen. 21, 14. 28, 22. 30, 42. 1 Sam. 19, 13. Jer. 40, 10; *versetzen* Gen. 2, 8. Hohel. 6, 12; *einsetzen* (in eine Würde) Deut. 17, 15; *aufstellen* Jer. 31, 21; *hinlegen* Lev. 6, 3; *anlegen* Gen. 37, 34. Ex. 32, 27; *gewähren* Gen. 45, 7. Num. 6, 26. Jos. 7, 19; daher שִׂימָה נָא *gewähre doch!* Hiob 17, 13. 2) *richten, wenden*, besonders mit Obj. פָּנִים (s. d.) *Angesicht* Gen. 31, 21. Ezech. 6, 2; oder עַיִן *Auge* d. h. *auf... Acht haben* Gen. 44, 21. Jer. 39, 12; oder לֵב *auf etwas achten* Ex. 9, 21, wofür man auch sagt עַל לֵב Jes. 47, 7. 3) *zu etwas machen* (wie נָתַן s. d.) gew. mit dopp. acc. Ex. 4, 11. Ezech. 19, 5. Ps. 39, 9, od. acc. der Pers. u. לְ d. Sache Jes. 42, 15. 60, 15. Ezech. 7, 20. Hiob 7, 20; oder mit כְּ d. Sache 2 Kön. 13, 7.

Hifil imp. הָשִׂימִי; part. מֵשִׂים (die bei Kal angeführten Formen des fut. können auch als Hifil gelten); *aufmerken* Ezech. 21, 21. מִבְּלִי מֵשִׂים *unversehens* Hiob 4, 20.

Hofal fut. וַיּוּשַׂם *hingesetzt werden* Gen. 24, 33 Kri (Ktib וַיִּישֶׂם von יָשַׂם s. d.).

שׂוּם aram. pf. שָׂם, suff. שָׂמֵהּ, 2 sg. שַׂמְתְּ, 1 sg. שָׂמֶת, 3 pl. שָׂמוּ; part. pass. שִׂים, fem. שִׂימָה; imp. pl. שִׂימוּ 1) *legen* Dan. 6, 18. 2) *richten, wenden* Dan. 6, 15; mit Object טְעֵם *auf Jemand achten* Dan. 6, 14; *einen Befehl ertheilen* Esra 5, 13. 6, 8; *Erlaubniss geben* Esra 5, 3. 3) *zu etwas machen* mit dopp. acc. Dan. 5, 12. Esra 5, 14.

Itp. fut. יִתְּשָׂם, pl. יִתְּשָׂמוּן; part. מִתְּשָׂם 1) *gelegt werden* Esra 5, 8. 2) mit Subj. טְעֵם *gegeben werden* Esra 4, 21. 3) *zu etwas gemacht werden* Dan. 2, 5.

שׂוּמָה f. *Vorhaben, Plan* 2 Sam. 13, 32 Kri (Ktib שִׂימָה).

שׂוּר I (= סוּר) inf. suff. שׂוּרִי *sich abwenden* Hos. 9, 12.

שׂוּר* II. fut. וַיָּשַׂר 1) *zersägen* 1 Chr. 20, 3. 2) (wie שָׂרַר) *herrschen* Richt. 9, 22; *überwältigen* mit אֶל Hos. 12, 5.

Hifil pf. 3 pl. הֵשִׂירוּ *als Herrscher einsetzen* Hos. 8, 4.

שׂוֹרָה f. *Reihe, Ordnung* Jes. 28, 25.

שׂוֹרֵק s. שׂרק.

שִׂישׂ — שׂוּשׂ* pf. שָׂשׂ, 1 sg. שַׂשְׂתִּי; fut. יָשִׂישׂ, pl. יָשִׂישׂוּ, suff. יְשֻׂשׂוּם; inf. abs. שׂוֹשׂ, cs. שׂוּשׂ; imp. f. שִׂישִׂי, pl. שִׂישׂוּ *frohlocken, jubeln* Jes. 66, 10. 14. Hiob 3, 22. Klagel. 4, 21; mit עַל Deut. 30, 9. Jer. 32, 41. Ps. 119, 4. 162; mit בְּ Jes. 61, 10. 65, 19. Ps. 35, 9. יְשֻׂשׂוּם *darüber werden sie jubeln* Jes. 35, 1.

שֵׂחַ m. suff. שֵׂחוֹ *Gedanke* Amos. 4, 13.

שָׂחָה* part. שָׂחֶה; inf. שְׂחוֹת *schwimmen* Jes. 25, 11.

Hifil fut. 1 sg. אַשְׂחֶה *überschwemmen* Ps. 6, 7.

שָׂחוּ m. *das Schwimmen.* מֵי שָׂחוּ *Wasser, in dem man schwimmen kann* Ezech. 47, 5.

שְׂחוֹק s. שְׂחֹק.

שָׂחַט* fut. אֶשְׂחַט *auspressen* Gen. 40, 11.

שָׂחַק* fut. יִשְׂחַק; inf. שְׂחֹק *lachen* Ps. 2, 4. Spr. 29, 9. Koh. 3, 4; *zulächeln* mit אֶל Hiob 29, 24; *spotten über*... mit עַל Ps. 5, 8. Hiob 30, 1. Klagel. 1, 7; mit der Nebenbedeutung der Geringschätzung mit לְ Hab. 1, 10. Ps. 37, 13. 59, 9. Spr. 31, 25. Hiob 5, 22. 39, 7. 18. 22. 41, 21; der Schadenfreude mit בְּ Spr. 1, 26; *scherzen, tanzen* Richt. 16, 27.

Piel pf. שִׂחַקְתִּי *tanzen, Tänze aufführen* Richt. 16, 25. 1 Sam. 18, 7. 2 Sam. 6, 21; vom Waffentanze 2 Sam. 2, 14; *sich fröhlich bewegen, tummeln* Ps. 104, 26. Spr. 8, 30. 31; *scherzen* Spr. 26, 19.

Hifil part. pl. מַשְׂחִיקִים *spotten* mit עַל 2 Chr. 30, 10.

שְׂחוֹק—שְׂחֹק m. *Lachen, Heiterkeit* Ps. 126, 2. Hiob 8, 21. Koh. 2, 2; *Spott* Jer. 20, 7. Hiob 12, 4.

שָׂטָה* pf. 2 sg. f. שָׂטִית; fut. יֵשְׂטְ, תִּשְׂטֶה; imp. שְׂטֵה *sich abwenden* mit מֵעַל Spr. 4, 15; *sich zuwenden* mit אֶל Spr. 7, 25; *untreu werden* Num. 5, 12; mit תַּחַת Num. 5, 20. 29; mit adverbialem accus. טֻמְאָה *in verunreinigender Weise* Num. 5, 19.

[שֵׂטֶה]* m. pl. שֵׂטִים *Abtrünnigkeit* (vgl. סֵטֶה) Hos. 5, 2.

שָׂטַם* fut. יִשְׂטֹם *anfeinden, hassen* mit acc. Gen. 27, 41. 49, 23. 50, 15. Ps. 55, 4. Hiob 16, 9. 30, 21.

שָׂטַן* fut. 3 pl. suff. יִשְׂטְנוּנִי; inf. suff. שִׂטְנוֹ *anfeinden* Ps. 38, 21. 71, 13; *anklagen* Zach. 3, 1.

שָׂטָן m. *Gegner, Feind* 1 Sam. 29, 4. 1 Kön. 5, 18. 11, 14; *Hinderer* Num. 22, 22; *Ankläger* Zach. 3, 1. 2; als Personification des Bösen Hiob 1, 6 ff. 1 Chr. 21, 1.

שִׂטְנָה f. 1) *Anklage* Esra 4, 6. 2) n. pr. eines Brunnens Gen. 26, 21.

שְׂטַר aram. m. *Seite* Dan. 7, 5.

שִׂיא m. suff. שִׂיאוֹ *Grösse* Hiob 20, 6.

שִׂיאֹן n. pr. (einer Spitze) des Hermon Deut. 4, 48 (vgl. חֶרְמוֹן).

[שֵׂיב] m. suff. שֵׂיבוֹ *Greisenalter* 1 Kön. 14, 4.

שֵׂיבָה f. suff. שֵׂיבָתִ *graues Haar* Hos. 7, 9; *Greisenalter* Gen. 15, 15; concr. *der Greis* Lev 19, 32; besonders mit folgd. genit. שֵׂיבַת אָבִינוּ *unser alter Vater* Gen. 44, 31. שֵׂיבָתִי *mich alten Mann* Gen. 42, 38.

שִׂיג m. der *Weggang* 1 Kön. 18, 27.

שִׂיד m. *Kalk* Deut. 27, 2. 4. Jes. 33, 12. Amos 2, 1.

שִׂיחַ* fut. אָשִׂיחַ, 2 sg. f. suff. תְּשִׂיחֶךָ inf. u. imp. (Hiob 12, 8) שִׂיחַ, pl. שִׂיחוּ; *sprechen von*... mit בְּ Ps. 105, 2. 119, 78. 148; (spöttisch) Ps. 69, 13; *zu*... mit לְ Hiob 12, 8; *belehren* Spr. 6, 22; *singen* Richt. 5, 10; *klagen* Hiob 7, 11; *nachsinnen* Ps. 77, 4. 7. 13.

Polel fut. אֲשׂוֹחֵחַ, יְשׂוֹחֵחַ *sprechen von*... mit בְּ Ps. 143, 5; *Kunde geben über*... mit acc. Jes. 53, 8.

שִׂיחַ m. suff. שִׂחִי—שִׂיחִי, pl. שִׂחִים—שִׂיחִים 1) *Gewächs, Gesträuch* Gen. 2, 5. 21, 15. Hiob 30, 4. 7. 2) *Rede, Gespräch* 1 Kön. 18, 27. 2 Kön. 9, 11; *Gesang* Ps. 104, 34. *Gram* 1 Sam. 1, 16. Ps. 55, 3. 102, 1. Spr. 23, 29; Hiob 9, 27.

שִׂיחָה f. *Gespräch* Ps. 119, 97. 99; *Andacht, Ehrfurcht* Hiob 15, 4.

שִׂישׂ s. שׂוּשׂ.

[שֵׂךְ] m. pl. שִׂכִּים *Dornen* Num. 33, 55.

שֹׂךְ m. suff. שֻׂכּוֹ *Hütte, Zelt* (wie סֹךְ) Klagel. 2, 6.

שׂכה s. שׂוכה.

שֻׂכָּה f. *Spitzhaken* Hiob 40, 31.

שֶׂכוּ (*Aussicht*) n. pr. eines Ortes 1 Sam. 19, 22.

שֶׂכְוִי m. *Geist, Verstand* Hiob 38, 36.

[שְׂכִיָּה] f. pl. שְׂכִיּוֹת *Schauwerk, Bildwerk* Jes. 2, 16.

שַׂכִּין m. *Messer* Spr. 23, 2.

שָׂכִיר m. cs. שְׂכִיר, suff. שְׂכִירֶךָ, pl. suff. שְׂכִרֶיהָ *Miethling, Lohnarbeiter* Ex. 12, 45. 22, 14. Lev. 25, 6. 53; *Miethsoldat* Jer. 46, 21.

שְׂכִירָה *Gemiethetes* (nämlich Miethsoldaten) Jes. 7, 20.

שָׂכַךְ s. סָכַךְ.

שָׂכַל* *klug, besonnen sein* 1 Sam. 18, 30.

Piel שִׂכֵּל אֶת־יָדָיו *er legte mit Bedacht seine Hände* Gen. 48, 14.

Hifil pf. הִשְׂכִּיל; fut. יַשְׂכִּיל; inf. הַשְׂכֵּל— הַשְׂכִּיל—הַשְׂכֵּיל 1) *betrachten* Gen. 3, 6; in geistiger Beziehung *bedenken* mit acc. Deut. 32, 29. 106, 7. Hiob 34, 27; mit בְּ Ps. 101, 2. 2) *Einsicht gewinnen, klug werden* Ps. 2, 10. 94, 8. 119, 99; inf. הַשְׂכֵּל *Einsicht* Spr. 1, 3. 21, 16; part. מַשְׂכִּיל, f. מַשְׂכֶּלֶת *verständig* Spr. 15, 24. 19, 14; mit Obj. שֵׂכֶל טוֹב *grosse Kenntniss besitzen* 2 Chr. 30, 22. מַשְׂכִּילִים *die Frommen* Dan. 11, 33. 35. 12, 3. 10. 3) *Glück haben, glücklich sein* Deut. 29, 8. 1 Sam. 18, 5. 14. Jer. 23, 5. 4) *belehren* mit acc. Ps. 32, 8. Spr. 16, 23. Neh. 9, 20; mit dopp. accus. Dan. 9, 22; mit לְ Spr. 21, 11; mit עַל 1 Chr. 28, 19. — Ausserdem findet sich מַשְׂכִּיל in der Ueberschrift der Psalmen 32. 42. 44. 45. 52. 55. 74. 78. 88. 89. 142 wo es gewöhnlich mit *Lehrgedicht* übersetzt wird.

[שְׂכַל] aram. Itpael part. מִשְׂתַּכַּל *betrachten* mit בְּ Dan. 7, 8.

שֶׂכֶל—שֵׂכֶל m. ps. שָׂכֶל, suff. שִׂכְלוֹ *Verstand, Einsicht* Spr. 19, 11. 23, 9. Hiob 17, 4. Esra 8, 18. 1 Chr. 22, 12. 26, 14. שֵׂכֶל טוֹב *Beliebtheit, Wohlgefallen* Ps. 111, 10. Spr. 3, 4. טוֹבַת־שֶׂכֶל *von lieblichem Ansehen* 1 Sam. 25, 3. שׂוֹם שֶׂכֶל *erklären* Neh. 8, 8.

שִׂכְלוּת f. *Thorheit* Koh. 1, 17 (vgl. סִכְלוּת).

שָׂכְלְתָנוּ f. *Einsicht* Dan. 5, 11. 12. 14.

שָׂכַר* fut. יִשְׂכֹּר *miethen, in Lohn nehmen* Gen. 30, 16. Deut. 23, 5. Richt. 9, 4 (vgl. סָכַר).

Nifal pf. 3 pl. נִשְׂכָּרוּ *sich verdingen* 1 Sam. 2, 5.

Hitp. part. מִשְׂתַּכֵּר *sich verdingen* Hag. 1, 6.

שָׂכָר 1) m. cs. שְׂכַר, suff. שְׂכָרִי *Lohn, Belohnung, Bezahlung* Gen. 15, 1. 30, 18. Num. 18, 31. 2) n. pr. m. 1 Chr. 11, 35 (= שָׁרָר 2 Sam. 23, 33). — 26, 4.

שֶׂכֶר m. *Lohn* Spr. 11, 18. עֹשֵׂי שֶׂכֶר *Lohnarbeiter* Jes. 19, 10.

שְׂלָו m. u. f. pl. שַׂלְוִים *Wachtel* Num. 11, 31; coll. *Wachteln* Ex. 16, 13. Num. 11, 32. Ps. 105, 40.

שַׂלְמָא n. pr. m. 1 Chr. 2, 51. 54; vergl. auch שַׂלְמָה.

שַׂלְמָה 1) (=שִׂמְלָה) f. cs. שַׂלְמַת, cs. שַׂלְמָתוֹ, pl. שְׂלָמוֹת, suff. שַׂלְמֹתָי, שַׂלְמֹתֵיהֶם *Kleid, Gewand* Ex. 22, 8. 25. Deut. 24, 13. Jos. 9, 5. Hiob 9, 31. Neh. 9, 21. 2) n. pr. m. Rut 4, 20 = שַׂלְמוֹן v. 21 = שַׂלְמָא 1 Chr. 2, 11.

שַׂלְמוֹן s. שַׂלְמָה.

שַׂלְמַי n. pr. m. Neh. 7, 48 = שַׁלְמַי Esra 2, 46.

שְׂמֹאל—שְׂמֹאול f. suff. שְׂמֹאלוֹ 1) *die linke Hand* Gen. 48, 14. Richt. 16, 29. Hohel. 2, 6; häufig als adj. zu יָד Richt. 3, 21; adv. שְׂמֹאל *links* Num. 20, 17. Deut. 5, 29. 2) *Norden, Nordseite* Gen. 14, 15. 1 Kön. 7, 39.

[שָׂמְאל] denom. v. שְׂמֹאל] Hifil fut. אַשְׂמְאִילָה, 2 pl. תַּשְׂמְאִילוּ; inf. הַשְׂמִיל; imp. f. הַשְׂמִילִי; part. pl. מַשְׂמְאִלִים *sich zur Linken wenden* Gen. 13, 9. 2 Sam. 14, 19. Jes. 30, 21. Ezech. 21, 21; *mit der linken Hand geübt sein* 1 Chr. 12, 2.

שְׂמָאלִי adj. f. שְׂמָאלִית *link* Lev. 14, 15. 1 Kön. 7, 21. 2 Kön. 11, 11. Ezech. 4, 4.

שָׂמַח*—שָׂמֵחַ pf. 3 sg. f. ps. שָׂמֵחָה, 3 pl. ps. שָׂמֵחוּ; fut. יִשְׂמַח; inf. שְׂמֹחַ; imp. שְׂמַח, f. שִׂמְחִי, pl. שִׂמְחוּ *sich freuen* Ex. 4, 14. Deut. 33, 18. Zach. 2, 14. 10, 7. Koh. 8, 15. Est. 8, 15. das, *worüber* man sich freut mit בְּ Ps. 33, 21; mit עַל Jona 4, 6; mit לְ (Schadenfreude) Ps. 35, 19. 24. 38, 17; mit לִקְרַאת *freudig entgegen kommen* Richt. 19, 3.

Piel pf. שִׂמַּח; fut. יְשַׂמַּח; inf. שַׂמֵּחַ; imp. שַׂמַּח—שַׂמֵּחַ *erfreuen, Freude gewähren* Deut. 24, 5. Jer. 20, 15. Ps. 86, 4. 104, 15. Spr. 27, 11.

Hifil pf. הִשְׂמַחְתָּ *Freude gewähren* Ps. 89, 43.

שָׂמֵחַ adj. f. שְׂמֵחָה, pl. שְׂמֵחִים, cs. שִׂמְחֵי—שְׂמֵחֵי *freudig, erfreut* Deut. 16, 15. 1 Kön. 1, 45. Jes. 24, 7. Ps. 35, 26. 113, 9.

שִׂמְחָה f. cs. שִׂמְחַת, suff. שִׂמְחָתִי, pl. שְׂמָחוֹת *Freude* Gen. 31, 27. Jes. 61, 7. Ps. 16, 11. 137, 6. שִׂמְחָה אֶת־פָּנֶיךָ *Freude über dein Angesicht* (deine Hülfe) Ps. 21, 7; *Festfeier* Richt. 16, 23. 1 Sam. 18, 6. Koh. 7, 4. Neh. 8, 12.

שְׂמִיכָה f. *Decke* Richt. 4, 18.

שִׂמְלָה (=שַׂלְמָה) f. cs. שִׂמְלַת, suff. שִׂמְלָתְךָ, pl. שְׂמָלוֹת, suff. שִׂמְלֹתָם *Gewand, Kleid* Gen. 9, 23. 44, 13. 45, 22. Deut. 8, 4.

שַׂמְלָה n. pr. m. Gen. 36, 36. 1 Chr. 1, 47. 48.

שְׂמָמִית f. eine Art Eidechse Spr. 30, 28.

***שָׂנֵא** pf. 3 sg. suff. שְׂנֵאָהּ, שְׂנֵאֲךָ, 2 sg. f. שָׂנֵאת,

3 pl. suff. שְׂנֵאוּנִי; fut. יִשְׂנָא; inf. abs. שָׂנֹא, cs. שְׂנֹא—שִׂנְאַת; imp. pl. שִׂנְאוּ *hassen, anfeinden, Widerwillen empfinden gegen*... mit acc. Gen. 37, 5. Deut. 12, 31. 22, 13. Richt. 15, 2. Ezech. 16, 37. Ps. 97, 10. Spr. 8, 13. 13, 5. 25, 17; mit Obj. שִׂנְאָה, um adverb. Begriffe zu bezeichnen. שִׂנְאַת חָמָס שְׂנֵאוּנִי *mit unbegründetem Hasse* (= ohne Grund) *hassen sie mich* Ps. 25, 19. תַּכְלִית שִׂנְאָה שְׂנֵאתִים *aufs Aeusserste hasse ich sie* Ps. 139, 22; part. שֹׂנֵא, suff. שֹׂנַאֲךָ, subst. *Feind* Ex. 23, 5. וְהוּא לֹא שֹׂנֵא לוֹ *er ist ihm nicht Feind* Deut. 4, 42.

Nifal fut. יִשָּׂנֵא *gehasst werden* Spr. 14, 17. 20.

Piel part. pl. suff. מְשַׂנְאַי *Feind, Hasser* meist dichterisch Num. 10, 35. Deut. 32, 41.

שְׂנֵא aram. part. pl. suff. שָׂנְאָיךְ *Feind* Dan. 4, 16.

שִׂנְאָה f. cs. שִׂנְאַת, suff. שִׂנְאָתֶךָ 1) *das Hassen* בְּשִׂנְאַת יְהוָֹה אֹתָנוּ *da Gott uns hasste* Deut. 1, 27. 9, 28. 2) *Hass* Num. 35, 20. 2 Sam. 13, 15.

[שָׂנִיא] adj. f. שְׂנִיאָה *verhasst* Deut. 21, 15.

שְׂנִיר n. pr. des Hermon bei den Emoräern Deut. 3, 9. Ezech. 27, 5 oder einer einzelnen Bergspitze Hohel. 4, 8. 1 Chr. 5, 23.

שָׂעִר—שָׂעִיר 1) adj. f. pl. שְׂעִרֹת *haarig* Gen. 27, 11. 23. 2) subst. cs. שְׂעִיר, f. cs. שְׂעִירַת, pl. שְׂעִירִים, cs. שְׂעִירֵי *der Zottige*, d. h. *Ziegenbock* häufig mit folgd. gen. עִזִּים Gen. 37, 31. Lev. 16, 5. 10; f. *Ziege* Lev. 4, 28. 3) *bocksgestaltiger Dämon*, dessen Aufenthalt man sich in der Wüste dachte Lev. 17, 7. Jes. 13, 21. 34, 14. 2 Chr. 11, 15. 4) *Regenschauer* Deut. 32, 2.

שֵׂעִיר (*Waldgegend*) n. pr. 1) Stammvater des Chori Gen. 36, 20 ff. 1 Chr. 1, 38. 2) des Gebirges südöstlich von Palästina, vollst. הַר שֵׂעִיר Gen. 14, 6. Num. 24, 18. Deut. 2, 4. 12 und des Landes der Edomiter Gen. 32, 4. Richt. 5, 4. 2 Chr. 25, 11. 3) Gebirge in Juda Jos. 15, 10.

שְׂעִירָה 1) s. שָׂעִיר. 2) n. pr. mit He loc. שְׂעִירָתָה Gegend im Gebirge Efraim Richt. 3, 26.

[שְׂעִף] m. pl. שְׂעִפִּים *Gedanke* Hiob 4, 13. 20, 2 (vergl. סָעִף).

שָׂעַר* fut. 3 sg. suff. יִשְׂעָרֶנּוּ, 3 pl. יִשְׂעָרוּ; imp. pl. שַׂעֲרוּ 1) *stürmisch fortreissen* Ps. 58, 10. 2) *sich entsetzen* Jer. 2, 12. Ezech. 27, 35. 32, 10; *fürchten, verehren* Deut. 32, 17.

Nifal pf. 3 sg. f. נִשְׂעֲרָה *es stürmt* Ps. 50, 3.

Piel fut. 3 sg. suff. יְשָׂעֲרֵהוּ *im Sturme fortreissen* Hiob 27, 22.

Hitp. fut. 3 sg. יִשְׂתָּעֵר *anstürmen* mit עַל Dan. 11, 40.

שַׂעַר m. ps. שָׂעַר 1) *Sturm* Jes. 28, 2. 2) *Entsetzen* Ezech. 27, 35. 32, 10. Hiob 18, 20. 3) vgl. שֵׂעָר.

שֵׂעַר s. שָׂעִיר.

שֵׂעָר m. cs. שְׂעַר—שֵׂעַר (Jes. 7, 20) suff. שְׂעָרְךָ, שְׂעָרָהּ *Haar* Lev. 13, 20. 21. Num. 6, 5. Hohel. 4, 1; im genit. als adj. *haarig* Gen. 25, 25. Zach. 13, 4; *langhaarig* 2 Kön. 1, 8. Ps. 68, 22.

שְׂעַר aram. m. *Haar* Dan. 3, 27. 7, 9.

שְׂעָרָה f. *Sturm* Nah. 1, 3. Hiob 9, 17.

שַׂעֲרָה f. cs. שַׂעֲרַת, pl., cs. שַׂעֲרוֹת *Haar* Richt. 20, 16. 1 Sam. 14, 45. 1 Kön. 1, 52. Hiob 4, 15; als Bild der Menge Ps. 40, 13. 69, 5.

שְׂעֹרָה f. pl. שְׂעֹרִים *Gerste* (sg. von der auf dem Felde, pl von den Körnern) Ex. 9, 31. Lev. 27, 16. Deut. 8, 8. שֵׁשׁ הַשְּׂעֹרִים *sechs Maass Gerste* Rut 3, 15.

שְׂעֹרִים n. pr. m. 1 Chr. 24, 8.

שָׂפָה f. cs. שְׂפַת, suff. שְׂפָתוֹ, dual. שְׂפָתַיִם, cs. שִׂפְתֵי, suff. שְׂפָתַי, שִׂפְתֵיהֶם, שְׂפָתֵימוֹ, pl. (wie vom sing. שֶׂפֶת) cs. שִׂפְתוֹת, suff. שִׂפְתוֹתֵיהֶם *Lippe* Hohel. 4, 3. 11. 5, 13; meist (sing., du. u. pl.) gleichbedeutend mit *Mund* 2 Kön. 19, 28; als Werkzeug der Sprache Ps. 12, 5. 22, 8. 59, 8. Spr. 16, 10. Hiob 27, 4; *Rede* Ps. 17, 1. Spr. 12, 19. דְּבַר שְׂפָתַיִם *blosses Gerede* 2 Kön. 18, 20; *Geschwätz* Spr. 14, 23. אִישׁ שְׂפָתַיִם *redegewandt* Hiob 11, 2; ferner: *Sprache* Gen. 11, 1. 7. Jes. 19, 18; *Rand* Ex. 26, 4. 1 Kön. 7, 24; *Ufer* Gen. 22, 17; *Saum* Ex. 28, 32.

[שָׂפַח]* Piel שִׂפַּח *kahl machen* Jes. 3, 17.

שָׂפָם m. suff. שְׂפָמוֹ *Bart* Lev. 13, 45. 2 Sam. 19, 25. Ezech. 24, 17. 22. Micha 3, 7.

שָׂפַן part. pass. pl. cs. שְׂפֻנֵי die *verborgenen* (Schätze) Deut. 33, 19.

שָׂפַק* (=סָפַק) fut. יִשְׂפֹּק 1) *zusammenschlagen* die Hände Hiob 27, 24. 2) *hinreichen, genügen* 1 Kön. 20, 10.

Hifil fut. 3 pl. יַשְׂפִּיקוּ *die Hand mit ... einschlagen*, d. h. *eine Verbindung mit ihm eingehen* mit בְּ Jes. 2, 6.

שֶׂפֶק m. ps. שָׂפֶק suff. שִׂפְקוֹ *Reichthum, Fülle* Hiob 20, 22. 36, 18.

שַׂק m. suff. שַׂקִּי, pl. שַׂקִּים, suff. שַׂקֵּיהֶם *Sack* Gen. 42, 25. 35. Jos. 9, 4; *sackähnliches, grobes Zeug* Lev. 11, 32. 2 Sam. 21, 10; *Trauerkleid* Gen. 37, 34. 1 Kön. 21, 27. Joel 1, 13. Jona 3, 5.

*[**שָׂקַד**] Nifal נִשְׂקַד *zusammengeschlungen sein* Klagel. 1, 14.

*[**שָׂקַר**] Piel part. pl. f. מְשַׂקְּרוֹת *umherschauen* Jes. 3, 16.

שַׂר m. suff. שַׂרְכֶם, pl. שָׂרִים, cs. שָׂרֵי, suff. שָׂרֵיהֶם, שָׂרָיו *Oberster, Fürst* Gen. 21, 22. Num. 21, 18. 23, 17. Jes. 3, 4. Ps. 105, 22. שָׂרֵי קֹדֶשׁ *Priester* (vgl. קֹדֶשׁ) Jes. 43, 28, wie שָׂרֵי הָאֱלֹהִים 1 Chr. 24, 5. שַׂר שָׂרִים von *Gott* Dan. 8, 25; ferner: *Schutzengel* Dan. 10, 13. 20. 21. 12, 1.

*[**שָׂרַג**] Pual fut. 3 pl. ps. יְשֹׂרָגוּ *fest zusammengeflochten*, d. h. *stark sein* Hiob 40, 17.

Hitp. fut. pl. יִשְׂתָּרְגוּ *sich zusammenschlingen* Klagel. 1, 14.

*שָׂרַד *entfliehen* Jos. 10, 20.

שֶׂרֶד m. *Rothstift* zum Zeichnen Jes. 44, 13.

שְׂרָד m. nur als genit. zu בִּגְדֵי *gewirktes, gestricktes Zeug* zu Priestergewändern Ex. 31, 10. 35, 19. 39, 1. 39, 1. 41.

*שָׂרָה pf. 2 sg. שָׂרִיתָ *bekämpfen* Gen. 32, 39. Hos. 12, 4.

שָׂרָה f. 1) cs. שָׂרָתִי, pl. שָׂרוֹת, suff. שָׂרוֹתֶיהֶם *Fürstin* Richt. 5, 29. 1 Kön. 11, 3. Jes. 49, 23. Klagel. 1, 1. Est. 1, 18. 2) n. pr. *Sara*, Frau des Abraham, früher שָׂרַי (s. d.) Gen. 17, 14. Jes. 51, 2.

שְׂרוּג n. pr. m. Gen. 11, 20 ff.

שְׂרוֹךְ m. mit dem genit. נַעַל *Schuhriemen* Gen. 14, 23. Jes. 5, 27.

שָׂרוּק s. שָׂרֹק.

שֶׂרַח n. pr. ps. שָׂרַח Tochter des Ascher Gen. 46, 17. Num. 26, 46. 1 Chr. 7, 30.

*שָׂרַט fut. pl. יִשְׂרְטוּ *einreissen, einschneiden* Lev. 21, 5. Zach. 12, 3.

Nifal fut. pl. יִשָּׂרֵטוּ *eingeschnitten werden* Zach. 12, 3.

שֶׂרֶט m. *Einschnitt* Lev. 19, 28.

שָׂרֶטֶת f. ps. שָׂרָטֶת *Einschnitt* Lev. 21, 5.

שָׂרַי n. pr. früherer Name der שָׂרָה (s. d.) Gen. 11, 29. 17, 15.

[**שָׂרִיג**] m. pl. שָׂרִיגִים, suff. שָׂרִיגֶיהָ *Rebe* Gen. 40, 10. 12. Joel 1, 7.

שָׂרִיד m. pl. שְׂרִידִים, cs. שְׂרִידֵי, suff. שְׂרִידָיו *Entronnener, Flüchtling* Jos. 10, 20. Jer. 31, 2; überhpt. *Rest, Uebriggebliebener* Num. 21, 35. Jes. 1, 9. Joel 3, 5. Hiob 27, 15.

שְׂרָיָה—**שְׂרָיָהוּ** (*Fürst Gottes*) n. pr. m. 1) Schreiber am Hofe David's 2 Sam. 8, 17 (= שְׁיָא Kri (שְׁוָא Ktib) 2 Sam. 20, 25 = שִׁישָׁא 1 Kön. 4, 3 = שַׁוְשָׁא 1 Chr. 18, 16). 2) Hohepriester zur Zeit des Zerstörung des Tempels 2 Kön. 25, 18. Jer. 52, 24. 1 Chr. 5, 40. 3) Vater des Esra Esra 7, 1. 4) 2 Kön. 25, 23. Jer. 40, 8. — Jer. 30, 26. 51, 59. 61. — Esra 2, 2. Neh. 12, 1. — Neh. 10, 3. — 11, 11. — 12, 12. — 1 Chr. 4, 13. 14. — 35.

שִׂרְיֹן s. שִׁרְיוֹן.

שְׂרִיקוֹת pl. f. *das Hecheln, gehechelt* Jes. 19, 9.

*[**שָׂרַךְ**] Piel part. f. מְשָׂרֶכֶת *verflechten, verschlingen*, mit Obj. דֶּרֶךְ = *wild herumlaufen* Jer. 2, 23.

שַׂרְסְכִים n. pr. m. Jer. 39, 3.

*שָׂרַע part. pass. שָׂרוּעַ *einer, der ein zu langes Glied hat* Lev. 21, 18. 22, 23.

Hitp. inf. הִשְׂתָּרֵעַ *sich ausstrecken* Jes. 28, 20.

[**שַׂרְעַף**] m. pl. suff. שַׂרְעַפַּי *Gedanke* Ps. 94, 19. 139, 23.

*שָׂרַף pf. 3 sg. f. suff. שְׂרָפָתַם; fut. יִשְׂרֹף; inf. cs. שְׂרֹף, suff. שָׂרְפוֹ *verbrennen* Jes. 47, 14. Jer. 36, 25; häufig mit dem Zusatz בָּאֵשׁ Ex. 32, 20. Lev. 8, 17. Richt. 7, 52; mit dem Obj. שְׂרֵפָה *Wohlgerüche bei ber Beerdigung Jemandes anzünden* (Jer. 34, 5) 2 Chr. 16, 14. (21, 19); dageg. לִשְׂרֵפָה Backsteine *durch Brennen härten* Gen. 11, 3 (vgl. סָרַף).

Nifal fut. יִשָּׂרֵף *verbrannt werden* Lev. 4, 12.

Pual pf. שֹׂרַף *verbrannt sein* Lev. 10, 16.

שָׂרָף m. pl. שְׂרָפִים 1) *brennende* (= giftige) *Schlange* Num. 21, 6. 8. Deut. 8, 15. Jes. 14, 29. 30, 6. 2) Name eines Engels (*Seraf*) Jes. 6, 2. 6. 3) n. pr. m. 1 Chr. 4, 22.

שְׂרֵפָה f. cs. שְׂרֵפַת *das Verbrennen* (vgl. שָׂרַף) Gen. 11, 3. 2 Chr. 16, 14; *Brand* Lev. 10, 6.

Num. 17, 2. Jes. 9, 4. Amos 4, 11; *das Verbranntsein* Deut. 29, 22. הַר שְׂרֵפָה *Brandberg, Vulkan* Jer. 51, 25.

שָׂרֹק 1) adj. pl. שְׂרֻקִּים *rothbraun* Zach. 1, 8. 2) subst. pl. suff. שְׂרוּקֶּיהָ *edle Rebe* (von den röthlichen Trauben) Jes. 16, 8.

שׂוֹרֵק—שֹׂרֵק 1) m. (edle) *Rebe* Jes. 5, 2. Jer. 2, 21. 2) n. pr. Bach (Thal) zwischen Askalon und Gaza Richt. 16, 4.

שֹׂרֵקָה f. *Rebe* Gen. 49, 11.

שָׂרַר* fut. 3 pl. יָשֹׂרוּ *herrschen, Herr sein* Jes. 32, 1. Spr. 8, 16. Est. 1, 22.

Hitp. fut. 2 sg. תִּשְׂתָּרֵר *sich zum Herrscher aufwerfen* Num. 16, 13.

שָׂשׂוֹן m. cs. שְׂשׂוֹן *Jubel, Wonne* Jes. 22, 13. Ps. 51, 14.

שֵׂת s. שְׂאֵת.

שָׂתַם (=סָתַם) *versperren, verhindern* Klagel. 3, 8.

[שָׂתַר]* Nifal fut. pl. יִשָּׂתְרוּ *aufbrechen, hervorbrechen* 1 Sam. 5, 9.

שׁ

שֶׁ (verkürzt aus אֲשֶׁר) mit folgd. Dagesch (ausser bei Kehllauten), zuweilen שַׁ (flg. Dagesch, z. B. Richt. 5, 7. Hohel. 1, 7) oder שֶׁ (Koh. 3, 18) oder שְׁ (Richt. 6, 17) a) pron. relat. *welcher* Ps. 124, 1. Koh. 1, 10; mit Einschluss des zu ergänz. demonstr. עִם שֶׁיִּהְיוּ *mit denen, welche sein werden* Koh. 1, 11. אֵת־שֶׁאָהֲבָה נַפְשִׁי *den meine Seele liebt* Hohel. 3, 3; eben so adverb. שֶׁשָּׁם *wohin* Ps. 122, 4; mit folgd. לְ bildet es pron. poss. שֶׁלִּי *der meinige* Hohel. 1, 6 (vergl. שֶׁל). b) conj. *dass* nach Ztw. des Sehens, Wissens etc. Koh. 2, 13, wo sonst אֲשֶׁר gebraucht wird, daher עַד אֲשֶׁר־=עַד שֶׁ־ Richt. 5, 7. בְּשֶׁ־ *weil* Koh. 2, 16. כַּאֲשֶׁר=כְּשֶׁ־ *wie* Koh. 5, 14 oder *als* (von der Zeit) Koh. 9, 12. 10, 3.

[שׁא] m. pl. suff. שֹׁאֵיהֶם *Verderben* Ps. 35, 17.

שָׁאַב* fut. אֶשְׁאַב; inf. שְׁאֹב; imp. f. שַׁאֲבִי *schöpfen* Gen. 24, 13. 19. Nah. 3, 14. שֹׁאֵב מַיִם *Wasserschöpfer* Deut. 29, 10. Jos. 9, 21.

שָׁאַג* fut. יִשְׁאַג *schreien, brüllen*, meist vom Löwen Jer. 2, 15. Amos 3, 8. Ps. 104, 21; auch vom Donner Hiob 37, 4; von lärmenden Menschen Ps. 74, 4; vor Schmerz *stöhnen* Ps. 38, 9.

שְׁאָגָה f. cs. שַׁאֲגַת, suff. שַׁאֲגָתִי, pl. suff. שַׁאֲגֹתַי *Gebrüll* Jes. 5, 29. Zach. 11, 3; *Stöhnen, Seufzer* Ps. 22, 2. 32, 3. Hiob 3, 24.

שָׁאָה* *verwüstet werden* Jes. 6, 11.

Nifal fut. 3 pl. יִשָּׁאוּן 1) *brausen* Jes. 17, 12. 13. 2) *wüst liegen* Jes. 6, 11.

Hifil inf. לְהַשְׁאוֹת—לְהַשְׁוֹת *wüst machen*, mit acc. גַּלִּים *zu Steinhaufen* 2 Kön. 19, 25. Jes. 37, 26.

Hitp. part. מִשְׁתָּאֵה *zusehen* mit לְ Gen. 24, 21.

שֹׁאָה s. שׁוֹאָה.

שַׁאֲוָה f. *Sturm, Unwetter* Spr. 1, 27 Ktib (Kri שׁוֹאָה s. d.).

שְׁאֹל—שְׁאוֹל m. u. f. mit He loc. שְׁאֹלָה *Unterwelt, Schattenreich* Gen. 37, 35. Deut. 32, 22. 1 Kön. 2, 6. Spr. 15, 11; überhaupt für *Tod, Vernichtung* 2 Sam. 22, 6. Ps. 89, 49. Spr. 7, 27.

שָׁאוּל (*der Erbetene*) n. pr. 1) *Saul*, König von Israel 1 Sam. 9, 2. 2) König von Edom Gen. 36, 37. 1 Chr. 1, 48. 3) Sohn Simeon's Gen. 46, 10. Num. 26, 13 (wo n. gent. שָׁאוּלִי) 1 Chr. 4, 24. 4) 1 Chr. 6, 9.

שָׁאוֹן m. cs. שְׁאוֹן, suff. שְׁאוֹנָהּ 1) *das Brausen* der Wellen Ps. 65, 8; *Lärm* grosser Menschenhaufen Jes. 5, 14. Ps. 74, 23; *Prahlerei* Jer. 46, 17. 2) *Vernichtung* Ps. 40, 3. בְּנֵי שָׁאוֹן *die der Vernichtung Bestimmten* Jer. 48, 45.

שְׁאָט m. suff. שְׁאָטְךָ *Uebermuth* Ezech. 25, 6. 15. 36, 5 (שְׁאָטוּת Ezech. 16, 57 s. שׁוּט).

שְׁאִיָּה f. *Verwüstung, Trümmer* Jes. 24, 12.

שָׁאֵל—שָׁאַל* pf. 3 sg. suff. שְׁאֵלְךָ, שְׁאֵלָךְ,

1 sg. suff. שְׁאֶלְתִּיהוּ—שְׁאִלְתִּיו, 3 pl. ps. שָׁאֲלוּ, suff. שְׁאֵלוּנוּ, 2 pl. שְׁאֶלְתֶּם; fut. יִשְׁאַל; inf. שְׁאֹל—שָׁאוֹל; imp. שְׁאַל—שְׁאָלָה, f. שַׁאֲלִי, pl. שַׁאֲלוּ, suff. שְׁאָלוּנִי 1) *verlangen, fordern, bitten* 1 Kön 3, 5. 2 Kön. 2, 10. Jes. 7, 11 (vgl. קָשָׁה u. עָמֹק). Micha 7, 3; mit acc. d. Sache, *die* man verlangt oder *um* die man bittet Richt. 5, 25. 1 Sam. 12, 13. Klagel. 4, 4 u. מִן d. Pers. *von* der man verlangt 1 Sam. 1, 20. 1 Kön. 2, 20. Ps. 21, 5 oder מֵאֵת Ps. 27, 4. Spr. 30, 7; selten mit dopp. accus. Deut. 14, 26. Ps. 137, 3; die Pers. *für* die man etwas verlangt u. s. w. mit לְ 1 Sam. 12, 17. 1 Kön. 3, 11. וַיִּשְׁאַל אֶת־נַפְשׁוֹ לָמוּת *er wünschte sich zu sterben* 1 Kön. 19, 4. לִשְׁאֹל בְּאָלָה נַפְשׁוֹ *unter Fluch sein Leben* (seinen Tod) *zu verlangen* Hiob 31, 30. 2) *entleihen* mit acc. d. Sache und מִן d. Pers. Ex. 22, 13. 2 Kön. 4, 3. 6, 5; *leihen* mit לְ d. Pers. 1 Sam. 1, 28. 3) *fragen* Jer. 30, 6; mit acc. d. Pers. Gen. 32, 18. 44, 19. Richt. 4, 20. 13, 6; die Sache, *um* die man fragt mit עַל Neh. 1, 2 oder im acc. Jes. 45, 11; meist aber mit לְ = *sich nach etwas erkundigen* Gen. 26, 7. 32, 30. 43, 7. Deut. 4, 32. Jer. 6, 16. Hiob 8, 8; mit לְ d. Pers. und לְשָׁלוֹם *sich nach dem Befinden Jemandes erkundigen, ihn begrüssen* Gen. 43, 27. 1 Sam. 25, 5. 2 Sam. 8, 10. Jer. 15, 5; auch mit acc. שָׁלוֹם Ps. 122, 6; *befragen, eine Frage an Jemand richten* z. B. an Gott u. s. w. mit בְּ des Befragten u. לְ d. Pers. *für* die man fragt Num. 27, 21. 1 Sam. 14, 37. 22, 10. 13. Ezech. 21, 26. Hos. 4, 12; statt בְּ braucht man auch אֶת־פִּי Gen. 24, 57. Jos. 9, 14. Jes. 30, 2.

Nifal pf. נִשְׁאַל; inf. abs. נִשְׁאֹל *sich Urlaub erbitten* mit מִן 1 Sam. 20, 6. 28. Neh. 13, 6.

Piel pf. 3 pl. שִׁאֲלוּ; fut. 3 pl. יְשַׁאֲלוּ 1) *betteln* Ps. 109, 10. 2) *Fragen stellen* 2 Sam. 20, 18.

Hifil pf. 1 sg. suff. הִשְׁאִלְתִּיהוּ; fut. 3 pl. suff. וַיַּשְׁאִלוּם *darleihen*; die Person mit לְ 1 Sam. 1, 28 oder als suff. Ex. 12, 36.

שְׁאֵל aram. pf. 1 pl. שְׁאֵלְנָא; part. שָׁאֵל; fut. 3 sg. suff. יִשְׁאֲלִנְכוֹן 1) *verlangen* mit dopp. acc. Esra 7, 21. 2) *fragen* mit לְ d. Pers. u. acc. d. Sache Dan. 2, 10. 11, 27. Esra 5, 9. 10.

שְׁאָל n. pr. m. Esra 10, 29.

שְׁאֹל 1) inf. v. שָׁאַל. 2) s. שְׁאוֹל.

[שְׁאֵלָא] aram. f. emph. שְׁאֵלְתָא *Beschluss* Dan. 4, 14.

שְׁאֵלָה f. suff. שְׁאֵלָתְךָ—שֵׁלָתֵךְ, שְׁאֵלָתִי—שְׁאֵלָתִי, שְׁאֵלָתָם *Bitte, Begehr* Richt. 8, 24. 1 Sam. 1, 17. 27. Ps. 106, 15. Hiob 6, 8. Est. 5, 16.

שְׁאַלְתִּיאֵל—שַׁלְתִּיאֵל (*ich habe von Gott erbeten*) n. pr. Vater des Serubabel Hag. 1, 1. 12. 14. 2, 2. Esra 3, 2. Neh. 12, 1. 1 Chr. 3, 17.

*[שָׁאַן] Pilel שַׁאֲנַן, 3 pl. שַׁאֲנַנּוּ *ruhig, friedlich leben* Jer. 30, 10. 46, 27. Spr. 1, 33. Hiob 3, 18.

שְׁאָן s. בֵּית שְׁאָן.

שַׁאֲנָן adj. u. subst. suff. שַׁאֲנַנְךָ, pl. שַׁאֲנַנִּים, f. שַׁאֲנַנּוֹת *ruhig, friedlich* Jes. 32, 18. 33, 20; *sorglos* Jes. 32, 9. 11. Zach. 1, 15; subst. *Glücklicher* Hiob 12, 5; *Sorgloser* Amos 6, 1; *Uebermüthiger* Ps. 123, 4; abstr. *Uebermuth* 2 Kön. 19, 28. Jes. 37, 29.

[שָׁאַס] wovon part. שֹׁאסַיִךְ s. [שָׁסָה].

*שָׁאַף fut. יִשְׁאַף *schnappen* Jer. 2, 24. 14, 6; *schnauben* Jes. 42, 14. Ps. 56, 3. 119, 131; *gegen* Jemand mit acc. Ezech. 36, 3. Amos 8, 4. Ps. 56, 2. 57, 4; *sich sehnen nach* . . . mit accus. Hiob 7, 2. 36, 20; *eilen* Koh. 1, 5.

*שָׁאַר *übrig bleiben* 1 Sam. 16, 11.

Nifal pf. נִשְׁאַר; part. נִשְׁאָר—נֵאשָׁאר (Ezech. 9, 8); fut. יִשָּׁאֵר *übrig bleiben, zurückbleiben* Gen. 7, 23. 42, 38. 47, 18; part. נִשְׁאָרִים *die Uebrigen* Gen. 14, 10.

Hifil pf. הִשְׁאִיר; fut. יַשְׁאִיר *übrig lassen* Ex. 10, 12. Deut. 28, 51.

שְׁאָר m. *Ueberrest, die Uebrigen* Jes. 10, 20. 11, 11.

שְׁאָר aram. m. emph. שְׁאָרָא *Rest, die Uebrigen* Dan. 2, 18. 7, 7.

שְׁאֵר m. suff. שְׁאֵרִי 1) *Fleisch* Micha 3, 2. 3. Ps. 78, 20. 27; überhaupt *Nahrung* Ex. 21, 10; *Körper* Ps. 73, 26. Spr. 5, 11. 11, 17. חֲמָסִי וּשְׁאֵרִי *das Unrecht gegen mich und gegen meinen Leib* Jer. 51, 35. 2) *Blutsverwandtschaft*, concr. *Verwandter* Lev. 18, 6. 12. 13. 20, 19. Num. 27, 11.

שְׁאָר יָשׁוּב (*der Rest wird sich bekehren*) prophetischer Name des Sohnes Jesaia's Jes. 7, 3. 10, 21. 22.

שַׁאֲרָה f. *Blutsverwandtschaft* Lev. 18, 17.

שֶׁאֱרָה n. pr. f. 1 Chr. 7, 24.

שְׁאֵרִית—שֵׁרִית (1 Chr. 12, 38) f. suff. שְׁאֵרִיתוֹ

Rest Jes. 44, 17; *Erhaltung, Rettung* Gen. 45, 7. 2 Kön. 19, 31.

שְׁאֵת f. *Vernichtung* Klagel. 3, 47 (vgl. שַׁחַת).

שְׁבָא n. pr. 1) Enkel des Kusch Gen. 10, 7. 2) Sohn des Joktan Gen. 10, 28. 3) Sohn des Jokschan, Sohnes der Ketura Gen. 25, 3. 4) Volk und Landschaft des glücklichen Arabiens 1 Kön. 10, 1. Jes. 60, 6. Jer. 6, 20. Ezech. 27, 22. Ps. 72, 10. 15. Hiob 1, 15. 6, 19; n. gent. pl. שְׁבָאִים Joel 4, 8. Unbestimmt bleibt es, auf welchen der drei Genannten שְׁבָא zurückzuführen sei.

שְׁבָאֵל s. שְׁבוּאֵל.

[שָׁבַב] Poel שׁוֹבַבְתִּיךָ *zerschlagen, demüthigen* Ezech. 38, 4. 39, 2 (vgl. שׁוּב).

[שָׁבָב] m. pl. שְׁבָבִים *Stücke, Trümmer* Hos. 8, 6.

***שָׁבָה** pf. 2 sg. שָׁבִיתָ; part. pass. pl. שְׁבוּיִם, f. שְׁבֻיוֹת; fut. 3 sg. וַיִּשְׁבְּ, suff. יִשְׁבֵּם, 3 sg. f. suff. תִּשְׁבְּךָ, 3 pl. יִשְׁבּוּ; inf. שְׁבוֹת; imp. שְׁבֵה *gefangen fortführen* Num. 24, 22. 1 Sam. 30, 2. Jer. 41, 10. 14. Obad. 1, 11; häufig mit Object שְׁבִי *Gefangene machen* Num. 21, 1. Deut. 21, 10. Richt. 5, 12; part. שׁוֹבֵינוּ *unsere Treiber* Ps. 137, 3; part. pass. *Gefangene* Gen. 31, 26. Jes. 61, 1.

Nifal pf. נִשְׁבָּה, pl. נִשְׁבּוּ *gefangen weggeführt, geraubt werden* Gen. 14, 14. Ex. 22, 9. 1 Sam. 30, 3.

שְׁבוֹ m. Name eines Edelstein's Ex. 28, 19. 39, 12.

שְׁבָאֵל—שְׁבוּאֵל n. pr. m. 1) 1 Chr. 23, 16. 26, 24 = שׁוּבָאֵל 1 Chr. 24, 20. 2) 1 Chr. 25, 4 = שׁוּבָאֵל v. 20.

שְׁבוּל Ktib für שְׁבִיל s. d.

שָׁבוּעַ m. cs. שְׁבֻעַ, dual. שְׁבֻעַיִם, pl. שָׁבֻעִים—שָׁבֻעוֹת, cs. שְׁבֻעוֹת, suff. שָׁבֻעֹתֵיכֶם *Woche* Gen. 29, 27. Ex. 34, 22. Lev. 12, 5. Num. 28, 26. Jer. 5, 24. Ezech. 45, 21; *Jahrsiebent, Jahrwoche* Dan. 9, 25. 26. 27.

שְׁבֻעָה—שְׁבוּעָה f. cs. שְׁבוּעַת, suff. שְׁבֻעָתִי, pl. שְׁבֻעוֹת *Eid, Schwur* Gen. 24, 8. 26, 3. Ex. 22, 10. Ezech. 21, 28. בַּעֲלֵי שְׁבוּעָה *geschworene Freunde* Neh. 6, 18.

שְׁבוּת f. suff. שְׁבוּתְךָ, pl. suff. שְׁבוּתֵיכֶם *Gefangenschaft*, nur als Obj. zu שׁוּב (Kal u. Hifil s. d.) Deut. 30, 3. Zef. 3, 20; auch überhaupt *Elend, Leiden* Hiob 42, 10 (statt שְׁבוּת lies Ktib häufig שְׁבִית).

***[שָׁבַח]** Piel pf. שִׁבַּחְתִּי; fut. יְשַׁבֵּחַ, suff. יְשַׁבְּחֶנְהוּ, pl. suff. יְשַׁבְּחוּנְךָ; imp. f. שַׁבְּחִי; part. שַׁבֵּחַ (Koh. 4, 2 = מְשַׁבֵּחַ) 1) *preisen, rühmen* Ps. 63, 4. 117, 1. 145, 4. 147, 12. Koh. 8, 15. 2) *beschwichtigen* Ps. 89, 10. Spr. 29, 11.

Hifil part. מַשְׁבִּיחַ *beschwichtigen* Ps. 65, 8.

Hitp. inf. הִשְׁתַּבֵּחַ *sich rühmen* mit בְּ Ps. 106, 47. 1 Chr. 16, 35.

[שְׁבַח] aram. Pael pf. 2 sg. שַׁבַּחְתָּ, 1 sg. שַׁבְּחֵת, 3 pl. שַׁבַּחוּ; part. מְשַׁבַּח *preisen, rühmen, anbeten* Dan. 2, 23. 4, 31. 34. 5, 4. 23.

שֵׁבֶט m. ps. שָׁבֶט, suff. שִׁבְטְךָ, pl. שְׁבָטִים, cs. שִׁבְטֵי, suff. שְׁבָטֶיךָ, שִׁבְטֵיהֶם 1) *Zweig, Ruthe* Lev. 27, 32, häufig als Strafwerkzeug Jes. 10, 5. Spr. 13, 24. 22, 15. שֵׁבֶט אֲנָשִׁים *menschliche* (milde) *Zuchtruthe* 2 Sam. 7, 14; *Stab* Ps. 2, 9. 23, 4; *Zepter* Gen. 49, 10. 2) *Volksstamm, Volksabtheilung*, hauptsächlich von den Stämmen Israel's Gen. 49, 16. Deut. 16, 18. Jos. 11, 23. 3) (wahrscheinl.) *Komet*, von der Aehnlichkeit mit der Ruthe Num. 24, 17.

[שְׁבַט] aram. m. pl. cs. שִׁבְטֵי *Stamm* Esra 6, 17.

שְׁבָט m. Name des elften Monats (Januar-Febr.) Zach. 1, 7.

שְׁבִי m. ps. שֶׁבִי, suff. שֶׁבְיְךָ, שִׁבְיוֹ, שִׁבְיְכֶם, שְׁבָיִם 1) *Gefangenschaft* Deut. 21, 13. 28, 41. Jer. 30, 10. Ps. 78, 61; *Wegführung* Jes. 49, 24. Amos 4, 10. 2) concr. *Gefangener* Ex. 12, 29. coll. *die Gefangenen* Num. 21, 2. 31, 19. Jes. 49, 24. Hab. 1, 9; vgl. שְׁבָה.

שֹׁבַי n. pr. m. Esra 2, 42. Neh. 7, 45.

שֹׁבִי n. pr. m. 2 Sam. 17, 27.

שְׁבִיב m. *Flamme* Hiob 18, 5.

[שְׁבִיב] aram. m. pl. שְׁבִיבִין *Flamme* Dan. 7, 9.

שְׁבִיָּה f. *Gefangene, Weggeführte* Jes. 52, 2.

שִׁבְיָה f. (= שְׁבִי) 1) *Gefangenschaft* Jer. 48, 46. Neh. 3, 36. 2) concr. coll. *die Gefangenen* Deut. 21, 11. 32, 42.

[שְׁבִיל] m. suff. שְׁבִילְךָ (Ps. 77, 20 Kri, wo Ktib pl. שְׁבִילֶיךָ), pl. cs. שְׁבִילֵי *Pfad, Weg* Jer. 18, 15 Kri (wo Ktib: שְׁבוּלֵי).

[שָׁבִיס] m. pl. שְׁבִיסִים *netzartige Haube* Jes. 3, 18.

שְׁבִיעִי f. שְׁבִיעִת—שְׁבִיעִת—שְׁבִיעִיה *der siebente* Gen. 2, 2. Ex. 21, 2. Lev. 23, 16. Jos. 6, 16.

שְׁבִית f. pl. suff. שְׁבִיתֵךְ, שְׁבִיתְהֶן *Gefangenschaft* Ezech. 16, 53, überhpt. = שְׁבוּת (s. d.), mit dem es meist in Kri und Ktib wechselt.

שֹׁבֶל m. *Schleppe* Jes. 47, 2.

שַׁבְּלוּל m. *Schnecke* Ps. 58, 9.

שִׁבֹּלֶת f. pl. שִׁבֳּלִים 1) *Aehre* Gen. 41, 5. Jes. 17, 5. Hiob 24, 24. 2) *Strom, Strudel* Richt. 12, 6 (wo die dialektische Aussprache der Efraimiten סִבֹּלֶת). Jes. 27, 12. Ps. 69, 16.

[שִׁבֹּלֶת] f. pl. cs. שִׁבֲּלֵי *Zweig* Zach. 4, 12.

שֶׁבְנָה—שֶׁבְנָא n. pr. Hofbeamter des Hiskia 2 Kön. 18, 18. 26. 37. 19, 2. Jes. 22, 15. 36, 3.

שְׁבַנְיָה n. pr. m. Neh. 9, 4. 5. — 10, 5. 12, 14 (= שְׁכַנְיָה Neh. 12, 3). — 10, 11. 13.

***שָׁבַע** *schwören*; part. pass. pl. cs. שְׁבֻעֵי שְׁבֻעוֹת *gebunden durch Eide* Ezech. 21, 28.

Nifal pf. נִשְׁבַּע; fut. יִשָּׁבַע, 1 sg. אִשָּׁבַע—וָאִשָּׁבֵעַ; imp. הִשָּׁבְעָה *schwören* Gen. 21, 24. 24, 9; mit Obj. שְׁבֻעָה *einen Eid leisten* Num. 30, 3; das, *wobei* man schwört, mit בְּ 1 Kön. 2, 8; die Pers. *der* man etwas zuschwört mit לְ Gen. 47, 31. 2 Chr. 15, 14; die Sache, *die* man zuschwört (beschwört) mit עַל Gen. 24, 9. Lev. 5, 22 oder accus. (pr. relat.) Gen. 50, 24 oder einem abhäng. Satz im inf. mit לְ Ex. 13, 5. Deut. 4, 21 oder מִן Jes. 54, 9 u. dergl. oder es folgt direkte Rede 1 Sam. 19, 6.

Hifil pf. הִשְׁבִּיעַ; fut. וַיַּשְׁבַּע, suff. וַיַּשְׁבִּעֵנִי, 1 sg. וְאַשְׁבִּעֲךָ; inf. abs. הַשְׁבֵּעַ, inf. cs. הַשְׁבִּיעַ *zum Schwören veranlassen, schwören lassen, beschwören* Gen. 24, 37. 50, 25. Ex. 13, 19; *dringend bitten* 1 Sam. 20, 17. Jer. 5, 7. Hohel. 2, 7. 5, 9.

שֶׁבַע cs. שְׁבַע (bei fem.) u. שִׁבְעָה cs. שִׁבְעַת (bei masc.) 1) *sieben* Gen. 5, 7. 7, 2. 8, 10. 37, 2; suff. שִׁבְעָתָם *zu siebent* 2 Sam. 21, 9; auch *der siebente* (besonders wenn es dem subst. folgt) 2 Kön. 12, 2; häufig als unbest. Zahl Jes. 4, 1. Spr. 6, 16. 26, 25; *sieben Mal* Ps. 119, 164. Spr. 24, 16; du. שִׁבְעָתַיִם *siebenfach, vielfach* Gen. 4, 15. 24. Jes. 30, 26. Ps. 12, 7. 79, 12; pl. שִׁבְעִים *siebzig* Gen. 4, 24. 2) n. pr. a) Ort in Simeon Jos. 19, 2; vgl. ausserdem בְּאֵר־שֶׁבַע. b) m. 2 Sam. 20, 1. — 1 Chr. 5, 15.

שֶׁבַע s. שָׁבוּעַ.

שִׁבְעָה 1) s. שֶׁבַע. 2) n. pr. eines Brunnens Gen. 26, 33.

שִׁבְעָה aram. cs. שִׁבְעַת *sieben* Dan. 4, 20. Esra 7, 14. חַד־שִׁבְעָה *siebenfach* Dan. 3, 19.

שְׁבֻעָה s. שְׁבוּעָה.

[שְׁבֻעֵי] Ezech. 21, 28 s. [שָׁבַע].

שִׁבְעִים s. שֶׁבַע.

שִׁבְעָנָה *sieben* (bei masc.) Hiob 42, 13.

*__[שָׁבַץ]__ Piel pf. שִׁבַּצְתָּ *wirken, weben* Ex. 28, 39.

Pual part. pl. מְשֻׁבָּצִים *gewirkt* Ex. 28, 20.

שָׁבָץ m. *Krampf* 2 Sam. 1, 9.

***שְׁבַק** aram. inf. מִשְׁבַּק; imp. pl. שְׁבֻקוּ *lassen, zurücklassen* Dan. 4, 12. 23.

Itp. fut. 3 sg. f. תִּשְׁתְּבִק *gelassen werden* Dan. 2, 44.

***שָׁבַר** I fut. יִשְׁבֹּר; inf. שְׁבֹר, suff. שִׁבְרִי; imp. שְׁבֹר, suff. שָׁבְרֵם *zerbrechen, zerschlagen* Gen. 19, 9. Ex. 12, 46. Jes. 42, 3; erweitert zu Bedeutungen wie *verletzen* Lev. 22, 22; *tödten* 1 Kön. 13, 28. Klagel. 1, 15; *vernichten* Jes. 14, 25. Jer. 17, 18. 48, 38; *scheitern machen* ein Schiff Ezech. 27, 26; *ein Ende machen* dem Kriege Hos. 2, 20; *löschen* den Durst Ps. 104, 11; bildlich *brechen* das Herz Ps. 69, 21. 147, 3; *den Stab des Brodes zerbrechen* d. h. *Hungersnoth senden* Lev. 26, 26. Ezech. 5, 16. Ps. 105, 16.

Nifal pf. נִשְׁבַּר; part. pl. cs. נִשְׁבְּרֵי; fut. 3 pl. f. תִּשָּׁבַרְנָה, meist pass. des Kal: *zerbrochen werden* Lev. 6, 21; *beschädigt werden* Ex. 22, 9. Ezech. 30, 22; *scheitern* 1 Kön. 22, 49. Jona 1, 4; *vernichtet werden* Hiob 24, 20. לֵב נִשְׁבָּר *ein gebrochenes* (demüthiges) *Herz* Ps. 51, 19 (daher נִשְׁבַּרְתִּי אֶת־לִבָּם *durch mich ist ihr Herz gedemüthigt worden* Ezech. 6, 9); eben so רוּחַ נִשְׁבָּרָה Ps. 51, 19. נִשְׁבְּרֵי לֵב *diejenigen, deren Herz gebeugt ist* Jes. 61, 1. Ps. 34, 19.

Piel pf. שִׁבַּר—שִׁבֵּר; fut. יְשַׁבֵּר; inf. abs. שַׁבֵּר *zerbrechen, zerschmettern* Ex. 9, 25. 23, 24. Ps. 46, 10. 107, 16.

Hifil fut. אַשְׁבִּיר *hervorbrechen lassen* ein Kind bei der Geburt Jes. 66, 9.

Hofal pf. הָשְׁבַּרְתִּי *niedergeschlagen sein* Jer. 8, 21.

שָׁבַר II. (denom. v. שֶׁבֶר *Getreide*), fut. יִשְׁבֹּר

(Getreide, überhaupt Speise) *einkaufen* Gen. 41, 57. Deut. 2, 6. Jes. 55, 1; *verkaufen* Gen. 41, 56.

Hifil fut. 1 pl. נַשְׁבִּירָה (Getreide, Speise) *verkaufen* Gen. 42, 6. Deut. 2, 28. Amos 8, 5. 6. Spr. 11, 26.

שֶׁבֶר—שֵׁבֶר m. ps. שָׁבֶר, suff. שִׁבְרִי; pl. שְׁבָרִים, suff. שְׁבָרֶיהָ 1) *das Zerbrechen* Jes. 30, 12. 14; *Bruch* Lev. 21, 19; *Unglück, Schaden* Jer. 10, 19. 30, 15. Ps. 60, 4; *Deutung* Richt. 7, 15; pl. *Verzagtheit* Hiob 41, 17. 2) *Getreide* Gen. 42, 1. Amos 8, 5. Neh. 10, 32. שְׁבָרִים n. pr. (mit Art.) Ort in der Nähe von Ai Jos. 7, 5.

שִׁבָּרוֹן m. cs. שִׁבְרוֹן *Bruch* der Lenden, d. h. *heftiger Schmerz* Ezech. 21, 11; *Unglück* Jer. 17, 18.

שְׁבָרִים n. pr. s. שֶׁבֶר.

[שׁבשׁ] aram. Itp. part. pl. מִשְׁתַּבְּשִׁין *in Verwirrung gerathen* Dan. 5, 9.

שָׁבַת* fut. יִשְׁבֹּת—תִּשְׁבֹּת *feiern, ruhen* Gen. 2, 2. Ex. 16, 30; mit Obj. שַׁבָּת *Sabbatruhe halten* Lev. 23, 32; auch vom Erdboden, der *nicht bearbeitet* wird Lev. 25, 2. 26, 35; überhaupt *aufhören, ruhen* d. h. *etwas nicht mehr thun oder sein* Gen. 8, 22. Jes. 14, 4. 24, 8. 33, 8. Jer. 31, 36. Spr. 22, 10. Hiob 32, 1. Klagel. 5, 15.

Nifal pf. נִשְׁבַּת *zur Ruhe gebracht*, d. h. *vernichtet werden* Jes. 17, 3. Ezech. 6, 6. 30, 18. 33, 28.

Hifil pf. 1 sg. הִשְׁבַּתִּי, 2 pl. הִשְׁבַּתֶּם; inf. לַשְׁבִּית—לְהַשְׁבִּית *feiern machen, in der Arbeit stören* Ex. 5, 5; *zur Ruhe bringen* Jes. 13, 11. Ps. 8, 3. 46, 10; *aufhören lassen* Jes. 16, 10. Ezech. 12, 23; *verhindern an*... mit מִן Jos. 22, 25. Ezech. 16, 41. 34, 10; *fehlen lassen* Lev. 2, 13. Ps. 89, 45. Rut 4, 14; *ein Ende machen* Dan. 11, 18; *unterlassen* Neh. 4, 5; *fortschaffen* Ex. 12, 15. Lev. 26, 6. 2 Kön. 23, 5. 11. Jes. 21, 2. 30, 11. Jer. 36, 29. Ps. 119, 119; *vernichten* Deut. 32, 26. Amos 8, 4.

שֶׁבֶת 1) s. יָשַׁב. 2) f. suff. שִׁבְתּוֹ *Versäumniss* Ex. 21, 19; *das Ablassen* Spr. 20, 3; vgl. auch יֹשֵׁב בַּשֶּׁבֶת n. pr.

שַׁבָּת—שַׁבַּת (Num. 28, 10. 1 Chr. 9, 32) meist f., cs. שַׁבַּת, suff. שַׁבַּתּוֹ, שַׁבַּתָּהּ, שַׁבַּתְּכֶם; pl. שַׁבָּתוֹת, cs. שַׁבְּתוֹת, suff. שַׁבְּתוֹתַי, שַׁבְּתֹתֵיכֶם 1) *Ruhetag, Sabbat* Ex. 16, 23. 25. 31, 13. Lev. 23, 38. Hos. 2, 13. Neh. 10, 34. שַׁבַּת (שַׁבָּת) בְּשַׁבַּתּוֹ *an jedem Sabbat* Num. 28, 10. Jes. 66, 23; *Feiertag* überhaupt Lev. 23, 32 (n. E. auch Lev. 23, 11. 15, in welchem Falle der 16. des 1. Monats gemeint wäre). 2) *Woche* Lev. 23, 15. 3) *Ruhejahr, Sabbatjahr* Lev. 25, 2. 4. 26, 34. 35.

שַׁבָּתוֹן m. *hohe Feier*, meist als genit. zu שַׁבָּת, um den Begriff zu verstärken Ex. 16, 23. 31, 15. 35, 2. Lev. 23, 3; überhaupt *hohe Feier* Lev. 23, 39; auch vom *Sabbatjahr* Lev. 25, 4. 5.

שַׁבְּתַי n. pr. m. Esra 10, 15.

שָׁגֵא (*Irrender*) n. pr. m. 1 Chr. 11, 34.

שָׁגַג* part. שֹׁגֵג, f. שֹׁגֶגֶת *unabsichtlich handeln, irren* Lev. 5, 18. Num. 15, 28. Ps. 119, 67. Hiob 12, 16. בְּשַׁגַּם Gen. 6, 3 ist wahrscheinl. als inf. cs. suff. aufzufassen: *in ihrem Irren.*

שְׁגָגָה f. suff. שִׁגְגָתוֹ *Irrthum* Lev. 4, 2. Koh. 5, 5. 10, 5; *eine unabsichtlich begangene Sünde* Lev. 5, 18. Num. 35, 11.

שָׁגָה* fut. יִשְׁגֶּה; inf. לִשְׁגוֹת 1) *irren* Jes. 28, 7. Hiob 6, 24; *abirren, abkommen von*... mit מִן Ps. 119, 21. Spr. 19, 27; (unfreiwillig) *sündigen* Lev. 4, 13. Num. 15, 22. 1 Sam. 26, 21. Spr. 5, 23. 2) *sich dauernd beschäftigen mit ...* durch בְּ Spr. 5, 19. 20, 1.

[שׁגח]* Hifil fut. pl. יַשְׁגִּיחוּ *sein Augenmerk richten auf*... mit אֶל Jes. 14, 16. Ps. 33, 14; *herausblicken* Hohel. 2, 9.

[שְׁגִיאָה] f. pl. שְׁגִיאוֹת *Irrthum* Ps. 19, 13.

שִׁגָּיוֹן m. pl. שִׁגְיֹנוֹת eine Art *Lied* oder *Melodie* Hab. 3, 1. Ps. 7, 1.

שָׁגַל* fut. 3 sg. suff. יִשְׁגָּלֶנָּה *beschlafen* Deut. 28, 30 Ktib (Kri יִשְׁכָּבֶנָּה).

Nifal fut. 3 pl. f. תִּשָּׁגַלְנָה *beschlafen werden* Jes. 13, 16. Zach. 14, 2 (beidemal Ktib mit dem Kri תִּשָּׁכַבְנָה).

Pual pf. 2 sg. f. שֻׁגַּלְתְּ *beschlafen werden* Jer. 3, 2 Ktib (Kri שֻׁכַּבְתְּ).

שֵׁגָל f. *Gemahlin* Ps. 45, 10. Neh. 2, 6.

[שֵׁגַל] aram. f. suff. שֵׁגְלָתֵהּ, שֵׁגְלָתָךְ *Gemahlin* Dan. 5, 2. 3. 23.

[שָׁגַע]* Pual part. מְשֻׁגָּע *wahnsinnig* 1 Sam. 21, 16. 2 Kön. 9, 11. Hos. 9, 7; *verzückt* Jer. 29, 26; *bewusstlos, von Sinnen* Deut. 28, 34.

Hitp. inf. הִשְׁתַּגֵּעַ *sich wahnsinnig benehmen* 1 Sam. 21, 15. 16.

שִׁגָּעוֹן m. *Wahnsinn* Deut. 28, 28; *Raserei* Zach. 12, 4; *rasende Eile* 2 Kön. 9, 20.

שֶׁגֶר m. cs. שְׁגַר—שֶׁגֶר *das Geworfene, Junge* Ex. 13, 12. Deut. 7, 13. 28, 4. 18. 51.

שַׁד m. dual. שָׁדַיִם, cs. שְׁדֵי, suff. שָׁדַי, שָׁדַיִךְ, שְׁדֵיהֶן, שָׁדֶיהָ (weibliche) *Brust* Gen. 49, 25. Ezech. 23, 3. Hos. 2, 4. 9, 14. Ps. 22, 10. Hohel. 1, 13. 4, 5. Klagel. 4, 3.

[שֵׁד] m. pl. שֵׁדִים *Dämon, böser Geist* Deut. 32, 17. Ps. 106, 37.

שֹׁד m. 1) *Brust* Jes. 60, 16. 66, 11. Hiob 24, 9. 2) שׁוֹד—שֹׁד *Gewaltthat* Jes. 59, 7. Jer. 6, 7. Ps. 12, 6 (*Gewaltthat, gegen die Armen*); *Verwüstung* Joel 1, 15; *Verderben* Hos. 7, 13; *Landplage* Hab. 2, 17. Hiob 5, 22.

*__שָׁדַד__ pf. 3 pl. שָׁדְדוּ, suff. שַׁדּוּנִי; fut. יָשׁוּד (st. יָשֹׁד Ps. 91, 6), suff. יְשָׁדְדֵם—יְשָׁדֵּם; inf. שָׁדוֹד—שֹׁד; imp. pl. שָׁדְדוּ (Jer. 49, 28) *Gewalt üben, verderben, verwüsten, plündern, berauben* Jer. 5, 6. 47, 4. Ezech. 32, 12. Hos. 10, 14. Ps. 17, 9. Spr. 11, 3 (Kri). שֹׁדֵד pl. שֹׁדְדִים *Räuber* Jes. 21, 2. Jer. 12, 12. Obadj. 1, 5. Hiob 15, 21. שָׁדוּד *überwunden* Richt. 5, 27; *zerstört* Jes. 33, 1. Jer. 4, 30; dagegen שְׁדוּדָה Ps. 137, 8 *von Raub angefüllt*.

Nifal pf. 1 pl. נְשַׁדֹּנוּ *verwüstet sein* Micha 2, 4.

Piel *gewaltthätig behandeln* Spr. 19, 26; *räuberisch überfallen* Spr. 24, 15.

Poel fut. יְשֹׁדֵד *zerstören* Hos. 10, 2.

Pual pf. שֻׁדַּד, fem. שֻׁדְּדָה *verwüstet, beraubt werden* Jes. 15, 1. Jer. 4, 13; *vernichtet sein* Jer. 49, 10. Joel 1, 10. Nah. 3, 7.

Hofal fut. יוּשַׁד, 3 sg. f. תּוּשַׁד *verwüstet werden* Jes. 33, 1. Hos. 10, 14.

שִׁדָּה f. pl. שִׁדּוֹת *Gattin* Koh. 2, 8 (wo die Zusammenstellung des sing. mit dem plur. die Menge bezeichnen soll).

שַׁדַּי m. *der Allmächtige*, nur von Gott; häufig אֵל שַׁדַּי Gen. 17, 1. Ex. 6, 3. Num. 24, 4. Jes. 13, 6. Ezech. 1, 24. Joel 1, 15. Rut 1, 20 und besonders häufig im Buche Hiob.

שְׁדֵיאוּר (*der Allmächtige ist Licht*) n. pr. m. Num. 1, 5. 2, 10. 7, 30. 35. 10, 18.

שְׁדֵמָה f. pl. שְׁדֵמוֹת, cs. שַׁדְמוֹת *Feld, Gefilde* Deut. 32, 32. 2 Kön. 23, 4. Jes. 16, 8. 37, 27. Jer. 31, 40 (Kri). Hab. 3, 17.

שָׁדַף part. pass. pl. f. שְׁדוּפוֹת *versengen* Gen. 41, 6. 23. 27.

שְׁדֵפָה f. *Kornbrand* 2 Kön. 19, 26.

שִׁדָּפוֹן m. *Versengung* des Getreides, *Kornbrand* Deut. 28, 22. 1 Kön. 8, 37. Amos 4, 9. Hagg. 2, 17.

*__[שׁדר]__ aram. Itpael part. מִשְׁתַּדַּר *sich bemühen* Dan. 6, 15.

שַׁדְרַךְ n. pr. babylonischer Name des Chananja Dan. 1, 7.

שֹׁהַם m. 1) Name eines Edelsteins, *Beryll*. Gen. 2, 12. Ex. 25, 7. Hiob 28, 16. 2) n. pr. m. 1 Chr. 24, 27.

שׁוּ Hiob 15, 31 = שָׁוְא s. d.

שְׁוָא n. pr. s. שְׂרָיָה.

שָׁוְא m. 1) *Lüge, Falschheit* Ex. 20, 7. Ps. 12, 3. 41, 7; meist im genit., wo es adjectivisch zu übersetzen, *falsch, trügerisch* Ex. 23, 1. Deut. 5, 17. 2) *Nichtigkeit, Eitelkeit*, ebenfalls meist adjectivisch Ps. 31, 7. 127, 1. לַשָּׁוְא *vergeblich* Jer. 4, 30.

שׁוֹאָה f. cs. שֹׁאַת *Sturm, Unglück* Jes. 10, 3. 47, 11. Ps. 35, 8. 63, 10. Spr. 1, 26 (Kri). 3, 25; *Wüste, Oede* Zef. 1, 15. Hiob 30, 3.

*__שׁוּב__ pf. שָׁב, f. שָׁבָה—שָׁבַת, 2 sg. שַׁבְתָּ, 1 sg. שַׁבְתִּי (aber Ps. 23, 6 = וְיָשַׁבְתִּי); part. שָׁב; fut. יָשׁוּב—יָשֹׁב—יָשֵׁב; inf. abs. שׁוֹב (aber Jer. 42, 10 = יָשׁוֹב), cs. שׁוּב, suff. שׁוּבִי—שׁוּבְנִי; imp. שׁוּב—שֻׁב—שׁוּבָה, suff. שׁוּבֵנוּ, pl. f. שֹׁבְנָה *zurückkehren, umkehren* Jos. 2, 22. 23. Richt. 7, 3. Ezech. 47, 7; mit לְ des Ortes *wohin* Gen. 18, 33; meist mit אֶל des Ortes oder d. Pers., *zu* welcher man zurückkehrt Gen. 28, 21. Lev. 22, 13; mit עַל Jer. 11, 10; dichterisch ohne praep. Num. 10, 36. Ps. 85, 5; auch von leblosen Sachen, die an den früheren Ort oder Zustand *zurückgebracht werden* Gen. 43, 18; daher *wieder erscheinen* Lev. 13, 16; *wieder zu Theil werden* Ezech. 46, 17; *wieder werden* Ex. 4, 7 u. bloss *werden* Jes. 29, 17. 2) Insbesondere *zu Gott zurückkehren, sich bekehren* mit אֶל 2 Kön. 23, 25; oder mit עַד Deut. 4, 30. Jes. 9, 12; auch ohne praep. וְשָׁב וְרָפָא לוֹ *wenn er sich bekehrt, so wird ihm Heilung* Jes. 6, 10. Jer. 31, 19. שָׁבֶיהָ *ihre Bekehrten* Jes. 1, 27; andererseits heisst שׁוּב mit מִן oder מֵאַחֲרֵי *sich abwenden von ..., abtrünnig werden* Num. 14, 43. 1 Sam. 15, 11; überhaupt *ablassen* mit מִן 1 Kön. 13, 33. 2 Kön. 23, 26; u. ohne praep. לֹא שָׁב אַפּוֹ *sein Zorn hat nicht nachgelassen* Jes. 5, 25. Gen. 27, 45. Hiob 14, 13. שָׁבֵי פֶשַׁע

die von Sünde abgelassen haben Jes. 59, 20. שׁוּבֵי מִלְחָמָה *die vom Kriege Zurückkehrenden* Micha 2, 8. 3) durch Zusammenstellung mit einem anderen Verbum wird die Wiederholung der Handlung bezeichnet: וַיָּשֻׁבוּ וַיִּבְכּוּ *sie weinten wieder* Num. 11, 4. וְשָׁב וְקִבֶּצְךָ *er wird dich wieder sammeln* Deut. 30, 3. אָשׁוּב וְלָקַחְתִּי *ich werde wieder nehmen* Hos. 2, 11. שַׁבְתִּי וְרָאֹה *ich sah wieder* Koh. 9, 11. שָׁבִים לָלָכֶת *sie gehen wieder* Koh. 1, 7. 4) שׁוּב אֶת־שְׁבוּת *die Verbannten zurückführen* (vgl. שְׁבוּת), daher auch שָׁב אֶת־גְּאוֹן יַעֲקֹב *er stellt die Hoheit Jakob's wieder her* Nah. 2, 3.

Polel pf. 3 sg. f. suff. שׁוֹבְבָתְךָ; fut. יְשׁוֹבֵב; part. שׁוֹבֵב—מְשׁוֹבֵב (Micha 2, 4) *zurückführen* Jes. 49, 5. Jer. 50, 19. Ezech. 39, 27; *wiederherstellen* Jes. 58, 12; mit לְ Ps. 60, 3; mit Obj. נֶפֶשׁ *erquicken* Ps. 23, 3; *ableiten, irre leiten* Jes. 47, 10; part. *Abtrünniger, Fremder* Micha 2, 4 (vgl. שׁוֹבָב).

Polal pf. f. שׁוֹבְבָה *irre geleitet sein* Jer. 8, 5; part. f. מְשׁוֹבֶבֶת *zurückgebracht, gerettet* Ezech. 38, 8.

Hifil pf. הֵשִׁיב, suff. הֱשִׁיבוֹ, הֱשִׁיבְךָ, הֱשִׁיבָנִי, 2 sg. וַהֲשֵׁבֹתָ—הֲשִׁיבוֹתָ, suff. וַהֲשֵׁבֹתוֹ, 1 sg. suff. הוֹשְׁבוֹתִים—הֲשִׁיבֹתִים (Zach. 10, 6), 3 pl. הֵשִׁיבוּ, suff. הֱשִׁיבוּם, 2 pl. הֲשֵׁבֹתֶם—הֲשִׁיבֹתֶם, 1 pl. הֲשֵׁבֹנוּ; fut. יָשִׁיב—יָשֵׁב—וַיָּשֶׁב, suff. יְשִׁבֶנּוּ—יְשִׁיבֵהוּ, 3 pl. f. תְּשִׁבֶנָה; inf. abs. הָשֵׁב, cs. הָשִׁיב, suff הֲשִׁיבְנִי (Jer. 38, 26), הֲשִׁיבוֹ; imp. הָשֵׁב, ps. הָשֵׁב, suff. הֲשִׁיבֵנִי (Hiob 33, 5); part. מֵשִׁיב, f. cs. מְשִׁבַת, pl. מְשִׁיבִים, cs. מְשִׁיבֵי *zurückkommen lassen* Richt. 11, 9; *zurückführen, zurückbringen* Gen. 29, 3. 37, 22. 44, 8. 48, 21. Deut. 22, 2. 1 Sam. 6, 7. 1 Kön. 13, 29. 14, 28. Jer. 12, 15; *wiedereinsetzen* in ein Amt Gen. 40, 13; *versetzen* mit acc. des Ortes Hiob 30, 23; *wiederanlegen* ein Kleid Ex. 34, 35; *zurückgeben, erstatten* Gen. 20, 7. Jes. 42, 22. Hiob 20, 10; *vergelten* Gen. 50, 15. Richt. 9, 56. Ps. 79, 12. Spr. 17, 13; daher bei Schuldopfern u. dgl. (die als Ersatz betrachtet werden) *darbringen* Num. 5, 8. 1 Sam. 6, 8; auch beim Tribut 2 Kön. 17, 3. 2 Chr. 27, 5. הֵשִׁיב עַל oder עַל רֹאשׁ *über Jemand kommen lassen* Richt. 9, 57. 2 Sam. 16, 8. In verschiedenen Erweiterungen u. bildlichen Redensarten: mit Obj. דָּבָר u. accus. der Pers. *benachrichtigen, Bescheid bringen* Gen. 37, 14. Num. 13, 26. 22, 8. **2 Sam. 3, 11. 24, 13.** Spr. 22, 21; mit לְ d. Pers. Richt. 5, 29; dann auch ohne ein solches Obj. *antworten* Hiob 20, 2. 33, 5. 2 Chr. 10, 16; mit אֶל Est. 4, 13. מְשִׁיבֵי טָעַם *die eine kluge Antwort geben* Spr. 26, 16; mit Object נֶפֶשׁ *erquicken, stärken* Ps. 19, 8. Rut 4, 15. Klagel. 1, 16; aber לְהָשִׁיב נַפְשׁוֹ *sein Leben zu retten* Hiob 33, 30; mit dem Object יָד *die Hand zurückziehen* Gen. 38, 29. Jos. 8, 26. Ezech. 20, 22 u. folgd. מִן *ablassen von*... Klagel. 2, 3; dagegen mit עַל *die Hand* (strafend) *über ... ausstrecken* Amos 1, 8. Ps. 81, 15; *seine Macht ausdehnen* mit בְּ 2 Sam. 8, 3; *abwenden* Zorn (acc.) Num. 25, 11. Ps. 78, 38. Spr. 24, 18. 29, 8; mit מִן Ps. 85, 4; mit Obj. פָּנִים *sich wenden* Dan. 11, 18. הֵשִׁיב אֶל לֵב *sich zu Herzen nehmen* Deut. 4, 39. 1 Kön. 8, 47. Jes. 46, 8; *zurücknehmen* einen Befehl Est. 8, 5. 8; *hindern* Jes. 14, 27. 43, 13; *entgegentreten* Hiob 9, 12. 11, 10. 23, 13. — הֵשִׁיב אֶת־שְׁבוּת wie שָׁב אֶת־שְׁבוּת (s. oben Kal) Jer. 32, 44. 33, 7. 11. 26. Klagel. 2, 14.

Hofal pf. הוּשַׁב; fut. יוּשַׁב; part. מוּשָׁב, pl. מוּשָׁבִים *zurückgebracht werden* Gen. 42, 28. 43, 12. Ex. 10, 8. Jer. 27, 16; *dargebracht werden* Num. 5, 8 (תּוּשָׁב Jes. 44, 26 ist Hofal von יָשַׁב).

שׁוּבָאֵל n. pr. = שְׁבוּאֵל s. d.

שׁוֹבָב 1) adj. u. subst. pl. שׁוֹבָבִים *abtrünnig* Jes. 57, 17. Jer. 3, 14, 22. 2) n. pr. a) Sohn des David 2 Sam. 5, 14. 1 Chr. 3, 5. 14, 4. b) 1 Chr. 2, 18.

[שׁוֹבֵב] adj. f. שׁוֹבֵבָה *abtrünnig* Jer. 31, 22. 49, 4 (vgl. שׁוּב Polel u. Polal).

שׁוּבָה f. *Ruhe* Jes. 30, 15.

שׁוֹבַךְ n. pr. m. 2 Sam. 10, 16 = שׁוֹפַךְ 1 Chr. 19, 16.

שׁוֹבָל n. pr. choritischer Häuptling Gen. 36, 20. 1 Chr. 1, 38. 40.

שׁוֹבֵק n. pr. m. Neh. 10, 25.

שׁוֹד s. שֹׁד.

שׁוּד fut. יָשׁוּד s. שָׁדַד.

שָׁוָה* fut. אֶשְׁוֶה *gleichen* Jes. 40, 25; mit בְּ Spr. 3, 15. 8, 11; mit לְ Spr. 26, 4; *vergolten werden* Hiob 33, 27; *genügen* Est. 5, 13 mit לְ; *sich begnügen* mit בְּ Est. 7, 4; *dienlich sein* Est. 3, 8.

Piel pf. שִׁוָּה, 1 sg. שִׁוִּיתִי; fut. יְשַׁוֶּה 1) *setzen, stellen* (wie שׂוּם) Ps. 16, 8. 21, 6. Ps. 119, 30 (wo לְנֶגְדִּי zu ergänzen ist); *zu etwas machen* 2 Sam. 22, 34. Ps. 18, 34; *verschaffen* Hos. 10, 1. 2) *ebnen* Jes. 28, 25; *beschwichtigen* Ps. 131, 2.

Hifil fut. אַשְׁוֶה, 2 pl. תַּשְׁווּ *gleichstellen, vergleichen* Jes. 46, 5. Klagel. 2, 13.

Nitpaël נִשְׁתָּוָה *gleich sein* Spr. 27, 15.

שְׁוָה aram. part. pass. שְׁוֵי *gleich werden* Dan. 5, 21 Ktib.

Pael pf. 3 pl. שַׁוִּיו *gleich machen* Dan. 5, 21 Kri.

Itpael fut. יִשְׁתַּוֵּה *zu etwas gemacht werden* Dan. 3, 29.

שָׁוֵה nur im n. pr. עֵמֶק שָׁוֵה Name eines Thals in Palästina Gen. 14, 17 und in שָׁוֵה קִרְיָתַיִם s. קִרְיָתַיִם.

*שׁוּחַ pf. 3 sg. f. שָׁחָה; fut. תָּשׁוּחַ *sich beugen, sich neigen* Ps. 44, 26. Spr. 2, 18. Klagel. 3, 20.

Hitpolel fut. 2 sg. f. תִּשְׁתּוֹחֲחִי *sich beugen* Ps. 42, 6. 7. 12. 43, 5 (kann auch Hitpoel von שָׁחַח s. d. sein).

שׁוּחַ n. pr. Sohn der Ketura (arab. Stamm) Gen. 25, 2; n. gent. שׁוּחִי Hiob 2, 11.

שׁוּחָה 1) f. *Grube* Jer. 18, 20. 22 (Kri, wo Ktib שִׁיחָה) Spr. 22, 14. 23, 27; *Kluft, Schlucht* Jer. 2, 6. 2) n. pr. m. s. חוּשָׁה.

שׁוּחָם n. pr. = חֻשִׁים (s. d.); n. gent. שׁוּחָמִי Num. 26, 43.

*שׁוּט pf. pl. שָׁטוּ; part. pl. שָׁאטִים—שָׁטִים, f. שָׁאטוֹת; fut. pl. יְשֹׁטְטוּ; inf. שׁוּט—שׁוּט 1) *herumschweifen, herumgehen* Num. 11, 8. 2 Sam. 24, 2. 8. Hiob 1, 7. 2, 2. 2) *rudern* Ezech. 27, 8. 26. 3) *treten, zertreten*, als Zeichen der Verachtung Ezech. 16, 57. 28, 24. 26.

Polel fut. pl. יְשֹׁטְטוּ; part. מְשׁוֹטְטִים, f. מְשׁוֹטְטוֹת; imp. pl. שׁוֹטְטוּ *umherschweifen* Jer. 5, 1. Amos 8, 12. Zach. 4, 10. Dan. 12, 4. 2 Chr. 16, 9.

Hitpolel imp. f. pl. הִתְשׁוֹטַטְנָה *hin- und herlaufen* Jer. 49, 3.

שׁוֹט m. pl. שׁוֹטִים *Geissel, Peitsche* 1 Kön. 12, 11. 14. Nah. 3, 2. Spr. 26, 3; bildlich für *Unglück, Plage* Jes. 10, 26. 28, 15 (Kri). Hiob 9, 23. שׁוֹט לָשׁוֹן *Verleumdung* Hiob 5, 21.

[שׁוּל] pl. cs. שׁוּלֵי, suff. שׁוּלַיִךְ 1) *Saum* Ex. 28, 33. 35. 39, 24. 25, 26; *Schleppe* Jes. 6, 1. Klagel. 1, 9; das Aufdecken (חָשַׂף, גִּלָּה) der Schleppe ist ein Bild der Beschimpfung Jer. 13, 22. 26. Nah. 3, 5.

שׁוֹלָל adj. *gefangen* (n. A. *barfuss*) Micha 1, 8 (Kri). Hiob 12, 17. 19.

שׁוּלַמִּית n. pr. f. Hohel. 7, 1; wahrsch. n. gent. von einer Stadt שׁוּלֵם.

[שׁוּם] m. pl. שׁוּמִים *Knoblauch* Num. 11, 5.

שׁוּנִי n. pr. Sohn des Gad Gen. 46, 16. Num. 26, 15.

שׁוּנֵם n. pr. Ort in Isachar Jos. 19, 18. 1 Sam. 28, 4. 2 Kön. 4, 8; n. gent. f. שׁוּנַמִּית 1 Kön. 1, 3. 2, 17. 2 Kön. 4, 12 ff.

*[שָׁוַע] Piel pf. שִׁוַּעְתִּי; fut. תְּשַׁוַּע, ps. תְּשַׁוֵּעַ; inf. suff. בְּשַׁוְּעִי *um Hülfe rufen* Jes. 58, 9. Ps. 28, 2. 30, 3. Hiob 24, 12.

שׁוֹעַ m. 1) *Hülfsgeschrei* Jes. 22, 5. 2) *Edler, Vornehmer* Jes. 32, 5. Hiob 34, 19. 3) (n. E.) n. pr. eines Volkes Ezech. 23, 23.

שׁוּעַ m. suff. שׁוּעֲךָ 1) *Hülfsgeschrei* Hiob 30, 24. 2) *Reichthum* Hiob 36, 19. 3) n. pr. m. Gen. 38, 2. 12. — בַּת־שׁוּעַ s. בַּת־שֶׁבַע.

שֶׁוַע m. suff. שַׁוְעִי *Hülfsgeschrei* Ps. 5, 3.

שׁוּעָא n. pr. m. 1 Chr. 7, 32.

שַׁוְעָה f. cs. שַׁוְעַת, suff. שַׁוְעָתִי *Hülfsgeschrei* Ex. 2, 23. 1 Sam. 5, 12. Ps. 39, 13.

שׁוּעָל m. pl. שֻׁעָלִים—שׁוּעָלִים 1) *Fuchs, Schakal* Richt. 15, 4. Hohel. 2, 15. Neh. 3, 35; als Zeichen der Verödung Ezech. 13, 4. Ps. 63, 11. Klagel. 5, 18. 2) n. pr. a) m. 1 Chr. 7, 36. b) אֶרֶץ שׁוּעָל Landschaft in Benjamin 1 Sam. 13, 17 (vielleicht = אֶרֶץ שַׁעֲלִים 1 Sam. 9, 4). c) חֲצַר שׁוּעָל Ort in Simeon (Juda) Jos. 15, 28. 19, 3. Neh. 11, 27.

שֹׁעֵר—שׁוֹעֵר (part. eines denom. v. שַׁעַר) pl. שֹׁעֲרִים, cs. שֹׁעֲרֵי *Thorhüter* 2 Kön. 7, 10; *Wächter* 1 Chr. 15, 23. 2 Chr. 23, 4.

*שׁוּף fut. suff. תְּשׁוּפֶנּוּ ,יְשׁוּפְךָ ,יְשׁוּפֵנִי 1) *stechen, verwunden* Gen. 3, 15. 2) *umhüllen* Ps. 139, 11. Hiob 9, 17.

שׁוֹפָךְ n. pr. m. 1 Chr. 19, 16. 18 (vgl. שׁוֹבַךְ).

שׁוּפָמִי n. gent. v. שְׁפוּפָם (s. d.) Num. 26, 39.

שׁוֹפָן s. עַטְרֹת.

שֹׁפָר—שׁוֹפָר m. cs. שׁוֹפַר, pl. שׁוֹפָרוֹת, cs. שׁוֹפְרוֹת, suff. שׁוֹפְרֹתֵיהֶם *Horn, Posaune* Ex. 19, 16. Lev. 25, 9. Jos. 6, 4. Richt. 7, 8.

*[שׁוּק] Polel fut. 2 sg. suff. תְּשֹׁקְקֶהָ *reichlich tränken* Ps. 65, 10 (vgl. שָׁקַק).

Hifil pf. pl. הֵשִׁיקוּ *überströmen lassen* Joel 2, 24; ohne Obj. *überströmen* Joel 4, 13.

שׁוּק m. pl. שְׁוָקִים *Marktplatz, Strasse* Spr. 7, 8. Hohel. 3, 2. Koh. 12, 4. 5.

שׁוֹק f. dual. שֹׁקַיִם, cs. שׁוֹקֵי, suff. שׁוֹקָיו *Schenkel* Deut. 28, 35. Ps. 147, 10. Spr. 26, 7. Hohel. 5, 15; bei Thieren der *Hinterfuss, Keule* Ex. 29, 22. 1 Sam. 9, 24.

שׁוֹקֵק adj. f. שׁוֹקֵקָה *lechzend, verlangend* Jes. 29, 8. Ps. 107, 9.

שׁוֹר m. suff. שׁוֹרוֹ, pl. שְׁוָרִים *Ochse* Ex. 21, 28. Hos. 12, 12; zuweil. collect. (wofür sonst בָּקָר) Gen. 32, 6. 1 Sam. 22, 19; daher auch für *Kalb* Lev. 22, 27 u. für *Kuh* Ex. 34, 19. Num. 18, 17.

שׁוּר I pf. שָׁר u. s. w. s. שִׁיר.

*שׁוּר II fut. יָשׁוּר, suff. יְשׁוּרֶנּוּ ,יְשֻׁרֶנָּה, f. תְּשׁוּרִי; imp. שׁוּר 1) *sehen, blicken, schauen* (nur dichterisch) Num. 23, 9. Hiob 17, 15. 34, 29. 35, 5. Hohel. 4, 8; *auflauern* Jer. 5, 26. Hos. 13, 7. 2) *Geschenke machen* Jes. 57, 9.

שׁוּר m. 1) pl. suff. שׁוּרֹתָם *Mauer* Gen. 49, 22. 2 Sam. 22, 30. Ps. 18, 30. Hiob 24, 11. 2) pl. suff. שׁוּרָי *Feind* Ps. 92, 12. 3) n. pr. einer Wüstenstrecke, östl. v. Aegypten mit He שׁוּרָה Gen. 16, 7. 25, 18. Ex. 15, 22. 1 Sam. 15, 7. 27, 8.

שׁוּר aram. m. pl. emph. שׁוּרַיָּא—שׁוּרַיָּה *Mauer* Esra 4, 12. 13. 16.

שַׁוְשָׁא n. pr. s. שְׂרָיָה.

שׁוֹשַׁן m. pl. שׁוֹשַׁנִּים 1) *Lilie* Hohel. 2, 16. 5, 13; *lilienförmige Verzierung* 1 Kön. 7, 22. 26. 2) pl. musikalisches Instrument Ps. 45, 1. 69, 1. 80, 1.

שׁוּשַׁן m. ps. שׁוּשָׁן 1) *lilienförmige Verzierung* 1 Kön. 7, 19. 2) שׁוּשַׁן עֵדוּת Name eines Instruments oder einer Melodie Ps. 60, 1. 3) שׁוּשַׁן n. pr. *Susa*, (Winter-) Residenz der persischen Könige Est. 1, 2 ff. Dan. 8, 2. Neh. 1, 1.

שׁוֹשַׁנָּה f. cs. שׁוֹשַׁנַּת *Lilie* Hos. 14, 6. Hohel. 2, 1. 2; *lilienartige Verzierung* 2 Chr. 4, 5.

[שׁוּשַׁנְכָי] aram. pl. שׁוּשַׁנְכָיֵא n. gent. eines assyrischen Volkes Esra 4, 9.

שׁוּשַׁק Ktib 1 Kön. 14, 25 für Kri שִׁישַׁק s. d.

שׁוּת s. שִׁית.

שׁוּתֶלַח n. pr. Sohn des Efraim Num. 26, 35 (wo n. gent. שֻׁתַלְחִי). 1 Chr. 7, 20. 21.

[שֵׁיזִב] aram. Pael pf. שֵׁיזִב—שֵׁיזִב; fut. 3 sg. יְשֵׁיזִב, suff. יְשֵׁיזְבִנְכוֹן ,יְשֵׁיזְבִנָּךְ; inf. suff. שֵׁיזָבוּתָךְ; part. מְשֵׁיזִב *befreien, erretten* Dan. 3, 15. 17. 28. 6, 15. 17. 21. 28.

*שָׁזַף pf. 3 sg. f. suff. שְׁזָפַתְנִי ,שְׁזָפַתּוּ *erblicken* Hiob 20, 9. 28, 7; „*die Sonne hat mich angeblickt*, d. h. *geschwärzt* Hohel. 1, 6.

*[שָׁזַר] Hofal part. מָשְׁזָר *gezwirnt, zu Faden gedreht* Ex. 26, 1 ff.

שַׁח adj. *gebeugt, gesenkt* Hiob 22, 29 (vgl. שָׁחַח).

*שָׁחַד fut. 2 sg. f. תִּשְׁחֲדִי; imp. pl. שִׁחֲדוּ *schenken* Hiob 6, 22; *beschenken* Ezech. 16, 33.

שֹׁחַד m. *Geschenk, Bestechung* Ex. 23, 8. 1 Kön. 15, 19. Jes. 45, 13.

*שָׁחָה impf. f. שְׁחִי *sich niederbeugen* Jes. 51, 23.

Hifil fut. 3 sg. suff. יַשְׁחֶנָּה *niederbeugen* Spr. 12, 25.

Hitp. pf. הִשְׁתַּחֲוָה; 2 sg. הִשְׁתַּחֲוִיתָ, 1 sg. הִשְׁתַּחֲוֵיתִי; fut. יִשְׁתַּחֲוֶה—יִשְׁתַּחוּ, ps. יִשְׁתָּחוּ, 3 pl. יִשְׁתַּחֲווּ, f. הִשְׁתַּחֲוֶיןָ *sich bücken, sich niederwerfen* als Zeichen der Ehrfurcht oder Anbetung Gen. 33, 6. 2 Sam. 16, 4. Ezech. 46, 2; *vor* Jemd. meist mit לְ Gen. 23, 7. 49, 8. Deut. 4, 9; mit לִפְנֵי 2 Chr. 25, 14; verstärkt durch Zusätze wie אַרְצָה *bis zur Erde* Gen. 24, 52. אַפַּיִם *mit dem Gesichte* 1 Sam. 25, 41; oder לְאַפָּיו Num. 22, 31; oder עַל־אַפָּיו 2 Sam. 14, 33. [Die abnorme Form מִשְׁתַּחֲוִיתֶם Ezech. 8, 16 scheint = מִשְׁתַּחֲוִים zu sein.

שְׁחוּת m. *Beugung*, adv. *gebeugt* Jes. 60, 14.

שְׁחוֹר m. *Schwärze* Klagel. 4, 8.

[שְׁחוּת] f. suff. שְׁחוּתוֹ *Grube* Spr. 28, 10.

*שָׁחַח pf. שַׁח, 1 sg. שַׁחֹתִי, 3 pl. שָׁחֲחוּ—שַׁחוּ; fut. a) 3 sg. יָשֹׁחַ, f. תָּשֹׁחַ, 3 pl. יָשֹׁחוּ b) יִשַּׁח, f. תִּשַּׁח, 3 pl. יִשְּׁחוּ *sich niederbeugen* Ps. 10, 10. Hiob 38, 40; meist bildlich *gebeugt werden, niedergedrückt sein* (von Kummer u. dergl.) Jes. 2, 9. 11. 17. 5, 15. Hab. 3, 6. Ps. 35, 14. 38, 7. 107, 39. Spr. 14, 19. Hiob 9, 13. Klagel. 3, 20. Koh. 12, 4. מֵעָפָר תִּשַּׁח אִמְרָתֵךְ *aus dem Staube klingt kläglich deine Rede* Jes. 29, 4.

Hifil pf. הֵשַׁח niederbeugen Jes 25, 12. 26, 5. Hitpoel s. שִׂיחַ.

*שָׁחַט fut. יִשְׁחַט, suff. יִשְׁחָטֵהוּ; inf. שְׁחֹט— שַׁחֲטָה— (Hos. 5, 2), suff. שַׁחֲטָם; imp. pl. שַׁחֲטוּ schlachten Gen. 22, 10. Ex. 12, 21. Lev. 9, 8. 15. Ezech. 23, 39. שַׁחֲטָה שֵׂטִים הֶעְמִיקוּ durch Schlachten (von Menschenopfern) haben sie den Abfall weit getrieben Hos. 5, 2; auch tödten (Menschen) Num. 14, 16. Richt. 12, 6. 1 Kön. 18, 40. חֵץ שָׁחוּט ein tödtlicher Pfeil Jer. 9, 7 Kri (wo Ktib שׁוֹחֵט). זָהָב שָׁחוּט getriebenes Gold 1 Kön. 10, 16. 17. 2 Chr. 9, 15. 16.

שְׁחִיטָה f. cs. שְׁחִיטַת das Schlachten 2 Chr. 30, 17.

שְׁחִין m. Entzündung, Geschwür Ex. 9, 10. Deut. 28, 27. 2 Kön. 20, 7. Hiob 2, 7; Aussatz Lev. 13, 19. 20.

שָׁחִיס m. = סָחִישׁ s. d.

שְׂחִיף m. cs. שְׂחִיף dünnes Brett Ezech. 41, 16.

[שְׁחִית] f. pl. suff. שְׁחִיתוֹתָם Fallgrube Ps. 107, 20. Klagel. 4, 20.

שְׁחִית aram. (part. II v. שְׁחַת), f. שְׁחִיתָה verderbt, falsch Dan. 2, 9. 6, 5.

שַׁחַל m. ps. שָׁחַל Löwe Hos. 5, 14. 13, 7. Ps. 91, 13. Spr. 26, 13. Hiob 4, 10. 10, 16. 28, 8.

שְׁחֵלֶת f. Onyx, Räucherklaue Ex. 30, 34.

שַׁחַף m. ps. שָׁחַף einer der verbotenen Vögel, n. E. Seemöve Lev. 11, 16. Deut. 14, 15.

שַׁחֶפֶת f. Auszehrung, Schwindsucht Lev. 26, 16. Deut. 28, 22.

שַׁחַץ Grösse, Stärke. בְּנֵי שַׁחַץ mächtige Thiere Hiob 28, 8. 41, 26.

שַׁחֲצִים—שַׁחֲצוּם n. pr. Ort in Isachar Jos. 19, 22.

*שָׁחַק fut. 1 sg. suff. אֶשְׁחָקֵם zerreiben, zermalmen Ex. 30, 36. 2 Sam. 22, 43. Ps. 18, 43. Hiob 14, 19.

שַׁחַק m. 1) Staub Jes. 40, 15. 2) Wolke, Höhe Ps. 89, 7. 38; besonders im pl. שְׁחָקִים, dichterisch = עָבִים Deut. 33, 26. Ps. 18, 12. 78, 23.

*שָׁחַר I. schwarz werden Hiob 30, 30.

*שָׁחַר II part. שֹׁחֵר suchen, streben nach... mit acc. Spr. 11, 27.

Piel pf. 3 sg. suff. שִׁחֲרוֹ, 1 sg. suff. שִׁחַרְתַּנִי; fut. יְשַׁחֵר, 3 pl. suff. יְשַׁחֲרֻנְנִי suchen, aufsuchen, meist dichterisch (statt בִּקֵּשׁ oder דָּרַשׁ) mit ל Hiob 24, 5; mit אֶל Hiob 8, 5; meist aber mit acc. Jes. 26, 9. Hos. 5, 15. Ps. 78, 34. Spr. 1, 28; mit dopp. acc. Jemd. mit etwas heimsuchen Spr. 13, 24.

שַׁחַר m. ps. שָׁחַר, suff. שַׁחְרָה 1) Frühlicht, Morgenroth Gen. 19, 15. 32, 27. בֶּן שַׁחַר Morgenstern Jes. 14, 12 (vgl. אַיֶּלֶת). אֲשֶׁר אֵין לוֹ שָׁחַר für das kein Heil ist Jes. 8, 20; wiedereintretendes Glück Jes. 47, 11. 2) Schwärze, Dunkelheit Joel 2, 2. צֶרֶת הַשַּׁחַר n. pr. Ort in Ruben Jos. 13, 19.

שְׁחֹר s. שִׁיחוֹר.

שָׁחֹר adj. f. שְׁחוֹרָה, pl. שְׁחֹרִים, f. שְׁחֹרוֹת schwarz Lev. 13, 31. Zach. 6, 2. Hohel. 1, 5. 5, 11.

שַׁחֲרוּת f. Frühlicht, bildlich für Jugend Koh. 11, 10.

[שְׁחַרְחֹר] adj. fem. שְׁחַרְחֹרֶת schwärzlich Hohel. 1, 6.

שְׁחַרְיָה n. pr. m. 1 Chr. 8, 26.

שַׁחֲרַיִם n. pr. m. 1 Chr. 8, 8.

*[שָׁחַת] Nifal pf. נִשְׁחַת, part. pl. f. נִשְׁחָתוֹת; fut. 3 pl. תִּשָּׁחֵת verderbt, unbrauchbar werden Jer. 13, 7. 18, 4; verheert werden Ex. 8, 20; sittlich verderbt werden Gen. 6, 11. 12. Ezech. 20, 44.

Piel pf. שִׁחֵת, suff. שִׁחֲתָהּ, 2 sg. שִׁחַתָּ, 2 pl. שִׁחַתֶּם; inf. שַׁחֵת, suff. שַׁחֶתְכֶם, שַׁחֲתָם; imp. pl. ps. שַׁחֵתוּ verderben, vernichten, zu Grunde richten mit accus. Gen. 6, 17. 13, 10. 19, 13. Ex. 21, 26. Jes. 14, 20. Ezech. 5, 16. 20, 17. Mal. 2, 8; mit ל Num. 32, 15. 1 Sam. 23, 10; mit Auslassg. des Obj. זֶרַע Gen. 38, 9; mit Auslassung eines Obj. wie דַּרְכּוֹ verderblich handeln Ex. 32, 7. Deut. 9, 12.

Hifil pf. 1 sg. הִשְׁחַתִּי, 2 pl. הִשְׁחַתֶּם; fut. יַשְׁחֵת—יַשְׁחִית; inf. abs. הַשְׁחֵת, cs. הַשְׁחִית 1) verderben, zu Grunde richten Gen. 19, 14. Ps. 78, 38. Spr. 11, 9; verheeren Jer. 51, 11; ein Zerstörungswerk beginnen 2 Sam. 20, 15; tödten Gen. 6, 13. Richt. 20, 21. 1 Sam. 26, 9. Jes. 51, 13; abschneiden Lev. 19, 27; umhauen Deut. 20, 19. 20. עַד לְהַשְׁחִית bis es arg wurde 2 Chr. 26, 16. מַלְאַךְ הַמַּשְׁחִית der Verderber, Würgeengel 1 Chr. 21, 15 (vgl. מַשְׁחִית). 2) in sittlicher Beziehung mit dem Obj. דַּרְכּוֹ Gen. 6, 12 oder עֲלִילוֹתָם Zef. 3, 7 seinen Weg, seine Handlungen verder-

ben; auch ohne ein solches Obj. *entarten* Deut. 4, 25. 31, 29. Richt. 2, 19.

Hofal part. מָשְׁחָת *verderbt* Spr. 25, 26; subst. *Verderbtes, Unbrauchbares* Mal. 1, 14 (vgl. מָשְׁחַת).

שַׁחַת f. ps. שָׁחַת, suff. שַׁחְתָּם *Grube, Fanggrube* Ezech. 19, 4. 8. Ps. 7, 16. 9, 16. 35, 7; *Gruft, Grab* Jona 2, 7. Ps. 16, 10. 94, 13. Hiob 33, 24. 30; *Tod* Ps. 55, 24. 103, 4.

שִׁטָּה f. pl. שִׁטִּים *Akazie* Ex. 25, 5. Jes. 41, 19. — בֵּית הַשִּׁטָּה n. pr. Ort in Manasse Richt. 7, 22. — הַשִּׁטִּים n. pr. Ort auf der Ostseite des todten Meeres Num. 25, 1. Micha 6, 5; vollständig אָבֵל הַשִּׁטִּים s. d.

*__שָׁטַח__ fut. תִּשְׁטַח *ausbreiten, hinbreiten* Num. 11, 32. 2 Sam. 17, 19. Jer. 8, 2; *weiten Raum gewähren* Hiob 12, 23.

Piel pf. שִׁטַּחְתִּי *ausbreiten* Ps. 88, 10.

שֹׁטֵט m. *Dorn, Stachel* Jos. 23, 13.

*__שָׁטַף__ pf. 3 sg. f. suff. שְׁטָפַתְנִי; fut. יִשְׁטוֹף 1) *einherfluthen, einherstürmen* Jes. 30, 28. 66, 12; bildl. gebraucht man es von der Plage, die ein Land *heimsucht* Jes. 28, 15. 18; vom Rosse, das in den Kampf *stürzt* Jer. 8, 6; 2) trans. *überfluthen, hinwegreissen* Jes. 43, 2. Ps. 69, 3. 124, 4. Hiob 14, 19. Hohel. 8, 7. 3) *abspülen, abwaschen* Lev. 15, 11. 1 Kön. 22, 38. Ezech. 16, 9.

Nifal fut. pl. יִשָּׁטְפוּ *hinweggerissen werden* Dan. 11, 22.

Pual שֻׁטַּף *abgespült werden* Lev. 6, 21.

שֶׁטֶף—שֵׁטֶף m. *überströmende Fluth*, von Regengüssen Hiob 38, 25; bildlich vom Zorn Spr. 27, 4; vom Unglück Ps. 32, 6; vom Kriege Nah. 1, 8. Dan. 9, 26. 11, 22.

שֹׁטֵר m. pl. שֹׁטְרִים, cs. שֹׁטְרֵי, suff. שֹׁטְרָיו, שֹׁטְרֵיהֶם *Vorgesetzter, Beamter* Ex. 5, 6. 10. Deut. 1, 15. 16, 18. Jos. 23, 2. Spr. 6, 7. 1 Chr. 27, 1.

[**שְׁטַר** Dan. 7, 5 richtiger שְׂטַר s. d.].

שִׁטְרַי n. pr. s. שִׁרְטַי.

שַׁי m. *Geschenk, Tribut* Jes. 18, 7. Ps. 68, 30. 76, 12.

שְׁיָא n. pr. s. שְׂרָיָה.

שִׁיאֹן n. pr. Stadt in Isachar Jos. 19, 19.

שִׁיבָה f. cs. שִׁיבַת, suff. שִׁיבָתוֹ 1) (verkürzt aus יְשִׁיבָה) *das Verweilen* 2 Sam. 19, 33. 2) *die Rückkehrenden* (=שְׁבוּת s. d.) Ps. 126, 1.

שִׁיזָא n. pr. m. 1 Chr. 11, 42.

שֵׁיזַב s. שֵׁזַב.

שִׁיחָה f. pl. שִׁיחוֹת *Fanggrube* Jer. 18, 22. (Ktib). Ps. 57, 7. 119, 85.

שִׁחֹר—שִׁחוֹר—שִׁיחוֹר n. pr. *Nil* Jos. 13, 3. Jes. 23, 3. Jer. 2, 18. 1 Chr. 13, 5.

שִׁיחוֹר לִבְנָת n. pr. eines Baches in Ascher Jos. 19, 26.

שַׁיִט m. 1) *Ruder* Jes. 33, 21. 2) Ktib für das Kri שׁוֹט (s. d.) Jes. 28, 15.

שִׁילוֹ—שִׁלוֹ—שִׁלֹה—שִׁילֹה n. pr. Stadt in Efraim, woselbst sich die Stiftshütte von Josua bis Samuel befand (Gen. 49, 10.) Jos. 18, 1. Richt. 18, 31. 1 Sam. 1, 3. Jer. 7, 12. 41, 5. Ps. 78, 60; n. gent. שִׁילֹנִי 1 Kön. 11, 29. שִׁלֹנִי Neh. 11, 5 (vgl. שֵׁלָה).

שִׁילֹחַ s. שִׁלֹחַ.

שִׁילֹנִי s. שִׁילֹה.

שֵׁילָל Micha 1, 8 Ktib für Kri שׁוֹלָל s. d.

שִׁימוֹן n. pr. m. 1 Chr. 4, 20.

[**שַׁיִן**] m. pl. suff. שֵׁינֵיהֶם *Urin* 2 Kön. 18, 27. Jes. 36, 12, beidemal Ktib, wofür Kri: מֵימֵי רַגְלֵיהֶם.

שֵׁיצִא aram. s. שְׁצָא.

שִׁיר pf. שָׁר; fut. יָשִׁיר—יָשֵׁר, f. וַתָּשַׁר; inf. שִׁיר; imp. pl. שִׁירוּ *singen*, mit acc. des Liedes Ex. 15, 1. Jes. 5, 1. Richt. 5, 1. Ps. 106, 12; selten mit ב Ps. 138, 5. Spr. 25, 20; meistens *lobsingen* mit Dat. der Person (Gott), der man ein Loblied singt Ex. 15, 1; part. pl. שָׁרִים, fem. שָׁרוֹת *Sänger, Sängerinnen* 2 Sam. 19, 36. Ezech. 40, 44. Ps. 87, 7. Koh. 2, 8. 2 Chr. 9, 11. 35, 25.

Polel fut. יְשׁוֹרֵר; part. מְשׁוֹרֵר, pl. מְשֹׁרְרִים, f. מְשֹׁרְרוֹת *singen* Zef. 2, 14. 2 Chr. 29, 28; part. meist subst. *Sänger, Sängerin* Esra 2, 41. 65. 1 Chr. 15, 19.

Hofal fut. יוּשַׁר *gesungen werden* Jes. 26, 1.

שִׁיר m. suff. שִׁירִי, שִׁירוֹ—שִׁירָה, pl. שִׁירִים—שָׁרִים, suff. שִׁירֵיכֶם, שִׁירֶיךָ *Lied, Gesang* Gen. 31, 27. Richt. 5, 12. Amos 5, 23. 8, 10; collect. *Lieder* 1 Kön. 5, 12. Ps. 28, 7. 137, 3. שִׁיר הַשִּׁירִים *das vorzüglichste Lied* Hohel. 1, 1. כְּלֵי שִׁיר *musikalische Instrumente* Amos 6, 5. 2 Chr. 5, 13. בְּנוֹת שִׁיר *Töchter des Gesanges* d. h. *Vögel* Koh. 12, 4.

שִׁירָה f. cs. שִׁירַת, pl. שִׁירוֹת *Lied* Ex. 15, 1. Jes. 5, 1. Amos 8, 3.

שַׁיִשׁ m. *weisser Marmor* 1 Chr. 29, 2 (vgl. שֵׁשׁ).

שִׁישָׁא n. pr. s. שְׂרָיָה.

שִׁישַׁק n. pr. (*Sesonchis*) König von Aegypten zur Zeit des Salomo und des Rehabeam 1 Kön. 11, 40. 14, 25 (wo Ktib שׁוּשַׁק). 2 Chr. 12, 2 ff.

***שִׁית** pf. שָׁת, suff. שָׁתָם, f. שָׁתָה, 2 sg. שַׁתָּה—שָׁתָּ, suff. שַׁתַּנִי, 1 sg. שַׁתִּי, suff. שַׁתִּיהָ, 3 pl. שָׁתוּ—שָׁתוּ; fut. יָשֶׁת—יָשֵׁת—יָשִׁית; 2 sg. תָּשִׁית, suff. תְּשִׁיתֵמוֹ, תְּשִׁיתֵהוּ; inf. abs. שֹׁת, cs. שִׁית, suff. שִׁיתִי; imp. שִׁית, suff. שִׁיתֵמוֹ, f. שִׁיתִי—שִׁתִי, pl. שִׁיתוּ *setzen, stellen, legen* (wie שׂוּם, aber meist in dichterischer Sprache) Gen. 46, 4. Ex. 23, 31. Ps. 8, 7. 21, 4. Hiob 22, 24. 38, 36; *versetzen, an einen Ort bringen* Gen. 30, 40. Ps. 73, 9. 88, 7; *einsetzen* (in eine Würde), *über etwas setzen* Gen. 41, 33; *anlegen* Ex. 33, 4; *auflegen* Ex. 21, 22; *gewähren* Gen. 4, 25; *bestimmen für* mit לְ Hos. 6, 11. 2) mit Obj. פָּנִים *sich wenden* Num. 24, 1; auch ohne dies Obj. Jes. 22, 7; mit Obj. לֵב *auf etwas achten* Ex. 7, 23. 1 Sam. 4, 20. Jer. 31, 21. Ps. 48, 14. Spr. 27, 23; mit יָד u. עִם *sich verbünden mit...* Ex. 23, 1; mit יָד u. עַל *eine Entscheidung treffen* Hiob 9, 33. 3) *zu etwas machen* mit dopp. accus. 1 Kön. 11, 34. Jes. 5, 6. Jer. 22, 6. Ps. 21, 7. 88, 9. 110, 1; der eine acc. auch mit כְּ Jes. 16, 3. Hos. 2, 5. Ps. 83, 12. 14; mit acc. und לְ Ps. 45, 17.

Hofal fut. יוּשַׁת *auferlegt werden* Ex. 21, 30.

שַׁיִת m. suff. שִׁיתוֹ *Dorngesträuch* Jes. 5, 6. 7, 23. 10, 17. 27, 4.

שִׁית m. *Gewand* Ps. 73, 6; bildlich für: *Benehmen* Spr. 7, 10.

שַׁךְ m. *das Niederkauern* Jer. 5, 26.

***שָׁכַב** fut. יִשְׁכַּב, suff. יִשְׁכָּבֶנָּה; inf. שְׁכַב, suff. שִׁכְבְּךָ; imp. שִׁכְבָה—שְׁכַב; fem. שִׁכְבִי *sich hinstrecken, hinlegen* Num. 24, 9. Deut. 6, 7. 1 Sam. 3, 5; *liegen* 1 Sam. 26, 5; *schlafen* Deut. 24, 13. Spr. 3, 24; mit עִם *bei Jemand. liegen*, von der geschlechtlichen Vermischung Gen. 39, 7. Deut. 22, 22; wofür auch (*beschlafen*) die weibliche Person im acc. Gen. 26, 10. 34, 2. Deut. 28, 30; *ruhen* Hiob 30, 17. Koh. 2, 23. שָׁכַב עִם אֲבוֹתָיו *sich zu seinen Vätern legen = sterben* 1 Kön. 1, 21. 11, 21; dafür auch שָׁכַב אֶת־אֲבוֹתָיו 2 Sam. 7, 12 oder bloss שָׁכַב *sterben, todt sein* Jes. 14, 8. Hiob 14, 12.

Nifal fut. 3 pl. f. תִּשָּׁכַבְנָה *beschlafen werden* Jes. 13, 16 Zach. 14, 2 Kri (vgl. שָׁגַל).

Pual pf. 2 sg. f. שֻׁכַּבְתְּ *beschlafen werden* Jer. 3, 2 (Kri).

Hifil fut. יַשְׁכִּיב; inf. abs. הַשְׁכֵּב *ruhen lassen* Hos. 2, 20; *hinlegen* 1 Kön. 3, 20, 17, 19; *niederstrecken* 2 Sam. 8, 2; *entleeren* (Wolken) Hiob 38, 37.

Hofal pf. הָשְׁכַּב; imp. הָשְׁכְּבָה; part. מֻשְׁכָּב *hingelegt werden, hingestreckt sein* 2 Kön. 4, 32. Ezech. 32, 19. 32.

[שְׁכָבָה] f. cs. שִׁכְבַת *der Erguss*, z. B. des Samens Lev. 15, 16. 22, 4; des Thaues Ex. 16, 13. 14.

[שְׁכֹבֶת] f. suff. שְׁכָבְתּוֹ, שְׁכָבְתְּךָ *Erguss des Samens* Lev. 18, 20. 23. Num. 5, 20.

[שָׁכָה] Hifil part. pl. מַשְׁכִּים *herumschweifend* (n. A. *brünstig, geil*) Jer. 5, 8.

שְׁכוֹל m. *Kinderlosigkeit*, bildlich für *Entvölkerung* Jes. 47, 8. 9; *Einsamkeit* Ps. 35, 12.

שַׁכּוּל adj. f. שַׁכֻּלָה, pl. שַׁכֻּלוֹת *kinderlos* (*ohne Junge*) Hohel. 4, 2. 6, 6; *der Kinder* (*Jungen*) *beraubt* 2 Sam. 17, 8. Jer. 18, 21. Hos. 13, 8. Spr. 17, 12.

שִׁכּוֹר adj. u. subst. f. שִׁכֹּרָה, pl. שִׁכּוֹרִים, cs. שִׁכּוֹרֵי *trunken, berauscht* 1 Sam. 1, 13. 25, 36. Jes. 19, 14. 28, 1. Joel 1, 5.

***שָׁכֵחַ—שָׁכַח** pf. 3 sg. f. ps. שָׁכֵחָה, 3 pl. suff. שְׁכֵחוּנִי, שְׁכֵחוּךָ; fut. יִשְׁכַּח, suff. יִשְׁכָּחֵהוּ; imp. f. שִׁכְחִי *vergessen* Gen. 40, 23. Deut. 4, 31. Jer. 2, 32. 30, 14. Ps. 45, 11. Spr. 2, 17; *nicht beachten* Ps. 74, 23. Hiob 24, 20. תִּשְׁכַּח יְמִינִי *meine rechte Hand vergesse* (meiner) d. h. *versage ihren Dienst, erlahme* Ps. 137, 5.

Nifal pf. נִשְׁכַּח; part. f. נִשְׁכַּחַת—נִשְׁכָּחָה; fut. תִּשָּׁכַח, ps. תִּשָּׁכֵחַ *vergessen werden* Gen. 41, 30. Deut. 31, 21. Jes. 23, 15. 16. Jer. 20, 11.

Piel pf. שִׁכַּח *vergessen lassen* Klagel. 2, 6.

Hifil inf. הַשְׁכִּיחַ *vergessen machen* Jer. 23, 27.

Hitp. fut. יִשְׁתַּכְּחוּ *vergessen werden* Koh. 8, 10.

***[שְׁכַח]** aram. Hafel pf. 1 sg. הַשְׁכַּחַת, 3 pl. הַשְׁכַּחוּ, 1 pl. הַשְׁכַּחְנָא; fut. 2 sg. m. תְהַשְׁכַּח, 1 pl. נְהַשְׁכַּח; inf. הַשְׁכָּחָה *finden* Dan. 2, 25. 6, 5. 6. Esra 4, 15. 19.

Itpeel pf. הִשְׁתְּכַח, 3 sg. f. הִשְׁתְּכַחַת, 2 sg. f. הִשְׁתְּכַחַתְּ *gefunden, befunden werden* Dan. 2, 35. 5, 11. 27. Esra 6, 2.

[שָׁכֵחַ] adj. pl. שְׁכֵחִים, cs. שִׁכְחֵי *vergessend* Jes. 65, 11. Ps. 9, 18.

שְׁכַיָה n. pr. m. 1 Chr. 8, 10.

שָׁכַךְ* pf. 3 sg. f. ps. שָׁכָכָה; fut. 3 pl. יָשֹׁכּוּ; inf. שֹׁךְ *sich beruhigen* Est. 2, 1. 7, 10; *sich legen, sich verlaufen* Gen. 8, 1.

Hifil pf. 1 sg. וַהֲשִׁכֹּתִי *zur Ruhe bringen, beschwichtigen* Num. 17, 20.

שָׁכֹל* pf. 1 sg. שָׁכֹלְתִּי, ps. שָׁכָלְתִּי; fut. 2 sg. תִּשְׁכָּל, 1 sg. אֶשְׁכַּל *Kinder verlieren, kinderlos werden*; part. II f. שְׁכוּלָה *kinderlos* Gen. 27, 45. 43, 14. 1 Sam. 15, 33. Jes. 49, 21.

Piel 3 sg. f. שִׁכְּלָה, suff. ps. שִׁכֵּלָתְהָ (שִׁכְּלָה אֹתָהּ), 3 pl. ps. שִׁכֵּלוּ; fut. 3 sg. f. תְּשַׁכֵּל; part. f. ps. מְשַׁכֵּלָה 1) *todte Junge zur Welt bringen* Gen. 31, 38. Ex. 23, 26. Hiob 21, 10: *unreife Früchte bringen* Mal. 3, 11. 2) *der Kinder berauben, kinderlos machen* Gen. 42, 36. Lev. 26, 22. 1 Sam. 15, 33. Jer. 15, 7. Ezech. 5, 17. 14, 15. Hos. 9, 12; überhaupt: *tödten, morden* Deut. 32, 25. Klagel. 1, 20; *Tod bringen* 2 Kön. 2, 19. 21. Ezech. 36, 12 ff.

Hifil part. מַשְׁכִּיל *todte Kinder gebären* Hos. 9, 14; *morden* Jer. 50, 9.

שַׁכֹּל s. שִׁכּוּל.

שִׁכֻּלִים pl. m. suff. שִׁכֻּלַיִךְ *Kinderlosigkeit* Jes. 49, 20.

שַׁכְלֵל aram. s. כְּלַל.

[שָׁכַם]* Hifil הִשְׁכִּים; fut. וַיַּשְׁכֵּם; inf. abs. אַשְׁכֵּים—הַשְׁכִּים—הַשְׁכֵּם *früh aufstehen* Gen. 19, 2. 2 Sam. 15, 2; häufig mit dem Zusatz בַּבֹּקֶר Gen. 19, 27. Ex. 8, 16; *sich früh irgendwohin* (ל) *begeben* Hohel. 7, 13; oft adverbial. מַשְׁכִּימֵי קוּם *die sich früh erheben* Ps. 127, 2. הַשְׁכֵּם וְשָׁלֹחַ *jeden Morgen schicken* Jer. 26, 5. 2 Chr. 36, 15; ebenso Jer. 7, 13. 11, 7. 25, 3. 32, 33. Zef. 3, 7. הַשְׁכֵּם וְהַעֲרֵב *früh und spät* 1 Sam. 17, 16. מַשְׁכִּים adverb. *früh morgens* Hos. 6, 4. 13, 3 (מַשְׁכִּים Jer. 5, 8 s. שָׁכָה).

שְׁכֶם m. ps. שֶׁכֶם, suff. שִׁכְמִי, שִׁכְמָה—שְׁכֶמָה 1) *Schulter, Rücken* (der Theil, wo man Lasten zu tragen pflegt) Gen. 9, 23. 21, 14. 49, 15. 1 Sam. 9, 2. Jes. 10, 27. Hiob 31, 22; daher שְׁכֶם אֶחָד *mit einem Dienst, einmüthig* Zef. 3, 9. מַטֵּה שִׁכְמוֹ *der Stab, der seinen Rücken schlägt* Jes. 9, 3. הֲשִׁיתֵמוֹ שֶׁכֶם (so viel wie תִּתְּנֵם עֹרֶף) *du machst, dass sie den Rücken wenden* (fliehen) Ps. 21, 13. 2) *Landrücken, Landstrich* Gen. 48, 22. 3) n. pr. m. Gen. 33, 19. 34, 2 ff. (Richt. 9, 28). 4) n. pr mit He loc. שְׁכֶמָה—שִׁכְמָה (Hos. 6, 9) *Sichem,* Leviten- und Freistadt in Efraim Gen. 12, 6. 33, 18. Jos. 20, 7. 21, 21. Richt 9, 1. 1 Kön. 12, 1. Jer. 41, 5; später *Neapolis*, jetzt *Nablus.*

שֶׁכֶם n. pr. m. Num. 26, 31 (wo n. gent. שִׁכְמִי). Jos. 17, 2. 1 Chr. 7, 19.

שִׁכְמָה s. שְׁכֶם.

שָׁכַן—שָׁכֵן* (ps.), part. cs. שֹׁכְנֵי; fut. יִשְׁכֹּן—יִשְׁכָּן, 3 pl. f. תִּשְׁכֹּנָּה; inf. שְׁכֹן (בְּשָׁכְנוֹ), suff. שָׁכְנִי; imp. שְׁכָן—שְׁכֹן, pl. שִׁכְנוּ *sich lagern, sich niederlassen* Ex. 40, 35. Deut. 33, 12; *wohnen* Gen. 26, 2. 35, 22; meist mit folgd. בְּ, zuweilen mit acc. *bewohnen* Ps. 68, 7; gewöhnl. mit der Nebenbedeutung der Ruhe, des Glückes Num. 24, 2. Richt. 5, 17. Ps. 37, 3. 27; daher auch ohne Obj. *weilen, dauern* Jes. 13, 20. Ps. 102, 29; auch sonst *weilen, sich aufhalten* mit pleon. pron. Ps. 120, 6. Man sagt von Gott, er *wohne* an einem Orte, um den heiligen Charakter des Ortes zu bezeichnen Ex. 29, 46. Deut. 33, 16. Joel 4, 21. Ps. 135, 21; part. *Bewohner* Jes. 18, 3; eben so part. II הַשְּׁכוּנֵי Richt. 8, 11. שֹׁכְנֵי בָתֵּי־חֹמֶר *Bewohner von Lehmhäusern*, d. h. *Sterbliche* Hiob 4, 19. שֹׁכְנֵי עָפָר *Todte* Jes. 26, 19.

Piel pf. שִׁכֵּן; fut. אֲשַׁכְּנָה *wohnen lassen, einen Wohnsitz geben* Num. 14, 30. Jer. 7, 3; 7; vom heiligen Zelt Ps. 78, 60; vom Namen Gottes, *der an heiligem Orte weilt* Deut. 12, 11. Neh. 1, 9.

Hifil fut. יַשְׁכֵּן *lagern, wohnen lassen* Gen. 3, 24. Ezech. 32, 4. Ps. 78, 55. Hiob 11, 14; *hinstellen* Jos. 18, 1; *niederwerfen* Ps. 7, 6.

שְׁכַן aram. fut. 3 pl. f. יִשְׁכְּנָן *wohnen, weilen* Dan. 4, 18.

Pael pf. שַׁכִּן *wohnen lassen* Esra 6, 12.

שָׁכֵן m. cs. שְׁכַן, suff. שְׁכֵנוֹ; pl. suff. שְׁכֵנַי *Nachbar* Ex. 12, 4. Deut. 1, 7. Hos. 10, 5. Ps. 31, 12. Spr. 27, 10.

שֵׁכֶן m. suff. שִׁכְנוֹ *Wohnung* Deut. 12, 5.

[שְׁכֵנָה] f. suff. שְׁכֶנְתָּהּ; pl. שְׁכֵנוֹת *Nachbarin* Ex. 3, 22. Rut 4, 17.

שְׁכַנְיָהוּ—שְׁכַנְיָה (*Gott weilt* [bei ihm]) n. pr. m.

Esra 3, 3. — 5. — 10, 2. — Neh 3, 29. — 6, 18. — 12, 3. — 1 Chr. 3, 21. — 2 Chr. 31, 15 (vgl. שְׁבַנְיָה).

שָׁכַר* fut. ps. יִשְׁכָּר, 3 pl. ps. יִשְׁכָּרוּן; inf. שָׁכְרָה; imp. pl. שִׁכְרוּ *sich berauschen, trunken sein* Gen. 9, 21. 43, 34. Hag. 1, 6. Hohel. 5, 1; bildl. von der *Bewusstlosigkeit* in Folge von Leiden Nah. 3, 11. Klagel. 4, 21; daher שְׁכֻרַת וְלֹא מִיָּיִן *Trunkene, aber nicht vom Wein* (sondern von Leiden) Jes. 51, 21; ähnlich Jes. 29, 9.

Piel inf. שַׁכֵּר *trunken machen* 2 Sam. 11, 13; bildlich (wie Kal) Jes. 63, 6. Jer. 51, 7. Hab. 2, 15.

Hifil fut. אַשְׁכִּיר *trunken machen* nur bildlich, wie Kal Jer. 48, 26. 51, 57; die *Pfeile vom Blut*, d. h. *tief in's Blut tauchen* Deut. 32, 42.

Hitp. fut. 2 sg. f. תִּשְׁתַּכָּרִין *trunken sein* 1 Sam. 1, 14.

שֵׁכָר m. *berauschendes, starkes Getränk* Lev. 10, 9. Num. 6, 3; für *Wein* überhaupt Num. 28, 7.

שִׁכֹּר s. שִׁכּוֹר.

שִׁכָּרוֹן *Trunkenheit* Ezech. 23, 33. 39, 19.

שַׁל m. *Irrthum, Vergehen* 2 Sam. 6, 7.

שֶׁל = שֶׁ־ל, d. h. אֲשֶׁר לְ pron. בְּשֶׁלְּמִי *durch wessen* (Schuld) Jona 1, 7. בְּשֶׁלִּי *meinetwegen* Jona 1, 12. שֶׁלִּי *der meinige* Hohel. 1, 6 (vgl. שֶׁ).

שַׁלְאֲנָן (= שַׁאֲנָן) adj. *ruhig, glücklich* Hiob 21, 23.

[שָׁלַב]* Pual part. pl. f. מְשֻׁלָּבֹת *zusammengefugt* Ex. 26, 17. 36, 22.

[שָׁלָב] m. pl. שְׁלַבִּים *Leiste* 1 Kön. 7, 28. 29.

[שָׁלַג denom. von שֶׁלֶג] Hifil fut. 2 sg. תַּשְׁלֵג *schneien lassen*. Ps. 68, 15.

שֶׁלֶג m. ps. שָׁלֶג *Schnee* Num. 12, 10. 2 Sam. 23, 20. Jes. 55, 10. Ps. 147, 16.

שָׁלָה* I fut. יֵשֶׁל *herausziehen* Hiob 27, 8.

שָׁלָה* II pf. 1 sg. שָׁלַוְתִּי, 3 pl. שָׁלוּ; fut. 3 pl. יִשְׁלָיוּ *ruhig, glücklich sein* Jer. 12, 1. Ps. 122, 6. Hiob 3, 26. 12, 6. Klagel. 1, 5.

Nifal fut. 2 pl. תִּשָּׁלוּ *lässig sein* 2 Chr. 29, 11.

Hifil fut. 2 sg. תַּשְׁלֶה *täuschen* 2 Kön. 4, 28.

שְׁלֵה aram. part. pass. שְׁלֵה *ruhig, glücklich* Dan. 4, 1.

שָׁלָה aram. f. *Sünde* Dan. 3, 29 Ktib (Kri: שָׁלוּ).

שֵׁלָה 1) = שְׁאֵלָה s. d. 2) n. pr. Sohn des Juda Gen. 38, 5. Num. 26, 20 (wo n. gent. שֵׁלָנִי, wofür שִׁילֹנִי 1 Chr. 9, 5). 1 Chr. 2, 3.

שִׁלֹה s. שִׁילֹה.

שַׁלְהֶבֶת f. *Flamme, Gluth* Ezech. 21, 3. Hiob 15, 30. (שַׁלְהֶבֶתְיָה Hohel. 8, 6 *Flamme Gottes* d. h. *mächtige Flamme*, ist n. E. als ein Wort zu lesen).

שָׁלוּ s. שָׁלָה.

שָׁלֵו—שָׁלֵיו—שָׁלֵו adj. f. שְׁלֵוָה, pl. cs. שַׁלְוֵי *ruhig, glücklich* Jer. 49, 31. Zach. 7, 7. Hiob 16, 12. 21, 23. 1 Chr. 4, 40; mit der Nebenbedeutung: *übermüthig* Ezech. 23, 42. שַׁלְוֵי עוֹלָם *die von lange her Sorglosen* Ps. 73, 12; subst. *Ruhe* Hiob 20, 20.

[שֶׁלֶו] m. suff. שַׁלְוִי *Glück* Ps. 30, 7.

שָׁלוּ aram. f. *Sünde, Fehler* Dan. 3, 29 (Kri s. שָׁלָה). 6, 5. Esra 4, 22. 6, 9.

שִׁלוֹ s. שִׁילֹה.

[שְׁלֵוָא] aram. f. suff. שְׁלֵוְתָךְ *Glück* Dan. 4, 24.

שַׁלְוָה f. cs. שַׁלְוַת, pl. suff. שַׁלְוֹתַיִךְ *Ruhe, Glück* Ps. 122, 7. Spr. 17, 1; *Sorglosigkeit, Uebermuth* Jer. 22, 21. Ezech. 16, 49. Spr. 1, 32. בָּא בְשַׁלְוָה *er kommt, während alles sorglos ist* Dan. 11, 21.

שִׁלֻּחִים—שִׁלּוּחִים pl. m. suff. שִׁלּוּחֶיהָ *Entlassung* Ex. 18, 2; *Verzichtleistung* Micha 1, 14; *Mitgift* 1 Kön. 9, 16.

שָׁלוֹם m. cs. שְׁלוֹם, suff. שְׁלוֹמִי, pl. שְׁלוֹמִים 1) *Friede* Lev. 26, 6. Deut. 20, 10. 11. 1 Sam. 7, 14. שַׂר שָׁלוֹם *Friedensfürst*, d. h. *ein Fürst, unter dem ein immerwährender Friede herrscht* Jes. 9, 5; dafür bloss שָׁלוֹם Micha, 5, 4. מַלְאֲכֵי שָׁלוֹם *Friedensboten* Jes. 33, 7. אִישׁ שָׁלוֹם ein *friedlicher* (frommer) *Mann* Ps. 37, 37. 2) *Freundschaft* Jos. 9, 15. בְּרִיתִי שָׁלוֹם *mein Freundschaftsbund* Num. 25, 12. אִישׁ שְׁלוֹמִי *mein Freund* Ps. 41, 10; eben so Jer. 20, 10. 38, 22. Obad. 1, 7; auch bloss שְׁלֹמָיו *seine Freunde* Ps. 55, 21. 3) Im weiteren Sinne: *Heil, Glück, Wohlbefinden*, besonders in den Begrüssungs- und Wunschformeln: שָׁלוֹם לְךָ *Friede* (Glück) *sei dir* Richt. 19, 20, und in Redensarten wie הֲשָׁלוֹם לוֹ *befindet er sich* *wohl?* Gen. 29, 6. 43, 27. 2 Sam. 18, 32; oder רְאֵה אֶת־שְׁלוֹם אַחֶיךָ *sieh nach dem Befinden deiner Brüder* Gen. 37, 14 (vgl. שָׁאַל); oft adjectivisch: *wohlbehalten*, *unversehrt* 1 Sam. 25, 6. 2 Sam. 20, 9. Jes. 41, 3. Hiob 5, 24; aber auch *sorglos* Ps. 69, 23. 4) pl. שְׁלוֹמִים adverb. *vollständig* Jer. 13, 19.

שַׁלּוּם—שַׁלֻּם שַׁלֻּם (*Vergelter*) n. pr. König von Israel 2 Kön. 15, 10. 13. 2) Gemahl der Prophetin Chulda 2 Kön. 22, 14. 3) Sohn des Königs Josia Jer. 22, 11. 1 Chr. 3, 15. 4) Esra 7, 2. 5) Esra 2, 42. Neh. 3, 12. — 7, 45. — 1 Chr. 2, 40. 41 u. s. w. (vgl. auch שַׁלֻּם).

שִׁלּוּם—שִׁלֻּם שִׁלֻּם m. pl. שִׁלּוּמִים 1) *Vergeltung*, Jes. 34, 8. Hos. 9, 7. 2) *Bezahlung, Bestechung* Micha 7, 3.

שְׁלוֹמִיָּה שְׁלוֹמִית n. pr. m. Esra 8, 10 (vgl. שְׁלֹמִית).

שִׁלּוֹן n. pr. m. Neh. 3, 15.

שְׁלוֹשׁ—שְׁלוֹשָׁה—שְׁלוֹשִׁים s. שָׁלֹשׁ.

***שָׁלַח** fut. יִשְׁלַח, suff. יִשְׁלָחֵהוּ—יִשְׁלָחֵנוּ, 3 pl. f. תִּשְׁלַחְנָה; inf. שְׁלֹחַ—שְׁלַח (Jes. 58, 9), suff. שָׁלְחִי; imp. שְׁלַח—שִׁלְחָה, suff. שְׁלָחֵנִי, pl. שִׁלְחוּ, ps. שְׁלָחוּ 1) *schicken, senden* mit acc. Gen. 37, 14. 42, 16. Num. 22, 15. 32, 8. 1 Sam. 18, 5. 2 Kön. 2, 17. Jes. 6, 8; *nach Jemand schicken* mit לְ Ezech. 23, 40. Esra 8, 16; in erweiterter Bedeutung *schickt* (Gott) Gnade Ps. 57, 4; Plagen Ex. 9, 14; Pfeile 2 Sam. 22, 15; Feuer Klagel. 1, 13; sein Wort (d. h. Offenbarung) Jes. 9, 7; (Hülfe) Ps. 107, 20; (Machtthat) Ps. 147, 15. 18. 2) *ausstrecken* den Stab 1 Sam. 14, 27; *den Machtstab eines Anderen ausstrecken*, d. h. dessen Macht erweitern Ps. 110, 2; besonders häufig mit Obj. יָד Gen. 3, 22. Ex. 3, 20. 9, 15. Deut. 25, 11. 2 Sam. 15, 5; *gegen* ... mit עַל 1 Kön. 13, 4; mit der Nebenbedeutung des Schädigens, Strafens *Hand an* ... *legen* mit בְּ 1 Sam. 26, 9. Hiob 28, 9. Est. 8, 7; mit אֶל Gen. 22, 12. Ex. 24, 11. Hiob 1, 12; *unterschlagen* Ex. 22, 7. 10; eben so mit Object אֶצְבַּע *die Finger ausstrecken* (zu boshafter Verleumdung) Jes. 58, 9.

Nifal inf. abs. נִשְׁלוֹחַ „*es wurden geschickt*" Est. 3, 13.

Piel pf. שִׁלַּח, suff. שִׁלַּחֲךָ, שִׁלְּחוֹ, 3 sg. f. שִׁלְּחָה—שִׁלְּחָה (Ezech. 17, 7. 31, 4), 2 sg. m. suff. שִׁלַּחְתּוֹ; fut. יְשַׁלַּח—יְשַׁלֵּחַ; inf. abs. שַׁלֵּחַ, cs. שַׁלַּח—שַׁלֵּחַ, suff. שַׁלֵּחֲךָ; imp. שַׁלַּח 1) *schicken* Gen. 43, 4. Jes. 43, 14. Jer. 27, 3. 2 Chr. 32, 31; *fortschicken* Gen. 28, 6. 1 Sam. 20, 22. Hiob 22, 9; *forttreiben* Gen. 3, 23. 21, 14. 26, 27. Lev. 18, 24. Ps. 44, 3. 81, 13. Hiob 8, 4. 14, 20; *aussenden* Gen. 8, 10. Jes. 66, 19; *hinwerfen* Hiob 30, 12. Koh. 11, 1; *hinhalten* die Hand Spr. 31, 20; *ergreifen* mit בְּ Spr. 31, 19. 2) überhaupt: Jemandem den *freien Willen lassen*, daher Sklaven oder Gefangene *entlassen* Ex. 3, 20. 4, 23. 7, 27. Deut. 15, 18. 1 Sam. 24, 20. 2 Sam. 3, 24. Jes. 45. 13; verstärkt durch לְנַפְשָׁהּ Deut. 21, 14, oder חָפְשִׁי Deut. 15, 12. 13; *geleiten* Gen. 18, 16. 1 Sam. 6, 3. Obad. 1, 7; eine Frau *entlassen*, d. h. *sich von ihr scheiden* Deut. 22, 29. 24, 4. Jes. 50, 1. Jer. 3, 8. Mal. 2, 16; eine Tochter *entlassen*, d. h. *verheirathen* Richt. 12, 9; Thiere u. dgl. *frei* (laufen, fliegen) *lassen* Ex. 22, 4. Lev. 14, 7. Deut. 22, 7. Richt. 15, 5. Jes. 32, 20. Hiob 12, 15. 21, 11; die Haare *fliegen lassen* Ezech. 44, 20; die Zweige, Wurzeln *ausstrecken* Ps. 80, 12; den Zügel *abwerfen* Hiob 30, 11; *loslassen* (eine Plage *gegen* Jemand mit בְּ) z. B. das Schwert Jer. 24, 10; Zorn Ezech. 7, 3; Feinde Jer. 51, 2; Fluch Deut. 28, 20; wilde Thiere Deut. 32, 24; statt שִׁלַּח אֵשׁ בְּ' *Feuer gegen* ... *loslassen* Hos. 8, 14 sagt man auch שִׁלַּח בָּאֵשׁ *dem Feuer preisgeben, verbrennen* Richt. 1, 8. Ps. 74, 7; *Streit loslassen* d. h. *veranlassen* Spr. 6, 19. 16, 28; Quellen *laufen lassen* Ps. 104, 10; Pfeile *abschiessen* 1 Sam. 20, 20. Ezech. 5, 16; Schmerzen *los werden* Hiob 39, 3.

Pual pf. שֻׁלַּח; fut. יְשֻׁלַּח *geschickt werden* Obadj. 1, 1. Dan. 10, 11. 2) *entlassen werden* Gen. 44, 3; aus der Ehe Jes. 50, 1; *entsendet werden gegen* ... mit בְּ Spr. 17, 11; part. מְשֻׁלָּח *ausgelassen* Spr. 29, 15; *preisgegeben* Jes. 16, 2. 27, 10.

Hifil inf. הַשְׁלִיחַ *loslassen gegen* ... mit בְּ Ex. 8, 17. Lev. 26, 22. 2 Kön. 15, 37. Ezech. 14, 13. Amos 8, 11.

שְׁלַח aram. pf. 3 pl. שְׁלַחוּ, 2 pl. שְׁלַחְתּוּן, 1 pl. שְׁלַחְנָא; part. pass. שְׁלִיחַ; fut. יִשְׁלַח *schicken* Dan. 3, 2. Esra 4, 11. 14. 18; *die Hand an* ... *legen* mit בְּ Esra 6, 12.

שֶׁלַח m. ps. שָׁלַח, suff. שִׁלְחוֹ, pl. suff. שְׁלָחַיִךְ 1) *Geschoss, Waffe* Joel 2, 8. Hiob 33, 18. Neh. 4, 11. 2 Chr. 23, 10. 2) *Sprössling, Zweig* Hohel. 4, 13. 3) n. pr. a) m. Gen. 10, 24. 11, 12. b) eines Teiches bei Jerusalem Neh. 3, 15 (= שִׁלֹחַ).

שִׁלֹחַ n. pr. Bach bei Jerusalem Jes. 8, 6 (vgl. שֶׁלַח).

שִׁלֻּחַ s. שִׁלּוּחִים.

[שְׁלָחָה] f. pl. suff. שְׁלָחֹתֶיהָ *Sprössling, Zweig* Jes. 16, 8.

שִׁלְחִי (*Bewaffneter*) n. pr. m. 1 Kön. 22, 42.

שִׁלְחִים n. pr. Stadt in Juda Jos. 15, 32.

שֻׁלְחָן m. cs. שֻׁלְחַן, suff. שֻׁלְחָנִי, pl. שֻׁלְחָנוֹת, cs. שֻׁלְחֲנוֹת *Tisch* Ex. 25, 23. Richt. 1, 7. Jes. 28, 8. Ps. 128, 3. שֻׁלְחַן הַפָּנִים *der Tisch mit den Schaubrodten* Num. 4, 7; sonst auch הַשֻּׁלְחָן הַטָּהֹר Lev. 24, 6, oder שֻׁלְחַן הַמַּעֲרֶכֶת 1 Chr. 28, 16. 2 Chr. 29, 18; bildlich für *Mahlzeit* Ps. 69, 23, daher אֹכְלֵי שֻׁלְחָנְךָ *deine Gäste* 2 Sam. 19, 29. שֻׁלְחַן יְהוָה coll. = *Opfergaben* Mal. 1, 7. 12.

*שָׁלַט fut. יִשְׁלַט *schalten, herrschen* mit ב Koh. 2, 19. 8, 9. Est. 9, 1; mit עַל Neh. 5, 15.

Hifil fut. תַּשְׁלֶט־ *herrschen lassen* mit ב Ps. 119, 133; *gewähren* Koh. 5, 18. 6, 2.

שְׁלֵט aram. pf. 3 pl. שְׁלִטוּ; fut. יִשְׁלַט *herrschen* Dan. 2, 39. 5, 7. 16; *sich bemächtigen* Dan. 6, 25; *Macht haben über* ... Dan. 3, 27 immer mit בְּ.

Hafel pf. suff. הַשְׁלְטָהּ, הַשְׁלְטָךְ *zum Herrscher einsetzen* Dan. 2, 38. 48.

[שֶׁלֶט] m. pl. שְׁלָטִים, cs. שִׁלְטֵי, suff. שִׁלְטֵיהֶם *Schild* 2 Sam. 8, 7. 2 Kön. 11, 10. Jer. 51, 11. Ezech. 27, 11. Hohel. 4, 4.

שִׁלְטוֹן m. *Herrschaft* Koh. 8, 4. 8.

[שִׁלְטוֹן] aram. m. pl. cs. שִׁלְטֹנֵי *Machthaber* Dan. 3, 2. 3.

שָׁלְטָן aram. m. emph. שָׁלְטָנָא, suff. שָׁלְטָנְהוֹן, pl. emph. שָׁלְטָנַיָּא *Macht, Herrschaft* Dan. 4, 19. 6, 27. 7, 12; pl. concr. *Mächte* Dan. 7, 27.

שַׁלֶּטֶת f. (v. masc. שַׁלִּיט) ps. שַׁלָּטֶת eigentl. *Herrscherin*; dient zur Verstärkung, daher זוֹנָה שַׁלֶּטֶת *Erzbuhlerin* Ezech. 16, 30.

שְׁלִי m. ps. שֶׁלִי *Stille* 2 Sam. 3, 27.

שִׁלְיָה f. suff. שִׁלְיָתָהּ *Nachgeburt* Deut. 28, 57.

שְׁלֵיו s. שְׁלָו.

שַׁלִּיט adj. *mit Macht ausgestattet* Koh. 8, 8; subst. pl. שַׁלִּיטִים *Herrscher, Mächtiger* Gen. 42, 6. Koh. 7, 19. 10, 5.

שַׁלִּיט aram. adj. *mächtig* Dan. 2, 10. 4, 14. 5, 21; subst. emph. שַׁלִּיטָא, pl. שַׁלִּיטִין *Befehlshaber* Dan. 2, 15. 5, 29. Esra 4, 20.

שָׁלִשׁ—שָׁלִישׁ m. suff. שָׁלִישׁוֹ, pl. שָׁלִישִׁים—שָׁלִשִׁם, suff. שָׁלִשָׁיו 1) Name eines Maasses Jes. 40, 12; adverb. *maassweise, reichlich* Ps. 80, 6. 2) ein musikalisches Instrument (*Triangel*) 1 Sam. 18, 6. 3) *Kriegsoberster* Ex. 14. 7. 1 Kön. 9, 22. 2 Kön. 10, 25. Ezech. 23, 15. 23. שָׁלִשִׁי 2 Sam. 23, 8 ist entweder ein alterthüml. plur. oder bedeutet die Genossenschaft, das Corps. Ausserdem wechselt es im Kri u. Ktib mit שָׁלוֹשִׁים 1 Chr. 11, 11. 12, 18. 4) = שָׁלִשִׁים Spr. 22, 20 Kri (Ktib: שִׁלְשׁוֹם), wahrscheinl.: *Herrliches, Bedeutsames*.

שְׁלִשִׁי—שְׁלִישִׁי f. שְׁלִשִׁיָּה—שְׁלִישִׁיָּה od. שְׁלִישִׁית, suff. שְׁלִשִׁתֶךָ, pl. שְׁלִשִׁים *der dritte* Gen. 1, 13. 22, 4. Ex. 19, 1. Jes. 19, 24. שְׁלִשִׁים *als dritte* Num. 2, 24. מַלְאָכִים שְׁלִשִׁים (er schickte) *Boten zum dritten Mal* 1 Sam. 19, 21. 2 Kön. 1, 13; als subst. *drittes Stockwerk* Gen. 6, 16. 1 Kön. 6, 8. Ezech. 42, 3; fem. *ein Drittel* Num. 15, 6. שְׁלִשִׁתֶךָ *ein Drittel von dir* Ezech. 5, 12. בַּשְּׁלִישִׁת *zum dritten Mal* 1 Sam. 3, 8; eben so שְׁלִשְׁתָה Ezech. 21, 19 (vgl. עֶגְלַת).

*[שָׁלַךְ] Piel inf. שַׁלֶּכֶת *abwerfen* (Blätter) Jes. 6, 13.

Hifil pf. הִשְׁלִיךְ, 2 pl. f. הִשְׁלַכְתֶּנָה (Amos 4, 3); fut. יַשְׁלֵךְ—יַשְׁלִיךְ *werfen* Ex. 15, 25. Num. 35, 20; *hinwerfen* Jes. 2, 20; *verwerfen* Jer. 7, 15; *abwerfen* Ps. 2, 3. Hiob 15, 33; *niederwerfen* Jer. 9, 18; mit Obj. יְהָב seine Sache ... *übergeben, anvertrauen* Ps. 55, 23. וַיַּשְׁלֵךְ אֶת־נַפְשׁוֹ מִנֶּגֶד *er warf sein Leben grade hin*, d. h. *er setzte sich grosser Gefahr aus* Richt. 9, 17.

Hofal pf. הֻשְׁלַךְ, הָשְׁלַךְ, 2 sg. הָשְׁלַכְתְּ, 3 pl. הֻשְׁלְכוּ; fut. 2 sg. f. תֻּשְׁלְכִי; part. מֻשְׁלָךְ, f. מֻשְׁלֶכֶת *geworfen werden* 2 Sam. 20, 21. Jes. 14, 19; *hingeworfen werden* Jes. 34, 3. Ezech. 16, 5; *liegen* 1 Kön. 13, 24; *umgestürzt werden* Dan. 8, 11; *anvertraut werden* Ps. 22, 11.

שָׁלָךְ m. *Sturzpelican* Lev. 11, 17. Deut. 14, 17.

שַׁלֶּכֶת 1) s. שָׁלַךְ. 2) Name eines Tempelthores 1 Chr. 26, 16.

*שָׁלַל pf. 2 sg. שַׁלּוֹתָ; fut. 2 pl. תָּשֹׁלּוּ, 3 pl. suff. יָשָׁלּוּךָ; inf. abs. שֹׁל, cs. שְׁלֹל *herausziehen* Rut 2, 16; *erbeuten* Jes. 10, 6. Ezech. 38, 12; *berauben, plündern* Jer. 50, 10. Ezech. 39, 10. Hab. 2, 8. Zach. 2, 12.

Hitp. pf. 3 pl. אֶשְׁתּוֹלְלוּ; part. מִשְׁתּוֹלֵל *beraubt sein* (der Waffen, u. A. des Verstandes) Ps. 76, 6; *für wahnsinnig gelten* Jes. 59, 15.

שָׁלָל m. cs. שְׁלַל, suff. שְׁלָלְךָ, שְׁלַלְכֶם *Beute* Gen. 49, 27. Richt. 5, 30. Jes. 33, 4. Zach. 14, 1. וְהָיְתָה־לּוֹ נַפְשׁוֹ לְשָׁלָל *sein Leben wird ihm zur Beute*, d. h. *er kommt mit dem Leben davon* Jer. 21, 9. 38, 2. 39, 18. 45, 5.

***שָׁלֵם** fut. יִשְׁלַם; imp. ps. שְׁלָם 1) *zu Ende gehen* Jes. 60, 20; *vollendet sein* 1 Kön. 7, 51. Neh. 6, 15. 2) *unverletzt sein* Hiob 9, 4. 22, 21. 3) *befreundet sein*. שׁוֹלְמִי *mein Freund* Ps. 7, 5. שְׁלֻמֵי *die Befreundeten* 2 Sam. 20, 19.

Piel pf. שִׁלַּם—שִׁלֵּם; fut. יְשַׁלֵּם; inf. שַׁלֵּם; imp. שַׁלֵּם, f. שַׁלְּמִי 1) *vollenden* 1 Kön. 9, 25. 2) *unversehrt erhalten* Hiob 8, 6. 3) *bezahlen* Ex. 22, 2. Lev. 5, 24. 2 Kön. 4, 7; *erfüllen* Gelübde Ps. 76, 12. Spr. 7, 14; *vergelten* Gen. 44, 4; mit עַל Joel 4, 4; mit acc. 1 Sam. 24, 20. Ps. 35, 12. Spr. 13, 21; *gewähren* Jes. 57, 18.

Puel fut. יְשֻׁלַּם *erfüllt werden* Ps. 65, 2; *vergolten werden* Jer. 18, 20; *Vergeltung erhalten* Spr. 11, 31. 13, 13. 2) כִּמְשֻׁלָּם *der Befreundete* (prophetische Bezeichnung Israel's) Jes. 42, 19; sonst auch n. pr. s. מְשֻׁלָּם.

Hifil fut. יַשְׁלִים—יַשְׁלֵם—יַשְׁלִם 1) *vollenden, ausführen* Jes. 44, 26. 28. יַשְׁלִים חֻקִּי *er theilt mir volles Maass zu* Hiob 23, 14. תַּשְׁלִימֵנִי *du machst ein Ende mit mir* Jes. 38, 12. 13. 2) *Frieden, Bündniss schliessen* Deut. 20, 12. Jos. 10, 1. 4. 11, 19. 2 Sam. 10, 19. 1 Kön. 22, 45; *Frieden schliessen lassen* Spr. 16, 7.

Hofal pf. 3 sg. f. הָשְׁלְמָה *in Frieden leben mit* ... durch לְ Hiob 5, 23.

שְׁלֵם aram. part. pass. שְׁלִים *vollenden* Esra 5, 16.

Afel pf. 3 sg. suff. הַשְׁלְמַהּ, imp. הַשְׁלֵם *zu Ende gehen lassen* Dan. 5, 26; *vollständig abliefern* Esra 7, 19.

שָׁלֵם s. שָׁלוֹם.

שָׁלֵם 1) adj. f. שְׁלֵמָה, pl. שְׁלֵמִים, f. שְׁלֵמוֹת *vollendet* 2 Chr. 8, 16; *voll, richtig* (vom Maasse) Deut. 25, 15; bildlich Gen. 15, 16. Rut 2, 12; *unbehauen* (von Steinen) Deut. 27, 6. 1 Kön. 6, 7; *gänzlich* Amos 1, 6. 9. לֵבָב שָׁלֵם *ganzes* (gänzlich zugewendetes) *Herz* 1 Kön. 8, 61. 2 Kön. 20, 3; *wohlbehalten* Gen. 33, 18; *freundschaftlich gesinnt* Gen. 34, 21. 2) n. pr. *Salem*, früherer (kürzerer) Name *Jerusalem's* Gen. 14, 18. Ps. 76, 3.

שֶׁלֶם m. pl. שְׁלָמִים, cs. שַׁלְמֵי, suff. שְׁלָמֶיךָ, שַׁלְמֵיכֶם *Mahlopfer, Friedopfer* Ex. 20, 21. 24, 5. 29, 28. Lev. 7, 13. 32. 10, 14. Jos. 22, 27. Amos 5, 22.

שִׁלֵּם m. 1) *Vergeltung* Deut. 32, 35. 2) n. pr. Sohn des Naftali Gen. 46, 24. Num. 26, 49 (wo n. gent. שִׁלֵּמִי) = שַׁלּוּם 1 Chr. 7, 13.

שִׁלֻּם s. שִׁלּוּם.

שְׁלָם aram. m. emph. שְׁלָמָא, suff. שְׁלָמְכוֹן *Friede, Heil* (in Begrüssungsformeln) Dan. 3, 31. 6, 26. Esra 4, 17. 5, 7.

שִׁלְּמָה f. cs. שִׁלֻּמַת *Vergeltung* Ps. 91, 8.

שְׁלֹמֹה (*Friedlicher*) n. pr. *Salomo*, König von Israel 2 Sam. 12, 24. 1 Kön. 11, 1 ff. Spr. 1, 1. Hohel. 1, 1; auch *Jedidja* genannt 2 Sam. 12, 25.

שְׁלֹמוֹת n. pr. m. 1 Chr. 26, 26 (vgl. שְׁלֹמִית).

שַׁלְמַי (*Gott vergilt*) n. pr. m. Esra 2, 46 Kri (Ktib שַׁמְלַי); dafür Neh. 7, 48: שַׁלְמָי.

שְׁלֹמִי (*Friedlicher*) n. pr. m. Num. 34, 27.

שְׁלֻמִיאֵל (*Gott ist Heil*) n. pr. Stammesfürst in Simeon Num. 1, 6. 2, 12. 7, 36. 41. 10, 19.

שֶׁלֶמְיָהוּ (*Gott vergilt*) n. pr. 1 Chr. 26, 14; vgl. מְשֶׁלֶמְיָה.

שְׁלֹמִית (*Friedlicher, Friedliche*) n. pr. 1) m. a) Sohn (Tochter?) des Rehabeam 2 Chr. 11, 18. b) 1 Chr. 23, 9 Kri (Ktib: שְׁלֹמוֹת). — 18. — 26, 25 Kri (Ktib: שְׁלֹמוֹת). c) fem. Lev. 24, 11. — 1 Chr. 3, 19.

שַׁלְמַן n. pr. eines assyrischen Herrschers Hos. 10, 14.

[**שַׁלְמֹן**] m. pl. שַׁלְמֹנִים *Bestechung* Jes. 1, 23.

שַׁלְמַנְאֶסֶר n. pr. *Salmanassar*, König v. Assyrien, der dem Reiche Israel ein Ende machte 2 Kön. 17, 3. 18, 9.

***שָׁלַף** fut. יִשְׁלֹף, suff. יִשְׁלְפָהּ; imp. שְׁלֹף *ausziehen* den Schuh Rut 4, 7. 8; Gras Ps. 129, 6; häufigst mit Object חֶרֶב *das Schwert zücken* Richt. 9, 54. 1 Sam. 17, 51. שֹׁלֵף חֶרֶב *Schwertbewaffneter* Richt. 8, 10. 20, 25. חַרְבּוֹ שְׁלוּפָה בְּיָדוֹ *sein blosses Schwert in der Hand* Num. 22, 23. 31. Jos. 5, 13. 1 Chr. 21, 16.

שָׁלֶף ps. שָׁלֶף n. pr. Sohn des Joktan Gen. 10, 26. 1 Chr. 1, 20.

[שָׁלַשׁ] denom. v. [שָׁלשׁ] Piel pf. 2 sg. שִׁלַּשְׁתָּ; fut. 3 pl. ps. יְשַׁלֵּשׁוּ; imp. pl. שַׁלֵּשׁוּ 1) *in drei Theile zerlegen* Deut. 19, 3. 2) *etwas zum dritten Mal thun* 1 Kön. 18, 34. וְשִׁלַּשְׁתָּ תֵּרֵד מְאֹד *am dritten Tage komme jedenfalls herab* 1 Sam. 20, 19.

Pual part. מְשֻׁלָּשׁ, f. מְשֻׁלֶּשֶׁת, pl. מְשֻׁלָּשׁוֹת 1) *dreifach* Koh. 4, 12. 2) *dreistöckig* Ezech. 42, 6. 3) *dreijährig* Gen. 15, 9.

שָׁלשׁ—שָׁלוֹשׁ cs. שְׁלשׁ־—שְׁלשׁ (bei fem.) und שְׁלוֹשָׁה—שְׁלשָׁה, cs. שְׁלשֶׁת (für das masc.) *drei* Gen. 5, 23. 6, 10. 11, 13. 30, 36. Ex. 21, 11. Num. 22, 32. Jos. 15, 14. שְׁלָשְׁתְּכֶם *ihr drei* Num. 12, 4. שְׁלָשְׁתָּם *sie drei* Num. 12, 4. Ezech. 40, 10; pl. שְׁלשִׁים—שְׁלוֹשִׁים *dreissig* Gen. 5, 3. Est. 4, 11 (vgl. שָׁלִישׁ); *der dreissigste* 1 Kön. 16, 23.

שָׁלשׁ s. שָׁלִישׁ.

שִׁלְשׁ n. pr. m. 1 Chr. 7, 35.

[שִׁלֵּשׁ] m. pl. שִׁלֵּשִׁים *die dritte Generation, Urenkel* Gen. 50, 23. Ex. 20, 5. 34, 7. Num. 14, 18. Deut. 5, 9.

שְׁלשָׁה s. שָׁלשׁ.

שָׁלִשָׁה n. pr. Landschaft in der Nähe des Gebirges Efraim 1 Sam. 9, 4; darin eine Stadt: בַּעַל שָׁלִשָׁה 2 Kön. 4, 42.

שִׁלְשָׁה n. pr. m. 1 Chr. 7, 37.

שִׁלְשׁוֹם s. שִׁלְשֹׁם.

שְׁלִשִׁי s. שְׁלִישׁ.

שְׁלִשִׁי, שְׁלִשִׁיָּה, שְׁלִשִׁית s. שְׁלִישִׁי.

שְׁלשִׁים s. שָׁלשׁ.

שִׁלְשֹׁם—שִׁלְשׁוֹם adv. *vorgestern* stets (ausser Spr. 22, 20 Ktib) in Verbindung mit תְּמוֹל (אֶתְמוֹל), um im Allgemeinen die Vergangenheit zu bezeichnen. מִתְּמוֹל שִׁלְשׁוֹם *seit längerer Zeit* Deut. 19, 6. כִּתְמוֹל שִׁלְשׁוֹם *wie sonst* Gen. 31, 2. 5.

שַׁלְתִּיאֵל = שְׁאַלְתִּיאֵל s. d.

שָׁם adv. des Ortes *dort, daselbst* Gen. 2, 12; *dorthin* Gen. 2, 8; dafür gewöhnl. שָׁמָּה *dorthin* Gen. 19, 20; aber auch *dort* Jer. 18, 2. Ps. 122, 5. מִשָּׁם *von dort* Deut. 4, 29; mit relat. ...אֲשֶׁר שָׁם *wo, woselbst* Gen. 13, 3. אֲשֶׁר מִשָּׁם *von wo* Gen. 3, 23. אֲשֶׁר שָׁמָּה *wohin* Deut. 4, 26; dichterisch auch von der Zeit: *damals, dann* Richt. 5, 11. Ps. 14, 5. 132, 17.

שֵׁם m. 1) cs. שֵׁם־—שֵׁם, suff. שְׁמִי, שִׁמְךָ (ps. שְׁמֶךָ), pl. שֵׁמוֹת, cs. שְׁמוֹת, suff. שְׁמוֹתָם *Name* Gen. 2, 20. 16, 15. 17, 5. 25, 16. Ex. 1, 1; häufig mit dem Nebensinn *Ruhm, Ansehen, Geltung* Gen. 11, 4. 12, 2. Jos. 9, 9. Jes. 56, 5; daher אַנְשֵׁי שֵׁם *berühmte, angesehene Männer* Gen. 6, 4. Num. 16, 2 u. umgekehrt בְּנֵי בְלִי שֵׁם *unbedeutende, verächtliche Menschen* Hiob 30, 8. — קָרָא שֵׁם mit folgd. genit. heisst *einen Namen geben, benennen* z. B. וַיִּקְרָא שֵׁם הַמָּקוֹם *er benannte den Ort* Gen. 22, 14. וַיִּקְרָא אֶת־שְׁמוֹ נֹחַ *er nannte ihn Noah* Gen. 5, 29; dagegen heisst קָרָא בְּשֵׁם *nach Jemandem benennen* Richt. 18, 29, oder *Jemanden beim Namen rufen, namentlich berufen* Ex. 31, 2, oder *namentlich aufzählen* Jos. 21, 9. קָרָא בְּשֵׁם יְהוָה *den Namen Gottes,* d. h. *Gott anrufen, ihn durch Gebet* u. s. w. *verehren* Gen. 4, 26. 12, 8. 13, 4. Ueberhaupt wird „*Name Gottes*" sehr häufig für das „*Wesen Gottes*" oder überhaupt für „*Gott*" gebraucht Jes. 60, 9. Ps. 5, 12. 8, 2. כִּי שְׁמִי בְּקִרְבּוֹ *mein Name ist ihm,* d. h. *er ist mein Stellvertreter* Ex. 23, 21; es wird auch wohl שֵׁם allein für „*Name Gottes*" gebraucht Lev. 24, 11. Deut. 28, 58. 1 Chr. 13, 6 und zur grösseren Feierlichkeit auch das Wort שֵׁם wiederholt 2 Sam. 6, 2. 2) n. pr. *Sem,* Sohn des Noah Gen. 6, 10. 11, 21, nach welchem die Gen. 10, 21 ff. aufgezählten Völker die *semitischen* genannt zu werden pflegen.

שֻׁם aram. m. suff. שְׁמֵהּ, pl. cs. שְׁמָהָת, suff. שְׁמָהָתְהֹם *Name* Dan. 2, 20. 4, 5. Esra 5, 1. 4. 10.

שַׁמָּא n. pr. m. 1 Chr. 7, 37.

שֶׁמְאֵבֶר n. pr. König von Zeboim Gen. 14, 2.

שִׁמְאָה n. pr. m. 1 Chr. 8, 32 = שִׁמְאָם 1 Chr. 9, 38.

שַׁמְגַּר n. pr. eines Richters Richt. 3, 31. 5, 6.

[שָׁמַד]* Nifal fut. יִשָּׁמֵד; inf. הִשָּׁמֵד, suff. הִשָּׁמֶדְךָ, ps. הִשָּׁמְדָךְ *vernichtet, ausgerottet werden* Deut. 4, 26. 28, 20. 24; *zerstört, verheert werden* Jer. 48, 8. Hos. 10, 8.

Hifil inf. abs. הַשְׁמֵד—הַשְׁמִיד, cs. לַשְׁמִיד (= לְהַשְׁמִיד Jes. 23, 11), suff. הַשְׁמִידְךָ, הַשְׁמִידוֹ, הַשְׁמִידָם—הַשְׁמִדָם, הַשְׁמִדוֹ—; imp. הַשְׁמֵד—

vernichten, ausrotten, zerstören Deut. 7, 24. 9, 8. 28, 48. 33, 27. Jos. 11, 14. 20. 23, 15. Amos 9, 8; inf. als subst. *Vernichtung* Jes. 14, 23.

[שְׁמַד] aram. Hafel inf. הַשְׁמָדָה *vernichten* Dan. 7, 26.

שַׁמָּה f. pl. שַׁמּוֹת 1) *Oede, Wüstenei* Jes. 24, 12. 2) *Entsetzen* Jer. 8, 21; auch ein Gegenstand, *vor dem man sich entsetzt* Deut. 28, 37. שַׁמּוֹת *Furchtbares, Grossartiges* Ps. 46, 9. 2) n. pr. m. 1) Gen. 36, 13. 1 Chr. 1, 37. 2) Bruder des David 1 Sam. 16, 9 = שִׁמְעָה 2 Sam. 13, 3 = שִׁמְעָא 1 Chr. 2, 13. 20, 7. 3) zweier Helden David's: a) 2 Sam. 23, 11. 33. b) 2 Sam. 23, 25 = שַׁמּוֹת 1 Chr. 11, 27 = שַׁמְהוּת 1 Chr. 27, 8.

שְׁמוּאֵל (*Gott hat gehört*) n. pr. 1) *Samuel*, der bekannte Richter u. Prophet 1 Sam. 1, 20 ff. Jer. 15, 1. Ps. 99, 6. 1 Chr. 6, 13. 18. 9, 22. 2) Num. 34, 20. 3) 1 Chr. 7, 2.

שַׁמּוּעַ n. pr. Sohn des David 2 Sam. 5, 14 = שִׁמְעָא 1 Chr. 3, 5.

שְׁמוּעָה—שְׁמֻעָה f. cs. שְׁמֻעַת, suff. שְׁמֻעָתֵנוּ, pl. שְׁמֻעוֹת eigentl. das *Gehörte, Gerücht, Ruf* 1 Sam. 2, 24. 1 Kön. 10, 7; *Nachricht, Botschaft* 2 Sam. 4, 4. Jer. 10, 22. Ezech. 7, 26. Spr. 25, 25. Dan. 11, 44; *Verkündigung* Jes. 28, 9. 19. 53, 1.

שָׁמוּר n. pr. s. שָׁמִיר.

שַׁמּוֹת n. pr. s. שַׁמָּה.

שָׁמַט* fut. 2 sg. suff. תִּשְׁמְטֶנָּה; imp. suff. שִׁמְטוּהָ 1) *herabwerfen, herabstürzen* 2 Kön. 9, 33; mit Auslassung des Objects (אָרוֹן) 2 Sam. 6, 6. 1 Chr. 13, 9. 2) (liegen) *lassen* Ex. 23, 11; *erlassen* (eine Schuld) Deut. 15, 2; *ablassen* Jer. 17, 4.

Nifal pf. pl. נִשְׁמְטוּ *geschleudert werden* Ps. 141, 6.

Hifil fut. 2 sg. תַּשְׁמֵט mit Obj. יָד *die* (drängende) *Hand fallen lassen*, d. h. *die Schuld erlassen* Deut. 15, 3.

שְׁמִטָּה f. *Erlass* (der Schuld) Deut. 15, 1. 2. 9. 31, 10.

שַׁמַּי n. pr. m. 1 Chr. 2, 28. — 44. — 4, 17.

שְׁמַיָּא aram. pl. emph. *Himmel* Jer. 10, 11. Dan. 2, 38; für *Gott* Dan. 4, 23.

שְׁמִידָע n. pr. m. Num. 26, 32 (wo n. gent. שְׁמִידָעִי). Jos. 17, 2. 1 Chr. 7, 19.

שָׁמַיִם pl. mit He loc. שָׁמַיְמָה, cs. שְׁמֵי, suff. שָׁמֶיךָ, שָׁמָיו, שְׁמֵיכֶם *Himmel* Gen. 1, 1. 15, 5. Lev. 26, 19. Deut. 28, 23. 33, 28. Ps. 20, 7. שְׁמֵי הַשָּׁמַיִם *der Himmel in weitester Ausdehnung* Deut. 10, 14; ähnlich שְׁמֵי שְׁמֵי־קֶדֶם *die Himmel der Vorzeit* Ps. 68, 34.

שְׁמִינִי f. שְׁמִינִת *der achte* Ex. 22, 29. Lev. 25, 22. עַל־הַשְּׁמִינִית Ps. 6, 1. 12, 1. 1 Chr. 15, 21 bedeutet ein Instrument oder eine Tonart.

שָׁמִיר m. suff. שָׁמִירוֹ 1) *Dorngestrüpp, Gebüsch* gewöhnl. (bei Jesaias) mit שַׁיִת verbunden Jes. 5, 6. 7, 24. 10, 17. 2) *Diamant* (*spitze*) zum Eingraben Jer. 17, 1 und als Bild der Härte Ezech. 3, 9. Zach. 7, 12. 2) n. pr. a) m. 1 Chr. 24, 24 Kri (wo Ktib שָׁמוּר). b) Stadt in Juda Jos. 15, 48. c) Stadt im Gebirge Efraim Richt. 10, 1.

שְׁמִירָמוֹת (*Ruhm der Höhe*) n. pr. m. 1 Chr. 15, 18.

שַׁמְלַי s. שַׁלְמַי.

שָׁמֵם* fut. יֵשַׁם, 3 f. תֵּשַׁם, ps. תֵּשָׁם, 1 sg. אֵשֹׁם, 3 pl. m. יָשֹׁמּוּ, fem. ps. תִּשֹּׁמְנָה; inf. cs. שְׁמוֹת; imp. pl. שֹׁמּוּ 1) *wüst, öde sein* Gen. 47, 19. Ezech. 6, 6. 12, 9. 19, 17; besonders part. שׁוֹמֵם Klagel. 3, 11; f. שׁוֹמֵמָה 2 Sam. 13, 20 *einsam*; pl. שׁוֹמְמִין—שׁוֹמְמִים Klagel. 1, 4. 16; fem. שֹׁמֵמוֹת *wüstliegend* Jes. 49, 8. Ezech. 36, 4; cs. שֹׁמְמוֹת, suff. שֹׁמְמֹתֶינוּ *Wüsteneien* Jes. 49, 19. 61, 4. Dan. 9, 18. 2) *sich entsetzen über* ... mit עַל Lev. 26, 32. 1 Kön. 9, 8. Jes. 42, 14. 52, 14. Jer. 2, 12. 18, 16. Ezech. 27, 35. Ps. 40, 16. Hiob 17, 8. שִׁקּוּץ שֹׁמֵם *das Entsetzen erregende Greuel* Dan. 12, 11; ähnlich Dan. 8, 13. 9, 27.

Nifal pf. 3 sg. f. נָשַׁמָּה, pl. נָשַׁמּוּ; part. f. נְשַׁמָּה, pl. נְשַׁמּוֹת 1) *verwüstet, verödet werden* Lev. 26, 22. Jes. 54, 3, Jer. 12, 11. 33, 10. Ps. 69, 26. 2) *sich entsetzen* Hiob 18, 20.

Poel part. מְשֹׁמֵם—מְשׁוֹמֵם *entsetzt, verstört* Esra 9, 3. 4; *Entsetzen erregend, entsetzlich* Dan. 9, 27. 11, 31 (vgl. Kal).

Hifil pf. 2 sg. הֲשִׁמּוֹתָ, 1 sg. וַהֲשִׁמֹּתִי, 3 pl. הֵשַׁמּוּ; inf. cs. הַשְׁמֵם; fut. 3 sg. יַשִּׁים, suff. יַשִּׁמֵּם, 1 pl. נַשִּׁים; part. מְשִׁמִּים 1) *verwüsten, zerstören* Lev. 26, 31. 32. Num. 21, 30. Ezech. 20, 26. Hos. 2, 14. Ps. 79, 7. Hiob 16, 7; *Verwüstung anrichten bei* ... mit accus. 1 Sam. 5, 6. 2) *entsetzen machen* (Entsetzen erregen bei) Ezech. 32, 10; *Entsetzen zeigen*, d. h. *entsetzt, verstört sein* Ezech. 3, 15. Micha 6, 13.

Hofal inf. הָשַּׁמָּה (בְּהָשַּׁמָּה); imp. הָשַׁמּוּ;

1) *verwüstet sein* Lev. 26, 34. 43. 2 Chr. 36, 21. 2) *sich entsetzen* Hiob 21, 5.

Hitp. fut. יִשְׁתּוֹמֵם, 2 sg. m. תִּשּׁוֹמֵם *sich entsetzen, bestürzt sein* Jes. 59, 16. 63, 5. Ps. 143, 4. Koh. 7, 16. Dan. 8, 27.

[שְׁמַם] aram. Itp. pf. 3 sg. אֶשְׁתּוֹמַם *entsetzt, erstarrt sein* Dan. 4, 16.

שָׁמֵם adj. f. שְׁמֵמָה *zerstört, wüst* Jer. 12, 11. Klagel. 5, 18. Dan. 9, 17.

שְׁמָמָה f. pl. cs. שִׁמְמוֹת—שִׁמְמוֹת *Wüstenei, öde Stätte* Jer. 25, 12. Ezech. 35, 9; oft adjectivisch zu übersetzen Ex. 23, 29. Lev. 26, 33.

שִׁמְמָה f. *Wüstenei* Ezech. 35, 7.

שִׁמָּמוֹן m. *Entsetzen* Ezech. 4, 16. 12, 19.

שָׁמֵן* fut. יִשְׁמַן *fett* (bildlich für: *übermüthig*) *werden* Deut. 32, 15. Jer. 5, 28.

Hifil fut. יַשְׁמִינוּ; inf. abs. הַשְׁמֵן *fett* (d. h. gefühllos) *werden lassen* Jes. 6, 10; *Fett erzeugen* = *fett werden* Neh. 9, 25.

שָׁמֵן adj. f. שְׁמֵנָה *fett* von Speisen Gen. 49, 20; von Landstrecken d. h. *fruchtbar* Num. 13, 20. Neh. 9, 25. 1 Chr. 4, 40; von Menschen oder Thieren *kräftig, stark* Richt. 3, 29. Ezech. 34, 16.

שֶׁמֶן m. ps. שָׁמֶן, suff. שַׁמְנִי, pl. שְׁמָנִים, suff. שְׁמָנֶיךָ *Fett, Fettigkeit* Jes. 10, 27. Ps. 109, 24. oft adject. *fett* Jes. 25, 6. 28, 1; eben so בֶּן־שָׁמֶן *fett, fruchtbar* Jes. 5, 1. 2) *Oel* Gen. 28, 18; als Bild der Fruchtbarkeit Deut. 33, 24. עֵץ שֶׁמֶן *Oelbaum* Jes. 41, 19. Neh. 8, 15. עֲצֵי־שֶׁמֶן *Holz vom Oelbaum* 1 Kön. 6, 23.

שְׁמוֹנֶה—שְׁמֹנֶה cs. שְׁמֹנַת (bei masc.) und שְׁמֹנֶה (bei fem.) *acht* Gen. 5, 4. 14, 14. 17, 12. 2 Sam. 8, 13; *der achte* (nach dem cs.) 1 Kön. 15, 1; pl. שְׁמוֹנִים—שְׁמֹנִים *achtzig* Gen. 16, 16. Ps. 90, 10; *der achtzigste* 1 Kön. 6, 1.

שָׁמַע* pf. 2 sg. f. שָׁמַעַתְּ—שָׁמַעְתִּי (Jer. 4, 19 Ktib); fut. יִשְׁמַע, suff. יִשְׁמָעֵנִי; inf. שְׁמֹעַ, suff. שָׁמְעוֹ—שָׁמְעָהוּ (Jes. 30, 19); imp. שְׁמַע—שִׁמְעָה, ps. שְׁמָעָה, pl. שִׁמְעוּ *hören* Gen. 24, 52. 1 Kön. 1, 11. Ps. 4, 4; meist mit acc. dagegen die innigere Beziehung zwischen dem Hörenden und dem Gehörten, also *anhören, erhören, auf ... hören, Folge leisten, gehorchen*, durch praep. wie ב Gen. 26, 5. 30, 6. Deut. 1, 45; אֶל Gen. 39, 10. Deut. 4, 1; ל Lev. 26, 21. Ps. 81, 12; in der dichterischen Sprache auch mit dem blossen acc. Ps. 17, 1; daher heisst שָׁמַע auch ohne Obj. *gewähren* Richt. 11, 17; *Folge leisten* 2 Kön. 14, 11. — שָׁמַעְתִּי אֹמְרִים *ich habe sie sagen hören* Gen. 37, 17. שָׁמְעָה קוֹל אָלָה *sie hat die Stimme des Beeidigungsfluches gehört = sie ist beschworen worden* Lev. 5, 1.

Nifal pf. נִשְׁמַע; fut. יִשָּׁמַע *gehört werden* Gen. 45, 16. Ex. 23, 13. הֲנִשְׁמַע *ist es erhört?* Neh. 13, 27; *gehorchen* 2 Sam. 22, 45. Ps. 18, 45; *erhört werden* mit ב 2 Chr. 30, 27.

Piel fut. יְשַׁמַּע *zusammenrufen* 1 Sam. 15, 4. 23, 8.

Hifil fut. 2 sg. תַּשְׁמִיעַ; inf. לְשַׁמִעַ—לְהַשְׁמִיעַ *hören lassen* Richt. 18, 25; mit dopp. acc. Deut. 4, 10. 36; *verkünden* Jes. 45, 21; mit acc. der Person Jes. 44, 8 oder der Sache Ps. 66, 8; mit ב etwas *laut erschallen lassen* z. B. die Stimme Ezech. 27, 30 Ps. 26, 7; musikal. Instrument 1 Chr. 15, 19. 28. 16, 5; daher auch ohne Obj. *spielen* Neh. 12, 42.

שְׁמַע aram. pf. 1 sg. שִׁמְעֵת; part. pl. שָׁמְעִין; fut. יִשְׁמַע, 2 pl. תִּשְׁמְעוּן *hören* Dan. 3, 5. 7. 10. 5, 14. 16. 6, 15.

Itp. fut. 3 pl. יִשְׁתַּמְּעוּן *gehorchen* Dan. 7, 27.

שָׁמָע (*Hörer*) n. pr. m. 1 Chr. 11, 44.

שֵׁמַע m. suff. שִׁמְעִי *das Gehörte, die Nachricht* Ex. 23, 1; besonders häufig als Obj. zu שָׁמַע Gen. 29, 13 wo es überhaupt heisst: *von Jem. hören* Num. 14, 15. Deut. 2, 25. Jer. 50, 43 und noch mit dem gen. אֹזֶן *gerüchtweise von Jemandem hören* Ps. 18, 45. Hiob 28, 22. 42, 5. כְּשֵׁמַע לַעֲדָתָם *wie verkündet worden ihrer Gemeinde* Hos. 7, 12.

שֶׁמַע m. ps. שָׁמַע 1) *heller Klang* Ps. 150, 5. 2) n. pr. m. Neh. 8, 4. — 1 Chr. 2, 43. 44.— 5, 8.—8, 13.

[שֹׁמַע] m. suff. שָׁמְעוֹ *Ruf, Nachricht* Jos. 6, 27. 9, 9. Jer. 6, 24. Est. 9, 4.

שְׁמַע n. pr. Stadt in Juda Jos. 15, 26.

שִׁמְעָא n. pr. m. 1) = שַׁמָּה s. d. 2) = שִׁמְעָה s. d. 3) 1 Chr. 6, 15. — 24.

שִׁמְעָה n. pr. 1) m. = שַׁמָּה s. d. 2) wahrsch. Ortsname, davon n. gent. שִׁמְעָתִי 1 Chr. 2, 55.

שְׁמָעָה n. pr. mit Art. 1 Chr. 12, 3.

שִׁמְעָה s. שְׁמוּעָה.

שִׁמְעוֹן (*Erhörung*) n. pr. 1) *Simeon*, zweiter Sohn des Jakob und der Lea Gen. 29, 33; der von ihm hergeleitete Stamm (wofür auch n. gent. שִׁמְעֹנִי Num. 25, 14) wohnte im äussersten Süden Palästina's Jos. 19, 1—9. 2) Esra 10, 31.

שִׁמְעִי (*Gott hört*) n. pr. 1) Sohn des Gerschon Ex. 6, 17. Num. 3, 21. 2) 2 Sam. 16, 5. 1 Kön. 2, 8. 36. 3) 1 Kön. 1, 8. — 4, 18. 4) Est. 2, 5.

שְׁמַעְיָה—שְׁמַעְיָהוּ n. pr. 1) Prophet zur Zeit Rehabeam's 1 Kön. 12, 22. 2 Chr. 12, 5. 2) falscher Prophet zur Zeit des Jeremia Jer. 29, 24. 3) Jer. 26, 20 u. s. w.

שִׁמְעָת (*Berühmte*) n. pr. f. 2 Kön. 12, 22. 2 Chr. 24, 26.

שֵׁמֶץ m. *flüsternder Laut* Hiob 26, 14.

שִׁמְצָה f. *Gezisch, üble Nachrede* Ex. 32, 25.

שָׁמַר pf. 3 sg. שָׁמְרָה. שָׁמְרוּ (st. שְׁמָרָהּ Amos 1, 11); fut. יִשְׁמֹר, 3 pl. f. suff. תִּשְׁמוּרֵם; inf. שְׁמֹר, suff. שָׁמְרְךָ, שָׁמְרוֹ, שָׁמְרָם; imp. שְׁמֹר—שָׁמְרָה, suff. שָׁמְרֵם 1) *hüten, bewachen* Jos. 10, 18. 1 Sam. 19, 11. Jer. 31, 10. Hos. 12, 13; part. שֹׁמֵר (s. d.) *Wächter*; *behüten* Gen. 28, 20. Ex. 23, 20; *schützen* Ps. 116, 6. Spr. 14, 3; *Wache halten* 2 Kön. 9, 14; *Jemand beobachten* 1 Sam. 1, 12. Hiob 10, 14. 13, 27; *belagern* 2 Sam. 11, 16; *auflauern* Ps. 56, 7. 71, 10. *auf... achten* Ps. 17, 4; *sich etwas merken* Gen. 37, 11. Ex. 34, 11. Ps. 130, 3; *auf... warten* Ps 59, 10. Hiob 24, 15; *inne halten* (Zeit) Jer. 5, 24. 8, 7; *halten* Gebot Jes. 56, 2. Spr. 29, 18; ein Versprechen Deut. 7, 12; adverb. *etwas genau thun* mit folgd. inf. Num. 23, 12. Deut. 6, 3. 2 Kön. 10, 31 oder verb. fin. Deut. 16, 12. 26, 16; *sich in Acht nehmen vor...* mit מִן Jos. 6, 18. אֶשְׁמְרָה לְפִי מַחְסוֹם *ich verwahre meinen Mund mit einem Verschluss* Ps. 39, 2.

Nifal pf. נִשְׁמַר; imp. הִשָּׁמֵר *behütet werden* Hos. 12, 14. Ps. 37, 28; *geschützt werden* 2 Kön. 6, 10; *sich in Acht nehmen, sich hüten* mit folgd. מִן Ex. 23, 21. Richt. 13, 13. Jer. 9, 3 oder בְּ Ex. 23, 13. 2 Sam. 20, 10 oder inf. Ex. 19, 12 oder abhäng. Satz mit פֶּן Gen. 24, 6, wo הִשָּׁמֶר לְךָ *hüte dich* wie plur. הִשָּׁמְרוּ לָכֶם *hütet euch* Deut. 4, 23 nur eine umständlichere Verneinung bildet.

Piel part. pl. מְשַׁמְּרִים *auf etwas achten* Jona 2, 9.

Hitp. fut. יִשְׁתַּמֵּר *sich in Acht nehmen* 2 Sam. 22, 24. Ps. 18, 24; unpers. *man beobachtet* Micha 6, 16.

[שֶׁמֶר] m. pl. שְׁמָרִים, suff. שְׁמָרָיו, שִׁמְרֵיהֶם 1) *Hefen* Ps. 75, 9. שֹׁקֵט עַל שְׁמָרָיו *auf seinen Hefen ruhen*, Bild des ungestörten Wohlseins Jer. 48, 11; ebenso mit קָפָא Zef. 1, 12. 2) von den Hefen *befreiter, geklärter Wein* Jes. 25, 6.

שֶׁמֶר ps. שָׁמֶר n. pr. 1) des Besitzers des Berges, auf welchem Samaria erbaut wurde 1 Kön. 16, 24. 2) 1 Chr. 6, 31. — 7, 34 (=שׁוֹמֵר v. 32). — 8, 12.

שֹׁמֵר m. 1) part. v. שָׁמַר (s. d.) als subst. *Wächter* Ps. 127, 1. 2) n. pr. a) m. s. שֶׁמֶר. b) fem. 2 Kön. 12, 22 = שִׁמְרִית 2 Chr. 24, 26.

[שִׁמֻּר] m. pl. שִׁמֻּרִים, als genit. zu לֵיל, einmal als *Nacht der Hut* (von Seiten Gottes), das andere Mal als *Nacht der Beobachtung* des Festes (von Seiten Israels) Ex. 12, 42.

[שְׁמֻרָה] pl. שְׁמֻרוֹת *Augenlider* Ps. 77, 5.

שָׁמְרָה f. *Wache, Hut* Ps. 141, 3.

שִׁמְרוֹן—שִׁמְרֹן n. pr. 1) Sohn des Isachar Gen. 46, 13. Num. 26, 24 (wo n. gent. שִׁמְרֹנִי). 2) Ort in Sebulon Jos. 11, 1. 19, 15; in Verbindung mit מְרֹאוֹן Jos. 12, 20.

שֹׁמְרוֹן n. pr. *Samaria*, Hauptstadt des Reiches Israel seit Omri 1 Kön. 16, 24; auch als Bezeichnung des ganzen Landes 1 Kön. 13, 32. 2 Kön. 17, 24. Jer. 31, 5. Amos 3, 9. — n. gent. pl. שֹׁמְרֹנִים *Samaritaner* 2 Kön. 17, 29.

שִׁמְרִי (*Gott hütet*) n. pr. m. 1 Chr. 4, 37. — 11, 45. — 26, 10. — 2 Chr. 29, 13.

שְׁמַרְיָה—שְׁמַרְיָהוּ n. pr. m. Esra 10, 32. — 41. — 1 Chr. 12, 5. — 2 Chr. 11, 19.

שָׁמְרַיִן aram. n. pr. = שֹׁמְרוֹן Esra 4, 10. 17.

שִׁמְרִית s. שֹׁמֵר.

שִׁמְרָת n. pr. m. 1 Chr. 8, 21.

שֶׁמֶשׁ m. (selten f., z. B. Gen. 15, 17. Ex. 22, 2. Jona 4, 8) ps. שָׁמֶשׁ, suff. שִׁמְשׁוֹ, שִׁמְשֵׁךְ 1) *Sonne* Gen. 15, 12. Deut. 4, 41. Jes. 60, 20. Jer. 15, 9. 2) pl. suff. שִׁמְשֹׁתַיִךְ *Mauerzinnen* Jes. 54, 12.

[שְׁמַשׁ] aram. Pael fut. 3 pl. suff. יְשַׁמְּשׁוּנֵהּ *bedienen* Dan. 7, 10.

שִׁמְשׁוֹן n. pr. *Simson*, der bekannte Richter und Held Richt. 13, 24 ff.

שִׁמְשַׁי n. pr. m. Esra 4, 8. 17.

שַׁמְשְׁרַי n. pr. m. 1 Chr. 8, 26.

שֻׁמָתִי n. gent. eines Ortes שֻׁמָה 1 Chr. 2, 53.

שַׁן—שְׁן s. בֵּית־שְׁאָן.

שֵׁן m. (selten f., z. B. Jer. 31, 29), cs. שֶׁן—שִׁנֵּי,

suff. שִׁנּוֹ, dual. שִׁנַּיִם, cs. שִׁנֵּי, suff. שִׁנַּי, שִׁנֵּיהֶם —שִׁנֵּימוֹ 1) *Zahn* Gen. 49, 12. Ex. 21, 27. Num. 11, 33. Ps. 3, 8. 35, 16. וָאֶתְמַלְּטָה בְּעוֹר שִׁנָּי *ich rettete mich mit der Haut meiner Zähne* d. h. *es ist sonst nichts an meinem Körper heil* Hiob 19, 20. אֶשָּׂא בְשָׂרִי בְשִׁנָּי *ich trage mein Fleisch in den Zähnen*, d. h. *ich suche ängstlich mein Leben zu retten* Hiob 13, 4. 2) *Elfenbein* 1 Kön. 10, 18. Ps. 45, 9. 3) *Zacke* eines Felsens 1 Sam. 14, 4. Hiob 39, 28. שְׁלֹשׁ הַשִּׁנַּיִם *dreizackig* 1 Sam. 2, 13. 4) n. pr. (mit Art.) eines Ortes bei Mizpa 1 Sam. 7, 12.

שֵׁן aram. m. dual. שִׁנַּיִן, suff. שִׁנַּיהּ *Zahn* Dan. 7, 5. 7.

שנא s. שָׁנָה.

שְׁנָא aram. pf. 3 pl. שְׁנוֹ, suff. שַׁנּוֹהִי, part. f. שָׁנְיָה, pl. m. שָׁנַיִן, f. שָׁנְיָן; fut. 3 sg. יִשְׁנֵא, f. תִּשְׁנֵא *sich verändern* Dan. 3, 27. 6, 18; *entstellt werden* Dan. 5, 6. 9; *verschieden sein* Dan. 7, 3. 19. 23. 24.

Pael pf. 3 pl. שַׁנִּיו; fut. 3 pl. יְשַׁנּוֹן; part. f. מְשַׁנְּיָה *verändern* Dan. 4, 13; *übertreten* Dan. 3, 8; *verschieden sein* Dan. 7, 7.

Hafel fut. יְהַשְׁנֵא; inf. הַשְׁנָיָה; part. מְהַשְׁנֵא *verändern* Dan. 2, 21. Esra 6, 11; *zurücknehmen* (einen Befehl) Dan. 6, 9. 16.

Itpael pf. אֶשְׁתַּנִּי: fut. יִשְׁתַּנֵּא, pl. יִשְׁתַּנּוֹן *sich ändern* Dan. 2, 9; *entstellt werden* Dan. 3, 19. 7, 28.

שֵׁנָא f. (statt שֵׁנָה) *Schlaf* Ps. 127, 2.

שִׁנְאָב n. pr. m. Gen. 14, 2.

שִׁנְאָן m. *Wiederholung*. אַלְפֵי שִׁנְאָן *viele Tausende* Ps. 68, 18.

שֶׁנְאַצַּר n. pr. m. 1 Chr. 3, 18.

שָׁנָה* pf. 1 sg. שָׁנִיתִי, fut. יִשְׁנֶא (=יִשְׁנֶה Klagel. 4, 1), 1 sg. אֶשְׁנֶה, 3 pl. יִשְׁנוּ (aber יִשְׁנוּ Spr. 4, 16 v. יָשֵׁן) *wiederholen* mit בְּ Spr. 26, 11; *etwas zum zweiten Mal thun* 1 Kön. 18, 34. Neh. 13, 21. וְלֹא אֶשְׁנֶה לוֹ *ich werde nicht einen zweiten Schlag zu geben brauchen* 1 Sam. 26, 8. 2 Sam. 20, 10; *erwiedern* Hiob 29, 22; auf eine Sache *zurückkommen* Spr. 17, 9. 2) *sich verändern* Mal. 3, 6; *entstellt sein* Klagel. 4, 1; part. שׁוֹנִים, f. שׁוֹנוֹת *verschieden* Est. 1, 7. 3, 8; subst. *Aufrührer* Spr. 24, 21.

Nifal inf. הִשָּׁנוֹת *wiederholt werden* Gen. 41, 32.

Piel pf. שִׁנָּא—שִׁנָּה; fut. אֲשַׁנֶּה, 3 sg. suff. יְשַׁנֵּהוּ, יְשַׁנּוֹ *verändern* 2 Kön. 25, 29. Jer. 2, 36. 52, 33. Ps. 89, 35. Spr. 31, 5; *entstellen* Hiob 14, 20; mit Object טַעַם *sich wahnsinnig stellen* 1 Sam. 21, 14. Ps. 34, 1; *versetzen* Est. 2, 9.

Pual יְשֻׁנֶּא *entstellt werden* Koh. 8, 1.

Hitp. pf. 2 sg. f. הִשְׁתַּנִּית *sich verstellen, verkleiden* 1 Kön. 14, 2.

שָׁנָה f. cs. שְׁנַת, suff. שְׁנָתוֹ, dual. שְׁנָתַיִם, pl. a) שָׁנִים, cs. שְׁנֵי, suff. שָׁנָיו, שָׁנֵינוּ, שְׁנֵיהֶם (Hiob 36, 11, sonst v. שְׁנַיִם); b) (dichterisch) cs. שְׁנוֹת, suff. שְׁנוֹתַי, שְׁנוֹתָם *Jahr* Gen. 5, 3. 6. 11, 10. 23, 1. 41, 50. Lev. 25, 52. בֶּן־שְׁנָתוֹ = בֶּן שָׁנָה *ein Jahr alt* Lev. 12, 6. 14, 10. שְׁנַת vor einem Zahlwort macht dies zum ordinale Lev. 25, 10; dichterisch im plur. für *Lebens-* oder *Zeitdauer* Deut. 32, 7. Ps. 78, 33. 102, 25. Hiob 36, 11.

[שְׁנָה] aram. f. cs. שְׁנַת, pl. שְׁנִין *Jahr* Dan. 6, 1. 7, 1. Esra 4, 24. 5, 11.

שֵׁנָה f. cs. שְׁנַת, suff. שְׁנָתִי, pl. שֵׁנוֹת *Schlaf* Gen. 28, 16. 31, 40. Spr. 6, 4. 10. שֵׁנָה יִהְיוּ *wie Schlaf sind sie* (ihr Dasein ist wie ein Traum) Ps. 90, 5.

[שְׁנָה] aram. f. suff. שִׁנְתֵּהּ *Schlaf* Dan. 6, 19.

שֶׁנְהַבִּים m. *Elfenbein* 1 Kön. 10, 22. 2 Chr. 9, 21.

שָׁנִי m. cs. שְׁנִי, pl. שָׁנִים *Karmesinfarbe* Jos. 2, 18. Jes. 1, 18. Hohel. 4, 3 u. das damit gefärbte *Zeug* 2 Sam. 1, 24. Spr. 31, 21 oder *Faden* Gen. 38, 28. Ex. 25, 4. Lev. 14, 6. Num. 19, 6.

שֵׁנִי f. שֵׁנִית *der zweite* Gen. 1, 8. 4, 19. הַפַּר הַשֵּׁנִי *der zweitgeborene* (bessere) *Stier* Richt. 6, 26; das fem. häufig adverb. *zum zweiten Mal* Gen. 22, 15. וְהַשֵּׁנִית *und zweitens* 2 Sam. 16, 19; pl. שְׁנִיִּם *als zweite* (in der Reihenfolge) Num. 2, 16; *zweites Stockwerk* Gen. 6, 16.

שְׁנַיִם m. cs. שְׁנֵי *zwei* Gen. 1, 16. 6, 19; vor עָשָׂר heisst die Form שְׁנֵים Gen. 17, 20; selten שְׁנֵי עָשָׂר Ex. 28, 21. Jos. 3, 12. 1 Kön. 7, 25. Ezech. 32, 1; suff. שְׁנֵינוּ *wir Beide* Gen. 31, 37. 1 Sam. 20, 42. Hiob 9, 33. שְׁנֵיכֶם *ihr Beide* Gen. 27, 45. שְׁנֵיהֶם *sie Beide* Gen. 2, 25 (aber Hiob 36, 11 von שָׁנָה); das fem. zu שְׁנַיִם s. שְׁתַּיִם.

שְׁנִינָה f. *Spott, Hohn* Deut. 28, 37. 1 Kön. 9, 7. Jer. 24, 9. 2 Chr. 7, 20.

שָׁנַן [denom. v. שֵׁן] pf. 1 sg. שַׁנּוֹתִי, 3 pl. שָׁנְנוּ *schärfen* Deut. 32, 41. Ps. 64, 4. 140, 4; part. II שָׁנוּן, pl. שְׁנוּנִים *scharf, spitz* (von Pfeilen) Jes. 5, 28. Ps. 45, 6. 120, 4. Spr. 25, 18.

Piel pf. 2 pl. suff. שִׁנַּנְתָּם *einschärfen, einprägen* Deut. 1, 7.

Hitp. fut. 1 sg. אֶשְׁתּוֹנָן *Schärfe* (Bitterkeit) *empfinden* Ps. 73, 21.

*[**שָׁנַס**] Piel fut. וַיְשַׁנֵּס *fest gürten* 1 Kön. 18, 46.

שִׁנְעָר n. pr. *Babylonien* im weiteren Umfang Gen. 10, 10. 11, 2. 14, 1. Jes. 11, 11. Zach. 5, 11. Dan. 1, 2.

שְׁנָת f. = שֵׁנָה *Schlaf* Ps. 132, 4.

*__שָׁסָה__ fut. יִשְׁסֶה *plündern, berauben* Hos. 13, 15. Ps. 44, 11; part. שֹׁסֵהוּ *sein Berauber* 1 Sam. 14, 48; pl. שֹׁסִים *Räuber, Plünderer* Richt. 2, 14. Jes. 17, 14. שֹׁאסַיִךְ Jer. 30, 16 = שֹׁסַיִךְ; part. II שְׁסוּי *ausgeraubt* Jes. 42, 22 (vgl. שָׁשָׁה).

*__שָׁסַס__ pf. 3 pl. suff. שְׁסָהוּ; fut. 3 pl. יָשֹׁסּוּ *plündern, berauben* Richt. 2, 14. 1 Sam. 17, 53. Ps. 89, 42.

Nifal pf. 3 pl. נָשַׁסּוּ; fut. 3 pl. יִשַּׁסּוּ *geplündert werden* Jes. 13, 16. Zach. 14, 2.

*__שָׁסַע__ part. שֹׁסַע, f. שֹׁסַעַת, mit Object שֶׁסַע *durchgespaltene Klauen haben* Lev. 11, 3. 7. 26. Deut. 14, 6; part. II f. שְׁסוּעָה *durchgespalten* Deut. 14, 7.

Piel שִׁסַּע, fut. יְשַׁסַּע *auseinanderreissen* Lev. 1, 17. Richt. 14, 6; *auseinandertreiben* (Menschen) 1 Sam. 24, 8.

שֶׁסַע m. *Spalt* nur als Obj. zu שֹׁסַע (s. d.) Lev. 11, 3. 7. 26. Deut. 14, 6.

*[**שָׁסַף**] Piel fut. וַיְשַׁסֵּף *zerhauen* 1 Sam. 15, 33.

[**שָׁעָא**] aram. f. emph. שַׁעֲתָא *Augenblick*. בַּהּ שַׁעֲתָא (שַׁעְתָּא) *in demselben Augenblick, sofort* Dan. 3, 6. 15. 4, 30. 5, 5.

*__שָׁעָה__ fut. יִשַׁע—יִשְׁעֶה; imp. שְׁעֵה, pl. שְׁעוּ *auf etwas* (mit Wohlgefallen) *blicken, sich einer Sache zuwenden* mit בְּ Ex. 5, 9. Ps. 119, 117; mit אֶל Gen. 4, 4. 5; mit עַל Jes. 17, 7. 8. 31, 1; *sich abwenden* mit מִן Jes 22, 4. Hiob 7, 19. 14, 6; ohne מִן Jes. 32, 3; überhaupt *sich umsehen* 2 Sam. 22, 42.

Hifil imp. הָשַׁע *sich abwenden, ablassen von*... mit מִן Ps. 39, 14 (vgl. שָׁעַע).

Hitp. fut. 2 sg. תִּשְׁתָּע, 1 pl. נִשְׁתָּעָה *sich* (ängstlich) *umsehen* Jes. 41, 10; *gegenseitig Einsicht nehmen* Jes. 41, 23.

שְׁעוּ s. שָׁעַע.

[**שְׁעָטָה**] f. cs. שַׁעֲטַת *das Stampfen* Jer. 47, 3.

שַׁעַטְנֵז m. ein aus *zweierlei Stoff* (Leinen und Wolle) verfertigtes Kleid Lev. 19, 19. Deut. 22, 11.

[**שֹׁעַל**] m. pl. שְׁעָלִים, cs. שַׁעֲלֵי *hohle Hand, Handvoll* 1 Kön. 20, 10. Ezech. 13, 19.

שֹׁעַל m. suff. שָׁעֳלוֹ *hohle Hand* Jes. 40, 12.

שֻׁעָל s. שׁוּעָל.

שַׁעַלְבִים n. pr. Stadt in Dan Richt. 1, 35. 1 Kön. 4, 9; dafür שַׁעַלַבִּין Jos. 19, 42; n. gent. (wahrsch.) שַׁעַלְבֹנִי 2 Sam. 23, 32. 1 Chr. 11, 33.

שַׁעֲלִים n. pr. einer Landschaft in Palästina 1 Sam. 9, 4; wahrscheinl. = שׁוּעָל (s. d.).

*[**שָׁעַן**] Nifal pf. נִשְׁעַן, 3 pl. נִשְׁעֲנוּ, 1 pl. נִשְׁעַנּוּ; fut. יִשָּׁעֵן; inf. suff. הִשָּׁעֶנְךָ *sich stützen auf*... mit עַל Richt. 16, 26. 2 Sam. 1, 6. Jes. 10, 20. 2 Chr. 13, 18. 14, 10. 16, 7. 8; mit אֶל Spr. 3, 5; mit בְּ Jes. 50, 10; *sich sicher glauben* Hiob 24, 23; *sich niederlassen* Gen. 18, 4; *angrenzen* mit לְ Num. 21, 15.

*__שָׁעַע__ imp. pl. שֹׁעוּ *überstreichen, blöde machen* (zu ergänzen: Augen) Jes. 29, 9.

Hifil imp. הָשַׁע *verkleben, blind machen* Jes. 6, 10 (vgl. שָׁעָה).

Pilpel pf. שִׁעֲשַׁע, 1 sg. שִׁעֲשַׁעְתִּי; fut. 3 pl. יְשַׁעַשְׁעוּ *streicheln, liebkosen, erfreuen* Ps. 94, 19. 119, 70; *spielen* Jes. 11, 8.

Polpal fut. 2 pl. תְּשָׁעֳשָׁעוּ *geliebkost werden* Jes. 66, 12.

Hitpalpel fut. 1 sg. אֶשְׁתַּעֲשַׁע; imp. pl. הִשְׁתַּעַשְׁעוּ *sich ergötzen an*... mit בְּ Ps. 119, 16. 47; *blind werden* (s. Kal) Jes. 29, 9.

שַׁעַף n. pr. m. 1 Chr. 2, 47. 49.

*__שָׁעַר__ 1) *berechnen* Spr. 23, 7. 2) denom. v. שַׁעַר nur im part. שֹׁעֵר, pl. שֹׁעֲרִים *Thorwache, Thorhüter* 2 Kön. 7, 10. 11; besonders von den Thorwächtern des Tempels Esra 2, 42. Neh. 7, 1. 1 Chr. 9, 22. 2 Chr. 23, 4.

שַׁעַר m. ps. שָׁעַר, mit He loc. שַׁעְרָה; pl. שְׁעָרִים, cs. שַׁעֲרֵי, suff. שְׁעָרֶיךָ, שַׁעֲרֵיהֶם 1) *Thor* (einer Stadt, eines Gebäudes) Ex. 35, 17. Richt. 16, 3. 2 Sam. 18, 24; häufig für *Stadt* selbst Gen. 22, 17. 24, 60. Deut. 12, 15. Jer. 17, 21. Ezech. 21, 20; das Thor war der Ort für Volksversammlungen Gen. 34, 20. Amos 5, 10. Ps. 69, 13. Hiob 29, 7. Rut 4, 1; für Gerichtsverhandlungen Spr. 22, 22. Amos 5, 12; auch wurde dort Markt gehalten 2 Kön. 7, 1. Im weiteren Sinne spricht man von *Thoren* (*Zugängen*) des Landes Jer. 15, 7. Nah. 3, 13; von *Thoren* (*Schleusen*) der Ströme Nah. 2, 7; bildlich vom *Thor* des Himmels Gen. 28, 17; von *Thoren* des Todes Ps. 9, 14. 107, 18. Hiob 38, 17; der Unterwelt Jes. 38, 10; des Heils Ps. 118, 19 u. dgl. 2) *Maass.* מֵאָה שְׁעָרִים *hundertfältig* Gen. 26, 12.

[שֹׁעָר] adj. pl. שֹׁעָרִים *herb, scharf* Jer. 29, 17.

[שַׁעֲרוּר] adj. f. שַׁעֲרוּרָה *Schauderhaftes, Abscheuliches* Jer. 5, 30. 23, 14.

שַׁעֲרוּרִיָּה f. *Schauderhaftes* Hos. 6, 10 Kri (Ktib: שַׁעֲרִירִיָּה).

שְׁעַרְיָה n. pr. m. 1 Chr. 8, 38.

שַׁעֲרַיִם n. pr. Ort in Juda Jos. 15, 36. 1 Sam. 17, 52. 1 Chr. 4, 31.

שַׁעֲרֻרִת f. *Abscheuliches* Jer. 18, 13.

שַׁעַשְׁגַז n. pr. m. Est. 2, 14.

[שַׁעֲשׁוּעַ] m. pl. שַׁעֲשׁוּעִים, suff. שַׁעֲשֻׁעָי *Liebkosung* Jer. 31, 20; *Ergötzung, Freude* Jes. 5, 7. Ps. 119, 24. 77. 92. 143. 174. Spr. 8, 31.

[שָׁפָה] Nifal part. נִשְׁפֶּה *kahl* Jes. 13, 2.

שָׁפָה f. pl. cs. שְׁפוֹת *Käse* 2 Sam. 17, 29.

שְׁפוֹ n. pr. m. Gen. 36, 23 = שְׁפִי 1 Chr. 1, 40.

שְׁפוֹט m. pl. שְׁפוֹטִים *Strafgericht* Ezech. 23, 10; *Strafe* 2 Chr. 20, 9.

שְׁפוּפָם n. pr. m. Num. 26, 39 (wo n. gent. = שׁוּפָמִי)

שְׁפוּפָן n. pr. m. 1 Chr. 8, 5.

שִׁפְחָה f. cs. שִׁפְחַת, suff. שִׁפְחָתֵךְ, שִׁפְחָתְךָ, pl. שְׁפָחוֹת, suff. שִׁפְחֹתֶךָ (Rut 2, 13), שִׁפְחוֹתָיו, שִׁפְחוֹתֵיכֶם *Magd, Sklavin,* zuweilen mit dem Nebenbegriff des Kebsweibes Gen. 12, 16. 16, 1. 6. 8. 32, 23. Lev. 19, 20. 1 Sam. 8, 16; in der demüthigen Anrede steht: „*deine Magd*" für „*ich*" 1 Sam. 28, 22. 2 Sam. 14, 7. Rut 2, 13.

***שָׁפַט** pf. 3 sg. suff. שְׁפָטְךָ, שְׁפָטָךְ, שְׁפָטוֹ, שְׁפָטָנוּ; fut. יִשְׁפֹּט, 3 pl. ps. יִשְׁפּוֹטוּ—יִשְׁפֹּטוּ; inf. שְׁפֹט, suff. שָׁפְטֵנוּ, שָׁפְטְךָ; imp. שְׁפָט־, שָׁפְטָה, pl. שִׁפְטוּ, ps. שְׁפֹטוּ *richten, das Richteramt üben* Gen. 19, 9. Micha 3, 11. Zach. 7, 9. Ps. 51, 6. Spr. 31, 9; mit der Nebenbedeutung *regieren* Richt. 16, 31. 1 Sam. 8, 5. 20. Ps. 82, 8; part. שֹׁפֵט *Richter* Deut. 19, 18, mit der Nebenbedeutung *Anführer, Oberhaupt* Richt. 2, 16. Rut 1, 1; *entscheiden* Ex. 18, 26; besonders mit folgd. בֵּין Gen. 16, 5. Jes. 5, 3; durch eine Strafrede *zurechtweisen* Ezech. 20, 4. 22, 2. 23, 36; *Recht verschaffen* mit acc. der Person Jes. 1, 23. Ps. 26, 1. 82, 3; daher *schützen, erretten* 1 Sam. 24, 16. 2 Sam. 18, 19. 31; *verurtheilen* 1 Sam. 3, 13. Ezech. 7, 3. Ps. 109, 31.

Nifal fut. אִשָּׁפֵט *gerichtet werden* Jes. 59, 4; *vor Gericht stehen* Ps. 9, 20. 37, 33. 109, 7; *rechten mit . . ., ihn zur Verantwortung ziehen* mit אֵת 1 Sam. 12, 7. Jes. 43, 26. Jer. 2, 35. Ezech. 20, 35. 36; daher ein *Strafgericht vollziehen* Jes. 66, 16. 2 Chr. 22, 8.

Poel part. suff. מְשֹׁפְטִי *Richter* Hiob 9, 15.

שְׁפַט aram. part. pl. שָׁפְטִין *Richter* Esra 7, 25.

[שֶׁפֶט] m. pl. שְׁפָטִים, cs. שְׁפָטֵי 1) *Strafgericht* Ex. 6, 6. 12, 12. Ezech. 5, 10. 14, 21. Spr. 19, 29. 2) n. pr. m. Num. 13, 5. — 1 Kön. 19, 16. — 1 Chr. 3, 22. — 5, 12. — 27, 29.

שְׁפַטְיָהוּ—שְׁפַטְיָה (*Gott richtet*) n. pr. 1) Sohn des David 2 Sam. 3, 4. 1 Chr. 3, 3. 2) Jer. 38, 1. — Esra 2, 4. 57. Neh. 7, 9. 59. — Esra 8, 8. — 1 Chr. 12, 5. — 27, 16. — 2 Chr. 21, 2.

שִׁפְטָן n. pr. m. Num. 34, 24.

שְׁפִי m. ps. שֶׁפִי, pl. שְׁפָיִם—שְׁפָיִים 1) *Kahlheit* Hiob 33, 21 Ktib (Kri שֻׁפּוּ s. שָׁפָה). 2) (kahler, unbewachsener) *Hügel* Num. 23, 3. Jes. 41, 18. 49, 9. Jer. 3, 2. 3) n. pr. = שְׁפוֹ s. d.).

שֻׁפִּים n. pr. m. 1 Chr. 7, 12. 15. — 26, 16.

שְׁפִיפֹן m. *Natter* Gen. 49, 17.

שָׁפִיר n. pr. eines Ortes Micha 1, 11.

שַׁפִּיר aram. adj. *schön* Dan. 4, 9. 18.

***שָׁפַךְ** fut. יִשְׁפֹּךְ; inf. שְׁפֹךְ (לִשְׁפֹּךְ, suff. בְּשָׁפְכָךְ) *ausgiessen, vergiessen* Ex. 4, 9. Lev. 4, 7. Deut. 12, 16. Richt. 6, 20; besonders häufig mit Obj. דָּם *Blut vergiessen = einen Mord begehen* Gen. 9, 6. Jes. 59, 7. Spr. 1, 16; ähnl. mit Obj. מֵעָיו *seine Eingeweide* 2 Sam. 20, 10, oder מְרֵרָתִי *meine Galle* Hiob 16, 13; *aufschütten* einen Wall (für Belagerung) 2 Sam. 20, 15. 2 Kön. 19, 32. Jer. 6, 6. Ezech. 26, 8. Bildlich sagt man *ergiessen* den Zorn Ezech. 9, 8. 20, 33. Zef. 3, 8. Klagel. 2, 4. 4, 11; Verachtung (d. h. *verächtlich machen*) Hiob 12, 21; Buhlerei (Ezech. 16, 15. 23, 8); Geist (Gottes) Ezech. 39, 29. Joel 3, 1. 2. Zach. 12, 10; sein Herz (im Gebet) 1 Sam. 1, 15. Ps. 42, 5. 62, 9. Klagel. 2, 19; seine Klage Ps. 102, 1. 142, 3.

Nifal fut. יִשָּׁפֵךְ *ausgegossen, vergossen werden* Gen. 9, 6. Deut. 12, 27; *ausgeschüttet werden* 1 Kön. 13, 3. Klagel. 2, 11; bildlich: Ps. 22, 15.

Pual pf. שֻׁפַּךְ *vergossen werden* Num. 35, 33. Zef. 1, 17; *ausgleiten* Ps. 73, 2.

Hitp. fut. 3 pl. f. תִּשְׁתַּפֵּכְנָה *hingeworfen werden* Klagel. 4, 1; *die Seele ergiesst sich* d. h. *fühlt sich dem Verschmachten nahe* Hiob 30, 16. Klagel. 2, 12.

שֶׁפֶךְ m. *Ort, wohin man ... schüttet* Lev. 4, 12.

שָׁפְכָה f. *Harnröhre* Deut. 23, 2.

***שָׁפֵל** pf. 2 sg. f. שָׁפַלְתְּ; fut. יִשְׁפַּל, 3 pl. f. תִּשְׁפַּלְנָה; inf. שְׁפַל *sich senken, niedrig werden* Jes. 10, 33. 40, 4; meist bildlich *gedemüthigt werden* Jes. 2, 9. 17. 32, 19; *gedämpft sein* Koh. 12, 4; adverb. Jes. 29, 4.

Hifil fut. 3 sg. suff. יַשְׁפִּילֶנָּה—יַשְׁפִּלֶהָ *niedrig machen* Ezech. 17, 24; *niederwerfen, demüthigen* Jes. 26, 5. Ps. 147, 6. Spr. 29, 23; *einen niedrigen Platz einnehmen, sich erniedrigen* Spr. 25, 7, was noch bestimmter durch den Zusatz שְׁבוּ Jer. 13, 18 ausgedrückt wird; ähnlich adverb. הַמַּשְׁפִּילִי לִרְאוֹת *der tief heruntersieht* Ps. 113, 6.

[שְׁפַל] aram. Hafel pf. 2 sg. הַשְׁפֵּלְתְּ; fut. יְהַשְׁפִּל; inf. הַשְׁפָּלָה; part. מַשְׁפִּל *demüthigen, beugen* Dan. 4, 34. 5, 19. 22. 7, 24.

שָׁפָל adj. u. subst. mit He שָׁפָלָה (Ezech. 21, 31), cs שְׁפַל, f. שְׁפָלָה, cs. שִׁפְלַת, pl. שְׁפָלִים *niedrig* (räumlich) Lev. 13, 20. Ezech. 17, 6. 24; *unbedeutend, gering* 2 Sam. 6, 22. Ezech. 17, 14. 21, 31. Mal. 2, 9. Hiob 5, 11; *demüthig, gebeugt* Jes. 57, 15. Ps. 138, 6. Spr. 16, 19.

שְׁפַל aram. adj. *gering, unbedeutend* Dan. 4, 14.

שֵׁפֶל m. suff. שִׁפְלֵנוּ *Niedrigkeit* Ps. 136, 23. Koh. 10, 6.

שִׁפְלָה f. *Erniedrigung* Jes. 32, 19.

שְׁפֵלָה f. suff. שְׁפֵלָתהּ *Niederung, Ebene* Jos. 11, 16; meist aber (mit Art.) als n. pr. der längs der Küste des mittelländ. Meeres von Joppe bis nach Aegypten hin sich erstreckenden Niederung (*Sefela*) Deut. 1, 7. Jos. 10, 40. 11, 16. 15, 33. 1 Kön. 10, 27. Obad. 1, 19. Zach. 7, 7. 2 Chr. 26, 10. 28, 18.

שִׁפְלוּת f. mit gen. יָדַיִם *Schlaffheit* Koh. 10, 18.

שָׁפָם n. pr. m. 1 Chr. 5, 12.

שְׁפָם n. pr. mit He loc. שְׁפָמָה Ort in Palästina Num. 34, 10. 11.

שִׁפְמוֹת n. pr. Ort in Juda 1 Sam. 30, 28.

שִׁפְמִי n. gent. (vielleicht einer der vorhergeh. Ortschaften) 1 Chr. 27, 27.

שָׁפָן 1) m. pl. שְׁפַנִּים *Kaninchen* Lev. 11, 5. Deut. 14, 7. Ps. 104, 18. Spr. 30, 26. 2) n. pr. m. 2 Kön. 22, 3.—12. Jer. 26, 24. 39, 14.

שֶׁפַע m. *Ueberfluss* Deut. 33, 19.

שִׁפְעָה f. cs. שִׁפְעַת *Menge, Fülle* Jes. 60, 6. Ezech. 26, 10. Hiob 22, 11; *langer Zug* 2 Kön. 9, 17 (wo das zweite Mal st. constr. statt abs.).

שִׁפְעִי (*Fülle Gottes*) n. pr. m. 1 Chr. 4, 37.

שָׁפַר *schön, lieblich sein* Ps. 16, 6.

***שְׁפַר** aram. fut. יִשְׁפַּר *gefallen* mit עַל Dan. 4, 24; mit קֳדָם Dan. 3, 32. 6, 2.

שֶׁפֶר 1) m. ps. שָׁפֶר *Schönheit, Lieblichkeit* Gen. 49, 21. 2) Name eines Berges, Lagerplatz der Israeliten Num. 33, 23. 24.

שֹׁפָר s. שׁוֹפָר.

שִׁפְרָה 1) f. *Heiterkeit*, adject. Hiob 26, 13. 2) n. pr. f. Ex. 1, 15.

שַׁפְרוּר (Ktib) — שַׁפְרִיר (Kri), m. suff. שַׁפְרִירוֹ *Baldachin* Jer. 43, 10.

שְׁפַרְפַּר aram. m. emph. שְׁפַרְפָּרָא *Morgenroth, Frühe* Dan. 6, 20.

***שָׁפַת** fut. 2 sg. תִּשְׁפּוֹת, suff. תִּשְׁפְּתֵנִי; imp. שְׁפֹת *hinstellen* 2 Kön. 4, 38. Ezech. 24, 3; *versetzen* Ps. 22, 16; *gewähren* Jes. 26, 12.

[שְׁפַת] m. dual. שְׁפַתַּיִם *Hürde* Ps. 68, 14; *Haken*, um geschlachtete Thiere anzuhängen Ezech. 40, 43.

[שְׁצָא] Pael שֵׁיצִיא s. יְצָא.

שֶׁצֶף m. *Fluth* Jes. 54, 8.

[שָׁק] aram. m. dual. suff. שָׁקוֹהִי *Schenkel* Dan. 2, 33.

*שָׁקַד fut. יִשְׁקֹד; inf. שְׁקֹד *wachen, aufmerken* Ps. 127, 1. Esra 8, 29; *warten* Ps. 102, 8; mit עַל *Wache halten über etwas* Spr. 8, 34. Hiob 21, 32; daher *auflauern* Jer. 5, 6; *genau auf etwas achten* Jer. 1, 12. 31, 28. 44, 27. Dan. 9, 14. שֹׁקְדֵי אָוֶן *die auf Unrecht sinnen* Jes. 29, 20.

Pual (denom. von שָׁקֵד) part. pl. מְשֻׁקָּדִים *mandelförmig* Ex. 25, 33.

שָׁקֵד m. pl. שְׁקֵדִים *Mandel* Gen. 43, 11. Num. 17, 23. Koh. 12, 5; *Mandelbaum* Jer. 1, 11.

*[שָׁקָה] Nifal נִשְׁקָה *überschwemmt werden* Amos 8, 8 (Ktib).

Pual fut. יְשֻׁקֶּה *getränkt, gekräftigt werden* Hiob 21, 24.

Hifil (vgl. שָׁתָה) pf. הִשְׁקָה, f. ps. הִשְׁקָתָה, 2 sg. הִשְׁקִיתָ, 1 sg. הִשְׁקִיתִי, suff. הִשְׁקִיתִים fut. יַשְׁקֶה—וַיַּשְׁק, suff. יַשְׁקֵנוּ; inf. הַשְׁקוֹת; imp. suff. הַשְׁקֵהוּ; fem. suff. הַשְׁקִינִי *trinken lassen, zu trinken geben, tränken* Est. 1, 7; mit acc. d. Pers. Gen. 24, 14. 18. 45. 46. 29, 3. 7. 8. 10; mit dopp. acc. Gen. 19, 33. 24, 43. Num. 6, 24. 26. 27. Jer. 8, 14. 9, 14. 23, 15; *bewässern* Gen. 2, 6. 10. Deut. 11, 10. Ps. 104, 13 (vgl. מַשְׁקֶה).

[שִׁקּוּ] m. pl. suff. שִׁקּוּיַ *Getränk* Ps. 102, 10.

שִׁקּוּי m. pl. suff. ps. שִׁקּוּיָי *Getränk* Hos. 2, 7; *Stärkung* Spr. 3, 8.

שִׁקֻּץ—שִׁקּוּץ m. pl. שִׁקּוּצִים, cs. שִׁקּוּצֵי, suff. שִׁקּוּצֵיהֶם *Gegenstand des Abscheu's, Greuels* Hos. 9, 10. Nah. 3, 6; besonders von Götzenbildern Deut. 29, 16. 1 Kön. 11, 5. Ezech. 20, 7; von dem Fleisch der Götzenopfer Zach. 9, 7.

*שָׁקַט pf. 3 sg. f. שָׁקְטָה; fut. יִשְׁקֹט *sich in Ruhe befinden, ruhen* Ps. 76, 9. Rut 3, 18; verstärkt durch den Zusatz עַל שְׁמָרָיו (s. שֶׁמֶר).

Hifil 1) *Ruhe verschaffen* mit לְ Ps. 94, 13; *beschwichtigen* Spr. 15, 18. Hiob 34, 29. 2) *Ruhe halten, ruhen* Jes. 7, 4. 57, 20. Jer. 49, 23; inf. הַשְׁקֵט als subst. *Ruhe* Jes. 30, 15. 32, 17.

שֶׁקֶט m. *Ruhe* 1 Chr. 22, 9.

*שָׁקַל fut. יִשְׁקֹל, 1 sg. וָאֶשְׁקְלָה—וָאֶשְׁקֳלָה (Esra 8, 25. 26) *wägen* 2 Sam. 14, 26. 18, 12. Jes. 40, 12. Hiob 31, 6; *Jemandem etwas zuwägen* Esra 8, 25. 26; daher überhaupt (Geld) *zahlen, auszahlen* Gen. 23, 16. Ex. 22, 16. 1 Kön. 20, 39. Zach. 11, 12. Est. 3, 9.

Nifal fut. יִשָּׁקֵל *gewogen werden* Hiob 6, 2; *zugewogen werden* Esra 8, 33; *gezahlt werden* Hiob 28, 15.

שֶׁקֶל m. ps. שָׁקֶל, pl. שְׁקָלִים, cs. שִׁקְלֵי ein (bestimmtes) Gewicht 2 Sam. 14, 26. Ezech. 4, 10; meist ein Gewicht an Silber als Münze Gen. 23, 15. Ex. 38, 24. Lev. 27, 3; oft ist שֶׁקֶל zu ergänzen Gen. 20, 16. 37, 28. 45, 22. Man unterschied den שֶׁקֶל הַקֹּדֶשׁ bestehend aus 20 גֵּרָה (Ex. 30, 13), von dem 3000 auf den כִּכָּר gingen (Ex. 38, 25), u. den שֶׁקֶל nach königlichem Gewicht (2 Sam. 14, 26); es gab *halbe* (Ex. 30, 13 = בֶּקַע s. d.), *drittel* (Neh. 10, 33) u. *viertel* (רֶבַע s. d.) *Schekel*. Man glaubt, dass der *Schekel* etwa ²/₃ preuss. Thlr. entspricht. Es werden auch *Goldschekel* erwähnt 1 Chr. 21, 25; auch hier ist zuweilen שֶׁקֶל zu ergänzen Gen. 24, 22.

[שִׁקְמָה] f. pl. שִׁקְמִים, suff. שִׁקְמוֹתָם *Sykomore, Maulbeerfeigenbaum* 1 Kön. 10, 27. Jes. 9, 9. Amos 7, 14. Ps. 78, 47.

*שָׁקַע fut. 3 sg. f. תִּשְׁקַע *versinken, einsinken* Num. 11, 2. Jer. 51, 64. Amos 9, 5.

Hifil fut. אַשְׁקִיעַ *einsinken lassen* Ezech. 32, 14; *niederdrücken* Hiob 40, 25.

[שְׁקַעֲרוּרָה] f. pl. שְׁקַעֲרוּרֹת *vertiefte Stelle* Lev. 14, 37.

*[שָׁקַף] Nifal pf. נִשְׁקַף *herausblicken, hinblicken* Num. 21, 20. 23, 28. Richt. 5, 28. Hohel. 6, 10; *herannahen* Jer. 6, 1.

Hifil pf. הִשְׁקִיף; fut. יַשְׁקִיף—יַשְׁקֵף *blicken* Gen. 18, 16. 19, 28. 26, 8. Ex. 14, 24. 2 Kön. 9, 30. 32. Ps. 14, 2.

שֶׁקֶף m. ps. שָׁקֶף *Gebälk* 1 Kön. 7, 5.

[שָׁקֻף] m. pl. שְׁקֻפִים *Querbalken* (mit denen die Fenster des Tempels geschlossen werden konnten) 1 Kön. 6, 4; *gebälkte Ueberdeckungen* 1 Kön. 7, 4.

[שִׁקֵּץ] Piel שִׁקֵּץ *für ein Greuel halten, verabscheuen, verwerfen* Lev. 11, 11. Deut. 7, 26. Ps. 22, 25.

שֶׁקֶץ m. *Greuel* (von Thieren, die man nicht essen darf) Lev. 7, 21. Jes. 66, 17. Ezech. 8, 10.

שִׁקֻּץ s. שִׁקּוּץ.

*שָׁקַק f. 3 pl. יָשֹׁקּוּ *einherrennen* Jes. 33, 4. Joel 2, 9; *einherstürzen* Spr. 28, 15 (vgl. שׁוּק).

Hitpalpel fut. 3 pl. יִשְׁתַּקְשְׁקוּן *einherstürzen* Nah. 2, 5.

*שָׁקַר fut. תִּשְׁקֹר *treulos sein gegen* ... mit לְ Gen. 21, 23.

Piel fut. יְשַׁקֵּר *lügen* Lev. 19, 11. 1 Sam. 15, 29. Jes. 63, 8; *treulos handeln gegen* ... mit בְּ Ps. 44, 18. 89, 34.

שֶׁקֶר m. ps. שָׁקֶר, pl. שְׁקָרִים, suff. שִׁקְרֵיהֶם *Trug, Falschheit, Lüge* Lev. 5, 24. Jer. 23, 25. 26; sehr häufig im genit. als adj. *falsch* Ex. 23, 7. לֶחֶם שֶׁקֶר *durch Trug erworbenes Brod* Spr. 20, 17; *eitel, vergeblich* 1 Sam. 25, 21. Jer. 3, 23; pl. *trügliche Reden* Jer. 23, 32.

שֹׁקֶת f. pl. cs. שִׁקְתוֹת *Tränkrinnen* Gen. 24, 20. 30, 38.

[שֹׁר] m. suff. שָׁרְרֵךְ—שָׁרֵּךְ, שָׁרֶּךָ *Nabel* Ezech. 16, 4; *Bauch, Leib* Spr. 3, 8. Hohel. 7, 3.

*שְׁרָא aram. part. m. pl. שָׁרַיִן; inf. מִשְׁרֵא 1) *lagern, sich befinden* Dan. 2, 22. 2) *lösen, öffnen* Dan. 5, 16; part. *fessellos, frei* Dan. 3, 25.

Pael pf. 3 pl. שָׁרִיו; part. מְשָׁרֵא 1) *anfangen* Esra 5, 2. 2) *lösen, öffnen* Dan. 5, 12.

Itpael part. pl. מִשְׁתָּרַיִן *gelöst werden, auseinanderfallen* Dan. 5, 6.

שַׁרְאֶצֶר n. pr. 1) Sohn des Sanherib 2 Kön. 19, 37. Jes. 37, 38. 2) Zach. 7, 2. 3) vgl. נֵרְגַל.

שָׁרָב m. *Kimmung*, eine (der fata morgana ähnliche) Erscheinung, vermöge deren die Luft in eine zitternde Bewegung geräth und den Anblick einer fernen Wassermasse gewährt Jes. 35, 7. 49, 10.

שֵׁרֵבְיָה n. pr. m. Esra 8, 18. 24. Neh. 8, 7. 9, 4. 10, 13. 12, 8. 24.

שַׁרְבִיט (=שֵׁבֶט) m. *Scepter* Est. 4, 11. 5, 2. 8, 4.

*שָׁרָה fut. 3 sg. suff. יִשְׁרֵהוּ *loslassen, entsenden* (den Blitz) Hiob 37, 3.

Piel pf. 1 sg. suff. שֵׁרִיתִךָ *befreien* Jer. 15, 11 (Kri; Ktib שֵׁרוֹתִךָ *deine Befreiung*).

[שָׁרָה] f. pl. suff. שָׁרוֹתֶיהָ, שָׁרוֹתַיִךְ 1) *Palme* Jer. 5, 10. 2) *Karawane* Ezech. 27, 25.

[שֵׁרָה] f. pl. שֵׁרוֹת *Armband* Jes. 3, 19.

שָׁרוּחֶן n. pr. Ort in Simeon Jos. 19, 6.

שָׁרוֹן n. pr. Ebene im westlichen Juda Jes. 33, 9. 35, 2. 65, 10. Hohel. 2, 1. 1 Chr. 5, 16; n. gent. שָׁרוֹנִי 1 Chr. 27, 29.

שְׁרוּקָה s. שְׁרִיקָה.

שִׁרְטַי s. שִׁטְרַי.

שָׁרַי n. pr. m. Esra 10, 40.

שִׁרְיָה f. *Panzer* Hiob 41, 18.

שִׁרְיוֹן m. pl. שִׁרְיֹנִים—שִׁרְיֹנוֹת 1) *Panzer* 1 Sam. 17, 5. 38. Neh. 4, 10. 2 Chr. 26, 14. 2) n. pr. (auch שִׂרְיֹן—שִׁרְיוֹן) des Hermon bei den Sidoniern Deut. 3, 9. Ps. 29, 6.

שִׁרְיָן m. *Panzer* 1 Kön. 22, 34. Jes. 59, 17. 2 Chr. 18, 33.

[שְׁרִיקָה] f. pl. שְׁרִיקֹת—שְׁרִיקוֹת *das Blöken* Richt. 5, 16; *das Zischen* (als Zeichen des Spottes) Jer. 18, 16 Kri (Ktib: שְׁרוּקֹת).

[שָׁרִיר] m. pl. cs. שְׁרִירֵי *Sehne, Muskel* Hiob 40, 16.

שְׁרִרוּת—שְׁרִירוּת f. *Härte, Verstocktheit* Deut. 29, 18. Jer. 3, 17. Ps. 81, 13.

שֵׁרִית s. שָׁרָה u. שְׁאֵרִית.

שְׁרֵמָה s. שְׁדֵמָה.

*שָׁרַץ fut. יִשְׁרֹץ *wimmeln, wimmelnd kriechen* Gen. 7, 21. Ezech. 47, 9; mit dem Subj. des Ortes, an welchem das Wimmeln stattfindet Gen. 1, 20. 21. Ex. 7, 28. Ps. 105, 30; auch von Menschen, die sich *massenhaft vermehren* Gen. 9, 7. Ex. 1, 7.

שֶׁרֶץ m. *Kriechendes, Gewürm* Gen. 1, 20. Lev. 11, 10. 20.

*שָׁרַק fut. יִשְׁרֹק *zischen, pfeifen*, als Zeichen des Spottes oder des Entsetzens 1 Kön. 9, 8. Jer. 49, 17. Ezech. 27, 36. Hiob 27, 24. Klagel. 2, 16; mit לְ durch Zischen oder Pfeifen *herbeirufen* Jes. 5, 26. 7, 18. Zach. 10, 8.

שְׁרֵקָה f. *Spott, Verhöhnung* Jer. 19, 8. Micha 6, 16. 2 Chr. 29, 8 (vgl. שְׁרִיקָה).

שָׁרַר nur part. pl. suff. שׁוֹרְרַי—שֹׁרְרַי *Feind, Gegner* Ps. 5, 9. 27, 11. 54, 7. 56, 3. 59, 11.

שָׁרָר n. pr. s. שָׂכָר.

שֹׁרֶר s. שֹׁר.

[שָׁרַשׁ denom. von שֹׁרֶשׁ] Piel pf. 3 sg. suff. שֵׁרֶשְׁךָ; fut. 2 sg. f. תְּשָׁרֵשׁ *entwurzeln, herausreissen* Ps. 52, 7. Hiob 31, 12.

Poel שֹׁרֵשׁ, 3 pl. ps. שֹׁרָשׁוּ *Wurzel schlagen* Jes. 40, 24. Jer. 12, 2.

Pual fut. 3 pl. ps. יְשֹׁרָשׁוּ *entwurzelt werden* Hiob 31, 8.

Hifil fut. יַשְׁרֵשׁ *Wurzel schlagen* Jes. 27, 6. Ps. 80, 10. Hiob 5, 3.

שֹׁרֶשׁ m. suff. שָׁרְשׁוֹ, pl. cs. שָׁרְשֵׁי, suff. שָׁרָשָׁיו

שָׁרְשָׁה *Wurzel* Ps. 80, 10. Hiob 8, 17. 14, 8. 30, 4; in verschiedenen Uebertragungen: *Ursprung, Herkunft* Richt. 5, 14; *Geschlecht* Jes. 14, 29. 30. Spr. 12, 3; *das Unterste* an einer Sache Hiob 13, 27. 36, 30; *Grund* Hiob 19, 28.

שֶׁרֶשׁ n. pr. m. 1 Chr. 7, 16.

[שֹׁרֶשׁ] aram. m. pl. suff. שָׁרְשׁוֹהִי *Wurzel* Dan. 4, 12. 20. 23.

[שַׁרְשָׁה] f. pl. cs. שַׁרְשׁוֹת *Kette* Ex. 28, 22.

שְׁרֹשׁוּ (Ktib) — שְׁרֹשִׁי (Kri) aram. m. *Ausrottung* Esra 7, 26.

[שַׁרְשְׁרָה] f. pl. שַׁרְשְׁרוֹת (geflochtene) *Kette, Schnur* Ex. 28, 14. 1 Kön. 7, 17. 2 Chr. 3, 5.

*[שָׁרַת] Piel pf. שֵׁרֵת; fut. וַיְשָׁרֶת, 3 pl. suff. יְשָׁרְתוּנֶךָ; inf. שָׁרֵת—שָׁרֵת, suff. שָׁרְתֵנִי; part. מְשָׁרֵת, f. מְשָׁרֵת (=מְשָׁרֶתֶת 1 Kön. 1, 15) *bedienen* mit accus. Gen. 39, 4. 40, 4. 1 Kön. 1, 4. 19, 21. Jes. 60, 7. 10; mit לְ 2 Chr. 22, 8; part. meist als subst. *Diener* Ex. 33, 11. 2 Sam. 13, 18. 1 Kön. 10, 5. Spr. 29, 12; häufigst vom Dienst im Tempel, der gewöhnlich als ein *Bedienen Gottes* Deut. 10, 8. 17, 12. 1 Sam. 2, 11. Jes. 61, 6. Ezech. 43, 19; oder als ein *Bedienen der Gemeinde* Num. 16, 9 oder (von Seiten der Leviten) als ein *Bedienen der Stiftshütte* Num. 1, 50 oder *der Priester* Num. 18, 2 bezeichnet wird. Ohne Obj.: *den Tempeldienst verrichten* Ex. 28, 35. 30, 20. Deut. 18, 5. 7.

שָׁרֵת m. als genit. zu כְּלֵי *Dienst* (Tempel-) *Geräthe* Num. 4, 12. 2 Chr. 24, 14.

[שָׁשָׂה] Poel pf. 1 sg. שׁוֹשֵׂתִי *plündern* Jes. 10, 13 (vgl. שָׁסָה).

שֵׁשׁ—שֵׁשׁ־—שֵׁשׁ (bei fem.) u. שִׁשָּׁה cs. שֵׁשֶׁת (bei masc.) *sechs* Gen. 7, 6. 30, 20. Ex. 16, 26. Spr. 6, 16; plur. שִׁשִּׁים *sechzig* Gen. 5, 15.

שֵׁשׁ m. 1) = שַׁיִשׁ *weisser Marmor* Hohel. 5, 15. Est. 1, 6. 2) *feine weisse Leinwand* (= בּוּץ *Byssus*) Gen. 41, 42. Ex. 25, 4. Ezech. 27, 7. Spr. 31, 22.

[שִׁשֵּׂא] Piel pf. 1 sg. suff. שִׁשֵּׂאתִיךָ *herauslocken* Ezech. 39, 2.

שֵׁשְׁבַּצַּר n. pr. persischer Name des Serubabel Esra 1, 8.

[שִׁשָּׁה] denom. v. שֵׁשׁ] Piel pf. 2 pl. שִׁשִּׁיתֶם *den sechsten Theil geben* Ezech. 45, 13.

שָׁשַׁי n. pr. m. Esra 10, 40.

שֵׁשַׁי n. pr. m. Num. 13, 22. Jos. 15, 14. Richt. 1, 10.

שֶׁשִׁי m. (=שֵׁשׁ) *feine Leinwand* Ezech. 16, 13.

שִׁשִּׁי m. f. שִׁשִּׁית *der sechste* Gen. 1, 31. Ex. 26, 9; fem. auch *ein Sechstel* Ezech. 4, 11. 45, 13. 46, 14.

שֵׁשַׁךְ n. pr. für *Babel* Jer. 25, 26. 51, 41.

שֵׁשָׁן n. pr. m. 1 Chr. 2, 31.

שָׁשַׁק n. pr. m. 1 Chr. 8, 14.

שָׁשַׁר m. *rothe Farbe, Mennig* Jer. 22, 14. Ezech. 23, 14.

שָׁת 1) s. שִׁית. 2) m. nur pl. שָׁתוֹת, suff. שָׁתֹתֶיהָ *Pfeiler, Grundfeste* Ps. 11, 3; bildlich von den *Vornehmen* im Lande Jes. 19, 10.

שֵׁת m. pl. suff. שְׁתוֹתֵיהֶם 1) *das Gesäss* 2 Sam. 10, 4. Jes. 20, 4. 2) *Getöse.* בְּנֵי שֵׁת *tobende Feinde* Num. 24, 17. 3) n. pr. Sohn des Adam Gen. 4, 25. 26. 5, 6. 1 Chr. 1, 1.

שֵׁת—שֵׁת aram. *sechs* Dan. 3, 1. Esra 6, 15; pl. שִׁתִּין *sechzig* Dan. 3, 1. 6, 1. Esra 6, 3.

*שָׁתָה pf. 1 sg. שָׁתִיתִי, 2 sg. f. שָׁתִית; fut. יִשְׁתֶּה—יֵשְׁתְּ—וַיֵּשְׁתְּ, 1 sg. אֶשְׁתֶּה—וָאֵשְׁתְּ, 3 pl. יִשְׁתּוּ—יִשְׁתָּיוּן, f. תִּשְׁתֶּינָה; inf. abs. שָׁתוֹ—שָׁתֹה—שָׁתוֹת, cs. שְׁתוֹת, suff. לִשְׁתּוֹתָהּ; imp. שְׁתֵה, pl. שְׁתוּ *trinken* Gen. 9, 21. 24, 14. 46. 54. Ex. 34, 28. Deut. 9, 9. 1 Sam. 1, 9. Jes. 22, 13. Jer. 35, 8. Ezech. 34, 19. Ps. 78, 44. Hohel. 5, 1; mit בְּ *mit Behagen trinken* Spr. 9, 5; auch mit בְּ des Gefässes, *aus* dem man *trinkt* Gen. 44, 5. Amos 6, 6. Bildlich *trinkt man* den Becher des Leidens (der Strafe) Jes. 51, 17. 22. Jer. 49, 12; den Zorn Gottes Hiob 21, 20; Unrecht (d. h. man thut es häufig) Hiob 15, 16; Spott Hiob 34, 7; Gewaltthat (man zieht sie sich zu) Spr. 26, 6 u. s. w. [als Hifil dient שָׁקָה s. d.].

Nifal fut. יִשָּׁתֶה *getrunken werden* Lev. 11, 34.

שְׁתָה aram. pf. 3 pl. אִשְׁתִּיו; part. שָׁתֵה, pl. שָׁתַיִן; fut. 3 pl. יִשְׁתּוֹן *trinken* Dan. 5, 1. 4; mit בְּ des Gefässes Dan. 5, 2. 3. 23.

שְׁתִי m. 1) *das Trinken* Koh. 10, 17. 2) *der Aufzug am Gewebe* Lev. 13, 48 ff.

שְׁתִיָּה f. *das Trinken* Est. 1, 8.

שְׁתַּיִם f. cs. שְׁתֵּי *zwei* Gen. 4, 19. 5, 18. מִשְּׁתֵּי Richt. 16, 28; vor עֶשְׂרֵה heisst die Form שְׁתֵּים Gen. 14, 4; suff. שְׁתֵּיהֶם Rut 1, 19. 4, 11, und שְׁתֵּיהֶן 1 Sam. 25. 43. Ezech. 23, 13 *sie Beide.*

*שָׁתַל fut. 1 sg. suff. אֶשְׁתֳּלֶנּוּ *pflanzen, einpflanzen* Jer. 17, 8. Ezech. 17, 22. 23. Hos. 9, 13. Ps. 1, 3. 92, 14.

[שָׁתָל] m. pl. cs. שְׁתִלֵי *Schössling* Ps. 128, 3.

שָׁתַם* nur part. pass. cs. שְׁתֻם *öffnen* Num. 24, 3. 15.

[שָׁתַן] Hifil part. nur in der Verbindung: *nicht übrig lassen* מַשְׁתִּין בְּקִיר *den an die Wand Pissenden*, d. h. *gar nichts* 1 Sam. 25, 22. 34. 1 Kön. 14, 10. 16, 11. 21, 21. 2 Kön. 9, 8.

שָׁתַק* fut. יִשְׁתֹּק *sich beruhigen* Jona 1, 11. 12. Ps, 107, 30. Spr. 26, 20.

שֵׁתָר n. pr. eines persischen Grossen Est. 1, 14.

שְׁתַר בּוֹזְנַי n. pr. eines persischen Beamten Esra 5, 3. 6.

שָׁתָה s. שִׁית.

ת

תָּא m. pl. תָּאוֹת—תָּאִים, cs. תָּאֵי, suff. תָּאָיו *Zimmer, Kammer* 1 Kön. 14, 28. Ezech. 40, 7. 10. 12. 36.

תָּאַב* *begehren nach* ... mit ל Ps. 119, 40. 174.

Piel (v. anderer Wurzel = תָּעַב) part. מְתָאֵב *verabscheuen* Amos 6, 8.

תַּאֲבָה f. *Sehnsucht* Ps. 119, 20.

[תָּאָה]* Piel fut. 2 pl. תְּתָאוּ *eine Grenzlinie ziehen* Num. 34, 7. 8.

תְּאוֹ—תּוֹא m. *Antilope* Deut. 14, 5. Jes. 51, 20.

תַּאֲוָה f. cs. תַּאֲוַת, suff. תַּאֲוָתִי 1) *Wunsch, Verlangen* Ps. 10, 3. 38, 10. Spr. 13, 12; adj. *wünschenswerth* Gen. 3, 6. Hiob 33, 20. — n. pr. קִבְרוֹת הַתַּאֲוָה s. קֶבֶר. 2) *Grenze* Gen. 49, 26.

[תְּאוֹם] m. pl. תְּאוֹמִים—תּוֹמִם, cs. תְּאוֹמֵי *Zwillinge* Gen. 25, 24. 38, 27. Hohel. 4, 5.

תַּאֲלָה f. suff. תַּאֲלָתְךָ *Fluch* Klagel. 3, 65.

תָּאַם part. pl. תֹּאֲמִם—תּוֹאֲמִם *gedoppelt, gepaart* Ex. 26, 24. 36, 29.

Hifil part. pl. f. מַתְאִימוֹת *Zwillinge gebärend* Hohel. 4, 2. 6, 6.

[תָּאָם] m. pl. תַּמִּים (st. תְּאָמִים) *gepaart, gedoppelt* Ex. 26, 24. 36, 29.

[תֹּאָם] m. pl. cs. תָּאֳמֵי *Zwillinge* Hohel. 7, 4.

תַּאֲנָה f. suff. תַּאֲנָתָהּ *Brunst* Jer. 2, 24.

תְּאֵנָה f. suff. תְּאֵנָתִי, pl. תְּאֵנִים, cs. תְּאֵנֵי, suff. תְּאֵנֵיכֶם *Feigenbaum* Gen. 3, 7. Richt. 9, 10. Jer. 8, 13. Joel 1, 7. Amos 4, 9. Nah. 3, 12; *Feige* (meist pl.) Num. 13, 23. Jer. 8, 13. 24, 2.

תֹּאֲנָה f. *Vorwand, Grund zur Klage* Richt. 14, 4.

תַּאֲנִיָּה f. *Klage* Jes. 29, 2. Klagel. 2, 5.

תְּאֻנִים pl. m. *Mühsal, Leiden* Ezech. 24, 12.

תַּאֲנַת שִׁלֹה n. pr. Ort an der Grenze Efraim's Jos. 16, 6.

תָּאַר* *bezeichnen, die Grenzlinie angeben* Jos. 15, 9. 11. 18, 14. 17.

Piel fut. 3 sg. suff. יְתָאֲרֵהוּ *abzeichnen, umzeichnen* Jes. 44, 13.

Pual part. מְתֹאָר *gerichtet nach* ... Jos. 19, 13.

תֹּאַר suff. תָּאֳרוֹ—תֹּארוֹ, תָּאֳרָם *Aussehen, Gestalt* Gen. 29, 17. Richt. 8, 18. 1 Sam. 28, 14. Jes. 52, 14. Klagel. 4, 8.

תַּאְרֵעַ n. pr. m. 1 Chr. 8, 35 = תַּחְרֵעַ 1 Chr. 9, 41.

תְּאַשּׁוּר m. eine Art *Zeder* Jes. 41, 19. 60, 13.

תֵּבָה f. cs. תֵּבַת *Kasten, Arche* Gen. 6, 14 ff. Ex. 2, 3. 5.

תְּבוּאָה f. cs. תְּבוּאַת, suff. תְּבוּאָתִי, תְּבוּאָתוֹ—תְּבוּאָתֹה, pl. תְּבוּאוֹת, תְּבוּאֹתֵיכֶם *Ertrag* des Feldes, des Weinbergs u. s. w. Lev. 19, 25. 23, 39. 25, 15. 22. Jer. 2, 3. Hiob 31, 12; bildlich: *Ertrag* der Lippen (= *Rede*) Spr. 18, 20; *Ertrag* des Bösewichts (*sein Thun*) Spr. 10, 16. 15, 6; der Weisheit Spr. 3, 14. 8, 19; *Gewinn* überhaupt Jer. 12, 13.

[תָּבוֹן] m. suff. תְּבוּנָם *Einsicht* Hos. 13, 2.

תְּבוּנָה suff. תְּבוּנָתוֹ (Hiob 26, 12 Kri, wo Ktib וּבִתְבוּנָתוֹ—וּבִתְבוּנִיתוֹ), pl. תְּבוּנוֹת, suff. תְּבוּנוֹתֵיכֶם *Einsicht, Verstand, Weisheit* Deut. 32, 28. Ps. 49, 4, 78, 72; *kluge Reden* Hiob 32, 11.

תְּבוּסָה f. cs. תְּבוּסַת *Untergang* 2 Chr. 22, 7.

תָּבוֹר n. pr. 1) *Tabor*, Berg in der Ebene

Jisreel Richt. 4, 6. 12. 14. Jer. 46, 18. Hos. 5, 1. Ps. 89, 13. 2) Stadt am Fusse des Tabor Jos. 19, 22. 1 Chr. 6, 62; vollst. כִּסְלוֹת תָּבֹר (s. d.). 3) vgl. אֵלוֹן.

תֵּבֵל f. *Erdkreis, Erde* Jes. 13, 11. 14, 17. Ps. 18, 16. תֵּבֵל אַרְצָה *nach dem Erdball hin* Hiob 37, 12. תֵּבֵל אַרְצוֹ *sein Erdball* Spr. 8, 31.

תֶּבֶל m. *unzüchtige Vermischung* Lev. 18, 23.

תֻּבַל s. תּוּבַל.

תַּבְלִית f. suff. תַּבְלִיתָם *Vernichtung* Jes. 10, 25.

תְּבַלֻּל m. *weisse Flecken* im Auge Lev. 21, 20.

תֶּבֶן m. *Stroh* Gen. 24, 25. Ex. 5, 7. Richt. 19, 19.

תִּבְנִי n. pr. m. König von Israel 1 Kön. 16, 21.

תַּבְנִית f. suff. תַּבְנִיתָם, תַּבְנִיתוֹ *Bild, Abbild* Ex. 25, 9. 40. Deut. 4, 16. 2 Kön. 16, 10. תַּבְנִית יָד *etwas wie eine Hand* Ezech. 8, 3. 10, 8.

תַּבְעֵרָה n. pr. Lagerplatz der Israeliten in der Wüste Num. 11, 3. Deut. 9, 22.

תֵּבֵץ n. pr. Stadt bei Sichem Richt. 9, 50. 2 Sam. 11, 21.

תְּבַר aram. part. pass. f. תְּבִירָה *zerbrechen* Dan. 2, 42.

תַּגִּיוֹן s. יָגָה.

תִּגְלַת פִּלְאֶסֶר n. pr. König von Assyrien 2 Kön. 15, 29. 16, 10; vgl. פִּלְאֶסֶר u. תִּלְגַת.

[תַּגְמוּל] m. pl. suff. תַּגְמוּלוֹהִי *Wohlthat* Ps. 116, 12.

תִּגְרָה f. cs. תִּגְרַת *Anfeindung* Ps. 39, 11.

תּוֹגַרְמָה—תֹּגַרְמָה n. pr. eines jafetischen Volkes, vielleicht *Armenier* Gen. 10, 3. Ezech. 27, 14. 38, 6. 1 Chr. 1, 6.

תִּדְהָר m. Name eines Baumes Jes. 41, 19. 60, 13.

תְּדִירָא aram. *Beständigkeit.* בִּתְדִירָא *beständig* Dan. 6, 17. 21.

תַּדְמֹר n. pr. Stadt in der syrischen Wüste, wahrscheinl. *Palmyra* 1 Kön. 9, 18 Kri (Ktib תָּמָר). 2 Chr. 8, 4.

תִּדְעָל n. pr. m. Gen. 14, 1. 9.

תֹּהוּ m. *Oede, Wüste* Gen. 1, 2. Deut. 32, 10. Jes. 45, 18. Hiob 6, 18; *das Nichts* Hiob 26, 7; *Nichtigkeit, Vergänglichkeit* Jes. 40, 17; von Götzen 1 Sam. 12, 21. Jes. 41, 29.

תְּהוֹם m. u. f. pl. תְּהוֹמוֹת *tiefe Wassermasse* Gen. 1, 2. 7, 11. Ex. 15, 5. 8. Deut. 33, 13. Ps. 42, 8; dichterisch überhaupt für *Meer* Ps. 77, 17. Spr. 8, 27. Hiob 28, 14.

תְּהִי s. הָיָה.

תְּהִלָּה f. cs. תְּהִלַּת, suff. תְּהִלָּתִי, תְּהִלָּתֶךָ (Ps. 9, 15), pl. תְּהִלּוֹת *Lob, Preis* Deut. 26, 19; *Ruhm* Jes. 60, 6. Jer. 48, 2; *Loblied, Lobgesang,* fast stets mit Beziehung auf Gott Ex. 15, 11. Ps. 145, 1.

תָּהֳלָה f. *Irrthum, Fehl* Hiob 4, 18.

[תַּהֲלֻכָה] f. pl. תַּהֲלֻכֹת *Gang, festlicher Zug* Neh. 12, 31.

[תַּהְפֻּכָה] f. pl. תַּהְפֻּכוֹת *Verkehrtheit* (in sittlicher Beziehung), *Falschheit, Ränke* Spr. 2, 12. 14; adject. Deut. 32, 20. Spr. 10, 31.

תָּו m. suff. תָּוִי *Zeichen* Ezech. 9, 4. 6; *Zeichen der Unterschrift* statt des Namens Hiob 31, 35.

תּוֹא s. תְּאוֹ.

***תּוּב** aram. fut. יְתוּב *zurückkehren zu...* mit עַל Dan. 4, 31. 33.

Hafel pf. הָתִיב, 1 pl. הֲתִיבְנָא; fut. 3 pl. יְהָתִיבוּן—יְתִיבוּן; inf. suff. הֲתָבוּתָךְ *zurückbringen* Esra 6, 5; *erwiedern, antworten* Dan. 2, 14. 3, 16. Esra 5, 5. 11.

תֻּבַל—תּוּבַל n. pr. jafetischer Volksstamm Gen. 10, 2. Jes. 66, 19. Ezech. 27, 13. 38, 2. 3. 39, 1. 1 Chr. 1, 5.

תּוּבַל־קַיִן n. pr. Sohn des Lemech Gen. 4, 22.

תּוּגָה f. cs. תּוּגַת *Kummer, Gram* Ps. 119, 28. Spr. 10, 1. 14, 13. 17, 21.

תּוֹדָה f. cs. תּוֹדַת, pl. תּוֹדוֹת 1) *Bekenntniss* Jos. 7, 19. Esra 10, 11; *Dank* Ps. 26, 7. 56, 13. זֶבַח תּוֹדָה *Dankopfer* Lev. 7, 12. Ps. 107, 22, wofür auch תּוֹדָה allein Jer. 17, 26. Ps. 100, 1. 2 Chr. 29, 31. 2) *feierlicher Zug* Neh. 12, 31. 40.

***[תָּוָה]** Piel fut. 3 sg. וַיְתָו *Zeichen machen, kritzeln* 1 Sam. 21, 14.

Hifil pf. הִתְוָה, 3 pl. הִתְווּ 1) *Zeichen machen* Ezech. 9, 4. 2) *kränken* Ps. 78, 41.

Hitp. pf. 2 pl. הִתְאַוִּיתֶם statt הִתַּוִּיתֶם *eine Grenzlinie ziehen* Num. 34, 10.

***תְּוַהּ** aram. *in Bestürzung gerathen* Dan. 3, 24.

***[תּוּז]** Hifil pf. 3 sg. ps. הֵתַז *abhauen* Jes. 18, 5.

תּוֹחַ n. pr. m. 1 Chr. 6, 19 = תֹּחוּ 1 Sam. 1, 1 = נַחַת 1 Chr. 6, 11.

תּוֹחֶלֶת f. suff. תּוֹחַלְתִּי *Zuversicht, Vertrauen* Ps. 39, 8. Spr. 11, 7. Hiob 41, 1. Klagel. 3, 18.

תָּוֶךְ m. cs. תּוֹךְ, suff. תּוֹכִי, תּוֹכָם, תּוֹכְהֶנָה (Ezech. 16, 53 = תּוֹכְן) *Mitte* Gen. 15, 10. Num. 35, 5. Richt. 16, 29. שַׁעַר הַתָּוֶךְ *das Mittelthor* Jer. 39, 3; der stat. constr. bildet mit vorgesetztem אֶל, בְּ, מִן u. s. w. praepositionen. אֶל תּוֹךְ הַיָּם *in das Meer hinein* Ex. 14, 23. בְּתוֹךְ *in Mitten* Gen. 1, 6; *innerhalb* Gen. 2, 9. 3, 3; *unter, zwischen* Num. 27, 4. מִתּוֹךְ *aus .... heraus* Gen. 19, 29. Ex. 3, 2 [תּוֹךְ Ps. 72, 14 s. תֹּךְ].

תּוֹכֵחָה f. pl. תּוֹכֵחוֹת *Strafe, Züchtigung* 2 Kön. 19, 3. Jes. 37, 3. Hos. 5, 9. Ps. 149, 7.

תּוֹכַחַת f. suff. תּוֹכַחְתִּי, pl. תּוֹכָחוֹת, cs. תּוֹכְחוֹת—תֹּכְחוֹת *Züchtigung, Strafe* Ezech. 5, 15. Ps. 39, 12. 73, 14; *Zurechtweisung, Ermahnung* Spr. 1, 23. 30. 3, 11. 6, 23; *Beweis, Rechtfertigung* Ps. 38, 15. Hiob 13, 6. 23, 4.

תּוּכִּיִּים s. תֻּכִּי.

תּוֹלָד n. pr. s. אֶלְתּוֹלַד.

[תּוֹלֵדָה] f. pl. cs. תּוֹלְדוֹת—תֹּלְדוֹת, suff. תֹּלְדֹתָיו, תּוֹלְדֹתָם *Familie, Geschlecht* Gen. 10, 32. Num. 1, 20. 1 Chr. 26, 31; *Enstehungsgeschichte, Geschichte* Gen. 2, 4. 5, 1. 25, 12. 19. 37, 2.

תּוֹלוֹן s. תִּילוֹן.

[תּוֹלָל] m. pl. suff. תּוֹלָלֵינוּ *Räuber* Ps. 137, 3.

תּוֹלָע 1) m. pl. תּוֹלָעִים *Wurm* Ex. 16, 20; besonders der *Kermeswurm* und das von ihm gewonnene *Karmesin* Jes. 1, 18; *Karmesingewand* Klagel. 4, 5. 2) n. pr. a) Sohn des Isachar Gen. 46, 13. Num. 26, 23 (wo n. gent. תּוֹלָעִי). 1 Chr. 7, 1. b) Richter in Israel Richt. 10, 1.

תּוֹלֵעָה f. *Wurm* Jes. 14, 11. Hiob 25, 6.

תּוֹלַעַת f. ps. תֹּלָעַת, suff. תּוֹלַעְתָּם *Wurm* Deut. 28, 39. Jona 4, 7; als Bild der Niedrigkeit Jes. 41, 14. Ps. 22, 7; der fortdauernden Verwesung Jes. 66, 24; insbesondere von der aus dem Kermes-Wurm gewonnenen *rothen Farbe* und den damit gefärbten Zeugen, stets in Verbindung mit שָׁנִי (s. d.) Ex. 28, 5. Lev. 14, 4.

תּוֹם s. תֹּם.

תּוֹמִיךְ s. תָּמַךְ.

תּוֹמִים s. תְּאוֹם.

תּוֹמָן s. תֵּימָן.

תּוֹעֵבָה f. cs. תּוֹעֲבַת, pl. תּוֹעֵבוֹת, cs. תּוֹעֲבוֹת, suff. תּוֹעֲבוֹתֵיהֶם—תּוֹעֲבֹתָם *Greuel, verabscheuenswerthe Handlung* Lev. 20, 13. Mal. 2, 11; hauptsächlich vom Götzendienst Deut. 18, 9. 20, 18. Jer. 16, 18; *Gegenstand des Abscheues* Deut. 27, 15. Jes. 1, 13. 41, 24. Ps. 88, 9. Spr. 8, 7. 11, 1; von verbotenen Speisen Deut. 14, 3; häufig von Götzenbildern Deut. 7, 26. Jes. 44, 19; auch von den (bei den Aegyptern) göttlich verehrten Thieren Ex. 8, 22.

תּוֹעָה f. *Irrthum, Falsches* Jes. 32, 6; *Uebles, Leid* Neh. 4, 2.

[תּוֹעָפָה] f. pl. תּוֹעָפוֹת, cs. תּוֹעֲפוֹת *Glanz*; adject. *glänzend* Hiob 22, 25; *Höhe* Ps. 95, 4; *Macht, Kraft* Num. 23, 22. 24, 8.

[תּוֹצָאָה] f. pl. תּוֹצָאוֹת, cs. תּוֹצְאוֹת, suff. תּוֹצְאֹתָיו, תּוֹצְאוֹתָם *Ort des Ausganges* Num. 34, 8. Jos. 15, 7. 1 Chr. 5, 16; *Ausgangspunkt* Spr. 4, 23; *Rettung* Ps. 68, 21.

תּוּר* pf. 1 sg. תַּרְתִּי, 3 pl. תָּרוּ; part. pl. תָּרִים; fut. 3 pl. יָתֻרוּ, 2 pl. תָּתוּרוּ; inf. תּוּר *herumschweifen*, um einen Ort kennen zu lernen, daher *auswählen* Num. 10, 33. Deut. 1, 33. Ezech. 20, 6; *auskundschaften* Num. 13, 2. 21. 32. 14, 6. 34. אַנְשֵׁי הַתָּרִים *wandernde Krämer* 1 Kön. 10, 15; übertragen: den Geist *herumschweifen lassen* Num. 15, 39; *nachdenken* Koh. 1, 13. 2, 3. 7, 25.

Hifil fut. 3 sg. יָתֵר, 3 pl. יָתִירוּ 1) *auskundschaften lassen* Richt. 1, 23. 2) *zurechtleiten* Spr. 12, 26.

תּוֹר—תֹּר 1) m. *Reihe, Ordnung* Est. 2, 12. 15; *Kette, Halskette* Hohel. 1, 10. 11. תּוֹר הָאָדָם *eine Reihe von Menschen* (von menschlichen Geschlechtern) 1 Chr. 17, 17. 2) f. *Turteltaube* Gen. 15, 9. Lev. 5, 7. 12, 6. Jer. 8, 7. Hohel. 2, 12; sinnbildliche Bezeichnung Israels Ps. 74, 19.

[תּוֹר] aram. m. pl. תּוֹרִין *Stier, Ochse* Dan. 4, 22. Esra 6, 9. 17. 7, 17.

תּוֹרָה f. cs. תּוֹרַת, pl. תּוֹרוֹת, suff. תּוֹרֹתַי *Belehrung, Unterweisung* Jes. 8, 16. Spr. 6, 23. *Vorschrift* Gen. 26, 5. Ex. 12, 49. Lev. 6, 18. 7, 37; das *Gesetz* (als Ganzes) Jes. 51, 7. Ps. 40, 9. 78, 5 und speziell *das mosaische Gesetz* (תּוֹרַת מֹשֶׁה 1 Kön. 2, 3. 2 Kön. 23, 25 oder סֵפֶר תּוֹרַת מֹשֶׁה Jos. 8, 31, oder סֵפֶר הַתּוֹרָה Deut. 28, 61 u. s. w).

תּוּרָק Hohel. 1, 3 s. רוק (n. A. ist תּוּרָק n. pr. einer Landschaft, die vorzügliches Oel erzeugte).

תּוֹשָׁב m. cs. תּוֹשַׁב, suff. תּוֹשָׁבְךָ, pl. תּוֹשָׁבִים, cs. תֹּשָׁבֵי *Einwohner* 1 Kön. 17, 1; gewöhnl. *Beisasse*, d. h. der in Palästina sesshaft gewordene Fremde, der eine dienende Stellung einzunehmen pflegte Lev. 22, 10. 25, 6. 40, oft auch noch mit dem גֵּר identificirt wird Gen. 23, 4. Lev. 25, 47; bildlich Lev. 25, 23. Ps. 39, 13. 1 Chr. 29, 15.

תּוּשִׁיָּה—תֻּשִׁיָּה (st. תְּאֻשִׁיָּה) f. *Festigkeit, Kraft* Spr. 8, 14. Hiob 12, 16; das *Rechte, Heilsame* Hiob 5, 12. Spr. 18, 1; *Hülfe, Heil* Micha 6, 9. Spr. 2, 7. Hiob 6, 13; *Einsicht, Weisheit* Jes. 28, 29. Hiob 26, 3. תֻּשִׁיָּה Hiob 30, 22 Kri wäre mit *Heil* zu übersetzen; Ktib zu lesen: תְּשֻׁוֶּה *du machst, dass ich zergehe* oder תְּשׁוּאָה=תְּשֻׁוָה *Getöse*.

תּוֹתָח m. *Keule Streitaxt* Hiob 41, 21.

תַּזְנוּת f. suff. תַּזְנֻתֵךְ, תַּזְנוּתָם, pl. suff. תַּזְנוּתַיִךְ, תַּזְנוּתֶיהָ *Buhlerei* (statt *Götzendienst*), nur bei Ezechiel, z. B. 16, 15. 26. 23, 7. 8.

[תַּחְבֻּלָה] f. pl. תַּחְבֻּלוֹת, suff. תַּחְבּוּלֹתָיו (kluge) *Leitung, Führung* Spr. 1, 5. 11, 14. 20, 18. 24, 6; *das Ziel*, dem man zusteuert Spr. 12, 5. בְּתַחְבּוּלֹתָיו *wie er* (Gott) *ihn* (den Blitz) *lenkt* Hiob 37, 12.

תֹּחוּ n. pr. m. 1 Sam. 1, 1 = תּוֹחַ u. נַחַת (s. d).

תְּחוֹת aram. praep. suff. תְּחוֹתוֹהִי *unter* Jer. 10, 11. Dan. 4, 9. 18. 7, 27.

תַּחְכְּמֹנִי n. gent. 2 Sam. 23, 8 (viell. = חַכְמוֹנִי s. d.).

[תַּחֲלֻא] m. pl. תַּחֲלֻאִים, cs. תַּחֲלוּאֵי, suff. תַּחֲלֻאֶיהָ, תַּחֲלֻאָיְכִי *Krankheit, Leid* Deut. 29, 21. Jer. 16, 4. Ps. 103, 3. 2 Chr. 21, 19. תַּחֲלוּאֵי רָעָב *durch Hunger erzeugte Krankheiten* Jer. 14, 18.

תְּחִלָּה f. cs. תְּחִלַּת *Anfang* 2 Sam. 21, 9. Hos. 1, 2. Spr. 9, 10. בַּתְּחִלָּה *früher, vordem* Gen. 13, 3. Jes. 1, 26; *zuerst* Richt. 1, 1. 20, 18.

תַּחְמָס m. Name eines unreinen Vogels Lev. 11, 16. Deut. 14, 15.

תַּחַן n. pr. m. Num. 26, 35 (wo n. gent. תַּחֲנִי). — 1 Chr. 7, 25.

תְּחִנָּה f. cs. תְּחִנַּת, suff. תְּחִנַּתְכֶם, pl. suff. תְּחִנֹּתֵיהֶם 1) *Gnade, Begnadigung* Jos. 11, 20. Esra 9, 8. 2) *Gebet* 1 Kön. 8, 30. 38. Jer. 42, 9. 2 Chr. 6, 39. 3) n. pr. m. 1 Chr. 4, 12.

[תַּחֲנוּן] m. pl. תַּחֲנוּנִים, cs. תַּחֲנוּנֵי, suff. תַּחֲנוּנַי—תַּחֲנוּנֹתַי *Bitte, Gebet* Jer. 3, 21. Ps. 28, 2. 86, 6; adv. *bittend* Spr. 18, 23.

תַּחֲנֹת f. suff. תַּחֲנֹתִי *Lagerort* 2 Kön. 6, 8.

תַּחְפַּנְחֵס תְּחַפְנְחֵס (Ezech. 30, 18)—**תַּחְפְּנֵס** (Jer. 2, 16 Ktib) n. pr. Stadt in Aegypten Jer. 43, 7. 8. 9. 44, 1.

תַּחְפְּנֵס—תַּחְפְּנֵיס n. pr. 1) einer ägyptischen Königin 1 Kön. 11, 19. 20. 2) s. תַּחְפַּנְחֵס.

תַּחְרָא m. *leinenes Panzerhemd* Ex. 28, 32. 39, 23.

תַּחֲרָה s. חָרָה.

תַּחְרֵעַ s. תַּאְרֵעַ.

תַּחַשׁ m. ps. תָּחַשׁ, pl. תְּחָשִׁים Name eines Thieres, dessen Fell bei der Stiftshütte zu Decken und sonst auch zu Sandalen verwendet wurde, n. E. *Dachs*, n. A. *Delphin* Ex. 25, 5. 26, 14. Num. 4, 6, Ezech. 16, 10.

תַּחַת m. ps. תָּחַת, suff. תַּחְתַּי, תַּחְתֶּנָּה, תַּחְתָּם, pl. suff. תַּחְתַּי, תַּחְתֶּיךָ, תַּחְתָּיו, תַּחְתֶּיהָ, תַּחְתֵּינוּ, תַּחְתֵּיהֶם, תַּחְתֵּיכֶם 1) *Stätte, Ort*. תַּחְתֶּיהָ *an ihrer Stelle, unverändert* Lev. 13, 23. שְׁבוּ אִישׁ תַּחְתָּיו *bleibet ein Jeder an seiner Stelle* Ex. 16, 29. תַּחְתֵּינוּ *da wo wir sind* 1 Sam. 14, 9. אִישׁ תַּחְתָּיו *Jeder da, wo er war* Richt. 7, 21. מִתַּחְתָּיו *von seiner Stelle* Ex. 10, 23. 2) praep. a) *unter* Gen. 7, 19. Num. 16, 31; ebenso מִתַּחַת Gen. 1, 7, oder *unten* Deut. 33, 27; *unterhalb* mit folgd. לְ Gen. 35, 8; eben so לְמִתַּחַת mit folgdm. לְ 1 Kön. 7, 32. אֶל תַּחַת *unter* (wohin?) Jer. 3, 6. Zach. 3, 10. b) *anstatt, an Stelle* Gen. 2, 21. 4, 25. 30, 2. 50, 19. Lev. 14, 42. תַּחַת זֹאת *dafür* 2 Sam. 19, 22. תַּחַת אֲשֶׁר *dafür dass* Deut. 21, 14. 22, 29; eben so תַּחַת כִּי Deut. 4, 37; oder mit folgd. inf. Jes. 60, 15. 3) n. pr. a) m. 1 Chr. 6, 9.—7, 20. b) Lagerplatz der Israeliten Num. 33, 26. 27.

תְּחֹת aram. praep. suff. תְּחֹתוֹהִי *unter* Dan 4, 11 (vgl. תְּחוֹת).

תַּחְתּוֹן adj. f. תַּחְתּוֹנָה, pl. תַּחְתּוֹנוֹת *der, die untere* Jos. 18, 13. Jes. 22, 9. Ezech. 42, 5.

[תַּחְתִּי] adj. f. תַּחְתִּית—תַּחְתִּיָּה, pl. m. תַּחְתִּיִּים, f. תַּחְתִּיּוֹת *der, die untere, unterste* Deut. 32, 22.

Jos. 15, 19. Ps. 86, 13. Hiob 41, 16; subst. תַּחְתִּיִּים *unteres Stockwerk* Gen. 6, 16. תַּחְתִּיָּה *der unterste Theil, Fuss* des Berges Ex. 19, 17. תַּחְתִּיּוֹת אֶרֶץ *die tiefsten Theile der Erde* Jes. 44, 23. Ps. 63, 10; als Bild der tiefsten Verborgenheit Ps. 139, 15. בּוֹר תַּחְתִּיּוֹת *tiefste Grube* (d. h. Unglück) Klagel. 3, 55. אֶרֶץ תַּחְתִּית Ezech. 31, 14 oder אֶרֶץ תחתיות Ezech. 26, 20 *Unterwelt.*

תִּיכוֹן adj. f. תִּיכוֹנָה, pl. תִּיכוֹנוֹת *der, die mittlere* Ex. 26, 28. Richt. 7, 19. Ezech. 42, 5. 47, 16.

תִּילוֹן n. pr. m. 1 Chr. 4, 20 Kri (Ktib: תּוֹלוֹן).

תֵּמָא—תֵּימָא n. pr. Sohn des Ismael Gen. 25, 15. 1 Chr. 1, 30 und Landschaft im Norden des wüsten Arabiens Jes. 21, 14. Jer. 25, 23. Hiob 6, 19.

תֵּימָן m. 1) mit He loc. תֵּימָנָה *das* (Land) *zur Rechten*, d. h. *Süden, Südseite* Ex. 26, 18. 27, 9. Jos. 13, 4. Zach. 9, 14. Hiob 39, 26; *Südwind* (fem.) Ps. 78, 26. Hohel. 4, 16. 2) n. pr. Sohn des Elifas Gen. 36, 11. 15. 1 Chr. 1, 36. 53 und Landschaft im Osten Edom's Jer. 49, 7. Ezech. 25, 13. Amos 1, 12. Obad. 1, 9. Hab. 3, 3; n. gent. תֵּימָנִי Gen. 36, 34. Hiob 2, 11.

תֵּימְנִי n. pr. m. 1 Chr. 4, 6.

[תִּימְרָה] f. pl. תִּימְרוֹת *Säule* Joel 3, 3. Hohel. 3, 6.

תִּיצִי n. gent. 1 Chr. 11, 45.

תִּירֹשׁ—תִּירוֹשׁ m. suff. תִּירֹשִׁי, תִּירֹשְׁךָ *Most* Gen. 27, 28. Deut. 11, 14. 33, 28. Hos. 1, 11.

תִּירְיָא n. pr. m. 1 Chr. 4, 16.

תִּירָס n. pr. jafetischer Volksstamm, wahrsch. *Thracier* Gen. 10, 2. 1 Chr. 1, 5.

תַּיִשׁ m. pl. תְּיָשִׁים *Bock* Gen. 30, 35. 32, 15. Spr. 30, 31.

תּוֹךְ—תֹּךְ m. *Bedrückung* Ps. 10, 7. 55, 12. 72, 14 (vgl. תָּוֶךְ).

*[תָּכָה] Pual pf. 3 pl. תֻּכּוּ *hingestreckt sein* Deut. 33, 3.

תְּכוּנָה f. suff. תְּכוּנָתוֹ 1) *Ort, Stätte* Hiob 23, 3. 2) *Einrichtung* Ezech. 43, 11; *Kunstgebilde* Nah. 2, 10.

[תֻּכִּי] m. pl. תֻּכִּיִּים—תּוּכִּיִּים *Pfau* 1 Kön. 10, 22. 2 Chr. 9, 21.

[תְּכָךְ] m. pl. תְּכָכִים *Bedrückung* Spr. 29, 13.

תִּכְלָה f. *Vollkommenheit* Ps. 119, 96 [תִּכְלָה 1 Kön. 17, 14 s. כָּלָה].

תַּכְלִית f. *das Aeusserste, das Ende* Neh. 3, 21; *Grenze* Hiob 11, 7. 26, 10. כָּל־תַּכְלִית *die äusserste Grenze* Hiob 28, 3. תַּכְלִית שִׂנְאָה *mit äusserstem Hass* Ps. 139, 22.

תְּכֵלֶת f. das (aus einer Muschel gewonnene) *Purpurblau* und die damit gefärbten Stoffe Ex. 25, 4. Jer. 10, 9. Ezech. 23, 6. Est. 1, 6. 2 Chr. 2, 6.

*תָּכַן part. תֹּכֵן *wägen* (Herzen, Geister), d. h. *beurtheilen* Spr. 16, 2. 21, 2. 24, 12.

Nifal pf. pl. נִתְכְּנוּ, fut. יִתָּכֵן *erwogen* (beurtheilt) *werden* 1 Sam. 2, 3; *für recht befunden werden* Ezech. 18, 25. 33, 17. 20.

Piel תִּכֵּן *abgrenzen* Jes. 40, 12. Ps. 75, 4; Hiob 28, 25; *ermessen* Jes. 40, 13.

Pual part. מְתֻכָּן *abgezählt* 2 Kön. 12, 12.

תֹּכֶן 1) m. *bestimmte Zahl* Ex. 5, 18; *Maass* Ezech. 45, 11. 2) n. pr. Ort in Simeon 1 Chr. 4, 32.

תָּכְנִית f. *Maass* Ezech. 43, 10; adj. *ebenmässig, schöngeformt* Ezech. 28, 12.

תַּכְרִיךְ m. *weite Hülle, Mantel* Est. 8, 15.

תֵּל. m. suff. תִּלָּהּ, תִּלָּם *wüster Steinhaufen, Ruine* Deut. 13, 17. Jos. 8, 28. Jer. 49, 2. הָעֹמְדוֹת עַל־תִּלָּם (Städte) *die noch bestehen* Jos. 11, 13. וְנִבְנְתָה עִיר עַל־תִּלָּהּ *die Stadt wird auf ihren Ruinen* (wieder) *erbaut* Jer. 30, 18. — תֵּל מֶלַח u. תֵּל חַרְשָׁא Ortsnamen Esra 2, 59. Neh. 7, 61; desgl. תֵּל אָבִיב Ezech. 3, 15.

תָּלָא s. תָּלָה.

תְּלָאָה f. *Mühsal* Ex. 18, 8. Num. 20, 14. Mal. 1, 13. Klagel. 3, 5.

[תַּלְאוּבָה] f. pl. תַּלְאוּבֹת *Dürre* Hos. 13, 5.

תְּלַשַּׂר—תְּלַאשָּׂר n. pr. Landschaft (u. Stadt) in Mesopotamien 2 Kön. 19, 12. Jes. 37, 12.

תִּלְבֹּשֶׁת f. *Kleid* Jes. 59, 17.

תְּלַג aram. m. *Schnee* Dan. 7, 9.

תִּלְגַת 1 Chr. 5, 6. 2 Chr. 28, 20 = תִּגְלַת s. d.

*תָּלָה pf. 2 sg. תָּלִיתָ, 3 pl. suff. תְּלוּם (Ktib) —תְּלָאוּם (Kri 2 Sam. 21, 12); part. II תָּלוּי, pl. תְּלֻאִים—תְּלוּאִים—תְּלוּיִם; fut. 3 sg. suff. יִתְלֵם; inf. תְּלוֹת; imp. pl. suff. תְּלֻהוּ *aufhängen an...* mit עַל Jes. 22, 24. Ezech. 15, 3. Ps. 137, 2. Hiob 26, 7. Hohel. 4, 4. תְּלוּי *han-*

gend an . . . mit ב 2 Sam. 18, 10; bildlich *nachhängen* mit ל Hos. 11, 7. וְהָיוּ חַיֶּיךָ תְּלֻאִים לְךָ מִנֶּגֶד *du wirst in fortwährender Todesangst schweben* Deut. 28, 66; meist *hängen* als Todesstrafe Gen. 40, 22. 41, 13. 2 Sam. 4, 12; mit dem gewöhnl. Zusatz עַל עֵץ *an einen Pfahl* Deut. 21, 22. Jos. 10, 26. Est. 6, 4. 7, 9. 10. תָּלוּי *der Gehängte* Deut. 21, 23.

Nifal pf. pl. נִתְלוּ; fut. יִתָּלוּ *gehängt werden* Klagel. 5, 12. Est. 2, 23.

Piel pf. pl. תִּלּוּ *aufhängen* Ezech. 27, 10. 11.

תְּלָה s. לְהָה.

[תְּלֻנָּה—תְּלוּנָּה] f. pl. תְּלֻנּוֹת, suff. תְּלֻנֹּתֵיכֶם, תְּלוּנֹּתָם *das Murren* Ex. 16, 7 ff. Num. 14, 27. 17, 20. 25.

תֶּלַח n. pr. m. 1 Chr. 7, 25.

תְּלִי m. suff. תֶּלְיְךָ *Gehänge, Köcher* Gen. 27, 3.

תְּלִיתַי aram. f. emph. תְּלִיתָיָא—תְּלִיתָאָה *dritte* Dan. 2, 39.

תָּלַל* part. II תָּלוּל *erhöht, hoch* Ezech. 17, 22.

Hifil pf. הֵתֵל, 2 sg. הֵתַלְתָּ; fut. 3 pl. יְהָתֵלּוּ, 2 pl. תְּהָתֵלּוּ; inf. הָתֵל *täuschen, hintergehen* mit ב Gen. 31, 7. Ex. 8, 25. Richt. 16, 10. 13. 15. Jer. 9, 4. Hiob 13, 8 (vgl. הָתַל).

Hofal pf. הוּתַל *getäuscht werden* Jes. 44, 20.

תֶּלֶם m. pl. cs. תַּלְמֵי, suff. תְּלָמֶיהָ *Furche* Hos. 10, 4. 12, 12. Ps. 65, 11. Hiob 31, 38. 39, 10.

תַּלְמַי n. pr. 1) Riese aus dem Geschlecht der Anakim Num. 13, 22. Jos. 15, 14. Richt. 1, 10. 2) König von Geschur 2 Sam. 3, 3. 13, 37. 1 Chr. 3, 2.

תַּלְמִיד m. *Schüler* 1 Chr. 25, 8.

תְּלָן s. לוּן.

[תָּלַע] denom. v. [תּוֹלָע] Pual part. pl. מְתֻלָּעִים *in Karmesin gekleidet* Nah. 2, 4.

[תַּלְפִּית] f. pl. תַּלְפִּיּוֹת *Höhe*; adverb. *hochragend* Hohel. 4, 4.

תְּלַשַּׂר s. תְּלַאשַּׂר.

תְּלָת aram. (fem.), תְּלָתָה—תְּלָתָא (masc.) *drei* Dan. 3, 24. 7, 20. Esra 6, 4; suff. תְּלָתֵּהוֹן *alle drei* Dan. 3, 22; pl. תְּלָתִין *dreissig* Dan. 6, 8. 13.

תַּלְתָּא (verkürzt aus תַּלְתָּאָה—תַּלְתִּי) *der dritte* Dan. 5, 7. 16. 29.

תַּלְתַּלִּים m. pl. *Locken* Hohel. 5, 11.

תָּם adj. u. subst. *einfältig, unschuldig, redlich* Gen. 25, 27. Ps. 37, 37. Spr. 29, 10. Hiob 1, 1; fem. suff. תַּמָּתִי *meine Traute* (als Schmeichelname) Hohel. 5, 2. 6, 9 [תַּמִּים s. תְּאָם].

תֹּם—תּוֹם m. cs. תָּם—תֹּם, suff. תֻּמִּי, תֻּמּוֹ, תֻּמָּם (vergl. תְּמָם) *Ganzheit, Vollständigkeit.* כְּתֻמָּם *sie in vollständiger Zahl* Jes. 47, 9. בְּעֶצֶם תֻּמּוֹ *in voller Gesundheit* Hiob 21, 23; meist übertragen: *Einfalt, Unschuld, Redlichkeit* Ps. 25, 21. Spr. 10, 9. 28, 6. Hiob 4, 6. בְּתָם לְבָבִי *mit einfältigem Herzen* (ohne an Schlimmes zu denken) Gen. 20, 5. 6; ähnl. 2 Sam. 15, 11. לְתֻמּוֹ *auf geradewohl* 1 Kön. 22, 34; zuweilen concr. *der Unschuldige* Spr. 10, 29. 28, 6; plur. תֻּמִּים, suff. תֻּמֶּיךָ vgl. אוּר.

[תַּם] aram. adverb. nur mit He loc. תַּמָּה *dort* Esra 5, 17. , 12. מִן־תַּמָּה *von dort* Esra 6, 6.

תֵּמָא s. תֵּימָא.

תַּמָּה aram. s. תָּם.

תֻּמָּה f. cs. תֻּמַּת, suff. תֻּמָּתִי *Einfalt, Unschuld, Redlichkeit* Spr. 11, 3. Hiob 2, 3. 9. 27, 5. 31, 6.

תָּמַהּ* fut. 2 sg. תִּתְמָהּ; imp. pl. ps. תְּמָהוּ *in Staunen, in Bestürzung gerathen* Jes. 29, 9. Jer. 4, 9. Hab. 1, 5. Ps. 48, 6. Hiob 26, 11; *über* . . . mit עַל Koh. 5, 7; *(einander) bestürzt ansehen* mit אֶל Gen. 43, 33. Jes. 13, 8.

Hitp. imp. pl. הִתַּמְּהוּ *in Bestürzung gerathen* Hab. 1, 5.

[תְּמַהּ] aram. m. pl. תִּמְהִין, emph. תִּמְהַיָּא, suff. תִּמְהוֹהִי *Wunder* Dan. 3, 32. 33. 6, 28.

תִּמָּהוֹן m. cs. תִּמְהוֹן *Bestürzung, Angst* Deut. 28, 28. Zach. 12, 4.

תַּמּוּז n. pr. eines phönizischen Gottes (*Adonis*) Ezech. 8, 14.

תְּמוֹל adverb. *gestern* 1 Sam. 20, 27. 2 Sam. 15, 20; dichterisch: תְּמוֹל אֲנַחְנוּ *von gestern sind wir*, d. h. vergängliche Wesen Hiob 8, 9. Sehr häufig verbunden mit שִׁלְשׁוֹם (s. d.), um eine längere Vergangenheit zu bezeichnen (vgl. auch אֶתְמוֹל).

תְּמוּנָה f. cs. תְּמֻנַת *Bild, Gestalt* Ex. 20, 4. Num. 12, 8. Ps. 17, 15. Hiob 4, 16.

תְּמוּרָה f. cs. תְּמוּרַת, suff. תְּמוּרָתוֹ *Tausch* Hiob 28, 17. Rut 4, 7; *das Vertauschte* Lev. 27, 10. 33. Hiob 15, 31; *Erstattung* Hiob 20, 18.

תְּמוּתָה f. *Tod.* בְּנֵי־תְמוּתָה *zum Tode bestimmt* Ps. 79, 11. 102, 21.

תֶּמַח ps. תָּ֑מַח n. pr. m. Esra 2, 53. Neh. 7, 25.

תְּמַהּ Jer. 18, 23 s. מָחָה.

תָּמִיד m. eigentl. *Dauer, Beständigkeit*, aber meist a) adjectivisch *beständig* in Verbindungen wie נֵר תָּמִיד *das beständige* (jede Nacht brennende) *Licht* Ex. 27, 20. קְטֹרֶת תָּמִיד *das beständige* (tägliche) *Räucheropfer* Ex. 30, 8. עֹלַת תָּמִיד *das tägliche Ganzopfer* Num. 28, 6. (wofür dann bloss הַתָּמִיד Dan. 8, 11. 11, 31. 12, 11); ähnlich Jer. 52, 34. Ezech. 39, 14. Spr. 15, 15. b) adverbial. *beständig, immer* Ex. 28, 38. Deut. 11, 12. Jes. 52, 5.

תָּמִים adj. f. תְּמִימָה, pl. תְּמִימִים, cs. תְּמִימֵי, f. תְּמִימֹת *ganz, vollständig* Lev. 3, 9. 23, 15. 25, 30. Jos. 10, 13; *ohne Fehler*, besonders von Opferthieren Ex. 12, 5. 29, 1; häufig in sittlicher Beziehung *tadellos, fromm* Gen. 6, 9. 17, 1. Deut. 18, 13. 32, 4. Spr. 1, 12; auch abstr. *Wahrheit* 1 Sam. 14, 41. בְּתָמִים *in Tadellosigkeit* Jos. 24, 14. Richt. 9, 16. Ps. 84, 12.

*__תָּמַךְ__ part. תּוֹמֵךְ—תּוֹמֵךְ; fut. יִתְמֹךְ *fest anfassen* (mit der Nebenbedeutung des *Stützens*) mit acc. Gen. 48, 17. Jes. 41, 10. Ps. 16, 5. Spr. 31, 19; mit בְ Ex. 17, 12. Ps. 41, 13. 63, 9; *festhalten an* . . . mit acc. Spr. 4, 4. 5, 5. 11, 16. 29, 23; mit בְ Jes. 33, 15. Ps. 17, 5. תּוֹמֵךְ שֵׁבֶט *Zepterhalter, Herrscher* Amos 1, 5. 8.

Nifal fut. יִתָּמֵךְ *erfasst werden* Spr. 5, 22.

*__תָּמַם__ pf. 3 sg. תַּם, 3 pl. תַּמּוּ—תָּמּוּ; 1 pl. תַּמְנוּ; fut. יִתֹּם, 3 sg. f. תִּתֹּם—תִּתֹּם (Ezech. 24, 11), 1 sg. אֵיתַם (statt אֶתַּם), 3 pl. יִתַּמּוּ (ps. יִתָּמּוּ—)יִתַּמּוּ; inf. תֹּם (תָּם־); suff. תֻּמּוֹ— —תֻּמָּם (vgl. תֹּם) 1) *zu Ende gehen, zu Ende sein* Gen. 47, 15. 18. Num. 14, 35. Deut. 34, 8. Ezech. 24, 11. Ps. 102, 28. Klagel. 3, 22; zuweilen adv. *gänzlich, vollständig* mit folgdm. inf. הַאִם תַּמְנוּ לִגְוֹעַ *sollen wir gänzlich untergehen?* Num. 17, 28. Deut. 2, 16. Jos. 4, 11. 2 Sam. 15, 24 oder mit folgdm. verb. fin. תַּמּוּ נִכְרָתוּ *sie verschwanden vollständig* Jos. 3, 16. עַד תֻּמָּם *bis zum Ende* Deut. 31, 24. 30; *vollendet sein* Jes. 18, 5; *vollenden* Ps. 64, 7. 2) *untergehen* Jer. 14, 10. 44, 12. 18. Ps. 73, 19. 104, 35; *untergehen lassen* Jer. 27, 8; *ausbleiben* Ezech. 47, 12. עַד תֻּמּוֹ *bis zur Vernichtung* Jos. 8, 24. 1 Kön. 14, 10. 3) *schuldlos sein* Ps. 19, 14.

Hifil pf. 1 sg. הֲתִמֹּתִי, 3 pl. הֵתַמּוּ; fut. 3 sg. יָתֵם, 2 sg. תָּתֵם; inf. הָתֵם, suff. הֲתִמְּךָ 1) *ein Ende machen* mit acc. Dan. 8, 23. 9, 24; *gänzlich wegschaffen* Ezech. 22, 15. וְכֵן הֵתַמּוּ *und so machten sie ein Ende* (Bruchstück eines alten Spruches) 2 Sam. 20, 18; *gar machen* (Fleisch) Ezech. 24, 10; *ein Ziel erreichen* Jes. 33, 1; *vollständig nehmen* 2 Kön. 22, 4. 2) *unsträflich machen* seinen Weg, d. h. *unsträflich wandeln* Hiob 22, 3.

Hitp. fut. 2 sg. תִּתַּמָּם *sich untadlig zeigen* 2 Sam. 22, 26. Ps. 18, 26.

תֵּמָן s. תֵּימָן.

תִּמְנָה mit He loc. תִּמְנָתָה 1) Stadt in Juda Gen. 38, 12. Jos. 15, 10. 57, später zu Dan gehörig Jos. 19, 43. Richt. 14, 1. 2 Chr. 28, 18; n. gent. תִּמְנִי Richt. 15, 6.

תִּמְנָע n. pr. 1) f. Gen. 36, 12. 22. 2) edomitischer Stamm Gen. 36, 40. 1 Chr. 1, 51.

תִּמְנַת־חֶרֶס n. pr. Stadt auf dem Gebirge Efraim Richt. 2, 9; dafür תִּמְנַת סֶרַח Jos. 19, 50. 24, 30.

תֶּמֶס 1) s. מָסָה. 2) m. *das Zerrinnen* Ps. 58, 9.

תָּמָר 1) m. pl. תְּמָרִים *Palme* Ex. 15, 27. Lev. 23, 40. Joel 1, 12. Ps. 92, 13. Hohel. 7, 8. 9. עִיר הַתְּמָרִים (*Palmenstadt*) n. pr. Beiname der Stadt Jericho Deut. 34, 3. Richt. 1, 16. 3, 13. 2 Chr. 28, 15. 2) n. pr. f. a) Gen. 38, 6. b) 2 Sam. 13, 1. c) 2 Sam. 14, 27. d) Stadt an der Südgrenze Palästina's Ezech. 47, 19. 48, 28. e) 1 Kön. 9, 18 Ktib (Kri תַּדְמֹר s. d.).

תֶּמֶר s. מָרָה.

תֹּמֶר m. 1) *Palme* Richt. 4, 5 (wo es als n. pr. gebraucht ist). 2) *Säule* Jer. 10, 5.

תִּמֹּר m. pl. תִּמֹּרִים *palmenartige Verzierung* am Tempel Ezech. 40, 16 ff.

תִּמֹּרָה f. pl. תִּמֹּרוֹת=תִּמֹּר (s. d.) 1 Kön. 6, 29 ff. Ezech. 41, 18.

תְּמָרוּ s. אָמַר.

תַּמְרוּק m pl. cs. תַּמְרוּקֵי, suff. תַּמְרוּקֵיהֶן 1) *Einreibung* (mit Salben) und diese *Salben* selbst Est. 2, 3. 9. 12. 2) *Besserungsmittel* Spr. 20, 30 Kri (wofür Ktib תַּמְרִיק).

[תַּמְרוּר] m. pl. תַּמְרוּרִים 1) *Bitterkeit*, adj. im genit. *bitterlich* Jer. 6, 26. 31, 15; *bitter, scharf* Hos. 12, 13. 2) *Säule, Wegweiser* Jer. 31, 21.

[תַּן] m. pl. תַּנִּין—תַּנִּים ein Wüstenthier, wahrscheinlich *Schakal* Jes. 13, 22. 34, 13. Jer. 9, 10. Ezech. 32, 2. Micha 1, 8. Ps. 44, 20. Hiob 30, 29 (vgl. תַּנִּין).

תָּנָה I. fut. pl. יִתְנוּ *hingeben, hinreichen* Hos. 8, 10.

Hifil pf. pl. הִתְנוּ *hingeben* Hos. 8, 9.

[תָּנָה] II Piel fut. יְתַנּוּ; inf. תַּנּוֹת 1) *preisen* Richt. 5, 11. 2) *jammern, um ... mit* ל Richt. 11, 40.

[תַּנָּה] f. pl. תַּנּוֹת=תַּן *Schakal* Mal. 1, 3.

תְּנוּאָה f. suff. תְּנוּאָתִי, pl. תְּנוּאוֹת *die Entfremdung* Num. 14, 34; *Feindschaft* Hiob 33, 10.

תְּנוּבָה f. cs. תְּנוּבַת, suff. תְּנוּבָתִי, pl. תְּנוּבוֹת *Ertrag, Frucht* Deut. 32, 13. Richt. 9, 11. Ezech. 36, 30. Klagel. 4, 9; bildlich Jes. 27, 6.

תְּנוּךְ m. (mit Zusatz v. אֹזֶן) *Ohrzipfel* Ex. 29, 20. Lev. 8, 23.

תְּנוּמָה f. pl. תְּנוּמוֹת *Schlummer* Ps. 132, 4. Spr. 6, 4. 10. Hiob 33, 15.

תְּנוּפָה f. cs. תְּנוּפַת, pl. תְּנוּפוֹת *Schwingung* gewisser Opfergaben Lev. 9, 21. 10, 15. Num. 6, 20; *Schwingen* der Hand zum Schlagen Jes. 19, 16. 30, 32.

תַּנּוּר m. pl. תַּנּוּרִים, suff. תַּנּוּרֶיךָ *Ofen, Backofen* Gen. 15, 17. Ex. 7, 28. Lev. 11, 35; oft als Bild des von Wein oder Leidenschaft erhitzten Menschen Hos. 7, 4. 6. 7; des Strafgerichts Mal. 3, 19; der Fieberhitze Klagel. 5, 10. מִגְדַּל הַתַּנּוּרִים Name eines Thurmes in Jerusalem Neh. 3, 11. 12, 38.

[תַּנְחוּם] m. pl. תַּנְחוּמִים, suff. תַּנְחוּמֶיךָ *Tröstung* Jer. 16, 7. Ps. 94, 19.

[תַּנְחוּמָה] f. pl. תַּנְחוּמוֹת, suff. תַּנְחוּמֹתֵיכֶם *Tröstung* Hiob 15, 11. 21, 2.

תַּנְחֻמֶת (*Trost*) n. pr. 2 Kön. 25, 23. Jer. 40, 8.

תַּנִּים s. תַּן u. תַּנִּין.

תִּנְיָן aram. f. תִּנְיָנָה *die zweite* Dan. 7, 5.

תַּנִּין—תַּנִּים (Ezech. 29, 3) m. pl. תַּנִּינִים *grosses Seethier, Ungethüm* Gen. 1, 21. Ps. 148, 7. Hiob 7, 12; *Schlange* Ex. 7, 9. 12. Deut. 32, 33; *Krokodil* als Symbol Aegyptens Jes. 51, 9. Ezech. 29, 3. Ps. 74, 13. — עֵין תַּנִּין (*Schlangenquell*) n. pr. Quelle bei Jerusalem Neh. 2, 13.

תִּנְיָנוּת aram. adv. *zum zweiten Mal* Dan. 2, 7.

תִּנְשֶׁמֶת f. 1) ein unreines Thier, n. E. *Chamäleon*, n. A. *Maulwurf*, n. A. *Salamander* Lev. 11, 30. 2) ein unreiner Vogel Lev. 11, 18. Deut. 14, 16.

[תָּעַב]* Nifal pf. נִתְעַב *zum Abscheu gereichen* 1 Chr. 21, 6; part. *verworfen* Jes. 14, 19. Hiob 15, 16.

Piel pf. 3 pl. suff. תִּעֲבוּנִי; fut. 3 sg. יְתָעֵב, 2 sg. תְּתָעֵב; inf. תַּעֵב 1) *verabscheuen, verwerfen* Deut. 7, 26. 23, 8. Amos 5, 10. Micha 3, 9. Ps. 5, 7. 106, 40. 107, 18. 119, 163. Hiob 19, 19. 2) *zum Abscheu machen* Ezech. 16, 25; ähnlich תִּעֲבוּנִי שַׂלְמוֹתָי *meine Gewänder sind mir zum Abscheu* Hiob 9, 31. מְתָעֵב גּוֹי *den die Leute verabscheuen* Jes. 49, 7.

Hifil fut. יַתְעֵב *abscheulich handeln* Ezech. 16, 52; adject. הִתְעִיבוּ עֲלִילָה *sie begehen abscheuliche Thaten* Ps. 14, 1. 53, 2; ähnlich adverb. 1 Kön. 21, 26.

תָּעָה* pf. 1 sg. תָּעִיתִי; fut. 3 sg. f. תֵּתַע, 3 pl. יִתְעוּ *sich verirren, umherirren* Gen. 21, 14. 37, 15. Ps. 107, 4. 119, 176; meist bildlich von sittlichen Irrthümern, wo es gleichbedeutend ist (bei folgd. מֵעַל) mit *abtrünnig sein* Ezech. 44, 15. תֹּעֵי לֵבָב Ps. 95, 10, oder תֹּעֵי רוּחַ Jes. 29, 24 *irrigen Herzens, Geistes.*

Nifal inf. הִתָּעוֹת 1) *getäuscht sein* Hiob 15, 31. 2) *umherschwanken* Jes. 19, 14 [נִתְעוּ s. נָהַע].

Hifil pf. הִתְעָה; fut. וַיַּתַע, suff. וַיַּתְעֵם *irre leiten*, meist in geistiger oder sittlicher Beziehung 2 Kön. 21, 9. Jes. 3, 12. 19, 13. Hos. 4, 12. 2 Chr. 33, 9; *zum Herumwandern veranlassen* Gen. 20, 13.

תֹּעוּ n. pr. m. 1 Chr. 18, 9 = תֹּעִי 2 Sam. 8, 9.

תְּעוּדָה f. *Zeugniss* (= Gotteslehre wie עֵדוּת) Jes. 8, 16. 20; *Gebrauch, Sitte* Rut 4, 7.

תֹּעִי s. תֹּעוּ.

תְּעָלָה f. cs. תְּעָלַת, pl. suff. תְּעָלֹתֶיהָ 1) *Graben, Kanal* 1 Kön. 18, 32. Jes. 7, 3. Ezech. 31, 4. Hiob 38, 25. 2) *Verband* Jer. 30, 13. 46, 11.

[תַּעֲלוּל] m. pl. תַּעֲלוּלִים, suff. תַּעֲלֻלֵיהֶם *kindische, thörichte Handlungen* Jes. 66, 4; concr. *Kinder* Jes. 3, 4.

תַּעֲלֻמָה f. pl. תַּעֲלֻמוֹת *Verborgenes* Ps. 44, 22. Hiob 11, 6. 28, 11.

[תַּעֲנֻגָה] f. pl. תַּעֲנֻגוֹת *Ergötzung* Koh. 2, 8.

תַּעֲנוּג m. pl. תַּעֲנוּגִים, suff. תַּעֲנֻגֶיהָ *Wohlleben* Spr. 19, 10; *Wonne* Hohel. 7, 7; *Lust, Freude* Micha 1, 16. 2, 9.

תַּעֲנִית f. suff. תַּעֲנִיתִי *das Fasten* Esra 9, 5.

תַּעְנַךְ n. pr. Stadt in Isachar, aber zu Manasse gehörig Jos. 12, 21. Richt. 1, 27. 5, 19. 1 Kön. 4, 12.

*[תָּעַע] Pilpel part. מְתַעְתֵּעַ *Scherz treiben* Gen. 27, 12.

Hitpalpel part. pl. מִתַּעְתְּעִים *verspotten* mit בּ 2 Chr. 36, 16.

תְּעֻפָה f. *Finsterniss* (n. A. Zeitwort s. עוּף) Hiob 11, 17.

[**תַּעֲצֻמָה**] f. pl. תַּעֲצֻמוֹת *Kraft, Stärke* Ps. 68, 36.

תַּעַר m. suff. תַּעֲרָהּ, תַּעְרְךָ 1) *Messer, Scheermesser* Num. 6, 5. Jes. 7, 20. Jer. 36, 23. Ps. 52, 4. 2) *Scheide* 1 Sam. 17, 51. 2 Sam. 20, 8. Jer. 47, 6.

[**תַּעֲרֻבָה**] f. pl. תַּעֲרֻבוֹת *Unterpfand.* בְּנֵי הַתַּעֲרֻבוֹת *Geiseln* 2 Kön. 14, 14. 2 Chr. 25, 24.

[**תַּעְתֻּעַ**] m. pl. תַּעְתֻּעִים *Verspottung* Jer. 10, 15. 51, 18.

תֹּף m. pl. תֻּפִּים, suff. תֻּפֶּיךָ, תֻּפְּךָ *Pauke, Handpauke,* die besonders bei Tänzen von Frauen geschlagen wurde Gen. 31, 27. Ex. 15, 20. Jer. 31, 4. Ezech. 28, 13. Ps. 150, 4.

תִּפְאֶרֶת—תִּפְאָרָה ps. תִּפְאָרֶת, f. suff. תִּפְאַרְתִּי *Verherrlichung, Ruhm, Pracht* Deut. 26, 19. Richt. 4, 9. Jes. 28, 5. Jer. 48, 17; oft im genit. als adj. zu übersetzen: *herrlich, prächtig* Jes. 62, 3. 63, 14. Spr. 4, 9.

תַּפּוּחַ m. pl. תַּפּוּחִים, cs. תַּפּוּחֵי *Apfelbaum* Joel 1, 12. Hohel. 2, 3. 8, 5; *Apfel* Spr. 25, 11. Hohel. 2, 5. 7, 9.

תְּפוֹצוֹתִיכֶם Jer. 25, 34 n. E. = תְּפוּצוֹתֵיכֶם (was aber) *eure Zerstreuten* (betrifft); n. A. eine Verbalform: *ich werde euch zerstreuen.*

[**תֻּפִין**] m. pl. cs. תֻּפִינֵי *Gebackenes* Lev. 6, 14.

[**תָּפַל**] wovon Hitp. תִּתַּפָּל s. [פָּתַל].

תָּפֵל m. 1) *Tünche, Anstrich* von Kalk Ezech. 13, 10. 22, 28; als Bild der Heuchelei und Unwahrheit Klagel. 2, 14. 2) *Eiweiss* (als Geschmackloses) Hiob 6, 6.

תֹּפֶל n. pr. eines Ortes Deut. 1. 1.

תִּפְלָה f. *Schmähung, Lästerung* Hiob 1, 22. 24, 12; *Lästerliches* Jer. 23, 13.

תְּפִלָּה f. cs. תְּפִלַּת, suff. תְּפִלָּתִי, pl. תְּפִלּוֹת *Bitte, Gebet* 1 Kön. 8, 38. Ps. 72, 20. 80, 5. 84, 9. בֵּית תְּפִלָּה *Bethaus* Jes. 56, 7.

תִּפְלֶצֶת f. suff. תִּפְלַצְתְּךָ *Schrecken* Jer. 49, 16.

תִּפְסַח n. pr. 1) Grenzort des israelit. Reiches gegen Osten, *Thapsacus* am Eufrat 1 Kön. 5, 4. 2) Stadt am Jordan 2 Kön. 15, 16.

תָּפַף part. pl. f. ps. תּוֹפֵפוֹת *die Pauke schlagen* Ps. 68, 26.

Poel part. pl. f. מְתֹפְפוֹת *sich schlagen* auf das Herz Nah. 2, 8.

*תָּפַר fut. pl. יִתְפְּרוּ *nähen* Gen. 3, 7. Koh. 3, 7; *eng anlegen* Hiob 16, 15.

Piel part. f. pl. מְתַפְּרוֹת *sich eng anlegen* Ezech. 13, 18.

*תָּפַשׂ part. תֹּפֵשׂ—תֹּפְשֵׂי; fut. יִתְפֹּשׂ; inf. תְּפֹשׂ, suff. תָּפְשְׂכֶם; imp. pl. תִּפְשׂוּ *anfassen an*... (einen Theil der Person oder Sache) mit בּ Deut. 9, 17. 1 Kön. 11, 30. Jes. 3, 6. Ezech. 30, 21; *ergreifen, festhalten* mit acc. Gen. 39, 12. Deut. 22, 28. 1 Kön. 18, 40; *gefangen nehmen* Jos. 8, 23. 2 Kön. 7, 12; *einnehmen* eine Stadt Deut. 20, 19. Jos. 8, 8. 2 Kön. 14, 7; mit verschiedenen Objecten verbunden, bezeichnet es die Beschäftigung mit der Sache הַתֹּפֵשׂ כִּנּוֹר *Harfenspieler* Gen. 4, 21. תֹּפֵשׂ מַגָּל *Schnitter* Jer. 50, 16. תֹּפְשֵׂי מִלְחָמָה *Krieger* Num. 31, 27. תֹּפְשֵׂי מָשׁוֹט *Ruderer* Ezech. 27, 29. תֹּפְשֵׂי הַתּוֹרָה *die Gesetzeskundigen* Jer. 2, 8; ähnlich Jer. 46, 9. Ezech. 38, 4. Amos 2, 15; *sich vergreifen an*... mit acc. Spr. 30, 9. תָּפוּשׂ *eingefasst mit*... Hab. 2, 19.

Nifal fut. 2 sg. תִּתָּפֵשׂ *betroffen, ergriffen werden* Num. 5, 13. Jer. 50, 24; *gefangen werden* Jer. 38, 23. Ezech. 19, 4; *besetzt, erobert werden* Jer. 50, 46. 51, 32.

Piel fut. תְּתַפֵּשׂ *greifen, fangen* Spr. 30, 28.

תֹּפֶת f. 1) *Abscheu, Greuel* Hiob 17, 6. 2) n. pr. eines Ortes im Thale Hinnom, wo der Molochsdienst getrieben wurde 2 Kön. 23, 10. Jer. 7, 31. 19, 6.

תָּפְתֶּה m. *Brandstätte* Jes. 30, 33.

[**תִּפְתָּי**] aram. m. pl. תִּפְתָּיֵא Name einer Würde bei den Babyloniern Dan. 3, 2. 3.

תִּקְהַת s. תִּקְוָה Nr. 3.

תִּקְוָה f. cs. תִּקְוַת, suff. תִּקְוָתִי 1) *Hoffnung, Vertrauen* Ps. 9, 19; auch *Gegenstand des Vertrauens* Ps. 71, 5. 2) *Schnur* Jos. 2, 18.

21. 3) n. pr. m. 2 Kön. 22, 14 = תָּקְהַת 2 Chr. 34, 22 Kri (Ktib תּוֹקְהַת).

תְּקוּמָה f. *Bestand* Lev. 26, 37.

[תְּקוֹמֵם] m. pl. suff. תְּקוֹמְמֶיךָ *Gegner, Feind* Ps. 139, 21.

תָּקוֹעַ m. *Blaseinstrument* Ezech. 7, 14.

תְּקוֹעַ n. pr. mit He loc. תְּקוֹעָה Stadt in Juda, südlich von Jerusalem, Geburtsort des Propheten Amos 2 Sam. 14, 1. Jer. 6, 1. Amos 1, 1. 1 Chr. 2, 24. 4, 5. מִדְבַּר תְּקוֹעַ 2 Chr. 20, 20; n. gent. תְּקֹעִי 2 Sam. 23, 26; fem. תְּקֹעִית 2 Sam. 14, 4; pl. תְּקוֹעִים Neh. 3, 5.

תְּקוּפָה f. cs. תְּקוּפַת, suff. תְּקוּפָתוֹ, pl. cs. תְּקֻפוֹת *Umlauf, Kreislauf* Ex. 34, 22. 1 Sam. 1, 20. Ps. 19, 7. 2 Chr. 24, 23.

תַּקִּיף adj. *stark, mächtig* Koh. 6, 10.

תַּקִּיף aram. adj. emph. תַּקִּיפָה—תַּקִּיפָא, pl. תַּקִּיפִין *stark, mächtig* Dan. 2, 40. 42. 3, 33.

תְּקֵל aram. pf. 2 sg. תְּקִילְתָּא, part. II תְּקֵל *gewogen werden* Dan. 5, 25. 27.

תָּקַן* inf. תְּקוֹן *grade sein, grade werden* Koh. 1, 15.

Piel תִּקֵּן; inf. תַּקֵּן *grade machen* Koh. 7, 13; *verfassen* Sprüche Koh. 12, 9.

[תְּקַן] aram. Hafel 1 sg. הָתְקְנַת *eingesetzt werden* Dan. 4, 33.

תָּקַע* fut. יִתְקַע, suff. יִתְקָעֵהוּ; inf. תְּקֹעַ; imp. pl. תִּקְעוּ 1) *hineinstossen, hineinschlagen*, z. B. einen Nagel Richt. 4, 21. Jes. 22, 23. 25; einen Dolch u. dgl. Richt. 3, 21. 2 Sam. 18, 14; *festschlagen* mit (בְּ) einem Nagel Richt. 16, 14; *annageln* 1 Sam. 31, 10. 1 Chr. 10, 10; *versenken* Ex. 10, 19; mit Object אֹהֶל *ein Zelt* (durch Einschlagen der Pflöcke) *aufschlagen* Gen. 31, 25. Jer. 6, 3. 2) *zusammenschlagen* die Hände a) als Zeichen der Freude Ps. 47, 2. b) des Spottes Nah. 3, 19. c) des Versprechens, besonders der Bürgschaftleistung Spr. 6, 1. 17, 18. 22, 26. תּוֹקְעִים *das Bürgschaftleisten* Spr. 11, 15. 3) häufigst *blasen* (die Luft hineinstossen) gewöhnlich mit בְּ des Instruments Num. 10, 10. Jos. 6, 13; dichterisch auch mit dem acc. Jes. 18, 3; sonst steht die Art des Blasens im acc. Num. 10, 5. 6, wobei תָּקַע von הֵרִיעַ (s. רוּעַ) unterschieden wird Num. 10, 7.

Nifal fut. יִתָּקַע, ps. יִתָּקֵעַ 1) *durch Handeinschlagen sich verpflichten* Hiob 17, 3. 3) *geblasen werden* Jes. 27, 13. Amos 3, 6.

תֵּקַע 1) s. יָקַע. 2) m. *das Blasen* Ps. 150, 3.

תָּקַף* fut. 3 sg. suff. יִתְקְפֵהוּ, 2 sg. suff. תִּתְקְפֵהוּ *bewältigen* Hiob 14, 20. 15, 24. Koh. 4, 12.

תְּקֵף aram. pf. 3 sg. תְּקִף, f. תִּקְפַת, 2 sg. m. תְּקֵפְתְּ *gross, mächtig werden* Dan. 4, 8. 19. 5, 20.

Pael inf. תַּקָּפָה *befestigen* Dan. 6, 8.

תֹּקֶף m. suff. תָּקְפּוֹ *Machtfülle* Est. 9, 29. 10, 2. Dan. 11, 17.

תְּקָף aram. m. emph. תָּקְפָּא *Macht* Dan. 2, 37. 4, 27.

תֹּר s. תּוֹר.

תַּרְאֲלָה n. pr. m. Ort in Benjamin Jos. 18, 27.

תַּרְבּוּת *Nachwuchs, Brut* Num. 32, 14.

תַּרְבִּית f. *Wucher* Lev. 25, 36. Ezech. 18, 8. Spr. 28, 8.

תִּרְגֵּל s. רָגַל.

[תִּרְגֵּם] Pual part. מְתֻרְגָּם *übersetzt* Esra 4, 7.

תַּרְדֵּמָה f. cs. תַּרְדֵּמַת *tiefer Schlaf* Gen. 2, 21. 15, 12. 1 Sam. 26, 12. Spr. 19, 15. Hiob 4, 13. 33, 15; bildlich für *Betäubung* Jes. 29, 10.

תִּרְהָקָה n. pr. König von Aegypten 2 Kön. 19, 9. Jes. 37, 9.

תְּרוּמָה f. cs. תְּרֻמַת—תְּרוּמַת, suff. תְּרוּמָתִי, תְּרוּמַתְכֶם, pl. תְּרוּמוֹת, suff. תְּרוּמֹתַי *Hebe, Weihegabe* für heilige Zwecke, sowohl freiwillige als vorgeschriebene Ex. 25, 2. 30, 14. Num. 18, 8. 27. Deut. 12, 11. Jes. 40, 20. Mal. 3, 8. שְׂדֵי תְרוּמֹת *Felder der Heben* (d. h. von welchen Heben gegeben werden können) 2 Sam. 1, 21; überhaupt *Geschenk*. אִישׁ תְּרוּמוֹת *ein Mann, der Geschenke* (Bestechung) *giebt* Spr. 29, 4.

[תְּרוּמִי] adj. f. תְּרוּמִיָּה *zur Hebe gehörig* Ezech. 48, 12.

תְּרוּעָה f. cs. תְּרוּעַת 1) *Geschrei, Lärm*, z. B. *Freudengeschrei* 1 Sam. 4, 5. Hiob 8, 21. Esra 3, 11. תְּרוּעַת מֶלֶךְ *Freudengeschrei* (beim Empfang) *des Königs* Num. 23, 21; *Kriegsgeschrei* Jer. 4, 19. Amos 1, 14. Hiob 39, 25. 2) *Blasen* mit der Posaune Lev. 23, 24. 25, 9. Num. 10, 5. 6. 29, 1. Ps. 89, 16. זִבְחֵי תְרוּעָה *Opfer mit Posaunenschall* Ps. 27, 6.

תְּרוּפָה f. *Heilung* Ezech. 47, 12.

תִּרְזָה f. Name eines Baumes, *Steineiche* Jes. 44, 14.

תֶּרַח ps. תָּרַח n. pr. 1) Vater des Abraham Gen. 11, 24. Jos. 24, 2. 1 Chr. 1, 26. 2) Lagerort der Israeliten Num. 33, 27.

תִּרְחֲנָה n. pr. m. 1 Chr. 2, 48.

תְּרֵין aram. f. תַּרְתֵּין *zwei* Dan. 6, 1; nach dem stat. constr. *der zweite* Esra 4, 24. תְּרֵי עֲשַׂר *zwölf* Dan. 4, 26. Esra 6, 17.

תַּרְמָה f. *List* Richt. 9, 31 (n. A. n. pr. eines Ortes).

תַּרְמִית f. *List, Trug* Jer. 8, 5. 14, 14 Kri (Ktib תַּרְמוּת). 23, 36.

תֹּרֶן m. suff. תָּרְנָם *Mastbaum* Jes. 33, 23. Ezech. 27, 5; *Stange* Jes. 30, 17.

תְּרַע aram. m. emph. תַּרְעָא *Thor* Dan. 2, 49. *Oeffnung* Dan. 3, 26.

תָּרָע aram. m. pl. emph. תָּרָעַיָּא *Thorhüter* Esra 7, 24.

תַּרְעֵלָה f. *Betäubung, Taumel.* יֵין תַּרְעֵלָה *betäubender Wein* Ps. 60, 5. כּוֹס הַתַּרְעֵלָה *Taumelbecher* (dessen Wein die Besinnung raubt) Jes. 51, 17. 22; beides Bilder grossen Leidens.

תִּרְעָתִי n. gent. einer unbekannten Stadt תִּרְעָה 1 Chr. 2, 55.

תְּרָפִים pl. m. *Hausgötter, Penaten,* die auch als Orakel dienten Gen. 31, 19. Richt. 17, 5. 1 Sam. 15, 23. 19, 13. 2 Kön. 23, 24. Ezech. 21, 26. Hos. 3, 4. Zach. 10, 2.

תִּרְצָה n. pr. 1) f. Num. 26, 33. 27, 1. 36, 11. Jos. 17, 3. 2) mit He תִּרְצָתָה Stadt in Palästina Jos. 12, 241; eine Zeitlang Residenz der Könige von Israel 1 Kön. 14, 17. 15, 21. Hohel. 6, 4.

תֶּרֶשׁ n. pr. m. Est. 2, 21. 6, 2.

תַּרְשִׁישׁ n. pr. 1) eines jafetischen Volksstammes Gen. 10, 4. 2) *Tartessus,* das südwestl. Spanien Jes. 23, 10. Jer. 10, 9. Ezech. 27, 12. 38, 13; daher אֳנִיּוֹת תַּרְשִׁישׁ überhaupt (weitfahrende) *Meerschiffe* 1 Kön. 10, 22. Jes. 2, 16. 23, 1. 14. 60, 9. 2 Chr. 20, 36. 37. 3) Name eines Edelsteins Ex. 28, 20. Ezech. 1, 16. Hohel. 5, 14. Dan. 10, 6. 4) n. pr. m. Est. 1, 14. — 1 Chr. 7, 10.

תִּרְשָׁתָא m. Beiname oder Titel des persischen Statthalters in Jerusalem, zuweilen mit Hinzufügung des Namens wie Neh. 8, 9. 10, 2; oder auch ohne diesen Esra 2, 63. Neh. 7, 65. 70 (wo wahrscheinlich Serubabel gemeint ist).

תַּרְתֵּין s. תְּרֵין.

תַּרְתָּן n. pr. eines assyrischen Feldherrn 2 Kön. 18, 17. Jes. 20, 1.

תַּרְתָּק n. pr. einer Gottheit der Avvim 2 Kön. 17, 31.

תְּשׂוּמֶת f. mit genit. יָד *das bei Jemand zur Aufbewahrung Niedergelegte* Lev. 5, 21.

תְּשֻׁאָה f. cs. תְּשֻׁאַת, pl. תְּשֻׁאוֹת *Lärm, Getöse* Jes. 22, 2. Hiob 36, 29. 39, 7; *Freudengeschrei* Zach. 4, 7.

תִּשְׁבִּי n. gent. eines unbekannten Ortes (woher der Prophet Elia war) 1 Kön. 17, 1. 21, 17.

תַּשְׁבֵּץ m. *kunstvolle Wirkerei* Ex. 28, 4.

[תְּשׁוּבָה] cs. תְּשׁוּבַת, suff. תְּשֻׁבָתוֹ, pl. תְּשֻׁבֹת, suff. תְּשׁוּבֹתֵיכֶם *Wiederkehr* 2 Sam. 11, 1. 1 Kön. 20, 22; *Rückkehr* 1 Sam. 7, 17; *Erwiederung* Hiob 21, 34. 34, 36.

תְּשׁוּעָה f. cs. תְּשׁוּעַת *Hülfe, Rettung, Sieg* Ex. 15, 2. 1 Sam. 11, 9. 2 Kön. 13, 17. Ps. 33, 17. Spr. 21, 31.

תְּשׁוּקָה f. suff. תְּשׁוּקָתוֹ *Verlangen, Begehr* Gen. 3, 16. 4, 7. Hohel. 7, 11.

תְּשׁוּרָה f. (*Wahrsagerlohn*) *Geschenk* 1 Sam. 9, 7.

תְּשִׁיעִי f. תְּשִׁיעִית *der, die neunte* Lev. 25, 22. Num, 7, 60.

תֵּשַׁע cs. תְּשַׁע (bei fem.) u. תִּשְׁעָה, cs. תִּשְׁעַת (bei masc.) *neun* Gen. 5, 27. 9, 29. Num. 1, 23. 34, 13; pl. תִּשְׁעִים *neunzig* Gen. 5, 9.

תֵּת s. נָתַן.

תַּתְּנַי n. pr. persischer Statthalter Esra 5, 3. 6, 6.

תִּתְפַּל s. פָּתַל.

Grammatischer Anhang.

Das hebräische Alphabet.

Gestalt	Name	Laut	Gestalt	Name	Laut
א	Alef		מ	Mem	m
ב	Bet	b	נ	Nun	n
ג	Gimel	g	ס	Samech	s
ד	Dalet	d	ע	Ajin	
ה	He	h	פ	Pe	p
ו	Waw	w (u)	צ	Zade	z
ז	Sajin	s (ds)	ק	Kof	k
ח	Chet	ch	ר	Resch	r
ט	Tet	t	שׂ	Sin	s
י	Jod	j	שׁ	Schin	sch
כ	Kaf	kh	ת	Taw	t
ל	Lamed	l			

Endbuchstaben ך ם ן ף ץ.

Kehllaute (*gutturales*) א ה ח ע (ר).

Gaumlaute (*palatinae*) ג י כ ק.

Zungenlaute (*linguales*) ז ס ש ר ץ.

Zahnlaute (*dentales*) ד ט ל נ ת.

Lippenlaute (*labiales*) ב ו מ פ.

(Gebrauch der Buchstaben als Zahlzeichen s. unten bei den Zahlwörtern).

Die hebräischen Vokale und sonstigen Lesezeichen.

ָ Kamez ā   ַ Patach ă   ֵ Zere ē

ֶ Segol ĕ   ִ Chirek i   ֹ Cholem ō

ָ Kamez chatuf ŏ   וּ oder ֻ Schurek u.

(ָ in geschlossener, unbetonter Sylbe ist o, z. B. גָּדְלָם *godlám*; עָזִּי *ossi*; auch wo es statt ֳ steht קָדָשִׁים *kodaschim*; überhaupt wo es aus Cholem entstanden).

ְ *Schwa*, Zeichen der Vocallosigkeit. *Schwa mobile*, sylbenbeginnendes; *Schwa quiescens*, sylbenschliesendes Schwa. *Schwa compositum*: ֲ Chatef Patach, ֱ Chatef Segol, ֳ Chatef Kamez.

Dagesch forte Verdoppelungszeichen a) compensativum הַגֵּר *haggér*. b) characteristicum דִּבֵּר *dibbér*. c) conjunctivum וְזֶה־שְּׁמוֹ׃ דְּחִיק Jer. 23, 6 und לְקָחָה־זּאת׃ אֶתִּי מֵרָחוֹק Gen. 23.

Dagesch lene (nach geschlossener Sylbe) hebt die Aspiration in בּ, גּ, דּ, כּ, פּ, תּ auf.

Rafe ֿ Aufhebung des Dagesch.

Mappik nur im הּ. — *Makkef* ־.

Die hebräischen Accente.

I. Die sogenannten prosaischen.

A) *Disjunctivi* מַפְסִיקִים, trennende Accente:

1. סוֹף פָּסוּק Sof pasuk הָאָֽרֶץ׃ — אַתְנָח Atnach אֱלֹהִֽים.

2. זָקֵף קָטֹן Sakef Katan וָבֹ֔הוּ — זָקֵף גָּדוֹל Sakef gadol לְהַבְדִּ֕יל — סְגוֹלְתָּא Segolta הָרָקִ֒יעַ (postpos.). — טִפְחָא Tipcha בְּרֵאשִׁ֖ית.

3. רְבִיעַ Rebia וְהָאָ֗רֶץ — זַרְקָא Sarka אֱלֹהִים֮ (postpos.).— פַּשְׁטָא Paschta תֹ֙הוּ֙ (postpos.), — יְתִיב Jetib עֹ֚שֶׂה (praepos.). — תְּבִיר Tebir — מֵרְכָא כְּפוּלָה Merka Kefula אֱלֹהִים — לָ֦ךְ.

4. פָּזֵר Paser הָרֹמֶ֡שֶׂת — תְּלִישָׁא גְדוֹלָה Te-

lischa gedola דְּשֶׁא (praepos.). — גֵּרֵשׁ Geresch שַׁלְשֶׁלֶת — פָּרִי· — גֵּרְשַׁיִם Gerschaim הַמַּיִם· — Schalschelet וַיִּתְמַהְמָהּ· — קַרְנֵי פָרָה Karne Fara כְּאִמָּה· — פְּסִיק Pesik | (nur nach einem verbindenden Accent).|

B) *Conjunctivi* מְשָׁרְתִים verbindende Accente: מֵרְכָא Merka אֵת· — מוּנַח Munach בָּרָא· — מַהְפַּךְ Mahpach אֱלֹהִים· — קַדְמָא Kadma יִקָּווּ· — דַּרְגָּא Darga וַיַּרְא· — יֶרַח (בֶּן־יוֹמוֹ) Jerach אַלְפַּיִם· — תְּלִישָׁא קְטַנָּה Telischa Ketanna אֱלֹהִים (postpos.).

II. Die sogenannten metrischen.

(In Ps., Spr., Hiob).

A) *Disjunctivi.*

1. סוֹף פָּסוּק (wie oben). — עוֹלֶה וְיוֹרֵד oder Merka mahpachatum רְשָׁעִים· — אַתְנָח (wie oben).

2. רְבִיעַ (wie oben). — רְבִיעַ מֻגְרָשׁ Rebia mit Geresch לֵצִים· — פָּזֵר (wie oben). — הָחַי oder Tipcha praepositivum חַטָּאִים· — שַׁלְשֶׁלֶת mit folgd. פְּסִיק | וּכְבוֹדִי·

3. אַזְלָא mit פְּסִיק | הָאֲשִׁמִים· — מַהְפַּךְ mit פְּסִיק | כִּי· — זַרְקָא oder צִנּוֹר Zinnor (postpos.) הָלַךְ·

B) *Conjunctivi.*

מֵרְכָא (s. oben). — מוּנַח unter oder über dem Worte. — שַׁלְשֶׁלֶת und אַזְלָא, מַהְפַּךְ ohne folg. פְּסִיק· — טַרְחָא (in Mitten des Wortes). — יָרֵחַ (wie oben).

Wörter mit dem Artikel.

1) הַשָּׁמַיִם· 2) הָאָרֶץ· — הָרֹאשׁ· — הָעַיִן· — הֶחָכָם· — הֶעָנָן· 3) הֶהָרִים· — הַחַיִּים· — הַהִיא — הָעָם· — הָהָר —

Das fragende הֲ.

הֲטוֹבָה — הַמְעַט· — הַבְמַחֲנִים· — הַעֲנִי· — הֶחָזָק· — הֶחֳדַלְתִּי· (seltene Form: הַעוֹלָה, הַיִּיטַב).

Pronomina.

Pronomina personalia.

Singular

	m.	comm.	f.
1.		אֲנִי, אָנֹכִי ps. אָנִי·	
2.	אַתָּה (אַתְּ) ps. אָתָּה·		אַתְּ (אַתִּי) אָתְּ ps. אָתְּ·
3.	הוּא·		הִיא (הִוא)·

Plural

	m.	comm.	f.
1.		אֲנַחְנוּ, נַחְנוּ (אָנוּ) ps. אֲנָחְנוּ·	
2.	אַתֶּם·		אַתֵּן (אַתֶּן) אַתֵּנָה·
3.	הֵם, הֵמָּה·		הֵנָּה·

Pronomina demonstrativa.

m. זֶה f. זאת (זֹה, זוֹ, זוּ s. S. 83 u. 84); plur. אֵל—אֵלֶּה — הַלָּזֶה (הַלָּז) f. הַלֵּזוּ·

Pronomina interrogativa.

מִי, מָה (מֶה, מַה s. S. 169).

Pronomina relativa.

אֲשֶׁר, verkürzt שֶׁ (שַׁ, שְׁ).

PARADIGMEN.

Tabelle I.

Das Nomen im status constructus, im pluralis und mit Suffixen.

	I	II		III	IV		V		VI						
Sing. st. abs.	שִׁיר	כּוֹכָב	דָּם	נָגִיד	דָּבָר	חָכָם	זָקֵן	חָצֵר	מֶלֶךְ	זֶרַע	שַׁעַר	סֵפֶר	נֵצַח	קֹדֶשׁ	פֹּעַל
— cs.	שִׁיר	כּוֹכַב	דַּם	נְגִיד	דְּבַר	חֲכַם	זְקַן (יֶרֶךְ)	חֲצַר	מֶלֶךְ			סֵפֶר		קֹדֶשׁ	
sg. 1.	שִׁירִי	כּוֹכָבִי	דָּמִי	נְגִידִי	דְּבָרִי	חֲכָמִי	זְקֵנִי	חֲצֵרִי	מַלְכִּי	זַרְעִי	שַׁעְרִי	סִפְרִי (חֶלְקִי)	נִצְחִי	קָדְשִׁי	פָּעֳלִי
2 m.	שִׁירְךָ	כּוֹכָבְךָ			דְּבָרְךָ				מַלְכְּךָ	זַרְעֲךָ	שַׁעַרְךָ		נִצְחֲךָ		פָּעָלְךָ
2 f.	שִׁירֵךְ	כּוֹכָבֵךְ			דְּבָרֵךְ				מַלְכֵּךְ						
3 m.	שִׁירוֹ	כּוֹכָבוֹ			דְּבָרוֹ				מַלְכּוֹ					קָדְשׁוֹ (גָּדְלוֹ)	
3 f.	שִׁירָהּ	כּוֹכָבָהּ			דְּבָרָהּ				מַלְכָּהּ						
pl. 1.	שִׁירֵנוּ	כּוֹכָבֵנוּ			דְּבָרֵנוּ				מַלְכֵּנוּ						
2 m.	שִׁירְכֶם	כּוֹכַבְכֶם	דִּמְכֶם	נְגִידְכֶם	דְּבַרְכֶם	חֲכַמְכֶם	זְקַנְכֶם	חֲצַרְכֶם	מַלְכְּכֶם	זַרְעֲכֶם	שַׁעַרְכֶם	סִפְרְכֶם	נִצְחֲכֶם	קָדְשְׁכֶם	פָּעָלְכֶם
2 f.	שִׁירְכֶן	כּוֹכַבְכֶן			דְּבַרְכֶן				מַלְכְּכֶן						
3 m.	שִׁירָם	כּוֹכָבָם			דְּבָרָם				מַלְכָּם						
3 f.	שִׁירָן	כּוֹכָבָן			דְּבָרָן				מַלְכָּן						
Plur. st. abs.	שִׁירִים	כּוֹכָבִים	דָּמִים	נְגִידִים	דְּבָרִים	חֲכָמִים	זְקֵנִים	חֲצֵרִים	מְלָכִים		שְׁעָרִים	סְפָרִים	נְצָחִים	קֳדָשִׁים	פְּעָלִים
— cs.	שִׁירֵי	כּוֹכְבֵי	דְּמֵי	נְגִידֵי	דִּבְרֵי	חַכְמֵי	זִקְנֵי	חַצְרֵי	מַלְכֵי		שַׁעֲרֵי	סִפְרֵי חֶלְקֵי	נִצְחֵי	קָדְשֵׁי (רִכְסֵי)	פָּעֳלֵי
sg. 1.	שִׁירַי	כּוֹכָבַי		נְגִידַי	דְּבָרַי	חֲכָמַי	זְקֵנַי	חֲצֵרַי	מְלָכַי		שְׁעָרַי	סְפָרַי	נְצָחַי	קֳדָשַׁי	פְּעָלַי
2 m.	שִׁירֶיךָ	כּוֹכָבֶיךָ			דְּבָרֶיךָ				מְלָכֶיךָ						
2 f.	שִׁירַיִךְ	כּוֹכָבַיִךְ			דְּבָרַיִךְ				מְלָכַיִךְ						
3 m.	שִׁירָיו	כּוֹכָבָיו			דְּבָרָיו				מְלָכָיו						
3 f.	שִׁירֶיהָ	כּוֹכָבֶיהָ			דְּבָרֶיהָ				מְלָכֶיהָ						
pl. 1.	שִׁירֵינוּ	כּוֹכָבֵינוּ			דְּבָרֵינוּ				מְלָכֵינוּ						
2 m.	שִׁירֵיכֶם	כּוֹכְבֵיכֶם	דְּמֵיכֶם	נְגִידֵיכֶם	דִּבְרֵיכֶם	חַכְמֵיכֶם	זִקְנֵיכֶם	חַצְרֵיכֶם	מַלְכֵיכֶם	זַרְעֵיכֶם	שַׁעֲרֵיכֶם	סִפְרֵיכֶם	נִצְחֵיכֶם	קָדְשֵׁיכֶם	פָּעֳלֵיכֶם
2 f.	שִׁירֵיכֶן	כּוֹכְבֵיכֶן			דִּבְרֵיכֶן				מַלְכֵיכֶן						
3 m.	שִׁירֵיהֶם	כּוֹכְבֵיהֶם			דִּבְרֵיהֶם				מַלְכֵיהֶם						
3 f.	שִׁירֵיהֶן	כּוֹכְבֵיהֶן			דִּבְרֵיהֶן				מַלְכֵיהֶן						
Dual st. abs.	שׁוֹקַיִם	מֶלְקָחַיִם	יָדַיִם	שִׁבְעַיִם	כְּנָפַיִם	חֲלָצַיִם	יְרֵכַיִם		רַגְלַיִם					מָתְנַיִם	אָהֳרַיִם
— — cs.	שׁוֹקֵי		יְדֵי		כַּנְפֵי				רַגְלֵי					מָתְנֵי	

Tabelle II.

Das Nomen im status constructus, im pluralis und mit Suffixen.

	VII					VIII				IX		X	
Sing. st. abs.	מָוֶת	עַיִן	פְּרִי	עֲדִי	חֳלִי	עַם	אֵם	חֹק	גָּמָל	שֵׁם	אֹיֵב	רֹעֶה	שָׂדֶה
— cs.	מוֹת	עֵין				עַם		חָק־		שֵׁם	אֹיֵב	רֹעֵה	שְׂדֵה
sg. 1.	מוֹתִי	עֵינִי	פִּרְיִי		חָלְיִי	עַמִּי	אִמִּי	חֻקִּי (עֻזִּי)	גְּמַלִּי	שְׁמִי	אֹיְבִי	רֹעִי	שָׂדִי
2 m.			פִּרְיְךָ—	עֶדְיְךָ		עַמְּךָ		חָקְךָ (עָזְּךָ)		שִׁמְךָ (ps. שְׁמֶךָ)	אֹיִבְךָ (ps. אֹיִבֶךָ)	רֹעֲךָ	שָׂדְךָ
2 f.			פִּרְיֵךְ			עַמֵּךְ		חֻקּוֹ		שְׁמֵךְ			שָׂדֵךְ
3 m.			פִּרְיוֹ—	עֶדְיוֹ	חָלְיוֹ	עַמּוֹ				שְׁמוֹ		רֹעֵהוּ	שָׂדֵהוּ
3 f.						עַמָּהּ				שְׁמָהּ			שָׂדָהּ
pl. 1.						עַמֵּנוּ				שְׁמֵנוּ			
2 m.	מוֹתְכֶם		פֶּרְיְכֶם			עַמְּכֶם		חָקְכֶם (עָזְּכֶם)		שִׁמְכֶם	אֹיִבְכֶם		
2 f.						עַמְּכֶן				שִׁמְכֶן			
3 m.						עַמָּם				שְׁמָם			
3 f.						עַמָּן				שְׁמָן			
Plur. st. abs.	מוֹתִים	אֵילִים	גְּדָיִים	פְּתָאִים	חֳלָיִים	עַמִּים	עִזִּים	חֻקִּים	גְּמַלִּים	עֵצִים	אֹיְבִים	רֹעִים	
— cs.	מוֹתֵי	אֵילֵי	גְּדָיֵי			עַמֵּי	עִזֵּי	חֻקֵּי	גְּמַלֵּי	עֲצֵי	אֹיְבֵי	רֹעֵי	שְׂדֵי
sg. 1.						עַמַּי				עֵצַי	אֹיְבַי	רֹעַי	שָׂדַי
2 m.						עַמֶּיךָ							שָׂדֶיךָ
2 f.						עַמַּיִךְ							
3 m.						עַמָּיו							
3 f.						עַמֶּיהָ							
pl. 1.					חֳלָיֵנוּ								שָׂדֵינוּ
2 m.										עֲצֵיכֶם		רֹעֵיכֶם	
2 f.													
3 m.													
3 f.													
Dual. st. abs.		עֵינַיִם									מֹאזְנַיִם		
— cs.		עֵינֵי									מֹאזְנֵי		

Tabelle III.

Feminina.

	I	II		III	IV		V
Sing. st. abs.	בְּתוּלָה	שָׁנָה	צְדָקָה	שִׁפְחָה	מִסְגֶּרֶת	מִשְׁבֶּרֶת	מַלְכוּת
— cs.	בְּתוּלַת	שְׁנַת	צִדְקַת	שִׁפְחַת	מִסְגֶּרֶת		מַלְכוּת
sg. 1.	בְּתוּלָתִי	שְׁנָתִי	צִדְקָתִי	שִׁפְחָתִי	מִסְגַּרְתִּי	מִשְׁבַּרְתִּי	מַלְכוּתִי
2 m.	בְּתוּלָתְךָ				מִסְגַּרְתְּךָ		
2 f.	בְּתוּלָתֵךְ						
3 m.	בְּתוּלָתוֹ				מֶמְשַׁלְתּוֹ	מַחְבַּרְתּוֹ	
3 f.	בְּתוּלָתָהּ						
pl. 1.	בְּתוּלָתֵנוּ						
2 m.	בְּתוּלַתְכֶם	שְׁנַתְכֶם	צִדְקַתְכֶם	שִׁפְחַתְכֶם	מִסְגַּרְתְּכֶם		
2 f.	בְּתוּלַתְכֶן						
3 m.	בְּתוּלָתָם						
3 f.	בְּתוּלָתָן						
Plur. st. abs.	בְּתוּלוֹת	שָׁנוֹת	צְדָקוֹת	שְׁפָחוֹת	מִסְגְּרוֹת		מַלְכֻיּוֹת
— cs.	בְּתוּלוֹת	שְׁנוֹת	צִדְקוֹת	שִׁפְחוֹת	מִסְגְּרוֹת		
sg. 1.	בְּתוּלוֹתַי	שְׁנוֹתַי	צִדְקוֹתַי	שִׁפְחוֹתַי	מִסְגְּרוֹתַי		
2 m.	בְּתוּלוֹתֶיךָ						
2 f.	בְּתוּלוֹתַיִךְ						
3 m.	בְּתוּלוֹתָיו						
3 f.	בְּתוּלוֹתֶיהָ						
pl. 1.	בְּתוּלוֹתֵינוּ						
2 m.	בְּתוּלוֹתֵיכֶם	שְׁנוֹתֵיכֶם	צִדְקוֹתֵיכֶם	שִׁפְחוֹתֵיכֶם	מִסְגְּרוֹתֵיכֶם		
2 f.	בְּתוּלוֹתֵיכֶן						
3 m.	בְּתוּלוֹתֵיהֶם						
3 f.	בְּתוּלוֹתֵיהֶן						
Dual. st. abs.	אַמָּתַיִם	שְׂפָתַיִם		רִקְמָתַיִם			
— — cs.		שִׂפְתֵי					

Zahlwörter.

1.	א	אֶחָד	אַחַד	אַחַת		30.	ל	שְׁלֹשִׁים
				(ps. אֶחָת)		40.	מ	אַרְבָּעִים
2.	ב	שְׁנַיִם	שְׁנֵי	שְׁתַּיִם	שְׁתֵּי	50.	נ	חֲמִשִּׁים
		(ps. שְׁנָיִם)		(ps. שְׁתָּיִם)		60.	ס	שִׁשִּׁים
3.	ג	שְׁלֹשָׁה	שְׁלֹשֶׁת	שָׁלֹשׁ	שְׁלֹשׁ	70.	ע	שִׁבְעִים
4.	ד	אַרְבָּעָה	אַרְבַּעַת	אַרְבַּע		80.	פ	שְׁמֹנִים
5.	ה	חֲמִשָּׁה	חֲמֵשֶׁת	חָמֵשׁ	חֲמֵשׁ	90.	צ	תִּשְׁעִים
6.	ו	שִׁשָּׁה	שֵׁשֶׁת	שֵׁשׁ		100.	ק	מֵאָה ,מְאַת
7.	ז	שִׁבְעָה	שִׁבְעַת	שֶׁבַע	שְׁבַע	200.	ר	מָאתַיִם
8.	ח	שְׁמֹנָה	שְׁמֹנַת	שְׁמֹנֶה		300.	ש	שְׁלֹשׁ מֵאוֹת
9.	ט	תִּשְׁעָה	תִּשְׁעַת	תֵּשַׁע	תְּשַׁע	400.	ת	אַרְבַּע מֵאוֹת
10.	י	עֲשָׂרָה	עֲשֶׂרֶת	עֶשֶׂר		500.	ת"ק	חֲמֵשׁ מֵאוֹת
11.	יא	אַחַד עָשָׂר		אַחַת עֶשְׂרֵה		600.	ת"ר	שֵׁשׁ מֵאוֹת
		עַשְׁתֵּי עָשָׂר		עַשְׁתֵּי עֶשְׂרֵה		700.	ת"ש	שְׁבַע מֵאוֹת
12.	יב	שְׁנֵים עָשָׂר		שְׁתֵּים עֶשְׂרֵה		800.	ת"ת	שְׁמֹנֶה מֵאוֹת
13.	יג	שְׁלֹשָׁה עָשָׂר		שְׁלֹשׁ עֶשְׂרֵה		900.	תת"ק	תְּשַׁע מֵאוֹת
14.	יד	אַרְבָּעָה עָשָׂר		אַרְבַּע עֶשְׂרֵה		1,000		אֶלֶף
15.	טו	חֲמִשָּׁה עָשָׂר		חֲמֵשׁ עֶשְׂרֵה		2,000		אַלְפַּיִם
16.	טז	שִׁשָּׁה עָשָׂר		שֵׁשׁ עֶשְׂרֵה		3,000		שְׁלֹשֶׁת אַלְפֵי, שְׁלֹשֶׁת
17.	יז	שִׁבְעָה עָשָׂר		שְׁבַע עֶשְׂרֵה				אֲלָפִים
18.	יח	שְׁמֹנָה עָשָׂר		שְׁמֹנֶה עֶשְׂרֵה		10,000		עֲשֶׂרֶת אֲלָפִים רְבָבָה,
19.	יט	תִּשְׁעָה עָשָׂר		תְּשַׁע עֶשְׂרֵה				רִבּוֹ רִבּוֹתָם
20.	כ	עֶשְׂרִים				100,000		מְאַת אֶלֶף
21.	כא	אֶחָד וְעֶשְׂרִים = עֶשְׂרִים וְאֶחָד				1,000,000		אֶלֶף אֲלָפִים
		u. s. w.						

Ordnungszahlen.

		fem.			fem.			fem.
1	רִאשׁוֹן	רִאשׁוֹנָה	5	חֲמִישִׁי	חֲמִישִׁית	9	תְּשִׁיעִי	תְּשִׁיעִית
2	שֵׁנִי	שְׁנִיָּה—שֵׁנִית	6	שִׁשִּׁי	שִׁשִּׁית	10	עֲשִׂירִי	עֲשִׂירִית
3	שְׁלִישִׁי	שְׁלִישִׁית	7	שְׁבִיעִי	שְׁבִיעִית			
4	רְבִיעִי	רְבִיעִית	8	שְׁמִינִי	שְׁמִינִית			

Tabelle IV.

Das regelmässige Zeitwort.

Kal

		1 gutt.	2 gutt.	3 gutt.	
Perf. sing. 1.	מָשַׁלְתִּי (קָטֹנְתִּי)	עָמַדְתִּי	זָעַקְתִּי	פָּתַחְתִּי	
2 m.	מָשַׁלְתָּ (כָּבַדְתָּ)	עָמַדְתָּ	זָעַקְתָּ	פָּתַחְתָּ	
2 f.	מָשַׁלְתְּ	עָמַדְתְּ	זָעַקְתְּ	פָּתַחַתְּ	
3 m.	מָשַׁל כָּבֵד	עָמַד	זָעַק	פָּתַח	
3 f.	מָשְׁלָה	עָמְדָה	זָעֲקָה	פָּתְחָה	
pl. 1.	מָשַׁלְנוּ	עָמַדְנוּ	זָעַקְנוּ	פָּתַחְנוּ	
2 m.	מְשַׁלְתֶּם	עֲמַדְתֶּם	זְעַקְתֶּם (שְׁאֶלְתֶּם)	פְּתַחְתֶּם	
2 f.	מְשַׁלְתֶּן	עֲמַדְתֶּן	זְעַקְתֶּן	פְּתַחְתֶּן	
3	מָשְׁלוּ	עָמְדוּ	זָעֲקוּ	פָּתְחוּ	
Fut. sing. 1.	אֶמְשֹׁל אֶמְשְׁלָה	אֶעֱמֹד אֶחְקֹר אַהַרְגָה	אֶזְעַק אֶשְׁאֲלָה	אֶפְתַּח	
2 m.	תִּמְשֹׁל	תַּעֲמֹד תֶּאֱרֹב תַּחְגֹּר	תִּזְעַק	תִּפְתַּח	
2 f.	תִּמְשְׁלִי	תַּעַמְדִי	תִּזְעֲקִי	תִּפְתְּחִי	
3 m.	יִמְשֹׁל יִמְשָׁל־ יִגְדַּל	יַעֲמֹד יֶאְסֹר יֶהְדֹּף יַחְבֹּט	יִזְעַק	יִפְתַּח	
3 f.	תִּמְשֹׁל	תַּעֲמוֹד תֵּהָלֵךְ	תִּזְעַק	תִּפְתַּח	
pl. 1.	נִמְשֹׁל נִמְשְׁלָה	נַעֲמוֹד נֶאֱסַף	נִזְעַק	נִפְתַּח	(נִשְׁמְעָה
2 m.	תִּמְשְׁלוּ	תַּעַמְדוּ	תִּזְעֲקוּ	תִּפְתְּחוּ	ps. נִשְׁמָעָה)
2 f.	תִּמְשֹׁלְנָה	תַּעֲבֹדְנָה	תִּזְעַקְנָה	תִּפְתַּחְנָה	
3 m.	יִמְשְׁלוּ יִמְשְׁלוּן	יַעַמְדוּ יֶאֶרְבוּ יַחְגְּרוּ	יִזְעֲקוּ ps. יִזְעָקוּ	יִפְתְּחוּ	
3 f.	תִּמְשֹׁלְנָה תִּשְׁכַּבְנָה	תַּעֲמֹדְנָה תֶּהֱשַׁכְנָה	תִּזְעַקְנָה	תִּפְתַּחְנָה	
Inf. absol.	מָשׁוֹל	עָמוֹד	זָעוֹק	פָּתוֹחַ	
cs.	מְשֹׁל שְׁכַב	עֲמֹד	זְעֹק	פְּתֹחַ גְּעַ	
Imp. sg. m.	מְשֹׁל מָלְכָה מָהֲרָה	עֲמֹד אֶסְפָה	זְעַק אֱהַב שְׁאָלָה	פְּתַח שְׁמָעָה	
f.	מִשְׁלִי מַלְכִי	עִמְדִי הֶשְׂפִּי	זַעֲקִי	פִּתְחִי ps. שְׁמָעִי	
pl. m.	מִשְׁלוּ	עִמְדוּ חָרְבוּ	זַעֲקוּ (שַׁחֲדוּ	פִּתְחוּ ps. שְׁמָעוּ	
f.	מְשֹׁלְנָה	עֲמֹדְנָה	זְעַקְנָה ps. אֱהָבוּ)	פְּתַחְנָה שְׁמַעַן	
Part. act. sg. m.	מֹשֵׁל	עֹמֵד	זֹעֵק	פֹּתֵחַ	
f.	מֹשְׁלָה מֹשֶׁלֶת	עֹמְדָה עֹמֶדֶת	זֹעֲקָה זֹעֶקֶת	פֹּתְחָה פֹּתַחַת	
pl. m.	מֹשְׁלִים	עֹמְדִים	זֹעֲקִים	פֹּתְחִים	
f.	מֹשְׁלוֹת	עֹמְדוֹת	זֹעֲקוֹת	פֹּתְחוֹת	
Part. pass. sg. m.	מָשׁוּל	חָלוּק	בָּחוּר	פָּתוּחַ	
f.	מְשׁוּלָה	חֲלוּקָה	בְּחוּרָה	פְּתוּחָה	
pl. m.	מְשׁוּלִים	חֲלוּקִים	בְּחוּרִים	פְּתוּחִים	
f.	מְשׁוּלוֹת	חֲלוּקוֹת	בְּחוּרוֹת	פְּתוּחוֹת	

Tabelle

Das regelmässige

	Nifal	1 gutt.	2 gutt.	3 gutt.	Piel	2 gutt.	3 gutt.
Pers. sg. 1.	נִמְשַׁלְתִּי	נֶחֱלַקְתִּי	נִזְעַקְתִּי	נִפְתַּחְתִּי	מִשַּׁלְתִּי	בֵּרַכְתִּי	פִּתַּחְתִּי
2 m.	נִמְשַׁלְתָּ	נֶחֱלַקְתָּ	נִזְעַקְתָּ	נִפְתַּחְתָּ	מִשַּׁלְתָּ	בֵּרַכְתָּ	פִּתַּחְתָּ
2 f.	נִמְשַׁלְתְּ	נֶחֱלַקְתְּ	נִזְעַקְתְּ	נִפְתַּחַתְּ	מִשַּׁלְתְּ	בֵּרַכְתְּ	פִּתַּחַתְּ
3 m.	נִמְשַׁל	נֶחֱלַק	נִזְעַק	נִפְתַּח	מִשֵּׁל	בֵּרֵךְ (בֵּרַךְ)	פִּתַּח (פִּתֵּחַ)
3 f.	נִמְשְׁלָה	נֶחֶלְקָה	נִזְעֲקָה	נִפְתְּחָה	מִשְּׁלָה	בֵּרְכָה	פִּתְּחָה
pl. 1.	נִמְשַׁלְנוּ	נֶחֱלַקְנוּ	נִזְעַקְנוּ	נִפְתַּחְנוּ	מִשַּׁלְנוּ	בֵּרַכְנוּ	פִּתַּחְנוּ
2 m.	נִמְשַׁלְתֶּם	נֶחֱלַקְתֶּם	נִזְעַקְתֶּם	נִפְתַּחְתֶּם	מִשַּׁלְתֶּם	בֵּרַכְתֶּם	פִּתַּחְתֶּם
2 f.	נִמְשַׁלְתֶּן	נֶחֱלַקְתֶּן	נִזְעַקְתֶּן	נִפְתַּחְתֶּן	מִשַּׁלְתֶּן	בֵּרַכְתֶּן	פִּתַּחְתֶּן
3	נִמְשְׁלוּ	נֶחֶלְקוּ	נִזְעֲקוּ	נִפְתְּחוּ	מִשְּׁלוּ	בֵּרְכוּ	פִּתְּחוּ
Fut. sg. 1.	אֶמָּשֵׁל	אֵחָלֵק	אֶזָּעֵק	אֶפָּתַח (־תֵחַ)	אֲמַשֵּׁל	אֲבָרֵךְ	אֲפַתַּח (־תֵּחַ)
2 m.	תִּמָּשֵׁל	תֵּחָלֵק	תִּזָּעֵק	תִּפָּתַח (־תֵחַ)	תְּמַשֵּׁל	תְּבָרֵךְ	תְּפַתַּח ־
2 f.	תִּמָּשְׁלִי	תֵּחָלְקִי	תִּזָּעֲקִי	תִּפָּתְחִי	תְּמַשְּׁלִי	תְּבָרְכִי	תְּפַתְּחִי
3 m.	יִמָּשֵׁל	יֵחָלֵק	יִזָּעֵק	יִפָּתַח	יְמַשֵּׁל	יְבָרֵךְ	יְפַתַּח (־תֵּחַ)
3 f.	תִּמָּשֵׁל	תֵּחָלֵק	תִּזָּעֵק	תִּפָּתַח	תְּמַשֵּׁל	תְּבָרֵךְ	תְּפַתַּח
pl. 1.	נִמָּשֵׁל	נֵחָלֵק	נִזָּעֵק	נִפָּתַח	נְמַשֵּׁל	נְבָרֵךְ	נְפַתַּח
2 m.	תִּמָּשְׁלוּ	תֵּחָלְקוּ	תִּזָּעֲקוּ	תִּפָּתְחוּ	תְּמַשְּׁלוּ	תְּבָרְכוּ	תְּפַתְּחוּ
2 f.	תִּמָּשַׁלְנָה	תֵּחָלַקְנָה	תִּזָּעַקְנָה	תִּפָּתַחְנָה	תְּמַשֵּׁלְנָה	תְּבָרֵכְנָה	תְּפַתַּחְנָה
3 m.	יִמָּשְׁלוּ	יֵחָלְקוּ	יִזָּעֲקוּ	יִפָּתְחוּ	יְמַשְּׁלוּ	יְבָרְכוּ	יְפַתְּחוּ
3 f.	תִּמָּשַׁלְנָה	תֵּחָלַקְנָה	תִּזָּעַקְנָה	תִּפָּתַחְנָה	תְּמַשֵּׁלְנָה	תְּבָרֵכְנָה	תְּפַתַּחְנָה
Inf. abs.	נִמְשֹׁל	נַחֲלֹק	נִזְעֹק	נִפְתֹּחַ	מַשֹּׁל	בָּרֹךְ	פַּתֹּחַ
	הִמָּשֵׁל	הֵחָלֵק	הִזָּעֵק	הִפָּתֵחַ			
cs.	הִמָּשֵׁל	הֵחָלֵק	הִזָּעֵק	הִפָּתֵחַ	מַשֵּׁל	בָּרֵךְ	פַּתֵּחַ
Imp. sg. m.	הִמָּשֵׁל	הֵחָלֵק	הִזָּעֵק	הִפָּתַח	מַשֵּׁל	בָּרֵךְ	פַּתַּח
f.	הִמָּשְׁלִי	הֵחָלְקִי	הִזָּעֲקִי	הִפָּתְחִי	מַשְּׁלִי	בָּרְכִי	פַּתְּחִי
pl. m.	הִמָּשְׁלוּ	הֵחָלְקוּ	הִזָּעֲקוּ	הִפָּתְחוּ	מַשְּׁלוּ	בָּרְכוּ	פַּתְּחוּ
f.	הִמָּשַׁלְנָה	הֵחָלַקְנָה	הִזָּעַקְנָה	הִפָּתַחְנָה	מַשֵּׁלְנָה	בָּרֵכְנָה	פַּתַּחְנָה
Part sg. m.	נִמְשָׁל	נֶחֱלָק	נִזְעָק	נִפְתָּח	מְמַשֵּׁל	מְבָרֵךְ	מְפַתֵּחַ
f.	נִמְשָׁלָה	נֶחֱלָקָה	נִזְעָקָה	נִפְתָּחָה	מְמַשְּׁלָה	מְבָרְכָה	מְפַתְּחָה
	נִמְשֶׁלֶת	נֶחֱלֶקֶת	נִזְעֶקֶת	נִפְתַּחַת	מְמַשֶּׁלֶת	מְבָרֶכֶת	מְפַתַּחַת
pl. m.	נִמְשָׁלִים	נֶחֱלָקִים	נִזְעָקִים	נִפְתָּחִים	מְמַשְּׁלִים	מְבָרְכִים	מְפַתְּחִים
f.	נִמְשָׁלוֹת	נֶחֱלָקוֹת	נִזְעָקוֹת	נִפְתָּחוֹת	מְמַשְּׁלוֹת	מְבָרְכוֹת	מְפַתְּחוֹת

V.

Verbum.

Pual	1 gutt.	2 gutt.	3 gutt.	Hitpael			
מֻשַּׁלְתִּי		בֹּרַכְתִּי		הִתְמַשַּׁלְתִּי		הִתְבָּרַכְתִּי	
מֻשַּׁלְתָּ		בֹּרַכְתָּ		הִתְמַשַּׁלְתָּ		הִתְבָּרַכְתָּ	
מֻשַּׁלְתְּ		בֹּרַכְתְּ	פֻּתַּחַתְּ	הִתְמַשַּׁלְתְּ		הִתְבָּרַכְתְּ	הִתְפַּתַּחַתְּ
מֻשַּׁל		בֹּרַךְ		הִתְמַשֵּׁל	(הִשְׁתַּמֵּר)	הִתְבָּרֵךְ	הִתְפַּתַּח (־תֵּחַ)
מֻשְּׁלָה		בֹּרְכָה	לֻקְּחָה	הִתְמַשְּׁלָה		הִתְבָּרְכָה	
מֻשַּׁלְנוּ		בֹּרַכְנוּ		הִתְמַשַּׁלְנוּ		הִתְבָּרַכְנוּ	
מֻשַּׁלְתֶּם		בֹּרַכְתֶּם		הִתְמַשַּׁלְתֶּם		הִתְבָּרַכְתֶּם	
מֻשַּׁלְתֶּן		בֹּרַכְתֶּן		הִתְמַשַּׁלְתֶּן		הִתְבָּרַכְתֶּן	
מֻשְּׁלוּ		בֹּרְכוּ		הִתְמַשְּׁלוּ	(הָתְפָּקְדוּ)	הִתְבָּרְכוּ	
אֲמֻשַּׁל		אֲבֹרַךְ		אֶתְמַשֵּׁל		אֶתְבָּרֵךְ	אֶתְפַּתַּח (תֵּחַ)
תְּמֻשַּׁל		תְּבֹרַךְ		תִּתְמַשֵּׁל		תִּתְבָּרֵךְ	תִּתְפַּתַּח־
תְּמֻשְּׁלִי		תְּבֹרְכִי		תִּתְמַשְּׁלִי		תִּתְבָּרְכִי	
יְמֻשַּׁל		יְבֹרַךְ		יִתְמַשֵּׁל		יִתְבָּרֵךְ	יִתְפַּתַּח (־תֵּחַ)
תְּמֻשַּׁל		תְּבֹרַךְ		תִּתְמַשֵּׁל		תִּתְבָּרֵךְ	תִּתְפַּתַּח
נְמֻשַּׁל		נְבֹרַךְ		נִתְמַשֵּׁל		נִתְבָּרֵךְ	נִתְפַּתַּח־
תְּמֻשְּׁלוּ		תְּבֹרְכוּ		תִּתְמַשְּׁלוּ		תִּתְבָּרְכוּ	
תְּמֻשַּׁלְנָה		תְּבֹרַכְנָה		תִּתְמַשֵּׁלְנָה		תִּתְבָּרֵכְנָה	
יְמֻשְּׁלוּ		יְבֹרְכוּ		יִתְמַשְּׁלוּ		יִתְבָּרְכוּ	
תְּמֻשַּׁלְנָה		תְּבֹרַכְנָה		תִּתְמַשֵּׁלְנָה		תִּתְבָּרֵכְנָה	
מֻשֹּׁל							
מֻשַּׁל		בֹּרַךְ		הִתְמַשֵּׁל		הִתְבָּרֵךְ	הִתְפַּתֵּחַ
				הִתְמַשֵּׁל		הִתְבָּרֵךְ	הִתְפַּתַּח
				הִתְמַשְּׁלִי		הִתְבָּרְכִי	
				הִתְמַשְּׁלוּ		הִתְבָּרְכוּ	
				הִתְמַשֵּׁלְנָה		הִתְבָּרֵכְנָה	הִתְפַּתַּחְנָה
מְמֻשָּׁל	מְאָדָּם	מְבֹרָךְ		מִתְמַשֵּׁל		מִתְבָּרֵךְ	מִתְפַּתֵּחַ
מְמֻשָּׁלָה		מְבֹרָכָה		מִתְמַשְּׁלָה		מִתְבָּרְכָה	
מְמֻשֶּׁלֶת		מְבֹרֶכֶת	מְפֻתַּחַת	מִתְמַשֶּׁלֶת		מִתְבָּרֶכֶת	מִתְפַּתַּחַת
מְמֻשָּׁלִים	מְאָדָּמִים	מְבֹרָכִים		מִתְמַשְּׁלִים		מִתְבָּרְכִים	
מְמֻשָּׁלוֹת		מְבֹרָכוֹת		מִתְמַשְּׁלוֹת		מִתְבָּרְכוֹת	

24

Tabelle VI.

Das regelmässige Verbum.

	Hifil			Hofal				
	1 gult.	3 gutt.				1 gutt.	2 gutt.	3 gutt
Pers. sg. 1.	הִמְשַׁלְתִּי	הֶעֱמַדְתִּי	הִבְטַחְתִּי	הָמְשַׁלְתִּי		הָעֳמַדְתִּי	הָזְעַקְתִּי	
2 m.	הִמְשַׁלְתָּ	הֶעֱמַדְתָּ	הִבְטַחְתָּ	הָמְשַׁלְתָּ		הָעֳמַדְתָּ	הָזְעַקְתָּ	
2 f.	הִמְשַׁלְתְּ	הֶעֱמַדְתְּ	הִבְטַחַתְּ	הָמְשַׁלְתְּ		הָעֳמַדְתְּ	הָזְעַקְתְּ	הָבְטַחַתְּ
3 m.	הִמְשִׁיל	הֶעֱמִיד	הִבְטִיחַ	הָמְשַׁל	הָשְׁכַּב	הָעֳמַד	הָזְעַק	
3 f.	הִמְשִׁילָה	הֶעֱמִידָה	הִבְטִיחָה	הָמְשְׁלָה		הָעָמְדָה	הָזֳעֲקָה	
pl. 1.	הִמְשַׁלְנוּ	הֶעֱמַדְנוּ	הִבְטַחְנוּ	הָמְשַׁלְנוּ		הָעֳמַדְנוּ	הָזְעַקְנוּ	
2 m.	הִמְשַׁלְתֶּם	הֶעֱמַדְתֶּם	הִבְטַחְתֶּם	הָמְשַׁלְתֶּם		הָעֳמַדְתֶּם	הָזְעַקְתֶּם	
2 f.	הִמְשַׁלְתֶּן	הֶעֱמַדְתֶּן	הִבְטַחְתֶּן	הָמְשַׁלְתֶּן		הָעֳמַדְתֶּן	הָזְעַקְתֶּן	
3	הִמְשִׁילוּ	הֶעֱמִידוּ	הִבְטִיחוּ	הָמְשְׁלוּ		הָעָמְדוּ	הָזֳעֲקוּ	
Fut. sg. 1.	אַמְשִׁיל	אַעֲמִיד	אַבְטִיחַ	אָמְשַׁל		אָעֳמַד	אָזְעַק	
2 m.	תַּמְשִׁיל	תַּעֲמִיד	תַּבְטִיחַ	תָּמְשַׁל		תָּעֳמַד	תָּזְעַק	
2 f.	תַּמְשִׁילִי	תַּעֲמִידִי	תַּבְטִיחִי	תָּמְשְׁלִי		תָּעָמְדִי	תָּזֳעֲקִי	
3 m.	יַמְשִׁיל	יַעֲמִיד	יַבְטִיחַ	יָמְשַׁל		יָעֳמַד	יָזְעַק	
3 f.	תַּמְשִׁיל	תַּעֲמִיד	תַּבְטִיחַ	תָּמְשַׁל		תָּעֳמַד	תָּזְעַק	
pl 1.	נַמְשִׁיל	נַעֲמִיד	נַבְטִיחַ	נָמְשַׁל		נָעֳמַד	נָזְעַק	
m.	תַּמְשִׁילוּ	תַּעֲמִידוּ	תַּבְטִיחוּ	תָּמְשְׁלוּ		תָּעָמְדוּ	תָּזֳעֲקוּ	
2 f.	תַּמְשֵׁלְנָה	תַּעֲמֵדְנָה	תַּבְטַחְנָה	תָּמְשַׁלְנָה		תָּעֳמַדְנָה	תָּזְעַקְנָה	
3 m.	יַמְשִׁילוּ	יַעֲמִידוּ	יַבְטִיחוּ	יָמְשְׁלוּ		יָעָמְדוּ	יָזֳעֲקוּ	
3 f.	תַּמְשֵׁלְנָה	תַּעֲמֵדְנָה	תַּבְטַחְנָה	תָּמְשַׁלְנָה		תָּעֳמַדְנָה	תָּזְעַקְנָה	
Inf. abs.	הַמְשֵׁל	הַעֲמֵד	הַבְטֵחַ	הָמְשֵׁל		הָעֳמֵד	הָזְעֵק	הָבְטֵחַ
cs.	הַמְשִׁיל	הַעֲמִיד	הַבְטִיחַ	הָמְשַׁל		הָעֳמַד	הָזְעַק	
Imp. sg. m.	הַמְשֵׁל	הַעֲמֵד	הַבְטַח					
f.	הַמְשִׁילִי	הַעֲמִידִי	הַבְטִיחִי					
pl. m.	הַמְשִׁילוּ	הַעֲמִידוּ	הַבְטִיחוּ					
f.	הַמְשֵׁלְנָה	הַעֲמֵדְנָה	הַבְטַחְנָה					
Part. sg. m.	מַמְשִׁיל	מַעֲמִיד	מַבְטִיחַ	מָמְשָׁל	מָשְׁלָךְ	מָעֳמָד	מָזְעָק	
f	מַמְשִׁילָה	מַעֲמִידָה	מַבְטִיחָה	מָמְשָׁלָה		מָעֳמָדָה	מָזְעָקָה	
	מַמְשֶׁלֶת	מַעֲמֶדֶת	מַבְטַחַת	מָמְשֶׁלֶת		מָעֳמֶדֶת	מָזְעֶקֶת	מָבְטַחַת
pl. m.	מַמְשִׁילִים	מַעֲמִידִים	מַבְטִיחִים	מָמְשָׁלִים		מָעֳמָדִים	מָזְעָקִים	
f.	מַמְשִׁילוֹת	מַעֲמִידוֹת	מַבְטִיחוֹת	מָמְשָׁלוֹת		מָעֳמָדוֹת	מָזְעָקוֹת	

Tabelle VII.

	Verba פ״י Kal	Nifal	Hifil	Hofal	Verba פ״ן Kal	Nifal	Hifil	Hofal	Verba פ״א Kal
Perf. sg. 1.		נוֹשַׁבְתִּי	הִצַּגְתִּי הֵיטַבְתִּי הוֹשַׁבְתִּי	הוּשַׁבְתִּי	(נָתַתִּי)	נִגַּשְׁתִּי	הִגַּשְׁתִּי	הֻגַּשְׁתִּי	
2 m.					(נָתַתָּ תַּתָּה)				
2 f.					(נָתַתְּ)				
3 m.	יָשַׁב	נוֹשַׁב	הִצִּיג הֵיטִיב הוֹשִׁיב	הֻנַּח הוּשַׁב (הוּדַע)	(נָתַן)	נִגַּשׁ	הִגִּישׁ	הֻגַּשׁ	
3 f.						נִגְּשָׁה	הִגִּישָׁה		
pl. 1.					(נָתַנּוּ)				
2 m.					(נְתַתֶּם)				
2 f.									
3									
Fut. sg. 1.	אֶצֹּק אִירַשׁ אֵשֵׁב	אִוָּשֵׁב	אַצִּיג אֵיטִיב אוֹשִׁיב		אֶקַּח אֶתֵּן אֶגַּשׁ אֶפֹּל		אַגִּישׁ	אֻגַּשׁ	אֹהַב—אֹהֵב אֹכַל ps אֹכֵל
2 m.	תִּצֹּק תִּירַשׁ תֵּשֵׁב				תִּקַּח תִּתֵּן תִּגַּשׁ תִּפֹּל			יֻתַּן	תֹּאהַב תֹּאכַל
2 f.	תִּצְּקִי תִּירְשִׁי תֵּשְׁבִי				תִּקְחִי תִּתְּנִי תִּגְּשִׁי תִּפְּלִי			תֻּקַּח	תֹּאכְלִי
3 m.	יִצֹּק יִירַשׁ יֵשֵׁב			יֻצַּג יוּשַׁב	יִקַּח יִתֵּן יִגַּשׁ יִפֹּל				יֹאכַל
3 f.	תִּצַּת תִּצֹּק תִּירַשׁ תֵּשֵׁב		יַצִּיג יֵיטִיב יוֹשִׁיב		תִּקַּח תִּתֵּן תִּגַּשׁ תִּפֹּל				תֹּאכַל
pl. 1.	נִצֹּק נִירַשׁ נֵשֵׁב				נִקַּח נִתֵּן נִגַּשׁ נִפֹּל				נֹאכַל
2 m.	תִּצְּקוּ תִּירְשׁוּ תֵּשְׁבוּ				תִּקְחוּ תִּתְּנוּ תִּגְּשׁוּ תִּפְּלוּ				תֹּאכְלוּ
2 f.	תִּצֹּקְנָה תִּירַשְׁנָה תֵּשַׁבְנָה				תִּקַּחְנָה תִּגַּשְׁנָה תִּפֹּלְנָה				תֹּאכַלְנָה
3 m.	יִצְּתוּ יִצְּקוּ יִירְשׁוּ יֵשְׁבוּ				יִקְחוּ יִתְּנוּ יִגְּשׁוּ יִפְּלוּ				יֹאכְלוּ
3 f.	תִּצַּתְנָה תִּצֹּקְנָה תִּירַשְׁנָה תֵּשַׁבְנָה				תִּקַּחְנָה תִּגַּשְׁנָה תִּפֹּלְנָה				תֹּאכַלְנָה
Inf. abs			הֵיטֵב				הַגֵּשׁ		
— ca.	צֶקֶת רֶשֶׁת שֶׁבֶת	הִוָּשֵׁב	הַצִּיג הֵיטִיב הוֹשִׁיב		קַחַת תֵּת גֶּשֶׁת נְפֹל		הַגִּישׁ		Danach:
Imp. sg. m.	צַק (צֶק־) רַשׁ שֵׁב	הִוָּשֵׁב	הַצֵּג הֵיטֵב הוֹשֵׁב		קַח תֵּן גַּשׁ		הַגֵּשׁ		אָבַר (Kal u. Hifil). (S. 1.)
f.	שְׁבִי		הֵיטִיבִי		קְחִי תְּנִי גְּשִׁי (גְשִׁי)				אָבָה
pl. m.	(יִצְקוּ) רְשׁוּ שְׁבוּ		הַצִּיגוּ		קְחוּ תְּנוּ גְּשׁוּ (גְשׁוּ)				אָמַר
f.	שֵׁבְנָה				גַּשְׁנָה				אָפָה
Part. m.		נוֹשָׁב	מַצִּיג מֵיטִיב מוֹשִׁיב	מֻצָּב			מַגִּישׁ	מֻגָּשׁ	אָחַז (Kal u. Nifal) (S. 11.)
f.		נוֹשֶׁבֶת	מֵינֶקֶת	מוּדַעַת					

Tabelle

Verba ע"ו

	Kal			Nifal		Hifil		
Perf. sg. 1.	קַמְתִּי	בֹּשְׁתִּי	בִּינֹתִי	נְכוּנֹתִי		הֲקִימֹתִי	•	הַעִירֹתִי
2 m.	קַמְתָּ	רִיבֹתָ	בַּנְתָּ	נְכוּנֹתָ		הֲקִימֹתָ		הַעֲרֹתָה
2 f.	קַמְתְּ			נְכוּנֹת		הֲקִימֹת		
3 m.	קָם	אוֹר		נָכוֹן	נֵעוֹר	הֵקִים		
3 f.	קָמָה			נָכֹנָה		הֵקִימָה		
pl. 1.	קַמְנוּ	בֹּשְׁנוּ		נְכוּנֹנוּ		הֲקִימֹנוּ		הֱשִׁיבֹנוּ
2 m.	קַמְתֶּם			נְכוּנֹתֶם	נְקֻטֹתֶם	הֲקִימֹתֶם		הֲשֵׁבֹתֶם
2 f.	קַמְתֶּן			נְכוּנֹתֶן		הֲקִימֹתֶן		
3	קָמוּ	אֹרוּ	רָבוּ	נָכֹונוּ		הֵקִימוּ		
Fut. sg. 1.	אָקוּם	אֵבוֹשׁ	אָבִין	אֶכּוֹן		אָקִים	אֹסֵף	
2 m.	תָּקוּם	תָּבוֹא		תִּכּוֹן		תָּקִים	תָּסֵר	
2 f.	תָּקוּמִי	תֵּבוֹשִׁי		תִּכּוֹנִי		תָּקִימִי		
3 m.	יָקוּם	יֵבוֹשׁ	יָדוֹן	יִכּוֹן	יֵעוֹר	יָקִים	יָאֵר (וַיָּאֶר)	
3 f.	תָּקוּם			תִּכּוֹן		תָּקִים	וַתָּסַר	
pl. 1.	נָקוּם			נִכּוֹן		נָקִים		
2 m.	תָּקוּמוּ	יֵבוֹשׁוּ		תִּכּוֹנוּ		תָּקִימוּ		
2 f.	תְּקוּמֶינָה			תִּכּוֹנֶנָה		תְּקִימֶינָה		
	(תָּקֹמְנָה)	תָּבֹאנָה		יִכּוֹנוּ		(תָּקֵמְנָה)		
3 m.	יָקוּמוּ			תִּכּוֹנֶנָה	יֵעוֹרוּ	יָקִימוּ		
3 f.	תְּקוּמֶינָה	תָּאֹרְנָה	תָּגֵלְנָה			תְּקִימֶינָה		
Inf. absol.	קוֹם			הִכּוֹן		הָקֵם		
cs.	קוּם	בֹּא			הֵדוֹשׁ (הֵאוֹר)	הָקִים		
				הִכּוֹן				
Imp. sg. m.	קוּם	אוֹר		הִכּוֹנִי		הָקֵם		
f.	קוּמִי	אוֹרִי		הִכּוֹנוּ		הָקִימִי		
pl. m.	קוּמוּ	בּוֹשׁוּ	בִּינוּ	הִכּוֹנֶנָה		הָקִימוּ		
f.	קֹמְנָה					הָקֵמְנָה		
				נָכוֹן				
Part. act. m.	קָם			נְכוֹנָה		מֵקִים		
	קָמָה			נְכוֹנִים		מְקִימָה		
	קָמִים			נְכוֹנוֹת	נְבֻכִים	מְקִימִים		
	קָמוֹת					מְקִימוֹת		
Part. pass. sg.	קוּם							
f.	קוּמָה							

VIII.

und ע״י (zugleich für ע״ע)

Hifil	Hofal	Polel	Polal	Hitpolel	Pilpel	Polpal	Hitpalpel
הֲנִחֹתִי הֵמַתִּי	הוּקַמְתִּי	קוֹמַמְתִּי	קוֹמַמְתִּי	הִתְקוֹמַמְתִּי	כִּלְכַּלְתִּי		הִתְמַהְמַהְתִּי
הֲנַפֹּתָ	הוּקַמְתָּ	קוֹמַמְתָּ					
	הוּקַמְתְּ	קוֹמַמְתְּ					
הֵנִיחַ	הֻקַם—הוּקַם	קוֹמֵם	קוֹמַם	הִתְקוֹמֵם	כִּלְכֵּל		
	הוּקְמָה	קוֹמְמָה					
	הוּקַמְנוּ	קוֹמַמְנוּ					הִתְמַהְמַהְנוּ
הֲמַתֶּם	הוּקַמְתֶּם	קוֹמַמְתֶּם					
הֲכִתֶּן	הוּקַמְתֶּן	קוֹמַמְתֶּן					
הֵכַנּוּ	הוּקְמוּ	קוֹמְמוּ	כּוֹנָנוּ	הִתְקוֹמָמוּ	כִּלְכְּלוּ	כָּלְכְּלוּ	הִתְגַּלְגָּלוּ (ps.)
	אוּקַם	אֲקוֹמֵם	(אֲקוֹמַם)	אֶתְקוֹמֵם	אֲכַלְכֵּל		
	תּוּקַם	תְּקוֹמֵם					
	תּוּקְמִי	תְּקוֹמְמִי					
יָנִיחַ (יָנַח)	יוּקַם	יְקוֹמֵם		יִתְקוֹמֵם	יְכַלְכֵּל		
	תּוּקַם	תְּקוֹמֵם					תִּתְחַלְחַל
	נוּקַם	נְקוֹמֵם					
תָּנִיחוּ	תּוּקְמוּ	תְּקוֹמְמוּ				תְּשָׁעָשְׁעוּ	
	תּוּקַמְנָה	תְּקוֹמַמְנָה					
יָנִיחוּ	יוּקְמוּ	יְקוֹמְמוּ					
	תּוּקַמְנָה	תְּקוֹמַמְנָה					
		קוֹמֵם					
הָנַח		קוֹמֵם					
		קוֹמְמִי					הִשְׁתַּעַשְׁעוּ
		קוֹמְמוּ					
		קוֹמַמְנָה					
מֵנִיחַ	מוּקָם	מְקוֹמֵם			מְכַלְכֵּל		מְהַלַהְלֵהַּ

Tabelle IX.

Verba ע״ע

	Kal	Nifal	Hifil	Hofal
Perf. sg. 1.	סַבּוֹתִי אָרוֹתִי	נְסַבֹּתִי	הֲסִבֹּתִי הֲרֵעוֹתִי	הוּסַבּוֹתִי
2 m.	סַבּוֹתָ	נְסַבֹּתָ	הֲסִבֹּתָ הַחִלּוֹתָ	
2 f.	סַבּוֹת	נְסַבֹּת נְחַלְתְּ	הֲסִבֹּת	
3 m.	סַב	נָסַב (נָמַס) נָקֵל נָרֹץ נָחַר	הֵסֵב הֵרַךְ	הוּסַב
3 f.	סַבָּה מָרָה	{ נָסַבָּה נָסֵבָּה	הֵסֵבָּה	הוּסַבָּה
		{ נָסַבָּה		
pl. 1.	סַבּוֹנוּ	נְסַבֹּנוּ (נְשַׁדָּנוּ)	הֲסִבֹּנוּ	
2 m.	סַבּוֹתֶם	{ נְסַבֹּתֶם	הֲסִבֹּתֶם	
		{ נְמַלְתֶּם		
2 f.	סַבּוֹתֶן	נְסַבֹּתֶן	הֲסִבֹּתֶן	
3	סַבּוּ רָבּוּ	נָסַבּוּ נָבֹזּוּ נָחֲלוּ	הֵסֵבּוּ הֵמַסּוּ	
Fut. sg. 1.	אָסֹב אֶסֹּב אִיתַּם	אֶסַּב אֵחַל	אָסֵב אָחֵל	
2 m.	תָּסֹב תִּסֹּב	תִּסַּב	תָּסֵב תָּהֵם	
2 f.	תָּסֹבִּי תִּסֹּבִּי	תִּסַּבִּי	תָּסֵבִּי	
3 m.	יָסֹב–יָסֹב (יָרֹן) יִסֹּב יִדֹּל יִמַּר	יִסַּב יֵחַל יִמַּל (יֵרוֹעַ)	יָסֵב יָסֵב	יוּסַב
3 f.	תָּסֹב תִּסֹּב תִּשַּׁח תִּקַּל	תִּסַּב תֵּחַל תִּבּוֹז (תֵּהֹם)	תָּסֵב תָּרֵץ	
pl. 1.	נָסֹב נִסֹּב	נִסַּב	נָסֵב נָשִׁים	
2 m.	תָּסֹבּוּ תִּסֹּבּוּ תִּדְּמוּ תֵּחַתּוּ	תִּסַּבּוּ	תָּסֵבּוּ	
2 f.	תְּסֻבֶּינָה	(תִּסַּבֶּינָה)	תְּסִבֶּינָה	
3 m.	יָסֹבּוּ { יִסֹּבּוּ } יִשַּׁחוּ יֵחַמּוּ	יִסַּבּוּ יֵחָרוּ יִמַּלּוּ	יָסֵבּוּ יָסֵבּוּ	יוּסַבּוּ
3 f.	{ תְּסֻבֶּינָה { יִדְּמוּ }	תִּסַּבֶּינָה תִּמַּקְנָה	תְּסִבֶּינָה	
	{ תָּרֹנָּה תִּצַּלֶּינָה תִּצַּלְנָה			
Inf. –	רֹעָה–סֹב שַׁד	הִמֵּס הִבּוֹז	הָסֵב הָרֵק	
Imp. sg. m.	עוּזָה–סֹב	הִסַּב	הָסֵב הָשַׁע	
f.	רָנִּי–סֹבִּי	הִסַּבִּי	הָסֵבִּי	
pl. m.	רָנּוּ–סֹבּוּ	הִסַּבּוּ (הִבָּרוּ) (הֵרֹמּוּ)	הָסֵבּוּ	
f.	סֻבֶּינָה	הִסַּבֶּינָה	הֲסִבֶּינָה	
Part. sg. m.	סֹבֵב	נָסַב נָקֵל	מֵסֵב מְסִיךְ	מוּסָב
f.		נְסַבָּה		
pl. m.		(נֵאָרִים)	מְרֵעִים	
f.		נְגָרוֹת		מוּסַבּוֹת

Tabelle X.

Verba ל״א

Perf. sg. 1.	מָצָאתִי	נִמְצֵאתִי	מִצֵּאתִי	מֻצֵּאתִי	הִמְצֵאתִי	הָמְצֵאתִי	הִתְמַצֵּאתִי
2 m.	מָצָאתָ	נִמְצֵאתָ	מִצֵּאתָ	מֻצֵּאתָ	הִמְצֵאתָ		
2 f.	מָצָאת	נִמְצֵאת	מִצֵּאת	מֻצֵּאת	הִמְצֵאת	הָמְצֵאת	הִתְמַצֵּאת
3 m.	מָצָא	נִמְצָא	מִצֵּא	מֻצָּא	הִמְצִיא	הָמְצָא	הִתְמַצֵּא
3 f.	מָצְאָה.	נִמְצְאָה	מִצְּאָה	מֻצְּאָה	הִמְצִיאָה		
pl. 1.	מָצָאנוּ	נִמְצֵאנוּ	מִצֵּאנוּ	מֻצֵּאנוּ	הִמְצֵאנוּ		
2 m.	מְצָאתֶם	נִמְצֵאתֶם	מִצֵּאתֶם	מֻצֵּאתֶם	הִמְצֵאתֶם		
2 f.	מְצָאתֶן	נִמְצֵאתֶן	מִצֵּאתֶן	מֻצֵּאתֶן	הִמְצֵאתֶן		
3	מָצְאוּ	נִמְצְאוּ	מִצְּאוּ	מֻצְּאוּ	הִמְצִיאוּ		
Fut. sg. 1.	אֶמְצָא	אִמָּצֵא	אֲמַצֵּא	אֲמֻצָּא	אַמְצִיא	אָמְצָא	אֶתְמַצֵּא
2 m.	תִּמְצָא	תִּמָּצֵא					
2 f.	תִּמְצְאִי	תִּמָּצְאִי					
3 m.	יִמְצָא	יִמָּצֵא		יְמֻצָּא	יַמְצִיא	יָמְצָא	יִתְמַצֵּא
3 f.	תִּמְצָא	תִּמָּצֵא					
pl. 1.	נִמְצָא	נִמָּצֵא					
2 m.	תִּמְצְאוּ	תִּמָּצְאוּ					
2 f.	תִּמְצֶאנָה	תִּמָּצֶאנָה	תְּמַצֶּאנָה	תְּמֻצֶּאנָה	תַּמְצֶאנָה	תָּמְצֶאנָה	תִּתְמַצֶּאנָה
3 m.	יִמְצְאוּ	יִמָּצְאוּ					
3 f.	תִּמְצֶאנָה	תִּמָּצֶאנָה	תְּמַצֶּאנָה	תְּמֻצֶּאנָה	תַּמְצֶאנָה	תָּמְצֶאנָה	תִּהְמַצֶּאנָר
Inf. abs.	מָצוֹא	הִמָּצֵא			הַמְצֵא		
cs.	מְצֹא	הִמָּצֵא			הַמְצִיא		
Imp. sg. m.	מְצָא	הִמָּצֵא	מַצֵּא		הַמְצֵא		הִתְמַצֵּא
f.	מִצְאִי	הִמָּצְאִי			הַמְצִיאִי		
pl. m.	מִצְאוּ	הִמָּצְאוּ			הַמְצִיאוּ		
f.	מְצֶאנָה	הִמָּצֶאנָה	מַצֶּאנָה		הַמְצֶאנָה		
Part. act. sg. m.	מֹצֵא	נִמְצָא	מְמַצֵּא	מְמֻצָּא	מַמְצִיא	מָמְצָא	מִתְמַצֵּא
f.	מֹצֵאה	נִמְצֵאת	מְמַצֵּאה	מְמֻצֵּאת	מַמְצִיאָה	מָמְצֵאת	
pl. m.	מֹצְאִים	נִמְצָאִים					
f.	מֹצְאוֹת	נִמְצָאוֹת					
Part. pass. sg. m.	מָצוּא						
f.	מְצוּאָה						
pl. m.	מְצוּאִים						
f.	מְצוּאוֹת						

Tabelle XI.

Verba ל״ה

Perf. sg. 1.	גָּלִיתִי	נִגְלֵיתִי	גִּלִּיתִי	גֻּלֵּיתִי	הִגְלִיתִי	הָגְלֵיתִי	הִתְגַּלִּיתִי
2 m.	גָּלִיתָ	נִגְלֵיתָ	גִּלִּיתָ	גֻּלֵּיתָ	הִגְלִיתָ	הָגְלֵיתָ	הִתְגַּלִּיתָ
2 f.	גָּלִית	נִגְלֵית	גִּלִּית	גֻּלֵּית	הִגְלִית	הָגְלֵית	הִתְגַּלִּית
3 m.	גָּלָה	נִגְלָה	גִּלָּה	גֻּלָּה	הִגְלָה	הָגְלָה	הִתְגַּלָּה
3 f.	גָּלְתָה (גָּלָת)	נִגְלְתָה	גִּלְּתָה	גֻּלְּתָה	הִגְלְתָה	הָגְלְתָה (הָגְלָת)	הִתְגַּלְּתָה
pl. 1.	גָּלִינוּ	נִגְלֵינוּ	גִּלִּינוּ	גֻּלֵּינוּ	הִגְלִינוּ	הָגְלֵינוּ	הִתְגַּלִּינוּ
2 m.	גְּלִיתֶם	נִגְלֵיתֶם	גִּלִּיתֶם	גֻּלֵּיתֶם	הִגְלִיתֶם	הָגְלֵיתֶם	הִתְגַּלִּיתֶם
2 f.	גְּלִיתֶן	נִגְלֵיתֶן	גִּלִּיתֶן	גֻּלֵּיתֶן	הִגְלִיתֶן	הָגְלֵיתֶן	הִתְגַּלִּיתֶן
3	גָּלוּ	נִגְלוּ	גִּלּוּ	גֻּלּוּ	הִגְלוּ	הָגְלוּ	הִתְגַּלּוּ
Fut. sg. 1.	אֶגְלֶה	אֶגָּלֶה	אֲגַלֶּה	אֲגֻלֶּה	אַגְלֶה	אָגְלֶה	אֶתְגַּלֶּה
2 m.	תִּגְלֶה	תִּגָּלֶה	תְּגַלֶּה	תְּגֻלֶּה	תַּגְלֶה	תָּגְלֶה	תִּתְגַּלֶּה
2 f.	תִּגְלִי	תִּגָּלִי	תְּגַלִּי	תְּגֻלִּי	תַּגְלִי	תָּגְלִי	תִּתְגַּלִּי
3 m.	יִגְלֶה	יִגָּלֶה	יְגַלֶּה	יְגֻלֶּה	יַגְלֶה	יָגְלֶה	יִתְגַּלֶּה
3 f.	תִּגְלֶה	תִּגָּלֶה	תְּגַלֶּה	תְּגֻלֶּה	תַּגְלֶה	תָּגְלֶה	תִּתְגַּלֶּה
pl 1.	נִגְלֶה	נִגָּלֶה	נְגַלֶּה	נְגֻלֶּה	נַגְלֶה	נָגְלֶה	נִתְגַּלֶּה
2 m.	תִּגְלוּ	תִּגָּלוּ	תְּגַלּוּ	תְּגֻלּוּ	תַּגְלוּ	תָּגְלוּ	תִּתְגַּלּוּ
2 f.	תִּגְלֶינָה	תִּגָּלֶינָה	תְּגַלֶּינָה	תְּגֻלֶּינָה	תַּגְלֶינָה	תָּגְלֶינָה	תִּתְגַּלֶּינָה
3 m.	יִגְלוּ	יִגָּלוּ	יְגַלּוּ	יְגֻלּוּ	יַגְלוּ	יָגְלוּ	יִתְגַּלּוּ
3 f.	תִּגְלֶינָה	תִּגָּלֶינָה	תְּגַלֶּינָה	תְּגֻלֶּינָה	תַּגְלֶינָה	תָּגְלֶינָה	תִּתְגַּלֶּינָה
Inf. abs.	גָּלֹה	נִגְלֹה	גַּלֵּה	גֻּלֹּה	הַגְלֵה	הָגְלֵה	הִתְגַּלֵּה
cs.	גְּלוֹת	הִגָּלוֹת	גַּלּוֹת	גֻּלּוֹת	הַגְלוֹת	הָגְלוֹה	הִתְגַּלּוֹת
Imp. sg. m.	גְּלֵה	הִגָּלֵה	גַּלֵּה (גַּל)		הַגְלֵה (הֶרֶף)		הִתְגַּלֵּה
f.	גְּלִי	הִגָּלִי	גַּלִּי		הַגְלִי		הִתְגַּלִּי
pl. m.	גְּלוּ	הִגָּלוּ	גַּלּוּ		הַגְלוּ		הִתְגַּלּוּ
f.	גְּלֶינָה	הִגָּלֶינָה	גַּלֶּינָה		הַגְלֶינָה		הִתְגַּלֶּינָה
Part. act. sg. m.	גֹּלֶה	נִגְלֶה	מְגַלֶּה	מְגֻלֶּה	מַגְלֶה	מָגְלֶה	מִתְגַּלֶּה
f	גֹּלָה	נִגְלָה	מְגַלָּה	מְגֻלָּה	מַגְלָה	מָגְלָה	מִתְגַּלָּה
pl. m.	גֹּלִים	נִגְלִים	מְגַלִּים	מְגֻלִּים	מַגְלִים	מָגְלִים	מִתְגַּלִּים
f.	גֹּלוֹת	נִגְלוֹת	מְגַלּוֹת	מְגֻלּוֹת	מַגְלוֹת	מָגְלוֹת	מִתְגַּלּוֹת
Part. pass. sg. m.	גָּלוּי						
f.	גְּלוּיָה						
pl. m.	גְּלוּיִם						
f.	גְּלוּיוֹת						

Fut. apocop. des *Kal:* יְהִי, יֵרֶא, יֵרֶד, יִחַן, יַעַל, תֵּתַע, אֵפֶן, יֵגֶל
„ „ *Nifal:* יִקָּר, יֵרָא
„ „ *Piel:* יְצַו
„ „ *Hifil:* יַפְתְּ, יַעַל, יֶתַע, יֶגֶל
„ „ *Hitp.:* יִתְגַּל.

Tabelle XII.

Verba mit Suffixen.

suff.	1 sg.	2 sg. m.	2 sg. f.	3 sg. m.	3 sg. f.	1 pl.	2 pl.	3 pl.
Kal pf. sg. 1.		שְׁמַרְתִּיךָ	שְׁמַרְתִּיךְ	שְׁמַרְתִּיהוּ שְׁמַרְתִּיו	שְׁמַרְתִּיהָ		שְׁמַרְתִּיכֶם	שְׁמַרְתִּים
2 m.	שְׁמַרְתַּנִי (־תָּנִי)	עֲזַרְתִּיךָ		שְׁמַרְתָּהוּ שְׁמַרְתּוֹ	שְׁמַרְתָּהּ	שְׁמַרְתָּנוּ		שְׁמַרְתָּם
2 f.	שְׁמַרְתִּינִי			שְׁמַרְתִּיהוּ				
3 m.	שְׁמָרַנִי	שְׁמָרְךָ	שְׁמָרֵךְ	שְׁמָרָהוּ שְׁמָרוֹ	שְׁמָרָהּ	שְׁמָרָנוּ	שְׁמָרְכֶם	שְׁמָרָם
3 f.	שְׁמָרַתְנִי	שְׁמָרַתְךָ	שְׁמָרָתֶךְ	שְׁמָרַתְהוּ שְׁמָרַתּוּ	שְׁמָרַתָּה	שְׁמָרַתְנוּ	שְׁמָרַתְכֶם	שְׁמָרָתַם
pl. 1.		שְׁמַרְנוּךָ	שְׁמַרְנוּךְ	שְׁמַרְנוּהוּ	שְׁמַרְנוּהָ		שְׁמַרְנוּכֶם	שְׁמַרְנוּם
— 2.	שְׁמַרְתּוּנִי		שְׁמָרוּךְ	שְׁמַרְתּוּהוּ	שְׁמַרְתּוּהָ			שְׁמַרְתּוּם
— 3.	שְׁמָרוּנִי	שְׁמָרוּךָ		שְׁמָרוּהוּ	שְׁמָרוּהָ	שְׁמָרוּנוּ	שְׁמָרוּכֶם	שְׁמָרוּם
Infin.	שָׁמְרִי (בִּלְעִי) שָׁמְרֵנִי	שָׁמְרְךָ שָׁמָרְךָ	שָׁמְרֵךְ	שָׁמְרוֹ פָּעֲמוֹ שׁטְנוֹ	שָׁמְרָהּ הֶנְנָהּ	שָׁמְרֵנוּ	שָׁמְרְכֶם חֲנַנְכֶם	שָׁמְרָם מִכְרָם
Imp. sg.	שָׁמְרֵנִי שָׁמְעֵנִי			שָׁמְרֵהוּ שָׁמְעֵהוּ	שָׁמְרָהּ גְּאָלֶהָ	שָׁמְרֵנוּ שָׁמְעֵנוּ		שָׁמְרֵם כְּלָאֵם
pl.	שִׁמְרוּנִי שִׁמְעוּנִי			שִׁמְרוּהוּ קְרָאֻהוּ	שְׁמָעֻנָּה			
Fut. 3 sg.	יִשְׁמְרֵנִי יַעְקְבֵנִי	יִשְׁמָרְךָ (יִשְׁמְרֶךָּ) יַעַבְדְךָ	יִשְׁמְרֵךְ	יִשְׁמְרֵהוּ יִבְחָרֵהוּ יִשְׁמְרֶנּוּ יִשְׁמְרוֹ	יִשְׁמְרֶהָ יִשְׁמְרָהּ	יִשְׁמְרֵנוּ	יִשְׁמָרְכֶם	יִשְׁמְרֵם יִלְבָּשֵׁם
3 pl.	יִשְׁמְרוּנִי יִמְצָאֻנִי יִמְצָאֻנְנִי	יִשְׁמְרוּךָ יִשְׁמָעוּךָ	יִשְׁמְרוּךְ יֹאחֲזוּךְ	יִשְׁמְרוּהוּ יִלְכְּדֻנוֹ יִקָּחֻהוּ	יִשְׁמְרוּהָ	יִשְׁמְרוּנוּ	יִשְׁמְרוּכֶם	יִשְׁמְרוּם
Piel pf.	כִּבְּדַנִי	כִּבֶּדְךָ אֲכַבֶּדְךָ	כִּבְּדֵךְ	כִּבְּדוֹ אֲכַבְּדֵהוּ	כִּבְּדָהּ	כִּבְּדָנוּ	כִּבֶּדְכֶם	כִּבְּדָם
Hifil	הֱבִיאַנִי	הֱבִיאֲךָ	הֱבִיאֵךְ	הֱבִיאוֹ	הֱבִיאָהּ	הֱבִיאָנוּ	הֱבִיאֲכֶם	הֱבִיאָם

www.ingramcontent.com/pod-product-compliance
Lightning Source LLC
Chambersburg PA
CBHW030356230426
43664CB00007BB/614

* 9 7 8 3 3 3 7 3 1 0 3 9 4 *